Découvrez l'histoire par les archives de presse

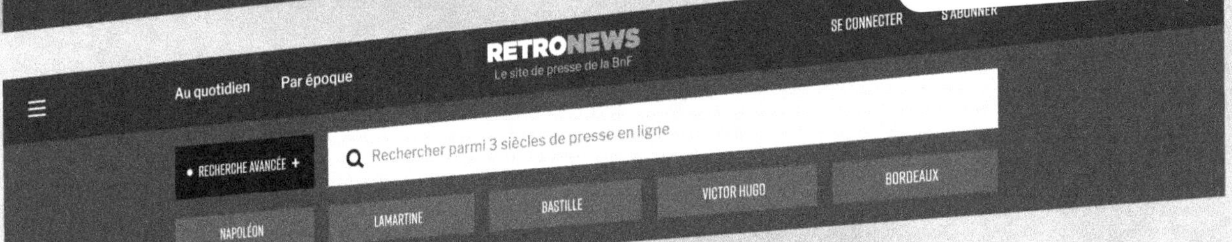

RETRONEWS

Le site de presse de la BnF

www.retronews.fr

XI⁰ Année; 1re du nouveau titre.—N° 1. UN NUMÉRO : 20 CENT. Dimanche 27 Janvier 1856.

Musique, — Sciences, — Arts, — Littérature, — Théâtres.

LA RÉFORME MUSICALE

JOURNAL DES DOCTRINES DE L'ÉCOLE GALIN-PARIS-CHEVÉ.

ABONNEMENT A ROUEN : 10 FR.

ON S'ABONNE
A ROUEN, chez M. Louis Roger, rue Porte-aux-Rats, 2.
A PARIS, chez M. Émile Chevé, rue des Marais-S.-G., 48.

BUREAU A ROUEN, RUE PORTE-AUX-RATS, N° 2.

LOUIS ROGER, Directeur-Gérant.

ABONNEMENT DANS LES DÉP. : 12 F.

ON S'ABONNE
A MARSEILLE, chez M. Aimé Paris, rue Paradis, 77.
A LYON, chez M. Perraud, rue du Griffon, 41.

RENSEIGNEMENTS.— Cette feuille paraît à ROUEN tous les DIMANCHES. — Tout ce qui concerne — La critique demeure sous la responsabilité de celui qui la signe. — Il sera rendu compte des ouvrages l'administration du journal doit être adressé à Rouen, rue Porte-aux-Rats, 2.— Ce qui concerne la rédac- dont un exemplaire sera déposé au bureau du journal. tion peut être indifféremment adressé à M. Chevé, à M. Aimé Paris, ou au directeur-gérant. Les lettres non affranchies seront refusées.

On peut se procurer des numéros de la Réforme, au bureau du journal, — au dépôt du cours Boïeldieu, à Rouen, — et dans l'intérieur des théâtres.

La RÉFORME publiera

SUCCESSIVEMENT :

Lettres à M. Giacomo Meyerbeer,
sur les complications qui rendent plus difficile à lire une écriture radicalement mauvaise,
PAR M. AIMÉ PARIS.

Nouveaux Dialogues des Morts,
PAR AIMÉ PARIS.

Examen des ouvrages consacrés à la **didactique,**
PAR AIMÉ PARIS.

Analyses & vérifications rendues possibles par la progression des quintes
PAR AIMÉ PARIS.

Droits & Devoirs du Professorat
musical ou autre,
PAR AIMÉ PARIS.

Inconséquences du ton absolu,
PAR AIMÉ PARIS.

Etc., etc., etc., etc.

Différentes Questions scientifiques et artistiques,
PAR EMILE CHEVÉ.

Lettres Parisiennes,
PAR BOISSIÈRE.

Poésies, PAR EUGÈNE VILLEMIN.

Les Types déplaisants. Série de petites Physiologies,
PAR ALEXANDRE OSMONT.

Le besoin d'un plaisir violent,
Nouvelle,
PAR ALEXANDRE OSMONT.

Ce que veut l'Univers, et ce que nous ne voulons pas,
PAR LOUIS ROGER.

Réflexions critiques sur la moralité du Théâtre,
PAR LOUIS ROGER.

Le sauve qui peut du lutrin, ou les inconvénients du plain-chant,
PAR LOUIS ROGER.

Le peuple musicien, PAR LOUIS ROGER.

De la condition des musiciens en province,
PAR LOUIS ROGER.

Georges Sand. Etude littéraire,
PAR LOUIS ROGER.

Paris, 18 janvier 1856

Mon cher Monsieur Roger,

Nous apprenons avec un vif plaisir la transformation du Rouennais. La Réforme musicale, qui va le remplacer, arborant franchement le drapeau de l'Ecole Galin-Paris Chevé, va, par ce seul fait, prendre une position nette et parfaitement définie, qui permettra de traiter tous les faits généraux relatifs à l'enseignement populaire de la musique et même à l'enseignement artistique : chaque chose aura son temps.

Depuis quelques années, nos idées font de très-grands progrès dans l'opinion publique. Les artistes eux-mêmes qui ont été si longtemps indifférents à l'endroit de l'école nouvelle, commencent à s'en préoccuper, beaucoup sont venus voir et ont avoué, avec une franchise qui leur fait honneur, qu'ils étaient loin de se douter de la valeur de nos puissants moyens d'enseignement, et qu'il comprenaient en voyant les résultats produits, que notre école tend fatalement à la transformation complète de l'enseignement musical. Des cours s'élèvent de tous côtés, non seulement à Paris et en province, mais encore dans une foule de pays étrangers.— L'idée marche et marche rapidement.— Il est donc temps que l'école ait un moyen de communication qui relie tous ses membres épars, dans une idée commune.— Ce moyen sera la Réforme musicale, qui, non seulement pourra traiter toutes les questions d'exposition et de critiques générales et particulières sur tous les moyens employés ou proposés pour l'enseignement de la musique, mais encore viendra chaque semaine porter à la connaissance de tous, les travaux et les succès de chacun. Dans notre lutte constante contre ce monstre hideux nommé Routine, nous avons besoin d'une grande force morale pour ne pas nous laisser abattre par les mille et un obstacles sans cesse renaissants. Eh bien ! l'annonce d'un succès nouveau, remporté n'importe où ; la nouvelle d'une extention plus grande de l'école par la création de nouveaux cours, seront les soutiens de cette force morale qui nous est si nécessaire.

Faites appel, mon cher M. Roger, à tous les membres de l'école en position de vous fournir des articles utiles, et tout ira bien. Pour moi, je ferai mon possible pour payer ma part de tribut, soit en exposant quelque point de doctrine soit plutôt en faisant passer à l'étamine du bon sens tous les solféges et traités de musique dont on abasourdit nos pauvres enfants.— Cela sera curieux, je vous l'assure ; seulement, je vous demande un peu de répit, je suis fatigué et peu capable en ce moment de faire autre chose que mes cours, dont j'ai ouvert le 94e avant-hier à l'École de Médecine.

Bon courage et bon succès : tout ira bien.

Tout à vous.

Emile CHEVÉ,

LA RÉFORME MUSICALE.

En inscrivant en tête de nos colonnes un titre qui va faire cesser plus d'un malentendu, nous ne pouvons pas nous empêcher de jeter un coup-d'œil sur la traversée que nous venons de faire.

Il y a deux années, à peu près à pareil jour, nous mettions le Rouennais à la disposition des chefs de l'école Galin-Paris-Chevé. Sous un titre local, les doctrines de Galin eurent bientôt un organe officiel, prêt à enregistrer les progrès de la vérité nouvelle, prêt aussi à soutenir ses luttes ardentes et multipliées.

De nombreux adhérens se groupèrent autour de nous, des sympathies de vieille date ou soudaines s'associèrent à notre œuvre ; il nous fut permis de croire qu'une existence longue et forte était désormais assurée à la tribune d'une grande idée.

En effet, en dépit des inconvéniens résultant d'un titre local, nous avons vécu deux années. Et quelles années ! les plus difficiles, peut-être, les plus tourmentées, les plus militantes qu'aient eu à traverser les chefs de la nouvelle école.— Nous avons vécu malgré tout.— malgré, les embarras de toutes sortes suscités par la volonté supérieure à laquelle nous obéissons tous,— malgré la méchanceté et l'incroyable persistance d'adversaires qui croient voir le succès de leur mauvaise cause dans la déloyauté de leurs procédés. Ni les tracasseries, ni les intrigues, ni les calomnies anonymes, ni les honteuse menées, ni les petits complots, ni les procès sans gloire pour les vainqueurs, rien n'a pu nous abattre. Nous avons marché au milieu des écueils avec une fermeté qui ne s'est pas démentie ; et loin de nous décourager un instant, nous avons fait notre profit des obstacles qu'on nous élevait. On croyait fatiguer notre énergie, on n'a fait que la centupler en nous armant d'une expérience telle que celui de nous à qui elle a coûté le plus, ne peut pas dire qu'elle ait été trop chèrement payée.

S'il faut dire la raison d'une vitalité peu commune aux petites feuilles, qui naissent d'ordinaire et meurent dans un même jour, elle est dans l'utilité même de notre but.

Nous accomplissons une œuvre utile, une œuvre morale, une œuvre désintéressée.

Délivrer l'enfance des tortures de l'enseignement usuel ; appeler un peuple entier à l'initiation de la lecture musicale ; dégager un art divin des signes hiéroglyphiques qui le paralysent ; rendre facile à tous la connaissance de la musique, n'est-ce pas là un programme de nature à intéresser les hommes sérieux et à provoquer l'enthousiasme et le dévouement des quelques âmes d'élite qui composent la meilleure partie de la société humaine ?

C'est ce qui explique la durée de notre feuille dans le passé, et ce qui lui assure une longue carrière dans l'avenir.

Les dévouements ne nous ont pas fait défaut. Si nous devons taire aujourd'hui les noms de ceux qui ont si libéralement concouru à notre œuvre ; si nous devons étouffer dans notre conscience le cri d'une gratitude inaltérable pour les hommes de cœur et de progrès qui nous ont tendu la main, un jour viendra où la reconnaissance publique leur saura gré de ce qu'ils ont fait pour l'avènement d'une vérité qui doit mettre un terme à des théories abrutissantes et séculaires.

Louis ROGER.

MON PROGRAMME,
Pour la RÉFORME MUSICALE.

« Il faut s'attendre aussi que je parlerai quelquefois de mes idées en opposition avec d'autres qui sont généralement répandues sur le sujet que je traite ; car comment pourrais-je en parler autrement ? On doit présumer que si je propose une nouvelle méthode, c'est parce que je la crois meilleure que celle dont on se sert. Je dois donc tâcher de faire sentir les avantages de l'une et les défauts de l'autre. »

(P. GALIN. *Exposition d'une Nouvelle méthode pour l'enseignement de la musique*, p. 40.)

La RÉFORME MUSICALE vient enfin combler un de mes vœux les plus ardents. Sous un titre GÉNÉRAL, elle élargit le champ de bataille, et substitue la grande guerre à des escarmouches dont l'utilité pouvait ne pas être également bien comprise par tous les lecteurs du ROUENNAIS qui a si virilement rempli sa tâche dans un but qui était pourtant le même que celui de la feuille qui le relève du poste d'honneur où il a longtemps tenu tête à la phalange du STATU QUO.

Ces mots : LE ROUENNAIS, avaient fait croire à quelques-uns que tout ce qui ne se passait pas dans le département de la Seine-Inférieure, ou même dans son chef-lieu, était

un hors-d'œuvre qui ne devait pas intéresser les lecteurs de la LOCALITÉ La profession de foi de notre ami Roger, (23 avril et 7 mai 1854) ne pouvant pas être reproduite dans tous les numéros, les lecteurs oublieux, les nouveaux abonnés et ceux qui achetaient un exemplaire par occasion, s'étonnaient de la part faite à des idées de progrès, dans un journal dont le nom ne réveillait aucune idée de propagande universelle.

Désormais nul de ceux qui, à titre de souscripteur ou de de simple lecteur, ouvriront la RÉFORME MUSICALE, n'aura le droit de trouver étrange qu'on y parle principalement de MUSIQUE et D'AMÉLIORATIONS A EFF. CTUER.

Ce journal pourra traiter scientifiquement une foule de questions de théorie et de didactique, que le ROUENNAIS, eu égard à son titre, était forcé de laisser de côté, bien que sa rédaction en comprît toute l'importance.

Ce n'est pas à dire que la science austère trouvera seule place dans nos colonnes. Nous continuerons à faire justice du pédantisme des importants et des intrigues des mal intentionnés. Seulement, en présence de toutes les raisons que nous aurons données aux esprits sérieux de croire que nous sommes dans le vrai, nous n'aurons plus à instruire aussi minutieusement le procès des opposants, pris en flagrant délit de mauvaise foi ou de menées déloyales. Mais ils n'échaperont pas à un blâme mérité ; aucun de ceux qui auront prononcé peu convenablement les NOMS de Galin et de ses continuateurs ne devra compter sur une prime d'impunité. Nous prendrons son NOM, comme il aura pris LE NÔTRE, et nous n'aurons besoin que de quelques lignes pour éclairer l'opinion. Beaucoup d'opposants, si je ne me trompe, trouveront cette perspective un sujet de réflexions salutaires.

Quant à ceux qui, par une coupable inspiration, essaieraient d'exploiter sans la connaître, une idée qu'ils n'auraient pas étudiée dans son mode progressif de développements et dans ses moyens d'action, et qui, par exemple, pour tromper la clientèle surmonteraient de la cheminée d'une chaudière absente un véhicule ordinaire, pour faire croire qu'ils comprennent et qu'ils ut lisent la vapeur, ceux-là doivent s'attendre à toutes nos sévérités. Ceux-là seraient doublement coupables. Ils tromperaient le public, l'administration et les familles, en même temps qu'il compromettraient, par les résultats de leur incapacité, les vérités sur lesquelles ils auraient osé porter leurs mains impures. Notre concours est assuré à tous les hommes de PROBITÉ et DE BON VOULOIR. Les autres n'ont à attendre de nous qu'une guerre sans relâche, jusqu'au moment où nous les aurons fait chasser par tous ceux qui sont incapables d'accueillir la fraude ou de soutenir les professeurs que manquent à leurs premiers devoirs.

Sentinelles toujours éveillées, nous signalerons constamment les tentatives faites par le charlatanisme de l'enseignement officiel pour donner le change sur la pauvreté de ses résultats PROPORTIONNELS.

Il me semble que suivant cette ligne de conduite, nous devons agir utilement pour le plus grand bien de tous.

Longue vie, donc s'il plaît à Dieu, à la

RÉFORME MUSICALE, et que tous nos amis, c'est-à-dire, tous les gens de cœur lui viennent en aide !

Aimé PARIS.

POURQUOI L'ÉCOLE GALIN-PARIS-CHEVÉ EMPLOIE-T-ELLE UT DE PRÉFÉRENCE A DO ?

La science des signes et de leur influence sur les idées est ce qu'il y a de moins connu en France, bien que près de quatre cents lycées soient pourvus d'un professeur de philosophie assez grassement payé pour pouvoir s'occuper des questions relatives aux instruments de la pensée, sans être détourné de ses études par les préoccupations de la vie matérielle.

A quoi donc passent leur temps ces messieurs, si on trouve à peine un de leurs disciples qui ait effleuré ces questions, et si, depuis plus d'un demi-siècle que l'Université de Charlemagne a été reconstitué par un autre grand empereur, la question la plus élémentaire et la plus importante, la détermination des qualités, des moyens de représenter les idées oralement ou par écrit, est encore si peu connue ?

Comment il suffira à un homme, parce qu'il promènera avec dextérité ses doigts sur les touches d'un clavier, parce qu'il montrera gracieusement deux rangées de dents, en ouvrant la bouche à la manière d'un masque antique, de dire hardiment ce qui est contraire à la science fondée sur l'observation des faits, pour être certain qu'on s'inclinera devant son autorité, acceptable sans doute en matière d'effets de sonorité, mais complètement usurpée, quand il s'agira de la direction des opérations de l'intelligence !

Et, parmi les disciples des quatre cents professeurs de philosophie, il ne s'en trouvera pas un seul qui leur tienne ce discours :

Tout beau, messieurs ! Nous vous applaudissons de grand cœur, quand vous jouez bien ou quand vous chantez avec talent, ce qui n'arrive pas à la totalité d'entre ceux qui s'intitulent *artistes*, et qui partent de là pour imposer leur *exequatur* ou leur *veto*, selon les caprices de leur amour-propre ou les calculs de leur intérêt ; mais nous n'accordons pas plus qu'un mérite réel d'exécution vocale ou instrumental, soit un titre exclusif pour prononcer sur les questions de science, que nous n'admettons la logique des considérants qui regardent un homme comme capable de diriger un établissement d'*instruction musicale*, parce qu'il aura fait cinquante chefs-d'œuvres, justement applaudis sur tous les théâtres d'Europe et de l'autre continent.

Les questions de *méthode* sont du ressort de *l'intelligence* et n'ont rien à démêler avec l'*inspiration* ni avec le *sentiment*, pas plus que, dans la construction d'une maison, celui qui assoit les fondations et qui élève les gros murs, ne doit songer au choix des meubles et à la décoration des appartements. A moins qu'on ne confonde deux choses aussi distinctes que la *connaissance des moyens d'agir* et l'HABITUDE D'AGIR, il faut répéter l'épigraphe emprunté par Galin à Destutt du Tracy : « Un *art* dépend toujours d'une *science*. » C'est donc la SCIENCE que nous avons à créer » pour procéder avec méthode. »

Ceci posé, que peut avoir de commun avec une *méthode* (du grec *méta* LE LONG DE, et *odos*, LA ROUTE), la substitution d'une syllabe à une autre, celle de *do* à *ut*, surtout si elle est en désaccord avec le motif qui a fait choisir les termes de la hiérarchie dont *un seul* a été remplacé par le motif même qui aurait dû commander une plus large épuration ?

Les syllabes adaptées à notre échelle *diatonique* (c'est-à-dire par *tons*, bien qu'on y trouve intercalés deux intervalles improprement appelés *demitons*) ont été tirées du l'hymne de Saint-Jean :

UT queant laxis
REsonare fibris
MIra gestorum
FAmuli tuorum,
SOLve polluti
LAbii reatum,
Sancte Ioannès

Dans ce chant, ou plutôt dans ce plain-chant, ne figurait point la syllabe SI, le septième degré n'étant point employé dans l'hymne de Saint-Jean, où l'intonation de RÉ, initiale de *REsonare* était à une seconde au-dessus de celle de la syllabe UT, l'intonation de MI, qui commençait le mot *Mira*, à une seconde au-dessus de RÉ, et ainsi de suite, sans distinction de secondes *majeures* ou *mineures*. Quand, après avoir employé, pendant près de sept siècles, ce qu'on nommait les *nuances*, en appelant *mi fa* l'intervalle du septième au huitième degré, pour combler la lacune causée par l'absence d'un nom affecté au septième degré, on s'avisa de créer le SI, l'a-t-on formé de la réunion de l'S de *Sancte* à l'I de *Ioannès*, ou bien a-t-on fait, par hasard, une syllabe réunissant ces deux initiales ?

Toujours est-il que la syllabe DO n'est employé ni au commencement, ni à la fin, ni dans l'inté-rieur d'AUCUN des mots du verset ci-dessus, qui a fourni à Gui d'Arezzo le nom des six termes, de plus en plus aigus, de son hexacorde, *ut*, *ré*, *mi*, *fa*, *sol*, *la*, et que cette syllabe parasite est sans droit pour détruire l'intégralité d'une série étymologique de laquelle elle en chasse la conjonc-tion latine UT, précisément la seule syllabe qui, par elle-même, apporte une idée de syntaxe à l'esprit, les cinq autres n'étant que des syllabes initiales, sans aucune signification, dans la langue de Virgile et de Cicéron.

Je sais bien qu'une raison d'euphémisme a porté les Italiens à employer une syllabe moins sourde que le mot *ut* qui, dans leur langue, se prononce *out*. Mais il aurait fallu, pour être consé-quents, qu'ils proscrivissent tous les mots où l'*u* se serait fait sentir énergiquement : *più* (piou), *virtù* (virtou), etc., etc.

A quoi bon, quand *toutes les voyelles* d'une langue *quelconque* reviennent forcément à chaque instant dans les paroles mises en musique, s'alar-mer d'un vain scrupule, et chercher *une seule* syllabe plus sonore, quand on en conserve d'autres qui ont des inconvénients plus graves et plus réels ?

C'est pourtant ce qu'on a fait quand on n'a pas vu qu'une seule des syllabes, RÉ, remplissait la double condition que devrait réunir chacune des sept autres, parce qu'elle commençait par une consonne et qu'elle finissait par une voyelle, *qu'on ne rencontrait dans AUCUNE des autres syllabes*, et que, *ne finissant point par une consonne*, elle permettait de *rhythmer* AVEC ÉGALITÉ les syllabes qui, avant ou après elle, ne se terminaient pas par une consonne, comme SOL et UT, dont on voit que je ne méconnais pas la défectuosité, au point de vue d'une syllabisation régulière, composée de *sept consonnes différentes*, tombant sur *sept voyelles différentes*.

D'après cette donnée générale, on devrait aban-donner :

1° *Ut*, qui commence par une voyelle et qui finit par une consonne ;

2° *Mi* ou *si*, qui finissent par la même voyelle ;

3° *Fa* ou *la*, dont la voyelle finale est la même ;

4° *Sol*, qui commence par la même consonne que *si*, et qui, de plus, finit par une consonne.

Ainsi, lorsque *quatre* changements étaient né-cessaires, on n'en a fait *qu'un*. C'est trop, eu égard à l'étymologie dans laquelle *do* ne correspond à rien ; c'est trop peu, relativement aux exigences de la science rigoureuse.

Mais, diront ceux qui ne connaissent que Lho-mond, le Panseron de la science grammaticale, comment obtiendrez-vous vos *sept* syllabes, avec les *cinq* voyelles seulement qui forment TOUTE *notre richesse alphabétique ?*

Il nous sera aisé de faire voir que Lhomond faisait aussi de l'*absolu* avec l'alphabet de *vingt-cinq lettres*, comme les musiciens en font avec les *douze touches d'une octave du clavier*, y compris les membres de l'institut, signataires du rapport du 9 août 1850, *qui devait enterrer la méthode Galin-Paris-Chevé*, au dire des faux prophètes.

N'en déplaise aux conservatoires de la gram-maire, il y a, dans notre langue, abstraction faite des nuances plus ou moins délicates de pronon-ciation, au moins quinze voyelles dont *six* sont abusivement écrites avec *plus d'une lettre*, et les autres différenciées par des accents, ou même re-présentées par le même signe pour deux voyelles, quand une même voyelle n'est pas représentée par deux lettres différentes. En voici la liste, avec des exemples :

1° A, aigu (dAme, fEmme).

2° E, aigu (ferrÉ, ET, je ferAI).

3° I, bref (fIl), long (chapItre).

4° O, fermé (fOsse).

5° U, bref (brUte), long (flûte).

6° OU, bref (dOUte), long (croûte).

7° EU, fermé (mEUle).

8° È, (pEste), plus long (il mÈle).

9° A, grave (espAce).

10° O, ouvert (brOsse).

11° EU, ouvert (pEUr).

12° ON (sON).

13° AN (rubAN).

14° IN (fIN).

15° UN (aucUN).

Chacun des effets de voix représentés par des majuscules, pouvant être prolongé par la seule émission du souffle, sans nouvelle disposition de l'organe vocal, et ne pouvant pas être DIVISÉ dans la prononciation, sans être dénaturé, ou rem-

placé par un autre, c'est-à-dire, sans cesser d'être LUI.

Il n'y a donc qu'à choisir, si on veut trouver *sept* sons pour les sept degrés, et, de plus, les deux qui distingueront les altérations du dièse et du bémol ; les doubles dièses et les doubles bémols devant avoir pour correspondants des diphtongues.

Nous sommes prêts à substituer une nomencla-ture *nouvelle* et RÉGULIÈRE aux syllabes de l'hymne de Saint-Jean ; mais du moment où nous consentons à garder *ré*, *mi*, *fa*, *sol*, *la* (et le *si* de douteuse origine), nous tenons à ne pas mutiler la série étymologique, en supprimant *son seul élément significatif*, pour donner sa place à un intrus que rien n'autorise à se faufiler au milieu des débris du verset traditionnel.

Peu nous importent les élans douloureux de la sollicitude de nos *amis de l'enfance*, qui, tout en faussant la rectitude de son jugement, en lui faisant verser tant de larmes, prennent un soin si paternel de son *avenir* ARTISTIQUE, en ouvrant devant elle la première page du solfége. « La syl-» labe sonore, *do*, disent-ils, accoutume l'enfant à » la belle prononciation, elle est plus favorable à » l'intonation, et il faut accoutumer l'élève de » bonne heure aux délicatesses de l'art. »

Poussons à ses conséquences légitimes, dans un autre ordre d'études, cette manière de raisonner : un enfant qui formera ses premiers pas devra être exercé à se tenir comme on doit le faire en bonne compagnie ; on enseignera aux marmots de deux ans à saluer courtoisement, et aux petites filles sortant du maillot à faire cérémonieusement la révérence.

On compliquera la démonstration de la charge en douze temps, faite aux conscrits, par l'étude des manœuvres de l'école de peloton ou par celles de l'école de bataillon et des grandes évolutions, en se fondant sur ce que, chaque recrue ayant dans son sac le bâton de maréchal de France, on doit dès le début le préparer à porter noblement les insignes de sa haute dignité.

Malgré toutes vos belles précautions pour ne faire sortir des lèvres de vos élèves que des syl-labes sonores, alors qu'ils ne savent ni lire ni chanter, ne voyez-vous pas qu'à chaque pas ils en rencontreront d'autres, par milliers, quand vous aurez appris à *lire à deux sur cent en quatre ans*, et que vous en aurez façonné quelques-uns à *l'art du chant*, auquel, s'il faut en croire un grand artiste qui s'appelle Delsarte, la plupart des professeurs de *chant proprement dit*, même dans les plus grands conservatoires, pourraient bien ne pas entendre grand chose, quand il s'agit *d'enseigner aux autres*, au lieu de *chanter soi-même ?*

Prenons un exemple, pour ceux qui, dans l'é-tude élémentaire, ont tant de peur des syllabes sourdes et des nasales, *ou*, *eu*, *an*, *in*, *un*, *on*, et qui ont même proscrit l'U de *ut* que, pourtant, en France, nous ne prononçons pas *out*, comme on le fait au-delà des monts.

J'ouvre au hasard un chef-d'œuvre de versifi-cation, du plus harmonieux de nos poètes, les *chœurs d'Athalie*. Qu'un chef-d'œuvre de mélodie vienne en doubler la beauté, voyez-vous ce que diront les *euphémistes* quand une bouche nourrie par eux dans un saint respect pour le *do*, chan-

table comme dirait Horace, *ore rotundo*, s'ouvrira, pour laisser tomber cette cascade de syllabes compromettantes.

Il donne aux flEUrs lEUr aimable pEINtUre,
Il fait naître et mUrir les frUits ,
Il lEUr dispENse avec mesUre
Et la chalEUr des jOUrs et la fraîchEUr des nUits :
LE chAMp qui les reçUt les rENd avec UsUre

(*Athalie*, acte I, scène IV.)

Je trouve, dans la conservation de l'*ut*, un au-tre avantage ; il établit la ligne de démarcation entre les deux écoles, et, chez nous, il cède, quand il le faut, la place à *tè* ou à *teu*, signes de ses remplaçants graves ou aigus, tandis que les *absolutistes*, là où nous dirions, en chantant : *teu*, *ut*, *tè*, solfieraient, en dépit du sens commun : *do*, *do*, *do*, attachant trois degrés de hauteur à une même syllabe·

Aimé PARIS.

COMMENT LA PRESSE MUSICALE SE RESPECTE À MARSEILLE.

Le *Rouennais* du 28 octobre dernier (il y a deux mois et demi passés — le nombre des jours est à noter) signalait, avec les preuves à l'appui, les plagiats manifestes commis par M. Hilaire Colin, dans ses deux romances, les *Trente*, et *Comment disaient-ils ?* au préjudice de Dalayrac et de l'au-teur de l'air : *Dans les gardes françaises*. Voici qu'au milieu de janvier, deux plumes d'artistes-rédacteurs, dans le *Nouvelliste* et dans le *Séma-phore*, à quelques jours d'intervalle annoncent, comme *venant d'être publiées*, les romances déjà vieilles de M. Hilaire Colin dont ils font de petits chefs-d'œuvres de goût, d'âme et de sentiment ; si les deux rédacteurs connaissent l'air de *Camille* : *Notre meunier chargé d'argent*, s'ils ont fredonné la chanson grivoise, *Dans les gardes françaises*, il est difficile de s'expliquer comment ils peuvent présenter comme de suaves créations des emprunts qui ne sont nullement déguisés, et des coutures, du reste assez mal faites, et comment ils n'ont pas crié au......!

Les *amis* que M. Colin compte dans la rédaction musicale l'auraient mieux servi, en l'invitant à repousser, par une dénégation formelle, toute par-ticipation à un acte d'insigne déloyauté dont il a été invité à décliner la responsabilité. La Fontaine a dit vrai :

Rien n'est si dangereux qu'un imprudent ami ;
Mieux vaudrait un sage ennemi.

Aimé PARIS.

Nous lisons dans le *Charentais*, du 23 janvier, qui se publie à Angoulême :

« — M. Vasse, professeur de musique par la méthode Galin-Paris-Chevé, vient de rouvrir ses cours dans notre ville. Ce professeur, aussi dévoué que consciencieux, a rempli, l'année dernière, dans les cours qu'il a faits ici, toutes les promesses de son programme. La méthode Galin-Paris-Chevé est bonne, et à la portée de toutes les intelligences : voilà ce qu'on peut dire haute-ment et sans crainte d'être démenti par les nombreuses personnes qui ont suivi les cours de M. Vasse. Nous avons vu des élèves de tout âge, après 60 leçons seulement, lire à première vue de la musique écrite dans tous les tons et sur toutes les clefs, avec tous les signes de la notation musicale ordinaire ; voilà ce qu'on ne peut nier, puisque cela s'est passé publiquement.

Non-seulement cette méthode est excessivement avantageuse pour les commençants, mais encore elle est bonne pour les instrumentistes qui veulent connaître en peu de temps la transposition, l'harmonie et la composition mélodique.

» Dans toute espèce de science, le mode d'enseignement est chose décisive pour l'élève ; aussi est-il vrai de dire que, dans les cours de M. Vasse, cette condition est admirablement remplie. Tout ce qu'il faut de zèle, de persévérance infatigable, de conviction et de patience se trouve réuni sans monotonie dans les leçons de ce professeur, qui trouve le moyen de rendre son enseignement si attrayant, que ses élèves se rendent à ses leçons comme à une partie de plaisir.

» La méthode Galin-Paris-Chevé rencontre cependant de nombreux adversaire : c'est le sort de toute idée nouvelle. Prenez toutes les grandes découvertes : la rotation de la terre, l'attraction universelle, la circulation du sang, la vapeur, l'éclairage au gaz, les chemins de fer, l'utilité de la vaccine ; combien d'efforts n'a-t-il pas fallu pour les faire accepter et pour triompher des opinions antérieures qui leur étaient contraires ? Mais le génie, ainsi que la lumière, pénètre partout ; tôt ou tard se, rayons éclairent les masses, et si l'idée est bonne, elle fait son chemin dans le monde.

» C'est ce qui arrive pour la méthode Galin-Paris-Chevé ; déjà elle est adoptée et recommandée par un grand nombre de musiciens éminents et célèbres tels que Berlioz, Reber, Félicien David, Elwart, etc., qui, après un concours excessivement sérieux, lui ont décerné, une médaille d'or de la valeur de 500 fr. Dernièrement encore, nous avons vu dans les journaux de Paris que, de toutes les sociétés chorales de la capitale, la société Galin-Paris-Chevé, dont M. Vasse est membre honoraire, à seule été admise à chanter aux soirées de l'exposition universelle et devant la reine d'Angleterre, lors de son séjour à Paris ; chaque jour cette méthode réunit de nouveaux adhérents, et l'influence qu'elle est appelée à exercer sur l'enseignement musical sera immense, si nous en jugeons par les résultats extraordinaires qu'elle a produits sous nos yeux. »

L'avocat des bêtes

ou

(AD LIBITUM.)

Depuis quelque temps, notre idiome s'est enrichi d'une foule de qualificatifs plus faux et plus absurdes les uns que les autres, et contre lesquels je me révolte, à la fin ; car ils frappent, pour la plupart, de pauvres êtres inoffensifs, qui ne peuvent ni se défendre ni se venger.

Je me proclame donc, pour aujourd'hui, l'avocat d'office de ces victimes résignées qui n'ont rien fait pour mériter l'injustice des hommes, souvent plus bêtes qu'elles.

Je vous préviens que cette fois la défense a bec et ongles à son service.

Pourriez-vous me dire, par exemple, messieurs les beaux esprits, quelle analogie vous trouvez entre ce charmant petit oiseau, au plumage d'or, qui chante comme une prima-dona, et danse comme un sylphe, dans sa cage fleurie au soleil, et le premier imbécile venu, qui ne sait ni penser ni rien dire, et auquel vous jetez pourtant, comme une injure, l'épithète de serin, qui ne dit rien du tout.

Pour moi, je déclare que je n'en trouve aucune. Si vous tenez à votre dernière acception, don-

nez alors à mon joli chanteur ailé, un nouveau nom plus harmonieux et plus sonore, qui ne l'expose plut à des comparaisons blessantes.

— A mon second client, maintenant.

Les bardes d'autrefois avaient poétisé, dans leur juste reconnaissance, ce charmant messager de l'air, le blanc *ramier*, qui portait sous son aile l'espérance ou l'amour, aux barreaux des prisons, comme aux fleurs de la mansarde, et j'aimais du fond de ma pensée, a le voir, en sa course aventureuse, voler d'un cœur à l'autre.

Eh bien ! qu'en a-t-on fait ?

Pauvre *pigeon* déchu, dans leur rage d'assimilation fausse, c'est aux amants dupés, aux Jocrisses de l'amour, aux barbons de tout âge, qu'ils prêtent maintenant ton nom. — Ingratitude et fourberie !

— Pauvres oiseaux, vous valez mieux que nous ! — Molière n'avait-il pas créé assez de types immortels, pour caractériser à jamais les ridicules de son époque et de la nôtre ; avions-nous besoin d'appauvrir encore notre langue, et de lui reprendre des mots utiles pour en forger d'insignifiants ?

Laissons aux imbéciles de tous les genres leurs véritables noms, — ils en sont assez riches, — et ne les flattons pas en voulant les humilier.

Alexandre OSMONT.

THÉATRES.

Les théâtres sont partout en pleine activité. Quand on n'y joue pas la comédie, on y danse. C'est ainsi que dimanche dernier, à l'heure où Rouen s'apprête à dormir ordinairement, le Théâtre-des-Arts ouvrait son premier bal masqué. En même temps, la foule quittait le Théâtre-Français, où une représentation des plus brillantes venait d'inaugurer le règne de M. Juclier. De sorte que, de tous les côtés, c'était un bruit, un mouvement, une gaieté et des éclats de rire, à faire croire que le théâtre était revenu à ses beaux jours.

La troupe du Théâtre-Français est restée à peu prés la même. Nous avons cependant à signaler la rentrée de M. James, dans le *Maître d'école*. Quelques vaudevilles bien connus ont défrayé la la semaine. Il y a eu des applaudissements pour nos meilleurs artistes ; nous avons nommé M. Berret, M. Edmond, M. Biétry, M. Cudot, M. Millet, M. Legrenay, qui vient de jouer la *Partie de piquet* d'une façon si honorable, Mme Daubray, Mlle Devaux, Mme Saint-Ange et Mme Beaudoin.

Les nouveautés nous permettrons bientôt de nous étendre plus longuement.

On promet toujours à la *Gaieté* le prochain début de M. Jenneval. En attendant qu'il se fasse applaudir des parisiens, M. Jenneval va donner en province quelques représentations.

Alexandre OSMONT.

Musique de chambre.

M. MAURIN.

Une société nombreuse et distinguée s'était donné rendez-vous, dimanche dernier, à une heure, dans le salon de M. Engelmann ainé.

M. Maurin, secondé de MM. Orlowsky, Engelmann frères et Thieulan fils, nous a fait entendre un quatuor de Haydn (op. 44)· un quatuor de Beethoven (op. 6), et un quintette de Mozart (op. 4).

Ces trois chefs-d'œuvres ont été écoutés avec une attention des plus religieuses. Le recueillement de l'auditoire et les applaudissements, qui éclataient à chaque instant, témoignaient assez de la sympathie des dilettantes pour cette musique incomparable, exécutée par des artistes aussi habiles que passionnés pour leur art.

Une seconde séance, dont nous bublierons le programme, aura lieu dimanche prochain.

Nous renvoyons à notre prochain numéro la publication d'un article du *Journal de Francfort*, traduit par la plume élégante d'une femme distingué. On jugera de la réception qui a été faite à M. Maurin, lors de son récent voyage en Allemagne, cette patrie de la musique de chambre.

NOUVELLES.

Notre ami et collaborateur, M. Eugène Villemin, a remporté le second prix des *Chercheurs d'or*, (4,000 fr.,) sujet poétique proposé par la Société des gens de lettres.

Jeudi soir 20 décembre, a eu lieu à la salle Sainte-Cécile, la fète annuelle de la société chorale Galin-Paris-Chevé. L'habile et savant continuateur de l'œuvre de P. Galin marche lentement mais sûrement vers le noble but qu'il s'est proposé, *vulgariser la science musicale*. La méthode de M. Chevé est aujourd'hui populaire à Paris, et le nom de l'auteur de cette heureuse réforme musicale est si connu qu'il devient inutile d'insister à ce sujet. La fète du 20 décembre avait attiré un concours considérable d'auditeurs qui ont pu apprécier l'excellence des nouveaux procédés.

(L'Omnibus.)

Nous recevons trop tard pour le publier aujourd'hui un article de M. Emile Chevé, sur l'enseignement de la musique à l'école normale de gymnastique de la Faisanderie (près Vincennes). — Renvoyé à Dimanche.

Les parents et amis de notre compatriote F. Bérat, lui font élever un monument au Père Lachaise.

Tout nous fait espérer que la commission désignée par le conseil municipal de Rouen votera un buste au chansonnier, pour être déposé au musée de cette ville.

Un nouveau journal, le *Midi artistique*, vient de paraître à Toulouse. Un charmant écrivain, M. Balech de Lagarde, en est le rédacteur en chef Cette feuille a pour mission spéciale de plaider la cause des théâtres de la province, et de tenir ses lecteurs au courant de tous les faits qui se produiront dans le monde dramatique. On s'abonne au bureau de *la Réforme*, correspondant à Rouen du Midi artistique.

Les abonnements à la *Réforme musicale* sont également reçus chez M. Vasse, professeur de musique à Angoulème.

M. Eugène de Mirecourt publie la biographie d'*Alexandre Dumas* fils, auteur de la *Dame aux Camélias*, de *Diane de Lys* et du *Demi-Monde*. Après une notice collective destinée à MM. Léon Gozlan et Champfleury, viendront les biographies curieuses d'*Alexandre Dumas* père et de *Louis Veuillot*.

Darnétal. Imp. Fruchart.

XI° Année; I° du nouveau titre.—N° 2.　　UN NUMÉRO : 20 CENT.　　Dimanche 3 Février 1856.

Musique, — Sciences, — Arts, — Littérature, — Théâtres.

LA RÉFORME MUSICALE

ABONNEMENT A ROUEN : 10 FR.

ON S'ABONNE

A ROUEN, chez M. Louis Roger,
rue Porte-aux-Rats, 2.
A PARIS, chez M. Emile Chevé, rue
des Marais-S.-G., 18.

JOURNAL DES DOCTRINES DE L'ÉCOLE GALIN-PARIS-CHEVÉ.

BUREAU A ROUEN, RUE PORTE-AUX-RATS, N° 2.

LOUIS ROGER, Directeur-Gérant.

ABONNEMENT DANS LES DÉP. : 12 F.

ON S'ABONNE

A MARSEILLE, chez M. Aimé Paris
rue Paradis, 77.
A LYON, chez M. Perraud, rue du
Griffon, 11.

RENSEIGNEMENTS. — Cette feuille paraît à ROUEN tous les DIMANCHES. — Tout ce qui concerne l'administration du journal doit être adressé à Rouen, rue Porte-aux-Rats, 2. — Ce qui concerne la rédaction peut être indifféremment adressé à M. Chevé, à M. Aimé Paris, ou au directeur-gérant. — La critique demeure sous la responsabilité de celui qui la signe. — Il sera rendu compte des ouvrages dont un exemplaire sera déposé au bureau du journal. — Les lettres non affranchies seront refusées.

On peut se procurer des numéros de la *Réforme*, au bureau du journal, — au dépôt du cours Boïeldieu, à Rouen, — et dans l'intérieur des théâtres.

LA MÉTHODE GALIN - PARIS - CHEVÉ INTRODUITE DANS L'ARMÉE PAR L'ÉCOLE NORMALE DE GYMNASTIQUE DE LA FAISANDERIE

(PRÈS VINCENNES).

La méthode Galin-Paris-Chevé est enseignée depuis deux ans et demi aux sous-officiers et caporaux qui suivent les cours de l'école normale de gymnastique de l'armée. Le personnel des élèves étant renouvelé tous les six mois dans l'école, cinq séries de 125 élèves environ, ont, dès aujourd'hui appris la musique par cette méthode et sont rentrés à leurs corps respectifs; de sorte que l'armée compte déjà SIX CENTS sous-officiers ou caporaux qui connaissent la méthode nouvelle; et, sur les 600, on peut affirmer qu'il y en a au moins TROIS CENTS qui la possèdent très-bien. Il y a là de grands éléments de propagande qui ne peuvent que se fortifier de plus en plus, puisque le cours normal continuant toujours, l'école verse, tous les six mois, cent vingt-cinq nouveaux élèves répartis dans tous les régiments de l'armée. Ceci est une grande chose.

En attendant que je donne l'historique de l'introduction de la méthode dans l'école de gymnastique, ce qui ne tardera pas, je veux aujourd'hui rendre compte des résultats obtenus dans le cours qui a été clos le 19 de ce mois (le cinquième depuis que la méthode est enseignée dans l'école) en présence de M. le général Repont, inspecteur-général des écoles de tir et de gymnastique.

A chaque fin de cours, le commandant d'Argy, qui a prêté un concours si dévoué à la méthode depuis 1842, désire que je constate les résultats obtenus. En conséquence, le 18 janvier, veille de la distribution des prix, je me suis rendu à la faisanderie et voici ce que j'y ai constaté,

Le cours de musique est fait par M. le lieutenant de Féraudy, professeur de gymnastique dans l'établissement ; c'est la troisième qu'il fait depuis mon départ de la Faisanderie, et il y a apporté l'habileté remarquable et le dévouement enthousiaste qu'il avait déjà déployés dans les deux premiers : aussi, les résultats qu'il vient encore d'obtenir sont-ils très-remarquables.

Le personnel du cours, composé de 130 sous-officiers ou caporaux, est arrivé à l'école le premier août 1855, le 18 janvier le cours avait donc cinq mois et demi de durée ; les élèves ayant reçu 3 leçons par semaine avaient environ 66 leçons, en supposant qu'il n'y ait eu ni congé, ni absences individuelles pour causes de maladie, de service, etc. Ils n'ont suivi, pour la musique, que la méthode Galin-Paris-Chevé, la seule qui soit enseignée dans l'école depuis la fin de 1853. Voici le programme de ce qu'ont fait les élèves devant moi :

1° Ils ont chanté LE CHANT DES MINEURS de M. Allyre Bureau, d'une manière très-franche, qui ne laissait rien à désirer pour la justesse des sons et l'exactitude des durées. Les nuances ont été très bien faites, chose remarquable chez des élèves de cinq mois qui n'ont pu consacrer que très peu de temps à cette étude.

2° EXERCICES D'INTONATIONS.—Les élèves ont prouvé qu'ils possèdent les deux modes types d'une manière sûre ; ils modulent facilement, avec ou sans soudures.

3° Ils ont très-bien chanté un morceau intitulé : STROPHE IMPÉRIALE, morceau qui leur avait déjà valu les félicitations de l'Empereur, lors de sa visite au gymnase.

4° Ils ont pris SOUS LA DICTÉE un air en deux temps, à division ternaire et contenant d'assez grandes difficultés de modulations.—Les élèves reportent la dictée sur LA PORTÉE dans LE TON et avec LA CLÉ qui leur sont demandés. La dictée a été prise avec une grande facilité.

5° Ils ont chanté avec beaucoup d'énergie le chœur A LA MER, tiré du PIRATE de BELLINI.

6° Puis est venu le tour de la lecture à première vue ; un chœur suédois, pris comme sujet d'expérience, a été enlevé avec une grande précision et sans un accroc.

7° Après la lecture à première vue, ils ont chanté le CHOEUR RELIGIEUX d'ELWART, le même qui nous fut donné par le jury, la veille du concours du 12 juin 1853.— Ce chœur, assez difficile, a été bien rendu.

8° Ici arrivait la lecture sur toutes les clés ; cette opération est déjà familière aux élèves.

9 Enfin, la séance a été close par la RETRAITE de M. LAURENT DE RILLÉ et par le final du premier acte d'EURYANTHE de WÉBER.—Ces deux morceaux ont été très-bien exécutés, et ont dignement terminé des exercices, qui ont tous bien marché et dont j'ai été parfaitement satisfait.

Voilà ce que j'ai vu et ce qui a été obtenu en cinq mois, et demi sur des militaires pris au hasard et dont la volonté n'avait pas été consultée, et voilà ce qui était REPRODUIT pour la CINQUIÈME fois depuis 29 mois, toujours avec le même succès ; et voilà encore ce qui se reproduira régulièrement tous les six mois, les élèves se renouvelant intégralement de semestre en semestre. — Ainsi, tous ces hommes qui n'ont consacré à l'étude de la musique qu'une partie du temps de loisir que leur laissent des travaux plus sérieux, PARTENT APRÈS CINQ MOIS DE SÉJOUR à l'école normale, SACHANT LIRE, ÉCRIRE et COMPRENDRE LA MUSIQUE!... Que l'on cherche ailleurs de pareils résultats! même dans les écoles spéciales de musique, qui n'agissent que sur des sujets de choix et qui consacrent tout leur temps à l'étude de la musique... Que l'on juge enfin des résultats gigantesques qui auraient été obtenus dans toute la France sans la résistance toute de parti pris de la Commission du chant de la ville de Paris, qui a empêché tout examen des résultats pratiques obtenus par notre école. —Mais je reviendrai sur ce point.

Aujourd'hui, je termine en priant M. le général Repont de vouloir bien agréer mes remerciements pour l'appui bienveillant qu'il prête à la méthode, depuis qu'il en a constaté les résultats surprenants ; je remercie le commandant d'Argy, aujourd'hui lieutenant-colonel, de l'appui constant et énergique qu'il prête à notre idée depuis qu'il a pu en apprécier l'importance, à Lyon en 1842 ; enfin je remercie M. de Féraudy de son ardeur soutenue à propager l'idée nouvelle, et je le félicite sincèrement de la manière heureuse dont il vient d'en faire l'application pour la troisième fois.

Paris, 25 janvier 1856.

Emile CHEVÉ,

Les abonnements à la *Réforme musicale* sont également reçus chez M. VASSE, professeur de musique à Angoulême.

DES RESSOURCES & DES APPLICATIONS DE LA PROGRESSION DES QUINTES MAJEURES
(IMPROPREMENT APPELÉES *QUINTES JUSTES*).

Pendant des siècles, on a écrit et étudié des traités soi-disant *élémentaires de musique*, dans lesquels se trouvait en relief la progression dont je vais démontrer les nombreuses propriétés, et pourtant aucun des théoriciens (s'il faut donner ce nom à ceux qui ne font que reproduire ce qui a été écrit avant eux; sans y ajouter une idée, sans rectifier une erreur) ne paraît avoir soupçonné la toute puissance de cette progression. Je n'en excepte pas même l'homme dont l'autorité scientifique tombera de beaucoup au-dessous de zéro, quand les véritables principes de l'analyse auront fait leur chemin ; je veux parler de M. Fétis.

Ce *savant*, comme le nomment ceux qui confondent les effets de la mémoire avec le travail de la pensée, m'a écrit, le 9 décembre 1840, à Bruxelles, où j'étais son proche voisin, ces paroles textuelles, imprimées dans la même ville en 1841, page 9 de ma *Lettre à M. Fétis* : « Lorsque j'ai étudié quelque chose de relatif à la musique, » j'en sais *tout ce qu'on peut en savoir.* » Eh bien ! il a *étudié* l'ordre de placement des dièses à la clé : *fa, ut, sol, ré, la, mi, si,* la série inverse, pour le placement des bémols : *si, mi, la, ré, sol, ut, fa* ; il a, de plus, comme tous ses devanciers, donné dans tous ses ouvrages élémentaires l'ordre des tonalités par quintes : *sol, ré, la, mi, si, fa dièse, ut dièse,* pour les tons par dièses : *fa, si bémol, mi bémol, la bémol, ré bémol, sol bémol, ut bémol,* pour les tons par bémols, et nous verrons bientôt de combien il s'en faut que M. Fétis ait su *tout ce qu'on pouvait savoir* des conséquences de la hiérarchie des tonalités disposées par progression de quintes.

Avant d'aborder l'important sujet dont la *Réforme musicale* publiera successivement les développements, je dois faire justice des mauvaises dénominations qui, lorsqu'il fallait, pour distinguer les deux intervalles de même nom, entre deux degrés de la gamme *diatonique* (encore un mot impropre pour une série où il y a autre chose que des *tons,* ou *secondes majeures*), prendre des mots en rapport *exclusif* avec l'idée de *distance,* ont empiété sur le domaine de la *science harmonique,* si confuse du reste au point de vue de l'explication de l'enchaînement des faits, pour mêler à l'expression de la DISTANCE des idées de *convenance harmonique,* dont l'élève ne pourra comprendre le sens, si même beaucoup y parviennent, que dans les cours d'harmonie.

Il n'est pas besoin pourtant de réfléchir bien longtemps, si on n'a pas le jugement absolument faux, pour comprendre que l'élève à qui on n'a fourni que sept échelons dont *l'écartement* N'EST PAS LE MÊME, ne peut *mesurer* que d'après la donnée *visible* qu'on lui a fournie, et que, dès-lors, la *portée* avec ses lignes *équidistantes* exige un correctif *intellectuel* ou l'emploi d'une autre distribution qui *parle mieux* à *l'œil,* si on veut faire entrer dans l'esprit l'idée nette de la différence des intervalles.

Rien ne me paraît plus propre à remplir ce but que la disposition circulaire des sept notes du *mode d'ut,* espacées de manière à représenter les deux espèces de secondes :

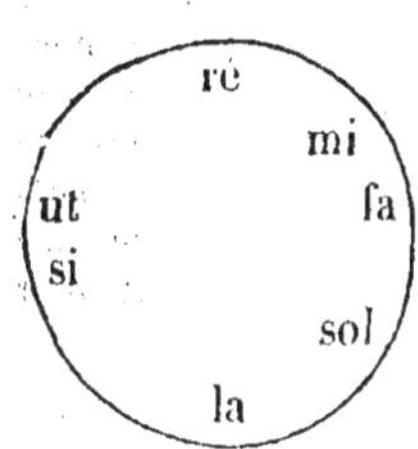

On trouve, dans cette distribution, un premier avantage ; c'est de profiter de ce fait incontestable que *le tour d'une circonférence est constamment le même de quelque point qu'on parte pour y revenir en suivant la même direction.* C'est la preuve palpable de l'égalité des octaves, et la réduction légitimée de l'étude des intervalles à ceux qui sont moindres que l'octave.

Ensuite, comme elle présente uniformément la série des secondes superposées qui donnent le total et l'espèce des éléments de chaque intervalle, *tierce, quarte, quinte, sixte, septième,* elle réduit à une figure très-facile à retenir en mémoire tout ce qu'il faut connaître pour évaluer exactement la différence qui existe entre deux intervalles de même nom, du moment où il ne s'agit que du plus ou du moins, sans préciser la quotité de la différence proportionnelle, par les mots impropres de *ton* et de DEMI *ton,* c'est-à-dire de *moitiés* QUI NE SONT PAS DES MOITIÉS !

Prouvons maintenant que la différence entre chacun des deux intervalles de même nom, *tierce, quarte, quinte, sixte, septième,* est CONSTAMMENT LA MÊME, c'est-à-dire *celle d'une seconde majeure à une seconde mineure,* et rendons le fait plus saillant, par la *similitude de distribution* des secondes, autres que les éléments de différence, toujours placés à l'extrémité supérieure des intervalles à comparer.

```
si        si          si          si          si          si
       fa          fa          fa          fa          fa          fa
la     mi  la     mi  la     mi  la     mi  la     mi  la     mi
           sol    ré  sol    ré  sol    ré  sol    ré  sol    ré
                      fa     ut  fa     ut  fa     ut  fa     ut
                                 mi     si  mi     si  mi     si
                                            ré          ré  la  ré  la
                                                            ut      sol

Secondes.   Tierces.    Quartes.    Quintes.    Sixtes.   Septièmes.
```

Partout, on le voit, du grave à l'aigu, la distribution des secondes est la même, sauf au haut de chaque colonne, où l'intervalle le plus grand des deux offre toujours : si/la seconde *majeure,* et le plus petit : fa/mi seconde *mineure.*

Donc, *l'identité de différence* doit commander *l'identité de distinction,* et sous peine de brouiller toutes les idées de l'élève, par l'emploi de termes scientifiquement contestables, on n'a besoin que du mot *majeur,* pour l'intervalle *quelconque* dont les termes extrêmes sont *plus écartés* que ceux de son homonyme, avec lequel on ne veut pas qu'il puisse être confondu.

Donc, encore, la distinction des *quartes* et des *quintes* d'espèces différentes doit être faite de la même manière que celle des secondes, tierces, sixtes et septièmes, par les mots *majeur* et *mineur,* qui introduisent une régularité sans exception, dans la nomenclature si maladroitement bigarrée des livres usuels.

Ainsi, quand je dirai :	*J'exprimerai la même idée que si j'écrivais :*
1° Quarte mineure,	1° Quarte juste.
2° Quarte majeure,	2° Quarte augmentée, ou quarte superflue, ou fausse quarte.
3° Quinte mineure,	3° Quinte diminuée, ou fausse quinte,
4° Quinte majeure,	4° Quinte juste.

Et, toutes les fois que j'emploierai le mot QUINTE, sans le faire suivre des qualificatifs *majeur, mineur* ou *maxime* (ce que les traités ordinaires appellent *augmenté*), on devra se souvenir qu'il est question de la QUINTE MAJEURE, élément unique de la progression dont j'ai à faire ressortir la fécondité sans limites.

Les exigences de la typographie ne permettant pas d'employer la série superposés, quand les exemples se trouveraient au haut ou au bas des colonnes, souvent j'écrirai *horizontalement,* au lieu de les écrire *verticalement,* les termes consécutifs de la progression. Il sera facile de regarder la note écrite la *première vers la* GAUCHE, comme représentant le terme *inférieur* d'une série de quintes majeures superposées. Exemple :

(Écriture horizontale):

FA, UT, SOL, RÉ, LA, MI, SI,

Devra être regardé comme s'il était écrit en écriture verticale :

Écriture verticale.

```
SI
MI
LA
RÉ
SOL
UT
FA
```

Les cinq séries de quintes seront désignées par les syllabes suivantes :

Série des *doubles dièses.*	fiè, tiè, jiè, riè, liè, miè, siè,
Série des *dièses* :	fè, tè, jè, rè, lè, mè, sè,
Série du *mode d'ut* :	fa, ut, sol, ré, la, mi, si,
Série des *bémols* :	feu, teu, jeu, reu, leu, meu, seu,
Série des *doubles bémols* :	fieu, tieu, jieu, rieu, lieu, mieu, sieu.

La série continue, depuis *fa double bémol* jusqu'à *si double dièse,* sera donc ainsi construite :

fieu, tieu, jieu, rieu, lieu, mieu, sieu, feu, teu, jeu, reu, leu, meu, seu, fa, ut, sol, ré, la, mi, si, fè, tè, jè, rè, lè, mè, sè, fiè, tiè, jiè, riè, liè, miè, siè.

Que les compositeurs qui exploitent la complication pour se faire une triste réputation de science franchissent cette limite et inventent, pour *l'écriture* et la *pratique* du GRIMOIRE ABSOLU, les *triples bémols,* les *triples dièses,* etc., sur-le-champ, l'ECOLE DES RAPPORTS étendra la série infinie à ses deux extrémités, par de nouvelles *diphtongues :* foué, toué, joue, etc., ou par des *consonnes finales* PRONONCÉES : fièd, tièd, jièd, etc., sans qu'il soit besoin d'ajouter une ligne à ce qui aura été dit plus bas, pour la solution des problèmes du même genre que ceux dont j'aurai enseigné à dégager l'inconnue. Les *compliqueurs* (ou *complicateurs*) —qu'on me permette ce néologisme, qui devrait bien entrer dans la langue pour stigmatiser ceux qui *font la nuit* dans l'intérêt de leur gloriole *scientifique* — peuvent être désormais certains qu'il sera facile d'avoir raison de leurs finesses puériles et condamnables.

Bien plus, chacun pourra, aussi aisément qu'eux, donner à un *pont-neuf* l'apparence d'une de ces conceptions qui classent leur auteur parmi les plus habiles. Dès lors, les tours de force d'écriture seront bannis du domaine de la science réelle, et les compositeurs renonceront nécessairement au logogriphe, pour s'en tenir à l'idée, la seule chose que perçoive l'auditeur qui n'a pas sous les yeux la forme hiéroglyphique.

Ces préliminaires étaient indispensables, pour faire comprendre ce qui va être dit. Le lecteur s'y reportera chaque fois qu'il aura besoin de retrouver la signification d'une syllabe employée dans les applications.

PRINCIPE GÉNÉRAL DE LA PROGRESSION DES QUINTES.

Deux termes quelconques de la progression étant mis *côte à côte,* dans l'écriture *verticale,* ou *superposés* dans l'écriture *horizontale,* tous les autres termes soit côte à côte, soit superposés, seront, *entre eux,* dans le MÊME RAPPORT.

Écriture verticale.

```
       etc.  etc.
       la    tè
       ré    fè
       sol   si
Donnée ut    mi
       fa    la
       seu   ré
       meu   sol
       leu   ut
       reu   fa
       etc.  etc.
```

Exemple (sur la DONNÉE : *ut mi*) :

Écriture horizontale :

```
etc.  reu  leu  meu  seu  fa  UT  sol  ré  la  etc.
etc.  fa   ut   sol  ré   la  MI  si   fè  tè  etc.
```

Ce qui revient à dire, pour les deux écritures :

UT *est à* MI *comme*
la *est à* tè,
ré *est à* fè,
sol *est à* si,
....
fa *est à* mi,
seu *est à* la,
meu *est à* ré,
leu *est à* sol.

Comme dans les problèmes numériques, je représenterai le mot *donnée* par la lettre x ; la *solution* aura, pour abréviation, la lettre s.

Aimé PARIS.

(La suite prochainement.)

UN SERINAGE [1] IMPOSSIBLE.

C'est ce matin, 27 janvier 1856, que la chose s'est passée, à Marseille, où, selon toute probabilité, ce n'est pas la première fois qu'elle se produit. Des précédents du même genre existent nécessairement, dans toutes les villes où il y a des succursales du Conservatoire, et la métropole du culte du ton absolu n'est pas plus vierge de ces déconvenues que les petits établissements qui se traînent à la suite dans l'ornière traditionnelle.

Ce matin, un élève du Conservatoire de Marseille accourt chez un de ses amis, qui joue de la clarinette, et qui n'appartient pas à cette succursale, où il n'y a pas plus de classe de clarinette que de classe de flûte, de hautbois, de cor, etc., ce qui procure à la ville une notable économie, et ne la prive pas de beaucoup de virtuoses, s'il faut en juger par ce que produisent les classes énumérées par la liste que grossissent les PROFESSSURS sans autres appointements que la perspective d'un prix qui n'est pas toujours disputé par un compétiteur, ELÈVE OU NON.

Le dialogue suivant s'établit entre les deux amis :

— Voici un morceau qu'on me conseille de chanter. Je voudrais bien l'entendre jouer, pour savoir s'il me conviendra.

— Rien n'est plus simple ; je vais le déchiffrer sur mon instrument.

— Cela m'obligera. (L'INTERLOCUTEUR DONNE SON MORCEAU A L'INSTRUMENTISTE QUI S'ÉCRIE) :

— Mais il est écrit sur la clé de FA.

— Q'est-ce que cela fait?

— Cela fait que la musique composée pour la seule espèce de clarinette dont je sache jouer est écrite sur la clé de SOL, et que, pour ceci, il faudra que je le transpose pour cette clé.

— Comment! quand on sait jouer de la clarinette, on ne peut pas jouer toute la musique écrite pour la voix !

— Mon Dieu! non ; pas plus que quand on apprend la musique vocale, ici, au conservatoire, on ne peut se dispenser de faire jouer sa musique par une clarinette, pour savoir ce qu'elle signifie.

— Il faudra donc attendre que la transposition soit faite par écrit ?

— Oui ; à moins de s'adresser à un basson, ou à un pianiste qui joue ceci de la main gauche.

Admirable UNITÉ D'ÉCRITURE, n'est-ce pas, que celle qui ne permet pas aux neuf-dixièmes des instrumentistes, POUR LE MOINS, de jouer en dehors des exigences de l'orchestre, et pour sa satisfaction personnelle, ou pour obliger un ami, une mélodie facile écrite sur une autre clé que la seule qu'on leur ait fait connaître !

Il y a là plus d'un enseignement sérieux.

Si les éditeurs ne publiaient pas certains morceaux sur deux clés, pour différentes

voix, dont les possesseurs, dans une proportion désolante pour l'amour-propre des conservatoires et de l'enseignement particulier, ne savent pas déchiffrer sans instrument, quiconque connaîtrait la clé de SOL et jouerait du flagolet, de la flûte, du violon, de la clarinette, du cornet a piston, etc. pourrait remplir utilement l'office de SERINEUR (1)

Mais il y a une espèce d'hypocrisie, dans ces doubles éditions d'une même mélodie.

Sous prétexte de mettre l'air dans la voix du chanteur — comme si on s'avisait d'écrire une phrase quand elle doit être dite à l'oreille, autrement que quand elle doit être prononcée de manière être entendu de deux mille auditeurs, comme si sa forme graphique devait être modifiée selon qu'elle devrait sortir de la bouche d'un homme, d'une femme ou d'un enfant, — on a pris en pitié l'insuffisance de la presque totalité des accompagnateurs, incapables de transposer un accompagnement, dans le ton exigé par le registre de la voix du chanteur.

Il faudrait écrire autrement le titre de ces morceaux de rechange, et, au lieu de ces mots : « transposé pour voix de baryton, » de basse, de ténor ou de soprano, » mettre : « Harmonie transposée pour permettre aux pianistes d'accompagner un baryton, une basse, un ténor ou un soprano. »

Les pianos transpositeurs de Roller et Blanchet, ont donné depuis longtemps le moyen d'éviter de subir cette ridicule nécessité, grâce à un simple déplacement du clavier, qui permet d'appliquer le même doigté à des tonalités différentes.

S'attacherait-on, par hasard, en ÉDITANT, comme en ENSEIGNANT, à prendre le contrepied de ce qu'indique le plus simple bon sens?

Les musiciens tiendraient-ils à ressembler aux anciens augures qui, comme disait spirituellement un de leurs contemporains, ne devaient pas pouvoir se regarder sans rire?

Aimé PARIS.

LE QUATUOR PARISIEN.

Sous ce titre, un journal de Francfort a publié les appréciations qu'on va lire, traduites de l'allemand par une femme dont le talent et la distinction sont bien connus dans les salons de Rouen.

« La musique de chambre est sur son terrain en Allemagne, car, sa plus noble branche, le quatuor est véritablement né dans cette patrie du très-célèbre Haydn. Après la mort de ce grand maître, Mozart, Beethoven et quelques autres prirent le quatuor sous leur protection, et le poussèrent à une hauteur que la muse allemande peut contempler avec un juste orgueil.

» Par cette introduction figurée, nous voulons dire que ce n'est pas une petite entreprise, pour des artistes étrangers de venir nous faire entendre, à nous allemands, la musique allemande que nous avons entendu interpréter par les plus grands artistes de l'Allemagne.

» Quatre membres de la chapelle Impériale de France ont parfaitement réussi

dans cette tentative. Le premier concert qu'ils ont donné ici le 6 ce mois (décembre 1856), eut un succès si extraordinaire que notre public, essentiellement doué du sens artistique, s'est trouvé instantanément saisi d'une indicible émotion.

» M. Maurin est incontestablement au nombre des premiers violons de l'époque. Les sons qu'il tire de son instrument ne sont pas précisément grands, mais d'une qualité merveilleuse. Il y a dans son archet et dans tout son jeu, tant d'âme, tant de chaleur ; il gradue si bien les nuances depuis la finesse et le calme jusqu'au feu le plus animé, que l'impression qu'on reçoit ne cesse pas d'être bienfaisante, même au moment où l'exécution se tourmente et s'échauffe.

» Le second violon, M. Sabatier est aussi un véritable artiste. Si sa partie ne lui donne pas autant d'occasions de briller, il tient dignement sa place auprès du premier violon, et sait s'unir à lui avec une rare habileté.

» M. Mas, un alto modèle, serait l'homme le plus capable de faire valoir dans un solo les qualités de ce magnifique instrument trop souvent négligé

» En M. Chevillard, nous saluons, un de ces rares violoncellistes qui réunissent le plus pur mécanisme à un son clair, riche, net, sonore et comparable à la voix humaine. Par son coup d'archet accentué, cet artiste sait graduer le chant depuis le plus doux murmure jusqu'à la plus grande puissance.

» Nous avons été d'autant plus surpris de trouver toutes ces perfections chez nos hôtes que nous ne nous attendons pas à les rencontrer chez des artistes français, qui, par la vivacité ordinaire de leur naturel, sont portés à se faire valoir individuellement et à se poser en virtuoses au préjudice de l'ensemble.

» Comme il arrive toujours, l'auditoire n'a pas manqué d'établir des comparaisons. Par exemple, on a agité la question de savoir si le quatuor parisien devait être placé au-dessus du quatuor des frères, Muller. Nous ne dirons qu'une chose au sujet de cette discussion, c'est qu'elle est oiseuse et sans but. Chacun de ces quatuors célèbres a ses qualités particulières et ses avantages. La pureté du style Allemand reçoit de la grâce française un charme infini, et l'esprit français donne à cette musique, un essor plus hardi, un feu plus passionné. Cette éloquence musicale (si nous pouvons parler ainsi) a entraîné des auditeurs très-impressionnables à la musique de chambre. Nous écoutions, sans oser respirer.

» Les artistes parisiens se sont réunis surtout dans le but d'exécuter les derniers quatuors de Beethoven. Nous leur devons ce témoignage qu'ils ont rendu ces œuvres grandioses, remplies d'obscurités, de bizarreries et d'effroyables dissonances, de la façon la plus spirituelle, la plus claire et la plus charmante. »

En reproduisant cet article, nous avons cédé à un sentiment légitime d'orgueil national et profité en même temps d'un heureux à propos.

M. Maurin donne aujourd'hui à une heure, chez M. Engelmann aîné, sa seconde

---

(1) De *couler*, on a fait *coulage* ; pourquoi de *seriner* ne ferait-on pas *serinage*, *serineur* ? Cela est dans l'analogie. Je recommande à l'Académie française ces mots que j'emploierai plus d'une fois, sans aucun scrupule de puriste.

séance du quatuors. Il nous sera donc permis de constater de nouveau l'exactitude de la critique allemande.

Louis ROGER.

CHRONIQUE THÉATRALE.

REVUE DE LA HUITAINE.

Vendredi. — Les TROIS GAMINS. Succès de fou-rire pour Mlle Daubray et notre ami James. En enfants gâtés, ils partagent avec le public l'hilarité qu'ils causent.

Dimanche. — Première représentation de LA BOULANGÈRE A DES ÉCUS. Drame nouveau, bien écrit, mais pauvre d'invention, dont nous nous contenterons de constater la réussite.

Arrivant des derniers, nous ne pouvons nous amuser à donner l'analyse des nouveautés. Ce serait perdre en redites un temps précieux, et d'ailleurs nos lecteurs sont saturés de ces sortes de récits. Ce qui leur importe avant tout, c'est de savoir si la pièce nouvelle vaut la peine qu'ils se dérangent, et c'est ce que nous leur dirons toujours en toute franchise, ne consultant pas seulement nos impressions personnelles. mais l'effet produit à la représentation sur l'ensemble des spectateurs.

Cela dit une fois pour toutes, faisons-nous l'écho des applaudissements qui ont retenti doucement pendant cette soirée à l'oreille de Mmes Edmond, Dussaule, et de MM. James, Edmond et consorts.

Le même soir, le Théâtre des Arts rouvrait ses portes à ses fidèles, ne leur offrant pour toute séduction qu'un acte nouveau, mais un acte charmant : LE CAMP DES BOURGEOISES, pui a été chaleureusement accueilli, A CE QU'IL PARAIT.

Nous ajoutons cette réticence, car n'ayant pas encore reçu notre lettre-patente, nous avons préféré attendre qu'on le jouât au Théâtre-Français, que d'affronter sans titre le seuil du contrôle.

Nous n'avons pas eu longtemps à attendre pour cela :

Mardi. — La deuxième représentation avait lieu sur notre seconde scène, et les bravos du dimanche recevaient leur sanction. Mlle Dirval, une des plus heureuses trouvailles de la nouvelle direction, a conquis tout de suite la faveur du public, par sa grâce toute charmante, son entrain et cette sorte de gaîté de la jeunesse, qui déborde de ses lèvres et de ses yeux, et se communique autour d'elle comme un riant feu de joie.

Mlle Devaux a su être charmante auprès d'elle. Nous lui demandons seulement un peu plus d'abandon et de naturel.

Nous estimons fort le talent consciencieux de M. Legrenay. Qui l'a vu dans le MÉDECIN DES ENFANTS, les ZOUAVES, et dans le CAMP DES BOURGEOISES, a vu trois artistes différents, sans s'en douter. N'est-ce pas là le plus grand mérite d'un comédien, ce roi des caméléons?...

M. Biétry, qui se multiplie au gré du public qui le revoit avec plaisir dans chaque rôle, complète un ensemble parfait.

BRUTUS LACHE CÉSAR, a fourni à M. Bazin l'occasion de se faire apprécier sous un nouveau jour qui lui est favorable, et à Mlle Anna, une nouvelle venue, de révéler des qualités que paralysait un peu son émotion, mais qui se dévoileront tout-à-fait par la suite.

AS TU TUÉ LE MANDARIN? a fait un four complet. Nous plaignions en nous-même ce pauvre M. Drappier, qui a fait tous ses efforts pour éviter cette chute immanquable : Honneur au courage malheureux !

Alexandre OSMONT.

NOUVELLES.

Une société musicale, composée d'artistes et d'amateurs vient de se constituer à Rouen. M. Thieulan, fils, qui en est le chef, a déjà commencé les études dans le local de la rue de la Prison, lieu ordinaire des réunions de cette société. Dire qu'un fragment de la symphonie en LA, de Beethoven, a été mis sur les pupitres pour être travaillé avec soin, c'est indiquer assez le but et l'utilité de cette association philharmonique.

Que MM. les amateurs soutiennent à force de zèle cette société naissante; que les artistes, de leur côté, montrent leur bon vouloir, et avant peu nous aurons un orchestre tout prêt à se réunir aux masses chorales que l'école Galin a formées, pour l'exécution des chefs-d'œuvres classiques. Ce n'est qu'une question de temps et de confraternité, question de zèle, surtout. En aura-t-on ? Espérons-le.

L'administration du Théâtre-Lyrique vient de recevoir un opéra comique en un acte, paroles de MM. Lapointe et James Desportes, musique de M. Canoby.

Trois cours sont ouverts à Lyon sous le patronage de la société de l'École Galin-Paris-Chevé. Le premier, public et gratuit, est professé par M. P. Castellan, sous-directeur de la société, 140 élèves s'y sont fait inscrire. Les deux autres ont pour professeur le directeur même de la société, M. A. Perraud. L'idée fait des progrès à Lyon, surtout depuis que la ville a supprimé ses cours publics. Terrible échec pour la routine.

Le théâtre des Délassements comique de Paris a reçu depuis quelque temps un nouveau vaudeville de M. Frédéric de Reinffeberg fils. — Les journaux de théâtres, qui s'accordent à dire grand bien de cet ouvrage, assurent qu'il sera prochainement représenté. — Le titre en est original : DANS UN BOUTON D'HABIT.

Nous lisons dans la correspondance parisienne de l'INDÉPENDANCE BELGE du 26 janvier :

« Mercredi soir, Mme George Sand doit lire, dans le salon de M. Emile de Girardin, une comédie en trois actes qu'elle a imitée de Shakespeare, et qu'elle intitule COMME IL VOUS PLAIRA. Toutefois, en disant que Mme Sand DOIT LIRE sa comédie, l'expression consacrée ici est erronée, car le célèbre écrivain a confié son manuscrit à Mme Arnould-Plessy. La belle et éminente actrice, dont l'admirable flexibilité d'organe fait ressortir à merveille toutes les nuances d'une œuvre littéraire, avait lu de même précédemment aux comédiens la pièce de Mme George Sand qui se répète en ce moment au Théâtre-Français. »

Ce n'est point seulement au théâtre que Jenneval entend briller ; il ne se contente pas d'être un grand acteur ; il veut y joindre aussi la qualité de poète. Nous reproduisons avec plaisir, d'après le MOUSQUETAIRE, les vers qu'il a adressés à Alexandre Dumas après une représentation de l'orestie :

A MONSIEUR ALEXANDRE DUMAS,
APRÈS UNE REPRÉSENTATION DE L'ORESTIE.

Ai-je entendu Sophocle, Eschyle ou Démosthène?
Étais-je dans Paris?.... Étais-je dans Athènes ?
Par toi, le drame antique enfin ressuscité
Fait tressaillir le cœur de la grande cité.
Qui pourrait accuser ta muse d'hyperbole ?
Elle est de Phydias un éloquent symbole.
La nature y palpite, et sa fraîche beauté
Brille, comme Vénus, sur le socle enchanté ;
Et Laurent et Guyon dans leurs vêtements sombres
De la ville des arts ont évoqué les ombres;
Leur lèvre avec amour modulant tes beaux vers
Jetait un souffle ardent sur ce froid univers.
C'était la grâce antique avec sa poésie.
Pour moi, d'un fier transport mon âme fut saisie;
Et ravi des accents du luth aux fibres d'or,
O poète ! en mon sein ton drame vibre encor !

ED. JENNEVAL.
18 janvier 1856.

(Le Théâtre).

Le 50ᵉ Volume des *Contemporains* vient de paraître. C'est la biographie de M. Louis Veuillot, rédacteur en chef de *l'Univers*. En envoyant un mandat de vingt-cinq francs sur la poste à M. Gustave Havard, Éditeur, 15, rue Guénégaud, à Paris, on recevra franco la collection des cinquante volumes composant la première série de cette œuvre remarquable. Il n'y aura pas de lacune dans la publication de M. Eugène de Mirecourt. Le premier volume de la seconde série paraîtra le 15 février et les autres seront livrés régulièrement aux souscripteurs de quinzaine en quinzaine.

Le 46ᵉ volume des CONTEMPORAINS, mis en vente par l'éditeur Havard, contient la biographie d'Alphonse KARR. En tête de ce volume est la réponse de Mirecourt à la lettre écrite par Eugène Sué dans les feuilles démocratiques de Savoie.

Darnétal. Imp. FRUCHART.

XIᵉ Année ; Iʳ du nouveau titre.—N° 3. UN NUMÉRO : 20 CENT. ¡Dimanche 10 Février 1856.

Musique, — Sciences, — Arts, — Littérature, — Théâtres.

LA RÉFORME MUSICALE

JOURNAL DES DOCTRINES DE L'ÉCOLE GALIN-PARIS-CHEVÉ.

ABONNEMENT A ROUEN : 10 FR.

ON S'ABONNE
A ROUEN, chez M. Louis Roger, rue Porte-aux-Rats, 2.
A PARIS, chez M. Émile Chevé, rue des Marais-S.-G., 18.

BUREAU A ROUEN, RUE PORTE-AUX-RATS, N° 2.

LOUIS ROGER, Directeur-Gérant.

ABONNEMENT DANS LES DÉP. : 12 F.

ON S'ABONNE
A MARSEILLE, chez M. Aimé Paris, rue Paradis, 77.
A LYON, chez M. Perraud, rue du Griffon, 11.

RENSEIGNEMENTS. — Cette feuille paraît à ROUEN tous les DIMANCHES. — Tout ce qui concerne l'administration du journal doit être adressé à Rouen, rue Porte-aux-Rats, 2. — Ce qui concerne la rédaction peut être indifféremment adressé à M. Chevé, à M. Aimé Paris, ou au directeur gérant. — La critique demeure sous la responsabilité de celui qui la signe. — Il sera rendu compte des ouvrages dont un exemplaire sera déposé au bureau du journal. — Les lettres non affranchies seront refusées.

On peut se procurer des numéros de la *Réforme*, au bureau du journal, — au dépôt du cours Boïeldieu, à Rouen, — et dans l'intérieur des théâtres.

M. FÉTIS ILLUSTRÉ PAR M. F. GENIN.

L'ILLUSTRATION du 27 janvier contient un très-curieux article de M. F. Genin, à propos de quelques mélodies trouvées par Béranger, pour quelques unes de ses chansons, et notées par un autre que lui, parce que, malgré l'intimité qui liait Béranger et Wilhem, ce dernier n'a pu trouver, dans la soi-disant méthode qui a coûté déjà près d'un million à la ville de Paris, ce qu'il fallait pour mettre en rapport avec les détestables signes de l'intonation et du rhythme, sur la portée, les idées mélodiques de son illustre ami, qui pourtant chantait juste, et qui choisissait avec tant de tact les airs sur lesquels devaient être chantées les poésies qui ne lui ont pas ouvert à deux battants les portes de l'Académie française.

Mettez en regard de la déconvenue de Béranger, qui, né à la fois poète et musicien, a été laissé par la méthode SI PUISsante de son ami Wilhem, incapable de solfier et d'écrire un pont-neuf, les résultats du général Louis Bernard, qui s'asseyant, à SOIXANTE-CINQ ANS, le 8 janvier 1844, devant le tableau de M. Émile Chevé, pour prendre sa première leçon de musique, arrivait à pouvoir, le 5 juin suivant, ouvrir un cours gratuit, si utilement suivi par ses élèves, que ceux-ci pouvaient, DEUX MOIS APRÈS, le 25 août, lui donner pour sa fête, un concert vocal dont ils remplissaient seuls le programme !

M. F. Genin n'en dit pas long sur M. Fétis ; mais sa petite note est significative dans sa concision ; la voici : « M. Fétis attribue la musique de NICODÈME DANS LA LUNE tantôt à Bœffroy de Reigny, et alors elle est mauvaise ; tantôt à Leblanc, et alors elle est bonne. »

La NOTE aurait été plus longue, peut-être, si M. Genin avait connu la lettre que j'ai adressée par l'entremise des presses de Weissenbruch, à Bruxelles, en 1841, au critique IMPARTIAL dont il se moque si spirituellement. En voici le titre, avant la première des 58 pages de petit-texte (en moyenne, 60 lignes à la page et 80 lettres à la ligne) : « Lettre à M. Fétis, directeur du Conservatoire de Bruxelles, sur le compte que » sont en droit de lui demander : le gouvernement qui l'emploie, — les chambres » qui lui accordent des subsides, — le peuple

» qui le paie, — les familles qui lui confient » des élèves, — l'art qu'il arrête dans sa » marche progressive, (1) — et la vérité » qu'il respecte rarement. »

M. F. Genin y aurait lu que M. Fétis avait publié en 1840, pages 174 et suivantes du tome VI de sa BIOGRAPHIE UNIVERSELLE DES MUSICIENS, l'article LOGIER, dans lequel il dit, entre autres choses, TOUTES FAVORABLES, à propos de la méthode du CHIROPLASTE, pour le piano, inventée par ce musicien : « un moyen FORT INGÉNIEUX » pour faire acquérir PROMPTEMENT, MÊME » AUX PLUS FAIBLES, un bon sentiment » DE MESURE ET D'HARMONIE. Ce mode d'en» seignement est, pour la musique instru» mentale, CE QUE LE CHANT D'ENSEMBLE » EST POUR LES VOIX ; et l'on peut dire que » c'est UNE VÉRITABLE CRÉATION QUI » DEVRAIT ÊTRE EN USAGE DANS » TOUTES LES GRANDES ÉCOLES. »

M. F. Genin aurait lu en outre, qu'à la fin de 1840, le 9 décembre, M. Fétis m'avait écrit, DE SA MAIN, en parlant de Logier et du CHIROPLASTE : « Les partisans » de son système s'aperçurent qu'ils avaient » été dupes du charlatanisme.... Stoepel » qui a mis en pratique, à Paris, l'ensei» gnement de Logier, en y ajoutant celui » des éléments de la musique, a obtenu » aussi, dès les premiers temps de ces » succès FACTICES qui égarent l'opinion..... » M. de la Rochefoucauld fut près de trans» former l'institut de Stoepel en succursale » du Conservatoire, mais avant de publier » son arrêté, il me chargea d'un examen » sérieux des merveilles dont on parlait, et » J'EMPÊCHAI LA SOTTISE qu'on voulait » faire. »

Ainsi, M. Fétis, au moins six ans avant le 9 décembre 1840, avait déclaré que la méthode de Logier était une SOTTISE, et, en 1840, il imprimait que cette SOTTISE

---

(1) Qui sait si ce n'est pas pour me répondre, quoiqu'un peu tard, que M. Fétis a écrit, le 2 juin 1850 dans la *Gazette Musicale*, la formule apocalyptique dont voici les derniers termes : « l'idée, c'est la création ; or la création se transforme et ne s'anéantit jamais. L'art se transforme donc et NE PROGRESSE ni ne périt. » Le *Franc juge*, de Rouen, 9 juin 1850, a vainement promis une large récompense à l'Œdipe qui donnerait, en langue vulgaire, l'explication intelligible de ce rébus du *profond* penseur.

DEVRAIT ÊTRE EN USAGE DANS TOUTES LES GRANDES ÉCOLES.

Cela voulait-il dire qu'une SOTTISE DE PLUS passerait inaperçue dans le grand nombre des autres SOTTISES : le DEMI-TON, le TON ABSOLU, les MOITIÉS QUI SONT DES TIERS, les MOITIÉS QUI NE SONT NI DES TIERS NI DES MOITIÉS, les intervalles FAUX qui ne sont pas FAUX, les QUINTES QU'ON N'ENTEND PAS ET QUI DOIVENT BLESSER l'oreille, les DISCORDANCES DE PASSAGE QU'ON ENTEND et qui NE DOIVENT PAS BLESSER L'OREILLE, les puérilités abrutissantes du CONTREPOINT, de la FUGUE et de L'IMITATION, etc., etc., etc. ?

Je me réserve ce grand docteur qui n'a qu'à signer : FÉTIS, pour faire baiser respectueusement son paraphe par les musiciens ignorants, en majorité parmi les enfants d'Orphée, et pour faire hausser les épaules à tous ceux qui ont quelque peu exercé leur intelligence.

J'en rendrai bon compte.

Aimé PARIS.

La semaine dernière, comme nous l'avions annoncé, a eu lieu chez M. Émile de Girardin une soirée littéraire pour la lecture d'une nouvelle pièce de Mme George Sand, imitée de Shakespeare, et intitulée, comme la comédie du poète anglais, COMME IL VOUS PLAIRA.

La Réunion était nombreuse et brillante. On remarquait parmi les assistants : S. A. I. le prince Napoléon, M. Eugène Delacroix, M. Chassériaux, M. Théophile Gautier, MM. Neffzer et Peyrat, de la PRESSE, MM. Véron et Mirès, M. le baron d'Authas, de l'ambassade portugaise, M. Salandrouze, député, M. Rouvière, de l'ODÉON, M. Regnier et Mme Allan, de la COMÉDIE-FRANÇAISE, Mme Sand et Mme Clésinger, sa fille, etc. C'est Mme Plessy qui a lu la pièce de Mme Sand, et le talent de la lectrice a été applaudi autant que celui de l'auteur.

On ne sait pas encore à quel théâtre sera représentée cette nouvelle production, qui n'a rien de commun avec la pièce en répétition au Théâtre-Français.

ERRATUM.

Dans le premier article de M. Aimé Paris, sur la *progression des quintes*, n° du 3 février, dans l'accolade qui termine la seconde colonne, au lieu de *fa* est à *mi*, etc., il faut lire : « fa *est* à la ; seu *est* à ré ; meu *est* à sol ; leu *est* à ut, » pour être d'accord avec la *donnée en écriture horizontale*.

DES RESSOURCES & DES APPLICATIONS DE LA PROGRESSION DES QUINTES MAJEURES
(IMPROPREMENT APPELÉES *QUINTES JUSTES*).

(Suite. — Voir le n° 2)

———

Détermination de la qualité de MAJEUR *ou de* MINEUR, *pour tous les intervalles* (dans le mode d'*ut* et dans les six autres modes du plain-chant).

1° Un intervalle est MAJEUR, quand son terme grave se rencontre avant son terme aigu, dans la progression LUE EN MONTANT : Cette condition est remplie par tous les intervalles *majeurs*, dont voici la liste : (si, mi, la, ré, sol, ut, fa)

Secondes :

| Terme aigu : | sol | ré | la | mi | si |
| Terme grave : | fa | ut | sol | ré | la |

Tierces :

| Terme aigu : | la | mi | si |
| Terme grave : | fa | ut | sol |

Quarte :

| Terme aigu : | si |
| Terme grave : | fa |

Quintes :

| Terme aigu : | ut | sol | ré | la | mi | si |
| Terme grave : | fa | ut | sol | ré | la | mi |

Sixtes :

| Terme aigu : | ré | la | mi | si |
| Terme grave : | fa | ut | sol | ré |

Septièmes :

| Terme aigu : | mi | si |
| Terme grave : | fa | ut |

2° Un intervalle est MINEUR, quand son terme aigu se rencontre avant son terme grave, dans la progression LUE EN DESCENDANT : Cette condition est remplie par tous les intervalles *mineurs*, dont voici la liste : (si, mi, la, ré, sol, ut, fa)

Secondes :

| Terme aigu : | ut | fa | fa | ut | sol | ré |
| Terme grave : | si | mi | ré | la | mi | si |

Tierces :

| Terme aigu : | fa | ut | sol | ré |
| Terme grave : | ré | la | mi | si |

Quartes :

| Terme aigu : | fa | ut | sol | ré | la | mi |
| Terme grave : | ut | sol | ré | la | mi | si |

Quinte :

| Terme aigu : | fa |
| Terme grave : | si |

Sixtes :

| Terme aigu : | fa | ut | sol |
| Terme grave : | la | mi | si |

Septièmes :

| Terme aigu : | fa | ut | sol | ré | la |
| Terme grave : | sol | ré | la | mi | si |

On voit par ces exemples, si régulièrement déduits de la progression : *fa, ut, sol, ré, la, mi si*, combien d'obscurité répandrait sur cette détermination de l'espèce majeure ou mineure d'un intervalle *quelconque* les mots *juste*, ou *superflue*, ou *augmentée*, ou *fausse*, ou *diminuée*, joints à ceux de *quarte* ou de *quinte*.

Détermination du nom de chaque intervalle.

Le terme *grave* de tout intervalle, pris comme *point de départ*, soit en montant, soit en descendant, sera toujours regardé comme correspondant au n° *zéro*, convention qu'on aurait bien fait de généraliser pour tous les décomptes, parce que le résultat des additions et des soustractions aurait donné constamment un chiffre exact, duquel on n'aurait eu jamais à retrancher l'*unité* pour le point de départ, qui forme si souvent un double emploi.

Ainsi, soient donnés les termes suivants, pour désigner le nombre des quintes qui les séparent :

	A	B	C	D
Terme aigu :	si	sol	ut	mi
Terme grave :	la	ré	mi	sol

On arrivera aux évaluations qui suivent :

A en montant :	B en descendant :	C en descendant :	D en montant :
si **2** quintes.	si	si	si
mi	mi	mi **0**	mi **3** quintes.
la **0**	la	la	la
ré	ré **0**	ré	ré
sol	sol **1** quinte.	sol	sol **0**
ut	ut	ut **4** quintes.	ut
fa	fa	fa	fa

Ceci compris, si nous représentons par *q*, initiale du mot *quinte*, chacun des sept termes de la progression, nous pourrons former le tableau du nombre de quintes qui correspond à chaque intervalle *majeur* (*fa* étant pris pour *zéro*), et à chaque intervalle *mineur* (*si* étant pris pour *zéro*). Exemples :

INTERVALLES MAJEURS :

Quarte : 6 q.
Tierce : 4 q.
Seconde : 2 q.
Septième : 5 q.
Sixte : 3 q.
Quinte : 1 q.
Terme grave : 0 0 0 fa 0 0 0

On voit que les *noms numériques* des intervalles, par analogie, vont en AUGMENTANT, quand on MONTE la série, à partir de *fa*, *les trois plus petits* (seconde, tierce, quarte) donnant un nombre *pair* de quintes (2, 4, 6), et *les trois plus grands* (quinte, sixte, septième) donnant un nombre *impair* de quintes (1, 3, 5).

INTERVALLES MINEURS :

Terme grave : 0 0 0 si 0 0 0
Quarte : 1 q.
Tierce : 3 q.
Seconde : 5 q.
Septième : 2 q.
Sixte : 4 q.
Quinte : 6 q.

On voit de même que les *noms numériques* des intervalles vont en DIMINUANT, quand on *descend* la série, à partir de *si*, *les trois plus petits* (quarte, tierce, seconde) donnant, *par contrariété*, un nombre *impair* de quintes (1, 3, 5), et *les trois plus grands* (septième, sixte, quinte) donnant un nombre *pair* de quintes (2, 4, 6).

A l'aide de la moindre attention, on voit que le nombre des quintes qui donnent deux intervalles de même nom (seconde maj. ou min., — tierce maj. ou min., — quarte maj. ou min., etc., à partir de *fa* ou de *si*, forment un total de SEPT.

	Majeure :	Mineure :	TOTAL :
Seconde	2 q. montantes :	5 q. descendantes :	7
Tierce	4	3	7
Quarte	6	1	7
Quinte	1	6	7
Sixte	3	4	7
Septième	5	2	7

On voit encore que tout ce qui se dit de la SECONDE d'une espèce, se dit de la *septième de l'espèce opposée*, et ainsi de suite (*tierce et sixte*), (quarte et quinte), le total des nombres numériques donnant ~~pour total~~ le nombre *neuf* :

2de et 7e, total : 9   et vice versâ.
3ce et 6te, total : 9   et vice versâ.
4te et 5te, total : 9   et vice versâ.

Donc, quand on saura que la 2de *majeure* offre 2 quintes *en montant*, on saura que la 7e mineure offre 5 quintes dans le sens inverse ; la 3ce majeure donnera la 6te mineure ; la 4te majeure donnera la 5te mineure ; la 5te majeure donnera la 4te mineure ; la 6te majeure donnera la 3ce mineure ; la 7e majeure donnera la 2e mineure ; eu égard au nombre des quintes continues dans ces intervalles, soit en montant, soit en descendant.

Avant de conduire plus loin ces conséquences si simples d'une progression de *sept termes consécutifs d'une progression infinie*, voyons ce que M. Panseron, l'auteur de l'A B C musical destiné aux petits enfants, a TROUVÉ pour faire apprécier l'espèce des intervalles, et pour faire distinguer les intervalles majeurs des mineurs qui portent le même nom numérique. Je copie la page 18 de l'édition de 1853, la TREIZIÈME reproduction de ce monument d'inintelligence, répandu dans tous les conservatoires et dans tous les établissements officiels, à la faveur d'une lacune du code pénal, qui n'a prévu et puni que l'empoisonnement de l'estomac, dommageable à quelques individualités seulement, tandis que l'intoxication de l'*intelligence* devrait être regardée comme un des crimes qui appellent la répression la plus énergique, à moins qu'on ne voie dans l'homme qu'un *ventre*, et rien de plus.

« *Mnémonique importante pour aider la mémoire et bien apprécier les divers intervalles.*

» On a remarqué qu'il y avait huit espèces d'intervalles, qui diffèrent entre eux » d'un demi-ton de plus ou de moins, ce qui donne un kaléidoscope infernal à retenir.

» Voici les moyens infaillibles que J'AI TROUVÉS, pour savoir et retenir PARFAITEMENT les intervalles.

» Tous les intervalles de la gamme majeure

ut ré mi fa sol la si UT

» majeur	majeur					
» ré	mi	fa	sol	la	si	ut
» ut	ut	ut	ut	ut	ut	ut

» sont majeurs, à l'exception de la quarte et de la quinte que l'on nomme vulgaire» ment justes, et que nous désignerons inaltérés.

» Les intervalles majeurs en les haussant d'un demi-ton, deviennent augmentés ; » en les baissant d'un demi-ton ils sont mineurs ; et en les baissant de deux demi» tons, ils sont diminués.

» Les justes ou inaltérés ne pouvant être ni majeurs ni mineurs, il suffira de les » hausser d'un demi-ton pour qu'ils soient augmentés, et de les baisser d'un demi» ton pour qu'ils soient diminués. Voyez la preuve dans les exemples du tableau » des divers intervalles.

» Je prie le professeur d'apporter la plus scrupuleuse attention à ces règles EN» TIÈREMENT NEUVES ! Je m'en suis constamment servi comme un moyen IN» FAILLIBLE pour enseigner les intervalles dans mes classes, et je n'ai jamais » trouvé UNE SEULE INTELLIGENCE rebelle à ces procédés. »

En tête du monstrueux ouvrage, qui traite avec un si grand mépris la grammaire et l'analyse même la moins transcendante, figure l'approbation du 17 novembre 1840, signée au nom de la section de musique de l'Institut, par MM. Chérubini, Auber, Halévy, Carafa, Berton et Raoul Rochette ; du 19 mai 1841, signée au nom du ministre de l'instruction publique, par M. *Délebèque*, directeur ; du 10 août 1840, par CHÉRUBINI en sa qualité de directeur du Conservatoire ; du 15 octobre 1840, par *Berton*, comme rapporteur de la section de musique de l'Institut ; du 12 septembre, par M. *Fétis*, directeur du Conservatoire de Bruxelles, etc., etc.

Il est heureux pour M. Panseron que je n'aie point *suivi ses clases*, il n'aurait pas pu écrire qu'*il n'a jamais trouvé* UNE SEULE *intelligence rebelle à ses procédés*.

J'avoue en toute humilité qu'en y appliquant *toute mon intelligence*, moi, depuis trente-trois ans *professeur de* MNÉMOTECHNIE ; moi qui *enseigne* aussi la MUSIQUE depuis vingt-huit ans, moi qui ai relu cinquante fois, pour essayer de la comprendre, *comme formule générale*, la mnémonique de la page 18 de *l'A B C musical*, je ne vois pas :

1° Comment cette *mnémonique* aidera à apprécier les intervalles :

mi	fa	sol	etc.	sol	la	si	etc., etc., etc.
ré	ré	ré		fa	fa	fa	

2° Comment les intervalles justes ou inaltérés ne peuvent être ni majeurs ni mineurs ; je crois même avoir *prouvé* plus haut que le mot *juste* aussi bien que la *trouvaille* de M. Panseron, le qualificatif : *inaltéré* est la négation de tout esprit déductionnel chez celui qui l'emploie.

3° Que le mot demi-ton est doublement mauvais : d'abord, parce qu'il exprime ce qui n'est pas exactement une moitié, puis parce qu'il ne dit pas s'il s'agit de plus ou de moins que la moitié.

4° Comment l'élève ne se demandera pas pourquoi, au lieu de dire baisser de deux demi-tons, M. Panseron ne dit pas baisser d'un ton.

5° Comment le *tableau des différents intervalles* auquel renvoie M. Panseron (A B C musical, pages 16 et 17) contient autre chose que des *énoncés purs et simples* et non les PREUVES promises par l'auteur.

Je reviendrai d'ailleurs sur l'A B C vénéneux. Il n'était pas hors de propos de montrer ce que couvre d'un manteau complaisant la tolérance incroyable de ce que j'appelle un corps *savant*, pour ne pas laisser tomber de ma plume une désignation mal sonnante.

Reprenons les propriétés de la progression des quintes.

(La suite prochainement.)

Aimé PARIS.

LA MÉTHODE GALIN-PARIS-CHEVÉ ADOPTÉE POUR LES ÉCOLES COMMUNALES DE MONTROUGE.

Paris, 30 janvier 1856.

Les Frères des écoles chrétiennes viennent d'être mis à la tête des écoles communales de Montrouge ; la direction de ces écoles est confiée au frère Archange, qui a dirigé pendant longtemps, à Paris, l'école de la rue d'Angoulème, et plus tard, celle de la rue Montgolfier, au carré Saint-Martin. — Depuis dix ans, le frère Archange constatait, PAR UNE COMPARAISON JOURNALIÈRE, l'immense supériorité de la méthode Galin Paris-Chevé sur la méthode Wilhem ; aussi se promettait il bien, aussitôt que la liberté lui en serait donnée par les autorités dont il relève, de n'employer que la méthode nouvelle, dont la puissance lui était révélée par dix ans d'observations suivies. — C'est en effet ce qu'il vient de faire à Montrouge.

Entré en fonctions au mois de novembre dernier, il a fait comprendre à monsieur le maire et à monsieur le curé (messieurs Dareau et Comte, qui attachent tous deux une haute importance à l'enseignement de la musique vocale dans leur commune) qu'il n'y avait pas à balancer entre deux moyens dont l'un ennuie, dégoûte les élèves et ne produit aucun résultat sérieux, tandis que l'autre enflamme et passionne les élèves, et conduit très rapidement à des résultats solides de lecture et d'écriture, tout en développant l'intelligence de l'enfant, sans la fatiguer.

Aussitôt l'adoption décidée de la méthode Galin-Paris-Chevé pour les écoles communales, le frère Archange s'est adressé à moi pour avoir un professeur. Je lui ai indiqué monsieur Roncin, l'un de nos sociétaires qui, depuis un an déjà fait avec plein succès un cours, d'après la méthode, a trois cents enfants dans l'asile-école Fénélon, à Veaujour. M Roncin est immédiatement entré en fonction et à commencé son cours vers la fin de décembre dernier : ses élèves ont aujourd'hui un mois de leçons.

Le frère Archange m'ayant prié de vouloir bien visiter la classe de musique de temps en temps, j'y suis allé la semaine dernière, et j'ai trouvé M. Roncin faisant la leçon à cent trente enfants, dans le magnifique établissement que l'édilité de Montrouge vient de faire construire pour ces écoles Tous ces enfants étaient pleins d'entrain, comme cela arrive toujours avec la méthode, et, bien qu'ils n'en fussent encore qu'à leur DOUZIÈME leçon, l'intonation et la mesure marchaient déjà très bien. Aussi, là, comme partout où la méthode est appliquée avec bonne foi et bon sens, un succès éclatant est infaillible ; et Montrouge, qui n'a pu jusqu'ici prendre part aux concours de chant qui ont lieu chaque année dans les environs de Paris, ne tardera pas à pouvoir s'y présenter et à y prendre une place d'honneur, grâce à l'initiative éclairée des autorités locales, et au courage intelligent du frère Archange.

Je tiendrai les lecteurs de la RÉFORME au courant des progrès de ces élèves que M. Roncin conduit avec beaucoup de zèle et d'intelligence. — Montrouge va devenir le

pendant de Bercy, qui a la méthode depuis 6 ans dans ses écoles communales, et dont les élèves, ENFANTS DE DOUZE A 14 ANS, CONDUITS PAR UN ENFANT DE DOUZE ANS, ont remporté cette année quatre médailles d'honneur dans les concours d'orphéons : ils ne se sont présentés qu'à quatre concours ! — Ces enfants sont élèves de M. Collet.

Emile CHEVÉ.

ON LIT DANS LE JOURNAL DE BIRMINGHAM

Supplément du 12 janvier 1856.

A propos d'enthousiastes (genre que je voudrais voir plus nombreux), permettez-moi de vous dire que M. Emile Chevé vient d'ouvrir un nouveau cours de musique vocale. Pour ceux de nos lecteurs qui ne connaissent pas déjà M Chevé, je dirai que c'est un homme d'un remarquable savoir scientifique et littéraire qui, laissant de côté tout autre but dans la vie se dévoue, depuis quinze ans, à l'œuvre de l'enseignement musical dans le peuple, en faisant des cours publics et gratuits pour les ouvriers. Il y met toute l'énergie d'une volonté puissante, soutenue par l'inébranlable conviction que, non seulement la musique est le grand réformateur moral, mais encore que sa méthode d'enseignement est la plus simple, la plus vraie et la plus efficace de celles connues jusqu'à ce jour. L'étendue d'une lettre ne me permet pas de vous décrire la méthode. Au lieu de l'écriture ordinaire, M. Chevé emploie un système d'écriture par chiffres inventé par J. J. Rousseau, perfectionné par P. Galin et rendu plus complet par les travaux de M. Aimé-Paris et de madame Emile Chevé qui y a consacré de longues années d'étude. Il regarde ce système comme très-avantageux au point de vue de la précision, de l'intelligibilité et de la facilité d'enseignement ; mais après un certain temps, les élèves étudient simultanément les deux écritures et les emploient indistinctement. Les cours de M. Chevé, qui contiennent des centaines d'élèves (généralement des ouvriers), sont gratuits, et même le professeur enthousiaste en paie tous les frais : éclairage, service, etc.

Une fois par mois, M. Chevé donne un concert dans l'amphithéâtre de l'école de Médecine ; l'entrée en est gratuite et les billets sont donnés par le MISSIONNAIRE MUSICAL (SIC) à toutes les personnes qui les lui demandent, seulement il faut s'y prendre de bonheur, autrement vous êtes forcé d'attendre le concert suivant, le nombre des places n'étant jamais assez grand pour satisfaire au nombre des demandes. Les élèves sociétaires chantent des chœurs, des morceaux d'opéra, et quelquefois de la musique d'ensemble où les voix remplacent l'accompagnement d'orchestre. La précision d'exécution, la facilité de lecture à première vue et les exercices d'écriture sous la dictée, sont très-remarquables et dépassent de beaucoup les résultats obtenus par les moyens ordinaires.

Ces concerts sont surtout intéressants par l'entraînement, la cordialité, l'enthousiasme de cette réunion de travailleurs musiciens, dont beaucoup demeurent hors barrières et

se trouvent forcés d'ajouter plusieurs lieues de marche à leur travail journalier, pour se rendre à leur leçon, où ils arrivent toujours dans une pleine de convenance. A ces leçons, ils suivent avec une grande attention tous les mouvement du maître et chantent comme si toutes leurs pensées, toutes leur espérance et l'intérêt de leur vie toute entière étaient identifiés avec leur occupation du moment. — Les élèves de M. Chevé ont eu l'honneur de chanter devant S. M. la Reine Victoria, à l'occasion d'une de ses visites à l'exposition des beaux arts, et elle leur a fait exprimer sa haute approbation de l'exécution du morceau.

Nous recommandons aux philanthropes de la Grande-Bretagne le système Chevé, comme un moyen puissant, et propre à enseigner la musique aux sujets de Sa Majesté britannique qui en ont tant besoin.

(Correspondance parisienne du *Birmingham Journal*).

LE QUATUOR.

Nous empruntons à une nouvelle de M. Champfleury, publiée par la REVUE DE PARIS, le spirituel récit qu'on va lire.

» Rien n'est plus imposant que de voir quatre musiciens assis devant leurs pupitres.

» Ce sont quatre ouvriers qui exécutent un travail plein d'intérêt. Ils ont le contentement et l'orgueil naïf des charpentiers qui montrent le chef-d'œuvre.

» On cause encore à petit bruit dans la salle, que l'introduction envoie ses premiers accords : cela sert de débrouillement aux idées du compositeur, cela échauffe les musiciens. La grande clarté n'est pas encore nécessaire, il ne faut pas effrayer les yeux avec le soleil du midi. Déjà la foule écoute.

» Les quatre instruments sont en plein quatuor ; ils trottent, pour ne pas se fatiguer d'abord. Il me semble que quatre voyageurs se sont rencontrés à l'auberge, le soir à souper ; ils se lèvent de bon matin, boivent un petit coup en marchant gaiement dans la plaine.

» Le ciel est bleu, et il souffle un vent frais.

» La conversation s'anime ; le violon raconte quelque bonne plaisanterie à son ami le second violon ; l'alto l'a entendue et la redit au violoncelle, qui, en brave bourgeois, se la répète avec gravité pour la retenir et en faire jouir sa famille.

» Par moments, les quatre voyageurs parlent ensemble; mais les deux violons, plus alertes, marchent en avant, se font des confidences, et laissent par derrière l'alto et la basse, qui ne restent pas sans bavarder.

» De temps en temps, on se repose pour mieux marcher. Ne croyez pas que la conversation va tomber. Une exclamation part d'un côté : c'est l'alto ; une interrogation part de l'autre : c'est le violon. Et une aimable folie règne parmi les quatre compagnons, qui se disent les choses les plus gaies du monde.

» Mais le rire qui dure trop devient malséant.

» Le violon fait trève à ses plaisanteries, en racontant une histoire un peu mélancolique. L'honnête alto comprend bien l'histoire, car il en a été témoin, et il ajoute même bien des détails que ne connaissait pas le violon.

Il faut voir les sympathies du violoncelle pour ce récit ; il pousse des exclamations qui ne sont pas variées, mais qui sont belles, parce qu'elles sont sincères. « Ah! mon » Dieu ! répète-t-il à tout instant, ah! mon Dieu ! »

« L'histoire mélancolique est si bien racontée, que tous les quatre gémissent sur cet évènement si touchant. Tout d'un coup on aperçoit un village dans le lointain ; on oublie tout, les gais propos, la mélancolie, la fatigue du chemin, pour se donner une poignée de main.

» La route est finie, les quatre amis se séparent.

CHRONIQUE THÉÂTRALE.

Rien de nouveau.—*Le manège de l'écureuil·*—*A qui la faute ?*—*Sur les ongles de quelqu'un.*—*Le Sultan. Public.*—*Le prix-Véron des directeurs.*

Je pourrais commencer comme certains grands journaux finissent : Dernières nouvelles : — « RIEN DE NOUVEAU ! » avec ce style élégant et varié dont ils ont le monopole.

En effet, depuis huit jours, nous faisons le manège de l'écureuil : — nous tournons dans le vide. Après les ÉPICIERS, la BOULANGÈRE ; après la BOULANGÈRE, BRUTUS LACHE CÉSAR, la FEMME QUI SE JETTE PAR LA FENÊTRE, et LES 3 GAMINS ; puis, ça recommence : nous ne sortons pas de là. Aussi, de bulletin dramatique, point.

Les artistes ont beau faire tous leurs efforts, — qu'on nous passe l'expression triviale, — ils ne peuvent faire du neuf avec du vieux. Ce n'est pas la faute de Mme Edmond, si la Boulangère n'a pas longtemps à vivre : elle lui prête toute la vigueur de son talent ; ce n'est pas non plus la faute de Mme Dussaule, de MM. Edmond et Bazin, qui rusent et larmoient à qui mieux mieux, ni de ce pauvre James, qui jette heureusement quelques éclairs de gaîté sur tout ce noir, c'est la faute de notre sensibilité, qui s'émousse vite au contact des mélodrames, et de nos goûts qui changent sans cesse.

Dimanche dernier, dans notre compte-rendu de cet ouvrage, nous avons oublié de nommer un nouveau venu, M. Bernet, qui a joué avec beaucoup de vérité le rôle de Pierre Sarrazin. Ce début le fait des nôtres.

Un reproche à M. Biétry. Il se fie un peu trop à la sympathie qu'il inspire ; on ne cause pas avec les avant-scènes et l'orchestre, comme il l'a fait dans BRUTUS, quand on a souci de son art. Il est vrai que c'était le lendemain du jeudi gras, mais, est ce une raison ?

Pour en revenir à ce que nous disions d'abord, nous croyons bon de prévenir M. Juclier, qui arrive et qui ne connaît pas encore les besoins de la localité, que notre public,—un peu semblable en cela à beaucoup d'autres, mais plus avide peut être, — ressemble beaucoup à l'insatiable sultan des Mille et une Nuits : il lui faut du nouveau, du nouveau, et toujours du nouveau.

C'était l'écueil : il faut l'éviter ; cela nous semble sinon facile, du moins possible. Les quatorze ou quinze théâtres de Paris donnent assez de nouveautés pour qu'au milieu des naufrages qui sont fréquents, nous le savons, on puisse saisir chaque semaine quelques débris heureux pour défrayer le répertoire de la province.

Ne peut-on pas aussi reprendre quelques-unes de ces bonnes comédies qui, jouées en temps inopportun, n'ont pas eu l'HEUR ou le malheur de s'user, telles que : LE COLLIER DE PERLES, PHILIBERTE, le DÉMON DU FOYER, et dans le domaine de la gaîté ces délicieuses bouffonneries : *Les petits moyens*, *l'Article 260*, *la Société du doigt dans l'œil* et tant d'autres signalées à l'attention par l'accueil qu'elles ont reçu au début.

Il ne s'agit que de chercher.

Cherchez donc, messieurs les intéressés. La mine du succès est inépuisable, et les directeurs doivent être les chercheurs d'or de la CARRIÈRE dramatique. Leur prix-Véron, c'est la salle comble, et ce n'est point à dédaigner.

Nous souhaitons à M. Juclier de le gagner plusieurs fois par semaine.

Alexandre OSMONT.

NOUVELLES.

Si un nombre restreint d'auditeurs assiste aux belles séances de M. Engelman, on leur donne du bonheur comme pour mille. L'enthousiasme a surpassé dimanche celui de la première séance. M. Maurin a été admirable. Aussi, pour être agréable à beaucoup de personnes qui n'ont pu trouver place dans le salon trop exigu de M. Engelman, a-t-on pris le parti de transporter le quatuor dans un local plus spacieux que M. Petit, rue saint Patrice, a gracieusement mis à la disposition des quatre artistes. C'est donc là que nous nous réunirons dimanche prochain pour applaudir de nouveau les chefs-d'œuvre de Mozart, de Beethoven et d'haydn. Nous sommes peu d'appelés ; il y aura peu d'élus. Ce qu'il faudrait à ces œuvres gigantesques c'est le cirque romain et quarante mille personnes pour applaudir.

La méthode Galin-Paris-Chevé va être enseignée au Texas, dans la colonie Phalanstérienne de M. Victor Considérant. Les idées vont loin dans le siècle ou nous sommes.

La société maçonnique a donné son bal annuel dans la salle du Théâtre-Français. La foule était considérable. La décoration, d'une richesse et d'un goût exceptionnels, fait grand honneur à M. Marcel Briol, régisseur de ce théâtre.

Mme Ristori est attendue le mois prochain à Paris. Elle doit jouer, vers le 20 mars, la tragédie de MÉDÉE, de M. Legouvé, traduite en italien.

On s'est souvent occupé, mais en paroles seulement, de la situation dans laquelle se trouvent depuis longtemps les théâtres de province. Aujourd'hui, il paraîtrait qu'en attendant une solution définitive, on va reprendre le projet des six théâtres impériaux de province, subventionnés, projet que les préoccupation de la guerre avaient fait ajourner.

Berlioz est parti pour l'Allemagne, où il va présider à l'exécution de plusieurs de ses œuvres, entre autres de BENVENUTO CELLINI, qui doit être bientôt représenté à Weimar.

Quelques-uns des artistes qui ont suivi en Amérique la tragédienne Rachel, sont de retour en France. Ils ne paraissent pas très-satisfaits de leur voyage La grande artiste est toujours indisposée.

M. Jules Janin a porté plainte en diffamation contre MM. Jouvin et Théodore de Banville, rédacteurs du FIGARO.

Nous recommandons à nos lecteurs l'AMI DE LA MAISON, publication hebdomadaire parfaitement éditée par la maison de l'ILLURTSATION. Ils y trouveront de jolis dessins, des nouvelles bien écrites, et d'excellents articles littéraires, biographiques et scientifiques, signées de M. Ed. Thomas, de M. Edouard Fournier et autres. De toutes les publications à bon marché, l'AMI de la maison est certainement la plus soignée.

Il est question d'élever à Paris un nouveau théâtre, qui s'appellerait le Théâtre du Peuple.

Le bal du mardi-gras, au grand théâtre de Rouen, a été cette année plus brillant que jamais. Nous voulons dire que la foule était grande et la gaîté très-expansive. Si le public montrait la même ardeur pour les bonnes pièces et pour la bonne musique, l'art s'en trouverait bien. Mais hélas! nous sommes loin de compte. On va au bal, ce qui est bien, et l'on ne va pas au théâtre, ce qui serait mieux.

Louis ROGER.

Le 50ᵉ Volume des *Contemporains* vient de paraître. C'est la biographie de M. Louis Veuillot, rédacteur en chef de *l'Univers*. En envoyant un mandat de vingt-cinq francs sur la poste à M. Gustave Havard, Éditeur, 45, rue Guénégaud, à Paris, on recevra franco la collection des *cinquante volumes* composant la première série de cette œuvre remarquable. Il n'y aura pas de lacune dans la publication de M. Eugène de Mirecourt. Le premier volume de la seconde série paraîtra le 45 février et les autres seront livrés-régulièrement aux souscripteurs de quinzaine en quinzaine.

Boîte aux Lettres.
Echo de Lille.—Merci de vos sympathiques lignes.
Marseille.—Aimé Paris. — D...

Darnétal. Imp. FRUCHART.

XI° Année; I° du nouveau titre.—N° 4. UN NUMÉRO : 20 CENT. Dimanche 17 Février 1856.

Musique, — Sciences, — Arts, — Littérature, — Théâtres.

LA RÉFORME MUSICALE

JOURNAL DES DOCTRINES DE L'ÉCOLE GALIN-PARIS-CHEVÉ.

BUREAU A ROUEN, RUE PORTE-AUX-RATS, N° 2.

LOUIS ROGER, Directeur-Gérant.

ABONN EMENT A ROUEN : 10 FR.

ON S'ABONNE

A ROUEN, chez M. Louis Roger, rue Porte-aux-Rats, 2.
A PARIS, chez M. Emile Chevé, rue des Marais-S.-G., 18.
A MARSEILLE, chez M. Aimé Paris, rue Paradis, 77.

ABONNEMENT DANS LES DÉP. : 12 F.

ON S'ABONNE

A LYON, chez M. Perraud, rue du Griffon, 44.
A ANGOULÊME, chez M. Vasse, rue de l'Arsenal, 44.
Les abonnements peuvent être payés en timbres-postes (Affranchir).

RENSEIGNEMENTS — Cette feuille paraît à ROUEN tous les DIMANCHES. — Tout ce qui concerne l'administration du journal doit être adressé à Rouen, rue Porte-aux-Rats, 2. — Ce qui concerne la rédaction peut être indifféremment adressé à M. Chevé, à M. Aimé Paris, ou au directeur-gérant. — La critique demeure sous la responsabilité de celui qui la signe. — Il sera rendu compte des ouvrages dont un exemplaire sera déposé au bureau du journal. Les lettres non affranchies seront refusées.

On peut se procurer des numéros de la *Réforme*, au bureau du journal, — au dépôt du cours Boïeldieu, à Rouen, — et dans l'intérieur des théâtres.

AVIS.

A partir de dimanche prochain, nous publierons sous ce titre : *Lettres à un ami devenu riche*, un *Courrier de Paris* dû à la plume de M. Alfred Delvau, écrivain plein de talent et conteur spirituel, dont la collaboration nous est acquise.

LA MÉTHODE GALIN-PARIS-CHEVÉ ADOPTÉE DANS LE CANTON DU VALAIS
(Suisse)

On lit dans le Courrier du Valais, du 26 août 1855 :

« Le conseil d'état a décrété l'adoption » de la méthode Galin-Paris-Chevé pour » l'enseignement du chant dans les écoles. » Ensuite de cette décision, M. Elie » Gay, qui sera chargé de la direction de » cet enseignement, est parti pour Paris, » où il suivra, pendant cinq ou six semaines, » les cours de M. Emile Chevé lui-même, » afin de se perfectionner dans la manière » d'enseigner d'après la méthode. Chacun » sait, en Valais, que M. Gay a été un » des plus zélés défenseurs de cette méthode, » dans l'application de laquelle il a déjà » obtenu des résultats incroyables. »

M. Elie Gay est effectivement venu suivre mes cours pendant deux mois, après lesquels il a quitté Paris pour aller organiser l'enseignement musical, d'après la méthode Galin-Paris-Chevé, dans toutes les écoles publiques du Valais.

Avis à la Commission du chant de la ville de Paris, pour qu'elle ne m'accuse pas un jour, de l'avoir prise en traître, en ne l'avertissant pas que les étrangers viennent spontanément prendre à Paris une méthode qu'elle repousse sans examen depuis douze ans...

Emile CHEVÉ.

RAPPROCHEMENT CURIEUX.

Singulier contraste ! Un canton de la Suisse adopte, pour ses écoles, la méthode Galin-Paris-Chevé, après en avoir expérimenté la puissance ; et son premier soin est de rechercher—pour lui confier la direction de l'enseignement nouveau—l'homme qui l'avait déjà appliquée avec plein succès. Pour plus de garanties, le gouvernement du Valais envoie ce professeur à Paris, près l'un des chefs de l'école nouvelle, « pour qu'il se perfectionne dans la manière » d'enseigner la méthode nouvelle » —qu'il connaît cependant fort bien puisqu'il en a déjà obtenu des résultats incroyables.— Voilà ce que l'on a fait en Suisse.

A Marseille, l'autorité municipale décrète, également après examen, l'adoption de la méthode Galin-Paris-Chevé, pour toutes les écoles communales. Mais au lieu de faire comme le Valais, au lieu de confier la direction de la méthode nouvelle à un homme qui la connaît déjà, et d'envoyer cet homme se perfectionner, non pas à Paris, mais à Marseille même, à l'un des cours de M. Aimé Paris ; l'autorité marseillaise charge de l'enseignement de la méthode un homme qui ne l'a jamais enseignée ; un homme qui ne la connaît même pas, puisqu'il n'a suivi que la première moitié des trois premières leçons de M. Aimé Paris.—Et à cet homme elle confie la charge si difficile d'organiser et de diriger un enseignement nouveau, dont il n'a même pas l'idée, et cela, en dehors de tout conseil et de tout contrôle de la part de ceux qui ont créé l'instrument nouveau !...

Bien plus ! quand M. Aimé Paris, dont la méthode porte le nom, demande à en surveiller l'application pour venir en aide à l'impéritie du professeur, qui va compromettre une grande idée et tromper les espérances très-légitimes de l'autorité ; loin d'accepter avec empressement ses offres désintéressées, on lui interdit, A LUI L'INVENTEUR, l'entrée des établissements où l'on applique chaque jour les moyens créés par lui ... C'est à n'y pas croire !...

Que dirait-on d'un pays qui, voulant adopter les chemins de fer, en confierait l'organisation, la direction et jusqu'à la conduite des locomotives, à ses maîtres de postes, ennemis nés des voies ferrées et n'ayant aucune idée de l'action de la vapeur, ni du mécanisme de la plus simple locomotive ?... On dirait qu'il veut enterrer, du même coup, et chemins de fer et voyageurs ! Et si, par impossible encore, on refusait les conseils et la surveillance des ingénieurs et des mécaniciens qui ont imaginé et perfectionné le système nouveau, et qu'on allât jusqu'à leur interdire l'entrée des gares et des ateliers, afin de laisser aux postillons malhabiles et malveillants la faculté d'agir en dehors de tout contrôle sérieux et de tout briser impunément et à leur aise, pour prouver que l'on a eu tort de préférer les wagons aux coucous ! On crierait a la folie ; et les inventeurs des chemins de fer n'auraient plus qu'a protester énergiquement au nom de la raison et de la loyauté, contre une pareille monstruosité..

Eh bien ! réfléchissez-y, lecteur ; c'est précisément ce que l'on vient de faire à Marseille, pour l'organisation de l'enseignement musical, d'après la méthode Galin-Paris-Chevé.—Juste le contre-pied de ce que l'on a fait en Suisse ! et cela à Marseille, dans la seconde ville de l'Europe !... Quels sont donc les mauvais citoyens qui poussent ainsi une administration bienveillante dans la voie du mal ? Ah ! c'est bien triste.

Emile CHEVÉ,

AVIS AUX HOMMES DU PARTI-PRIS.

L'Autriche possède à Weimer-Newstadt, près Vienne une école normale militaire qui porte le nom d'Institut de maîtres militaires. Un des professeurs de l'école, M. François Kocziesko, 1" lieutenant au 10° régiment de ligne, a été envoyé à Paris, par le gouvernement autrichien, pour y étudier l'état des écoles régimentaires.

Arrivé au gymnase de la faisanderie, il ne s'est pas contenté d'étudier avec le plus grand soin tous les exercices militaires et gymnastiques ; en sa qualité d'Allemand, il a encore voulu voir, dans tous ses détails, l'enseignement musical, dont les résultats l'avaient frappé d'étonnement.—Rien ne saurait peindre la surprise que lui causèrent les exercices pratiques, la lecture à première vue, l'écriture sous la dictée, dans tous les tons et sur toutes les clés... et cela, chez les élèves adultes, apprenant la musique par ordre, et comptant quatre mois d'étude ! Il était confondu.

Il s'enquit avec un soin extrême de toutes les idées mères du système ; il se fit expliquer en détail les moyens pratiques d'enseignement, et la manière de les appliquer : il prit enfin tous les renseignements nécessaires pour organiser un cours, se munit de la méthode imprimée et partit enthousiasmé,

Quelque temps après, il écrivit de Vienne au officiers de la Faisanderie, pour les remercier de leur cordial accueil et leur rendre compte des emprunts qu'il avait faits à leur enseignement ; Il finissait sa lettre par cette phrase : « Présentez mes civilités » et mes remerciements à M. Chevé, et » dites-lui que la première chose que j'ai » faite en arrivant ici a été d'introduire la » méthode Galin-Paris-Chevé dans l'Institut » militaire, et j'en suis très-satisfait. »

Ainsi, c'est de la Suisse et de Vienne, à qui on ne l'offre pas, que l'on vient chercher la méthode Galin-Paris-Chevé à Paris, où elle est toujours repoussée officiellement par la commission du chant, qui ne la connaît pas, puisqu'elle a toujours refusé d'en voir les résultats pratiques, même au concours de Paris, du 12 Juin 1855 ; résultats connus aujourd'hui et appréciés de plus de cent mille personnes en Europe ! Ah ! les poètes ont souvent bien raison :

» Le vrai peut quelquefois n'être pas vraisemblable. »

Emile CHEVÉ

DES RESSOURCES & DES APPLICATIONS DE LA PROGRESSION DES QUINTES MAJEURES
(IMPROPREMENT APPELÉES *QUINTES JUSTES*).

— *Voyez les n°s 2 et 3.* —
(Suite.)

J'aborderai plus tard les modulations ; je ne dois, en ce moment m'occuper que MODE d'*ut*, tout ce qui sera dit, à cet égard, s'appliquant aux tonalités qui produisent ce mode à d'autres hauteurs, indépendamment de l'application qui trouve faite, du même coup, pour les six autres modes du plain-chant.

Connaissance des intervalles similaires.

Étant donnés les intervalles suivants : 1° *sol la*, 2° *ré fa*, 3° *fa si*, trouver les ervales égaux à ceux de chacune de ces données.

e rappelle aux lecteurs que la lettre *x* signifie *donnée* et la lettre *s*, SOLUTION.

```
      1°                      2°
         si                       si                    si
         mi                       mi                    mi
  s   la—si                       la                    la
  s   ré—mi            s    si — ré                      ré
  x   sol—la           s    mi— sol                      sol
  s   ut—ré            s    la — ut                      ut
  s   fa—sol           x    ré— fa          x     fa—si
         ut                       sol                   mi
         fa                       ut                    la
  Intervalles égaux à             fa                    ré
     sol la :             Intervalles égaux à           sol
  la sol — ut ré — ré mi       ré fa :                  ut
                          la ut — mi sol — si ré        fa
                                                 Aucun intervalle n'est
                                                    égal à fa si.
```

On voit que, pour obtenir les solutions, il suffit de *mettre côte à côte les deux mes de, l'intervalle donné, et de compléter la série, au-dessus de chaque terme qu'à si et au-dessous, jusqu'à* FA. Les intervalles seront similaires, partout où y aura deux notes côte à côte.

Il est aisé de voir aussi que, quelque soit celui des similaires que fournisse la mande, il n'y aura de déplacé que la situation de la donnée, par rapport aux tions qui resteront toujours les mêmes.

Exemple, sur les sixtes mineures : *mi-ut, la fa, si-sol* :

```
  Donnée                 Donnée                  Donnée
  mi—ut :                la—fa :                 si—sol :
         si                    si                     si
         mi                    mi                     mi
         la                    la                     la
         ré                    ré                     ré
  s   si — sol           s  si — sol           x  si — sol
  x   mi— ut             s  mi— ut             s  mi— ut
  s   la — fa            x  la — fa            s  la — fa
         ré                    ré                     ré
         sol                   sol                    sol
         ut                    ut                     ut
         fa                    fa                     fa
```

Procédé abréviatif :

On pourrait se contenter *d'une colone unique*, pour les comparaisons, *le rapport nt le même pour tous les termes que sépare, dans la même direction, un nombre al de quintes*. Exemple, pour les tierces majeures (*fa-la, ut-mi, sol-si*) :

Fa étant la limite des termes inférieurs et *si* la limite des termes supérieurs, dans le mode d'*ut*, pris pour type. Toutefois, je préfère de beaucoup les séries *juxta-posées*, qui offrent l'avantage de donner le tableau synoptique des rapports égaux, toujours côte à côte, dans l'écriture verticale ou superposés, dans l'écriture horizontale, sans demander le déplacement, soit de l'ouverture du compas, soit d'un autre étalon, et sans exiger une opération de mémoire, pour comparer le résultat qu'on obtient à celui qu'on vient d'obtenir. Au surplus, la manière de procéder sur une seule colone étant indiquée chacune, selon nature de son esprit et de ses facultés d'abstraction, reste libre d'employer la anière qui lui convient le mieux. Dans cet exposé, j'emploirai de préférence la xta position ou la *superposition* des séries parceque ce système de comparaison à la portée de tous, tandis que l'autre exige des conditions que la plupart des prits ne présentent pas à un degré assez élevé.

Modulation. — Gammes majeures.

La progression de quintes me semble avoir permis de comparer tout ce qu'il y a essentiel dans le mode typique d'*ut*. Si d'autres découvrent une lacune, dans les ints que je viens de traiter, la science, je peux déjà l'affirmer, d'après ce qu'on vient lire, est prête à compléter ce que je n'aurai pas su voir.

Montrons maintenant comment la corrélation entre les fonctions hiérarchiques une gamme et *les sept termes consécutifs de la série du mode d'ut se reproduit avec une* DISTRIBUTION *identique*. pour UNE SUCCESSION QUELCONQUE DE EPT TERMES CONSÉCUTIFS pris à tous les hauteurs, dans la série générale ommençant à *feu* (fa double bémol) et finissant à *siè* (si *double* dièse), pour ne pas tteindre les triples bémols, ni les triples dièses, dans lesquels, d'ailleurs, tout se asserait de la même manière.

Les gammes modelées sur cette d'*ut*, à partir de *seu* (si bémol) ; de *fa*, de *sol* t de *ré* sont comme le disent tous les livres de théorie usuelle (*conformes en ce* oint à la théorie de Galin sauf les dénominations pour les notes bémolisées et pour us notes diésées) :

GAMME DE SI BÉMOL : *seu, ut, ré, meu, fa, sol, la* ; GAMME DE FA : *fa, sol, la seu, ut, ré, mi, fa* ; GAMME DE SOL : *sol, la, si, ut, ré, fè, sol* ; GAMME DE RÉ : *ré, mi, fè. sol, la, si, tè. ré* (1). Montrons les, dans la progression des quintes, rendues par sept termes *consécutifs*, corresdant TOUJOURS, à une *distribution semblable des fonctions hiérarchiques* : 1° *sous dominante* ; 2° *tonique* ; 3° *dominante* ; 4° *sous médiante* ; 5° *sous sensible* ; 6° *médiante* 7° *sensible*, la série étant prise *en montani*. Exemples :

Gamme de SEU.		Gamme de FA.		Gamme d'UT, *type*		Gamme de SOL.		Gamme de RÉ.	
sens.	la	sens.	mi	sensible	si	sens.	fè	sens.	tè
méd.	ré	méd.	la	médiante	mi	méd.	si	méd.	fè
s.-sens.	sol	s.-sens.	ré	sous-sensible	la	s.-sens.	mi	s.-sens.	si
s.-méd.	ut	s.-méd.	sol	s.-médiante	ré	s.-méd.	la	s.-méd.	mi
dom.	ta	dom.	ut	dominante	sol	dom.	ré	dom.	la
ton.	seu	ton.	fa	tonique	ut	ton.	sol	ton.	ré
s.-dom.	meu.	s.-dom.	seu	sous-domin.	fa	s.-dom.	ut	s.-dom.	sol

Présentons, dans un même tableau, en rapport avec la même série de *fonctions hiérarchiques*, sept *termes consécutifs* pris à *la hauteur de la sous-dominante de chaque tonalité*. La tonique, écrite en lettres CAPITALES, sera plus facilement distinguée.

Sensibles :	seu	fa	ut	sol	ré	la	mi	si	fè	tè	jè	rè	lè	mè	sè
Médiantes :	meu	seu	fa	ut	sol	ré	la	mi	si	fè	tè	jè	rè	lè	mè
Sous-sensibles :	leu	meu	seu	fa	ut	sol	ré	la	mi	si	fè	tè	jè	rè	lè
Sous-médiantes :	reu	leu	meu	seu	fa	ut	sol	ré	la	mi	si	fù	tè	je	rè
Dominantes :	jeu	reu	leu	meu	seu	fa	ut	sol	ré	la	mi	si	fè	tè	jè
TONIQUES :	TEU	JEU	REU	LEU	MEU	SEU	FA	UT	SOL	RÉ	LA	MI	SI	FÈ	TÈ
Sous-dominantes :	feu	teu	jeu	reu	leu	meu	seu	fa	ut	sol	ré	la	mi	si	fè

Je le demande aux esprits les plus prévenus en faveur des *quinze* MAUVAISES *langues du ton absolu*, qui n'a qu'UNE *syllabe* pour solfier TROIS *sons*, DIFFÉRANT *de hauteur* ABSOLUE : est-il possible de ne pas se rendre à l'évidence, quand on voit toutes ces gammes (et combien n'y en a-t-il pas d'autres passibles, dans l'hypothèse du *ton absolu* ?) se présenter uniformément comme des emprunts de sept termes consécutifs à une série continue *qui ne compte que vingt-et-un termes*, dans ses rapports, au nombre de *cent cinq*, avec ces quinze gammes, comme on peut le voir ici :

Feu, teu, jeu, reu, leu, meu, seu, fa, ut, sol, ré, la, mi, si, fè, tè, jè, rè, lè, mè, sè.

De ces observations découle la faculté d'étendre indéfiniment la nomenclature des *intervalles similaires*, que j'ai réduite, dans ce qui précède, à ce qui se trouve dans le mode d'*ut*.

Ainsi, dans un exemple donné plus haut, pour les sixtes mineures du mode d'*ut* ;

Donnée, MI-UT :   *Donnée* MI-UT :

J'ai fait voir que la *donnée* si *mi-ut*, pour les *similaires* s rè — si (sixtes mineures, comme *mi-* s jè — mi *la ut*), fournissait *la-fa* et *si-sol*. s tè — la ré Qu'au lieu d'interrompre la s fè — ré s si — sol série de gauche à *si*, et celle x si — sol x mi — ut de droite à *fa*, on les augmente x mi — ut s la — fa chacune de quatre termes, s la — fa ré pris dans la série continue, s ré — seu sol on aura dix, *solutions* au lieu s sol—meu ut de *deux* pour les *similaires*, s ut — leu fa de *mi-ut*. ce que montre l'ex- s fa — reu emple suivant :

et, au lieu de borner ces comparaisons à *la-fa* et *si-sol* on pourra affirmer qu'il y a d'autres sixtes mineures, dans les autres gammes, c'est-à-dire : *rè-si, jè-mi, tè-la, fè-ré, ré-seu, sol-meu, ut-leu, fa-reu, etc* : si on a étendu plus loin les deux séries parallèles.

Je n'ai pas besoin, non plus, de reproduire avec détail, pour chaque tonalité, ce qui a été dit plus haut, à l'égard de la détermination du *nom* (*tierce, quarte* etc) et de la *qualité* (*majeure, mineure*) des intervalles du mode d'*ut* par *le nombre des quintes* qui séparent le terme *chanté grave* regardé comme *zéro*, du terme *chanté aigu*, la connaissance de la tonalité n'étant nullement nécessaire pour cette double détermination eu égard à une série plus étendue que celle du mode d'ut (*fa, ut, sol, ré, la, mi, si*).

Soit donné, par exemple, l'intervalle *sol-fè*, il appartient au ton du *sol* et au ton de *ré* ; dans le premier, il exprime le rapport de septième majeure *de la tonique à la sensible* ; dans le second, il exprime le même rapport de *septième majeur*, de la *sous-dominante à la médiante*. Eh bien ! sans qu'on ait à se préoccuper du TON, la série, que je borne à deux termes au-dessous de *sol* et à deux termes au-dessus de *fè*. montre *fè* à cinq quintes

```
  jè                          Ton de sol :        Ton de ré :
  tè      AU-DESSUS de sol ; donc
  q  fè   l'intervalle est majeur ; de    q  fè           tè
  q  si   plus, une somme de cinq         q  si        q  fè
  q  mi   quintes, au-dessus de zéro,     q  mi        q  si
  q  la   caractérise une septième ; on   q  la        q  mi
  q  ré   a donc le même résultat qui     q  ré        q  la
     sol  zéro   si on avait commencé par    sol  zéro q  ré
     ut         former la série des sept termes  ut       sol  zéro
     fa         des deux tonalités où se trouve
                le rapport sol-fè. Exemple :
```

INTERVALLES MAXIMES (vulgairement : *augmentés*) ET
INTERVALLE MINIMES (vulgairement : *diminués*).

La détermination des *distances* étant indépendante de l'idée de *mode* je n'ai point

(1) Je supprime *l'octave*, point de départ d'une nouvelle série de *secondes* semblable à la première, pour *ses rapports* dans l'ordre appelé *diatonique*. et je le fais avec d'autant plus de raison que la série des quintes n'a que SEPT termes pour le mode d'*ut*.

parler encore du mode de *la* et de ses variantes, sur lesquelles les théoriciens sont loin d'être d'accord.

1° Un intervalle est MAXIME, du moment où son terme *inférieur*, dans la série, étant regardé comme *zéro*, a son terme *supérieur* écrit à *sept quintes* AU MOINS et à *quatorze* AU PLUS au-dessus de lui (au-delà de quatorze quintes, et en-deçà de vingt-deux, on pourrait l'appeler *ultra-maxime*, si les applications devaient être conduites jusques-là).

2° Un intervalle est MINIME, du moment où son terme *supérieur*, dans la série, étant regardé comme *zéro*, a son terme *inférieur* écrit à *sept quintes* AU MOINS et à *quatorze* AU PLUS; au-dessous de lui. (au-delà de quatorze quintes et en deçà de vingt deux, s'il était nécessaire de qualifier un intervalle, on pourrait l'appeler *ultra-minime*).

Exemples d'intervalles tant maximes que minimes :

Soient donnés : **A** ut-jè ; **B** sol-lè ; **C** si-feu ; **D** fè-meu ; on les trouvera sans embarras dans la série écrite *horizontalement* à partir du terme *grave* de l'intervalle toujours énoncé *le premier* d'après une convention raisonnable, à laquelle nous nous conformons très-volontiers, nous qui, lorsqu'une chose est sans inconvénients, ne demanderons jamais qu'on la modifie, pour le seul plaisir de changer.

zéro q q q q q q q q   *Huit* quintes en *montant* ; intervalle *maxime*
ut, sol, ré, la, mi, si, fè, tè, jè.   (appelé *quinte*, comme *ut-sol*, et différencié par le qualificatif *maxime*).

zéro q q q q q q q q q   *Neuf* quintes en *montant* ; intervalle *maxime* (appelé *seconde* comme *sol-la*, et
sol, ré, la, mi, si, fè, tè, jè, rè, lè,   différencié par le qualificatif *maxime*.)

q q q q q q q q q q zéro   *Treize* quintes en *descendant* ; intervalle *minime* (appelé *quinte* comme *si-fa*, et différencié par le qualificatif *minime*).
feu, teu, jeu, reu, leu, meu, seu, fa, ut, sol, ré, la, mi, si.

q q q q q q q q q q q q   *Neuf* quintes en *descendant*, intervalle *minime* (appelée *septième* comme *fa-mi* et différencié par le qualificatif *minime*)'
meu, seu, fa, ut, sol, ré, la, mi, si, fè.

Nous voyons ici un exemple de plus du vice des dénominations qui appellent JUSTE les *quintes majeures* aussi bien que les *quartes mineures*, puis DIMINUÉE, a quinte mineure ; et AUGMENTÉE la quarte *majeure*. Il n'y a plus de nom dans le catalogue usuel pour *si-feu*, non plus que pour *fa-sè*, etc.

(La suite prochainement.)   Aimé PARIS.

Deux erreurs graves se sont glissées dans mon second article sur la *progression de quintes*, n° du 10 février.

A la page 2, 1re colonne, les mots *grave* et *aigu* ont été intervertis, dans l'indication relative aux intervalles mineurs. Il faut lire : « 2° Un intervalle est MINEUR, » quand son terme *grave* se rencontre avant son terme *aigu*, dans la progression » LUE EN DESCENDANT »

Ensuite, j'ai tronqué bien involontairement la citation de l'A B C musical de M. Panseron. Il faut lire, comme il suit, le troisième alinéa de cette citation :

« Tous les intervalles de la gamme majeure,

« ut, ré, mi, fa, sol, la, si, ut,

» majeur	majeur	juste	juste	majeur	majeur	octave
» ré	mi	fa	sol	la	si	ut
» ut	ut	ut	ut	ut	ut	ut

» Sont majeurs, à l'exception de la quarte et de la quinte, que l'on nomme vulgaire- » ment justes, et que nous désignons *inaltérés*. »

Il y a dans cette rectification, autre chose que la preuve de l'exactitude que je veux mettre dans toutes mes citations. Sans revenir sur la singulière façon dont M. Panseron entend le *mnémonique*, j'y trouve l'occasion de compléter mes observations sur la *science d'analyste* déployée, dans ce livre, par l'auteur de l'A B C. A l'octave *seule*, qui représente une circonférence parcourue entièrement SANS PLUS NI MOINS appartiendrait, en bonne logique, le nom de *juste*, puisque, dans aucun mode *non altéré*, il n'y a DEUX ESPÈCES D'OCTAVES. M. Panseron n'a-t-il pas su voir dans une seule des *douze éditions* qui ont précédé celle que j'ai copiée, ou bien n'a-t-il pas été averti, par *un seul des professeurs chargés d'expliquer ces douze éditions à leurs élèves*, 1° que le mot *octave*, mis en compagnie de *six adjectifs* pourrait bien être pris par les enfants pour un *adjectif*, aussi bien que *juste* et *majeur* ; 2° qu'en disant que TOUS les intervalles qu'il cite sont MAJEURS, à *l'exception de la quarte et de la quinte*, il enlève au maître le droit de dire à l'élève qu'il appelle a tort l'octave un intervalle majeur, parce qu'en décrivant *deux cercles*, avec la *même ouverture de compas*, on n'en tracera pas UN QUI SOIT PLUS GRAND QUE L'AUTRE.

Quel dommage que M. Panseron n'ait pas pris la peine de faire un A B C *géométrique*, pour les enfants des petites écoles, en même temps qu'un A B C *arithmétique*, dans lequel les marmots auraient trouvé des moitiés égales, les unes *à plus*, les autres à *moins de cinquante centièmes*, le tout revêtu de la haute approbation de l'Académie des sciences, en supposant cet illustre corps aussi accommodant que la section de musique do l'Institut, et messieurs les directeurs des Conservatoires métropolitains.

     Aimé PARIS.

NOUVELLE PREUVE

De l'incapacité professorale de M. Hilaire Colin (1).

« Parmi ces considérations, il en est plusieurs, sans doute, que le lecteur aura faites aussi bien que moi ; mais il est nécessaire que je les lui remette sous les yeux, pour qu'il parvienne à connaître LE VÉRITABLE ESPRIT DE MA MÉTHODE ; car elle se compose de DEUX PARTIES DISTINCTES ; dont l'une renferme les moyens MATÉRIELS et l'autre les moyens *intellectuels* : or, l'on sent que LA PREMIÈRE NE SERAIT RIEN SANS LA SECONDE. »

(GALIN, *Exposition d'une nouvelle méthode pour l'enseignement de la musique*. 1re édition. page 9.)

On n'aprend que M. Hilaire Colin répond, lorsqu'on lui parle de mes articles sur la nullité de ses résultats, qu'il enseigne *le chiffre* et *non la méthode Galin-Paris-Chevé*.

La première question que se font ceux qui sont un peu au courant de ce qui s'est passé est celle-ci : *M. Hilaire Colin se moque-t-il de la mairie de Marseille ?* Ils se fondent sur ce que ce professeur qui n'a oublié qu'une chose, *apprendre ce qu'il doit enseigner*, peut, en confrontant avec le texte suivant la lettre qui lui a été adressée le 16 mars 1854, s'assurer qu'il y a une conformité complète entre cette copie et l'original qui est entre ses mains.

(1) M. Hilaire Colin est professeur de musique dans les écoles communales de Marseille. Chargé d'appliquer la méthode Galin-Paris-Chevé dans les écoles communales de Marseille, il la compromet par son incapacité.
(Note du Directeur-Gérant.)

« A monsieur Colin, Directeur des Cours de » Musique des écoles communales.

» Marseille, 16 mars 1854.

» Monsieur,

» D'après les avis de la délégation cantonale d'instruction primaire et de M. le Directeur du Conservatoire de musique, j'ai décidé qu'il y a lieu d'introduire dans les cours de musique des écoles communales confiées à votre direction le SYSTÈME D'ENSEIGNEMENT musical GALIN-PARIS-CHEVÉ.

» Ainsi que le porte l'avis de la délégation cantonale, l'introduction de cette MÉTHODE dans nos cours aura lieu sous les conditions suivantes :

» 1° ; Que les élèves devront s'occuper simultanément de l'étude des chiffres et de celle de la portée.

» 2° Qu'il ne résultera de cette modification de l'enseignement musical aucune augmentation de la dépense prévue au budget, pour les écoles.

» Je vous prie de prendre les mesures nécessaires pour que la décision que je viens de vous, faire connaître soit mise a exécution le plus tôt possible.

» Veuillez m'accuser réception de cette lettre

» Agréez etc. »

En ne prenant *aucune des mesures nécessaires* pour *mettre* RÉELLEMENT *a exécution la décision de M le maire de Marseille*, M. Hilaire Colin a dit implicitement : « *Je me moque de l'autorité municipale* ; je ne connais pas la *partie intellectuelle* de la MÉTHODE qu'on m'ordonne » d'enseigner ; je n'ai vu qu'une portion de ce qui » constitue la *partie matérielle*, CELLE QUI » N'EST RIEN, *sans l'autre*. N'importe ! plutôt » que d'avouer, en allant à l'école, qu'il me reste » quelque chose à apprendre, je vais me servir » des sept chiffres 1, 2. 3, 4, 5, 6, 7, dont j'i- » gnore l'emploi intelligent ; je n'ai aucune idée » de la graduation des exercices ; je ne sais pas » que la clé *d'ut* sur la 5e ligne, et la clé de *fa* » sur la 3e ligne, sont un seul et même fait. Au » bout du compte, je n'obtiendrai pas moins qu'a- » vec ma méthode *éclectique*, dont je ne tirais rien » du tout. »

M. Colin, quand il dit : *j'enseigne le chiffre et non la méthode*, ignore-t-il que c'est comme si, dans une école de dessin, un âne qui n'aurait jamais dessiné une bouche ni une oreille, disait. : *j'enseigne le crayon et non les proportions des parties d'un ensemble, la pureté des lignes, la distribution intelligente des ombres*, etc.

Et, pour ne parler que du *chiffre*, ignore-t-il donc la différence énorme qui existe entre *le chiffre de Jean-Jacques Rousseau*, qui employait un point au dessus ou au dessous de la note chaque fois qu'il changeait d'octave

| 2̇7, 2̇7, 2̇7, | i̠ç, i̠ç, i̠ç, | ı

(*Galin*, page 194) ce qui l'obligeait a indiquer les *compensations*, par des *lettres* initiales pour chaque ligne, et le *chiffre de Galin*, qui emploie le point d'une manière *fixe*, pour représenter chacun des sons de chaque série d'octaves :

| 2̇7, 2̇7, 27 | i̠ç, i̠ç, i̠ç | ı

(Galin, page 194)?

M. Colin ignore-t-il que les traits horizontaux à lignes inégales, et brisées, pour les subdivisions, appartiennent exclusivement à Galin ? Rousseau n'a rien fait d'acceptable, pour représenter les fractions de temps ?.

M. Colin ignore-t-il que les lambeaux incomplets de la langue syllabique des durées qu'il a introduits dans sa pratique, font partie intégrante de la *langue des durées*, complète et regulière, que *j'ai créée*, à Strasbourg en 1829 ?

Qu'on s'étonne, maintenant, qu'un professeur de fraîche date encore banquier, en 1848, n'ait pu, trois grands mois après avoir reçu la lettre de la mairie, produire que la splendide manifestation de SON INCAPACITÉ PROFESSORALE, dans l'exhibition que je caractérisait comme il suit, page 14 de mon *mémoire* imprimé le 8 septembre 1854, et adressé à chacun de MM. les membres du conseil municipal de Marseille, *sur la nécessité et les moyens de donner une direction réellement utile à l'enseignement musical du Conservatoire et des écoles communales de Marseille.*

« Le vendredi, 23 juin, jour de la grande procession, et devant le reposoir de la Place des Fainéants, après trois mois entiers de leçons, les enfants des écoles communales payaient leur contingent, dans la plus imposante des solennités religieuses, par le chant à l'unisson des trois versets que voici :

    » 1° *Adoremus in æternum*
    »   *Sanctissimum sacramentum* ;
» La musique de ces quelques syllabes offrait VINGT-DEUX NOTES à entonner.
    » 2° *Cor Jesu sacratissimun,*
    »   *Miserere nobis* ;
» SEIZE NOTES ;
    » 3° *Lauda, Jerusalem, Dominum* ;
    »   *Lauda deum tuum, Sion* ;
» DIX-SEPT NOTES ;
» En *tout* CINQUANTE-CINQ NOTES ! C'est-à-dire trois notes de moins que les cinquante huit de l'air intitulé : *Portrait charmant,* et encore, parmi ces cinquante-cinq notes, *pas une seule n'était ni diésée, ni bémolisée* !

» Vraiment, Monsieur, ce serait à faire croire qu'une semblable exhibition n'excluait pas l'idée qu'on aurait voulu, en montrant ce résultat dérisoire, tuer d'un seul coup la méthode dans l'opinion publique. »

Qu'on s'étonne que M. Hilaire Colin, qui devait avoir à cœur de prouver, par le nombre et la qualité de ses résultats que les chefs de l'école Galin-Paris-Chevé avaient eu tort de le répudier par l'acte signifié à monsieur le maire de Marseille, le 17 novembre 1854, qu'on s'étonne que M. Hilaire Colin n'ait pas osé faire chanter trois misérables petits chœurs lors de deux distributions des prix aux écoles des Frères, *après quinze mois* d'application inintelligente de la méthode qu'il ne connaît pas, lorsque les livrets qui *promettaient* les *exécutions chorales* et qui donnaient le titre des morceaux *promis* étaient, le 21 août dernier entre les mains de M. Honorat, maire de Marseille, et, le lendemain, entre celle de M. Boyer, adjoint sur l'estrade réservée à l'auditoire officiel ?

Combien de fois faudra-t-il redire que rien de bon ne sera possible, dans les écoles de Marseille, en fait de musique, tant que la direction de l'enseignement restera confiée à un homme dont L'INCAPACITÉ comme professeur est établie par tant de preuves irréfutables.

Si des considérations d'humanité empêchent de le congédier sans indemnité, qu'on lui paie ses appointements, A CONDITION QU'IL N'ENSEIGNERA PAS

Il fera toujours assez de bien, du moment où il ne fera plus de mal.

Et qu'on ne croie pas que je convoite sa place Je ne renoncerais pas, pour dix fois les douze cents francs qu'il reçoit, à ma position de chef d'école et à une indépendance de langage dont n'a jamais eu à se plaindre aucun de ceux qui prennent leurs devoirs au sérieux.

Aimé PARIS.

COMMENT ON SE FAIT LA RÉPUTATION D'UN PROFOND CRITIQUE MUSICAL.

Le lendemain d'une brillante soirée donnée, dans un cercle assez riche pour payer presque royalement les grands talents, par un artiste dont le nom a rempli le monde du bruit de ses succès, je rencontrai un de mes amis qui, plus heureux que moi, avait pu entendre le célèbre instrumentiste.

Je ne regrette qu'une chose, me dit-il, c'est de n'avoir pas été placé comme j'aurais voulu l'être.

— Vous ne pouviez donc pas bien entendre ?

— Je n'ai pas perdu une note.

— Alors, il vous était impossible de voir les doigts si agiles de l'exécutant.

— Nullement j'étais en face ; aucun chapeau ne bornait mon horizon.

— De quoi vous plaignez vous donc ?

— De n'avoir pas été à côté de X… qu'on appelle NOTRE GRAND CRITIQUE, lorsqu'on ne le connaît pas, ou plutôt quand on ne s'y connaît pas.

— Est-ce que vous ne partageriez pas l'admiration qu'il inspire à d'autres ?

— Il faudrait, pour cela, que depuis que je l'observe, au théâtre, ou dans les concerts, j'eusse entendu sortir de sa bouche une appréciation quelconque, formulée autrement que par un grognement fort peu mélodieux je vous jure.

— En vérité ? coutez-moi un peu cela en détail.

— Volontiers. J'ai vainement essayé de saisir sur son visage ce qui se passe en lui, dans ces moment où la respiration de tous est suspendue pour ne pas perdre la moindre délicatesse d'une exécution prestigieuse, quand tous les auditeurs éclatent en applaudissements enthousiastes. Lui, toujours impassible, dans sa gravité gourmée, il se contente de rouler des yeux atones, et de faire entendre, par intermittences, deux ou trois HUM ! HUM ! à bouche fermée, qui ont rappelé, certain soir, à un facétieux professeur du Lycée, imbu de son vieil Horace, un passage applicable à plus d'un aristarque bien nourri. Il montrait du doigt, à son voisin, l'ARBITRE DES RÉPUTATIONS ARTISTIQUES, plongé dans une béate somnolence, et rêvant peut-être qu'on l'invitait à dîner, ou qu'il ouvrait sa porte a quelque gracieuseté apportée FRANCO par quelque discret commissionnaire. Voyez, disait le latiniste, voyez si mon Horace n'est pas de tous les temps : EPICURI DE GREGE…..

— Et pourtant il fait des feuilletons.

— Oui mais comment les ferait-il tout seul, lorsqu'il est classé sous le n° 1er, parmi les habitués qui dorment au théâtre ? D'ailleurs, vous devez avoir remarqué que jamais ses comptes rendus ne paraissent IMMÉDIATEMENT après une solennité musicale ou dramatique. C'est merveille quand ceux qui attendent cette manne tombée de sa plume peuvent s'en rassasier avant que la soixante douzième heure ait sonné. Ces retards s'expliquent ; il faut bien écouter ce que disent ceux qui pensent et qui jugent par eux-mêmes puis, quand la moisson d'idées est faite dans le champ d'autrui, la mise en œuvre demande encore du temps. Le geai ne se trouve point paré des plumes du paon sans avoir dépensé quelques heures à sa toilette.

— Et le journal qui le paie ne trouve pas a redire !

— Mais le journal ne le paie pas ; il a pour appointements l'importance que lui donne sa position auprès de ceux qui appellent profond ce qui n'est que creux.

— J'ai bien envie de m'abonner à son journal.

— Pourquoi faire, je vous prie ?

— Afin de faire la statistique des phrases vides d'idées qu'il faut entasser pour préparer un piédestal à une des nullités les mieux conditionnées de la presse musicale.

— A ce point de vue, je vous comprends.

Aimé PARIS.

THÉATRES.

On a représenté jeudi dernier, sur notre seconde scène, un drame intitulé le DONJON DE VINCENNES.

La direction de M. Juclier s'est signalée par une mise en scène des plus brillantes, organisée par M. Marcel Briol. Les décors, les costumes, tout était frais et beau.

L'exécution, malheureusement, n'a pas été à la hauteur du matériel. Un acteur que M. Juclier va remplacer sans plus tarder, à compromis l'ensemble. M. Edmond a représenté Louis XIV avec une grande distinction de jeu et de manières, et M. James a plus d'une fois provoqué le rire. Nous verrons si une seconde édition de cette œuvre sera plus heureuse. C'est à croire, du moment que les causes de désordre auront disparu.

Louis ROGER.

FAITS DIVERS.

Aujourd'hui, à une heure, aura lieu, dans le salon de M. Petit, rue Saint-Patrice, n° 17, l'avant-dernière séance de M. Engelmann ; MM. Maurin, Orlowsky et Engelmann frères exécuteront ces quatuors des maîtres dont nous sommes privés dans les petits concerts d'amateurs qui se donnent fréquemment. Avec un virtuose comme M. Maurin, dont le nom, a dit un journal allemand, est désormais inséparable de celui de Mozart, on est certain d'avance qu'il n'y aura de déception pour personne.

Un musicien de Rouen organise un concert. S'adressant l'autre jour à l'un des rédacteurs de la RÉFORME MUSICALE, il lui dit :

« Je vous serais très-obligé si vous vouliez annoncer mon concert dans votre journal. Mais surtout ne dites pas que je suis venu vous trouver, car certains grands journaux ne s'occuperaient plus de moi. »

Cet aveu plus que naïf donne une idée du degré de sympathie que certains grands journaux attachent à l'idée de progrès dont la RÉFORME MUSICALE est l'organe. L'avenir leur en tiendra compte.

Mlle Dobré de l'Opéra chantera mardi dans un concert qui n'est pas celui du musicien cité plus haut.

Louis ROGER.

Darnétal. Imp. FRUCHART.

XI° Année ; 1ʳᵉ du nouveau titre.—N° 5.   **UN NUMÉRO : 20 CENT.**   Dimanche 24 Février 1856.

Musique, — Sciences, — Arts, — Littérature, — Théâtres.

LA RÉFORME MUSICALE

JOURNAL DES DOCTRINES DE L'ÉCOLE GALIN-PARIS-CHEVÉ.

ABONNEMENT A ROUEN : 10 FR.

ON S'ABONNE
A ROUEN, chez M. Louis Roger,
rue Porte-aux-Rats, 2.
A PARIS, chez M. Émile Chevé, rue
des Marais-S.-G., 18.
A MARSEILLE, chez M. Aimé Paris,
rue Paradis, 77.

BUREAU A ROUEN, RUE PORTE-AUX-RATS, N° 2.

LOUIS ROGER, Directeur-Gérant.

ABONNEMENT DANS LES DÉP. : 12 F.

ON S'ABONNE
A LYON, chez M. Perraud, rue du
Griffon, 11.
A ANGOULÊME, chez M. Vasse,
rue de l'Arsenal, 11.
*Les abonnements peuvent être payés
en timbres-postes (Affranchir).*

RENSEIGNEMENTS.—Cette feuille paraît à ROUEN tous les DIMANCHES. — Tout ce qui concerne l'administration du journal doit être adressé à Rouen, rue Porte-aux-Rats, 2.— Ce qui concerne la rédaction peut être indifféremment adressé à M. Chevé, à M. Aimé Paris, ou au directeur gérant. — La critique demeure sous la responsabilité de celui qui la signe.— Il sera rendu compte des ouvrages dont un exemplaire sera déposé au bureau du journal. Les lettres non affranchies seront refusées.

On peut se procurer des numéros de la *Réforme*, au bureau du journal, — au dépôt du cours Boïeldieu, à Rouen, — et dans l'intérieur des théâtres.

Paris 15 février 1856.

LA QUESTION DE L'ENSEIGNEMENT MUSICAL

Placée sur son véritable terrain,

Par le journal l'AVENIR.

On lit dans l'Avenir du 27 janvier dernier :

QUELQUES MOTS SUR LA MÉTHODE CHEVÉ

« Le mois dernier, la société chorale Galin-Paris-Chevé a donné deux concerts, le premier, concert mensuel ordinaire à l'École de Médecine le second à la salle Sainte-Cécile, en l'honneur de Galin.

» Quatre ou cinq mille personnes ont donc, dans l'espace de quinze jours, pu juger des résultats de la méthode ; elles ont vu écrire sous la dictée, et entendu lire à première vue.

« A-t-on reconnu l'importance de ce progrès ? Les deux dernières expérience ont-elles enfin convaincu les plus récalcitrans ? Pas le moins du monde ; la plupart des réflexions pendant le concert et des conversations à la sortie témoignaient d'une préoccupation singulière et peuvent se résumer ainsi : M. Emile Chevé croit-il avoir formé des artistes ? Pense-t-il que l'exécution de ses chœurs soit supérieure à celle du Conservatoire ?

» Si elle continue ainsi, la discussion ne se terminera jamais ; car jamais jusqu'à présent les adversaires ne sont venus sur le terrain où on les a appelés ; ils en choisissent toujours un autre sur lequel ils triomphent en provoquant le maître à sortir de la position excellente qu'il a prise.

» Eh bien, nous allons répondre catégoriquement aux deux questions des adversaires de la méthode, avec l'espoir qu'en retour ils voudront bien répondre par oui ou par non à celles qui demeurent toujours posées de notre côté.

» Non, M. Chevé ne croit pas avoir formé des artistes.

» Non, M. Chevé ne croit pas que l'exécution de son école soit supérieure à celle du Conservatoire.

» M. Chevé sait trop bien que pour être un artiste, il faut une longue éducation musicale, la pratique de tous les jours, le goût, la passion, le DIABLE AU CORPS, soit que l'on chante, soit que l'on joue d'un instrument ; et la plupart des élèves de l'Ecole ont été privés de cette éducation dans leur enfance et leur

jeunesse ; ils n'ont pas le loisir de compenser aujourd'hui par des heures d'études plus nombreuses cette absence du travail musical à l'âge où il est le plus facile et le plus fécond, ils ont à peine le temps de donner quelques heures par semaine aux exercices les plus indispensables ; il sont obligés de prendre sur leur sommeil, les jours ordinaires, où sur leurs promenades, le dimanche, pour chanter les morceaux qui sont à l'étude, et si l'on peut leur adresser un reproche, ce n'est certes pas d'en chanter un trop petit nombre Ils ne vivent point de la musique, ils ne vivent pas avec les artistes ; toutes leurs relations ne développent pas chez eux le goût, le besoin, le sentiment profond et insatiable de la musique. Ils ont chacun des professions ou des métiers différents ; et ce n'est que dans leurs instans de répit, ou dans des jours de fête, qu'il leur est permis d'échapper à leurs soucis habituels, et de les oublier dans ces exercices qui les initient à de meilleures émotions.

» Que les musiciens qui ont passé dix, vingt, trente et quarante ans de leur vie, à tourmenter, pour les assouplir, leur gosier, leurs doigts ou leurs lèvres, et pour les faire, leurs clarinettes, leurs cors, leurs violons ou leurs pianos, que ceux-là exécutent avec une sûreté étonnante et une précision admirable ce qu'ils ont répété des milliers de fois, personne ne le conteste, M. Chevé moins que personne ; ni lui ni ses élèves n'aspirent à cette perfection.

» Ils aspirent à autre chose. Ils disent à tous les artistes et au Conservatoire en particulier : Vous chantez merveilleusement : vous nous rendez d'une manière délicieuse Beethoven, Mozart et Rossini ; mais êtes vous complets ? Voudriez-vous écrire un air sous notre dictée ? Nous expliquer ce que vous jouez ? Lire un morceau quelconque que vous n'aurez jamais vu, vieux ou nouveau, peu importe ? Exécuter ensemble immédiatement une composition prise au hasard dans les cartons d'un maître vivant ? Et pourrez-vous nous rendre compte des difficultés qui vous auront arrêtés et des fautes que vous aurez commises?

» Parvenus si haut, ne vous est-il pas possible de descendre pour nous guider et nous faire monter ensuite jusqu'à votre sommet ?

» Allons, êtes-vous prêts !

» Non, ils ne sont pas prêts ; parmi les meilleurs, peu se présenteront, et les autres souriront dédaigneusement. Et pourtant ils sont tous le petit nombre, l'élite, l'aristocratie de la toute petite tribu musicale dispersée dans le vaste monde.

» Eh bien ! ajoutent les élèves de M. Chevé,

si vous n'êtes pas prêts, nous le sommes , nous ne pouvons faire ce que vous faites, les études et le temps nous ont manqué ; mais ce que vous ne faites pas, nous le ferons ; les éléments vrais de la théorie musicale, nous les possédons et nous les faisons connaître. Nous appelons tout le monde, nous popularisons la musique, et de la foule accourue autour de nous, il sortira avant longtemps des artistes qni glorifieront la méthode.

» Ce que nous vous demandons, c'est de reconnaître franchement les faits.

» Chantons-nous à première vue ? Oui ou non.

» Ecrivons-nous un air sous la dictée ? Oui ou non.

» Voulez-vous encore des épreuves? Soit ; que qu'elqu'un de vous écrive, DANS LES LIMITES HABITUELLES et RAISONNABLES, un morceau à trois ou à quatre parties, convenable pour des voix ordinaires, et nous exécuterons devant lui, à première vue, sa musique dont il surveillera lui-même la transcription, seul à seul avec notre directeur.

» En revanche, nous sommes en droit de poser une condition : c'est qu'avant cette épreuve définitive, l'auteur du morceau s'engage à faire insérer dans quatre ou cinq journaux le résultat constaté par lui-même.

» Si demain on trouvait le moyen d'apprendre aux enfants à parler ou à lire en six mois, ou en un an, quoiqu'aucun d'eux ne fût au bout de ce temps ni un orateur, ni un lecteur de premier ordre, serait-il juste que ceux qui sont maîtres dans ces deux arts puissants de la lecture et de l'éloquence vinssent crier : Ils parlent, il lisent, cela est vrai ! mais parlent-ils, lisent-ils comme nous?

» Laissez faire le temps. Si la méthode Chevé n'improvise pas des artistes, comme elle improvise des théoriciens et des praticiens un peu inégaux, mais sûrs, si elle ne donne à personne ce que chacun doit trouver en lui-même, le goût, l'inspiration, l'enthousiasme, la passion, du moins elle ne tue chez aucun ces qualités, ces forces, si elle existent ; elle ne les détruit, pas, mais elle ne les exige pas non plus ; elle s'adresse à toutes les natures, elle les appelle toutes, elle est l'enseignement populaire, universel ; et comme toutes les choses qui suivent une nouvelle voie, après avoir été longtemps niée et repoussée, elle marchera, elle arrivera, elle sera reconnue et saluée ; et, pour qu'elle soit adoptée à tout jamais, il suffira d'un grand artiste formé à cette école et qui la remercie de lui avoir épargné bien des ennuis, et d'avoir fortifié son intelligence. »

Albert LEROY.

Voilà enfin la question bien posée par la critique. Merci à vous, M. Albert Leroy, d'avoir bien voulu prendre la peine de faire comprendre à tous ceux qui n'ont pas absolument brisé avec le sens commun QU'EN ACQUÉRANT A CONNAISSANCE PARFAITE DE LA LECTURE ET DE L'ÉCRITURE MUSICALES, ON NE DEVIENT PAS— par ce seul fait — UN ARTISTE CONSOMMÉ ?.... pas plus qu'en apprenant à lire et à écrire dans nos écoles élémentaires on ne devient forcément un homme éloquent. Ces deux chose n'ont aucun rapport entre elles ; et il faut, ou n'avoir pas conscience de ce que l'on dit, ou vouloir en imposer à ceux à qui l'on parle, pour affecter toujours, en parlant, de confondre ces deux choses si différentes :

LA FACULTÉ DE LIRE, c'est-à-dire de comprendre ce qui est écrit ; et LA FACULTÉ D'IMPRESSIONNER un auditoire, c'est-à-dire de rendre avec âme les impressions qui sont en nous... Tout le monde, aujourd'hui, peut apprendre à lire et à écrire correctement ; est-ce à dire que chacun possèdera la parole magique de Lamartine, ou le génie de Béranger ? Tout le monde, chez nous peut apprendre à lire et à écrire la musique ; s'en suit-il que chacun de nos élèves deviendra un Delsarte ou un Rossini ?

Ah ! messieurs du STATU QUO, revenez donc un peu à la justice et à la raison, et vous direz avec nous : une méthode de lecture ne fait pas les poètes et les orateurs, cela est certain ; aussi n'est-ce pas ce qu'il faut lui demander. Toutefois il est facile de comprendre que plus il y aura de personnes qui sauront lire et écrire et plus il y aura de chances de voir surgir des poètes et des orateurs.. Vous direz encore : une méthode de lecture musicale ne crée pas des artistes et des compositeurs, cela est évident ; et cependant, chacun comprend encore que, plus il y aura d'enfants sachant lire et écrire la musique, et plus on verra dans l'avenir, surgir d'artiste et de compositeurs. Donnez aux natures privilégiées les moyens ou l'occasion de féconder et de développer les germes que Dieu a mis en elles, et vous verrez éclore toutes les vocations, artistiques et autres.

Ne venez donc plus, niaisement ou méchamment, reprocher à une méthode de lecture dont la seule ambition —(ambition d'ailleurs justifiée) —est de conduire SÛREMENT et RAPIDEMENT la population du monde entier à lire et écrire la musique ; ne venez plus, dis-je, lui reprocher de ne pas transformer chacun de ses adeptes en un artiste émérite ou en un compositeur de génie !.

En agir ainsi— PAR DÉPIT DE NE POUVOIR FAIRE CE QUE FAIT L'ÉCOLE NOUVELLE— N'est ni juste, ni sensé, ni honnête.

Emile CHEVÉ.

DES RESSOURCES & DES APPLICATIONS DE LA PROGRESSION DES QUINTES MAJEURES
(IMPROPREMENT APPELÉES *QUINTES JUSTES*).
— *Voyez les nos 2, 3 et 4.* —
(Suite.)

Comment, dans les sept termes consécutifs qui contiennent les éléments chaque tonalité majeure, on trouve la succession de la gamme diatonique de cette tonalité.

Il suffit de lire consécutivement, en montant, les trois termes *pairs* (le 2e, le 4e et le 6e), puis les quatre termes *impairs* (le 1er, le 3e, le 5e et le 7e), comme on le voit ci-dessous :

TON D'UT.
si—7e terme
6e terme — mi
la—5e terme
4e terme— ré
sol—3e terme
2e terme— ut
fa—1er terme
On a la gamme :
ut, ré, mi, fa, sol, la, si.

TON DE MI :
rè—7e terme
6e terme — jè
tè—5e terme
4e terme— fè
si—3e terme
2e terme— mi
la—1er terme
On a la gamme :
mi, fè, jè la, si, tè, rè.

TON DE LA BÉMOL :
sol —7e terme
6e terme — ut
fa — 5e terme
4e terme — seu
meu — 3e terme
2e terme — leu
reu — 1er terme
On a la gamme :
leu, seu, ut, reu, meu, fa, sol.

Et ainsi de suite pour toutes les autres tonalités *majeures*, usitées ou non.

MODE MINEUR.

La gamme diatonique *mineure* se présente sous trois aspects, dans la pratique :

1° En *montant*, comme une succession *bi-modale* de secondes :

la, si, ut, ré, mi, fè, jè, la.

Fragment MINEUR mode de *la*, du plain-chant. | Fragment du ton de la MAJEUR.

2° En *descendant*, selon le mode de *la* du plain-chan, intégralement conservé :

la, sol, fa, mi, ré, ut, si, la.

3° En montant et en descendant, avec une *altération* du mode de *la*, du plain-chant (le *jè*), nécessitée par le besoin d'arriver à la tonique aigüe ou de l'abandonner par une seconde mineure :

En montant : *la, si, ut, ré, mi fa, jè, la.*
En descendant : *la, jè, fa, mi, re, ut, si, la.*

Le 1er aspect, offrant la quinte MAXIME, *ut-jè*, et le 3e aspect, la même quinte MAXIME, *ut-jè*, plus la seconde MAXIME, *fa-jè*, il est évident qu'ils exigent qu'on dépasse le nombre de sept quintes, pour trouver dans la progression par quintes le terme grave et le terme aigu de ces intervalles.

Le 1er aspect, la gamme *bi-modale*, demandera donc *neuf* termes, parmi lesquels la *tonique* sera le *quatrième*, et la *sensible* le *neuvième*. Resteront sans emploi le 2e et le 8e.

Le 2e aspect ne demandera que *sept* termes, parmi lesquels la *tonique* sera le *cinquième*.

Le 3e aspect aura forcément *dix termes*, parmi lesquels la *tonique* sera le *cinquième*, et la *sensible* le *dixième*. Resteront sans emploi, le 3e, le 8e et le 9e.

Trouver, dans neuf termes consécutifs, la gamme MONTANTE BI-MODALE (1er aspect).

Le 2e terme et le 8e étant sans emploi, on lira *en montant*, D'ABORD les deux autres termes *pairs* (le 4e et le 6e), puis les cinq termes *impairs* (le 1er, le 3e, le 5e, le 7e et le 9e). Exemples :

Gamme bi-modale de *la* : (d'abord / puis)
jè 9e terme
8e, sans emploi lè
fè 7e terme
6e terme si
mi 5e terme
4e terme la
ré 3e terme
2e, sans emploi sol
ut 1er terme
On obtient ainsi la gamme bi-modale :
la, si, ut, ré, mi, fè, jè.

Gamme bi-modale de *fa dièse* : (d'abord / puis)
mè 9e terme
8e sans emploi lè
rè 7e terme
6e terme jè
tè 5e terme
4e terme fè
si 3e terme
2e sans emploi mi
la 1er terme
On obtient ainsi la gamme bi-modale :
fè, jè, la, si, tè, rè, mè.

Gamme bi-modale de *ré bémol* : (d'abord / puis)
ut 9e terme
8e sans emploi fa
seu 7e terme
6e terme meu
leu 5e terme
4e terme reu
jeu 3e terme
2e, sans emploi teu
feu 1er terme
On obtient ainsi la gamme bi-modale :
reu, meu, feu jeu, leu, seu, ut.

Et ainsi des autres, l'octave aigüe étant sous-entendue.

Trouver, dans sept termes consécutifs, la gamme DESCENDANTE *du* MODE DE LA *du plain-chant* (2e aspect).

On lira D'ABORD, en *descendant, trois des termes impairs* (le 5e, le 3e et le 1er), PUIS *les trois termes pairs* (le 6e, le 4e et le 2e), ENFIN *le plus élevé des termes impairs* (le 7e). Exemples :

Gamme descendante de *la* mineur : (d'abord / puis / enfin)
si 7e terme
mi 6e terme
5e terme la
ré 4e terme
3e terme sol
ut 2e terme
1er terme fa
On obtient ainsi la gamme :
la, sol, fa, mi, ré, ut, si.

Gamme descendante de *mi* mineur : (d'abord / puis / enfin)
fè 7e terme
si 6e terme
5e terme mi
la 4e terme
3e terme ré
sol 2e terme
1er terme ut
On obtient ainsi la gamme :
mi, ré, ut, si, la, sol, fè

Gamme descendante de *fa* mineur : (d'abord / puis / enfin)
sol 7e terme
ut 6e terme
5e terme fa
seu 4e terme
3e terme meu
leu 2e terme
1er terme reu
On obtient ainsi la gamme :
fa, meu, reu, ut, seu, leu, sol.

Et ainsi des autres, l'octave grave étant sous-entendue.

Trouver, dans dix termes consécutifs, la gamme MINEURE, ALTÉRATION *du mode de* LA *du plain-chant* (3e aspect).

Le 3e terme, le 8e et le 9e étant sans emploi, on lira D'ABORD, *en montant, deux des termes impairs* (le 5e et le 7e), PUIS *trois des termes pairs* (le 2e, le 4e et le 6e), ENFIN *les deux termes extrêmes* (le 1er et le 10e). Exemples :

Gamme de *la* mineur (mode primitif *altéré*) : (d'abord / puis / enfin)
jè 10e terme
9e, sans emploi tè
fè 8e s. emploi
7e terme si
mi 6e terme
5e terme la
ré 4e terme
3e, sans emploi sol
ut 2e terme
fa 1er terme
On obtient ainsi la gamme :
la, si, ut, ré, mi, fa, jè.

Gamme de *si* mineur (mode primitif *altéré*) : (d'abord / puis / enfin)
lè 10e terme
9e, sans emploi rè
jè 8e sans emploi
7e terme tè
fè 6e terme
5e terme si
mi 4e terme
3e, sans emploi la
ré 2e terme
sol 1er terme
On obtient ainsi la gamme :
si, tè, rè, mi, fè, sol, lè.

Gamme de *si bémol* mineur (mode primitif *altéré*) : (d'abord / puis / enfin)
la 10e terme
9e sans emploi ré
sol 8e sans emploi
7e terme ut
fa 6e terme
5e terme seu
meu 4e terme
3e, sans emploi leu
reu 2e terme
jeu 1er terme
On obtient ainsi la gamme :
seu, ut, reu, meu, fa, jeu, la

Et ainsi des autres, l'octave aigüe étant sous-entendue.

En commençant par cette octave aigüe, et en lisant à rebours les gammes ainsi obtenues, on les forme à l'inverse, semblables aux gammes montantes, comme elles le sont dans le mode majeur, c'est-à-dire :

Pour *la* mineur : LA, *jè, fa, mi, ré, ut, si* ;
Pour *si* mineur : SI, *lè, sol, fè, mi, rè, tè.*
Pour *si bémol* mineur : SEU, *la, jeu, fa, meu, reu, ut.*

(La suite prochainement.)

Aimé PARIS.

COURRIER DE PARIS.

LETTRES A UN AMI DEVENU RICHE.

Tu te civilises, tu te corromps, tu t'ennuies. Ta grande et fière existence d'autrefois a été supprimée pour faire place à la vie la plus plate, la plus mesquine, la plus ennuyeuse, la plus bourgeoise du monde. Je voudrais avoir à ma disposition tous les adjectifs de Mme de Sévigné à sa fille et tous ceux de M. de Voltaire au révérend père Garasse, pour qualifier dignement l'existence que tu mènes là-bas, au milieu de je ne sais plus quelle cité marchande, parmi je ne sais plus quelle société de banquiers et de gens d'affaires ! Tu as remplacé V. Hugo par Barème, la musique du maëstro Rossini par celle du maëstro Rothschild, le piano par l'argent, l'Harmonie par le bruit, la rêverie par la règle de trois ! je gage que tu t'es fait faire une calotte grecque, que tu as une robe de chambre ouatée, que tu portes une cravate blanche et des boutons en diamants à ta chemise !

Ah ! mon ami, mon ami, mon ami ! Comme tu es changé ! Je ne te reconnais plus, je ne veux plus te reconnaître ! Que t'avait donc fait la vie de Bohème, la vie au grand soleil, la vie à l'air libre, la vie indépendante, la vie joyeuse ? Pourquoi l'as-tu répudiée si facilement et si brutalement ? Parce que tu es devenu riche ? Parce que tu as épousé une dot charmante pleine d'espérances ? Parce que la poésie et l'art sont incompatibles avec les BABIES et la gravité des devoirs qu'impose leur éducation. Parce que tu n'as plus le droit, ayant passé trente ans, d'avoir les dadas et les marottes de la jeunesse? Folie et misère ! Misère et folie que tout cela ! Redeviens donc pauvre, alors, et reviens-nous donc vite ici, mais sans ta calotte grecque, ta robe de chambre ouaté, tes boutons en diamant, ton BABY et ta dot.... Nous te donnerons en échange des trésors et des richesses plus que tu n'en voudras, plus que n'en contenait la cave d'Aboul-Assim, plus que n'en contiennent les caves de la Banque ! Les poètes sont des nababs quarante trois fois millionnaires. Tu l'avais oublié?..

Mais non ! Le sacrifice est consommé ! Le mal est irréparable ! Tu es époux, tu es père, tu es riche ! Tu t'ennuies ! Je le comprends bien !

C'est un mauvais métier que celui-là, quand on n'y est pas habitué, n'est-ce pas ?

Enfin !...

Tu es donc riche et ennuyé—c'est convenu. Et c'est pour cela que tu t'adresses à moi, pauvre homme pauvre, afin d'obtenir quelques unes de ces distractions dont sont si friands les gens oisifs et les paresseux d'esprit comme toi ?

Tu t'adresses mal. Je suis un mauvais glaneur de nouvelles, de causeries, de bavardages, de commérages, artistiques, littéraires ou autres ! Je suis ce que tu étais autrefois toi-même, cher vieil ami,—un sauvage, un huron, tout ce qu'on voudra, excepté un coureur de salons et de clubs, de soirées, et de matinées, de théâtres et de concerts. L'art m'intéresse, mais à distance—à cause des artistes. La poésie me passionne, mais de loin, — à cause des poètes, GENUS IRRITABILE. Je hais le bruit des rivalités et le choc des jalousies. C'est laid et bête, triste et fatigant. J'aime mieux ma cellule où viennent de temps en temps les compagnons de notre jeunesse, les amis d'hier et les maîtresses d'aujourd'hui. Nous faisons toujours de la musique, comme autrefois ; comme autrefois nous faisons de gigantesques projets et comme autrefois, nous nous aimons toujours...

Quelles distraction peut t'apporter la peinture monocolore de cette existence monotone mais heureuse et calme ! Comment nos chères causeries du soir oseraient-elles entrer en rivalité d'intérêt avec ces grands mots de PRIMES, REPORTS, FINS COURANTS, MOBILIER MOUZAÏA, TÉNÈS etc., etc., etc, qui dansent tant de sarabandes métalliques dans ta cervelle d'homme d'affaires ? Comment ces belles filles blanches et blondes qu'on appelle les Muses oseraient-elles lutter d'esprit avec le courtier-marron qu'on appelle Mercure?

Cependant je veux essayer. Il faut se prouver, paraît il, à ses amis,—du moins à ceux qui doutent un peu de votre amitié. Tu prévois d'avance mon refus et tu mets en avant tout le bataillon des gros mots et des grosses injures ! Tu cries à l'ingratitude, à l'indifférence, etc., etc. Ta conscience me fait l'effet de n'être pas à son aise, MY DEAR FRIEND?...

Je veux essayer. Mais si l'essai est infructueux, si la tentative n'aboutit pas, ne t'en prends qu'à toi, à toi seul, de cet insuccès, et promets-moi, en retour, de laisser désormais couler ma vie comme par le passé, sans jamais tenter d'interrompre son cours paisible ni de troubler son onde transparente.

Je vais quitter pour toi les hauteurs sans orages de la Montagne Sainte-Geneviève et descendre juspu'au cœur de la grande capitale si tumultueuse, si bouillonnante, si passionnée. Je passerai les points ! Pour toi, je vais me jeter gaiement en pleine mêlée, en pleine bataille parisienne, pour en connaître les rapides évolutions, les nombreux épisodes, les phases étranges et curieuses, et venir après te les raconter.

Si ta nouvelle profession d'homme riche ne t'a pas enlevé les superstitions de ta jeunesse, prie Dieu, ou, à son défaut, l'un de ses saints, —Saint-Fiacre, par exemple—qu'il me garde des voitures, des cochers, de la boue et de la bêtise. J'ai d'excellentes raisons pour me défier de ces quatre choses, des voitures parce qn'elles écrasent, des cochers parce qu'ils injurient, de la boue parce qu'elle tache, de la bêtise parce qu'elle attriste ! Et en ma qualité de piéton obstiné et de flâneur mélancolique, je suis fortement exposé à ces quatre inconvénients là,—sans compter les neuf cent quatre-vingt-seize autres ! ....

Seulement je te dois un avertissement, je vais te le donner, une déclaration de principes, je vais te la faire.

Je réclame la plus entière, la plus complète liberté d'allures. Je hais la contrainte ; j'ai horreur de la servitude. J'estime médiocrement la convention, le parti pris, l'imitation, le poncif J'aime mieux marcher dans mes souliers éculés que de marcher dans les bottes superbes de mon voisin ou dans les pantoufles en tapisserie de ma voisine. J'aime mieux être nain et seul de ma race et de ma taille que d'être de la lignée d'Alexandre et de m'appeler Alexandre III, IV ou XXXV.

Ainsi je t'écrirai au hasard de ma plume et de ma fantaisie. Je t'écrirai aussi irrégulièrement que possible. Je te parlerai de ceci, de cela, de la lune et des étoiles, de mon chien et de la photographie, du départ des Atzecs et du retour de Mlle Rachel, des beefsteaks de cheval et de la nomination de M. de Falloux, des petits poissons de M. Coste et des bourgeons de mes lilas, de tout enfin et de bien autres encore,—mais à mon heure et à ma façon.

Je suis fantasque et indocile. J'aime le paradoxe, j'en mange tous les jours et. je vais me promener. j'affectionne la littérature abracadabrante et truculente d Eugène Vachette et de Commerson ! Le procès des demoiselles Picton pain, m'a plus intéressé que beaucoup d'autres procès infiniment plus sérieux. Je ne dédaigne pas le jeu de mots, surtout quand il est mauvais. Le jeu de mots est même la pomme d'or qui me détourne de ma route et me fait manquer mon but, et je suis parfois tenté de croire que c'est à propos de moi que Napoléon a dit: « Il y a des gens qui mettraient le feu à leur pays plutôt que de se refuser le plaisir d'une antithèse ! » Cequi ne m'empêche pas de lire Bossuet et de relire Destutt de Tracy, d'aimer Corneille et d'aller voir jouer les drames de Dumas, d'admirer les tableaux de M. Ingres et d'être toujours fourré devant les toiles d'Eug. Delacroix, etc., etc., etc.,

Il ne faudra donc ni t'étonner, ni te scandaliser, ô mon ami devenu riche ! si je ne suis ni de l'avis de M. Matharel de Fiennes sur les questions de Théâtre ; ni de l'avis de M. Gustave Planche sur les questions d'art, ni de l'avis de M. Victor Meunier sur la pisciculture, ni de l'avis de mon concierge sur l'hippophagie, ni de ton avis, ni du leur. J'ai des admirations et des antipathies qui ne sont pas celles de tout le monde. C'est pour cela que je n'écris pas de peur d'être désagréable et incivil. C'est pour cela que je joue souvent au bilboquet, comme Jean-Jacques, pour ne pas jouer inutilement et niaisement de la parole comme M. X. ou Mme Trois Etoiles.

Si cette profession de foi — franche et rude mais honnête femme — te convient. dis-le moi. Je t'enverrai pour dimanche prochain mon premier Courrier de Paris et, comme je hais l'esclavage en tout et pour tout, je te l'enverrai affranchi.

Adieu ou au revoir.

Alfred DELVAU.

Depuis quelques semaines, la *Revue et Gazette Musicale* publie de très-bons conseils donnés par M. Hector Berlioz aux chefs d'Orchestre, sur la manière de comprendre et d'indiquer, aux exécutants sous leurs ordres, certaines combinaisons rhythmiques, écrites de manière à laisser les plus habiles dans une grande perplexité. Ces obstacles sont réels, et M. Berlioz a grandement raison de donner les moyens de se tirer d'affaire, et les autres avec soi.

Mais ceux qui ont institué ou modifié les signes, lui auraient épargné toute la peine qu'il est forcé de prendre pour montrer comment ont fait marcher de front les morcellements variés de la mesure, s'ils n'avaient pas brouillé toutes les idées, et obscurci toutes les perceptions de l'œil et de l'intelligence, en employant *les mêmes caractères*, pour représenter les INCOMMENSURABLES, *deux* et *trois*.

Je reprendrai ce travail, quand il sera achevé, pour faire voir qu'avec une meilleure écriture, non seulement on n'a pas besoin de faire la leçon aux musiciens distingués qui dirigent les orchestres mais que ceux-ci n'auraient même pas à s'occuper de sauver des faux-pas leurs auxiliaires, dont des passages qui, raisonnablement écrits, cesseraient d'être scabreux, même pour les plus faibles membres d'un orchestre de troisième ordre.

Aimé PARIS.

GARE LA CONTAGION !

Il y a six semaines à peine que le directeur des écoles communales de Montrouge a adopté la méthode Galin-Paris-Chevé, pour l'établissement qu'il dirige, et voilà que déjà l'enseignement particulier veut suivre son exemple.

En effet, M. Chardon, chef d'institution, rue Neuve-d'Orléans, n° 15, au Petit-Montrouge, vient d'introduire chez lui la méthode nouvelle et d'en confier l'application à M. Roncin : il a eu là deux bonnes inspirations d'un coup. — Mais que vont dire les momies de l'enseignement musical, en voyant ainsi chaque jour s'étendre le chiffre maudit.... hélas !

Émile CHEVÉ.

Le *Phocéen* qui, depuis quelques mois, s'imprime à Marseille, vient de faire spontanément, à propos de la *Réforme musicale*, un article fort bienveillant, dont nous le remercions d'autant plus volontiers que la presse Marseillaise a peu habitué la vérité à recevoir de semblables gracieusetés. Seulement, je crains bien que le *Phocéen* se fasse de méchantes affaires avec ceux qui ne veulent pas d'un progrès, quelque réel et quelque important qu'il puisse être, et avec ceux qui ne l'acceptent pas volontiers, s'il n'est pas proposé par un *enfant de la ville*, comme si chacun de ses quatre-vingt-six départements et de ses chefs-lieux n'était pas sur la carte du *même pays* ! A leur compte Neuilly repousserait, avec raison, ce qui lui serait apporté de Paris, et un maître d'école Marseillais devrait être reçu à coup de fourche, par les habitants de Mazargues, comme *n'étant pas du pays*.

Aimé PARIS.

UN ACTE DE JUSTICE.

Plusieurs personnes m'ont témoigné leur surprise des nombreuses rectifications qui suivent la publication de mes articles sur les *quintes*. Elles me demandent *pourquoi notre imprimeur met si peu de soin dans son travail* !

Je me hâte de déclarer qu'il n'y a, dans les inexactitudes qui me sont indiquées (et dont la plupart heureusement peuvent être rectifiées par quiconque sait, *directement* et *à rebours*, la série fa, ut, sol, ré, la, mi, si, et les initiales qui la reproduisent—sauf *j*, pour les modificatifs de *sol*—*f*, *t*, *j*, *r*, *l*, *m*, *si*, suivies, selon le cas, des finales *ieu*, *eu*, *è*, * iè*,) rien qui doive être imputé à un typographe aussi consciencieux qu'intelligent.

Quiconque connaît les ressources de la typographie et la difficulté de ce qu'on appelle les *opérations*, quiconque surtout aura eu sous les yeux mes manuscrits, l'œuvre involontairement la moins calligraphique qu'on puisse imaginer, s'étonnera, au contraire, que dans la reproduction de cet affreux griffonnage, imprimé à deux cents lieues de l'auteur qui ne peut pas corriger les épreuves, il ne se trouve pas *vingt fois plus de fautes*.

Justice donc soit rendue pleinement à M. Fruchart, et que nul ne le rende responsable du griffonnage dont j'ai contracté l'habitude en faisant les nombreux pensums que me valait mon titre d'élève *le plus paresseux du collège de Laon*, distinction négative que je partageais alors avec un de mes meilleurs amis, aujourd'hui bien changé, comme moi, et de plus membre du conseil d'état.

Aimé PARIS.

CONCERTS.

La semaine a été toute musicale. Il y avait à peine vingt-quatre heures que nous venions d'entendre le quatuor de M. Engelmann, lorsqu'une invitation à brûle-pourpoint nous a été faite par M. Lebrun. Nous avons reçu la lettre lundi à deux heures, et le concert avait lieu le soir même. C'est s'y prendre un peu tard. Passe encore s'il se fût agi d'un enterrement. Il est vrai que de sa nature le concert, en général, est assez triste. Celui de M. Lebrun a failli avoir le sort commun. Tout y contribuait. Le concerto de Mozart qui est une œuvre magistrale, réclame impérieusement une xécution de premier ordre. Nous ne pouvons louer ici que la bonne intention qui a présidé au choix de ce morceau. M. Hauvel a une belle voix, et l'air de la BUTTE DES MOULINS est un bien charmant air : double motif pour faire plaisir. M. Klein a exécuté une fantaisie sur l'harmonium. Le public a fait entendre quelques applaudissements, mais quand c'était fini. M. Lalliet a remporté sur le haut bois un franc succès. Honneur à lui et à son professeur Eschleip jeune, dont le nom ne figure pas tous les jours dans les comptes-rendus de la grande presse. On dit volontiers, M. V. élève du grand professeur Malliot ; M. C.., élève de M. Méreaux ; mais la camaraderie se garde bien de parler d'un pauvre homme de talent qui n'est pas des leurs, à ce qu'il parait. M. Lebrun, n'a pas eu de chance. Une corde malencontreuse et indiscrète a constamment sifflé. Sans épigramme c'est une chose bien désagréable qu'une corde qui siffle. Si encore la maligne chanterelle s'était permis cela quand Mlle Dobré ne chantait pas juste !. Car c'est cruel à dire, la jolie pensionnaire de l'Opéra a souvent chanté faux dans ses premiers morceaux. Ce n'est que dans l'air de Fernand Cortez que nous l'avons trouvée à la hauteur de sa réputation. Mlle Dobré a une voix pure et transparente. Elle tourne le trait délicatement. Par malheur, on n'entend pas toujours ce qu'elle dit. Aussi notre ami H..., qui était près de nous, à l'entrée de la salle, a-t-il dû recourir au programme pour s'asrurer que Mlle Dobré ne chantait pas en italien.

N'oublions pas de mentionner le succès d'artistes qu'à remporté le point d'orgue intercallé par M. Méreaux dans le concerto.

Le nom de Mlle Tédesco est sur toutes les affiches. Encore un concert dont nous parlerons.

M. Chemin arrive mal. Son concert qui passe le dernier a dû lutter contre le souvenir laissé par plusieurs virtuoses célèbres. C'est périlleux.

Pour nous distraire de tout ce tapage, parlons de la séance de musique de chambre donnée dimanche dernier par MM. Maurin, Engelmann, Orlowsky et Thieulan.

Les salons étaient encore trop exigüs. Il faudrait à ces réunions hautement artistiques, l'une des salles de l'Hôtel-de-Ville. Dirons-nous avec quelle expression, quel charme exquis, quelle délicatesse, M. Maurin a joué le premier violon de ces morceaux d'élite ? On l'a interrompu dix fois à chaque fin de ses périodes. L'enthousiasme des auditeurs était au comble. M. Maurin a redoublé de verve, d'élégance, de FANTASIA, de cœur et de talent. Il a été complet en un mot, et chose heureuse, ses cordes ne sifflent jamais !

Louis ROGER.

Le premier volume de la *Seconde série* des CONTEMPORAINS, par Eugène de Mirecourt, a paru le 15 de ce mois et contient la biographie de M. de SALVANDY. Viendront ensuite celles de Mademoiselle GEORGES, de HENRY MURGER, d'ODILON BARROT et de RASPAIL. Les nombreux tirages qui se succèdent pour chaque volume permettent à M. Gustave Havard, éditeur des CONTEMPORAINS, d'apporter à la *Seconde série* des perfectionnements notables. Le papier est plus beau et plus fort. Le texte est imprimé en caractère neuf, les portraits et autographes sont améliorés. Tout, en un mot, se réunit pour reconnaître autant que possible l'accueil bienveillant du public. M. Gustave Havard publie du même auteur une magnifique édition illustrée des *Confessions de Marion Delorme*.

REVUE DRAMATIQUE.

Trois premières représentations : **La Servante**, — **Les Cheveux de ma femme**, — et **Je dîne chez ma mère**.

A peine le *Donjon de Vincennes* a-t-il fait son apparition d'un côté, que la *Servante* surgit de l'autre, comme par enchantement, faisnat place bientôt à deux autres nouveautés : *Je dîne chez ma mère*, et *les Cheveux de ma femme* ; c'est ce qui s'appelle réparer le temps perdu.

Vous connaissez déjà le premier de ces ouvrages.

Arrivons donc à la *Servante*, drame un peu noir pour les habitués du grand-théâtre, et qui eût mieux réussi, selon nous, sur une autre scène.

Fidèle à notre réserve accoutumée, nous passerons rapidement sur le mérite de l'œuvre — très-viable, disons-le, — pour arriver à son exécution.

M. L. Deschamps, un des jeunes premiers rôles qui aient tenu le plus dignement cet emploi à Rouen, faisait sa rentrée dans le rôle principal ; inutile de dire que le public a fêté le retour de l'enfant prodigue.

MM. Millet et Bernet, ont avec lui disputé courtoisement à Mmes Dusaule et Edmond la part de ce précieux gâteau qu'on appelle la faveur du public. — Il n'y a pas eu de jaloux. Peut-on dire cela en parlant du théâtre ? —

Mais, pour nous, la meilleure soirée a été, sans contredit, celle de jeudi.

L'administration offrait deux primeurs en attrait à la curiosité quelque peu blasée du public. Un vaudeville, *les Cheveux de ma femme*, qui présente des situations très-originales et passablement neuves, — ce qui ne se trouve pas souvent dans ces sortes de compositions. — Aussi a-t-on beaucoup ri, malgré quelques longueurs qui nuisent à l'effet.

M. Legrénay, qui s'apitoie si drôlement sur la santé exubérante de madame Evrard, sa soi-disant moitié, a été d'un comique achevé.

James, l'amoureux transi, et Drappier, le trompeur-trompé, complètent le plus joyeux trio d'excentricité qu'il soit possible de rêver.

Mme Evrard a fort bien rempli le rôle de l'honnête épouse injustement soupçonnée.

— Nous avons gardé pour le bouquet l'autre nouveauté : *Je dîne chez ma mère*, parce que c'est aussi ce qu'il y a de plus charmant, de plus frais, de plus inspiré.

L'idée de cette pièce des plus morales est d'une simplicité touchante, qui surprend et séduit comme un souvenir de jeunesse, comme un parfum de vertu : C'est une grande artiste, une belle courtisée, Sophie Arnould, qui, au matin d'un beau jour, le jour de l'an, ma foi, songe avec amertume qu'au milieu de cette vie de plaisirs où se consacre sa jeunesse, il n'y a pas une affection, un sentiment sincère où puisse se retremper son cœur. Pour s'abuser, elle cherche à retenir près d'elle quelques-uns de ses adorateurs ; mais tous la rappelant à la réalité, au vide qui l'entoure, lui font cette même réponse : *Je dîne chez ma mère.*

Elle seule n'a donc point de famille ? — N'est-il pas là quelque part, pauvre femme, un portrait vénéré ; celui de ta mère, prends-le, il te rendra tout ton passé fleuri. C'est ce qu'elle fait, et le plaçant devant elle à sa table, elle s'écrie à son tour avec un attendrissement qui nous gagne :

— Moi aussi, *je dîne chez ma mère* !

Ce n'est que cela ; mais ce rien c'est beaucoup.

Et puis, si vous saviez comme tout cela est dit ; quels ravissants détails se groupent autour de cette perle enchâssée dans l'or le plus pur de l'esprit...

Mais vous le saurez, car vous irez l'entendre, car vous irez applaudir Mlle Derval, la séduisante Arnould ; — ses beaux yeux vous en font un devoir, son talent vous en fera un plaisir.

Vous apprécierez comme nous le jeu fin, élégant, de M. Edmond, et vous vous surprendrez aussi comme nous, à être ému des sentiments généreux du bon Didier — M. Biétry, qui, cette fois, a bien mérité du public.

Alexandre OSMONT.

Boîte aux Lettres.

Aimé Paris.—F.

PARIS. **M. Boissière.**— Votre manuscrit a eu le sort du premier prospectus de Villemin.— Nous comptons sur un prochain envoi.

PARIS *L'Ere nouvelle.*— Merci.

TOULOUSE. *Le Midi artistique.* — Vous êtes trop aimable.

Darnétal. Imp. FRUCHART.

XI· Année ; — I·· du nouveau titre.   **UN NUMÉRO : 20 CENT.**   N° 6. — Dimanche 2 Mars 1856.

Musique, — Sciences, — Arts, — Littérature, — Théâtres.

LA RÉFORME MUSICALE

JOURNAL DES DOCTRINES DE L'ÉCOLE GALIN-PARIS-CHEVÉ.

ABONNEMENT A ROUEN : 10 FR.

ON S'ABONNE
A ROUEN, chez M. Louis Roger,
rue Porte-aux-Rats, 2.
A PARIS, chez M. Emile Chevé, rue
des Marais-S.-G., 18.
A MARSEILLE, chez M. Aimé Paris
rue Paradis, 77.

BUREAU A ROUEN, RUE PORTE-AUX-RATS, N° 2.

LOUIS ROGER, Directeur-Gérant.

ABONNEMENT DANS LES DÉP. : 12 F.

ON S'ABONNE
A LYON, chez M. Perraud, rue du
Griffon, 11.
A ANGOULÊME, chez M. Vassé,
rue de l'Arsenal, 11.
*Les abonnements peuvent être payés
en timbres-postes* (Affranchir).

RENSEIGNEMENTS. — Cette feuille paraît à ROUEN tous les DIMANCHES. — Tout ce qui concerne l'administration du journal doit être adressé à Rouen, rue Porte-aux-Rats, 2. — Ce qui concerne la rédaction peut être indifféremment adressé à M. Chevé, à M. Aimé Paris, ou au directeur gérant. — La critique demeure sous la responsabilité de celui qui la signe. — Il sera rendu compte des ouvrages dont un exemplaire sera déposé au bureau du journal. Les lettres non affranchies seront refusées.

On peut se procurer des numéros de la *Réforme*, au bureau du journal, — au dépôt du cours Boïeldieu, à Rouen, — et dans l'intérieur des théâtres.

Après avoir donné à nos lecteurs un article anglais sur la méthode Galin-Paris-Chevé, nous pensons leur faire plaisir en leur donnant aujourd'hui un article allemand. On lit dans LA GAZETTE DE LEIPZIG :

« France, Paris, 8 novembre 1855.

» La vérité triomphe, mais combien de luttes pénibles et d'efforts incessants pour atteindre ce résultat.

» Lors de mon séjour à Paris, j'assistai à un concert donné par l'Ecole Galin-Paris-Chevé. Le chœur se composait d'environ 200 sociétaires, ouvriers pour la plupart, et une quarantaine de dames et d'enfants. Les premiers morceaux exécutés, tels que la PRIÈRE DE JOSEPH le chœur de Chasseurs de ROBIN DE BOIS, etc., ne m'étonnèrent point, habitué que je suis à entendre les bons choristes allemands ; mais ils furent suivis d'exercices que je n'avais jamais vus ailleurs. M. Chevé découvrit un tableau sur lequel était écrit un quatuor, et il dit que ce morceau n'avait jamais été lu par la société ; assertion qui, sans compter la bonne foi du directeur, méritait entière croyance, car devant une réunion de deux à trois cents personnes, qui oserait avancer une telle fausseté ? Après une pause de deux minutes, M. Chevé donna le signal, et le quatuor, dont la mesure était facile à la vérité, mais dont les modulations étaient riches et difficiles, fut enlevé avec tant de verve et d'aplomb, qu'un juge très-compétent, dont j'étais accompagné, en fut ravi. On découvrit un autre tableau sur lequel étaient écrits des accords et des notes isolées. M. Chevé prit une baguette et montra tantôt un accord, tantôt un autre ; puis deux baguettes avec lesquelles il touchait simultanément des notes isolées. Tantôt, il enchaînait les accords de manière à en former un chant ; tantôt, il indiquait des accords sans suite. Tout fut exécuté par les choristes avec la plus grande sureté d'intonation. En un mot, l'Ecole semblait un clavier sonore sous l'habile direction de son chef. Il vocalisa des mélodies longues qui furent écrites sous la dictée et reproduites instantanément par les élèves. De jeunes enfants écrivirent également sous la dictée, et n'eurent pas moins de succès.

» Pour apprécier ces exercices il n'est pas besoin d'être grand musicien ; mais il a été prouvé par l'appel inutile à un concours public, qu'aucune autre société chorale n'est capable d'en faire autant. J'ai sous les yeux un rapport fait par deux officiers musiciens sur des expériences officielles de M. Chevé. 150 hommes furent pris au hasard dans trois régiments et mis à sa disposition le 1ᵉʳ octobre 1841 ; la plupart se rendirent au cours avec

aversion ; 12 en furent renvoyés après la première leçon parce qu'ils avaient déclaré ne jamais vouloir chanter. Plus tard, quatre autres eurent le même sort. Des changements de garnison, des maladies, et d'autre circonstances indépendantes de la volonté du professeur réduisirent à 28 le nombre des élèves auxquels il fut donné cinq leçons par semaine. On les examine le 25 avril en présence du général et d'un public nombreux. Ils exécutèrent nombre de quatuors d'ŒDIPE, d'IPHIGÉNIE EN AULIDE, de la FLUTE ENCHANTÉE, de TANCRÈDE, de JOSEPH EN ÉGYPTE, etc., et donnèrent, au grand étonnement des auditeurs, les preuves suivantes des résultats obtenus : ils lurent tous les interpelles à première vue, et reconnurent tous les sons qu'on leur vocalisa. Tous les 28 montrèrent une égale sûreté pour l'intonation et la lecture. Le rapport, daté de 1842 se termine par ces mots : — La méthode Galin-Paris-Chevé conduit directement au but ; et, du moment où elle sera généralement adoptée, elle fera disparaître le sot préjugé qui refuse aux français l'aptitude pour la musique.

» Ce n'est pas ici le cas de faire un exposé de la méthode : il suffit d'en constater les résultats. Je dis, en passant, à ceux qui s'y intéressent, que Rousseau doit être regardé comme le fondateur, (car les travaux analogues d'Euler ne paraissent pas avoir été connus en france). La pensée de ramener la musique aux lois naturelles du son et de la débarrasser de toutes les difficultés de convention a été développée théoriquement par Galin, (Exposition d'une nouvelle méthode pour apprendre la musique) ; et le mérite de M. Chevé est d'avoir fait de grands sacrifices, mis ce système à exécution. Les cinq lignes de la portée, les notes, les armures, — tout cet échafaudage s'écroule et est remplacé par les sept chiffres. L'élève apprend simplement à chanter la gamme naturelle de cinq tons et deux demi-tons (cinq secondes majeures et deux secondes mineures) et à prendre alternativement comme toniques les sons ut, ré, mi, fa, sol, etc., L'essentiel est de renoncer — comme s'exprime M. Chevé — à l'absurdité d'un ton absolu. — Je sais que dans les écoles allemandes on a employé aussi les chiffres au lieu des notes ; mais seulement pour préparer à l'initiation et aux mystères égyptiens des dièses et des bémol. M. Chevé abandonne l'ancien système, et l'on se sent attiré vers sa méthode, même sans connaissance des résultats quand on sait qu'il définit la science — « Le » compte-rendu des faits — » et qu'il cite, comme base de l'enseignement : « Ne s'adresser » à la mémoire que lorsque l'on ne peut con- » clure par des lois générales d'analogie. » —

Pour cela, on comprend aussi que les musiciens de l'ancienne école cherchant à lui im-

poser silence,, et ont réussi jusqu'ici à paralyser l'intérêt que les beaux résultats de la nouvelle méthode ont excité à différentes époques, dans le public et chez les autorités. M. Chevé cite dans ses écrits les paroles d'un musicien, auquel il a exposé son système : « Mon dieu ! il » n'y aurait plus de mérite à être musicien, si » chacun pouvait le devenir facilement et en » peu de temps ! »

» La presse périodique rend un compte minutieux de tous les concerts de l'ancienne école ; mais elle a bien soin de ne pas parler des belles séances de la nouvelle. Plusieurs fois les autorités ont manifesté l'intention d'introduire cette méthode dans les écoles de l'armée ; mais toujours une secrète machination a empêché la réalisation de ce progrès. Il a fallu avoir recours à l'école Chevé pour les séances musicales du Palais de l'Industrie et des Beaux-Arts, en présence de la Reine d'Angleterre, parcequ'il n'existe pas de société aussi nombreuse que la sienne ; mais les journaux se sont bornés à enregistrer simplement le fait. — Sous Louis-Philippe, les ennemis du progrès disaient : « les élèves de M. Chevé son républicains. » — Aujourd'hui, que ce mot ne leur paraît plus assez fort, il disent : « Ce sont des communistes ! … » et ils pensent que tout homme prudent doit conclure de là, non seulement que la méthode ne vaut rien ; mais qu'elle est même très-dangereuse. » (1)

Traduit de l'Allemand par J. WELTEN.

(1) Le journaliste allemand a raison ; nos adversaires *musicaux*, à bout de raison, et acculés dans leurs derniers retranchements, n'ont pas craint de descendre aux *insinuations* politiques, contre un homme qu'ils savaient bien ne s'occuper que de musique. Mettant en pratique les *utiles* conseils de Basile, ils ont cherché à donner le change à l'administration et au public ; et voici comment : profitant avec adresse d'une similitude de noms, ils ont, pendant longtemps, fait passer *Emile Chevé*, le professeur de musique pour *Félix Chevé* l'écrivain politique. La chose leur était d'autant plus facile que les deux signatures se présentent, à l'impression, sous l'aspect suivant :

E. Chevé — (Emile Chevé).
F. Chevé — (Félix Chevé) (1).

J'ai très-longtemps ignoré le fait et je me trouvais ainsi, *et à mon insu*, responsable *près des personnes que l'on avait intérêt à tromper* de tous les articles politiques publiés par M. Félix Chevé, que je n'ai jamais vu. — Le propagateur des idées de Galin se trouvait ainsi transformé en collaborateur de M. Proudhon Si le procédé n'est pas très-loyal, il est du moins assez adroit ; je le sais, *de source certaine*, qu'il a été employé dans des moments décisifs. Mais tout a un terme dans ce monde ; et ici, comme partout, *la raison finira par avoir raison* : C'est moi qui vous l'affirme.

Emile CHEVÉ.

(1) On m'assure que M. Chevé se nomme *Charles* et non *Félix* ; que le lecteur veuille bien alors, par la pensée, substituer l'initiale C. à l'initiale F. Ce doute ne change rien au fait.

E. C.

DES RESSOURCES & DES APPLICATIONS DE LA PROGRESSION DES QUINTES MAJEURES
(IMPROPREMENT APPELÉES *QUINTES JUSTES*).

— *Voyez les n°s 2, 3, 4 et 5.* —
(Suite.)

ÉCHANGE DES TONALITÉS (*modulation*) 1°, *le mode restant le même, quand le ton change, 2° le mode changeant sans que le ton change, 3° le mode et le ton changeant à la fois.*

J'ai développé à dessein, cet intitulé, pour faire ressortir le vague du mot *modulation*, qui signifie trois choses très-distinctes. La progression des quintes, sans égard pour les lacunes et les doubles emplois de la langue des théoriciens usuels, présente, pour *toutes* les tonalités, les analogies de déplacement *tonal* ou *modal*, relativement à une donnée quelconque.

Modulations en partant d'une tonique majeure.

Quatre aboutissants directs sont énumérés par M. Émile Chevé, page 245 de la *méthode élémentaire* : 1° la DOMINANTE en *majeur* ; (d'*ut* en *sol*) ; 2° la SOUS-DOMINANTE, en *majeur* ; (d'*ut* en *fa*) ; 3° le *mineur* RELATIF (d'*ut* en *la*) ; 4° le *mineur* DE MÊME BASE (d'*ut* majeur en *ut* mineur).

Un certain nombre de théoriciens regardent *ré* mineur (relatif de *fa* majeur qui est un aboutissant d'*ut* majeur) comme un aboutissant *direct* ; 1° bien que les trois notes de l'accord (ré, fa, la), ne présente aucun point commun avec celles de l'accord d'*ut* (*ut, mi, sol*), et que dans le ton d'*ut* majeur, le *ré*, le *fa* et le *la* soient *attirés* comme *satellites* des sons de l'accord de quinte de tonique (*ut, mi, sol*), 2° bien que le son *ut* ne figure plus non pas comme fonction, mais *même comme élément secondaire*, dans la gamme de *ré* mineur, si ce n'est dans la descente assez rare de la tonique à la dominante (*ré, ut, si, bémol la*) ; 3° bien que le *si*, précurseur de la tonique majeure, quittée pour *ré* mineur, soit remplacé en permanence, par le *si bémol*, dans cette tonalité nouvelle qui change à la fois le ton et le mode de celle de départ.

Toutes ces raisons me permettraient de retrancher *ré mineur* du nombre des aboutissants *directs* d'*ut* majeur ; toutefois après avoir fait ces réserves, et pour ne pas laisser regarder comme une lacune ce qui ne serait qu'une exécution raisonnable, je montrerai que, le ton de *ré mineur* fût-il une modulation *directe* en partant d'*ut* majeur, la progression de quintes donnerait aussi facilement les tonalités qui auraient des aboutissants dont le rapport serait de la même nature avec les autres points de départ. Exemples :

Écriture horizontale, solutions par colonnes :

	8	8	8	8	8	8	8	X	8	8	8	8	8	8	8	
15 Toniques majeures :	teu	jeu	reu	leu	meu	sen	fa	UT	ré	sol	la	mi	si	fe	te	Tonalités de dépar,
15 Dominantes en majeur :	jeu	reu	leu	meu	seu	fa	ut	SOL	vé	la	mi	si	fè	tè	jé	1rs Aboutissants
15 Sous-Dominantes en majeur :	feu	teu	jeu	reu	leu	meu	seu	FA	ut	sol	ré	la	mi	si	fè	2es Aboutissants.
15 Relatifs mineurs :	leu	meu	seu	fa	ut	sol	ré	LA	mi	si	fè	tè	jé	ré	lè	3es Aboutissants,
15 Mineurs de même base :	teu	jeu	reu	leu	meu	seu	fa	UT	sol	ré	la	mi	si	fè	té	4es Aboutissants.
15 Sous-Médiantes mineures, aboutissants contestables :	reu	leu	meu	seu	fa	ut	sol	RÉ	la	mi	si	fè	tè	jé	ré	Aboutissants contestables.

Les *relatifs mineurs* se trouvant dans ce tableau à la *troisième ligne, au-dessous* des *toniques majeures*, il est inutile d'en faire l'objet d'un paragraphe, spécial.

Il suffirait, pour trouver les aboutissants, contestables ou non, d'une tonique majeure, d'écrire *cinq termes consécutifs* de la progression, parmi lesquels la *tonique* serait le *second terme*, et de savoir que le 3e terme parmi lesquels indiquerait l'aboutissant *majeur dominant* ; le 4e terme l'aboutissant *majeur, sous-dominante*; le 5e terme, l'aboutissant *mineur, relatif* ; le 2e terme l'aboutissant *mineur, de même base* ; le 4e terme, l'aboutissant *mineur, contestable.* Exemple :

Aboutissants de la tonalité d'*ut majeur* :	Aboutissants de la tonalité de *la bemol majeur* :
5e terme : la relatif mineur.	5e terme : fa relatif mineur.
4e terme : ré contestable, en mineur.	4e terme : seu contestable, en mineur.
3e terme : sol dominante en majeur.	3e terme : meu dominante, en majeur.
2e terme : ut mineur de même base.	2e terme : leu mineur de même base.
1er terme : fa sous-dominante en majeur.	1er terme : reu sous-domin. en majeur.

On voit que le nom de toute *tonique majeure* est entre les noms de ses deux sub-aboutissants *directs* en majeur.

Modulations à partir d'une tonique mineure.

Pour ceux qui n'admettent, avec M. Émile Chevé (Méthode élémentaire, page 245), que *deux aboutissants directs d'une tonalité mineure*, 1° le majeur relatif, 2° le majeur de même base, et pour ceux qui en acceptent un plus grand nombre, la progression de quintes fournira les solutions avec la même facilité. Je me borne aux deux aboutissants de M. Chevé. Exemples :

Écriture horizontale ; solutions en colonnes :

	8	8	8	8	8	8	8	X	8	8	8	8	8	8	8	
Tonalités mineures devenant majeures :	leu	meu	seu	fa	ut	sol	ré	LA	mi	si	fè	tè	jé	ré	lè	2es Aboutissants.
Relatifs, en majeur :	teu	jeu	reu	leu	meu	seu	fa	UT	sol	ré	la	mi	si	fè	tè	1ers Aboutissants

Cet exemple, si les colonnes sont lues de *bas en haut*, donne, *dans la seconde ligne*, les noms des quinze tonalités majeures qui n'exigent ni doubles dièses, ni doubles bémols, et dans sa première ligne les noms des quinze *relatifs mineurs* de ces tonalités, écrits chacun AU-DESSUS du nom de la tonalité majeure, LA *relatif mineur*, AU-DESSUS d'*ut* ; *mi, relatif mineur*, AU-DESSUS de *sol*, et ainsi du reste.

Si on voulait trouver, *sur des termes consécutifs* de la progression, les deux aboutissants d'une tonalité mineure, on n'aurait besoin que de *quatre termes*, parmi lesquels la *tonalité mineure*, qui est en même temps l'aboutissant *majeur de même base*, serait indiqué par le 4e terme, et le *relatif majeur*, par le 1er terme. Le 2e et le 3e termes resteraient sans emploi. Exemples :

Aboutissants de la tonalité de *la mineur* :	Aboutissants de la tonalité de *mi bémol majeur* :
4e terme : LA tonique mineure, en même temps, aboutissant majeur de même base.	4e terme : MEU tonique mineure, en même temps aboutissant majeur de même base.
3es. emploi : ré	3es. emploi : leu
2es. emploi : sol	2es. emploi : reu
1er terme : ut majeur relatif.	1er terme : jeu majeur relatif.

Placement des dièses et des bémols, dans l'écriture usuelle sur la portée.

L'ordre des dièses et celui des bémols est fourni par les vingt-et-un termes de la série continue :

Écriture horizontale :

feu, teu, jeu, reu, leu, meu, seu, fa, ut, sol, ré, la, mi, si, fè, tè, jè, rè, lè, mè, sè.

7e bémol	6e bémol	5e bémol	4e bémol	3e bémol	2e bémol	1er bémol								1er dièse	2e dièse	3e dièse	4e dièse	5e dièse	6e dièse	7e dièse

On voit qu'à partir de la série intermédiaire, les dièses et les bémols arrivent DE LA MÊME MANIÈRE, *en sens inverse*, les dièses DE QUINTE EN QUINTE, en montant, et les bémols DE QUINTE EN QUINTE *en descendant*, et que c'est au mépris de toutes les lois de l'analogie que beaucoup de théoriciens ont écrit que les bémols arrivaient DE QUARTE EN QUARTE, *en montant*. Était-ce pour montrer qu'ils connaissaient les *renversements d'intervalles* ? Triste preuve, en vérité, que celle-là !

(La suite prochainement.)

Aimé PARIS.

LA MÉTHODE GALIN-PARIS-CHEVÉ A CHERBOURG.

Paris. 25 février 1856.

Un jeune pharmacien de la marine, plein de zèle et de talent, M. Gouzien, qui a suivi le cours que je fis à Brest en 1850, vient d'être appelé par son service à l'hôpital maritime de Cherbourg. En arrivant à son poste, il m'écrivit qu'il allait s'efforcer de faire à Cherbourg ce qu'il avait déjà fait à Brest : ouvrir des cours gratuits d'après la méthode, pour l'implanter dans un nouveau centre.

Son projet vient d'être mis à exécution. Les personnes les plus considérables de Cherbourg se sont réunies pour demander à M. Gouzien de vouloir bien faire, d'après la méthode, et chez l'une d'elles, un cours de musique à leurs jeunes demoiselles. M. Gouzien s'est immédiatement mis à l'œuvre ; et, bien que son cours ait à peine deux mois d'existence, les progrès des élèves sont tels que le voilà contraint d'ouvrir un deuxième cours, — à l'Hôtel-de-Ville cette fois — pour satisfaire à la demande des jeunes gens, JALOUX — comme le dit le professeur — DE NE POUVOIR, COMME LES DE-MOISELLES, PARTICIPER AU BÉNÉFICE DE L'EN-SEIGNEMENT NOUVEAU QUI EST SI AMUSANT et QUI CONDUIT SI VITE A LIRE LA MUSIQUE. Douze enfants de chœurs des églises de la ville ont demandé à suivre aussi le cours de M. Gouzin.

La CONTAGION s'étend ; ce nouveau FOYER D'INFECTION, réuni à ceux de Rouen et de Caen, va finir par EMPOISONNER complètement la belle Neustrie : la patrie de Robert-le-Diable. — Je pense faire plaisir au lecteur, en transcrivant ici quelques lignes de la lettre de M. Gouzien :

« Cherbourg, 13 février 1856.

» Mon cours va de mieux en mieux. Je vais, dans » trois jours, commencer les modulations : nous en » sommes au mode mineur.

» J'ouvre après demain un deuxième cours à 8 » heures du soir, — à l'*Hôtel-de-Ville* — sur les solli » citations de plusieurs jeunes gens qui étaient jaloux » des demoiselles. Vous comprenez que je me suis » empressé d'accéder à leur demande. — J'ai déjà » vingt-huit jeunes gens d'inscrits, plus douze enfants » de chœur que les paroisses m'enverront. Quand ces » messieurs seront rendus au point où en sont les de- » moiselles, (résultat que j'obtiendrai en leur donnant » un plus grand nombre de leçons par semaine), je » tâcherai d'établir à cherbourg une société chorale » Galin-Paris-Chevé. »

Merci, mon cher M. Gouzien de votre dé-vouement à l'idée si féconde et si éminemment moralisatrice que vous nous aidez à propager. Grâce à toutes les personnes de cœur qui, comme vous, nous viennent en aide aujourd'hui, la vérité se répand partout et chaque jour voit naître un foyer nouveau. Merci à vous tous, élèves et amis, qui avez compris que la meilleure manière de nous remercier d'avoir été vos guides dans la route si belle annoncée par J. J. Rousseau et ouverte par Pierre Galin, était de servir de guides à votre tour à tous ceux qui seraient assez-bien inspirés pour vouloir se confier à vous.. Continuez, amis, et la vérité ne tardera pas à luire aux yeux de tous, grâce à vos efforts dévoués.

Émile CHEVÉ.

On lit dans le *Phare de la Manche*, du jeudi 21 février 1856 :

« Lundi soir, entre huit et neuf heures, avait lieu, » dans la salle de la nouvelle Bibliothèque de la ville, » une réunion de plus de cinquante (1) jeunes gens et

(1) Aujourd'hui, 26, je reçois une lettre de M. Gou-zien, qui renferme cette phrase : « Depuis la publica-

» d'enfants, qui se livraient avec ardeur à l'étude de
» la musique vocale, sous la direction d'un amateur,
» mu par la généreuse pensée de propager dans notre
» ville la méthode prompte et sûre de Galin, perfec-
» tionnée par MM. Paris et Chevé (2). C'était la troi-
» sième leçon.

» Après des exercices variés d'intonation faits à
» l'unisson sur les cinq premières notes de la gamme,
» le professeur a passé à l'étude des accords que ces
» notes peuvent former entr'elles. Il a ensuite vocalisé
» une douzaine d'accords arpégés et de parties de mé-
» lodies, qui, immédiatement, ont été répétés et tra-
» duits en notes habituelles par les jeunes élèves,
» avec une promptitude, un ensemble et une justesse
» irréprochables. La leçon a été terminée par quelques
» nouveaux exercices sur la mesure, qui, également
» écrits et traduits en langue spéciale, ont été rendus
» avec la même précision.

» La présence habituelle de trois de nos plus ha-
» biles professeurs de musique, qui veulent connaître
» et propager ce mode d'enseignement rapide, atteste
» tout l'intérêt que doit inspirer ce cours gratuit et
» public. Honneur donc à ceux qui viennent sponta-
» nément consacrer leurs loisirs à développer parmi
» nous le goût de l'harmonie, et secondent ainsi, par
» leur concours puissant et désintéressé, l'influence
» toute moralisatrice que se sont proposé d'atteindre
» les fondateurs de la société de Ste-Cécile.

» Ce cours, auquel chacun peut se faire admettre,
» a lieu tous les soirs. »

COURRIER DE PARIS.

LETTRES A UN AMI DEVENU RICHE.

DEUXIÈME LETTRE.

La Ballade de Bürger a raison, mon ami :
Les morts vont vite! bien vite, trop vite! presqu'aussi vite que les pièces de cent sous!... On
n'a pas le temps de les compter. Hier, c'était
Rudde, puis David d'Angers, deux sculpteurs,
deux noms, aimés, deux talents populaires.
Aujourd'hui, c'est Henri Heine, puis Mme
Allan-Despréaux, un poète et une actrice, deux
noms chers à l'Art et à la Poésie! Quels seront
les morts illustres de demain?

Au temps où nous vivions ensemble, ô mon
plus que frère! tu te rappelles nos poignantes
tristesses en apprenant ces nouvelles sinistres
et brutales! nous nous révoltions,—pauvres
chers petits hommes que nous étions ! Nous
montrions beaucoup le poing au ciel, comme
feu Ajax,—enfants terriblement naïfs que nous
étions alors ! Il nous semblait profondément
injuste et cruel. Nous ne comprenions pas
qu'il donnât à la mort tant de proies illustres et
glorieuses quand il y avait à lui donner tant
de proies vulgaires et obscures ! « Le ciel est
aveugle et sourd ! »—disions-nous, alors.—
innocents impies que nous étions ! Le ciel n'est
ni sourd, ni aveugle. Il est plein d'étoiles et
de mondes inconnus qui dansent leur ronde
éternelle autour du soleil, sans se préoccuper

» tion du *Phare de la Manche*, le personnel de mon
» cours a augmenté du double, et je vais être obligé
» de mettre un terme aux admissions nouvelles, car
» nous sommes trop avancés dans l'étude. J'ai en ce
» moment 112 jeunes gens et enfants (tous les enfants
» de chœur), plus mon cours de demoiselles où je
» compte 22 élèves. »

Emile CHEVÉ.

(2) La personne qui a écrit cet article ignore que
presque tous les exercices pratiques de la méthode —
exercices si puissants dans leur application — sont le
travail propre de *madame* Emile Chevé, et non pas de
monsieur. C'est encore à *madame* Emile Chevé qu'appartient tout le travail de la méthode instrumentale,
et les nouvelles bases de notre méthode élémentaire
d'harmonie.

Il faut rendre à César ce qui appartient à César.

Emile CHEVÉ.

autrement de notre petit globaillon et des petites
passions qui y font mouvoir tant de petites
créatures...

Henri Heine est mort,—mais ses œuvres
vivent. Théophile Gautier et Paul de Saint-
Victor, lui ont élevé de fulgurantes colonnes
funéraires, le premier dans le MONITEUR, le
second dans la PRESSE. Les poètes seuls savent
honorer les poètes.

Seulement, il me semble—sauf erreur ou
omission,—que l'on aurait bien pu renvoyer
à un autre jour le compte-rendu des vaudevilles
joués dans la semaine. Il y a quelque chose
de triste et de choquant dans cette rencontre
de la Muse austère, pleurant un de ses plus
chers enfants, et de la Muse folichonne, racontant ses coqs-à-l'âne et ses calembredaines à
deux pas d'un cercueil ouvert ! Je n'aime pas,
pour ma part, à m'apercevoir trop vite ces
nécessités malséantes et misérables du journalisme parisien, et à constater que la plume
chaste, grave et recueillie qui m'a remué tout
à l'heure avec le tableau de l'agonie d'un poète
que j'aimais, et celle qui raconte en style
presque gaudriolant les amours de Mlle Joséphine avec M. Anatole ou les infortunes conjugales de M. Casmajou,—sont une seule et
même plume, maniée par une seule et même
main, obéissant à un seul et même cœur !...
J'aurais voulu aussi ne pas lire sur l'affiche du
Théâtre Français, après ce mot: RELÂCHE, qui
disait la mort de Mme Allan,—ces autres mots;
« Demain 26 février, madame Plesey-Arnould
» jouera le rôle de Célimène !... »

Nous ne savons pas,—décidément,—enterrer nos morts ; nous faisons trop ou pas assez
pour eux. Nous sommes extravagants ou mes-
quins. Je préfère de beaucoup les funerailles
des Botocudos ou des Parintintins ! Et, pour
un peu j'irais volontiers vivre et surtout mourir au milieu d'eux,—quitte à me peindre un
croissant noir sur la lèvre supérieure et à porter
de petits disques ronds dans les oreilles,— et
même dans le nez !

David (d'Angers) était de l'institut. On lui
a choisi un remplaçant ; M. Jaley. Connais-tu
M. Jaley?—Non, moi non plus! Ni moi, ni
eux, ni elles! Eh! bien il paraît que M. Jaley
est un premier prix de Rome de 1837, mé-
daillé de première et de deuxième classe, chevalier de la Légion-d'Honneur, auteur de
plusieurs statues en marbre, statue de la
Pudeur, statue de la Prière, statue de la Rêverie, etc.,etc... Et il n'est pas connu ! Il faut
avouer que c'est une chose bien capricieuse que
la Réputation ! Vous faites une femme nue
mordue par un aspic et vous vous réveillez le
lendemain avec une couronne de lauriers et
le titre de sculpteur de génie que vous ont
octroyés des écrivains qui voudraient bien
avoir du génie et des couronnes de lauriers.
Ce qui prouve qu'on peut quelquefois donner
ce qu'on n'a pas ! Puis vous passez vie à faire
une foule de femmes plus ou moins mordues,
en marbre, en pierre ou en plâtre et personne
ne vous connaît. excepté vous-même, et encore !
M. Jaley doit avoir cinquante ans !... Quand
donc saura-t-on arroser avec des encouragements et des billets de banque les génies en
fleur?

—Ceci m'amène naturellement à te parler
d'un autre sculpteur dont j'ignorais hier le nom
et qui vient de se révéler par une œuvre pleine
de promesses. Ce sculteur s'appelle M. Joseph
Lebœuf, son œuvre est un buste, ce buste
est celui de M. Emile Chevé que tu connais et
que tu aimes,—du moins que tu aimais au
temps où tu suivais ses cours, grâces auxquels

tu n'écorches plus maintenant les oreilles de
tes concitoyens et surtout de tes concitoyennes.
Comme tu es devenu très-oublieux, je veux
te rappeler un peu à tes devoirs et à tes admirations d'autrefois. Je t'enverrai ce buste à la
fin de cette semaine. Tu lui dois une place
d'honneur dans ton salon. Ce n'est pas seulement
le portrait d'un homme dont le dévouement
égale le talent ; c'est encore une œuvre d'art
remarquable, et, à ce double titre elle a droit
à toutes tes sympathies. Si tu sais encore comme
autrefois comprendre les belles choses et aimer
les bonnes choses, tu me remercieras de cet
envoi. La ressemblance y est tout entière. M.
J. Lebœuf a bien rendu cette physionomie se-
sereine et franche, un peu mélancolique peut-
être, mais en tout cas pleine de bienveillance.
On sent, en face de ce visage calme et songeur,
que le dévouement est bien la respiration ordinaire de l'âme qu'il reflète. Ces visages-là vous
réconcilient avec les autres.

Je voudrais causer avec toi de mille autres
choses. Je n'en ai pas le temps. La journée
n'a que vingt-quatre heures, mon pauvre riche
ami! Tous les millions du monde ne pourraient
pas faire des journées de 26 heures et encore
moins de trente six ! Et cependant les journées
sont bien courtes, bien courtes, bien courtes !
On se lève, on travaille, on dîne, on travaille,
— il faut se coucher,—la journée est terminée !
c'est à peine si on a eu le temps de lire les
livres nouveaux et de relire les livres anciens ;
à peine si on a eu le temps d'écrire quelques
lettres à quelques amis éloignées et bien chers ;
à peine si on a eu le temps de commencer un
roman ou une eau forte. La journée est finie ;
il faut remettre au lendemain la besogne et
les plaisirs interrompus sans cesse et sans cesse
remis. Et de remise en remise, d'ajournements
en ajournements, les années s'écoulent, la jeunesse s'en va. les cheveux s'en vont aussi. puis
les dents, puis les forces, et quand tout cela
est parti il faut bien se décider à partir soi-
même tout à fait ! La vie est close ! On a vécu !.

Ah ! le temps est une bien précieuse chose,
mon ami ! Je ne comprends pas qu'il y ait des
badauds, des gens qui ne savent que faire de
leur temps, des gens qui ont du temps de reste,
comme on dit. Si j'étais riche comme toi — ô
mon pauvre ami !— je leur achèterais bien
volontiers leur temps à ces gens là, pour m'en
servir d'abord, et ensuite pour les empêcher de
le tuer... Mais on ne tue pas le temps ; on le
blesse seulement. C'est lui qui vous tue. C'est
pour cela qu'il y a tant d'invalides dans la
vie !

Avant de clore ma lettre, néanmoins, je
veux t'entrenir encore un peu d'art,—si toutefois l'Art t'intéresse encore, toi qui te demandes
peut-être en ce moment si les Petites-Voitures
resteront à 117 50, si l'Hotel Rivoli restera
à 120, le Gaz Parisien à 850, les Omnibus de
Londres à 96 25! Toi qui, pendant que je
remue des mots et que j'aligne des phrases,
remue dans ton portefeuille des obligations du
crédit mobilier ou des actions du Grand-Central
etc., etc., etc.,

Qu'importe ! Et d'ailleurs, peut-être que je
me trompe ! Peut être es tu au contraire, dans
ce moment-ci, à cette heure-ci de la soirée, au
coin de ton feu, comme moi,— les pieds sur
les chenets, comme moi,—tisonnant comme
moi d'innocents charbons couverts d'arabesques,
au bruit de la bouilloire et des cris de ton
bambin ou de ta femme,—cette fois pas comme
moi ! Peut-être rêves tu au passé, et te racontes-
tu toi-même à toi-même de ces longues histoires
pleines d'incohérences adorables et de folies

charmantes comme nous nous en racontions autrefois ensemble !

D ns ce cas-là, j'ai raison de l'écrire et de t'engager à acheter le JUIF ERRANT de Gustave Doré, que vient de publier l Editeur Michel Lévy. Tes moyens te le permettent. Moi qui ai l inappréciable bonheur d'être pauvre, je n ai pu que VOR et non AVOIR. Toi qui demeures loin de Paris, il te faut avoir pour voir.

Fais donc cette acquisition, mon ami. Ces 12 dessins sur bois sont splendides de caprice et ruisselants de verve. C'est un cauchemar en 12 actes qui éblouit les yeux et renverse l'esprit ! J'ai vu des dessins de Cruishanck , des eaux-fortes de Goya, les fantaisies de Callot, les diableries de Téniers, les étrangetés de Rembrandt. Il y a de tout cela dans Gustave Doré, — plus du Gustave Doré ! C'est bien étrange et bien original.

Doré est un tout jeune homme que la Presse entière a déjà proclamé le roi de l'illustration. Peut être l'a-t-on fait monter trop jeune sur le trône. C'est bien lourd à porter la couronne d homme de génie, — et il faut avoir une tête bien bâtie pour porter gaiement ce glorieux fardeau !

Il y a trois ans , Gustave Doré n'était pas encore connu. Il venait d'illustrer le Rabelais. Je consacrai à son éloge trois colonnes d un journal aujourd hui oublié. Quelque temps après on entendait bruire un concert d'éloges autour de cette jeune réputation, autour de ce jeune talent, déjà si plein de promesses. Je n'ai certes pas la prétention de découvrir des planètes, des truffes ou des hommes de génie. Si j'ai du nez et des yeux, les autres en ont aussi. Seulement je te dis cela en passant pour te montrer que j'ai quelquefois de la chance.

Je te recommande les planches 9 et 11. Dans la planche 9 on voit le Juif-Errant traversant des champs de bataille, enjambant par dessus des monceaux de cadavres, écrasant sous ses souliers inusables des morceaux d hommes, des débris de créatures humaines qui palpitent encore. Cette image, de la destruction est tracée avec une verve sauvage et une fantaisie pleine de férocité. C est la guerre dans ce qu'elle a d horrible et de monstrueux. C'est une immense boucherie dont l artiste s'est fait le garçon étalier. On y entend des râles affreux. des blasphèmes immondes, des imprécations terribles. Cela grise et épouvante... Il y a surtout, sur le premier plan des fantaisies de crayon cruelles. Un moignon de guerrier, un restant d homme farouche, nageant dans une flaque de sang toute boueuse. épaule son arquebuse et tire sur un tas de moribonds ! A côté de ce débris, un autre débris. Ce n'est qu'une tête ornée de ses deux bras, mais elle terrifie ! Elle a des flèches dans les yeux, des flèches dans la bouche, des flèches dans le nez, des flèches partout où il y a de la chair, partout où la chair peut tressaillir, partout où elle peut souffrir. Cela est vrai comme un Cauchemar, et en face de ce spectacle hideux, on porte involontairement la main à son visage pour en arracher les flèches qu'on y croit plantées.

Dans le ouzième tableau, le Juif Errrant traverse toute la ménagerie de l'Afrique, de l'Asie et de l'Amérique. Le tigre l'attend au passage ; les serpents les plus pythons viennent en sifflant à sa rencontre ; les crocodiles sortent du nil pour déjeuner avec lui ! Une bien belle collection d'animaux féroces, en vérité ! Le Juif-Errant sortira de là sans une

égratignure, aussi respecté des bêtes qu'il a été respecté des hommes. Tout le monde meurt, tout le monde tue ; lui seul vit, lui seul n'est pas même blessé !.. Ne pas pouvoir mourir ! Quel châtiment !

Mais il y a une fin à tout. Le jugement dernier arrive, et le Juif-Errant peut enfin s'arrêter et se reposer ! Il peut jeter son bâton de voyage ! Il peut ôter ses bottes de voyage ! Il a cessé de souffrir, puisqu'il a cessé de marcher ! Ce douzième tableau, le dernier, est peut-être le moins réussi. Mais il y a là encore des drôleries superbes et des fantaisies de haute futaie. Je te recommande, entr'autres choses, cette série de squelettes, de fœtus, rangés en rond autour d'une fournaise où cuisent des méchants. Ces petits boushommes sont d'une tranquillité et d'une insouciance admirables. Leurs petits crânes reluisent dans l'ombre comme autant de petites boules de cuivre. Ils ont des ventres ballonnés d'un effet étonnant. Il y a encore un squelette pyrophobe qui cherche à échapper à un diable chargé de l'emmener dans la fournaise. Il fuyait ; le diable l'a empoigné par le tibia ; il veut fuir encore, et tibia et fémur s'allongent d'une façon fantastique. Ton baby s'amusera beaucoup, ta femme aussi et toi aussi.

Toujours à toi,

Alfred DELVAU.

THÉATRE-DES-ARTS.

Les Filles des champs.

Notre butin, cette fois, n'est pas lourd : en tout un maigre petit vaudeville en un acte. Dame critique n'en fera qu'une bouchée, mais il faut bien qu'elle s'en contente en attendant mieux ; ce qui ne sera pas long, du reste, car la Joconde et Mauprat se disputent le pas pour lui offrir un aliment plus substantiel, et ce sont là morceaux de résistance.

Mais revenons à nos moutons, c'est-à-dire à leurs bergères, les Filles des champs, sujet du vaudeville en question.

Vous croyez peut-être, d'après ce titre séduisant, qui respire un parfum d'innocence et de rusticité ; que vous allez voir dérouler sous vos yeux une fraîche idylle, une élégiaque pastorale, une consolante peinture des mœurs primitives. Erreur ! erreur complète ; vous voilà presqu'aussi naïf que le héros de la pièce, qui était venu chercher tout cela au village, et qui, n'y trouvant que basse cupidité, fleurs d'oranger mensongères et faux semblants d'amour et d'amitié, retourne avec joie vers ce Paris charmant de la crino-crinoline et du Ruoltz, où du moins les lorettes ne s'habillent point en rosières.

Voilà tant bien que mal le fond de cette bluette, qui n'est ni plus ni moins morale que beaucoup d'autres, et qui a le mérite, que toutes n'ont pas, de faire franchement rire.

La plaisante physionomie de James, en fidèle berger de Watteau, et la gentillesse naturelle de Mlle Fleury, — la petite fripponne ! — suffiraient au succès de cette amusante pochade, qui n'a pas, nous le croyons, la prétention d'être une peinture de mœurs.

Alexandre OSMONT.

PROLOGUE.

DU BINOCLE DE MADAME. (1)

Mesdames et Messieurs.. notre ligne est tracée :
Mais relever le goût, le style, la pensée ?
Programme ambitieux !..—Hélas ! pour le remplir.
Si la force nous manque, à d'autres d'accomplir
Ce travail, ce devoir....—Le siècle dégénère ; —
Puisqu'on jette au mépris les choses qu'on vénère ;
Puisque, d'un juste orgueil désertant le sentier,
Toute production se ravale au métier,

(1) Cette petite pièce est extraite du Gymnase des Salons, que fait paraître en ce moment notre ami et collaborateur, M. Eugène Villemin. — Voir aux annonces. — L. R.

Qu'un succès lucratif devient son point de mire,
Que la tradition des œuvres qu'on admire
Menace de s'éteindre, et que les gens de goût
Trouvent le médiocre intronisé partout ;
Vienne, pour nous distraire, un Chercheur de Prover-
[bes
Qui du sillon poudreux lève encore quelques gerbes ;
Vienne un poëte vrai qui, glanant à l'écart,
Frappant quelque bluette au vrai poinçon de l'art,
Recueille les débris de cette fleur exquise,
Le bon goût !— Le bon goût ?... cette palme conquise
Comblerait nos désirs ; mais y faut-il songer ?
— C'est aspirer bien haut ; évitons ce danger...
Malgré tout, échappons à l'ornière où chevauche
L'art banal.
Poquelin ! prête-nous pour une simple ébauche
Ton fanal :
Nous fuyons le gros style, et le drame, et l'emphase ;
Nous voulons
L'art simple au coin du feu ; nous sommes le Gymnase,
Des salons.

Eug. VILLEMIN.

L'école chorale de M. Emile Chevé donnera sa séance mensuelle, à l'Ecole-de Médecine, dimanche prochain, 9 mars. En voici le programme :

1° *Hymne à Orphée* (chœur),   Chelard.
2° *Boléro* (solo.— Mlle Alpaix, de l'école),
  (chœur).   Périn, élève de l'école.

Exercices d'intonation.

Grand air de *Freyschutz* (Mlle Rison, de
  l'école.   Wéber.
3° *Echo et Narcisse* (chœur).   Gluck.
4° La *Fille de Jephté* (chœur).   A. Chevé.

Lecture à première vue.

Air du Bailly (M. Clouet, élève de l'école)
  Pie voleuse   Rossini.
5° *Gloria* de la messe solennelle (chœur).   F. Viret.
  Ouverture du *Maître de chapelle*.   Paër.
  Mélodie.   Reber.
  (Ces deux morceaux pour harmonium et piano seront exécutés par Mlles Allix, Thomry, et M. A. Chevé).
6° *Les Hébreux dans le désert* (chœur).   F. David.
  Duo de la *Pie voleuse* (Mlle Rison,
  — M. Clouet).   Rossini.

Ecriture sous la dictée.

7° Chasseurs de *Robin des Bois* (chœur).   Weber.
8° Marche de *Sémiramis* (chœur).   Rossini.

La société de M. Emile Chevé chantera dans le concert de M. Lacombe, salle Erard, le mardi 25 mars.

Dans un second concert donné par M. Lacombe, le mardi 8 avril, la société fera entendre six morceaux de la composition de l'élégant pianiste dont le talent est apprécié si haut dans le monde musical.

Les élèves de M. Chevé préparent, enfin, une messe en musique qui sera chantée prochainement.

LES CONFESSIONS DE MARION DELORME
Par Eugène de Mirecourt.

Le roman moderne a failli à sa tâche. Au lieu d'organiser et d'instruire, il a, sur toute la ligne, accompli une mission de bouleversement et de mensonge. Parmi ces innombrables volumes jetés, depuis vingt ans, en pâture à la foule, trouvez une œuvre consciencieuse, un livre écrit à la fois pour l'esprit et pour le cœur, qui vous instruise en même temps qu'il vous amuse, et laisse en vous quelques idées fécondes !

C'est à une autre génération littéraire qu'il appartient de régénérer la muse du roman. M. Eugène de Mirecourt est à la tête de ces courageux littérateurs qui veulent une renaissance et qui consacrent leurs efforts à l'accomplir. Son livre des *Confessions de Marion Delorme* a su joindre à l'intérêt soutenu du récit l'étude sérieuse de l'histoire.

Boîte aux Lettres.

Aimé Paris. — G.
HAVRE. — **M. Labottière.** — Envoyez les brochures.
É. Chevé. — Hellis a reçu la commission. — Mille remerciements.

XIᵉ Année ; — Iʳᵉ du nouveau titre.   UN NUMÉRO : 20 CENT.   Nᵒ 7. — Dimanche 9 Mars 1856.

Musique, — Sciences, — Arts, — Littérature, — Théâtres.

LA RÉFORME MUSICALE

JOURNAL DES DOCTRINES DE L'ÉCOLE GALIN-PARIS-CHEVÉ.

ABONNEMENT A ROUEN : 10 FR.

ON S'ABONNE
A ROUEN, chez M. Louis Roger,
rue Porte-aux-Rats, 2.
A PARIS, chez M. Émile Chevé, rue
des Marais-S.-G., 18.
A MARSEILLE, chez M. Aimé Paris
rue Paradis, 77.

BUREAU A ROUEN, RUE PORTE-AUX-RATS, Nᵒ 2.

LOUIS ROGER, Directeur-Gérant.

ABONNEMENT DANS LES DÉP. : 12 F.

ON S'ABONNE
A LYON, chez M. Perraud, rue du
Griffon, 11.
A ANGOULÊME, chez M. Vasse,
rue de l'Arsenal, 11.
Les abonnements peuvent être payés
en timbres-postes (Affranchir).

RENSEIGNEMENTS. — Cette feuille paraît à ROUEN tous les DIMANCHES. — Tout ce qui concerne
l'administration du journal doit être adressé à Rouen, rue Porte-aux-Rats, 2. — Ce qui concerne la rédac-
tion peut être indifféremment adressé à M. Chevé, à M. Aimé Paris, ou au directeur gérant.   — La critique demeure sous la responsabilité de celui qui la signe. — Il sera rendu compte des ouvrages
dont un exemplaire sera déposé au bureau du journal.
Les lettres non affranchies seront refusées.

On peut se procurer des numéros de la *Réforme*, au bureau du journal, — au dépôt du cours Boïeldieu, à Rouen, — et dans l'intérieur des théâtres.

LA MÉTHODE GALIN-PARIS-CHEVÉ A L'ÉCOLE NORMALE SUPÉRIEURE.

Paris, 3 mars 1856.

On me comunique le fait suivant que je transcris tel qu'il m'est rapporté :

« Des élèves de première année de l'École normale (section des sciences), désireux d'apprendre la musique, ont obtenu la permission de se réunir, dans une salle de conférences, trois fois par semaine, de huit heures vingt minutes à huit heures quarante-cinq minutes, pour étudier, d'après la méthode Galin-Paris-Chevé ; et ils ont trouvé un condisciple ayant assez foi dans la méthode pour entreprendre leur éducation musicale. Ils ont à peu près un mois d'étude, et déjà le mode majeur est à moitié su, le mode mineur est en bon chemin et la mesure est commencée

» On conçoit quels obstacles nombreux viennent entraver les progrès des élèves, en songeant qu'il leur est absolument interdit de s'occuper de musique dans tout autre instant que celui qui leur est assigné, c'est-à-dire qu'il leur faut apprendre la musique en prenant, *par semaine, trois leçons de 25 minutes !* .... N'importe ; ils ont foi dans leur entreprise ; *audaces fortuna juvat*, disent-ils ; et la méthode aidant ils réussiront ! . »

Ce fait, très-minime en apparence, peut avoir des conséquences importantes, si rien ne vient entraver l'étude commencée. Qu'il me soit permis, à cette occasion de rappeler ici quelques lignes déjà imprimées depuis douze ans et d'y ajouter quelques réflexions que je crois utiles de soumettre aux hommes éminents qui dirigent l'instruction publique en France.

Le 16 mars 1844, j'écrivais dans la préface de notre méthode musicale (à propos de l'exclusion de l'enseignement musical de toutes nos grandes écoles spéciales), les lignes suivantes que je transcris ici : « Est-il croyable » qu'à l'époque où nous vivons la musique » n'ait pas encore droit de domicile dans toutes » les grandes écoles du gouvernement : à » Saint Cyr, à l'Ecole navale, à l'Ecole poly- » technique, et surtout à l'école normale, » appelée à former des professeurs pour toute » la France ? — Et cependant cette lacune s'ex- » plique facilement, quand on pense au temps » énorme qu'il faut consacrer à l'étude de la » musique pour ne l'apprendre que médio- » crement et souvent même pas du tout. »

Ces lignes ont tout autant d'à-propos aujourd'hui qu'en 1844 ; et je répète qu'il y a là une lacune regrettable, dont les conséquences fâcheuses peuvent être facilement appréciées. Examinons la question à deux points de vue différents : pendant le séjour de l'élève dans les écoles et à son entrée dans le monde.

Et d'abord, pendant les 2 ou 3 années que les jeunes gens passent dans ces écoles spéciales, il ne s'occupent que d'études très-sérieuses et souvent même transcendantes, dont ils ont absolument besoin, c'est vrai ; mais qui portent exclusivement sur certaines facultés du cerveau, qu'elles exaltent quelquefois outre mesure, au détriment de certaines autres facultés dont les organes finissent par s'atrophier dans une inaction absolue.

Et qu'importe, dira-t-on peut-être, que certaines facultés, la faculté musicale, par exemple, vienne à s'éteindre chez un militaire, un mathématicien, chez un philosophe ? ..

Qu'importe ? il importe beaucoup de ne pas laisser, sans nécessité, s'éteindre les facultés que le créateur, dans sa munificence et dans sa sagesse infinies, a mises en nous, dont il a bien voulu nous doter, à la charge par nous d'en user selon ses vues providentielles. — Voilà le premier mal : l'homme n'atteint pas le degré de développement, de perfection, auquel l'appelait sa nature divine. — En voici un second : Le système nerveux est très-positivement un organe complexe, à la façon du système musculaire, et demande par conséquent, comme première loi de développement et de santé, l'équilibre d'action de toutes ses parties. Voyez ce qui arrive journellement aux personnes qui n'exercent pas suffisamment l'appareil musculaire, ou qui n'en exercent que certaines parties : Les premières perdent presque la faculté de s'en servir, deviennent débiles et sujettes à une foule d'affections nerveuses, le fluide nerveux destiné à l'action musculaire n'étant pas dépensé pour remplir sa fonction providentielle, va porter le trouble et la perturbation dans d'autres fonctions, auxquelles il n'était point destiné ; les secondes, celles qui n'exercent leur système musculaire que partiellement, voient une véritable monstruosité se développer en elle : les muscles trop exercés s'hypertrophient, les autres s'atrophient. — Tout le monde sait cela.

Eh bien ! ce qui est vrai de l'appareil musculaire est vrai de tous les appareils, de l'appareil nerveux, comme des autres, et en particulier du cerveau : celui qui n'exerce pas ses facultés cérébrales les voit s'affaiblir de plus en plus ; celui qui les exerce les voit se développer ; Enfin, celui qui ne les exerce que partiellement voit les organes dont il exerce beaucoup les facultés prendre un développement excessif, en même temps que les facultés négligées diminuent et finissent par s'éteindre tout-à-fait. — Pour moi, qui me suis occupé si longtemps d'anatomie et de physiologie je suis convaincu que le développement matériel du cerveau. — suivant en cela la loi du développement du système musculaire, — est en rapport direct avec l'exercice ou le repos de la fonction. — Ceci est chez moi une conviction profonde...

Il résulte de là, que si l'ont veut éviter, dans le cerveau, le défaut d'équilibre dont je viens de parler, il faut exercer toutes les facultés primordiales, sauf à accorder le privilège à celles dont l'individu a le plus spécialement besoin. — De plus, en agissant ainsi, on obtiendrait dans l'étude des résultats meilleurs. — De même que les muscles, le cerveau se fatigue ; de même qu'on défatigue les muscles d'une fonction en les faisant alterner, dans l'action, avec les muscles d'une autre fonction ; de même on défatigue l'organe d'une faculté en en faisant alterner l'exercice avec celui d'une autre faculté. — Ceci est la vérité de tous les siècles. — Quand un organe est fatigué, si l'on s'obstine à lui demander une action trop prolongée, le moindre des inconvénients auxquels on s'expose c'est de lui voir n'accomplir sa fonction qu'imparfaitement et de n'en tirer que peu de fruit. — Voyez un muscle fatigué : il n'a plus aucune puissance, et la douleur commande bientôt le repos, si on persiste à vouloir le faire agir ; mais que le muscle fatigué soit laissé au repos assez longtemps pour reprendre sa vigueur normale, et il accomplira de nouveau sa fonction avec toute la puissance et toute la perfection dont il est susceptible. — Ici, le repos accordé à l'organe loin de nuire à la qualité et à la somme du travail accompli leur donne au contraire toutes les chances avantageuses. — Et puis encore combien d'organes n'a-t-on pas détruits par une activité exagérée et soutenue ainsi pendant des années. Combien ne cite-t-on pas de belles intelligences pleines d'éclat à 8, 10 et 15 ans, et anéanties à 25 !. L'aigle devient paon ou même dindon. — Heureux, quand une affection aiguë du cerveau n'emporte pas le malheureux enfant, que l'ignorance ou la vanité des parents, aidées au désir de réclame d'un maître égoïste, poussent ainsi à une fin prématurée. — Je ne connais malheureusement que trop d'exemples de ce que j'avance.

Eh bien ! que tous les hommes instruits qui sont chargés de l'enseignement en France, ou ailleurs, veuillent bien porter leur attention sur le point que je leur signale ici ; qu'ils consultent les hommes spéciaux : et je me trompe fort, ou le résultat de leur enquête sera que dans l'enseignement, c'est-à-dire dans le développement rationnel de la machine humaine, il faut, ET CE N'EST DE LA DERNIÈRE IMPORTANCE, équilibrer autant que possible les actions des divers systèmes ; et, DANS UN SYSTÈME PARTICULIER, équilibrer, toujours autant que possible, les fonctions spéciales à chacune des parties du système.

Si ces propositions sont vraies, et, je le répète, elles me semble irréfutables, il faut de toute nécessité que tout en mettant en pivot le développement de la fonction qui doit être la spécialité de l'individu, on équilibre cependant autant que possible le développement des facultés et des organes, en exerçant le plus qu'on peut ceux qui ne doivent pas être le sujet d'un développement spécial : que l'artiste ne laisse donc pas atrophier l'organe du raisonnement ; mais aussi qu'à leur tour le philosophe et le mathématicien ne soient pas, — fatalement par suite de leur éducation. — absolument étrangers aux connaissances artistiques.

Conclusion : Faites donc que l'élève qui prend la carrière des mathématiques ou des lettres ne fasse pas douze ou quinze heures par jour des mathématiques ou du grec et du latin, sans compenser cette étude par des exercices musculaires et PAR DES EXERCICES INTELLECTUELS AUTRES QUE CEUX QUI RENTRENT DANS SA SPÉCIALITÉ ; faites encore que le jeune peintre ne passe pas 15 heures par jour le pinceau à la main devant un chevalet ; que le sculpteur ne modèle pas son argile sans interruption, et que le malheureux pianiste futur ne soit pas condamné à promener ses doigts sur un clavier plus longtemps que le soleil ne reste sur notre horizon...

Voilà, très en raccourci, ce que je voulais dire relativement à la période d'éducation ; mais il y aurait, en second lieu, à invoquer des considérations d'un autre ordre, relatives à la période qui suit la sortie des écoles.

A-t-on suffisamment réfléchi à la position dans laquelle se trouvent les jeunes gens à leur sortie des grandes écoles (je ne parle ici ni des écoles élémentaires fréquentées par la classe ouvrière, ni des collèges qui versent directement presque tous leurs élèves dans la société)? On peut dire que chacun d'eux a passé 12 ou 15 ans dans les classes, soumis à la discipline—d'ailleurs nécessaire—qu'on y observe.

— Eh bien ! en quittant ces écoles pour entrer dans la carrière militaire, dans les travaux publics, dans l'instruction, etc., le jeune homme recouvre tout d'un coup sa liberté morale, et cela au moment où ses passions vont se développer avec le plus d'énergie. Eloigné le plus souvent du toit paternel, il se trouve, presque toujours, appelé à vivre dans des pays et dans des milieux où il n'a ni parents, ni amis ; et cela au moment où il est dévoré du besoin d'expansion. Dans ce moment difficile, qu'à-t-il pour se sauvegarder des entraînements de toute nature auxquels il se trouve exposé? — Le sentiment du devoir, me répondra-t-on, et les exigences d'un service à remplir. — Je le veux bien, et je comprends que pendant les heures de service tout peut aller à merveille, les facultés étant exercées dans le cercle de leur développement ; mais une fois le service fini ; une fois le jeune homme rendu à lui-même, sans famille, sans intérieur, que lui a-t-on donné pendant sa longue éducation pour le mettre, plus tard, à même de lutter avec avantage contre l'oisiveté, contre L'ENNUI, ce pourvoyeur de l'enfer ?

— Rien, ou presque rien !

Vous comprenez bien, n'est-ce-pas, que ce ne sont pas les résultats de ses études de 15 ans qui peuvent avoir, dans ces moments, un grand charme pour son imagination de 22

ans. Les SINUS, les COSINUS, la LOI DES ÉQUIVALENTS, etc., tout cela est peu amusant. Il ne connaît assez AUCUN ART D'AGRÉMENT pour y trouver une distraction FORTE ET CONSTANTE — ASSEZ PUISSANTE pour le détourner des entraînements, si souvent pernicieux, de la camaraderie, et du reste!... Alors, quelle ressource a-t-il contre ses loisirs, contre cet infernal ennui, la pire chose du monde? Quelles ressources!.. hélas ! LE TABAC, qui aura bientôt anéanti les derniers vestiges de notre antique urbanité française et de notre proverbiale gaîté; LA BIÈRE, L'ABSYNTHE qui engourdissent le cerveau et détraquent l'estomac... LA DÉBAUCHE enfin, la hideuse débauche, qui détruit du même coup le corps, l'esprit et le cœur... Et il n'y à la rien d'exagéré ! Combien de belles et nobles natures sont ainsi tombées dans ce gouffre sans fond, faute d'avoir eu au sortir de leurs études sérieuses quelque moyen puissant de lutter contre l'ennui en se créant des occupations honnêtes et attrayantes tout ensemble.

Doutez-vous de mes paroles ! Voyez ce qui se passe chaque jour autour de vous. — Les jeunes gens qui sont assez heureux, au sortir de leurs études, pour avoir ce que l'on appelle vulgairement des TALENTS D'AGRÉMENT, sont presque tous forcément appelés à fréquenter la société. On les y recherche, et eux-mêmes trouvent plaisir à se voir recherchés et appréciés : l'art d'agrément servant ainsi de passeport aux connaissances scientifiques. — Ceux, au contraire, qui ne possèdent que leurs sciences sérieuses, sont beaucoup moins recherchés, se trouvent dépaysés dans un salon, au milieu de gens qui presque tous, affectent de trancher de l'artiste ; ils se trouvent éclipsés par des rivaux, qui n'ont souvent pour tout bagage que quelques bribes artistiques dont ils savent adroitement tirer tirer : et—LES ENTRAINEMENTS AIDANT — ils tournent au tabac et à l'estaminet au lieu de tourner au chemin du monde !... A qui la faute? ..

Ceci est de l'histoire ; et, malheureusement de l'histoire ancienne et de l'histoire moderne; plaise à Dieu que ce ne soit pas de l'histoire à venir ! ...

C'est pour venir en aide — dans la limite de nos forces — à ceux qui travaillent à créer à chacun des occupations honnêtes et ATTRAYANTES pour les heures de loisir, que nous avons voué le reste de notre vie à la vulgarisation complète de la musique, en mettant la lecture, et l'écriture musicales à la portée de toutes les intelligences, et les livres de musique à la portée de toutes les bourses —

Je le répète en finissant :

Equilibrez le développement des organes ;

Créez des armes raisonnables contre l'ennui ;

Et vous aurez fait deux grandes choses.

Emile CHEVÉ.

UNE RÉFORME A FAIRE DANS UNE PRÉFACE.

Que de fois j'ai vu mettre en action la fable de La Fontaine, *l'Aigle et le Hibou*, du moins quant à l'aveuglement respectable de certains parents !

Pendant une de mes pérégrinations dans l'ouest de la France, j'ai rencontré le plus honnête homme de père qu'il soit possible d'imaginer. Il avait trouvé le moyen de rendre presque ridicule une des affections les plus saintes que Dieu ait mises dans le cœur de ses créatures. Il était impossible de l'entendre prononcer dix phrases à propos de n'importe quoi, sans y trouver le retour inévitable de ces mots : *ma fille*. Quelques années de travail, venant en aide à des dispositions naturelles, avaient donné à Mlle X .. un joli petit talent que l'amour paternel n'avait jamais pu se décider à regarder autrement qu'à travers le plus amplifiant des verres qui grossissent les objets. Il s'en suivit que, par une compensation poussée jusqu'à l'injustice, beaucoup de gens s'obstinant à retourner leur lorgnette, voyaient ainsi, considérablement amoindri, un mérite qui, regardé à l'œil nu, aurait pu être honorablement classé dans la catégorie de ce qui est au-dessus du médiocre. On alla même jusqu'à déposséder le père de son nom de famille, et souvent, quand il passait dans la rue, ou qu'il entrait dans un salon, une oreille attentive aurait distingué dans les chuchottements accompagnés de malins sourires, ces mots : Ah ! voici *MA FILLE* qui passe (ou qui *entre* — selon la localité).

Ailleurs, c'était un duo, dans lequel le père et la mère entonnaient, dans un *fortissimo* continu, ces deux mots : *mon fils*, avec un attendrissement assez mal justifié ; car le fils avait fini par prendre de sa valeur imprudemment exagérée, une si haute idée qu'il avait oublié le quatrième commandement de Dieu, *Père et mère honoreras*, au point de faire peu de façons pour traiter de *ganaches* les auteurs de ses jours, dont le seul tort était d'avoir gonflé outre mesure l'amour-propre d'un chérubin qui, devenu grand garçon, se croyait passé à l'état de grand homme, opinion que peu de ceux qui le connaissaient partageaient avec lui.

Voici, non plus dans la conversation, mais en lettres moulées frappées par le poinçon du graveur sur une planche d'étain qui les a rendues au papier, d'autres effusions intempestives de l'amour paternel, s'écriant avec plus de vérité, j'aime à le croire, que *l'oiseau de Minerve*, comme dit le fabuliste :

       Mes petits sont mignons,
Beaux, bien faits et jolis sur tous leurs compagnons.

En effet, dans l'avant-propos de la *Méthode complète et progressive, pour l'enseignement du piano, dédiée à ses élèves, par Mce de Croze père, op. 50, revue et augmentée de son nouveau doigté d'octaves par F. de Croze*, on lit les phrases suivantes : « père et » professeur d'un pianiste qui, jeune encore, a su se » placer au rang des sommités artistiques »... « la » méthode de piano à l'aide de laquelle *mon fils*, » **Ferdinand de Croze**, a su se frayer un » chemin assuré. » .... « M'appuyant, non seulement » sur l'expérience acquise dans ma longue carrière de » professeur, mais aussi sur l'assentiment et l'appro » bation de *mon fils*, j'ai consenti à publier cette » méthode par laquelle *mon fils* s'est trouvé, après » quelques années de travail, capable d'entrer au con » servatoire de Paris. » ... « M. Zimmermann fut si » satisfait des dispositions de *mon fils* qu'il m'adressa » à cette époque la lettre que l'on trouvera plus » loin . »... Suit la lettre de M. Zimmermann, datée du 15 mai 1842, au bas de la page *unique* de la préface.

Qu'on aime ses enfants, rien de plus louable et de plus naturel ; mais qu'on sache les aimer d'une manière assez intelligente, pour ne pas les compromettre par de semblables manifestations que la malignité peut interpréter avec moins d'équité que ne l'ont fait à Lyon les promeneurs de la place Bellecourt ! Un jour par un beau soleil, un jeune enfant fut pris d'un petit accès nerveux, occasionné par le travail de la dentition ; son père, *paseur* s'il en fut jamais, et bien connu pour tel, saisit cette occasion de se faire une réputation de *pélican blanc*. « Ma fortune ! » s'écriait-il, en essayant de verser des larmes qui s'obstinaient à ne pas couler, « ma fortune à qui sauvera mon en » fant ! » Le pharmacien qui vint en aide au petit bonhomme se contenta de demander quelques centimes, prix de quelques gouttes d'eau de fleur d'oranges; il n'exigea pas la fortune du *pélican blanc*.

S'avait-il, comme bien d'autres, qu'en 1834 cet *excellent père* se demandait auquel des *tours* de l'hospice de *la Charité* il confierait un sien enfant qui l'embarrassait dont la mère, délaissée, venait misérablement dans une maison de santé d'un des faubourgs de Lyon ?

Aimé PARIS.

ERRATUM.

Numéro 6.—Dimanche 2 mars 1866.

3e page, note (2), 2e ligne.

Presque tous, — lisez : — TOUS.

DES RESSOURCES & DES APPLICATIONS DE LA PROGRESSION DES QUINTES MAJEURES
(IMPROPREMENT APPELÉES *QUINTES JUSTES*).

— *Voyez les n°* 2, 3, 4, 5 *et* 6. —
(Suite.)

Enharmoniques :

La série continue montre que l'enharmonie n'est qu'un escamotage, et que le 4° terme *de la série des dièses (fè) n'a rien de commun avec le* 5° *terme de la série des bémols (jeu), et ce qu'on appelle le* tour *du clavier n'est qu'un* tour de passe-passe. Prouvons-le.

Tous les pianistes disent, ou croient, sur la foi des livres ou des maîtres, qu'une série de modulations à la dominante, en majeur, partant du ton d'*ut*, les fait passer par six tons par dièses, puis par cinq tons par bémols et les ramène enfin au ton d'*ut*, POINT DE DÉPART. Interrogeons la série des quintes, et numérotons les modulations successives a la dominante :

Ecriture horizontale :

feu, teu, jeu, reu, leu, meu, seu, fa, UT, sol, ré, la, mi, si, fè, tè, jè, rè, lè, mè, sè.

UT	point de départ.
sol	1re modulation.
ré	2e modulation.
la	3e modulation.
mi	4e modulation.
si	5e modulation.
fè	6e modulation.
tè	7e modulation.
jè	8e modulation.
rè	9e modulation.
lè	10e modulation.
mè	11e modulation.
sè	12e modulation.

Jamais la théorie, quelque mal comprise qu'elle eût pu l'être, n'aurait conduit à cet incroyable énoncé, si l'erreur n'était devenue *la vérité*, pour tant de *remueurs de doigts* qui ont consenti à marcher comme si la science s'était étriquée et faussée à tout jamais, sous la pression des douze *demi-tons*. casés dans l'octave du piano, par les facteurs d'instruments inhabiles à faire plus et mieux.

Parce qu'il y a PEU DE DISTANCE, de l'aigu au grave, entre la hauteur de *fa dièse*, sixième quinte au-dessus d'*ut* et celle de *solbémol*, sixième quinte au-dessous d'*ut*. on a imaginé de regarder *sol bémol* comme ÉGAL à *fa dièse*, et de dire que *la même corde du piano*. CONSERVANT sa LONGUEUR, sa DENSITÉ *et sa* TENSION. *et frappée au* MÊME ENDROIT, *par le* MÊME MARTEAU, *donnerait* A VOLONTÉ DEUX SONS DIFFÉRENTS, et, pour éviter, comme l'avoue ingénuement M. Panseron, dans son *Nouveau traité d'harmonie* d'avoir plus de sept dièses à la clé ou d'employer les doubles dièses dans la modulation comme si on pouvait éviter les doubles dièses, en *sol dièse mineur*, en *ré dièse mineur* et en *la dièse mineur*. relatifs des tons majeurs *si, fa dièse, ut dièse !*) on a consenti à réduire à DOUZE, dans le système des *sons* ABSOLUS, les VINGT-ET-UN *sons* ABSOLUS qui, dans la limite en deça, des doubles bémols et des doubles dièses, sont impérieusement réclamés par les QUINZE TONALITÉS MAJEURES qu'admettent tous les livres de théorie usuelle. On a fait. à la vérité et au sens commun, une véritable banqueroute : *cinquante sept pour cent de dividende* ! Si le mot banqueroute semble trop dur, disons que c'est une faillite, mais des moins honorables pour les théoriciens à conscience élastique !

L'échelle de progression va mettre en relief cette monstruosité que Dieu n'a placée ni dans le gosier, ni dans la cervelle de ses créatures, et qui, si elle devait être exécutée *rigoureusement*, *serait* *impraticable*, partout ailleurs que dans notre école. qui a *vingt-et-un noms* pour les *vingt-et-un degrés d'acuité* depuis *ut bémol* jusqu'à *si dièse*, et qui en possède de tout prêts pour aller au-delà ; mais qui repousserait *l'enharmonie* RÉELLE.— Dans la pratique usuelle, on ne fait que la *supposer* on ne *l'entend pas* plus qu'on ne *l'exécute* EFFECTIVEMENT, — par la même raison qu'un mécanicien ne voudrait pas mettre en contact, pour un engrenage, deux roues dont chaque dent, au point de rencontre, présenterait une inégalité compromettante pour la régularité d'action et pour la solidité du mécanisme :

Ecriture horizontale :

feu, teu, jeu, reu, leu, meu, seu, fa, UT, sol, ré, lè, mi, si, fè, tè, jè, rè, lè, mè, sè.

feu	7e modulation.
teu	8e modulation.
jeu	9e modulation.
reu	10e modulation.
leu	11e modulation.
meu	12e modulation.
seu/fa/UT	Point de départ.
sol	1re modulation.
ré	2e modulation.
lè	3e modulation.
mi	4e modulation.
si	5e modulation.
fè	6e modulation.

J'aimerais autant qu'un physicien déclarât que le globe étant percé d'outre en outre, une fusée, *suffisamment garnie de poudre* et lancée de la place Vendôme, doit, sans changer sa direction, reparaître au pied de la colonne, en passant par le trou pratiqué aux antipodes. M. Fétis qui *sait*, à l'en croire, *tout ce qu'on peut savoir* de la progression des tonalités par quintes, qu'il a *étudiée* et formulée comme ses devanciers, donnera-t-il, à cet égard, des explications propres à mettre à couvert son infaillibilité scientifique ?

Maintenant que j'ai protesté, au nom de la raison et de la science, contre le mensonge de l'enharmonie, telle qu'on la pratique *à l'orchestre*, où les instruments *non tempérés* (le violon, l'alto, la basse) sont obligés de subir la tyrannie des flûtes, des clarinettes, etc., en même temps que les *voix*, et *de tempérer par instinct*, pour ne pas rendre l'harmonie intolérable, je vais faire voir qu'en acceptant, sauf clameur de haro, la substitution de *sol bémol* à *fa dièse*, celle d'*ut* à *si dièse*, etc., la progression de quintes permet de dresser rapidement le tableau des PRÉTENDUES ÉGALITÉS *enharmoniques*, que ne peuvent admettre aucun de ceux qui, parmi nos élèves, ont *chanté*, ou qui, parmi nos auditeurs, ont *entendu chanter*, avec retour, par la dominante et la médiante, sur la tonique de départ, IRRÉPROCHABLEMENT REPRODUITE, la *gamme enharmonique*, dont voici les termes, *de plus en plus aigus*, avec le *retour à la tonique de départ* :

UT, reu, tè, ré, meu, rè, mi, fa, jeu, fè, sol, leu, jè, la, seu, lè, si, UT. *sol, mi*, UT.

Gamme enharmonique. **Retour.**

Tableau des enharmoniques.

(*Si dièse, ut* et *ré double bémol*, étant abusivement regardés comme égaux, et sans dépasser les doubles dièses et les doubles bémols) :

Ecriture horizontale :

	S	S	S	S	S	S	S	X	S	S	S	S	S	S	S	S	S	S	S	S
A	feu	teu	jeu	reu	leu	meu	seu	fa	UT	sol	ré	la	mi	si	fè	tè	jè	rè	lè	mè	sè
B	mi	si	fè	tè	jè	rè	lè	mè	SÈ	fiè	tiè	jiè	riè	liè	miè	siè	«	«	«	«	«
C	»	»	»	»	»	fieu	tieu	jieu	RIEU	lieu	mieu	sieu	feu	teu	jeu	reu	leu	meu	seu	fa	- ut

Il est aisé de voir que, si dans la ligne B, *mi* n'a qu'un enharmonique, *(feu)*, la ligne A en présente *deux* (*riè, feu*) ; il en est de même de *si, fè, tè, jè* qui n'ayant qu'un en harmonique, si on les prend dans la ligne B, en ont *deux, chacun*, si on les prend dans la ligne A, et de *rè, lè, mè, sè*, qui, n'ayant *qu'un* enharmonique, si on les prend dans la ligne A, en offrent *deux, chacun*, si on les prend dans la ligne B.

Meu, seu, fa, ut, pris dans la ligne C, n'offrent qu'un enharmonique ; on trouve le second enharmonique, en les prenant dans la ligne A.

Quant à *leu* et à *jè*, qui, pris dans la ligne A, n'ont *qu'un* enharmonique, *chacun*, on n'en trouve également qu'un, en prenant *jè* dans la ligne B, et *leu* dans la ligne C. ceci s'explique facilement : le seconde harmonique de *leu* serait FA TRIPLE DIÈSE : le second enharmonique de *leu* serait SI TRIPLE BÉMOL, tous les deux au-delà des limites que je n'ai pas voulu franchir, bien qu'il eût été si facile de le faire, pour les *triples dièses*, à l'aide de *fièd, tièd, jied, rièd, lied, mied, sied*, et, pour les triples bémols, à l'aide de *sieub, mieub, lieub, rieub, jieub, tieub, fieub*, ou de toute autre syllabisation *régulière*.

(La suite prochainement.)

Aimé PARIS.

COURRIER DE PARIS.

LETTRES A UN AMI DEVENU RICHE.

TROISIÈME LETTRE.

Marguerites et Paquerettes.
— Lys plébéiens, — vos collerettes,
Ainsi que l'écrivait Gautier
Le poëte primesautier,
Sont-elles enfin repassées
Par les haleines empressées
Du Printemps. ce fils de l'Hiver?
Tout est-il blanc? Tout est-il vert?

Tu le vois, cher vieil ami, les approches du printemps font pousser des vers au bout de ma plume. Les vers sont les boutons de l'esprit. Dans une semaine ou deux je serai tout en fleurs : il sera temps alors de me cueillir. Si tu veux un bouquet, tu me l'écriras.

Le soleil est plein de caprices. Nous avons des jours sombres ; d'autres plus joyeux. Ces jours-là, tout Paris met le nez à la fenêtre et, en face de ce soleil radieux, il ne peut s'empêcher d'aller se promener, malgré les affaires.

Je fais comme tout le monde, je prends des bains de soleil, c'est-à-dire des bains de flânerie et de gaîté, et je m'en porte mieux. Seulement, au lieu d'aller sur les boulevards ou sur les quais inondés de promeneurs, je sors tout doucement de la grande ville et je vais voir si le printemps s'avance sur les hauteurs de Meudon où je suis bien sûr de n'entendre pas parler du discours de réception de M. Ernest Legouvé et de la réponse de M. Flourens, l'auteur de cette fameuse virilité confirmée que tu sais. Les bois sont encore un peu silencieux et les arbres encore un peu chauves ; mais il y a des intentions évidentes de feuillage, et d'ailleurs la mousse est épaisse et verte ; c'est quelque chose, à défaut d'autre chose.

Malgré tes occupations d'aujourd'hui, je suis sûr que tu t'inquiètes encore de la naissance des bourgeons et que tu vas chaque matin sur le mont Sainte-Catherine ou vers le Bois-Guillaume. Ton Bois-Guillaume vaut bien mon bois de Meudon et, en fermant les yeux, je le revois avec tous ses détails , comme si j'y étais encore. Je me surprends à gravir par le souvenir cette rue montueuse qu'on appelle la rue d'Ernemont et qui est plus accidentée que la route de Neufchâtel. Je prends la route qui mène au Grenadier où sont éparses quatre ou cinq maisons. Je m'arrête là un instant et je regarde. A gauche l'horizon m'est fermé par des maisons et du terrain. A droite, c'est différent. Le chemin est à pic et je plonge dans la vallé et dans la ville qui, de là, a un tout autre aspect que du haut du mont Sainte-Catherine que j'aperçois aussi, avec ses teintes rousses, vertes, jaunes, et ses ondulations,— qui paraissent imperceptibles. Avec sa crête d'arbres nains et les buissons qui le bordent au versant. ou croirait qu'il vient de se faire raser et qu'on lui a laissé un peu de barbe au menton et quelques cheveux sur la tête. C'est très-joli. Ce qui est plus joli, se sont les maisons jetées en désordre dans le val. Ce spectacle, saisissant pour mon esprit impressionnable, me rend tout à la fois triste et joyeux. Joyeux, parceque j'aime à rire en voyant rire la nature ; triste, parce que de ce mariage forcé de l'homme et de la nature, je tire, malgré moi, des conséquences fâcheuses et même un peu amères. Il faudrait être seul ici. Avec les accessoires humains qui en jaillissent, la poésie et le rêve sont impossibles. On y voit bien des vaches attachées aux flancs d'une colline, comme des pions fauves sur un damier vert à la fin d'une partie sérieuse, — bonnes nourrices qui vont demander leur lait à la Terre, cette autre nourrice aux mamelles fécondes, et qui ne leur refuse pas. On voit bien aussi une bonne femme qui revient du marché, assise sur son cheval, au milieu de ses paniers, ou un brave chien, assis gravement sur son derrière et flairant le vent, ou une procession de poules noires, rouges, bleues ou blanches, caquetant et piquorant des grains dans le fumier ou sur le toit. Mais ce paysage à la Dupré est gâté pour moi par les accessoires. A côté de ces coups de pinceau rustiques, mais harmonieux et vrais dans leur ensemble, il y a trop de tons criards et choquants. Ici une voix de femme, — accent normand, criard et monotone, — qui gronde avec de grands éclats un tout petit enfant morveux et laid. Là, une autre femme, fort laide aussi, qui passe avec ce bonnet normand, si long et si déplaisant, et avec vn air gauche et des allures pesantes. Ces femmes-là ne savent pas marcher. Puis sur la route, accroupie et tendant aux passants indifférents une vieille casserole de ferblanc rouillée, une vieille femme, la tête couverte d'un béguin sale, une espèce de Quasimodo femelle, un être n'ayant plus forme humaine, immobile comme un bloc de terre. O Jésus, vous qui guérissiez les malades, vous qui fermiez les plaies, vous qui donniez la santé, vous auriez bien dû guérir cette pauvre vieille, — guérie peut-être de la vie à l'heure où je parle... Je m'éloigne, je marche, je marche, et bientôt je n'entends plus aucun bruit. Je rencontre enfin le silence, mais ce silence a encore un bruit particulier plein de charmes et de mystérieuses harmonies. Aboiement d'un chien de garde dans le lointain ; — gloussement d'une poule à quelque distance ; — bourdonnement d'une abeille ; — chant de la cigale dans les sillons ; — le murmure du vent dans les arbres. Puis des senteurs, des parfums de foin, d'herbes, de fleurs qui font un bien infini aux poumons et à l'âme. Je marche encore. Je suis un sentier charmant bordé d'arbres et de haies touffues. Je rencontre une ferme, deux fermes, trois fermes, proprettes et rustiques. Devant l'une d'elles il y a une mare où j'abotent et barbottent un tas de canards qui ont l'air de s'amuser comme des Dieux. De temps en temps un coup de fusil trouble ce silence. La chasse est ouverte depuis ce matin. Il faut bien que l'homme s'amuse aussi ; et il s'amuse en tuant. Farceur d'homme !... Décidément, cher vieil ami, je sais où j'irai passer ma vie quand j'aurai douze ou quinze cents francs de revenus : dans la commune de Bois-Guillaume, au milieu de ces bois, de ces fermes, de ces arbres, de ces fleurs, de ces parfums et de ces canards !...

Mais je m'oublie dans cette causerie retrospective. Rouen me fait beaucoup oublier Paris et ses parisiens. La faute en est un peu, je dois te l'avouer, à un album que j'ai feuilleté hier et où se trouvent de splendides photographies de Charles Marville, sur Rouen et ses environs. Il y a deux ou trois mille photographes à Paris, il n'y a que deux ou trois artistes dignes de ce nom, Lesecq, Bisson frère, Bilordeau, Ch. Marville. J'en oublie peut-être, mais pas beaucoup.

Ces photographies de Charles Marville sont merveilleuses, — je ne crains pas de me servir de cet adjectif. Il y a, entr'autres, une vue panoramique de Rouen, et une porte en bois sculpté due à Jean Goujon, qui sont d'une richesse de détails d'une finesse d'exécution, d'une harmonie et d'un parfait à rendre bien des artistes jaloux. Ah ! la photographie est une belle chose, mon ami, c'est un grand art entre les mains d'hommes intelligents, et un bon métier entre les mains de gens habiles ! Elle est pleine de ressources ; elle recèle dans ses flancs des prodiges ! Bien que le soleil soit ici l'unique auteur de ces chefs-d'œuvres photographiques, il faut cependant remercier ses collaborateurs intelligents comme messieurs Marville, Lesecq, Bisson et autres, qui savent si bien faire valoir ces chefs-d'œuvres...

Avant de fermer ma lettre je veux transcrire ici deux lignes que je trouve imprimées dans un journal parisien, L'UNIVERS MUSICAL du 1er mars. Il est bien entendu que je n'ajoute ni ne retranche rien, ni un mot, ni une virgule. Je copie : « Le parti allemand, Henry Hène » plus connu sous le nom de Stendhal, et dont » les œuvres ont obtenu tant de succès, vient de » mourir à Paris... »

Comprends-tu ! Voilà Henri Heine qui est confondu avec Henry Beyle, le poète allemand avec l'écrivain parisien ! C'est bien la peine d'avoir fait ATTA TROLL et l'INTERMEZZO, la CHARTREUSE DE PARME et le ROUGE et le NOIR, n'est ce-pas ? C'est bien la peine d'avoir du génie, ou du talent, ou seulement de l'esprit. Pouah !...

Toujours beaucoup à toi.

Alfred DELVAU.

<hr>

THÉATRES.

2e concert de madame Tédesco, — Pluie de fleurs. — Le travers des artistes et la chèvre d'Alphonse Karr. — La Joconde. — Réhabilitation.

Dimanche. — La présence de madame Tédesco a produit, cette fois encore, cette fois comme toujours, voulons-nous dire, sa bienheureuse influence. Il y avait plus d'animation dans la salle, et comme conséquence naturelle, plus d'entrain, plus de verve sur la scène. L'éminente cantatrice a redit avec un accent profondément dramatique le grand air du *Prophète*, qui lui va si bien, et qu'on ne peut se lasser d'applaudir. Revenant sur le programme du premier concert, elle a chanté de nouveau avec infiniment de science et de talent le joli boléro des *Vêpres siciliennes* et le *Brindisi* de *Lucrèce*. Inutile d'ajouter qu'il y a eu, comme à chacun de ses adieux : pluie de fleurs et tempête de bravos.

Nous passons sous silence, comme il leur est arrivé, du reste, les ingrates variations sur le *Carnaval de Venise*, qui ne sont vraiment pas faites pour la voix humaine.

Et, à ce propos, qu'on nous permette une petite boutade. C'est un travers commun à tous les artistes, quel que soit leur talent, que de vouloir briller précisément dans le genre le plus opposé à leur nature : — le paysagiste veut faire des portraits ; le premier rôle veut jouer des amoureux ; la duègne aspire aux ingénues, il n'est pas jusqu'aux plus grands qui ne soient atteints de cette maladie ; voyez plutôt : Araldi, la danseuse, joue la tragédie, et Rachel, la grande tragédienne, chante la *Marseillaise*.

Ne ressemblent-ils pas à la chèvre d'Alphonse Karr, tirant sur sa corde au point de s'étrangler, pour brouter l'herbe la plus éloignée, quand elle en a de toute fraîche en abondance à sa portée?...

Ainsi, pour en revenir à la brillante chanteuse dont nous parlions tout-à-l'heure, elle n'a qu'à ouvrir le répertoire dramatique d'Halévy, Meyerbeer et Donizetti, pour y puiser des succès à pleines mains, eh bien, c'est tout naturellement à côté qu'elle va chercher des impossibilités

Que faire à cela ? — Tâcher de les éclairer. Mais il faudrait pour cela d'autres lumières que les nôtres, et les grands fanaux s'allument rarament.

A quoi bon, du reste? L'amour-propre artistique n'est-il pas frappé de cécité ?

Notre petite bouffée d'humeur jetée au vent, reprenons notre bonhomie habituelle.

Nous n'avons pu parler encore de la *Joconde*, qu'on jouait trop tard pour notre dernier compte-rendu. Nous sommes enchanté de ce retard forcé, qui nous a permis de revoir deux fois avant d'en parler cette œuvre d'abord mal accueillie et maintenant presque en faveur.

Il y a de fort jolies choses dans cette pièce, que certains critiques ont eu tort de juger trop à la légère. — Elle méritait fort bien l'honneur qui lui a été fait d'être jouée sur notre première scène littéraire. — Le troisième acte notamment renferme des beautés de premier ordre.

Mais personne ne le conteste plus maintenant ; nous n'avons donc pas besoin d'insister.

Les principaux rôles ont été bien remplis, — par M. Bernet d'abord, qui sent et dit juste, quoique s'échauffant un peu trop ;

Par Mlle Anna T...., qui a joué en véritable comédienne le rôle de madame de Guitré. — Pénétrée de son sujet, initiée aux souffrances de la pauvre femme qu'elle représente, elle a eu des élans très-naturels, des effets saisissants de vérité. Aux yeux de tous elle a franchi un pas énorme.

Mlle Devaux, toujours un peu préoccupée de sa personne, a été néanmoins charmante sous les traits de la jolie marquise, ou pour mieux dire il faut retourner ma phrase.

MM. Biétry et Deschampt ont été fort convenables.

Quant à M. Legrenay, décidément ce rôle ne lui va pas.

Il n'en est pas de même de celui du vieux serviteur du *Médecin des enfants*, qu'on jouait la veille, et dans lequel il excelle.

Cette reprise nous a procuré le plaisir d'applaudir encore : MM. Bernet, Bazin, et Mme Dusaule, quoique souffrante.

Son indisposition se prolongeant, la première représentation de *Mauprat*, affichée pour jeudi, n'a pu avoir lieu.

Ce n'est que plaisir remis à bientôt, espérons-le.

Alexandre OSMONT.

<hr>

Boîte aux Lettres.

Aimé Paris. — H.

<hr>

Pour être publié par souscription dans le courant de Janvier 1856,

Chez JULES LAISNÉ,

Libraire-éditeur, galerie Véro Dodat,

Un beau volume imprimé avec luxe, format anglais.

GYMNASE DRAMATIQUE DES SALONS

INTEMÈDES ET COMÉDIES

PAR EUGÈNE VILLEMIN

Le Binocle de Madame. Comédie (deux personnages).
Des Robes font peur, Intermède (deux personnages).
Ne tentez pas le diable. Comédie (trois personnages).
Le Pied du mur, Intermède (trois personnages).
La Juive de Parme, Comédie (deux personnages).
Les Tourterelles, Intermède (quatre personnages).
Le quart d'heure de Ninon Comédie (4 personnages).

PROSPECTUS.

La plupart de ces petites pièces de société ont subi, et avec succès, l'épreuve de la représentation dans plusieurs salons de Paris. Beaucoup de personnes, qui ont bien voulu m'accorder leur suffrage, ont souhaité cette publication. Avec un certain nombre de souscripteurs, je puis subvenir aux frais d'impression ; c'est pourquoi je m'adresse :

1o Aux gens de goût ; — ces petites pièces sont écrites avec le plus grand soin et, autant que les forces de l'auteur l'ont permis, dans les traditions de la bonne et sérieuse littérature.

2o Aux mères de famille ; — ces comédies peuvent être jouées par tout le monde et devant tout le monde.

3o Au gens de lettres mes confrères ; — avec ce système de petite contribution mutuelle, on pourrait, à charge de revanche, aider à la manisfestation des œuvres littéraires.

4o Enfin à quelques amis, témoins de la lutte que je soutiens depuis quinze ans.

L'ouvrage est sous presse.

Le prix du volume est de 3 francs.

Darnétal. Imp. FAUCHART.

XI° Année; — I™ du nouveau titre.　　UN NUMÉRO : 20 CENT.　　N° 8. — Dimanche 16 Mars 1856.

Musique, — Sciences, — Arts, — Littérature, — Théâtres.

LA RÉFORME MUSICALE

JOURNAL DES DOCTRINES DE L'ÉCOLE GALIN-PARIS-CHEVÉ.

ABONNEMENT A ROUEN : 10 FR.

ON S'ABONNE
A ROUEN, chez M. Louis Roger,
　　rue Porte-aux-Rats, 2.
A PARIS, chez M. Emile Chevé, rue
　　des Marais-S.-G., 48.
A MARSEILLE, chez M. Aimé Paris
　　rue Paradis, 77.

BUREAU A ROUEN, RUE PORTE-AUX-RATS, N° 2.

LOUIS ROGER, Directeur-Gérant.

ABONNEMENT DANS LES DÉP. : 12 F.

ON S'ABONNE
A LYON, chez M. Perraud, rue du
　　Griffon, 11.
A ANGOULÊME, chez M. Vasse,
　　rue de l'Arsenal, 11.
*Les abonnements peuvent être payés
en timbres-postes* (Affranchir).

RENSEIGNEMENTS. — Cette feuille paraît à ROUEN tous les DIMANCHES. — Tout ce qui concerne l'administration du journal doit être adressé à Rouen, rue Porte-aux-Rats, 2. — Ce qui concerne la rédaction peut être indifféremment adressé à M. Chevé, à M. Aimé Paris, ou au directeur gérant. — La critique demeure sous la responsabilité de celui qui la signe. — Il sera rendu compte des ouvrages dont un exemplaire sera déposé au bureau du journal. — Les lettres non affranchies seront refusées.

On peut se procurer des numéros de la *Réforme*, au bureau du journal, — au dépôt du cours Boïeldieu, à Rouen, — et dans l'intérieur des théâtres.

AVIS A NOS LECTEURS.

L'extension que prend chaque jour la *Réforme musicale*, nous permet d'opérer bon nombre d'améliorations désirables.

Des caractères typographiques nous manquaient pour l'impression de la musique en chiffres ; ces caractères, nous les avons achetés.

Bientôt donc, nous publierons à notre quatrième page des morceaux de musique inédits, des duos, des romances, des chœurs, etc., etc.

Cette acquisition va nous permettre aussi de réaliser un progrès à jamais impossible avec les signes de la musique usuelle. Nous intercalerons dans nos articles de critique musicale les mélodies qui devront servir de corollaire à nos discussions, et dans aucun cas nous ne serons privés, au milieu d'une controverse, de l'avantage inappréciable de pouvoir donner l'exemple à côté du précepte, la preuve à l'appui du raisonnement.

Des compositeurs distingués ont mis à notre service des œuvres inédites. Nous leur donnerons en échange une publicité immense dans l'école Galin-Paris-Chevé, publicité qu'ils ne rencontrent pas toujours parmi les rares lecteurs de l'enseignement usuel.

Louis ROGER.

LA MÉTHODE GALIN-PARIS-CHEVÉ

A l'institution évangélique, dirigée par Mesdames Frèrejean et J. Velten,
Rue des Trois-Sabres n° 1 à Paris.

Je reçois de Mademoiselle J. Velten, l'une des directrices de l'institution évangélique, la lettre suivante relative à l'introduction de la méthode dans leur bel établissement :

Emile CHEVÉ.

« Paris, 8 mars 1856.

» Monsieur Chevé.

» On peut discuter toutes les opinions ; mais les faits sont des faits. — Les magnifiques succès que vous obtenez doivent ouvrir les yeux à tous les aveugles de bonne foi ; cependant nous espérons que vous n'apprendrez pas sans intérêt les résultats de la méthode à l'institution évangélique.

» Avant son introduction dans notre établissement, le chant était enseigné à nos élèves par un professeur d'un incontestable talent ; mais rebutées par les difficultés inhérentes à l'ancien système, toutes se rendaient au cours avec répugnance. Aussi, QUEL FUT LE FRUIT DE DIX HUIT MOIS D'ÉTUDE ! — QUATRE OU CINQ CANTIQUES, plus ou moins bien SERINÉS.

» Aussi, l'annonce d'un nouveau cours de musique fut d'abord accueillie avec défaveur. Mais un peu plus tard, grâces à l'excellence des moyens employés avec intelligence par mademoiselle Allix, presque toutes nos jeunes personnes demandèrent, comme récompense à leurs parents, de suivre le cours de musique vocale. Quand mademoiselle Allix voulut bien se charger de l'enseignement du chant dans notre institution, les élèves ne savaient pas l'intonation, étaient embarrassées par les coupes de mesure les plus simples et ne lisaient pas du tout. Il est inutile d'ajouter qu'elles ignoraient complètement la théorie, qu'elles étaient habituées à considérer comme une science réservée aux grands artistes seulement.

» Les élèves du cours de cette année, après cinq mois de travail, savent déjà l'intonation en majeur et à peu près toute en mineur. Elles lisent à première vue et écrivent sous la dictée des airs à coupes binaires et ternaires avec subdivisions binaires. Celles du cours de 2° degré lisent très-couramment sur le chiffre et même sur la portée, et savent très-bien la théorie. — SANS INTERROMPRE EN RIEN LES ÉTUDES, elles ont chanté, à nos six séances mensuelles du courant de l'été dernier, chaque fois trois ou quatre morceaux différents, des chœurs, des cantiques et des psaumes à deux et trois parties ! EN TOUT VINGT MORCEAUX, avec verve, justesse et sentiment, de manière à charmer tous les auditeurs. Elles ont ainsi fait honneur non seulement à la méthode, mais encore au zèle infatigable et au dévouement de leur excellent professeur, mademoiselle Allix.

» Telle a été aussi l'opinion de monsieur le pasteur Montandon, lorsque sa visite à l'institution évangélique, mercredi dernier. Trente deux élèves de 7 à 18 ans assistaient à la leçon. Le professeur fit faire d'abord des exercices d'intonation en passant en revue toutes les séries d'accords du mode majeur et du mode mineur ; puis des exercices à deux baguettes, en trois parties, en majeur et en mineur. Tout a été enlevé par les élèves avec verveur, justesse et aplomb. — M. le pasteur leur dit : « Sur » ce tableau est déroulée une grande page » de musique(1) et vous venez d'en faire plus » que si vous aviez chanté un morceau appris » à grand peine, ou plutôt seriné. »

» Ensuite, Elles écrivirent sous la dictée un air à deux temps, division ternaire, avec modulations ; et elles s'en tirèrent à merveille. « Je suis HEUREUX, » leur dit M. Montandon, « devoir ces résultats, grâces à la simplicité » de ces moyens, la lecture et l'écriture de la » musique sont accessibles comme la lecture » et l'écriture de notre langue, et non pas au » petit nombre, mais au grand ; et vous ac- » quérez-là des connaissances que bien des » musiciens n'ont pas, et vous savez des choses » que bien des professeurs ignorent. Comme » la musique est le brillant de l'éducation, ces » connaissances vous seront toujours précieuses » par le charme qu'elles laisseront à votre » esprit quand vous serez institutrices ou mères » de familles. Je connaissais cette méthode » (2) et je suis HEUREUX de la voir introduite » dans cette maison. »

Voilà une bien longue lettre, monsieur ; mais si nous vous dérobons des moments précieux, c'est votre faute : pourquoi avez-vous dit que la meilleure manière de vous remercier de votre dévouement à l'idée si féconde et si éminemment moralisatrice que vous propagez, était de répandre la vérité partout. Il fallait bien vous parler avec quelques détails de ce foyer nouveau, dont les élèves marcheront toujours sur les traces du maître qu'elles estiment et vénèrent. »

J. VELTEN.

(1) Il est ici question du tableau général d'intonation de madame Emile Chevé.

(2) M. Montandon connaît en effet la méthode depuis longtemps, — J'ai même eu le plaisir de lui donner l'autorisation de prendre quelques-uns de mes duos pour les mettre dans un ouvrage qu'il a publié sur la musique, et dans lequel, si j'ai bonne mémoire, il a fait imprimer les airs de deux manières : *en chiffres et sur la portée*. Aujourd'hui je suis d'autant plus *heureux* — à mon tour — de l'aveu de M. Montandon, que c'est la première fois que je le lui entends faire et, qu'autant que je m'en souvienne — la préface du livre dont je parle était fort malveillante à l'égard de notre méthode ; il est vrai qu'elle n'était pas signée par M. Montandon.

Emile CHEVÉ.

LA MÉTHODE GALIN-PARIS-CHEVÉ, ENSEIGNÉE A L'ÉCOLE NORMALE PRIMAIRE DU TARN

(Albi).

Un témoin oculaire me transmet la note suivante, que je transcris littéralement :

« L'enseignement de la musique vocale à l'aide du méloplaste et de la notation en chiffres, (méthode Galin-Paris-Chevé) est établie à l'école normal primaire du Tarn. Monsieur F...., professeur de musique et de chant à Albi, chargé de cet enseignement, obtient de ses élèves des résultats vraiment merveilleux, surtout quand on les compare à l'état d'inexpérience musicale dans lequel les élèves arrivent à l'école.

» Une épreuve très-significative et très-concluante a été faite dans une tournée d'inspection par des fonctionnaires de l'Université. Un air, désigné séance tenante, par l'un d'eux au maître de musique, et non connu des élèves, a été écrit sur le tableau noir, AVEC LA NOTATION ORDINAIRE, ET LA PORTÉE, les élèves tournant tous le dos au tableau. — Au signal donné, ils se sont retournés et ont attaqué l'air avec un entrain, et une sûreté d'intonation remarquables.—Ils l'ont très-bien déchiffré à première vue ; et, en le chantant une seconde fois, ils l'ont dit avec une correction irréprochable. Nous livrons ce fait sans commentaire à nos lecteurs. »

Encore un centre qui a pris feu ; et quel centre ? — Une ÉCOLE NORMALE PRIMAIRE qui va porter LA MÉTHODE MAUDITE dans tout le département—et cela—par la voie officielle ! . Et à deux pas de Toulouse, que l'incendie peut gagner d'un moment à l'autre, comme il a déjà gagné Bordeaux !

Bon, courage ! Le grain semé si laborieusement chaque jour depuis vingt ans commence à pousser sur tous les points de la France, et même à l'étranger : Encore quelques jours de patience et d'efforts et les fruits seront appréciés de tous.—Ce jour là, la routine musicale aura vécu ! ...

Emile CHEVÉ.

DES RESSOURCES & DES APPLICATIONS DE LA PROGRESSION DES QUINTES MAJEURES

(IMPROPREMENT APPELÉES *QUINTES JUSTES*).

— *Voyez les nos 2, 3, 4, 5 et 6.* —

(Suite.)

Quinze Gammes enharmoniques, fournies par la progression de quintes.

Ce qui serait pour la très grande majorité des théoriciens ordinaires un laborieux travail, le tableau des gammes enharmoniques depuis le ton *d'ut bémol* jusqu'au ton *d'ut dièse* devient un jeu d'enfant quand on fait suivre la progression ascendante et descendante à chacun des termes de la donnée typique : *ut, reu, tè, ré, meu, rè, mi, fa, jeu, fè, sol, leu, jè, la, seu, lè, si, ut.*

Ecriture verticale (Lire horizontalement chaque solution) :

Gamme d'*ut* dièse :	tè	ré	tiè	rè	mi	riè	mè	fè	sol	fiè	jè	la	jiè	lè	si	liè	sè	tè
Gamme de *fa* dièse :	fè	sol	fiè	jè	la	jiè	lè	si	ut	sè	tè	ré	tiè	rè	mi	riè	mè	fè
Gamme de *si* :	si	ut	sè	tè	ré	tiè	rè	mi	fa	mè	fè	sol	fiè	jè	la	jiè	lè	si
Gamme de *mi* :	mi	fa	mè	fè	sol	fiè	jè	la	seu	lè	si	ut	sè	tè	ré	tiè	rè	mi
Gamme de *la* :	la	seu	lè	si	ut	sè	tè	ré	meu	rè	mi	fa	mè	fè	sol	fiè	jè	la
Gamme de *ré* :	ré	meu	rè	mi	fa	mè	fè	sol	leu	jè	la	seu	lè	si	ut	sè	tè	ré
Gamme de *sol* :	sol	leu	jè	la	seu	lè	si	ut	reu	tè	ré	meu	rè	mi	fa	mè	fè	sol
GAMME TYPE D'*UT* :	UT	REU	TÈ	RÉ	MEU	RÈ	MI	FA	JEU	FÈ	SOL	LEU	JÈ	LA	SEU	LÈ	SI	UT
Gamme de *fa* :	fa	jeu	fè	sol	leu	jè	la	seu	teu	si	ut	reu	tè	ré	meu	rè	mi	fa
Gamme de *si* bémol :	seu	teu	si	ut	reu	tè	ré	meu	feu	mi	fa	jeu	fè	sol	leu	jè	la	seu
Gamme de *mi* bémol :	meu	feu	mi	fa	jeu	fè	sol	leu	sieu	la	seu	teu	si	ut	reu	tè	ré	meu
Gamme de *la* bémol :	leu	sieu	la	seu	teu	si	ut	reu	mieu	ré	meu	feu	mi	fa	jeu	fè	sol	leu
Gamme de *ré* bémol :	reu	mieu	ré	meu	feu	mi	fa	jeu	lieu	sol	leu	sieu	la	seu	teu	si	ut	reu
Gamme de *sol* bémol :	jeu	lieu	sol	leu	sieu	la	seu	teu	rieu	ut	reu	mieu	ré	meu	feu	mi	fa	jeu
Gamme d'*ut* bémol :	teu	rieu	ut	reu	mieu	ré	meu	feu	jieu	fa	jeu	lieu	sol	leu	sieu	la	seu	teu

Il est très-probable que jamais la pratique n'ira jusqu'à la dixième partie de ces effroyables complications ; mais que cette prévision soit démentie par l'évènement, la progression de quintes restera toujours là prête à porter la lumière dans ces sentiers de ténèbres.

Maintenant qu'il est démontré que l'enharmonie *rigoureusement juste*, est impraticable pour tous les partisans de la méthode usuelle et n'est acceptée, sur les instruments, que parce qu'on *ne l'entend pas*, et qu'un *changement d'écriture fait croire au changement de hauteur* d'une tonique *dont la hauteur effective n'a nullement varié*, le lecteur peut comprendre l'indignation dont tous les hommes d'intelligence et de cœur ont été saisis, lorsque le 9 décembre 1856, à Marseille, on a présenté, comme problème, pour être solfié à première vue un *casse-cou* ENHARMONIQUE, apporté par un enfant de seize ans, évidemment envoyé comme un instrument qu'on sacrifierait s'il ne réussissait pas à faire tomber du coup la méthode régénératrice.

Nul n'accuserait l'autorité municipale d'une rigueur exagérée, dans le cas où, une enquête dirigée dans le but de savoir si l'auteur du guet-apens fait partie du personnel enseignant payé par la ville, ayant prouvé que le coupable, ne devrait pas être cherché ailleurs, on chasserait sans pitié l'homme méprisable qui, par le choix *même* des éléments préparés par lui, aurait donné du même coup la preuve de son *ignorance* et de sa *mauvaise foi*. Tous les pères de famille battraient des mains, en apprenant cet acte de sévère justice.

Gammes chromatiques.

Elles s'obtiennent de la même manière que les gammes enharmoniques, dans leurs deux variétés, l'une par dièses, l'autre par bémols. En voici le tableau :

Ecriture verticale, (lecture des solutions par lignes horizontales.

Gammes de :   **GAMMES PAR DIÈSES.**

Gammes de :													
tè	tè	tiè	rè	riè	mè	fè	fiè	jè	jiè	lè	liè	sè	tè
fè	fè	fiè	jè	jiè	lè	si	sè	tè	tiè	rè	riè	mè	fè
si	si	sè	tè	tiè	rè	mi	mè	fè	fiè	jè	jiè	lè	si
mi	mi	mè	fè	fiè	jè	la	lè	si	sè	tè	tiè	rè	mi
la	la	lè	si	sè	tè	ré	rè	mi	mè	fè	fiè	jè	la
ré	ré	rè	mi	mè	fè	sol	jè	la	lè	si	sè	tè	ré
sol	sol	jè	la	lè	si	ut	tè	ré	rè	mi	mè	fè	sol
UT	UT	TÈ	RÉ	RÈ	MI	FA	FÈ	SOL	JÈ	LA	LÈ	SI	UT
fa	fa	fè	sol	jè	la	seu	si	ut	tè	ré	rè	mi	fa
seu	seu	si	ut	tè	ré	meu	mi	fa	fè	sol	jè	la	seu
meu	meu	mi	fa	fè	sol	leu	la	seu	si	ut	tè	ré	meu
leu	leu	la	seu	si	ut	reu	ré	meu	mi	fa	fè	sol	leu
reu	reu	ré	meu	mi	fa	jeu	sol	leu	la	seu	si	ut	reu
jeu	jeu	sol	leu	la	seu	teu	ut	reu	ré	meu	mi	fa	jeu
teu	teu	ut	reu	ré	meu	feu	fa	jeu	sol	leu	la	seu	teu

Gammes de :   **GAMMES PAR BÉMOLS.**

Gammes de :													
tè	tè	sè	si	lè	la	jè	sol	fè	mè	mi	rè	ré	tè
fè	fè	mè	mi	rè	ré	tè	ut	si	lè	la	jè	sol	fè
si	si	lè	la	jè	sol	fè	fa	mi	rè	ré	tè	ut	si
mi	mi	rè	ré	tè	ut	si	seu	la	jè	sol	fè	fa	mi
la	la	jè	sol	fè	fa	mi	meu	ré	tè	ut	si	seu	la
ré	ré	tè	ut	si	seu	la	leu	sol	fè	fa	mi	meu	ré
sol	sol	fè	fa	mi	meu	ré	reu	ut	si	seu	la	leu	sol
UT	UT	SI	SEU	LA	LEU	SOL	JEU	FA	MI	MEU	RÉ	REU	UT
fa	fa	mi	meu	ré	reu	ut	teu	seu	la	leu	sol	jeu	fa
seu	seu	la	leu	sol	jeu	fa	feu	meu	ré	reu	ut	teu	seu
meu	meu	ré	reu	ut	teu	seu	sieu	leu	sol	jeu	fa	feu	meu
leu	leu	sol	jeu	fa	feu	meu	mieu	reu	ut	teu	seu	sieu	leu
reu	reu	ut	teu	seu	sieu	leu	lieu	jeu	fa	feu	meu	mieu	reu
jeu	jeu	fa	feu	meu	mieu	reu	rieu	teu	seu	sieu	leu	lieu	jeu
teu	teu	seu	sieu	leu	lieu	jeu	jieu	feu	meu	mieu	reu	rieu	teu

On se sert presque toujours des *dièses* pour *monter*, et des *bémols* pour *descendre* la gamme chromatique. Dans le cas où on voudrait la *descendre par dièses*, ou la *monter par bémols*, on n'aurait qu'à lire à rebours les gammes qui précèdent.

(La suite prochainement.)

Aimé PARIS.

A QUI LA FAUTE ?

Le Sémaphore de Marseille, dans une article sans signature, ce qui n'empêche personne d'en nommer l'auteur, annonce ce matin pour demain, mardi 4 mars, un concert que doivent donner, dans la salle Roubaud, Mme Persiani, secondée par MM. Flavio, Meccati, et Napoléone Rossi ; il ajoute douloureusement : «jamais » il faut le dire, on ne vit dans un concert, une » réunion de virtuoses plus distingués, et c'est » ici le cas ou jamais de regretter que nous » n'ayons en ce moment aucun local pour » recevoir les nombreux dilettanti qui vou- » draient venir entendre la musique italienne, »exécutée par d'aussi remarquables interprètes?»

Ce mal que vous déplorez, c'est vous qui l'avez causé. Si vous n'aviez pas exploité l'esprit de coterie au profit de votre petite vanité, et de vos petits moyens, si vous aviez su comprendre que, tant que les masses ne seront pas devenues musiciennes, par la vulgarisation intégrale des moyens de lire on n'aura pour les concerts qu'un public restreint, promptement blasé sur la même espèce de jouissances, et pour qui, d'ailleurs il s'agit souvent moins d'aller entendre que de se faire voir. Si vous aviez compris le sacerdoce de l'écrivain, et la nécessité de répandre le goût des plaisirs artistiques, dans l'intérêt de l'épuration des mœurs et du développement de l'intelligence, par des études rationnellement dirigées, vous n'auriez pas à gémir aujourd'hui sur l'acte de vandalisme qui a livré aux démolisseurs le temple élevé par le dévouement de Boisselot père, à l'art que vous portez incognito dans votre cœur.

En vérité, il me semble voir des gens qui, ayant éteint les reverbères d'une rue où seraient pratiqués de larges excavations, s'apitoyeraient sur le sort, de ceux qui leur devraient de s'être cassé un bras ou une jambe, si ce n'est le cou.

Aimé PARIS.

SÉANCE PUBLIQUE DE M. ÉMILE CHEVÉ.

Dimanche dernier, à une heure, avait lieu la séance mensuelle de M. Emile Chevé.

Les gradins de l'amphithéâtre de l'Ecole de Médecine étaient couverts de monde. La foule obstruait toutes les issues, et plus de cent personnes ont dû se retirer faute de place. Cette affluence s'explique assez par l'attrait de ces réunions à la fois artistiques et scientifiques, organisées avec un goût parfait et combinées de telle sorte que l'ennui n'y pénètre jamais.

Huit grands chœurs ont été chantés par la Société chorale dirigée par M. Emile Chevé. Sans m'étendre sur le mérite de l'exécution de chacun de ces morceaux, je signalerai l'Hymne a Orphée, de M. Chelard ; la Fille de Jephté, de M. Amand Chevé, et un Boléro composé par M. Perin, élève de l'école Galin-Paris-Chevé. La Fille de Jephté est une composition largement écrite. Le début est superbe. Le chant des basses, vers la fin, est du meilleur style. Toutes les parties marchent bien, quoiqu'un peu diffuses parfois. Bref, cette œuvre fait honneur à M. Amand Chevé, qui a écrit une musique très-sérieuse et très-belle sur les graves et poétiques paroles de M. Eugène Villemin.

Le Boléro de M. Perin a infiniment de grâce et de fanfreluche. Le solo qui le domine est

pimpant et léger comme une aigrette, et Mme Alpaix le chante avec avec un luxe de vocalises qui m'a émerveillé. C'est une bonne chose à constater que ce morceau composé par une élève de l'école et applaudi par un public qui rendait ainsi un double hommage à M. Emile Chevé.

Mlle Rison et M. Clouet, tous les deux sociétaires, se sont fait applaudir dans le grand duo de la Pie voleuse.

Par la façon distinguée dont il a chanté l'air du Bailli, de la Pie voleuse, M. Clouet a prouvé que l'écriture en chiffres n'exclue pas la difficulté et le sentiment artistique. Cet intelligent élève pourra bientôt se faire applaudir sur un plus grand théâtre.

Bien que Mlle Rison fût travaillée par la peur, j'ai remarqué en elle une de ces voix sympathiques qui vont à l'âme par le chemin le plus court. Elle a bien dit le grand air de Freichutz, et le public ne lui a pas ménagé les applaudissements.

Dans la grande bataille que soutient l'école Galin-Paris-Chevé, il lui faut multiplier les preuves de sa puissance. En même temps qu'elle produit des chanteurs, des instrumentistes et des compositeurs, elle a soin d'exposer l'intrépidité de ses élèves en ce qui touche la lecture et l'écriture musicales.

C'est ainsi que M. Chevé renouvelle à chacune de ses séances des expériences faites mille fois, mille fois réussies, et toujours de nature à confondre les adversaires de ses doctrines.

Pour ne parler que d'une seule, je citerai l'écriture sous dictée par douze ou quinze enfants dont l'aîné a quatorze ans à peine.

Un air composé tout exprès, un air à six-huit, mélangé de syncopes et de doubles croches, difficile sous le rapport du rhythme et sous le rapport de l'intonation, a été vocalisé par M. Émile Chevé. Les enfants l'ont écrit sur cette seule dictée, et, lorsqu'ils l'ont chanté tous ensemble sur leurs cahiers, nous avons pu constater que la moindre faute ne leur était pas échappée.

J'avoue qu'en présence d'un résultat pareil, et bien que je sache à quoi m'en tenir sur la valeur des procédés d'enseignement de l'école Galin-Paris-Chevé, je suis resté stupéfait. C'est la première fois que j'assistais à cette expérience, c'est la première fois aussi que je ne trouve pas un mot pour exprimer la surprise et l'admiration dont j'ai été saisi en voyant ces bambins écrire si vite et si bien un air qui leur était tout-à-fait inconnu.

Une petite fille, haute comme un chou et qui suit depuis six semaines seulement les leçons de M. Chevé, a chanté avec un sang-froid imperturbable et sans faire une faute, tous les intervalles des deux gammes majeure et mineure.

Un chœur à cinq parties a été enlevé a première vue par toute la masse chorale.

Pour fermer brillamment cette séance, on a chanté la marche triomphale de Sémiramide.

Les applaudissements ont éclaté pour la dernière fois, et l'auditoire s'est retiré sous le coup d'une impression qui ne sera pas perdue pour la nouvelle école.

Louis ROGER.

A MONSIEUR ET MADAME CHEVÉ.

Allez, apôtres saints du nouvel Evangile,
Lampes de l'avenir, prodigues de clarté,
En vos cœurs épuisez ce que Dieu verse d'huile,
Marchez où vous conduit l'ardente charité.

Allez, apôtres saints ! — L'artisan de la ville
Et l'ouvrier des champs l'un vers l'autre emporté,
Et le palais de marbre et la maison d'argile
En chœur chanteront l'ymne à la félicité.

A nos regards le siècle étale un grand spectacle :
Si la routine encor résiste... vain obstacle !..
Le salut est dans l'œuf que les temps ont couvé.

Concourez au grand œuvre.—Unissez l'homme à
[l'homme,
Que le divin concert dans l'amour se consomme !
Allez ! — tuez la haine, et le monde est sauvé.

Paris, 31 juillet 1849.

Eug. VILLEMIN.

Comment, en 1856, il faut encore répondre à une objection victorieusement réfutée par Galin, il y a près de quarante ans.

La Réforme Musicale du 24 février reproduisait une réponse fort judicieuse de M. Albert Leroy à ceux qui confondent la *science* de celui qui SAIT-LIRE avec l'*art* de celui qui LIT BIEN A HAUTE VOIX. Ceci prouve une fois de plus, que les bons esprits se rencontrent, sur le terrain du sens commun et de la vérité.

L'ouvrage de Galin (*Exposition d'une nouvelle méthode pour l'enseignement de la musique)* est d'une telle rareté qu'il me semble peu probable que M. Albert Leroy se trouve dans le très petit nombre de personnes qui, en France—une sur environ quarante mille—possèdent un exemplaire de ce livre imprimé deux fois à cinq cents exemplaires, seulement à Bordeaux, en 1848, et a Lyon, en 1835.

Voici comment notre maître a réduit au néant (première édition page 35, seconde édition, page 29) cette objection qui fait peu d'honneur à l'intelligence de ceux qui la produisent.

« Si l'on disait que des enfants instruits de cette » manière ne seront pas distingués plus que d'autres » par *une adresse étonnante à se servir* de leur voix » ou d'un instrument, que, si jeunes ils ne seront pas » *artistes* enfin, je répondrais d'abord que la MÉ- » THODE N'AVAIT PAS CE BUT ; mais qu'ils seront » MUSICIENS, qu'ils sauront *lire et écrire les idées* » *mélodieuses*, et que c'est par là qu'il fallait com- » mencer. En outre, qui ne voit qu'ils deviendront » *artistes* aussi et beaucoup *plus sûrement* et beau- » coup *plus vite* que les autres élèves ? c'est parce que » leur *imagination* et leur *voix* auront *un sujet con- » tinuel d'exercice dans les signes* ARTICULÉS. Les » autres élèves ne savent étudier qu'au pupitre ; les » miens étudieront *en tous lieux et à toute heure*, » *même en jouant et en sautant, beaucoup* plus qu'à » l'école.

« Puis donc que tout dépend de *faire* PARLER » LA MUSIQUE A L'ÉLÈVE AVANT DE LE MET- » TRE A LA LIRE, avant de lui poser un cahier de » *notes* sous les yeux, avant de lui dire qu'il y ait » des notes au monde, toutes nos vues doivent tendre » à ce point capital »

Les auteurs de l'objection réfutée par Galin surtout ceux qui, aujourd'hui, en présence des milliers de lecteurs qui chantent à première vue sur le chiffre, confondent la *faculté de marcher* avec *l'élégance de la démarche*, me semblent avoir quelque air de famille avec cet estimable cordonnier de Givet, dont en novembre 1874 M. Daussoigne Méhul, directeur du Conservatoire royal de Liège, me racontait la naïve indignation, avec beaucoup plus d'esprit que je n'en peux mettre dans cet écho affaibli de son piquant récit. (1)

---

(1) Je peux rendre justice à *l'esprit* de M. Daussoigne-Méhul, sans abdiquer ma liberté d'appréciation.

Le fils de l'humble cuisinier de Givet, après avoir conquis glorieusement sa place au soleil en produisant *Stratonice*, *l'Irato*, *Euphrosine*, *Adrien*, *Joseph*, etc ; était venu passer quelques jours dans sa ville natale, où ses concitoyens voulurent le recevoir avec tous les honneurs dus à celui qui jetait un si vif éclat sur la bourgade obscure où il avait vu le jour.

Sur le programme des ovations, figurait une cérémonie imposante, dans la quelle on devait offrir le vin d'honneur à l'illustre enfant de la cité, dans la grande salle de l'Hôtel-de-Ville.

Tout le corps de musique de Givet se rendit à la maison qu'habitait le grand compositeur, pour le conduire au siège de l'édilité locale.

Un des instrumentistes qui consacrait à l'étude du basson le temps que ne réclamaient pas les chaussures attendues par ses pratiques — aujourd'hui ceux qui font des *souliers* s'intitulent *bottiers* ; ceux qu'ils chaussent sont des *clients* — s'approcha de Méhul, après trois profonds saluts et lui mit respectueusement son basson entre les mains sans proférer une parole.

— Que voulez-vous que je fasse de cela lui demanda doucement Méhul ?

— C'est pour venir avec nous à l'Hôtel-de-Ville.

— Je vous remercie ; mais je serai plus à mon aise si j'ai les mains libres.

— Eh ! Eh ! alors comment ferez-vous ?

— C'est tout simple, je marcherai avec le cortége.

— Et le basson, qui donc en jouera ?

— Celui qui en joue d'habitude. N'est-ce pas vous ?

— Oui ; mais un grand musicien comme vous en jouera beaucoup mieux que moi !

— Vous vous trompez mon cher compatriote, je ne sais pas jouer du basson, moi.

— Bah ! ce n'est pas possible.

— Rien n'est plus vrai pourtant. Il en serait de même, si ces messieurs que voici m'offraient de jouer pour les remplacer, l'un, de sa clarinette, l'autre, de sa flûte. Si au moins vous aviez ici l'orgue de notre église des Récollets avec qui j'ai fait connaissance en 1773, je crois que je m'en tirerais assez bien sur place car je ne me sens pas de force à porter cet instrument ni à plus forte raison à en jouer en même temps.

— Et vous dites que vous avez fait des opéras !

— On s'accorde à ne pas en douter.

— Et vous dites, que vous êtes musicien !

— Ce n'est pas moi, c'est tout le monde, l'empereur Napoléon le Grand tout le premier, quoiqu'il me garde un peu rancune au sujet de l'*Irato* qu'il a cru composé par quelque orphée transalpin dont le nom ne pouvait se terminer que par un *i*.

— Et vous ne savez pas jouer du basson. !

— Si cela peut vous faire plaisir, j'essaierai d'apprendre d'ici à mon prochain voyage, mais aujourd'hui, d'honneur ! je suis forcé de vous prier de tenir dans l'orchestre une place que vous occupez si dignement.

Le brave cordonnier reprit son basson, et souffla consciencieusement pendant la marche triomphale, à travers les rues bordées de deux étages de spectateurs enthousiastes.

Mais l'auteur de l'Ouverture du *jeune Henri* avait considérablement baissé dans son esprit, et quand on annonça, le 20 octobre 1817, à Givet que Méhul était mort à Paris l'avant veille, une voix fit entendre, comme pédale dans le concert des regrets unanimes de la population, cette restriction qui formulait un ressentiment de vieille date.

« C'est dommage, sans doute ; mais au bout du compte, il ne savait pas jouer du basson. »

Cette voix était celle du basson cordonnier.

Aimé PARIS

à l'égard des faits rapportés, avec les pièces justificatives, de la page 304 à la page 313 du second volume de la *Méthode élémentaire d'Harmonie* de M. et Mme Émile Chevé, et qui se résument dans ces quatre vers de mes *étrennes* à M. Gustave Bénédit (*Rouennais* du 14 mars 1855) :

Je me flattais à Liége, en l'an quarante-quatre,
Que Daussoigne-Méhul, d'abord prêt à combattre,
Au festin du concours solderait son écot.
Hélas ! j'avais compté sans l'avoué Piercot.

Boîte aux Lettres.

Aimé Paris. — I—J.

Jeudi 28 février, une cérémonie religieuse présidée par Mgr le cardinal-archevêque, a eu lieu, au profit de l'œuvre de la Sainte-Enfance, dans l'église de Saint-Nizier. La foule était considérable. Une centaine d'enfants des écoles des Frères (paroisse du Nord) ont chanté alternativement avec les élèves de la manécanterie quelques morceaux de musique. Plusieurs chœurs ont été rendus à la satisfaction des assistants et particulièrement de M. le curé de Saint-Nizier, qui a réclamé le concours d'une partie de ces petits musiciens pour une autre cérémonie ayant lieu le lendemain, en présence de Mgr l'archevêque de Turin. Ce jour-là, comme la veille, les chœurs ont marché le mieux du monde, et c'était un spectacle bien intéressant que ces soixante enfants faisant à eux seuls tous les frais de la fête.

Ces résultats font honneur à M. Lombard, qui, du reste, a montré déjà dans plusieurs occasions la supériorité de ses élèves sur ceux des autres professeurs. Si M. Lombard doit un pareil succès à son zèle à son dévouement, il le doit aussi, comme il se plaît à le reconnaître, à la méthode Galin-Paris Chevé, qu'il a adoptée depuis près de deux années. Grâce à elle, il a aujourd'hui sous la main une masse d'enfants qui ne se contentent pas de réciter trois ou quatre morceaux appris par cœur, mais qui possèdent un répertoire très varié déjà et se renouvellant tous les jours.

Le succès que nous venons de constater ne sera pas le dernier, et les petits galinistes, nous l'espérons bien, soutiendront leur réputation.

A. PERRAUD.

CHRONIQUE THÉÂTRALE.

Mauprat. — Concert comique. — Une bouffonnerie.

Nous arrivons un peu tard pour parler de *Mauprat*, puisque huit jours nous séparent déjà de sa première apparition, et qu'une semaine pour les théâtres de province c'est presque un siècle : c'est la durée d'un succès, l'épuisement des nouveautés.

Mais les enfants de Georges Sand ont la vie dure, et Mauprat n'est pas encore à l'agonie. On peut donc en parler sans que ce soit de l'histoire ancienne.

Nous n'avons pas à juger l'œuvre'; le public et la presse, ces deux autorités en toutes choses, ont rendu leur sanction approbative. Il nous reste tout simplement à dire notre mot d'éloge ou de blâme aux artistes, mais fort heureusement nous avons beaucoup plus de l'un que de l'autre.

M. Edmond a caractérisé merveilleusement ce génie du mal incarné, qui a nom Jean de Mauprat, et les imaginations impressionnables ont dû rêver du fantôme de la Roche maudite.

M. Cudot, ce type parfait de bonhomie et d'honnêteté, n'avait-qu'à être lui pour faire aimer le brave Patience.

Mme Dusseault a fort bien rendu les poignantes lassitudes de ce combat sans fin qu'elle a à soutenir contre une nature rebelle : l'amour indomptable de Bernard.

Nous lui conseillons seulement de modifier l'inflexion de voix qu'elle donne à l'exclamation « ah ! »

Nous avons gardé en guise de bouquet nos bravos les plus chaleureux pour M. Bazin, qui a été vraiment le héros de la soirée. Nous doutons fort que le personnage fantasque de Bernard de Mauprat puisse être mieux tenu qu'il ne l'est ici.

On laisse son nom à de pareilles créations : encore une fois, bravo !

Nous ne parlerons pas du concert *comique* de jeudi, car nous croyons, comme l'a affirmé son interprète, que l'administration a été indignement trompée, et que pareille mystification n'arrivera plus.

En pension chez son groom, tel est le titre d'une bouffonnerie donnée cette semaine. — Ces choses-là ne s'analysent pas, il n'y a que la mine spirituellement hébêtée de James, et la physionomie *caricaturesque* de Cosson pour les traduire en éclats de rire.

Alexandre OSMONT.

LES CONFESSIONS DE MARION DELORME
Par Eugène de Mirecourt.

Le roman moderne a failli à sa tâche. Au lieu d'organiser et d'instruire, il a, sur toute la ligne, accompli une mission de bouleversement et de mensonge. Parmi ces innombrables volumes jetés, depuis vingt ans, en pâture à la foule, trouvez une œuvre consciencieuse, un livre écrit à la fois pour l'esprit et pour le cœur, qui vous instruise en même temps qu'il vous amuse, et laisse en vous quelques idées fécondes !

C'est à une autre génération littéraire qu'il appartient de régénérer la muse du roman. M. Eugène de Mirecourt est à la tête de ces courageux littérateurs qui veulent une renaissance et qui consacrent leurs efforts à l'accomplir. Son livre des *Confessions de Marion Delorme* a su joindre à l'intérêt soutenu du récit l'étude sérieuse de l'histoire.

Le respect des traditions et des chroniques, la peinture de caractères la plus expressive et la plus fidèle, sont les traits distinctifs de cet ouvrage. Tout un règne se développe aux yeux du lecteur avec les péripéties saisisssantes qu'il a fait naître avec les épisodes gracieux ou terribles dont les mémoires du temps ont gardé la trace. Autour de Marion Delorme, et dans le cadre dont l'auteur a fait choix, resplendissent les grandes figures historiques du cardinal de Richelieu, de Louis XIII, d'Anne d'Autriche, de Buckingham, de madame de Chevreuse, de Bassompierre et de cent autres Le drame et la comédie se donnent la main dans ces pages curieuses. Tout l'esprit de l'époque s'y résume. On y retrouve les traditions véritables, les détails authentiques, les piquantes anecdotes, les scènes intimes, les mœurs, les coutumes et le langage du siècle. Tout est reproduit dans cet forme si colorée, si attrayante, et avec ce style simple, élégant et rempli de verve, qui caractérisent les œuvres de M. Eugène de Mirecourt.

Le cinquante-deuxième volume des *Contemporains* vient de paraître chez l'éditeur Gustave Havard. C'est la curieuse biographie de mademoiselle Georges, la grande tragédienne que toute l'Europe applaudit depuis le commencement de ce siècle. La prochaine notice écrite par M. Eugène de Mirecourt sera consacrée à Hippolyte Castille, auteur de l'*Histoire de la seconde République française*. En tête de ce volume sera reproduite une lettre de Louis Veuillot, adressée au *Moniteur du Loiret*, à propos de sa biographie, et suivie de la réponse de l'auteur des *Contemporains*. Sous presse, les biographies d'Odilon Barrot, d'Henry Murger et de Raspail.

XIe Année ; — Ire du nouveau titre.

UN NUMÉRO : 20 CENT.

N° 9. — Dimanche 23 Mars 1856.

Musique, — Sciences, — Arts, — Littérature, — Théâtres.

LA RÉFORME MUSICALE

JOURNAL DES DOCTRINES DE L'ÉCOLE GALIN-PARIS-CHEVÉ.

ABONNEMENT A ROUEN : 10 FR.

ON S'ABONNE

A ROUEN, chez M. Louis Roger,
rue Porte-aux-Rats, 2.
A PARIS, chez M. Emile Chevé, rue
des Marais-S.-G., 18.
A MARSEILLE, chez M. Aimé Paris
rue Paradis, 77.

BUREAU A ROUEN, RUE PORTE-AUX-RATS, N° 2.

LOUIS ROGER, Directeur-Gérant.

ABONNEMENT DANS LES DÉP. : 12 F.

ON S'ABONNE

A LYON, chez M. Perraud, rue du
Griffon, 11.
A ANGOULÊME, chez M. Vasse,
rue de l'Arsenal, 11.
*Les abonnements peuvent être payés
en timbres-postes (Affranchir).*

RENSEIGNEMENTS.— Cette feuille paraît à ROUEN tous les DIMANCHES. — Tout ce qui concerne l'administration du journal doit être adressé à Rouen, rue Porte-aux-Rats, 2.. — Ce qui concerne la rédaction peut être indifféremment adressé à M. Chevé, à M. Aimé Paris, ou au directeur gérant. — La critique demeure sous la responsabilité de celui qui la signe.— Il sera rendu compte des ouvrages dont un exemplaire sera déposé au bureau du journal. Les lettres non affranchies seront refusées.

On peut se procurer des numéros de la *Réforme*, au bureau du journal, — au dépôt du cours Boïeldieu, à Rouen, — et dans l'intérieur des théâtres.

AVIS.

Nous nous empressons de satisfaire à une réclamation qui nous est faite, en déclarant que les caractères dont nous ferons bientôt usage pour l'impression des morceaux de musique annoncés dans notre dernier numéro, sont la propriété de la Société chorale de l'école Galin-Paris-Chevé, de Paris.

LA MUSIQUE EN CHIFFRES

A L'ORPHÉON DES INSTITUTEURS RÉUNIS.

— Ste-Routine, ayez pitié de nous !

Où courons-nous, grands dieux !

Pendant que la Commission du chant, confiante en son infaillibilité, dort tranquille à l'ombre du VETO SOLENNEL qu'elle a fulminé en 1850 contre cette ABOMINATION de méthode Chevé (pardon de ne mettre que mon nom ; mais c'est ainsi que beaucoup de personnes désignent, à Paris, la méthode Galin-Paris-Chevé.) et qu'elle croit l'enseignement élémentaire qu'elle protège et dirige à l'abri des atteintes de cette PESTE d'une nouvelle espèce ; voici que la CONTAGION s'étend ici comme en Normandie et menace de tout envahir, si l'on n'y met bon ordre.

Ce n'était pas assez que l'esprit de la méthode, — LA THÉORIE — osât se montrer jusque dans les concours de professeurs subis devant la Commission du chant elle-même ; et — miséricorde ! — qu'elle s'y fît applaudir par les doctes juges, qui, L'AYANT CONDAMNÉE SANS LA CONNAÎTRE, ne pouvaient, en bonne conscience, être tenus de la CONNAÎTRE, quand elle se présentait à eux sous le modeste habit d'un candidat ! (1) comment en effet, soup-

(1) Historique ! Dans un concours de professeurs, à l'hôtel-de-Ville, un des candidats ayant à faire *sa leçon d'épreuve* sur les intervalles, a donné une de mes leçons, à moi, leçon qui n'a rien de commun avec les théories officielles. — Il a reçu les vives félicitations du jury qui, n'ayant pas ouvert le livre qu'il a condamné, n'a pu se douter qu'on en déroulait la théorie devant lui. On est toujours pris par où l'on a péché.

Dans un autre concours, un deuxième candidat avait à traiter *de la mesure.* — Enhardi par l'exemple du premier, il a cru ne pouvoir mieux faire, lui aussi, que de risquer, comme son prédécesseur, une de mes leçons, qui renverse de fond en comble tout le système de mesure professé partout. — Cela lui a encore porté bonheur... « A la bonne heure, » — lui aurait dit un des gros bonnets du jury — « voilà » une vraie et véritable leçon ; cela est *clair, logique,* et » *se comprend bien* ; ce n'est plus cet éternel caté- » chisme dont on nous rebat perpétuellement les » oreilles. » — Et le candidat a été reçu ; et c'est fort

çonner un tel excès d'audace et d'imprudence ! et chez un candidat encore ! ..

Ce n'était pas assez que LES EXERCICES PRATIQUES de madame Emile Chevé eussent fait invasion dans un certain nombre des écoles communales placées sous la surveillance spéciale, exclusive, de la commission du chant, et que malgré l'ostracisme officiel dont elle les avait frappés, on les y employât, TOUT DOUCEMENT, A HUIS CLOS, pour en porter, plus tard les résultats au compte de la défunte méthode Wilhem (2) fait qui n'a pas besoin de commentaire ! ! —

bien fait, parce que c'est un homme intelligent et instruit. — J'ajoute : et consciencieux, ce qui ne gâte rien dans un professeur. — Mais la chose n'en est pas moins plaisante !

(2) J'extrais les lignes suivantes d'une lettre qui m'a été adressée à Brest par plusieurs professeurs :

« A la conférence du mercredi .. M. Hubert, délé-
» gué-général pour l'inspection du chant dans les
» écoles communales de la ville de Paris, a bien voulu
» déclarer, devant tous les répétiteurs assemblés, que
» cette année les progrès, en général, ont été remar-
» quables dans les écoles.
» C'est vrai pour les nôtres, si on compare les ré
» sultats à ceux des années précédentes ; seulement
» M. le délégué-général ne nous a pas dit à qu'elle
» cause il attribue ces résultats ; il oubliera très-pro-
» bablement de les faire connaître à l'administration,
» dans son rapport général de la fin de l'année scho-
» laire.
» Un sentiment de justice bien naturel, compris de
» chacun, nous porte et nous portera toujours à rendre
« à César ce qui appartient à César : Nous croyons
» remplir aujourd'hui un devoir de conscience, en
» venant franchement vous déclarer que les progrès
» que nous avons obtenus dans notre enseignement
» officiel (progrès que M. le délégué-général a bien
» voulu apercevoir et qu'il veut bien constater) sont
» dus exclusivement à l'emploi spécial des exercices
» d'intonation de votre méthode ; exercices que nous
» avons fait pratiquer à nos élèves depuis le com-
» mencement de l'année scolaire qui touche à sa
» fin.
» Nous devons déclarer en outre que vos exercices
» d'intonation ont été employés par nous devant M.
» le délégué-général, lors de ses visites d'inspection,
» et qu'il ne peut en ignorer la source, puisqu'il dé-
» clare, à qui veut l'entendre, qu'il sait votre méthode
» par cœur.
» Il nous a semblé juste, monsieur, de porter ces
» faits à votre connaissance, et de vous rendre ce qui
» vous appartient dans les progrès obtenus cette
» année par les élèves de nos écoles : progrès qu'on
» fera sonner bien haut aux oreilles de l'administration
» et qu'on ne manquera pas d'attribuer très-certai-
» nement à la méthode Wilhem. Elle en est bien in-
» nocente, nous pouvons vous l'assurer, attendu qu'elle
» nous n'avons pas trouvé aujourd'hui le secret d'ob-
» tenir d'elle qu'elle nous a constamment refusé depuis
» dix ans que nous l'enseignons. »
A la réception de cette lettre, j'en ai donné avis à l'administration, en me plaignant de ce qu'après avoir condamné nos exercices dans un *rapport officiel, rendu public par ordre de ceux qui l'avaient fait,* on

Ce n'était pas assez que les directeurs d'écoles communales, devenus libres dans le choix de leurs méthodes d'enseignement répudiassent — APRÈS UNE EXPÉRIENCE DE 15 ANS — la méthode Wilhem pour prendre la méthode Galin-Paris-Chevé, à la grande joie des enfants.

Voici que tout à-coup et sans cause apparente, la société des Instituteurs-Réunis (chez lesquels la méthode Galin Paris Chevé n'est pas enseignée, à ma connaissance, du moins) ; voici, dis-je, que ces hommes vont.. Mon Dieu, comment dire cela ?.. Ils vont... Non pas prendre les idées théoriques de l'école nouvelle, elles sont déjà plus ou moins répandues partout : — non par adopter les exercices de madame Emile Chevé, ils ont aussi fait comme la théorie ; mais — ô M. Clapisson ! vous que LA VUE DU CHIFFRE AGACE, fermez les yeux ! ils vont prendre LE MONSTRE, oui, LE MONSTRE TOUT NU, LE CHIFFRE, puisqu'il faut l'appeler par son nom !... oui l'affreux chiffre ! et savez-vous pourquoi faire.. Les malheureux ! POUR CHANTER UNE MESSE à Saint-Eustache ! .... Hélas ! oui, pour chanter une messe... et le fait est consommé ! ! ...

Le 6 mars dernier, à l'église Saint-Eustache, l'Orphéon des Instituteurs-Réunis a chanté une messe de M. Lutgen, composition assez plate d'ailleurs ; et, sur TROIS CENTS chanteurs, il y avait DEUX CENTS PARTITIONS EN CHIFFRES.— Deux cents sur trois cents ! , la proportion est assez belle pour un début. — J'ai entre les mains un exemplaire de cette messe ; il y a huit page in-4°, et le tout est imprimé en chiffres, avec soudures, etc., et tout ce qui constitue l'écriture de Galin ! —

Il m'a paru si extraordinaire de voir chanter

les prit *dans les écoles officielles* en cachant leur origine.

Ma plainte est restée sans réponse.— Cependant, il y a la quelque chose qui choque tellement la justice et la raison que, si j'avais été en position de le faire, j'eusse suivi le conseil qui m'était donné par beaucoup de personnes, de porter la question devant les tribunaux pour savoir si l'on a véritablement le droit de *frapper officiellement de discrédit un instrument de travail* — une méthode — au risque de ruiner l'inventeur, *puis après de prendre cet instrument pour s'en servir à huis-clos* — ou de laisser prendre à ses subordonnés, ce qui est exactement la même chose... Il aurait été curieux de voir si la loi qui accorde à l'inventeur *d'un fermoir de bourse,* ou d'une *forme de savonnette,* la propriété exclusive *de son idée, de son invention,* accorde le même privilège à celui qui crée un ensemble de moyens scientifiques capables de changer la face d'une science. — J'eusse bien voulu soumettre la question à la justice mais je n'étais pas assez riche pour cela Subissons donc ce que nous ne pouvons empêcher ; mais signalons le fait à l'administration supérieure.

Emile CHEVÉ.

en chiffres dans les écoles particulières de Paris, où la méthode n'est pas encore enseignée, que j'ai dû demander l'explication du fait à une personne qui a été chargée de faire apprendre la messe à une petite section de l'Orphéon des Instituteurs ; voici ce qui m'a été répondu :

» Il paraîtrait qu'au moment de faire imprimer la messe pour la mettre à l'étude, quelqu'un aurait dit : « A quoi bon faire impri- » mer la messe ; nos enfants feront comme » toujours, ils ne la liront pas — par l'ex- » cellente raison qu'ils ne savent pas lire la » musique — et ils n'auront d'autre ressource » que de l'apprendre par cœur, par le seri- » nage habituel. Alors à quoi bon imprimer ? » un seul exemplaire suffit pour chaque pro- » fesseur. »

» Une autre personne aurait émis l'avis suivant : « — Si ; faisons-la imprimer — MAIS » EN CHIFFRES — cela est bien plus facile à » lire — et si nous en sommes, en définitive, » réduits à la faire apprendre par cœur, l'im- » pression nous aura du moins coûté moins » cher : ce sera autant d'économisé. »

Ce dernier avis a sans doute prévalu, car la messe a été IMPRIMÉE EN CHIFFRES ? il y avait à l'Orphéon, on a tiré la messe 300 enfants à l'Orphéon. on a tiré la messe à 30.0 exemplaires. Mais il paraîtrait que 200 exemplaires, seulement, ont été pris à l'édi- teur.—J'ignore combien de copies en musique ordinaire, (en GRIMOIRE, comme l'appellent tous les élèves de notre école) ont figuré à Saint-Eustache en face des deux cents copies en chiffres ; toujours est il que le chiffre avait une majorité immense !...

Et maintenant que les enfants auront goûté de cette écriture si simple et si lucide, qui sait s'ils ne voudront pas la conserver ?.

Ah ! messieurs les instituteurs, qu'avez vous fait là — mon Dieu ! peut-être le premier pas d'une grande chose pour vous et pour les en- fants qui vous sont confiés.. Puis que vous avez osé, du premier coup, et POUR N'ENTIRER QU'UN RÉSULTAT INSIGNIFIANT, prendre ce qu'il y a de plus compromettant dans l'école nou- velle — son écriture ; — ayez le courage de faire un pas de plus, et UN PAS UTILE CETTE FOIS : réunissez-vous tous , et, en quelques instants je porterai dans vos esprits — par LA RAISON et par LE FAIT — la conviction pro- fonde qu'il ne dépend que de vous de trans- former, comme par enchantement, des leçons assommantes et sans fruits, en leçons pleines de charmes et de résultats ; et de vous trouver, dans très-peu d'années, à la tête d'un magni- fique orphéon LISEUR et CHANTEUR tout à la fois, qui donnera à vos institutions un lustre, un éclat, tout à fait extraordinaires... Je vous le répète, il ne tient qu'à vous de produire ce miracle... Je vous propose d'organiser l'en- seignement musical dans toutes vos écoles, sur les mêmes bases que celui de l'École de Médecine, dont les résultats, connus aujour- d'hui de plus CINQUANTE MILLE PERSONNES, frappent de stupeur et d'admiration tous ceux qui les voient.

Dites un mot — mais un mot sérieux — et la chose est faite...

Emile CHEVÉ.

On lit dans le CORRIER DES ARDENNES, du mercredi 13 février, un compte-rendu dont nous extrayons les détails suivants :

« Dimanche a eu lieu, dans la salle de l'Hôtel-de-Ville de Sedan, au profit de la société de patronage des jeunes orphelines, le concert précédemment annoncé par nous.

» Longtemps avant l'heure fixée, on se pressait aux portes, on envahissait l'auditoire, et nous ne crain-

drons pas de nous entendre démentir en affirmant que jamais nous n'avons vu salle de concert ni plus ni mieux remplie. A l'élite de la société sedanaise, s'était jointe celle de Mézières et de Charleville ; de hauts fonctionnaires, de grands industriels, des femmes élégantes et gracieuses, étaient accourus de près ou de loin pour mêler leur offrande et leurs applaudisse- ments. On savait que des amateurs distingués des trois villes devaient se faire entendre ce jour-là, pour venir en aide au malheur, et leur talent encore em- belli par la bienfaisance, ne pouvait recevoir qu'un favorable accueil.

» A deux heures, au milieu d'une attente sympa- thique, le concert a commencé. Les élèves de l'école primaire, sous la direction de leur habile et dévoué professeur M. Rondonneau, ont chanté d'abord la prière de *Zampa*, et plus tard le chœur des *Baigneuses des Huguenots* et les couplets du *Charlatan* dans le *Concert à la Cour*. Pour la précision, la justesse d'in- tonation, l'intelligence du style et des nuances musi- cales, en un mot dans l'ensemble et dans les détails, la jeune phalange n'a rien laissé à désirer. Nous en félicitons la méthode Galin-Paris-Chevé, mais surtout le maître expérimenté qui, le premier l'a introduite dans nos Ardennes. Grâce à elle, grâce à lui, nous pouvons espérer enfin, qu'il se formera parmi nos ouvriers des musiciens véritables, et que le goût et la science du chant se répandront de plus en plus dans nos populations laborieuses.

....

» M. Rondonneau, le *maître chanteur*, que l'on n'entendait plus, qu'on regrettait toujours, a fait écouter et vivement applaudir quelques-unes de ces heureuses mélodies composées autrefois pour lui, et dont il prétend ne plus se souvenir. L'ingrat ! les a-t-il vraiment jamais sues ? les a-t-il vraiment jamais mieux dites ? Qu'il en soit bien convaincu. l'art et le goût sont toujours jeunes, et il ne tient qu'à lui de nous prouver encore qu'ils sont de toutes les fêtes.

» Mme Rondonneau, qui a formé toutes ces jeunes musiciennes, en qui l'on aime à voir se perpétuer et revivre son beau talent de pianiste, a droit à toute notre reconnaissance. On ne met pas plus de grâce et de savoir dans l'obligeance et dans le dévouement.

» Et maintenant un dernier mot : Au nom des pauvres orphelines, qui ont fait plus de treize cents francs de recette, soient remerciés tous les nobles cœurs qui ont su mettre dans le bien leur plaisir. »

Dans l'un des plus prochains numéros de LA RÉFORME MUSICALE, nous rendrons compte des travaux accomplis à SÉDAN et CHARLEVILLE, sous l'habile direction de monsieur Rondon- neau, qui, dès 1847 implantait la méthode Galin-Paris Chevé dans ces deux villes, et qui l'enseigne depuis cette époque avec un éclatant succès. M. Rondonneau est, parmi les artistes, un des premiers qui se soient ralliés à l'école de Galin.

Emile CHEVÉ.

UN PROJET PRÊTÉ A M. HILAIRE COLIN DE MARSEILLE.

> « Fréron qui n'était rien ni par son esprit, » ni par son caractère … Fréron qui ne s'é- » tait jamais distingué en rien qu'au plus obscur » vulgaire, pas même chez ces journaliers » littéraires qui travaillent pour du pain, » sans acception de leur réputation ou de » leur honneur… Fréron se trouva tout à » coup à la tête d'un parti »
> (CHARLES NODIER. *De la réaction ther-*
> *midorienne*).

On m'assure, et j'ai peine à le croire, que M. Hilaire Colin a l'intention d'ouvrir prochai- nement un cours de musique par le chiffre, dans le local de la place des Hommes, n° 1, où déjà, au mois de février 1854, ce professeur, répudié par l'acte que les chefs de l'Ecole Galin- Paris-Chevé ont fait notifier le 17 novembre 1854, à M. le maire de Marseille, a étalé cette fastueuse incapacité dont les preuves ont été données depuis, devant vingt mille personnes en juin 1854 sur la place des Fainéants, le jour de la fête votive, et, il y a six mois, dans les distributions de prix, où il n'a pas osé faire chanter, devant les autorités, trois maigres morceaux annoncés par les livrets.

Si je suis bien informé, M. Hilaire Colin regarderait comme un élément de succès pour

obtenir des souscriptions, l'abaissement exagéré de ses conditions. On parle de TROIS FRANCS, exigibles au moment de l'inscription, et de CINQ SOUS PAR SEMAINE. A mon avis, c'est beaucoup trop cher, et, le temps étant un ca- pital, comme disent les Anglais, je crois qu'on serait en perte, même en suivant gratuitement le cours ouvert par un professeur qui a vu, en tout et pour tout, faire, à de jeunes enfants le tiers de chacune des trois premières leçons d'un cours.

Si M. Hilaire Colin était de force à intégrer et à combiner dans son esprit l'ensemble et les moyens d'exécution d'un système complet d'enseignement, à l'aide d'une initiation aussi insuffisante, sa conscience et son amour propre se seraient empressés de répondre à toutes les dénégations de sa capacité professorale, en produisant des résultats aussi remarquables que nombreux. Il n'avait qu'à choisir, parmi les belles organisations qui se trouvent par milliers dans les écoles d'une ville de deux cent cinquante mille habitants, dont la direc- tion musicale lui est confiée. Son cours, ouvert il y a deux ans sur la place des Hommes était une magnifique occasion de prouver qu'il savait enseigner et qu'il connaissait, ou qu'il avait deviné les ressources de la méthode nou- velle.

Au bout de quelque leçons, le cours d'adultes a cessé d'être fait.

Depuis deux ans (mars 1854), l'autorité a chargé M. Hilaire Colin d'introduire dans les écoles la méthode Galin-Paris-Chevé.

Qu'ont produit les écoles ? RIEN ABSOLU- MENT RIEN.

Voilà un puissant encouragement à offrir à ceux qu'on inviterait à dépenser TROIS FRANCS de mise première et CINQ SOUS PAR SEMAINE !

Si, contre toute probabilité, M. Hilaire Colin publie son prospectus, je ne peux qu'inviter tous ceux qui, à Marseille connaissent la mé- thode Galin-Paris-Chevé, à se faire inscrire.

De deux choses l'une : où ils pourront se convaincre que M. Colin n'entend pas plus la méthode qui leur est familière, qu'il ne con- naissait le MÉLOPLASTE, dont il ne pouvait donner l'explication, il y a peu d'années aux membres du Cercle philharmonique, et dont l'un de ses auditeurs m'affirme l'avoir entendu attribuer l'invention à GARAT, et, alors, ils pourront parler avec autorité d'une inquali- fiable lettre de change tirée sur la crédulité publique ; ou bien le cours de M. Hilaire Colin leur révèlera une de ces hautes intelligences jetées dans le même moule que celle de ce Georges Cuvier qui n'avait besoin que de quel- ques débris d'une charpente osseuse, pour reconstruire le squelette d'un animal antédilu- vien dont l'espèce était perdue, je serai le pre- mier à joindre mes applaudissements au tribut d'admiration qu'on devra payer à un génie révélé d'une manière si inattendue ; car j'ai la ferme intention de me faire inscrire un des premiers sur la liste, et comme avant tout. je suis un honnête homme, je n'hésiterai point à faire publiquement mes excuses à M. Hilaire Colin pour avoir méconnu son mérite et ses bonnes intentions.

Je me flatte que M. Hilaire Colin voudra bien admettre à ses leçons, comme auditeur NON GRATUIT. le plus ancien des chefs de l'Ecole Galin-Paris-Chevé, depuis la mort du MAÎTRE.

S'il est capable et de bonne foi, il peut s'at- tendre de ma part à une amende honorable sans restriction et sans arrière pensée.

Dans une autre supposition. trois francs, au moment de l'inscription, plus cinq sous par semaine doivent être une raison sans réplique pour se décider à prendre un poisson de plus dans un coup de filet.

Attendons (1).

Aimé PARIS.

CORRESPONDANCE.

Nous recevons la lettre suivante que nous publions sans en accepter la responsabilité.

L. R.

Mon cher monsieur Roger,

Angoulème a aussi son Colin, c'est-à-dire un professeur de musique qui, comme M. Colin, de Marseille, enseigne, la méthode Galin-Paris-Chevé sans la connaître, et la compromettrait si l'on n'y mettait bon ordre. A cet effet, j'ai dû adresser une lettre aux journaux d'Angoulème, pour protester contre l'annonce d'un cours, fait par ce professeur. Les gérants des journaux d'Angoulème, ayant à ce qu'il paraît, des ménagements à garder envers l'auteur de cette annonce, n'ont consenti à insérer ma lettre qu'autant que son nom n'y serait pas mentionné. Comme vous n'avez pas certainement les mêmes motifs pour taire aux lecteurs de la RÉFORME MUSICALE le nom de M. Bourgoin, je vous prie de bien vouloir publier cette note explicative en tête de la lettre suivante, imprimée dans le CHARENTAIS du 14 mars.

Recevez, etc.

A VASSE.

« Monsieur le rédacteur,

» A mon arrivé à Angoulème, j'ai fait savoir à tous les professeurs de musique de la ville que mes cours seraient toujours ouverts GRATUITEMENT à ceux d'entre eux qui auraient voulu prendre connaissance de la méthode Galin-Paris-Chevé.

» Trois seulement ont répondu à mon appel en suivant mes cours avec régularité ; ceux là, conséquemment, connaissent suffisamment la méthode pour pouvoir la professer. Mais afin de la mettre à l'abri du reproche d'impuissance et afin qu'elle ne soit pas compromise par des résultats peu satisfaisants qui lui seraient attribués injustement, je dois ici protester contre toute annonce qui aurait déjà été faite ou qui pourrait l'être, à l'avenir, par tout autre professeur qui aurait oublié D'APPRENDRE CE QU'IL VOUDRAIT ENSEIGNER.

» En vain pourra-t-on alléguer que tout le monde a le droit de se servir de la méthode écrite et publiée par M. Chevé, l'impression de cet ouvrage remonte à 1845 ; depuis lors, beaucoup de procédés spéciaux ont été inventés, tant par M. et Mme Chevé que par M. Aimé Paris, et ces procédés n'ont pas été publiés. D'ailleurs, le livre est divisé en cinq parties différentes, qu'il faut savoir faire marcher simultanément ; pour cela, il est indispensable

(1) Depuis que cet article a été envoyé à la *Réforme musicale*, quelques personnes qui n'admettent pas volontiers les effets sans cause m'ont demandé s'il était tout-à-fait improbable que M. Hilaire Colin eût spéculé sur la différence de prix, pour me rendre impossible l'organisation d'un nouveau cours.

Quelque redoutable que soit un concurrent de la *capacité* de M. Colin, je ne chercherai pas à éviter le danger qu'on me signale, en abaissant des conditions qui n'ont jamais varié depuis l'ouverture de mon premier cours, à Strasbourg, en 1829.

M. Hilaire Colin peut donc réduire son tarif, autant qu'il le jugera convenable. Le prix de mes leçons restera ce qu'il a été jusqu'ici, SANS AUGMENTATION et SANS DIMINUTION.

Chacun de nous deux montrera ainsi ce qu'il s'estime lui-même.

Aimé PARIS.

Marseille, 18 mars 1856.

d'avoir vu le système mis en action par les professeurs ayant l'expérience de la pratique, et même, afin d'éviter les tâtonnements et les déconvenues, il est utile de recevoir d'eux des conseils sur la manière progressive avec laquelle le cours doit être dirigé.

» C'est surtout pour connaître les moyens de passer du chiffre à la NOTATION USUELLE qu'il est indispensable de suivre un cours. En un mot, pour pouvoir professer une méthode, avant tout, il faut la connaître : voilà ce que toute personne de bon sens comprendra facilement.

» Avant mon prochain départ d'Angoulème, je crois donc devoir prévenir qu'à part Mme Forêt de Bonsens, Mme Drosony et M. Wœfflle fils, qui ont suivi mes cours, et qui peuvent parler de la méthode avec connaissance de cause, je ne connais pas ici UN SEUL professeur qui puisse dire qu'il est en état d'enseigner la méthode Galin-Paris-Chevé, et qui ose ACCEPTER MOI PRÉSENT, la traduction à faire D'UNE SEULE MESURE chiffrée en notes usuelles, et VICE VERSA.

» Recevez, etc.

A VASSE.

» Angoulème, le 13 mars 1856. »

COURRIER DE PARIS.

LETTRES A UN AMI DEVENU RICHE.

QUATRIÈME LETTRE.

— Tu m'écris comme Pline le Jeune à Fabius Justus, — sans t'en douter ou en t'en doutant, cela ne fait rien. Tu me dis de t'écrire quand même, — de t'écrire que je n'ai rien à t'écrire, — de t'écrire que je me porte bien, comme un troupier à sa payse, — de t'écrire des injures au besoin, parce que cela te prouverait au moins que je suis vivant, tandis que mon silence t'inquiète et te préoccupe beaucoup trop.

Pauvre cher ! mon amitié a été quelquefois injuste, souvent emportée ; elle est toujours querelleuse ; mais au fond elle est bonne fille, et quand elle peut faire quelque chose pour réparer ses petites gredineries, elle le fait avec joie.

Ainsi vais-je faire aujourd'hui, cher vieil ami, pour te remercier de ta lettre si pleine de sollicitude et de tendresse, et pour te prouver ma bonne volonté. Par exemple, je ne te prouverai que cela. Je m'abandonne, pour le reste, au hasard de ma plume et au caprice de ma cervelle quelque peu détraquée et désorientée par la maladie.

Je t'écris de mon lit — où je suis depuis une douzaine de jours, très-indifférent naturellement à ce qui se dit dans Paris, qui fait beaucoup de tapage, il me semble même pour une grande mine.

Au lit ? — Sans doute ! Il y a une douzaine de jours, je travaillais bien tranquillement, mes fenêtres grandes ouvertes sur le jardin ; j'attendais de l'argent, je ne sais pas pourquoi, puisque personne ne m'en doit, mais enfin j'en attendais. L'argent n'est pas venu, c'est la maladie qui est entrée chez moi par les fenêtres. Quelle maladie ? Je ne la connais pas, — bien qu'elle demeure chez moi depuis une douzaine de jours. Je ne tiens pas à connaître mes ennemis.

Quoiqu'il en soit, j'ai vu le moment où ce COURRIER DE PARIS allait être vacant PER OBITUM, et où la lettre que j'avais commencée pour toi allait être mon ADYNG SPEECH. Mais il n'en a rien été, il n'en est rien encore. On verra bien par la suite, — s'il y a une suite !...

Je t'écris donc de mon lit. Tant pis pour toi si mon style reçoit des éclaboussures de ma maladie. Je m'observe beaucoup, je n'avance qu'avec circonspection, je mets au violon les pensées trop excentriques et trop folles qui circulent sans passeport et sans caleçon dans ce pays étrange qui s'appelle l'Imagination. J'ai le cerveau plein de papillons noirs et roses qui se livrent à des batailles à n'en plus finir sous l'épaisseur de ma boîte osseuse. Pauvre boîte ! il y a bien de la poussière et bien du désordre dans tous ses compartiments !...

Je vais donc entreprendre à ton intention un voyage d'exploration autour de ma chambre. Tu connais déjà une relation d'un semblable voyage par le capitaine Xavier de Maistre. Il y en a eu d'autres ; il y en aura d'autres encore. C'est un voyage excessivement intéressant que ce voyage-là, non pour le monde savant, mais pour les voyageurs eux-mêmes. Quand on le raconte, il perd de son charme et de ses séductions. On risque fort, dans ce cas-là, d'avoir fait un voyage au pôle-nord et d'être resté au milieu des glaces.

Je ne redoute pas cette misère, puisque c'est à toi seul que je fais ce récit.

Il y a eu quelques changements ici depuis ton départ ; — il y a des choses de plus et des choses de moins. C'est à peine si tu reconnaîtrais notre chambre, qui n'a pas l'air de se reconnaître elle-même, tant elle a de désordre en ce moment.

Beaucoup de choses aussi sont restées à leur place. Tu sais que

> Il est dans mon alcôve sombre,
> — Pendu par un clou tenant mal, —
> Un portrait qui brille dans l'ombre.
> J'ai bien aimé l'original.

J'ai conservé ce portrait. D'abord parce que c'est un portrait, ensuite parce que c'est un beau pastel. Il n'est ni de Vincent Vidal, ni de Mlle Nina Bianchi, ce qui ne l'empêche pas d'être merveilleusement réussi comme portrait et comme pastel. Il mériterait bien d'être un peu signé Latour. Mais Latour est mort, et avec lui tout ce joli monde à mouches et à paniers, à poudre et à talons rouges qu'on retrouve quelquefois encore, mais rarement ; — monde de duchesses et de ravaudeuses, de marquises et de grisettes, peuplé de petits abbés et de grands gentilshommes, parfumé d'ambre et de vétiver, — monde de joies faciles et de mœurs plus faciles encore, — monde galant et amoureux qui n'a jamais su ce que c'était que l'amour, et qui pratiquait la galanterie comme le monde d'auparavant avait pratiqué la religion — par ordre !

> As-tu connu Beppa, la blonde Milanaise,
> Dont les deux grands yeux noirs brûlaient comme la
> [braise,
> Dont la bouche rosée, - où se cachait l'amour,
> Disait si tendrement des choses ironiques,
> Et dont la blanche gorge, à volutes antiques,
> Se soulevait si fort et si ferme le jour
> Où l'amant de son cœur, défaisant son corsage,
> Prenait sur ce sein rond les deux baisers d'usage ?

Si tu l'as connue, ce que je t'en dis ne doit pas t'étonner. Elle était bien un peu de ce monde disparu, cette Beppa qui s'appelait Nanette de son vrai nom, — cette Milanaise dont Fontenay-aux-Roses était la véritable patrie, — cette jeune fille devenue jeune femme, — cette jeune femme devenue je ne sais quoi !...

Oui, elle était de ce monde-là. Pour son bonheur et le mien, elle aurait dû naître cent ans plus tôt, sur les genoux de Madame Du Barry ou de Louis XV. Si elle avait eu un peu plus de poudre sur ses beaux cheveux blonds et un peu plus de mouches sur son éblouissante peau de satin, on l'eût prise volontiers pour une de ces criminelles soubrettes du XVIIIe siècle, qui avaient tant d'esprit et si peu de cœur, mais qui, cependant, valaient encore mieux que leur réputation — qui ne valait rien du tout.

Je ne t'en ai jamais voulu, cher portrait au pastel ! Je suis trop ton ami et le mien pour cela. Byron est de mon avis, d'ailleurs, à ton endroit, — il te juge avec la même tendresse et la même indulgence que moi. Il a raison.

THOU ART NOT FALSE, BUT THOU ART FICKLE !

Non, non, non. tu n'étais point perfide ! Tu n'étais que légère, mais tu l'étais bien, oh ! oui ! oh ! oui !

Elle était bien légère, en effet ! Légère dans la double et charmante acception du mot. Légère à rendre des points à n'importe quelle femme, à n'importe quelle paille, à n'importe quelle plume, à n'importe quel Zéphir !... — Légère d'esprit ! Légère de cœur ! Légère de jambes ! Quand je l'avais à mon bras, le dimanche ou le lundi, aux beaux jours de ma verte jeunesse, elle n'y pesait pas plus qu'une bergeronnette sur les branches d'un saule ! Son bras me semblait bien doux et bien léger ! Aujourd'hui, — suivant une mélancolique expression de Chateaubriand, — je ne donne plus le bras qu'au temps : il est bien lourd !.

Ce Clodion que j'ai là sur ma cheminée, — une épreuve rare — me la rappelle beaucoup, en dehors du pastel qui me la rappelle trop.. Ce Clodion est une statuette de femme comme il n'en existe plus. Cela est naïf et voluptueux ; cela a des poses malicieuses qui ne choquent jamais le goût et qui réjouissent beaucoup l'œil. Pradier a essayé de faire des Clodion, il n'a fait que des Pradier. Clodion était un artiste d'un génie original. Le XVIIIe siècle lui appartenait. Il s'en est emparé et il nous l'a rendu en chefs-d'œuvres devenus fort rares, — quelques-uns surtout — que leurs trop heureux possesseurs gardent précieusement.

Mais quelqu'un a apporté une branche de buis. Nous sommes donc au Dimanche des Rameaux. Alors puisque c'est aujourd'hui mardi et qu'il pleut, nous sommes donc dans la semaine sainte? Oui ? Diable ! mais alors tout ce que je viens de t'écrire est un peu païen ! Toutes ces paroles-là, jetées au vent sans destination bien arrêtée, ne sont pas précisément des paroles d'Évangile, au contraire !

Lacervoise. — cet illustre sculpteur qui ne sculptait jamais à ce que prétend Léon Gozlan, son père, — Lacervoise trouverait tout ce bavardage fièrement ronde-bosse ! mon voisin le trouve un peu blanc de zinc !...

Heureusement que voici là-haut une série de légumes merveilleusement peints, — peints à faire illusion et envie à un membre quelconque de la société des légumistes.

Je n'aime pourtant pas les légumes, — peints ou non peints, — et je n'ai jamais beaucoup compris le goût du poète Lessing pour les lentilles, ni celui de Matthisson pour les fèves, ni celui du philosophe Kant pour les panais au lard.

Mais laissons là mes goûts gastronomiques. Il s'agit ici de choses peintes. Je voulais te dire que j'estime médiocrement ce qu'on appelle les sujets de NATURE MORTE. Toutefois je suis en peinture et en littérature, de l'opinion de l'allemand Ludwig Bœrne : ce n'est pas ce que l'Art représente qui importe à l'art, c'est la manière. Une grenouille, un concombre, un gigot de mouton, un Wilhelm Meister, un Christ, tout lui est égal, pourvu que tout soit bien peint...

C'est le cas de la collection de légumes pendue au-dessus de ma cheminée. C'est très-bien peint et certes les vieux maîtres du genre, les vieux peintres de fleurs et de fruits, de légumes et de gibier, comme Gérard Van Spaendonck, Jean Fyt, N. Griff, David de Heem, Van Huysum, Abraham Mignon, François Sneyders, et surtout, le grand, l'inimitable Chardin ! ne désavoueraient pas cette toile qui porte un nom inconnu : A. JEAN.

Il ne faut pas confondre Auguste Jean avec Saint-Jean qui expose chaque année des paniers de fleurs remarquables et remarquées. Jean n'a encore exposé nulle part. Il a été un peu à l'exposition universelle de l'année dernière au fond de je ne sais plus quel compotier, dans je ne sais quel vase étrusque. Car, à ce que m'a appris le brocanteur qui m'a vendu la toile que j'ai chez moi, cet artiste est peintre sur porcelaine, comme si la peinture sur porcelaine était un art sérieux ! C'est beau, sans doute, très-beau, si j'en juge surtout par la peinture de Mme Céline Hortensia de Saint-Albin, mais cela ne prouve absolument rien, cela vous laisse froid, on admire mais on ne s'engoue pas. On aime mieux la plus petite toile sur toile, que la plus belle toile sur porcelaine.

Allez donc manger dans les assiettes que fait Jean ! Du saucisson qui pleure sous le couteau comme celui du père Aymès, un citron qui pleure aussi, des crevettes roses à croquer, — voilà ce qu'il met au fond d'une assiette ! C'est tout un repas ! On le dévore des yeux ! C'est magnifique et c'est affreux ! Monsieur Jean, monsieur Jean, éloignez de mes lèvres et de mes yeux ce calice chargé de saucisson, de crevettes et de citron ! Vous êtes digne d'entrer à la manufacture de Sèvres qui n'a pas beaucoup d'artistes comme vous ! Vous êtes très-digne d'y entrer ; — c'est pour cela qu'on vous laisse à la porte. Dans tous les paradis, voyez-vous, les élus ne sont pas toujours les plus dignes. Que cela vous console, si tant est que vous soyez désolé, et puisqu'on dit que vous voulez faire du Chardin, moins les cuisinières — il faut laisser cela à F. Bonvin, qui est son disciple, — faites du Chardin avec ou sans cuisinières, mais ne faites plus de porcelaine ! On m'a rapporté que FAIRE DES LÉGUMES était VOTRE RÊVE, votre préoccupation unique, constante, acharnée ! Faites des légumes, monsieur Jean, faites des légumes ! et j'ajouterai, comme M. Philarète Chasles à Baudelaire : « Faites des » chefs d'œuvres, monsieur Jean, faites des » chefs d'œuvres ! » mais, pour Dieu ! ne faites plus de porcelaine !

DIXI. J'ai trop bavardé, j'en suis puni. Tu le seras aussi, toi qui me liras. Tant pis pour moi, tant pis pour toi.

Tirez les rideaux, s'il vous plaît !

Si Dieu me prête vie, plume et encre, je te donnerai bientôt de mes nouvelles et de celles de Paris. que j'entends bourdonner à mes oreilles d'une façon assez désagréable.

Alfred DELVAU.

Nous empruntons les lignes qu'on va lire au feuilleton du journal des DEUX CHARENTES, qui se publie à Angoulême. Nous remercions M. Drosony, qui en est l'auteur, de la publicité qu'il nous prête en des termes si bienveillans. Les grands journaux de Rouen n'ont pas encore montré une pareille indépendance, Sans doute qu'ils reçoivent la lumière de trop près. Cela leur donne des éblouissements. Finiront-ils par y voir clair, où faudra-t-il attendre que d'autres hommes leur succèdent avec d'autres idées ? Nous ne sommes pas seul à poser ce dilemme.

Louis ROGER.

» Le ROUENNAIS, un des organes du chef-lieu du département de la Seine-Inférieure, comme son nom l'indique, vient de se transformer. Se dévouant entièrement à la propagation et à la défense de la méthode Galin-Paris-Chevé, il a bravement pris le titre de : LA RÉFORME MUSICALE. Un rude adversaire que vont avoir les détracteurs de cette excellente méthode, destinée à faire le tour du monde en laissant, à chacune de ses haltes, une parcelle de la lumière qui doit dissiper les ténèbres dont la routine ne peut toujours nous envelopper. La RÉFORME MUSICALE ne laissera dans l'ombre aucune insinuation malveillante ; prête à la discussion loyale et franche, elle saura complètement déjouer les sourdes menées de l'intrigue. Voilà, certes, un champion redoutable, mais combien y a t-il de gens qui ne craignent pas de s'attaquer à la vérité, cette puissance inexorable et impassible dont un seul regard anéantit leurs arguments.

Quoi qu'il en soit, la RÉFORME MUSICALE a déjà commencé sa tâche ; nous avons lu quelques-uns de ses articles dont la dialectique pleine d'entraînement et la logique forte et serrée ne peuvent laisser de doute sur le résultat de son apostolat musical.

THÉATRES.

Les douceurs du far niente. — Souvenir de Mme Laborde.

Ainsi que les collégiens, ces joyeux insouciants de l'enfance, les artistes, ces autres philosophes de tout âge, ont pris cette semaine leurs vacances de Pâques ; seulement, plus pressés de jouir, et pour cause, ils anticipent de quelques jours sur l'avenir et touchent à l'avance les bénéfices de la fête.

C'est pour cela que les nouveautés promises ne diaprent pas encore de leurs titres nouveaux et variés l'affiche de nos spectacles de ce soir.

Mais nous n'avons pas la force de leur en faire un reproche ; la liberté est une si douce chose, l'école buissonnière une si belle invention, et puis ils ont si rarement le loisir d'en user !

Si la fin de cette semaine silencieuse n'a pas d'échos pour nous, en revanche, son début a doucement retenti à notre oreille, et vibre encore au fond de nos plus mélodieux souvenirs ; nous voulons parler des deux concerts simultanés de madame Laborde, qui pouvaient en effet combler à eux seuls ce grand vide de plusieurs jours, si l'impression d'un vif plaisir peut lui survivre plusieurs jours !

Madame Laborde était déjà connue du public rouennais, c'est dire qu'elle avait laissé des sympathies ; elle les a pleinement justifiées.

Il est impossible de mieux chanter qu'elle ne l'a fait le grand air du *Barbier* ; sa voix d'une souplesse et d'une légèreté incroyables, se prête merveilleusement aux exigences de la musique de Rossini, dans ses vocalises à perte d'haleine, dans ses points d'orgue les plus hardis ; jamais un son douteux, jamais une note croquée ; tout est juste, tout arrive à son temps, et l'oreille la plus scrupuleuse peut écouter sans crainte : on ne la trompe pas. C'est la science la plus parfaite unie à la plus heureuse organisation.

Toute la salle a battu des mains ; — les bravos gantés des premières s'associant aux bruyants vivats des galeries supérieures ont formé cette unanimité d'enthousiasme si flatteuse et si douce au cœur des vrais artistes.

Pour être juste, il faudrait citer chacun des morceaux chantés par elle avec un rare talent et un égal succès : l'air de *Lucie*, les variations de Rode, les capricieuses fantaisies de la *Molinara*... et le reste... mais notre cadre n'y suffirait pas, et nous sommes forcé d'être sobre sur des éloges que nous voudrions donner prodigalement. Que madame Laborde prenne toujours cet à-compte comme intérêt de la somme d'admiration que nous lui devons, et sans préjudice de l'avenir, car nous comptons bien nous acquitter intégralement.

Alexandre OSMONT.

XIe Année ; — Ire du nouveau titre. UN NUMÉRO : 20 CENT. N° 10. — Dimanche 30 Mars 1856.

Musique, — Sciences, — Arts, — Littérature, — Théâtres.

LA RÉFORME MUSICALE

JOURNAL DES DOCTRINES DE L'ÉCOLE GALIN-PARIS-CHEVÉ.

ABONNEMENT A ROUEN : 10 FR.

ON S'ABONNE
A ROUEN, chez M. Louis Roger,
rue Porte-aux-Rats, 2.
A PARIS, chez M. Emile Chevé, rue
des Marais-S.-G., 48.
A MARSEILLE, chez M. Aimé Paris
rue Paradis, 77.

BUREAU A ROUEN, RUE PORTE-AUX-RATS, N° 2.

LOUIS ROGER, Directeur-Gérant.

ABONNEMENT DANS LES DÉP. : 12 F.

ON S'ABONNE
A LYON, chez M. Perraud, rue du
Griffon, 11.
A ANGOULÊME, chez M. Vasse,
rue de l'Arsenal, 11.
Les abonnements peuvent être payés
en timbres-postes (Affranchir).

RENSEIGNEMENTS. — Cette feuille paraît à ROUEN tous les DIMANCHES. — Tout ce qui concerne — La critique demeure sous la responsabilité de celui qui la signe. — Il sera rendu compte des ouvrages l'administration du journal doit être adressé à Rouen, rue Porte-aux-Rats, 2. — Ce qui concerne la rédac- dont un exemplaire sera déposé au bureau du journal. tion peut être indifféremment adressé à M. Chevé, à M. Aimé Paris, ou au directeur gérant. Les lettres non affranchies seront refusées.

On peut se procurer des numéros de la *Réforme*, au bureau du journal, — au dépôt du cours Boëldieu, à Rouen, — et dans l'intérieur des théâtres.

LA MÉTHODE GALIN-PARIS-CHEVÉ
Dans les écoles des FRÈRES des écoles chrétiennes à Oran.

On lit dans le défunt JOURNAL DES MUSICIENS, du 18 mars 1853, les lignes suivantes, qui, nous n'en doutons pas, feront plaisir aux lecteurs de la RÉFORME MUSICALE ; nous copions textuellement :

« Nous apprenons que la méthode Galin-Paris-Chevé vient d'être adoptée par les Frères des écoles chrétiennes d'Oran (Algérie), pour l'enseignement de la musique dans leurs classes. C'est M. Thierry, élève de M. Emile Chevé, et attaché à l'armée en qualité d'ouvrier constructeur, qui a eu la bonne et généreuse pensée de faire profiter les enfants d'Algérie du bienfait de la nouvelle méthode. Il est juste que ce soit un soldat qui sème dans le pays conquis l'esprit et les idées de la civilisation. — Quand le canon a fait son œuvre, c'est aux sciences, aux arts, à l'industrie de faire la leur. — M. Thierry a ouvert un cours le 2 janvier dans les écoles, et aujourd'hui les résultats qu'il a déjà obtenus sont tels que le directeur des Frères a cru devoir adresser à M. Emile Chevé le témoignage de sa satisfaction. Bientôt nous apprendrons que M. Thierry a exposé, si non les principes, du moins les résultats de la nouvelle méthode devant les autorités d'Oran car on a promis de les réunir à cet effet » DUBOIS

Voici, en quelques mots, l'histoire de M. Thierry, dans ses rapports avec la méthode Galin-Paris Chevé.

Dans le courant de 1854, ce jeune homme, menuisier de son métier, suivait mon cours public de l'École de Médecine, lorsque la conscription l'appela sous les drapeaux. Ouvrier habile et actif, il obtint d'entrer dans une compagnie d'ouvriers militaires et fut incorporé dans celle de Vernon. En venant me faire ses adieux il me dit, en me serrant la main :

« M. Chevé, je ne suis pas encore bien FERRÉ sur la méthode, puisque je n'ai que quelques mois d'étude ; mais j'ai compris la grandeur de l'œuvre qu'ont entreprise les fondateurs de l'école nouvelle ; et, pour mon compte, au lieu d'aller passer mes heures de congé au cabaret, je vais mettre à travailler la méthode sérieusement pour l'enseigner à mes camarades. Tant peu que je ferai, ce sera toujours autant : et puis, elle est si facile, la méthode, et si amusante !... » J'encourageai ce brave garçon de mon mieux et lui promis de l'aider autant que je le pourrais dans la réalisation de sa bonne résolution.

A peine arrivé à sa compagnie, Thierry commençait son apostolat. — le 4 juillet. il m'écrivait les lignes suivantes :

« Aussitôt mon arrivée à Vernon je me suis empressé de me faire des amis dans la compagnie où je suis incorporé, *afin de leur démontrer la musique*. J'ai formé une société de *quarante membres* dite *Choral des constructeurs* ; .....

» *Le lendemain* de mon arrivée à Vernon, je me suis occupé de chercher un local pour nos réunions. J'ai fait la demande à mon capitaine de me procurer une chambre au quartier : il m'a répondu que cela était impossible, parceque l'emplacement manquait ; mais il a paru satisfait de mon dessein et m'a promis son appui pour tout ce qui pouvait être utile à mon projet. — Je me suis alors adressé à M. Masson, directeur de l'école communale, qui a bien voulu nous prêter une salle ; et, le lendemain soir nous étions installés dans l'école. Nous en sommes aujourd'hui à la 5e leçon et tout marche si bien que M. Masson s'est enthousiasmé et qu'il a obtenu de mon commandant que je demeure chez lui pour faire un cours de musique à ses enfants. » —

Thierry commença en effet un cours aux enfants de l'école communale, et tout allait au mieux, quand appelé par son service en Algérie, force lui fut de tout abandonner au grand désespoir des élèves et du directeur de l'école. — Mais ce nouveau contretemps, loin d'affaiblir sa foi dans l'idée nouvelle, ne fit que l'enflammer davantage ; et arrivé à Oran, il se mit en devoir de faire la conquête des FRÈRES des écoles chrétiennes : le succès le plus complet couronna ses efforts, et les frères prirent la méthode dans leurs établissements.

Aussi, ce pauvre ouvrier, âgé à peine de 22 ans, n'ayant que quelques mois de leçons d'un cours public, a pu faire partager aux autres la foi qui remplissait son cœur et créer — SANS AUCUNES RESSOURCES QUELCONQUES — deux nouveaux centres à l'idée de Galin. — Honneur à lui ; et à tous ceux qui l'ont secondé dans son noble dessein !...

Voici du reste la dernière lettre que j'ai reçue de M. Thierry ; elle est d'Oran et porte la date du 7 mai 1855. — J'ignore si, depuis cette époque, il n'a pas été appelé à servir sur un autre point :

« Mon cher M. Chevé,

» Permettez-moi de vous écrire ces quelques lignes pour vous faire connaître les rapides progrès que font mes élèves ; je n'ai qu'à m'en louer quand à moi. Les notabilités de la ville sont enchantées de cette nouvelle méthode et je n'en ai reçu que des félicitations.

» Lors de mon départ de Vernon je n'ai rien pu emporter de ce qui eut pu me servir ici. J'ai laissé cela chez l'instituteur ; mais je crois retourner sous peu à Vernon et sans doute je le retrouverai.

» Voici la manière dont je me suis installé pour commencer mes leçons : j'ai construit un cylindre en bois qui peut avoir un mètre cinquante de long, tour-nant sur pivots, sur lequel je fixe de grands tableaux en papier où sont marqués les quelques principes que j'ai pu me rappeler de la méthode et les exercices d'ensemble que je fais exécuter.

» M. le curé de la paroisse et MM. les Frères sont enchantés des résultats produits sur les élèves et de la supériorité de la nouvelle méthode.

» J'ai une vingtaine de morceaux d'ensemble à 2 et 3 parties qui ont déjà été exécutés à l'admiration de ceux qui étaient présents. Plusieurs personnes haut placées se sont déjà occupées près des autorités de la ville pour que, d'ici peu, la méthode Galin-Paris-Chevé soit mise en usage dans les écoles de la ville. Je vous donnerai des détails plus positifs dans ma prochaine lettre. »

Depuis lors, je n'ai plus entendu parler de M. Thierry et j'ignore s'il est encore à Oran. Mais des faits pareils qui se reproduisent chaque jours et sur les points les plus éloignés, n'ont pas besoin de longs commentaires ; ils parlent plus haut que tout, et il suffit de les signaler à l'attention des personnes chargées, à quelque titre que ce soit, du soin d'instruire l'enfance et de moraliser les masse, pour qu'ils soient pris en TRÈS-SÉRIEUSE considération par toutes celles qui ont véritablement conscience de la haute et sainte mission qui leur est confiée.

Emile CHEVÉ.

LES VINGT-SIX REPROCHES FAITS A L'ÉCRITURE EN CHIFFRES, PAR M. MAURICE DELCAMP.

Je croyais que, depuis six ans, il n'était plus question de l'idée qu'a eue M. Maurice Delcamp de s'approprier, en les rendant plus difficiles encore à imiter, dans l'écriture A LA PLUME, les malencontreux signes MONOGAMMIQUES de M. Edouard Jue, ce travestissement irrationnel du chiffre de Galin, par un disciple iugrat ou inintelligent.

Il paraît que le système graphique de M. Maurice Delcamp n'est pas tout-à-fait mort, puisque le BULLETIN DE L'INSTRUCTION PRIMAIRE, dans son n° du 26 janvier 1856, consacre près de deux colonnes à rendre compte de ce système, qu'il n'approuve pas, du reste, plus que la méthode Galin-Paris-Chevé, dans un article que son auteur aurait bien dû signer autrement que des initiales C. P., pour permettre de chercher la mesure de l'autorité scientifique de celui qui l'a écrite, ailleurs dans ces deux colonnes fort peu concluantes à mon sens.

Puisque l'œuvre de M. Maurice Delcamp n'est pas encore au rang des choses dont on ne s'occupe plus, parcequ'elles ont été comdamnées par de BONNES RAISONS, je me propose de passer en revue les bizarres imaginations de l'auteur de ce système, et je crois qu'il y aura peu de lecteurs de la RÉFORME MUSICALE qui, après les preuves données LOYALEMENT, ne partagent pas mon avis sur un système d'écriture qui a trouvé le moyen de gâter du même coup, par un emploi maladroit, la magnifique portée de trois lignes, la hiérarchie des fonctions si nettement caractérisée par le chiffre, l'élément hiérarchique par excellence, et tous les systèmes de représentation des durées qui, par des GROUPES ONT RENDU DISTINCTS DES TEMPS dont il ne s'agit plus que de reconnaître le morcellement spécial. Tout cela est couronné par la plus incroyable de toutes les théories, fondée sur ce qu'il y a seulement DIX-SEPT SONS DANS UNE OCTAVE.

Le temps me manque, en ce moment, pour cette exécution quasi-posthume. Je me borne à prendre date, et à promettre de curieuses révélations, touchant les VINGT-SIX CHEFS d'accusation portés contre l'écriture en chiffres, par M. Maurice Delcamp, qui a prouvé dans ce qu'il en a dit, qu'il la connaît fort mal.

On sait que nous sommes habitués à tenir parole.

Aimé PARIS

DES RESSOURCES & DES APPLICATIONS DE LA PROGRESSION DES QUINTES MAJEURES

(IMPROPREMENT APPELÉES *QUINTES JUSTES*).

— *Voyez les nos 2, 3, 4, 5, 6, 7 et 8.* —

(Suite.)

Indices caractéristiques d'une modulation, appliqués à toutes les tonalités.

Prenons pour exemple la modulation du majeur au majeur relatif, par rapport au ton d'*ut majeur*. On est averti du passage dans le ton de *la mineur*, par la rencontre de plusieurs des indices suivants :

1° L'intervalle de *si* à *mi* ou de *mi* à *si*, en montant ou en descendant ;
2° Le remplacement du *sol* par le *jè* ;
3° Le saut d'octave, sur un *mi* GRAVE ;
4° La suspension du sens musical sur un *si* ou sur un *la* ;
5° La répétition consécutive du *mi* ;
6° L'intervalle de *sixte mineure*, du *mi* à l'*ut* SUPÉRIEUR ;
7° Les notes de l'accord *la ut mi*, consécutives, dans leurs six arrangements : *la, ut, mi — la, mi, ut, — ut, la, mi — ut, mi, la — mi, la, ut — mi, ut, la ;*
8° La rencontre fréquente de la seconde mineure *mi fa* ;
9° Le saut d'octave, sur le *la* supérieur ou sur le *la* inférieur ;
10° L'absence de *sol*.

Sauf la *quinte du majeur, altérée* (le *jè*) les traités qui s'intitulent : *grammaires musicales, principes de musique, éléments de musique, solfèges*, etc. n'ont mis en lumière aucun de ces indices. Ils ne font point remarquer, non plus, le parti qu'on peut tirer, pour déterminer le mode mineur, des *reliefs rhythmiques*, c'est-à-dire, de l'apparition fréquente des trois fonctions principales du mode, le *la*, l'*ut* et le *mi* au premier temps de la mesure, toujours plus fortement accentués que les autres.

Avec un peu plus d'esprit d'analyse, les auteurs de ces livres, si peu satisfaisants dans leur forme actuelle, auraient vu que la prohibition de faire une *pédale*, dans l'harmonie ailleurs que sur la *tonique* et la *dominante* les amenait à dire que *tout son prolongé* ou *souvent répété*, surtout *consécutivement* doit être une *tonique* ou une *dominante* et que si on sait quels sont les *aboutissants* d'une tonalité majeure ou mineure (voyez ce qui a été dit précédemment des *modulations*), on arrive facilement à savoir laquelle de ces deux fonctions est remplie par le son prolongé ou répété. Ainsi, en rencontrant un *ré* prolongé ou souvent répété sans intermédiaires (ré, ré, ré, ré, ré, etc) dans le ton d'*ut* majeur, on le regardera plutôt comme devenant dominante du ton de *sol* majeur, que comme tonique de l'aboutissant *contestable*, *ré mineur*.

Ils auraient fait remarquer le parti qu'on peut tirer, dans l'analyse de la mélodie, des *deux termes d'une quinte majeure* entonnés *consécutivements* ou séparés par une *série régulière de sons intermédiaires*, pour attribuer la propriété de *tonique au terme grave* de la quinte majeure, et celle de *dominante au terme aigu*, dans les cas que je distingue par les mots *fusée, escalier, saut*.

	En montant.	*En descendant.*	
Fusées de quinte majeure :	ut, ré, mi, fa, sol.	sol, fa, mi, ré, ut.	Tonique : UT majeur.
	ut, ré, meu, fa, sol.	sol, fa, meu, ré, ut.	Tonique : UT mineur.
	la, si, tè, ré, mi.	mi, ré, tè, si, la.	Tonique : LA majeur.
	la, si, ut, ré, mi.	mi, ré, ut, si, la.	Tonique : LA mineur.
	sol, la, si, ut, ré,	ré, ut, si, la, sol.	Tonique : SOL majeur.
	sol, la, si, ut, ré.	ré, ut, seu, la, sol.	Tonique : SOL mineur.
	etc.	etc.	

	En montant.	*En descendant.*	
Escaliers de quinte majeure.	ut-ut, ré-ré, mi-mi, fa-fa, sol. ou sol-sol.	sol-sol, fa-fa, mi-mi, ré-ré, ut. ou ut-ut.	Tonique : UT majeur.
	la-la, si-si, ut-ut, ré-ré, mi. ou mi-mi.	mi-mi, ré-ré, ut-ut, si-si, la. ou la-la.	Tonique : LA mineur.
	etc.	etc.	

	En montant.	*En descendant.*	
Sauts de quinte majeure.	ut-sol.	sol-ut.	Tonique majeure ou mineure : UT.
	sol-ré.	ré-sol.	Tonique majeure ou mineure : SOL.
	ré-la.	la-ré.	Tonique majeure ou mineure : RÉ.
	la-mi.	mi-la.	Tonique majeure ou mineure : LA.
	etc.	etc.	

Ils auraient ajouté que la probabilité, en faveur de la fonction de *tonique*, était d'autant plus grande que le nombre des termes *en relief* (placés sur le *premier temps* de la mesure) était plus considérable Exemples :

FUSÉE :	la, si, ut, ré, mi,	ni le LA ni le MI en relief :	Simple présomption.	Pour regarder le LA comme tonique, selon le mode, déterminé par ses caractéristiques.
ESCALIER :	la-la, si-si, ut-ut, ré-ré, mi	le LA seul en relief : / le MI seul en relief :	Forte présomption.	
SAUT :	la – mi,	le LA et le MI, tous deux en relief :	Très-forte présomption.	

On le voit ; que de choses M. Fétis est *parvenu à ne point savoir*, quoiqu'il en dise, *bien qu'il les ait étudiées !*

La progression de quintes va fournir pour toutes les tonalités *majeures*, les dix indices correspondant à ceux qui font connaître le passage du ton d'*ut majeur* à son *relatif mineur, la.*

Écriture verticale (lire horizontalement les solutions).

INDICES DU MINEUR RELATIF :

10° Absence de la dominante du majeur :	jè	tè	fè	si	mi	la	ré	SOL	ut	fa	seu	meu	leu	reu	jeu
9° Saut d'octave sur la sixte du majeur :	lè-lè	rè-rè	jè-jè	tè-tè	fè-fè	si-si	mi-mi	LA-LA	ré-ré	sol-sol	ut-ut	fa-fa	seu-seu	meu-meu	leu-leu
8° La tierce du majeur frappant souvent la quarte :	mè-fè	lè-si	rè-mi	jè-la	tè-ré	fè-sol	si-ut	MI-FA	la-seu	ré-meu	sol-reu	ut-reu	fa-jeu	seu-teu	meu-feu
7° Les notes de l'accord du mineur relatif, groupées (1) :	mè,tè,lè	lè,fè,rè	rè,si,jè	jè,mi,tè	tè,la,fè	fè,ré,si	si,sol,mi	MI,UT,LA	la,fa,ré	ré,seu,sol	sol,meu,ut	ut,leu,fa	fa,reu,seu	seu,jeu,meu	meu,teu,leu
6° Saut de la tierce du majeur à la tonique, en montant :	mè,tè	lè-fè	rè-si	jè-mi	tè-la	fè-ré	si-sol	MI-UT	la-fa	ré-seu	sol-meu	ut-leu	fa-reu	seu-jeu	meu-teu
5° Répétition successive de la tierce du majeur :	mè,mè,mè	lè,lè,lè	rè,rè,rè	jè,jè,jè	tè,tè,tè	fè,fè,fè	si,si,si	MI,MI,MI	la,la,la	ré,ré,ré	sol,sol,sol	ut,ut,ut	fa,fa,fa	seu,seu,seu	meu,meu,meu
4° Suspension du sens sur la sixte ou la septième du majeur :	lè,sè	rè,mè	je,lè	tè,rè	fè,jè	si,tè	mi,fè	LA,SI	ré,mi	sol,la	ut,ré	fa,sol	seu,ut	meu,fa	leu,seu
3° Saut d'octave descendant sur la tierce du majeur :	mè-mè	lè-lè	rè-rè	jè-jè	tè-tè	fè-fè	si-si	MI-MI	la-la	ré-ré	sol-sol	ut-ut	fa-fa	seu-seu	meu-meu
2° Altération de la quinte du majeur :	jiè	tiè	fiè	sè	mè	lè	ré	JÈ	tè	fè	si	mi	la	ré	sol
1° Saut de la tierce du majeur à la septième *et vice versâ* :	sè-mè	mè-lè	lè-rè	rè-jè	jè-tè	tè-fè	fè-si	SI-MI	mi la	la-ré	ré-sol	sol-ut	ut-fa	fa-seu	seu-meu
	*	*	*	*	*	*	*	*	*	*	*	*	*	*	*
Tonalités majeures :	tè	fè	si	mi	la	ré	sol	UT	fa	seu	meu	leu	reu	jeu	teu

Il n'aura échappé à la sagacité d'aucun lecteur qu'il y a un véritable crime contre la raison humaine, à imposer l'étude des *quinze métamorphoses d'une idée typique*, présentées dans la plupart des tableaux qui précèdent, à ceux qui n'ont à mettre en jeu que L'INSTRUMENT VOCAL dont LE MÉCANISME NE CHANGE pas pour *un même air écrit dans une* TONALITÉ QUELCONQUE, et qui ne peut rencontrer l'impossibilité de le reproduire *identiquement*. *comme mélodie*, que quand le son demandé par une tonalité *excède les limites* de la voix du chanteur. À l'instrument *vocal*, un *type* UNIQUE suffit pour chaque idée *mélodique*.

(1) Les trois notes de chaque groupe sont susceptibles de se présenter de six manières (1° mi,ut,la ; 2° mi,la,ut ; 3° la,ut,mi ; 4° la,mi,ut ; 5° mi,ut,la ; 6° mi,la, ut). Je n'ai donné qu'un seul des six arguments.

(La suite prochainement.)

Aimé PARIS.

Je m'arrête [dans?] la reproduction du manuscrit envoyé à Rouen, page 22, reproduite à la page 392 du [recueil?] des fac-similé.

AMENDE HONORABLE A M. ADOLPHE ADAM, DE L'INSTITUT.

Dans un de ses articles du CONSTITUTIONNEL. M. Adolphe Adam a écrit que J.-J. Rousseau, après avoir proposé d'écrire la musique à l'aide des chiffres, avait formellement condamné son système. Aucune citation n'était faite à l'appui de cette assertion, et le fait imputé à Rousseau me paraissait si incroyable, que, plus d'une fois, j'ai dit dans mes cours que M. Adolphe Adam serait fort embarrassé de justifier son allégation, en produisant à l'appui une seule ligne de Jean-Jacques.

Eh bien ! je me trompais. Dans le DICTIONNAIRE DE MUSIQUE de J.-J. Rousseau, imprimé vingt-cinq ans après la lecture faite, en 1742, du PROJET DE NOUVEAUX SIGNES, devant l'Académie des sciences, il existe, à l'article CARACTÈRES, un passage ainsi conçu : « Les signes » usuels inventés par Guy d'Arezzo, quoique » admis unanimement et perfectionnés depuis » le quinzième siècle, ont encore de grands dé- » fauts. Plusieurs ont tenté de leur substituer » d'autres signes ; de ce nombre ont été Parran, » Souhaitty, Sauveur, Dumas et MOI MÊME ; » mais comme au fond tous ces systèmes nou- » veaux, entre autres la notation par chiffres, » en corrigeant d'anciens défauts ne faisaient » qu'en substituer d'autres dont l'habitude est » encore à prendre, je pense que le public a » très-sagement fait de laisser les choses comme » elles sont, et de nous renvoyer, nous et nos » systèmes, au pays des vaines spéculations. »

Ainsi, voilà qui est bien entendu. M. Adolphe Adam a eu raison de dire que Jean Jacques Rousseau a répudié ce qui aurait été, selon moi, un de ses plus beaux titres de gloire, et j'ai eu tort, en disant que cela n'était pas possible.

Mais nonobstant la déclaration de Rousseau, rien n'est changé, ni dans mon opinion sur les monstruosités de l'écriture usuelle de la musique, ce crime de lèse-raison, commis depuis plus de huit cents ans, ni sur la bonté des EXCELLENTES RAISONS DONNÉES PAR JEAN-JACQUES ROUSSEAU, en faveur de la substitution de la RELATION à l'ABSOLU, tant dans son PROJET DE NOUVEAUX SIGNES, en 1742, que dans sa DISSERTATION SUR LA MUSIQUE MODERNE, publiée en 1743.

Je ne parle que des RAISONS, car l'écriture de Rousseau était doublement défectueuse, au point de vue de l'INTONATION, et sous le rapport de l'expression des DURÉES. Le POINT, pour différencier les octaves, au lieu d'être employé comme l'a fait Galin, d'une manière fixe pour les sons de l'octave grave et de l'octave aigüe, était nécessaire CHAQUE FOIS QU'ON PASSAIT D'UNE OCTAVE DANS L'AUTRE, ce qui obligeait à mettre au commencement de chaque ligne une lettre de repère, pour marquer l'octave à laquelle appartenait la première note de cette ligne. Quant aux durées, avec ses lignes tantôt simples, tantôt doubles, et d'égale longueur, recouvrant deux, trois, quatre ou six notes, et même plus, cela constituait un détestable moyen d'exécution, pour arriver à l'application d'un très-bon principe.

Aussi n'y a-t-il rien de bien surprenant à voir, au bout de vingt-cinq années remplies par des travaux sans nombre en dehors des discussions musicales, Rousseau déclarer que SON écriture avait des défauts. Il lui aura paru plus facile de la condamner que de la corriger.

La correction a été faite par Galin. La peinture des acuités relatives a été rendue tellement claire que nulle hésitation n'est à craindre ; les lettres de repère ont disparu ; le chronomériste de Galin a tout ramené à des groupes divisés et subdivisés en fractions dont le nombre ne s'élève jamais à plus de trois ; Galin a trouvé la route à suivre pour placer successivement l'élève au point de vue d'où il peut découvrir une à une toutes les vérités, enchaînées dans un ordre admirable. Mme Chevé a publié ses séries toutes puissantes d'exercices gradués, elle a présenté sous un jour tout-à-fait nouveau les principes de l'harmonie. M. Émile Chevé a formulé la théorie avec cette lucidité qui est le caractère de son esprit (d'autres diront quelle part j'ai prise à cette œuvre d'amélioration). Tel qu'il existe aujourd'hui, le système graphique, dans son ensemble, ne ressemble pas plus à celui de Rousseau qu'une des machines qui opèrent aujourd'hui des miracles dans l'industrie ne ressemble aux premiers essais nécessairement incomplets de ceux qui ont cherché à substituer la vapeur au travail de l'homme ou du cheval.

Avec son écriture défectuse, Rousseau ne pouvait ni produire des résultats généralisés ni répondre à une seule des nombreuses objections que pouvaient lui adresser des esprits non prévenus -- car les autres ne se rendront jamais à la plus complète évidence --; il n'en est pas de même aujourd'hui.

Des cours nombreux ont montré les élèves du chiffre conduits en quelques mois à chanter à première vue des morceaux qui, sur la portée, seraient indéchiffrables, SANS LE SECOURS D'UN INSTRUMENT, non seulement pour quatre-vingt-quinze élèves des conservatoires, sur cent, mais encore pour un grand nombre (j'allais dire la majorité) des professeurs de musique INSTRUMENTALE.

On les voit (et parmi eux on compte de jeunes enfants qui ne connaissent pas encore l'alphabet) appliquer à l'audition les noms des notes à des airs VOCALISÉS, et formuler en syllabes IDENTIQUES POUR TOUS, la reproduction des fractionnements de la durée.

Ce sont eux seuls qui ont affronté au concours du 12 juin 1853, à Paris, le programme que n'ont osé aborder SUR LEUR ÉCRITURE DE PRÉDILECTION ni le Conservatoire, ni l'Orphéon, ni aucune société chorale de France et de l'étranger.

Ce sont eux seuls qui, lors de la visite de la Reine d'Angleterre, au Palais des Beaux Arts, n'ayant que trente-huit heures devant eux, ont pu chanter devant deux têtes couronnées un morceau de longue haleine, composé par un professeur du Conservatoire.

Tant pis donc pour la mémoire de Rousseau, s'il a manqué de foi dans l'avenir d'une œuvre à laquelle il ne manquait que de meilleurs moyens d'exécution.

Pour nous, pour tous les hommes de bonne foi, en présence du chemin qu'ont fait les idées régénératrices, il y aura à le plaindre de n'avoir pas su tirer un meilleur parti des belles choses qu'il avait écrites vingt-cinq ans avant son inconcevable palinodie, qui n'a été peut-être qu'une de ces boutades de mauvaise humeur qui l'ont fait, si souvent et à si juste titre, accuser d'inconséquence.

Aimé PARIS.

Poultier, nous écrit-on d'Angoulême, vient de donner une représentation dans cette ville. Il y avait peu de monde, ce qui s'explique, sans doute, par le départ récent des sœurs Ferni qui avaient donné cinq concerts des plus brillants. M. Poultier a chanté la FAVORITE et le 4ᵉ acte de la MUETTE. Il a de plus fait entendre quelques romances, entr'autres RESTEZ ENFANT, de M. Malliot, et l'HERBE ET LE GAZON, du même auteur. La première est à peu près acceptable, mais la seconde a fait un FIASCO complet. On se demandait comment un chanteur du mérite de Poultier avait pu faire choix de platitudes aussi comprométantes. Selon toute probalité, une extrême bienveillance aura poussé Poultier à faire valoir la musique de M. Malliot, mais la tâche était trop lourde, nous dirons, même, qu'elle était impossible, et qu'il n'y a que l'Académie de Rouen qui fût capable de tenter ce prodige.

Louis ROGER.

COURRIER DE PARIS.

Lettres à un ami devenu riche.

CINQUIÈME LETTRE.

La vie humaine est ombragée par de grands arbres aux ramures épaisses et verdoyantes où nichent et gazouillent des oiseaux mystérieux et charmants. Nous passons tous sous ces arbres qui s'appellent l'amour, la poésie, l'art ; mais les uns s'y arrêtent un jour, d'autres une heure ; d'autres aussi s'y attardent jusqu'à la fin de leurs jours, séduits par ces harmonies et ces parfums qui leur tombent en rosée sur l'esprit et sur le cœur.

Pourquoi en sortir, puisque tout vous y retient ? Tu en es sorti ; d'autres aussi, — plus illustres que toi, que moi, que lui, qu'eux et qu'elles ! Nous avions — il n'y a pas longtemps — deux ou trois poètes amoureux de poésie. Ils chantaient sous ces grands arbres verts, — ils chantaient et nous les écoutions, ravis !

L'un d'eux, — Alfred de Musset, — las de chanter sans doute, fatigué sans doute des applaudissements, excédé sans doute par le poids des couronnes, est sorti de ce bois sacré qu'il aimait et qui l'aimait, pour entrer dans un monument de pierres de taille, gardé par deux lions qui font métier d'alimenter les seaux des porteurs d'eau, où l'on n'applaudit pas, où l'on n'admire pas, où l'on n'aime pas, et où les palmes vertes sont portées sur les collets d'habits et par des gens qui doivent être bien étonnés de se trouver là ! ... J'ai nommé l'Académie et les Académiciens. — Bien qu'il soit de mauvais goût, — du moins à ce qu'on prétend, — de médire de cette brave vieille dame contemporaine de Richelieu, son père ! je ne crains pas de te témoigner hautement tout mon étonnement et tout mon chagrin de cette fringale académique qui empoigne certains hommes de talent et même d'un peu de génie, — comme si l'Académie était sérieusement le rendez-vous de toutes les gloires littéraires de la France !

Après Victor Hugo, — poète exceptionnel qui chante toujours et qui chante bien, — comme s'il n'était pas académicien. — Lamartine, qui ne chante plus, Alfred de Musset qui ne sait plus chanter et bientôt, bientôt ! Théophile Gautier qui ne chantera plus !

Oui Théophile Gautier aspire à l'Académie ! Il en sera. Il ne veut plus être poète, il veut être académicien. C'est étrange, c'est triste, n'est-ce pas ? Que veux-tu ? Quand on est fatigué de la gloire, il faut bien se reposer un peu dans l'obscurité ! C'est une manière d'abdiquer comme une autre, assurément ; mais j'en aimerais mieux une autre, quoique je n'aime pas les abdications.

Cela me met la cervelle à l'envers de voir toutes ces choses ! Théophile Gautier académicien L'auteur de MAUPIN l'auteur de FORTUNIO, l'auteur des JEUNE-FRANCE, le poète de la COMÉDIE DE LA MORT, le poète d'EMAUX ET CAMÉES, à l'Académie ! Oh ! oh ! oh ! De qui se moque-t-il ici ? Lui qui faisait si bon marché et si bonne raillerie de toutes les choses sérieuses, le voilà qui vient, cierge en main, faire amende trop honorable au seuil de ce monument gardé par des lions amis des porteurs d'eau ! Le poète païen, l'artiste amoureux, le philosophe rabelaisien qui entre en religion, qui entre en retraite, qui entre en cimetière ! Oh ! oh ! oh ! Quand il y avait l'abbaye de Thélème, aller choisir l'abbaye du quai Conti ! Quand on avait frère Jean pour ami et Rabelais pour maître, aller choisir messieurs les immortels inconnus, ou messieurs les inconnus immortels pour camarades d'esprit, pour directeurs spirituels ! Quand on avait pour maîtresse cette blonde fille au divin sourire qui a nom fantaisie, aller prendre pour femme, pour épouse éternelle ! une vieille fille asthmatique, maigre, jaune, acariâtre et bougonneuse ! Oh ! SHOCKING ! SHOCKING ! SHOCKING !

Eh ! bien, tant mieux ! que tous les poètes s'en aillent ainsi ! Qu'ils se suicident ainsi ! Qu'ils se renient ainsi ! Ils font bien ! Ils prouvent que les poètes sont inutiles et que la poésie existe en dehors d'eux. Au feu leurs livres ! Au feu leur mémoire ! Ils ont été les corrupteurs de la jeunesse ! Ils ont assoiffé d'infini les cervelles de cette génération ! Ils ont fait des rêveurs au lieu de faire des hommes ! Ils ont été dangereux ils sont inutiles ! Au feu les livres des poètes. Au feu leur mémoire ! Nous n'avons pas besoin d'eux pour intermédiaires entre la nature et nous, entre la beauté et nous, entre l'idéal et nous.

Jules Janin a eu raison d'écrire cela mieux que je ne te l'écris en ce moment, naturellement. C'est pour cela qu'il a gagné son procès contre Théodore de Banville, jeune artificier de lettres attaché au FIGARO.

M. Banville est un poète aimable, mais beaucoup trop fantaisiste. J'ai encore ses STALACTITES suspendues aux parois de ma mémoire ; j'aime bien ses vers — excepté les derniers, de l'Odéon, — mais je n'aime pas sa prose quand il la consacre à la louange des Flicoteaux du quartier Latin. Bohèmes ? Bohèmes ! Il se peut que vous ayez de l'esprit, du talent, voire du génie ! Mais il y a une chose qui vous manque quelquefois ! enfin !

Parlons d'autre chose !

J'aurais grande envie de te parler de la bouderie de Mlle Rachel, toujours retirée sous sa tente, et des succès croissants de Mme Ristori sa glorieuse rivale. Mais j'attends un renseignement et je veux m'abstenir quant à présent.

Quant à M. Galimard et à sa LÉDA, si malheureuse et si persécutée, ils ne peuvent se consoler du peu de succès de l'entrefilet fantastique qui a émaillé pendant quelques jours les colonnes des journaux sérieux. Le FOUR a été aussi complet que possible. L'épouse de Tyndare n'est pas encore remise de ses émotions ; elle palpite encore sous son blanc de zinc, et, comme le dit la brochure de M. Galimard, les PUBLICISTES TÉNÉBREUX continuent à DÉPOSER EN STYLE LAPIDAIRE SUR LES MURAILLES DE PARIS LEUR APPROBATION ANONYME ET COMPROMETTANTE. L'épouse de Tyndare a eu, dans son temps, assez de bonheur et d'honneur, pour que ces petites misères là lui soient indifférentes. O publicistes ténébreux ! O approbateurs anonymes et compromettants ! O vitraux de Sainte Clotilde ! O injustice du jury ! O Léda ! O M. Galimard ! Comme vous avez bien compris qu'il fallait semer de folichonneries le chemin douloureux de l'existence ! Amis de la vieille gaîté française, vous êtes trop gais !

A toi, à eux et à elle.

Alfred DELVAU.

PHOCÉEN du 16 mars.

La Méthode Galin-Paris-Chevé.

Dans l'un de nos précédents numéros, nous avons signalé à nos lecteurs la transformation du journal le ROUENNAIS en organe officiel de l'école Galin-Paris-Chevé, sous le nom de RÉFORME MUSICALE, et nous avons constaté à ce propos les succès immenses obtenus par la nouvelle méthode.

M. Aimé Paris, en nous adressant dans son journal des remercîments pour nos quelques lignes bienveillantes, exprime en même temps une crainte qui nous semble peu fondée et qui d'ailleurs ne saurait enchaîner notre plume.

Cet éminent professeur croit que le PHOCÉEN se fera de nombreux ennemis à Marseille pour avoir soutenu des principes qui ont trouvé tant de détracteurs acharnés. Que M. Paris se rassure : nous ne supposons pas qu'il soit parmi nos concitoyens des gens assez fanatiques pour nous faire un crime d'une opinion musicale, lors même que cette opinion serait une hérésie. Nous savons que le progrès a eu souvent bien de la peine à se faire jour dans notre cité routinière ; mais lorsque nous reconnaîtrons ce progrès quelque part, nous nous ferons un devoir de le signaler à nos lecteurs, de l'appuyer de toute la publicité dont nous pouvons jouir. Nous dirons donc bien haut et à qui voudra l'entendre :

Une immense révolution s'est opérée dans l'enseignement de la musique.

La méthode Galin-Paris-Chevé a obtenu en peu de temps des résultats immenses. Elle est simple et à la portée de toutes les intelligences : voilà ce que ne sauraient nier tous les hommes consciencieux qui se sont donné la peine de suivre les cours. Nous avons vu des élèves de tout âge, après un nombre de leçons fort restreint, lire, à première vue, de la musique écrite dans tous les tons et sur toutes les clés, avec les signes de la notation musicale ordinaire. Ce sont là, du reste, des faits de notoriété publique.

La méthode Galin-Paris-Chevé a trouvé de nombreux adversaires : mais c'est le sort de toute idée nouvelle, et le jour n'est pas loin où elle triomphera partout.

Déjà elle est adoptée par un grand nombre de musiciens célèbres, tels que Berlioz, Réber, Félicien David, Elwart, etc. Des cours s'élèvent de tous côtés, non-seulement à Paris et en province ; mais encore dans une foule de pays étrangers. Chaque jour, enfin, cette méthode réunit de nouveaux adhérents. L'idée marche et marche rapidement.

L. BÉLARDY.

LES CONFESSIONS DE MARION DELORME
Par Eugène de Mirecourt.

Le roman moderne a failli à sa tâche. Au lieu d'organiser et d'instruire, il a, sur toute la ligne, accompli une mission de bouleversement et de mensonge. Parmi ces innombrables volumes jetés, depuis vingt ans, en pâture à la foule, trouvez une œuvre consciencieuse, un livre écrit à la fois pour l'esprit et pour le cœur, qui vous instruise en même temps qu'il vous amuse, et laisse en vous quelques idées fécondes !

C'est à une autre génération littéraire qu'il appartient de régénérer la muse du roman. M. Eugène de Mirecourt est à la tête de ces courageux littérateurs qui veulent une renaissance et qui consacrent leurs efforts à l'accomplir. Son livre des *Confessions de Marion Delorme* a su joindre à l'intérêt soutenu du récit l'étude sérieuse de l'histoire.

Le respect des traditions et des chroniques, la peinture de caractères la plus expressive et la plus fidèle, sont les traits distinctifs de cet ouvrage. Tout un règne se développe aux yeux du lecteur avec les péripéties saisissantes qu'il a fait naître avec les épisodes gracieux ou terribles dont les mémoires du temps ont gardé la trace. Autour de Marion Delorme, et dans le cadre dont l'auteur a fait choix, resplendissent les grandes figures historiques du cardinal de Richelieu, de Louis XIII, d'Anne d'Autriche, de Buckingham, de madame de Chevreuse, de Bassompierre et de cent autres Le drame et la comédie se donnent la main dans ces pages curieuses. Tout l'esprit de l'époque s'y résume. On y retrouve les traditions véritables, les détails authentiques, les piquantes anecdotes, les scènes intimes, les mœurs, les coutumes et le langage du siècle. Tout est reproduit dans cet forme si colorée, si attrayante, et avec ce style simple, élégant et rempli de verve, qui caractérisent les œuvres de M. Eugène de Mirecourt.

La biographie d'Hippolyte Castille (53me volume des *contemporains*) vient de paraître. Elle est précédée d'une lettre de Louis Veuillot et de la réponse de M. Eugène de Mirecourt. Dorénavant les souscripteurs à la première série ne devront plus réclamer de primes en gravures. Toutes les planches sont épuisées. Le prix de la souscription, eu égard à cette absence de primes et à l'économie de la poste, est réduit de 30 francs à 25 francs. On recevra donc *franco*, sur tout le parcours des messageries, les cinquante volumes de la première série, en envoyant un mandat de 25 francs sur la poste à M. Gustave Havard, 15, rue Guénégaud, Paris.

Boîte aux Lettres.

Aimé PARIS. — Remis personnellement.

Darnétal. Imp. FRUCHART.

XI° Année ; — I° du nouveau titre.

UN NUMÉRO : 20 CENT.

N° 11. — Dimanche 6 Avril 1856.

Musique, — Sciences, — Arts, — Littérature, — Théâtres.

LA RÉFORME MUSICALE

JOURNAL DES DOCTRINES DE L'ÉCOLE GALIN-PARIS-CHEVÉ.

BUREAU A ROUEN, RUE PORTE-AUX-RATS, N° 2.

LOUIS ROGER, Directeur-Gérant.

ABONNEMENT A ROUEN : 10 FR.

ON S'ABONNE
A ROUEN, chez M. Louis Roger,
rue Porte-aux-Rats, 2.
A PARIS, chez M. Emile Chevé, rue
des Marais-S.-G., 18.
A MARSEILLE, chez M. Aimé Paris,
rue Paradis, 77.

ABONNEMENT DANS LES DÉP. : 12 F.

ON S'ABONNE
A LYON, chez M. Pernaud, rue du
Griffon, 11.
AU HAVRE, chez M. Vasse,

Les abonnements peuvent être payés
en timbres-postes (Affranchir).

RENSEIGNEMENTS. — Cette feuille paraît à ROUEN tous les DIMANCHES. — Tout ce qui concerne l'administration du journal doit être adressé à Rouen, rue Porte-aux-Rats, 2. — Ce qui concerne la rédaction peut être indifféremment adressé à M. Chevé, à M. Aimé Paris, ou au directeur gérant. — La critique demeure sous la responsabilité de celui qui la signe. — Il sera rendu compte des ouvrages dont un exemplaire sera déposé au bureau du journal. — Les lettres non affranchies seront refusées.

On peut se procurer des numéros de la *Réforme*, au bureau du journal, — au dépôt du cours Boïeldieu, à Rouen, — et dans l'intérieur des théâtres.

La méthode Galin-Paris-Chevé

(Partie théorique — cent vingt-quatre pages *compactes*, grand in-octavo)

Adoptée par le Conservatoire impérial de Paris, sous le nom de M. P.-L. Mercadier.

(Cent cinquante-huit pages très-peu remplies, petit-in-octavo.

Ceci n'est point une plaisanterie ; c'est au contraire la chose la plus tristement vraie qui se puisse imaginer.

Commençons par constater l'adoption du livre de M. Mercadier ; la justification complète du titre de cet article viendra ensuite.

CONSERVATOIRE IMPÉRIAL DE MUSIQUE.

Paris, 12 mars 1856.

« Le Comité des Etudes musicales du *Conservatoire* » impérial de musique, après avoir examiné l'*Essai* » *d'instruction musicale à l'aide d'un jeu d'enfant*, » que lui a soumis M. P.-L. MERCADIER, est d'avis » que cet ouvrage se distingue essentiellement de la » multitude des publications de ce genre, et qu'en » profitant des travaux de ses devanciers, l'auteur a » su réunir le plus grand nombre possible de notions » élémentaires sous une forme tout à la fois claire, » logique et ingénieuse.

» Ce n'est pas seulement *à l'aide d'un jeu d'enfant*, » comme le titre de son livre pourrait le faire croire, » que M. MERCADIER enseigne les principes fondamen- » taux ; il les expose dans une suite de chapitres ré- » digés avec une lucidité parfaite, et dans lesquels il » n'est pas rare de rencontrer des observations ou des » procédés qui lui appartiennent en propre. A ce point » de vue, on remarque notamment les chapitres qu'il » a consacrés à l'explication de la *gamme modèle*, » *de la formation des gammes*; *du renversement des* » *intervalles et de l'origine des clés*. Le Comité n'hé- » site donc pas à déclarer qu'il considère l'ouvrage » de M. MERCADIER comme devant servir au progrès » de l'enseignement musical, et il en propose l'adop- » tion pour les classes du Conservatoire.

» Signé : AUBER, Directeur-Président ; AMBROISE » THOMAS, Inspecteur; F. HALÉVY ; CARA- » FA : A. LE BORNE ; L. MASSART ; PRU- » MIER ; GALLAY ; D. ALARD ; G. VOGT ; » EDOUARD MONNAIS, Commissaire impérial ; » A. DE BEAUCHESNE, Secrétaire. »

Le *Rapport de la Commission du chant* qui, en 1850, le 9 août, prononçait à *l'unanimité*, un arrêt d'exclusion contre la méthode Galin-Paris-Chevé, comptait parmi les quinze signataires M. AUBER, de l'Institut, directeur du Conservatoire ; M. CARAFA, de l'Institut, directeur du Gymnase musical, et M. F. HALÉVY, membre de l'Institut et du Conservatoire, précisément *les trois premiers signataires de l'acte d'adoption du 12 mars 1856*

Ces trois messieurs ne doivent point avoir oublié cet alinéa, l'un des premiers de leur rapport de 1850 : « Messieurs, la Commission de surveillance de l'en- » seignement du chant dans les écoles communales » de la ville de Paris, invitée par le Comité central » d'instruction primaire à examiner l'ouvrage intitulé : » *Méthode élémentaire de Musique vocale*, par M. » Emile Chevé S'EST LIVRÉE A CET EXAMEN » AVEC UNE SÉRIEUSE ATTENTION. »

Nous venons humblement leur demander, nous, les chefs de l'école qui, malgré les foudres de leur excommunication, est restée de bout, étendant chaque jour ses conquêtes, au profit du développement intellectuel et des jouissances honnêtes de tous, comment il se fait :

1° Qu'ils n'aient pas reconnu dans le livre de M. Mercadier la dislocation du livre qu'ils ont examiné avec une si SÉRIEUSE ATTENTION, ce qui ferait peu d'honneur à leur perspicacité ?

2° Que s'ils ont vu que TOUT *ce qui, dans le livre de M. Mercadier*, touche à la *question élémentaire, a été* PRIS *dans le livre de monsieur* et de MADAME Chevé, ils aient pu s'associer par leur haute approbation à un acte pareil à celui d'un *spéculateur* qui, sans avoir fait d'autres dépenses que l'achat d'un kilogramme de noir de fumée se présenterait comme le propriétaire d'un troupeau de brebis *noires* qui, la veille, avec leur toison d'une éblouissante blancheur, se trouvaient dans la bergerie d'un homme dont les soins et l'intelligence auraient décuplé le troupeau qui lui aurait été confié primitivement.

3° Comment ayant repoussé un travail COMPLET, composée de CINQ *parties* INDIVISIBLES (*a*, l'étude *pratique* de l'intonation à l'aide de signes ordonnés par les principes dont ON proclame *aujourd'hui* la toute puissance; *b*, l'étude *pratique* des subdivisions du temps basée sur le morcellement successif par deux et par trois qu'on nomme *aujourd'hui*; — *c*, l'équation *pratique* entre les bons signes d'intonation et la portée, dont les barreaux *équidistants* ne peindront jamais à l'œil des intervalles *inégaux*; *d*, l'équation *pratique* entre l'admirable chronométriste de Galin et le décousu des caractères usuels choisis pour examiner les durées — *e*, la coordination des données théoriques) ils ont pu louer, dans un langage presque dithyrambique, un livre qui a bouleversé, pour *mieux déguiser l'emprunt*, les faits scientifiques dont il a travesti la copie et qui ne contient pas *un seul exercice de pratique*, dans *un seul système de signes*?

Voici sur quoi nous nous fondons pour demander une réponse à ces trois questions, et en cas de silence dédaigneux, ou plutôt très-prudent, pour signaler un des actes les plus inqualifiables qu'ait jamais pu commettre le parti pris, à bout de moyens avouables de perpétuer l'exploitation de la mémoire, pour faire croire à la réalité de la faculté de déchiffrer, *sans le secours d'un instrument serineur*.

Je renvoie à une autre partie de ce travail l'examen de ce qui appartient *réellement en propre* à M. Mercadier dans le remaniement que j'appelle sans *hésiter* plus que ne l'a fait, dans d'autres sentiments, le Conservatoire impérial, le plus audacieux de tous les plagiats et la plus mauvaise de toutes les actions.

M. Mercadier peut hardiment s'attribuer les *notions préliminaires*, de son chapitre I qui aurait dû être son dernier chapitre, si Dumarsais a dit vrai, en écrivant que *nul n'est capable de comprendre une loi générale, s'il n'a pas vu les faits particuliers sur lesquels elle est fondée*. Inviter un enfant *à jouer*, en lui parlant d'abord de la *durée totale des vibrations*, de leur *amplitude*, de *l'intensité* du son, du *timbre*, de *l'accentuation*, en disant au pauvre petit qui n'a jamais vu un signe musical quelconque : « la mélodie » est l'œuvre de l'imagination, tandis que l'harmonie » est une science qui procède suivant certaines lois » déterminées. La connaissance de l'harmonie est le » complément de la composition » (page 2), c'est s'exposer à se faire dire par le marmot, pour peu qu'il ait lu son la Fontaine :

Eh ! mon ami, tire-moi du danger,
Tu feras après ta harangue.

Il serait trop long de mettre en regard les textes de M. et de Mme Chevé et la *synonymie* de M. Mercadier. Je ne fais ce rapprochement que pour le premier passage travesti dans l'ouvrage *adopté* par le comité des études du Conservatoire impérial, pour le reste, je joindrai à l'indication de chacun des faits *empruntés* à M. et à Mme Chevé la page où se trouvent les idées *adoptées* par le Conservatoire impérial, dans le livre que MM. AUBER, CARAFA et HALÉVY, membres de la Commission du chant de la ville de Paris, ont anathématisé il y a six ans, rien dès lors ne sera plus facile, au comité des études du conservatoire impérial, que de signaler la dissemblance des idées que j'aurai pu présenter à tort comme étant exactement les mêmes.

1. M. ET Mme CHEVÉ (*Méthode élémentaire de Musique vocale*. Novembre 1844, page 193) :	M. P.-L. MERCADIER (*Essai d'instruction musicale*. — 1855, chapitre II, page 4.
« Quand on écoute avec attention une voix chantant un air, on s'aperçoit que le son produit n'est pas toujours le même ; qu'il n'offre pas toujours le même degré de gravité ou d'acuité ; en un mot, la voix paraît monter ou s'abaisser alternativement. Cette sensation d'élévation et d'abaissement de la voix est si bien éprouvée par chacun, que le langage a consacré le fait en disant que la voix *monte* ou qu'elle *descend*. »	« Si, après un premier son, un second se fait entendre immédiatement, l'oreille affectée de deux sensations les compare ; elle trouve que le deuxième son est plus élevé ou plus bas que le premier, et que la voix, en les répétant successivement, fait un effort dans un sens ou dans un autre. De cette observation physique naissent les caractères *relatifs* du son.
« Puisque les sons produits par la voix ou par un instrument peuvent être plus aigus ou plus graves qu'un autre son pris pour point de départ, il y a donc une distance quelconque d'un son à un autre son plus grave ou plus aigu. Cette distance est ce qu'en musique on nomme *intervalle*. »	» Nous ne nous occuperons ici que du degré d'élévation que peut avoir un son par rapport à un autre. »

N'en déplaise au Comité des études du Conservatoire, dont la religion aurait pu et *dû* être éclairée par les trois illustres membres de l'Institut, qui, si on s'en rapporte à leur signature, ont *examiné sérieusement* l'ouvrage de M. et de Mme Chevé (dorénavant pour abréger, je dirai *le livre Chevé*), tout l'avantage est ici pour le livre Chevé. En effet, il demande qu'on écoute UN AIR, pour analyser ses sensations. Or, un *air*, contient nécessairement des sons *différents*, fût-il seulement, comme la romance de *Corisandre*, de Berton, et plusieurs autres mélodies, renfermé dans les limites de la tonique à la médiante. Sans cela, ce ne serait pas un *air*; mais seulement *un unisson rhythmé*. M. Mercadier indique *seulement deux sons* comme éléments de l'analyse, et je m'étonne que M. Auber, qui déclare avoir *examiné* le livre Mercadier, comme il a déclaré avoir *examiné* le livre Chevé, n'ait pas dit à ses collègues que l'analyse de M. Mercadier serait très-peu acceptable, même quand il opèrerait sur *trois sons consécutifs* d'un des chants les plus

---

applaudis de l'auteur du *Concert à la Cour*, qui commence par ces mots : *Povera signora*. Les trois intonations du mot *povera* étant identiques, (la dominante trois fois répétée), ce qui permettrait difficilement d'affirmer qu'on a trouvé *le deuxième son plus élevé ou plus bas que le premier*.

Laissons de côté, pour le moment, les opérations comparatives, afin de ne point diviser l'attention du lecteur que j'appelle exclusivement sur l'inventaire des points de théorie que M. Chevé a traités en 1844, et qui, *reproduits* en 1855 par M. Mercadier, sont déclarés en grande partie appartenir *en propre* à M. Mercadier qui a *profité* des travaux de ses devanciers. *Profité!* Voilà un verbe bien heureusement trouvé, dont pourront *profiter* des *emprunteurs* de plus d'une espèce.

2. M. Chevé a signalé, page 193, la distinction en deux catégories des sons *graves* et des sons *aigus*; M. Mercadier en profite page 5 (1)

3. M. Chevé fait connaître avec les réserves d'un esprit droit, ce qu'on appelle demi-ton, page 207; M. Mercadier, page 6, ne dit pas que ce mot est vicieux, et qu'une *moitié* seule a le droit d'être appelée une *demie*.

4. M. Chevé n'a pas oublié, pages 113 et 114, de donner la figure de la portée et le spécimen des lignes additionnelles qui occupent la page 7 de M. Mercadier.

5. On n'avait pas besoin d'attendre que M. Mercadier, page 8, eût donné un exemple de la forme des trois clés; elles figuraient chez M. Chevé à la page 115.

6. La définition du mot *notes* et l'exemple explicatif étaient assez clairs, à la page 113 de M. Chevé, pour que M. Mercadier, page 9, ne dût pas prétendre à une récompense nationale, pour avoir dit la même chose.

7. Le livre Chevé, pages 289 et 296, offre, d'une manière beaucoup plus large et plus complète, la signification relative des signes usuels de durée que ne le fait M. Mercadier aux pages 9, 10, 11, 12, 13, 14, 15 et 16.

8. M. Chevé, page 295, explique assez clairement la fonction du *point de prolongation*, pour qu'il n'y ait pas à s'extasier sur la lucidité avec laquelle M. Mercadier a dit la même chose, page 17.

9. L'énonciation relative aux silences pointés ne manque pas plus, à la page 296 du livre Chevé, qu'à la page 18 de M. Mercadier.

Aimé PARIS.

(La suite prochainement.)

Nécrologie.

M. Ferdinand Van-den Heuven, l'un des premiers accompagnateurs de Paris et longtemps attaché à l'Opéra-Comique en cette qualité, est mort cette semaine à l'âge de 26 ans. M. Ferdinand avait autant de modestie que de talent, et joignait à cela une obligeance qui le rendait la providence des solistes. Il a souvent prêté un gracieux concours à nos fêtes de Galin. Tous ceux qui le connaissaient avaient pour lui la plus grande sympathie. Toute l'école Galin-Paris-Chevé s'associera à la douleur que nous éprouvons en annonçant cette mort prématurée.

---

(1) Qu'on ne dise pas que j'attribue à M. Chevé le mérite d'avoir écrit *le premier*, qu'il y a des sons *graves* et des sons *aigus*; que les intervalles de la gamme diatonique *ne sont pas tous égaux entre eux*; qu'on écrit la musique sur des *portées*; qu'il y a des *rondes*, des *blanches*, etc , etc. En suivant page à page le livre de M. Mercadier pour faire voir que TOUS les points qu'il traite l'ont été par son *devancier* (la lecture des deux livres mettra M. Chevé bien au-dessus de son imitateur, dans l'estime de ceux qui savent penser), j'ai pour but unique de prouver que ceux qui ont adopté le nouveau livre et repoussé celui de M Chevé, ne peuvent pas se justifier, en disant que *M. Chevé avait laissé, dans son ouvrage, des lacunes que l'emprunteur est venu combler*. Quand j'aurai établi ces deux vérités, 1° que M. Mercadier n'a rien dit, comme énonciation de signes, qui n'ait été dit par M. Chevé, onze ans avant l'énonciation de l'*Essai d'Instruction musicale*; 2° que tout ce que le Comité signale comme *appartenant en propre à M. Mercadier*, en fait d'exposition de points de théorie, APPARTIENT EN PROPRE A M. ET A Mme CHEVÉ, il restera évident, pour tous, qu'en adoptant le livre de M. Mercadier, c'est bien réellement celui de M. et Mme Chevé qu'ont adopté les membres du Comité des études du Conservatoire impérial, y compris les trois premiers signataires, qui ont condamné notre théorie, le 9 août 1850.

Aimé PARIS.

VICTOIRE !...

Le Conservatoire impérial de musique sanctionnant, — sans s'en douter, — une partie de la théorie de l'école Galin-Paris-Chevé.

On est toujours pris par où l'on pèche.

On vient de me remettre l'imprimé suivant :

CONSERVATOIRE IMPÉRIAL DE MUSIQUE.

(Ici se trouvait le rapport du Conservatoire, que nous supprimons, parce que le lecteur vient de le lire plus haut.)

Telle est la pièce que j'ai entre les mains.

J'avais entendu parler de M. Mercadier par une de mes élèves, enfant de 14 ans, à qui il avait expliqué SA théorie nouvelle des gammes. Cette enfant, qui est du reste excellente théoricienne, me disait : « oh! il n'est pas fort; » il a pris la théorie de l'école Galin-Paris-» Chevé qu'il donne pour sienne; mais il n'a » ni exercices ni rien en pratique.... » Je ne m'en inquiétai pas autrement; il me semblait ridicule d'aller réclamer pour l'école une théorie qui, EN NE REMONTANT QU'A GALIN court le monde depuis 40 ans; qui est imprimée dans plus de douze mille volumes répandus sur tous les points du globe, qui est professée à portes ouvertes de tous côtés à des milliers d'auditeurs et que, pour ma part, j'ai déjà développée dans QUATRE-VINGT-DIX-SEPT cours, à Paris seulement.

Vers l'époque du premier de l'an, des affiches monstres, dont plusieurs existent encore, annoncèrent au public un ESSAI D'INSTRUCTION MUSICALE A L'AIDE D'UN JEU D'ENFANT, — par M. Mercadier, — PRIX 25 FR., OUVRAGE HONORÉ D'UNE MÉDAILLE A L'EXPOSITION UNIVERSELLE. — On m'avait dit que le jeu d'enfant — POUR LA THÉORIE DES TONS — n'était que la reproduction, en LIGNES HORIZONTALES de la démonstration, EN LIGNES VERTICALES imprimée dans nos livres et développée par moi dans mes cours particuliers et dans mes cours publics de Saint-Merry et de l'École-de-Médecine devant des masses de 5 à 6 cents élèves. — Cela ne m'émut encore que fort peu et je ne crus pas devoir dépenser 25 fr., pour voir LA MACHINE.

Je ne pensais plus à M. Mercadier — (que je n'ai pas l'honneur de connaître, mais qui me connaît sans doute, car on m'a affirmé qu'il avait suivi mes cours gratuits) — lorsque la semaine dernière on me remit PLUSIEURS exemplaires du procès-verbal du Conservatoire que je viens de transcrire; on me dit en même temps que M. Mercadier, faisait d'actives démarches pour faire adopter SA MÉTHODE par l'instruction publique, comme elle l'avait été par le Conservatoire, — la chose ne me parut plus alors une mauvaise plaisanterie, et je courus chez M. Claye, éditeur de l'ESSAI, pour en prendre un exemplaire. — Le parcourir et retourner en chercher un second exemplaire pour Aimé Paris, fut l'affaire d'un moment. — Le Conservatoire impérial venait de sanctionner — SANS LES RECONNAÎTRE, puisqu'il n'a pas voulu LES CONNAÎTRE, plusieurs idées théoriques et des démonstrations de l'école Galin-Paris-Chevé, si opiniâtrement repoussée par lui depuis 1845, et que M. Mercadier, avec un sans gêne que le lecteur pourra bientôt caractériser, venait de lui présenter comme siennes ! Cela me parut si fort, que je ne voulus rien faire sans l'avis de mon frère Aimé Paris, au cours duquel j'avais appris — à Paris — en 1836, la théorie des gammes que VIENT D'INVENTER M. Mercadier.

Aimé Paris me répond aujourd'hui, et me dit : « Mon avis est que chacun de nous traite » la question de L'INVENTION DE M. MERCADIER » et celle DU PROCÈS-VERBAL DU CONSERVATOIRE » sans nous communiquer nos idées; chacun » prenant les choses à son point de vue. »— Ainsi sera fait.

Aimé Paris va traiter ces questions de son côté, moi, je vais en faire autant du mien, et et j'espère que le public sera bientôt pleinement édifié sur le mérite de l'invention de M. Mercadier, et sur le degré de confiance que doit inspirer la pièce émanée du Conservatoire, et rédigée avec une si incroyable légèreté.

Que M. Mercadier ne s'en prenne qu'à lui, si nous nous occupons de son livre, ce procès-verbal du Conservatoire nous impose un devoir auquel nous ne saurions nous soustraire. On s'empare de notre bien : nous le défendons.

Accablé de travail, je ne serai sans doute prêt qu'après Aimé Paris; je lui cède donc le pas, et je le fais d'autant plus volontiers qu'il a été mon maître et que je m'en souviendrai toujours avec orgueil : Logique, courage, loyauté, dévouement : voilà ce que l'on puise à son école !...

A bientôt donc, messieurs !...

Emile CHEVÉ.

Paris, 31 mars 1856.

La Méthode Galin-Paris-Chevé
A SEDAN ET A CHARLEVILLE
(Ardennes).

La lettre suivante a été adressée à M. Emile Chevé, par M. Rondouneau, qui, avec M. A. Thys, a été le premier professeur de musique qui ait fait à Paris, acte d'adhésion à la méthode — Il est donc notre plus ancien ami.

« Sedan, 28 mars 1856.

» Mon cher Monsieur Chevé.

» Il y a près de neuf ans que je suis venu abjurer entre vos mains mes vieilles croyances musicales, et, vous l'avonrai-je ? loin de regretter mon apostasie, loin d'en rougir, je m'en applaudis chaque jour : en pourrait-il être autrement ? vous avez sauvé les dernières années de ma carrière d'artiste, du découragement du dégoût et de l'ennui; grâce à vous, je me suis vu délivré du SERINAGE, selon l'heureuse et pittoresque expression de M. Paris; grâce à vous, au lieu d'élèves mécontents et pleins de mauvais vouloir, je n'ai plus trouvé à mon arrivée dans mes cours, que de bonnes petites têtes d'enfants, heureuses et souriantes, attendant avec impatience l'heure de la leçon, et se livrant chaque jour, avec une ardeur nouvelle, à l'étude attrayante et facile de la méthode Galin-Paris-Chevé.

» Aujourd'hui, l'âge et les fatigues d'un long enseignement m'obligent à songer, sinon à une retraite définitive, du moins, à diminuer de beaucoup le nombre de mes occupations. C'est que tout le monde n'a pas comme vous, mon cher monsieur, cette énergie incessante, cette ardeur infatigable pour le triomphe de la vérité. Il semblerait vraiment que pour vous, les douleurs physique n'existent pas. Ne vous ai-je pas vu, toujours et quand-même, trouver, je ne sais où, la force nécessaire pour soutenir si longtemps, par vos écrits, par votre parole, UNGUIBUS ET ROSTRO, cette lutte de tous les instants, contre l'injustice et la routine? Que voulez-vous ? moi, je suis fait comme tout le monde; je deviens vieux, mes forces me trahissent, je me retire ; moi, je suis la règle, tandis que vous, cher ami, vous faites une bien rare et bien admirable exception.

» C'est le 6 novembre 1847, que le conseil municipal de Sedan, m'autorisait à l'unanimité à substituer dans les écoles de la ville, la méthode Galin-Paris-Chevé à celle de Wilhem que je professais depuis 4 ans 1/2. En vertu de cette autorisation, j'ai ouvert immédiatemet un cours à l'école primaire, un à l'école supérieure avec addition d'un assez bon nombre d'élèves du collège où l'étude de la musique n'était pas obligatoire. J'en ai ouvert un autre à l'école des sœurs de St-Chrétienne, un chez moi, pour les jeunes filles, et enfin, un cours gratuit le soir, pour les ouvriers.

» A Charleville, où je me rendais trois fois par semaine, j'ouvris mes cours, au collège, aux couvents du Sacré-Cœur et du St-Sépulcre, à l'institution de Mlle T..., dans le pensionnat de Mlle B..., puis, enfin, sur ma demande, je fus autorisé à professer gratuitement la méthode, à l'école normale primaire. C'était là, pour un apôtre fervent, une bonne fortune, une œuvre de prédilection, puisqu'elle assurait l'avenir de la méthode dans le département des Ardennes. Je voyais déjà tous ces jeunes instituteurs, répartis dans les diverses communes, répandre les bienfaits de l'enseignement musical, moraliser, tout en l'amusant, la population des campagnes, et réformer le chant barbare de nos églises de village. Ce beau rêve ne devait pas se réaliser !

» A Sedan, après la révolution de 1848, l'école supérieure prit le nom d'école industrielle. Vous pensez peut-être avec moi, mon cher monsieur, et bien d'autres sont de cette avis, que l'industrie et l'étude de la musique ne sont pas absolument incompatibles ; l'autorité compétente en a décidé autrement : le cours de l'école industrielle a été supprimé.

» Pendant quelques années encore, en consultant plutôt mon zèle que mes forces, j'ai continué mes autres cours, mais, il m'a fallu céder devant l'âge et les infirmités qui arrivent ; je n'ai conservé à Sedan que mon cours gratuit à l'école primaire. LE COURRIER DES ARDENNES, auquel vous avez bien voulu accorder les honneurs de l'hospitalité dans LA RÉFORME MUSICALE du 23 mars, vous a dit de quelle manière, ces chers petits enfants savaient répondre aux soins que je prends de leur éducation chantante. — Chaque année, à la distribution des prix, leur supériorité sur les élèves serinés par la méthode ordinaire est unanimemsnt constatée, et lorsqu'il s'est agi d'un grand concert de bienfaisance, où devaient assister les premières autorités du département, on est venu, comme on ferait près d'un artiste en vogue, solliciter leur concours. Ils ont accepté avec bonheur, et c'était un spectacle touchant de voir ces enfants, pauvres eux-mêmes, plus pauvres, peut-être, que ceux pour qui ils chantaient, contribuer pour leur part, à grossir la recette des jeunes orphelines. Un mot encore à propos de cette école.

» L'année dernière, M. Nicolas Ponsin, élèves du Conservatoire, antagoniste naturel de la méthode, cela va sans dire, musicien d'ailleurs de beaucoup de talent et critique distingué, eut l'occasion d'entendre à Sedan, les jeunes enfants de l'école primaire ; il parut frappé de leur avancement et promit même d'écrire, A LEUR INTENTION, un chœur pour la distribution des prix. M. Ponsin a bien voulu tenir sa promesse. Le morceau qu'il avait

composé, chœur à trois parties, fort joli du reste et très-habilement traité, aurait pu offrir quelques difficultés pour des élèves de la méthode Wilhem, mais ce fut un jeu pour nos petits galinistes, qui l'ont enlevé de manière à mériter les plus chauds compliments de l'auteur, présent à l'exécution. Il est probable que M. Ponsin en a témoigné toute sa joie à ses amis de Paris, car, à quelque temps de là, LA FRANCE MUSICALE apprenait à ses abonnés, dans un léger entre-filet, que M. Ponsin avait fait exécuter A SEDAN, PLUSIEURS MORCEAUX DE SA COMPOSITION et qu'ils avaient obtenu un succès complet (voir la FRANCE MUSICALE, septembre 1855). Ma mémoire ne me permet pas de citer les expressions mêmes du journal, mais c'est assurément là le sens de cette petite...... note........ Quant à notre école primaire, quant à la méthode Chevé, pas un mot.........mes petits musiciens ne méritaient pas CET OUBLI et encore moins la méthode Galin-Paris-Chevé, qui les a faits ce qu'ils sont. J'ai bon espoir que, dans cette école, le chiffre ne sera pas, même après moi, remplacé par LE GRIMOIRE. M. Bourry, l'instituteur, est jeune, zélé pour la méthode et rempli d'intelligence dans son application.

» Voyons maintenant ce qu'a été la méthode à Charleville, où elle en est aujourd'hui, et ce qu'elle pourra devenir, si l'autorité ne refuse pas à l'enseignement public le bienfait de son adoption.

» Une fois introduite à l'école normale, le zèle, l'attention soutenue, la discipline, le désir et le besoin d'apprendre, tout se réunissait pour assurer le prompt succès du nouvel enseignement ; aussi, ses résultats ne se sont ils pas fait attendre. Après quelques mois d'étude, bien que les leçons n'aient eu lieu que deux fois par semaine, j'invitais la commission de surveillance, les amateurs et surtout les artistes de Charleville que je savais au moins indifférents, pour ne pas dire hostiles, à venir constater les progrès des élèves et prendre connaissance d'une méthode qu'ils proscrivaient sans la connaître. M. le maire de Charleville, les membres de la commission et quelques amateurs ont répondu à mon appel, messieurs les artistes ont cru devoir s'abstenir. Un chant à trois parties, a été écrit sur le tableau, EN NOTATION USUELLE ; les élèves l'ont exécuté à première vue. Leurs réponses aux questions qu'on leur a adressées sur la théorie, ainsi que leur exécution, ont satisfait les plus exigents et convaincu les plus incrédules. Procès-verbal de la séance a été dressé ; on n'a épargné ni les remerciements pour le professeur, ni les éloges pompeux pour la méthode ; puis, à quelque temps de là, après avoir fait accepter comme mon successeur, un des professeurs de l'école, dont la capacité m'était connue, j'apprends un jour, par hasard, dans la rue, que dans le nouveau programme des études, le cours de musique vocale n'avait pu trouver place, qu'il était supprimé, et que, par ordre supérieur, les élèves se livraient comme jadis et pour toute musique, à la seule étude du plain-chant. Ah ! mon cher monsieur Chevé, j'ai ressenti bien vivement, je vous jure, le coup qui nous était porté, et je déplore amèrement encore aujourd'hui, de n'avoir pu recueillir par la propagande active et intelligente de ces jeunes instituteurs, la récompense de toutes les peines que je m'étais données.

» Au pensionnat de Mlle B... je fus prié un jour, SUR LA DEMANDE DES PARENTS, — pauvres parents ! — de vouloir bien cesser mon cours par la Méthode Chevé. Le lendemain, j'avais

pour successeur un professeur de piano, qui, n'ayant pu, sans nul doute, se refuser AUX VIVES INSTANCES DES PARENTS, remplaçait le chiffres agaçant, par la routine habituelle, si fort en honneur, encore aujourd'hui, dans les écoles communales de la première ville du monde civilisé.

» Au collège, le combat a fini, un peu faute de combattants mais surtout parceque les élèves, surchargés de devoirs, n'ont pu trouver deux fois par semaine un moment à consacrer à l'étude de la musique.

» C'est surtout les maisons religieuses que l'enseignement par le chiffre est inappréciable en raison de l'extrême facilité qu'ils donnent aux élèves, pour lire et exécuter des morceaux nouveaux à toutes les fêtes. Les dames du Sacré-Cœur et du St-Sépulcre, à qui j'avais déclaré, à mon grand regret, de ne pouvoir continuer mes cours dans leurs maisons à partir de l'année scolaire 1855-56, se désolaient à l'idée de revenir à la méthode usuelle. Les parents des élèves sont donc là, mieux renseignés qu'ailleurs, ou plus tolérants à l'endroit du culte de Galin. Ces dames ne pouvaient se résoudre à me laisser partir et me suppliaient de rester jusqu'à ce que j'eusse un remplaçant à leur offrir. Sur ces entrefaites, Mlle Trécourt, venant à quitter son pensionnat où je professais la méthode depuis plusieurs années, se trouva en position d'accepter les offres de ces dignes soutiens du progrès, grâce à elle, Charleville compte encore aujourd'hui, au couvent du Sacré-Cœur deux cours, 1er et 2me Degré, un cours au couvent du St-Sépulcre, et un quatrième, fait par cette demoiselle aux jeunes filles de la congrégation.

Tel est, mon cher monsieur, l'exposé consciencieux des faits, le compte rendu de mes efforts, de mes espérances, de mes déceptions. Il m'eût été plus pénible d'avoir à vous envoyer il y a quelques années qu'aujourd'hui. Grâce à déclatantes adhésions et à vos succès de chaque jour, l'horizon paraît s'éclaircir et tout semble premettre qu'avant peu, l'adoption générale des idées de Galin, seule récompense ambitionnée par votre généreux dévouement, viendra vous dédommager de votre courageuse persévérance et de vos travaux.

» Si le rapport de la commission nommée par S. E. le ministre est favorable à votre enseignement, dites le moi bien vite, car ce sera un jour de bonheur pour le département des Ardennes. J'ai à l'école normale de Charleville, un jeune homme très-capable et dévoué au progrès, qui n'attend qu'un signe de l'autorité, pour remplacer les ennuis et l'aridité du plain-chant, par les bienfaits incontestables de la méthode Galin-Paris-Chevé.

» Agréez, mon cher monsieur, les compliments empressés de votre admirateur sincère et ami dévoué,

» D. RONDONNEAU. »

CORRESPONDANCE.

M. Vasse vient de quitter Angoulême, où, depuis l'année dernière, il a fait trois cours par la méthode Galin-Paris-Chevé. Les journaux de cette ville ne tarissent pas d'éloges sur les résultats obtenus par ce zélé et consciencieux propagateur de l'idée nouvelle.

Par suite des cours de M. Vasse, la méthode a élu domicile à Angoulême, car elle pourra y être professée par Mme Forêt de Bonsens, Mme Drosony et M. Wœffle fils, trois professeurs qui ont suivi les cours de M. Vasse. Déjà Mme Forêt de Bonsens a ouvert des cours dans plusieurs pensionnats de demoiselles.

Parmi les nombreux articles publiés dans les journaux d'Angoulême sur les cours et les séances publiques de M. Vasse, nous choisissons et reproduisons les suivants qui constatent suffisamment que là, comme partout où la méthode a été péofessée consciencieusement, elle a produit des résultats aussi merveilleux qu'incontestables.

— M. Vasse professeur de musique par la méthode Galin-Paris-Chevé, termine, cette semaine, son troisième et dernier cours dans notre ville. Comme toujours, les résultats obtenus par ce professeur, naturels pour ceux qui connaissent sa méthode, semblent merveilleux à ceux qui n'ont jamais connu que l'effet résultant des méthodes anciennes, comparativement arides et impuissantes.

Quand on a assisté aux cours de solfége, d'après la méthode Galin Paris-Chevé, on a vu des élèves, dénués de toute notion musicale antérieure, lire, à première vue, toute musique écrite dans tous les tons et sur toutes les clés, et écrire, sous la dictée, un air vocalisé ou joué sur un instrument ; cela après un cours seulement. Ces faits ne sont pas contestables. Ils résultent de ce que l'étude de la musique par cette méthode, offre le plus puissant attrait ; de ce que des théories, restées trop longtemps obscures, sont simplifiées, éclaircies et mises à la portée de toutes les intelligences, et, enfin, de ce que la méthode Galin-Paris-Chevé possède des moyens d'action que les autres méthodes ne laissent même pas soupçonner.

(Gazette de l'Angoumois)
du jeudi 27 mars 1856.

Mardi soir, une foule élégante et nombreuse se pressait dans la vaste salle du Minage, où devaient avoir lieu des épreuves d'autant plus curieuses, que les résultats ont été plus vivement contestés. M. Vasse voulait convaincre le public angoumoisin que, par la méthode Galin-Paris-Chevé, un cours de soixante leçons suffisait pour apprendre la musique vocale. Nous avons eu l'occasion de le dire : nous comptions primitivement au nombre des incrédules, et si déjà la fréquentation du cours ne nous avait convertis, aujourd'hui, à moins d'un aveuglement stupide, force serait bien de nous rendre à l'évidence. Aux dénégations, de quelque nature qu'elles soient, M. Vasse oppose des faits accomplis, argument irréfutable. On en jugera par la rapide analyse que nous allons faire de cette soirée musicale.

Le professeur, afin de bien asseoir l'opinion des spectateurs, a d'abord exposé le but de la méthode qu'il enseigne : c'est d'apprendre, en peu de temps, la musique vocale, de manière à ce que l'élève puisse chanter sans embarras, dans tous les tons et sur toutes les clefs, non-seulement au moyen de la musique chiffrée (mode qui nous paraît éminemment recommandable). mais encore d'après la musique usuelle. Après cet exposé sont arrivés les examens où de jeunes élèves, de cinq à dix ans au plus, ont répondu aux diverses questions que le public a posées sur les différentes difficultés musicales, avec une précision et une justesse bien propres à désarçonner des élèves de cinq années de solfége. Aux examens ont succédé les exercices. Des morceaux inédits, romances et duos, composés par des élèves de soixante leçons eux-mêmes, et n'ayant aucune notion musicale antérieure, ont été lus et chantés à

première vue, sans hésitation , soit en notation chiffrée, soit en notation ordinaire, ainsi que l'avait annoncé M. Vasse. Pour faire apprécier l'effet qu'a produit sur le public cette partie du programme, nous n'avons qu'à rappeler ici la triple salve d'applaudissements qu'ont soulevée ces examens. Nous ajouterons seulement qu'il y aurait aujourd'hui peu de probité à soutenir cette thèse si fausse, que la méthode Galin-Paris-Chevé enseignant à ses élèves une musique pour laquelle est employée une NOTATION spéciale, ces mêmes élèves deviennent ignorants comme devant quand on leur présente la musique notée d'après le mode ordinaire. Nous les avons entendus chanter devant cinq cents personnes au moins sur la portée ordinaire et sur huit clefs différentes, transposant ainsi sans aucune difficulté. Si ce ne sont pas là des résultats très-avantageux, nous ne savons plus où les trouver.

Mais la seconde partie du programme réservait au public une charmante surprise : un gracieux essaim de jeunes cantatrices de cinq à dix ans, aux joues fraîches et rosées, au sourire vif et mutin, s'est fait entendre dans des morceaux d'ensemble qu'alternaient de charmants duos chantés avec ce gracieux abandon, ce naturel, cette malignité enfantine, qu'on aime tant à rencontrer ; et puis, quand un instant de repos était donné entre deux romances, c'était plaisir de voir cette enfance si rieuse et si folle sauter et bondir avec ardeur.

Nous nous trouvons heureux de ne pouvoir, par convenance, citer les noms des jeunes virtuoses qui ont si puissamment contribué à embellir cette véritable fête de famille, car il nous faudrait alors désigner tout le monde ; nous nous bornerons dès lors à féliciter M. Vasse de l'heureuse idée qui a présidé à son programme et des succès vraiment prodigieux qu'il a obtenus : LA VÉRITÉ EST UNE ; elle marche droit à son but, sans que rien puisse l'arrêter ; on peut donc l'assurer maintenant : la méthode qu'il professe est appelée à d'incontestables et très-proches succès.

(Charentais).

A la Paix !

Dieu laisse enfin tomber sur la terre et sur l'onde
Un regard de pardon, pour le bonheur du monde !
Il veut que ses enfants régnant dans l'univers,
En se donnant la main, se partagent les mers ;
Et que l'Europe, enfin, en proie à la discorde,
N'ait plus qu'un souverain : l'ange de la concorde !...
La Paix a déployé ses étendards flottants,
« La victoire est à nous ! » mais tous les combattants,
Quel que soit leur pays, ont pris part à nos gloires,
Au triomphe éclatant de nos grandes victoires ;
Rivaux par le courage et l'intrépidité,
Tous ont conquis leurs rangs à l'immortalité !
Honneurs leur soient rendus !... et plus d'injustes
[guerres.
Vous, l'orgueil du pays et l'amour de vos mères,
Allez rendre au foyer sa vie et son bonheur ;
Y graver votre nom et votre croix d'honneur ;
Au banquet de famille en bénissant vos armes,
Célébrer cette paix qui vient sécher nos larmes.
La Paix !... grande conquête !... où l'honneur des
[héros,
Assure au monde entier un glorieux repos.
O traité solennel ! dicté par la justice,
Fais entendre en tout temps ta voix médiatrice,
Pour que les Heureux fruits de cette sainte Paix,
Passent dans l'avenir pour ne périr jamais,
Et que la France, enfin, que l'univers contemple,
Reste des nations et la mère et l'exemple !...

J.-J. CUDOT,
Artiste à Rouen.

NOUVELLES.

Dimanche prochain, 13 avril, aura lieu à l'Ecole-de-Médecine la séance mensuelle de M. Emile Chevé. Voici le programme arrêté :

1o Appel aux moissonneurs (*Ruth et Booz)*, Elwart.
Boléro (Solo par Mme Alpaix), Périn.

Exercices d'intonation.

{ *Isse*, pastorale du XVIIᵉ siècle, Destouche
{ *On a le cœur sensible*, chanson, XVIᵉ siècle
chantées par Mme Amand Chevé.
2o Chaut du XVᵉ siècle — en faux-bourdon,
par Delsarte.
Hymne au soleil, Lesueur.
Lecture à première vue
Duo du *Maître de chapelle*, Paër.
chanté par M. et Mme Amand Chevé.
3° *La Fille de Jephté*, poésie de E. Villemin, A. Chevé
Valse de la *Nuit de Noël*, Réber.
Ouverture du *Mrître de chapelle*, Paër.
par Mlles Eudoxie Allix, Eugénie Thomry
et M. Amand Chevé.
4° *La Messagère du printemps*, Floresco.
La Chasse, de A. Thys.
Aime-moi, berger (chanson à danser) XVIIᵉ siècle.
Air du XVᵉ siècle.

Dictée.

5° *La Retraite*, Laurent de Rillé.
Les Francs et les Druides, Rossini.

La Société Galin-Paris-Chevé, de Paris, chantera au concert de Lacombe, mardi prochain, salle Erard. Elle fera entendre trois chœurs de Lacombe et un de Gluck.

M. Vasse, l'un des propagateurs de nos doctrines, se rend au Havre pour y ouvrir des cours publics.

M. F. Elchlep jeune, dont les talents comme musicien sont appréciés depuis longtemps à Rouen, va quitter notre ville pour aller s'établir à l'île Maurice, où l'appelle un engagement très avantageux.
Avant de partir, M. Elchlep a voulu nous faire ses adieux dans un concert qui aura lieu le 17 avril.
Indépendamment de l'attrait de ce concert tout-à-fait instrumental et composé des morceaux des grands maîtres, du regret de perdre un excellent artiste et l'occasion de lui témoigner toute leur sympathie, suffiront pour que tous nos concitoyens s'empressent de souscrire à cette soirée d'adieu.

Louis ROGER.

L'auteur des *Contemporains* ne ralentit pas sa prodigieuse activité. Ses volumes paraissent régulièrement le 15 et le 30 de chaque mois, et l'accueil de plus en plus bienveillant du public récompense M. Eugène de Mirecourt de son courage toujours le même et de sa verve constante. Cette œuvre originale est aujourd'hui dans presque toutes les bibliothèques. On reçoit les cinquante volumes de la première série en envoyant un mandat de 25 francs sur la poste à M. Gustave Havard, éditeur, rue Guénégaud, 15. Le quatrième volume de la seconde série contient la biographie de Henri Murger, le jeune et spirituel auteur de la *Vie de bohème*, et les notices consacrées à Odilon Barrot et à Raspail sont sous presse. Une faveur égale accueille la magnifique édition illustrée des *Confessions de Marion Delorme*, où M. Eugène de Mirecourt révèle un si magnifique talent de conteur.

XIᵉ Année ; — 1ʳᵉ du nouveau titre. — UN NUMÉRO : 20 CENT. — Nᵒ 12. — Dimanche 13 Avril 1856.

Musique, — Sciences, — Arts, — Littérature, — Théâtres.

LA RÉFORME MUSICALE

JOURNAL DES DOCTRINES DE L'ÉCOLE GALIN-PARIS-CHEVÉ.

ABONNEMENT A ROUEN : 10 FR.

ON S'ABONNE
A ROUEN, chez M. Louis Roger, rue Porte-aux-Rats, 2.
A PARIS, chez M. Emile Chevé rue des Marais-S-G., 18.
A MARSEILLE, chez M. Aimé Paris rue Paradis, 77.

BUREAU A ROUEN, RUE PORTE-AUX-RATS, Nᵒ 2.

LOUIS ROGER, Directeur-Gérant.

ABONNEMENT DANS LES DÉP. : 12 FR.

ON S'ABONNE
A LYON, chez M. Perraud, rue du Griffon, 41.
AU HAVRE, chez M. Vasse, rue Molière, 45.
Les abonnements peuvent être payés en timbres-postes (Affranchir).

RENSEIGNEMENTS. — Cette feuille paraît, à ROUEN, tous les DIMANCHES. — Tout ce qui concerne l'administration du journal doit être adressé à Rouen, rue Porte-aux-Rats, 2. — Ce qui concerne la rédaction peut être indifféremment adressé à M. CHEVÉ, à M. Aimé PARIS, on an Directeur-Gérant. — La critique demeure sous la responsabilité de celui qui la signe. — Il sera rendu compte des Ouvrages dont un exemplaire sera déposé au bureau du journal. Les lettres non affranchies seront refusées.

On peut se procurer des numéros de la *Réforme*, au Bureau du Journal ; — au dépôt du cours Boïeldieu, à Rouen, — et dans l'intérieur des Théâtres.

La méthode Galin-Paris-Chevé.

(Partie théorique — cent vingt-quatre pages *compactes*, grand in-octavo)

Adoptée par le Conservatoire Impérial de Paris, sous le nom de M. P-L. Mercadier.

(Cent cinquante-huit pages très-peu remplies, petit-in-octavo).

10. Avant que M. Mercadier eût écrit sa page 19, M. Chevé, page 268, avait signalé les causes qui font reconnaître qu'un air est terminé ; il avait dit, avant M. Mercadier, comment on arrive à distinguer des *phrases*, dans une mélodie, comment se distinguaient les divisions plus courtes du sens musical (1).

11. La page 20 de M. Mercadier, sur le morcellement des phrases en mesures, ne dit pas autre chose que la page 269 de M. Chevé.

12. M. Chevé, en 1844, disait, page 269 ce que répète en 1855, page 20, M. Mercadier, sur le nombre des mesures qui entrent le plus souvent dans la phrase musicale.

13 Le livre Chevé, pages 254 et 308, a eu soin de faire l'observation répétée, page 20, par M. Mercadier, relativement à la régularité des divisions de la mesure, qui est indépendante de la vitesse du mouvement.

14 Les divers degrés d'intensité des sons qui commencent chacune des divisions de la mesure sont remarqués par M. Chevé, page 253 ; M. Mercadier ne répare donc aucune omission, page 20.

15. Il en est de même à l'égard de la dénomination de *temps*, affectée aux morcellements d'une même mesure ; M. Chevé, p. 251, M. Mercadier, page 20.

16. Distinction des temps en *binaires* et en *ternaires* : Chevé, 289 et 291, Mercadier, 20.

17. Arithmétique de l'oreille, bornée aux agrégations par deux et par trois, Chevé, 254 et 257, Mercadier. 21.

18. L'unité de durée, indépendante du degré de vitesse ; Chevé, 254 et 308, Mercadier, 21.

19. Réduction à deux et à trois du nombre des temps des mesures, Chevé, 253, Mercadier, 21.

20. Division des mesures en binaires et ternaires, Chevé, 256, Mercadier, 22.

21 Division des rhythmes en deux et en trois, Chevé, 269 ; Mercadier, 22.

22. Mesures à deux temps, rhythmes binaires, mesures à trois temps, rhythmes binaires ; Chevé, 289 ; Mercadier, 22.

23. Le *temps*, et non ses multiples, doit être pris pour unité de durée ; Chevé, 251, Mercadier, 23.

24. La mesure à quatre temps binaires, bien qu'elle réunisse deux mesures à deux temps binaires, peut-être acceptée, dans la classification des mesures ; Chevé, 253 ; Mercadier, 24.

25. Équivalents divers pour remplir une mesure à deux temps binaires ; Chevé, 293 ; Mercadier. 24.

26. Comment faut il battre la mesure à deux temps ? Chevé, 99 ; Mercadier, 24.

27. Comment battre la mesure à trois temps ? Chevé 100 ; Mercadier 25.

28. Comment battre la mesure à quatre temps ? Chevé, 100 ; Mercadier, 25.

29. D'une mesure à 4 temps, faire 2 mesures à deux temps ; Chevé, 104 ; Mercadier, 26.

30. Les mesures à temps ternaires divisées en mesures à deux à trois et à quatre temps ; 298 ; Mercadier, 27.

31. La division variée du temps différencie les mesures qui ont le même nombre de temps ; Chevé, 302 ; Mercadier, 27.

32. Les numérateurs sont des *multiples de deux*, pour les mesures à temps binaires, et des *multiples de trois*, pour les mesures à temps ternaires : Chevé, 302 ; Mercadier 28.

33. Exécution des triolets ; Chevé, 264 ; Mercadier, 28.

34. Ce qu'indiquent le numérateur et le dénominateur, par rapport à l'espèce de mesure ; Chevé, 302 ; Mercadier, 29.

35. Quels temps sont, les uns forts, les autres faibles ? Chevé, 251, 254, 266, 267 ; Mercadier, 31.

36. Syncope ; Chevé, 267, 268 ; Mercadier, 32, 33. (2)

37. Exemples de contretemps ; Chevé, 489 et suivantes ; Mercadier, 34, un seul exemple.

38. Exemple de liaison par le *coulé* ; Chevé, 471 et suivantes, Mercadier, 35.

39. *Détaché* et *piqué* ; Chevé, 311 ; Mercadier, 36.

40. Signes de durées usuelles, réunis ou séparés Chevé, 471 ; Mercadier, 37.

41. Signes usuels de renvoi ; Chevé, 314, 312 Mercadier, 40, 41.

42. Bâtons de mesure ; Chevé, 312 ; Mercadier, 42.

43. Trille ; Chevé, 311 ; Mercadier, 42.

44. Petite notte, gruppetto ; Chevé, 309 ; Mercadier, 42.

45. Signes de nuances ; Chevé, 312 ; Mercadier, 45

46. Hymne de Saint-Jean, origine de six des syllabes de la gamme ; Chevé, 196 ; Mercadier. 47.

47. *Dièse, bécarre*, bémol ; Chevé, 278, 283 ; Mercadier, 53.

48. Signes *constitutifs*, signes *accidentels* ; Chevé, 279 ; Mercadier, 53.

49. Impropriété des termes *hausser* et *baisser*, appliqués à l'idée d'un son *individuel* ; Chevé, 230 Mercadier, 53.

50. Influence du signe accidentel, sur toutes les notes qu'il modifie, pendant toute une mesure ; Chevé, 283 ; Mercadier, 54.

51. Ce que c'est que l'armure de la clé ; Chevé, 279 Mercadier, 54, 72.

52. Doubles dièses et doubles bémols ; Chevé, 278 Mercadier, 54.

53. Comma ; Chevé, 241 ; Mercadier, 56.

54. Son générateur et ses harmoniques ; Chevé, 203 ; Mercadier, 57. (3)

55. Origine de la gamme, trouvée dans les sons harmoniques ; Chevé, 204 ; Mercadier, 65.

56. Formation des gammes ; Chevé, 68 ; Mercadier 69.

57. Le placement des accidents constitutifs à la clé économise du temps dans l'écriture ; Chevé, 278 Mercadier, 74.

58. Tout accident placé à la clé a une influence permanente sur toutes les notes du même nom que celle qu'il caractérise ; Chevé, 278 ; Mercadier, 74.

59 Similitude des deux tétracordes d'une gamme l'un partant de la tonique grave, l'autre aboutissant à la tonique aigüe ; Chevé, 216 ; Mercadier, 72.

60. Le mot *ton*, pris comme expression de la hauteur de la tonique ; Chevé, 221 ; Mercadier, 72.

---

(1) Il importe que le lecteur comprenne bien le but dans lequel est dressé ce catalogue comparatif des énoncés de M. Mercadier qui se trouvent imprimés, onze ans avant la publication de son livre dans la *Méthode élémentaire de musique* de M. et de Mme Chevé, publiée en novembre 1844, (2ᵉ édition celle que j'ai entre les mains). Si je n'avais pas numéroté de 1 à 105, les *identités théoriques* que n'a point su ou voulu voir le comité des études du Conservatoire impérial, on n'aurait pas manqué de se retrancher derrière LE VAGUE *des accusations*. Les voici maintenant (sauf omission ; car je ne suis pas certain d'avoir tout relevé), les voici nettement *précisées*, soit à M. Mercadier, soit au comité des études du Conservatoire, de montrer des différences *d'idées*, partout où ils trouveront que j'ai revendiqué à tort la priorité pour le livre de M et de Mme Chevé. Si cette réfutation n'est pas appuyée sur des *preuves sans réplique*, un jugement sévère sera porté par la conscience de tous les gens de cœur, sur la contrefaçon déguisée, et sur l'acte qui aura exagéré la *complaisance*, en couvrant d'un manteau officiel une odieuse spoliation.

(2) Il m'est permis d'exprimer ma surprise de trouver, à la page 33 de M. Mercadier, pour exprimer les effets *syncopés*, les syllabes *ta* (attaque) et *a* (effet de la syncope), lorsque la page 264 de la *Méthode élémentaire de M. et Mme Chevé*, présente HONNÊTEMENT, avec le nom de leurs auteurs, les coupes du chronométriste de Galin, en rapport avec MA *Langue des durées*. La langue des durées aurait-elle paru à M. Mercadier moins propre à une transformation spécieuse, que les *belles déductions qui appartiennent* EN PROPRE à M. Emile Chevé, pour se faire aussi déclarer par le comité des études du Conservatoire impérial *l'inventeur* d'une syllabisation qui fait réellement *un jeu d'enfant* de l'exécution des syncopes *inégales et consécutives*, qui, écrites avec les prétendues économies de signes du *grimoire à crochets*, feraient pâlir et reculer les plus forts parmi les plus forts, des membres du comité des études du Conservatoire impérial, tandis qu'un marmot de sept ans les aborderait allègrement et les enlèverait à la course, grâce à de bons signes soit oraux soit écrits.

(3. Je reviendrai bientôt sur le chapitre qui traite de la formation de la *gamme modèle*, un mot que je ne crois pas avoir été employé ailleurs que dans le livre de notre école, ainsi que les mots : *jalon, temps binaire, temps ternaire*, etc., vocabulaire de la science réellement analytique, retrouvé par une coïncidence significative, dans l'exposition de ce qu'*aurait* INVENTÉ M. Mercadier. Il y avait, dans cette similitude du peu peu familiers aux auteurs des solféges usuels, de quoi éveiller les scrupules de MM. les membres de l'Institut et du Conservatoire qui ont déclaré par leur signature au bas du rapport du 9 août 1850 (qu'ils ont nécessairement *lu* ou *entendu lire*), qu'ils avaient EXAMINÉ avec une SÉRIEUSE ATTENTION la *Méthode élémentaire de* MONSIEUR *Chevé* — moins le titre important, qui portait ces mots : « PAR » MADAME Emile Chevé (Nanine Paris), » puis ceux ci : « LA PARTIE THÉORIQUE DE CET OUVRAGE EST RÉDIGÉE PAR MONSIEUR Emile Chevé. »

Et nous ne pensions pas que la commission du champ n'avait pas EXAMINÉ AUTRE CHOSE QUE LE TITRE, lorsque, pour la première fois, nous avons lu son rapport !

Que les signataires de l'acte d'adoption du 12 mars 1856, ne croient pas que le procès fait à leur clairvoyance, et qui ne se borne pas à ce chef d'accusation, contre ceux d'entre eux qui ont prononcé l'arrêt d'exclusion du 9 août 1850, sont terminés par cet inventaire, dont les premières conséquences sont :

1o Que *M. Chevé a dit*, dans son livre repoussé *à l'unanimité*, le 9 août 1850, *tout ce que dit M. Mercadier* dans son livre, adopté le 12 mars 1856, par le Conservatoire impérial.

2o Que *M. Mercadier*, dans le livre adopté, le 12 mars 1856, *n'a rien dit que n'ait dit avant lui M. Chevé*, dans le livre repoussé le 9 août 1850, par la commission du chant, dans laquelle figuraient trois membres de l'Institut, alors, comme aujourd'hui, à la direction du Conservatoire !

Aimé PARIS.

(La suite prochainement.)

COURRIER DE PARIS.

Lettres à un ami devenu riche.

SIXIÈME LETTRE.

On m'a fait comprendre que j'avais eu tort de t'écrire l'autre jour toutes sortes de choses et beaucoup d'autres encore, — à propos de la candidature de M. Théophile Gautier à l'Académie. Je me trompe : on a essayé de me faire comprendre ; mais, — soit mauvaise volonté, soit défaut d'intelligence, je n'ai pas compris.

On m'a dit : « Pourquoi vous insurrectionner ainsi contre un poète qui veut s'asseoir — pour y dormir son somme, — dans un de ces fauteuils à la Voltaire rembourrés de quinze cents francs de rente ? Pourquoi faire un crime à un écrivain qui a passé une bonne partie de sa vie à écrire des choses charmantes pour l'amusement du public, de songer un peu à ses vieux jeunes jours ! Vous auriez dû respecter cette velléité respectable et comprendre que si Théophile Gautier le fantaisiste, l'ennemi-né de l'Académie, faisait ou laissait faire des démarches pour obtenir sa stalle numérotée chez MM. les Immortels, c'est qu'il avait des raisons très-sérieuses pour cela ! Vous auriez dû vous incliner et passer outre. Pourquoi n'attaquez-vous pas aussi la velléité qu'a eue M. de Lamartine de se faire son propre libraire et de se servir par tranches aux lecteurs affamés ? Vous aviez beau jeu, là encore, avec votre ironie de mauvais goût et vos épigrammes un peu agées? Jeune homme ! Jeune homme ! Laissez faire vos anciens ! Ils savent ce qu'ils font — et vous ne savez pas ce que vous dites ! »

Pardieu ! je l'espère bien, que je ne sais pas ce que je dis ! Si je le savais, je n'aurais plus rien à apprendre et je n'aurais plus qu'à fermer ma cervelle et mes oreilles et mes yeux et mes lèvres et à me condamner à l'immobilité jusqu'à la fin de mes années !

Qu'est-ce que vous voulez me prouver avec vos phrases émollientes et vos conseils à la guimauve ? Que les hommes de lettres sont pauvres et qu'il faut respecter leur pauvreté?

Ils sont pauvres ! Je l'ignorais. Je croyais le contraire, — du moins quant aux noms que vous venez de me citer. Pauvres ! — Qu'est-ce qui ne l'est pas un peu — ou beaucoup — en ce monde !

Pauvres! Excusez mon ignorance. Je vis en dehors de ce monde de mandarins lettrés. Je ne connais la figure d'aucun d'eux , je ne connais que leurs livres — que j'aime et que je relis sans cesse. De temps en temps je vois sur un grand journal que le roman de Madame*** a été acheté par ce grand journal cent mille francs, — que les Mémoires de M. *** lui ont été payés dix mille francs le volume — ce qui revient un peu à cent mille francs. Et ainsi de cinq où six autres !

Balzac est mort pauvre ! — S'écrie-t-on. Pauvre — relativement, je ne dis pas. Pauvre auprès de MM. Rothschild, Fould et autres banquiers !

Gérard de Nerval est mort pauvre! me dit-on encore !

Ah ! celui-là m'arrête et me rend tout songeur. Oui, il est bien mort pauvre, celui-là, bien pauvre, bien pauvre, bien pauvre ! Pauvre poète ! Il fallait qu'il fut bien pauvre et bien fatigué de l'être, — en effet ; pour se délivrer ainsi lui-même le passe-port irrégulier de Werther !

Ce souvenir me remue outre mesure. Je me sens tomber sur l'esprit comme un lourd couvercle de plomb. Cette pauvreté des gens de lettres me consterne et m'attriste. Je me dis parfois alors que les dédains des bourgeois à leur endroit doivent voir un sens, une signification une raison. Peut-être ont-ils raison de faire si peu de cas des poètes et des romanciers et d'empêcher leurs enfants de mordre à ces fruits savoureux et empoisonnés qui s'appellent l'Art et la Poésie ! L'art et la Poésie ne sont peut-être que des maladies de la cervelle comme les perles sont les maladies des huitres !

Si les bourgeois avaient raison, ô mon ami !

Au fait ! Pourquoi des rôles d'exception dans la vie ? Pour justifier et autoriser ces aspirations, ces désirs toujours inaccomplis qui poussent l'homme hors des voies permises où il rencontrerait peut-être le bonheur ? Pourquoi avoir établi, en quelque sorte, des mâts de cocagne au haut desquels se balancent des honneurs, de la réputation de la gloire ? L'homme n'est fait ni pour monter ni pour descendre. La vie est une plaine et l'homme doit marcher droit ; il doit voir le commencement de sa route et sa fin, son point de départ et son point d'arrivée. Si l'on exaltait moins les individualités heureuses et les exceptions illustres, — en n'importe quel genre — il y aurait évidemment moins d'existences dévoyées par le désir et stérilisées par l'attente d'une réputation chimérique, d'une gloire problématique !... Chacun de nous n'aurait ni le droit ni l'envie d'aspirer à une portion d'immortalité. Il n'est pas un de nous qui n'ait souhaité — une ou plusieurs fois dans sa vie, selon ses appetits, son éducation ou son intelligence, — d'être Alcibiade ou Mahomet, Périclès, ou Roland, Achille ou Pouliman; Annibal ou Lacenaire, Fra-Diavolo ou Napoléon ! etc., etc. Ah ! comme je voudrais que les nullités et les médiocrités fussent des exceptions et des célébrités ! On les courtiserait moins, on les envierait moins, — et le monde en irait peut-être mieux.

L'homme n'a pas reçu du ciel la mission et le devoir de faire des livres — ou d'en lire. Il a été créé pour autre chose ; il a pour mission de vivre et pour devoir d'apprendre à vivre pour savoir mourir. Le rêve lui est interdit comme l'ambition. Les rêveurs et les ambitieux sont deux classes d'être inutiles et dangereux dont il serait bon de purger la société.

Pourquoi des livres, d'ailleurs, puisqu'ils n'enseignent rien et ne peuvent rien enseigner ?

Les livres de morale, les traités de sagesse, les manuels de philosophie, les codes, les lois, les verges, les gendarmes et le reste, n'ont pas beaucoup contribué, que je sache, au perfectionnement et à l'amélioration de la race humaine, et surtout ! à son bonheur ! J'insiste sur le bonheur, parce qu'il me semble que c'est une chose essentielle qu'il est grand temps de connaître autrement que de réputation. Tu vois donc bien que l'humanité aurait pu se passer de ces livres sérieux, — qui ne sont sérieux que par leurs prétentions et respectables que par leurs excellentes intentions. Ces livres-là font concurrence au pavage du purgatoire. Il me semble que cela ne suffit pas...

Après les livres sérieux — manne nourrissante ! — viennent les livres frivoles — rosée de l'esprit, rafraîchissement de la conscience, opium de la douleur, consolation des affligés et délices des courtisanes. Je veux parler des romans, des contes, des légendes, des histoires, des œuvres de l'imagination en un mot et en trois lignes.

Il y a au monde une foule de gens de tous les sexes qui n'apprennent à lire que pour pouvoir lire des romans, des contes, des histoires, — comme il y a une foule de gens, des mêmes sexes, qui n'apprennent à écrire que pour écrire des histoires, des contes, des romans. Entrez au bagne, au lupanar, ailleurs, où vous voudrez, où vous pourrez, n'importe où, dans les endroits les plus honnêtes comme dans les lieux les plus malsains, on y lit des romans, des contes, des histoires de toutes les couleurs et de tous les styles. Lacenaire faisait des romans et des vers entre deux coups de couteau. Les filles perdues — elles l'ont été déjà par des romans ! lisent des romans et des vers entre deux nuits d'amour. Tout le monde en lit et tout le monde en fait.

Ah ! chaste ignorance ! Sainte ignorance ! Ton règne viendra enfin !

Il y a aujourd'hui en Europe, — d'à peu près connus et d'à peu près admirés, — une dixaine d'hommes de génie, une centaine d'hommes de talent, quelques milliers de gens d'esprit, — et c'est tout ! La belle affaire vraiment ! Et comme c'est honorable de penser qu'une poignée de marchands de paroles, de fabricants de style, d'ouvriers en beau langage, font la loi à cent millions de créatures humaines !

Mais ce petit nombre d'élus et de préférés de la renommée est tout simplement et tout bonnement une grosse calomnie à l'endroit des cent millions d'inconnus et d'inconnues ! Et l'on pourrait dire, à ce propos, ce qui a été dit par un humoriste à propos des maisons de fous : « Ils enferment là-dedans quelques malheureux qu'ils appellent fous, afin de faire croire que le reste des hommes est sage !... »

Il n'y a vraiment pas de quoi être fier d'être un homme de génie, d'avoir du talent et de l'esprit, car il y a quelque chose de plus grand que le génie, de plus noble que le talent, de plus spirituel encore que l'esprit, — c'est le Bonheur !...

Vous raillez les niais, les simples, les humbles, les petits, les ignorants ! Vous les raillez, vous les fuyez, vous les dédaignez ! Mais les niais ne s'occupent pas de vous, — qui vous occupez d'eux ! Les simples s'occupent d'eux — eux-mêmes, et ils trouvent une foule de jouissances dans des riens qui vous resteront toujours mystérieux et inconnus...

Ah ! vous êtes savants et forts, Messieurs de l'intelligence ! Pas tant que vous le croyez, — cependant. Car vous ne savez pas tout ce que donne en joie et liesse, en aises et en gaîté, cette chose monstrueuse qui est l'ignorance ! Les ignorants et les imbéciles — dont vous vous moquez — arrivent tout doucement, par de petits chemins où il n'y a pas de pierres, par des sentiers à eux connus et où vous ne passerez jamais, — ils arrivent tout doucement au bonheur et à la fortune ! Ils ont de beaux enfants dont ils sont sérieusement les pères, — des bambins charmants.

«Qui leur tirent la barbe et leur gripent aux jambes;» ils ont, — pour eux tout seuls ! — de chastes femmes qui sont de bonnes mères et qui ne lisent d'autres romans que ceux qu'elles font, le soir, en reprisant des bas, — au bruit de la bouilloire qui chante, de leur mari qui fume, de leurs mioches qui s'ébattent et rient, et du ron-ron du chat familier qui guette une ombre sur le parquet. Ils sont donc plus intelligents et plus spirituels que vous, grands cerveaux et grands cœurs, qui êtes restés et qui resterez toujours pauvres et toujours mélancoliques !... C'est là votre châtiment ! Mérite ou non, — vous le subissez !

Mais où vais-je m'égarer, ô mon ami ?

Parce que je suis convaincu, — dans ma conscience — que les causes de la stupidité, de l'orgueil, de l'hypocrisie, de la férocité, de l'égoïsme, de la peur, — des vices humains en un mot, — se trouvent dans les livres, dans une lecture gourmande, insatiable, de la plupart de ces livres, dans une interprétation outrée, ridicule, fausse, absurde, puérile, de la plupart de ces livres ;

Parce que je suis convaincu que les plus sérieux d'entre eux, — les livres à cravate blanche ! — ne donnent aucune sagesse, n'enseignent aucune vertu, n'apprennent aucune résignation aux devoirs de la vie ;

Parce que je suis convaincu que les plus frivoles, — les livres à manchettes de dentelle, — mènent tous à la mélancolie, au désespoir, au suicide, au crime, à l'abatardissement du corps, à l'atrophiement du cœur, à la désorganisation du cerveau ;

Ne voilà-t-il pas qu'au nom du devoir méconnu, de la raison dédaignée, de la santé méprisée, je viens demander la suppression des livres et dire qu'Omar a eu raison de brûler la bibliothèque d'Alexandrie !...

Je t'étonne, n'est-ce pas ? Et déjà tu songes à m'appeler petit cousin d'Erostrate !... Certes, les lauriers de cet Ephésien ne m'ont jamais empêché de dormir, et pourtant, ô mon ami ! j'aurais eu, — moi aussi, — mon Temple de Diane, à détruire !

N'y pensons plus ! n'y pensons plus ! Et à propos de poètes, laisse-moi te parler pendant deux minutes de Vittorio Alfieri et de sa Rosemonde que la compagnie dramatique italienne vient de donner sur cette vieille scène de la Renaissance, toujours jeune et toujours peuplée de femmes superbes mais beaucoup trop décolletées — pour des femmes qui trouvent que les actrices montrent trop leurs épaules, — comme si on pouvait trop montrer ces choses-là !

Mlle Rachel a eu tort de s'en aller. Elle a boudé contre sa réputation. Une rivale est venue — qui s'est emparée de l'attention, de la faveur et des bravos du public et qui les gardera. Mlle Rachel est certes, une grande tragédienne, mais madame Ristori est plus grande encore. Hermione, Camille, Phèdre, Adrienne, voici venir Myrrha, Marie Stuart, Pia de Tolomei, Rosemonde, vos belles rivales !

M. Paul de Saint-Victor a eu raison de le dire : Quand un homme de génie se mêle d'être ennuyeux, il l'est bien !... La Rosemonde d'Alfieri le prouve, malheureusement, et si Mme Ristori n'était pas là pour soutenir cette ennuyeuse tragédie en 5 actes et à 4 personnages, — elle tomberait et serait sifflée comme un simple vaudeville de M. Scribe. A chacune de ses apparitions, Mme Ristori électrise la salle, enlève les applaudissements et mérite les honneurs du rappel. Si on osait on la ferait recommencer. Elle a des accents de colère, de jalousie, de fureur, inimitables, des gestes de dédain foudroyants et irrésistibles. A la fin, quand après avoir emporté, comme ferait une lionne, la douce et pâle Romilde, et l'avoir poignardée sauvagement et superbement elle jette ces vers :

Ho il ferro ancor ; trema : or principia appena
La vendetta, che compierre in te giuro..

La salle tout entière frémit et se lève avec des applaudissements frénétiques !... Grande tragédienne, mon ami, grande tragédienne ! Mais, décidément, elle seule et Mlle Picchiottino font supporter l'italien de convention qu'on parle au théâtre. La langue italienne est musicale et pleine de grâce dans les situations tendres. Mais dans les situations graves, et parlée par des lèvres masculines, elle me rappelle trop la langue de l'Auvergne !

Adieu et à toi

Alfred DELVAU.

Marseille, 6 avril 1856.

Mon cher Monsieur, Roger,

Veuillez imprimer, *dans la Réforme musicale*, la lettre ci-dessous, et celle que j'ai adressée, avant-hier, au jeune Pélissier. Je n'ai point voulu que ces deux pièces parussent avant l'expiration du délai accordé pour répondre. J'évite ainsi le reproche d'avoir forcé les réponses, à l'aide d'une pression morale.

Je ferai connaître à nos lecteurs, dans le n° du 2 avril ce qui m'aura été dit ou écrit, à la suite d'une invitation loyale adressée à soixante-quinze artistes et qui, naturellement, n'a dû être envoyée à aucune des dames qui donnent ici des leçons de musique.

Aimé PARIS.

« *A Monsieur*
Professeur de musique, à Marseille.

» Monsieur,

» La lettre que j'ai l'honneur de vous adresser n'a, dans ma pensée, rien d'hostile ni de comminatoire. (1)

» Je n'ai jamais nié le talent acquis d'aucun artiste. Je me suis borné à indiquer aux hommes enseignants le moyen d'obtenir des résultats plus nombreux et plus grands, ce qui, par une conséquence inévitable, doit ouvrir pour eux une source plus large de bénéfices.

» Malgré toutes les résistances, les idées de Galin font tous les jours de rapides progrès. Elles préparent à l'exécution instrumentale des élèves que leurs parents ne doivent raisonnablement vouloir confier qu'à des professeurs qui connaîtront la doctrine de Galin;

» La méthode de Galin ne se borne pas, vous le savez, à enseigner la lecture du chiffre. *Ses élèves lisent la notation usuelle, dans tous les tons et sur toutes les clés.* Messieurs les professeurs de musique instrumentale n'auront donc à changer *ni leur écriture, ni leur manière d'enseigner le doigté.*

» Pour l'instrumentiste, une *note fixe* conduit à

(1) Il s'agit seulement de substituer des épreuves loyales au guet-apens du 9 décembre dernier, dont l'auteur RÉEL, *reconnu* et *mis en demeure*, a refusé toute explication, et prépare une récidive, si on ne m'a pas trompé.

une *touche fixe* à une *longueur fixe* d'une *corde fixe*, à une *combinaison fixe de trous fixes* qu'on doit boucher ou laisser ouverts ; en un mot, la *note fixe* indique une *condition fixe de mécanisme*, à la différence de la voix, instrument *omnitone*, dont *le mécanisme est le même dans toutes les tonalités*, et qui ne peut fonctionner sûrement, à la vue de la *note, dont les fonctions hiérarchiques changent, selon les tonalités*, qu'autant que l'intelligence est avertie du *rôle que joue la note*.

» Tout musicien intelligent doit parfaitement comprendre cela.

» Si ces idées ne sont pas les vôtres, monsieur, et si vous savez qu'il est possible de trouver, à Marseille, un assez grand nombre d'élèves de la méthode ordinaire, *lisant sans instrument*, pour qu'on puisse appeler cela un résultat significatif, vous vous empresserez d'accepter le moyen de réhabiliter l'écriture usuelle de la musique vocale, hautement accusée d'impuissance, comme moyen de transmettre directement les idées musicales à l'esprit du plus grand nombre de ceux qui l'ont étudiée.

» Il en sera donc très facile à tous ceux de messieurs les professeurs de musique qui savent où ils trouveront le personnel des exécutions vocales, pour les solennités de tout genre où le chant tient une si large place, et que nous déclarons être composé, partout, en dehors de notre école, de chanteurs qui, en immense majorité, *ne lisent pas ce qu'ils récitent*.

» Il sera donc très facile de rassembler tous les lecteurs *réels* qui existent à Marseille, pour faire, contradictoirement, des expériences décisives dont voici la première :

» Déchiffrer, sans instrument accompagnateur, et toutes les parties à la fois, sans l'avoir jamais étudié, chaque école lisant sur son écriture de prédilection, un chœur à quatre voix, soprano, contralto, ténor et basse, contenant de 36 à 72 mesures, dans les conditions de difficultés de rhythme et d'intonation que présentent les chœurs suivants : *Chantez, joyeux ménestrel* (Dame Blanche), — *Les Dieux longtemps en courroux* (Iphigénie en Tauride), *De lauriers couvrons les chemins* (Vestale), — *Dieu d'Israël* (Joseph), — *Jamais dans ces beaux lieux* (Armide), — *Que d'attraits ! que de majesté !* (Iphigénie en Aulide), — *Chasseur diligent* (Robin des Bois).

» Viendront ensuite les expériences dont le programme est formulé, de la page 315 à la page 324 du second volume de la *Méthode élémentaire d'harmonie* de M. et Mme Chevé, imprimée en 1846, et de mon *Appel au Conseil municipal de Rouen* (pages 32, 33, 34 et 35), imprimé à Rouen, en 1847. Chacun de Messieurs les professeurs pourra prendre connaissance de ces deux ouvrages, chez moi, 77 rue Paradis, d'une heure de relevée à trois, jusqu'à samedi, 12 avril, époque après laquelle le silence de toutes les personnes qui auront laissé cette lettre sans réponse sera regardé comme un refus formel d'accepter les expériences comparatives.

» Deux issues également honorables sont ouvertes aux deux modes d'enseignement.

» La proposition et l'acceptation des épreuves mettent hors de doute la bonne foi de ceux qui s'en rapportent au résultat, pour éclairer l'opinion, et faire triompher leurs doctrines.

» Le dimanche 13 avril, à trois heures de l'après-midi, ceux de Messieurs les professeurs qui auront accepté les expériences *pour les élèves de l'ancienne méthode*, se réuniront dans ma salle de cours, 10, rue Venture, au second, pour nommer, chargée de déterminer le nombre et la nature des épreuves, et de désigner les personnes, artistes ou amateurs, qui seront priées de vouloir bien faire partie du jury de jugement.

» Les expériences seront publiques. Elles seront faites avant le 25 de ce mois, si on les accepte.

» Agréez Monsieur, l'expression de la considération distinguée avec laquelle j'ai l'honneur d'être

» Votre très-humble et très-obéissant serviteur,

» Aimé PARIS.

» Marseille, 2 avril 1856. »

« *A Monsieur PÉLISSIER, actuellement commis de M. Féraud, marchand de musique.*

Pélissier,

« Je n'ai à prendre en considération ni votre âge, ni votre obscurité, ni ce qui vous reste à apprendre, pour vous poser comme juge dans une question quelconque.

» A la séance de clôture du 9 décembre dernier (mille personnes l'ont vu — elles n'avaient pas comme

moi, entre elles et vous, le grand tableau dont je développais les énoncés pendant votre transcription), vous êtes venu COPIER un fragment de douze mesures, en *deux quatre*, préparé depuis longtemps par un homme dont le nom est dans toutes les bouches.

» Quand on demandait, de toutes parts, que ce fragment fût chanté par vous, je m'y suis refusé, en disant que, *nécessairement, vous le saviez par cœur, pour l'avoir souvent joué sur votre violon*.

» Vous m'avez dit alors ces paroles textuelles qui n'ont nullement ébranlé ma conviction : « *J'ai écrit la première chose qui m'est venue à l'esprit.* »

» Si vous n'avez pas chargé votre conscience d'un double mensonge, si vous êtes réellement en état d'écrire et de solfier, des phrases du genre de celle que j'ai conservée écrite de votre main, vous n'hésiterez pas à accepter les deux expériences suivantes, qui seront faites publiquement avant la fin de ce mois.

» 1° Je vous donnerai, en notation ordinaire, une phrase de douze mesures, *deux quatre*, à écrire, sur la clé, dans le ton, et avec les modulations que je désignerai, dans les limites que n'a pas franchies M. Meyerbeer ;

» 2° Vous solfierez, sans préparation, un fragment de douze mesures, *deux quatre*, que je donnerai au moment de l'épreuve. Il est dans l'analogie de ce que vous avez eu à COPIER, d'après le manuscrit qu'on vous a donné, pour le guet-apens du 9 décembre.

» Je vous donne *vingt-quatre heures*, pour me faire parvenir votre acceptation. Ce délai passé, je regarderai votre silence comme un refus positif.

» Je m'engage à vous faire connaître, soixante-douze heures, au moins, à l'avance, le jour, l'heure et le lieu choisi pour la vérification.

» Recevez mes civilités.

» Votre ancien professeur, depuis juillet 1853, jusqu'en novembre de la même année, pour le cours fait *gratuitement* aux enfants dont la liste, que je possède, est écrite de la main de M. Hilaire Colin.

» Aimé PARIS,
77, rue Paradis.

» Marseille. 4 avril 1856. »

Pélissier avait deux partis à prendre : d'abord, l'aveu d'une légèreté blâmable et l'expression de son repentir, qui m'aurait trouvé aussi miséricordieux qu'*une lettre que j'ai reçue le jour même où je lui ai adressé ce qui précède* ; puis une acceptation franche des propositions qui lui étaient faites.

Au lieu de cela, il a gardé un silence qui, eu égard à la bienveillance que je lui ai toujours témoignée, avant le 9 décembre, aggrave sa faute par une grossièreté sans excuse.

Je ne peux qu'être profondément affligé, en voyant se compromettre ainsi, pour ne pas déplaire à celui qu'il doit mépriser, cet enfant qui me semblait avoir assez d'intelligence pour comprendre que c'est entrer mal dans la vie active que d'y débuter par une mauvaise action, et assez de cœur pour refuser d'entrer dans une conspiration contre un homme qui ne lui a jamais fait que du bien.

Aimé PARIS.

Marseille 6 avril 1856.

THÉÂTRE-DES-ARTS.

C'était fête jeudi dernier au Théâtre-des-Arts. On y célébrait l'avènement de la paix.

Le spectacle se composait d'une jolie comédie, *la Joie de la maison*, jouée d'une façon si charmante par Mlle Devaux, et d'une cantate terminée par l'apothéose de la France.

Nous connaissions la comédie. Nous connaissions aussi les vers de M. Cudot, publiés dans le dernier numéro de la *Réforme musicale*. Ces vers, lus par l'auteur avant la cantate, produisirent un immense effet. On avait du bonheur à voir cet honnête homme dont l'âme est toute de paix et d'amour, chanter la paix, l'amour et la fraternité des peuples. Le public a souvent interrompu M. Cudot, mais on n'a jamais pu savoir si c'était pour applaudir le poète ou pour rendre hommage au lecteur chaleureux qui faisait déborder sa belle âme dans toute l'assemblée. C'est un succès qui comptera parmi les meilleurs de cet excellent homme, qui veut être poète, lui aussi, à l'âge où il n'y a pas de danger à l'être, à l'âge où un succès poétique ne le laissera pas tomber dans les cruelles dé-

ceptions qui attendent la vie du poète à vingt ans. Bravo donc, sans réserves, à l'homme heureux qui n'a pas éprouvé le malheur de haïr l'humanité, à l'âge où d'ordinaire on ne croit plus à Dieu.

La cantate est d'un jeune littérateur, M. Frédéric de Reiffenberg. Encore un heureux ! heureux d'avoir trouvé de beaux vers dans son patriotisme, heureux aussi de l'unanimité des suffrages que son ode a réunis.

J'arrive à la musique de M. Malliot. Imaginez quelque chose de plat, d'incolore, de banal, qui ne soit ni bon ni mauvais, qu'on ne puisse ni applaudir ni siffler, et vous aurez une idée de la musique de M. Malliot. Le public de Rouen n'est pas tout-à-fait dépourvu de sens, et il vaut mieux que la réputation que M. Malliot lui faisait encore, cette semaine. Il aime peu la belle musique, j'en conviens ; mais il apprécie fort bien la mauvaise. Pendant toute la cantate de M. Malliot, il a gardé un silence intelligent et profond. C'en est assez pour le réhabiliter aux yeux des musiciens.

Voici, du reste, un échantillon du refrain de la cantate. Je l'ai retenu au vol et je vous le sers de même. Nos lecteurs, grâce encore à la commode écriture de Galin, en apprécieront la tournure vulgaire.

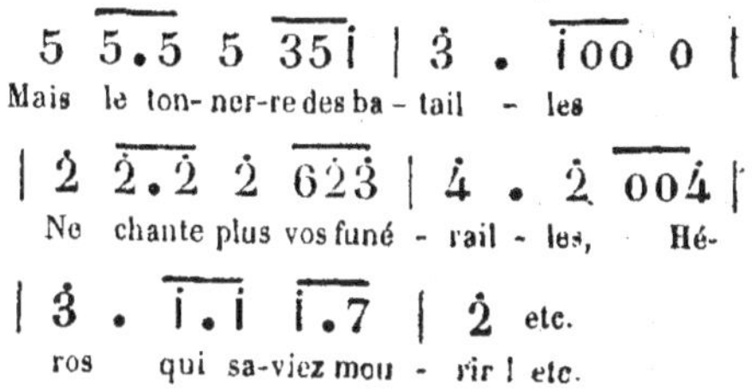

$$\overline{5}\ \overline{5.5}\ 5\ \overline{35\dot{1}}\ |\ \dot{3}\ .\ \overline{\dot{1}00}\ 0\ |$$
Mais le ton- ner-re des ba – tail – les

$$|\ \dot{2}\ \overline{\dot{2}.\dot{2}}\ \dot{2}\ \overline{6\dot{2}\dot{3}}\ |\ \dot{4}\ .\ \dot{2}\ \overline{004}\ |$$
Ne chante plus vos funé – rail - les, Hé-

$$|\ \dot{3}\ .\ \overline{\dot{1}.\dot{1}}\ \overline{\dot{1}.7}\ |\ \dot{2}\ \text{etc.}$$
ros qui sa-viez mou – rir ! etc.

Si ce n'est pas tout-à-fait cela, je n'en suis loin que d'une vétille. Quand la musique de M. Malliot sera publiée, nous vérifierons.

Nos éloges à M. Voiron, qui a tiré tout le parti possible d'une masse chorale improvisée et dans laquelle chantaient tous les sujets de la troupe, y compris ceux qui n'ont jamais eu de voix. L'exécution a été irréprochable.

Quant à la mise en scène qui jouait un grand rôle dans cette affaire, elle était d'un beau coup-d'œil, et digne de la main habile de M. Marcel Briol.

La *France* représentée par Mme Edmond était fort belle à voir au milieu de ces vieux débris de nos grandes armées. La musique de la ligne exécutant l'air de la *Reine Hortense* dans les flammes de Bengale, animait ce tableau qui a soulevé dans la salle un tonnerre d'applaudissements.

Nous avons eu une seconde édition de cette fête. vendredi, et tout nous porte à croire que nous en aurons une troisième, sinon plus. Il n'y a qu'un malheur, c'est que ce soit venu trop tard ou trop tôt. Il fallait nous donner cela quand le canon des Invalides annonçait la paix du monde, ou attendre les fêtes officielles qui pourront être ordonnées. Quoiqu'il y eût beaucoup de monde, on avait de la peine à se persuader que ce fût jour de fête, et qu'on dût faire des réjouissances, parce qu'il avait plu à M. Malliot de mettre des lampions à sa cantate.

L'opportunité est une grande chose, la discrétion aussi. Recommencer cette fête comme on vient de le faire, c'est l'amoindrir. Mais on a fait des frais, et l'on ne veut pas qu'ils soient perdus. C'est l'esprit de la province.

« Et la plus belle chose on la gâte souvent,
» Pour la vouloir outrer et pousser trop avant. »

Louis ROGER.

Darnétal. Imp. FAUCHART.

XI° Année ; — 1re du nouveau titre.   UN NUMÉRO : 20 CENT.   N° 13 — Dimanche 20 Avril 1856.

Musique, — Sciences, — Arts, — Littérature, — Théâtres.

LA RÉFORME MUSICALE

JOURNAL DES DOCTRINES DE L'ÉCOLE GALIN-PARIS-CHEVÉ.

ABONNEMENT A ROUEN : 10 FR.

ON S'ABONNE

A ROUEN, chez M. Louis ROGER,
rue Porte-aux-Rats. 2.
A PARIS, chez M. Emile CHEVÉ rue
des Marais-S-G., 18.
A MARSEILLE, chez M. Aimé PARIS
rue Paradis, 77.

BUREAU A ROUEN, RUE PORTE-AUX-RATS, N° 2.

LOUIS ROGER, Directeur-Gérant.

ABONNEMENT DANS LES DÉP. : 12 FR,

ON S'ABONNE

A LYON, chez M. PERRAUD, rue du
Griffon, 11.
AU HAVRE, chez M. VASSE,
rue Molière, 15.
Les abonnements peuvent être payés
en timbres-postes (Affranchir).

RENSEIGNEMENTS. — Cette feuille paraît, à ROUEN, tous les DIMANCHES. — Tout ce qui concerne l'administration du journal doit être adressé à Rouen, rue Porte-aux-Rats, 2. — Ce qui concerne la rédaction peut être indifféremment adressé à M. CHEVÉ, à M. Aimé PARIS, ou au Directeur-Gérant. — La critique demeure sous la responsabilité de celui qui la signe. — Il sera rendu compte des Ouvrages dont un exemplaire sera déposé au bureau du journal. Les lettres non affranchies seront refusées.

On peut se procurer des numéros de la *Réforme*, au Bureau du Journal ; — au dépôt du cours Boïeldieu, à Rouen, — et dans l'intérieur des Théâtres.

LA MÉTHODE GALIN-PARIS-CHEVÉ

FAISANT LE TOUR DU MONDE.

Et ces malheureux, ces braves marins, mes anciens compagnons d'exil ; ces hommes dont la vie entière n'est qu'un long dévouement ; ces hommes dont chacun est un héros dans les jours de tempête ! Quel charme, qu'elles consolations ne puiseraient-ils pas, durant leurs longues traversées, et leurs stations plus longues encore, dans des réunions chorales auxquelles tous pourraient prendre une part active, puisqu'il ne leur serait pas plus difficile de chanter que de parler ! que de nostalgies guéries ! que d'épidémies évitées ! Oh ! je vous l'ai dit, messieurs, il y a dans votre opposition crime de lèse-humanité, car le mal que vous faites — *en empêchant le bien* — rejaillit sur l'humanité tout entière : il n'y a pas à le nier...
Le passé et l'Avenir, octobre 1849.
Emile CHEVÉ.

Oui, cher lecteur ! Ce n'est point une plaisanterie ; la chose est très-réelle : la méthode est en train de faire le tour du monde, et cela, depuis 5 ou 6 ans Mais, en personne intelligente qui veut que les graines qu'elle sème partout sur son passage soient aussi bien disséminées que possible, elle s'est bien gardée de ne prendre passage que sur un seul navire qui, en définitive, n'aurait pu la porter que DANS UN SEUL ENDROIT A LA FOIS, elle s'est au contraire embarquée sur tous nos bâtiment de guerre ensemble, ou du moins sur presque tous, afin de pouvoir se trouver à la même heure en Chine et aux Antilles, dans la Baltique et dans la mer Noire, au Sénégal et chez la reine Pomarée, de façon à pouvoir catéchiser au même moment les cinq parties du monde et de faire ainsi de la propagande EN GRAND et d'UNE FAÇON DIGNE D'ELLE...

Il est vrai que ses divers ordres d'embarquement ne sont pas toujours parfaitement en règle, et que — comme disent les marins — ELLE PASSE SOUVENT PAR DESSUS LE BORD ; mais qu'importent aux grands caractères ces formalités terre-à-terre du passe-port ! — Une fois l'ancre levée et la terre perdue de vue, elle n'en est pas moins à bord, comme le mieux en règle de l'équipage ; et, la matoise qu'elle est, elle se faufile bien vite au beau milieu de l'état-major, en plein CARRÉ. Là, au milieu de ces hommes à éducation soignée, à manières aristocratiques et qui ne savent comment dépenser leur oisiveté, elle profite habilement de la position toute exceptionnelle que fait à chacun la vie clostrale du bord, pour se faire valoir ce qu'elle vaut véritablement, c'est-à-

dire.... beaucoup ! Aussi, grâce à la position admirable qu'elle a trouvée là ; et, il faut bien l'avouer, grâce aussi à sa grande amabilité personnelle, à ses allures avenantes et faciles, elle a fait et elle fait chaque jour un grand nombre de conquêtes parmi tous ces jeunes et intelligents officiers de notre armée navale, conquêtes d'autant plus importantes pour elle que chacun de ses adeptes, parfaitement capable d'apprécier ses mérites rares, devient bientôt un apôtres qui porte la propagande partout où il va. . et, où ne vont pas aujourd'hui nos officiers de marine ?.

Oui ! je vous le dis : la méthode est en train, non pas seulement de faire le tour du monde, mais D'ENVAHIR le monde. ; et je ne serais pas étonné d'apprendre, un de ces jours, que l'empereur de la Chine, le grand Mogol ou mes anciens compatriotes les Yolofs de la Sénégambie. viennent d'adopter la Méthode Galin-Paris-Chevé, et de décerner le prix Monthyon ou le prix de l'Empereur, à ceux de ses auteurs, que la mort n'a pas encore moissonnés. — La chose sera drôle pour cette bonne commission du chant de la capitale du monde civilisé, qui, depuis 15 ans, ferme les yeux et se bouche les oreilles pour ne rien voir et ne rien entendre et qui n'aura plus alors rien de mieux à faire que de se mettre à la suite des Chinois et des Nègres ! Oh ! ce sera bien drôle !...

En attendant cet avenir si prochain, honneur à ces braves et intelligents marins, dont j'ai si longtemps partagé les travaux et les dangers ! Honneur à eux !... Non seulement ils vont introduire à leurs bords un puissant auxiliaire contre l'ennui et la démoralisation, c'est-à-dire contre le scorbut, la dyssenterie et toutes les pestes qui déciment nos équipages ; mais ils auront encore la gloire d'avoir semé partout l'idée de Galin et d'avoir, ainsi, puissamment contribué à doter la terre entière de la musique populaire.

Honneur à M. Gestin, chirurgien-major de la marine, qui aura eu l'honneur d'être un des premiers apôtres de cette grande croisade pacifique contre la hideuse routine, croisade dont les résultats seront immenses dans l'avenir.

— Tout ce que je viens de dire va être justifié aux yeux du lecteur par la lettre suivante que m'écrit M. Gestin.

« Brest, le 1er avril 1856.

» Vous désirez, mon cher maître, que les lecteurs de *la Réforme musicale* sachent par le témoignage même de ceux qui défendent et propagent au loin les principes de la vraie méthode, l'état positif de la question musicale en pays étrangers et à bord de nos navires. Vous savez que, si mon dévouement à la bonne cause est grand, la vie errante que je mène m'empêche,

le plus souvent, d'observer avec suite la vulgarisation progressive des préceptes de l'école, et même d'assister aux résultats, soit de mon propre enseignement, soit de l'enseignement des personnes que ma conviction a pu ramener au bon sens.

» Je n'ai donc à signaler que très-peu de faits dignes de quelque attention ; car, si souvent en Angleterre, en Espagne, en Portugal, au Sénégal, j'ai prouvé l'immense supériorité de nos moyens et fait admirer la noblesse de notre but, si souvent j'ai initié aux procédés simples de la méthode des personnes désirant s'éclairer. je n'ai obtenu, je ne me le dissimule pas, que des résultats en général épars et sans importance, Il ne suffit pas, en effet. d'avoir de la bonne volonté et de la conviction pour faire comprendre, discuter et faire adopter une idée pour : qu'elle germe et s'étende il faut du temps, et c'est ce qui m'a toujours manqué.

» Néanmoins, j'ai recueilli dans ma carrière vagabonde quelques faits peu connus, je crois, des personnes qui s'occupent de l'enseignement musical. Et d'abord, il y a quelque chose de singulier dans cette circonstance que ce sont précisément ceux des Français qui sont le moins en France qui apprécient le mieux et pratiquent le plus une méthode éminemment française. *Encore quelques années, et la marine entière n'en connaîtra plus d'autre*. Je constate, sans le commenter ce fait, dont l'explication toute naturelle ne serait. il me semble, qu'un éloge de l'esprit progressif de mes camarades.

» Il y a bien peu d'officiers, appartenant aux divers corps de la marine, à qui la méthode soit restée inconnue. Nulle part la vérité n'a trouvé un accueil plus empressé. Je pourrais citer des exemple *nombreux* de marins partis avec le volume classique, *sans la moindre notion de musique*, et revenus excellents lecteurs et théoriciens inattaquables ; et cela très-souvent, il y a quelques années, sans avoir pu être aidés d'une leçon ou d'un simple conseil. — Aujourd'hui, je dois le dire, on chercherait en vain des faits aussi concluants en faveur de la toute puissance des exercices de madame Chevé, parce que parmi les marins d'aujourd'hui l'état-major d'un navire quelconque, *il se trouve toujours quelqu'un en état d'enseigner*. (à bord de mon dernier navire, sur *six* officiers à l'état-major, nous étions *trois* assez instruits en pratique et en théorie pour pouvoir faire des élèves ; et, sur ces trois, deux n'avaient jamais eu de maître.) — Que l'on me dise donc lequel de ces échafaudages sans base que l'on a décorés jusqu'ici du titre de méthodes, a jamais conduit en si peu de temps et d'une manière si sûre à cet étonnant résultat de faire des lecteurs et des théoriciens de personnes étrangères à la moindre notion musicale, et privées de tout guide. Aussi, ces vieux systèmes, dont l'impuissance était trop bien reconnue parmi nous ne pouvaient manquer de s'écrouler devant des procédés rationnels, admirablement simples et logiques, ne laissant, en un mot, rien à désirer à des esprits sévères.

» N'oubliez donc pas, mon cher maître, dans le dénombrement de votre armée pacifique, vos anciens camarades de la marine, devenus pionniers de l'idée nouvelle dans les contrées lointaines.

» J'ose à peine vous dire la petite part que j'ai prise à la vulgarisation de la méthode, parmi les marins et dans les pays étrangers. Toutefois, comme des efforts partiels, concourant au même but, aident, quelque chétifs qu'ils soient, au résultat général, je vous dirai comment j'ai apporté ma petite pierre à l'édifice immense de la musique universelle. Je me bornerai à vous raconter, en quelques mots, ma campagne musicale en Portugal, en ajoutant que, naturellement, à partir de l'époque où j'ai été assez heureux pour profiter de vos leçons, je n'ai pas manqué de faire un certain nombre d'élèves sur chacun des navires où je me suis trouvé embarqué.

» J'étais sur le *Narval*, à Lisbonne, quand le commandant du *Henry IV*, vaisseau mouillé près de nous, me pria d'ouvrir un cours à son bord. — La méthode était familière à plusieurs officiers de ce vaisseau; mais aucun d'eux n'avait, comme moi, puisé aux leçons du maître; aucun même n'avait jamais assisté à un cours.

» Dès les premiers jours, mes 250 ou 300 élèves abordaient et enlevaient les exercices avec une sûreté étonnante.. Un départ inattendu me sépara brusquement de cette belle masse chorale sur laquelle je fondais de justes espérances. J'ai su depuis que deux officiers du *Henry IV* avaient continué mes leçons avec succès, à travers les obstacles continuels qu'apportait, à leur persévérance, une navigation très-active.

» Un professeur de Lisbonne, français d'origine et haut placé dans l'enseignement musical avait assisté à l'une de nos séances. Il voulut être éclairé sur nos moyens; et, après une longue discussion *il signala sa conversion par l'ouverture de deux cours par la méthode!* — Je me souviens que, quelques jours avant mon départ de Lisbonne, — M. Cossoul, c'est le nom du professeur en question — me conduisit à l'une de ses leçons: ses élèves tenaient ce que j'avais promis d'eux, et le ur professeur paraissait enchanté de la nouvelle voie dans laquelle il venait d'entrer. Il y a quatre ans de cela, et depuis je suis resté sans nouvelles des progrès qu'a pu faire la méthode en Portugal. Puisse-t-elle n'y avoir pas rencontré cette opposition systématique qu'une aveugle routine lui fait dans sa patrie.

» Recevez, mon cher maître, l'assurance de mon respectueux dévouement.

» H. GESTIN.

Telle est la lettre de M. Gestin; l'importance des faits qu'elle contient est telle qu'elle frappera les yeux les moins clairvoyants.

Et maintenant, si l'on se rappelle le cours de musique fait par M. de Féraudy à l'école normale de Gymnastique de la Faisanderie, cours qui verse chaque année TRENTE OFFICIERS et DEUX CENT CINQUANTE SOUS-OFFICIERS et CAPORAUX répartis dans tous les corps de notre armée de terre, on ne pourra s'empêcher d'être frappé de ce singulier hasard qui confie à nos deux armées de terre et de mer la noble tâche de fournir des pionniers à la musique universelle, dont le plus beau triomphe sera un jour l'établissement de la concorde universelle: — Cela est vraiment providentiel.

Emile CHEVÉ.

Faits à l'appui de l'assertion de M. Gestin:

Que la musique vocale peut-être apprise sans maître par la méthode Galin-Paris-Chevé.

Le 5 juin 1848, voilà huit ans de cela, je reçus la lettre suivante, dont le signataire m'était alors complètement inconnu:

« Paris, 5 juin 1848.

» Monsieur,

» Je faisais partie de la station des côtes occidentales d'Afrique, quand, pour faire diversion aux ennuis incessants de cette pénible croisière, j'eus l'idée, conjointement avec mon frère, d'étudier votre méthode de chant, dont j'avais entendu faire grand bruit, à Toulon, et que je m'étais procuré sur la foi de cette renommée. Désireux d'apprendre; portés par goût vers l'étude de la musique, nous nous mîmes résolument à l'œuvre, et, grâce à cette persévérance, nous pûmes, au bout de *quatre mois*, nous convaincre de l'excellence de cette méthode; car nous fûmes déjà capables de chanter, *d'un bout à l'autre, et à première lecture, tout le solfége de Rodolphe*.

» L'épreuve avait trop bien réussi pour ne pas la pousser plus loin. Je chargeai un de vos amis, Béléguic, de me procurer votre méthode d'harmonie; il eut l'obligeance de vous écrire à ce sujet. Mais lorsque cet ouvrage me parvint, ma position à bord était changée, mes loisirs beaucoup moins nombreux. Je ne pus jeter sur cet excellent livre qu'un coup-d'œil très-superficiel, et je conservai le regret de ne pouvoir y consacrer un temps plus long qui, j'en suis sûr, n'eût pas été perdu. Aujourd'hui que je me trouve à Paris, pour quelque temps sans doute, il me serait agréable de poursuivre ces études attrayantes, de reprendre même, plus à fond, celles que j'ai suivies, et c'est afin de connaître les jours et les heures de vos leçons que j'ai l'honneur de vous écrire cette lettre.

» J'en profite également, monsieur, pour vous prier d'agréer les hommages que l'on doit toujours aux hommes de talent, et l'assurance des sentiments très-distingués avec lesquels j'ai l'honneur d'être, monsieur,

» Votre très-humble et très-obéissant serviteur.

» E. DE JONQUIÈRE,
» Lieutenant de vaisseau, passage de la Madeleine, 6. »

Je répondis à M. de Jonquière, aujourd'hui officier supérieur de la marine, et lui envoyai la réponse aux questions qu'il m'adressait. — Le lendemain, j'eus l'honneur de le voir à mon cours; il était, en effet, excellent théoricien et très-bon lecteur. Il me dit qu'il s'amusait beaucoup de la lecture de toutes les partitions d'opéra publiées pour voix et piano, et, il est de fait qu'il les lisait très-couramment. — Il me répéta de vive voix que son frère et lui n'avaient eu d'autre maître que la méthode, et que son frère, que je n'ai pas eu l'honneur de voir, était encore meilleur lecteur que lui. — Peu de temps après, son service ne lui permit plus de suivre mes cours, et, depuis cette époque, je n'ai plus entendu parler de lui, que pour apprendre son avancement dans le corps dont il fait partie. — Ces deux faits sont analogues à ceux dont parle M. Gestin dans sa lettre; seulement, ils sont antérieurs de trois ans à l'époque à laquelle M. Gestin a connu la méthode.

Voici un exemple d'un autre genre, qui m'est cité par M. Bos, élève de l'école normale supérieure, section des sciences. — Je mets sous les yeux du lecteur la lettre que M. Bos m'a adressée, à une date toute récente:

« Paris, 2 avril 1856.

» Mon cher maître,

» Il m'est souvent arrivé de dire à des personnes douées d'une voix flexible, d'une oreille juste, et désespérant de jamais apprendre la musique: « Quand on sait chanter *ut, ré, mi, fa, sol*, en ayant » conscience de ce qu'on fait, et qu'on a en son pou-» voir les remarquables exercices d'intonation créés » par madame Emile Chevé, on peut arriver à tout » chanter, aussi bien qu'on peut arriver à tout » écrire, quand on sait former les vingt-cinq lettres » de l'alphabet. » Et, si on se récriait, je m'offrais pour convertir l'incrédule, en expérimentant sur son propre gosier. Acceptait-on? l'expérience, en montrant que je ne faisais pas de paradoxe à plaisir, justifiait ma confiance dans la méthode qui porte le nom Galin-Paris-Chevé.

» Assurément le succès n'était pas dû à l'habileté du professeur, car je me bornais exclusivement à promener la baguette sur le tableau de bataille, à rectifier les intonations douteuses, à exercer à la mesure au moyen de la langue des durées; et lequel de vos élèves n'en ferait faire autant? On ne pouvait donc pas dire de moi ce que me disait un jour de vous, cher maître, un membre de la commission du chant: « Oh! les résultats auxquels arrive M. Chevé sont » dus à sa grande habileté, à l'entrain qu'il sait » communiquer à ses élèves, etc., etc » Il aurait été chercher des *parce que* jusque dans la lune, plutôt que de convenir de l'excellence de la méthode. Et quand je répondais: « — Des professeurs habiles, n'en possédez-vous pas? De l'entrain, qui vous empêcherait d'en avoir, si vous n'étiez pas stupéfiés par la vue seule de votre affreux grimoire? » Il se bornait à hocher la tête, d'un air qu'il pensait être profondément malicieux...

» Eh bien! voici un fait qui m'est personnel, qui ne surprendra aucun de ceux qui ont étudié la méthode, mais qui fermera tout net la bouche à ceux qui viendraient insinuer que la méthode, sans vous, ne serait qu'une lettre morte.

» Supposez une jeune personne de quinze à seize ans, n'ayant jamais appris la musique; d'une intelligence et d'une organisation musicale fort ordinaires; supposez que pendant sept jours elle reçoive une leçon de deux heures, de telle façon qu'au bout de ce temps on l'ait exercée dans le mode majeur sur les quatre premières séries d'exercices, c'est-à-dire, en définitive, qu'elle ait chanté la gamme de bas en haut depuis le *sol* grave jusqu'à l'*ut* aigu, et qu'on lui ait appris à faire le *jè*; supposez que vous ayez fait tout cela, et que, l'ayant munie de ce bien léger bagage musical, vous l'abandonniez à elle-même avec les exercices de la méthode et votre bénédiction.

» Que pensez-vous, cher maître, qu'il arrivera, au bout de quatre mois, quand vous reverrez cette jeune personne? — Ce qui arrivera, le voici: Vous pendrez au mur un tableau de bataille, vous prendrez une baguette, et, appelant l'enfant, vous lui direz: chante! Et la baguette se promenant à tort et à travers, en majeur, en mineur, vous entendrez une voix pure, exercée, ne bronchant jamais, prenant les intonations les plus excentriques avec une sûreté prodigieuse, avec un aplomb dénotant une éducation musicale fort avancée; et s'il vous plait de moduler, vous reconnaîtrez encore que la jeune personne possède le mode majeur en langue de *fa*, de *sol* et de *ré*, d'une manière satisfaisante, en même temps qu'elle lit facilement toutes les clés. — Et tout ce résultat a été obtenu en quatre mois, avec un travail régulier d'une heure par jour!

» Voilà un fait que j'affirme être vrai, et que, du reste, chacun est à même de produire aussi facilement que moi.

» Ainsi, quel que soit le mérite, et il est grand, des chefs de l'école, il est bien et dûment prouvé que la méthode se suffit à elle-même, et qu'en suivant scrupuleusement tous les exercices écrits dans la méthode, on peut arriver à des résultats dont on n'aurait pas obtenu la centième partie par tout autre moyen.

» En vous disant cela, cher maître, je ne vous apprends rien; mais il est bon que vous sachiez que, si vous avez des détracteurs, vous avez aussi des amis convaincus, fervents et dévoués.

» Adieu, portez-vous comme je vous aime.

» Tout à vous,
» P. Bos. »

Telles sont les deux lettres que j'ai cru devoir mettre sous les yeux du lecteur, après celle de M. Gestin. Les faits de la nature de ceux qu'elles contiennent sont très-communs dans notre école, et se reproduisent chaque jour et partout avec une certitude si grande, qu'il ne nous est plus possible d'avoir le moindre doute sur la puissance immense des moyens dont nous disposons. Et cependant — il est bon d'en prévenir le lecteur — les nouveaux exercices d'intonation de Madame Chevé ont une puissance incomparablement plus grande que celle des exercices imprimés qui ont produit les résultats que nous avons signalés plus haut. — Quand ces exercices nouveaux seront imprimés, toute personne ATTENTIVE sera A PEU PRÈS CERTAINE d'apprendre seule la musique vocale.

Avis à la commission du chant et au comité des études musicales du Conservatoire impérial de musique de Paris.

Emile CHEVÉ.

La méthode Galin-Paris-Chevé.

(Partie théorique — cent vingt-quatre pages *compactes*, grand in-octavo)

Adoptée par le Conservatoire Impérial de Paris, sous le nom de M. P.-L. Mercadier.

(Cent cinquante-huit pages très-peu remplies, petit-in-octavo).

On l'a vu dans les nombreux rapprochements (1) des

(1) La 92me preuve des emprunts faits, par M. Mercadier, au livre de M. et de Mme Chevé, a été omise par erreur dans la *Réforme musicale* du 13 avril. En voici le texte: « 92. Le nom numérique d'un in-
» tervalle, ajouté à celui de son renversement, donne,
» pour total, le nombre 9; Chevé, 199; Mercadier,
» 114. »

deux articles qui précèdent celui-ci : le comité des études du Conservatoire impérial a glorifié M. Mercadier, pour avoir, (comme le dit l'acte d'adoption du 12 mars dernier, *profité* du livre de M. et de Mme Chevé.

Qu'on nous permette de dire ce que nous ferions, si nous avions l'honneur — même sans appointements — de faire partie d'un comité d'études quelconque.

Nous croirions manquer au premier de tous nos devoirs, si, par paresse ou par esprit de parti pris, loin de refuser d'examiner ce qui nous serait soumis, nous ne courions pas au devant de toutes les occasions de rendre plus certain le développement des intelligences. Toutes considérations d'amour-propre, de camaraderie ou d'antipathie personnelle serait oubliée, pour laisser dominer dans notre conscience le sentiment du bien que nous pourrions faire et du mal qu'il nous deviendrait possible d'empêcher.

Les éléments de solution ont-ils manqué au comité des études du Conservatoire impérial ? Lui a-t-il été possible d'ignorer l'existence de la doctrine dont M. Mercadier a *profité* ? Hélas ! non.

En 1845. *M. Auber, membre de ce comité*, en compagnie de Marmontel et Batiste, professeurs au Conservatoire qu'il dirige, assistait à la soixante-troisième leçon du cours particulier de M. Emile Chevé, rue Saint-André-des-Arts, 52 (aujourd'hui 60). Voici ce qu'on lit à ce sujet, dans le *Coup de grâce à la routine musicale*, par M. Emile Chevé, page 65 : « L'on y fit, » entre autres choses, les exercices suivants : 1o lire » sur toutes les clés et dans tous les tons; 2o lire à » première vue et toutes les parties ensemble, un » quatuor apporté par ces messieurs, et écrit devant » eux sur le tableau ; 3o écrire sous la dictée un air » donné par M. Batiste, sur la demande de M. Auber ; » 4o une leçon de théorie sur les modes, sujet désigné » par M. Marmontel, sur l'invitation de M. Auber, » etc. Devant cinquante personnes, M. Auber, qui » était d'ailleurs fort souffrant ce jour-là, témoigna sa » VIVE *satisfaction* »

En 1848, le dimanche 22 octobre, à neuf heures et demie du matin, M. Auber OFFRAIT à M. Vialon, *un morceau qu'il écrivait, et devant contenir toutes les difficultés qu'il désirait voir résoudre par le chiffre.* M. Auber disait à M. Vialon *être disposé à demander au ministre le concours entre toutes les méthodes* (Journal le *Franc-Juge*, de Rouen, 29 septembre et 6 octobre 1850).

M. Carafa, membre du comité des études au Conservatoire impérial, disait, le même jour, à M. Vialon : « *Encore du nouveau ! toujours du nouveau !.... Je ne » prétends pas dire que votre enseignement soit mau- » vais ; mais je ne tiens pas à le connaître...... Je ne » serai jamais convaincu, et je ne veux pas essayer de » l'être.* » Franc-Juge, mêmes dates). Il m'est doux d'apprendre que *le nouveau* offert par M. Mercadier a trouvé grâce devant cette ferme résolution de ne rien voir, et que M. Carafa s'est décidé à se laisser *convaincre*, par le frelon, que le miel de l'abeille, même immodérément frelaté, est un excellent aliment pour les élèves du Conservatoire.

Dieu fit du repentir la vertu des mortels.

Le lundi 23 octobre 1848, à 9 heures du matin, pendant le parcours de la rue La Rochefoucauld à la mairie du 1er arrondissement, *M. Halévy, membre du comité des études au Conservatoire impérial*, avait, avec M. Vialon, un entretien résumé comme il suit, dans les notes de M. Vialon *(Franc-Juge, mêmes dates)*: « *Approbation entière* de la méthode qu'IL CONNAIT » DÉJA ET TROUVE RATIONNELLE pour la trans- » position, et surtout les éditions qui coûtent si peu, » et disent tant de choses en si peu d'espace ; mais » à la *condition expresse*, qu'on ne supprimera pas » l'enseignement de la notation ordinaire, uti'e pour » la comparaison et la lecture des ouvrages déjà » publiés. écriture qui, du reste, tombera d'elle-même » et graduellement, si celle du chiffre lui est supé- » rieure...... Promesse d'appuyer *positivement* le » concours devant le conseil municipal et le COMITÉ » DU CONSERVATOIRE, pour l'expérimentation » entre toutes les méthodes et celle de M. Chevé. »

Le même jour, à dix heures du matin, *M. Ambroise Thomas (membre de la commission du chant ; non signataire du rapport du 9 août 1850), aujourd'hui membre du comité des études du Conservatoire impérial, et signataire de l'acte d'adoption du 12 mars 1856*, à la suite de *nombreuses questions sur l'enseignement* d'après Galin, fournissait à M. Vialon les éléments des notes suivantes : « *Approbation entière » de la méthode*; promesse d'appuyer la demande de » concours comparatif entre les méthodes, non-seule- » ment auprès du conseil municipal de Paris ; mais » encore partout où il y aura lieu de le faire. » La conférence avec M. Vialon dura *une heure et demie !*

---

(1). — (*Franc-Juge*, mêmes dates).

Les huit autres signataires de l'acte d'adoption du 12 mars 1856 n'étaient point membres de la commission du chant ; toutefois, je trouve à la page 47 de l'*Historique et procès-verbal du Concours musical* ouvert à Paris, le 12 juin 1853, sous la présidence de M. Henri RÉBER (M. *Hector* BERLIOZ qui, lui aussi, avait accepté les fonctions de président, se trouvant à Londres ce jour-là), que M. L. Massart assistait à la deuxième réunion du jury, le dimanche 26 décembre 1862 ; je vois, page 49, qu'il a, par sa signature, déclaré qu'il *approuvait pleinement les tendances et le principe de la Lettre de M. Emile Chevé à MM. les artistes qui voudraient bien accepter les fonctions de jurés, dans le concours proposé par M. Emile Chevé ;* que M. L. Massart a signé le *Règlement et programme du Concours* (page 20); que le 8 mai 1853, il assistait à la troisième réunion du jury, page 27 ; que le 5 juin 1853, il faisait partie de la quatrième réunion (page 29) ; que le jour du concours, il était empêché par son service de chef d'orchestre au Conservatoire (2). Enfin, page 35, je lis les lignes suivantes : « Je dé- » clare adhérer aux conclusions du présent procès- » verbal. Paris, le 24 juin 1853 ; L. MASSART. » Par suite de cette adhésion, le nom de M. L. Massart se trouve sur la médaille décernée le 12 juin à l'école Galin-Paris-Chevé.

Il reste donc sept signataires de l'acte d'adoption du 12 mars 1856, à l'égard desquels on ne peut pas prouver, par des dates et des citations, qu'ils ont su que la doctrine de Galin avait son code écrit, et qu'ils ont dû *l'étudier* pour l'approuver, s'il était fondé sur le vrai, pour le repousser, *par de bonnes raisons*, s'ils en avaient reconnu les défauts.

Ici nous n'avons pas le fait ; mais les présomptions ne sont-elles pas tellement nombreuses qu'elles ne permettent pas le doute ?

En 1837, j'avais demandé au ministre de l'intérieur, M. de Gasparin, un concours comparatif entre la méthode de Galin et celle du Conservatoire (Lettre à M. Fétis, — 1841, page 47). Nécessairement ma proposition fut communiquée à M. Chérubini, directeur du Conservatoire royal, puisque je fus invité à me rendre auprès de M. Cavé, directeur de la division des beaux-arts, qui me dit ces paroles textuelles, que je cite avec ma réponse : « *Que voulez-vous, monsieur ? il y a à » la tête du Conservatoire un homme dont le gouverne- » ment respecte l'âge et honore le génie, l'administra- » tion ne voudrait rien faire qui pût le désobliger.* » — De telle sorte, répondis-je, que si, après M. » Chérubini, le gouvernement confie la direction du » Conservatoire à quelque illustration du même âge, » la vérité restera éternellement consignée à la porte » de cet établissement. » Avais-je prophétisé juste ?

En août 1840, à Lille, j'adressais à la commission administrative de la succursale du Conservatoire royal de Paris, des propositions d'essais comparatifs, dont il est impossible que la métropole n'ait pas été avertie. Le refus de concours est daté du 9 août 1840.

J'omets des propositions du même genre, faites à M. Fétis, directeur du Conservatoire royal de Bruxelles, en 1841 et en 1843 à M. Mengal, directeur du Conservatoire de Gand, en 1842 (date du refus, 9 septembre), et à M. Daussoigne-Méhul, directeur du Conservatoire royal de Liége (acceptation par M. Daussoigne-Méhul, le 22 novembre 1844 ; refus, par le bourgmestre de Liége, le 10 mars 1845, après son acceptation écrite du 9 décembre 1834. Le Conservatoire de Paris pourrait répondre qu'il ne s'occupe pas de ce qui se passe en Belgique. Revenons en France.

A Metz, feu Desvignes, directeur de la succursale du Conservatoire royal de Paris, dans une lettre publiée le 15 avril 1875 dans le *Courrier de la Moselle*, et le 16 avril, dans l'*Indépendant*, sans qu'aucune pro-

---

(1) M. Ambroise Thomas avait accepté les fonctions de juré, pour le concours du 12 juin 1853, à la salle Sainte-Cécile, à Paris. A la première séance d'organisation, le 19 décembre 1852, M. Ermel a déclaré que l'*invitation de s'abstenir* avait été adressée aux membres acceptants de la commission du chant, dont les noms suivent : MM. *Adolphe* ADAM, *Ambroise* THOMAS, *Clapisson, Bazin, Bousquet* et *Ermel.*

(2) Si, par une coïncidence bizarre, le jour du concours n'avait pas été choisi pour l'exécution, compromise par l'Orphéon, de la messe de M. Ch. Gounod, à Saint-Germain-l'Auxerrois, et de la *Gazza Ladra*, au Conservatoire, le concours aurait pu avoir pour juge M. G. Meyerbeer qui, par sa lettre du 31 décembre 1832, avait promis (page 34) de faire partie du jury, *s'il était à Paris pour cette époque.* M. Meyerbeer assistait, le 12 juin 1853, à l'exhibition du Conservatoire, à l'heure du concours de la salle Sainte-Cécile.

---

position, verbale ou écrite, eût été formulée par moi, écrivait, « Je serai toujours prêt, devant un jury » impartial, à faire subir un examen individuel à mes » élèves, concurremment avec ceux de M. Paris. » J'acceptai immédiatement (*Indépendant* du 16 avril 1845. *Courrier de la Moselle*, du 17 avril). Deux mois après j'adressais à M. Desvignes, en lui donnant un mois pour se préparer, le programme des expériences du concours *provoqué par lui*. M. Auber, directeur du Conservatoire, alors royal, de Paris, avait envoyé la copie complète du programme (pages 315 à 324 de la *Méthode élémentaire d'Harmonie* de M. et de Mme Chevé, 2e volume ; elle était de la main de M. Mouzin, professeur en 1845, et aujourd'hui directeur de cette succursale. L'envoi de Metz a été fait du 20 au 30 juillet. M. Auber a répondu qu'il ne fallait pas concourir. Déjà, le 29 juin, M. le maire de Metz m'avait notifié la délibération prise la veille par la commission de surveillance de la succursale du Conservatoire, pour tirer M. Desvignes de la position embarrassante où il s'était placé à l'étourdie.

Par ma lettre du 25 juin 1845, adressée à monsieur le directeur du Conservatoire royal de France, je priai M. Auber de vouloir bien faire autoriser le concours.

Toutes ces démarches ont dû appeler l'attention du Conservatoire royal de Paris, sur ce qui pouvait justifier la confiance ou, si on l'aime mieux, l'audace d'une école qui s'insurgeait aussi ouvertement contre l'autorité des méthodes en usage.

Messieurs Auber, Marmontel et Batiste n'ont pas dû garder pour eux seuls *ce qu'ils avaient vu chez* M. Chevé.

Mais est-il possible que les autres signataires de l'acte d'adoption du livre de M. Mercadier, en dehors de ce que je viens d'indiquer, n'aient pas connu l'existence d'une doctrine qui se révélait par ses résultats. Le 16 décembre 1849, à la salle Sainte-Cécile, au concert du journal *la Musique*, organisé par MM. Escudier frères, le Conservatoire de Paris, en masse, assistait au début triomphal de ces élèves de quelques mois qui devaient former le noyau de la puissante société chorale contre laquelle aucune autre n'a osé se mesurer, au concours du 12 juin 1853, bien qu'il y ait au Conservatoire, depuis la fin de 1830, un cours d'enseignement populaire du chant, auquel il est probable qu'on n'aurait jamais songé, s'il n'avait pas fallu paraître faire *cours contre cours*, comme aujourd'hui on essaye d'avoir *livre contre livre.* Qu'a produit le cours? Que produira le livre ? Pour diriger un cours, il faut une *méthode* COMPRISE ; pour utiliser un livre, il faut *des exercices* CONVENABLEMENT *gradués.* Le Conservatoire n'a rien tiré de ses leçons *populaires*, il ne tirera rien de son livre *contrefait.*

Quelque temps après, le 11 juillet 1850, la méthode Galin-Paris-Chevé, dans le grand amphithéâtre de l'Ecole-de-Médecine, abordait avec un succès incontestable, devant douze cents auditeurs, la symphonie chorale de *Ruth et Booz*, par M. Elwart, professeur au Conservatoire.

Des séances mensuelles dans lesquelles plusieurs morceaux trouvaient toujours leur place, étendaient la réputation de la jeune école, tand s qu'en un an l'Orphéon apprenait mal et *récitait* timidement deux ou trois morceaux qui, avec la *Marche des Deux Avares* et quelques morceaux, ressource uniforme de toutes les exhibitions, composaient le programme immuable des deux séances consécutives du Cirque des Champs-Elysées, lorsque les exhibitions n'étaient pas reculées d'un an, parce qu'il ne savait pas assez bien le maigre effectif des nouveautés, pour oser le produire en public.

Que dis-je ? le Conservatoire de Paris n'a pas eu besoin de se déplacer, pour s'enquérir de la valeur et pour comprendre l'avenir de la doctrine de Galin, par ses résultats manifestes. C'EST DANS LA GRANDE SALLE DU CONSERVATOIRE qu'a été donné, le 16 juin 1850, avec le concours de Mlles E. Grisi et Joséphine Martin, et de MM. Alexis Dupont, Barroilhet, Ch. Lebouc et Boulart, au profit de la maison d'asile des vieillards, dirigée par les Petites-Sœurs des Pauvres, un concert dans lequel la partie chorale était confiée aux deux cent cinquante chanteurs de M. Chevé. Le *Franc-Juge* du 23 juin a consigné dans ses colonnes le naïf étonnement d'un des assistants parfaitement placé pour faire une comparaison. Je cite le texte de M. Jules Sourdois : « D'autres que nous ont » été émerveillés de cette solennité, n'eussions-nous à » citer, pour soutenir ce que nous avançons, que le » mot d'un des employés du Conservatoire qui peut » bien avoir vingt-cinq ans de service dans cet établis- » sement, et qui disait à M. Chevé : *Oh ! monsieur » comme ces hommes chantent bien ; comme ils chantent » surtout carrément !* — Ah ! c'est qu'on n'est pas ha- » bitué à cela ici..... quoiqu'on y chante très-bien. » Et tous les auditeurs de rire.

Du 7 Janvier 1849 au mois de juillet 1850, dans une période de dix-huit mois, le journal *la Musique*, lu par tout le monde, au Conservatoire de Paris, a publié trente-neuf remarquables lettres de M. Emile Chevé, lettres réunies jusqu'à la 28ᵉ, dans un volume intitulé : *La Routine et le bon sens.*

A la suite de l'arrêt d'excommunication fulminé, le 9 août 1850, contre nos doctrines que le Conservatoire adopte *aujourd'hui* sous le nom de M. Mercadier, sans doute afin de prouver son respect pour la propriété intellectuelle, tous les professeurs influents du Conservatoire ont reçu un exemplaire du *Coup de grâce à la routine musicale*, par Emile Chevé.

En compagnie de M. Vialay, l'auteur de cet article a fait, le 9 décembre 1850, jusqu'au 25 du même mois, à chacun des quinze signataires du rapport de la commission du chant, une visite dont le compte-rendu, sténographié au sortir de chez eux, sera peut-être publié quelque jour. Il y a là de piquantes révélations.

Le Conservatoire impérial de Paris ne peut pas ignorer que le 20 août dernier, *ce ne sont pas ses élèves*, mais ceux de l'École Galin-Paris-Chevé qui, devant l'Empereur des Français et la Reine d'Angleterre, ont chanté, à l'Exposition des beaux-arts, un morceau de longue haleine, *composé par un professeur du Conservatoire*. Si l'établissement officiel avait pu, comme l'école réfractaire, mettre sur pied ce morceau pour l'étude duquel on n'avait que quelques heures, nul doute qu'il n'eût brigué l'honneur de chanter devant deux têtes couronnées. Combien d'autres preuves je peux donner de leur existence *très-réelle, pour la totalité des signataires de l'acte d'adoption du 12 mars 1856.* Je me borne aux précédentes qu'il a fallu donner assez nombreuses pour pouvoir aborder le prochain article dans lequel je ferai voir ce que le Conservatoire *pouvait* et *devait* dire à M. Mercadier, à propos de SON livre.

Aimé PARIS.

Encore un aveu tacite et significatif de l'impuissance de la portée, pour vulgariser la faculté de lire la musique vocale, sans l'instrument serineur.

La lettre aux professeurs de musique de Marseille, insérée dans la RÉFORME MUSICALE du 13 avril, est restée sans réponse.

Sur les SOIXANTE-QUINZE PROFESSEURS à qui je l'ai envoyée, affranchie, dix ne peuvent point être classés parmi les opposants. Leurs dispositions ne sont rien moins qu'hostiles, et j'ai eu soin d'ajouter quelques lignes spéciales aux lettres autographiées qu'ils devaient recevoir, afin de les avertir que si je prenais LA TOTALITÉ DES NOMS fournis par l'INDICATEUR de M. Blanc, c'était pour n'avoir point à m'expliquer sur les exclusions volontaires. J'ai eu l'occasion de les voir presque tous ; ils ont parfaitement compris mes motifs ; ils sont tous d'accord sur ce fait que rien n'est plus rare qu'une personne lisant la musique sans instrument, EN DEHORS DE L'ÉCOLE GALIN-PARIS CHEVÉ. Ainsi, il reste SOIXANTE-CINQ PROFESSEURS DE MUSIQUE, parmi lesquels il en est peu qui ne fussent très-heureux de pouvoir défendre l'écriture usuelle, en produisant des LECTEURS RÉELS.

Si je veux attribuer à leur silence unanime un motif qu'ils puissent honorablement avouer, je ne peux interpréter leur silence qu'en ce sens, qu'A EUX TOUS, dans Marseille — DEUX CENT CINQUANTE MILLE HABITANTS ET UN CONSERVATOIRE !!!! — ils ne connaissent pas assez de personnes capables de subir, sans instrument, des épreuves même peu redoutables, pour pouvoir réunir le personnel qu'exige la lecture simultanée et à première vue, d'un chœur FACILE, vingt-quatre personnes ; six pour chaque partie.

Faire une autre supposition serait douter de leur savoir vivre. J'aime mieux les croire impuissants qu'impolis. Toute la faute devra être rejetée sur la mauvaise écriture et sur la mauvaise langue qui paralysent leurs louables efforts.

Le professorat tout entier renonce donc aux expériences comparatives.

Désormais, à Marseille, dans nos séances de clôture, nous n'aurons plus à attendre que les artistes viennent apporter les métériaux des expériences.

Il ne reste plus à prévoir que le renouvellement, toujours par des ENFANTS perdus, de la surprise du 9 décembre dernier.

Des renseignements que je ne dois pas négliger, m'ont appris que le méprisable auteur de ce guet-à-pens, dont l'imagination, à ce qu'il paraît n'est pas très-fertiles en expédients, prépare une seconde édition de l'acte de lâcheté qu'ont flétri si énergiquement tous les gens de cœur, et qu'il s'est assuré le concours de quelques marmots qu'il expose plus volontiers que lui-même.

Nous renverrons, sans y mettre beaucoup de cérémonie, ses petits complices à une école où les exemples ne valent pas mieux que les conseils.

Ceci sera peut-être matière à réfléxions, pour qui de droit

» Aimé PARIS,

P. S. — Les lignes précédentes ont été envoyées à la RÉFORME MUSICALE, dimanche soir 13 avril. Le lendemain j'ai eu connaissance d'un procédé inqualifiable employé par un professeur qui tient de près au Conservatoire, et j'ai reçu, du silence des mes soixante-quinze correspondants, une explicatioon qui justifie pleinement l'attitude que je vais prendre vis-à-vis d'une opposition que j'apprécierai dans un prochain article, au point de vue des moyens qu'elle emploie pour se soustraire à l'accomplissement des devoirs les plus rigoureux du professorat consciencieux et intelligent. La position se dessine nettement. Le plan de campagne une fois connu, nous avons de grands avantages, dont nous saurons profiter.

Marseille, 15 avril 1856. Minuit.

» Aimé PARIS.

THÉATRES DE ROUEN.

Revue rétrospective.

Par un fait indépendant de notre volonté, notre dernier compte rendu, parvenu trop tard à l'imprimerie, n'a pu paraître ; ce qui explique, sans le justifier toutefois, notre innocent retard. Pardonnez-nous donc pour aujourd'hui la maturité de nos nouvelles dramatiques, en faveur de notre empressement habituel et de nos bonnes résolutions pour l'avenir.

Trois comédies nouvelles d'un heureux choix sont écloses au feu de la rampe pendant notre quinzaine silencieuse.

La première, LE FILS DE M. GODARD, qui a parfaitement réussie , grâce à l'esprit des auteurs qui ont su faire vibrer avec tact les cordes sensibles de l'auditoire : le sentiment et la gaité.

En outre cette pièce a été convenablement jouée.

Mlle Devaux, dont nous aurons plusieurs fois à parler, a dit avec une coquetterie toute mutine le rôle de la jeune femme étourdie.

Mme Saint-Ange a rendu avec beaucoup de vérité le caractère excellent de la vieille confidente grondeuse et dévouée.

Quant à M. Berret, nous aurions voulu qu'il prêtât un peu plus de dignité au personnage de M. Godard. Un homme d'une quarantaine d'années, vivant dans le monde élégant, un ancien notaire, ne doit pas avoir, il nous semble, même dans ses plus grands écarts de gaité, ces allures folichonnes et ce ton égrillard qui rappellent un peu trop le ci-devant jeune homme des VIEUX PÉCHÉS.

M. Bernet a eu de bons élans. M. Deschampt aussi. — Seulement, ces effets sont souvent annihilés par des gestes malencontreux. — Il n'a pas la tenue sévère et le ton militaire d'un officier ; c'est toujours l'amoureux craintif du CHAMPI ou le maître d'école efféminé de la SERVANTE.

M. Biétry a été comme toutes les fois qu'il voudra bien s'en donner la peine, convenable.

Passons à la JOIE DE LA MAISON.

Il s'agit de deux époux séparés par les conseils pernicieux d'une belle-mère de théâtre, et que leur unique enfant, une espiègle au cœur d'or, a juré de réunir, et réunit en effet.

Tout ce qu'une bonne intention peut inspirer d'heureuses pensées et de moyens adroits, les auteurs les ont mis en œuvre en faveur de la belle enfant, et Mlle Devaux, leur interprète, s'est montrée aussi libérale qu'eux, en lui prêtant aussi toutes les séductions de son talent et de sa personne. Elle a doublement réussi en gagnant sa partie sur la scène et dans la salle.

Mme Evrard avait un rôle trop lourd pour elle. Ce n'est pas sa faute. C'est à l'administration à combler les lacunes qui existent encore dans le personnel. Mme Saint-Ange a été fort amusante sous les traits de la belle-mère Discorde : elle a été et a mérité souvent d'être applaudie.

MM. Bernet et Deschampt ont complété un ensemble satisfaisant.

Restent les PIÉGES DORÉS, jolie comédie sans action, il est vrai, mais toute d'esprit.

Là, nous avons encore quelques bravos à donner : à Mlle Devaux, — tout en l'engageant cependant à ne pas abuser de ces petites moues charmantes et de ces trépignements d'enfant gâté, qui peuvent plaire un instant, mais n'ajoutent rien à son mérite.

A Mme Evrard, mieux placée cette fois.

A M. Deschampt, qui, pourtant, se démène un peu trop.

A M. Biétry, assez naturel dans le personnage de Martinon.

En somme, ces trois ouvrages interprétés de la sorte peuvent agréablement alterner les plaisirs du public.

Nous allions oublier de vous parler de LUCIE DIDIER, drame intime aux poignantes émotions. Mme Anne T..., que nous persistons à trouver bonne, malgré la froideur du public, a rendu avec un sentiment profond les souffrances morales de la pauvre femme honnête et coupable tout à la fois.

M. Bernet ne comprime pas assez sa douleur, au second acte ; en revanche, il a été saisissant d'expression dans la scène muette de folie du dénouement.

M. Legrenay a fait rire pourtant dans les rares éclaircies de gaîté de ce sombre tableau.

Quant à la personne qu'il nomme sa femme et qu'il accable de compliments, de par messieurs les auteurs, en vérité nous ne pouvons l'imiter, nous ne sommes pas assez... mari pour cela.

Une nouvelle recrue, Mlle Sterr, a fait sensation, jeudi dernier, dans l'IMAGE. Nous en reparlerons.

Alexandre OSMONT.

ERRATUM.

Numéro du 13 avril — Article THÉATRE. — 4ᵐᵉ pages 3ᵐᵉ colonne, — 3ᵉ ligne. — Lisez :
« A l'âge où, d'ordinaire, on ne croit plus QU'A
» Dieu ».

Darnétal. Imp. FRUCHART.

XIᵉ Année ; — 1ʳᵉ du nouveau titre.   UN NUMÉRO : 20 CENT.   N° 14. — Dimanche 27 Avril 1856.

Musique, — Sciences, — Arts, — Littérature, — Théâtres.

LA RÉFORME MUSICALE

JOURNAL DES DOCTRINES DE L'ÉCOLE GALIN-PARIS-CHEVÉ.

ABONNEMENT A ROUEN : 10 FR.

ON S'ABONNE

A ROUEN, chez M. Louis Roger,
rue Porte-aux-Rats, 2.
A PARIS, chez M. Emile Chevé rue
des Marais-S.-G., 18.
A MARSEILLE, chez M. Aimé Paris
rue Paradis, 77.

BUREAU A ROUEN, RUE PORTE-AUX-RATS, N° 2.

LOUIS ROGER, Directeur-Gérant.

ABONNEMENT DANS LES DÉP. : 12 FR.

ON S'ABONNE

A LYON, chez M. Pennaud, rue du
Griffon, 11.
AU HAVRE, chez M. Vasse,
rue Molière, 16.
Les abonnements peuvent être payés
en timbres-postes (Affranchir).

RENSEIGNEMENTS. — Cette feuille paraît, à ROUEN, tous les DIMANCHES. — Tout ce qui concerne l'administration du journal doit être adressé à Rouen, rue Porte-aux-Rats, 2. — Ce qui concerne la rédaction peut être indifféremment adressé à M. CHEVÉ, à M. Aimé PARIS, ou au Directeur-Gérant. — La critique demeure sous la responsabilité de celui qui la signe. — Il sera rendu compte des Ouvrages dont un exemplaire sera déposé au bureau du journal. Les lettres non affranchies seront refusées.

On peut se procurer des numéros de la *Réforme*, au Bureau du Journal ; — au dépôt du cours Boïeldieu, à Rouen, — et dans l'intérieur des Théâtres.

Une nouvelle inoculation du virus Galin

Un jour de l'été dernier se présenta chez moi un jeune homme portant l'habit ecclésiastique. Il me dit qu'il appartenait, comme élève, à un grand séminaire ; qu'il était venu passer quinze jours à Paris, et, qu'ayant beaucoup entendu parler de notre méthode de musique, il me demandait la permission d'assister à une leçon. Je le priai d'entrer et il suivit ma leçon avec la plus profonde attention. En se retirant, il me remercia et dit : Mon Dieu, monsieur, ce que je viens de voir et d'entendre m'a paru si extraordinaire que, si je ne craignais d'être indiscret je vous demanderais la permission de revenir. — Je mis à l'instant tous mes cours à sa disposition ; et, voyant son désir extrême de s'instruire, nous lui offrîmes, madame Chevé et moi, quelques leçons particulières pour que ses 15 jours de vacance puissent lui être de quelqu'utilité. Il accepta avec joie, et vint pendant une douzaine de jours consacrer deux ou trois heures chaque jour à l'étude de la musique. — Après ce temps, il partit pour son séminaire, parfaitement maître de l'intonation, la seule chose que nous ayons eu le temps de lui enseigner.

Des fait semblables se renouvelant chaque jour chez nous, nous ne pensions plus à celui-ci, quand hier nous voyons arriver notre jeune séminariste, tout joyeux et nous remerciant du service que nous lui avions rendu. — Je lui demandai ce qu'il avait pu faire de l'ébauche qu'il avait emportée. — Oh ! medit-il, j'ai eu, moi aussi, ma petite guerre à soutenir avec mes condisciples musiciens ou soi-disant tels... Puis il me raconta comment il utilisait les quelques QUARTS-D'HEURES que lui laissaient les études graves du séminaire. — Je lui demandai la narration écrite de son récit pour LA RÉFORME MUSICALE, et ce matin il m'a remis l'écrit que je transcris ci-dessous. — Le lecteur comprendra qu'une question de convenance m'engage à taire le nom du jeune apôtre et celui de son séminaire. — Je dois ajouter, cependant, que c'est avec l'assentiment du directeur du séminaire que ces jeunes gens peuvent consacrer chaque jour un quart d'heure — QUINZE MINUTES — de leur récréation à l'étude de la musique.

Supposons maintenant que chacun des jeunes prêtres qui sortent, non pas seulement de ce séminaire, mais de tous les séminaires — connaissent bien la méthode nouvelle ; voyez ce qui en résulterait : non seulement chaque ecclésiastique en particulier, en tirerait un grand bénéfice pour lui-même au point de vue de ses offices, qu'il ne chanterait plus, comme cela arrive si souvent, avec une voix fausse ; mais il pourrait répandre avec la plus grande facilité la lecture musicale dans sa paroisse, non seulement parmi les enfants, par les écoles, mais encore parmi les adultes qu'il soustrairait ainsi à l'ignoble et abrutissant cabaret ; — et l'on verrait bientôt partout des chœurs magnifiques relever l'éclat des cérémonies religieuse. — Cela dit, donnons le récit de M.*** que je transcris littéralement :

« L'exposition de 1855 me procura le bonheur de connaître M. Chevé. Quèlques leçons, que M. et Mme Chevé voulurent bien me donner pendant 15 jours de mes vacances suffirent pour me rendre maître de l'intonation et pour éveiller dans mon oreille le sentiment de la mesure. — La mesure, cependant, fut le grand cheval de bataille contre lequel je dus diriger presque tous les efforts de la lutte ; j'avouerai que je l'ai trouvée difficile, et je ne sais si, avec les signes ordinaires dont on se sert pour la représenter, j'aurais pu triompher des difficultés.

» Après mes vacances, privé de mes maîtres et abandonné à moi seul, je me demandai si j'aurais le temps, le courage et la possibilité d'apprendre la mesure. Si je n'avais eu que les ressources ordinaires, je ne me serais même pas posé cette question, et mes devoirs d'état m'auraient fait une loi de renoncer à la musique. Mais j'avais été tellement surpris et enchanté de la facilité avec laquelle je dus apprendre les leçons et les conseils de M. et Mme Chevé m'avaient rendu maître de l'intonation, que je soupçonnai qu'il en devait être de même pour la mesure. — Je trouvai qu'*un quart d'heure de musique par jour* ne nuirait pas à mes études ecclésiastiques, et il fut décidé que je m'exercerais chaque chaque jour, pendant *un quart d'heure*, sur les exercices de mesure que renferme la méthode, et que je suivrais, dans ces exercices, tous les conseils que donnent les auteurs.

» Ce qui fut dit fut fait : et six semaines après, j'étais maître de toutes les mesures que l'on rencontre dans les morceaux de musique vocale ordinaire. — Je compris, pour la première fois, qu'il était possible d'écrire un air quelconque sous la dictée d'une voix qui le vocalise. Heureux d'un succès aussi prompt et aussi complet, je me hâtai d'en faire part à ceux de mes confrères qui, depuis leurs jeunes ans, avaient appris la musique. Chose étrange ! les esprits prévenus raisonnent même contre les faits ! Il fallut donc raisonner. — Je ne demandais pas mieux ; car je savais que la partie n'était pas égale ; que la méthode nouvelle ne vivait que de raisonnement. — Cependant ma position était en apparence assez critique ; seul contre tous, j'étais condamné d'avance et par mes confrères et par l'ancien proverbe qui dit : — *On a tort, quand on a raison contre tout le monde.* Et puis ... que d'objections !

» Votre changement d'écriture est inutile car il y
» en a une autre. »

» La vôtre ne prendra pas ; l'autre est trop connue
» et trop claire pour le céder à une nouvelle. »

» Vous n'avez pas de portée ; donc vous ne voyez
» plus si l'on monte ou si l'on descend. »

» Vous n'avez pas de son absolu, donc vous
» pouvez plus vous entendre les uns avec les autres. »

» *Votre mesure est obscure*, parce que vous n'avez
» plus de noires de croches, etc, »

» Les orgues et les pianos (instruments d'accord
» modernes) sont des instruments justes ; donc
» théorie qui rejette le demi-ton, qui différentie les
» dièses et les bémols, est fausse. Les demi-tons sont
» justes. »

» D'ailleurs, *ré* est plus haut que *ut* ; donc *ré* bémol
» moi est plus haut que *ut* dièse. »

» Si la méthode Wilhem ne valait rien, on ne
» l'aurait pas pratiquée et préconisée *en tout, toujours*
» *et partout*, etc. »

» Que ces objections étaient faciles à résoudre !
J'essayai de le faire. J'étais content des réponses que je donnais ; elles étaient claires et sans réplique. Cependant, je n'étais pas compris et l'on ne m'accordait rien. Aux propositions les plus évidentes par elles-mêmes, telles que celle-ci : Les pianos sont appelés des instruments *tempérés*, parce qu'ils ne sont pas justes, et parce qu'ils ne sont pas assez faux pour écorcher les oreilles... On me répondait : *Nego majorem, salvá amicitiá* ; et souvent l'ardeur de la discussion faisait élever les voix si haut que l'amitié, en dépit de la précédente formule, paraissait ne pouvoir rester saine et sauve ; et il était opportun de rappeler que les cris plus forts ne sont pas les raisons meilleures.

» Je crus alors que j'avais eu tort de prendre le chemin qui menait tout droit au but. Avant de combattre mes adversaires de la bonté de ma cause, pensai qu'il fallait commencer par leur faire douter de la bonté de la leur. Je fis, à mon tour, des objections je demandai d'abord l'origine et la signification de ces expressions de mesures : 2/4, 3/4, 4, 9/8, 6/8, 9/8 12/8, etc. Personne ne put satisfaire ma curiosité ; dis alors que M. Chevé avait jugé à propos de faire comprendre aux musiciens une partie de leur musique qu'il ne comprenaient pas eux-mêmes (tant elle est facile !), et j'expliquai la chose, en saisissant toutes les occasions qui se présentaient, de relever les absurdités de cette théorie. — On se regarda avec une surprise que j'augmentai bientôt encore, ainsi que je vais le dire :

» Pour écrire en deux temps égaux, par degré conjoint la tonique et la sous-médiante du mode majeur combien doit-il y avoir de manière ? — je leur posai cette question. Le bon sens fit répondre : Une seule suffit, il n'en faut qu'une. — Eh bien ! pour suivis-je, M. Chevé n'en a qu'une 〔1 2〕 ; et Wilhem savez-vous combien il en a ? Il n'en doit avoir qu'une lui-même. — Je vous demande pardon de la surprise que je vais vous causer, mais j'ai à vous dire que Wilhem en a 840. Ce nombre exorbitant excita tout une explosion de réclamations : C'est faux ! c'est faux ! Patience ; nous allons les compter. Sans armure à la clé, et en prenant la clé de sol, puis écrire l'idée musicale dont nous venons de parler par *deux rondes*, ou par *deux blanches*, ou par *deux noires*, ou par *deux croches*, ou par *deux ronde pointées*, ou par *deux blanches pointées*, ou par *deux noires pointées*, ou par *deux croches pointées*. Si nous comptons bien, nous trouvons déjà *huit manières*. Mais il y a 7 clés, chacune d'elle est aussi riche que la clé de sol deuxième ligne, et la table de pythagore, dont l'autorité est plus ancienne encore que celle de la musique Wilhem, nous crie que nous avons déjà 56 manières. Enfin, nous avons 7 armures de dièses et sept armures de bémols dont chacune est aussi riche que la portée sans armure, ce qui nous donne 56 $\times$ (14 + 1) $=$ 840...

» On soupçonna dès lors que les livres de Wilhem pouvaient renfermer quelque bévue; on se défia des faussetés qu'auparavant l'on regardait comme autant de vérités évidentes. Les solutions aux premières objections furent écoutées avec quelque doute que M. Chevé pouvait avoir raison — Il y eut encore mille interruptions inutiles qui allongèrent beaucoup les explications ; enfin l'on convint de la fausseté des objections que l'on m'avait faites.

» Mais tout n'était pas fait ; on pensait encore que la méthode Wilhem était facile ; et l'on persistait à vouloir marcher dans l'ornière sans se donner *la peine* de se mettre dans le chemin droit. Pendant ce temps là je prêtais la méthode de musique vocale et la méthode d'harmonie à ceux de mes confrères qui avaient la verve musicale. L'ironie spirituelle des auteurs servit de passeport aux vérités qu'ils enseignaient. Tel, qui pendant 3 mois consécutifs de vacances avait essayé d'apprendre un traité d'harmonie sans pouvoir saisir presque rien des choses les moins difficiles, celles mêmes qui ne sont point absurdes, s'étonna de comprendre à la première lecture l'harmonie de M. et Mme Chevé ; et il se disait : « L'har-
» monie, ce n'est que cela ? ... »

» De mon côté j'avais copié en chiffres une foule de beaux cantiques faits en l'honneur de la Sainte-Vierge ; ils étaient si beaux que chacun les voulut avoir. Par amour pour la Sainte-Vierge, il fallut donc prendre une leçon d'écriture musicale en chiffres, un petit *quart-d'heure* fut donné à chacun pour lui apprendre *tous les signes* de l'écriture de Galin. — Le quart-d'heure écoulé, personne ne pouvait croire que c'était fini. On prenait ensuite une heure d'exercices avec les chiffres et l'on était devenu maître passé. — Déjà l'on chantant les chiffres plus facilement que la portée. On venait me dire ensuite : — Si jamais je vais à Paris avec vous, je vous prierai de me conduire chez M. Chevé ; je désire bien vivement lui parler, voir de près ses cours, ses élèves et entendre ses leçons.

» Que ne me fût-il permis de donner des leçons de musique à la communauté entière ! Mais on est encore persuadé qu'il faut beaucoup de temps pour apprendre la musique ; et la vogue antique et universelle de la méthode ordinaire rend préjugé trop pardonnable, pour que j'ose attaquer les personnes respectables qui en sont imbues. Comme la vérité n'est qu'une affaire de temps, il faut attendre du temps qu'il fasse tomber le préjugé avec la méthode qui l'a fait naître. Le nombre toujours croissant des élèves de M. Chevé, l'estime et l'attachement qu'ils ont pour lui, abrégeront de beaucoup, j'espère, les jours d'épreuve que la nouvelle méthode doit encore traverser. Les orages que l'ancien engouement, les susceptibilités privées, et le faux honneur que les musiciens attachent à leur fausse méthode, pourront lui susciter, ne peuvent l'atteindre.

» B. F. A.

» Élève d'un grand séminaire. »

LA MÉTHODE GALIN-PARIS-CHEVÉ

A LORIENT.

La lettre qu'on va lire offre cela de curieux qu'elle répond à une objection mal fondée que beaucoup de personnes adressent à nos moyens d'enseignement, en affirmant que — non seulement ils sont inutiles pour conduire à lire sur la portée, mais que même ils rendent PLUS DIFFICILE l'étude de l'écriture usuelle.—
Il faut dire, du reste, que cette objection n'est formulée par les personnes ABSOLUMENT IGNORANTES DES DOCTRINES DE L'ÉCOLE GALIN-PARIS-CHEVÉ. — Toutes les personnes qui connaissent la méthode savent, au contraire, qu'elle conduit bien plus vite que n'importe quelle autre route à lire l'écriture usuelle — et surtout à la LIRE INTÉGRALEMENT —avec tout son luxe stupide de clés, et de signes plus mauvais les uns que les autres. — Mais, quoique nous arrivions à la lire intégralement, cela ne nous empêche pas de la condamner, parce qu'elle est INFINIMENT MAUVAISE, tandis que l'écriture de Galin est INFINIMENT BONNE. — Cela dit, voici la lettre que m'écrit monsieur Amelot, professeur de musique à Lorient, où la méthode est connue depuis sept ans.

» Lorient, 25 mars 1856.

» Monsieur Chevé,

» Deux personnes, à Lorient, enseignent la méthode Galin-Paris-Chevé : mademoiselle Binot et moi. Autrefois, mon beau-frère, feu Lorenziti, l'enseignait dans les écoles communales ; mais, depuis sa mort, la musique y a été supprimée.

» Quant à moi, n'ayant dans les cours que des enfants qui doivent apprendre le piano, je ne puis en faire qu'une application assez restreinte, à cause de la notation ordinaire qu'on veut savoir le plutôt possible, et *je ne m'en sers*, assez généralement, *que comme moyen d'introduction à la musique ordinaire.* — Les avantages de votre méthode sont si puissants que ce *mode d'application me réussit parfaitement.*

» Recevez, monsieur, les salutations de votre très-humble serviteur.

» AMELOT fils. »

Ainsi, bien loin que la méthode nuise aux élèves de M. Amelot, il s'en sert POUR LES CONDUIRE A L'ÉTUDE DU PIANO.. — il est bon d'ajouter que ni M. Amelot ni M. Lorenziti n'avaient vu mes cours quand ils se sont mis à enseigner la méthode. — Je ne crois pas avoir jamais vu l'un ou l'autre de ces deux messieurs. Ils n'ont donc pas pu profiter de toutes les ressources que l'on apprend à connaître dans mes cours et qui ne sont point dans la méthode écrite, la seule chose qu'ils aient connue. — Et cependant ils s'en servent pour arriver plus vite au piano.

Emile CHEVÉ.

La Méthode Galin-Paris-Chevé

A L'INSTITUTION DES DIACONESSES,

Rue de Reuilly, 95, à Paris.

La méthode Galin-Paris Chevé étant enseignée depuis environ deux ans dans l'établissement des Diaconesses de la rue de Reuilly, j'ai pensé qu'il était temps de demander à Madame la Directrice de cette maison BIENFAISANTE, son opinion sur les résultats produits par l'enseignement nouveau. — Mademoiselle Malwesin a bien voulu m'adresser la lettre suivante, qui montre, une fois de plus, que, QUEL QUE SOIT le personnel sur lequel on essaie l'application de la méthode, le résultat est toujours identiquement le même, pourvu que cette application soit faite avec intelligence et bonne volonté. — Voici la lettre de Madame la Directrice.

Institution des Diaconesses, établie à Paris, 95, rue de Reuilly.

« Paris 1er avril 1856.

» Monsieur Chevé.

» Lorsque l'an dernier vous eûtes la bonté de venir examiner nos élèves pour juger des fruits du premier cours de musique vocale selon la méthode Galin-Paris-Chevé, que fait dans notre maison Mlle Allix, nous avions espéré que, chaque année, vous daigneriez nous encourager par votre présence ; ce moment n'étant pas encore venu, je prends la liberté de vous apporter mon témoignage : Nous avons vu faire à l'ensemble des personnes de notre maison des progrès réels dans l'exécution du chant sacré, qui est le seul objet de nos études.

» La simplicité, la clarté de votre méthode, que Mlle Allix professe avec un zèle qui doit nous servir d'exemple, a, je l'espère, établi d'une manière durable le chant parmi nous. Depuis quinze années nous avions tenté bien des efforts sans réussir... Notre maison étant remplie de personnes pauvres et sans éducation, il fallait, pour poser des bases musicales solides parmi nous, une méthode facile à comprendre, et qui, par son sens net et droit, répondît assez au besoin intime de l'individu pour qu'il pût se l'approprier et la garder par le moyen des exercices si parfaitement gradués qui sont dus à Madame Chevé. Ce résultat est, je l'espère, obtenu. Je ne mets pas en doute que plusieurs de nos élèves aient assez acquis pour propager elles-mêmes, avec succès, votre méthode, lorsque l'occasion se présentera pour elles de le faire.

» Veuillez agréer, Monsieur, ainsi que Madame Chevé, l'expression de mes sentiments respectueux et reconnaissants.

» C. MALWESIN, Directrice. »

Je remercie de tout mon cœur Mademoiselle Malwesin du bon témoignage qu'elle nous donne là, touchant les succès obtenus par la méthode dans l'établissement qu'elle dirige. Encore quelques années, et les germes qui vont se former aux Diaconesses de Paris, iront porter l'idée féconde dans tous les établissements semblables fondés dans les villes de province... et l'initiative de cette propagande si éminemment moralisatrice sera due a mademoiselle Malwesin... Ce sera sa récompense.

Emile CHEVÉ.

ENCORE UN PETIT FOYER.

Je savais que madame Cazambon, l'une de mes bonnes élèves, avait commencé un cours d'après la méthode dans l'institution de madame Vallière, rue et île Saint-Louis. J'ai fait prier madame Vallière, que je n'ai pas l'honneur de connaître, de vouloir bien me dire si elle était contente du résultat déja obtenu, et voici la lettre qu'elle vient de m'adresser. Le lecteur verra que les résultats obtenus par l'application intelligente de la méthode sont toujours les mêmes, que l'on agisse sur de grandes masses ou sur des élèves en nombre restreint : ceci est sans exception. — Je profite de l'occasion pour remercier madame Vallière de l'empressement qu'elle a mis à satisfaire à ma demande.

Emile CHEVÉ.

Voici la lettre de madame Vallière :

« Paris, 17 mars 1856.

» A Monsieur Emile Chevé.

» Un cours de chant d'après la méthode Galin-Paris-Chevé a été commencé dans mon pensionnat, rue et île Saint-Louis, 11, par madame Cazambon, votre élève, dans le mois de décembre 1855.

» Le peu de leçons (en tout 40), leur peu de durée (une heure chacune) le petit nombre d'élèves (en tout 8), ne me permettaient pas d'espérer un résultat à beaucoup près aussi satisfaisant que celui auquel madame Cazambon a su parvenir. En effet, les élèves chantent très-bien en *ut*, et en *la* mineur, elles font d'une manière très-satisfaisante les exercices sur presque tous les tons ; elles font l'harmonie au tableau à 2 et 3 voix ; la mesure va bien ; elles chantent les duos et les morceaux faciles ; elle font bien la dictée avec des mesures simples.

» Ce sont là certainement des résultats qui font l'éloge de la méthode et de la manière dont elle est interprétée ; madame Cazambon sait transmettre à ses élèves le goût musical qu'elle a puisé à vos leçons, et je ne doute pas que ses succès dans le professorat n'aillent toujours en croissant.

» Agréez, Monsieur, l'assurance de ma considération la plus distinguée.

Mme VALLIÈRE.

La méthode Galin-Paris-Chevé.

(Partie théorique — cent vingt-quatre pages *compactes*, grand in-octavo)

Adoptée par le Conservatoire Impérial de Paris, sous le nom de M. P.-L. Mercadier.

(Cent cinquante-huit pages très-peu remplies, petit-in-octavo).

Je crois avoir démontré que le comité des études du Conservatoire impérial *n'a rien adopté*, le 12 mars dernier, *qui n'eût été dit ou exposé pour la première fois par M. Emile Chevé*, dans la *partie théorique* de la *Méthode élémentaire*, que messieurs les membres de ce comité avaient, en partie, déclaré avoir *examiné avec une sérieuse attention*, si on s'en rapporte à leur signature, au bas de l'arrêt de proscription du 9 août 1850, et dont aucun des signataires de l'acte d'adoption de pouvait dire qu'il n'a pas pris connaissance, eu égard aux fonctions délicates dont ils sont investis. Qui comprendra jamais un *comité des études* dont la préoccupation constante ne serait pas de rechercher les moyens de *rendre les ETUDES plus courtes et plus profitables?*

Si ces messieurs essayent de s'excuser, en disant qu'il faudrait lire tout ce qui se publie sur l'enseignement, nous leur répondrons que, non seulement il faut *lire tout ce qui se publie*, mais *voir tout ce qui se fait*, et *prendre connaissance*, quand la chose est possible, *de tout ce qui existe en manuscrit*, chez ceux qui prétendent avoir découvert quelque chose. Nous ajouterons que, comptables des intelligences qu'on leur donne à diriger, toute minute d'un travail inutile qu'ils imposent est un larcin qui diminue le capital qu'on appelle le *temps*, larcin condamnable dans une proportion qui s'accroît en raison du nombre des élèves; que toute idée fausse qu'on fait entrer dans l'esprit appelle une réprobation aussi sévère et une punition aussi méritée que toute falsification des substances alimentaires, qui compromet la santé publique. Voilà le devoir comme nous le comprenons, nous qui n'avons jamais décliné la responsabilité d'un de nos actes, nous qui, lorsque nous avons eu le malheur de nous tromper, n'avons pas hésité à confesser notre erreur; nous qui, demain, abandonnerions la défense des idées de Galin, si on produisait à la fois des résultats *généraux* supérieurs à ceux que nous ne cessons de mettre en évidence, et une théorie qui, mieux que celle du maître et de nos travaux, rendît compte de tous les faits de la *science* de laquelle *l'art doit toujours dépendre*, ce dont le comité des études du Conservatoire ne nous semble pas plus se douter, que la commission du chant de la ville de Paris, bien que cela ait été écrit par Destutt de Tracy dans les dernières années de l'autre siècle, et que Galin, il y a trente-huit ans, ait fait de cette grande pensée l'épigraphe de son livre.

Le comité des études du Conservatoire impérial n'a donc pas pu ignorer que TOUT ce qu'il adoptait, comme un *profit* retiré par M Mercadier, des travaux de ses devanciers, était *pris* dans l'ouvrage repoussé, il y a six ans, par les plus influents de ses membres, qui ont signé, le 12 mars dernier, cette étrange condamnation de leur rapport du 9 août 1850.

Eh bien! ce n'est pas tout, je vais signaler ce qui se trouve dans le livre de M. et Mme Chevé, et ce qu'on cherche en vain dans la sophistication de M. Mercadier. Viendront ensuite les preuves des ingénuités scientifiques de M. Mercadier, qui sont couvertes de l'approbation illimitée du comité des études du Conservatoire impérial, sans qu'un mot restrictif dans l'acte d'adoption, fasse soupçonner qu'un seul des signataires ait été arrêté par quelque scrupule, en lisant ce passage, sur lequel je reviendrai, à propos d'un fragment de *Mario Spada* : « Il y a des personnes qui »n'emploient pas le DOUBLE BÉCARRE » (*Mercadier*, page 55).

Je dois dire que, pour ma part, si j'avais eu l'honneur de faire partie du comité des études du Conservatoire impérial, j'aurais dit, en montrant à la page 55 : « Mes chers collègues, si nous ne mettons pas un » petit correctif dans notre approbation enthousiaste, » nous allons approuver, par notre signature, l'équi- » valent de cette phrase : *Il y a des gens qui ne sont* » *pas des ânes.* »

1. Le livre Chevé, de la page 194 à la page 199 (première moitié) contient une exposition *lucide et complète* des intervalles de la gamme diatonique majeure. Les développements *parlent à l'intelligence*, les exemples, par leur distribution typographique, *parlent à l'œil*. Où est l'équivalent chez M. Mercadier? Pour cette question et pour celles qui suivent, nous attendons la réponse du comité des études du Conservatoire impérial, si toutefois il ne recourt pas à la ressource commode qui consiste à se taire, quand on n'a rien de concluant à répondre.

2. Le reste de la page 197 à la page 199, deux pages qui contiennent trois tableaux comparatifs et l'indication d'exercices écrits, pour se familiariser avec la connaissance des intervalles, n'ont fourni à M. Mercadier que cet article de foi, sans exemple : « *L'intervalle est simple ou composé.* »

3. De la page 204 à la page 210, le livre Chevé donne le rapport des intervalles de même nom entre eux; il montre comment on s'assure, expérimentalement, de l'égalité des cinq secondes majeures entre elles, et de celle des deux secondes mineures. Des tableaux *parlant à l'œil* bien mieux que la portée (où les secondes mineures et les secondes majeures ont, comme les autres intervalles, leurs termes également espacés), montrent le nombre des intervalles de même nom, depuis la seconde jusqu'à l'octave inclusivement, et la distribution des secondes d'espèces différentes qui, superposées, donnent chacun des *quarante-deux* intervalles spécifiés. Je ne parle pas de la grande note de la page 207, sur *l'origine de la gamme*. Celle-la, M. Mercadier en a *audacieusement PROFITÉ*, sans que le comité des études ait crié haro!

4. M. Mercadier pense qu'il était inutile de parler des intervalles particuliers à la gamme mineure auxquels le livre Chevé consacre une partie des pages 210 et 211.

5. C'est encore dans le livre Chevé qu'on trouve le *tableau comparatif des intervalles, depuis le comma jusqu'à la tierce mineure*, pages 212 et 213. M. Mercadier n'a pas jugé à propos d'en *profiter*, et le comité des études du Conservatoire impérial n'a pas demandé pourquoi.

6. Le tableau des gammes, page 223, dont M. Mercadier a *profité* à sa page 80, est suivi d'un résumé de conséquences numérotées de 1 à 11, dans le livre pages 223 et 224. Sur les *onze* déductions de M. Chevé, M. Mercadier *n'a PROFITÉ que de trois*, celles qui portent les nos 4°, 6° et 7°.

7. A quelle page du livre Mercadier le comité des études du Conservatoire impérial a-t-il vu la similitude qu'expose le livre Chevé, page 227, entre l'entrée d'un dièse et la suppression d'un bémol, *et vice versâ*.

8. M. Mercadier n'offre rien d'analogue aux deux tableaux du livre Chevé, pages 231 et 233 ; l'un par la comparaison des gammes majeures à leurs mineurs dont la tonique porte le même nom ; l'autre pour rapprocher, des gammes majeures, les deux gammes mineures qui ont le plus d'analogie avec chacune d'elles.

9. M. Mercadier, qui a fait de l'érudition contestable en même temps qu'à contre sens, et qui n'a pas été admonesté pour cela par le comité des études du Conservatoire impérial, a laissé, sans en *profiter*, la belle page 237 du livre Chevé, qui donne d'une manière si ingénieuse le *tableau des transformations successives de la gamme mineure* et qui en tire de si remarquables conséquences, à la page 238.

10. Le comité des études du Conservatoire ne peut prétexter son respect pour le dogme du demi-ton, afin d'excuser M. Mercadier de n'avoir pas *profité* des pages 242 et 245, dans lesquelles M. Chevé énumère et caractérise les éléments constitutifs des deux espèces de gammes chromatique et enharmonique, avant avant d'en donner le tableau comparatif, puisque M. Mercadier, pages 84 et 85, comme M. Panseron, page 16 de son A B C MUSICAL, accepte, pour la seconde mineure, les *quatre neuvièmes* d'une seconde majeure.

11. M. Chevé, pages 248, 249, 250 et 251 fait une suite de remarques et donne une série d'exemples, relativement aux *modulations* ; il offre de nombreux exemple d'échanges de tons et de modes qui manquent à la suite des pages 140, 141 et 142, dans lesquelles M. Mercadier a si largement *profité* des pages 244 à 247 du livre Chevé. *Profiter* du FAIT et négliger les CONSÉQUENCES ! il y avait là de quoi éveiller l'attention des *analystes* qui composent le comité adoptant.

12. Où le Comité adoptant a-t-il vu chez M. Mercadier, même dans des proportions lilliputiennes, quelque chose qui ressemblât à la magnifique analogie qui remplit avec tant de bonheur la page 242 de M. Chevé, pour prouver que l'étude des fractionnements de la durée doit être basée sur le rapport proportionnel et non sur l'absolu. Comment ! sur douze signataires, investis de fonctions graves et qui supposent l'habitude de la réflexion, pas un n'a compris l'incommensurable distance qu'il y a entre l'esprit lucide et profond qui sait ainsi formuler une idée et l'intelligence étroite qui sans aucun scrupule de conscience, a déclassé ce qui avait été réuni en faisceau synthétique, et qui substitue l'indéterminé à ce qui était nettement défini; tout en affichant la prétention de *donner la raison des choses*! Et nous sommes au dix-neuvième siècle, et, comme au temps de Blaise Pascal, dans le Conservatoire impérial de musique, *on trouvent plus facilement des moines que des raisons*, pour sanctionner un acte d'improbité scientifique! *Proh! pudor!*

» Aimé PARIS,

(*La suite prochainement*)

CORRESPONDANCE.

Nous lisons dans le JOURNAL DU HAVRE, du 18 avril :

SALLE SAINTE-CÉCILE.

COURS DE MUSIQUE DE M. VASSE.

Après deux séances publiques et gratuites dans lesquelles M. Vasse a exposé la théorie du système d'enseignement musical qui constitue la méthode Galin-Paris-Chevé, le cours pratique a commencé hier au soir devant un certain nombre d'élèves des deux sexes. Cette première leçon s'est terminée par un chœur à deux parties exécuté avec une précision et une sûreté d'intonation que l'on n'aurait jamais attendues de personnes dont la grande majorité n'avait aucune notion préalable de l'art musical. Tous les élèves appartiennent au Havre, et nous avons été témoin des exercices gradués qui ont amené un aussi surprenant résultat dans l'espace de deux heures. Les procédés abréviatifs enseignés par M. Vasse sont des plus ingénieux; ils consistent dans une combinaison de mnémotechnie et de gymnastique vocale. Ainsi, chacun était tout surpris, à la fin de la leçon de connaître les intervalles et de les franchir sûrement avec la voix, de scander nettement le rhythme en observant les silences, enfin de pouvoir faire, A PREMIÈRE VUE, sa partie dans un chœur, il est vrai peu compliqué pour cette première leçon, qui n'est que la préface d'un cours où seront résolues toutes les difficultés pratiques et théoriques.

Puisque la musique n'est absolument représentée dans notre ville, depuis l'exil de l'opéra, que par le cours de M. Vasse, il est désirable qu'elle puisse au moins se maintenir dans ce petit domaine, et nous croyons intéressant de tenir le public au courant des progrès de cet utile enseignement.

F. SANTALLIER.

Il y a quatre ans que la méthode est enseignée à Bréhéville, près Damvillers (Meuse), par M. Drouet, professeur de musique. On nous écrit de cette ville que les résultats obtenus par la méthode Galin-Paris-Chevé sont là ce qu'ils sont partout : complets et concluants.

Dimanche dernier, les jeunes garçons et les demoiselles des Enfants de Marie étaient réunis dans l'église où ils ont exécuté plus de 25 chœurs, parmi lesquels : CIEL ET TERRE, de M. Divis, et la CAPTIVITÉ DE BABYLONE, d'Amand Chevé, ont causé aux assistants une vive et bien douce émotion.

« Ces progrès — nous dit M. Drouet — nous » les devons à la méthode Galin-Paris-Chevé, » que j'enseigne depuis quatre ans à nos enfants. » Si je ne craignais de lasser votre patience, je » vous raconterais tout au long la satisfaction » que j'ai éprouvée en exposant les principes » si faciles de la méthode, et en voyant les » enfants comprendre si bien et retenir si ai- » sément tout ce que je leur enseigne. Et quel

» enthousiasme parmi tous ces bambins ! Il
» faut voir comme ils sont heureux, lorsqu'ils
» entendent lire votre journal. Ah ! si la prière
» de ces jeunes cœurs est entendue du ciel,
» soyez sûr, mon cher monsieur Roger, que
» votre généreux courage sera récompensé de
» Dieu ! »

Nos remerciements et nos encouragements à M. Drouet. Qu'il se rassure, quant à l'existenée de la Réforme. Si le numéro du 6 avril ne lui est pas parvenu, c'est que le service des imprimés n'est pas fait à la poste avec la ponctualité qu'on est en droit d'exiger d'elle. Des réclamations pareilles nous arrivent de toutes parts. Nous avons déjà pris des mesures qui nous permettront bientôt de savoir à qui nous en prendre de cette irrégularité.

De quelque part que nous viennent les petites tracasseries, elles ne nous effraient pas. Nous avons la force d'affronter tous les obstacles qu'il plait à Dieu de semer de devant les vérités nouvelles ; mais nous ne l'eussions-nous pas, qu'il ne faudrait que quelques paroles sympathiques et bienveillantes comme celles de M. Drouet, pour nous encourager

Merci encore, et bonne chance à nos amis de la Meuse.

Louis ROGER.

Nous recevons la lettre suivante :

« Lyon, 18 avril 1856.

» Monsieur Roger,

» Les progrès que la méthode Galin-Paris-Chevé fait à Lyon, ont engagé quelques amateurs, de l'école, à former une seconde société qui vient d'être définitivement constituée sous le nom de Cercle Choral Lyonnais, fondé pour la propagation de la méthode Galin-Paris-Chevé.

La nouvelle société, dont le siège est Grande-rue Sainte-Catherine, 13, se propose de remplir le programme suivant :

1° Se réunir pour se perfectionner dans la connaissance de la méthode et dans l'exécution chorale ; 2° Faire des cours gratuits, jusqu'à ce que ces cours soient organisés sous le patronnage de l'autorité ; 2° Donner le plus souvent possible des séances au bénéfice des pauvres, sitôt que son personnel le permettra.

» Nous espérons que nos efforts, joints à ceux de la Société chorale Lyonnaise, que dirige auec dévouement M. Perraud, gagneront quelques adeptes de plus à la cause que nous défendons tous.

» Veuillez agréez, Monsieur le directeur-gérant, l'assurance de ma considération.

» Amédée CASTELLAN,

« Président du Cercle Choral Lyonnais. »

M. Eugène de Mirecourt vient de publier la biographie d'Odilon Barrot, l'illustre organisateur des banquets réformistes. On attendait avec impatience l'histoire d'un homme qui a joué sous le règne de Louis-Philippe un rôle d'opposition si perpétuel et si diversement apprécié. Le 55ᵐᵉ volume des Contemporains est digne de ses frères : impartialité de jugement, calme absolu d'appréciations, multiplicité de détails anecdotiques, tout se réunit pour montrer que le biographe n'a rien perdu de sa conscience et de sa verve. Les notices consacrées à Raspail, à Gavarni, à Pierre Leroux, a Nisard et à Villemain sont sous presse. L'éditeur des Contemporains rappelle aux souscripteurs que la première série seule est expédiée contre un mandat de vingt-cinq francs, en raison de l'économie qui résulte de l'envoi de cinquante volumes sur tout le parcours des messageries.

LA VIE EST SI BELLE A VINGT ANS !

Prière.

MUSIQUE INÉDITE D'A. DASSIER.

PAROLES D'A. OSMONT.

I.

Ton de RÉ. — Andante.

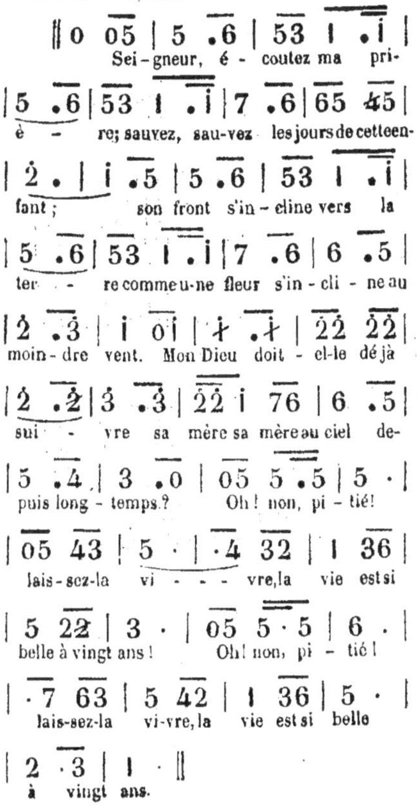

```
|| 0  05 | 5  .6 | 53 1 | .i |
      Sei - gneur,  é - coutez ma  pri-
| 5  .6 | 53 1 | .i | 7  .6 | 65 45 |
  è  -  re; sauvez, sau-vez  les jours de cette en-
| 2  . | i .5 | 5 .6 | 53 1 | .i |
  fant ;     son front s'in - cline vers  la
| 5 .6 | 53 1 | .i | 7 .6 | 6 .5 |
  ter  -  re comme u-ne fleur s'in - cli - ne au
| 2 .3 | i 0i | i .i | 22 22 |
  moin - dre vent. Mon Dieu doit - el-le déjà
| 2 .2 | 3 .3 | 22 i 76 | 6 .5 |
  sui  -  vre  sa mère sa mère au ciel de-
| 5 .4 | 3 .0 | 05 5 .5 | 5 · |
  puis long - temps ?   Oh ! non, pi - tié !
| 05 43 | 5 · | .4 32 | 1 36 |
  lais-sez-la  vi -  -  -  vre, la  vie est si
| 5 22 | 3 · | 05 5 · 5 | 6 · |
  belle à vingt ans !   Oh ! non, pi - tié !
| · 7 63 | 5 42 | 1 36 | 5 · |
  lais-sez-la  vi-vre, la  vie est si  belle
| 2 · 3 | 1 · ||
  à  vingt ans.
```

II.

Que ses beaux yeux puissent encore
Contempler l'azur de vos cieux ;
Que le souffle aimé de l'aurore
Caresse encor ses longs cheveux ;
Que le parfum qui nous enivre
Porte encor l'ivresse à ses sens !
Pitié, mon Dieu ! laissez-la vivre :
La vie est si belle à vingt ans !

III.

Que vous importe, à vous, la vie
De cette enfant que nous aimons ;
A vous qui, selon votre envie,
Pouvez courber les plus grands fronts ?...
Il en est que la mort délivre,
Parmi les bons et les méchants ;
Prenez-les ; mais laissez-la vivre :
La vie est si belle à vingt ans !

Le magnifique ouvrage des Confessions de Marion Delorme, illustrées, s'enlève, chez l'éditeur Gustave Havard, avec tout l'intérêt de curiosité qui s'attache au nom de M. Eugène de Mirecourt. On tient à voir comment l'auteur des Contemporains, si rigoureux en fait de critique littéraire, s'y est pris pour ne pas encourir tous les reproches qu'il adresse à nos modernes romanciers historiques. Il est certain que ce livre, dont plusieurs volumes déjà sont entre nos mains, renferme de sérieuses et profondes études. La fantaisie n'y exploite pas follement le domaine de l'histoire. Elle respecte les traditions, elle ne fausse point les caractères ; elle offre, à côté d'une lecture attrayante, des enseignements réels et profitables. Les souscripteurs aux Confessions de Marion Delorme peuvent se procurer l'ouvrage, soit par livraisons, soit par séries, chez tous les libraires de France et de l'étranger.

THÉATRES DE ROUEN.

REVUE DE LA SEMAINE.

Le tueur de lions. — M. de St-Cadenas. — Puisque nous avons la paix.

Comme les paresseux, nous avons encore attendu au dernier moment pour nous acquitter de notre tâche, pourtant fort agréable, et nous sommes obligé de faire galoper rapidement notre plume, pour rattraper le temps perdu ; qu'on nous pardonne donc pour cette fois notre laconisme télégraphique.

Nous avons trois vaudevilles à passer en revue. — C'est moins long, heureusement, qu'un défilé de garde nationale. — Le Tueur de lions, d'abord, charge ébouriffante, succès de fou rire, qui rappelle les heureux jours de l'Ours et le Pacha, la Laitière et les deux Chasseurs, les Saltimbanques, et autres bêtises immortelles qui ont atteint le sublime du genre et resteront comme types.

James, dans le rôle de Jonas Gérard, est d'un comique très-naturel et très-communicatif ; il nous a fait rire de ce bon rire franc et ouvert dont on perd le secret en vieillissant.

Cosson ne lui cède rien en esprit et en gaîté ; impossible de ne pas éclater en le voyant entrer en scène avec son costume de chasseur primitif, d'homme des bois, couvert de peau d'ours et armé jusqu'aux dents. Quelques esprits chagrins, qui prennent la farce au sérieux, ont murmuré contre les applaudissements ; mais ils ont eu deux fois tort : envers l'auteur, un homme d'esprit ; envers les artistes, des artistes de talent.

Ensuite, M. de St-Cadenas, vaudeville assez heureux, offrant ce qu'on ne trouve pas toujours dans une œuvre de longue haleine, des caractères bien tracés : — Celui du méfiant, surtout, qui est très-original. — Nous ne savons pas pourquoi M. Drappier traîne toujours à la finale des mots. Cela est plus monotone qu'amusant.

Cosson est drôle dans le personnage débonnaire du vieux rentier ; c'est la meilleure pâte molle qu'il soit possible de trouver.

Mlle Fleury, qui ne se donne pas toujours la peine de jouer sérieusement, nous a prouvé cette fois que, quand elle veut, elle peut. — Elle a chanté juste et joué avec naturel, deux qualités rares et dont nous lui tenons compte.

On peut jouer les ingénues sans parler niaisement. Avis à Mlle Valon.

Il nous reste à dire un mot de : Puisque nous avons la paix, à-propos patriotique de MM. Victor Grandin et Marcel Briol.

Comme dans toutes les pièces de ce genre, l'action est à peu près nulle ; mais en gens d'esprit, les auteurs ont racheté ce défaut originel, en y semant bon nombre de couplets heureux qui ont poussé vite et se sont épanouis en bravos.

Toute la phalange des comiques a été mise en requête, pour plaider la cause des auteurs près du public ; elle était gagnée d'avance. Que pouvaient-ils craindre, du reste, puisque nous avons la paix ?

Alexandre OSMONT.

Darnétal. Imp. Fruchart.

XIᵉ Année ; — 1ʳᵉ du nouveau titre.   UN NUMÉRO : 20 CENT.   N° 15. — Dimanche 4 Mai. 1856.

Musique, — Sciences, — Arts, — Littérature, — Théâtres.

LA RÉFORME MUSICALE

ABONNEMENT A ROUEN : 10 FR.

ON S'ABONNE

A ROUEN , chez M. Louis Roger,
rue Porte-aux-Rats. 2.
A PARIS, chez M. Emile Chevé rue
des Marais-S-G., 18.
A MARSEILLE, chez M. Aimé Paris
rue Paradis, 77.

JOURNAL DES DOCTRINES DE L'ÉCOLE GALIN-PARIS-CHEVÉ.

BUREAU A ROUEN, RUE PORTE-AUX-RATS, N° 2.

LOUIS ROGER , Directeur-Gérant.

ABONNEMENT DANS LES DÉP. : 12 FR.

ON S'ABONNE

A LYON, chez M. Perraud, rue du
Griffon, 44.
AU HAVRE, chez M. Vasse,
rue Molière, 46.
Les abonnements peuvent être payés
en timbres-postes (Affranchir).

RENSEIGNEMENTS. — Cette feuille paraît, à ROUEN, tous les DIMANCHES. — Tout ce qui concerne l'administration du journal doit être adressé à Rouen, rue Porte-aux-Rats, 2. — Ce qui concerne la rédaction peut être indifféremment adressé à M. CHEVÉ, à M. Aimé PARIS, ou au Directeur-Gérant. — La critique demeure sous la responsabilité de celui qui la signe. — Il sera rendu compte des Ouvrages dont un exemplaire sera déposé au bureau du journal. Les lettres non affranchies seront refusées.

On peut se procurer des numéros de la Réforme, au Bureau du Journal ; — au dépôt du cours Boïeldieu, à Rouen , — et dans l'intérieur des Théâtres.

LA MÉTHODE GALIN-PARIS-CHEVÉ

Au petit séminaire de Caen, et dans plusieurs localités du calvados.

Paris, 19 avril 1856.

Encore un séminaire qui a donné l'hospitalité à la méthode proscrite par le Conservatoire et la commission du chant, et qui se félicite tout haut de ce qu'il a fait. Non content d'en user pour son propre compte, il la fait connaître partout où il peut et devient ainsi un foyer de vie pour l'enseignement musical dans le Calvados, où l'on voit chaque jour surgir un centre nouveau, grâce au zèle dévoué de M. l'abbé Beaulieu. Ce digne ecclésiastique a bien voulu m'écrire la lettre suivante, qui rend compte de ses efforts, de ses déceptions et de ses succès ; je le transcris littéralement :

« Séminaire de Caen, le 10 avril 1856.

» Mon cher M. Chevé,

» Vous me demandez quelques renseignements sur les progrès qu'a faits à Caen la méthode que M. Aimé Paris et vous, vous défendez avec tant de force, de courage et je dirai même avec tant d'héroïsme. — Hélas ! je voudrais bien vous les donner plus satisfaisants et plus dignes des efforts que M. Aimé-Paris avait faits pour l'implanter dans notre ville, si indifférente, surtout à l'article musique et si insensible aux innovations. Il est vrai qu'après le départ de M. Paris il s'était formé une société nommée *Cercle musical* et inscrivait sur sa bannière les trois noms aimés de la nouvelle école Galin-Paris-Chevé. Mais malheureusement, il ne s'était trouvé pour entretenir et alimenter le feu sacré qu'un seul professeur ayant régulièrement suivi le cours de M. Aimé Paris, et ayant foi en ses paroles : c'était M. Delarue (1).

(1) Voici la lettre que m'écrivit à cette époque M. Delarue que je n'avais pas l'honneur de connaître ; ce n'est que plus tard que je l'ai vu à Paris.

« Caen, 10 décembre 1847.

» A M. *Emile Chevé.*

» Lorsque M. Paris est venu ici, annonçant un nouveau mode d'enseignement musical, avec la promesse d'un succès, aussi rapide que sûr, je fus du nombre des incrédules, et je me promis de combattre de toutes mes forces la méthode que ce professeur apportait. Néanmoins, je voulus connaître cette méthode ; je suivis attentivement les premières leçons de M. Aimé Paris, et ma conviction en faveur de son système ne tarda pas a se former d'une manière inébranlable. Ce système coïncide tellement, d'ailleurs, avec la façon dont j'ai moi-même appris la musique, qu'il m'était difficile de ne pas m'en déclarer hautement le partisan et le défenseur. J'ai fait des progrès

Aussi, lorsqu'après deux ans d'efforts et de succès qui lui avaient valu l'entrée au Lycée et au Conservatoire de notre ville, on l'a vu, tout-à-coup, abandonner le professorat pour se faire imprimeur ; lorsque, dis-je, on l'a vu manquer à cette méthode, dont il était considéré dans notre département, comme le représentant et le défenseur. Alors, les détracteurs se sont mis à crier plus fort que jamais et à s'efforcer de déraciner peu à peu les germes féconds qui commençaient déjà à porter des fruits ; et la routine a pu reconquérir une partie du terrain qu'elle avait perdu.

» Cependant, malgré toutes les vaines clameurs du dehors, les élèves du petit séminaire de Caen sont restés invariablement attachés à cette méthode qui leur permet de chanter les œuvres des plus grands maîtres, et en particulier, une messe de Palestrina, une autre de Lesueur, etc., etc. A ce point que, l'année dernière, ils ont pu donner deux petites soirées musicales composées chacune d'une douzaine de chœurs, à 3, 4 et 5 voix, de manière à mériter les applaudissements de tous, — sans parler d'une foule d'autres morceaux religieux exécutés dans notre chapelle, et cela sans accompagnement d'aucun instrument, tandis qu'autrefois ils avaient beaucoup de peine à redire en mesure un simple air de cantique, bien qu'alors ils eussent des professeurs pour le moins aussi habiles. — Je dirai même une chose bien propre à prouver que de pareils résultats doivent être attribués uniquement à la méthode qui vous a coûté tant de sueurs et tant de veilles : c'est que M Delarue lui-même avait enseigné la musique à nos élèves, durant plus d'une année, *d'après l'ancien système, sans obtenir aucun succès*, lorsqu'il se détermina à faire l'essai de la nouvelle doctrine qu'il avait apprise au cours de M. Paris, et, *après vingt-cinq leçons* d'une heure chacune, il *mettait ces mêmes élèves en état de chanter en public six chœurs à 3 et 4 parties* — Aussi, à partir

rapides dans la lecture musicale, et cela en ne voyant dans une note que sa fonction, son rapport avec telle ou telle autre note. Mais toutes les théories musicales que j'ai lues n'ont jamais complètement satisfait mon esprit, si ce n'est la vôtre, monsieur, et je ne crois pas qu'un homme impartial, après l'avoir étudiée consciencieusement, puisse se refuser à la proclamer infiniment supérieure à toutes les autres. Aussi, au départ de M. Aimé Paris, je n'ai pas hésité à me déclarer le champion des idées de Galin. J'ai ouvert chez moi un cours de la méthode, et le succès arrive sans efforts et sans fatigue. C'est résolument que je suis monté sur la brèche, et le courage, la persévérance ne me failliront pas.

» Agréez, monsieur, l'assurance du respectueux dévouement avec lequel je suis votre très-humble serviteur.

» Delarue.

» 10, rue des Jacobins »

Plus tard, une entreprise industrielle d'un grand avenir se présenta à M. Delarue qui crut devoir sacrifier son apostolat au bien-être de sa famille : et il fit très-bien. — La vie que l'on nous fait est tellement dure qu'il faut être fou, ou avoir le diable au corps pour persister dans l'apostolat.

Emile CHEVÉ.

de ce jour, l'opposition a eu beau crier, le petit séminaire de Caen est resté — *et restera* — fidèle à cette méthode qui, seule, a pu changer en *plaisir* et en *délassement* le dégoût et l'ennui jusqu'alors inséparablement attachés à l'étude de la musique, et *par laquelle il obtient des résultats qu'il ne soupçonnait pas, même pouvoir obtenir* ! Et cette remarque, que je fais ici pour nous, elle peut se faire également pour *l'institution Sainte-Marie*, qui s'est établie près de Caen, il y a cinq ans : — Durant trois ans, d'habiles professeurs y avaient donné des leçons de musique vocale, sans pouvoir, malgré tous leurs efforts, constater le moindre succès un peu satisfaisant ; or, voilà qu'un de nos anciens élèves, nouvellement ordonné prêtre, — M. Eudes, — ayant été nommé professeur dans cet établissement, s'est chargé de montrer aux élèves cette méthode qui, à si juste titre, porte votre nom, et, par suite de ses leçons, les élèves, contrairement à ce qui avait lieu dans le passé, aspirent après la classe de musique et *peuvent chanter dans trois mois plus de morceaux qu'ils n'en avaient chanté dans trois ans !*

Je pourrais encore apporter le témoignage de quelques instituteurs des environs de Caen, qui, après avoir essayé d'introduire dans leurs écoles le système de musique qu'*eux-mêmes avaient suivi autrefois*, ont fini par se rendre à l'évidence et par convenir que la méthode Galin-Paris-Chevé, quoique n'étant connue par eux que très-imparfaitement (seulement à l'aide de quelques notions données par nos élèves), leur permet d'obtenir des résultats qu'auparavant ils n'eussent jamais osé espérer. Que serait ce donc, si nous avions au milieu de nous des professeurs habiles et réellement dévoués à la méthode ?

» Mais cette lettre est déjà bien assez longue ; je termine donc en vous disant : Courage ! chers et dignes maîtres. Il ne fallait rien moins que cette énergie exceptionnelle et cette santé de fer dont la divine providence vous a doués l'un et l'autre, dans l'intérêt d'une grande vérité, pour avoir vaincu toutes les amertumes, tous les dégoûts dont la routine ou la mauvaise foi ont abreuvé vos existences toutes de dévouement. Mais j'ai la douce confiance que, dans un avenir peu éloigné, il vous sera donné de voir enfin le triomphe de cette belle idée que vous avez si éloquemment développée et si vaillamment défendue. Oh ! croyez qu'il sera beau et heureux pour les élèves du séminaire de Caen et de l'institution Sainte-Marie, le jour où ils apprendront que, sur le drapeau que vous tenez d'une main si ferme, vous avez pu écrire en caractères ineffaçables le mot *Victoire !* nom si doux pour tout cœur français ! Dans tous les cas, soyez persuadés que leur admiration et leur cœur vous sont assurés à tout jamais, comme aux apôtres d'une belle et grande vérité destinée à porter la lumière dans l'enseignement musical.

» Tout à vous de tout cœur.

» B. BEAULIEU, prêtre.

» P.-S. — Cher monsieur Chevé, je réclame un peu d'indulgence pour ces quelques lignes, écrites à la hâte et sous l'impression de la mort, presque subite, de deux confrères. »

Telle est la lettre de M. Beaulieu.

A cette lettre, écrite entre deux cercueils, et que je craindrais d'affaiblir par le moindre commentaire, je crois devoir joindre celle que m'écrivit en 1847 — il y a 9 ans — L'un des membres les plus distingués de l'INSTITUT DES FRÈRES DES ÉCOLES CHRÉTIENNES, le frère BAUDIME, alors directeur du demi-pensionnat de la rue des Francs-Bourgeois, et aujourd'hui l'un des premiers dignitaires de son ordre. Quand il m'écrivit cette lettre, il y avait DIX-HUIT MOIS que j'enseignais la méthode dans l'établissement qu'il dirigeait et où j'avais une classe de cent enfants. C'est donc en pleine connaissance de cause que parle le frère Baudime. Le lecteur remarquera facilement les points de ressemblance qu'il y a entre ces deux lettres, écrites à NEUF ANS de distance, par deux hommes graves qui ne se sont probablement jamais vus. — Voici la lettre du frère Baudime :

« Paris, 5 novembre 1847.

» A M. le docteur Emile Chevé.

» Vous me demandez un mot qui certifie que la Méthode de Mme Emile Chevé est enseignée dans notre demi-pensionnat, rue des Francs-Bourgeois, 10 (au Marais) ; je le fais avec d'autant plus de plaisir que je n'ai qu'à me louer d'avoir eu foi dans les idées de Galin ; les résultats ont surpassé de beaucoup mes espérances, et les concours de fin d'année ont démontré d'une manière péremptoire la supériorité de cette méthode sur la Méthode Wilhem.

» J'ajouterai qu'autrefois la leçon de chant était l'instant le plus pénible de la journée, avec votre Méthode les choses sont bien changées ! cette leçon est devenue la plus attrayante pour les élèves et la plus facile à surveiller.

» Tel est le témoignage que je me plais à rendre à une œuvre qui me paraît destinée à rendre de grands services à l'étude de la Musique.

» Agréez, Monsieur le docteur, les hommages de votre très-humble serviteur.

» E. VANIER, FRÈRE BAUDIME.

» De l'institut des frères des Écoles chrétiennes, Breveté du degré supérieur, Directeur du demi-pensionnat, 10, rue des Francs-Bourgeois (au Marais). »

Que dire après tout cela ? — Qu'il faut que la routine soit un animal bien entêté pour ne pas vouloir se rendre à l'évidence de pareils faits, qui lui crèvent les yeux de tous côtés depuis quinze ans.

Eh bien ! tant pis ; nous passerons par dessus la routine !

Emile CHEVÉ.

L'OPPOSITION MUSICALE,

CARACTÉRISÉE PAR SES ACTES.

Voici une anecdote qui mérite plus qu'aucune autre la garantie de cette parenthèse: (historique).

Un chanteur dont la voix grave a besoin d'être beaucoup travaillée s'il faut en juger d'après ceux qui ont pu l'entendre très-récemment, dans une tentative qui prouvait du courage, sinon du talent, sur le théâtre de Marseille, avait accepté avec empressement l'offre que, sans m'avoir consulté, lui avait faite un de mes amis, qui lui a été grandement utile, de chanter chez moi dimanche dernier, 13 avril, devant plusieurs personnes dont le nombre serait augmenté par quelques unes de celles qui demeurent dans la maison que j'habite. Je n'avais vu aucun inconvénient à fournir à l'artiste en herbe une occasion de se faire connaître, bien que ce rendez-vous fût pris pour l'heure que, dans la seule soirée dont je puisse

disposer chaque semaine, je consacre à mon travail pour la RÉFORME MUSICALE.

Les invités furent exacts au rendez-vous ; ils étaient au nombre de vingt, environ. Vainement on attendit le chanteur ou l'explication polie d'une absence forcée que ne manque jamais d'envoyer, par écrit, un homme bien élevé.

Heureusement, il y avait assez de ressources dans l'esprit des assistants pour qu'on n'eût pas trop à s'apercevoir de la longueur d'une attente qui dura plus de deux heures, et dont souffrait plus que personne la jeune et aimable fille du protecteur de celui qui manquait ainsi à un engagement formel.

Le lendemain matin, le chanteur fort embarrassé, alla s'excuser de son impolitesse, auprès de son introducteur (ce mot est-il à sa place, quand l'invité n'a pas été INTRODUIT)? La veille, lui dit-il, il avait rencontré un professeur de musique dont je sais le nom et que, provisoirement, j'appellerai M. X...., il lui avait fait part de son projet de chanter chez-moi.

« Malheureux qu'allez vous faire, s'écria » M. X... si vous allez chez cet homme-là, » vous allez vous fermer toutes les portes, à » commencer par la mienne et par celle du » Conservatoire. Vous ne voyez pas qu'il cher- » che à vous attirer dans son école pour » exploiter votre voix, etc., etc. »

Il n'en fallut pas d'avantage pour épouvanter l'élève de M. X..., du reste si avantageusement connu des directeurs de théâtres, que l'un d'eux à qui on proposait naguères d'entendre un futur débutant, ayant demandé le nom du professeur de ce dernier répliqua sur le chant quand on lui nomma M. X... « bah ! que » voulez-vous que j'attende d'un élève de X... ? » nous savons tous qu'il n'en a jamais formé » un seul qui fût supportable » (encore TOUT- A FAIT HISTORIQUE).

Ce qu'il y a de remarquable dans ceci, c'est que M. X.... qui a reçu ma lettre du 2 avril, insérée dans la RÉFORME MUSICALE du 13 avril, et qui n'y a pas répondu, sans doute parce qu'il est intérieurement de l'avis du Directeur dont je viens de parler, a choisi, pour commettre une mauvaise action et pour un énorme mensonge, *le jour où expirait le délai qui lui était donné pour dégager sa conscience professorale, en promettant de produire les élèves qui lui devaient de savoir* LIRE *la musique sans instrument serviteur.*

Oui, M. X.... a commis une MAUVAISE ACTION, en intimidant son élève POUR LE FORCER A MANQUER A UNE PAROLE DONNÉE.

Oui, M. X... a dit un ÉNORME MENSONGE en affirmant que je voulais EXPLOITER UNE VOIX. M. X... sait ; car JE LE LUI AI DIT, le 10 novembre 1854, devant plusieurs personnes, dans une maison de la rue de la Darce, que je me renfermais dans la question ÉLÉMENTAIRE, laissant à d'autres le soin de FORMER DES ARTISTES. M. X... assistait à ma séance du 23 mars 1854. Il n'a pu y entrer qu'au moyen d'un billet dont le verso portait ces mots: « La méthode Galin-Paris-Chevé s'annonçant » comme un moyen d'arriver à la LECTURE » ORALE de la musique, résultat GÉNÉRAL » qu'on n'obtient pas et qu'on n'obtiendra » JAMAIS avec les moyens usuels, l'objet es- » sentiel des séances qui terminent les cours » est de prouver que les élèves savent lire sans » le secours de l'instrument. C'est là ce que » ne doivent point perdre de vue les auditeurs. » Les DÉLICATESSES D'EXÉCUTION ne viendront » qu'APRÈS CE PRÉLIMINAIRE INDISPEN- » SABLE. »

M. X... — ff M. Pecoul, père.

M. X... m'a entendu développer cette proposition, le 23 mars 1854, devant quinze cents personnes ; il était, le onze avril suivant, à l'audience de la police correctionnelle ; il a pu se convaincre, par la fermeté de mon langage et de mon attitude que je ne suis pas de ceux qui marchent à leur but par des voies détournées, et qui conjurent un danger au prix d'une lâcheté.

L'espace me manque pour ajouter à ce qui concerne M. X... d'autres preuves de l'inutilité des efforts qu'on fera, pour amener à comprendre les devoirs du professorat, les meneurs de la ligue organisée contre l'avènement de la vérité. Je renvoie à un autre article l'exposé des faits qui me déterminent à ne plus m'adresser à des consciences atteintes d'une surdité incurable, et à ne compter, pour faire triompher la raison, que sur l'évidence des faits qui amènera forcément les parents à METTRE EN QUARANTAINE les EXPLOITEURS qui n'ayant que de L'INSTINCT, prétendent escamoter une réputation d'intelligence.

C'est avouer qu'une cause est perdue, que de la soutenir par des moyens honteux. Il y a longtemps que nous le savons.

Aimé PARIS.

Deux conspirations avortées.[1]

J'ai demandé, le 17 avril dernier, à M. le préfet des Bouches-du-Rhône, l'autorisation de donner ma septième séance de clôture dans la salle Chave. Ma demande se terminait par ces mots : « On ne sera admis qu'au moyen » de billets distribués avec discernement, pour » composer un auditoire à la fois paisible et » intelligent.

Lundi 21 avril, je n'avais reçu aucune réponse. Les autorisations précédentes m'avaient été accordées presque immédiatement Il y avait là un effet dont la cause devait être cherchée.

Je fus introduit, par un de mes amis, près d'un employé supérieur de la préfecture, et, par ce qu'il me fut possible de deviner, dans ce qu'il voulut bien me dire avec une politesse irréprochable, je compris qu'on avait présenté la réunion du 27 comme pouvant devenir une cause de tumulte, et que l'autorité, dans sa prévoyante sollicitude, craignait de voir troubler la tranquillité publique. Il me fut aisé de faire comprendre que nous ne nous occupions que de doctrines musicales, et qu'indépendamment du bon sens qui nous faisait regarder les

---

(1) Cet article a été envoyé à Rouen, hier soir, 28 avril. Je croyais mon titre exact ; mais je dois le rectifier pour y joindre une note qui apprenne aux lecteurs de la *Réforme musicale* que je viens d'acquérir la preuve qu'il y a environ trois mois — après le guet-apens du 9 décembre — un professeur de musique, directeur d'une société chorale (laquelle *récite et ne lit pas*) a dit très-explicitement que les membres de sa société troubleraient ma septième séance de clôture. Une personne à laquelle, aux termes de l'article 371 du code civil, ce directeur d'une société chorale *à tout âge, devra respect et honneur*, s'est fait remettre par un de mes élèves DIX BILLETS pour ma séance du 27 avril. J'ai trouvé que c'était beaucoup *pour une seule famille*. Une démarche officieuse a été faite par le distributeur trop confiant, pour avertir que nous étions sur nos gardes. Au lieu de : *Deux conspirations déjouées*, il faut donc lire : TROIS CONSPIRATIONS DÉJOUÉES.

Marseille, 29 avril 1856.

Aimé PARIS.

manifestations brutales comme un pitoyable moyen de prouver que nous étions dans le vrai, nous avions un intérêt très-direct à ne point fournir, à la routine agonisante, une arme dont elle se servirait contre nous et à ne point exposer nos élèves, parmi lesquels se trouvent des demoiselles parfaitement élevées, appartenant à des familles considérées, aux inconvénients d'une lutte orageuse.

L'autorisation fut accordée dans des conditions de surveillance dont nous avons déclaré que nous désirions la plus large extension.

La Réforme musicale du 20 avril, et une lettre du 14 avril, reçue le 23 de Paris, par un destinataire qui contrefait l'autruche, en refusant de recevoir mes communications datées et envoyées de Marseille, prouvent que j'étais prévenu en même temps que l'autorité, si ce n'est avant elle.

Il ne me restait plus qu'à agir dans le sens de l'administration, en PRÉVENANT, pour n'avoir point à RÉPRIMER.

Mercredi, 23 avril, à onze heures et demie du matin, j'entrai dans une des écoles communales. Le directeur, dont la loyauté m'est connue, était absent. Je demandai à parler au sous-directeur, homme également honorable. Voici les détails de l'entrevue :

— Monsieur, vous devez avoir dans votre classe un enfant nommé Verxxxil.

— Oui, monsieur.

— Auriez-vous la bonté de le faire appeler ? J'aurais à lui parler devant vous.

— Très-volontiers (On appelle l'enfant, qui arrive bientôt dans le couloir où je l'attendais avec M. le sous-directeur. C'est un petit garçon de neuf à dix ans, doué d'une physionomie intéressante.)

— Mon petit ami, lui dis-je, du ton le plus doux, vous devez venir dimanche faire du tapage à la séance de M. Paris, j'en suis informé (l'enfant, qui ne m'a jamais vu, garde le silence). Je sais qui vous y envoie ; mais, mon cher enfant, il y a une chose qu'on ne vous a pas dite : c'est que vous pourriez faire, dimanche, beaucoup de peine à vos parents. Vous n'avez jamais couché que chez eux ?

— Oui, monsieur.

— Eh bien, mon petit ami, il y a un monsieur qui, en vous envoyant à la salle Chave, vous expose à coucher au corps-de-garde, où il n'y a pas de matelas. Vous dormiriez très-mal sur des planches, et puis votre papa et votre maman ne vous voyant pas rentrer le soir, seraient fort inquiets. Voyez ce qui pouvait vous arriver, si vous aviez suivi de mauvais conseils ; car vous deviez venir, n'est-ce pas ?

— Oui, monsieur.

— Vous l'entendez, (ajoutai-je en m'adressant au sous-directeur).

— Monsieur, soyez bien persuadé que M. le directeur ni moi ne sommes pour rien dans tout cela, et que nous ignorions complètement ce qui se préparait.

— J'en ai la certitude la plus complète, monsieur ; sans cela je ne serais point ici. Quant à vous mon brave petit garçon, à qui jamais je n'ai fait de mal, — car c'est moi qui suis M. Paris, — ne vous a jamais rien appris de bon ici en fait de musique (pour l'orthographe, le calcul et les autres choses, c'est différent ; je sais que vous êtes parfaitement instruit). Eh bien ! venez de lundi en huit, à six heures et demie du soir, rue Venture, n° 10, à l'ouverture de mon prochain cours, vous ferez beaucoup de progrès, cela ne coûtera rien à vos parents, et cela vaudra mieux que de coucher au violon.

J'allais prendre congé du sous-directeur, qui m'avait poliment accompagné jusqu'à la porte de l'école, lorsqu'il me dit : — C'est à Vexxxil cadet que vous venez de parler.

— Il a donc un frère ?

— Voulez-vous que je l'appelle ?

— Vous me ferez plaisir.

Un autre petit garçon en blouse bleue et le chapeau sur la tête, se présente. Je jugeai convenable de changer la forme de l'interrogatoire.

— Quel âge avez-vous, mon ami ?

— J'ai douze ans.

— J'en suis bien fâché, mon enfant ; car vous usiez inutilement les souliers que payent vos parents, pour venir dimanche faire du bruit à ma séance de clôture. Les enfants au-dessous de quatorze ans ne seront pas admis. Cela est imprimé sur les billets. Dans deux ans, venez me demander un billet, et je ne vous le refuserai pas.

En sortant de l'école communale, j'allai dans un magasin de musique, où passablement de choses paraissent s'être préparées. J'y laissai un avertissement salutaire dont on paraît avoir profité.

Le soir, vers six heures, sur le trottoir de la rue de la Darce, entre la rue Haxo et la rue Paradis, je rencontrai un monsieur qu'il me sembla nécessaire d'aborder, ce que je fis en me découvrant et en saluant profondément.

— N'est-ce pas à monsieur le secrétaire du Conservatoire que j'ai l'honneur de parler ? (M. Fille)

— Oui, monsieur.

— Je suis d'autant plus satisfait de vous rencontrer, monsieur, que j'étais embarrassé pour faire une démarche délicate. D'après des précédents que vous connaissez, je ne pouvais pas aller trouver M. Auguste Morel, votre directeur. Les atténuations de forme d'une lettre confidentielle pourraient être colportées comme des indices de crainte, et je ne suis nullement intimidé. Un langage ferme serait présenté comme une agression. Sur ce terrain neutre, tout est concilié ; on peut s'expliquer sans arrière-pensée.

L'autorisation que j'avais demandée pour ma séance du 27 a failli m'être refusée par suite de craintes que je n'ai point suggérées à l'autorité. A ma dernière séance, le 9 décembre 1855, s'est présenté pour nous présenter des choses peu loyales, un professeur du Conservatoire, inscrit comme tel à la page 203 d'un livre de 988 pages qui a paru le 20 décembre, onze jours seulement après la séance. On a entendu des élèves du Conservatoire dire, en sortant de la salle Chave : « La prochaine fois, il faudra compléter notre victoire, » comme si un croc-en-jambe était une lutte, comme si nous avions été vaincus !

Le jour où le Conservatoire acceptera la controverse et produira, en nombre acceptable, les résultats de son enseignement, il nous trouvera prêts pour la discussion et pour la comparaison des faits. L'essai prouvant la bonne foi, le vainqueur pourra tendre cordialement la main au vaincu ; nos mesures seront prises pour éviter les embûches, et veuillez comprendre ce qu'il y aurait de compromettant pour le Conservatoire, dans un procès-verbal qui constaterait la présence de ses élèves parmi les perturbateurs dont l'autorité se serait emparée. Cet avertissement donné, je n'ai plus qu'à vous saluer et à attendre les événements.

M. le secrétaire du Conservatoire n'a rien nié ni rien avoué ; il s'est renfermé dans un silence absolu.

Un autre que moi dira, dans la RÉFORME MUSICALE, ce qui s'est fait hier à la séance de clôture que n'a troublée aucun accident. Je rechercherai, dans un autre article, les causes très-probables de l'intervention d'un professeur du Conservatoire de Marseille, dans ma séance du 9 décembre 1855. Il ne me reste plus ici qu'à donner une idée de la capacité réelle de ces oiseaux serinés qui se promettaient de compléter ce qu'ils appellent LEUR VICTOIRE, sur des élèves qui, EUX, SAVENT LIRE.

Dans le ROUENNAIS du 28 mai 1854, j'ai publié le refus fait au mois de décembre 1853, par M. Achille Montuoro, de laisser, APRÈS LES AVOIR ENTENDUS, les élèves du Conservatoire de Marseille chargés d'exécuter les chœurs de son oratorio de NOEL.

Le ROUENNAIS du 25 juin 1854 a constaté le fiasco du Conservatoire de Marseille, dans l'exécution de la messe de RÉQUIEM de Mozart, pour le repos de l'âme de M. Louis Bonnefoy.

Le ROUENNAIS du 2 juillet, constatait, huit jours plus tard, la scandaleuse exécution par le Conservatoire de Marseille du LAUDA SION de M. Xavier Boisselot sur la place Notre-Dame du Mont, Mercredi 21 juin 1855. Malgré la sainteté de la cérémonie, on a sifflé beaucoup et long-temps.

Après un silence de plus d'une année, qui n'a été interrompu que par la pitoyable exécution (et encore par ordre !) offerte sur la place des Fainéants, — ainsi nommée providentiellement le 15 juin 1855, le Conservatoire de Marseille a massacré sans scrupule la fin du chef d'œuvre de Wéber, dans la séance où il a distribué à ses PROFESSEURS les prix destinés à ses ÉLÈVES CAPABLES, qu'il ne pouvait pas produire.

Dans la même séance, le chœur ultra égrillard d'ULYSSE a fait entendre au public, après quatre grands mois d'études, ce que l'école Galin-Paris Chevé, huit jours après, SOLFIAIT, A PREMIÈRE VUE, toutes les parties à la fois.

L'avant veille de la séance, un fait écrasant pour le Conservatoire de Marseille m'a été révélé. La partition des AMOURS DU DIABLE par Grisar, contient, page 178, un petit bout de chœur à l'unisson qui, après quatre mesures du ténor, se répète dans un ensemble, dont les deux premières mesures, sont attaquées à l'unisson par toutes les voix.

Ce petit fragment de huit mesures, à chanter deux fois, a été étudié pendant trois mois au Conservatoire de Marseille. Les enfants, appelés à une des dernières répétitions de l'œuvre de Griser, avaient été placés dans ce qui figurait les rochers au milieu desquels était la chapelle. Leur premier essai (après trois mois d'étude !) fut si peu satisfaisant, qu'on les fit descendre près de la rampe, pour une seconde exécution. Peine perdue ! ils chantaient si horriblement faux que le chef d'orchestre a été obligé de supprimer le chœur à l'unisson et la reprise à six voix, au risque de rendre embarrassante la position des acteurs, dont le jeu de scène cessait d'avoir une raison.

Il m'a semblé curieux de donner la mesure de la force des LECTEURS du Conservatoire, de Marseille. J'ai fait chanter à première vue, dans une salle comble, à ma séance du 27, non seulement le chœur à l'unisson, mais les quatre mesures intermédiaires du ténor, et la répétition des huit mesures à six voix. On a beaucoup applaudi ce qui n'était pour nous rien moins qu'un tour de force.

Les lecteurs de la RÉFORME MUSICALE se feront une idée des résultats produits au Conservatoire de Marseille, par les huit premières mesures, les seules que les enfants de la routine aient été appelés à chanter, pour se faire mettre à l'écart, comme radicalement incapables.

Ton de MEU. Andante, 72 temps par minute.

```
  0  0 5  i  i . i  |  4  .  5  . 5
  i  . 0  i  i . i  |  4  4 . 4 5  .
  i  . 0  i  i  i . i  |  4  4 . 4 5  .
  i  . 0  i  i . i  |  4  .  5  5 . i
  i  i  .  . 0  0  ||
```

Et c'est un professeur du Conservatoire de Marseille qui est venu, le 9 décembre dernier, proposer des casse-cou à nos élèves !

Et le Conservatoire de Marseille coûte, en un siècle, QUINZE CENTS MILLE FRANCS à la ville !

» Aimé PARIS,

Salle Sainte-Cécile.

Concert donné par la Société chorale de l'école Galin-Paris-Chevé,

Au profit des Diaconesses.

Dimanche dernier a eu lieu, salle Sainte-Cécile, à Paris, le concert au profit de l'œuvre des Diaconesses.

Voici le programme, qui a été rempli presqu'en entier par la Société de M. Emile Chevé.

1° *Appel aux Moissonneurs* (de *Ruth et Booz*). — Elwart.
Poème de M. Villemin.
Air du XVe siècle accompagné en faux-bourdon. — Delsarte.
2° *Nocturne — Polonaise en ré*, — jouées sur le piano par M. J. Baur. — Lacombe.
3° *Air de Stradella*, chanté par M. Florenzo. — Niedermeyer.
4° *Prière de Joseph*. — Méhul.
Marche triomphale de Sémiramis. — Rossini.
5° *La Fille de Jephté* (poésie de E. Villemin). — A. Chevé.
Intermède.
1° Harmonie improvisée ;
2° Lecture d'un sextuor à première vue.
3° Ecriture sous la dictée.
6° *La Messagère du printemps*. — Floresco.
Fantaisie vocale sans paroles. — Calvès.
7° *Air du Comte de Luna*, du *Trovatore*. — Verdi.
chanté par M. Florenzo.
8° *Chœur de Chasseurs* (*Robin des Bois*). — Wéber.
La Retraite. — Laurent de Rillé.
9° *Le retour du guerrier*, fantaisie. — Lacombe.
jouée sur le piano par M. J. Baur.
10° *Les Francs et les Druides*, tiré de la *Donna del Lago*. — Rossini.
Arrangé par Elwart.

Tous ces morceaux ont été parfaitement rendus et chaleureusement applaudis.

Deux airs ont été écrits sous dictée, l'un en deux fois par les hommes ; l'autre en une seule fois par les enfants.

Nous allons reproduire l'air écrit sous dictée par les enfants. Ceux de nos lecteurs, et ils sont nombreux, qui savent lire l'écriture en chiffres, apprécieront la valeur d'une expérience que n'a jamais tentée aucun conservatoire, et devant laquelle ils échoueraient tous.

Ton de SI.

$$|\overline{53}\ \overline{15}|\overline{344}\ \overline{55}|67\ \overline{122}|3\ 2|$$
$$|\overline{4.3}\ \overline{.2.}|\overline{13}\ 2|\overline{11}\ \overline{77}|6\ 5|$$
$$|5\overline{132}\ \overline{1765}|\overline{344}\ \overline{556}|\overline{70}\ \overline{11}|$$
$$|\ 2\ 3\ |\overline{43.}\ \overline{32.}\ |\ \overline{177}\ 6\ |$$
$$|\overline{54567}\overline{1}\ \overline{212345}|1\ \cdot\cdot\ 0\|$$

Louis ROGER.

M. Aimé Paris continuera dimanche prochain la publication de son travail sur le livre de M. Mercadier.

Voici une faute à rectifier dans le dernier article : Page 3, deuxième colonne, dernier alinéa, au lieu de la page 242 du livre de M. Chevé, il faut lire : page 252.

THÉÂTRES DE ROUEN.

Représentations de Mlle Céline Montaland.

Depuis huit jours et plus, l'enchanteresse, la toute charmante Céline Montaland fait merveille sur nos théâtres, et chaque soir, le public qu'elle convie à ses représentations y accourt nombreux et empressé comme toutes les fois qu'il y va d'un plaisir certain.

Pour répondre à ces marques éclatantes de sympathie, toujours si douces au cœur d'un artiste, même quand cet artiste, vieilli par le succès, n'est encore qu'un enfant, la gentille comédienne qui commence la vie et non pas son art, a passé en revue avec une grâce parfaite et un rare bonheur, les meilleures créations de son répertoire enfantin, auquel il lui faudra bientôt dire adieu ; car, précoce en toutes choses, sa beauté comme son talent s'est développée avant l'âge, et l'adorable enfant d'hier sera tout-à-l'heure une grande et belle jeune fille.

Hâtons-nous donc de l'applaudir encore une fois avant sa transformation, — qui sera heureuse, nous n'en doutons pas, car, avec une pareille intelligence et de tels dons, on force toujours l'admiration à vous suivre, — saluons-la une dernière fois dans ses rôles mignons, faits à sa taille, dans lesquels elle s'est si dignement révélée, et que de longtemps on n'osera plus jouer après elle.

Nous l'avons revue toujours aussi sémillante, aussi enjouée, aussi spirituelle, dans la FILLE BIEN GARDÉE, LA DOT DE MARIE CERISETTE, LA ROSE DE BOHÊME et EUGÉNIE ; pas une intention ne lui échappe, pas un trait de perdu avec elle : tout porte, tout fait impression.

Citer le nom des ouvrages qu'elle a joués, c'est résumer le nombre de ses ovations et de ses succès.

Nous faisons donc trève aux éloges, pour ajouter encore un nom à cette liste déjà si brillante : le MARIAGE ENFANTIN, dans lequel il lui est permis d'être un peu moins petite fille, ce qu'elle joue à ravir. — Nouveau fleuron à sa couronne.

Mlle Derval, son jeune mari, est fort bien sous l'habit pailleté des marquis. Elle a pris ce petit air dégagé qui convient à son personnage ; c'est bien cela.

Jeudi, par un inconcevable oubli des exigences artistiques, M. Biétry a fait fauxbond à l'administration, et M. Bazin a été obligé de lire son rôle dans JE DINE CHEZ MA MÈRE. Ce sont là des complaisances dont il ne faut pas abuser.

On nous a donné, dimanche, la FLORENTINE, grand drame qui a plus fait parler de lui, assurément, qu'il ne le méritait. Il y a bien par-ci, par-là, de l'esprit, de jolies pensées, une certaine entente de la scène, mais l'intrigue est embrouillée, les caractères indécis, le dénouement écourté.

En somme, le public est resté froid, malgré les efforts de Mme Edmond, qui a appelé les bravos de toute la force de ses poumons ; de M. Deschampt, qui a rendu avec beaucoup de chaleur et de dignité les nobles sentiments qu'il avait à exprimer : de M. Bernet et de Mlle Devaux, — deux artistes de mérite qui nous ont quitté et que nous regrettons ; il faut donc en accuser l'œuvre en elle-même, et non pas ses interprètes.

Alexandre OSMONT.

Le Comité de la Société des gens de lettre a choisi, pour les prix à décerner l'année prochaine, les sujets suivants :
1° Une étude sur Mme Emile ne Girardin ;
2° Discours sur la critique et les critiques au dix-neuvième siècle ;
3° Une pièce de vers intitulée PARIS NOUVEAU ;
4° Une nouvelle dont le motif sera tiré des mœurs contemporaines.

Nous publions dans un suplément un chœur composé pour être lu à première vue par les élèves de M. Emile Chevé.

Nos lecteurs verront là deux faits importants : la puissance d'une méthode qui mène à de pareils résultats, et la perfection d'une écriture qui permet la reproduction typographique d'un morceau quelconque.

Nous recommandons vivement à nos lecteurs un recueil de poésies intitulé LA FOLLE DU LOGIS, et les VIERGES, nouvel ouvrage en cours de publication. Ces deux livres sont l'œuvre de M. Barillot, un poète de beaucoup de talent, qui dirige la TRIBUNE DES POÈTES, recueil semi-mensuel que nous lisons régulièrement avec un grand plaisir. On souscrit à Paris, impasse Longue-Avoine, n° 4 (faubourg Saint-Jacques), au bureau de la TRIBUNE DES POÈTES.

Le premier entretien du COURS FAMILIER DE LITTÉRATURE, par M. de Lamartine, a paru. Les journaux de Paris, des départements et de l'étranger sont pleins de l'appréciation et de l'émotion de cette première livraison.

Beaucoup de ces feuilles parlent de souscription nationale semblable à celle des Laffitte, des Foy, des Cobden. M. de Lamartine préfère la souscription aussi honorable qu'on se fait à soi-même par son travail.

On s'abonne, 43, rue de la Ville-l'Évêque, en y souscrivant un abonnement, ou en écrivant à M. de Lamartine, et en envoyant 20 fr. en mandat de poste.

Quelle que soit l'époque où l'on s'abonne, on recevra avant le 1er janvier 1857, les douze entretiens de 1856. Tout abonnement date ainsi du premier janvier 1856.

Deux volumes nouveaux de M. Victor Hugo, les CONTEMPLATIONS, sont en vente chez tous les libraires de la France. Cette œuvre magistrale du grand poète, a été un véritable événement dans le monde littéraire. Les exemplaires s'enlèvent comme par enchantement. M. Victor Hugo n'a jamais eu un succès plus éclatant. Disons aussi que ses vers n'ont jamais été marqués du sceau d'un génie plus vaste. Tout le monde lira les CONTEMPLATIONS comme nous venons de le faire ; tout le monde y reconnaîtra l'empreinte du poète qui a inscrit son nom parmi les gloires immortelles de la nation française.

Louis ROGER.

XI° Année ; — 1° du nouveau titre. UN NUMÉRO : 20 CENT. N° 16. — Dimanche 11 Mai. 1856.

Musique, — Sciences, — Arts, — Littérature, — Théâtres.

LA RÉFORME MUSICALE

ABONNEMENT A ROUEN : 10 FR.

ON S'ABONNE
A ROUEN, chez M. Louis Roger,
rue Porte-aux-Rats, 2.
A PARIS, chez M. Emile Chevé rue
des Marais-S -G.. 18.
A MARSEILLE, chez M Aimé Paris
rue Paradis, 77.

JOURNAL DES DOCTRINES DE L'ÉCOLE GALIN-PARIS-CHEVÉ.

BUREAU A ROUEN, RUE PORTE-AUX-RATS, N° 2.

LOUIS ROGER, Directeur-Gérant.

ABONNEMENT DANS LES DÉP. : 12 FR.

ON S'ABONNE
A LYON, chez M. Perraud, rue du
Griffon, 44.
AU HAVRE, chez M. Vasse,
rue Molière, 46.
*Les abonnements peuvent être payés
en timbres-postes* (Affranchir).

RENSEIGNEMENTS. — Cette feuille paraît, à ROUEN, tous les DIMANCHES. — Tout ce qui concerne l'administration du journal doit être adressé à Rouen, rue Porte-aux-Rats, 2. — Ce qui concerne la rédaction peut être indifféremment adressé à M. CHEVÉ, à M. Aimé PARIS, ou au Directeur-Gérant. — La critique demeure sous la responsabilité de celui qui la signe. — Il sera rendu compte des Ouvrages dont un exemplaire sera déposé au bureau du journal. Les lettres non affranchies seront refusées.

On peut se procurer des numéros de la *Réforme*, au Bureau du Journal ; — au dépôt du cours Boïeldieu, à Rouen, — et dans l'intérieur des Théâtres.

NÉCROLOGIE.

Paris, 2 mai 1856.

Lorsqu'en 1847 je faisais mon cours aux élèves du demi-pensionnat des Frères des écoles chrétiennes, 10, rue des Francs-Bourgeois, je remarquai plusieurs fois un homme d'une quarantaine d'années, au maintien grave et réfléchi, qui paraissait suivre avec un grand intérêt les développements théoriques et les exercices pratiques de la méthode. Le frère Alvier me dit que c'était le moniteur-général de sa classe de chant de la rue Mongolfier, et qu'il se nommait Bocard.

Quand j'ouvris mon premier cours public à l'école de la rue du Renard-Saint-Méry, le 22 janvier 1849, M. Bocard y fut un des premiers inscrits ; et, depuis ce jour, il n'a plus abandonné la méthode nouvelle à laquelle il venait s'initier. Pendant deux ans, il suivit tous mes cours avec un zèle qui ne s'est jamais démenti, et ne cessait de dire combien il regrettait le temps qu'il avait perdu depuis 1842, époque à laquelle il avait commencé l'étude de la musique par la méthode Wilhem : « J'ai tou-
» jours travaillé bien consciencieusement —
» disait-il — et cependant je vois maintenant
» combien j'étais loin du but vers lequel ten-
» daient tous mes efforts : lire, écrire et com
» prendre la musique. »

En 1852, Bocard, complètement gagné aux idées de Galin, ouvrit un cours public et gratuit, dans le quartier du Temple. Plus de cent élèves répondirent à l'appel du nouvel apôtre, qui obtint un résultat tellement complet, qu'après six mois de cours, il put fonder avec ses seuls élèves une société chorale sous le nom de Choral de la Seine. — L'année suivante, en 1853, il remportait une médaille au concours de Fontainebleau.

D'une santé délicate, Bocard aurait eu besoin d'une vie douce, tranquille ; aussi, le travail de son enseignement, les soins sans nombre de sa société, qui absorbaient tout son temps, et surtout cet état de surexcitation perpétuelle dans lequel sont forcés de vivre tous les novateurs sérieux : tout cela avait porté atteinte à sa santé, déjà chancelante. Sentant que les forces allaient lui manquer, il réunit, vers la fin de 1853, le Choral de la Seine, qu'il avait créé, à la Parisienne, fondée par l'un de ses anciens professeurs, M. Lelyon, professeur dans les écoles communales de Paris.

Déchargé en partie des soins de la direction, Bocard aurait pu, aurait dû, se reposer un peu ; mais son ardent désir de voir triompher l'idée à laquelle il s'était voué, le poussa tou-
jours en avant. — Il fit de nouveaux cours publics, pour propager l'idée et préparer des recrues aux deux sociétés réunies, comme il l'avait fait autrefois pour la société des Enfants de Lutèce, dont il avait été membre. Il consacrait en outre un temps énorme à faire des copies en chiffres pour éviter aux sociétaires jusqu'aux moindres dépenses... Le pauvre ami ! quand il me parlait de ces copies en chiffres, il me disait : « Laissez-faire, M. Chevé, tous
» les sociétaires de Lelyon, qui sont ses meil-
» leurs élèves et qui ne connaissent que l'écriture
» usuelle, ne tarderont pas à venir à nous. —
» Je sais bien l'effet que la comparaison a
» produit sur moi ; et, quand ils auront goûté
» de la merveilleuse écriture de Galin — et ils
» en goûteront forcément en la voyant lire à
» leurs camarades — ils n'en voudront plus
» d'autre ; et, comme moi, ils abandonneront
» pour jamais leur affreux grimoire. »
— Sa prédiction s'est accomplie de point en point ; et, grâce à son dévouement patient, toute la société de M. Lelyon — la Parisienne, Choral de la Seine, lit actuellement en chiffre et a complètement abandonné, dans ses exercices, la lecture de la portée. (1) Ce résultat important est dû à M. Bocard, qui ne s'était pas trompé en comptant sur le bon sens de ses camarades, mais qui a dépensé le reste de sa vie dans cet acte de dévouement.

Bocard avait une modeste aisance qui lui avait permis de quitter sa profession de typographe pour se vouer entièrement à la vulgarisation de la musique dans les masses. Homme de mœurs simples, il vivait seul avec sa vieille mère qu'il perdit au commencement de cette année. — Cette perte douloureuse ébranla encore sa santé, déja si délicate, si fatiguée.

Il y avait plusieurs mois que je ne l'avais vu, quand il vint le 6 avril avril dernier chercher quelques livraisons dont il avait besoin.
— Je le trouvai très-changé. — Il me dit :
« Je suis épuisé ; j'ai besoin d'un peu de repos ;
» je ne puis plus travailler comme autrefois. »
Je l'engageai fortement à cesser tout travail pendant quelques mois ; il me promit de suivre mon conseil. — En le quittant, je lui dis que je m'occupais à réunir tous les faits relatifs aux divers centres de propagation de l'école, et je le priai de vouloir bien m'envoyer le compte-rendu de ses travaux. Il devait me l'envoyer le jeudi suivant, 10 avril ; mais, hélas ! le 9 au matin, on le trouvait mort dans sa chambre. — Le 8, à 9 heures du soir, il donnait encore une leçon de musique à l'enfant d'une voisine. — A 10 heures, la voisine, n'entendant plus de bruit dans sa chambre, le crut couché plutôt que de coutume. — Sans doute qu'il venait de mourir, à ce moment sans avoir eu ni le temps ni la force d'appeler du secours ni de prendre quelques gouttes de vinaigre pour se ranimer ! Le lendemain, en effet, ne le voyant pas sortir, on força sa porte et on le trouva mort, à moitié déshabillé, assis sur une chaise, appuyé contre la table, une bouteille de vinaigre non débouchée à côté de lui. Il était mort, faute de secours.

Déjà, les jours précédents, il avait éprouvé plusieurs syncopes graves, mais que des soins donnés à temps avaient dissipées : mais ce soir-là, Bocard était seul dans son appartement, quand une dernière syncope, survenue en dehors de tous secours, l'aura sans doute enlevé...

D'un caractère doux, affectueux, obligeant, Bocard a été vivement regretté de ses nombreux camarades. L'école y perd un membre dévoué qui, depuis 1850, n'a pas cessé un seul jour de travailler pour elle... Aussi ne l'oubliera-t-elle pas ; et le nom de Bocard sera uni, dans son souvenir, à ceux du vénérable général Bernard (2) et du bon et dévoué Schmidt (3)

(1) Voir plus loin l'article intitulé : *Résultat fatal de la rencontre en champ clos du chiffre et de la portée.*

(2) Je pense faire plaisir au lecteur en rappelant ici la note suivante qui a paru en *janvier 1846*, dans notre *Méthode d'harmonie* :

« Au nombre de ceux qui m'ont honoré de leur confiance et qui n'ont pas craint de se faire enfants pour suivre mes cours, je dois citer, en première ligne, le général Louis Bernard, vieux soldat de Moscou, mort au mois de février dernier des suites d'une affection de cœur. Le 8 janvier 1844, le général Bernard assistait pour la première fois à une de mes leçons ; et, malgré ses 65 ans, s'asseyait à côté d'une jeune fille de 40 ans. Il suivit tous mes cours avec une assiduité irréprochable ; faisant tous les exercices comme sa jeune voisine ; chacun admirait l'enthousiasme que ce digne vieillard portait dans cette étude, si extraordinaire pour un homme de son âge, qui ne marchait qu'avec peine. Mais quel ne fut pas l'étonnement de ses amis, quand on le vit, le 16 juin suivant, cinq mois et huit jours après avoir pris sa première leçon, ouvrir lui-même un cours de musique, rue de Vaugirard, 87, y réunir, gratuitement, cinquante ouvriers, et leur faire, *chaque jour*, une leçon d'une heure et demie. Son courage et son noble dévouement eurent leur récompense :

» Le 25 août suivant, deux mois et neuf jours après l'ouverture de son cours (sept mois et demi après avoir pris sa première leçon), ses élèves vinrent lui souhaiter sa fête, il lui donnèrent un concert dans lequel ils chantèrent une douzaine de trios ou de quatuors, dont un composé en son honneur par deux des élèves, paroles et musique.

» A partir de cette époque, une grave affection du cœur l'obligea a suspendre ses leçons : ce fut pour lui un coup mortel. Il passa entre son lit et son fauteuil l'automne et l'hiver de 1844 et succomba en février 1845. — Je ne doute pas que l'ardeur qu'il avait apportée à l'étude et à la propagation de la

morts, comme lui, Victimes de leur dévouement à l'idée de Galin... Trois noms de plus à ajouter au martyrologe, déjà si chargé du progrès, dans sa lutte contre ce bourreau stupide et sans ENTRAILLES qu'on nomme la routine.

Avec sa modeste aisance, Bocard pouvait mener longtemps, peut être, une vie douce et tranquille ; mais la foi était entrée dans son cœur et, de ce jour, sa vie ne lui appartenait plus : soldat de l'idée, il devait mourir pour elle !...

Emile CHEVÉ.

MÉTHODE GALIN-PARIS-CHEVÉ.

SEPTIÈME SÉANCE PUBLIQUE DE M. AIMÉ PARIS A MARSEILLE.

SALLE CHAVE. — 27 AVRIL 1856.

Cette fois-ci encore, c'est à trois heures après-midi, et un dimanche, que se sont réunis les nombreux élèves de M. Aimé Paris, et les quinze ou seize cents personnes qui ont su renoncer à la promenade, à la campagne, au printemps et aux fleurs, pour venir s'enfermer pendant les plus belles heures de la journée dans une salle vaste et élégante, mais close de murs, et éclairée au gaz, qui, tout brillant qu'il fût au milieu de cette nuit factice, ne vaut pas les clartés d'un beau soleil. Mais une double curiosité avait attiré cette nombreuse assistance, d'abord la sympathie qu'excitent dans une grande partie de la population les moyens si ingénieux de l'école nouvelle, les résultats si rapides qu'elle obtient, le dévouement sans limites du chef habile qui la représente depuis bientôt trois ans à Marseille, et ensuite peut-être aussi les bruits qui avaient circulé pendant les jours précédents, que la séance encore serait troublée, comme la dernière, et que l'autorité avait hésité un moment à donner l'autorisation nécessaire.

Mais à peine finissaient les applaudissements dont le public et les élèves ont salué l'arrivée du professeur que M. Aimé Paris a annoncé qu'il n'avait rien négligé pour que la même tranquillité, qui avait régné pendant ses cinq premières séances publiques, fût encore un des caractères de la séance actuelle, qu'il mettait le bon ordre sous la sauvegarde des gens de cœur et de sens, et que, si par hasard quelque

musique n'ait précipité ses derniers jours !

» Honneur soit rendu à la mémoire du vieil apôtre: c'est ainsi qu'il se nommait lui-même ! »

(3) Schmidt habitait Rueil, à deux lieues de Paris. Pendant un an il est venu, *à pied*, suivre mes cours à Paris. Une fois maître de la méthode, il l'introduisit dans l'école communale de filles que dirigeait madame Schmidt, et obtint de forts beaux résultats, que nous avons constatés dans une distribution de prix, présidée par M. le maire de Rueil. Schmidt ne s'en tint pas là : il organisa à Reuil, à Saint-Cloud et à Puteaux des cours publics et gratuits pour les jeunes gens et les jeunes personnes de ces trois localités. Chaque jour, ce malheureux homme allait à pied — quelque temps qu'il fit — faire ses divers cours et ne rentrait chez lui qu'à minuit. Il organisa une société chorale, qui chantait fort bien et qui donna à Rueil un fort beau concert en août 1854 — je crois.

Malheureusement, pour résister à une pareille tâche il aurait fallu une organisation très-robuste ; celle de Schmidt ne l'était pas et fut bientôt brisée par cet excès de fatigue. Schmidt succomba avant 40 ans, béni de tous ces jeunes gens dont il était devenu le père, l'ange gardien, car plusieurs lui déclarèrent — que, grâce à lui, ils avaient rompu avec les habitudes ignobles et dégradantes du cabaret, et qu'il avaient regagné leur propre estime !... Schmidt répétait ces paroles avec attendrissement, et il me disait : « Ah ! » mon cher M. Chevé — ces paroles nous paient de » bien des peines !...»

E. Ch.

enfant mal conseillé voulait encore tenter de faire du scandale, les précautions étaient prises de telle manière, qu'il ne pourrait lui-même que regretter, mais non empêcher les suites légales de cette imprudence.

Deux morceaux, vivement applaudis, ont bien disposé l'auditoire, et l'ont engagé à suivre avec cette patience intelligente dont le public marseillais venait ce jour-là donner des preuves pour la septième fois, la série des expériences de toutes sortes, véritable but de ses séances de clôture. Ce sont : A LA MOISSON ! duo d'ASTOLI chanté en paroles par les enfants, avec beaucoup de grâce et de netteté, et un quatuor avec solos pour soprano et pour ténor, solfié par les grandes personnes avec un entrain, une énergie saccadée fort remarquable, et tiré de l'opéra des DEUX NUITS, de BOÏELDIEU. (Etait-ce une allusion à cette nuit anticipée, de trois heures, en attendant la nuit plus réelle de sept heures du soir ?) — Les expériences sont venues ensuite nombreuses et concluantes, et elles ont toutes été faites cette fois sur les signes ordinaires de la musique, car, bien qu'on s'occupe grandement à Paris de la substitution, dans les écoles officielles, de l'enseignement nouveau à l'enseignement ancien, on ne peut pas se flatter que cette substitution si désirable ait lieu immédiatement ; et, quand même, il serait encore utile pendant longtemps de connaître le système abandonné afin de pouvoir établir l'équation entre les deux modes d'écriture et mettre à la disposition de tout le monde les chefs-d'œuvre des compositeurs illustres, aujourd'hui lettres closes pour presque tout le monde. Aussi a-t-il prouvé une fois de plus, ce jour-là, que si les élèves de la méthode Galin Paris Chevé préfèrent le chiffre, ils en ont certainement le droit, puisqu'il connaissent les deux systèmes, et que (chose bizarre !) ils lisent tous intégralement le grimoire qu'ils détestent, tandis que des adeptes les plus forts n'en ont étudié qu'une partie. — En présence de huit portées vides, chacune ornée d'une clé différente. M. Paris offre sa baguette à qui la voudra, pour venir faire chanter les enfants sur ces portées, et il insiste dans sa demande, disant que c'est un service à rendre et à lui et à l'idée qu'il soutient. Obligé de tenir lui même la baguette, il fait solfier sa joyeuse troupe sur la clé que lui désigne le public et ensuite successivement sur toutes les autres. — Les enfants encouragés par les justes applaudissements qu'ils reçoivent obéissent toujours aux désignations des auditeurs pour les clés, les tons et les modes, solfient, puis vocalisent, tantôt à l'unisson, tantôt à trois parties, sur une immense quantité d'accords écrits d'avance, et passent des uns aux autres sans hésitation, sans confusion, en se jouant. — Sur le méloplaste de Galin, c'est-à-dire sur une grande portée vide sans clé ni armure, ils solfient en suivant la baguette : et, sans s'arrêter, sur un simple signe de leur professeur, ils modulent par des sensibles (c'est le public qui l'avait prescrit) ce qui suppose à chaque modulation l'entrée de cinq dièzes nouveaux. Sur des séries d'accords formant de l'enharmonie double, accouplées deux à deux et effrayantes à voir tant elles sont surchargées d'accidents, ils solfient indifféremment à l'unisson ou à trois parties. — Ils chantent sur l'image d'un clavier de piano, en faisant entendre, d'après la marche de la baguette, et les notes diézées et les notes bémolisées, et en franchissant au besoin des intervalles de septième, de neuvième, etc. — Ils font tous ensemble sur ce clavier et, avec une justesse irréprochable, la fameuse gamme enharmonique, impossible pour plusieurs rai-

sous en dehors de l'école de Galin ; elle est répétée par tous les élèves ensemble, grandes personnes et enfants ; elle est redite encore individuellement par deux toutes petites filles, Claire et Marie-Louise ; et toujours exactement, et toujours aux applaudissements du public. — Les applaudissements ont redoublé lorsqu'on a vu et entendu le petit Louiset Ichac, le frère de Marie-Louise, un enfant en bourrelet, âgé de 25 mois, commençant à peine à parler et à marcher seul, improviser des airs avec une intonation juste et en donnant à chaque son le nom de note qui lui convient. Ce résultat surprenant, dû à l'emploi d'une langue unique, est familier aux élèves de M. Paris.

Mais il faut nous arrêter dans cette énumération déjà trop longue. Mentionnons seulement, en courant, un grand nombre d'airs chantés à première vue par les enfants, collectivement ou individuellement, sur chiffres ou sur la portée, avec les accidents groupés à la clé ou les accidents disséminés, et enfin deux chœurs à cinq et six parties, chantés à première vue par tous les élèves, l'un tiré des AMOURS DU DIABLE (GRISAR) et précédé d'un solo de contralto et d'un solo de ténor, (1) l'autre tiré de la MUETTE (AUBER) et enlevé dans un mouvement très-rapide et sans faute, jusqu'à la 127e et dernière mesure.

Deux charmantes romances chantées avec grâce par deux petites filles, enfants gâtées des cours de M. Paris, et qui s'accompagnaient elles mêmes sur le piano ; un morceau de piano, joué à quatre mains par l'une d'elles et une autre élève qui depuis six mois à peine a mis les doigts sur le clavier, ont démontré une fois de plus, par la précision de l'exécution, que la méthode nouvelle est la meilleure préparation à l'étude de la musique instrumentale, et, que spécialement pour le piano, sous la direction d'un professeur intelligent connaissant à fond les procédés de l'école de Galin, les progrès sont à la fois sûrs et rapides.

Aux deux chœurs qui auraient ouvert la séance, on avait ajouté déjà, au milieu des expériences et pour délasser l'auditoire de sa longue et bienveillante attention, — 3°, un quatuor de l'ITALIENNE A ALGER (ROSSINI), choisi exprès à cause de la difficulté que présentent lorsqu'on le chante sans accompagnement, les silences prolongés, les vides qui s'y rencontrent très-souvent, — et 4° un chœur à cinq parties de la PERLE DU BRÉSIL (FÉLICIEN DAVID), sautillant, léger, original. — On y a joint, pour terminer : — 5° un quatuor de GUILLAUME TELL (ROSSINI), écrit en notation usuelle, sur la portée, avec quatre clés différentes et cinq bémols à la clé ; — 6° le CHANT DU TAMBOUR, du VAL D'ANDORRE (HALÉVY), solo et chœur, solfié par les enfants seuls ; — 7° les VENDANGES (S. AGNELLI), grand sextuor composé exprès pour les élèves de l'école Galin-Paris-Chevé, et pour cette séance, et dédié à M. Paris, par son jeune et fécond auteur, comme l'avait été déjà le magnifique chœur de la VIERGE DE LA GARDE ; — 8° un quatuor avec solo de basse, tiré du CHAPERON ROUGE (BOÏELDIEU), chanté avec paroles ; — 9° AURORA JAM SPARGIT POLUM (EDOUARD PILLORE), trio d'un caractère large et religieux ; — 10° Les MATELOTS MARSEILLAIS AU RETOUR (ROSSY), quatuor, avec paroles ; 11° enfin, un CHŒUR DE CHASSE à cinq parties (FÉLICIEN DAVID).

Ainsi, sans compter les deux chœurs solfiés

<hr>

(1) C'est le chœur supprimé (et pour cause) au théâtre de Marseille, dont a parlé M. Paris dans son article, intitulé *Deux conspirations avortées*, et publié par la *Réforme musicale* du 4 mai.

à première vue, en voilà onze, dont aucun n'avait été chanté dans les précédentes séances : c'est la règle. — Les plus applaudis ont été les DEUX NUITS, le CHAPERON ROUGE, celui de M. AGNELLI, et celui de M. ROSSY.

Aucun incident fâcheux n'est venu troubler la séance ; jamais peut-être il n'y avait eu dans les réunions précédentes, plus de calme, d'aménité, de joie douce et confiante ; le professeur, les élèves, le public étaient contents. Aussi, M. Paris a-t-il adressé, en quelques paroles, courtes mais émues, l'expression de sa reconnaissance à ses élèves nouveaux et anciens, dont la sympathie le soutient dans la mission ingrate et souvent difficile qu'il s'est donnée ; à l'auditoire, dont les dispositions favorables sont une récompense de ses efforts pour faire triompher une idée utile et civilisatrice, et enfin à l'autorité, qui a su ne pas céder à des bruits semés par la malveillance, et qui a compris que son devoir était, non d'interdire des réunions où l'on expose de nouvelles doctrines scientifiques et où l'on en prouve la vérité par des résultats pratiques, surprenants, mais seulement d'y maintenir comme partout le bon ordre et la tranquillité.

C'est une bonne journée de plus.

Alphonse RAVEL.

RÉSULTAT FATAL DE LA RENCONTRE, EN CHAMP-CLOS, DU CHIFFRE ET DE LA PORTÉE.

J'avais demandé à M. Bocard le compte-rendu des résultats qu'il avait obtenus dans son enseignement ; la mort ayant enlevé notre pauvre ami, c'est M. Deroy, sous-directeur de la PARISIENNE, qui a eu la bonté de faire et de m'adresser le travail que m'avait promis Bocard. Je remercie de tout mon cœur M. Deroy, d'abord de l'empressement qu'il a mis à m'envoyer son travail, puis de la manière franche et loyale dont il rend compte de la mésaventure de la portée, abandonnée par tous ceux de leurs sociétaires qui lui doivent leur éducation musicale. Que les gens à parti-pris affectent encore de ne voir là qu'une chose de minime importance, libre à eux : ils ont de bonnes raisons pour en agir ainsi ; mais cet abandon unanime de la portée par tous ceux de ses adeptes qui peuvent lui comparer l'écriture de Galin, abandon qui a lieu toutes les fois que la comparaison peut être faite sérieusement, est un fait considérable et d'une immense valeur pour tous ceux qui SAVENT et VEULENT comprendre et juger — Voici la lettre de M. Deroy :

« Paris, 28 avril 1856.

» Monsieur Chevé,
» Voici les renseignements que vous avez demandés, sur la société chorale la Parisienne.
» Cette société a été fondée en février 1853, par M. Lelyon, avec les élèves de son cours d'adultes de la rue du Renard, élèves qui ont étudié la musique vocale d'après la méthode Wilhem. Au mois de juillet 1853, le *Choral de la Seine*, fondé et dirigé par M. Bocard, a opéré sa fusion avec la *Parisienne*. — Le *Choral de la Seine* était exclusivement composé d'élèves formés par votre méthode.
» Peu à peu, les sociétaires de la *Parisienne*, sortis du cours de la rue Saint-Bernard, se sont aperçus *qu'ils lisaient plus facilement le chiffre, qu'ils n'ont pas étudié, que la portée avec laquelle ils ont appris ce qu'ils savent en musique.* Il en est résulté que toute la société, aujourd'hui, lit le chiffre, et que tous les chœurs, *sans exception,* sont étudiés sur cette écriture.
» Il y a cependant, dans chaque partie, *une copie* sur la portée ; car la société ne veut pas repousser les sociétaires nouveaux qui se présentent ne connaissant que la notation usuelle ; mais *ils ne s'en servent jamais longtemps ; un mois suffit* ordinairement pour

qu'ils abandonnent leur copie spéciale et se jettent sur le chiffre.
» Comme vous le voyez, monsieur, notre but restreint étant la bonne exécution vocale seulement, nous n'avons pas fait d'études sérieuses du chiffre : aussi ne nous présentons-nous pas comme lisant à première vue, écrivant sous la dictée et pouvant aborder toutes les questions de théorie ; mais il n'en reste pas moins ceci de constant, *que nous chantons sur le chiffre,* QUE NOUS PRÉFÉRONS A L'ÉCRITURE USUELLE ; ce qui ne nous a pas empêché, quoique nous soyons la plus jeune société chorale de Paris, de franchir successivement et sans temps d'arrêt, tous les degrés qui nous séparent de la division supérieure, première section, dans laquelle nous concourons, cette année, avec les premières sociétés de Paris.
» Recevez, Monsieur Chevé, les témoignages de mon respect et de ma considération.
» F. DEROY,
» Sous-directeur de la *Parisienne.*

Telle est la lettre de M. Deroy. Et maintenant, je le demande à toutes les personnes de bonne foi et de bon sens qui viennent de la lire : est-il possible de voir un fait plus écrasant pour l'écriture sur la portée ! Voilà des hommes qui ont fait toutes leurs études musicales au moyen de la portée ; plusieurs sont habitués depuis plusieurs années à cette écriture, qui leur a été expliquée avec soin par des professeurs habiles ; et, du jour où ils sont mis en contact — *sur le terrain de la lecture* — avec le chiffre, *qu'ils ne connaissent pas,* mais qu'ils voient fonctionner sous leurs yeux avec une merveilleuse rapidité, *ils abandonnent l'instrument qui leur est familier, pour ne plus se servir que de celui qui leur est tout-à-fait étranger !* et, après un mois d'expérience — pour ainsi dire sans maître, — *tous ont abandonné la portée pour le chiffre !...*

Que la commission du chant et le Conservatoire trouvent une réponse à cet argument... ou plutôt, que ces messieurs veulent bien rentrer en eux-mêmes, pendant quelques minutes, pour voir — s'il ne serait pas JUSTE et SENSÉ de faire — ou de faire faire devant eux — l'expérience que font chaque jour les sociétaires nouveaux incorporés dans la PARISIENNE : Qu'ils mettent tous les élèves de chant et de solfége du Conservatoire, tous les membres de l'Orphéon, et les élèves des écoles, et tous les choristes de tous les théâtres de Paris, en regard des deux écritures pendant un mois — comme on le fait à la PARISIENNE — avec faculté de suivre celle qu'ils préféreront. — Qu'ils fassent cela, et ils verront toujours et partout se renouveler le fait accompli chaque jour dans le sein de la PARISIENNE ; et ils ne proscriront plus — PARCE QU'ILS LE CONNAÎTRONT ENFIN — l'un des plus merveilleux instruments qu'ait jamais inventé le génie humain... Alors ils comprendront tout le mal qu'ils ont fait jusqu'à ce jour — en repoussant quand même une chose qu'ils ne connaissaient pas ; et ils seront les premiers à proclamer la vérité, et à pousser à la vulgarisation complète de la méthode nouvelle qui est appelée à exercer une si grande influence sur le moral des populations !...

Emile CHEVÉ.

L'ÉCOLE GALIN-PARIS-CHEVÉ DANS LES ÉGLISES.

Nous avons dit souvent quels services l'écriture de Galin rendrait au chant religieux si elle était adoptée dans les maîtrises. Bientôt nous nous étendrons sur cette question importante. En attendant, voici un fait qui vient appuyer ce que nous avons avancé déjà, et ce que nous pourrons dire à l'avenir.

Vingt enfants que M. Paumier a réunis en société sont allés, sur la demande de M. le curé de Saint-Sever, chanter quelques morceaux, dimanche dernier à la cérémonie du mois de Marie, dans cette paroisse. Une basse et l'orgue composant seuls l'accompagnement. Plusieurs morceaux religieux que M. Paumier

a réunis dans un recueil ont été parfaitement rendus. L'un d'eux a même été répété sur la prière de M. le curé qui ne pouvait pas mieux témoigner sa satisfaction. Cet petite phalange s'est fait entendre à Saint-Sever dimanche, mercredi et vendredi. Elle doit chanter encore aujourd'hui, mercredi, et vendredi à la même paroisse.

Et tous ces enfants lisent le chiffre à la course. Si bien qu'ils ajoutent chaque soir quelques morceaux à leur répertoire.

Quand on le voudra on aura dans chaque paroisse une masse d'enfants pareils qui ne coûtera pas si cher qu'un seul des élèves de la métropole.

Louis ROGER.

LE MANTEAU PATERNEL
ABRITANT LES ÉCARTS D'UN JEUNE HOMME.

Tête bleu ! ce me sont de mortelles blessures,
De voir qu'avec le vice on garde des mesures.
(MOLIÈRE. — *Le Misanthrope*, acte 1er scène Ire.)

Ils ont jugé plus à propos et plus facile de censurer que de répartir, parce qu'il est plus aisé de trouver des moines que des raisons.
(PASCAL — *Provinciales*, lettre III.)

En lisant la lettre suivante, insérée dans la RUCHE NORMANDE du 4 mai, les lecteurs de la RÉFORME seront tout-à-fait au courant d'une question qui a pris les proportions d'un véritable événement.

A M. POUCHET, D. M., *Professeur d'histoire naturelle, et membre honoraire de l'Académie de Rouen.*

Monsieur,
Je présume que, livré à des travaux sérieux qui réclament toute votre attention, tout votre temps, vous ne lisez pas souvent la *Ruche Normande* ni les *Petites Affiches*, deux journaux qui s'occupent, à Rouen, des Théâtres, des Arts, des Lettres, des Modes même, de choses, en un mot, que vous autres, savants, vous dédaignez parfaitement, comme étant des fadaises propres à occuper les oisifs.

Selon toute apparence, vous n'avez donc pas lu un petit article intitulé : *Une belle action*, publié dimanche dernier dans la *Ruche Normande*. Cet article était signé de moi, et la belle action était celle d'un homme que j'ai le malheur de ne pas connaître et dont je venais d'entendre parler pour la première fois. On m'avait dit : « M. Z... a doté son pays d'un hospice pour » les vieillards. » J'avais trouvé le fait très-honorable, et je m'étais empressé de payer à M. Z... mon faible tribut d'éloges. Je suis sûr, monsieur, que vous en eussiez fait autant à ma place, pensant, comme moi, que c'est le premier devoir de la presse d'enregistrer les actes des citoyens, quand ils sont de nature à provoquer, à encourager la bienfaisance, à entretenir parmi les hommes des liens d'amour et de charité chrétienne.

Eh bien ! monsieur, ce que vous eussiez fait comme moi et bien mieux que moi, on l'a trouvé mauvais, bien mauvais, blâmable au premier chef et digne d'une correction publique.

Oui, monsieur ; lisez le dernier numéro des *Petites Affiches*, et vous y verrez un petit écrivain qui, dans un petit article, me donne une petite leçon dont je ne profiterai pas.

Je suis un pelé, un galeux, comme le baudet de la fable. L'honnête homme dont j'ai vanté le mérite, dans un de ces bons élans du cœur comme nous en avons tous, si méchants que nous soyons ; cet honnête homme, dis-je, n'est pas le seul qui ait donné l'exemple d'une belle action ; donc, je suis coupable de n'avoir pas nommé dans mon article tous ceux qui ont fait la même chose avant lui, tous ceux même que je ne connais pas.

Voilà, monsieur, la moralité de l'article que vous n'avez pas lu, et qui suffirait pour donner raison aux savants, quand ils chassent les hommes de lettres parmi ces animaux à longues oreilles, qui ne portent pas de plumes et qui ne chantent pas toujours juste.

Et cet article, monsieur, est signé CHARLES HENRY ; *Charles Henry* tout court, comme signent les filles entretenues ; de nom de famille, point.

Et pourtant, si je suis bien informé, M. CHARLES HENRY aurait une famille, une famille honorable, qui plus est : il s'appellerait pour tout le monde Georges Pouchet, et vous seriez son père !

Ah ! monsieur, monsieur ! le ciel nous donne, hélas ! des enfants bien terribles.

Pendant que vous êtes plongé dans l'étude de la nature, monsieur votre fils s'en va courir les feuilles publiques sous un nom qui n'est pas le sien. Il apostrophe des gens qui ne lui disent rien, il leur envoie des bâtons dans les jambes, leur jette sa toupie sur les talons, fait mille farces assez compromettantes pour lui et chagrinantes pour vous. Il appelle le premier venu par son nom, par son nom propre, par le nom de son père, et ne veut pas qu'on le nomme, lui. Pareil, en un mot, à ces fils de famille qui fréquentaient les ruelles au temps de la Régence, il s'en donne à cœur joie sous un nom d'emprunt, rosse le guet au besoin, embrasse les plus belles filles, et retourne dans le monde, bien frisé, bien parfumé, le front tranquille, la bouche en cœur et parfaitement lavé des éclaboussures de la mêlée nocturne.

Il est vraiment temps, monsieur, que vous y mettiez ordre. Il n'est pas méchant au fond : c'est un bon petit garçon, un peu turbulent et qui a le sang chaud. Je suis persuadé que vous n'aurez pas besoin d'employer toute votre autorité paternelle pour le ramener au bien. Un mot suffira. Dites-lui, je vous en conjure, qu'il a eu grand tort de parler d'une façon inconvenante du bienfaiteur des pauvres, dont il fera bien de suivre l'exemple quand il sera grand. Rappelez-lui, s'il le sait, ou apprenez-lui, s'il ne le sait pas, que les législateurs de Sparte donnaient au peuple le spectacle d'ilotes ivres, pour le dégoûter de l'ivrognerie, et que, par analogie, nous devons, nous qui ne sommes pas des Spartiates, inspirer la vertu au peuple par le spectacle des belles actions.

Vous pourriez lui dire encore, monsieur, qu'on joue gros jeu en ne signant pas ce qu'on écrit ; la loi Tinguy est formelle.

La prison et l'amende ! ce n'est pas peu de chose, monsieur. L'amende, vous la payeriez, sans doute ; mais la prison, c'est lui qui la ferait.

Je termine en vous priant, monsieur, de ne pas lui dire que je vous ai écrit cette lettre. Tout ceci doit rester un secret entre nous. Je serai heureux si je n'entends plus dire que M. Georges Pouchet, le fils d'un homme grave et respectable, est un écervelé, et M. Charles Henry un garçon fort mal *éduqué*.

S'il arrivait que votre fils fît trop d'esclandre à l'avenir, je vous promets de vous tenir au courant de ses faits et gestes. La *Réforme Musicale* est tout entière à ma disposition, j'en userai chaque dimanche, s'il est besoin.

Je sais bien que s'il apprend par une indiscrétion quelconque que je vous ai dénoncé ses espiègleries, il va crier, s'emporter, jurer, peut-être, et demander ma tête ; mais, rassurez-vous, monsieur : si je dois avoir la gorge coupée par le rasoir dont il se sert pour faire sa barbe, je puis longtemps encore dormir sur mes deux oreilles.

Agréez, monsieur, l'expression des sentiments distingués avec lesquels j'ai, etc.

Louis ROGER.

P.-S. — J'apprends à l'instant que M. Georges Pouchet, dit *Charles Henry*, est proche parent de M. J. Fauquet, qu'il a imprudemment fait intervenir dans un article dont le but réel m'apparaît clairement aujourd'hui. Cette circonstance aggrave considérablement la faute du jeune Pouchet, et nous engageons son respectable père à le chapitrer vertement, en lui montrant l'énormité de son inconséquence et de sa légèreté. L. R.

Nous savions, en publiant cette lettre, que nous soulèverions des colères ; mais nous ne nous attendions pas à voir un homme trois fois respectable par l'âge, par le talent et par le caractère, condescendre, par un déplorable aveuglement paternel, jusqu'à jeter son manteau sur les folles équipées d'un jeune homme qui fait fausse route dans la carrière des lettres.

Voici la lettre adressée par M. Pouchet père, aux *Petites Affiches*, et publiée dans le dernier numéro de ce journal :

« A *Monsieur le Directeur du journal des* PETITES AFFICHES.

» Monsieur,

» On m'a fait connaître une lettre à mon adresse insérée dans l'un des petits journaux de notre localité, dont j'ignorais absolument l'existence.

» J'ai lu avec autant de peine que de surprise une semblable correspondance, et c'est sans nul doute par erreur qu'elle m'est adressée.

» Habitué à de hautes et honorables relations, je ne connais ni de telles formes, ni un tel style ; je suis de l'école du grand Gœthe, je veux que chacun ait le sentiment de sa propre dignité et du respect que l'on doit aux autres, et cette missive, qui contraste tant avec nos convenances sociales, ressemble plutôt à une méchanceté qu'à un conseil salutaire ; je suis persuadé que tel sera le jugement de toutes les personnes de cœur qui la liront.

» Agréez, monsieur le Directeur, etc.

» F. POUCHET. »

Il y a longtemps que je suis habitué aux grands airs académiques de certains personnages. Le dédain fut toujours l'argument commode des gens qui n'ont pas de bonnes raisons à donner.

J'admire, vraiment, la somme d'orgueil qui a dicté cette lettre. Chaque mot est gonflé, chaque ligne contient l'expression d'un sentiment dont la modestie n'est certes pas le mobile. M. Pouchet *ignorait absolument*, dit-il, *l'existence* de la *Ruche Normande*. Beaucoup de personnes ont vu dans cette phrase un subterfuge d'écolier. J'y veux voir, au contraire, la pensée toute entière de l'honorable M. Pouchet ; car s'il avait lu depuis un an la *Ruche Normande*, il aurait, à n'en pas douter, mis un terme à la polémique mesquine que son fils a entretenue avec cette feuille, polémique assez compromettante pour un nom intact, puisqu'il pouvait en résulter beaucoup d'amende et beaucoup de prison pour le jeune imprudent, qui ne sait pas que la loi Tinguy, qui impose la signature à l'écrivain, est bien plus rigoureuse que les arrêts de la correctionnelle en matière d'injures.

« *Je suis de l'école du grand Gœthe*, » s'écrie l'honorable M. Pouchet. Je n'en doute pas, monsieur. Mais moi, je suis de la petite école de Molière. Mon style est net, incisif et quelque peu roturier ; ma phrase sans manchettes et sans fard. J'appelle les choses par leur nom, et je me soucie fort peu de ces formules menteuses et contournées, auxquelles Talleyrand devait faire allusion lorsqu'il disait que la parole avait été donnée à l'homme pour déguiser sa pensée. Je suis peuple, monsieur, un peu *populace* même, comme disait Paul-Louis Courrier, et quand un garçon comme le vôtre se croit en droit d'intervenir dans les actes d'autrui, ou de jeter comme il l'a fait des paroles inconvenantes à la face d'un honnête homme, j'oublie, monsieur, que je n'entends pas le Français des académies, et je le relève dans mon style, à ma manière, et sans demander à Gœthe comment il s'y serait pris.

Il est regrettable que l'honorable M. Pouchet n'ait pas vu toute la gravité de la conduite de son fils. Il avait une bonne leçon à lui donner, et, peut-être aussi, bien des regrets à lui épargner.

Comment ! Je fais l'éloge d'une belle action connue dans tout Bolbec, dont l'auteur honorable n'a pu se soustraire à la reconnaissance publique, et voilà M. Georges Pouchet qui, dans un accès de familisme exagéré, me demande pourquoi je n'ai pas parlé de M. J. Fauquet, son parent, que je ne connais pas, que je n'ai jamais connu ? Il part de là pour appeler l'homme dont j'ai parlé *le héros de la Ruche Normande*. Et je me serais tu ? Et j'aurais laissé passer sous silence cette indigne moquerie ? Non pas, monsieur, ma charité chrétienne ne va pas jusque-là. J'ai dénoncé le fils, et les applaudissements du public m'ont dit que j'ai bien fait. Il restait à l'honorable père de lui faire comprendre qu'il y a toujours du danger à faire l'apologie des siens, quand rien ne vous y oblige, et qu'en donnant a une polémique les apparences d'une question de famille ou de pot-au-feu, on risque fort de se faire sauter la marmite à la tête.

Je ne répondrai pas aux injures que le jeune Georges Pouchet m'adresse, un peu au-dessous de la lettre de monsieur son père. C'est précisément en descendant jusque-là qu'on doit s'étonner d'être descendu si bas.

Dans tous les cas, notre lettre aura porté d'heureux fruits. Le jeune Pouchet a enfin signé son article du nom de son père.

Le voilà sauvé de l'amende et de la prison. Il reste encore à le sauver du ridicule.

Ce n'est pas le moins difficile.

Louis ROGER.

L'ÉTOILE DU PROSCRIT. [1]

PAROLES DE M. A. LEROY. MUSIQUE DE PAUL SAVOYE.

Dédiée à son frère GUSTAVE (en Californie).

Ton de SEU.

I

O toi qui dans la nue obs-cu - re, Brilles comme un cierge pi-eux ; Toi qui viens de ta flamme pu - re, Illumi - ner l'ombre des cieux ; O mon é - toi - le, dis - moi, je t'en con-ju - re, Si de mes pleurs doit se ta - rir le cours ? Bril - lan-te fé - e, l'in-for-tu - né t'ad-ja - re, Pour le pros - crit lui-ra-t-il d'heureux jours ?

IIᵉ COUPLET.

Rem-pla-çant ma sœur et ma mè - re, verrai-je femme, au cœur ai-mant, Au lieu de fils, au lieu de frè - re, M'appe - ler tout bas son amant ? De l'a-ve - nir, je veux li-re ma pa - ge, Le livre est là, mais las ! fer-mé toujours ! E - toi - le d'or, quand ces-se-ra l'o - ra - ge ? Pour le pros-crit, lui-ra-t-il d'heureux jours ?

IIIᵉ COUPLET.

O désespoir, sous la nu-é - e, J'ai vu ton é-clat s'obscurcir !... Cruel arrêt, ma des-ti - né - e, Doit en-core, hé-las ! s'assombrir !... Mais non, tu re-pa-rais plus vi-ve, Je ne dois pas souffrir, pleu-rer tou-jours. Bril-lan-te fé - e, en-tends ma voix plain-ti - ve, Pour le pros-crit fais lui - re d'heureux jours !

(1) Cette romance a été composée en 1853 et très-applaudie dans une séance publique de M. Louis Roger. L'auteur, qui continue sous l'habile direction de M. Engelmann aîné l'étude de la basse, est l'un des élèves les plus distingués de M. Aimé Paris. Il avait douze ans quand il a écrit cette romance.

XI⁰ Année ; — 1⁰ du nouveau titre.

UN NUMÉRO : 20 CENT.

N° 17. — Dimanche 18 Mai. 1856.

Musique, — Sciences, — Arts, — Littérature, — Théâtres.

LA RÉFORME MUSICALE

JOURNAL DES DOCTRINES DE L'ÉCOLE GALIN-PARIS-CHEVÉ.

ABONNEMENT A ROUEN : 10 FR.

ON S'ABONNE

A ROUEN, chez M. Louis Roger,
rue Porte-aux-Rats; 2.
A PARIS, chez M. Emile Chevé rue
des Marais-S.-G., 18.
A MARSEILLE, chez M. Aimé Paris
rue Paradis, 77.

BUREAU A ROUEN, RUE PORTE-AUX-RATS, N° 2.

LOUIS ROGER, Directeur-Gérant.

ABONNEMENT DANS LES DÉP. : 12 FR.

ON S'ABONNE

A LYON, chez M. Perraud, rue du
Griffon, 11.
AU HAVRE, chez M. Vasse,
rue Molière, 46.
*Les abonnements peuvent être payés
en timbres-postes (Affranchir).*

RENSEIGNEMENTS. — Cette feuille paraît, à ROUEN, tous les DIMANCHES. — Tout ce qui concerne l'administration du journal doit être adressé à Rouen, rue Porte-aux-Rats, 2. — Ce qui concerne la rédaction peut être indifféremment adressé à M. CHEVÉ, à M. Aimé PARIS, ou au Directeur-Gérant. — La critique demeure sous la responsabilité de celui qui la signe. — Il sera rendu compte des Ouvrages dont un exemplaire sera déposé au bureau du journal. Les lettres non affranchies seront refusées.

On peut se procurer des numéros de la *Réforme*, au Bureau du Journal ; — au dépôt du cours Boïeldieu, à Rouen, — et dans l'intérieur des Théâtres.

NÉCROLOGIE.

SOPHIE LAMBERT.

Paris, 12 mai 1856.

Encore un deuil pour notre école, et un deuil d'autant plus douloureux que, cette fois, ce n'est plus un vieillard que nous pleurons, ce ne sont plus des hommes tombant dans la force de l'âge, épuisés par l'apostolat ; c'est une pauvre enfant qui n'avait pas encore atteint sa DIXIÈME année, et qui était pourtant déjà l'une des colonnes du BATAILLON SACRÉ de l'école, de ce bataillon angélique, composé d'une douzaine de toutes jeunes filles et qui est là, toujours prêt à porter en avant le drapeau de l'école lorsque la force DES GRANDS n'est plus suffisante pour le faire !

Pauvres enfants ! Elles aussi viennent d'être cruellement frappées par la mort foudroyante de leur bonne et bien aimée Sophie !

Le lundi, 5 mai, Sophie assistait au cours avec ses compagnes, et, comme à l'ordinaire, écrivait, en se jouant, des dictées musicales à faire reculer les maîtres ; elle était pleine de santé et de bonheur. Le mardi, elle prenait encore toutes ses leçons, sans que rien fît présager le moindre malaise ; et le jeudi, à 7 heures du matin, la malheureuse enfant mourait dans les bras de son père et de sa pauvre mère, enlevée par un accès de fièvre pernicieuse ; emportant avec elle la joie et l'espérance du foyer domestique, car elle était la dernière d'une nombreuse famille !!!

Sophie était née au Caire, pendant que son père, M. Charle Lambert, ingénieur en chef des mines, dirigeait l'école polytechnique égyptienne qu'il avait fondée. Douce, belle, bonne et douée d'un admirable bon sens qui lui promettait un bel avenir intellectuel, Sophie vint en France quand son père quitta la direction de son école. C'est en 1853, qu'elle vint suivre mes cours ; et, depuis cette époque, cette enfant n'a cessé de s'occuper de la méthode et de s'en occuper en véritable apôtre, dans la limite de ses forces. Depuis deux ans, elle faisait partie de la société chorale de l'école et ne manquait jamais une solennité où il fallait payer de sa personne. Au concert donné le 20 avril dernier, a l'Ecole-de-Médecine, c'est Sophie seule qui a franchi un pas scabreux qui avait fait trébucher ses compagnes dans une dictée par trop difficile : C'est son bras de neuf ans qui seul a soutenu le lourd drapeau de l'école dans ce moment solennel ; c'est elle qui l'a empêché de tomber !...

Honneur à elle, la pauvre et bien chère enfant !... Regrets éternels à sa douce, bonne et vaillante mémoire ! Sympathie profonde pour la douleur de ses pauvres parents.....

Emile CHEVÉ.

TROIS COURS NORMAUX

D'après la méthode Galin-Paris-Chevé,

Dans le canton du Valais (Suisse).

Paris, 12 mai 1856.

Hélas ! l'idée de Galin sera-t-elle donc un nouvel exemple de la fatalité qui semble peser sur la France, qui ne sait jamais accepter une *idée française* qu'elle n'ait été se faire naturaliser à l'étranger ?

Emile CHEVÉ.

(Lettre à M. le comte de Rambuteau, préfet de la Seine.— Paris, 8 juillet 1845.)

Mes appréhensions de 1845 étaient une prédiction, dont la première partie se réalise en 1856, — ONZE ANS APRÈS !

Voilà, en effet, LE CANTON DU VALAIS QUI ORGANISE EN GRAND L'ENSEIGNEMENT MUSICAL DANS SES ÉCOLES, D'APRÈS LA MÉTHODE GALIN-PARIS CHEVÉ, dont le nom seul est un cauchemar pour la commission du chant et pour le Conservatoire, qui en accepte pourtant fort bien l'esprit sous le nom d'un autre.

La RÉFORME MUSICALE du 17 février dernier, annonçait l'adoption — après examen — de la méthode Galin Paris-Chevé par le gouvernement du Valais; et l'envoi à Paris de M. Elie Gay, avocat, pour en étudier avec soin les procédés d'application en grand, et pour les enseigner ensuite dans des cours normaux, faits à tous les instituteurs du canton. Cette dernière partie du projet du Gouvernement se réalise en ce moment, et LA MÉTHODE VA enfin ÊTRE ENSEIGNÉE OFFICIELLEMENT DANS TOUT LE VALAIS. La lettre suivante, que je reçois de M. Elie Gay, va mettre le lecteur au fait de ce grand événement, qui ouvre pour la méthode une phase nouvelle.

« Sion, canton du Valais, 6 mai 1856.

» Mon cher Monsieur Chevé,

» Mon silence, jusqu'à ce jour, a dû vous étonner ; mais je n'ai pas voulu vous écrire avant de pouvoir vous communiquer quelque bonne nouvelle. Je n'ai point donné de cours pendant la saison d'hiver ; mais demain je commencerai à la donner un aux *institutrices* réunies en ce moment à *Sion*, pour y fréquenter l'école normale. Votre méthode sera enseignée pour la première fois officiellement dans nos écoles publiques. Ce premier cours sera suivi par une trentaine d'élèves demoiselles. Au commencement de juillet j'en commencerai un second, *pour les instituteurs allemands*, qui viendront ici, à l'école normale. *Les instituteurs français* seront réunis à Saint-Maurice, et

je pense que c'est M. Bruzzèse qui sera chargé de leur enseigner la nouvelle méthode. Il m'écrit qu'*il l'enseigne depuis quelque temps, avec beaucoup de succès, au collège de Saint-Maurice ;* et qu'il a rendu public, par la voie des journaux, les résultats heureux qu'il a déjà obtenus.

» La méthode s'enseigne aussi à Bagnes, qui est une des communes les plus populeuses de notre pays.

» Pour le premier cours, je me propose de n'enseigner que la partie chiffrée.

» Maintenant, je vous prierai de m'envoyer, sans retard, quatre-vingts exemplaires de la partie chiffrée. Je vous prie aussi d'y joindre les tableaux d'exercices de madame Chevé, afin que je puisse les imprimer sur toile. Je veux faire en sorte que notre matériel soit le plus simple possible.

» Les 10, 11 et 12 juillet prochain, nous célébrerons notre concert helvétique, à Genève ; on y exécutera *Elie*, de Mendelsohn ; si vous pouviez vous y rencontrer, quelle fête pour nous !

» Votre respectueux élève,

» Elie GAY, avocat. »

Ainsi, à la rentrée des classes, toutes les institutrices et tous les instituteurs, tant allemands que français, du canton du Valais, vont se trouver en mesure d'enseigner la méthode Galin-Paris-Chevé, qu'ils vont répandre officiellement — et d'un seul coup — dans toutes les écoles publiques ! et pendant que cette révolution immense dans l'enseignement de la musique s'accomplit tranquillement, mais sûrement, dans un canton suisse, toutes nos écoles publiques de France en sont encore à la méthode Wilhem, et laissent atrophier les organes musicaux de nos enfants qui, rebutés par des difficultés insurmontables pour le plus grand nombre, ne font aucun effort pour surmonter les dégoûts innombrables qu'ils rencontrent dans l'étude du solfége, et finissent tous par abandonner la musique... Voilà où conduit le PARTI PRIS.

Hélas ! — je le répète en finissant — l'idée de Galin sera-t-elle donc un nouvel exemple de la fatalité qui semble peser sur la France, qui ne sait jamais accepter une idée française, qu'elle n'ait été se faire naturaliser à l'étranger.

C'est peu flatteur pour le bon sens national.

Emile CHEVÉ.

Combien de fois nous demandera-t-on de faire, comme nouvelles, des réponses qui ont dix ou vingt ans de date ?

Il est vraiment bizarre que, lorsque nos livres ont été imprimés et nos faits produits, tant de personnes en soient encore, la plupart n'ayant pas lu une page de ces livres, ni vu un seul de ces faits, à reproduire, comme des échos dociles, les dénégations intéressées et les questions faites par les partisans de la routine, qui n'ont voulu rien voir, rien entendre, ni rien lire, et qui, sans offrir aucune des garanties que sont en droit d'exiger les esprits droits et cultivés, ne basent l'autorité qu'on a la bonté de leur accorder, que sur l'égalité de leurs doigts et la dextérité de leur mécanisme.

J'ai demandé quelque part, si la grenouille, qui nage parfaitement, serait un bon professeur de natation, et si le singe, qui défie tous les équilibristes du monde, donnerait de bonnes leçons de gymnastique ?

C'est le cas de répéter cette question, à propos des demandes faites par des personnes qui s'imaginent que parce qu'elles n'ont pas lu nos réponses imprimées depuis longtemps, il nous est impossible d'opposer des raisons valables à des doutes sans cesse reproduits.

Il est donc à propos de donner aux lecteurs de la *Réforme musicale* le moyen d'indiquer la source où on pourra remonter, pour se convaincre que les objections ne sont ni sérieuses ni nouvelles.

En 1844, j'ai fait imprimer, à Bruxelles, un ouvrage intitulé : *De la Nécessité d'une réforme dans l'enseignement de la musique vocale, considérée en elle-même, comme préliminaire indispensable de l'étude de la musique instrumentale.*

Le chapitre VIII, de cet in-octavo en petit-texte (49 lignes à la page ; 56 lettres par ligne) contient vingt-trois pages exclusivement consacrées à la réfutation des objections. L'espace me manque pour reproduire ici les réfutations. Je me borne à énumérer les objections, en indiquant la page où se trouve la réponse, toujours placée immédiatement après la difficulté qu'elle fait disparaître. Toutefois, je crois utile de faire connaître le texte qui commence le chapitre. Je disais : « Quelques personnes » trouveront peut-être que j'aurais dû me dispenser de » réfuter certaines objections dont l'absurdité est » palpable. J'ai eu d'abord la pensée d'en agir ainsi ; » mais j'ai vu si souvent les raisons les plus pito- » yables, données par nos adversaires, accréditées chez » les gens crédules, que je me suis décidé à battre en » brèche même ce qui n'avait aucune espèce de soli- » dité, pour détruire, autant qu'il était en moi, l'obs- » curité que l'opposition veut laisser régner dans l'en- » seignement de la musique. Ce n'est pas moi qui suis » le coupable ; si les esprits stationnaires ou rétrogrades » ne jetaient tant de niaiseries en circulation, je » ne serais pas obligé de les mettre à nu. » (Page 53.)

1re *Objection* : « Le succès tient-il à la personne du professeur ? Nul autre que M. Aimé Paris ne pourrait-il enseigner cette méthode ? » Réponse, page 53.

2e *Objection* : « M. Paris rend ses leçons attrayantes. » Réponse page 55.

3e *Objection* : « M. Paris donne ses leçons tous les jours. » Réponse page 55.

4e *Objection* : « Les enfants s'occupent exclusivement de musique, pendant toute la durée du cours. » Réponse, page 55.

5e *Objection* : « On fait autant de progrès par la méthode usuelle. » Réponse page 55.

6e *Objection* : « En y regardant bien, les 80 leçons de M. Aimé Paris représentent près de trois ans de leçons, par la méthode usuelle. » Réponse, page 56.

7e *Objection* : « Les chiffres compliquent l'étude ; ils ne sont d'aucune utilité. Pourquoi ne pas commencer par la notation usuelle, à laquelle il faudra enfin revenir ? » Réponse, page 56.

8e *Objection* : « Jamais on ne se servira des chiffres. » Réponse, page 57.

9e *Objection* : « La transposition ne fait que multiplier les difficultés. Elle n'a réellement pas d'utilité. » Réponse, page 58.

10e *Objection* : « La méthode étant fondée sur la transposition, ne faudra-t-il pas nécessairement tout oublier, et recommencer sur nouveaux frais, si on veut étudier un instrument ? » Réponse, page 49.

11e *Objection* : « Il vaudrait mieux apprendre les clés l'une après l'autre, que de les étudier toutes à la fois. » Réponse, page 64.

12e *Objection* : « L'emploi des formules de rappel, pour certaines données de la théorie, est encore une complication. » Réponse, page 62.

13e *Objection* : « Il n'y a de bon dans la méthode que le rhythme. » Réponse, page 62.

14e *Objection* : « Il n'est pas bon que l'enseignement marche avec tant de rapidité ; on oublie promptement ce qu'on a appris si vite. » Réponse, page 62.

15e *Objection* : « La ville de Paris, centre de la civilisation, aurait adopté la méthode, si elle était bonne. » Réponse, page 64.

16e *Objection* : « On reviendra sur le compte de la méthode. Voyez ce qui est arrivé au Méloplaste ! » Réponse, page 64.

17e *Objection* : « L'ancienne méthode est bonne. C'est elle qui a formé tous les grands musiciens. » Réponse, page 65.

18e *Objection* : Quel compositeur est sorti des cours faits par la théorie de Galin ? » Réponse, page 65.

19e *Objection* : « Les résultats ne sont pas réels ; l'approbation des parents est un mensonge ; leurs déclarations signées sont des certificats de complaisance. » Réponse, page 66.

20e *Objection* : « Nous avons vu des élèves de M. Paris qui ne savaient rien. » Réponse, page 67.

21e *Objection* : « Les élèves de M. Paris ne lisent que la musique en chiffres, et non la notation usuelle. » Réponse, page 68.

22e *Objection* : « Les élèves de la théorie de Galin chantent bien un morceau ; mais après l'avoir répété à satiété. » Réponse, page 68.

23e *Objection* : « Les élèves de la théorie de Galin crient plutôt qu'ils ne chantent. » Réponse, page 69.

24e *Objection* : « L'adoption de la méthode de Galin fait tort aux musiciens » Réponse, page 70.

25e *Objection* : « A quoi bon discuter avec un homme qui ne sait rien ? » Réponse, page 62.

La réponse à toutes ces objections se retrouve dans tous les ouvrages de M. et de Mme Chevé. Rien n'est plus facile que d'obtenir de M. Chevé et de moi la communication des textes qui réduisent au néant toutes ces prétendues difficultés. Qu'on en formule d'autres et la réfutation arrivera aussitôt ; mais, au nom du ciel, qu'on ne vienne pas nier la possibilité de répondre quand les réfutations sont reproduites dans tant de livres, sous tant de formes, et surtout quand, à tous les doutes, nous avons à opposer LA PREUVE DE FAIT !

» Aimé PARIS,

L'adoption de la méthode Galin-Paris-Chevé dans la marine, devenue un fait de notoriété publique.

Paris, 25 avril 1856.

Je reçois de M. Gestin une nouvelle lettre à la date du 22 avril. On y lit ce qui suit :

« Brest, 22 avril 1856.

« Mon cher maître,

» Dans la *Réforme* que j'ai reçue aujourd'hui, vous citez des faits à l'appui de ce que j'avance, à savoir que la méthode s'apprend sans maître. Je puis vous en citer un nouveau parmi tous ceux que je connais déjà, et qui a le mérite de l'à-propos. Ce matin, même, un de mes camarades, M. Fallier, chirurgien de la marine, m'a prouvé que, seul, avec votre livre et en quatre mois, il était arrivé à lire très-couramment la musique. Je ne vous parle pas de ce qu'est devenu M. Fallier, comme théoricien : vous en jugerez vous-même par un travail, fruit unique de ses réflexions, qu'il vous enverra si vous le voulez. Il a découvert une loi mathématique sur la génération des gammes majeures, loi dont la formule algébrique est simple et qui cadre admirablement avec la théorie que vous enseignez. Cette loi est basée sur des expériences faites sur le monocorde.

» *P.-S.* — Dans un excellent traité d'hygiène navale qui vient de paraître, et qui est dû à la plume élégante du savant professeur Fonssagrives, de Brest, il est dit, à la page 730, que *la méthode Chevé* (c'est ainsi qu'on l'appelle, vous savez,) *est appelée à rendre de grands services aux marins, pendant leurs longues campagnes.* — Le livre dont je vous parle a été édité par Baillère.

» Recevez, mon cher maître, l'assurance de mon profond dévouement.

« GESTIN. »

Ainsi, voilà la méthode Galin-Paris-Chevé tellement répandue aujourd'hui dans nos ports de mer : Cherbourg, Brest, Lorient, Rochefort, Toulon, Marseille, etc., et à bord de tous ou de presque tous nos bâtiments de guerre, qu'un ouvrage important sur l'hygiène navale en parle comme d'un fait de notoriété publique, *appelé à rendre de grands services à nos équipages pendant les longues campagnes.* La méthode est donc véritablement portée, par la marine, dans tous les coins du monde ; et cependant, la commission du chant et le Conservatoire de Paris, qui sont à deux pas de l'un des principaux centres de l'école nouvelle, ne veulent absolument pas en entendre parler — *du moins quand elle porte son nom.*

Que va répondre la routine à ce fait considérable ? Rien ; le parti-pris n'a ni yeux ni oreilles ; ou plutôt, il est de ceux pour qui l'on a dit : Ils ont des yeux pour ne pas voir, et des oreilles pour ne pas entendre. — Tant pis pour lui ; mais hélas ! tant pis aussi et surtout pour tous les malheureux que son mauvais vouloir prive du bienfait de la musique ATTRAYANTE ET FACILE, l'antipode de la musique REPOUSSANTE et INAPPRENABLE, c'est-à-dire de la musique de la vieille école. Toutefois, on ne peut s'empêcher de faire une réflexion bien triste : c'est qu'il est bien malheureux que ceux qui sont incapables de produire le bien pour tous aient assez de puissance pour empêcher les autres de le produire ; alors surtout que ce bien général, — LA MUSIQUE RENDUE UNIVERSELLE, — ne peut causer aucun mal quelconque à la société, et peut, au contraire, produire un bien immense ! — Mais encore un peu de patience ; les TEMPS VONT VITE, et la routine n'aura bientôt plus que celui rigoureusement nécessaire pour dire son MEA CULPA.

Emile CHEVÉ.

La méthode Galin-Paris-Chevé

ENSEIGNÉE AUX EQUIPAGES DE LIGNE, A TOULON,

Par M. Birlin, chef de musique.

Paris, 18 avril 1856.

Aujourd'hui est entré, à l'une de mes leçons, un monsieur portant une décoration militaire : c'était M. Birlin, chef de musique des équipages de ligne à Toulon. Il venait demander des méthodes pratiques. Quand j'ai su qui il était, je lui ai tout naturellement demandé si c'était pour lui qu'il prenait ces méthodes, et s'il voulait s'en servir à son corps. Voici sa réponse, faite devant un ancien officier qui l'avait connu à Toulon, et que le hasard faisait rencontrer chez moi, en même temps que lui :

« — Oh ! monsieur, c'est pour moi, c'est pour le cours que je fais à la caserne, que je prends ces méthodes ; car, je dois vous dire que, depuis bien longtemps, nous ne nous servons plus que de votre méthode dans nos classes, et que nous en sommes bien contents. Du reste, à Toulon, on l'enseigne partout, depuis que les officiers de marine l'y ont apportée. Pour nous, nous n'en voulons plus d'autre ; et je viens prendre quelques volumes, parce qu'il nous a manqué pour bien marcher et pour donner aux hommes la facilité d'étudier entre les leçons, ce qu'ils n'ont pas pu faire jusqu'ici. »

Encore un témoignage à l'appui de la parole de M. Gestin. Décidément, tout le monde connaît la méthode, excepté la commission du chant et le Conservatoire de Paris, qui, par devoir et même par intérêt, auraient dû être les premiers à la connaître. J'ajoute que tous ceux qui la connaissent et qui l'expérimentent, l'adoptent avec enthousiasme. — Nous venons de voir le Conservatoire lui-même céder à l'entraînement général, quand on lui a présenté la théorie sous d'autres noms que ceux de l'école.

Le fait de M. Birlin est d'autant plus remarquable, que ce professeur appartient à l'ancienne école, et que c'est en dehors de toute influence personnelle de la part des chefs de la nouvelle, qu'il a pris la méthode et qu'il a répudié son long passé de professeur. — Ce courage l'honore, et lui vaudra la gratitude de tous les marins qui lui devront leur éducation musicale, soit directement, soit indirectement, par l'intermédiaire de ses élèves, devenus propagateurs à leur tour.

Emile CHEVÉ.

La Société de M. Emile Chevé chantera, le 23 de ce mois, au Théâtre-des-Italiens, dans le concert de M. Vivier,

LA MÉTHODE GALIN-PARIS-CHEVÉ

AU 78ᵉ RÉGIMENT DE LIGNE, EN GARNISON A PHALSBOURG.

Encore un centre créé dans un régiment par un pauvre soldat, qui n'avait pour toutes ressources que sa bonne volonté, son dévouement à l'idée de Galin, et les quelques mois d'études qu'ils avait passés à mon cours de l'école de médecine. — Vers la fin de 1854, deux jeunes gens, les frères Louval, suivaient mon cours public ; l'un deux se fit recevoir dans notre société chorale ; l'autre me dit qu'il eût bien voulu en faire autant : mais que, pris par la conscription, il lui fallait rejoindre son régiment à Phalsbourg, et qu'ainsi, il était contraint de renoncer à faire partie de notre société, du moins d'ici longtemps. — « Mais
» n'importe — me dit-il, en venant me dire
» adieu — si je quitte l'école, je ne quitte pas
» le drapeau ; je vais faire de la propagande à
» mon régiment ; et, si vous pensez que je
» puisse m'en tirer à mon honneur, je vais tâcher
» de faire un cours à mes nouveaux camarades, » — J'encourageai ce brave garçon dans ses bonnes dispositions, et il partit pour rejoindre son corps. — En arrivant, il s'y prit si bien, qu'il obtint de faire un cours à une soixantaine de militaires, qu'il a conduits au but, et avec lesquels et a fait une séance de clôture qui lui a valu les félicitations de ses chefs. — Je laisse Louvat rendre compte lui-même de ses travaux et de ses succès ; le lecteur, en lisant sa lettre, verra qu'il a obtenu des résultats très remarquables, surtout si l'on veut remarquer qu'il était dépourvu de tout matériel sérieux, et qu'il a dû s'ingénier chaque jour à suppléer, je ne sais comment, à l'absence d'une foule de choses nécessaires pour bien marcher — Voici la lettre que j'ai reçue de Louvat le mois dernier :

« Phalsbourg, le 25 mars 1855.

» Mon cher M. Chevé,

» Je m'empresse de vous faire parvenir tous les détails relatifs à la propagation de la méthode Galin-Paris-Chevé au 78ᵉ régiment de ligne.

» Le 8 janvier 1855, ayant reçu vos encouragements et le consentement de mes chefs, j'ouvris un cours d'après la méthode et dans le seul but de lui être utile. Soixante hommes furent mis sous ma direction, sous la surveillance de M. Bodichon, sous-lieutenant au corps.

» Je pris l'engagement de conduire, au bout d'un an, les quatre cinquièmes d'entre eux aux résultats suivants : 1° Lire seul et à première vue un air écrit pour les voix ordinaires ; 2° Connaître la théorie raisonnée de la musique ; 2° Écriture sous la dictée.— Le nombre des leçons fut fixé à cinq par semaine, une heure et demie à chaque leçon. Elles eurent lieu depuis l'époque annoncée plus haut, jusqu'au 5 décembre, 1855, époque à laquelle je crus devoir terminer mon cours, ayant rempli toutes les conditions de mon programme ; seulement, j'avais perdu une vingtaine d'élèves, qui me furent enlevés par suite de maladies, de punitions, d'avancement, etc ; et, au licenciement de la classe de 1848, je restai avec quarante élèves.

» Ces diverses mutations m'ont souvent causé des interruptions assez désagréables ; mais je ne perdis point patience; et,à la revue de M. le général-inspecteur, qui eut lieu le 13 septembre, j'eus le bonheur de mériter des compliments de la part du général ; il me laissa comblé d'éloges et plein d'un courage nouveau à poursuivre la tâche que je m'étais imposée, malgré les grandes difficultés qui m'avaient assailli jusqu'alors. Enfin, après onze mois de travaux, je pris mes mesures pour l'expérience qui allait avoir lieu et où devrait triompher la méthode.

» Le 5 décembre 1855 eut lieu cette expérience, en présence des autorités civiles et militaires et de quelques personnes des plus notables de la ville. J'ouvris la séance par un exposé de la méthode ; puis, le programme suivant fut exécuté : 1° Un trio de Louis et Cordel ; 2° Un canon à trois voix ; 3° Lecture à première vue d'un morceau improvisé séance tenante ; 4° Un O salutaris de Ch. Gounod ; 5° un

morceau à 4 voix de Grétry ; 6° la Retraite, de Laurent de Rillé ; 7° recherche de la tonique avec toutes les armures par dièses et par bémols ; 8° un canon à quatre voix ; 9° la Prière de Joseph, de Méhul ; 10° reconnaître des sons vocalisés et écriture sous la dictée ; 11° le Chœur de la Muette, d'Auber, pour la clôture. Le programme a été parfaitement exécuté, l'intonation et la mesure n'ont rien laissé à désirer ; aussi les applaudissements n'ont-ils pas fait défaut.

» Tous ces messieurs m'ont témoigné leur satisfaction que j'ai reçue au nom de mes élèves, Ils ont déclaré ces résultats supérieurs à ceux de la méthode Wilhem.

» Voilà, mon cher maître, tous les détails que je puis vous donner. J'ajoute que nous avons réunion de temps en temps pour étudier quelques nouveaux morceaux. Je suis obligé, n'ayant par les moyens nécessaires pour faire venir ma musique de Paris, de profiter de l'amitié d'un camarade qui ayant un abonnement a Phalsbourg, me procure la musique nécessaire à nos travaux ; je la transpose en chiffres, chacun copie ses partitions, et nous chantons ensuite.

» Comptez sur mon dévouement à notre cause, et croyez à tous mes sentiments respectueux.

» Votre tout dévoué,

» E. LOUVAT.

» Soldat au 78ᵉ régiment de ligne, 4ᵉ bataillon, 6ᵉ compagnie, à Phalsbourg. »

Il y a en France 109 régiments de ligne dans lesquels la méthode Wilhem est enseignée par des professeurs de profession avec tout le matériel nécessaire, et cela depuis plus de 15 ans. Eh bien ! que l'on en trouve seulement un où les élèves, à première vue, écrivent sous la dictée !... Combien faudra-t-il donc de faits pareils pour forcer le parti-pris à regarder ? — Hélas !... qui dit PARTI-PRIS, dit.... PARTI-PRIS.

Émile CHEVÉ.

M. BÉNÉDIT TROMPÉ DANS SES PRÉDICTIONS.

Il y a dix-sept mois, M. Bénédit professeur de chant et de déclamation, au Conservatoire de Marseille, et de plus chargé de la rédaction musicale du Sémaphore, dont il se tire comme M. Méreaux du feuilleton du Journal de Rouen, disait à M. Senez aîné : « Quand M. Paris resterait six cents ans à Marseille, personne ne lui répondrait. »

M. Castellan, professeur au Conservatoire de Marseille (succursale du Conservatoire impérial) avait CHARGÉ UN DE SES AMIS de montrer à un des miens un petit carré de papier. La commission ayant été exactement faite, j'ai cru devoir en informer M. le Professeur de solfège du Conservatoire de Marseille. Ma lettre m'est revenue non ouverte, sous une enveloppe contenant une réponse de M. Castellan, qui n'avait pas lu la lettre renvoyée par lui !!!

Le portefeuille de la Réforme musicale contient trop de matériaux essentiels qui attendent leur tour, pour que je dise en ce moment, avec les pièces à l'appui, ce qui se rattache au certificat demandé à MM. les directeurs du Grand Théâtre de Marseille, par Monsieur le directeur du Conservatoire de Marseille, pour dissimuler s'il se pouvait, l'impuissance de la Méthode suivie dans le Conservatoire qu'il dirige.

Place donc aux choses sérieuses ; la comédie de la routine viendra en temps et lieu.

Aimé PARIS.

Marseille, jeudi 15 mai 1856.

P. S. Au moment où j'écrivais la troisième ligne de l'article qui précède, un de mes anciens souscripteurs de 1830, inscrit sous le nº 1410, me présentait son fils, jeune homme de 17 ans, doué d'une bonne organisation musicale, et qui a passé, au Conservatoire de Marseill'e, UN AN sous M. Castellan. Ce jeune homme, devant son père et devant deux autres personnes, n'a pas pu aller jusqu'à la huitième mesure d'un air écrit sur la clé de sol 2ᵉ ligne, avec le bémol unique du ton de FA majeur, sans une double croche et sans un seul demi-soupir. Cet air, dans le livre que j'ai ouvert, porte le nº 1464 bis ; série G, page 13. J'imprimerai les huit premières mesures.

Qu'on fasse une épreuve sérieuse, et on verra bien vite que la méthode suivie au Conservatoire de Marseille a rendus rachitiques et bossus, sans doute pour prouver l'utilité de l'orthopédie intellectuelle, nombre d'esprits sortis droits des mains du Créateur. Admirable emploi d'une large subvention !

Aimé PARIS.

Séance de clôture du cours de musique

DE M. AIMÉ PARIS.

Nous n'avons pas hésité, il y a quelque temps, à élever la voix en faveur d'une méthode musicale qui a trouvé, à Marseille, des adversaires acharnés.

Les vieilles écoles routinières se sont coalisées avec une sorte de frénésie, contre la jeune et brillante cohorte musicale, enrôlée sous la bannière de MM. Galin-Paris-Chevé ; c'est qu'elles ont senti, à l'approche de ces habiles réformateurs, que leur influence allait s'écrouler, et que le jour viendrait où les principes nouveaux triompheraient d'un enseignement lent, défectueux et le plus souvent impuissant.

Il a fallu aux innovateurs une constitution d'athlète et une persévérance presqu'héroïque pour lutter contre tant d'oppositions fougueuses.

M. Émile Chevé, à Paris ; M. Aimé Paris, à Marseille ; des élèves devenus maîtres et répandus non-seulement en France, mais encore à l'étranger, ont mis en lumière les doctrines de Galin, et ont poursuivi sa mission avec un dévouement et un zèle dignes des plus grands éloges.

M. Aimé Paris n'est pas le moins actif de ces lutteurs infatigables. Disons, de plus, qu'il n'a pas choisi la ville de France la plus facile à convertir à l'enseignement nouveau. Marseille a été de tout temps une cité routinière; elle ne renonce qu'avec la plus grande peine à ses anciennes habitudes, et il est fort difficile de la faire entrer immédiatement dans la voie large du progrès.

M. Paris était heureusement un apôtre que rien ne pouvait rebuter, qui ne s'est laissé déconcerter ni par les intimidations, ni par les déboires, ni par l'indifférence première d'une foule aveuglée par de vieux préjugés.

A l'heure qu'il est, la lumière s'est faite ; l'idée a marché à Marseille comme partout ailleurs. M. Paris compte de nombreux élèves, et les succès qu'il obtient tous les jours, à la face de tout le monde, les résultats extraordinaires que chacun est à même de constater ont valu à son habile enseignement, l'admiration des gens de bonne foi, et ont imposé silence aux détracteurs et aux envieux.

Dimanche, 27 avril, une séance solennelle, donnée au théâtre Chave, clôturait le septième cours de M. Paris. Tous les curieux, venus pour assister a cette réunion artistique, n'ont pu trouver place dans la salle : l'auditoire était brillant et compacte.

C'est devant cette foule empressée que l'habile professeur a déroulé sommairement les principes de sa méthode, et qu'il a su en faire ressortir les immenses avantages sur l'enseignement routinier des autres écoles. Des faits irrécusables, des expériences victorieuses sont venus confirmer l'efficacité de ses principes. Des élèves de la plus tendre jeunesse ont pu lire couramment des morceaux de musique que les jeunes gens de nos conservatoires ne parviennent à déchiffre qu'après de longs mois d'études.

Le succès de M. Paris et de ses élèves a été complet. Nous ne concevons pas pourquoi nos confrères de la presse locale hésitent à prêter leur appui à une institution aussi propice ; pour nous, nous ne cesserons de proclamer, de notre faible voix, une vérité qui resplendit aux yeux de tous, et dont l'éclat ne peut pas plus être nié que celui du soleil. Oui, la méthode Galin-Paris-Chevé est appelée à opérer une révolution complète dans l'enseignement musical.

(Le Phocéen.— 11 mai 1856.) L. BÉLARDY.

La Pervenche.

MÉLODIE.

POÉSIE DE E. THURET.   MUSIQUE DE LEGRAND.

Ton de FA mineur.

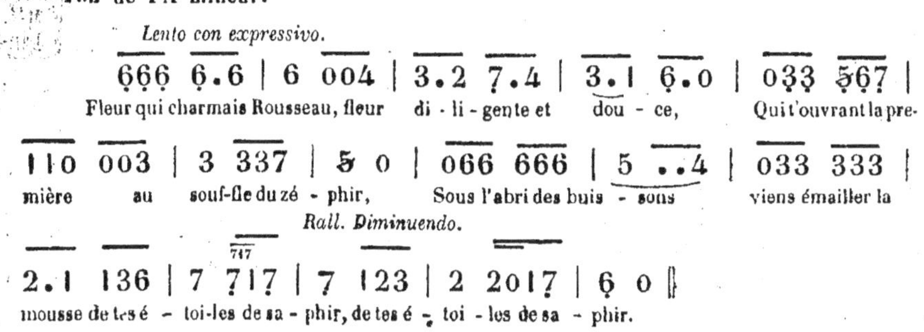

Lento con expressivo.

666 6.6 | 6 004 | 3.2 7.4 | 3.1 6.0 | 033 567 |
Fleur qui charmais Rousseau, fleur di - li - gente et dou - ce,   Qui t'ouvrant la pre-

110 003 | 3 337 | 5 0 | 066 666 | 5 ..4 | 033 333 |
mière au souf-fle du zé - phir,   Sous l'abri des buis - sons   viens émailler la

Rall. Diminuendo.

2.1 136 | 7 717 | 7 123 | 2 2017 | 6 0 ‖
mousse de tes é - toi-les de sa - phir, de tes é - toi - les de sa - phir.

II.

Je t'aime comme lui, car j'aime sur la terre
Ce qui craint le grand jour et se plaît à l'écart :
Le sage sans orgueil, la beauté solitaire,
Fuyant la foule et le regard.

III.

Hélas ! j'en regrette une à mon amour ravie,
Qui, simple et comme toi charmant sans s'en douter,
Humble se contenta de briller sur ma vie
Pour l'embellir et l'enchanter.

IV.

Toi qui de la candeur es le touchant symbole,
Je crois revoir encore, en te voyant fleurir,
Son œil timide et doux, bleu comme ta corolle,
Fermé... pour ne plus se rouvrir !

LETTRES PARISIENNES.

Début de Jenneval à Paris.

Oh ! combien l'homme est inconstant, divers,
Faible, léger, tenant mal sa parole !
J'avais juré, même en assez beaux vers,
De renoncer à tout conte frivole :
Et quand juré ! c'est ce qui me confond ;
Depuis deux jours j'ai fait cette promesse.
Puis fiez-vous à rimeur qui répond
D'un seul moment. Dieu ne fit la sagesse
Pour les cerveaux qui hantent les neuf sœurs :
Trop bien ont-ils quelque art qui vous peut plaire,
Quelque jargon plein d'assez de douceurs ;
Mais d'être sûrs, ce n'est là leur affaire.

Ces vers charmants de la Fontaine expliquent bien mieux que je ne pourrais le faire pourquoi je reprends la plume que j'avais quittée. Oui, je l'avouerai, mon cher Roger, je m'étais promis de ne plus vous écrire, depuis que vous avez commis le crime énorme de perdre une de mes lettres. Que ce soit vous ou l'imprimeur, il n'importe ; c'est vous seul que j'en rendais responsable. Et notez bien que c'était peut-être ma lettre la plus spirituelle ; et comme elle ne se retrouvera pas, je puis même soutenir que c'était la plus spirituelle ! Voyez de quel trésor votre négligence affreuse a privé la postérité ! J'en étais là de ma rancune, lorsque j'apprends qu'enfin nous allons voir débuter Jenneval. Après plus de six mois d'attente et de mauvais vouloir de la part du directeur de la Gaîté, Jenneval vient de résilier à l'amiable son engagement, et il trouve un moyen tout simple pour se faire connaître des Parisiens : c'est de donner dix représentations sur le théâtre de Belleville.

Belleville est aux portes de Paris. C'en est à proprement parler l'un des faubourgs. Aussi, le 10 mai, jour de l'apparition de Jenneval, une société d'élite composée principalement d'auteurs et de journalistes, s'était donné rendez-vous pour assister à la représentation d'un acteur longtemps l'idole de la province, et qui par cela même, avait été l'objet des plus violentes attaques de la part de plusieurs organes de la presse parisienne. L'épreuve était redoutable ; et plus d'un spectateur était venu avec des intentions que l'on peut hardiment considérer comme malveillantes. Pour ma part, j'étais sans inquiétude ; mais je ne dirai pas sans émotion. Dans ma sollicitude pour ce jeune artiste, je l'avais engagé à ménager ses moyens, à ne se livrer qu'avec réserve, et je lui avais dit, ce qui est vrai, qu'à pareille époque, c'est-à-dire le 10 mai, Bonaparte avait gagné une fameuse bataille en Italie.

Jenneval, je me hâte de vous le dire, n'avait nul besoin de mes recommandations. Il avait choisi le rôle de *Kean* comme un de ceux qui permettent à l'artiste de montrer toutes les faces de son talent. Aussitôt qu'il a paru, sa belle prestance, sa physionomie mobile et accentuée, ont tout d'abord captivé l'auditoire. Aussitôt qu'il eut parlé, sa voix vibrante et sonore avait retenti à l'unisson de tous les cœurs ; et il avait su toucher la fibre populaire tout aussi bien que la délicatesse aristocratique. La partie admirablement engagée dès le premier acte, était gagnée au second, et le troisième a été pour l'acteur un véritable triomphe. Jamais organe plus mâle, plus souple et plus éclatant n'avait retenti à mes oreilles. A cet instant les applaudissements étaient unanimes, et ceux qui étaient venus avec les intentions les plus hostiles étaient ceux qui applaudissaient avec le plus de frénésie. Plusieurs personnages de distinction n'ont pas voulu attendre la fin du spectacle et sont allés féliciter l'acteur dans sa loge, en lui disant qu'il était un véritable *Kean* ; plusieurs acteurs sont allés l'embrasser avec effusion, et ce qui donnait un caractère plaisant à ces témoignages d'admiration, c'est que le capitaine des pompiers, profitant des privilèges de sa position, n'a pas voulu être le dernier à le féliciter. Un mauvais plaisant, (où ne s'en fourre-t-il pas ?) lui a dit qu'il ne venait sans doute pas pour éteindre le feu de l'artiste. Ce n'est pas tout ; le soir même, ou plutôt le lendemain, Jenneval recevait des propositions de M. Marc Fournier, directeur de la Porte-Saint-Martin ; d'autres propositions lui arrivaient ensuite, de la part de M. Dennery, directeur futur du *Théâtre impérial*. Comme vous le voyez, le succès de notre ami est complet. Ces suffrages du public parisien, si difficiles à obtenir, ont été emportés par Jenneval dès le premier jour. Ce succès a été tellement complet qu'il a étonné les amis presqu'autant que les ennemis de l'artiste. Certes, je m'attendais à de belles choses de la part de Jenneval. Il saurait trouver, j'en étais sûr d'avance, de belles inspirations ; il saurait émouvoir, éblouir même, cela ne faisait aucune difficulté. Mais à côté de ces grandes et belles qualités, je redoutais des poses un peu prétentieuses, des accents mélodramatiques, de ces choses enfin que donne l'habitude de la province où les artistes se préoccupent souvent beaucoup plus de frapper fort que de frapper juste. Du premier coup Jenneval a compris son public, ou, pour parler plus exactement, les six mois de retard apportés dans les débuts de l'artiste n'en ont été que profitables pour son talent. Ce talent s'est mûri par la réflexion. Jenneval a profité de ses loisirs pour fréquenter les salons de Paris, où il a été accueilli comme il méritait de l'être ; sobre dans ses paroles, dans ses manières, et n'ayant à redouter aucune rivalité de la part des hommes du meilleur monde et du meilleur ton. Ce jugement, dont je ne suis ici que l'écho, a été prononcé par l'une de nos femmes les plus élégantes et les plus spirituelles, madame de G***, que vous avez eu le malheur de ne pas voir lors de votre dernier voyage à Paris, et que vous auriez admirée comme tout le monde, si vous aviez eu la faveur de vous rencontrer sur son passage.

Un instant, j'ai pu craindre que Jenneval ne se laissât éblouir par ces premiers succès. Aujourd'hui je suis complètement rassuré. L'artiste vraiment digne de ce nom, voit toujours l'horizon de l'art s'éloigner à mesure qu'il approche. S'il y a certaines parties du rôle de *Kean* dans lesquelles Jenneval est irréprochable (et ces parties sont très-nombreuses), il y en a d'autres cependant qui laissent quelquechose à désirer. L'un des caractères du talent de notre artiste, que je suis heureux de considérer comme un ami, c'est que personne n'est plus que lui disposé à se rendre aux conseils de la critique. Loin de la fuir il l'appelle de tous ses vœux.

Lorsque sur un défaut on croirait le confondre,
C'est en se corrigeant qu'en le voit vous répondre !

C'est à peu près de cette manière que j'ai commencé à entrer dans l'intimité de ce charmant acteur, et j'espère bien continuer de la même façon ; louant chez lui tout ce qu'il y a de bien, et reprenant sans scrupule tout ce qu'il y a de blâmable. Pour lui prouver mon impartialité, je lui reprocherai donc (tout en faisant la part de la situation qui était des plus difficiles) de ne pas toujours écouter assez attentivement ses interlocuteurs ; de ne pas suivre avec une assez grande continuité d'attention tous les sentiments qui se succèdent dans l'âme et sur la physionomie de ceux qui lui donnent la réplique. C'est une des grandes parties de l'art, et si parfois Jenneval semblait s'en écarter, cela tient à des causes purement accidentelles qui n'ont pas dû se produire aux représentations suivantes. Après cette critique à laquelle l'impartialité m'oblige, cette même impartialité m'oblige en même temps à vous dire, et c'est un bonheur pour moi de le constater, qu'après avoir atteint les plus sublimes hauteurs du drame dans l'acte de *la Taverne*. Jenneval est descendu sans efforts de ces hauteurs pour arriver dans l'acte suivant, celui de *la loge*, à toutes les familiarités charmantes de la comédie. Il est impossible d'y mettre plus de grâce et d'abandon, c'était la nature prise sur le fait et reproduite, je ne dirai pas sans travail, mais sans effort. — *Bien touché !* disait un ouvrier qui passait à coté de moi. — *C'est digne du Théâtre-Français*, ajoutait un monsieur en gants jaunes que j'ai reconnu pour un magistrat de la cour impériale. Quant à moi qui avant la représentation aurais donné dix ans à Jenneval pour devenir un des premiers acteurs de Paris je crois qu'il me suffit maintenant de lui en donner cinq. Peut être même, avec le caractère que je lui connais, il est homme à me donner un démenti formel. Je ne demande pas mieux que d'en rabattre encore, et personne ne serait plus heureux que votre ami, s'il lui arrivait une seconde fois de se tromper dans ses prévisions.   BOISSIÈRE.

DOUBLE ERRATUM
dans l'intérêt de la vérité historique.

Deux erreurs de chiffres se sont glissées dans le compte-rendu, par M. Alphonse Ravel, de ma septième séance de clôture.

Le petit Louiset Ichac a *trente cinq mois*, et non pas seulement *vingt-cinq*. C'est déjà bien assez qu'il fasse à trente-cinq mois ce que ne font pas à *trente-cinq ans*, des élèves du Conservatoire de Marseille. J'en ai vu sur la place des Fainéants, l'année dernière, qui avaient beaucoup plus que cela, et qui n'en étaient pas plus savants.

Si on a enlevé des mois au petit Louiset, on a retranché des mesures dans le compte fait de celles du chœur de la *Muette*. C'est *cent soixante-douze* mesures qu'il faut lire au lieu de *cent vingt-sept*. Une différence de quarante-cinq mesures, plus de vingt-cinq pour cent, vaut la peine qu'on réclame.

A propos de ce chœur, un monsieur qui souffrirait sans doute impatiemment qu'on révoquât en doute la loyauté de ses transactions commerciales, n'a pas craint d'attaquer la loyauté du professeur et des élèves, en déclarant qu'il était impossible que le chœur de la *Muette* eût été réellement chanté à première vue, surtout eu égard à la rapidité du mouvement et à la netteté de l'exécution.

Si ce numéro de la *Réforme musicale* tombe entre les mains de ce monsieur, ce qui ne me semble nullement impossible, je suis bien aise qu'il apprenne que rien n'est plus positif que l'absence de toute étude préable pour ce chœur. Il nous aura jugés d'après le Conservatoire de Marseille, où trois mois suffisent à peine pour apprendre quelques mesures à plusieurs voix. Nous lui offrons de recommencer l'épreuve sur un morceau du même degré de difficulté que celui de M. Auber, dont il aura fait choix, et qui me sera livré le matin du jour où nous le déchiffrerons à première vue. Si nous échouons, il versera dans la caisse des pauvres, cinq cents francs consignés par l'école qu'il accuse d'impuissance. Si nous déchiffrons son chœur comme celui de la *Muette*, la consignation préalable de cinq cents francs, faite par lui, sera remise aux établissements de bienfaisance. Voilà qui est clair. Qu'on réponde par oui ou par non !

                    Aimé PARIS.

Darnétal, Imp. FRUCHART.

XIe. Année ; — 1re du nouveau titre.   UN NUMÉRO : 20 CENT.   N° 18. — Dimanche 25 Mai. 1856.

Musique, — Sciences, — Arts, — Littérature, — Théâtres.

LA RÉFORME MUSICALE

JOURNAL DES DOCTRINES DE L'ÉCOLE GALIN-PARIS-CHEVÉ.

BUREAU A ROUEN, RUE PORTE-AUX-RATS, N° 2.

LOUIS ROGER, Directeur-Gérant.

ABONNEMENT A ROUEN : 10 FR.

ON S'ABONNE

A ROUEN, chez M. Louis Roger, rue Porte-aux-Rats. 2.
A PARIS, chez M. Emile Chevé rue des Marais-S.-G., 18.
A MARSEILLE, chez M. Aimé Paris rue Paradis, 77.

ABONNEMENT DANS LES DÉP. : 12 FR,

ON S'ABONNE

A LYON, chez M. Pernaud, rue du Griffon, 41.
AU HAVRE, chez M. Vasse, rue Molière, 16.
Les abonnements peuvent être payés en timbres-postes (Affranchir).

RENSEIGNEMENTS. — Cette feuille paraît, à ROUEN, tous les DIMANCHES. — Tout ce qui concerne l'administration du journal doit être adressé à Rouen, rue Porte-aux-Rats, 2. — Ce qui concerne la rédaction peut être indifféremment adressé à M. CHEVÉ, à M. Aimé PARIS, ou au Directeur-Gérant. — La critique demeure sous la responsabilité de celui qui la signe. — Il sera rendu compte des Ouvrages dont un exemplaire sera déposé au bureau du journal. Les lettres non affranchies seront refusées.

On peut se procurer des numéros de la *Réforme*, au Bureau du Journal ; — au dépôt du cours Boïeldieu, à Rouen, — et dans l'intérieur des Théâtres.

La méthode Galin-Paris-Chevé

A Sainte-Marie-des-Champs, pensionnat de jeunes demoiselles, dirigé par Mmes Brulley, à Châtillon, près Fontenay-aux-Roses.

Paris, 15 mai 1856.

Encore une localité d'empestée par cette méthode maudite qui, si le parti-pris n'y met bon ordre, aura bientôt acquis une telle extension qu'il ne sera plus possible d'en arrêter l'essor. Et gare, alors, la débâcle de la routine si la méthode nouvelle peut la rencontrer partout face à face, et LA PRENDRE CORPS A CORPS, comme elle l'a fait dans la société chorale LA PARISIENNE. Ceci devient véritablement effrayant pour les amis du grimoire ; mais aussi pourquoi s'endorment-ils si béatement sur leur vieille réputation de musiciens au lieu de se donner la peine de PRODUIRE DES RÉSULTATS — je NE DIRAI PAS ÉGAUX à ceux que produit chaque jour et partout la nouvelle méthode, MAIS BIEN SUPÉRIEURS puisque leur écriture est, disent-ils, si parfaite et la nôtre si mauvaise.

Ah ! messieurs, VOUS AVEZ eu beau faire, VOUS AVEZ beau faire, et VOUS AUREZ beau faire, vous serez vaincus ; je ne dirai pas par nos neveux, mais par nous-mêmes, si Dieu prête encore à Aimé Paris et à moi quelques années valides. Vous soutenez la cause de l'erreur, du monopole égoïste. de la routine aveugle : nous, nous soutenons celle de la vérité, du bien universel, du bon sens : vous serez vaincus...

Vers la fin de l'année dernière, mesdames Brulley me firent demander un de mes élèves pour faire un cours dans leur institution ; je leur adressai Mlle Thomry, qui n'en avait point encore fait ; mais qui possédait très-bien la méthode. Six mois sont à peine écoulés, et, bien qu'elle en fût à son coup d'essai, Mlle Thomry a parfaitement atteint le but que ne manque jamais de faire atteindre la méthode quand elle est conduite avec intelligence et bonne foi : enflammer les élèves pour l'étude, et les conduire sûrement et rapidement au résultat que doit désirer toute personne de bon sens : lire, écrire, comprendre la musique, et tout cela en amusant l'élève... — C'est là ce qui rend INÉVITABLE, FATAL, l'avènement, dans le public, des théories de Galin.

Ces réflexions m'ont été suggérées par la lettre suivante que m'écrit Mme Haute-Brulley, directrice de Sainte-Marie-des-Champs :

« Châtillon, ce 8 mai 1856.

» Monsieur Chevé,

» Depuis longtemps je désirais faire apprendre la musique vocale à toutes mes enfants ; j'avais entendu parler de votre méthode, mais je ne la connaissais pas, et. je puis bien vous l'avouer maintenant, je n'osais l'adopter. Cependant, comme je trouve qu'il est tout-à-fait déraisonnable de juger sans examen, je voulus voir et entendre par *moi-même* J'assistai à la première leçon d'un cours fait par vous à l'École-de-Médecine ; un mois après, je pus apprécier le changement extraordinaire qui s'était opéré dans ce court espace de temps ; j'en fus émerveillé, et je n'hésitai plus.

» Le 19 novembre dernier, Mlle Thomry commença son premier cours, je lui confiai plus de soixante élèves de cinq à dix-huit ans ; les résultats obtenus pendant ces quelques mois surprennent toutes les personnes qui les entendent. Mes *toutes jeunes filles* elles-mêmes, que je croyais trop jeunes pour suivre le cours, écrivent déjà très-bien sous la dictée ; la langue des durées leur est familière ; toutes chantent facilement à deux et trois parties ; j'assiste à toutes les leçons avec le plus vif intérêt. — Dans un avenir, peu éloigné, j'en ai la conviction, justice entière sera rendue à votre méthode, et vous recueillerez enfin le fruit de tant de courage et de persévérance.

» Je ne veux pas terminer cette lettre, monsieur, sans vous remercier d'avoir choisi, pour votre interprète auprès de mes enfants, Mlle Thomry, dont le zèle infatigable sait donner tant d'attrait à ses leçons ; toutes ses élèves lui sont profondément reconnaissantes de son dévouement... Moi, j'espère que vous voudrez-bien disposer de quelques instants pour venir constater les rapides progrès qu'ont fait mes enfants, grâce à la méthode et à leur excellent professeur. Je serais bien heureuse, pour Mlle Thomry, que votre approbation vienne se joindre à l'expression de notre gratitude.

» Agréez je vous prie, monsieur, l'assurance de ma considération distinguée, et croyez aux vœux bien sincères que je forme pour le brillant avenir de la méthode Galin-Paris-Chevé.

» Hte BRULLEY,

» Directrice de Ste-Marie-des-Champs »

Que répondront à ce fait, qui se reproduit tous les jours et partout, ceux qui prétendent que les résultats produits par Aimé Paris et par moi sont dus EXCLUSIVEMENT à nos personnalités ? Je n'ai pas encore pu me rendre à son invitation d'assister à une leçon de Mlle Thomry : mon influence personnelle, ici, est donc complètement nulle, comme elle l'est dans tous les cours faits par nos élèves, cours qui produisent partout les mêmes résultats, quand ils sont faits avec bon sens et bonne foi et suivis avec bonne volonté.

Je remercie madame Brulley D'ÊTRE VENUE EXAMINER AVANT DE JUGER, et je la félicite d'avoir compris qu'en introduisant la méthode dans son institution elle fesait une chose éminemment utile pour les enfants qui lui sont confiés, et qui lui en sauront gré un jour. Je remercie encore madame Brulley de l'empressement qu'elle a mis à m'écrire la bonne lettre qu'on vient de lire.

Emile CHEVÉ.

ENCORE UN PETIT FOYER.

Je reçois de Montagny la lettre suivante, qui m'est écrite par un instituteur, M. Ernest Guignard, que je n'ai pas l'honneur de connaître, et qui, je crois, n'a jamais vu enseigner la méthode.

« Montagny, le 12 mai 1856.

» Monsieur Chevé,

» La manière d'enseigner la musique par chiffres réussit parfaitement ; les élèves font des progrès rapides. Aussi, les morceaux composant le premier recueil que vous m'avez envoyé dernièrement sont sus en entier. — Ayez donc la bonté de m'envoyer le second recueil des morceaux faciles à l'usage des cours et des écoles. — Veuillez me l'envoyer le plutôt possible.

» Votre dévoué serviteur.

» GUIGNARD (Ernest),

» Instituteur à Montagny, près Louhans (Saône-et-Loire), »

Encore un petit foyer qui s'allume ; qui peut dire où n'iront pas les étincelles !...

Emile CHEVÉ.

La méthode Galin-Paris-Chevé.

(Partie théorique — cent vingt-quatre pages compactes, grand in-octavo)

Adoptée par le Conservatoire Impérial de Paris, sous le nom de M. P.-L. Mercadier.

(Cent cinquante-huit pages très-peu remplies, petit in-octavo).

13 Messieurs les membres du comité des études du Conservatoire impérial de musique n'avaient pas à faire un grand effort de sagacité, pour demander à M. Mercadier : « Où se trouve, dans l'ouvrage dont » vous sollicitez l'adoption, quelque chose qui appro- » che, même de très-loin, du beau tableau synoptique » offert par le livre Chevé, dont vous avez si cavalliè- » rement *profité* ? Nous, membres de la commission » du chant, quand nous avons *examiné* ce livre avec » *une sérieuse attention*, nous avons vu, à la page 256, » le tableau qui fait dériver, du type *unitaire*, les » moitiés, les tiers, les quarts, les deux espèces de » sixièmes, les neuvièmes ; puis, sous les triples traits, » les huitièmes, trois espèces de douzièmes, trois » espèces de dix-huitièmes, et les vingt-septièmes. » *Profitez* plus complètement de ce livre, rapportez » nous le plus intégralement défiguré ; nous aviserons » alors. »

14 Il n'était peut-être pas impossible à M. Mercadier de *profiter* du résumé philosophique (j'entends le mot *philosophique* autrement que le *savant et profond* Fétis) où sont passées en revue les idées à exprimer en musique, pour en déduire le nombre et la nature des signes qui doivent représenter les idées, sans omission et sans double emploi, j'aurais mauvaise grâce à reprocher au comité des études de n'avoir pas blâmé M. Mercadier, pour s'être abstenu de *reteindre* MA *langue des durées*, de la page 261, comme il a *reteint* tant de choses hérétiques, quand M. Chevé les disait,

ortho lexes. quand M. Mercadier les *redisait* EN LES
MUTILANT. Mon amour paternel saura s'interdire la
plainte, il se consolera, en pensant que le comité-
adoptant, n'a pas daigné descendre à des puérilités,
bonnes tout au plus pour apprendre aux petits enfants
à dénommer et à rhythmer avec précision, sans sortir
des doubles traits, ou, si on l'aime mieux, des doubles
croches, le total insignifiant des *dix-sept mille sept
cent vingt-deux* fractionnements possibles de l'unité
de temps.

15. En comparant les pages 20 et 22 de M. Mercadier
aux pages 268 à 272 de M. Chevé, il y avait certainement lieu d'engager le *rhabilleur* à être moins
sobre d'exemples ; car le livre Chevé y consacre la
totalité de la page 27.

16. On pouvait encore demander à M. Mercadier
pourquoi ayant *profité*, pages 126 et 127, du tableau
des clés et des voix, offert par M. Chevé, à la page
376, il avait négligé les judicieuses remarques, les
unes concernant les voix, les autres relatives aux clés,
qui remplissent les pages 276 et 277.

17. à moins de tenir à mériter les suffrages et
l'estime de M. Hilaire Colin qui n'a rien sa faire de
la méthode *Mercadiérisée* ou *Colinisée* (c'est tout un),
de manière à crétiniser les enfants admirablement
doués qui, par milliers, peuplent les écoles de Marseille — M. Hilaire Colin ne comprend pas plus la
formule que beaucoup d'autres choses très-respec-
tables, — le comité adoptant devait signaler à M.
Mercadier, comme bonne à quelque chose, une REFONTE
de deux *formules* (encore deux de mes enfants) qui,
dans le livre Chevé, pages 282 et 283, permettent d'apprendre en cinq minutes le rapport des armures aux
tonalités, ce que ne savent pas tous les pianistes qui
ont remué les doigts, pendant trois ans et plus.

18. Le comité adoptant, s'il avait comparé, même
avec très-peu de soin, les pages 84 et 85 de M. Mercadier
avec la page 288 de M. Chevé, aurait vu que, comme
M. Chevé, M. Mercadier prenait le *ré bémol* AU-DES
SOUS de l'*ut dièse*, et que, dès lors, l'écriture usuelle,
qui montre le *ré bémol* PLUS HAUT que l'*ut dièse*,
est par ce fait seul, convaincue de *mensonge* pour
l'œil, bien qu'on dise souvent qu'elle *parle à l'œil*.
Que serait-ce, si le comité adoptant entendait à Paris,
à Marseille ou ailleurs, la gamme enharmonique (les
VRAIS *dièses* et les VRAIS *bémols*) chantée par les
élèves de la méthode réprouvée, depuis une tonique
quelconque jusqu'à son octave, avec retour par l'accord parfait, à la tonique de départ, irréprochablement
reproduite, surtout si les chanteurs n'avaient que
QUATRE ANS ? Leur oreille, aussi juste que je voudrais voir leur jugement, leur diront bien que, du *ré
bémol* à l'*ut dièse* qui le suit immédiatement, il y a
BEAUCOUP PLUS que le *neuvième de ton* proclamé
par des physiciens qui ne savaient pas la musique, et
accepté par des musiciens qui ne connaissaient rien en
physique.

19. Le comité adoptant, pour peu qu'il eût voulu
étudier et *réfléchir* aurait dit à M. Mercadier : « Nos
» plus illustres membres ont lu, quand ils ont *examiné*
» le livre Chevé avec une *sérieuse attention*, à la page
» 289 de ce livre maudit, que l'absence du métronome
» avait déterminé les compositeurs à adopter, pour
» signes *approximatifs* de la durée de l'unité, quatre
» formes différentes, les relations proportionnelles
» restant les mêmes entre les termes d'une série dont
» il ne s'agissait que d'indiquer le terme régulateur
» (*ronde, blanche, noire ou croche*). Cet intraitable
» Chevé, de la page 289 à la page 297, a entassé les
» faits et condensé les rayons lumineux, surtout dans
» son diabolique tableau de la page 293, de manière
» à montrer que nos devanciers du Conservatoire
» n'ont pas SU intégrer le tableau des 24 formes de
» mesures, et qu'on ne voit pas pourquoi, ayant don-
» né droit de bourgeoisie à 3/1 et à 3/8, ils ont éliminé
» 4/4 et 4/8, ni pourquoi, cléments envers 9/2 et 9/16,
» ils ont exilé 12/2 et 12/16. Donc, cher monsieur
» Mercadier, quelque désir que nous ayons d'être
» agréable à celui de nos confrères qui vous a procuré
» la médaille de l'exposition pour votre joujou et non
» pour votre livre, qui n'a pu être exposé, puis-
» qu'il n'a paru qu'au milieu du mois d'octobre 1855,
» s'il faut en croire le n° 6338 du *Journal de l'Impri-
» merie et de la Librairie*, du 20 octobre 1855, nous
» ne pouvons pas, nous qui connaissons la pesanteur
» de la massue d'Emile Chevé, nous exposer, comme
» en avril 1850, à recevoir quelque nouveau *Coup de
» Grâce*. »

20. Le comité des études du Conservatoire impérial de musique élargissant le cercle de ses fins de non-
recevoir, pouvait et devait dire à M. Mercadier, en
lui montrant les pages 298 et 300 du livre Chevé,
remplis par deux tableaux dressés de main d'analyste
du premier ordre, et les pages 299, 301 et 302 qui en
déduisent les conséquences comme on serait heureux

de pouvoir le faire à la section de musique de l'Institut : « Voyez, mon cher monsieur, si nous pourrions
» répondre à ce diable incarné qui prend la vérité et
» la raison au sérieux, qui dit plus et mieux en trois
» lignes qu'il trouve en sa tête, que vous, en trois
» pages que vous pillez dans son livre. Vous n'avez pas
» même l'avantage de votre ruban rouge, pour en
» faire le pavillon qui couvre votre marchandise fre-
» latée. Lui aussi, il est chevalier de la Légion-d'Hon-
» neur, et, lui, ses services ont été plus comprome-
» tants pour sa sûreté individuelle, que le zèle méri-
» toire, sans doute, mais ne sentant pas plus le Décius
» que le Belzunce, des adjudants de la garde natio-
» nale. Il a subi, sans jamais reculer devant le danger,
» sans jamais faillir à sa mission de dévouement, les
» rudes épreuves de la vie du marin ; plus d'une
» fois, atteint par ces fléaux redoutables qui mettent
» en coupes réglées les armées, les flottes et les popu-
» lations, il a quitté son lit de souffrance pour soigner
» et sauver ses compagnons d'armes. Sa nomination
» a été signée sur le champ de bataille encombré où
» souvent l'abnégation succombe avant d'avoir obtenu
» sa récompense. Il a développé, en les rapportant à
» son auteur, immortel en dépit de nous, et en y met-
» tant beaucoup du sien, les grandes idées d'un homme
» que nous ne pouvons pas empêcher d'être une des
» plus hautes intelligences qui auront illustré le dix-
» neuvième siècle. Vous, monsieur Mercadier, qui,
» dit-on, avez suivi *gratuitement* ses cours, et qui,
» d'ailleurs, non seulement n'avez rien publié qu'il
» n'ait écrit, il y a onze ans ; mais qui très-souvent
» l'avez réduit à vos proportions d'*emprunteur*, moins
» adroit que nous ne le désirerions, vous qui n'avez
» guères à faire valoir que vos rondes de nuit, précé-
» dé d'une lanterne que vous ne portiez pas, prenez
» garde qu'on examine l'origine de votre moire rouge,
» comme celle de vos titres d'inventeur ! »

21. Le comité adoptant, dont tous les membres,
indubitablement, savent lire, surtout ceux qui ont
examiné avec une sérieuse attention le livre Chevé,
avant de signer le rapport du 9 août 1850, n'avait
qu'à tourner deux feuillets, après la page 301, pour
montrer à M. Mercadier le système des mesures de
Wilhem, convaincu d'insuffisance, et ridiculisé par
un barbarisme au moyen de la comparaison qui le
mettait en regard du tableau intégral des vingt-quatre
formes de mesures, où son *trois-seize* ne peut figurer
à aucun titre, pas plus que l'incroyable *huit-seize* de
M. Meyerbeer dans l'*Étoile du Nord*. Le comité, pour
punir M. Mercadier d'avoir voulu l'associer à une
mauvaise action, aurait dû faire épeler par le contrefacteur sans vergogne, la page 304. où Emile Chevé
met au pilori de la raison tous les embrouilleurs, et
ceux qui leur viennent en aide. Citons : « Quand on
» compare cet horrible galimathias de mesures, gali-
» mathias rendu 100 fois plus horrible encore, par
» l'habitude des auteurs de mêler perpétuellement
» entre elles les fractions qui appartiennent à des
» unités différentes ; quand on compare, dis-je, ces
» débris informes d'un système marqué au coin de
» l'enfance de l'art, à l'écriture si simple, si précise,
» si admirablement lisible de Galin, on ne peut pas
» s'empêcher de gémir profondément, de voir l'esprit
» humain s'amuser à embrouiller les questions, au
» point que lui-même ne sait plus comment s'en tirer.
» La musique est une chose *facile, très-facile*, et ac-
» cessible à tous en très peu de temps, si l'on veut
» prendre des signes simples pour représenter les
» idées. Eh bien ! aujourd'hui, en conservant cette
» écriture, elle est complètement inintelligible et
» mise à tout jamais hors de la portée des masses. »

22. Le comité adoptant, sans tourner le feuillet,
pouvait mettre ses douze index sur la page 305, où le
livre Chevé montre si plaisamment les DEUX NOTES
ut - ré, du système usuel, écrites de CINQUANTE-SIX
MANIÈRES, en *deux temps égaux*.

23. MM. Auber, Halévy, Carafa et le reste du comité adoptant pouvaient inviter M. Mercadier à discuter
les améliorations graphiques, proposées par Emile
Chevé, pages 306 et 307, parce que, si on ne prouvait
pas que l'avantage, au point de vue de la clarté et de
la simplicité, était pour l'écriture usuelle, mise en parallèle avec la modification indiquée, il fallait diminuer la peine de ceux qui étudiaient, si on ne voulait
pas manquer aux devoirs de ceux qui enseignent.

En est-ce assez, lecteur intelligent et de bonne foi?
A CENT CINQ reprises, un Mercadier, soit poussé
par l'instinct de rapacité, soit fourrageant par ordre et
pour le compte de quelque chef de l'armée de la routine, vient faire une razzia d'idées dans un champ
qu'il n'a ni labouré, ni ensemencé; il arrache, il mutile, il dénature ce qu'il a dérobé, et ceux à qui il
vient demander de le déclarer le producteur intelligent
et le propriétaire honnête de ce qu'il a pris dans un
enclos dont la plupart d'entre eux — ils l'ont avoué !

— ont inventorié les arbres dont on leur rapporte les
débris, portant la marque du marteau révélateur, ne
trouvent pas une cassolette assez large pour brûler
tout l'encens qu'ils veulent faire fumer en l'honneur
d'un flibustier, et, dans le butin qu'il leur rapporte
de son excursion nocturne sur le terrain d'autrui, ils
ne signalent pas l'absence des dépouilles les plus désirables de celui qu'on a dévalisé !

Ah ! si le code qui punit les délits avait quelques
articles de plus, empruntés au code de la morale, si
souvent et si malheureusement privé de sanction pé-
nale, comme Emile Chevé devrait faire un procès !
comme il le gagnerait ! comme le comité adoptant
s'excuserait d'avoir été trompé, soit par le contrefacteur, soit, ce qui serait beaucoup plus grave, par un
de ses membres !

Il me reste à caractériser, au point de vue de la
science et de l'analyse, ce que M. Emile Chevé ne
peut ni ne veut reconnaître comme sien, dans l'habit
d'arlequin dont l'exhibition a excité les transports
d'un enthousiasme *unanime*, parmi MM. les membres
du comité des études du Conservatoire impérial de
musique.

Aimé PARIS.

(La suite prochainement)

Si le PHOCÉEN et le CARILLON, deux journaux
de Marseille, ont eu le courage et la loyauté
de constater les résultats produits par M. Aimé
à sa dernière séance, la grande presse, la presse
quotidienne, la presse qui croit avoir le monopole de la gravité a manqué à tous ses devoirs
en gardant le silence sur des faits dont quinze
cents personnes avaient été les témoins dans
la salle chave.

C'est pour suppléer à ce silence que M.
Aimé Paris a fait placarder l'affiche qu'on va
lire sur tous les murs de Marseille.

La grande presse de Marseille comme celle
de Rouen en sera pour ses frais de couardise
et d'étouffement prémédité. La vérité est plus
forte que tous les petits esprits mal bâtis qui
portent la plume et l'éteignoir. M. Aimé
Paris a ouvert un huitième cours à Marseille.
C'est la meilleure réponse à faire aux étouffeurs
de vérités, à ceux de Rouen comme à ceux des
bords de la Méditerranée.

Louis ROGER.

AVIS

**A MM. les abonnés des journaux quoti-
diens de Marseille.**

Le silence gardé par TOUS les journaux
quotidiens de Marseille sur des résultats qu'ils
avaient été INVITÉS à vérifier et que j'ai produits
publiquement, POUR LA SEPTIÈME FOIS, et plus
grands encore cette fois que précédemment, ne
me permet plus d'espérer le concours impartial
des organes de la publicité, pour que les pères
de famille apprennent ce dont il importe qu'ils
soient instruits, s'ils veulent pouvoir réduire
leurs sacrifices et assurer les progrès de leurs
enfants.

Cet étouffement, quelle qu'en soit la cause,
est préjudiciable à la vulgarisation de vérités
utiles à tous, et, pour en atténuer les effets,
dans plus d'un intérêt très-légitime je veux
dire à tous ce que les journaux laissent ignorer
à tous.

Depuis trois ans, à elle seule, la méthode
Galin-Paris-Chevé a fait, ici, DIX FOIS PLUS
DE LECTEURS que n'en a produit en vingt ans
l'enseignement ordinaire, soit officiel, soit
privé.

Trois fois, l'ancienne méthode a refusé les
expériences comparatives qui lui étaient offertes par la nouvelle école.

Nous donnons nos raisons ; nous montrons
nos faits ; la routine ne nous oppose ni faits,
ni raisons.

Il lui faudrait PLUS DE DIX ANS pour faire

RÉCITER les QUATRE VINGTS MORCEAUX D'ENSEMBLE que nos LECTEURS ont chantés publiquement, au prix d'un travail de QUELQUES HEURES SEULEMENT

Nous avons déchiffré A PREMIÈRE VUE, et toutes les parties à la fois, le 27 avril dernier, devant quinze cents personnes, un chœur de l'opéra de Grisar, LES AMOURS DU DIABLE, qu'on a été obligé de supprimer, au grand-Théâtre, parce que les enfants du Conservatoire de Marseille ne le savaient pas suffisamment, APRÈS TROIS MOIS D'ÉTUDE.

Notre victoire est donc complète, et je peux déclarer qu'à *l'avenir, je n'accepterai de faire un cours à Marseille, que s'il est, dès le jour de l'ouverture, en rapport avec ce que me donnent le droit d'attendre tant de preuves de la toute-puissance de nos moyens d'exécution.*

La souscription au cours ouvert lundi dernier, cours définitivement organisé, et qui sera continué jusqu'à sa quatre-vingtième leçon sera close IRRÉVOCABLEMENT mercredi prochain 14 mai. On peut encore souscrire jusqu'à cette époque, rue Paradis, 77, de onze heures à trois.

Marseille, 8 mai 1856.

Aimé PARIS.

Explication spécieuse du mutisme des journaux de Marseille, le Phocéen *et le* Carillon *exceptés.*

> « Alors Sem et Japhet prirent un
> » manteau qu'ils mirent sur leurs deux
> » épaules, et marchant en arrière, ils
> » couvrirent la nudité de leur père ;
> » et leurs visages étaient tournés en
> » arrière, de sorte qu'ils ne virent
> » point la nudité de leur père. »
>
> (GENÈSE, chap. IX, vers 22.)

Mes amis m'avaient reproché maintes fois mon peu d'empressement à convier la presse marseillaise à nos séances de clôture. Cette fois, pour leur donner une preuve de déférence, je portai moi-même des billets aux SEPT journaux de Marseille, dont quatre sont quotidiens ; les trois autres paraissent le dimanche.

Il ne s'est pas donné, depuis six mois, un concert, grand ou petit, sans que la plupart des organes de la publicité, quand ce n'était pas tous les sept, en aient rendu compte.

Nous avons fait la séance du 27 avril, au milieu des applaudissements réitérés ; on a même demandé BIS, pour un chœur de M. Rossi QUI N'EXISTE PAS, au dire de M. Auguste Morel, chœur que la fatigue d'une séance de trois heures n'a pas permis de répéter.

Des expériences multipliées ont été faites avec un bonheur et une sûreté incroyables, par de jeunes enfants, dans tous les tons et sur toutes les clés, sur les signes de la notation usuelle. On a entendu UN ENFANT DE TRENTE-CINQ MOIS, marchant de manière à prouver que son bourrelet n'était ni un anachronisme ni une précaution inutile, improviser des mélodies, en partant de deux notes, NON CHANTÉES, fournies par un des auditeurs. On a entendu chanter avec une justesse insolente par des enfants de quatre ans la gamme enharmonique, inabordable pour les adeptes de l'ancienne méthode. Il faudrait trois ans à un conservatoire quelconque pour produire tout le répertoire de nos morceaux d'ensemble appris pendant un seul cours de quatre mois, et les cinq journaux sont restés complètement muets !

Peut-être auraient-ils parlé, si nos élèves n'avaient pas enlevé A PREMIÈRE VUE, avec un entrain chaleureusement applaudi, un chœur des AMOURS DU DIABLE, que les élèves du Conservatoire de Marseille savaient si mal, après trois mois d'étude, qu'on a été obligé de supprimer, à la représentation, ce chœur qui aidait à rendre l'action vraisemblable.

Ce sera par une charité chrétienne, spontanée ou sollicitée pour la routine compromise, que les cinq journaux qui reçoivent l'argent de leurs abonnés pour les tenir au courant de ce qui se passe, à Marseille, ont couvert de leur manteau, en marchant à reculons, non pas la nudité, mais la pauvreté du Conservatoire de Marseille.

Il y aurait de la cruauté à leur faire un crime de cet acte de commisération.

Aimé PARIS.

UNE APPLICATION NOUVELLE DE LA MÉTHODE GALIN-PARIS-CHEVÉ.

Jeudi 1er mai, jour de l'Ascension, M. et Mme Lautier, se mêlant aux jeux de leur petite famille, faisaient, avec les deux moins jeunes de leurs enfants, une partie de loto.

La cadette de leurs filles, la petite Thérèse, demanda à tirer les boules. Elle a six ans ; c'est une des plus espiègles de mes élèves ; mais elle ne sait pas nommer les nombres ; au lieu de TRENTE-CINQ, elle dit MI SOL, et ainsi du reste.

— Tu ne pourras pas, lui dit-on, appeler vingt-sept, quarante-neuf, quatre-vingt-quatre.

— Eh bien, alors je chanterai les notes.

On lui confie le sac, et tout va bien, tant qu'elle n'a pas rencontré un HUIT ou un NEUF. Cet obstacle se présente ; elle s'arrête, étonnée.

— Ah ! ah ! lui dit son père, en riant, te voilà prise, comment vas-tu faire ?

— Oh ! ce n'est pas difficile ; je vais VOCALISER, et, celui-ci, je le prendrai en haut (elle montrait un HUIT).

Elle se remet à tirer les boules. Sa sœur Adella et son frère Alfred, à l'audition de deux sons consécutifs, marquent, gravement et sans se tromper, les numéros indiqués par la vocalisation. M. Lautier, moins habitué que ses enfants à reconnaître les sons, est parfois obligé de jeter un coup d'œil de précaution sur la boule imprimée. Mme L......, fille d'un excellent chef d'orchestre, n'a pas besoin de recourir à cette ressource.

Quant à l'imperturbable Thérèse, elle improvise ses moyens d'exécution, à mesure qu'une nouvelle difficulté surgit. Le NEUF devient pour elle un RÉ, vocalisé à l'octave elle appelle CHUT le zéro qui termine les nombres ronds ; elle donne le rhythme d'un TA-TÉ, de la langue des durées, aux nombres de deux chiffres ; depuis UN jusqu'à NEUF, elle en fait des TA-É, jusqu'à l'explosion du mot magique : QUINE ! et ayant ainsi rempli glorieusement ses importantes fonctions, elle va se coucher, toute fière d'avoir prouvé qu'elle aussi, sait JOUER AU LOTO.

Je sais plus d'un antagoniste de la méthode Galin-Paris-Chevé, qui ne brillerait pas dans un semblable exercice, auprès de la petite Thérèse Lautier.

Demandez plutôt à Monsieur Péronnet père qui a tant peur qu'on vienne chez moi qu'il emploie toutes les ressources d'une éloquence persuasive, secondé, dans cette mission préservatrice par M. Auguste Morel, pour faire comprendre la grandeur du danger auquel ils s'exposent, aux parents qui veulent faire de leurs enfants autre chose que de petits serins.

Vous verrez s'il accepte, eût-il la certitude qu'il n'aura pas à tirer la sixième boule, avant d'entendre crier : QUINE !

Aimé PARIS.

CONSEILS A EMMA

Sur la Culture des Fleurs

PAR M. Adre LESGUILLIEZ (1).

> Oh ! quel que soit son rang, heureux l'ami des plantes :
> Il parcourt, il décrit leurs beautés ravissantes ;
> Il admire, il adore, il chérit l'éternel,
> Et voit dans chaque mousse un chef-d'œuvre du ciel.

Celui qui a écrit ces vers, que l'auteur de l'ouvrage a pris pour épigraphe, était un ami de la nature ; c'était un poète, un grand poète, qui plus est, et malgré les caprices de l'opinion, le nom de l'abbé Delille vivra aussi longtemps qu'il y aura des fleurs, des prés, des champs, des bois mystérieux, des ruisseaux folâtres, des forêts profondes, des chansons dans les feuillées et des amours dans les chansons.

Un autre grand poète vient de nous raconter dans ses CONTEMPLATIONS ses entretiens intimes avec la nature.

C'est toujours le même enthousiasme, le même amour, la même admiration, exprimés dans un style différent. Chez l'un comme chez l'autre on voit l'affinité charmante que Dieu a établie entre les cœurs aimants et les fleurs parfumées.

Mais au-dessous de ces intelligences supérieures il y a la foule, qui se prend à aimer d'un amour non moins pur ces frêles existences, ces brins d'herbe jetés par la main du Créateur sur le chemin des hommes. Et la foule qui est poète, à sa manière, veut aussi travailler à son poème. Ne pouvant chanter les fleurs dans des vers immortels, elle les cultive tant bien que mal. La pauvre ouvrière met tout son cœur, toutes ses pensées, toutes les consolations de sa vie dans le rosier de sa mansarde ; le bourgeois met tout son orgueil dans les tulipes de son jardin ; le penseur déshérité met toutes ses contemplations dans ces folles fleurs des champs, tombées là tout exprès pour ceux qui n'ont pas à cultiver un coin du champ paternel.

C'est pour ceux-là que M. Lesguilliez a écrit son ouvrage. Et disons vite qu'il n'a pas seulement fait un livre agréable, mais encore un livre très-utile. Les amateurs d'horticulture, les femmes qui aiment tant, par esprit de corps, à cultiver les fleurs, trouveront là des notions précieuses :

Un calendrier de flore, un précis de physiologie végétale, des principes généraux d'horticulture, l'histoire et la description des plantes d'agrément, la manière de les cultiver, de les conserver de les multiplier, un vocabulaire des termes de botanique, etc., etc.

Voilà ce que promet la couverture, et ce que le livre donne. Ajoutons que toute cette science élémentaire est présentée, sous une forme attrayante, simple et sans prétention. L'auteur a même eu recours à des citations poétiques qui arrivent fort à propos pour faire diversion à l'aridité du sujet, ou pour relever l'expression technique qu'il est forcé d'employer.

En recommandant ce livre à nos amis, nous croyons leur signaler un ouvrage qui manquait aux amateurs de jardins. A défaut d'autorité personnelle en ce qui touche la botanique, et pour ne pas ameuter contre nous les savants de toutes les écoles, nous nous appuyons sur le jugement de M. Tougard, président de la Société d'horticulture de Rouen, qui a fait l'éloge EX PROFESSO du livre de M. Lesguilliez, dans le NOUVELLISTE DE ROUEN du 29 avril dernier.

Louis ROGER.

(1) Un volume en vente chez tous les libraires. — Prix : 3 fr. 50 cent.

À l'Aurore.

PAR. DE HENRI IV.   MUS. PAUL SAVOYE.

Dédiée à Mlle Jenny Paris.

Ton de MI.

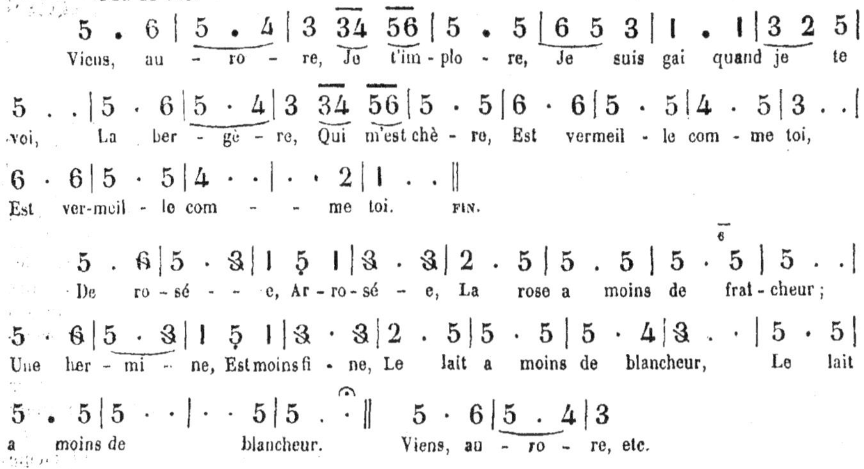

5 . 6 | 5 . 4 | 3 34 56 | 5 . 5 | 6 5 3 | 1 . 1 | 3 2 5 |
Viens, au - ro - re, Je t'im-plo - re, Je suis gai quand je te

5 . . | 5 . 6 | 5 . 4 | 3 34 56 | 5 . 5 | 6 . 6 | 5 . 5 | 4 . 5 | 3 . . |
voi, La ber - gè - re, Qui m'est chè - re, Est vermeil - le com - me toi,

6 . 6 | 5 . 5 | 4 . . | . . 2 | 1 . . ‖
Est ver-meil - le com - - - me toi. FIN.

5 . 6 | 5 . 3 | 1 5 1 | 3 . 3 | 2 . 5 | 5 . 5 | 5 . 5 | 5 . . |
De ro - sé - - e, Ar - ro - sé - e, La rose a moins de frai - cheur ;

5 . 6 | 5 . 3 | 1 5 1 | 3 . 3 | 2 . 5 | 5 . 5 | 5 . 4 | 3 . . | 5 . 5 |
Une her - mi - ne, Est moins fi - ne, Le lait a moins de blancheur, Le lait

5 . 5 | 5 . . | . . 5 | 5 . . ‖   5 . 6 | 5 . 4 | 3
a moins de blancheur. Viens, au - ro - re, etc.

IIᵉ COUPLET.

Pour entendre
Sa voix tendre,
On déserte le hameau ;
Et Tityre,
Qui soupire,
Fait tai - re son chalumeau *(bis)*.
5 . . | 5 . . | 5 . 0 | 5 5 5 | 5 . . |

IIIᵉ COUPLET.

Elle est blonde
Sans seconde ;
Elle a la taille à la main ;
Sa prunelle
Etincelle
Comme l'astre du matin *(bis)*.

IVᵉ COUPLET.

D'ambroisie
Bien choisie
Hébé la nourrit à part ;
Et sa bouche
Quand j'y touche
Me parfume de nectar *(bis)*.

Réouverture du Théâtre-Français.

Les nouveaux artistes et les anciens. — Première représentation de la Sonnette du Diable.

La nouvelle saison dramatique vient de commencer, — en attendant les nombreuses améliorations qui nous sont promises, et sur lesquelles chacun compte à bon droit, dans l'intérêt même du théâtre, nous avons à signaler l'engagement de quelques nouveaux artistes qui se sont fait juger favorablement, et le maintien des plus aimés de ceux que nous possédions déjà.

Parmi les premiers nous citerons : M. Julien Mary, jeune premier rôle de vaudeville, digne de notre première scène sur laquelle il s'était fait apprécier, du reste, sous la direction de M. Esparbié ; Lacombe, le désopilant comique du THÉÂTRE DES ZOUAVES, qu'on a revus tous deux avec plaisir, après une courte absence qui n'a servi qu'à les faire apprécier davantage ; Mlle Coblents, jeune première d'un talent très-fin, très distingué, qui s'est révélée simultanément dans la CHANOINESSE, et le PIANO DE BERTHE, par l'élégance de ses manières et la vérité de son jeu ; et parmi nos fidèles, MM. James, Bazin, Cadot et quelques autres encore ont reçu du public l'accueil qu'ils étaient en droit d'attendre.

Il n'en a pas été tout à fait de même pour Mme Edmond, qui doit, nous le croyons, cette froideur rigoureuse au mauvais choix de ses rôles et à l'exagération croissante de sa déclamation. Il faudrait avec elle une jeune première pour partager l'emploi, pour jouer la comédie par exemple. La sympathie s'use vite au théâtre, quand on lui fait faire fausse route ; il faut y prendre harde ; et puis, que diable ! on n'est pas universel : tels genres de rôles vous vont, tels autres ne vous vont pas ; c'est au bon sens à vous guider.

Mme Saint-Ange, notre excellente première duègne, a retrouvé tous ses partisans de l'année dernière. — Quoique les débuts et les rentrées aient été ajournées officiellement au mois de septembre, par le fait chacun sait maintenant à quoi s'en tenir, et la plupart de ces artistes, fêtés à leur retour, peuvent s'inscrire à l'avance au tableau définitif de notre troupe.

Nous avons eu cette semaine la première représentation d'un grand drame fantastique : LA SONNETTE DU DIABLE, épisode tiré des mémoires du susdit. Cet ouvrage d'une grande difficulté de mise en scène, a été très-convenablement monté, et selon toute prévision, il devra faire de l'argent, — ce dernier mot de tout succès ! Ce doit être là toute l'ambition des auteurs et de la direction.

A cette occasion, nous félicitons M. Briol, notre zélé régisseur, qui est pour beaucoup dans ce bon résultat.

Les décors sont jolis, l'avant-dernier surtout qui représente les ruines du château de Ronquerolles et qui est dû à la touche hardie de M. Dumée.

Les rôles quoique médiocres, l'action étant extraordinairement divisée, sont généralement bien tenues, notamment celui du comte Luizzi, qui fait honneur à M. Bazin.

Quand les changements à vue se feront un peu plus lestement et que certaines FICELLES auront complètement disparu, l'illusion sera plus réelle et le succès plus grand, nous n'en doutons pas. En attendant, le public qui, lui aussi, se montre bon diable, s'empresse déjà d'accourir à l'appel de la magique sonnette.

Nous avons omis, dans notre appréciation des nouveaux venus, deux artistes qui se sont fait diversement apprécier :

M. Amand, financier qui a de la rondeur, du naturel, et manque peut-être un peu de distinction.

Et Mlle Decambos, soubrette-Déjazet, qui aspire à partager le répertoire de Mlle Daubray, et qui nous a paru d'une extrême médiocrité.

Nous ne demandons pas mieux que de revenir sur ce jugement un peu prématuré, si elle fait appel au talent qu'elle nous a caché.

Alexandre OSMONT.

M. Aimé Paris serait un excellent rédacteur du *Carillon*. Il vient de pincer les grands formats marseillais d'une manière aussi asticotante que possible, à propos du silence qu'ils ont gardé sur les résultats vraiment extraordinaires que sa méthode a produits dimanche dernier. Que vont dire les draps de lit ? Ma foi, qu'ils se débrouillent, comme ils l'entendront.
(*Le Carillon du 11 mai 1856.*)

Le 56ᵉ volume de la curieuse galerie de M. EUGÈNE DE MIRECOURT contient la notice consacrée au célèbre chimiste Raspail. On annonce, comme étant sous presse, les biographies de Gavarni et de Bocage. Pour la seconde fois, l'éditeur rappelle au public que la première série seule et envoyée aux souscripteurs contre un mandat de 25 francs, en raison de l'économie des frais de postes et de la facilité du transport par les messageries. Les personnes qui veulent recevoir *franco* chaque volume de la seconde série, le jour de sa publication, doivent envoyer un mandat de 30 francs à à M. GUSTAVE HAVARD, 15, rue Guénégaud, à Paris.

Les *Contemporains* de M. Eugène de Mirecourt obtiennent un succès dont la librairie n'a pas eu d'exemple depuis la vente des *pamphlets politiques et littéraires* de Paul-Louis Courier. Beaucoup de volumes en sont à leur dixième édition. Ce sont principalement les notices consacrées à Emile de Girardin, — George Sand, — Victor Hugo, — Lamennais, — Lacordaire, — Rachel, — Eugène Sue, — Jules Janin, — Proudhon, — Rothschild, — Alexandre Dumas, — Louis Veuillot, — Raspail, etc. La plupart atteignent comme vente au chiffre énorme de trente et quarante mille exemplaires, et les autres volumes suivent à peu de distance. On a peine à comprendre comment la santé d'un homme et le courage de sa plume peuvent suffire à une publication si constamment régulière, et dont la verve semble chaque jour s'accroître. Le 57ᵐᵉ volume des *Contemporains* nous donne la biographie de l'acteur Bocage. Viendront ensuite Eugène Delacroix, Gavarni, Mᵐᵉ Anaïs Ségalas et Pierre Leroux.

Nous recommandons vivement à nos lecteurs un recueil de poésies intitulé LA FOLLE DU LOGIS, et les VIERGES, nouvel ouvrage en cours de publication. Ces deux livres sont l'œuvre de M. Barillot, un poète de beaucoup de talent, qui dirige la TRIBUNE DES POÈTES, recueil semi-mensuel que nous lisons régulièrement avec un grand plaisir. On souscrit à Paris, impasse Longue-Avoine, n° 4 (faubourg Saint-Jacques), au bureau de la TRIBUNE DES POÈTES.

Boîte aux Lettres.

Paris. — *E. Chevé.* Je n'ai reçu de vous qu'une lettre cette semaine.
Lyon. — *Perrand.* Merci.
Hâvre. — *Vasse.* Nous avons reçu. Merci. L'affranchissement est le même dans le département pour les journaux littéraires.

Darnétal. Imp. FRUCHART.

Musique, — Sciences, — Arts, — Littérature, — Théâtres.

LA RÉFORME MUSICALE

JOURNAL DES DOCTRINES DE L'ÉCOLE GALIN-PARIS-CHEVÉ.

ABONNEMENT A ROUEN : 10 FR.

ON S'ABONNE

A ROUEN, chez M. Louis Roger, rue Porte-aux-Rats. 2.
A PARIS, chez M. Emile Chevé rue des Marais-S.-G., 48.
A MARSEILLE, chez M. Aimé Paris rue Paradis, 77.

BUREAU A ROUEN, RUE PORTE-AUX-RATS, N° 2.

LOUIS ROGER, Directeur-Gérant.

ABONNEMENT DANS LES DÉP. : 12 FR,

ON S'ABONNE

A LYON, chez M. Pernaud, rue du Griffon, 44.
AU HAVRE, chez M. Vasse, rue Molière, 46.
Les abonnements peuvent être payés en timbres-postes (Affranchir).

RENSEIGNEMENTS. — Cette feuille paraît, à ROUEN, tous les DIMANCHES. — Tout ce qui concerne l'administration du journal doit être adressé à Rouen, rue Porte-aux-Rats, 2. — Ce qui concerne la rédaction peut être indifféremment adressé à M. CHEVÉ, à M. Aimé PARIS, ou au Directeur-Gérant. — La critique demeure sous la responsabilité de celui qui la signe. — Il sera rendu compte des Ouvrages dont un exemplaire sera déposé au bureau du journal. Les lettres non affranchies seront refusées.

On peut se procurer des numéros de la *Réforme*, au Bureau du Journal ; — au dépôt du cours Boïeldieu, à Rouen, — et dans l'intérieur des Théâtres.

Nous mettons aujourd'hui sous les yeux des lecteurs de la RÉFORME MUSICALE le remarquable travail de M. Fallier, travail annoncé dans la dernière lettre de M. Gestin. — Nous pensons que le public en sera aussi content que nous.

Emile CHEVÉ.

LOI

QUI PRÉSIDE A LA GÉNÉRATION DE LA GAMME MAJEURE.

L'oreille, dit-on, tolère l'altération d'un des sons qui composent la gamme, pourvu que l'altération ne dépasse pas la quatre-vingt-et-unième partie du nombre de vibrations qui caractérisent ce son. Cette explication, qui me paraît avoir été imaginée pour rendre compte des divergences qui existent entre la PRATIQUE musicale et la THÉORIE de la gamme actuellement admise, ne présente pas la rigueur que l'on est en droit d'attendre de données mathématiques appliquées à la physique. Il n'y a, en effet, rien de fixe à établir quand il s'agit de sensations : tel individu pourra bien accepter comme identiques deux sons différant l'un de l'autre de 1/81 et même de beaucoup plus, tandis que les organisations musicales d'élite seront vivement choquées d'une altération infiniment moindre du son normal.

Aussi voit-on la plupart des musiciens reconnaître des valeurs différentes aux diverses tonalités des gammes, et les compositeurs changent la tonique de leurs motifs suivant l'expression qu'ils veulent leur donner.

Ils seraient complètement dans le vrai si les chiffres donnés par les physiciens (1) comme représentant la valeur relative des notes de la gamme majeure naturelle étaient eux-mêmes exacts. Il résulte, en effet, de ces chiffres que les valeurs des secondes majeures qui se correspondent dans les deux gammes majeures de UT et de SOL. par exemple, ne sont pas égales ; que les intervalles UT-RÉ, RÉ-MI, SOL LA, etc, qui, dans la gamme en sol majeur. correspondant à ceux de SOL-LA. LA-SI, RÉ-MI, etc, ne peuvent être pris indifféremment les uns pour les autres, puisqu'il faudrait pour cela que la fraction 27/24, rapport des vibrations de UT et de RÉ. fût égale à 40/36, rapport des vibrations de SOL et de LA etc., etc., ce qui n'est pas. La gamme de SOL majeur ainsi construite

(1) D'après les auteurs, si *ut* fait 24 vibrations, *ré* en fait 27, *mi* 30, *fa* 32, *sol* 36, *la* 40, *si* 45, *ut₂* 48.

devrait donc avoir une expression toute différente de celle d'UT majeur.

D'un autre côté, beaucoup de musiciens éminents, et notamment M. E. Chevé, à l'opinion duquel nous nous rangeons d'autant plus volontiers que nous croyons avoir trouvé une loi mathématique qui lui donne complètement raison, soutiennent que les diverses tonalités ne changent en rien l'expression des morceaux, (réserve faite, bien entendu, de la hauteur à laquelle on prend la tonique ;) et que, si l'oreille n'est pas viciée par les instruments à notes fixes et tempérées, on chantera les notes UT, RÉ, MI, FA, absolument de la même manière que SOL, LA, SI, UT.

Frappé de ces divergences et ne pouvant les attribuer qu'aux défauts de la théorie musicale admise, je voulus reprendre les expériences sur lesquelles elle s'appuyait, et, après avoir construit un monocorde avec tout le soin nécessaire pour éviter les causes d'erreur, et ne voulant pas me fier à mon oreille, je priai un de mes amis, M. S....., doué d'une organisation musicale supérieure de me donner l'assistance précieuse d'un organe auditif auquel la nature avait donné une exquise sensibilité rehaussée encore par une éducation musicale complète. La corde du monocorde était constituée par un fil de laiton aussi bien calibré que possible et longue de 500 millimètres. Un chevalet mobile. sur lequel la corde pouvait être pincée sans rien perdre de sa rectitude. glissait dans une coulisse parallèle à la direction de cette corde et divisée avec soin en millimètres. Une autre corde fixe était tendue de manière à être à l'unisson de la corde principale et à servir ainsi de point de comparaison constant.

Ces préparatifs étant faits j'essayai successivement toutes les notes de la gamme majeure : M. S....., m'avertissait quand la note lui paraissait juste et je notais alors la longueur de la corde qui rendait le son voulu. Cette expérience fut répétée un grand nombre de fois et pendant plusieurs jours. Je pris une moyenne des résultats et, calculant le nombre de vibrations des notes d'après les longueurs de la corde qui les avait produites, je trouvai les mêmes chiffres que ceux qui sont donnés par les physiciens pour les notes RÉ, FA, SOL, UT ; mais, en revanche. pour les notes MI, LA et SI, le résultat fut différent et constamment le nombre de vibrations de ces notes fut trouvé supérieur à celui des physiciens.

On conçoit que ce résultat ébranla encore le peu de confiance qui me restait dans la théorie physio musicale admise. Plusieurs raisons achevèrent de me convaincre : En effet si c'est la

simplicité des fractions représentant les nombres relatifs des vibrations des notes de la gamme qui plaît à l'oreille, pourquoi y trouvons-nous des fractions aussi compliquées que 15/8 qui représente le si. (UT étant pris pour unité,) tandis que les fractions beaucoup plus simples. (9/5. 7/3. par exemple,) n'en font pas partie? L'oreille cependant devrait beaucoup mieux saisir la relation qui existe entre la tonique et une note faisant le 7/3 des vibrations de cette tonique que celle qui existe entre cette tonique et sa sensible 15/8

Il me parut donc raisonnable de chercher si je ne pourrais pas trouver une théorie plus satisfaisante et plus en rapport avec la pratique musicale après bien des tâtonnements dont il est tout-à-fait inutile de rendre compte. je fixai particulièrement mon attention sur un fait signalé, du reste, par tout le monde : c'est que, parmi tous les sons que peuvent rendre une corde vibrante, trois sont surtout remarquables ; ce sont ceux que rendent la corde entière, ses deux tiers et sa moitié, c'est à dire, la tonique, la dominante et l'octave de la tonique si l'on appelle UT la tonique, le son sera rendu par les deux tiers de la corde et l'octave de la tonique par sa moitié. Cela est admis sans contestation et toute déduction légitime de ces propriétés des cordes sera mathématiquement vraie.

FALLIER.

(La suite prochainement)

La méthode Galin-Paris-Chevé.

(Partie théorique — cent vingt-quatre pages compactes, grand in-octavo)

Adoptée par le Conservatoire Impérial de Paris, sous le nom de M. P.-L. Mercadier.

(Cent cinquante-huit pages très-peu remplies, petit in-octavo).

Ce n'est pas moi qui invente, pour prêter un ridicule au comité-adoptant. Je cite son texte : il caractérise, comme il suit, le livre de M. Mercadier, dans l'acte d'adoption signé le 12 mars 1856 : « Une suite » de chapitres rédigés avec une *lucidité* PARFAITE, » et dans lesquels il n'est *pas rare* de rencontrer des » observations et des procédés *qui lui appartiennent* » *en propre.* » Le comité trouve la forme « claire, » *logique* et ingénieuse. »

On cherche en vain un mot restrictif dans tout le rapport. M. Mercadier plus heureux que les triomphateurs traîne après lui, en montant au capitole, la foule enthousiaste des douze signataires de son brevet d'immortalité, sans être troublé même par la voix du concierge du Conservatoire, chargé de remplir le rôle de l'esclave qui disait au héros de la fête romaine : *Souviens toi que tu n'es qu'un homme.* Dans l'Olympe du Conservatoire, M. Mercadier peut se croire un -dieu, d'autant plus que quelque part il se flatte d'être dans les secrets du Très-Haut.

Malheureusement, nous avons peu de respect, nous, pour les dieux de fabrique humaine, et nous allons prendre la liberté de demander à messieurs les signataires de l'acte du 12 mars, comment ils ont pu approuver sans réclamation beaucoup de choses plus que hardies. La place me manque, pour les passer toutes en revue, Ce sera l'objet d'articles supplémentaires , si le Conservatoire impérial trouve mes preuves trop peu nombreuses.

Le comité des études du Conservatoire impérial a lu, à la page 18 de M. Mercadier : « Comme la syllabe » do SEMBLE présenter plus de facilité pour l'émis- » sio du son, nous l'admettrons; mais *seulement pour* » *la solmisation;* » et il applaudit de ses vingt-quatre mains, un *penseur* qui accepte ce qui *semble*, quand le bon sens dit qu'on ne doit accepter que ce qui *est*, et le comité ne dit pas à M. Mercadier : « Pourquoi » donc, dans votre *jeu des gammes*, page 153 et sui- » vantes, là où on ne *solfie* pas, et où l'on se borne à » *comparer*, employez-vous la syllabe *do*, réservée » par vous *exclusivement pour la solmisation?* Soyez » donc conséquent ! »

Le comité des études du Conservatoire laisse passer, comme la plus belle chose du monde, une série d'inconséquences de son *réformateur* bien aimé, qui écrit, page 81, à la suite de ce qu'il appelle une déduction : « Les gammes par bemols s'élèvent DONC » au chiffre ONZE » et qui, deux pages plus loin, page 83, après une autre déduction, comme il en sait faire s'écrie : « Il y a DONC une INFINITÉ de toniques. » Nous vous remercions, messieurs du comité; d'avoir aidé M. Mercadier à mettre en lumière cette synonymie originale, entre onze et une infinité. Vous l'avez bien dit, messieurs, *il n'est pas rare* de rencontrer des observations qui appartiennent en propre à M. Mercadier.

Certes non, *il n'est pas rare* de trouver des ingénuités de ce genre, dans le livre adopté par le comité des études. Ainsi, page 7, M. Mercadier dit : « Nous » verrons plus tard, à propos du demi-ton ou seconde » mineure, que ces degrés, par rapport aux intona- » tions, ne représentent pas toujours des distances » égales. » Ceci vient après la page 6, où M. Mercadier a écrit : « Deux demi-tons successifs forment un » ton, » et le comité adoptant a trouvé cela *clair*, LOGIQUE et *ingénieux*, lorsque M. Mercadier, page 56, évaluait à *quatre-neuviemes de ton* la seconde mineure, sans doute pour faire comprendre que 4/9 plus 4/9 sont égaux à 9/9.

C'est encore à une arithmétique spéciale que le comité adoptant a donné une consécration solennelle, lorsqu'il n'a pas signalé comme devant être l'objet d'une modification ce passage de la page 148, à propos des voix d'hommes et des voix de femmes : « Il » y a pourtant entre elles , sauf des cas assez rares, » la distance de *huit* tons, c'est-à-dire la distance » d'une *gamme*. » Il ne s'est trouvé personne, dans le comité, pour dire : « Il n'est pas permis de confondre » le mot *gamme* avec le mot *octave*. M. Mercadier, » page 75, admet les *douze demi-tons* du piano. comme » bases de ses douze gammes. Le voilà qui nous parle » de HUIT *tons* qui représentent *douze* demi-tons; » il donne ainsi à penser à l'élève que *douze moitiés* pourraient bien faire *huit entiers*, et pour le tirer d'une perplexité bien naturelle, en présence de ces contradictions, M. Mercadier le renvoie à sa page 57 où on lit : « La différence entre le demi-ton chroma- » tique et le demi-ton diatonique *n'est pas facile à* » *apprécier.* »

Quelque respect que je professe pour l'infaillibilité du comité adoptant, je ne trouve que celui-ci : *charabia scientifique*, pour caractériser d'autres énoncés que M. Mercadier a rédigés avec une *lucidité* PARFAITE, selon le comité, pour les enfants qui lui inspirent un si touchant intérêt, comme le montre ce passage de la page 23 : « Les *enfants* éprouvent la » plus grande difficulté, et comme c'est *tout particu-* » *lièrement* à EUX que nous nous adressons. »

Or, messieurs du comité, voici que le nouveau Vincent de Paule, béatifié de son vivant, dans votre consistoire du 12 mars 1856, prend sur ses genoux de petits enfants qui ne savent pas encore faire la première des quatre règles de l'arithmétique, et que, leur parlant du point qui vient après un autre point, il leur dit, de son ton le plus paternel, page 18 : « Dans » ce cas, ce deuxième point n'a que la moitié de la » valeur du premier, c'est-à-dire que la note aug- » mentée d'abord de la moitié de sa valeur, est aug- » mentée de nouveau de la moitié de cette seconde » valeur. » Le comité doit penser que les marmots y mettront plus que de la mauvaise volonté, s'ils ne comprennent pas cela tout de suite, sans quoi il au-

rait dit à M. Mercadier que c'était le cas ou jamais de faire, avec ses ciseaux analytiques les *ingénieuses découpures* qu'il emploie pour faire comprendre que la mesure *six-huit* emploie *six huitièmes de la ronde* (page 29).

Un enfant, selon le comité des études du Conservatoire de musique, à moins d'être totalement dépourvu d'intelligence, devra comprendre mieux que moi, au moment où j'écris ceci, ce que veut dire M. Mercadier, lorsqu'aux pages 58 et 59, s'appuyant, pour l'échelle DIATONIQUE, où se trouvent *deux secondes mineures*, sur une figure où les *huit échelons* sont équidistants, il dit aux enfants qu'il porte dans son cœur : « Chacune de ces dénominations détermine, dans la gamme, le nombre de *positions diatoniques*. » Il s'agit ici de la *tonique*, de la *médiante*, de la *dominante*, de la *sensible*, etc.

Si les bambins chers à M. Mercadier n'ont pas étudié l'arithmétique, je voudrais bien que le comité des études leur dît comment ils comprendront *leur bon ami*, disant, page 6 : « Lorsque ces intervalles de- » viennent assez petits pour que l'oreille n'y supporte » plus, sans être blessée, l'introduction d'un nouveau » son, l'intervalle compris entre ces deux sons cons- » titue ce qu'on appelle le *demi-ton*; cet intervalle » est déterminé non par un rapport absolu, mais mu- » sical. »

S'ils savent l'arithmétique, ce sera bien pis. Le comité des études du Conservatoire impérial de musique en est au moins là, je ne lui ferai pas l'injure d'en douter Qu'il veuille bien entendre nos élèves chantant le début de la gamme enharmonique, avec notre langue, qui a dix-sept mots pour dix sept degrés différents de hauteur, l'octave non comprise : *ut, reu, tè, ré* ; pas plus. Le comité qui ne jure que par M. Mercadier (insigne honneur pour celui-ci !) devra donc dire : entre *reu* et *tè* qui sont pour nous *ré bémol* et *ut dièse*, distants, d'après le *divin* Mercadier, d'un *neuvième de ton*, page 85, *l'intervalle devient assez petit pour que l'oreille n'y supporte plus, sans être blessée, l'introduction d'un nouveau son ; donc, l'intervalle compris entre ces deux sons constitue ce qu'on appelle le demi-ton.* donc d'*ut à ré bémol* il y a UN DEMI-TON, de *ré bémol à ut dièse*, il y a UN DEMI TON, d'*ut dièse à ré*, il y a UN DEMI TON. Ces TROIS DEMI TONS mis bout à bout donnent pour total la distance d'*ut à ré*. c'est-à-dire UN TON ; donc TROIS MOITIÉS égalent UN ENTIER, glorifions M. Mercadier dont nous avons dit, le 12 mars, que son livre *devait servir au progrès de l'enseignement musical*, et réparons au plus vite une omission involontaire en nous réunissant tous les douze, pour déclarer, par nos signatures unanimes, que l'ouvrage de M. Mercadier DOIT en outre servir aux *progrès de la science des nombres*.

Je m'aperçois à temps qu'il faudrait une place que la *Réforme musicale* peut employer plus utilement, pour faire le triste inventaire de toutes les monstruosités qu'a couvertes de l'autorité de son approbation le comité adoptant, et dont M. Emile Chevé ne conteste pas la propriété à M. Mercadier. J'en ai dit assez et avec des citations assez précises, pour qu'on ne doute pas de l'empressement que je mettrai, si cela devient nécessaire, à rapprocher les incroyables preuves de naïveté, d'inconséquence, d'ignorance historique, etc., qui fourmillent dans les pages dont je me borne à donner la nomenclature, afin d'arriver à poser mes conclusions contre l'acte du 12 mars 1856. Je suis l'ordre de mes matériaux, et non celui des pages de M. Mercadier, en répétant le numéro, quand une page aura offert plusieurs chefs d'accusation.

Pages IV, I, II, III (préface), 82, 86. 67, 89, IV, II, 12, 13, 108, 1, 4, 38, 150, 99, 32. 85 62, 79, 146. 103, 105, 90, 124, 128, 126, 10. 8, 49, 48, 18, 95, 9, 76, 14, 17, 146, 143, 146. 149, 143, 17, 16, 33, 15. 87, 56, 88, 87, 56, 130 98. 108. 117, 55, 147 125, 129, III, 30, 51. 122, 72. I. J'ai bien envie d'ajouter *et cœtera* ; car je ne suis pas plus certain que Virgile d'avoir trouvé toutes les perles égarées dans le fumier d'Ennius.

Maintenant je dois compte aux lecteurs de la *Réforme musicale* du plan extra musical que j'ai cru découvrir dans le livre de M. Mercadier et dans le rapport du comité adoptant. Tout ceci ne doit être qu'une de ces manœuvres employées avec si peu de succès pour tuer sournoisement une vérité qu'on n'ose plus attaquer à ciel ouvert. Je n'ai pas besoin de la pénétration exceptionnelle de Zadig, pour découvrir les motifs réels de l'adoption de nos théories par nos adversaires les plus ardents. Il me suffit de quelques indices significatifs.

Depuis que le rapport signé par la commission du chant de la ville de Paris, le 9 août 1850, a été mis en pièces par le *Coup de Grâce* d'Emile Chevé, et

quand on a vu que les doctrines condamnées par ce rapport , non seulement n'étaient pas réduites au silence, mais étendaient chaque jour leurs conquêtes, on a songé à refaire la méthode Wilhem, comme si, en conservant ses principes radicalement vicieux, son écriture absolument mauvaise et sa langue détestable, pour la solmisation, il y avait quelque chose de bien à attendre d'un remaniement qui ne pouvait que transposer les causes d'insuccès et non les faire disparaître.

Ce travail inutile avait été confié à un compositeur dont le nom pouvait faire autorité pour ceux qui ne savent pas distinguer entre un bon opéra et un mauvais élémentaire. Le compositeur en renom avait accepté ; la joie était dans le camp des douze demi-tons. Il paraît que la chose, *à l'essai*, n'a pas été trouvée aussi facile qu'on se l'était imaginé, et près de deux ans s'étaient écoulés sans que se réalisât la seconde incarnation du Wisthnou de la double-croche, dont les adorateurs n'avaient pas osé venir proclamer la puissance, le 12 juin 1853, au concours de la salle Sainte-Cécile, à Paris.

Bien plus ; à l'Exposition universelle des beaux-arts, on avait reçu la visite de l'Empereur des Français et de la Reine d'Angleterre. Un *Bouquet musical* avait été composé par un des professeurs du Conservatoire impérial, en l'honneur de l'auguste visiteuse ; mais, eu égard au peu de temps qui était donné pour apprendre le morceau, ce ne fut ni à l'Orphéon, ni au Conservatoire qu'on demanda des exécutants. L'école Galin-Paris-Chevé, toujours prête, parce qu'elle seule a des élèves qui savent lire, reçut le morceau à dix heures du soir, le samedi, et le chanta le surlendemain à midi. de manière à recevoir les compliments des deux souverains.

Le mouvement de l'opinion vers les doctrines de Galin avait été assez prononcé pour que l'école nouvelle n'eût pas été laissée en dehors des vérifications faites par la commission chargée d'organiser l'enseignement musical en France. Une séance spéciale, *demandée par elle*, avait été donnée dans l'amphithéâtre de l'Ecole-de-Médecine, le 22 juillet, un mois avant la visite des deux majestés à l'Exposition des beaux-arts.

Le *Siècle* du 30 juillet rendait compte, avec de grands éloges, d'une exécution chorale, au Palais de l'Industrie, en présence des délégués étrangers, à l'exposition universelle. Les journaux avaient rapporté les paroles de félicitation adressées par le prince Napoléon à M. Emile Chevé.

Le hasard, qui fait tant de choses, voulut qu'un *joujou* confectionné d'après les données théoriques développées dans l'ouvrage de M. et de Mme Chevé, figurât à l'exposition universelle.

Aura-t-il été bien difficile à l'auteur qui a *profité* du cours Chevé, de *profiter* des inquiétudes et des mécontentements, pour faire accueillir son livre.

Est-il tout-à-fait improbable qu'il ait reçu quelques conseils, sur la rédaction de sa préface, et qu'il n'y ait pas eu entre lui et *quelqu'un*, l'équivalent de l'arrangement fait entre le duc d'Orléans, depuis régent du royaume, et l'abbé Dubois, son précepteur, lorsque, devant aller, de compagnie, sous le masque, dans une réunion compromettante, le prince dit à Dubois : *pour mieux me déguiser, tu te tiendras derrière moi, et de temps en temps tu me donneras des coups de pied.....* Il précisa. L'abbé qui, peut-être, avait à prendre une revanche en nature, mit une telle conscience à remplir les intentions de son élève, que celui-ci lui dit, pour tempérer ce zèle obéissant : « Dis » donc, l'abbé, tu me déguises trop. » En effet, il me semble voir un *déguisement* du même genre, dans cet alinéa que, sans une insigne maladresse, M. Mercadier, *tout seul*, se serait bien gardé de mettre dans la préface d'un livre qu'il devait soumettre à l'approbation du Conservatoire, six ans après la publication d'un ouvrage de M. Chevé, intitulé la ROUTINE et le *bon sens*, ou les CONSERVATOIRES et la *méthode Galin-Paris-Chevé* : « Notre préoccupation dominante » a été de combattre la *routine* (M. Mercadier a souli- » gné le mot *routine* !) cette ennemie redoutable de » l'étude, de l'enseignement et du progrès, cette ma- » râtre de l'intelligence, qui s'empare de l'enfant à ses » premiers pas, pour lui faire l'abandonner, et qui » perpétue le déplorable système d'invoquer l'*usage*, » au lieu d'expliquer la *raison des choses*. »

Je le répète, il n'est pas tout-à-fait improbable que *le meneur de cette intrigue* ait dit à M. Mercadier : Pour dérouter les indiscrets, *donnez-nous quelques coups de pied*, DÉGUISEZ-vous si bien qu'on ne puisse soupçonner que nous sommes d'accord, pour donner le change qu'on affirme qu'elle est composée d'honnêtes gens, qui ont à la fois de la tête et du cœur.

Pour prétendre qu'il n'en est pas ainsi, il faudra

expliquer comment le comité des études aura pu donner cette large et fastueuse approbation que j'ai citée dans mon premier article du 6 avril, à un livre qui dit implicitement, et même explicitement, que les vingt formes de mesures acceptées par le conservatoire sont un luxe très-embarrassant et qui signale les inconvénients de plusieurs choses recommandées par la méthode du Conservatoire lui-même.

Toute idée de réforme doit effaroucher les établissements stationnaires qui comptent sur la possession de fait, pour établir en leur faveur la prescription contre le progrès. Et voici qu'un nouveau venu, un homme dont le nom n'a été attaché jusqu'à présent à aucun ouvrage dramatique, scientifique ou littéraire, à l'exhibition d'aucun résultat d'enseignement, n'a qu'à se présenter pour que ceux qui ont repoussé la probité et le bon sens, à coups de rapports qui soufflétaient à la fois la raison et la vérité, le reçoivent à bras ouverts le proclament son génie, quand il leur apporte l'œuvre d'autrui sur laquelle il a gratté la marque de la fabrique honnête, pour la remplacer par une estampille de pirate !

Il y a encore quelque chose qui appelle l'attention dans la coïncidence entre l'époque de l'adoption et l'approche du moment où la commission organisatrice aura terminé son travail. N'est-il pas possible qu'on ait voulu se préparer un moyen de PARAITRE moins rebelle aux idées d'amélioration ? Dans ce cas, on n'aurait pas même atteint son but ; car on aura beau mettre le livre incomplet de M. Mercadier entre les mains des élèves du Conservatoire, et sous les yeux des membres de la commission, l'absence des exercices gradués, le défaut de langue rhythmique, l'emploi des mauvais signes, en désaccord avec les idées dont le comité adoptant proclame l'excellence, en un mot la privation des moyens de montrer *comment* il faut faire, lorsqu'on a appris seulement le *pourquoi* qui, en bonne logique suppose qu'on a vu les faits, dont la théorie tire les conséquences, pour établir les lois générales, tout cela mettra le Conservatoire impérial dans l'impossibilité de montrer plus de résultats obtenus, avec la théorie sèche rérobée par M. Mercadier à M. Chevé, qu'il ne le pouvait précédemment, bien qu'écrémant, à l'aide de ses succursales, toute la France, en même temps qu'il *choisit* ses élèves dans ce que lui fournit l'énorme population de Paris, il n'opère que sur des voix de choix et des organisations d'élite.

Ce sera donc sans aucun profit pour la gloire de l'établissement officiel et pour le progrès réel des études, que le comité adoptant se sera compromis par l'acte qui a mis les larcins de M. Mercadier sous la sauvegarde d'une approbation donnée tout au moins à la légère, et qui peut avoir pour résultat de porter une atteinte fâcheuse à la réputation de clairvoyance et au crédit moral de ceux qui se seront ainsi associés à une mauvaise action.

Nous attendons les explications du comité des études du Conservatoire impérial, en réservant notre droit de répondre.

Aimé PARIS.

UNE BONNE JOURNÉE.

La Méthode Galin-Paris-Chevé aux Italiens.

C'était une chose bien scabreuse pour l'école nouvelle, que de se risquer à chanter AUX ITALIENS, devant ce personnel tout exceptionnel, habitué à entendre tout ce que l'art possède de talents illustres en tous genres. Nous nous trouvions, de plus, en contact avec Vivier !....

Eh bien ! l'accueil chaleureux que nous avons reçu de ce public d'élite, auquel nous étions complètement étrangers, a été tel, QUE NOUS AVONS aujourd'hui LE DROIT de croire que les pauvres PARIAS DE LA MUSIQUE OFFICIELLE n'ont pas trop fait tache sur cette grande scène, où tant de malheureux artistes viennent faire naufrage, et dont le parti-pris avait voulu nous fermer l'accès ! Le hasard, cette fois, a été pour nous !...

Merci au public, de son bienveillant accueil, qui équivaut pour nous à une consécration !!

Merci à Vivier, d'avoir bien voulu nous associer à son triomphe !

Émile CHEVÉ.

DEUXIÈME CONCERT DE VIVIER,

AU THÉÂTRE ITALIEN.

Il faut remonter à dix ans pour retrouver Vivier dans cette belle et vaste salle des Italiens, premier théâtre de sa gloire naissante.

Le concert donné dans les étroits salons d'Erard n'avait pu satisfaire qu'un fort petit nombre des admirateurs de l'illustre corniste, décidé enfin à faire sa paix avec Paris, qu'il semblait avoir boudé, Dieu sait par quel caprice ! L'événement a bien prouvé combien Vivier avait tort, combien il était ingrat ! car Paris l'a comblé de bravos enthousiastes et de billets de banque significatifs. L'accueil a été trop magnifique pour que, cette fois, il y reste insensible.

La salle, remplie d'un public d'élite, attendait, dans une fiévreuse impatience, le lever du rideau. On a d'abord été charmé de la vue de ce chœur immense, composé de plus de deux cents exécutants, et couronné au front d'une guirlande de quarante jeunes filles, vêtues de robes blanches. Le chœur d'*Écho et Narcisse*, de Gluck, l'*Hymne à Orphée*, de Chelard, ont bravement ouvert la fête. Mais hélas ! triste vicissitude des choses d'ici-bas, il a fallu annoncer au public que Mlle Marie Cruvelli et M. Gaymard étaient indisposés et ne pouvaient chanter. Ici le public a murmuré. Il était dans son droit : il avait attendu, payé fort cher ses places, et on ne tenait pas ses promesses.

Sans doute, le malheureux artiste n'y pouvait rien ; ce n'était pas sa faute ; et, bien certainement, si le public avait pu savoir toutes les peines, tous les soucis et toutes les tribulations que les indispositions malencontreuses avaient accumulées sur sa tête, non-seulement il lui eût pardonné ; mais il lui aurait voté une couronne pour n'avoir pas désespéré de sa cause !

Aussi, fort de sa conscience et armé de son cor magique, Vivier s'est-il présenté sur-le-champ pour faire tête à l'orage. Il a soupiré l'*Éloge des larmes* de Schubert, et cela avec un tel sentiment, avec une expression si exquise, que la mauvaise humeur s'est transformée, comme par enchantement, en une joie expansive et sympathique.

Mlle Dobré, à peine remise d'une indisposition, Mlle Werteimber, à peine revenue d'Italie, toutes deux averties quelques heures avant le concert, n'ayant pu avoir que des lambeaux de répétitions, sont accourues au secours du malheureux artiste aux abois, et cela avec une bonne grâce aussi courageuse que charmante. Il est vrai qu'il y a toujours plaisir et honneur à se montrer en public avec Vivier, cet ancien compagnon d'armes de Jenny Lind, de Mme Viardot, de Grisi, et de tout ce qu'il y a d'illustre dans la musique. Ces dames ont été bien récompensées de leur aimable dévouement par l'accueil chaleureux du public. Mlle Dobré a remplacé Gaymard dans *la Plainte*, ce duo si délicieux de Vivier, où la voix et le cor se marient dans un harmonieux ensemble. En outre, elle a dit avec une ampleur digne de notre grande scène lyrique, cette sublime inspiration de *Guillaume Tell*, — *Sombres forêts*. — Mlle Werteimber a chanté un charmant *Noël* d'Adam, et la *Berceuse* de Réber, ce chef-d'œuvre de grâce et de sentiment. Mlle Louise Guénée a joué des *Souvenirs de la Favorite*, une *Canzonetta* et la *Course au clocher*, morceau composé par cette pianiste distinguée.

Le chœur conduit par M. Émile Chevé, a *brillamment* terminé la première partie du concert par la *Retraite*, de M. Laurent de Rillé. Ce morceau a été bissé. Il est vrai qu'on ne pouvait mieux observer les *crescendo* et les *diminuendo*, et que ces effets, produits par une masse chorale imposante, exerce toujours une action victorieuse sur l'oreille. — Le chœur du XVe siècle, arrangé en faux bourdon par Delsarte, le magnifique chœur du *Comte Ory*, si difficile d'exécution, enfin le chœur des *Chasseurs de Robin des Bois*, ont obtenu un succès non moins légitime auprès du public.

Cette exécution solennelle a été un triomphe pour la société chorale de l'école Galin-Paris-Chevé ; nous sommes heureux de le constater. Aujourd'hui, pour tout musicien impartial, il est hors de doute qu'aucune méthode d'enseignement musical ne peut lutter avec la méthode Galin-Paris-Chevé. Ni l'Orphéon ni le Conservatoire ne font des musiciens véritables, pouvant déchiffrer un air à première vue, pouvant l'écrire couramment à la première audition. Or, c'est la première condition d'un choriste parfait. Il ne s'agit plus ensuite que d'acquérir l'habitude de marier sa voix à la masse dans une juste proportion, de savoir écouter et de savoir s'écouter soi-même.

Indépendamment de l'*Éloge des larmes* et de la *plainte*, Vivier a fait entendre *sa grande Chasse*, qu'il a dû répéter, sur l'insistance flatteuse du public, et malgré ses fatigues dont la foule enthousiaste ne pouvait se douter. — Les *sons multiples* du cor ont retenti dans cette salle favorable avec une vigueur et une netteté merveilleuses. Mais on était affamé de Vivier ; on n'en avait pas assez ; on eût voulu qu'il jouât plus longtemps. Pour beaucoup de gens, la qualité ne suffit pas, il faut aussi la quantité. C'est en vain que les personnes de goût disaient qu'elles préférent un morceau exquis de nuances, d'expression et de charme souverain. La masse veut d'abord beaucoup ; elle est souvent moins délicate que gloutonne ; à un ortolan à la provençale, elle préfère souvent une oie farcie. Les jouissances supérieures que procure un talent exceptionnelle ne peuvent être appréciés à leur justes valeur que par des organisations fines et cultivées. C'est un malheur ; mais il faut en tenir compte.

Aussi, pour un troisième concert il faudrait à Vivier le secours d'un orchestre, avec lequel il puisse faire concerter son instrument. Il faut qu'il soit plus longtemps en présence du public qui jusqu'à présent, trouve qu'il ne l'a qu'entrevu et qu'il n'en a pas eu pour son argent. Et Vivier, comme toutes les grandes âmes, est trop bon prince, pour ne pas se rendre un vœu de son peuple d'admirateurs.

E. DE POMPERY.

COMMENT LES NULLITÉS INTELLECTUELLES SE FONT GARANTIR PAR LA CAMARADERIE ET L'ESPRIT DE CLOCHER.

Plusieurs numéros du ROUENNAIS, que remplace la RÉFORME MUSICALE, ont stigmatisé la camaraderie qui exploite et crétinise les facultés de la génération naissante pour ne pas blesser des amours-propres de localité, ou pour ne pas forcer ceux qui exercent le sacerdoce professoral à savoir POUR LES AUTRES, première condition imposée aux médecins de l'intelligence, parmi lesquels il en est tant qui croient avoir répondu à tout, quand ils ont dit : JE ME PORTE TRÈS-BIEN, MOI ; CELA DOIT SUFFIRE AUX AUTRES.

Il est peu de pays où le progrès, désirable, parcequ'il est UTILE et RÉEL, rencontre plus d'obstacle qu'à Marseille, par suite de cet esprit étroit qui n'a pas encore accepté l'unité de patrie, dans le morcellement des trente-deux anciennes provinces en 86 départements. La chose est bizarre, dans une ville qui compte parmi ses notabilités commerciales un si grand nombre de négociants originaires de l'Italie de la Suède, de l'Allemagne, de la Grèce, de l'Angleterre, de l'Espagne, etc., et qui ne se distingue point par un rigorisme exagéré pour un assez grand nombre de SPÉCULATEURS qui seraient peut-être embarrassés de prouver qu'ils n'ont pas apporté dans la cité phocéenne quelque peu de l'écume de l'Archipel ou de l'Adriatique.

Heureux mille fois heureux celui qui est né sur une des paroisses de l'antique Massilie ! son mérite, quelque mince qu'il soit, s'amplifie sous la puissance grossissante du microscope a travers lequel ses COMPATRIOTES l'examinent. Il en est de même de la manifestation des sympathies LOCALES ; ce n'est point le signe muet d'un assentiment modéré, ce sont les contorsions du fanatisme, les battements prolongés de mains infatigables ; ce n'est point non plus la louange délicate et discrète, c'est un hosanna frénétique crié à tue-tête dans un porte voix.

Le moyen qu'une cervelle peu forte résiste à l'étourdissement que doit produire sur elle un semblable concert, et que le petit talent qu'on vient de faire passer ainsi subitement à l'état de génie hors ligne, ne soit pas saisi de vertige, en prenant au sérieux la HAUTEUR à laquelle il croit s'être élevé, du premier élan de son inspiration !

Ces réflexions m'ont été suggérées par la lecture d'un article du Journal des Débats, dont l'auteur est M. d'Ortigue, et qu'ont répété avec empressement la Gazette du Midi et le Sémaphore. Voici ce curieux échantillon de la camaraderie provençale; — M. d'Ortigue est, au dire d'un organe de la presse marseillaise, le compatriote du demi-dieu dont il chante les louanges.

« Et pourquoi n'irions-nous pas chez Alard, » ou chez Gouffé, pour écouter un quatuor » d'Auguste Morel ? Il en a fait trois Si de » pareilles œuvres étaient aujourd'hui » comptées à leur valeur, elles pèseraient plus » dans la balance que trois œuvres dramatiques » appelées à une destinée plus brillante, mais » souvent aussi plus éphémère. Qu'elle abon-» dance d'idées, quels trésors de sentiment, » d'art et de facture, et de bel esprit musical » n'y a-t-il pas dans un seul quatuor, dans » cette suite de quatre morceaux si variés de » tons et de formes : ALLEGRO, ADAGIO, SCHERZO » et FINALE, quand on manie ce genre de mu-» sique avec la supériorité d'Auguste Morel ? » Le voilà maintenant, ce musicien si distin-» gué et si consciencieux, confiné dans la ville » de Marseille dont il dirige l'esprit musical, » DANS SON CONSERVATOIRE, DONT IL RÉGLE LES » ÉTUDES ET LES EXERCICES, AYANT LAISSÉ UNE » PLACE VIDE DANS LA CRITIQUE et l'art pari-» sien. Le voilà si bien surveillé et gardé à » vue par ses compatriotes, qu'il ne peut que » jeter un regard furtif du côté du soleil levant, » vers l'embarcadère de ce chemin de fer qui, » en dix-huit heures, le ramènerait à Paris. »

Je n'ai pas l'habitude de parler des choses que je ne connais pas, et n'ayant jamais eu l'occasion d'entendre un seul des trois quatuors de M. Auguste Morel, je ne peux ni confirmer ni contredire les éloges que leur accorde libéralement M. d'Ortigue. Mais, pendant trois années, qui seront complétées le 5 juin prochain, c'est-à-dire, dans dix-huit jours, à partir de celui où j'écris ces lignes, j'ai suivi avec soin toutes les manifestations propres à faire mesurer exactement le résultat de la CONS-CIENCE avec laquelle M. Auguste Morel RÉGLE LES ÉTUDES ET LES EXERCICES de SON Conservatoire. Eh bien ! cette omnipotence à laquelle il a suffi d'un mot, pour faire révoquer l'autorisation ÉCRITE, donnée à M. Agnelli, de disposer des professeurs et des élèves du Conservatoire, pour l'exécution de sa messe, AU PROFIT DES BLESSÉS DE L'ARMÉE D'ORIENT, œuvre éminemment patriotique, cette omnipotence ne s'est formulée qu'en résultats propres à faire douter de l'aptitude de M. Auguste Morel à remplir les fonctions délicates qui lui ont été confiées.

Je ne suis pas le seul de cet avis, à Marseille, il s'en faut de beaucoup ; et d'autres n'auront peut-être pas, comme moi, l'équité de séparer le compositeur du directeur ce serait un peu la faute de M. d'Ortigue, s'il leur arrivait de dire : « l'apologiste de la direction des ÉTUDES » ET DES EXERCICES n'aurait-il pas exagéré la » valeur des quatuors aussi bien que celle des » moyens employés pour assurer les progrès » des élèves du Conservatoire ? » doutes impertinents, si l'on veut, mais justifiés jusqu'à un certain point, par une analogie fort acceptable.

S'il faut dire ici le fond de ma pensée, j'ajouterai que je suis d'accord avec M. d'Ortigue pour dire, dans un autre sens que lui, que la place de M. Morel est ailleurs qu'à la tête d'un conservatoire, et que l'école qu'il dirige n'aurait rien perdu, si, depuis dix-huit mois, il

avait dépensé les dix-huit heures qui peuvent le rendre A LA CRITIQUE ET A L'ART PARISIEN, comme le désire SON COMPATRIOTE ET LE MIEN; car je persiste à me regarder comme le compatriote des provençaux, bien que je sois né dans le fond de la Basse Bretagne.

Aimé PARIS.

THÉATRES.

Le succès de la Sonnette du Diable continue d'attirer la foule au Théâtre-Français. Le public, étranger bien souvent aux misérables intrigues des journaux et des coulisses, étranger aux petites passions qui se démènent au-dessous de lui, voit une pièce dont la mise en scène fait certainement honneur à M. Marcel Briol, comme l'exécution fait honneur à tous les comédiens, et il y court. Il y court, guidé par son bon sens, et il applaudit parce qu'il s'amuse, et il fait bien attendu que ce serait un grand malheur si les masses intelligentes se laissaient conduire par le premier coquin venu auquel il plait de trouver mal ce que tout le monde trouve bien. Rien n'est plus respectable que le public. On peut de bonne foi, ne pas être de son avis, mais avant de censurer ses jugements il faut y regarder à deux fois, car, si la voix populaire n'est pas dans tous les cas la voix de Dieu, elle est le plus souvent la voix de l'équité et du sens commun.

Le public à donc consacré par sa présence même le succès de la Sonnette du Diable. M. Bazin, qui joue le principal rôle, ne s'en plaindra pas, car s'il s'est donné beaucoup de peine pour donner une physionomie à ce fantastique Luizzi, qui semble insaisissable sous tant de rapports, il en est récompensé par la longanimité du succès de la pièce.

Une réaction à laquelle on ne saurait trop applaudir parait se faire dans le choix des pièces de ce théâtre.

Au printemps, qu'on nous a joué cette semaine, est un petit acte en vers où tout est poésie, parfum, murmures de brises, chants d'oiseaux dans les nids, soupirs d'amour sous les feuillées. C'est frais, joli, vivace, honnête et pur comme un premier amour. Et puis, c'est joué à merveille. Mlle Berthe est une ingénue bien naïve, qui court après les papillons avec une grâce parfaite, et qui dit les vers d'une façon si charmante qu'on croirait qu'elle trouve les mots quand elle en a besoin. Je crois que cette jeune fille tiendra dignement sa place sur notre scène. Mme Saint-Ange a joué avec beaucoup de naturel le rôle d'une vieille coquette. Le financier a été plusieurs fois applaudi tant pour sa bonne tenue que pour le laisser aller avec lequel il dit d'alexandrin. Il était vrai dans son jeu, et sa diction excellente complétait l'illusion.

Avant cette comédie, nous avions vu LES INFIDÈLES, une assez bonne pièce où l'on voudrait qu'il y eût néanmoins soit un peu plus d'esprit quoiqu'il y en ait beaucoup, soit un peu plus d'intrigue.

M. Edmond a fort bien rendu le rôle d'un mari qui n'est pas tout-à-fait un modèle de fidélité, bien que Mlle Valon se mette en frais de gentillesse et de colifichets pour s'attacher le volage. M. Milet joue un rôle de Valet comme au bon temps de la comédie, véritablement. Mlle Adèle Fleury à très-gentiment rendu son rôle.

ON DEMANDE UN GOUVERNEUR a valu un succès à M. Voizel et à Mlle Berthe. Ces deux artistes sont dans une bonne voie. Je crois qu'ils peuvent attendre les débuts sans appréhension.

La rentrée de Mlle Daubray est un fait important. L'emploi de Déjazet est rarement confié à une artiste qui ait plus d'intelligence. plus de gaîté plus de décence que Mlle Daubray. D'ailleurs, Mlle Daubray a fait au Conservatoire et à l'Odéon des études qui lui permettront, à n'en pas douter, de prêter son précieux concours à la comédie.

Cudot nous reste également. Encore un comédien que nous reverrons avec plaisir dans l'ancien répertoire. Le TARTUFFE est toujours d'à-propos, et le rôle de Cléante a toujours besoin d'un raisonneur ferré à glace.

Louis ROGER.

L'Orphéon devait faire sa *séance annuelle* le 27 avril; — il ne la fera que le 8 juin, et la répétera le 22, avec le même programme.

Voici ce qu'aura fait la société chorale de l'école Galin-Paris-Chevé, le 22 juin, à peu près dans le *temps de remise* de la séance de l'Orphéon :

8 *avril*. — Concert de Lacombe, à la salle Erard : — 4 *morceaux*.

20 *avril*. — *Séance mensuelle* de l'Ecole-de-Médecine : — 10 morceaux, — plus les exercices.

26 *avril*. — Concert à Sainte-Cécile, pour les Diaconesses. — 10 morceaux.

23 *mai*. — Concert Vivier, aux Italiens. — 6 morceaux.

8 *juin*. — Messe à Saint-Germain-l'Auxerrois.

22 *juin* — Séance mensuelle à l'Ecole-de-Médecine : — 10 morceaux.

Avis à tous ceux qui s'intéressent sérieusement à la vulgarisation de la musique dans le peuple, pour le moraliser.

M. E. Chevé ouvrira un nouveau cours, à l'école de médecine, le 10 juin prochain.

Alexis Dupont est venu chanter à l'église de Sainte Madeleine, pour les cérémonies du mois de Marie. La foule s'y est portée comme de coutume.

Le jeune Paul Surville, élève de M. Aimé Paris, pour la musique, et de M. Engelmann aîné, pour le violoncelle, a joué dimanche dernier, à l'église Saint-Gervais, deux morceaux de Franchomm, qui ont été écoutés avec la plus vive satisfaction.

Il y avait, lundi dernier, chez M. Engelmann aîné, une réunion intéressante. MM. Engelmann frères, Orlowski, Thieulan, et Mme Engelmann y exécutaient de la musique de chambre. Cette soirée improvisée au profit d'un artiste, a valu de nouveaux applaudissements à ces fervents propagateurs de la musique classique, et l'on a surtout apprécié le talent avec lequel M. Engelmann jeune a joué le violon principal, sous le souvenir récent de M. Maurin. C'est là un succès des plus flatteurs.

Louis ROGER.

XI° Année ; — 1re du nouveau titre. **UN NUMÉRO : 20 CENT.** N° 20. — Dimanche 8 Juin. 1856.

Musique, — Sciences, — Arts, — Littérature, — Théâtres.

LA RÉFORME MUSICALE

ABONNEMENT A ROUEN : 10 FR.

ON S'ABONNE

A ROUEN , chez M. Louis Roger, rue Porte-aux-Rats. 2.
A PARIS, chez M. Emile Chevé rue des Marais-S-G., 48.
A MARSEILLE, chez M. Aimé Paris rue Paradis, 77.

JOURNAL DES DOCTRINES DE L'ÉCOLE GALIN-PARIS-CHEVÉ.

BUREAU A ROUEN, RUE PORTE-AUX-RATS, N° 2.

LOUIS ROGER, Directeur-Gérant.

ABONNEMENT DANS LES DÉP. : 12 FR.

ON S'ABONNE

A LYON, chez M. Perraud, rue du Griffon, 44.
AU HAVRE, chez M. Vasse, rue Molière, 46.
Les abonnements peuvent être payés en timbres-postes (Affranchir).

RENSEIGNEMENTS. — Cette feuille paraît, à ROUEN, tous les DIMANCHES. — Tout ce qui concerne l'administration du journal doit être adressé à Rouen, rue Porte-aux-Rats, 2. — Ce qui concerne la rédaction peut être indifféremment adressé à M. CHEVÉ, à M. Aimé PARIS, ou au Directeur-Gérant. — La critique demeure sous la responsabilité de celui qui la signe. — Il sera rendu compte des Ouvrages dont un exemplaire sera déposé au bureau du journal. Les lettres non affranchies seront refusées.

On peut se procurer des numéros de la *Réforme*, au Bureau du Journal ; — au dépôt du cours Boïeldieu, à Rouen , — et dans l'intérieur des Théâtres.

LE BON GRAIN SE RÉPAND DANS LES SÉMINAIRES.

Paris, 3 juin 1856.

Nous avons déjà entretenu les lecteurs de LA RÉFORME MUSICALE des efforts et des succès de M. l'abbé Beaulieu, au petit séminaire de Caen ; aujourd'hui, nous pensons leur être agréable en leur signalant quelques-unes des conséquences dues à la persévérance et au dévouement de M. Beaulieu. Grâce à lui, en effet, voici la méthode qui fait invasion dans tous les séminaires du diocèse de Bayeux, ou la portent avec eux les élèves du petit séminaire de Caen et où elle fait rapidement de nombreuses conversions. — Je laisse parler M. Beaulieu lui-même, et deux de ses anciens élèves qui lui racontent les résultats de la croisade musicale. Voici la lettre de M. Beaulieu, dans laquelle sont enclavées celles de ses élèves.

« Séminaire de Caen, 16 mai 1856.

» Cher M. Chevé,

» Je reçois à l'instant même une lettre d'un de nos anciens élèves, maintenant au grand séminaire de Bayeux ; et, bien qu'elle soit due à la plume d'un jeune homme encore sur les bancs de l'école, j'ai pensé que vous la liriez avec un certain intérêt, vu qu'elle parle de L'ESTIME QUE L'ON FAIT MAINTENANT DE LA MUSIQUE EN CHIFFRES dans les DEUX SÉMINAIRES de BAYEUX et de SOMMERVIEUX : et que, de plus, elle résume les sentiments exprimés dans deux autres lettres que je viens de recevoir de Sommervieux. Quoique je sois en ce moment très-occupé, je n'ai pas voulu différer de vous l'envoyer, pensant qu'elle vous ferait plaisir : quand on s'est fait l'apôtre d'une idée vraiment grande, les plus petites conversions apportent de la consolation. C'est cette pensée qui m'a déterminé à vous adresser cette lettre. J'ajouterai seulement quelques observations relativement à ces deux séminaires. — Dans le diocèse de Bayeux, il y a QUATRE PETITS SÉMINAIRES, où l'on reçoit spécialement les élèves qui se destinent à l'état ecclésiastique : VILLIERS, CAEN, LISIEUX et VIRE. Les élèves restent dans ces établissements jusqu'à la Rhétorique inclusivement ; puis ils vont tous passer DEUX ANS dans le séminaire de SOMMERVIEUX pour y faire leur philosophie. Enfin, ceux qui, après ce temps, se sentent la vocation de continuer, vont faire TROIS ANNÉES de théologie AU GRAND SÉMINAIRE DE BAYEUX. — Ainsi, comme vous le voyez, SOMMERVIEUX et BAYEUX,

sont des centres, des points de convergence où arrivent, chaque année, les élèves sortant des quatres petits séminaires, et apportant, chacun, les idées et les usages de sa résidence première, avec le désir, tout naturel, de les faire prévaloir. Or, il se trouve que la musique est une des choses qui soulèvent le plus d'orages ; (si toutefois je puis parler de la sorte) ; car, les élèves de CAEN, quoique SEULS CONTRE TROIS, déclarent franchement la guerre à la méthode Wilhem, adoptée par tous les autres, et la battent si bien en brèche, que celle-ci finit toujours par abandonner le terrain à ces PAUVRES CHIFFRES, qui parlent si bien à la raison et au bon sens, quoiqu'en disent les amis de la croche et de la portée… C'est ce résultat que m'annonce la lettre dont voici copie :

GRAND SÉMINAIRE DE BAYEUX,

» 14 mai 1856.

» M. l'abbé,

» Vous êtes vraiment bien bon de m'envoyer tant de belles choses : votre musique, vos journaux, votre lettre de M. Chevé ; tout cela m'a fait le plus grand plaisir, et je vous assure que j'ai tout dévoré comme un homme affamé à qui on apporte ce qu'il aime le plus. — Je serai vraiment bien curieux de voir comment M. Mercadier, avec son jeu d'enfant, s'arrangera avec ses deux antagonistes, auxquels il ne fait pas bon aller se frotter. J'ai aussi partagé votre joie en voyant la musique nouvelle se répandre partout, et ce sont encore des faits qui parlent. Pour moi, voici ce que je pense : Messieurs les scribes et les pharisiens ne céderont jamais, parce que ce serait abdiquer un pouvoir qu'ils n'ont pas de peine à posséder seuls ; parce que ce serait s'humilier devant une idée qu'ils ont repoussée sans la connaître. Il est presqu'impossible qu'ils disent à l'école nouvelle qu'elle a eu raison. M. Paris et M. Chevé ne réussiront donc pas ; mais avant peu de temps leur musique aura réussi ; elle ne sera peut être pas la musique reconnue par l'Académie ; mais peu importe ; ELLE SERA BIENTÔT LA MUSIQUE APPRISE PAR TOUS CEUX QUI NE COMPRENNENT PAS L'AUTRE, et le nombre en est grand ! — Voyez ce qui se passe dans le diocèse : Depuis HUIT ans, on apprend la musique en chiffres sous votre surveillance, et chaque année le petit séminaire de Caen fournit une dizaine de musiciens qui vont, ensuite, porter aux ignorants la bonne nouvelle et font de la propagande.

» Si vous voulez me permettre de vous parler de moi, j'ai, pour ma part, appris la

musique en chiffres à plus de trente personnes ; en ce moment encore, je donne à Sommervieux (le mercredi quand j y vais) une leçon de théorie et une leçon de pratique à huit élèves, sans compter qu'un grand nombre se repentent de ne pas être venus dès le commencement. Eh bien ! ces élèves, lorsqu'ils seront vicaires et curés, deviendront, à leur tour, des maitres ; ils porteront aux champs encore incultes la bonne parole, la bonne semence ; et alors que de conversions ! Ainsi donc, monsieur Beaulieu, le séminaire de Caen est, et sera, comme un centre d'où vont rayonner partout — et même bien loin — de longs jets de lumière qui, à leur tour, se divisent et se subdivisent en une infinité d'autres rayons lumineux. Et qui est-ce qui est le principe et la source de tout cela ? C'est vous M. Beaulieu, soit dit sans aucune flatterie et uniquement pour consoler votre dévouement et vous encourager un peu ; car tout n'est pas rose quand on se fait l'apôtre et le défenseur d'une vérité combattue. Oui, cher monsieur, c'est vous qui aurez le plus fait pour la propagation de la musique dans le département ; et, dans peu d'années d'ici, il s'élèvera de tous les coins du diocèse comme une immense harmonie qui vous remerciera de tout ce que vous aurez fait pour vos musiciens et pour la gloire de Dieu, car vous aurez donné à tous les moyens de chanter ses louanges ou le plaisir de les entendre chanter.

» Je n'ai rien de neuf a vous apprendre, si ce n'est que M.***, grand partisan de la musique PHARISAÏQUE, s'est encore PERMIS la semaine dernière, et POUR LA QUATRIÈME OU CINQUIÈME FOIS, DE COMPOSER UNE CANTATE pour Sommervieux EN MUSIQUE EN CHIFFRES. Je suppose qu'il le fait par esprit de pénitence et pour mortifier un peu son goût, CAR IL NE PEUT PAS SOUFFRIR LES CHIFFRES ; et puis il le fait aussi peut-être un peu, PARCE QUE C'EST MOINS LONG ET PLUS COMMODE. C'est probablement pour la même raison qu'un musicien, que nous avons ici, nous fait chanter en musique en chiffres des cantiques pour le mois de Marie. Tout cela sans vouloir avouer sa plus grande facilité. Laissons faire ces messieurs ; voilà qu'ils commencent à mordre à l'hameçon ; nous en ferons des apôtres et des missionnaires !

» Adieu, M. Beaulieu ; je vous serre bien cordialement la main et suis toujours un de vos fidèles

» V. D. »

» Voici maintenant un passage d'une autre lettre qui vient de m'être aussi adressée par un de nos anciens élèves, présentement à Sommervieux pour la 2e année :

» Séminaire de Sommervieux, 6 mai 1856.

» M. Beaulieu.... Il y a quelques jours, nous avons célébré la fête de M. le supérieur; nous avons chanté une cantate composée par M.*** et qui a parfaitement réussi. Je suis heureux de vous apprendre que c'est la musique en chiffres qui est le plus en vogue aujourd'hui. Il n'en a pas toujours été ainsi; car, au commencemet de l'année, les élèves de Villiers, qui ne la connaissaient pas, voulaient chanter de la musique usuelle. Mais les élèves de Caen chantaient TOUJOURS sur la musique en chiffres, et nous avions appris notre morceau bien avant eux. Aussi, les jours de congé, nous nous réunissions 5 ou 6 parmi lesquels se trouvait l'ami S...., qui a toujours une forte voix de basse, et nous chantions quelques-uns des morceaux que nous avions chantés à Caen. Ces messieurs étaient surpris de la facilité avec laquelle nous exécutions ces morceaux; et enfin, ils ont AVOUÉ que NOTRE MUSIQUE OFFRAIT BEAUCOUP PLUS D'AVANTAGES QUE LA LEUR. De sorte que maintenant ILS NE CHANTENT PLUS QUE SUR LA MUSIQUE EN CHIFFRES! — Comme vous le voyez, nous faisons des conquêtes....... Je vous présente mes amitiés respectueuses.

» L. V. »

» Telles sont, mon cher Monsieur Chevé, les deux lettres dont j'ai cru devoir vous donner connaissance, pour que vous en usiez comme vous le jugerez bon. — J'ajoute même que j'ai appris aujourd'hui par M. l'abbé Eudes, que M. de Bourmont a écrit au directeur de l'institution Sainte-Marie, pour le féliciter d'avoir adopté pour ses élèves la musique en chiffres. Cette nouvelle m'a fait grand plaisir, car il est certain que la méthode Galin-Paris-Chevé aurait triomphé depuis longtemps de l'opposition, si elle avait trouvé aide et protection dans les hautes régions de la société. Mais malheureusement, elle est trop simple pour ceux qui ont beaucoup d'argent et de temps à dépenser! Honneur donc aux hommes de cœur qui savent se mettre au-dessus des préjugés, pour encourager une œuvre belle et utile...

» Au revoir, cher monsieur Chevé; ma lettre est bien longue; mais vous pardonnerez mon BAVARDAGE en faveur du motif qui l'a causé.

» A vous de tout cœur.

» BEAULIEU. »

Récapitulons : Le diocèse de Bayeux a quatre petits séminaires qui conduisent les élèves jusqu'à la rhétorique inclusivement; la rhétorique terminée, les quatre petits séminaires versent au séminaire de Sommervieux ceux de leurs élèves qui persistent dans la ligne ecclésiastique et dont les études sont rendues ainsi plus homogènes; Bayeux reçoit à son tour les élèves de Sommervieux, et termine leur éducation ecclésiastique.

Eh bien! voyez ce qui résulte de l'entrée d'une idée juste et utile dans un système d'éducation bien organisé : par quelque point qu'elle y pénètre, elle a bientôt tout envahi, en dépit des résistances de toutes sortes. Je le répète, une fois la vérité et l'erreur face à face en champ-clos, la lutte est bientôt finie, et la victoire n'est jamais douteuse. — Voyez plutôt :

L'un des quatre petits séminaires de Bayeux CULTIVE LA VÉRITÉ GALIN, et en nourrit ses élèves. Ceux-ci quittent le petit séminaire de CAEN, et vont se réunir, à Sommervieux, à ceux des trois autres petits séminaires de VILLIERS, de VIRE et de LIZIEUX. Là, ils sont un contre trois; mais ils ont leurs adversaires en face — et en champ-clos, d'où la fuite est impossible. — Aussitôt l'apôtre de l'idée nouvelle ouvre la lutte; et, après quelques semaines d'une résistance TOUJOURS MALHEUREUSE, les adeptes de la portée abandonnent *leur instrument de dix ans pour adopter celui qu'ils ignoraient le mois dernier.*

Qu'est-ce que l'ERGOTEUR le plus ERGOTEUR peut répondre à ce fait si simple — mais si écrasant! — QUI SE RÉPÈTE TOUJOURS ET PARTOUT où les deux écritures sont mises en présence, ABANDONNÉES A LEURS PROPRES FORCES!

Dans le cas actuel, en particulier, la lutte musicale a lieu dans le séminaire de Sommervieux; et, quand ces jeunes gens entrent au grand séminaire de Bayeux, où les attendent des études plus graves, ils n'ont plus qu'à laisser mûrir, par une pratique facile, les connaissances qu'ils ont acquises et qu'ils répandront demain à flots dans toutes les paroisses qu'ils seront appelées à desservir. — Cette organisation me semble parfaite; je ne vois rien à y changer pour le moment. Le présent a fait son œuvre : Dieu aidant, l'avenir ne faillira pas à la sienne!...

Emile CHEVÉ.

A MM. AIMÉ PARIS et ÉMILE CHEVÉ, auteurs de la méthode Galin-Paris-Chevé.

Messieurs,

Un de mes amis me communique à la fois quatre numéros de votre journal *la Réforme musicale*, dont l'existence m'était complètement inconnue.

L'apparition et le succès de mon petit livre, à ce que je vois, vous ont mis fort en colère, et, comme tous les gens en colère, vous manquez absolument de logique et de politesse.

Je vous dirai tout d'abord que mon intention est bien moins de répondre à vos injures que de relever l'inexactitude de vos accusations; je n'ai pas l'habitude de discuter en appelant la violence à mon aide : je sais d'ailleurs que c'est un moyen trop sûr de mettre le bon droit du côté de son adversaire. Votre devise, dites-vous, est celle-ci : *logique, courage, loyauté, dévouement :* elle est bien ambitieuse; *vérité, modération et bon sens* sera la mienne; elle est plus modeste, et par cela même il me sera plus facile de ne pas m'en écarter.

Je n'ai pas l'honneur de vous connaître, Messieurs, pas plus l'un que l'autre : j'affirme que je ne vous ai jamais vu, que je n'ai jamais assisté à une seule de vos séances, et la personne qui a prétendu le contraire s'est trompée : voilà tout. Je regrette pour vous cette erreur, sur laquelle vous me paraissez avoir basé trop légèrement vos attaques contre ma méthode.

J'ai eu l'occasion de montrer mon *jeu des gammes* à une jeune personne, votre élève, et elle a été si frappée de la simplicité de ce système qu'elle voulait à toute force me mettre en communication avec son maître. Est-ce bien la même qui s'est exprimée sur mon compte en ces termes : « Oh! il n'est pas fort; » il a pris la théorie de l'école Galin-Paris-Chevé » qu'il donne pour sienne; mais il n'a ni exercice, » ni rien en pratique. J'en doute, M. Chevé; mais, dans tous les cas, à quels moyens en êtes-vous donc réduits pour être contraints d'appeler publiquement à votre aide d'aussi pauvres commérages?

Vous appelez mon petit livre *le plus audacieux de tous les plagiats* et *la plus mauvaise de toutes les actions* Mon Dieu! Messieurs, nous sommes tous plus ou moins des plagiaires, et s'il y a dans mon ouvrage un élément nouveau, j'avoue humblement qu'il ressort de principes que ni vous ni moi n'avons inventés, de principes vieux comme le monde. Je n'ai assurément rien changé aux règles de la musique; je ne suis, sous ce rapport là, ni un novateur, ni un révolutionnaire; j'ai voulu simplement rendre ces règle d'une application facile, les expliquer à l'élève dans un langage aussi clair que possible, les appuyer d'exemples capables de frapper en même temps les yeux et l'intelligence, en un mot m'écarter de la routine ordinaire. Il paraît que j'ai réussi; je n'en veux d'autre preuve que l'approbation toute flatteuse du Conservatoire, c'est-à-dire d'un comité formé de la réunion de nos sommités musicales (1), les nombreuse

(1) Le Comité des études du Conservatoire compte

ad'hésions d'artistes et de gens compétents les progrès de mes élèves, par dessus tout votre grande colère.

Lorsque le Conservatoire eût examiné, *avec une sérieuse attention,* le système de notation que vous prétendez substituer à celui que la tradition a consacrer, ce système lui parût entaché de toutes sortes d'inconvénients et il refusa de l'adopter. Cela n'eût pas dû vous étonner si fort; longtemps avant vous, Messieurs longtemps avant l'illustre fondateur de votre école, ce système avait eu ses préconisateurs, ses adeptes et ses opposants. Vous ne devez donc pas trouver fort étrange que le Conservatoire ait montré si peu d'empressement à laisser enseigner à ses élèves une langue qui les mettrait dans l'impossibilité de comprendre, sans le secours d'une traduction si ingénieuse qu'elle soit, les chefs-d'œuvre de la musique ancienne et moderne. Réfléchissez un peu, et vous verrez que le Conservatoire a eu raison (2). Vous dites que vous obtenez d'excellents résultats, je veux le croire; mais vous êtes des architectes qui voulez trop démolir, et il y aurait bien des ruines autour de votre nouvel édifice.

Dois-je vous rappeler, Messieurs, que J.-J. Rousseau après s'être fait l'apôtre de l'écriture en chiffres, mit plus tard à décrier ce système autant de chaleur qu'il en avait mis à le préconiser. En attendant que vous suiviez l'exemple de Jean-Jacques, vous luttez avec une persistance, avec un courage dignes d'un meilleur sort, je l'avoue; les nombreuses oppositions que vous rencontrez auraient dû déjà assurer le succès de vos doctrines; restez donc sur la brèche aussi longtemps que vos forces vous le permettront, et soyez bien convaincus qu'il n'appartient à aucune puissance humaine d'enchaîner des idées qui tendent au perfectionnement de l'instruction des masses, et au progrès.

Je vous ai déjà dit, Messieurs, que, pour ce qui est des principes fondamentaux de la musique, je ne me posais ni en novateur, ni en perturbateur. Dans le cours de mon travail, j'ai compulsé à peu près toutes les méthodes antérieures; celle de M. Chevé est peut-être la seule que j'aie à peine parcourue : après en avoir lu les premières pages, je me suis aperçu, heureusement pour moi, que la notation en chiffres m'engageait dans une impasse. Aussi cette accusation de plagiat que vous lancez contre moi avec si peu de ménagements, m'a-t-elle causé bien moins de chagrin que de surprise.

Vous me reprochez l'emploi des termes technique de la musique, et comme ces termes sont ceux dont vous vous servez aussi, et ceux dont tout le monde s'est servi avant nous, il s'ensuit qu'à vos yeux je suis le plus audacieux des plagiaires. Auriez-vous aussi la prétention d'avoir inventé les termes techniques?

Les signes dont je me sers sont-ils aussi de votre invention? « On n'avait pas besoin, dites-vous d'at- » tendre que M. Mercadier (page 8) ait donné un » exemple de la forme des trois clés; elles figurent *chez M. Chevé* 116. » — Chez M. Chevé et partout ailleurs aussi.

Vous ajoutez en suite : « La définition du mot *note*, » et l'exemple explicatif, étaient assez clairs à la page » 113 de M. Chevé pour que M. Mercadier (page 9), » ne dût pas prétendre à une récompense nationale » pour avoir dit la même chose. » — Assurément, Messieurs, je n'ai jamais prétendu à une récompense quelconque pour avoir consigné dans mon livre un fait aussi élémentaire. Mais d'après vous M. Chevé serait-il aussi le premier qui ait donné la définition du mot *note*? J'avoue combien mon ignorance est grande; et de tous les mérites connus et inconnus de M. Chevé, je n'aurais jamais deviné celui-là.

« M. Chevé a signalé (page 193), la distinction en » deux catégories des sons *graves* et des sons *aigus.* » — J'en profite, dites-vous, page 5. — Pourquoi donc M. Chevé n'a-t-il pas pris un brevet pour une si belle découverte?

au nombre de ses membres, MM. Auber, Halévy, Meyerbeer, Carafa, Ambroise Thomas, etc., etc. C'est en face de ces hommes, qui font l'honneur et la gloire musicale du pays, que MM. Paris et Chevé n'ont pu retenir l'injure sur leurs lèvres. Mais l'autorité de pareils noms est par elle-même au-dessus de toutes les attaques, et plus particulièrement encore de celles qui émanent du journal la *Réforme musicale.*

(2) Messieurs Paris et Chevé, depuis 1844 accablent d'injures le Conservatoire parce qu'il n'a pas adopté la théorie de M. Chevé. Mais ces Messieurs oublient toujours avec une intention facile à comprendre que la *sérieuse attention* du Conservatoire n'a jamais été appelée que sur l'emploi du chiffre, qu'il n'a pas eu à s'occuper d'autre chose, et que c'est le chiffre que le Conservatoire a repoussé.

Article 3 de votre acte d'accusation (je ne procède pas par ordre), vous dites :

« M. Chevé fait connaître, avec les réserves d'un esprit droit, ce qu'on appelle *demi-ton* (page 207) ; M. Mercadier (page 6), ne dit pas que ce mot est vicieux, et qu'une moitié seule a le droit d'être appelée *demie*. » — En effet, je ne dis pas que cette dénomination de *demi-ton* est vicieuse ; mais je dis : « Lorsque l'intervalle entre deux sons devient assez » petit pour que l'oreille n'y supporte plus, sans être » blessée l'intruction d'un nouveau son, l'intervalle » compris entre ces deux sons constitue ce qu'on » appelle le *demi-ton*, cet intervalle est déterminé » par un rapport *non absolu*, mais *uniquement mu-* » *sical*. »   J'avoue que je trouve ma définition suffisamment claire ; mais si j'avais voulu me livrer à une dissertation sur la musique des Grecs, des Arabes ou des Chinois, j'aurais pu en dire davantage.

L'article 7 apprend au public que « le livre de M. » Chevé (pages 289 et 296) offre d'une manière beau- » coup plus large et plus complète, la signification » relative des signes usuels de durée que ne le fait » M. Mercadier aux pages 9, 10, 11, 12, 13, 14, 15 » et 16. » Mais ceci est l'avis personnel de M. Paris, et le public partage-t-il ce sentiment ? Dieu me garde, en tout cas, de contester ce point de supériorité du livre de M. Chevé sur le mien : je n'ai eu la prétention d'écrire ni un chef-d'œuvre, ni un gros livre.

L'article 8 constate que « M. Chevé, page 295, » xplique assez clairement la fonction du *point de* » *prolongation*, pour qu'il n'y ait pas à s'extasier sur » la lucidité avec laquelle M. Mercadier a dit la même » chose, page 47. » — Croyez bien, Messieurs, que personne n'a eu la faiblesse de s'extasier sur la lucidité de ce chapitre de ma méthode ; le *point de prolongation* est une invention dont nous ne devons ni vous ni moi revendiquer la paternité.

« L'énonciation relative aux silences pointés ne manque pas plus, à la page 296 du livre Chevé, qu'à la page 48 de M. Mercadier. » Cela est très-vrai : je vous remercie d'indiquer qu'une pareille lacune n'existe pas dans mon livre. Et ce long procès-verbal, signé par M. Aimé Paris contient *cent cinq* accusations de la valeur de celles-là.

La manière de battre la mesure, la division de chaque mesure en temps forts et temps faibles, les exemples de contre-temps, de *liaisons* de *détaché*, de *piqué*, les signes de durées usuelles, les trilles, les petites notes, les *accidents*, dièzes, bémols, bécarres, l'origine de la gamme, la formation des gammes, l'ordre de *génération* des gammes, l'avant-dernier bémol de l'armure caractérisant la tonique, la définition des intervalles et leurs renversement, l'invention du diapason, le tableau des gammes majeures par quintes ascendantes et descendantes, tout cela je l'ai pillé dans le livre de M. Chevé, de M. Chevé qui, sans doute, l'a inventé ! Dites cela bien haut, Messieurs, encore plus haut ; je doute que vous trouviez beaucoup de gens crédules, et vraiment, c'est à se demander si vous parlez sérieusement ou si vous voulez rire. Que ne me reprochez-vous aussi de me servir des lettres de l'alphabet, parce qu'elles se trouvent partout dans le livre de M. Chevé.

Tenez, finissons par le commencement, et laissez-moi, en reproduisant l'exemple que vous avez choisi vous-mêmes, donner au public le moyen de bien apprécier la *synonymie* qui existe entre le texte de M. Chevé et celui de M. Mercadier :

« Quand on écoute avec attention une voix chantant un air, on s'aperçoit que le son produit n'est pas toujours le même ; qu'il n'offre pas toujours le même dégré de gravité ou d'acuité ; en un mot, la voix paraît monter ou s'abaisser alternativement. Cette sensation d'élévation et d'abaissement de la voix est si bien éprouvée par chacun, que le langage a consacré le fait en disant que la voix *monte* ou qu'elle *descend*.

» Puisque les sons produits par la voix ou par un instrument peuvent être plus aigus ou plus graves qu'un autre son pris pour point de départ, il y a donc une distance quelconque d'un son à un autre son plus grave ou plus

« Si après un premier son un second se fait entendre immédiatement, l'oreille affectée de deux sensations les compare ; elle trouve que le deuxième son est plus élevé ou plus bas que le premier, et que la voix, en les répétant successivement fait un effort dans un sens ou dans l'autre. De cette observation physique naissent les caractères *relatifs* du son.

» Nous ne nous occupe- rons ici que du degré d'élévation que peut avoir un son par rapport à un autre » (P.-L. Mercadier. *Essai d'instruction musicale*, 1855, chap. II, p. 4.)

aigu. Cette distance est ce qu'en musique on nomme intervalle.

(M. et Mme CHEVÉ, *Méthode élémentaire de Musique vocale*, novembre 1844, page 193.)

Vous voyez bien, Messieurs, que tout cela est puéril ; c'est un *jeu d'enfant*, une querelle d'Allemand, une discussion d'où la bonne foi est absente ; vous avez l'esprit troublé par une défaite dont vous essayez de me rendre responsable ; vous remplissez des colonnes de votre journal de vos clameurs impuissantes, et, par moments, vous vous livrez à des contradictions qui vous condamnent : ainsi (et c'est là plus qu'une contradiction, c'est une supercherie dont personne ne sera dupe) le titre de votre article porte :

La méthode Galin-Paris-Chevé.

Adoptée par le Conservatoire Impérial de Paris, sous le nom de M. P-L. Mercadier.

Ce titre seul donne à penser que le Conservatoire a adopté une excellente chose, votre chose même, sous un autre nom d'auteur. Mais alors, si vous êtes conséquents, pourquoi dites-vous dans le cours de votre polémique que le Conservatoire n'a admis qu'une *mauvaise théorie* écrite par un *esprit étroit*, par un *audacieux plagiaire* ?

Quant à la différence d'étendue entre votre ouvrage et le mien, vous ne devez pas ignorer que le développement d'une œuvre ne donne pas toujours la mesure la mesure de son mérite. Ce jeu des gammes, que vous appelez ironiquement une *machine*, frappe l'imagination de l'élève ; il l'aide à mieux comprendre une théorie demeurée jusqu'ici fort obscure pour lui, et les résultats que j'obtiens chaque jour en sont la preuve incontestable.

Vous m'accusez d'avoir placardé sur tous les murs de Paris des affiches colossales ; mon éditeur est libre d'agir comme bon lui semble pour donner le plus de publicité possible à ce qui pour lui est une marchandise. Quant à moi, messieurs, je ne fais pas de réclames, je ne joue pas de la grosse caisse dans les amphithéâtres, je ne suis ni orateur, ni apôtre, ni même écrivain, comme ma lettre vous le dira sans doute ; je travaille sans être tourmenté de ce besoin immodéré d'occuper le public de ma personne et de mes écrits ; j'ai été assez heureux pour apporter ma petite pierre à un édifice qui est loin d'être achevé ; vous avez voulu apporter la vôtre aussi : elle a été trouvée trop lourde, elle aurait tout fait crouler, et on l'a refusée.

Ne vous en prenez donc qu'à vous-même de votre insuccès, et s'il vous plait de continuer une attaque que vos lecteurs doivent déjà trouver bien diffuse et bien longue, ne comptez sas sur moi pour vous donner la réplique. *Qui n'entend qu'une cloche n'entend qu'un son* ; et si j'ai répondu au son un peu aigre de votre cloche, ce n'est ni pour me justifier ni pour exécuter ma partie à l'unisson dans votre carillon de sottises, mais uniquement par égard pour un vieux dicton populaire.

P.-L. MERCADIER.

P. S. Cette lettre est écrite lorsqu'on me remet le dernier numéro de votre journal dans lequel vous mêlez, à de nouvelles attaques contre mon livre, de grossières injures contre ma personne. Si, comme l'a dit une de nos illustrations parlementaires, les injures subissent la loi physique des corps terrestres, — leur poids est en raison directe de la hauteur d'où ils tombent — les vôtres ne sauraient ni me blesser, ni même m'atteindre, et je les méprise.

Vous abandonnez le domaine de la polémique, vous voulez du scandale : mais le piège est trop grossier : je n'y tomberai pas.

Vous me *menacez* de rechercher l'ooigne de votre ruban rouge. Je tiens à honneur de vous épargner cette peine ; cette origine, la voici :

Ancien élève de Saint-Cyr, j'ai servi en qualité d'officier, de 1831 à 1838, dans le 26e de ligne, et c'est en 1848, dans les rangs de la garde nationale, sur les barricades de juin, ou je combattais l'anarchie, que la croix d'honneur est venue me trouver.

Si cette origine vous paraît suspecte, monsieur, libre à vous de la déclarer publiquement.

P.-L. MERCADIER.

Paris, 30 mai 1856.

Un mot à M. Mercadier.

Paris, 4 juin 1856.

Je reçois de M. Roger copie de la réponse de M. Mercadier aux articles d'Aimé Paris et à l'ANNONCE des miens QUI N'ONT PAS ENCORE PARU.

Bien que cette réponse n'ait été refusée en aucune façon par personne, c'est PAR MINISTÈRE D'HUISSIER qu'elle a été signifiée à la RÉFORME MUSICALE. De prime-abord, on ne s'explique pas trop la présence d'un huissier dans cette affaire : l'avenir nous en dira peut être le pourquoi.

Quoiqu'il en soit, mes articles sur le rapport du Conservatoire et sur le livre de M. Mercadier n'ayant pas encore paru, puisque j'avais cédé le pas à mon maître, Aimé Paris, je dois d'abord les faire passer sous les yeux des lecteurs de la RÉFORME MUSICALE, aussitôt que le travail dont je suis surchargé me le permettra ; puis après, je répondrai à la lettre — plus qu'extraordinaire — de M. Mercadier. Dans cette lettre, en effet, M. Mercadier, précédé de son huissier, affecte de prendre une singulière position : c'est lui que l'on accuse — PIÈCES EN MAIN — et c'est lui qui, au lieu de se disculper, s'en vient, sans plus de façon, rappeler à l'ordre ceux qui l'accusent de les avoir dépouillés. La tactique peut être habile ; mais, malheureusement pour M. Mercadier, les choses ne peuvent se passer ainsi. — Il serait par trop commode vraiment de venir ainsi PROFITER — SELON L'INGÉNIEUSE EXPRESSION DU CONSERVATOIRE — des travaux des gens, et de les siffler ensuite sans façon quand ils viennent réclamer leur bien !. — N'enni, monsieur ; il n'en sera pas ainsi :

Comme hommes et comme chefs d'école, M. Paris et moi avons LE DROIT de reprendre le bien de notre école partout où nous le trouvons ; tout le monde comprend cela ; mais nous avons aussi le devoir de signaler et de neutraliser les mauvaises actions qui portent préjudice au drapeau que nous avons été assez heureux pour sauvegarder jusqu'ici de tout échec et de toute souillure !

Ayez donc un peu de patience, monsieur, je ferai en sorte de ne pas vous faire trop languir.

Emile CHEVÉ.

A tort & à travers.

PETITE REVUE RÉTROSPECTIVE.

De quoi s'entretenir, en vérité ? si ce n'est du beau temps et de la pluie, ce sujet éternel des gens qui n'ont rien à se dire ? Du beau temps, qui ne fait que paraître et disparaître, et agit envers nous comme ces coquettes qui ménagent leurs sourires pour leur donner plus de prix ; et de la pluie, qui s'obstine à revenir sans cesse nous taquiner sous l'influence des lunes les plus rousses et des saints les plus acariâtres.

C'est à ce point qu'on se demande aujourd'hui si la réputation florissante du joli mois de mai n'est pas une amère ironie du passé, à l'endroit de notre crédulité, et si les giboulées de mars avec leurs intermittences de soleil ne valaient pas mieux que cette déception à jet continu qui dure depuis un mois et fait déborder les fleuves de leurs lits et les imprécations de toutes les lèvres.

Enfin, Dieu merci, juin vient enfin, et avec lui, peut-être, vont revenir les beaux jours. Ce ne sera pas dommage !

Le monde des arts et des lettres a été souvent attristé, depuis quelques temps, par d'irréparables pertes. Il y a un mois à peine, c'était la Comédie-Française qui rayait à jamais de ses noms les plus aimés du public d'hier et de celui d'aujourd'hui, ceux de Mmes Moreau Sainti et Allan Despréaux, ces heureuses continuatrices de Mlle Mars; aujourd'hui, c'est la France artistique toute entière, étonnée, affligée, consternée, qui déplore le départ subit d'un des princes de l'harmonie, d'un de ces enfants gâtés du succès, d'Adolphe Adam, l'heureux compositeur de GIRALDA, du CHALET et de tant d'autres partitions charmantes, que tout le monde connaît par cœur, et qui demandaient encore des sœurs pour l'avenir à cette ardente imagination qui les enfantait en se jouant.

Mais revenons à des sujets un peu plus gais. Causons un peu de PAISAMBLEU, si vous voulez bien, ce petit ROMAN DE MŒURS, comme l'intitule sournoisement son auteur, probablement pour cette raison, que l'on y trouve de tout un peu : de l'esprit, de la gaîté, du hisserailer, une grande dose d'invraisemblance et d'excentricité, de tout enfin, hormis des mœurs ou quoique ce soit d'équivalent.

Comme toute œuvre du cru, ce livre, à son apparition, a eu les honneurs d'un véritable succès de curiosité. Tout le monde en a parlé; beaucoup en ont médit; car il arrive toujours en pareil cas qu'au désir de connaître se mêle un peu l'envie de critiquer. Mais qu'importe, après tout, si le but est rempli, si l'ouvrage s'enlève, et si l'écrivain désarme la critique. Là est la question. La tranchera qui voudra. Pour nous, nous déclarons ne pas regretter nos cinquante centimes.

Et pourtant, avec cette modique somme nous eussions pu, s'il vous plaît, faire en voiture, doucettement porté, et dans le luxe des jours fériés, deux courses délicieuses, de Saint-Paul à Maromme ou de Beauvoisine au Jardin-des-Plantes ; car notre bonne ville de Rouen prend maintenant un petit air parisien fort réjouissant à voir, avec ses trottoirs et son service d'omnibus par la ville. La rue Grand-Pont, ce rendez-vous habituel de toutes les élégances rouennaises, n'est plus reconnaissable depuis sa transformation; on dirait qu'une bonne fée passant par là d'aventure, a pris soin de redresser ses inégalités et d'élargir sa voie en un clin-d'œil. La bonne fée d'aujourd'hui, c'est le progrès qui, s'associant avec son inséparable commanditaire, Son Altesse l'argent, agrandit à la fois les idées et les choses. C'est vraiment merveilleux. Pour peu que cela continue, nos arrière-neveux habiteront des palais, fouleront à leurs pieds des rubis et l'on sera obligé de fonder des sociétés de secours pour les malheureux qui n'auront plus que dix mille livres de rente.

En attendant la réalisation de toutes ces impossibilités, jetons un regard rapide à vol d'oiseau sur notre exposition, car nous avons aussi notre exposition de l'industrie.

Les galeries du rez-de-chaussée et du premier sont encombrées de machines de de toutes sortes; pileuses mécaniques d'un système fort ingénieux, machines à carder non moins étonnantes, pour la rapidité et la précision du travail, fouloirs pour le drap, rouleaux cylindriques tout en carton, et d'une homogénéité incroyable; machines à raboter et à percer le fer, séchoirs pour le linge, boules à flèches aimantées, pour mesurer le niveau de l'eau; gazomètre portatif pour souder le cuivre, le plomb, l'étain, sans secours de fourneaux et sans danger d'incendie, — voiture élégante se divisant et se simplifiant à volonté; des objets d'art, des prodiges de patience en ivoire sculpté, des terres cuites adorables, des pièces d'horlogerie d'une complication surprenante, des photographies parfaites, des locomotives en miniature, des fauteuils articulés; on trouve de tout enfin dans ce petit pandémonium de l'industrie normande, et la foule bien avisée cette fois, applaudissant à cette heureuse innovation, s'empresse de profiter des derniers beaux jours qui lui restent encore, pour tout voir et pour tout admirer.

Alexandre OSMONT.

REVUE DRAMATIQUE.

Quelques œuvres légères, quelques vaudevilles en un acte sont venus faire une heureuse diversion aux tintements un peu persistants de la SONNETTE DU DIABLE.

Plusieurs de ces nouveautés ont réussi. De ce nombre il faut citer MONSIEUR VA AU CERCLE, joyeux petit tableau d'intérieur, qui ne manque ni de vraisemblance ni d'entrain, et qui a été du reste parfaitement rendu par nos deux premiers sujets de vaudeville, Mlle Daubray, notre piquante Déjazet, et James, le plus naturel des comiques.

AU PRINTEMPS, toute fraîche et toute charmante pastorale que M. Roger vous a déjà vantée, et que nous voudrions pourtant vous exalter encore. C'est jeune, c'est inspiré, c'est honnête, l'esprit ne s'y perd pas en phrases vides, la gaîté n'y dégénère pas en licences. Ah! si le goût pouvait revenir à ces choses-là, quel progrès! Il semble que les artistes se soient retrempés à la fraîcheur des idées du poète. Jamais Mme Saint-Ange n'a été plus naturelle, M. Armand plus persuasif, Mlle Berthe plus naïve, et M. Guérinot plus gauchement amoureux. C'est un succès.

Nous avons assisté, jeudi soir, à deux premières représentations : LA BARONNE DE BLIGNAC petite pièce jouée par Mlle Evrard et par M. Bazin, a parfaitement réussi. M. Bazin a chaleureusement enlevé son rôle sans cesser un instant d'être naturel.

L'AMANT AUX BOUQUETS est tout simplement un épisode de la DAME AUX CAMÉLIAS. L'auteur a fort heureusement conclu d'une façon morale, et il était temps, car le public commençait à se fatiguer de ces indiscrétions de boudoir où tous les vices semblent s'être donné rendez-vous.

Mlle Daubray a joué avec un laisser-aller tout-à-fait digne de la haute bohème le rôle de Valérie. Une robe de chambre excentrique a par malheur excité dans la salle des rumeurs qui se sont beaucoup trop prolongées. On devrait comprendre, cependant, que l'artiste, fidèle interprète des mœurs et des ridicules, est bien obligé de revêtir les costumes des personnages qu'il représente, et que, si bizarres qu'ils soient, il ne saurait être en aucun cas responsable des caprices et du mauvais goût de la mode. A tout prendre, les robes sans ceintures des courtisanes ne sont guères plus ridicules que les toilettes du Directoire, et le public de la province a mauvaise grâce à murmurer ou à rire tout haut, quand l'artiste cherche avec raison la vérité jusque dans le costume.

M. Guerinot, qui paraît être un tout jeune amoureux, a été encouragé par quelques applaudissements.

Mme Descambos se trouvait sur un plan, cette fois, qui n'offrait aucun danger, ni pour elle ni pour la pièce. Nous l'attendons ailleurs.

La pièce a réussi, quoique médiocrement. Il y a des longueurs et peu d'intrigue.

On parle de nous donner bientôt LA BOURSE. Bonne nouvelle. Cette bourse-là devra souvent emplir la caisse du théâtre.

Alexandre OSMONT.

M. Emile Chevé ouvrira un cours public, mardi prochain, 10 juin, à l'Ecole-de-Médecine.

Salle Sainte-Cécile, au Hâvre.
COURS DE MUSIQUE DE M. VASSE.

M. Vasse n'a pas voulu attendre la fin de son premier cours, limité à soixante leçons, pour donner au public une preuve évidente de l'excellence de la méthode Galin-Paris-Chevé dans l'enseignement de la musique vocale.

Hier soir, à huit heures, les élèves du modeste et savant professeur étaient réunis au nombre d'environ quarante dans la salle Sainte-Cécile, pour recevoir publiquement les uns leur trentième, les autres leur quarantième leçon. Les épreuves ont été des plus concluantes. Depuis les plus jeunes élèves, âgés de 8 à dix ans, jusqu'aux adultes, tous ont chanté sans embarras dans tous les tons et sur toutes les clefs, non seulement la musique chiffrée, mais aussi la musique écrite selon la méthode ordinaire.

Lorsque parut pour la première fois la méthode Chevé, les objections et surtout les jalousies ne firent point défaut, et les adversaires de la nouvelle méthode ne manquaient pas de s'écrier qu'une fois sortis de la musique chiffrée, les élèves ne verraient que du feu dans l'annotation ordinaire.

Cette objection n'existe plus et ne peut plus exister en présence des résultats obtenus, et M. Vasse n'a dit que la vérité en annonçant qu'au bout de soixante leçons, par la méthode Galin-Paris-Chevé, les élèves connaîtraient la musique vocale bien mieux que la plupart des personnes suivant la méthode habituelle ne pourraient le faire au bout de trois ou quatre années d'études.

La séance d'hier a prouvé davantage, puisque le nombre des leçons n'a pas dépassé quarante pour les adultes. Quant aux enfants de 8 à 10 ans, qui n'ont reçu que trente leçons, nous aurions eu peine à comprendre, sans en être témoin, comment en si peu de temps ils ont pu graver dans leur jeune intelligence les principes si difficiles de la musique vocale, avec laquelle ils sont aujourd'hui si familiarisés.

Le lundi 30 juin, M. Vasse ouvrira trois nouveaux cours, qui seront, nous n'en doutons pas un seul instant, suivis par de nombreux élèves.

F.-A. GANDON

(*Courrier du Hâvre*, 4 juin 1856.)

Le *Journal du Hâvre* a également rendu compte de la séance de M. Vasse, dans un article que nous publierons dimanche.

Le 58me volume des *Contemporains* vient de paraître chez l'éditeur Gustave Havard. C'est la notice consacrée à l'illustre peintre Eugène Delacroix. On y remarque une préface de M. Jules Janin, qui, depuis un an bientôt, semble prendre à tâche de détourner le mot BIOGRAPHIE de sa signification véritable pour le changer en un terme méprisant et injurieux. On comprend que M. Eugène de Mirecourt s'oppose de toutes ses forces à ce renversement des lois du vocabulaire. Le fécond écrivain nous annonce comme étant sous presse l'histoire de Pierre Leroux, de Gavarni et de Mme Anaïs Ségalas.

Darnétal. — Imp. et lith. de Fruchart

XI' Année ; — 1" du nouveau titre.   **UN NUMÉRO : 20 CENT.**   N° 21. — Dimanche 15 Juin. 1856.

Musique, — Sciences, — Arts, — Littérature, — Théâtres.

LA RÉFORME MUSICALE

ABONNEMENT A ROUEN : 10 FR.

ON S'ABONNE

A ROUEN, chez M. Louis Roger,
rue Porte-aux-Rats, 2.
A PARIS, chez M. Émile Chevé rue
des Marais-S.-G., 18.
A MARSEILLE, chez M. Aimé Paris
rue Paradis, 77.

JOURNAL DES DOCTRINES DE L'ÉCOLE GALIN-PARIS-CHEVÉ.

BUREAU A ROUEN, RUE PORTE-AUX-RATS, N° 2.

LOUIS ROGER, Directeur-Gérant.

ABONNEMENT DANS LES DÉP. : 12 FR.

ON S'ABONNE

A LYON, chez M. Perraud, rue du
Griffon, 11.
AU HAVRE, chez M. Vasse,
rue Molière, 16.
*Les abonnements peuvent être payés
en timbres-postes (Affranchir).*

RENSEIGNEMENTS. — Cette feuille paraît, à ROUEN, tous les DIMANCHES. — Tout ce qui concerne l'administration du journal doit être adressé a Rouen, rue Porte-aux-Rats, 2. — Ce qui concerne la rédaction peut être indifféremment adressé à M. CHEVÉ, à M. Aimé PARIS, ou au Directeur-Gérant. — La critique demeure sous la responsabilité de celui qui la signe. — Il sera rendu compte des Ouvrages dont un exemplaire sera déposé au bureau du journal. Les lettres non affranchies seront refusées.

On peut se procurer des numéros de la *Réforme*, au Bureau du Journal ; — au dépôt du cours Boïeldieu, à Rouen, — et dans l'intérieur des Théâtres.

M. MERCADIER, LE CONSERVATOIRE

de musique,

ET LA MÉTHODE GALIN-PARIS-CHEVÉ.

Paris, 10 juin 1856.

A la fin de 1855, M. Mercadier a publié un livre intitulé : ESSAI D'INSTRUCTION MUSICALE, à l'aide d'un jeu d'enfant. Trois mois à peine, après la publication, le 12 mars 1856, ignoré encore de tous, ce livre était adopté par le comité des études du Conservatoire impérial de musique.

Toutes les idées théoriques qui, dans cet ouvrage, sortent des lieux communs des solfèges, appartiennent à l'école de Galin, si opiniâtrement repoussée par le conservatoire depuis 15 ans.

L'école de Galin a donc le droit, — et j'ajoute LE DEVOIR, — de demander compte au comité des études du Conservatoire de sa justice à double poids ; et, à M. Mercadier, du sans façon avec lequel il prend une partie des idées mères de notre école sans même indiquer la source où il a puisé, alors que notre école est encore repoussée par le Conservatoire auquel il les soumet.

En conséquence, nous allons examiner :

1° Le rapport du comité des études du Conservatoire, rendu public par M. Mercadier, pour en apprécier la justice et la portée réelle ;

2° Le livre de M. Mercadier, pour mettre en relief les idées mères qu'il renferme et les rapporter à qui de droit ;

3° La lettre écrite par M. Mercadier à Aimé Paris et à moi, et insérée dans la Réforme musicale du 8 juin dernier. Nous allons tâcher de répondre à cette lettre en nous conformant, beaucoup plus strictement que ne l'a fait M. Mercadier lui-même, à la devise qu'il prend : VÉRITÉ, MODÉRATION, BON SENS ; devise à laquelle nous nous permettons d'ajouter le mot : JUSTICE, qui trouve naturellement sa place en si bonne compagnie.

Si le Conservatoire ne repoussait pas, DE PARTI PRIS, nos idées quand elles portent notre nom, pour les accepter sous le nom d'un autre, à qui elle n'appartient pas ;

Si M. Mercadier, en publiant son livre, avait eu la justice d'indiquer la source où il a puisé toutes les idées qui sortent de notre école, nous n'eussions PEUT-ÊTRE rien dit ; parce que, avant tout, nous voulons que la musique soit rendue accessible à tous, par la propagation des saines théories musicales. Mais encore faut-il que cette propagation soit faite avec

JUSTICE et VÉRITÉ, c'est-à-dire en rendant à chacun la part qui lui appartient dans le travail et dans la lutte si longue et si pénible qu'il a causé. — Nous ne pouvons admettre qu'il y ait vérité, bon sens et modération à anathématiser nos idées sous leur drapeau et à les accepter sous celui d'un autre qui n'y a aucun droit. Il y a là quelque chose de pro fondément blessant pour la justice : nous protestons ! ... Cela dit, entrons en matière et commençons par le rapport du Conservatoire. Voici ce rapport que nous croyons devoir reproduire dans son entier, bien qu'il ait déjà paru dans la RÉFORME MUSICALE du 6 avril 1856.

« CONSERVATOIRE IMPÉRIAL DE MUSIQUE.

» Paris, 12 mars 1856.

» Le comité des études musicales du Conservatoire impérial de musique, après avoir examiné *l'Essai d'instruction musicale à l'aide d'un jeu d'enfant*, que lui a soumis M. P.-L. Mercadier, est d'avis que cet ouvrage *se distingue essentiellement* de la multitude des publications de ce genre, et, qu'en *profitant* des travaux de ses devanciers, l'auteur a su réunir le plus grand nombre possible de notions élémentaires, sous une forme tout à la fois claire, logique et ingénieuse.

» Ce n'est pas seulement à *l'aide d'un jeu d'enfant*, comme le titre de son livre pourrait le faire croire, que M. Mercadier enseigne les principes fondamentaux ; il les expose dans une suite de chapitres rédigés avec une lucidité parfaite, et *dans lesquels* il n'est pas rare de rencontrer *des observations* ou *des procédés* qui *lui appartiennent en propre*. A ce point de vue, on remarque notamment les chapitres qu'il a consacrés à l'explication de *la gamme modèle*, de *la formation des gammes* du *renversement des intervalles*, et de *l'origine des clés*. Le comité n'hésite donc pas à déclarer qu'il considère l'ouvrage de M. Mercadier comme devant servir au progrès de l'enseignement musical, et il en propose l'adoption pour les classes du Conservatoire.

» Signé : AUBER, directeur-président.
» AMBROISE THOMAS, inspecteur.
» F. HALÉVY.
» CARAFA.
» A. LEBORNE.
» L. MASSART.
» PRUNIER.
» GALLAY.
» D. ALLARD.
» G. VOGT.
» EDOUARD MONNAIS, commissaire impérial.
» A DE BEAUCHESNE, secrétaire. »

Avant d'analyser ce rapport, j'ai besoin de mettre sous les yeux du lecteur quelques lignes empruntées au rapport de la commission du chant de 1850, qui, à cette époque, a condamné et repoussé notre méthode, que nous ne lui avions pas soumise, puisque nous ne demandions qu'un concours comparatif, qu'on a toujours refusé, et pour cause.

» Rapport au comité central d'instruction primaire,

au nom de la commission spéciale de surveillance de l'enseignement du chant.

» Messieurs, la commission de surveillance de l'enseignement du chant, dans les écoles communales de la ville de Paris, invitée par le comité central d'instruction primaire à examiner l'ouvrage intitulé : *Méthode élémentaire de Musique vocale* par M. Émile Chevé, s'est livrée à cet *examen* avec une *sérieuse attention*............

» ... En conséquence de tout ce qui précède, la commission, à *l'unanimité* est d'avis : qu'il n'y a pas lieu à adopter la méthode de M. Chevé, etc........ »

Ce rapport était revêtu de quinze signatures au nombre desquelles se trouvaient celles de MM. Auber, Halévy, et Carafa.

De ces paragraphes il résulte que depuis 1850, au moins, MM. Auber, Halévy, et Carafa connaissent nos théories puisqu'ils les ont repoussées après un examen fait avec *une sérieuse attention*, et qu'ils ne sont sans doute pas gens à repousser une chose qu'ils ne connaissent pas.

Arrivons maintenant à l'appréciation du rapport du 12 mars dernier.

« Le comité des études musicales du Conservatoire impérial de musique, après avoir examiné *l'essai d'instruction musicale à l'aide d'un jeu d'enfant* que lui a soumis M. P.-L. Mercadier, est d'avis que cet ouvrage *se distingue essentiellement de la multitude des publications* de ce genre, et, qu'EN PROFITANT *des travaux de ses devanciers*, l'auteur a su réunir le plus grand nombre possible de notions élémentaires sous une forme tout à la fois claire, *logique et ingénieuse*. »

Dans cette phrase, il y a trois choses principales :

1° Cet ouvrage se distingue essentiellement de la foule des autres ; 2° L'auteur a profité des travaux de ses devanciers ; 3° Les notions élémentaires sont présentées sous une forme claire, logique, ingénieuse.

1° *Cet ouvrage se distingue essentiellement de la multitude des publications de ce genre.* — Cela veut dire en français : réunissez le grand nombre, la foule, *la multitude* des livres publiés pour l'enseignement élémentaire de la musique, vous n'en trouverez *aucun qui ressemble* à celui de M. Mercadier. Lequel est nécessaire alors un livre *original*, contenant des idées à lui, puisqu'il se distingue essentiellement de tous les autres. — Ceci est incontestable.

Eh bien ! que dira le lecteur quand, après M. Paris, j'aurai prouvé, jusqu'à la dernière évidence, que toutes les idées scientifiques contenues dans le livre de M. Mercadier sont imprimées dans des volumes répandus par milliers depuis un grand nombre d'années et professées partout ou notre école a des adeptes et jusque dans des écoles officielles du département de la seine. — Que signifie donc alors ce brevet d'originalité donné par le comité des études du conservatoire au livre banal de M. Mercadier ? je ne sais ! — En écrivant cette phrase dans son rapport, le comité des études musicales du Conservatoire donne le droit de penser qu'il ignore toutes les théories de l'école nouvelle, connues aujourd'hui de tout le monde ; ou, ce qui serait infiniment plus fâcheux pour lui qu'il feint de ne les pas connaître.... Si la majorité de la commission peut s'abriter derrière la première hypothèse, cette ressource *misérable pour des hommes dans leur position*, n'est pas au pouvoir de MM. Auber, Halévy, et Carafa ; car ces messieurs ont solennellement déclaré — par écrit — en 1850, qu'ils avaient étudié nos livres avec *une sérieuse attention*, qui les leur faisait repousser. — A moins, cependant qu'ils ne préfèrent convenir qu'en 1850 ils ont signé sans connaître ce qu'ils repoussaient. Ce serait une triste recommandation pour l'approbation donnée à l'ouvrage actuel.

2° *En profitant des travaux de ses devanciers*, l'auteur, etc.

En PROFITANT *des travaux de ses devanciers* ! O Molière ! tu n'avais pas trouvé celui-là ! — Expliquons-nous un peu s'il vous plaît, messieurs, pour ne pas donner le change au public, par une incroyable *confusion d'idées*, qui n'a pu être dans la volonté de la majorité du comité ; cela est impossible.

Quand des idées scientifiques ont reçu la sanction du temps, quand elles ont pris droit de domicile dans la science, quand -elles sont — en un mot — passées à l'état de banalités, nul doute qu'*elles appartiennent à tout le monde* et que tout le monde en use et a le droit d'en user à sa fantaisie, sans que personne y puisse trouver à redire, parce que des idées connues et acceptées par tous, ne peuvent plus être *trouvées*, inventées par personnes. Cela est clair comme le jour ; un fou seul pourrait le contester.

Mais quand des idées scientifiques sont encore à l'état *militant*, à l'état de *lutte*, et de *lutte opiniâtre* et permanente pour obtenir le *droit de cité*, dans la science, la consécration par les hommes spéciaux, par les écoles officielles ; quand ces idées sont au ban de ces mêmes écoles officielles et leurs auteurs repoussés, persécutés sans relâche ; elles ne sont plus du domaine public comme les premières, et nul n'a le droit d'y porter la main pour se les approprier ; et tout homme juste qui croit devoir les adopter pour les propager, les développer, etc·, a pour premier devoir — *pour devoir d'honneur* — d'en indiquer la source et les auteurs : ceci est de la probité et de la probité la plus vulgaire ; c'est encore clair comme le jour : un fou seul peut le contester.

Voilà la confusion évitée.

Et maintenant, il résulte de là que, si chacun peut user à son gré des idées qui sont du domaine public, *nul n'a le droit de prendre* — fût-ce pour en PROFITER — *des idées repoussées par les écoles officielles* et dont les défenseurs succombent péniblement après une lutte instante qui a duré vie d'homme et dure encore, plus rude que jamais ! Et chacun comprend aussi que les écoles officielles qui repoussent ostensiblement ces théories depuis 15 ans, quand elles leur sont présentées sous le nom de leurs auteurs ne peuvent, sans commettre une *mauvaise action* et sans *se compromettre au dernier point*, accepter et patronner ces idées quand elles leur arrivent sous le nom d'un tiers *qui en a profité tout doucement, en en taisant soigneusement l'origine compromettante*. Le bon sens, la vérité, la justice, la morale, tout proteste contre cet acte, qu'aucune expression quelque mielleuse qu'elle soit, — même celle de profiter — ne saurait soustraire à la flétrissure qu'il mérite.

Ceci est véritablement si grave, que je ne puis m'expliquer la présence de ce mot dans le rapport. A la rigueur, je comprendrais qu'il ait pu ne pas être remarqué de la majorité de la commission, qui ne connaît peut-être pas nos livres ce qui, en définitive, est très fâcheux pour elle ; mais comment comprendre que MM. Auber, Halévy et Carafa l'aient laissé passer, eux qui ont dû reconnaître nos idées dans celles qu'ils adoptaient, puisqu'ils les ont étudiées avec une *sérieuse attention* avant de les repousser comme mauvaises ! et ils n'ont pas vu que cette condamnable confusion de mots et d'idées — confusion que j'ai le droit de croire volontaire chez ces trois messieurs, conduisait tout droit à la négation de toute loyauté, de toute justice, de toute morale, de toute propriété. Ah ! je vous le répète, messieurs, vous avez fait là une chose bien grave.......

3° « Une forme claire, logique, ingénieuse. »

Ceci étant l'appréciation personnelle du comité des études, personne n'y a rien à dire. — Toutefois, quand j'examinerai à mon tour, le livre de M. Mercadier, pour rendre à cet auteur *ce qui lui appartient en propre*, le lecteur verra que le plan de son ouvrage, *qui est bien son œuvre à lui*, loin d'être logique est au contraire la négation de toute logique. Cela ressortira tout naturellement de l'indication pure et simple de la table des matières. Le lecteur constatera alors clair par ses propres yeux, que l'on peut être très-fort pour faire des opéras, et ne rien comprendre à *l'ordre philosophique d'idées* — comme dirait M. Fétis — *qui doit régner dans toute exposi-*

tion scientifique. — Il en pourra résulter un enseignement précieux pour le Pouvoir qui, cédant au préjugé vulgaire, croit que la faculté qui crée le grand musicien entraîne fatalement avec elle celle qui crée le *penseur, l'analyste*. Il verra par cet exemple qu'il est dans l'erreur, et peut-être cela lui fera-t-il comprendre que ce n'est pas à ces messieurs qu'il faut demander s'il y a opportunité — je me trompe — *urgence* — à modifier *de fond en comble* tout notre système d'enseignement musical : *l'écriture et la langue comprises.* C'est là le nœud de la question pour l'administration supérieure. Puisse-t-elle s'en apercevoir : le triomphe de la vérité serait bientôt complet ! ..

« Ce n'est pas seulement » dit encore le rapport — « à l'aide d'un jeu d'enfant, comme le titre de son livre pourrait le faire croire, que M. Mercadier enseigne les principes fondamentaux ; il les expose dans une suite de chapitres rédigés avec une lucidité parfaite, et dans lesquels il n'est pas rare de rencontrer *des observations* et *des procédés qui lui appartiennent en propre*.

« Les principes fondamentaux ! » par ces mots, le rapport entend sans doute la théorie des *modes*, des *tons*, des *modulations*, de la mesure, du *temps* et de ses *divisions*. C'est bien là ce que vous aviez en vue en écrivant ces deux mots ; n'est-ce pas messieurs ? Oui, sans doute ! — Eh bien ! dans tout ce qu'a écrit M. Mercadier sur *les modes*, *les tons*, les *modulations*, *la mesure*, *le temps* et *ses divisions*, je n'ai pas trouvé une idée théorique, *une seule*, qui lui appartient en propre, et, après M. Aimé Paris, je vous montrerai toutes ces idées imprimées chez nous bien avant la publication du livre de M. Mercadier ; bien avant, sans doute qu'il ne s'occupât de de musique ! — Que la majorité de la commission ignorant les choses, à tort puisqu'elle parle des travaux des devanciers de M. Mercadier ait signé ce qu'elle a signé, je le comprends à la rigueur ; mais, encore un coup, je ne puis comprendre que MM. Auber, Halévy et Carafa, *qui connaissaient parfaitement nos ouvrages*, non seulement aient pu signer le rapport, mais même aient pu le laisser signer à leurs collègues, qu'ils laissaient ainsi et sciemment — commettre une *injustice flagrante* en donnant à Pierre le bénéfice du travail de Paul, et, de plus, se compromettre de la façon la plus fâcheuse pour des hommes officiellement placés à la tête de l'enseignement musical en France. Qui donc, ou quoi donc a pu causer le mutisme de ces trois messieurs dans une circonstance aussi grave ? Serait-ce le manque de mémoire ? Cela serait à désirer pour eux ! Ne serait-ce pas plutôt un sentiment de rancune contre des hommes auxquels ils ont — *les premiers*, déclaré une guerre injuste, et qui ont eu le *malheur* de se défendre avec la loyauté mais aussi avec *l'énergie de la conviction, de l'apostolat*? Je ne sais ; mais plusieurs questions très-sérieuses que je vais bientôt me voir forcé d'adresser *personnellement* à l'honorable M. Halévy, pourront bien jeter quelque lumière sur le doute que je viens d'émettre.

Emile CHEVÉ.

(La suite prochainement)

A Monsieur le Directeur-Gérant de la RÉFORME MUSICALE.

Mon cher Monsieur Roger,

Aussitôt que j'ai lu la copie que vous avez bien voulu m'adresser de la réponse si faible et si embarrassée de M. Mercadier, je me suis empressé de lui adresser la lettre suivante, que le facteur me remet, ce matin, *refusée*. Veuillez la publier dans le numéro du 15 juin, ainsi que celle que M. Mercadier doit recevoir après-demain jeudi, à moins qu'il refuse toutes les lettres affranchies qui lui arrivent, timbrées de Paris.

Tout à vous.

Aimé PARIS.

Marseille, 10 juin 1856.

Première Lettre.

A Monsieur Philippe-Louis MERCADIER.

« Monsieur,

» J'ai reçu hier soir, après le départ du courrier, la copie manuscrite que M. Roger a pris la peine de faire de votre signification *imprimée* sur papier timbré. Il m'a fait un grand sacrifice de son temps précieux.

» Ce matin, la poste a emporté pour Rouen une lettre qui, je l'espère, arrivera assez tôt pour qu'on l'imprime le 8 juin (1). Vous pourrez, dans tous les cas, en prendre ou *en faire prendre lecture*, SUR LE VU DE CETTE LETTRE, chez M. Emile Chevé, à qui j'en envoie aujourd'hui une copie.

» (2)............................

» J'ignore qui, de lui (Emile Chevé) ou de moi, aura à faire ressortir le vide et la faiblesse de votre argumentation, qu'il vous a paru, bien à tort, nécessaire d'envoyer par huissier. à des gens qui, par cela seul qu'ils attaquent, comprennent que ce serait une *lâcheté* que de refuser d'accueillir une réponse *non timbrée et non signifiée*.

» Je tiens seulement à vous prouver, par la promptitude et la netteté de l'explication qui met votre décoration hors de cause, que, si je sais m'excuser de quelques lignes écrites en l'absence de documents suffisants, je n'abandonne pas le terrain sur lequel l'adoption du Conservatoire a placé la question. Là, monsieur, *je maintiens tout ce que j'ai écrit*; j'ai beaucoup à ajouter, et, s'il est nécessaire de dire pourquoi ni Chevé, ni moi, n'accepterons JAMAIS le droit que vous vous êtes arrogé de nous envoyer votre *mépris*, nous avons, *l'un* ET *l'autre*, de quoi prouver que nous laissons à la loi de la chute des des graves la généralité d'action qu'aucun fait contraire n'a encore fait révoquer en doute.

» Agréez, monsieur, mes civilités.

» Aimé PARIS.

» Marseille, 5 juin 1856.

» M. Emile Chevé demeure 18, rue des Marais-Saint-Germain. »

(Deuxième Lettre).

A MONSIEUR MERCADIER.

Monsieur,

« Le facteur me rapporte, ce matin. la lettre que je vous ai adressée le 6 de ce mois, et qui portait ce timbre :

LETTRE A RENVOYER
A M. AIMÉ PARIS
EN CAS DE REFUS

Je la conserve cachetée et revêtue des six empreintes administratives qui lui donnent une date certaine.

» Ce renvoi d'une *première lettre* qui vous offrait une satisfaction complète, relativement à votre *post-scriptum*, ajoute une unité significative à toutes celles qui nous donnent le droit de penser que nos adversaires, sans exception, ceux qui nous combattent dans l'ombre et ceux qui nous copient (Le Conservatoire a trouvé une autre terme dans son rapport du 12 mars) obéissent à un mot d'ordre qui défend de nous répondre, et même de *paraître avoir lu nos lettres*.

» La question reste exclusivement sur le terrain de votre publication, à l'égard de laquelle *je maintiens* TOUT *ce que j'ai écrit*, en attendant que M. Emile Chevé ait répondu à votre faible réplique, et repris le rapport du Conservatoire, sans lequel nous n'aurions cru devoir accorder à votre livre, qui n'offre aucun moyen d'exécution, que quelques lignes destinées à constater le plagiat. Nous comprenons parfaitement qu'il y a dans tout ceci *un meneur*, et nous avons l'habitude de saisir la main qui fait le coup, plutôt que l'instrument qu'on abandonne volontiers, pour se dérober au châtiment par la fuite. Ce serait un contre sens que de descendre, quand on peut monter.

» J'ai l'honneur de vous saluer.

» Aimé PARIS. »

M. E. Chevé a ouvert un cours public et gratuit mardi soir, à l'Ecole-de-Médecine. Depuis longtemps il n'avait eu un personnel aussi nombreux le premier jour.

------

(1) Cette lettre, dont je prie M. Roger de conserver le manuscrit, a, sans doute, été retardée par les inondations. Elle est rendu inutile, par celle-ci et par la suivante.

(2) Par un scrupule peut-être exagéré, nous supprimons un paragraphe qu'atteindrait peut-être une loi qui définit si mal ce qui est du domaine de la presse non soumise au cautionnement.

(Note du Gérant.)

Erratum nécessaire.[1]

Une bizarre analogie de forme a été cause d'une faute d'impression que je me hâte de rectifier.

La poste a égaré le texte original de l'article sur le livre de M. Mercadier, publié dans la RÉFORME MUSICALE du 25 mai. J'ai été obligé de le recopier et de l'envoyer de nouveau à Rouen. Dans le fac simile du premier article, page 105 du registre où je conserve les empreintes de mon travail, et dans la reproduction de ma copie, page 123 du même registre, j'ai écrit ce qui suit, SANS MAJUSCULES : « un » maraudeur, soit poussé par l'instinct de rapa- » cité, soit fourrageant par ordre et pour le » compte de quelque chef de l'armée de la » routine. » Le compositeur typographe, trompé par l'initiale M, par l'A intermédiaire, par le D en saillie et par l'R qui termine le mot, a cru sans doute qu'il s'agissait d'un nom propre que la comparaison des textes a ramené si souvent dans mes articles, et, au lieu de : UN MARAUDEUR, il a imprimé UN MERCADIER, page 2, 2e colonne, dernier alinéa.

La discussion des faits nous donne trop d'avantages pour que je puisse laisser passer sans réclamation une erreur typographique convertissant une appréciation sévère, mais juste, en une grossièreté qui compromettrait une cause excellente. Cette déclaration faite, je n'ai rien à retrancher dans le parallèle des deux livres et dans mes conclusions.

Marseille, 28 mai 1856.

Aimé PARIS.

Un nain entre deux géants.

> .... La chétive pécore
> S'enfla si bien qu'elle creva.
>
> (LA FONTAINE. *La Grenouille qui veut se faire aussi grosse que le Bœuf.*

Spectatum admissi, risum teneatis, amici.

(HORACE.—*Art poétique*).

Dans le *Rouennais* du 25 juin 1854, j'ai fait justice de la profanation qui avait présenté, dans la *Gazette du Midi*, une introduction instrumentale de M. Auguste Morel comme *ayant paru* NE FAIRE QU'UN AVEC L'ŒUVRE DE MOZART, la *Messe de requiem!*

Voici qu'à propos d'une mutilation de la messe impériale d'Haydn, la *Gazette du Midi* entonne de nouveau son hosannah maladroit, au risque de rendre ridicule l'Amphion lilliputien qui remue ses petites jambes pour essayer de marcher du même pas que les deux colosses dont chaque enjambée le laisse à dix lieues en arrière.

Puisque la camaraderie ne se lasse pas d'exagérer la valeur d'un petit talent bourgeois, pour en faire une des illustrations de la cité phocéenne, il ne faut point se lasser de protester contre un parallèle entre M. Auguste Morel et les hommes de génie qu'on rabaisserait ainsi au niveau d'une capacité vulgaire. Racontons d'abord les faits.

Chaque année, pour célébrer la cessation de la peste de 1720, une fête votive est célébrée avec une pompe inouïe. Ce jour-là, comme aux plus grandes solennités religieuses, les administrations ferment leurs bureaux, le commerce ses comptoirs et ses magasins ; la Bourse fait trève à ses spéculations. Une messe solennelle est chantée en présence de toute l'édilité marseil-

<hr>

(1) Cet article nous a été adressé, comme le prouve le timbre de la poste au dos du manuscrit, avant que M. Mercadier ne nous signifiât sa réponse. Si nous ne l'avons pas publié dans le numéro du 1er juin, c'est que le journal était composé quand il nous est parvenu. Nous aurions pu le faire passer dans le numéro du 8, mais le retard causé dans les correspondances par l'inondation n'a pas permis à M. Aimé Paris de nous en donner avis avant cette date.

(Note du Directeur-Gérant.)

laise, dont le chef, au nom de la ville, offre un cierge de dimensions inusitées.

L'exécution de la messe était confiée à des chanteurs, en grande partie, étrangers au Conservatoire, bien que la *Gazette du Midi* n'ait mentionné que les élèves de cet établissement. L'œuvre d'Haydn, la messe solennelle en *ré*, dite messe impériale, se compose des morceaux suivants : 1° *Kyrie* ; 2° *Gloria* ; 3° *Qui tollis* ; 4° *Quoniam tu solus* ; 5° *Credo* ; 6° *Et incarnatus est* ; 7° *Et resurrexit* ; 8° *Sanctus* ; 9° *Benedictus* ; 10° *Agnus Dei*. Huit de ces morceaux, sur dix, n'ont pas été chantés. Le Conservatoire et ses auxiliaires, dissimulés par la *Gazette du Midi*, n'ont fait entendre que le *Kyrie* et le *Credo*. On a fait à Haydn la grâce de chanter son *Fons pietatis*, et à Mozart celle d'exécuter son *Ave verum*. En tout, quatre morceaux pour les deux grands maîtres.

M. Auguste Morel qui dirigeait l'orchestre en frappant du pied, comme pour remplacer, ou renforcer la grosse caisse, avait modestement fait sa part, à lui seul, aussi large que celle des deux grands compositeurs, mis par lui à la portion congrue. Quatre fois aussi, on a fait entendre du Morel aux fidèles. La *Marche militaire* de M. le directeur du Conservatoire a été exécutée deux fois, l'une au commencement, l'autre à la fin de la cérémonie. Etait-ce pour dire, au début : *Vous allez voir si je les vaux*, et, en terminant : *Voyez s'ils me valent?* Cette explication rejetée, je serais embarrassé de me rendre compte du *bis in idem*, surtout quand, dans l'ordre des morceaux chantés, je vois l'*O Salutaris* de M. Auguste Morel entonné APRÈS le *Credo* d'Haydn et AVANT l'*Ave verum* de Mozart. Il ne manquait plus que de mettre le *Domine salvum fac*, du cru de la rue d'Aubagne, entre l'*Ave verum* et le *Fons pietatis* de l'auteur de la *Création* : mais ce classement aurait eu pour résultat de ne pas laisser les fidèles et l'*assistance officielle*, pour parler comme la *Gazette du Midi*, sous la double impression du *Domine salvum fac* de M. Auguste Morel, et de la répétition de sa *Marche militaire* que ne devaient point éclipser, sans doute, les maigres échantillons du *savoir faire* d'Haydn et de Mozart, qui servaient de repoussoir aux idées bien autrement développées par le savoir de leur glorieux émule, si ce n'est de leur *vainqueur*.

Que les lecteurs de la *Réforme musicale* n'aillent pas croire que j'exagère à la fois et l'outrecuidance d'un infiniment petit qui ne comprend pas le danger qu'il y a pour lui à se mettre auprès des infiniment grands, et l'inconcevable complaisance du journal qui a ouvert ses colonnes à un rapprochement de noms qui est un véritable sacrilège artistique, ce qu'a si bien senti l'auteur de cette triste bouffonnerie, qu'il n'a pas OSÉ mettre son nom au bas d'un compte rendu qui, par ses détails d'intérieur, a je ne sais quel air de famille avec un article inséré le 22 juin 1854, dans un des journaux de Marseille, pour exalter la manière dont avait été exécuté, la veille, le *Lauda Sion* de M. Xavier Boisselot, sur la place Notre-Dame du Mont, lorsque tout Marseille savait que le Conservatoire, malgré la sainteté de la cérémonie, avait été sifflé impitoyablement, pour avoir compromis, par son inhabileté, une œuvre recommandable. Cet article, dont j'ai pu comparer *le manuscrit* avec *le journal imprimé*, était *écrit en entier de la main de M. Frédéric Gazeau, alors secrétaire du Conservatoire impérial de musique de Marseille*. Q'on ose le nier ! Je sais où trouver mes preuves.

Quelle main a pu écrire ce qui suit, dans la *Gazette du Midi*, n° du samedi 31 mai et dimanche 1er juin 1856?

« Le matin, la messe votive du Sacré-Cœur a été célébrée, selon l'usage, dans la chapelle du monastère des Grandes Maries. Malgré la pluie battante, rien n'a manqué à cette cérémonie, où revit toujours le souvenir des plus beaux dévouements. M. le maire, accompagné de tous ses adjoints, est arrivé à la chapelle vers dix heures, et immédiatement les élèves du Conservatoire, sous la direction de M. Morel, ont fait entendre le *Kyrie* et le *Credo* de la messe impériale de Haydn.

» Nous n'avons rien à dire ici de ces chefs-d'œuvre du vieux maître, que tous les *progrès* de la musique moderne ne parviendront jamais à faire oublier ; mais on doit savoir gré à M. Morel de remettre au lumière ces pages où quelques formules passées de mode ne sauraient déprécier la vigueur, la grâce et pardessus tout l'admirable clarté de la composition : cette messe n'avait plus été exécutée à Marseille depuis vingt-cinq ans.

» Quoi de plus complet, de plus profondément senti que l'*O Fons pietatis* du même maître, et quel plus bel éloge à en faire que de le mettre sur la même ligne que l'*Ave verum* de Mozart, cette autre inspiration du ciel, qui fait prier et pleurer ?

» Comme on le voit, le choix des morceaux exécutés pendant la messe, témoigne du goût épuré de M. Morel et de son respect intelligent des maîtres anciens, trop vite et trop dédaigneusement condamnés à l'oubli.

» La modestie du directeur de notre Conservatoire ne sera point blessée, si même après les compositions dont nous venons de parler, nous aimons à citer la *Marche militaire* qui a ouvert et terminé la cérémonie, un *Domine salvum fac*, sans accompagnement, et un *O Salutaris*, inédit encore, d'un excellent style, et où le sentiment religieux se traduit dans un chant large et soutenu.

» L'exécution a peu laissé à désirer. L'assistance officielle en a témoigné toute sa satisfaction. Une mention particulière est due au jeune Auberye, chargé des solos dans le *Kyrie* et le *Credo*, et qui a fait preuve d'aplomb et d'une grande intelligence musicale. Cet élève d'un grand avenir est entre bonnes mains. Outre la classe de chant dans laquelle il se distingue, les leçons de M. Millont en feront un violoniste distingué.

« La partie de basse récitante du *Fons pietatis* et celle de l'*O salutaris*, écrite pour ténor, ont été fort bien dites par MM. Rabut et Olive, élèves de la classe de chant de M. Bénédit, au Conservatoire. »

L'exécution a laissé PEU *à désirer*, dit la *Gazette du Midi*, qui craint pardessus tout de *blesser la modestie du directeur du Conservatoire*. *L'assistance* OFFICIELLE *en a témoigné toute sa satisfaction.* L'exécution n'avait laissé que *peu à désirer*, la *Gazette du Midi*, je me permets de le croire, ne se serait pas bornée à cette formule circonspecte, elle qui fait arriver la tête de M. Auguste Morel plus haut que le genou d'Haydn et de Mozart, et qui énumère si complaisamment les élèves *d'avenir* et les professeurs du Conservatoire qui dégagent ces diamants de leur gangue. Je prends aussi la liberté de douter de l'empressement de l'*assistance officielle à témoigner* TOUTE sa *satisfaction*. J'ai une trop bonne opinion de l'intelligence et du goût de l'*assistance officielle* pour croire qu'elle ait *témoigné* TOUTE sa *satisfaction*, quand on lui a offert *deux morceaux sur dix*, d'une œuvre justement célèbre, *qu'on n'avait* PLUS *exécuté à Marseille, depuis vingt-cinq ans*. C'était une véritable résurrection, et *l'assistance officielle* a, certes, trop de bon sens pour regarder comme ressuscité un corps dont on sera parvenu seulement à galvaniser deux membres, pour leur imprimer une apparence de mouvement.

Que la *Gazette du Midi* veuille bien comprendre qu'il est difficile de faire exécuter la *Messe impériale* d'Haydn, en ne laissant que *peu à désirer*, par un personnel dont une portion, *après trois mois d'étude*, savait SI MAL un *petit chœur* à l'unisson, des *Amours du Diable* (huit mesures à *deux-quatre* et trois fonctions seulement : *tonique, dominante* et *sous-dominante !*) qu'il a fallu se priver du concours du Conservatoire, et mutiler l'opéra, comme on vient de mutiler la messe impériale.

Aimé PARIS.

Salle Sainte-Cécile, au Hâvre.

COURS DE MUSIQUE DE M. VASSE.

La séance, ou plutôt la leçon publique donnée hier au soir par M. Vasse, a été une démonstration victorieuse des surprenants résultats de la méthode Galin-Paris-Chevé. Les élèves du cours ont exécuté dix-sept morceaux, dont cinq entièrement nouveaux pour eux, et dans ces derniers on a remarqué un chœur à quatre parties, qui a été déchiffré à première lecture et sans aucune hésitation. Parmi les exécutants, plusieurs n'avaient encore que trente leçons de musique, et c'étaient pour la plupart des enfants au-dessous de quinze ans.

Les honneurs de la soirée sont revenus à une toute petite fille et à un tout petit garçon, n'ayant pas seize ans à eux deux. Le professeur les a placés sur l'estrade, puis leur ayant donné une tonique avec l'harmonium, il a joué une mélodie improvisée, dont chaque phrase était successivement répétée par l'écho de ces petites voix argentines, qui dénommaient les sons en les répercutant. Cet exercice revient à dire que, dans l'instruction musicale des élèves de M. Vasse, la routine n'entre absolument pour rien, puisque les plus jeunes d'entre eux, après si peu de leçons, se trouvent en état de noter une mélodie qu'ils ne connaissent aucunement.

Il est, du reste, un fait constant, c'est que la théorie, dans l'enseignement par la méthode Galin-Paris-Chevé, marche de pair avec la pratique. Combien ne serait-il pas à désirer, maintenant que les résultats sont évidents de voir, grâce aux soins habiles de M.

Vasse, d'organiser au Hâvre une société chorale à l'instar de celles qui ont été fondées dans d'autres grandes villes, par l'effet de méthodes semblables ou analogues ? Les sujets ne manqueraient pas dans notre nombreuse population ouvrière ; le professeur serait tout trouvé : M. Vasse est un de ces fervents apôtres, de ces missionnaires artistiques qui consacrent leur existence à la vulgarisation d'un système de musique, œuvre essentiellement estimable et morale dans ses résultats. « Chanter en chœur, disait Jean-Jacques, c'est vivre en paix. »

F. SANTALLIER.

(*Journal du Hâvre*, 4 juin 1856.)

On nous écrit de Lyon :

Les processions de la *Fête-Dieu* ont fourni à nos petits galinistes une nouvelle occasion de montrer leur valeur. Cette année, plus encore que les précédentes, les écoles rivales ont redoublé d'efforts pour emporter l'opinion publique qui, je crois pouvoir l'affirmer, s'est prononcée pour les écoles des frères. Je parle seulement du 1er arrondissement et d'une partie du 2me dont les écoles ont pour professeur de musique d'après la méthode, M. Lombard.

C'était un spectacle assez curieux de voir ces chœurs de jeunes enfants, chanter sans professeur, et avec une justesse d'intonation irréprochable, des morceaux à trois ou quatre parties, d'une assez grande difficulté. Dans quelques paroisses, les Frères se chargeaient de donner le ton et le signal de l'attaque ; dans les autres, un des petits chanteurs remplissait les fonctions de chef d'orchestre et s'en acquittait non point en donnant le ton une tierce trop bas, et en marchant à reculons devant ses camarades qui emboîtent le pas pour conserver l'unité de mouvement, comme cela se pratiquait dans les écoles mutuelles ; mais en donnant le ton et la mesure avec l'aplomb et la précision de musiciens exercés.

Je citerai seulement la procession de Saint-Polycarpe. Tandis que le professeur de musique de l'école mutuelle faisait des efforts peu agréables à l'œil et à l'oreille pour obtenir de ses élèves un résultat un peu satisfaisant, on entendait vingt pas plus loin le chœur des petits galinistes chanter, au moins aussi bien, sous la direction de l'un d'entr'eux, le jeune Michaud, notre ancien élève. On voyait dans cette même procession un chœur d'hommes chanter d'une façon très-convenable sur des feuilles de papier couvertes de gros chiffres, à l'ébahissement de beaucoup d'individus.

Un de nos sociétaires entendant chanter l'école mutuelle à la procession d'Ainay, fut surpris de leur justesse d'intonation et de leur ensemble. Il s'approcha d'eux et eut tout de suite l'explication de ce qui lui paraissait phénoménal : Les enfants lisaient sur des copies en chiffres. Je regrette de ne point savoir le nom du professeur assez courageux pour prendre une initiative qui l'expose aujourd'hui à bien des taquineries, mais qui bientôt sera pour lui un titre de gloire, car le chiffre se substitue tous les jours au grimoire, et la méthode Galin-Paris-Chevé ne tardera pas à être généralement adoptée à Lyon.

Lyon, 3 juin 1856.

A. PERRAUD.
Directeur de l'école, a Lyon.

BULLETIN DRAMATIQUE.

Nous n'avons pas grand chose à glaner dans le champ de cette semaine : pas le moindre vermisseau, pas la plus mince nouveauté, quelques oublis seulement, par-ci, par-là ; un éloge en retard, un petit coup de patte à la dérobée.

La *Sonnette du Diable* n'a pas encore fini d'user son succès ; c'est tant mieux pour la direction, qui s'était vraiment mise en frais pour monter dignement cet ouvrage ; pour certains artistes, qui s'étaient aussi mis en frais de talent afin d'ensorceler le public. On sait de qui nous voulons parler, et les noms aimés de MM. Bazin, Edmond, James, et de Mmes Anna T... et Edmond n'ont pas besoin de protester contre mon silence, chacun les eût devinés ; mais c'est tant pis pour nous autres, flâneurs de chaque soir, qui allons chercher au théâtre un refuge contre l'ennui, et qui le retrouvons encore sous les traits du diable.

Mais nous sommes aussi malin que lui, et pour lui faire noise, profitant des tièdes soirées que juin nous donne, nous prenons quelquefois nos ébats et laissons nos jambes ainsi que notre esprit battre gaîment la campagne. — Ah ! quel joli spectacle, qu'un beau coucher de soleil, et comme dame nature s'entend bien à la mise en scène !

Une montagne dans le lointain, de grands arbres se regardant dans les eaux d'un beau fleuve, et la lune éclairant tout cela en guise de lustre ; puis, pour acteurs, quelques couples silencieux glissant dans l'ombre, quelques oiseaux effrayés regagnant leurs nids.... Je n'en demande pas davantage pour me faire oublier les illusions de la rampe

Mais, chut ! notre ami Marcel Briol, en sa qualité de régisseur-général, va croire que nous aussi, nous voulons lui faire du tort, ce qu'à Dieu ne plaise ! Revenons donc bien vite aux horizons du papier peint.

Décidément, la *Baronne de Blignac* n'est pas une pièce amusante ; nous l'avons revue, et c'est assez. Les auteurs ont abusé du quiproquo, et un peu trop *quintessencié* leur esprit. — Les personnages constamment obligés de rire, devant un public qui ne paraît pas du tout disposé à en faire autant, ont l'air d'être au supplice et de faire la grimace. C'est un genre de vengeance que je recommande aux auteurs qui ont à se plaindre des artistes.

Ce n'est pourtant pas la faute de MM. Bazin et Franck, un nouveau venu, qui ont en vain essayé de communiquer la chaleur à ce foyer sans vie.

Quant à Mme Evrard, nous lui rappellerons certain proverbe : Telle qui *brille* au second rang... etc., et nous l'engageons à le méditer.

Alexandre OSMONT.

La deuxième édition du *Traité d'harmonie* de M. et Mme E. Chevé est sous presse.

La séance mensuelle de M. E. Chevé doit avoir lieu aujourd'hui au profit des victimes de l'inondation. Les élèves chanteront un morceau inédit de M. Elwart, qui leur a été distribué la veille.

Nous recevons trop tard pour le mettre dans ce numéro le compte-rendu de la séance donnée par l'Orphéon, dimanche dernier, au Cirque Napoléon.

Nous l'insérerons dans le numéro de dimanche prochain.

Dimanche dernier, la foule était grande à l'église Saint-Germain-l'Auxerrois, pour entendre la messe composée par M. Fréd. Viret, son maître de chapelle, et que devait exécuter la société chorale Galin-Paris-Chevé, sous l'habile direction de son chef, M. Emile Chevé, à l'occasion de la fête de saint Landry, ce Vincent-de-Paul des premiers âges du christianisme, l'un des patrons de l'église impériale.

Avant d'assister à cette solennité religieuse où tout nous conviait, les chants sacrés de M. Fréd. Viret, la parole évangélique et l'œuvre de bienfaisance à laquelle prend part en ce moment encore la France entière pour secourir de si nombreuses et si touchantes infortunes, avant d'entrer dans cette basilique, disons-nous, une pénible impression nous dominait : nous pensions à l'exécution de ces messes de musique qui s'annoncent à grand bruit, et qui ne méritent le plus souvent que le silence. Que sont, en effet, les œuvres religieuses de ces compositeurs populaires, de ces musiciens universels qui touchent à tout, au sacré, au profane, au dramatique, au comique ; qui font tout ce que l'on veut : opéras, requiem, ballets, messes ? Ces ardents improvisateurs de l'art ont un bagage religieux bien léger, et bien peu atteignent à la sublime majesté de la musique religieuse. Non, le grand art n'est pas facile et l'on ne pénètre pas de plein-pied dans la pensée des maîtres qu'illumine le sentiment religieux.

La messe pour quatre voix d'hommes, sans accompagnement, de M. Fréd. Viret, que nous avons entendu exécuter avec une rare perfection par la société chorale de M. Chevé, est une œuvre bien sentie ; elle est à la fois d'un bon musicien et d'un homme qui a profondément le sentiment et l'inspiration religieuse. C'est tout simplement un de ces rares petits chefs-d'œuvres dans le genre de ceux qui distinguent à un si haut degré les messes qu'exécutent les sociétés dites LIDERTASEL de la sérieuse Allemagne. On sent que l'auteur a voulu doter la société chorale française d'une bonne production de plus, et les initier à un genre de musique plus digne que celui qu'elles interprètent trop souvent, sous le singulier prétexte qu'il est plus accessible à la masse ? Aussi, et pour ces raisons, sans doute, l'auteur a-t-il mis de côté cette trop grande profusion de progressions harmoniques dont, soit dit en passant, il abuse parfois dans ses œuvres, pour rester dans la simplicité.

Dans sa messe à quatre voix, sans accompagnement, le KYRIE a de ces cris de l'âme affligée et croyante, qui s'élèvent au ciel pour implorer. Le GLORIA est le morceau capital, et la musique traduit les paroles avec les nuances et la variété de pensées qu'elles comportent ; c'est d'abord le chant de la foi triomphante ; plus loin, la voix du pécheur qui se repent et qui prie, et dont le repentir et la prière s'exhalent en accents pénétrants et d'une douceur infinie. L'AMEN, cette brève parole d'espérance et de foi, est une phrase d'une mélodie céleste qui semble exhalée aux pieds de Dieu par les cordes de la harpe d'or d'un archange. Le SANCTUS est large et majestueux. L'O SALUTARIS est encore une de ces pieuses mélodies qui monte bien avec la fumée de l'encens et l'aspiration de la pensée recueillie.

Enfin, le talent de M. Fréd. Viret, bien inspiré jusqu'à la fin, jette un dernier et vif éclat dans l'AGNUS DEI, ce chœur de miséricorde et de foi qui termine la messe. En résumé, le maître de chapelle de Saint-Germain-l'Auxerrois a fait une œuvre remarquable, et la société chorale de M. Emile Chevé l'a parfaitement chantée. En pouvait-il être autrement sous l'œil du maître ?

Nous exprimerons un vœu en terminant : Le peuple goûte parfaitement ces solennités religieuses, et son cœur s'élève à la hauteur des choses sacrées qui retentissent sous les voûtes des basiliques, nous en avons eu une nouvelle preuve lors de l'exécution de la messe dont nous venons de parler ; eh bien ! pourquoi ne pas lui faire prendre plus souvent ce chemin qu'il aime ? pourquoi ne pas l'attirer plus souvent dans nos temples par de semblables solennités, si douces à son cœur et si profitables pour la religion ?

DE MORIEUL.

Darnétal. — Imp. et lith. de Fruchart

XIᵉ Année ; — 1ʳᵉ du nouveau titre. UN NUMÉRO : 20 CENT. N° 22. — Dimanche 22 Juin. 1856.

Musique, — Sciences, — Arts, — Littérature, — Théâtres.

LA RÉFORME MUSICALE

ABONNEMENT A ROUEN : 10 FR.

ON S'ABONNE

A ROUEN, chez M. Louis Roger,
rue Porte-aux-Rats. 2.
A PARIS, chez M. Emile Chevé rue
des Marais-S.-G. 18.
A MARSEILLE, chez M. Aimé Paris
rue Paradis, 77.

JOURNAL DES DOCTRINES DE L'ÉCOLE GALIN-PARIS-CHEVÉ.

BUREAU A ROUEN, RUE PORTE-AUX-RATS, N° 2.

LOUIS ROGER, Directeur-Gérant.

ABONNEMENT DANS LES DÉP. : 12 FR,

ON S'ABONNE

A LYON, chez M. Perraud, rue du
Griffon, 11.
AU HAVRE, chez M. Vasse,
rue Molière, 16.
Les abonnements peuvent être payés
en timbres-postes (Affranchir).

RENSEIGNEMENTS. — Cette feuille paraît, à ROUEN, tous les DIMANCHES. — Tout ce qui concerne l'administration du journal doit être adressé à Rouen, rue Porte-aux-Rats, 2. — Ce qui concerne la rédaction peut être indifféremment adressé à M. CHEVÉ, à M. Aimé PARIS, ou au Directeur-Gérant. — La critique demeure sous la responsabilité de celui qui la signe. — Il sera rendu compte des Ouvrages dont un exemplaire sera déposé au bureau du journal. Les lettres non affranchies seront refusées.

On peut se procurer des numéros de la Réforme, au Bureau du Journal ; — au dépôt du cours Boïeldieu, à Rouen, — et dans l'intérieur des Théâtres.

LOI

QUI PRÉSIDE A LA GÉNÉRATION DE LA GAMME MAJEURE.

Suite — Voir le n° 19.

Avant de dire comment j'entrevois la possibilité d'en déduire la formation de toute la gamme je dois rappeler quelques principes sur lesquels je ne cesserai de m'appuyer :

1° Le nombre des vibrations est en raison inverse de la longueur de la corde vibrante.

2° Ainsi que nous venons de le dire, il suffit de faire vibrer les 2/3 d'une corde pour produire la dominante de la tonique donnée par la corde entière.

3° Si l'on en fait vibrer la moitié, on obtiendra l'octave haute de la tonique.

4° Réciproquement, si l'on ajoute à une corde une longueur égale à sa moitié, on aura un son qui sera la tonique dont la dominante était donnée par la corde avant cette augmentation, ou, du moins, ce son pourra être considéré comme tel.

5° Si l'on double la longueur d'une corde on aura l'octave basse du son produit par la corde avant cette augmentation.

Cela étant posé, prenons arbitrairement 24 pour représenter le nombre de vibrations exécuté pendant un temps donné par une corde vibrante quelconque et appelons UT¹ le son qu'elle produit : il sera facile de calculer le nombre de vibrations que devront exécuter SOL¹ et l'octave UT². Nous connaissons donc :

UT¹ égale 24 vibrations.
SOL¹ égale 36 —
UT² égale 48 —

Si maintenant nous faisons vibrer les 2/3 de la corde qui rend le SOL, un nouveau son sera produit : ce sera la dominante dont le SOL est la tonique. Il doit, par conséquent, exécuter un nombre de vibrations qui sera à 36, nombre de vibrations de SOL¹, comme 36 est à 24, nombre de vibrations de la tonique UT¹. Le nombre que l'on trouve ainsi est 54 ; or, en doublant la longueur de la corde qui le donne, ou, ce qui revient au même, en divisant par 2 le nombre de ses vibrations, nous aurons ce même son à une octave au-dessous. Ce sera 27, chiffre affecté au RÉ par les auteurs. Si nous agissons sur le RÉ comme nous avons fait pour le SOL¹, c'est-à-dire, si nous faisons vibrer les 2/3 de la corde qui produit le RÉ, nous obtiendrons sa dominante dont le nombre de vibrations sera à 27, nombre de vibrations RÉ¹, comme 24, nombre de vibrations de UT¹ est à 36, nombre de vibrations de SOL¹ ;

ce qui donne 45, 5 pour le nombre de vibrations de cette dominante. Appelons provisoirement ce nouveau son LA, quoique les auteurs aient fixé à 40 le nombre de vibrations que doit faire cette note. Nous examinerons plus tard de quel côté se trouve la vérité

Faisant pour LA¹ ce que nous avons fait pour les autres, c'est-à-dire, en calculant la dominante dont LA¹ serait la tonique, nous trouvons 30, 375 pour cette dominante que nous appellerons MI¹ quoiqu'on ait fixé à 30 le nombre de vibrations qui caractérise le MI.

Prenant le MI¹ comme tonique, nous trouverons que sa dominante doit être représentée par 45,5625, nombre qui diffère de celui qui est assigné au SI¹ par les auteurs et qui est, comme l'on sait, 45.

En suivant à l'infini la même marche, on pourra ainsi déterminer successivement tous les dièzes, puis les doubles dièzes, les triples dièzes etc., etc. On verra dans le tableau ci-joint les nombres de vibrations qui les caractérisent.

Pour avoir le FA¹ supposons qu'on ajoute à la corde qui donne UT la moitié de sa longueur. Nous obtiendrons ainsi la dominante de la tonique donnée par la corde entière. En calculant le nombre de vibrations de ce nouveau son, on verra qu'il est représenté par 32, nombre assigné au FA¹ par les auteurs.

Agissant sur le FA¹ comme nous avons agi sur l'UT¹, nous pourrons facilement calculer le SI BÉMOL, puis successivement tous les autres bémols, les doubles bémols, les triples bémols etc., etc.

Mais ne nous occupons pour le moment que des notes, dites naturelles, de la gamme majeure. Voici un petit tableau qui montre en quoi les chiffres que nous avons trouvés diffèrent de ceux généralement admis :

	Noms des notes :						
ut	ré	mi	fa	sol	la	si	ut

Nombre de vibrations d'après les auteurs :

24	27	30	32	36	40	45	48

Nombres que nous trouvons :

24	27	30,375	32	36	40,5	45,5625	48

Comme on le voit, nos chiffres ne diffèrent que d'une fraction dont la valeur ne dépasse que de 1/81 celle des vibrations des notes MI, LA, SI par les auteurs.

Les auteurs ont ils négligé les fractions pour ne prendre que les nombres entiers ? C'est ce que j'ignore. Toujours est-il que dans une gamme calculée d'après notre manière, les 5 secondes majeures sont identiques et peuvent parfaitement se remplacer dans les diverses tonalités sans aucune altération de l'air, car

$$24 : 27 :: 27 : 30,375 :: 32 : 36 :: 36 : 40,5 :: 40,5 : 45,5625.$$

Il en est de même des deux secondes mineures, car $30,375 : 32 :: 45,5625 : 48.$

La loi qui préside, selon nous, à la génération des sons de la gamme offre une simplicité qui devient encore plus frappante si on la formule algébriquement. Soit, en effet, a le nombre de vibrations d'UT, les formules suivantes nous donnent les autres notes :

Noms des Notes

ut	sol	ré	la	mi	si	fa	ut dièze	ut double dièze	ut triple dièze

Formules algébriques exprimant leurs nombres relatifs de vibrations.

$$a \quad \frac{3a}{2} \quad \frac{3^2a}{2^2} \quad \frac{3^3a}{2^3} \quad \frac{3^4a}{2^4} \quad \frac{3^5a}{2^5} \quad \frac{3^6a}{2^6} \quad \frac{3^7a}{2^7} \quad \frac{3^{14}a}{2^{14}} \quad \frac{3^{21}a}{2^{21}}$$

Pour le FA et pour les notes bémolisées jusqu'à l'infini, les formules sont :

Noms des Notes :

ut	fa	si	mi	la	ré	sol	ut bémol	ut double bémol	ut triple bémol

Formules algébriques exprimant leurs nombres relatifs de vibrations :

$$a \quad \frac{2a}{3} \quad \frac{2^2a}{3^2} \quad \frac{2^3a}{3^3} \quad \frac{2^4a}{3^4} \quad \frac{2^5a}{3^5} \quad \frac{2^6a}{3^6} \quad \frac{2^7a}{3^7} \quad \frac{2^{14}a}{3^{14}} \quad \frac{2^{21}a}{3^{21}}$$

(N. B Il va sans dire que ces formules exprimant la valeur des notes en quintes ascendantes ou descendantes, il est nécessaire de les diviser ou de les multiplier par 2 ou par une puissance de 2, suivant le cas, pour avoir la gamme en degrés conjoints ou enharmoniques.)

La simplicité de cette loi me paraît telle qu'il est difficile de ne pas voir dans cette simplicité même le signe de la vérité Elle nous explique pourquoi les modulations (en majeur) sur la dominante et sur la sous-dominante sont plus faciles que sur les autres notes. En effet, le SOL et le FA dérivent directement de la tonique, et, de plus, le FA DIÈZE et le SI BÉMOL qui caractérisent ces deux tonalités, arrivent immédiatement après les notes naturelles.

En outre, comme on peut s'en assurer par l'examen du tableau dans lequel j'ai calculé la valeur de toutes les notes jusqu'aux triples dièzes et aux triples bémols inclusivement, aucun des sons ainsi produits ne se confond avec un autre, quoiqu'ils soient tous compris dans les limites resserrées d'une seule octave : c'est ce qui n'arrive pas se l'on suit dans ce calcul la théorie généralement admise.

Reste à démontrer que les notes MI, LA, SI, auxquelles nous avons reconnu une valeur un peu différente de celle qui leur avait été assignée par les physiciens, sont bien celles qui doivent faire partie de la gamme majeure. Je n'ajouterai aux raisons précédemment développées qu'une simple remarque : c'est qu'il serait fort extraordinaire que les notes UT, RÉ, FA, SOL, appartinssent à cette gamme, tandis que nos notes MI, LA, SI, dérivant de la même loi, en seraient exclues. Ce n'est pas l'ordinaire des lois mathématiques de présenter d'aussi monstrueuses anomalies.

Abordons maintenant une objection qui m'a longtemps arrêté. On sait qu'une corde fait entendre non seulement le son fondamental, mais encore des sons dits harmoniques dont la production dépend des nœuds de vibration qui se forment au niveau de toutes les parties aliquotes de la corde.

Ainsi on entend les sons produits par chaque moitié, chaque tiers, chaque quart, chaque cinquième, chaque sixième, chaque septième, etc., etc. L'imperfection de notre organe auditif est la seule cause qui s'oppose à ce que nous ne percevions pas ainsi une série infinie de sons.

Ceux qui frappent le plus sont les six premiers. Si l'on admet que la corde entière fasse 24 vibrations en un temps donné et qu'on appelle ut^1 ce son,

Chaque moitié donnera un son représenté par 2 multiplié par 24 égale 48 vibrations.

Chaque tiers, 3 mult. par 24 égale 72.

Chaque quart, 4 mult. par 24 égale 96.

Chaque cinquième, 5 mult. par 24 égale 120.

Chaque sixième, 6 mult. par 24 égale 144.

Or, 48 vibrations représentent l'octave de la tonique, ou ut^2 ;

72 vibrations représentent l'octave de la dominante, ou sol^2 ;

96 vibrations représentent la deuxième octave de la tonique, ou ut^3 ;

Les 120 vibrations du 4e son harmonique représentent la double octave d'un son représenté par 30, et c'est justement le chiffre affecté au mi par les auteurs. Il serait donc naturel de penser, et c'est ce qui paraît avoir été admis jusqu'ici, que la médiante est un des sons harmoniques que rend toute corde vibrante. *S'il en était ainsi, notre théorie de la gamme* serait fausse, puisque nous avons assigné 30,375 pour le nombre de vibrations de cette médiante.

A cela je répondrai qu'un examen attentif des sons harmoniques que peut rendre une corde vibrante montre que parmi ces sons, il y en a beaucoup qui ne font pas partie de la gamme, comme nous allons le prouver, et que le son harmonique rendu par chaque cinquième de la corde, ne différant que très-peu de la médiante véritable, a été confondu avec elle.

En ffet, il est facile de calculer que le son harmonique rendu par chaque septième partie de la corde vibrante (toujours supposée faire 24 vibrations en un temps donné), doit faire 168 vibrations, c'est-à-dire la double octave d'un son représenté par 42, intermédiaire, par conséquent, entre la la et au si, et qui n'est ni l'un ni l'autre. De même, on peut s'assurer que la onzième partie de la corde fera entendre l'une des octaves d'un son caractérisé par 33 vibrations, son qui n'est ni le fa ni le sol ; que la 13e partie produira l'une des octaves d'un son caractérisé par 39 vibrations, intermédiaire au sol et au la. Les sons produits par les dix-septième, dix-neuvième, vingt-et-unième, etc., etc. parties de la corde ne sont pas non plus compris dans la gamme.

Il n'y a donc aucun fondement à croire que le son rendu par le cinquième de la corde, par cela seul qu'il se rapproche beaucoup de la médiante, soit cette médiante elle-même.

On pourrait avec autant de raison soutenir que le son rendu par la onzième partie est la sous-dominante, ou bien que celui que rend la treizième partie est la sous-sensible, et, quelle que soit la théorie à laquelle on s'arrête, il est impossible de l'admettre.

Aussi je ne puis comprendre que certaines personnes prétendent entendre dans les harmoniques d'une corde toutes les notes de la gamme, telles que la sous-sensible et la sous-dominante, par exemple. Il est évident pour moi que ces personnes se trompent et confondent des sons dont la valeur est plus ou moins rapprochée. Car une corde ne peut vibrer que par parties aliquotes, et il est parfaitement impossible qu'aucune de ces parties aliquotes fasse un nombre de vibrations tel qu'il soit avec le nombre des vibrations de la corde à vide dans le rapport voulu pour produire la sous-dominante et la sous sensible, et même, d'après notre théorie de la gamme, la médiante et la sensible.

Il est vrai que la 27e partie de la corde donne l'une des octaves d'un son qui serait représenté par 40,5, chiffre que nous avons affecté au la ; on peut s'assurer aussi que la 81e partie de cette même corde donnera la cinquième octave d'un son représenté par 30,375, qui est la médiante véritable ; mais on avouera qu'on peut raisonnablement douter qu'il y ait des oreilles assez délicates pour saisir ces sons, masqués qu'ils sont par une infinité d'autres plus intenses.

Les seules notes harmoniques qui fassent heureusement partie de la gamme sont celles produites par les parties aliquotes de la corde vibrante qui sont avec elle dans un rapport de longueur représenté ou par 2 ou par 3, ou par les multiples ou les combinaisons de ces deux nombres. C'est ce qui s'explique, du reste, très bien par la loi que nous avons formulée pour la génération de la gamme. Ainsi, les 2e, 4e, 8e, 16e etc., etc. parties de la corde donneront la tonique aux différentes octaves ; les 3e, 6e, 12e, 25e, etc., etc. parties donneront les diverses octaves de la dominante ; les 9e, 18e, 36e, etc., etc. parties donneront la sous-médiante ; les 27e, 54e, etc., etc. parties, la sous-sensible ; la 81e partie, la médiante ; la 243e partie, la sensible, etc. (1).

Résumons ce travail par les propositions suivantes :

1° Dire que l'oreille confond volontiers deux sons qui ne diffèrent l'un de l'autre que de 1/81 n'est pas donner une explication suffisante du désaccord qui existe entre la THÉORIE et la PRATIQUE musicale qui prend l'un pour l'autre des intervalles auxquels la théorie assigne des valeurs différentes ;

2° Il est donc légitime de rechercher si cette théorie présente toute la certitude désirable ;

3° Or, les expériences que j'ai faites sur le monocorde ne lui sont pas favorables ;

4° De plus, certaines fractions qui représentent les rapports des vibrations des diverses notes de la gamme, d'après les auteurs, sont beaucoup plus compliquées que certaines autres qui n'en font pas partie ;

5° Il est donc naturel de chercher une théorie plus satisfaisante ;

6° Celle que nous proposons ne s'appuyant que sur les sons les plus saillants et qui sont rendus par les deux tiers et la moitié d'une corde vibrante, présente, par ce seul fait une chance de plus pour éviter les erreurs ;

7° Les rapports des vibrations des diverses notes de la gamme majeure et même des gammes chromatiques et enharmoniques, sont exprimées, dans notre théorie, par les deux seules

---

(1) On sait que 9, 27, 81, 2e3, sont les diverses puissances du chiffre 3.

fractions 2/3 et 3/2 ou par les diverses puissances de ces deux fractions.

8° La gamme calculée ainsi, diffère pour certaines notes de celle admise par les auteurs ; mais cette différence est tellement légère qu'on s'explique très-bien comment on a pus y tromper ;

9° Notre théorie explique parfaitement pourquoi les modulations à la sous-dominante et à la dominante sont si faciles en majeur ;

10° Elle prouve que les cinq secondes majeures ont identiquement la même valeur, et qu'il en est de même des deux secondes mineures ;

11° Les sons harmoniques que rend toute corde vibrante ne sont qu'en partie compris dans la gamme, et notre théorie peut, à priori, déterminer ceux qui en font partie ;

Disons, enfin, que la simplicité et l'unité de notre théorie, la facilité qu'elle donne pour calculer la valeur exacte des notes diézées ou bémolisées à l'infini, sa conformité avec la pratique musicale, nous paraissent être des raisons plus que suffisantes pour y voir l'expression de la vérité.

FALLIER.

(La fin prochainement).

Séance annuelle de l'Orphéon

AU CIRQUE NAPOLÉON,

Le 8 juin 1856.

Un nombreux public se pressait dimanche, dans la belle salle du Cirque, pour assister à la séance annuelle des orphéonistes.

L'administration de la ville de Paris était représentée par M. le préfet de la Seine ; nous avons remarqué aussi M. Victor Foucher, président de la commission du chant, et plusieurs notabilités musicales.

Cette séance, qui n'a lieu qu'une fois par an, devrait être un événement artistique.

Ces chœurs, conduits par un artiste sérieux, et soutenus par les 30 professeurs des écoles de la ville, devraient avoir un ensemble irréprochable, et une grande intelligence d'exécution.

Pourtant, il n'en est rien !

Sauf les chœurs très-rhythmés, que chantent et rechantent toutes les petites sociétés chorales, l'exécution a été médiocre sous beaucoup de rapports : manque d'ensemble, sons mal attaqués et mal tenus.

Par l'analyse sévère et impartiale de l'exécution des chœurs, nous allons prouver la vérité de notre assertion, qui pourrait paraître très-risquée, si on s'en rapportait aux comptes-rendus des journalistes, NON MUSICIENS POUR LA PLUPART.

1° Le DOMINE SALVUM, exécuté tous les ans, a présenté les mêmes fautes qu'aux précédentes séances.

A ce sujet, qu'il nous soit permis de dire à M. Gounod qu'il a peut-être tort de laisser chanter ainsi la musique sacrée.

Personne, mieux que lui, ne sait que ce genre de musique demande une attaque et une tenue de sons irréprochables ; et pourtant les morceaux religieux exécutés dimanche ont laissé beaucoup à désirer sous ces deux rapports.

2° Le chœur de M. Bazin, NOTRE-DAME DE LA GARDE, d'une conception faible, d'ailleurs, a eu un passage faux, dès le début, puis une attaque trop précipitée des enfants. La fin en sourdine a été très-juste.

3° La Marche des deux Avares, de Grétry, chœur charmant exécuté avec succès depuis 17 ans, a été bissé comme d'habitude.

Nous dirons seulement, à ce sujet, qu'on devrait être plus soigneux de la composition d'un programme, quand on ne chante qu'une fois par an.

4° L'Adoremus de Palestrina, mieux chanté que le Domine salvum comme tenue de sons, était cependant loin de ce que l'on est en droit d'attendre d'une pareille masse.

5° La Sérénade, de David, a été bien commencée, mais les chefs d'attaque se sont fait désagréablement remarquer à la dernière modulation.

Ce chœur rentre tout-à-fait dans le genre allemand, et n'aura jamais tout son effet que chanté par des sociétés allemandes.

6° O Filii, de Lessring. Après la première attaque des coryphées, le chœur a fait une rentrée douteuse. Du reste, nous avons été surpris d'entendre d'aussi mauvais timbres : Ils étaient durs, presque faux ; ils n'ont rien de ce que doivent avoir des coryphées.

Les femmes ont eu plusieurs attaques trop promptes. Quant à la tenue des sons, même observation qu'aux autres chœurs religieux.

En somme, l'exécution de ce beau morceau a été inquiète ; on reconnaissait facilement des gens manquant d'aplomb.

La deuxième partie de la séance a été ouverte par l'Hymne a Orphée, de Chelard.

Nous étions d'autant plus désireux d'entendre ce chœur que l'Orphéon y avait renoncé, il y a deux ans, après plusieurs mois d'études.

Les larges et beaux accords du commencement, n'étant pas suffisamment soutenus, l'effet en a été beaucoup diminué ; et par comble, les Orphéonistes ont attaqué en dessous d'une façon insupportable le passage

$$5\ 3\ |\ 5\ |\ 3$$
Prête à nos voix l'appui

qui termine l'introduction.

Je n'insiste pas sur l'affreuse prononciation de Lyre sacrée. Ce serait par trop de sévérité.

Le solo de femmes qui ne peut produire d'effet que parfaitement chanté, a été haché ; quelques voix sont parties deux temps trop tôt, au beau milieu.

De plus, ces voix très-étriquées, manquaient absolument d'expansion, et tuaient complètement ce solo, déjà froid par lui-même.

A la reprise du même motif par les ténors, la même absence de tenue s'est fait remarquer.

Le passage

$$007\ |\ 716\ 716\ 7\ .\ |\ .\ 16\ 7\ \&$$
Tu fais, mal-tre di-vin, etc.

des femmes, manquant de tenue aussi, empêchait l'effet de syncope de la mesure suivante.

L'entrée des coryphées de basse, qui doit être très-énergique, s'entendait à peine, couverte qu'elle était par le chœur, qui ne semblait pas se douter qu'il n'était là que pour accompagner les 3 parties de coryphées.

La fin du solo de basse, pris à l'unisson par tous les coryphées

$$5\ |\ 5\ .\ .55\ 657\ |\ |$$
ac-cords viennent les souls ger.

a été manqué comme ensemble, ainsi que la fin rallentendo du chant des coryphées :

$$653423\ |\ |$$
Ses bien-faits.

Les grands accords du passage :

$$|\ |\ 4\ .\ .\ .\ |\ 2\ .\ 2\ .\ .2\ |\ 3\ .\ 3$$
Du haut de l'Em - py - rée

n'ont pas été soutenus non plus, et ont encore compromis l'effet religieux de ce passage.

Le charmant motif pianissimo des coryphées de soprano et de ténors

$$653\ 546\ 325\ |\ 513\ 5\ \text{etc.}$$
Du haut de l'Em - pyré - e

qui tranche sur la sourdine du chœur, à cause du dessin, a complètement manqué d'ensemble, quoiqu'il fût fait à pleine voix.

Enfin, le tutti à l'unisson :

$$0\ 0\ 012\ 345\ |\ 6\ .\ 6\ \text{etc.}$$
Du haut de l'Empy - ré - e

fut mutilé ainsi :

$$0\ 0\ 012\ 345\ |\ 6\ .\ 6$$

grâce à leur système du ton absolu, qui les jette dans un dédale de bémols dont ils ne peuvent sortir.

Pour être juste, il faut dire, d'ailleurs, que ce chœur, très-difficile d'exécution, est beaucoup trop fort pour l'Orphéon.

Nous ne comprenons pas que M. Gounod ait eu l'imprudence de le faire mettre à l'étude ; il faut vraiment qu'il n'en connaisse pas la force réelle de ceux qu'il dirige.

L'insuccès de 1854 aurait dû le tenir en garde contre un échec public.

Il n'aura sans doute pas voulu qu'il fût dit que les orphéonistes n'avaient pas pu chanter un chœur commandé par la ville à M. Chelard pour eux ; surtout ce chœur ayant été chanté, il y a dix-huit mois, par la société chorale de l'école Galin-Paris-Chevé, après trois répétitions seulement, ce qui n'empêcha pas l'exécution d'être satisfaisante, car M. Chelard, à cette question de mon père : « Monsieur, qu'avez-vous à dire ? » répondit : « Rien, c'est très-bien. »

8° Le chœur de Jaguarita, d'Halévy, rentrant dans la catégorie des chœurs rhythmés, dont il a été parlé plus haut, devait être bien exécuté : il l'a été, en effet. Il a été chanté très-juste, quoique montant au si naturel, et il a eu de très-bonnes nuances contrastées. Cette exécution méritait le bis qu'elle a obtenu.

9° Le Chœur de Beethoven qui, bien chanté, doit être sublime, faisait peine à entendre, crié qu'il était par les deux cents enfants des écoles. L'absence habituelle de tenue des accords s'y faisait remarquer. Les enfants ont attaqué un passage avant le temps.

10° Inviolata, de M. Gounod, ne nous a pas semblé très-heureux comme effet ; mais, du reste, nous avouons qu'il nous est impossible de juger de l'effet d'un chœur sur une semblable exécution.

En effet, à peine M. Gounod eut-il donné l'accord d'attaque, sans lequel ne partent jamais les orphéonistes, que nous remarquâmes la fausseté des attaques de ténors. Aussi notre étonnement fut-il extrême, en voyant le chœur continuer. L'effet fut tellement étrange que M. Gounod, le morceau fini, demanda la permission de faire reprendre ce chœur, LES TÉNORS ÉTANT PARTIS UN DEMI-TON TROP BAS.

On le recommença : les ténors, cette fois, partirent plus juste, mais ils baissèrent encore vers le milieu du morceau, et finirent par le chanter aussi faux que la première fois.

11° Vive l'Empereur, de Gounod, déjà chanté plusieurs fois, est un chœur assez énergique. Il a été chaudement chanté ; seulement les enfants, comme toujours, sont partis trop tôt, impa-tients qu'ils étaient d'écraser toutes les autres parties. L'entrée des femmes a produit un charmant effet ; on l'a d'autant plus remarquée qu'elle était prise entre celles des enfants terribles.

Cette analyse est longue ; mais le lecteur comprendra qu'une chose importante comme la réunion de l'Orphéon dirigée par un musicien comme M. Gounod, demande une critique très-sérieuse.

De tout ce que nous avons examiné jusqu'ici, il résulte que l'Orphéon n'est absolument capable de chanter convenablement que la musique facile et rhythmée, désignée vulgairement sous le nom de PLAN PLAN.

Si c'est là le but de ses études, il est pleinement atteint.

Mais si on veut avoir des musiciens COMPRENANT LA MUSIQUE, et conséquemment capables d'exécuter les chefs-d'œuvres des maîtres, presque tout reste à faire.

M. Gounod doit le comprendre mieux que personne.

Amand CHEVÉ.

SÉANCE MENSUELLE DE M. EMILE CHEVÉ AU PROFIT DES INONDÉS.

On écrit de Paris :

« La séance que vous avez annoncée dans votre journal a eu lieu dimanche dernier, au profit des inondés.

» Quelques couplets composés par M. E. Villemin, pour la circonstance, et mis en musique par M. Elwart, ont été chantés par Mme Amand Chevé, avec cette voix douce et pénétrante qu'on lui connaît et dont les richesses ont été développées encore par les conseils du grand professeur de chant, M. Delsarte.

» La musique de M. Elwart est simple et triste comme le comporte le sujet, et si l'excellence d'une chose peut se mesurer à l'effet produit, je puis vous dire qu'il y a eu des larmes abondamment versées dans l'auditoire. La majeure partie des dames ont tiré leurs mouchoirs pour s'essuyer les yeux.

» Il faut dire qu'une émotion vraie et fort intelligemment exprimée jaillissait de toutes les notes exprimées par Madame Amand Chevé, dont la jeune âme s'est mise en étroite communion avec la pensée du poète et du musicien.

» Les chœurs n'ont donné que pour reprendre les deux derniers vers du refrain :

Donnez, donnez ! ce n'est point une aumône ;

mais dans cette seule reprise, la masse a été admirable de cœur, d'élan et de générosité. Toute la phalange, hommes et femmes, étaient visiblement émus ; et c'est ce qui ne se donne pas, et c'est ce qui est le suprême de l'art.

» Voilà des notes que je vous envoie, mon cher ami, et dont vous pouvez faire hardiment votre profit, attendu qu'elles sont l'exacte vérité.

» La recette a produit 450 fr. qui seront versés dans la caisse des inondés. »

Nous reproduisons plus loin le chœur improvisé pour cette circonstance par MM. Willemin et Elwart.

Pour copie conforme, Louis ROGER.

LES INONDÉS.

Paroles de Willemin.   Musique d'Elwart.

9 Juin 1856.

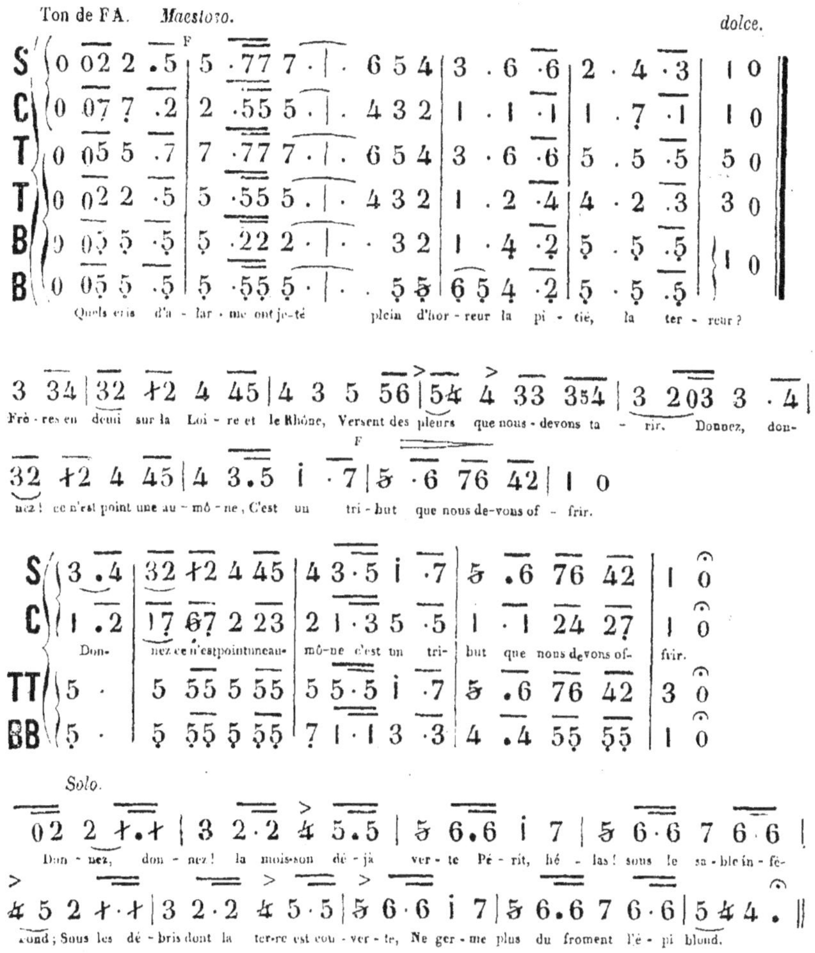

Ton de FA.   Maestoso.   dolce.

```
S  | 0 02 2 ·5 | 5 ·77 7 · | · 6 5 4 | 3 · 6 ·6 | 2 · 4 ·3 | 1 0 |
C  | 0 07 7 ·2 | 2 ·55 5 · | · 4 3 2 | 1 · 1 ·1 | 1 · 7 ·1 | 1 0 |
T  | 0 05 5 ·7 | 7 ·77 7 · | · 6 5 4 | 3 · 6 ·6 | 5 · 5 ·5 | 5 0 |
T  | 0 02 2 ·5 | 5 ·55 5 · | · 4 3 2 | 1 · 2 ·4 | 4 · 2 ·3 | 3 0 |
B  | 0 05 5 ·5 | 5 ·22 2 · | · · 3 2 | 1 · 4 ·2 | 5 · 5 ·5 | 1 0 |
B  | 0 05 5 ·5 | 5 ·55 5 · | · · 55 | 6 5 4 ·2 | 5 · 5 ·5 |     |
```
Quels cris d'a-lar-me ont je-té   plein d'hor-reur la pi-tié, la ter-reur?

```
3 34 | 32 +2 4 45 | 4 3 5 56 | 54 4 33 354 | 3 203 3 ·4 |
```
Frè-res en deuil sur la Loi-re et le Rhône, Versent des pleurs que nous-devons ta - rir. Donnez, don-

```
32 +2 4 45 | 4 3·5 i ·7 | 5 ·6 76 42 | 1 0 |
```
nez! ce n'est point une au-mô-ne, C'est un tri-but que nous de-vons of - frir.

```
S | 3 ·4 | 32 +2 4 45 | 4 3·5 i ·7 | 5 ·6 76 42 | 1 0 |
C | 1 ·2 | 17 67 2 23 | 2 1·3 5 ·5 | 1 ·1 24 27 | 1 0 |
T | 5 · | 5 55 5 55 | 5 5·5 i ·7 | 5 ·6 76 42 | 3 0 |
B | 5 · | 5 55 55 55 | 7 1·1 3 ·3 | 4 ·4 55 55 | 1 0 |
```
Don-   nez ce n'est point une au-   mô-ne c'est un tri-   but que nous devons of-   frir.

Solo.
```
0 2 2 +·+ | 3 2 ·2 4 5·5 | 5 6·6 i 7 | 5 6·6 7 6·6 |
```
Don-nez,   don-nez! la mois-son dé-jà ver-te Pé-rit, hé - las! sous le sa-ble in-fé-

```
4 5 2 +·+ | 3 2·2 4 5·5 | 5 6·6 i 7 | 5 6·6 7 6·6 | 5 44 · ||
```
cond; Sous les dé-bris dont la ter-re est cou-ver-te, Ne ger-me plus du froment l'é-pi blond.

INTRODUCTION.

Quels cris d'alarme ont jeté plein d'horreur,
La pitié, la terreur ?

REFRAIN.

Frères en deuil, sur la Loire et le Rhône,
Versent des pleurs que nous devons tarir.
Donnez, donnez ! ce n'est point une aumône,
C'est un tribut que nous devons offrir.

1er COUPLET.

Donnez, donnez ! la moisson déjà verte
Périt, hélas ! sous le sable infécond ;
Sous les débris dont la terre est couverte,
Ne germe plus du froment l'épi blond.

2e COUPLET.

Donnez, donnez ! sous les ondes qui roulent,
Arbres et fleurs sont fauchés par les flots ;
Dans les cités, sous les murs qui s'écroulent,
Combien la mort arrache de sanglots !

3e COUPLET.

Donnez, donnez ! car, dans cette souffrance,
Où l'héroïsme a remué nos cœurs,
Tous ces pays ravagés sont la France ;
Ces malheureux sont nos frères, nos sœurs !

Eugène VILLEMIN.

CHRONIQUE THÉÂTRALE.

Marie, ou l'inondation, au bénéfice des inondés. — première représentation de la Bourse, comédie en cinq actes, de M. F. Ponsard.

L'administration théâtrale, s'associant aux généreuses pensées qui animent en ce moment toute la France, — toute l'Europe, devrions-nous dire, — en faveur des victimes de l'inondation, leur a consacré, samedi dernier, le produit d'une de ses meilleures soirées. — C'est un acte trop honorable pour que nous ayons besoin d'en faire l'éloge.

La foule a répondu avec d'autant plus d'empressement à ce noble appel, qu'au sentiment d'une bonne action se mêlait l'attrait de voir une pièce nouvelle, toute palpitante d'intérêt et d'actualité ; car on donnait la première représentation de *Marie, ou l'inondation*. Ce drame habilement conçu, du reste, et dont l'élément principal est le fléau qui vient encore de nous éprouver si cruellement, ne pouvait manquer d'émouvoir, puisqu'il rappelle avec une poignante vérité des malheurs tout récents, auxquels chacun compatit.

Les artistes ont complété l'illusion en jouant avec un sérieux, une attention qu'ils n'ont pas toujours. M. Béret, qui nous a trouvé quelquefois sévère à l'égard de ses pantineries, nous reconnaîtra juste aujourd'hui, puisque nous déclarons qu'il a bien rendu le type sordide du vieil avare, — à cela près toujours de quelques gestes un peu trop automatiques.

M. Bazin a du feu, de la chaleur, une émotion vraie, tout ce qui convient, en un mot, au brave marin qui défend si éloquemment sa sœur.

MM. Petit, Franck, Millet, et Mmes Saint-Ange et Anna T. ont concouru au bon ensemble que nous avons signalé.

Le décor de l'inondation n'a pas produit d'abord l'effet qu'on en attendait ; il faut s'en prendre à l'exiguïté de la scène qui ne permet pas de rendre toute la majesté d'un pareil tableau !

Quoiqu'il en soit, aux représentations suivantes l'impression a été profonde, et devra se renouveler.

Mais arrivons au fait capital de la semaine, la première représentation de la *Bourse*, comédie en cinq actes, de F. Ponsard, sans contredit le plus heureux de nos poètes dramatiques.

Cet événement, du plus haut intérêt artistique, avait attiré, mercredi, de bonne heure, la foule dans l'enceinte de notre petit théâtre, et les beaux vers de la nouvelle comédie ont trouvé mille mains pour les applaudir.

Une œuvre de cette importance fait assez de bruit à son apparition pour que chacun de nos lecteurs en ait entendu parler, et pour que la plupart en aient déjà lu l'analyse dans les premiers organes de la presse parisienne. Nous ne la leur renarrerons donc pas, et, nous contentant de proclamer le succès éclatant, immédiat, unanime, d'une pièce aussi remarquable qu'elle ne pouvait rencontrer la froideur d'un public éclairé, nous dirons quelques mots rapides sur la façon dont elle a été interprétée ici.

M. Julien Mary, que nous aimons beaucoup dans le vaudeville, ne nous paraît pas avoir toutes les qualités requises pour l'emploi des jeunes premiers de comédie ; il a beau pleurer, se démener, nous ne pouvons croire à son émotion vraie : c'est un instrument qui charme dans les notes gaies, mais auquel il nous semble manquer la corde du sentiment. Et puis, il faut la fougue de Laferrière pour exprimer les sentiments de cet homme combattu par deux passions opposées, un amour honnête qui le retient au bien, et la frénésie du jeu, qui l'égare malgré lui.

M. Armand, notre excellent financier, conquiert à chacune de ses créations un peu de la faveur publique qu'il aura bientôt toute entière. Il a joué avec beaucoup de naturel et d'entrain le rôle du vieux capitaliste.

M. Petit, un peu lourd pour un amoureux, même raisonnable, a néanmoins fait applaudir de jolis vers.

Nous pouvons en dire autant à Mlle Daubray, — à qui nous voudrions en vérité faire un meilleur compliment.

MM. Edmond, Bazin et Millé ont tiré bon parti de rôles forcément sacrifiés.

Nous avons gardé pour le bouquet avec intention, nos plus chaleureux applaudissements à l'adresse de Mlle Coblentz. Elle a joué avec un sentiment parfait et cette distinction qui paraît innée en elle, le rôle charmant de la noble jeune fille ; il est impossible de mieux sentir et de mieux exprimer, d'être plus séduisante avec moins de coquetterie ; c'est ainsi que nous comprenons et que nous aimons à voir interpréter la belle et bonne comédie. Bravo, madame, encore une fois, bravo !

Nous ne dirons pas que le public a été de notre avis, ce serait peu modeste ; mais il est bon d'ajouter pour donner du poids à notre éloge, que nous ne sommes ici que l'écho de ses bruyants témoignages de satisfaction.

Alexandre OSMONT.

En tête de la biographie d'Eugène Delacroix (58e volume de sa publication), M. Eugène de Mirecourt a écrit à Jules Janin une lettre que le *Figaro* s'est empressé de reproduire. La 59e livraison des *Contemporains*, en vente aujourd'hui même, renferme l'histoire de Pierre Leroux, et l'on annonce, comme étant sous presse, le volume consacré à Mme Anaïs Ségalas.

Il sera précédé de la réponse de M. Eugène de Mirecourt à M. Alphonse Karr.

Darnétal. — Imp. et lith. de Fruchart

XIᵉ Année ; — 1ʳᵉ du nouveau titre.   **UN NUMÉRO : 20 CENT.**   N° 23. — Dimanche 29 Juin. 1856.

Musique, — Sciences, — Arts, — Littérature, — Théâtres.

LA RÉFORME MUSICALE

JOURNAL DES DOCTRINES DE L'ÉCOLE GALIN-PARIS-CHEVÉ.

ABONNEMENT A ROUEN : 10 FR.
ON S'ABONNE
A ROUEN, chez M. Louis Roger, rue Porte-aux-Rats. 2.
A PARIS, chez M. Émile Chevé rue des Marais-S-G., 48.
A MARSEILLE, chez M. Aimé Paris rue Paradis, 77.

BUREAU A ROUEN, RUE PORTE-AUX-RATS, N° 2.

LOUIS ROGER, Directeur-Gérant.

ABONNEMENT DANS LES DÉP. : 12 FR,
ON S'ABONNE
A LYON, chez M. Perraud, rue du Griffon, 11.
AU HAVRE, chez M. Vasse, rue Molière, 16.
Les abonnements peuvent être payés en timbres-postes (Affranchir).

RENSEIGNEMENTS. — Cette feuille paraît, à ROUEN, tous les DIMANCHES. — Tout ce qui concerne l'administration du journal doit être adressé à Rouen, rue Porte-aux-Rats, 2. — Ce qui concerne la rédaction peut être indifféremment adressé à M. CHEVÉ, à M. Aimé PARIS, ou au Directeur-Gérant. — La critique demeure sous la responsabilité de celui qui la signe. — Il sera rendu compte des Ouvrages dont un exemplaire sera déposé au bureau du journal. Les lettres non affranchies seront refusées.

On peut se procurer des numéros de la *Réforme*, au Bureau du Journal ; — au dépôt du cours Boïeldieu, à Rouen, — et dans l'intérieur des Théâtres.

UNE QUESTION

SOUMISE A MESSIEURS LES MEMBRES DU COMITÉ DES ÉTUDES DU CONSERVATOIRE IMPÉRIAL DE MUSIQUE.

Messieurs,

Je lis, dans la FRANCE MUSICALE du 5 juin, un article très-judicieux de M. A. Giacomelli, sur la réunion de la société des fabricants de pianos, lundi 9 juin, chez M. Herz. Il s'agissait d'arriver, S'IL SE PEUT, à l'unité du diapason. Je dis s'il se peut, car il n'est pas tout-à-fait prouvé que les différences de latitudes ne doivent pas exercer, sur l'étalon sonore dont la recherche occupe les musiciens intelligents, une influence analogue a celle que subit la longueur du pendule qui, pour donner une oscillation par seconde, à l'équateur, exige une longueur d'un SIX MILLIÈME de plus qu'à Paris. Ce ne serait, au surplus, que l'affaire d'une table d'indications proportionnelles, pour les diverses latitudes, et selon la destination de leurs instruments, les facteurs pourraient éviter le désagrément dont s'est plaint M. Triébert, à qui on a renvoyé d'Italie trois instruments qu'on n'a pu accorder au diapason de l'orchestre pour lequel ils étaient commandés.

Le fait sur lequel je me permets d'appeler votre attention, messieurs les membres du comité des études du Conservatoire impériale de musique, est celui ci — je cite textuellement :

« La comparaison qui a été faite, séance tenante, » de divers diapasons appartenant à des époques dif- » férentes a démontré QUE LE LA DE NOS ORCHESTRES » S'EST ÉLEVÉ, DEPUIS UN SIÈCLE ENVIRON, DE PLUS » D'UN TON....... Si encore ce mouvement ascen- » sionnel se fût partout produit régulièrement, *si le* » *diapason eût été* LE MÊME *dans tous les théâtres* » *lyriques,* il n'y aurait eu que demi-mal ; car, cer- » tainement, cette régularité eût été un obstacle à son » élévation progressive ; mais. *pas plus dans ce temps* » *là qu'à présent,* IL N'EXISTAIT UNE BASE SO- » NORE CERTAINE, UNE MESURE FIXE sur » laquelle on pût se régler et s'accorder. En sorte que, » tandis qu'on chantait dans un ton, à Paris, on » chantait dans un autre à Bordeaux ou à Lille ; et » malheureusement|IL N'A PAS CESSÉ D'EN ÊTRE » AINSI, comme l'ont prouvé les témoignages offerts » à cette séance. Non seulement *nous ne pouvons pas* » *encore, à cette heure, nous accorder avec Lille ou* » *Bordeaux, mais* NOUS NE POUVONS, MÊME A » PARIS, NOUS ACCORDER ENTRE NOUS. »

Ceci est parfaitement clair, messieurs. NULLE PART, MÊME A PARIS, IL N'Y A UNE BASE SONORE CERTAINE, et pourtant PARTOUT, MÊME A PARIS, MÊME DANS L'ÉTABLISSEMENT DONT VOUS DIRIGEZ LES ÉTUDES, IL Y A UNE SEULE ET MÊME LANGUE DE SOLMISATION. Bien plus, partout cette langue se pré- sente AVEC LE MÊME DIVIDENDE D'UNE BANQUEROUTE FAITE AU BON SENS, puisque partout cette langue, n'a que SEPT mots au lieu de vingt-et-un, QUAND ON SOLFIE, c'est-à-dire quand on veut indiquer, en chantant, DANS LE SYSTÈME DU TON ABSOLU, le véritable degré d'élévation de chaque son produit, PAR RAPPORT A UN RÉGULATEUR QUELCONQUE. Je fais, pour un moment abstraction de la variété des diapasons. Les modulations fussent-elles circonscrites dans le mode majeur et dans les quatorze tonalités, sept par dièses jusqu'au ton d'UT DIÈSE et sept par bémols, juqu'au ton d'UT BÉMOL, il faudrait nécessairement VINGT-ET-UN MOTS, au lieu de SEPT qu'on emploie au Conservatoire impérial. pour désigner nettement dans la solmisation, vingt-et-un degrés différents de hauteur, dans une seule octave. Si le mot banqueroute vous paraît trop fort, disons FAILLITE, tout en restant, de part et d'autre, bien convaincus que la faillite qui donne à la science TRENTE-TROIS POUR CENT, est bien près d'être une banqueroute.

Pour peu que vous y regardiez de près, messieurs, vous verrez que les envois si peu nombreux des recrues que vous recevez, disciplinées ou dégrossies, de vos succursales, seraient pour vous un grave embarras. Supposons que ces organisations supérieures — on n'en reçoit que de bonnes, dans vos succursales, et les très-rares sujets qu'on vous envoie de vos MEILLEURES NATURES PARMI LES EXCELLENTES— vous arrivent le même jour de Lille, de Metz, de Marseille et de Toulouse. Votre premier soin sera, sans aucun doute, de vous assurer qu'on leur a appris à SOLFIER, et pour vous faire une idée exacte de leur valeur comparative, c'est sur le même morceau que vous les appellerez à montrer leur savoir. Eh bien ! s'ils ont appliqué rigoureusement les lois du TON ABSOLU, en appelant, toujours, si la seconde majeure au-dessus de leur diapason, SOL, la seconde majeure au-dessous de leur régulateur, et ainsi de suite ; de plus, s'ils ont stéréotypé dans leur souvenir l'étalon sonore de leur localité, pour justifier cette expression : AVOIR LE DIAPASON DANS L'OREILLE, voyons ce qui devra infailliblement se produire, a votre grande stupéfaction.

Que par rapport au diapason de votre Conservatoire, le LA légitime, l'étalon de Lille donnant le SI BÉMOL, le diapason de Metz, le SOL DOUBLE DIÈSE, le régulateur de Marseille, le SI DOUBLE BÉMOL, et le type de Toulouse le SOL DIÈSE, un des membres de votre comité choisisse, comme morceau d'épreuve, l'air du Chamelier, dans l'ENFANT PRODIGUE, aucun de vous, messieurs, n'aura le droit de se formaliser si, au lieu de solfier, comme l'exige votre ton d'UT de la métropole :

Solmisation du Conservatoire : mi, ré, do, ré, | mi, do, la, si, | do, ré, | si, etc.
L'élève de Lille solfie : fa, mi, ré, mi, | fa, ré, si, do, | ré, mi, | do, etc.
Celui de Metz : ré, do, si, do, | ré, si, sol, la, | si, do, | la, etc.
Celui de Marseille : fa, mi, ré, mi, | fa, ré, si, do, | ré, mi, | do, etc.
Celui de Toulouse : si, la, sol, la, | si, sol, mi, fa, | sol, la, | fa, etc.

Chacun étant obligé de penser les accidents du ton EFFECTIF de son berceau musical, relativement au diapason officiel, c'est-à-dire, DD signifiant DOUBLE DIÈSE, et BB, DOUBLE BÉMOL :

L'élève de Lille : fa. mib, reb, mib, | fa, reb, sib, do, | reb, mib, | do. etc.
L'élève de Metz : redd, dodd, sid, dodd, | redd, sid, soldd, ladd, | sid, dodd, | ladd, etc.
L'élève de Paris : mi, ré, do, ré, | mi, do, la, si, | do, ré, | si, etc.
L'élève de Marseille : fab, mibb, rébb, mibb, | fab, rébb, sibb, dob, | rébb, mibb, | dob, etc.
L'élève de Toulouse : sid, lad, sold, lad, | sid, sold, mid, fadd, | sold, lad, | fad, etc.

Et qu'aurez-vous à dire, si les Marseillais et les Messins se récrient sur la difficulté excessive qu'il y a pour eux à chanter dans des tons aussi chargés de doubles accidents ? Les renverrez-vous, comme incapables. à M. Mouzin et à M. Auguste Morel ?

Remarquez, en outre, messieurs, que votre écriture, défendue par VOUS PER FAS ET NEFAS, est singulièrement compromise par la différence des diapasons. Voyez plutôt : LES CINQ DEGRÉS DE HAUTEUR RÉELLE de la tonique, selon les cinq diapason (et pourquoi n'y en aurait-il pas six, sept, dix, vingt, deux cents, etc. ?) sont représentés, à la portée que vous dites PARLER A L'ŒIL, par UNE SEULE ET MÊME COMBINAISON DE CARACTÈRES ! Ne trouvez-vous pas matière à quelques réflexions salutaires, dans ce développement, tout-à-fait de circonstance, d'une note imprimée par Émile Chevé, page 23 de l'ouvrage qu'il n'a pas craint d'intituler : LA ROUTINE ET LE BON SENS, OU LES CONSERVATOIRES ET LA MÉTHODE GALIN-PARIS-CHEVÉ.

N'arrivez-vous point à vous dire : « Nous sommes, dans l'établissement subventionné aux frais de tous, nous, professeurs, sans aucune exception, tous parfaitement organisés, tous ayant DÉVORÉ LA MUSIQUE, tous ayant fait nos preuves individuelles, comme musiciens de talent et de goût ; plusieurs, parmi nous, ont composé des œuvres dramatiques extrêmement remarquables, et pourtant nos élèves n'arrivent pas à déchiffrer notre notation, SANS LE SECOURS DE L'INSTRUMENT, dans la proportion d'un sur vingt, bien que nous éliminions, dans un examen préalable, tout ce qui se présente dans des conditions seulement douteuses, à plus forte raison négatives, d'organisation et de voix. Évidemment, ce déplorable résultat, auquel on arrive avec une désolante uniformité, depuis huit cents ans, n'est pas dû à la différence des esprits, puisqu'on compte par milliers les voix justes et bien timbrées ; il ne tient donc qu'à l'une des deux causes suivantes : ou bien notre langue de solmisation est mauvaise, et notre principe du ton absolu est faux, ou bien nous n'entendons rien à l'enseignement et à la science des signes.

Je préfère messieurs, à l'explication qui ferait de vous des incapables celle qui met toute la faute sur la mauvaise qualité des signes. Voyez ce qui se passe chez les lecteurs du CHIFFRE ! Peu leur importe la multiplicité des diapasons. Quel que soit celui qu'on leur donne, dans les limites de leur voix, guidés par la théorie des FONCTIONS, que vous avez reconnue et proclamée, quand vous avez dit soit : PREMIER DEGRÉ, SECOND DEGRÉ, TROISIÈME DEGRÉ, etc., soit : TONIQUE, SOUS-MÉDIANTE, (ou sous-tonique), MÉDIANTE, etc., ils attaquent, sans hésitation, ce qui se présenterait dans votre écriture, sous une forme tellement embrouillée que les plus forts parmi vous pourraient seuls ne pas déclarer le problème au-dessus de leur sagacité exceptionnelle.

Il viendra nécessairement un jour où vous serez contraints d'avouer que des idées PERCEPTIBLES PARTOUT LE MONDE doivent pouvoir être COMPRISES ET EXPRIMÉES PAR TOUT LE MONDE, lorsqu'elles sont écrites.

Prenez garde que, quand vous vous déciderez à faire cet aveu, on ait le droit de vous répondre : IL EST TROP TARD.

C'est, pour citer la Fontaine, le conseil d'un SAGE ENNEMI.

Aimé PARIS.

Encore une petite inoculation du virus Galin.

Paris, 19 juin 1856.

Ces jours derniers, M. Gallier, directeur de la société chorale les CÉCILIENS, m'a fait demander un professeur de notre école, pour *faire un cours d'après la méthode à toute sa société.*

M. Poncet, l'un de nos sociétaires, a bien voulu se charger de ce cours qu'il a ouvert hier soir.

Dans quelques mois, les CÉCILIENS se présenteront à tous leurs concours avec leurs partitions en chiffres, comme les membres de la PARISIENNE — Où va s'arrêter cette contagion ! hélas ! elle s'arrêtera que quand il n'y aura plus personne qui lui ait échappé ! Il faut qu'elle atteigne jusqu'à la commission du chant elle-même. Ainsi soit-il !

Émile CHEVÉ.

M. MERCADIER, LE CONSERVATOIRE
de musique,
& LA MÉTHODE GALIN-PARIS-CHEVÉ.

(Suite. — Voir le numéro du 15 juin.)

Le rapport du comité des études musicales du Conservatoire continue ainsi : « A ce point de vue (des observations et des procédés propres à M. Mercadier) on remarque notamment les chapitres qu'il a consacrés à l'explication de *la gamme modèle, de la formation des gammes, du renversement des intervalles et de l'origine des clés.* »

Je suis obligé de répéter : M. Paris a déjà démontré, et je démontrerai encore bientôt que, dans tout ce qui est véritablement scientifique dans ces chapitres, il n'y a pas une idée — *une seule* entendez-vous bien — qui appartienne en *propre* à M. Mercadier. Toutes ces idées *sont imprimées* dans tous les livres de notre école, et même quelques-unes le sont encore ailleurs ; *toutes sont professées* par M. Paris *depuis 30 ans*, par madame Chevé depuis 25, par moi depuis 20, et par *tous les professeurs sortis de notre école* et éparpillés sur tous les points du globe, grâce à l'apostolat des officiers de la marine. — Ce fait sera démontré jusqu'à la dernière évidence. Que signifient donc ces paroles si affirmatives du rapport, paroles qui prouvent d'une façon si éclatante, ou — que les membres du comité n'ont aucune idée de l'état de la question, ou bien — qu'ils jugent contre le droit, puisqu'ils attribuent en *propre* à M. Mercadier, *qui n'y a d'autre titre que celui de les avoir COPIÉES chez ses devanciers,* des idées scientifiques imprimées des livres qui en sont *à la huitième édition,* et qui sont *professées jusque dans des écoles officielles du département de la Seine* ! j'ajoute : et qui sont repoussées par le Conservatoire depuis 15 ans, même après le sérieux examen qu'en ont fait, en 1850, messieurs Auber, Halévy et Carafa. — Aussi, si la majorité de la commission peut s'excuser en disant : — *Nous avons cru que les idées que nous soumettait M. Mercadier, et que nous avons trouvées utiles, lui appartenaient ;* mais du moment qu'on nous a donné le change sur l'origine de ces idées, notre jugement doit être modifié *au point de vue de la paternité de ces idées,* qui n'appartiennent en aucune façon à M. Mercadier. Mais, si la majorité de la commission peut trouver là une excuse, MM. Auber, Halévy et Carafa n'en peuvent faire autant : *ils ont agi en pleine connaissance de cause,* eux ; ils ne peuvent le nier ! Comment donc expliquer la présence de leur signature au bas de cette pièce ? je ne sais...

Du reste, aux yeux des gens sensés, et quoiqu'il en soit de cette *erreur d'attribution* de la part du comité des études musicales du Conservatoire, l'adoption par lui de nos théories contenues dans le livre de M. Mercadier, est une consécration pour l'école de Galin, c'est *l'amende honorable faite par la vieille école à la nouvelle...* cela est de toute évidence, et justifie pleinement le titre des articles de M. Paris. Pour être logique, ces messieurs devraient désormais coordonner leur enseignement pratique aux nouvelles idées théoriques qu'ils viennent de sanctionner. C'est-à-dire, qu'ils devront renoncer à enseigner le ton absolu, et les douze demi-tons, pour en venir, comme nous, à la théorie des rapports. — Je développerai ces conséquences *fatales* du rapport du comité, quand je m'occuperai du livre de M. Mercadier. Ce n'est pas tout que d'adopter une théorie ; il faut, pour être logique, en subir les conséquences ; et le comité ne me paraît pas avoir conscience de l'importance de sa déclaration ! Je lui viendrai bientôt en aide ; mais, en attendant, une idée triste, pénible, vous pénètre l'âme : est-il juste que l'ignorance ou la malveillance d'un comité chargé de l'une des fonctions les plus graves qui puissent incomber à une commission : — diriger l'enseignement — viennent du même coup : *priver les inventeurs du fruit de longs et pénibles travaux et de sacrifices immenses ; surprendre la religion du* Pouvoir qui ne peut s'en rapporter qu'à ses agents ; et, enfin, *porter ainsi un grand préjudice* au pays qui, subissant fatalement les conséquences de tout ce qui se fait, se trouve privé de l'emploi de machines perfectionnées, de machines *complètes dont la puissance est démontrée par des milliers d'expériences,* et ne reçoit en échange — de par les rapports des comités— que des *fragments de machines* qui, *détachés de l'ensemble,* ne sont d'aucune utilité. - Je le répète, cela est bien triste, bien injuste et bien fâcheux pour tout le monde.

Le rapport finit ainsi : « Le comité n'hésite donc pas à déclarer qu'il considère l'ouvrage de M. Mercadier *comme devant servir au progrès de l'enseignement musical,* et il en propose l'adoption pour les classes du Conservatoire. »

Je suis forcé de le répéter pour la dixième fois ; quand j'aurai fait deux parts de l'ouvrage de M. Mercadier, *l'une,* dans laquelle se trouvent toutes les banalités des solfèges sur les signes et les termes de la musique ; *l'autre,* qui contient les idées scientifiques et les démonstrations de notre école, plus ou moins tronquées, plus ou moins défigurées ; quand j'aurai fait cela, *sans que M. Mercadier puisse détruire une seule de mes preuves,* je serai en droit, au nom de *la vérité,* du *bon sens* et de la *modération invoqués* par M. Mercadier, et au nom de *la justice* invoquée par moi, de poser les conclusions suivantes :

1° Ce n'est pas l'exposé banal des signes de l'écriture usuelle qu'a voulu signaler le rapport *comme devant servir au progrès de l'enseignement musical,* puisqu'il n'en dit pas un mot, et que cet exposé se rencontre partout ;

2° C'est la partie scientifique que le rapport signale comme devant servir aux progrès de l'enseignement musical : il le dit explicitement : *gamme modèle, formation des gammes,* etc. ;

3° Les idées scientifiques adoptées par le comité des études n'étant enseignées dans aucun conservatoire, ni consignées dans aucun de leurs solféges, mais se trouvant imprimées dans tous les livres de notre école, bien avant l'apparition de celui de M. Mercadier (1), *ces idées nous appartiennent très positivement,* et c'est, de toute évidence, notre école qui, *seule,* a le droit de profiter de la bonne fortune qui leur arrive, comme c'est elle seule qui, jusqu'ici, en a supporté le poids si lourd et subi la responsabilité d'ailleurs si périlleuse par les temps que nous avons eu à passer. Ceci est encore clair comme le jour, et un fou seul pourrait le contester.

Donc enfin, c'est bien la nouvelle école, depuis si longtemps repoussée et persécutée pour ces idées, qui, seule, a le droit d'en revendiquer l'honneur et le bénéfice, le jour où le Conservatoire, changeant de poids et de mesure, les adopte, reconnus ou non pour nôtres, — peu importe, — sous le nom d'un autre qui nous les a prises. Le bon sens, la modération, la vérité, et, pardessus tout la justice le veulent ainsi. Aucune argutie ne peut rien dans une question aussi simple, aussi claire, et M. Mercadier n'a eu d'autre mérite dans cette affaire — *si mérite il y a* — que d'avoir présenté sous son nom et d'avoir fait adopter par le comité, une partie des bases de notre école en en cachant soigneusement le drapeau arboré. Grâces pourraient lui être rendues pour le bon tour qu'il a joué là aux défenseurs *quand même* du ton absolu, s'il n'y avait au fond de tout cela une fort vilaine action qui attriste le cœur et fait perdre toute envie de plaisanter, soit que l'on pense aux *adopteurs* ou à l'adopté.

Toutefois, le succès si facile et si rapide de M. Mercadier, en regard de nos luttes si longues et si pénibles, donne lieu à un rapprochement bien singulier et bien triste en même temps, et qui justifie bien le dicton : « qu'en ce monde il n'y a qu'heur et malheur ! » — Quand nous avons commencé notre apostolat — il y a déjà bien longtemps de cela ! — nous avons fait toutes les démarches imaginables —*mais avouables* — pour obtenir, *non pas l'adoption de nos livres* — nous croyons que ce n'est pas ainsi qu'il faut procéder dans des questions aussi graves, je dirai aussi saintes, que celle de l'enseignement général d'une nation : mais *pour obtenir, à nos frais, risques et périls, le concours sérieux* — théorique et pratique — entre notre méthode et celles qui sont employées dans toutes les écoles : conservatoires, écoles communales, salles d'asiles etc. — Nous avons toujours demandé cela, et nous n'avons jamais demandé que cela parce que l'expérimentation pratique, et de plus comparative, est le seul moyen de faire apprécier d'une manière sérieuse, raisonnable, vraie, tout à la fois la valeur absolue et la valeur relative de chaque instrument, de chaque méthode — Hélas ! malgré tous nos efforts, malgré *dix-huit demandes successives de concours à nos frais,* malgré les immenses résultats obtenus par nous et par nos élèves, et, je puis le dire, malgré notre persévérance et notre abnégation qui ne se sont jamais démentis, quoique nous ayons fait, enfin, nous avons toujours été repoussés : On nous a d'abord éconduits ; pourquoi ? je n'en sais rien. Puis bientôt on s'est livré contre nous a des actes d'hostilité qui n'étaient nullement justifiés, et l'on nous a enfin attaqués d'une façon tellement inique que force nous a été — à nous qui arrivions les mains pleines de *bon grain* et le cœur joyeux *du bien que*

(1) Une personne très-haut placée, à qui M. Mercadier affirmait avoir véritablement trouvé seul la théorie imprimée chez nous depuis si longtemps, lui répondit : « Ignorez-vous donc, monsieur, que l'on n'a pas *le droit de trouver ce qui est imprimé dans le livre d'un autre ?* » Que répondre à cela ? rien.

nous apportions pour tous — force nous a été, dis-je.
pour ne pas être écrasés, d'accepter, à contre cœur,
mais d'accepter résolument, la guerre si énormément
disproportionnée que l'on nous déclarait comme à
des gens nuisibles et dangereux dont on espérait avoir
facilement raison, soit par la peur, soit par la famine,
soit autrement! Nos adversaires avaient pour eux
tout ce qui rend puissant en civilisation : le pouvoir,
la fortune, la considération, la renommée, la presse,
l'influence, le fait accompli et — par dessus tout
cela — *tout le cortège si ardent des amours-propres
froissés et des intérêts compromis* par l'arrivée d'une
idée nouvelle. Ils avaient donc tout lieu de se croire
invincibles ; surtout en considérant notre faiblesse
à nous, pauvres chétifs, sans noms, sans fortune,
sans crédit, sans soutien aucun, et de plus — ils le
savaient bien — *affligés* de cœurs droits et de
colonnes vertébrales peu flexibles. — A leurs yeux
nous devions véritablement paraître bien faibles,
puisque nous n'avions pour toute force que *la vérité*,
qu'ils n'ont pas voulu reconnaître, ni que notre *foi*
et notre *dévouement sans borne, qu'ils n'ont pas su
ou qu'ils n'ont pas voulu comprendre*. Tant pis pour
eux, car ils se sont grossièrement trompés sur le
résultat de la guerre qu'ils nous déclaraient si injustement.

Contraints par eux de combattre, nous avons donc
résolument relevé le gant qu'ils nous jetaient, sans
regarder qui nous avions devant nous, pleins de confiance dans le succès de notre belle cause : le bien
pour tous, même pour nos ennemis. Mais en acceptant
la position si rude et si pleine de périls de tous genres
qu'ils nous faisaient, nous ne pouvions le faire que
sérieusement, *très-sérieusement*, et comme des apôtres
qui sacrifient leur vie à leur foi. Dès lors, ne pouvant
plus compter que sur nos propres forces, abandonnés
repoussés de tous, nous avons dû, tout en combattant
de notre mieux, et en repoussant les agressions de
nos adversaires, semer hors des champs officiels ;
faire appel à l'opinion publique, en multipliant de
tous côtés les expériences pratiques, et finir enfin par
fonder notre école sous notre seule bannière, en dehors de toute influence de conservatoire et de commissions du chant. — Notre plan a pleinement réussi.
— D'une part, nos adversaires ne se plaignent que
de la *vigueur* de nos *ripostes*, preuve qu'elles sont
justes et bonnes, et de notre écriture, preuve qu'ils
ne la connaissent pas ; et, d'autre part, on voit
chaque jours nos cours, nos livres, nos séances publiques entraîner des convictions de plus en plus
nombreuses et de plus en plus importantes : convictions qui assurent enfin, à nos doctrines, un succès
prochain, et — à nos adversaires une défaite inévitable. — *Indè iræ* — De là, leur mauvaise humeur
toujours croissante contre nous. — Eh bien ! à qui
la faute ? — Pouvions nous, raisonnablement, agir
autrement ? — devions-nous — nous qui avions la
foi — abandonner la vérité ? devions-nous laisser
périr une idée grande et féconde en immenses résultats, parce qu'il plaisait à quelques hommes *passionnés*
de la repousser sans la connaître, (de parti pris, et
sans savoir pourquoi ils la repoussaient !... Et plus
tard, quand écrasés par les faits, qu'ils n'avaient pas
su prévoir, ils sont forcés de reconnaître la puissance
incroyable de l'instrument qu'ils avaient méconnu,
sont-ils bien venus — pour s'excuser — de nous
reprocher la guerre vigoureuse que nous avons soutenue, parce qu'ils nous l'avaient déclarée ; et nous
dire que nous nous sommes ainsi rendus impossibles !
— Mais encore un coup, à qui la faute ? Si nous n'a-
vions pas eu assez de cœur pour relever le gant qu'on
nous jetait avec tant de hauteur, nous n'aurions pas
eu non plus le cœur qu'il fallait pour accepter *seuls*,
et sans que cela nous regardât, (puisqu'aucun de
nous trois n'était musicien de profession) le fardeau
d'une idée nouvelle, qui ne peut comme un *fermoir
de bourse* ou une *boucle de cravate*, se transformer
en mine d'or sous la main d'un exploiteur habile,
protégé par son brevet d'invention. — Comprenez
donc ceci, Messieurs, je vous en prie : Si l'égoïste
qui veut remplir sa bourse ne contrarie personne, ne
relève rien, subit tout, pour arriver à son but, n'importe par quelle route, dégagé du bagage trop embar-
rassant de toute dignité personnelle, il n'en est pas
de même du croyant dévoué : la foi marche droit au
but et le front haut sans se préoccuper du bien-être ou
du mal-être de celui dont elle emplit le cœur. —
Malheur à qui ne sent plus cette différence ; il a
perdu le sens moral : il n'est plus un homme.

Voilà ce qui a eu lieu de notre côté.

En outre, et dans les conjonctures dont je
viens de parler, on propose au Conservatoire d'adopter — *divisée* et sans aucune expérimentation pratique — un livre (1) qui n'a encore fait aucune preuve;
que personne ne connaît, puisqu'il était hier sous
presse; qui n'a produit aucun résultat pratique sérieux;
qui ne contient pas un seul exercice pratique, et dont
le nom de l'auteur ne peut, en aucune façon, offrir de
garantie, puisque l'auteur n'est ni un homme spécial
dans la question, ni un savant accepté par l'opinion
publique, qui ne le connaît pas. – Ce livre ne demande
pas d'être examiné — *après expérimentation pratique*;
— il ne réclame pas de concours comparatifs aux frais
de l'auteur ; il demande l'adoption *sans garanties*
fournies par lui ; et ce livre est adopté par acclamation, à la simple présentation — quelle chance ! —
par des gens qui, chez eux, n'ont jamais rien voulu
examiner — ni pratique ni théorie... Et, comme pour
rendre la chose plus étrange encore, ces livres ne sont
que la reproduction de ceux que le Conservatoire repousse depuis 15 ans ! ! Et après un *sérieux examen*,
ont osé l'imprimer MM. Auber, Halévy et Carafa ! ! !

Quel sérieux ! quelle conscience des devoirs du
juge... Et la loi reste muette devant cette monstruosité : elle ne l'avait pas prévue !...

Maintenant que nous en avons fini avec le rapport
du comité des études du Conservatoire, — et qu'il est
clair pour tous que si cette pièce a une certaine valeur, ce qui me paraît douteux, — le bénéfice n'en
peut appartenir qu'à l'école Galin-Paris-Chevé, — je
vais prendre la seconde partie de ma pénible tâche,
l'analyse du livre de M. Mercadier, pour mettre à
chaque idée l'étiquette qui lui appartient. — Après
viendra le tour de la lettre de M. Mercadier. La tâche
est lourde, je le répète : mais je ne manque pas de
courage.

Emile CHEVÉ.

(La suite prochainement)

Une preuve de plus de la déloyauté de nos adversaires.

> *Voilà donc quels vengeur s'arment pour la querelle !*
> (RACINE, ATHALIE.)

M. Emile Chevé m'a envoyé à Marseille
la lettre suivante qu'il a reçue de Marseille, le
9 juin. Une demi-heure après l'avoir lue, je
savais, à n'en pas douter, quel en était l'auteur, et aujourd'hui avant deux heures, en
présence de deux témoins honorables l'auteur

de cette infamie, qui outrage autant la
vérité que l'ortographe avouait ce qu'il lui
était impossible de nier, en présence des preuves
que j'avais de sa culpabilité.

Comme il n'est nullement impossib'e que le
défenseur de la succursale du Conservatoire
impérial ait écrit à d'autres qu'à M. Chevé que
JE SUIS ALLÉ LE 5 DE CE MOIS, AU CONSERVATOIRE
DE MARSEILLE, ME FAIRE BATTRE PAR DES ÉLÈVES
DE PREMIÈRE ANNÉE, il faut bien que je dise
ici, comme je l'ai dit au correspondant très-
peu scrupuleux de M. Chevé, que je ne suis
entré qu'unefois au Conservatoire de Marseille,
il y a trois ans, 1853, sur l'invitation de M.
le secrétaire en chef de la mairie. J'ai raconté
dans ma publication, le PROFESSORAT MUSICAL
etc., les curieux détails de mon unique entrevue avec M. le directeur du Conservatoire
de Marseille. Donc le défenseur du Conservatoire
de Marseille a MENTI.

Maintenant voici, conforme de tout point à
l'original (accents, ponctuation, majuscules
et orthographe) la lettre dont le manuscrit a
été lu, DEVANT MOI, PAR M. LE DIRECTEUR DU
CONSERVATOIRE qui n'a pas jugé, dans sa sagesse,
qu'il y eût à répudier hautement par une déclaration loyale toute solidarité avec le méprisable menteur dont le nom lui a été révélé,
s'il ne voulait pas autoriser des suppositions
qui vont quelquefois vite et loin :

« Monsieur,

» Nous *Elèves* du conservatoire de musique de
Marseille aurions *desire* que l'armée *tubulante orgeu-
lieuse* et a la fois *inpuissante* des réformateurs *modernes*
de la musique dont vous faites partie ; eût assisté a
la défaite qu'a *eprouvé* Votre *associe* M. Paris le 5
juin au conservatoire même *ou* il venait pour nous
tendre un piége et il s'y est laissé prendre c'est *a dirre*
qu'il a dressé des demandes aux *élèves* et *même au
professeur*. on lui a répondu très bien il ne peut pas
dire le contraire, mais on lui en a *faits* aussi et il n'a
répondu que d'une manière vague et souvent *toutafait*
fausse, lui qui *quelque* jours *auparavants* avait fait
afficher dans les rues de Marseille un avis que vous
connaissez et qui avait *écris* dans cet avis que sa victoire était *complète* et voici *commant* ; c'est qu'il avait
fait mettre la force armée pour *amener tout* ceux qui
aurait osé lui faire des questions ou qui *aurait* discuté
avec lui le sujet absurde dont il Entretenait le public.
ensuite la *sale etait au trois quars plaine* de ses amis
et *partisant* de cette *methode* qui *aplaudissait quand
même*. *Voila* comment sa victoire *était complète*.
maintenant il *pourdit dirre a* bonne raison que sa
défaite est *complete* et au lieu *décrire* dans le journal
la *réforme* musicale, la victoire qu'il a *renporte* contre
le néant il *pourrait* bien *dirre* sa défaite personnelle
contre des *élèves* de 1re années ! ! ! !

Tout *a* vous

E. BONNIFAI »

L'INDICATEUR MARSEILLAIS, pour 1856, donne
les adresses de seize personnes du nom de
Bonifay. Je ne dois laisser soupçonner un seul
de ces citoyens recommandables d'avoir commis
une pareille turpitude. Celui qui a abusé de
leur nom se nomme RODOLPHE BERNER. Il est
élève du Conservatoire de Marseille. Prépare-
t-il sa candidature à l'Académie des BELLES-
LETTRES de Rouen? Il a droit aux vingt neuf
voix données, par cette noble compagnie, au
LITTÉRATEUR qui m'écrivait : « Je ne pouvais
» condaNNer n'Y approuver celui qui vous
» avEZ refusé » Les deux feraient la paire.

Marseille, 16 juin 1856.

Aimé PARIS.

P. S. Par je ne sais quel pressentiment, j'ai
prié M. Roger, le 17 juin, d'ajourner la publication de l'article précédent, que je lui avais
envoyé la veille. Je voulais voir venir les événements, et j'ai bien fait.

Une des deux personnes qui ont assisté à
l'interrogatoire que j'ai fait subir à Berner et
qui ont vu cet élève du Conservatoire COMMEN-
CER PAR NIER, ayant appris qu'on l'accusait,

---

(1) Ce n'est pas la première fois que pareille chose arrive au
Conservatoire. Voici un autre exemple de l'EXTRÊME FACILITÉ du
Conservatoire pour accepter CERTAINES choses, surtout quand ces
choses ont déjà passé par notre école, et que, bien entendu, elles
lui sont présentées par d'autres que par nous.

En 1850, j'ai publié, dans le journal LA MUSIQUE, un nouveau
modèle de portée à TROIS lignes, pour l'écriture musicale. — Cette
portée, dont l'idée première — je ne parle que des modernes — appartient à M. Treuille, capitaine d'artillerie, a pour caractères spéciaux : 1° DE N'AVOIR PLUS DE CLÉ ; 2° D'OFFRIR LE MÊME ALPHABET
POUR TOUTES LES VOIX ET TOUS LES INSTRUMENTS, quels qu'ils
soient; 3° enfin, DE NE PAS CHANGER D'ALPHABET A CHAQUE OC-
TAVE, comme le fait la portée de cinq lignes. J'ai développé cette
belle idée de M. Treuille, et j'ai donné la portée telle que la demandent les voix et tous les instruments, sans exception. Le FRANC-
JUGE du 12 janvier 1851 REPRODUISIT cette portée, QUE NOUS
AVONS IMPRIMÉE sur la couverture de la méthode de piano de
madame Chevé.

Eh bien! POSTÉRIEUREMENT à tout cela, un ancien professeur
de la méthode Wilhem, devenu galiniste en 1848, M. Perrot INVENTA
— après les autres aussi — la portée de 3 lignes de M. Treuille ; —
mais, comme tous ceux qui inventent après les autres, il se crut
obligé de MODIFIER, et il le fit avec tant de bonheur qu'il fit perdre
à la portée nouvelle son plus brillant avantage : l'absence de clés
multiples et l'alphabet identique pour tous ; IL RÉINVENTA LES CLÉS
SUR UNE PORTÉE QUI LES DÉTRUISAIT ! ! Puis il fit accepter au
Conservatoire de musique l'idée de M. Treuille ainsi estropiée ; et
le Conservatoire qui n'avait pas voulu de l'instrument parfait — offert
par nous — le prit avec enthousiasme, quoique mutilé, mais présenté par un homme qui n'y avait aucun droit !...

Un éditeur, alléché sans doute par l'approbation du Conservatoire,
fit éditer cette portée, et je doute qu'il ait fait une bonne affaire.

Nous ne nous occupâmes nullement de cet acte du Conservatoire,
quelqu'extraordinaire qu'il nous parût : M. Perrot était un vieillard,
il n'était point heureux, il était père de famille; nous laissâmes la
chose mourir de sa belle mort, — ce qui arriva bientôt.

Cette fois nous en aurions fait autant avec la nouvelle approbation
du Conservatoire, et nous aurions abandonné le livre de M. Mercadier à son sort, si nous n'avions appris, par vingt bouches différentes, que M. Mercadier, appuyé d'un côté sur sa médaille de l'exposition, et de l'autre sur le rapport du comité, remuait ciel et
terre, c'est l'expression dont on s'est servi, pour faire adopter son
livre par l'instruction publique, comme il l'avait déjà été par le
Conservatoire. — Des bruits d'EXERCICES PRATIQUES, d'EXERCICES
DE MESURE POUR ENLEVER LES SYNCOPES ET LES TRIOLETS, de traité
d'harmonie, tout cela nous arriva à la fois, — Il y avait péril en la
demeure : nous dûmes agir. — Il fallait, d'une part, empêcher M.
Mercadier de PROFITER de la méthode pratique de madame Chevé,
et de notre traité d'harmonie, comme il avait si bien PROFITÉ, selon
l'expression si heureusement trouvée par le comité, — de notre
théorie. Il fallait surtout prévenir à temps l'administration supérieure,
pour qu'elle ne se laissât pas, cette fois, aller à une démarche non
seulement injuste, mais surtout très-préjudiciable au pays.

E. C.

ainsi que moi, dans le cercle des amis de M. Auguste Morel, d'avoir concerté avec Berner la lettre adressée à M. Chevé, s'est empressée de voir M. le directeur du Conservatoire, pour protester contre toute participation à ce qui aurait été une ignoble comédie.

Quel que soit celui qui a fait cette indigne supposition, je le mets au défi d'oser la renouveler, en se nommant. Voici ce qui en démontre l'invraisemblance et la stupidité.

1° Je n'ai pas besoin de prétextes pour dire ma façon de penser sur la nullité des résultats de lecture sans instruments, au Conservatoire de Marseille. J'ai toujours signé ce que j'en ai dit.

2° Les professeurs du Conservatoire, en masse, assistaient à l'audience du 11 avril 1854. Ils doivent comprendre, d'après la fermeté de mon langage et la netteté de mes explications, que je ne suis pas homme à descendre à de misérables moyens, bons tout au plus pour des gens qui reculent devant toute expérimentation loyale et toute controverse sérieuse.

3° Il aurait été plus que maladroit d'aller signaler à M. Auguste Morel un élève de son Conservatoire, à qui j'aurais conseillé une mauvaise action, et qui n'aurait pas manqué, pour se venger de cette révélation, de dire qu'elle avait été commise à mon instigation.

Je le répète, il est doublement fâcheux pour M. le directeur du Conservatoire, qu'un de ses élèves soit l'auteur de la lettre qui alléguait des faits complètement faux, et que lui, chef d'établissement, n'ait pas su comprendre que les devoirs de sa charge, si ce n'étaient ses sentiments de droiture, lui défendaient d'écouter ses rancunes personnelles lorsqu'on lui demandait de démentir des allégations qu'il savait inexactes de tout point.

Il vient de me donner de grands avantages dans l'esprit de tous les gens de cœur, et j'en connais beaucoup à Marseille.

22 Juin 1856,

Aimé PARIS.

L'ORPHÉON
JUGÉ PAR le *MONITEUR UNIVERSEL*
JOURNAL OFFICIEL DE L'EMPIRE FRANÇAIS.

Les lecteurs de la *Réforme musicale* qui ont lu dimanche dernier l'appréciation faite par mon fils, de la séance annuelle de l'Orphéon de la ville de Paris, seront peut-être curieux de savoir comment cette même séance a été jugée par l'auteur de la revue musicale du *Moniteur universel*. Ils verront que mon fils est resté bien au-dessous de M. A. de Rovray, dans la sévérité de ses jugements. Voici l'article du MONITEUR, numéro du 22 juin 1856 :

« Il y a déjà une quinzaine, des milliers d'orphéonistes s'étageaient sur la moitié des gradins de la vaste enceinte du Cirque-Napoléon ; l'autre moitié était remplie de *parents, d'amis,* en un mot, *d'auditeurs fort bien disposés.* Le centre de l'immense amphithéâtre avait été réservé à M. le préfet de la Seine et à MM. les membres du corps municipale. Le coup d'œil était magnifique. A deux heures et quelques minutes, M. Gounod, directeur de l'Orphéon, est monté sur une petite estrade élevée au milieu de l'arène, un peu en avant des sièges occupés par les autorités, et après avoir commandé une acclamation générale à la mémoire de Wilhem et avoir donné l'accord à ses élèves, la séance a commencé.

» On a *dit fort bien,* d'abord, le *Domine salvum* ; puis, *avec un peu d'hésitation,* un chœur très-remarquable de M. Bazin, intitulé *Notre-Dame de la Garde.* Le chœur des *Deux Avares* de Grétry, chanté par la section des adultes, *a eu les honneurs du bis.* Une sérénade de Félicien David a été *assez bien exécutée.* Mais l'*Adoremus* de Palestrina, et l'*O Filii* de Leissring *n'ont pu arriver au port sans de terribles bourrasques.* N'étaient les efforts héroïques du pilote et d'une partie de l'équipage, j'ai vu le moment où tout allait sombrer.

» L'*Hymne à Orphée* de M. Chelard, double chœur d'une grande beauté, est trop développé, trop nuancé, trop difficile, pour qu'une aussi grande masse d'exécutants *puisse en venir à bout d'une manière irréprochable et à la complète satisfaction des oreilles.* Le chœur de *Jaguarita,* au contraire, *bien plus court,* d'un *rhythme plus marqué,* et dit *seulement par les orphéonistes les plus exercés,* a été applaudi à outrance et redemandé à grands cris par la première. Passons sur le grand chœur de Beethoven, *Dieu glorifié par ses ouvrages ; cette page admirable a été fort maltraitée ;* mais enfin *la déroute n'a pas été complète,* comme dans le morceau suivant : l'*Inviolata* de M. Gounod. En présence *d'un tel désastre,* celui qui en souffrait le plus, comme auteur et comme directeur, a seul conservé son calme et sa présence d'esprit. Il s'est tourné au public, et d'un air souriant : « Messieurs, a-t-il dit, je vous prie de vouloir bien me permettre de faire recommencer le morceau. Ce n'est pas une réparation personnelle que je demande ; mais, les premiers ténors *ayant oublié de prendre l'accord,* j'insiste pour qu'ils aient leur revanche. »

» Qui ne dit mot consent. Le public ayant donné son agrément tacite à la requête de M. Gounod, le chœur a été redit... *Mais, hélas ! cette seconde édition n'a pas été plus heureuse que la première. Voilà donc la partie et la revanche perdues !* La belle à une prochaine séance. Le chant national *Vive l'Empereur !* enlevé avec *beaucoup de verve, de justesse et d'élan* sur toute la ligne, a racheté et au delà les imperfections, les inégalités et les défaillances des morceaux précédents. Tout est bien qui finit bien. N'oublions pas qu'entre les deux parties du concert les orphéonistes ayant fait demander à M. le préfet de la Seine, par un mouvement d'une spontanéité touchante, l'autorisation de faire une quête en faveur des inondés, et cette autorisation leur ayant été accordée sur-le-champ, de jeunes filles, munies de paniers, de corbeilles et de sacs de velours, sont parties dans toutes les directions du vaste amphithéâtre, et en moins d'un quart d'heure, on a recueilli des sommes considérables. Les tout petits enfants donnaient l'exemple, et ne pouvant, dans leur impatience, attendre que la quêteuse arrivât jusqu'à eux, ils enjambaient leur gradin pour déposer leur offrande. Si donc l'exécution vocale a laissé quelque chose à désirer, la charité a trouvé son compte à cette séance ; et d'ailleurs il ne faut jamais perdre de vue que les élèves de l'Orphéon ne sont pas des artistes, et n'aspirent pas à le devenir. On leur enseigne assez de musique pour faire d'excellents ouvriers ; d'honorables négociants, des employés d'une régularité parfaite, et même des architectes et des avocats.

A. de ROVRAY. »

Tel est l'article du *Moniteur.* Résumons-le en peu de mots, pour que le lecteur en apprécie mieux la portée :

MORCEAUX ANCIENS.
1° *Domine salvum.* — Fort bien dit.
2° *Vive l'Empereur.* — *Beaucoup de verve, de justesse et d'élan.*
3° *La Marche des deux Avares.* — A eu les honneurs du bis.

MORCEAUX NOUVEAUX.
4° *Jaguarita.* — Morceau court, rhythmé, dit par les orphéonistes *les plus exercés,* — applaudi à outrance et redemandé à grands cris par l'auditoire.
5° *Notre-Dame de la Garde.* — Un peu d'hésitation.
6° *Sérénade.* — Assez bien exécutée.
7° *Hymne à Orphée.* — *Trop nuancée, trop difficile, pour qu'une aussi grande masse puisse en venir à bout d'une manière irréprochable, et à la complète satisfaction des oreilles* (1).
8° *Chœur de Beethoven.* — Cette page admirable a été fort maltraitée.
9° *Adoremus.* — *Palestrina.* } N'ont pu arriver au
10° *O Filii.* — *Leissring.* } port sans de *terribles bourrasques.* N'étaient les efforts héroïque du pilote et d'une partie de l'équipage, j'ai vu le moment où *tout allait sombrer.*
11° *Inviolata.* — *Déroute complète.* — En présence d'un *tel désastre,* M. Gounod a demandé à recommencer le morceau.
— Le chœur a été redit... mais, hélas ! *cette seconde édition n'a pas été plus heureuse que la première. Voilà donc partie et revanche perdues !*

Retirez les trois morceaux anciens, et Jaguarita, morceau rhythmé et court, et voyez le jugement porté sur le reste ! — Sur les *cinq derniers morceaux* surtout, *qui sont la partie sérieuse du programme.* Et cela résume le travail *annuel* de **25** ou **30** professeurs dont on ne peut contester la capacité, puisque c'est la commission du chant elle-même qui les a reçus après des concours très-sérieux, subis devant elle. — Et la séance annuelle a été retardée de six semaines !

Si la commission du chant, responsable de l'enseignement du chant dans les écoles communales de Paris, n'est pas satisfaite de ces brillants résultats, *enregistrés par le journal officiel du gouvernement,* elle est bien difficile ! ! ! Quant à moi, je m'y attendais.

Émile CHEVÉ.

Nous recevons trop tard pour le publier aujourd'hui un compte-rendu détaillé de la séance donnée par la société de M. E. Chevé, au profit des inondés.

(1) C'est ce même morceau que nous avons appris en trois répétitions, et que nous avons fait applaudir aux Italiens, au concert de Vivier.

XIᵉ Année ; — 1ʳ du nouveau titre. UN NUMÉRO : 20 CENT. N° 24. — Dimanche 9 Juillet. 1856.

Musique, — Sciences, — Arts, — Littérature, — Théâtres.

LA RÉFORME MUSICALE

JOURNAL DES DOCTRINES DE L'ÉCOLE GALIN-PARIS-CHEVÉ.

ABONNEMENT A ROUEN : 10 FR.

ON S'ABONNE

A ROUEN, chez M. Louis Roger,
rue Porte-aux-Rats, 2.
A PARIS, chez M. Émile Chevé rue
des Marais-S.-G., 18.
A MARSEILLE, chez M. Aimé Paris
rue Paradis, 77.

BUREAU A ROUEN, RUE PORTE-AUX-RATS, N° 2.

LOUIS ROGER, Directeur-Gérant.

ABONNEMENT DANS LES DÉP. : 12 FR,

ON S'ABONNE

A LYON, chez M. Perraud, rue du
Griffon, 11.
AU HAVRE, chez M. Vasse,
rue Molière, 16.
*Les abonnements peuvent être payés
en timbres-postes (Affranchir).*

RENSEIGNEMENTS. — Cette feuille paraît, à ROUEN, tous les DIMANCHES. — Tout ce qui concerne l'administration du journal doit être adressé à Rouen, rue Porte-aux-Rats, 2. — Ce qui concerne la rédaction peut être indifféremment adressé à M. CHEVÉ, à M. Aimé PARIS, ou au Directeur-Gérant. — La critique demeure sous la responsabilité de celui qui la signe. — Il sera rendu compte des Ouvrages dont un exemplaire sera déposé au bureau du journal. Les lettres non affranchies seront refusées.

On peut se procurer des numéros de la *Réforme*, au Bureau du Journal ; — au dépôt du cours Boïeldieu, à Rouen, — et dans l'intérieur des Théâtres.

La méthode Galin-Paris-Chevé.

A L'ÉCOLE COMMUNALE DE MONTROUGE.

Paris, 19 juin 1856.

La Réforme musicale du 10 février dernier a rendu compte de l'introduction de la méthode Galin-Paris-Chevé dans l'école communale de Montrouge, dirigée par le frère Archange, des écoles chrétiennes.

Depuis cette époque, je n'avais plus revu les élèves, lorsque hier, le frère Archange a réuni l'administration de Montrouge, représentée par M. Comte, curé de la paroisse, MM. Dareau, maire, Périer et Gravel, adjoints; Pédezert, commissaire de police ; Mugnier, percepteur des contributions ; Horguelin, délégué communal, et quelques autres notables de la commune. Dans cette réunion, il s'agissait de constater les progrès des élèves qui suivent la méthode depuis six mois. Le frère Archange avait bien voulu m'inviter à la séance.

M. Roncin, qui fait ce cours avec zèle et habileté, comme l'ont prouvé les résultats obtenus, a, pendant une heure et demie, fait faire à ses élèves les exercices suivants :

1° En INTONATION : Exercices sur les modes majeur et mineur ; puis modulation en FA et en SOL — et aux relatifs mineurs de ces deux tons. Ces exercices ont été faits avec une grande vigueur et une grande justesse. Tous les assistants en paraissaient fort étonnés ; et M. Pédezert, mon voisin, qui paraît être très-bon musicien, était surpris de cette sûreté d'intonation.

2° En MESURE : Exercices sur les coupes à un trait, et le commencement des TAFA-TÉFÉ : bon résultat encore.

3° DICTÉE. Les enfants n'en sont encore qu'à l'intonation, sans mesure; mais ils reconnaissent très-facilement les intonations.

4° THÉORIE. Une leçon élémentaire de théorie sur les intervalles a valu au professeur et aux élèves les félicitations des assistants.

5° LECTURE, en parties, de 15 ou 16 duos, dont quelques-uns très-difficiles. Pour montrer que, ce qui est fait par la masse peut être fait par les individualités isolées, on a fait lire à deux enfants un duo très-difficile, qu'ils ont enlevé avec une grande facilité.

En un mot, la séance d'hier, qui n'était qu'une leçon ordinaire, a prouvé que les enfants étaient en très-bon chemin, et qu'ils vont TRÈS-PROCHAINEMENT fournira à la commune de Montrouge une masse de chanteurs-lecteurs ; ce qui n'existe dans aucune des écoles de Paris, le Conservatoire compris.

M. le maire, M. le curé et toutes les personnes présentes ont paru fort surprises et très-satisfaites des résultats qu'elles voyaient, et en ont témoigné leur satisfaction à M. Roncin. Elles ont aussi chaudement remercié le frère Archange de l'initiative qu'il avait prise relativement au changement de méthode, changement qui laisse prévoir de si magnifiques résultats dans un avenir très-prochain.

J'ajoute : Honneur aux magistrats qui, en s'appuyant sur des faits irrécusables, ne craignent pas d'encourager — DANS LES LIMITES DU RAISONNABLE ET DE LA PRUDENCE — les essais qui peuvent être utiles à leurs administrés. Grâce au frère Archange, grâce à M. le curé et à l'édilité de Montrouge, cette belle commune, si pleine d'avenir, va se trouver bientôt avec Bercy, à la tête des écoles du département de la Seine, pour l'enseignement musical ; et un centre puissant d'attraction sera fondé pour offrir aux ouvriers une occupation agréable et utile — une occupation éminemment moralisatrice pour leurs moments de loisir. On aura des chants pour les cérémonies du culte, on aura des chœurs pour toutes les fêtes !

C'est ainsi que l'on crée de grandes choses; c'est ainsi que l'on guérit de grands maux : en les prévenant.

P.-S. — Au moment de clore ma lettre, je reçois, du frère Archange, les lignes suivantes, que je transcris à la hâte :

« Montrouge, 18 juin.

» Monsieur Chevé,

» La surprise est vraiment à son comble ; hier soir, je fus rencontré sur la place de la mairie par M. le curé et un autre ecclésiastique. Voici ses paroles : « Vraiment, mon cher frère, je ne m'explique pas la » surprise que j'ai ressentie en entendant vos élèves » cette après-midi ; c'est tout-à-fait extraordinaire. » Comment se fait-il qu'on ne veuille pas de cela dans » les écoles de Paris ? Jamais je n'aurais cru à un tel » résultat, si je ne l'avais pas vu. Je suis bien aise de » cette innovation, pour le bien-être de notre com- » mune. »

» Et moi aussi, monsieur Chevé, j'en suis bien aise, et M. le curé recueillera bientôt le fruit de cette innovation : les chants sacrés s'en ressentiront.

» Votre dévoué serviteur.

» Frère ARCHANGE. »

« Comment se fait-il qu'on ne veuille pas » de cela dans les écoles de Paris ? » — a dit M. le curé ?

Comment ? Parce que les personnes honorables qui dirigent l'enseignement n'ont pas fait comme M. le curé de Montrouge, qu'elles ne sont pas venu voir, et qu'elles ne sont renseignées que par des personnes intéressées au maintien du STATU QUO, quelque préjudiciable qu'il soit à tous.

Émile CHEVÉ.

UNE PIERRE DANS NOTRE JARDIN.

La FRANCE MUSICALE du 1ʳ juin contient, page 177, deuxième colonne, une correspondance de Lille, qui commence ainsi :

» Nous aurions désiré que l'armée turbulente, orgueilleuse, et à la fois impuissante des réformateurs modernes eût assisté à la dernière séance de la société Sainte-Cécile ; elle y aurait enfin perçu une idée nette de ce mot si inutilement inscrit sur ses bannières, *le progrès.*

» Et si cette armée qui agite d'une main tant de torches incendiaires, et de l'autre tant de systèmes imprimés sur papier brouillard, si cette armée eût désiré apprendre comment se réalise le progrès, les membres de la société de Sainte-Cécile lui auraient répondu à bon escient : « Par le travail, par l'étude opiniâtre, » par la modeste persuasion que l'on sait peu de chose, » et le zèle ardent que l'on met à acquérir une plus » grande somme de savoir, par le bon sens que l'on » sait garder de croire que rien, ici bas, rien ne se fait » en un jour, que l'on n'improvise pas la perfection, » et qu'il faut à tout édifice le concours harmonieux » et persévérant de bien des volontés, pour s'élever » dans des conditions durables de beauté et de solidité. »

Citons encore ce passage, qui nous paraît mériter qu'on le remarque :

« Et dire que, choix de morceaux, étude des di- » verses parties, direction des répétitions et des exécu- » tions publiques, tout cela repose sur une seule tête ! » tout cela est l'œuvre absorbante mais glorieuse d'un » seul homme ! Oui, certes, la société de Sainte-Cécile » peut être reconnaissante envers cet homme, qui est » sa cheville ouvrière, sa clé de voûte, et sans lequel » elle n'existerait pas. Mais M. Steinküler peut être son » tour être fier de ses élèves, parmi lesquels il y a des » intelligences musicales hors ligne, et qui tous sont » pleins de zèle et d'ardeur. »

Je comprendrais que M. Solié, qui a signé cette correspondance, eût prononcé le mot IMPUISSANCE, si la société de SAINTE-CÉCILE DE LILLE était venue, le 12 juin 1853, concourir contre l'école des RÉFORMATEUR MODERNES, dans la salle SAINTE-CÉCILE DE PARIS, et qu'elle eût vaincu le formidable programme contre lequel se seraient épuisés en vain les efforts de L'AUTRE ARMÉE. Mais hélas ! ni la société chorale de Sainte-Cécile de Lille, ni aucune autre société chorale, en dehors de l'école Galin-Paris-Chevé, ne sait assez bien LIRE et surtout ÉCRIRE la MUSIQUE, pour oser aborder deux des points les plus propres à prouver autre chose que la possession d'une bonne mémoire, et la somme de docilité patiente qu'exige la fonction d'oiseau seriné.

L'école Galin-Paris-Chevé, si elle avait assisté au concert de la société chorale de Sᵗ-Cécile, de Lille, aurait rendu pleine justice à une bonne exécution ; mais elle n'aurait pas pris un fait de récitation comme une preuve qu'on sait lire. Là est toute la question. Aucune méthode ne donnera ni le goût, ni la voix: mais M. Solié n'en est pas, j'aime à le croire, à penser qu'on lit nera d'autant plus sûrement son goût et qu'on cultivera d'autant mieux sa VOIX QU'ON SAURA MOINS BIEN LIRE, dût il trouver dans ma réplique une de nos TORCHES INCENDIAIRES et une preuve de TURBULENCE et D'ORGUEIL je ne verrai jamais le PROGRÈS, POUR LES MASSES, dans l'exhibition d'un répertoire très-restreint, conquis au prix de longues et fastidieuses répétitions. On aura dressé quelques chanteurs a fonctionner automatiquement: on n'aura pas fait des LECTEURS, et c'est par là qu'il faut commencer, pour arriver à des résultats larges et complets.

Il est étrange que M. Solié n'ait pas vu qu'il niait la réalité du PROGRÈS, relativement à la société de Sainte-Cécile, de Lille, en disant que TOUT REPOSE SUR UNE SEULE TÊTE ; QU'UN SEUL HOMME est la CLÉ DE VOUTE, que SANS CET HOMME la société de Sainte-Cécile N'EXISTERAIT PAS. Pour nous, le PROGRÈS consiste dans la création de moyens d'apprendre, indépendants de toute individualité professorale, et qui, le créateur mort, conservent toute leur puissance et procurent la même somme d'utilité à tous. Nous n'avons nullement l'intention de nier la valeur musicale de M. Steinkühler, et de dire que dans les conditions où il s'est placé, à la tête de chanteurs qui, en presque totalité, ne savent pas lire, nous produirions plus ou seulement aussi bien que lui. Nous voulons dire seulement que la société chorale qu'il dirige n'accepterait certainement pas les épreuves du concours du 12 juin 1853, et que si on lui avait remis, le samedi, à dix heures du soir, un chœur de cent quarante mesures, à six voix, pour le chanter, le surlendemain à midi, devant la reine d'Angleterre et l'empereur des Français, elle aurait refusé d'essayer ce qui a été vaillamment accompli par l'armée que M. Solié appelle IMPUISSANTE. Nous sommes très-certains également qu'elle reculerait devant la perspective de figurer NEUF FOIS, EN PUBLIC, du 24 juin au 24 août, en 61 jours, à condition de chanter comme l'a fait l'armée IMPUISSANTE, les trente-six morceaux d'ensemble énumérés dans le ROUENNAIS du 2 septembre 1855. C'est encore cette armée IMPUISSANTE qui a été choisie par Vivier pour son second concert au théâtre des Italiens, et qui a obtenu les honneurs du BIS pour LA RETRAITE de Laurent de Rillé.

Par un hasard providentiel, c'est dans la FRANCE MUSICALE qui continue le journal LA MUSIQUE, avec la même gérance et la même rédaction, que se trouve l'attaque de M. Solié, qui n'est pas du même avis que M. Escudier, signataire d'un article publié il y a plus de six ans, (23 décembre 1849) et dans lequel on lit : « Les deux essais accomplis par M. » Chevé, dans nos fêtes musicales ne suffisent- » ils pas! M. Chevé est prêt à se mettre en » campagne avec son ARMÉE INTELLIGENTE. »... « L'association chorale de M. Chevé a chanté » six morceaux qui ont tous excité d'unanimes » applaudissements. »... « Merci donc maître, » et élèves, pour être venus franchement porter » devant un public désintéressé, votre cause » qui est celle DU PROGRÈS vous l'avez gagnée » pleinement ; continuez vos travaux, le présent » vous sourit déjà et l'avenir vous appartient. » Entre M. Escudier qui prédisait un avenir aujourd'hui réalisé, à L'ARMÉE INTELLIGENTE DU PROGRÈS, et M. Solié qui nie le passé et qui, ne voulant pas voir le présent, appelle notre armée une ARMÉE IMPUISSANTE QUI A INSCRIT INUTILEMENT LE MOT PROGRÈS SUR SA BANNIÈRE,

nous plaindrions ceux qui pourraient hésiter, nous qui avons passé dix mois, à Lille, en 1840, et qui savons comment on n'y lisait pas à la succursale du Conservatoire, alors royal. Qui sait si nous n'y retournerons pas un jour ?

Aimé PARIS.

DOUTES HUMBLEMENT EXPOSÉS, SUR LA VÉRACITÉ DE M. MERCADIER.

Nous sommes de ceux pour lesquels les questions de probité comme celles de loyauté sont indivisibles et nous ne ferons pas à monsieur Mercadier l'injure de croire qu'il ait, à cet égard, deux poids et deux mesures.

Dans la réponse malencontreuse qu'il a fait signifier par huissier à la RÉFORME MUSICALE, sans aucun précédent qui l'autorisât à craindre un refus de la part d'un journal qui accepte la discussion avec toutes ses conséquences, M. Mercadier commence par ces mots : « UN DE » MES AMIS ME COMMUNIQUE A LA FOIS QUATRE » NUMÉROS de votre journal la RÉFORME MUSICALE, » dont l'existence m'était COMPLÈTEMENT » INCONNUE. » Ceci est daté du 30 mai 1856.

Sans l'huissier de M. Mercadier, nous ignorerions peut-être que celui qui a si largement PROFITÉ des travaux d'autrui, demeure rue de Vaugirard n° 61.

Or, très-peu de temps après le 6 avril, date de la publication du premier article sur l'inconcevable adoption du livre de M. Mercadier, par le comité des études du Conservatoire impérial, la RÉFORME MUSICALE a compté au nombre de ses abonnés M. Daniel, dont les têtes de lettres portent cette indication : « M. Daniel, » éditeur de gravures religieuses, Paris, 61, » rue de Vaugirard, au Saint-Cœur de-Marie. »

Il nous est permis de trouver bizarre que M. Daniel, éditeur de gravures religieuses, qui demeure dans la même maison que M. Mercadier, n'ait pas assez que son abonnement et que, PLUS D'UNE FOIS, il ait envoyé, à Rouen au bureau de la RÉFORME MUSICALE, des timbres postes en échange de numéros dont il demandait PLUSIEURS EXEMPLAIRES, et qui se trouvent justement être ceux où était discutée l'approbation donnée au livre de M. Mercadier.

En présence de ces coïncidences, pour le moins étranges, il nous est permis de prier M. Mercadier de vouloir bien nous donner le nom et l'adresse de l'AMI qui, SANS ÊTRE ABONNÉ de la RÉFORME MUSICALE, s'est trouvé possesseur, à Paris, de QUATRE numéros de ce journal QUI SE PUBLIE A ROUEN, et de nous indiquer la raison qui a pu déterminer CET AMI à ne l'avertir qu'il était gravement compromis, qu'après la publication du QUATRIÈME ARTICLE.

Nous avons de très-fortes raisons de croire que le MENEUR de toute cette affaire de l'adoption connaissait, dès le 7 avril, notre premier article, notre premier article imprimé la veille. Il est peu probable qu'il n'ait point averti M. Mercadier SUR LE CHAMP.

Il nous parait difficile d'admettre que M. Mercadier ne comprenne pas que, s'il ne donne pas sans délai des explications nettes à ce sujet, il autorisera plus d'une personne à douter qu'il N'AIT JAMAIS VU M. Chevé, ni ASSISTÉ A AUCUNE DE SES SÉANCES, et surtout QUE LA MÉTHODE DE M. CHEVÉ soit PEUT-ÊTRE LA SEULE QU'IL AIT A PEINE PARCOURUE, chose fort difficile à croire pour quiconque a comparé ce livre et celui de M. Mercadier, ou lu l'acte d'accusation dressé contre le plagiaire.

Chacun se fera ce raisonnement fort simple : si M. Mercadier a dit une fois le contraire de

la vérité il n'y a pas de raison pour croire à ses autres allégations.

Ceci, sans préjudice de ce qu'Émile Chevé peut savoir et dire.

Aimé PARIS.

Paris, 1ᵉʳ juillet 1856.

On lit dans LE JOURNAL DES VILLES ET DES CAMPAGNES, du lundi 30 juin :

« Dimanche, 8 de ce mois, la société chorale Galin-Paris-Chevé a exécuté, dans l'église Saint-Germain-l'Auxerrois, une messe en musique, composée par M. Viret, maître de chapelle. Déjà nous avions eu occasion d'entendre plusieurs morceaux religieux du même auteur, qui vous avaient paru fort recommandables ; mais nous devons avouer que sa dernière œuvre mérite d'être placée au rang des compositions les plus remarquables dans ce genre de musique.

» Nous citerons plus particulièrement le GLORIA, d'un rhythme franc et net, le LAUDAMUS TE, dont l'intention est d'une harmonie des plus suaves, et, enfin, l'O SALUTARIS, d'un style simple et fort approprié au sujet.

» Après avoir payé au compositeur le juste tribut d'éloges qui lui est dù, nous ne pouvons nous empêcher de reconnaître qu'une large part de son succès pourrait être revendiqué, à bon droit, par les exécutants, au nombre de 200 environ, hommes, femmes et enfants, qui tous appartiennent à la société chorale Galin Paris Chevé.

» C'est ici le cas de dire quelques mots de cette société, ou plutôt de LA MÉTHODE, qui paraît être appelée à révolutionner l'enseignement musical. Certes, on ne nous accusera pas d'encourager les tentatives révolutionnaires, lorsqu'elles s'attaquent aux idées religieuses, morales ou sociales. Mais il nous est impossible de nier la supériorité de la nouvelle école sur tous les autres systèmes d'enseignement en usage au Conservatoire, et dans les écoles placées sous le patronage de la ville de Paris et du Gouvernement.

» Il est vrai de dire que la méthode Galin-Paris-Chevé a trouvé de sérieux adversaires parmi les personnages haut placés dans l'enseignement musical ; mais il n'en faut pas moins reconnaître que jamais on n'a admis la société Galin-Paris Chevé à concourir avec les autres sociétés chorales rangées sous la bannière un peu usée de l'Orphéon. Il n'en faut pas moins reconnaître qu'une méthode qui, dans l'espace de six mois, fait de véritables musiciens, pouvant déchiffrer un air à première vue, et l'écrire couramment à l'audition, doit être préférée par tous les hommes impartiaux et éclairés, à un système d'éducation musicale où il y a beaucoup d'appelés, mais peu d'élus. En effet, n'est-il pas déplorable de voir combien est petit, parmi les personnes qui se livrent à l'étude de la musique, le nombre de celles qui deviennent véritablement musiciennes. Et encore, ce résultat si inespéré n'est-il dû qu'à un travail opiniàtre et à une persévérance de plus de dix années !

» Aussi, ne sommes-nous pas étonnés que, dans plusieurs séminaires, de jeunes néophytes aient eu l'heureuse idée de s'initier aux doctrines de la nouvelle école musicale, afin d'être mieux à même de pouvoir connaître toutes les beautés que renferme la musique d'église.

» En résumé, nous ne saurions trop vivement recommander aux pères de famille et à messieurs les ecclésiastiques la méthode Galin-Paris-Chevé comme le système d'enseignement musical le plus rationnel qui existe et comme offrant les résultats les plus prompts et les plus certains.

» A TOURNON. »

Tel est l'article du JOURNAL DES VILLES ET DES CAMPAGNES.

Je n'ai pas l'honneur de connaître M. A. TOURNON ; mais je ne l'en remercie que de meilleur cœur pour l'appui bien veillant qu'il porte spontanément à notre drapeau. — Du reste, je sens chaque jour le flot qui monte et QUI MONTE PARTOUT ; aussi ne tarderons-nous pas à voir sombrer la vieille méthode DU TON ABSOLU, et ce sera justice, car il n'y a pas de châtiment qu'elle ne mérite, pour le mal qu'elle à fait et SURTOUT POUR LE BIEN QU'ELLE A EMPÊCHÉ DE FAIRE !

Emile CHEVÉ.

La société de M. Emile Chevé chante aujourd'hui à Charenton-le-Pont, dans un concert au profit des inondés. Elle se trouvera là en compagnie de M. Triébert, premier hautbois des Italiens, de M. Alary, premier cor de l'Opéra, et de la société Calco-Philarmonique dirigée par M. Bellon.

L'abondance des matière ne nous permet de donner aujourd'hui le compte-rendu de la séance de l'Orphéon par le journal l'Orphéon Il sera curieux de voir l'Orphéon jugé par l'Orphéon.

Lundi, 30 juin, M. Vasse a ouvert, au Hàvre, trois nouveaux cours élémentaires de musique vocale.

AVIS.

Nos abonnés des départements sont priés de bien vouloir régler leur abonnement le plutôt possible.

Le 60me volumes des Contemporains donne la réponse de M. Eugène de Mirecourt aux articles d'Alphonse Karr, publiés dans le Siècle. Ce volume contient la notice consacrée à Mme Anaïs Ségalas, une de nos muses de talent. VILLEMAIN, GAVARNI, BERLIOZ, BEAUVALLAT (de la Comédie-Français), Mme CLÉMENCE ROBERT, GUSTAVE PLANCHE, COUSIN, FALLOUX et MONTALEMBERT, sont sous presse. Pour la dernière fois on rappelle aux souscripteur que la première série de cinquante volumes, seule, en raison de l'économie des frais de poste et du transport par les messageries, est expédié contre un mandat de 25 francs, à l'adresse de M. Gustave Havard, éditeur des Contemporains, rue Guénégaud, 15, à Paris. On doit envoyer, pour la seconde série, un mandat de 30 francs sur la poste.

Boîte aux Lettres.

Paris. — E. Chevé. — Dites, oui,à l'Effronté

Cognac. — M. Feuillet. — Vous avez bien réussi. Ecrivez à l'éditeur pour l'autorisation.

A. Paris. — Rien de vous cette semaine.

LOI qui préside à la génération de la Gamme majeure,

PAR M. FALLIER.

Fin. — Voir les numéros 19 et 22.

NOMS DES NOTES — Gamme majeure d'UT naturel.	Gamme majeure d'UT dièse.	Gamme majeure d'UT double dièse	Gamme majeure d'UT triple dièse.	Gamme majeure d'UT bémol	Gamme majeure d'UT double bém.	Gamme majeure d'UT triple bémol	Nombre des Vibrations en un temps donné. ($UT = 384$)	RAPPORTS — Noms des intervalles	Valeur des Intervalles.	OBSERVATIONS.
UT	—	—	—	—	—	—	768 —	UT — SI dièse	1,0136	Le nombre des vibrations de la tonique UT a été supposé de 384. C'est le nombre le plus petit qui puisse exprimer en nombres entiers la valeur des autres notes.
—	—	—	—	—	RÉ d. b.	—	757,66	UT — RÉ bémol	1,0535	
SI	—	LA d. d.	—	—	—	—	738,95	UT — UT dièse	1,0678	
—	—	—	—	—	—	—	729 —	UT — RÉ	1,1250	
—	—	—	—	UT bémol	—	—	719,19	UT — MI bémol	1,18516	
—	—	—	—	—	—	RÉ t. b.	709,53	UT — RÉ dièse	1,2013	
—	—	—	SOL t. d.	—	—	—	701,42	UT — FA bémol	1,2488	
—	LA dièse	—	—	—	—	—	691,98	UT — MI	1,2656	
—	—	—	—	SI bémol	—	—	682,67	UT — FA	1,3333	
—	—	SOL d. d.	—	—	UT d. b.	—	673,48	UT — MI dièse	1,3775	
—	—	SOL d. d.	—	—	—	—	656,84	UT — SOL bémol	1,4016	
LA	—	—	—	—	—	—	648 —	UT — FA dièse	1,4238	
—	—	—	—	—	SI d. b.	—	639,30	UT — SOL	1,5000	
—	—	—	—	—	—	UT t. b.	630,87	UT — LA bémol	1,5800	
—	—	—	FA t. d.	—	—	—	625,48	UT — SOL dièse	1,6018	
—	SOL dièse	—	—	—	—	—	615,09	UT — LA	1,6875	
—	—	—	—	LA bémol	—	—	606,84	UT — SI bémol	1,7777	
—	—	—	—	—	—	SI t. b.	598,65	UT — LA dièse	1,8041	
—	—	—	MI t. d.	—	—	—	591,82	UT — UT_2 bémol	1,8728	
—	—	FA d. d.	—	—	—	—	583,86	UT — SI	1,9245	
SOL	—	—	—	—	—	—	576 —	UT^1 — UT^2	2,0000	
—	—	—	—	—	LA d. b.	—	568,27			
—	—	MI d. d.	—	—	—	—	554,32	UT — RÉ		
—	—	—	—	—	—	—	546,75	RÉ — MI		
—	FA dièse	—	—	—	—	—	539,39	FA — SOL	1,125	
—	—	—	—	SOL bémol	—	—	532,13	SOL — LA		
—	—	—	RÉ t. d.	—	—	—	526,17	LA — SI		
—	MI dièse	—	—	—	—	—	518,99			
FA	—	—	—	—	—	—	512 —	MI — FA		
—	—	—	—	—	SOL d. b.	—	505,13	SI — UT		
—	—	RE d. d.	—	—	—	—	492,73	UT — RÉ bémol.		
MI	—	—	—	—	—	—	486 —	RÉ — MI bémol.		
—	—	—	—	FA bémol	—	—	479,46	FA — SOL bémol		
—	—	—	—	—	—	SOL t. b.	473,18	SOL — LA bémol.		
—	—	—	UT t. d.	—	—	—	467,74	LA — SI bémol.	1,0535	
—	RÉ dièse	—	—	—	—	—	461,32	UT dièse — RE.		
—	—	—	—	MI bémol	—	—	455,10	RE dièse — MI.		
—	—	—	—	—	FA d. b.	—	449002	FA dièse — SOL.		
—	—	—	SI t. d.	—	—	—	443,96	SOL dièse — LA.		
—	—	UT d. d.	—	—	—	—	437,89	LA dièse — SI.		
RÉ	—	—	—	—	—	—	432 —			
—	—	—	—	—	MI d. b.	—	426,19	UT d. — RE b.		
—	—	—	—	—	—	FA t. b.	420,64	RE d. — MI b.		
—	—	SI d. d.	—	—	—	—	415,66	FA d. — SOL b.		
—	UT dièse	—	—	—	—	—	410,08	SOL d. — LA b.		
—	—	—	—	RÉ bémol	—	—	404,54	LA d. — SI b.	1,0136	
—	—	—	LA t. d.	—	—	—	399,14	UT — SI dièse.		
—	—	—	—	—	—	MI t. b.	395,54	UT bémol — SI.		
—	SI dièse	—	—	—	—	—	389,24	FA bémol — MI.		
UT	—	—	—	—	—	—	384 —	FA — MI dièse.		

Le Matin.

PAROLES DE THÉOPHILE.　　MUS. DE Paul Henrion Savoy

CHANSON DU XVIIᵉ SIÈCLE.

Ton de SOL.

0 05 67 ‖ 1 1 3 | 5 . 3 | 25 25 25 | 3 15 67 | 1 1 3 |
La la la　　la la la la　　la la la la　la la la la la　la la la

5 . 3 | 25 25 67 | 1 . 0 ‖
la　la la　la la la la la

0 0 5 | 3 . 3 | 3 . 3 | 2 . 3 | 1 . . | 5 1 3 | 3 . 3 |
L'auro - re sur　le front　du jour　　Sè - me l'a-zur　l'or

3⁴³2 1 | 2 . 7 5 | 7 2 3 | 4 . 4 | 3⁴³²³4 3 | 2 . 2 | 4 . . | 3 1 3 |
et l'i - voi - re Et le so-leil las - sé　de boi - re Com - men-ce son

2 5 2 | 1 . 5 67 ‖
o - bli-que tour.　La la la, etc.

2ᵉ COUPLET.

Le forgeron est au fourneau,
Vois comme le charbon s'allume;
Le fer rouge dessus l'enclume,
Etincelle sous le marteau. — La la la etc.

3ᵉ COUPLET.

Il est jour, levez-vous, Philis,
Allons à notre jardinage,
Voir s'il est comme ton visage,
Semé de roses et de lys. — La la la, etc.

Mon cher Roger,

Je vous écrivais, il y a deux mois : « La société réorganisée sur une base plus large, donne les plus grandes espérances pour cet hiver. » Le 38 juin, nous avons pu donner, à l'hôtel de Provence, au bénéfice des inondés, une séance dont nous avons rempli le programme à la satisfaction générale.

Les journaux, après avoir annoncé la séance et donné le programme, se sont bornés ensuite à constater la recette, 896 fr., provenant du prix des billets et de la quête (tous les frais étant payés par la société). De plus, le COURRIER DE LYON, invité par moi à rectifier une erreur qu'il avait commise, en nous attribuant la séance du cercle choral, a trouvé moyen d'éviter d'insérer ma lettre, qui mettait en évidence l'extension de la méthode, par l'existence de deux sociétés florissantes à Lyon. Je suis donc obligé de vous raconter moi-même nos travaux.

Les chœurs chantés par la société ont, par leur justesse, par leur précision, et surtout par la délicatesse de leur exécution, excité l'étonnement du public : on les a trouvés, en général, fort bien exécutés, mais trop courts. A cela je réponds que nous ne devions pas nous produire cet été, et que, pris à l'improviste, nous avons chanté le peu que nous savions. On a remarqué la SAINTE-BANNIÈRE, chantée avec beaucoup d'entrain, le chœur tyrolien de GUILLAUME TELL, les SAISONS, et surtout la RETRAITE.

Quel que soit le zèle de ces messieurs de la société, celui des dames est encore plus grand, et c'est à elles, je me plais à le constater, que nous devons notre succès. Je leur réitère ici mes remercîments, et je les invite à se maintenir au rang où elles se sont placées de prime-abord. Nos auditeurs ont entendu avec plaisir MM. Alex. et Joseph Luigini, deux artistes en faveur, dont le concours n'est point seulement un acte de complaisance, mais un témoignage de sympathie pour l'école naissante, dont ils encouragent les travaux, et qui leur en est reconnaissante. On a également été très-satisfait des amateurs, Mlle Caroline C..., MM. Planque et Dru, qui ont coopéré à notre bonne œuvre.

Le vent est ici à la musique. Les concerts surgissent de tous côtés, toujours au bénéfice des inondés. D'abord l'école Galin-Paris-Chevé ; le cercle choral joint à la société instrumentale de M. Pontet ; puis la Société lyonnaise.

Dimanche 29 juin, concert à la Croix-Rousse, par M. Moley, qui, prétendant que nous avions ABIMÉ la RETRAITE, a voulu faire mieux que nous, en modifiant le seul passage un peu pénible du second ténor ; il a fièrement ENLEVÉ la difficulté ;

Lundi 7 juillet, concert monstre au Grand-Théâtre. Deux chœurs y seront chantés par 350 exécutants ; on n'en a jamais tant vu. Et il y a des gens qui disent qu'on n'est pas musicien à Lyon !

Vous voilà, mon cher Roger, au courant de nos affaires. Nous continuerons ce que nous avons si bien commencé ; vous savez que nous ne sommes pas gens à rester en route.

Tout à vous,

A. PERRAUD.
Directeur de l'Ecole, à Lyon.

Lyon, le 30 Juin 1856.

P.-S. L'acteur Jenneval obtient ici de grands succès. Il a joué KEAN et DON CÉSAR DE BAZAN, aux applaudissements d'un public nombreux et enthousiaste. J'ai vu avec plaisir qu'il prenait à tâche de justifier tout le bien qu'on a dit de son talent.

SALLE SAINTE-CÉCILE.

COURS DE MUSIQUE DE M. VASSE.

Nous lisons dans le *Journal du Havre*, du 29 juin 1856 :

Pendant deux soirées, hier et avant-hier, la salle Sainte-Cécile a retrouvé son public du bon temps; il s'agissait, comme nous l'avons annoncé, d'entendre les élèves du cours professé par M. Vasse, zélé et intelligent propagateur de la méthode musicale Galin-Paris-Chevé, et de constater par une démonstration publique les résultats pratiques de ce mode d'enseignement.

Les exécutants étaient donc tout simplement des élèves ayant les uns 50, les autres 60 leçons ; parmi eux, se trouvaient des enfants de six ans, et c'est vraiment une chose merveilleuse que la facilité avec laquelle ils ont réalisé, en public, de véritables tours de force, tels que de noter un air improvisé et de le chanter ensuite sur leur propre manuscrit, de déchiffrer des mélodies hérissées de bémols et de dièses, sans broncher, sans fausses intonations ; enfin de répondre à des questions adressées par des personnes de l'assistance sur la théorie des accords, des tonalités et des modulations, avec un aplomb, une sûreté que n'ont pas la plupart des élèves de trois ans des méthodes routinières. L'expérience a été décisive, convaincante, et chaque exercice des jeunes élèves de M. Vasse a eu pour conclusion des salves d'applaudissements bien méritées. On cite comme une merveille le panharmonica de Maelzel, l'inventeur du métronome ; le panharmonica exécute, il est vrai, avec toute la précision désirable, de grands morceaux de musique, notamment des chœurs de Mozart, de Gluck, de Spontini ; mais les musiciens sont des automates. N'est-il pas plus surprenant, et plus intéressant surtout d'entendre de vrais musiciens improvisés en 60 leçons, chanter ces mêmes morceaux d'harmonie, non pas laborieusement mâchinés et sortant de tuyaux de métal, mais lus à première vue et solfiés par le timbre argentin de voix enfantines, comme celles des fillettes et des petits garçons du cours élémentaire ?

Sur les quatorze morceaux dont se composait le programme de la séance d'hier, le plus remarquable et le plus applaudi a été le chœur *la France est belle*, de Mozart, cette ravissante inspiration qui a tout le cachet de suave naïveté des noëls du moyen-âge ; c'est un air bien connu, populaire même ; mais la charmante chose que ces motifs qui ont survécu à la mode, oiseaux éternels de la mélodie qui reviennent toujours comme les hirondelles au printemps et les mésanges à l'automne ! Ils opèrent un charme étrange, c'est de vous ramener par la pensée précisément là où vous les avez entendus pour la première fois, joyeux ou triste, souriant ou pleurant. Le canon du *Gondolier*, de Desrues, a obtenu un aussi grand succès. C'est une si jolie combinaison que ce genre du canon où cela mise en relief la plus charmante propriété de la musique, celle qui la place au-dessus de sa sœur la poésie, c'est-à-dire le don de faire entendre simultanément plusieurs phrases différentes, plusieurs pensées mélodiques, se mariant entre elles sans se confondre, comme des rubans de nuances harmonieuses tressées ensemble.

Nous citerons encore un chœur sur les motifs de la *Muette*, chanté de verve par les élèves de M. Vasse ; le *Retour de la Paix*, de Dalayrac, où se rencontrent plusieurs allusions à des faits d'actualité ; le chœur d'*Iphigénie en Tauride*, dont le caractère religieux a été très-heureusement exprimé par le chant des élèves ; enfin un chœur de Mozart, d'un très-bel effet, quoique chanté à première vue.

M. le sous-préfet assistait à la séance d'hier ; il a suivi avec un vif intérêt les expériences musicales et les démonstrations pratiques de M. Vasse, et à la fin de la soirée, il a complimenté chaudement le professeur sur les beaux résultats qu'il a obtenus en si peu de temps.

A dater de lundi, M. Vasse inaugure une nouvelle série de cours qui seront d'autant plus suivis qu'une certaine partie des élèves déjà acquis au professeur est dans l'intention de redoubler pour se perfectionner en théorie. Mais il y a tout lieu de croire qu'à ce premier noyau viendra se joindre une phalange encore plus nombreuse que celle qui a évolué hier sous nos yeux. Ainsi, lorsque M. Vasse quittera notre ville pour continuer sa mission, son apostolat lyrique, il laissera une légion de bons musiciens, qui pourront en continuant de se réunir, en faisant élection d'un chef pris parmi eux, former une petite société philharmonique, capable au besoin de donner un concert , soit par simple plaisir, soit pour soulager une infortune. De la masse chorale surgiraient bien quelques solistes, et avec l'auxiliaire d'un ou de deux instrumentistes, il deviendrait très-facile de constituer d'intéressants programmes. C'est là, du reste, ce qui s'est passé dans plusieurs villes, où la méthode Galin-Paris-Chevé, si éminemment vulgarisatrice, importée par M. Vasse, a jeté de profondes racines et donné naissance à des cercles lyriques, à des espèces de sociétés, dont les membres, fraternisant sous les auspices de la déesse Harmonie, trouvent dans ce genre de réunion un plaisir de la nature la plus irréprochable qu'ils peuvent, à un moment donné, transformer en œuvre de bienfaisance.

F. SANTALLIER.

M. Démonts, sous-préfet de notre arrondissement, qui assistait hier à la soirée donnée dans la salle Sainte-Cécile par M. Vasse, a félicité l'habile professeur de l'éclatant succès qu'il a obtenu dans l'application de la méthode Galin-Paris-Chevé.

La jolie salle de la rue Corneille était remplie de monde et les applaudissements ont été prodigués pendant toute la soirée aux exécutants ainsi qu'à leur professeur, qui ne peut manquer de voir ses prochains cours suivis par un grand nombre de nouveaux élèves.

Ainsi que nous l'avons annoncé, ces nouvelles et intéressantes leçons commenceront demain. Le cours pour les adultes des deux sexes aura lieu à huit heures du soir.

F.-A. GANDON.

(*Courrier du Havre du 29 juin 1856*).

XIᵉ Année ; — 1ʳᵉ du nouveau titre. UN NUMÉRO : 20 CENT. N° 25. — Dimanche 13 Juillet 1856.

Musique, — Sciences, — Arts, — Littérature, — Théâtres.

LA RÉFORME MUSICALE

JOURNAL DES DOCTRINES DE L'ÉCOLE GALIN-PARIS-CHEVÉ.

BUREAU A ROUEN, RUE PORTE-AUX-RATS, N° 2.

LOUIS ROGER, Directeur-Gérant.

ABONNEMENT A ROUEN : 10 FR.

ON S'ABONNE

A ROUEN, chez M. Louis Roger,
  rue Porte-aux-Rats, 2.
A PARIS, chez M. Emile Chevé rue
  des Marais-S-G., 18.
A MARSEILLE, chez M. Aimé Paris
  rue Paradis, 77.

ABONNEMENT DANS LES DÉP. : 12 FR,

ON S'ABONNE

A LYON, chez M. Pernaud, rue du
  Griffon, 11.
AU HAVRE, chez M. Vasse,
  rue Molière, 46.
*Les abonnements peuvent être payés
en timbres-postes (Affranchir).*

RENSEIGNEMENTS. — Cette feuille paraît, à ROUEN, tous les DIMANCHES. — Tout ce qui concerne l'administration du journal doit être adressé à Rouen, rue Porte-aux-Rats, 2. — Ce qui concerne la rédaction peut être indifféremment adressé à M. CHEVÉ, à M. Aimé PARIS, ou au Directeur-Gérant. — La critique demeure sous la responsabilité de celui qui la signe. — Il sera rendu compte des Ouvrages dont un exemplaire sera déposé au bureau du journal. Les lettres non affranchies seront refusées.

On peut se procurer des numéros de la *Réforme*, au Bureau du Journal ; — au dépôt du cours Boïeldieu, à Rouen, — et dans l'intérieur des Théâtres.

LA MÉTHODE GALIN-PARIS-CHEVÉ

DANS LES ECOLES COMMUNALES DE BERCY.

Dimanche dernier, je disais que la commune de Montrouge partageait, avec celle de Bercy, l'honneur d'avoir pris l'initiative pour la réforme à apporter dans l'enseignement élémentaire de la musique, dans le département de la Seine. C'est qu'en effet, M. Libert, maire de Bercy, est le premier qui, dans le département de la Seine, ait osé adopter franchement et à découvert la méthode Galin-Paris-Chevé, et l'introduire officiellement dans les écoles communales de sa commune. Voilà déjà huit ans que M. Libert a adopté la méthode, dont l'enseignement est confié à M. Collet, et, depuis cette époque, j'ai reçu de M. le maire de Bercy plusieurs lettres pleines d'enthousiasme et de bienveillance, qui, toutes, témoignent de la vive satisfaction que lui causent les résultats obtenus par les enfants des écoles.

Depuis fort longtemps, j'étais sans nouvelles des écoles de Bercy, lorsque, ces jours derniers, M. Bonnain, directeur de l'école communale des garçons, a bien voulu me donner les renseignements suivants, qui feront, je n'en doute pas, un grand plaisir aux lecteurs de la RÉFORME MUSICALE. Ces renseignements sont surtout curieux et précieux en ce qu'ils montrent que des enfants, conduits par l'un d'entre eux, et hors de la direction de leur professeur, n'ont pas craint d'affronter les chances du concours d'orphéon, même contre des adultes ; et qu'ils ont eu raison de le faire, puisque, dans un seul été, ILS ONT REMPORTÉ QUATRE MÉDAILLES, décernées par des jurys exclusivement composés de membres de l'ancienne école, et qui n'ignoraient pas que ces enfants marchaient sous le drapeau de la nouvelle ! Ce quadruple triomphe honore également ceux qui ont remporté les couronnes et ceux qui les ont décernées. Voici quelques passages de la lettre de M. Bonnain :

« Bercy, 9 juin 1856.

» Monsieur Emile Chevé,

» Vous me demandez si nous sommes toujours satisfaits des résultats de la méthode ? Vous n'en doutez pas, je l'espère ! Les résultats obtenus l'année dernière, dans les concours ne sont-ils pas là pour prouver ce que peuvent attendre ceux qui sont entrés franchement dans votre voie ?

» Voilà huit ans que M. Libert, maire de Bercy, a autorisé l'introduction de la méthode Galin-Paris-Chevé dans nos écoles communales. Vous savez,

monsieur, avec quelle ardeur cet honorable magistrat, dans sa vive sollicitude pour tout ce qui touche à l'éducation des enfants, a adopté et défendu votre œuvre ! Je crois pouvoir vous assurer encore aujourd'hui que ses convictions n'ont pas changé, et je sais que nos faibles succès lui ont toujours causé une douce et vive satisfaction (1).

» Je ne sais si ces succès sont venus à votre connaissance ; je crois donc vous être agréable en vous envoyant une note détaillée des chœurs chantés par mes élèves et des médailles qu'ils ont obtenues. Vous pourrez en tirer ces conséquences : ou — que les jurys ont été très-indulgents pour nos débuts ; ou — que nos concurrents n'étaient pas forts ; ou — que nos morceaux ont été exécutés d'une manière satisfaisante. Voici les quatre concours auxquels nous nous sommes présentés l'année dernière :

» 1° Séance annuelle de l'Orphéon de Sceaux, le 22 juillet 1855. — Une médaille de bronze nous fut accordée ;

» 2° Le même jour, à l'occasion de la fête communale, un concours des sociétés chorales du département de la Seine avait lieu à Bercy, au théâtre, sous la présidence de M. le Baron Taylor. — A peine revenus de Sceaux, et cédant aux bienveillantes instances du jury, — nos élèves, au nombre de 23 seulement, entrèrent en lice dans la 2ᵐᵉ division (hommes), car il n'y avait d'autre école que nous au concours ; et, sous la conduite de Benoît, enfant de 13 ans, ils exécutèrent deux morceaux, *Amor Jesus,* de neukomm, et *la Retraite* de L. de Rillé. — L'exécution fut telle, qu'une médaille d'argent, portant 2ᵐᵉ prix de la 2ᵐᵉ division (hommes) leur fut accordée. Ces deux succès en un seul jour furent pour mes élèves un attrait puissant ;

» 3° Un troisième concours s'ouvrait à Saint-Germain ; ils se remirent à l'œuvre ; et, le 19 août, ils chantaient au théâtre de Saint-Germain, toujours conduits par leur condisciple Benoît : *Vive la guerre* et *la Retraite* de L. de Rillé. Le prix *unique*, une médaille de bronze, grand module, leur fut accordé aux applaudissements de toutes les sociétés chorales présentes et d'un public d'élite.

» 4° Le quatrième concours, celui de Vanves, était annoncé ; et, bien qu'en vacance, ma petite troupe prit l'engagement de se réunir tous les jours à l'école, sous la direction de leur jeune chef Benoit, qui mit à

(1) Voici quelques lignes extraites de la dernière lettre de M. Libert :

« Pourquoi donc ces succès qui parlent à tous les yeux et à toutes les oreilles, sont-il toujours, sinon méconnus (on ne peut méconnaître la lumière) du moins dédaignés par les hommes spéciaux, conseillers du Pouvoir ? Combien l'amour-propre blessé est injuste !

» Mon cher M. Chevé, je vous dirai, aujourd'hui comme il y a six ans : Poursuivez votre belle carrière, achevez votre belle œuvre ; forcez vos détracteurs au silence par vos succès ; et, sans encouragements d'aucune espèce ; prouvez de plus en plus l'incontestable supériorité de votre méthode sur celle des *favorisés*, et attendez avec confiance, fort de l'approbation publique, que la lumière se fasse, même pour les aveugles !…

» Agréez, je vous prie mes bien affectueuses salutations.

Le maire de Bercy, LIBERT.

l'étude *Alerte* et le *Saint-Hubert*, de L. de Rillé. Leur zèle eut sa récompense : le 7 octobre, une médaille d'argent, *prix unique*, venait se joindre sur leur bannière victorieuse aux trois autres précédemment remportées.

» Là se sont arrêtés nos succès de l'an dernier. Cette année, nous sommes prêts à recommencer, nous travaillons beaucoup, et ma petite armée est impatiente d'en venir, aux mains : nous avons bonne espérance !

» Je ne puis terminer sans vous dire que M. Collet, notre professeur, s'est donné et se donne toujours beaucoup de peine pour nous faire triompher.

» Croyez-moi toujours, monsieur, votre tout dévoué,

» J. BONNAIN. »

Que peut-on voir de plus joli et de plus significatif que le résultat signalé par M. Bonnain ? Voilà une vingtaine d'enfants qui sont aujourd'hui si bons musiciens, que, privés de toute direction, de tout chef, livrés à eux-mêmes, et abandonnés à la conduite de l'un d'entre eux, à peine âgé de 13 ans, ils n'en remportent pas moins — pour leur coup d'essai — QUATRE MÉDAILLES SUR QUATRE CONCOURS, en combattant contre des adultes ; et sur ces quatre médailles, il y a deux PRIX UNIQUES ! Cela est très-beau, et M. le maire de Bercy doit, en effet, être très-heureux de l'initiative courageuse qu'il a prise ! et pourtant, il n'a encore pour ainsi dire qu'en germe ce qu'il aura plus tard en plein rapport ! MM. Collet et Bonnain doivent aussi être très-heureux de voir leurs soins couronnés de tels succès. Je remercie celui-ci de la bonne lettre qu'il a bien voulu m'écrire.

Emile CHEVÉ.

La Méthode Galin-Paris-Chevé

A L'ÉCOLE GYMNASTIQUE DE LA FAISANDERIE

(*Sixième cours*).

Les lecteurs de la RÉFORME MUSICALE ont déjà entendu parler du gymnase militaire de la Faisanderie, à propos de la méthode. Voici en deux mots l'histoire de la méthode à la Faisanderie.

Le 23 septembre 1854 j'écrivis à monsieur le ministre de la guerre pour lui demander l'autorisation de faire un cours de musique aux élèves du gymnase. TROIS JOURS après, le 26, je recevais cette autorisation et le 29, encore TROIS JOURS après, et grace au bienveillant concours du commandant d'Argy, directeur du gymnase à cette époque, je faisais ma première leçon à 140 sous-officiers et caporaux, tous élèves de l'école.

Du 29 septembre 1853 au 19 janvier 1854, jour où les élèves quittèrent l'école pour rentrer à leurs corps respectifs, ces hommes reçurent cinquante leçons de deux heures, au bout desquelles ils LISAIENT A PREMIÈRE VUE la musique courante, ÉCRIVAIENT SOUS LA DICTÉE et LISAIENT SUR TOUTES LES CLÉS. — La guerre éclatait en ce moment et le ministère ne pouvait s'occuper de musique — je recommençai donc l'expérience.

Le 19 février 1854, je rouvris un second cours sur un nouveau personnel fourni, comme le précédent, par tous les régiments de France. Ce second cours fut clos le 20 juillet suivant. Un second rapport officiel constata LA RÉUSSITE COMPLÈTE DE CETTE SECONDE EXPÉRIENCE. — Mais on se battait dans la mer noire : force fut donc encore d'ajourner la question jusqu'à la paix. Toutefois, la musique fut continuée dans l'école et portée au programme des études Un 3ᵐᵉ cours, par la méthode, fut confié aux soins éclairés et dévoués de M. le lieutenant de Féraudy, attaché comme professeur de gymnastique à l'école.

M. de Féraudy fit ce troisième cours, QUI ÉTAIT LE PREMIER POUR LUI, du 10 août 1854 au 20 janvier 1855. — Quoiqu'à son coup d'essai, pour LA TROISIÈME FOIS LA RÉUSSITE FUT COMPLÈTE.

Les élèves se renouvelant intégralement tous les six mois, M. de Féraudy ouvrit son deuxième cours le 10 février 1855, et le termina le 18 juillet suivant. — Pour la QUATRIÈME FOIS, RÉUSSITE COMPLÈTE.

Le 8 août 1855, il ouvrit son troisième cours sur un nouveau personnel, et le 19 janvier 1856 il le terminait, en présentant LA CINQUIÈME FOIS UN RÉSULTAT COMPLET.

Enfin, le 10 février dernier il a ouvert son quatrième cours qu'il va clore le 20 de ce mois. Pour la SIXIÈME FOIS, LA RÉUSSITE EST COMPLÈTE, comme va le voir le lecteur.

M. le commandant de la Plane, qui a succédé à M. d'Argy et qui dirige l'école de Gymnastique avec tant de zèle et de sollicitude, a bien voulu m'inviter hier à une leçon spéciale, donnée à mon intention, pour que je puisse constater les résultats obtenus. Je suis donc allé ce matin à la Faisanderie, dont les hôtes m'ont fait un accueil plein de bienveillance qui m'a vivement touché, et voici le programme qui a été rempli devant moi durant une heure et demie. —

Le personnel se compose, comme pour les cinq précédents cours, de 130 sous-officiers et caporaux fournis par tous les régiments d'infanterie de France ; il ont reçu trois leçons par semaine depuis le 10 février : le cours a donc aujourd'hui environ soixante leçons. Eh bien ! ils ont enlevé A LA BAYONNETTE c'est le cas de le dire le formidable programme que voici :

1° Le Chant des Mineurs, de M. Allyre Bureau ;
3° En chasse, de M. H. de Féraudy.
Exercices d'intonation avec et sans modulations
3° Chant des moissonneurs bretons, M. Cavy, arrangé en chœur avec solo par M. H. de Féraudy.
Écriture sous la dictée,
4° Vin du Rhin, Flottow.
5° Avant le combat, Ad. Adam.
Lecture d'un chœur à première vue
6° Les Volontaires, de Aug. Morel
Lecture sur toutes les clés, au méloplaste ;
7° Le Chant de la nuit, Panseron.
8° La Retraite, L. de Rillé.

Tel est le programme fourni des élèves de CINQ MOIS, — Voici maintenant ce que j'ai à en dire :

Les exercices d'intonation ont été enlevés avec une vigueur un aplomb, une sûreté d'attaque dont ne peuvent se faire une idée ceux qui ne connaissent pas les résultats habituels des exercices de madame Chevé.

M. de Féraudy, qui tenait à montrer à quel point en étaient arrivés ses élèves leur a fait une dictée véritablement très-difficile : elle a été prise et rechantée immédiatement.

La lecture à première vue, toutes les parties ensemble portait sur un trio d'un rhytme franc et bien accusé : elle a été irréprochable.

La lecture sur toutes les clés, au méloplaste de Galin, avec CHANGEMENTS DE TONS SANS S'ARRÊTER, a prouvé que ces hommes étaient maîtres de l'écriture usuelle et que les soudures leur étaient familières.

Ces hommes connaissent parfaitement la théorie.

Que leur manque-t-il donc ?

De plus, ILS CHANTENT, car les huit chœurs ont tous été fort bien exécutés, et plusieurs n'ont rien laisser à désirer. On sent, dans leur exécution, une carrure de mouvement, une sûreté d'intonation et d'attaque que l'on serait bien loin de supposer chez des hommes qui prenaient — PAR ORDRE, — leur première leçon il N'Y A PAS ENCORE CINQ MOIS. La première partie du résultat, la sûreté de la lecture, appartient surtout à la méthode, à la puissance de ses exercices ; mais l'exécution finie est le résultat du travail personnel de M. de Féraudy, et il y a lieu de le féliciter vivement pour son beau résultat, et pour la manière si brillante avec laquelle il applique la méthode. Si la complète réussite peut payer la peine et le dévouement, il doit être pleinement satisfait.

M. le commandant de la Plane a paru aussi fort heureux des beaux résultats obtenus sur les élèves de son gymnase, résultats qui sont dus en partie à l'appui moral qu'il a prêté au cours de M. de Féraudy.

Dans dix jours, l'armée va, pour LA SIXIÈME FOIS depuis trois ans recevoir cent vingt ou cent trente sous-officiers ou caporaux connaissant assez la méthode, non-seulement pour s'en servir pour eux, mais encore pour l'enseigner aux autres. Cela fait SEPT à HUIT CENTS élèves versés dans l'armée depuis trois ans et repartis régulièrement dans tous les régiments ; et CELA N'A PAS COÛTÉ UN SOU AU BUDGET. — Cela coûte seulement beaucoup de peine à M. de Féraudy — et cela m'en a aussi beaucoup coûté. — Dans vingt jour, va ouvrir le septiè me cours.

Si l'on veut réfléchir que ces cours sont faits à des hommes de 22 à 30 ans, dont la volonté n'est pas consultée, et qui apprennent la musique comme l'exercice : PAR ORDRE ! Si l'on remarque que ces hommes sont PRIS AU HASARD dans tous les régiments et en vue seule de la gymnastique ; si l'on veut prendre garde que six expériences consécutives, faites sur six personnels différents, et chacune dans la période de cinq mois et dix jours, ont présenté six réussites complètes ; on fera comme nous : on gémira profondément sur l'aveuglement tout de parti-pris qui repousse quand même un si grand bienfait porté à tous, et on plaindra l'administration qui ne sait pas se soustraire aux conseils perfides de MAÎTRES de postes égoïstes et sans cœur, qui s'opposent à l'établissement des chemins de fer — parce que le bien pour tous contrarie leurs intérêts personnels... Malheur à ces hommes qui font tant de mal en empêchant tant de bien !...

Honneur au contraire, à l'administration de la guerre qui a su briser cette résistance malfaisante....

Emile CHEVÉ.

APPENDICE

Aux développements donnés par M. Fallier, sur la loi qui préside à la formation de la gamme majeure.

Je pourrais citer plus d'un SAVANT qui voudrait bien être à ma place, pour contester à M. Fallier le mérite de la priorité de son travail. En effet, il a modifié seulement le nombre de vibrations assignées à MI, à LA, et à SI, laissant les quatre autres tels que les livres des auteurs les avaient données. Or, ces nombres de vibrations, rapportées aux longueurs des cordes, donnant 1, pour UT, et $0,50$ pour l'UT de l'octave supérieure, correspondent, pour MI, à $0,79$, pour LA, à $0,59255$, et, pour SI, à $0,52667$. Je dirais que, dans ma *Lettre à M. Fétis, directeur du Conservatoire royal de Bruxelles,* imprimée, en 1841, chez Weisseimbruch, un tableau résumant les expressions multiples des vingt et-un sons (sept, dits naturels, sept diésés et sept bémolisés), page 32, en me bornant aux millièmes, pour un UT fourni par une corde longue de *mille millimètres,* j'avais attribué à MI : 790 millimètres, à LA : 592 millimètres, à SI : 527 millimètres, et qu'à la page 44, conduisant plus loin le calcul des décimales, j'avais imprimé pour MI : 790 mill. 1076544 ; pour LA : 592 mill. 5807408, et pour SI : 526 millim. 661400.

J'ajouterais que les mêmes évaluations, pour les mêmes notes, se retrouvent dans mon livre intitulé : *De la nécessité d'une réforme dans l'enseignement de la musique vocale* (Bruxelles, imprimerie de Stapleaux, 1844). aux pages 21, 22, 23. 27, 28, 29, 33, 36 et 37.

Il y aurait là des livres et des dates ; cela suffirait à des esprits superficiels, si ce n'est à de basses jalousies, pour dépouiller un travailleur intelligent de ce qui lui appartient bien légitimement, de l'honneur d'avoir substitué une série régulière de rapports à la graduation antérieure dont les conséquences engendraient tant d'énoncés divers, pour la valeur d'une même note, rapportée aux longueurs de cordes ou au nombre des vibrations nécessaires pour les produire. Qui sait même si quelque physicien désappointé ne s'appuiera pas sur mes livres pour contester à M. Fallier l'ORIGINALITÉ de sa découverte ?

Il faut donc que je dise bien vite et bien haut *que je n'ai nullement songé,* en 1841 ni en 1844, *à formuler une loi GÉNÉRALE.* J'ai voulu montrer seulement, en rapprochant les *diverses* expressions numériques d'une note *dont le nom restait le même,* dans la langue *solfiée,* et dans la langue *parlée,* qu'on ne pouvait échapper aux effroyables complications du tohu bohu scientifique qu'en plaçant l'étude et la langue réduite à un type unique, pour chaque mode, *sur le terrain des RAPPORTS.*

M. Fallier a fait mieux et plus que moi ; il a fait disparaître le tohu-bohu ; grâces lui soient rendues !

J'ignorais que la *Réforme musicale* du 6 juillet dût fournir, jusqu'aux triples dièses et jusqu'aux triples bémols, le tableau du nombre des vibrations, et, pour la construction de plusieurs appareils qui doivent rendre *sensibles à l'œil* les faits *perçus par l'oreille,* j'avais, d'après les données de M. Fallier, calculé les *longueurs de cordes,* pour une octave complète, avec répétition du son le plus grave, à son octave supérieure.

Je ne donne pas aujourd'hui toutes les conséquences de cette division de l'octave en 63 parties (l'octave supérieure non comprise. Je me borne à l'offrir comme une preuve de la pauvreté d'une *langue solfiée* qui, si on conduisait les modulations jusqu'aux quadruples dièses et aux quadruples bémols, n'aurait qu'UN SEUL ET MÊME MOT, pour exprimer, *en chantant* NEUF FAITS DE SONORITÉ ABSOLU dont le plus grave et le plus aigu seraient distants de *près d'une septième majeure* je me demande aussi, et je demande à toute personne qui n'a pas renoncé à l'usage de sa raison, comment la *langue savante*, celle des harmonistes qui conserve le nom *générique* de l'intervalles (seconde, tierce, quarte etc.) tant que le nom, SOLFIÉ OU PARLÉ de ses deux *termes ne change pas*, pourra, sans exciter un immense éclat de rire, appeler une SIXTE la distance de *ré quadruple dièse*, exprimée par 0,69082, à *si quadruple bémol*, exprimé par 0,68499, ce qui, sur une corde d'un mètre de long donnant l'UT à vide, représenterait *un peu plus que la moitié d'un millimètre de raccourcissement, et beaucoup moins que les trois-quarts* d'un millimètre, tandis que la *seconde majeure*, de FA à SOL, représenterait *cent quarante-trois fois* l'écartement des termes de cette SIXTE que les *savants* nommeraient ainsi, par respect pour les sept vénérables mots de leur langue des *sons absolus*.

Voici les chiffres des longueurs décroissantes, pour une octave ; les abréviations devant être ainsi comprises : D, dièse — DD, double dièse — T. D, triple dièse — Q. D, quadruple dièse — B, bémol — BB, double bémol — T. B, triple bémol — Q. B, quadruple bémol.

ut	1,00000	mi	0,79000	fa t.d	0,62244
si d	0,98636	ré dd	0,77934	mi q.b	0,61406
la dd	0,98361	ut q d	0,77747	ut t.b	0,60888
fa q.b	0,97530	la q.b	0,77061	si bb	0,60068
mi t.b	0,96218	sol bb	0,76123	la	0,59255
ré b	0,94922	fa	0,75000	sol dd	0,58451
ut d	0,93629	mi d	0,73977	fa t.d	0,58288
si dd	0,92366	ré t.d	0,73774	ré q.b	0,57796
la q.d.	0,92109	la t.b	0,72163	ut bb	0,57014
fa t.b	0,91331	sol b	0,71191	si b	0,56250
mi bb	0,90102	fa d	0,70222	la d	0,55483
ré	0,88889	mi dd	0,69275	sol t.d	0,55328
ut dd	0,87676	ré q.d	0,69082	ré t.b	0,54122
si t.d	0,87432	si q.b	0,68499	ut b	0,53394
sol q.b	0,86693	la bb	0,67576	si	0,52667
fa bb	0,85526	sol	0,66667	la dd	0,54965
mi b	0,84376	fa dd	0,65757	sol q.d	0,51811
ré d	0,83225	mi t.d	0,65574	mi q.b	0,51374
ut t.d	0,82992	ut q b	0,65020	ré bb	0,50682
si q.d	0,81875	si t.b	0,64145	ut	0,50000
sol t.b	0,81183	la b	0,63281		
fa b	0,80090	sol d	0,62420		

Aimé PARIS.

« Paris le 9 juillet 1856.

» Monsieur le gérant de la *Réforme musicale*,

» Le numéro de votre journal du 6 courant fait intervenir mon nom dans une polémique engagée entre M. Paris et M. Mercadier ; permettez-moi de vous en témoigner ma surprise et le désagrément que j'en éprouve.

» Par suite de mon abonnement à votre journal, M. Paris donne à penser que M. Mercadier se serait rendu coupable d'un mensonge dans la RÉPONSE adressée par lui à M. Paris ; de l'existence *supposée* de ce premier mensonge, M. Paris induit que M. Mercadier a dû nécessairement ne pas se borner à celui-là, et de cette induction il en tire la conséquence qu'il n'y a pas lieu d'ajouter foi aux autres allégations de la *Réponse* de M. Mercadier.

» Il y a quelque chose de très-simple à répondre à tout cela : M. Paris aurait pu se faire envoyer la date exacte de mon abonnement à votre journal ; et il n'aurait pas dit que cet abonnement n'a été fait que *très peu de temps après le 6 avril*, puisqu'il date du 4 mai comme le constate le reçu que j'ai entre les mains.

» Ces mots *très-peu de temps*, remarquez-le bien, signifieraient donc une période d'un mois ! !

» Or les quatre numéros auxquels M. Mercadier a répondu ont donc évidemment été publiés antérieurement à mon abonnement personnel. Voilà ce que M. Paris aurait reconnu, s'il avait voulu consulter vos livres et ce que je tiens à voir rectifier.

» Je vous ai adressé la demande de plusieurs numéros supplémentaires c'est qu'il était à ma convenance de les avoir ; et je n'ai aucune raison de vous dissimuler que c'était pour servir la cause de M. Mercadier.

» Je sais, Monsieur, par qu'elle voie les *quatre premiers numéros réunis* sont parvenus *à la fois* à M. Mercadier, et je confirmerais le fait au besoin.

» J'espère, monsieur, que c'est la première et la dernière fois que mon nom aura paru dans cette affaire.

» Permettez-moi de compter sur votre loyauté, monsieur, pour que l'insertion de cette lettre soit faite dans votre plus prochain numéro, et veuillez agréer l'expression de ma considération distinguée.

« DANIEL. »

La lettre qu'on vient de lire justifie pleinement les suppositions de M. Aimé Paris.

C'est pour servir la cause de M. Mercadier que M. Daniel nous a demandé, à deux reprises, des numéros de la *Réforme*. D'un autre côté, M. Daniel qui demeure *dans la même maison que M.* que M. Mercadier et qui, sans doute, est son ami, puisqu'il sert sa cause, M. Daniel, dis-je, était notre abonné depuis un mois lorsque M. Mercadier nous dit, par l'organe de son huissier : « que l'existence de la *Réforme musicale* » lui était COMPLÈTEMENT INCONNUE. » M. Aimé Paris s'est permis d'émettre un doute à cet égard, et nous ne voyons pas en quoi la lettre de M. Daniel détruit des suppositions plus que vraisemblables, que le public a dû faire avec nous.

Nous laissons, du reste, à M. Aimé Paris le soin de commenter les explications qui nous sont données par M. Daniel, bien qu'on les eût demandées à M. Mercadier.

Louis ROGER.

THÉATRE-FRANÇAIS.

REVUE DE LA DERNIÈRE QUINZAINE.

Dans un dernier article qui n'a pu paraître, faute de place, nous rendions compte d'un charmant petit proverbe à la manière d'Alfred de Musset, LE POUR ET LE CONTRE, d'O. Feuillet, —qui a été joué aussi spirituellement qu'il est écrit, par Mme Haquette, — une nouvelle venue, qui ne pouvait manquer d'être la bien venue,— et M Julien Mary, son digne collatéral.

De la coquetterie dans le geste, dans le regard, dans la voix, une finesse d'intention des plus pénétrantes, un ton exquis, telles sont les qualités que nous nous plaisons à reconnaître chez cette dame.

Depuis, nous l'avons revue dans Louise de Lignerolles, et notre admiration, — il faut bien le dire, — s'est un peu refroidie ; cette voix si doucereuse qui caresse en parlant, cette bouche mutine qui décoche si coquettement l'épigramme, n'est pas faite aux accents des grandes douleurs, et c'est en vain qu'elle veut l'y contraindre ; encore une fois, à quoi bon fausser la nature ? Belle dame, laissez le sourire à vos lèvres, il leur va si bien : la comédie et non le drame.

MM. Bazin, et Cudot, qui remplissaient les rôles importants de cette pièce, qui a quelque peu vieilli, par parenthèse, ont été à la hauteur de leur tâche.

Quant à Mme Evrard...... mais non, soyons galant.

Pour varier nos plaisirs, l'administration nous a donné les prémices de deux talents en herbe, Mlles Delamare, charmantes petites filles qui seront peut-être un jour de grandes danseuses, mais qui, pour le moment, n'en sont encore qu'aux promesses.

On a tort d'escompter ainsi l'avenir ; le talent est un fruit qu'il faut laisser mûrir, sous peine de lui faire perdre toute saveur.

Depuis deux jours, un artiste de talent, M. Tisserant, premier sujet du Gymnase et de l'Odéon, a ramené,— pour nous servir de la phrase consacrée,— la foule au Théâtre-Français ; les déserteurs n'ont pas eu à se repentir de leur obéissance à rentrer sous le giron dramatique, car M Tisserant leur a donné un ample dédommagement de plaisir. Dans la BOURSE, il a joué avec un accent convaincu, une dignité parfaite, le rôle un peu effacé de Reynold, l'amoureux méconnu.— Le public a souvent et très-légitimement applaudi sa parole mâle et fière exprimant noblement tous nobles sentiments.

Il a été parfaitement secondé, du reste, par Mlle Coblentz, notre excellente jeune première, et M. Armand, un des meilleurs financiers que nous ayons eus.

M. Julien nous paraît avoir mieux compris l'esprit de son rôle, et nous revenons un peu sur notre premier jugement.

Mais c'est surtout dans L'HONNEUR ET L'ARGENT que M. Tisserant s'est révélé dans toute la puissance de son talent : pénétration profonde, émotion vraie, élans chaleureux, il a tout mis en réquisition pour produire un immense effet ; et il a réussi au-delà de toute attente ; c'est un grand et très-honorable succès que celui qu'il vient d'obtenir sur notre scène, et il a droit d'en être fier : ces bravos là sont de bon aloi.

M. Bazin, que nous avons souvent occasion d'applaudir, car il travaille sans relâche et prend son art au sérieux, a partagé avec l'artiste parisien tous les honneurs de la soirée, et c'était dû. Il a eu de très beaux élans de découragement et de fureur contenue, notamment dans la magnifique scène du troisième acte, qu'il a rendue d'une façon vraiment remarquable.

M. Armand a donné une bonne physionomie au personnage tergiversateur du beau-père, dont le cœur étroit, baromètre capricieux de ses opinions, varie selon les changements de la fortune.

Mme Anna, qui avait accepté avec beaucoup de bonne grâce le rôle effacé de Laure, l'a interprété d'une façon tout-à-fait charmante.

Mlle Valcon, à qui nous avons dit quelquefois ses petites vérités, peut les entendre aujourd'hui sans faire la grimace, car nous l'avons trouvée très-gentille et assez naturelle sous les traits de la jeune sœur.

En résumé, pour un ouvrage de cette importance, on ne s'est pas trop aperçu de la précipitation avec laquelle il a été remis au répertoire, et l'ensemble a été plus que satisfaisant.

Nous espérons bien revoir M. Tisserant dans d'autres créations, et nous ne le tenons pas quitte à si bon compte ; il nous doit encore quelques bonnes soirées : — qu'il ne l'oublie pas.

On a eu l'idée fort heureuse de reprendre l'HISTOIRE D'UN SOU, charmante drôlerie, pleine d'originalité et d'esprit, que Lacombe fait adorablement valoir, en compagnie de Cosson, la sublime ganache, et de notre avenante soubrette, Mlle Adèle Fleury.

James, qui devient presqu'aussi rare que les beaux jours, ne nous apparaît plus guère de loin en loin que dans Un monsieur qui va au cercle, et c'est dommage, en vérité, car sa présence a comme eux, pour continuer notre métaphore ambitieuse, — le don de faire épanouir la gaîté sur tous les visages.

Qu'on se hâte donc de nous le rendre.

Dans cette amusante pochade de la vie intime, Mme Daubray est aussi d'une verve étourdissante, et l'on ne peut mieux commencer ou finir la soirée qu'en écoutant l'odyssée de ces petites misères conjugales.

Et M. le sac et Mme la braise, que nous allions oublier ! Ce serait vraiment de l'ingratitude envers M. Voisel, notre excellent grime, dont le jeu plein de rondeur et d'entrain nous rappelle le bon temps des Lemaire et des Leclerc ; de l'ingratitude envers Lacombe, qui est vraiment d'un désopilant comique sous les traits de l'égrillarde madame Labraise.

Disons donc que, grâce à eux, cette éblouissante bluette a complètement réussi.

Nous ne citerons que pour l'acquit de notre scrupuleuse exactitude, Amour et malice, vaudeville en un acte, dans lequel l'auteur a mis, selon nous, beaucoup plus d'amour que de malice. — Heureusement que Mlle Berthe était là pour combler ce déficit.

Alexandre OSMONT.

L'ÉTÉ.

Voyez, mes beaux enfants, voyez :
Le ciel est bleu, la terre est verte.
Les ruisseaux chantent à vos pieds,
Toute âme aux chansons est ouverte.

Le marin part et part gaîment.
Le vent qui chante enfle sa voile,
Ce soir sur le beau bâtiment
Dansera quelque belle étoile.

Le laboureur répète aux champs
Tous les refrains de sa jeunesse
Les bœufs qui ne sont pas méchants
Vont deux à deux sans qu'on les presse.

Le pâtre assis dans les halliers
Fait chanter sa flûte inhabile.
Le chien joue avec les béliers
Dans le paysage tranquille.

Le pauvre même, tout là-bas,
Bat le chemin d'un pas plus ferme.
Il sait qu'il ne manquera pas
Du pain que l'on cuit à la ferme.

La fleur souvre et le grain mûrit ;
Tout chante rit folâtre et brille,
C'est l'été ! Le bon Dieu sourit
Enfants à sa grande famille !...

L. Roger

Nous lisons dans l'Ère nouvelle artistique, qui se publie à Paris :

« Pour ne pas faire mentir le titre de l'Ère nouvelle artistique, mon devoir m'oblige à vous annoncer que M. Vasse, un des ardents propagateurs de la méthode Galin-Paris-Chevé, pour la musique, a fait ici, dans la ville la moins musicale du globe, des choses merveilleuses.

» Dans la salle Sainte-Cécile, la même où s'est éteinte d'inanition la société philarmonique, M. Vasse a donné samedi dernier un concert pour terminer son premier cours, composé de soixante leçons. Les résultats obtenus ont émerveillé tout le monde, et vous n'en serez pas étonnés, vous qui pouvez entendre de si belles choses exécutées par les différents orphéons de Paris. Aussi M. Vasse recommence-t-il une nouvelle série de leçons, divisées en trois cours, qui seront suivies par un grand nombre d'élèves. D'ici à trois mois, le Hàvre comptera plus de chanteurs qu'il n'en a connu depuis sa fondation.

» F.-A. Gandon. »

L'abondance des matières nous force à renvoyer à dimanche la suite de la réponse de M. Emile Chevé à M. Mercadier.

CONCERT.

Jeudi dernier a eu lieu le concert au profit de l'établissement de bienfaisance de Mlle Provost.

Il y a longtemps que la salle de l'Hôtel-de-Ville n'avait retenti de l'harmonie des voix et des instruments. Si le retour de la musique dans cette enceinte n'a pas été signalé par une exécution magistrale, au moins faut-il reconnaître la bonne intention des exécutants, qui se sont mis à la disposition d'une œuvre de charité digne de toutes les sympathies.

Mme Félix Voiron, qui vient passer l'été dans sa ville natale, a conquis dans ses voyages ce que son professeur aurait été bien en peine de lui donner. Elle a aujourd'hui toutes les belles qualités de l'artiste, une voix ferme et légère, de l'aplomb et une grande intelligence de ce qu'elle chante. Elle a été chaudement applaudie, et c'était justice.

Nous enregistrons, pour mémoire, les fragments de musique classique qu'on aurait grand tort de juger d'après une interprétation pleine de bonne volonté, mais encore loin de ce qu'on

---

est en droit d'attendre d'artistes qui veulent prendre place parmi les virtuoses.

L'essentiel, c'est que le but charitable ait été atteint. La critique, cette fois, n'en demande pas davantage.

Louis ROGER.

Deux volumes nouveaux de M. Victor Hugo, les Contemplations, sont en vente chez tous les libraires de la France. Cette œuvre magistrale du grand poète, a été un véritable événement dans le monde littéraire. Les exemplaires s'enlèvent comme par enchantement. M. Victor Hugo n'a jamais eu un succès plus éclatant. Disons aussi que ses vers n'ont jamais été marqués du sceau d'un génie plus vaste. Tout le monde lira les Contemplations comme nous venons de le faire ; tout le monde y reconnaîtra l'empreinte du poète qui a inscrit son nom parmi les gloires immortelles de la nation française.

Le 60me volumes des Contemporains donne la réponse de M. Eugène de Mirecourt aux articles d'Alphonse Karr, publiés dans le Siècle. Ce volume contient la notice consacrée à Mme Anaïs Ségalas, une de nos muses de talent. Villemain, Gavarni, Berlioz, Beauvallat (de la Comédie-Française), Mme Clémence Robert, Gustave Planche, Cousin, Falloux et Montalembert, sont sous presse. Pour la dernière fois on rappelle aux souscripteur que la première série de cinquante volumes, seule, en raison de l'économie des frais de poste et du transport par les messageries, est expédié contre un mandat de 25 francs, à l'adresse de M. Gustave Havard, éditeur des Contemporains, rue Guénégaud, 15, à Paris. On doit envoyer, pour la seconde série, un mandat de 30 francs sur la poste.

XIᵉ Année ; — 1ʳᵉ du nouveau titre.   **UN NUMÉRO : 20 CENT.**   N° 26. — Dimanche 20 Juillet 1856.

Musique, — Sciences, — Arts, — Littérature, — Théâtres.

LA RÉFORME MUSICALE

ABONNEMENT A ROUEN : 10 FR.

ON S'ABONNE

A ROUEN, chez M. Louis Roger,
rue Porte-aux-Rats, 2.
A PARIS, chez M. Emile Chevé rue
des Marais-S.-G., 18.
A MARSEILLE, chez M. Aimé Paris
rue Paradis, 77.

JOURNAL DES DOCTRINES DE L'ÉCOLE GALIN-PARIS-CHEVÉ.

BUREAU A ROUEN, RUE PORTE-AUX-RATS, N° 2.

LOUIS ROGER, Directeur-Gérant.

ABONNEMENT DANS LES DÉP. : 12 FR.

ON S'ABONNE

A LYON, chez M. Perraud, rue du
Griffon, 11.
AU HAVRE, chez M. Vasse,
rue Molière, 16.
*Les abonnements peuvent être payés
en timbres-postes (Affranchir).*

RENSEIGNEMENTS. — Cette feuille paraît, à ROUEN, tous les DIMANCHES. — Tout ce qui concerne l'administration du journal doit être adressé à Rouen, rue Porte-aux-Rats, 2. — Ce qui concerne la rédaction peut être indifféremment adressé à M. CHEVÉ, à M. Aimé PARIS, ou au Directeur-Gérant. — La critique demeure sous la responsabilité de celui qui la signe. — Il sera rendu compte des Ouvrages dont un exemplaire sera déposé au bureau du journal. Les lettres non affranchies seront refusées.

On peut se procurer des numéros de la *Réforme*, au Bureau du Journal ; — au dépôt du cours Boïeldieu, à Rouen, — et dans l'intérieur des Théâtres.

M. MERCADIER, LE CONSERVATOIRE
de musique,
& LA MÉTHODE GALIN-PARIS-CHEVÉ.

(Suite. — Voir les numéros du 15 et du 29 juin 1856.)

> On n'a véritablement le droit de publier un livre élémentaire, sur quelque science que ce soit, que si l'on a quelque chose de nouveau et d'utile à soumettre à ses lecteurs : retourner l'ouvrage d'un autre, pour y mettre son propre nom, nous a toujours paru une chose, non-seulement injuste envers celui dont on travestit ainsi l'ouvrage, mais déplorable pour l'enseignement que l'on encombre ainsi de milliers de volumes, véritable labirinthe où se perdent tant de commençants et même de professeurs.
>
> EMILE CHEVÉ (Méthode élémentaire d'Harmonie, tome 1ᵉʳ, page 31. — Paris, 1845).

En écrivant les lignes qui forment cette épigraphe, avais-je déjà, en 1845, la prévision de ce qui se passe aujourd'hui, *onze ans après* ? — On serait tenté de le croire, tant l'à-propos paraît frappant. Quoiqu'il en soit, arrivons à la seconde partie de ma pénible tâche, à l'examen du livre de M. Mercadier ; j'en ferai trois parts :

1° Tout ce qui rentre dans les banalités des solféges ;
2° Tout ce qui appartient à l'école nouvelle ;
3° Tout ce qui appartient en propre à M. Mercadier.

Je crois devoir faire précéder cette analyse de la citation de quelques passages de l'avant-propos de M. Mercadier, pour faire mieux apprécier au lecteur les prétentions de M. Mercadier et la manière dont il les a justifiées. Je cite :

« En apportant humblement notre pierre à l'édifice, nous dirons que *notre préoccupation dominante* a été de *combattre la routine*, cette ennemie redoutable de l'étude, de l'enseignement et du progrès, cette marâtre de l'intelligence, qui s'empare de l'enfant à ses premiers pas, pour ne plus l'abandonner, et qui perpétue le déplorable systeme d'invoquer *l'usage*, au lieu d'expliquer *la raison des choses*.

» .... Mais comme il serait ridicule et impossible d'initier un enfant à des connaissances aussi abstraites, on en est réduit à lui faire apprendre par cœur les principes *si compliqués* sur lesquels reposent les 15 gammes majeures et les 15 gammes mineures de notre musique. (1)

---

(1) Il résulte de ce paragraphe qu'avant le livre de M. Mercadier, publiée à la fin de 1855, on ignorait la théorie des tons, désignée par les mots : théorie des gammes. — Or, cette théorie, donnée par M. Mercadier comme une découverte à lui appartenant, forme un des points principaux du livre de Galin, imprimé en 1818, *trente-huit ans* avant l'apparition du livre de M. Mercadier ; elle est développée tout au long dans les livres de M. Paris (1833) ; dans les nôtres, (1844), qui en sont à leur *huitièmes* édition ; elle est enseignée par M. Aimé Paris, depuis 30 ans, par Mᵐᵉ Emilie Chevé, depuis 25 ; je l'ai exposée à Paris, dans 98 cours, devant *vingt milles* élèves ; les adeptes de la méthode l'ont portée dans tous les coins du monde. — Et c'est après cette publicité immence que M. Mercadier *qui habite Paris*, et qui *a lu nos livres* — il veut bien l'avouer — ose écrire sérieusement que cette théorie n'existait pas encore à la fin de 1855, quand il a fait paraître son livre !.. On n'est pas plus audacieux !

» *C'est la logique des faits*, c'est *la raison d'être des choses*, que nous avons cherchées avec persévérance ; et aujourd'hui, *sans présomption, sans vanité*, nous offrons *le résultat de nos efforts* aux élèves et aux professeurs. (2)

» Dans cet essai, nous avons tenté de marcher du connu à l'inconnu.

» .... Nous nous sommes appliqués à démontrer, en nous abstenant de toute exagération systématique, l'origine de la mesure, le caractère qui lui est propre, la classification à laquelle elle est soumise. (3)

» Historiquement et physiquement nous avons construit la gamme modèle....... De cette gamme nous passons à la formation de toutes les autres, et nous croyons avoir éclairé d'un jour nouveau cette importante partie de l'art. (4)

» *L'origine des clés*, les modes, le *renversement des intervalles*, présentés *avec une déduction logique et naturelle*, nous ont conduit à la transposition. (5)

» En résumé, *notre méthode*, conduit à des résultats inappréciables : elle enlève à l'étude son aridité, elle renferme la démonstration de certains *principes dont l'absence* déconcertait les élèves. (6)

» .... Notre système ne combat aucun système, il ajoute à chacun d'eux et cherche à les compléter tous. (7) Aussi avons-nous espoirs que nous aurons

---

(2) Donc, ce que va nous montrer M. Mercadier sur les gammes est bien *de lui*, est bien *à lui* : c'est *le résultat de ses efforts* ! Il le dit sans présomption, sans vanité. — Cette assurance est vraiment incroyable !.

(3) Le lecteur verra bien la classification de M. Mercadier, et sera à même de pouvoir apprécier la justesse de son épigramme contre *l'exagération*, quand il saura que *l'exagération* à laquelle, sans doute, il fait allusion, consiste à dire que : puisqu'il y a *huit* manières d'écrire *un*, il y a *huit* manières d'écrire *trois* et *huit* manières d'écrire *quatre*. C'est-à-dire que, puisqu'il y a trois mesures — *deux temps*, *trois temps*, *quatre temps* — et qu'il y a *huit formes* pour exprimer l'unité de durée, *ronde, blanche, noire, croche, ronde pointée, blanche pointée, noire pointée et croche pointée* ; il y a nécessairement *huit formes* à *deux temps huit formes* à *trois temps* et *huit formes* à *quatre temps*. Cela sera vrai tant que trois fois huit feront vingt-quatre. Malheureusement tous les solféges et tous les conservatoires disent le contraires ; dès lors, M. Mercadier, qui tient a *être bien avec tous les systèmes* officiels du moins, a dû, malgré sa sainte horreur de la routine, taxer d'exagérateurs les hérétiques qui osent soutenir que 3 fois 8 font 24.

(4) Lecteur, notez bien cette phrase : il *croit avoir*, en 1855, *éclairé d'un jour nouveau* la théorie des gammes si admirablement exposée par Galin en 1818, IL Y A 37 ANS !

(5) À AVEC *une déduction logique et naturelle*, faire dériver les *renversements* des intervalles *des modes* ; (pourquoi les *renversements* et non les *intervalles* eux-mêmes qui — dans la déduction logique — doivent nécessairement précéder leurs renversements) ; puis *faire dériver les modes des clés*, » voilà un tour de force qui a dû frapper d'admiration tous les membres du comité des études du Conservatoire et mériter à son auteur toutes les sympathies du comité. Déduire les modes des clés !...

(6) Notez-bien : « *ma méthode*. » — Relisez la note première.

(7) « *Notre système* ne combat aucun système,

aidé à la vulgarisation de la musique par la publication d'une méthode qui peut être mise en pratique aussi aisément pour *l'enseignement public* que pour *l'enseignement privé*. » (8)

(*Essai* d'instruction musicale. — Avant-propos. — 1855 — pas P. L. Mercadier, chevalier de la légion d'honneur.)

Ce long mais indispensable préambule fini, Arrivons à la partie du livre qui, ne contenant que des *banalités*, ne peut avoir la moindre prétention au bénéfice du rapport. Que le lecteur me pardonne le fatras indigeste que je suis obligé de mettre sous ses yeux : il faut bien que je prouve *au comité* que je n'ai commis aucune omission, — je l'espère du moins. Je serai d'ailleurs aussi bref que possible, dans cette énumération que j'accompagnerai de quelques notes nécessaire.

1° BANALITÉS DES SOLFÉGES. Sous ce titre vient se ranger tout naturellement tout ce qui

---

etc. » Voici encore un nouveau miracle. — L'école de Galin, qui professe *la théorie* des rapports, ne solfie que dans *deux langues* ; le Conservatoire, qui suit la théorie du *ton absolu*, solfie, lui, dans *douze, vingt-quatre* ou *trente langues* ; que sais-je ? — Chez nous, chaque chose a son nom et chaque nom ne signifie qu'une chose ; au Conservatoire, et dans toutes les écoles officielles, *la même* chose porte *tous les noms*, et *le même nom* signifie *toutes les choses* ; nous n'admettons que *trois* formes de mesures, ce qui est la vérité ; le Conservatoire en admet 7, 11, 17, 40, etc., ce qui est l'erreur ; nous avons une écriture *omnitone* pour la voie qui est *omnitone*, le Conservatoire applique à la voix qui n'a point de tonalité fixe l'écriture à tonalités fixes des instruments ; etc., etc., etc. Et M. Mercadier a trouvé une méthode qui peut compléter l'un des systèmes sans anéantir l'autre ! bien plus : en les complétant tous les deux !... O M. Mercadier, je suis forcé de le répéter : vous faites des miracles ; et je comprends maintenant la médaille, de l'exposition et l'approbation sans limite du comité des études... Avoir découvert une chose qui rend, au même coup, *plus blanc* et plus *noir*, plus *chaud* et plus *froid*, plus *court* et plus *long*, plus *lourd* et plus *léger*... Oh ! oui ; miracle !... miracle !...

(8) Ne croirait-on pas, à la lecture de cette phrase, que le livre de M. Mercadier est complet, que c'est une machine *prête a agir*, à laquelle il ne manque rien, et qui ne demande qu'à être mise en mouvement ! Eh bien ! il n'en est rien ; le livre de M. Mercadier ne contient pas un *seul exercice pratique d'intonation, pas un seul de mesure pas un seul de lecture*. En un mot : pas une ligne de pratique ! Cette pratique est donc entièrement à faire ; et jusque là, le livre ne peut pas plus apprendre à lire la musique qu'une théorie de locomotive ne peut transporter des voyageurs... Ce livre contient un fragment de théorie saine, perdu dans un fatras de vieux signés et de vieilles idées contradictoires qui doivent en arrêter le développement, quand on en viendra a la pratique. — Mais cette théorie est imprimée tout au long, — et *beaucoup plus complètement* dans *tous les livres de notre école*, dont le dernier épuise en ce moment sa *huitième* édition ; elle est professée partout, et pour mon compte, je le répète je l'ai exposée dans *quatre-vingt-dix-huit cours*, à Paris seulement, et devant plus de *vingt mille élèves*. Vraiment on ne sait quel mot employer pour caractériser des prétentions pareilles ?...

est relatif aux *signes* de l'écriture musicale, au *vocabulaire* de la langue musicale et à certaines *définitions* ridicules que M. Mercadier a cru devoir conserver, malgré son horreur de la routine. — Ici, se rencontrent donc :

La *portée musicale* avec ses *barreaux supplémentaires* et ses *clés multiples.*

Les *notes* : ronde, blanche, noire, croche, double-croche (9), triple-croche, quadruple-croche, quintuple-croche, sextuple-croche ;

(9) Il critique, après tout le monde et surtout après nous, les mots *double, triple*croches, pris pour *demie, quart*, de croche, etc., et il ne remarque pas que tout le système d'appellation est ridicule, lui qui, cependant, *ne cherche que la raison des choses !* En effet, qu'ont de commun avec l'idée de *rapport de durées* les mots *ronde* (forme), *blanche* (couleur), *noire* (couleur) *croche* (accident de forme), double-croche (rapport) etc. Voilà ce qu'il devait d'abord critiquer. — J'ajouterai que pour être utile, la critique doit être faite en prenant pour guide *la vérité, le bon sens* et la *modération*, qui sont précisément ces trois divinités auxquelles M. Mercadier prétend sacrifier... Or, pour être faite dans ce sens, la critique doit porter sur *tout ce qui n'est pas la vérité*, c'est-à-dire sur tout ce qui est faux : pour obéir au bon sens, elle doit porter particulièrement sur tout ce qui est *nuisible* et surtout très-nuisible ; enfin, pour obéir à la *modération*, elle ne doit pas s'acharner sur des vétilles, *sans conséquences sérieuses*, pour laisser passer des monstruosités qui enrayent toute espèce de progrès.

Eh bien ! qu'a fait M. Mercadier ? Il s'effraie du mot *double-croche*, pris à contre-sens, au point de lui consacrer une note énorme, *la plus longue de tout le livre* ; et puis, il accepte sans sourciller, sans la moindre réserve :

1° Les *clés* ; monstruosité inouïe qui *changent l'alphabet* pour *chaque voix*, comme si l'écriture du mot *pain* devait varier, suivant la voix qui prononce ce mot ;

2° Les *armures* instrumentales appliquées à la voix ; comme si M. Mercadier lui-même, n'avait pas démontré, après notre école que *le ton n'a aucune influence sur les intervalles du mode* ; il ne faut donc qu'un alphabet et qu'une langue pour chaque mode, au lieu d'avoir un alphabet pour chaque ton comme le veulent les armures ;

3° Les *unités multiples* de durée ; comme si ce n'était pas le renversement de toute logique que d'avoir *huit* signes, pour représenter l'unité, et que de voir un de ces signes, la ronde ou la blanche signifier successivement 4, 2, 1 ; et telautre, la croche, 1, 2/3, 1/2, 1/3, 1/4, 1/6, 1/8 etc., etc., etc.

Voilà les *trois* choses *qui n'ayant aucune raison d'être* POUR LA VOIX, ont empêché, jusqu'ici la vulgarisation de la musique... Voilà *ce qui est faux* ; voilà *ce qui est* énormément *nuisible* ; voilà par conséquent *ce qu'il faut anathématiser toujours et partout* tant qu'on ne sera pas revenu à la vérité. Voilà les rocs et les poutres que des esprits bornés ou inattentifs ont jeté au travers des rails ; voilà ce qui arrête tant de convois et voilà ce qui a causé la ruine de tant d'espérances, et ce qui a porté le découragement dans tant d'esprits ! Mais ces monstruosités sont chères aux conservatoires ; aussi M. Mercadier ne les a-t-il pas aperçues, ou du moins il fait tout comme, puisqu'il n'en dit mot. Mais aussi, comme il se dédommage sur la malheureuse double-croche, — sur ce pauvre fétu inoffensif jeté par l'inadvertance sur le rail. Ah ! voilà ce qui enflamme la colère du savant critique d'autant plus qu'il importe fort peu au comité des études du Conservatoire que l'on dise *double-croche* ou *seconde croche*], du moment que *l'on ne change rien à l'écriture*, et que *l'on ne change rien à rien* : à ce prix il accepte tout ce que l'on voudra.

Et maintenant si, descendant des grandes choses aux petites, aux *misères*, comme la double-croche, on voulait apprécier la valeur des critiques de M. Mercadier, qu'aurait à répondre le comité des études du Conservatoire aux quelques questions suivantes, prises au hasard dans le vocabulaire musical officiel. Vous blamez *double-croche*, messieurs parce que c'est un contre-sens ; d'accord. Mais alors pourquoi acceptez-vous sans la moindre protestation :

Demi-ton *mineur* pour le *plus grand* ;

Demi-ton *majeur* pour le *plus petit* ;

Le refus du nom *mineure* à la quarte et à la quinte *majeures* ;

Le refus du nom *mineure* à la quarte et à la quinte mineures,

Le même mot *ré* pour désigner, en solfiant, les cinq sons : RÉ *double dièse*, RÉ *dièse*, RÉ, RÉ *bémol* et

Les *silences* : pause, demi-pause, soupir, demi-soupir, quart de soupir, *demi-quart* de soupir (10) seixième de soupir ;

Le *point* de prolongation ;

Le *rapport* des signes de durée dans la mesure 2/4 ;

Figures pour battre la mesure ; (11)

Barres de mesures ;

Liaisons, détachés, piqués ;

Abréviations : batteries, renvois, *fine*, ⌒, D C, barres de reprises et de repos, silences multiples, trille, petites notes, appogiatures, gruppetto, guidon ; — (plus « *quelques ornements que l'usage*, » dit-il « *fera connaître* ») ;

Contre-temps ;

Largo, adagio, andante, allegro, prestro ;

Piano, pianissimo, forte, <, <>, >, etc. ;

─────

RÉ *double bémol* ;

Le même nom d'intervalle — UT-RÉ — par exemple, pour représenter *neuf intervalles*, etc., etc.

Pourquoi ?... Pourquoi ?... Est-ce que vous en savez rien !

Non, monsieur, vous n'êtes point un critique sérieux. Quand on affiche la prétention de ne rechercher *que la raison des choses* et de *combattre la routine*, on n'a pas le droit de passer sous silence les *vices nuisibles*, parce qu'*ils ont l'appui officiel*, pour ne faire éclater son indignation que contre une vétille *sans importance, sans conséquences nuisibles*, mais qui n'est défendue par personne. A un autre point de vue, c'est l'histoire des animaux malades de la pestes :

> On n'osa trop approfondir
> Du tigre, ni de l'ours, ni des autres puissances
> Les moins pardonnables offenses.
> ....
> L'âne vint à son tour, et dit : ....
> ....
> Je tondis, de ce pré, la largeur de ma langue !
> ....
> A ces mots on cria au haro ! sur le baudet ;
> Un loup, quelque peu clerc, prouva, par sa harangue
> Qu'il fallait dévouer ce maudit animal,
> Ce pelé ce galeux, d'où venait tout le mal....
> Sa peccadille fut jugée un cas pendable !......

Et puis encore, vous proposez de remplacer les mots *double, triple, quadruple, quintuple* et *sextuple* croche, par les mots *seconde, tierce, quarte, quinte* et *sixte* croche. Votre changement *ne change rien*. Le mathématicien, il est vrai, classe en *série décroissante* les mots mots *minute, seconde, tierce*, etc. Mais le musicien, lui, fait tout le contraire ; ces mêmes mots *n'étant employés par lui* que pour désigner les intervalles, forment dans son esprit une *série croissante* ; tierce plus grande que seconde, quarte plus grande que tierce. etc., Et, comme M. Mercadier déclare qu'*il faut procéder du connu à l'inconnu*, quand le musicien lira *seconde* croche, *tierce* croche, *quarte* croche etc., ces mots réveilleront dans son esprit l'idée que *tierce est plus grand que seconde*, que *quarte est plus grand que tierce*, etc. Cela est clair comme le jour... Donc le changement de M. Mercadier ne remédie à rien, il change seulement de mots, mais il tombe dans le même inconvénient, Alors, à quoi bon changer ? — Quant on se dit assez fort pour découvrir la théorie des gammes, on devrait être assez réservé, assez prudent pour ne pas s'exposer à faire de pareilles critiques qui vous mettent à nu d'un seul coup.

Je suis encore obligé de recommander à l'attention du lecteur la *sextuple* croche de M. Mercadier, et *la dérivation* — philosophique sans doute — de la *blanche* dérivant de la *ronde*. (une couleur qui dérive d'une forme), de la *noire* dérivant de la blanche (le noir dérivant du blanc), de la croche dérivant de la noire (une forme dérivant d'une couleur) etc. Ce sont sans doute toutes ces belles déductions qui ont *si vite* et *si complètement* fasciné le comité des études du Conservatoire impérial de musique de Paris. — Le premier conservatoire de l'univers !... — Ah ! j'en reviens à la fable de La Fontaine ; si de pauvres diables, comme nous s'oubliaient au point de *commettre* de pareils jugements, que ne nous ferait-on pas, à nous que l'on martyrise déjà, *quoique* nous ayons raison ? — Quelques-uns disent, il est vrai : *parce que !*

(10) M. Mercadier écrit : *demi*-soupir, *quart de* soupir, DEMI-QUART de soupir, *seizième* de soupir. — HUITIÈME est sans doute un mot hérétique, qui n'a plus sa place entre *quart* et *seizième*, et qu'il a fallu remplacer par *demi quart*. — O sainte routine ! qu'elle est donc ta puissance ! tu subjugues jusqu'à ceux qui se prétendent tes ennemis les plus déclarés !

(11) M. Mercadier dans la figure qui indique la direction des mouvements à mis ses flèches à l'envers. Cela est peut-être plus commode pour les intelligences en germe ! il faut le croire, puisque le Conservatoire n'a rien critiqué.

Dièses, bémols, bécarres ; le dièse hausse d'un demi-ton, le bémol laisse d'un demi-ton le bécarre rétablit etc ; (12)

Dièses, bémols et bécarres accidentels et constitutifs ; doubles dièses et doubles bémols, (13)

Comma ;

Accord plaqué, accord brisé ; (14)

(12) M. Mercadier a crié : sus à *la routine* !.. Il veut que l'on recherche toujours *la logique des faits* et *la raison des choses* ; etc., ni plus ni moins que tous les solfèges passés et présents, *décrit le signe avant que l'on ait l'idée dont il n'est que l'étiquette* !... *étiqueter une chose qui n'a pas encore existé* !... et après sa profession de foi !.. Mais que pourrait faire de pis la routine la plus encroûtée ?... Ce n'est qu'APRÈS avoir donné cette *définition solfégienne* : « Le dièse *hausse* d'un demi-ton, le bémol *baisse* d'un demi-ton, etc., que M. Mercadier fait connaître la gamme modèle dont l'adoption seule a donné naissance à ces sons remplaçants (si stupidement nommés dièses et bémols) et qui peut seule faire sentir la nécessité *d'un signe* pour *distinguer le remplaçant du remplacé*. — singulière manière de procéder du connu à l'inconnu.

(13 A la page 53 on lit la phrase suivante : « il » existe deux sortes de chacun de ces signes (dièses, » bémols, bécarres) ; les uns sont *constitutifs*, les » autres *accidentels*. Les dièses et les bémols *consti-* » *tutifs* sont ceux qui servent à *constituer la tonalité* ; » NOUS DÉFINIRONS PLUS LOIN CE QUE C'EST QUE LA » TONALITÉ. »

M Mercadier répète souvent que son livre est fait pour les *intelligences en germe*, M. Mercadier a horreur de *la routine* ; il professe un grand amour pour *la logique des faits*, il veut qu'on procède *du connu à l'inconnu* ; Eh bien ! dans ces conditions, *choisies par lui*, que dirait-il s'il assistait au simple dialogue suivant :

Le maître. — « Il y a des dièses et des bémols » *constitutifs* et des dièses et des bémols *accidentels*. »

L'intelligence en germe. — « Maître ! qu'est-ce que c'est que des dièses et des bémols *constitutifs* ! »

Le maître. — « Les dièses et les bémols *constitutifs* sont ceux qui servent à constituer *la tonalité*. »

L'intelligence en germe. — « Mais, maître, qu'est-ce que c'est que la tonalité ; je ne connais pas ça, moi ! »

Le maître. — VOUS LE SAUREZ PLUS TARD. »

Que dirait M. Mercadier à une pareille réponse ! Ce qu'il dirait ? il engagerait de toutes ses forces le maître à l'imiter, lui M. Mercadier, *en vouant la routine aux dieux infernaux*, et *en se vouant lui-même à la logique et au sens commun*.

Je dirai, moi, à M. Mercadier : Il ne suffit pas de dire, comme M. Fétis : » *J'ai un ordre philosophique d'idées ; je m'appui alternativement sur l'analyse et sur la synthèse* ; — il faut encore le prouver, en ne commettant aucune infraction sérieuse aux lois éternelles de la logique, et en suivant scrupuleusement celle de l'analyse et de la synthèse. — Autrement, on reste, comme M. Fétis écrasé sous les armes trop pesantes dont on a eu l'imprudence de se couvrir.

Que le romancier, que le poète, donnant un libre cours à son imagination, se permette toutes les excentricités qui lui passent par la tête, libre à lui ! Qu'il *invente* des fleurs pour le jardin poétique d'Alphonse Karr ; qu'il mette la fantaisie à la place de la science, le paradoxe à la place de la vérité : je le veux bien. Mais *l'homme sérieux, l'homme grave, qui se croit appelé à faire un livre élémentaire* pour l'éducation de l'enfance, n'est pas un romancier, lui ! il a d'autres devoirs et des devoirs très-sérieux à remplir, s'il ne veut pas transformer en poison l'aliment qu'il prépare pour les intelligences en germe. Aussi pour lui, plus de fantaisie, plus d'imagination ; surtout, comme l'a si carrément dit M. Mercadier lui même, pour lui obligation de briser sans pitié avec la *routine*, cette marâtre de l'intelligence, et de se vouer exclusivement *à la logique des faits et à la raison des choses* ; non pas seulement *en paroles*, comme le fait à chaque instant M. Mercadier, mais *en réalité, en pratique*, comme il le fait si rarement.

(14) Page 62, à propos de l'origine de la gamme, il dit : « L'accord parfait s'appelle aussi accord » fait *majeur*, par opposition à l'accord parfait *mineur* » dont nous parlerons tout-à-l'heure. *Majeur* veut » dire *plus grand*, mineur signifie *plus petit*. »

L'intelligence *en germe* qui lit cela en conclut, et elle est dans son droit, que la *quinte* UT-SOL qui limite un accord parfait *majeur* est *plus grande* que la *quinte* LA-MI, qui ne limite qu'un accord parfait *mineur*. — Et l'on appelle cela de la logique ! et le Conservatoire approuve ! ! !

A propos d'on ne sait quoi, M. Mercadier définit

Reconnaître le ton par le dernier dièse et l'avant-dernier bémol ;

Ordres des quintes ascendantes et descendantes ;

Noms de fonctions : tonique, sus-tonique, médiante, *sous-dominantes*, dominante, *sus-dominante*, sensible ; (15)

Notes tonales ;

Gamme mineure de Gui d'Arezzo ;

Reconnaître le mineur, à l'œil ;

Mineur de même base ;

Armures comparées des deux modes de même base ;

La grande portée de onzes lignes. (16)

La classification des voix ;

Noms des intervalles ;

Cinq modifications d'intervalles : juste ou parfait, majeur, mineur, augmenté, diminué ; etc. (17)

---

l'accord *plaqué* et l'accord *brisé* : pourquoi exclure l'accord *arpége* ?

(15) L'usage ou, si l'on veut, la routine dit : *tonique, sous-médiante, médiante, sous-dominante, dominante, sous sensible et sensible* ; la logique des faits veut que l'on dise : *tonique, sus-tonique, médiante, sus-médiante* (en majeur du moins), *dominante, sus-dominante et sous-tonique*. M. Mercadier, sans doute pour ne contrarier ni l'un ni l'autre des systèmes, et pour les compléter tous deux, dit :

Sous-dominante et sensible, comme la routine ;

Sus-tonique et sus-dominante, comme la logique : au lieu d'adopter l'une ou l'autre nomenclature — On ne peut être plus impartial, c'est vrai ; mais comment faire cadrer cela avec sa belle profession de foi ? Ce n'est pas mon affaire.

(16) M. Mercadier accepte sans aucune difficulté la portée générale des voix, la portée de onze lignes, puis les diverses portées de cinq lignes avec leurs clés multiples. Que les musiciens aient accepté ces monstruosités, je le comprends ; ils n'ont point fait vœu d'anéantir la routine ; mais que M. Mercadier, qui — lui — *remonte à la raison des choses*, en ait fait autant, voilà ce qui ne se comprend plus. — Comment n'a-t-il pas vu, avec son habitude d'analyser et de remonter à la raison des choses, qu'une écriture qui a la prétention de parler aux yeux, et qui a *onze positions* différentes pour rendre *sept idées* était vicieuse, et péchait contre son propre principe. Comment n'a-t-il pas vu que les *sept idées* se répétant en séries *identiques*, mais *superposées*, la portée, ou l'écriture quelle quelle soit, devait offrir des séries de sept positions (ou de sept formes), séries parfaitement identiques comme les idées qu'elles représentent, mais indiquant des degrés divers d'acuité ou de gravité. — Ceci découle tout naturellement de la *logique des faits*, de la *raison d'être des choses*. Ceci est en opposition directe avec la routine officielle, c'est vrai ; mais la portée de cinq lignes qui change l'alphabet avec l'octave, est en opposition directe, elle, avec la logique des faits et avec la raison d'être des choses ; et cela, sans aucun bénéfice pour la pratique ; bien au contraire. C'est donc de la routine, et de la routine *nuisible*.

Voilà ce qui valait la peine d'être dénoncé au bon sens public, et à la sollicitude des professeurs consciencieux, bien autrement que cette inoffensive double croche. Mais, hélas ! la portée à cinq lignes, avec ses absurdes clés, c'est *l'arche sacro-sainte* des conservatoires ! Malheur aux imprudents qui osent y porter une main téméraire... j'allais dire sacrilége ! Et M. Mercadier vous l'a dit lui-même, sa prétention : « c'est de ne contrarier aucun système ; c'est » de les compléter tous. »

(17) M. Mercadier a trouvé dans les solféges les cinq épithètes *juste, majeure, mineure, augmentée et diminuée*, appliquées aux intervalles ; et, malgré son horreur pour la routine et son amour pour la raison des choses, il a accepté ce gâchis menteur sans un mot de protestation ; il devait, au moins, pour être complet, prendre aussi les épithètes *fausse* et *superflue*, qui étaient employées comme les autres. — Ou bien, s'il tenait absolument à se faire comprendre des intelligences en germe, il devait indiquer les variétés d'intervalles contenus dans chacun des modes. Ainsi le voulait le bon sens et la logique. Il devait donc dire tout simplement :

1° Le mode *majeur* ne contient que deux variétés d'intervalles, des intervalles *majeurs* et des intervalles *mineurs*. Les expressions : *fausses, justes, superflues*, sont absurdes ; les mots *diminuée* et *augmentée* n'ont pas de raison d'être dans le mode *majeur* ;

2° Le mode *mineur*, renferme, en sus des intervalles *majeurs* et *mineurs*, deux intervalles *augmentés*, une *seconde* et une *quarte*, et leurs renversements, une *septième diminuée* et une *quarte diminuée*. M.

Transposition (18)

Modulations.

Voilà, si je ne me trompe tout ce que j'ai retrouvé du domaine public dans le livre de M. Mercadier. Si dans tout cela il y a une idée à lui, qu'il l'indique ; et, si je me suis trompé, j'aurai vite reconnu mon erreur. Mais si M. Mercadier ne signale aucune erreur dans mon travail, je suis en droit de conclure que ce n'est évidemment pas à tout ce qui précède que se rapporte l'approbation du comité des études donnée au livre de M. Mercadier. Passons donc à l'examen des deux autres parties du livre, en commençant par celle qui renferme les idées de notre école.

Émile CHEVÉ.

EXPLICATION D'UN RETARD,

Immédiatement après avoir lu l'ILLUSTRATION du 5 juillet, (n° 597, page 15). J'ai écrit à M. Adolphe Fétis, que je croyais à Bruxelles. Une lettre de Bruxelles, timbrée au départ 11 juillet, m'apprend que M. Adolphe Fétis habite Paris. Je n'aurai que dans la semaine (si je l'ai) la réponse à ma lettre du 6 juillet, dont un mandataire exact transmettra une copie littérale à M. Adolphe Fétis.

Ce n'est donc que le 27 juillet que la RÉFORME MUSICALE, si son portefeuille n'est pas trop encombré, pourra s'occuper de l'article de l'ILLUSTRATION, qui fait de M. Mercadier l'auteur ORIGINAL de la FORMATION DES GAMMES, et accuse le CHIFFRE d'impuissance.

Ce n'est pas devancer la discussion que de demander aujourd'hui si M. Mercadier qui a été nommé en 1851, membre du comité de l'association des artistes musiciens, et qui a donné sa démission, AVANT LES NOUVELLES ÉLECTIONS, dans lesquelles TOUS LES MEMBRES NON DÉMISSIONNAIRES ONT ÉTÉ RÉ-ÉLUS, est le même que M. MERCADIER, dont les titres de propriété, trouvés valables par le comité des études du Conservatoire impérial de musique, sont discutés, depuis le 6 avril, par les continuateurs de Galin, qui n'admettent pas la synonymie tolérante du comité adoptant, entre les deux verbes DÉROBER et,

---

Mercadier ne pouvait peut-être pas dire cette dernière chose, car il a imprimé, page 118, que la *quarte diminuée* NE S'EMPLOIÉ JAMAIS ! M. Mercadier a découvert que l'on n'emploie jamais la quarte *jè-ut* (*sol* dièse-*ut*)... et MM. Auber, Halévy, Carafa, et les autres membres du comité ont approuvé — sans aucune réserve ! On voit qu'ils ont dû lire le livre de M. Mercadier avec une bien profonde attention avant de l'adopter !...)

3° *Les modes chromatiques* contiennent en plus de ce qui précède la *seconde chromatique* et son renversement *l'octave diminuée*, que M. Mercadier déclare inusitée comme la quarte diminuée.

4° Le *mode enharmonique*, enfin, renferme, par dessus tout cela, la *seconde enharmonique* nommée *comma*.

Voilà ce qu'on doit dire, quand on prend véritablement la logique des faits pour guide ; voilà ce qui est la vérité, la science, et ce qui est intelligible pour tous, même pour les intelligences en germe, quand on prend la peine de faire sentir des exemples ; voilà ce qui est imprimé depuis longtemps dans nos livres et professé dans notre école à portes ouvertes, et voilà *ce qu'on ne devrait pas avoir le droit d'ignorer*, quand on affiche la prétention de remplacer la routine par la logique dans l'exposition d'une science vouée si longtemps au dieu des ténèbres. — *Avant d'aller en avant dans les sciences, il faut arriver d'abord au niveau de ce qui existe.* — Voilà ce qu'exige impérieusement la modération et le sens commun, autrement on n'est point un homme sérieux. Eh bien ! monsieur, dans votre livre, tout ce qui n'est pas de notre école est à cinquante ans en arrière de la science actuelle ; et vous appelez cela un progrès ! et vous avez trouvé un comité des études d'un conservatoire pour oser l'affirmer !... Malheur !

Émile CHEVÉ.

PROFITER ?

Marseille, Dimanche 13 juillet 1856.

Aimé PARIS.

A MONSIEUR DANIEL,

Éditeur de gravures religieuses, et abonné de la Réforme musicale, depuis le 4 mai 1856.

Je t'attraperai bien, dit-il, et voici comme.
Aussitôt fait que dit : le fidèle émoucheur
Vous empoigne un pavé, le lance avec roideur,
Casse la tête à l'homme en écrasant la mouche ;
Et non moins bon archer que mauvais raisonneur,
Raide mort étendu sur la place il le couche.

Rien n'est si dangereux qu'un ignorant ami :
Mieux vaudrait un sage ennemi.
(LA FONTAINE, Liv. VIII. Fable X.)

Tu ne sèmeras pas de faux bruits, et tu ne te joindras pas avec le méchant, pour être faux témoin.
(EXODE, ch. XXIII, v. 1.)

Car vous êtes préparés pour dire devant moi quelque parole fausse et trompeuse, en attendant que le temps change
(DANIEL, ch. II, v. 9.)

Alors Daniel demeura tout étonné, environ une heure, et ses pensées se troublaient.
Voici une quatrième bête qui était épouvantable, terrible et très-forte.
(DANIEL, ch. VII, v. 7.)

Alors mon esprit fut saisi, à moi Daniel, et je frémis de mon corps.
(DANIEL, ch. VII, v. 7.)

Pour ce qui est de moi, Daniel, mes pensées me troublèrent fort et mon visage en fut tout changé.
(DANIEL, ch. VII, v. 28.)

Et par le moyen de ses artifices, il fera prospérer la fraude dans sa main.
(DANIEL, ch. VIII, v. 25.)

Nous avons péché, nous avons commis l'iniquité, nous avons fait de méchantes actions.
(DANIEL, ch. IX, v. 5.)

A nous est la confusion de la face.
(DANIEL, ch. IX, v. 8.)

En ce temps-là, moi Daniel, je fus dans le deuil pendant trois semaines entières.
(DANIEL, ch. X, v. 2.)

Monsieur,

Que les incrédules viennent maintenant nier les prophètes ! Voici que, six cents ans avant la venue de J. C., Votre homonyme a écrit tout une histoire du premier semestre de 1856.

Je ne demanderais pas mieux que de vous complaire, en ne faisant plus revenir VOTRE NOM DANS CETTE AFFAIRE, et le n° du 13 juillet, OÙ VOUS N'ÊTES NI NOMMÉ NI INDIQUÉ témoigne de ma bonne volonté à cet égard. Bien plus, avant-hier, 18 juillet, avant d'avoir reçu le n° qui m'a apporté votre réclamation, et le jour même où elle paraissait à Rouen, j'adressais à M. Louis Roger, sous le titre suivant : EXPLICATION D'UN RETARD, un article que vous pourrez lire probablement non loin de l'endroit où sera imprimée cette lettre. Il s'agissait de savoir si le monsieur Mercadier qui a donné sa démission de membre du comité central de l'Association des artistes musiciens, (comité dont HUIT membres, d'après l'annuaire de 1855, font partie du comité des études dont les DOUZE signataires ont déclaré, le 12 mars, M. Mercadier AUTEUR de tant de développements QUI LUI APPARTIENNENT EN PROPRE) est le même que le M. Mercadier dont nous démarquons les brebis, teintes par lui, après avoir été détournées, sous cette robe d'emprunt, du bercail de Galin, suivant en cela l'exemple du bon Pasteur, et celui du fils de Dieu dont vous avez dû vendre bien souvent l'image, qui le représente au moment où il dit : RENDEZ A CÉSAR CE QUI EST A CÉSAR.

Mais votre lettre, imprimée dans la RÉFORME MUSICALE du 13 juillet tend à faire croire que j'ai traité fort cavalièrement deux des choses que je respecte le plus au monde, la vérité et l'arithmétique. C'est même sur un calcul inexact que vous basez le reproche d'une ERREUR que vous êtes bien près de déclarer VOLONTAIRE, et qui serait alors, les périphrases doucereuses écartées, un MENSONGE des mieux conditionnés. Permettez-moi d'en décliner la responsabilité. Calculons, d'abord ; nous conclurons ensuite.

La RÉFORME MUSICALE commence, le 6 avril 1856 et continue, sans interruption jusqu'au 27 inclusivement, le 13, le 20 et le 27, la publication des articles relatifs à l'adoption par le comité des études du conservatoire impérial de musique, d'un livre incomplet, au point de vue des moyens d'exécution, mal distribué, eu égard à la classification analytique des matières, et, de plus, PRIS (traduisez) dans un ouvrage dont l'auteur n'est pas nommé une seule fois dans tout le livre.

QUATRE articles paraissent dans le mois d'avril. M. Daniel s'abonne le 4 mai, avant de savoir si le n° du 4 mai contiendra la suite de ces articles. M. DANIEL DEMEURE DANS LA MÊME MAISON QUE M. MERCADIER, et, dès le 7 avril, le n° du 6 a été envoyé à chacun des DOUZES membres du comité adoptant, dont huit font partie du comité central de l'Association des artistes musiciens, et ont pour collègue, depuis 1851, un monsieur Mercadier, distinct ou non du plagiaire dont on met a nu les PROFITS, pour parler comme le comité adoptant.

La RÉFORME MUSICALE du 4 mai, du 11 et du 18 ne parle pas de M. Mercadier. Le 25 mai paraît un cinquième article. C'est seulement le 30 que M. Mercadier écrit à la RÉFORME MUSICALE QU'UN DE SES AMIS LUI COMMUNIQUE A LA FOIS QUATRE NUMÉROS DE LA RÉFORME MUSICALE, DONT L'EXISTENCE LUI ÉTAIT COMPLÈTEMENT INCONNUE. Le plus récent de ces quatre numéros a paru TRENTE-QUATRE JOURS AVANT LE 30 mai, et M. Daniel, antérieurement à sa lettre du 2 juin qui demandait TROIS NUMÉROS DE LA RÉFORME MUSICALE DU 25 mai, avait déjà demandé PLUSIEURS numéros, PUBLIÉS AVANT la date de son abonnement, et M. Daniel convient ingénuement, dans la lettre imprimée, que C'ÉTAIT POUR SERVIR LA CAUSE DE M. MERCADIER !

Et M. Mercadier, DONT M. DANIEL SERT LA CAUSE, ne connait que vers le 30 mai le n° du 27 avril et les trois précédent ! On attend même qu'il ait écrit sa lettre, pour lui communiquer, A LUI DONT ON SERT LA CAUSE, le n° du 25 mai, dont l'attente, dans les n°° du 4 mai, du 11 et du 18 vous a tenu, suivant le prophète, vous, DANIEL, DANS LE DEUIL, PENDANT TROIS SEMAINES ENTIÈRES (voyez ma dernière épigraphe).

Je savais depuis quelques semaines avant le 30 mai, qu'il était à peu près certain que M. Mercadier lisait exactement la RÉFORME MUSICALE dont il déclarait que l'existence lui était COMPLÈTEMENT INCONNUE, avant qu'on lui remit A LA FOIS QUATRE NUMÉROS AVANT UN MOIS DE DATE ET PLUS. Il était tout simple de m'adresser au gérant du journal, pour savoir si le n° 61 de la rue de Vaugirard figurait sur les listes d'abonnement.

Tout cela justifie parfaitement l'opportunité des questions posées dans mon article du 6 juillet, et, puisque nous en sommes à tirer les conséquences probables des faits, permettez-moi de conjecturer et d'expliquer la date de votre abonnement du 4 mai.

Il n'est pas amusant de courir, tous les lundis, de la rue de Vaugirard à la Chaussée-d'Antin, où demeurent à peu près tous les membres du Comité des études du Conservatoire impérial, pour aller lire un journal qui parle de vous, et surtout qui promet d'en parler longuement et à cœur ouvert. On a, dans sa maison, un obligeant ami qui peut-être ne sait pas une note de musique, et que les préoccupations de son commerce doivent peu disposer à dépenser de l'argent et du temps, pour se procurer et lire un journal spécial. On donne douze francs à cet ami qui, selon toute apparence, aime mieux se faire inscrire non loin de chez lui, rue des Marais-Saint-Germain, par exemple, que d'écrire à Rouen, ce qui lui coûterait 20 centimes d'affranchissement, et voilà comment il peut se faire que, depuis le 4 mai, la RÉFORME MUSICALE arrive à M. Mercadier, qui pourrait bien, également, avoir lu les numéros du 6 avril, du 13, du 20 et du 27, chez TELS DES MEMBRES DU COMITÉ ADOPTANT DONT LE NOM EST DANS BIEN DES BOUCHES.

Vos aveux naïfs, monsieur, rendent plus nécessaire encore l'explication demandée sans spécification de personnes. J'espérais que M. Mercadier voudrait bien comprendre.

Vous répondez pour M. Mercadier, mais vous le faites de manière à prouver que vous rendriez beaucoup de points au FIDÈLE ÉMOUCHEUR de la fable.

Invitez M. Mercadier à répondre lui-même, et surtout à le faire d'une façon moins compromettante. Vous SERVIREZ MIEUX SA CAUSE, et nous garderons très-volontiers sur vous le silence que vous demandez.

Agréez, monsieur, l'assurance de ma parfaite considération.

Aimé PARIS.

Marseille, 15 juillet 1856.

CHRONIQUE THÉATRALE.

Ainsi que nous l'espérions, avant de nous quitter M. Tisserant s'est montré à nous dans un nouveau rôle, dans une de ses dernières créations : LA REVANCHE DE LAUZUN, qui lui fait autant d'honneur que les précédentes.

Cette comédie est, du reste, de bonne maison, de la famille des Musset où le talent semble héréditaire ; c'est dire qu'elle a réussi doublement, et par son propre mérite, et par sa remarquable interprétation.

M. Tisserant joue le rôle du vieux marquis, toujours habile en expédients, en véritable roué de la régence, en talon-rouge consommé. Il semble qu'il n'ait jamais porté que la poudre et l'habit à paillettes, et l'on revoit en lui le souvenir vivant de ce génie de l'intrigue, de ce héros des ruelles qui avait nom marquis de Lauzun.

Mademoiselle Coblentz a eu toute la dignité, toute la noblesse de sentiments qui convient à l'âme élevée de la princesse ; elle est du reste dans sa sphère chaque fois que les hasards de la comédie la placent dans un monde supérieur. Tout en elle révèle la femme comme il faut, et c'est sans étude et sans art qu'elle en doit prendre le ton et les manières.

M. Franck a du cœur ; il dit bien. Il s'est fait applaudir dans les phrases sentimentales de son rôle. Nous voudrions seulement qu'il eût, par instant, une allure un peu plus décidée. Il joue, selon nous, un peu trop en INGÉNUE ; qu'on nous passe la trivialité de l'expression.

M. Armand, à qui nous nous plaisons à rendre justice chaque fois qu'il y a lieu, ce qui veut dire souvent, ne nous a pas paru, disons-le pour ne point faillir à notre franchise habituelle, être l'homme de son personnage : nous avions rêvé un régent plus imposant, plus majestueux, plus noble en un mot.

Il a pris sa revanche, du reste—lui aussi—dans la BOURSE, qui terminait la soirée d'adieux donnée par M. Tisserant, en jouant avec sa verve et son entrain accoutumé le rôle en dehors du rustique beau-père.

M. Tisserant, qui a vaillamment combattu pour l'honneur de sa réputation, a remporté les marques les plus flatteuses de sympathie et d'admiration du public rouennais, et cet accueil, aussi bienveillant que mérité, lui fait un devoir de revenir.

Nous n'avons dit qu'un mot de la reprise de L'HONNEUR ET L'ARGENT, et nous ne sommes pas quitte, en vérité, envers la plupart de nos artistes qui, par leurs soins, ont ravivé ce succès.

A la seconde représentation, tout a mieux été. M. Bazin a produit encore, s'il est possible, une plus vive impression dans les scènes dramatiques de cet ouvrage, où il s'est élevé au niveau des talents de premier ordre. — M. Cudot a prouvé une fois de plus qu'il est un des plus fermes propagateurs des bonnes et saines traditions. M. Armand nous a montré cette rondeur et cette brusquerie pleine de naturel que nous aimons tant en lui.

Mme Anna T..., plus sûre de son rôle, s'est montrée ce que nous l'avions trouvée dans la JOCONDE, dans MARIE, dans toutes ses créations sérieuses, en un mot une artiste consciencieuse et méritante.

M. Nathan, violoncelliste de beaucoup de talent s'est fait fait entendre cette semaine dans deux intermèdes dont il a brillamment fait les frais. — Son succès a été très-grand et très-légitime.

Il est impossible, en vérité, de donner plus d'âme à un instrument, et de mieux chanter sans le secours de la voix. — Sous les doigts expérimentés de l'habile virtuose, l'archet ne s'égare pas en difficultés puériles, en excentricités équivoques ; c'est le beau seul qu'il recherche dans l'art, c'est le sentiment vrai qu'il exprime avant tout, et nous lui donnons pleinement raison.

Ce succès aura sans doute d'autres éditions, et nous y applaudissons d'avance.

On a parlé du réengagement de M. Bovier-Lapierre, et de l'heureuse acquisition de Mlle Lavoye. Nous pouvons aujourd'hui confirmer ces bonnes nouvelles.

Alexandre OSMONT.

Le JOURNAL DE ROUEN de lundi dernier annonçait, d'après quelques journaux de Paris, la mort de notre collaborateur et ami M. Alfred Delvau. Nous sommes heureux de pouvoir aujourd'hui rassurer les amis du défunt. M. Delvau se porte à merveille. Il regrette que la malveillance ait fait courir cette mauvaise plaisanterie, de nature à causer beaucoup de peine à tous ceux qui, comme nous, ont pu la prendre au sérieux.

L'éditeur Gustave Havard annonce la mise en vente du 64me volume de la collection de M. Eugène de Mirecourt. Ce volume est consacré à M. Villemain, l'ex-ministre de l'instruction publique sous Louis-Philippe. La prochaine notice contiendra l'histoire de Gavarni, le célèbre dessinateur. A côté du succès des Contemporains se poursuit le succès du magnifique ouvrage illustré des Confessions de Marion Delorme. A la fin de ce mois, les deux volumes complets seront livrés au public.

Darnétal. — Imp. et lith. de Fruchart

XIᵉ Année ; — 1ʳᵉ du nouveau titre.   UN NUMÉRO : 20 CENT.   N° 27. — Dimanche 27 Juillet 1856.

Musique, — Sciences, — Arts, — Littérature, — Théâtres.

LA RÉFORME MUSICALE

JOURNAL DES DOCTRINES DE L'ÉCOLE GALIN-PARIS-CHEVÉ.

ABONNEMENT A ROUEN : 10 FR.

ON S'ABONNE

A ROUEN, chez M. Louis Roger, rue Porte-aux-Rats, 2.
A PARIS, chez M. Émile Chevé, rue des Marais-S.-G., 18.
A MARSEILLE, chez M. Aimé Paris, rue Paradis, 77.

BUREAU A ROUEN, RUE PORTE-AUX-RATS, N° 2.

LOUIS ROGER, Directeur-Gérant.

ABONNEMENT DANS LES DÉP. : 12 FR,

ON S'ABONNE

A LYON, chez M. Perraud, rue du Griffon, 41.
AU HAVRE, chez M. Vasse, rue Molière, 46.
Les abonnements peuvent être payés en timbres-postes (Affranchir).

RENSEIGNEMENTS. — Cette feuille paraît, à ROUEN, tous les DIMANCHES. — Tout ce qui concerne l'administration du journal doit être adressé à Rouen, rue Porte-aux-Rats, 2. — Ce qui concerne la rédaction peut être indifféremment adressé à M. CHEVÉ, à M. Aimé PARIS, ou au Directeur-Gérant. — La critique demeure sous la responsabilité de celui qui la signe. — Il sera rendu compte des Ouvrages dont un exemplaire sera déposé au bureau du journal. Les lettres non affranchies seront refusées.

On peut se procurer des numéros de la Réforme, au Bureau du Journal ; — au dépôt du cours Boïeldieu, à Rouen, — et dans l'intérieur des Théâtres.

Le diapason terrible.

ON N'EST JAMAIS TRAHI QUE PAR LES SIENS ! Voici qu'un mauvais tour est joué à la routine, par le diapason, l'arche sainte des partisans du LA absolu, et en même temps (QUI LE CROIRAIT ?) d'une langue SOLFIÉE qui exprime par SEPT mots seulement les VINGT-ET-UNS DEGRÉS d'acuité pour une seule octave, depuis le ton D'UT bémol, jusqu'au ton D'UT DIÉSE.

« NOUS AVONS LE LA DANS L'OREILLE » disent tous les jours, depuis longues années, en vous regardant du haut de leur grandeur, les amphions de toutes les tailles et de tous les étages.

Par malheur pour ces messieurs qui prétendent être possesseurs de la SONORITÉ ABSOLUE, ceux qui ne possèdent ni le TEMPS ABSOLU — qui fait partie de LEUR ART, — ni la PESANTEUR ABSOLUE, ni la DISTANCE ABSOLUE, ni L'ODEUR ABSOLUE, ni la SAVEUR ABSOLUE, voici le LA régulateur qui se trouve atteint et convaincu de caprice et d'irrégularité. Cette UNITÉ de mesure des acuités relatives n'est pas UNE ; elle est MULTIPLE, et si variée que les fabricants d'instruments de Paris se réunissent, dans une sorte de congrès, pour aviser aux moyens d'obtenir un ÉTALON FIXE et UNIQUE, pour qu'on puisse s'accorder enfin, non pas entre Paris et Saint-Pétersbourg, mais entre la place Ventadour, et la place Favart, entre celle ci et la rue Lepelletier, où brillent trois théâtres lyriques, dont M. Wolfsohn briquait en 1852, s'il ne le fait encore, le TRIPLE ÉTALON que plus d'un curieux sera bien aise de se procurer, comme je l'ai fait moi-même.

Qu'on arrive à trouver ce DAHLIA BLEU des airs musicales, j'en serai fort content, parce que tout ce qui sent le tohu-bohu me gêne et m'afflige ; mais quand on y parviendrait , il ne changerait rien à la fixité et à l'invariabilité d'un autre TYPE beaucoup plus ancien beaucoup plus facile à utiliser, le RAPPORT DE FONCTIONS HIÉRARCHIQUES D'UN MODE A SA TONIQUE. C'est ce type, mis instinctivement à son tant par ceux qui n'en soupçonnent pas l'existence, que par ceux qui le méconnaissent, même qui le nient, qui a empêché l'édifice musical de devenir une affreuse tour de Babel, où le diapason-Protée aurait engendré si vite la confusion des langues. Voyez plutôt !

M. Delezenne, professeur de physique à Lille, et, par parenthèse une de mes meilleures relations, ne s'est pas contenté des indications fournies par Chladni, par M. Pouillet et par M. Vincent, d'après Scheibler ; il a fouillé les ateliers des luthiers, les collections des amateurs, puis déterminé l'âge et le pays des diapasons qu'il a pu découvrir et il a publié dans un des derniers numéros de la FRANCE MUSICALE, la liste curieuse de l'accroissement de hauteur du LA, IMMUABLE selon certaines oreilles. En voici la reproduction moins les notes justificatives :

Dates.	Observateurs.	Noms des lieux ou des personnes.	Oscillations du LA.
1752	Marpurg.	Berlin.	843,75
......	Delezenne.	Très-vieux diapason de M. Français père, à Lille.	845,29
1833	Fischer.	Théâtre-Italien.	848,34
1834	Scheibler.	Ancien M. Petitbout.	853,50
1823	Fischer.	Feydeau.	855,52
......	Delezenne.	M. Cohen.	857,41
1823	Fischer.	Grand-Opéra.	862,68
......	Delezenne.	Vieux diapason.	865,70
1834	Scheibler.	Vienne. Minimun.	866,00
1834	Scheibler.	Opéra. M. Petitbout.	867,50
1834	Scheibler.	Conservatoire M. Gand.	869,90
1834	Scheibler.	M. Gand.	870,40
1796	Sarti.	Saint-Pétersbourg.	872,00
1845	Delezenne.	Florence.	873,40
1823	Pischer.	Berlin. Théâtre.	874,64
1845	Delezenne.	Turin.	879,88
1834	Delezenne.	Stuttgard. Congrès.	880,00
......	Delezenne.	Opéra. M. Pleyel.	880,94
1834	Scheibler.	Vienne. M. Blaetka.	881,40
......	Delezenne.	Opéra. M. Leibner.	882,05
1834	Scheibler.	Berlin. De première source.	883,25
1834	Scheibler.	Vienne. M. Streicher.	886,00
1834	Scheibler.	Paris. M. Wolfel.	886,50
......	Delezenne.	Marquis d'Aligre.	887,00
1834	Scheibler.	Vienne. Maximum.	890,00
1845	Delezenne.	Vienne. Conservatoire.	890,88
......	Delezenne.	Pianos de M. Pleyel.	892,00
1845	Delezenne.	Milan.	893,14
1845	Delezenne.	Lille. Festival.	893,54
1848 et 1854	Delezenne.	Lille-Théâtre.	904,00

Le LA de Marpurg, 843,75, d'après les chiffres de M. Fallier, aurait, pour seconde majeure, un SI correspondant à 948,60, ; différence entre le LA et le SI : 94,95, dont la moitié serait 47-975. Le LA de Marpurg, en 1752, diffère du LA de Lille, en 1854, de 57,25 ; c'est près du quart en sus du DEMI TON TEMPÉRÉ du piano. Pour que la NOTATION, sur LA PORTÉE et la LANGUE EMPLOYÉE EN SOLFIANT, aient pu être conservées IDENTIQUES, au milieu des nombreuses fluctuations du LA, malgré leurs vices nombreux , niés pas le PHILOSOPHE Fétis qui ne sait voir, dans un livre, que le nom de l'auteur, la date de l'impression et la table des matières, choses A LA PORTÉE DE TOUT TE MONDE, il a fallu nécessairement que L'INSTINCT DU RAPPORT ait rectifié la MAUVAISE ÉCRITURE ABSOLUE qui PARLAIT TRÈS-MAL A L'OEIL et la MAUVAISE

LANGUE ABSOLUE, QUI NE PARLAIT PAS MOINS MAL A L'INTELLIGENCE. Mais les privilégiés de l'organisation musicale (sauf de remarquables exceptions, dont je parlerai dans un prochain article) ont eu seul le bonheur de se diriger, dans ce dédale, à l'aide d'un fil d'Ariane qu'ils ont soigneusement gardé pour eux, quand ils n'ont pas marché comme des aveugles guidés par une mystérieuse faculté d'orientation.

Allez, messieurs de la routine, continuez de cultiver le LA ABSOLU, dans vos terrains inféconds qui ne demanderaient qu'à produire, si vous y semiez le bon grain ! Vous aurez beau faire, vous n'y trouverez jamais la centième partie de ce que donne le champ qui mérite à si juste titre le nom de CHAMP DU RAPPORT.

Aimé PARIS.

LA MÉTHODE GALIN-PARIS-CHEVÉ AUX ITALIENS.

On lit dans le JOURNAL DES DÉBATS du 12 juillet 1856, à propos du concert donné par Vivier AUX ITALIENS :

....

« On a entendu, en outre — des chœurs exécutés par les élèves de M. Emile Chevé : Le beau chœur d'ECHO ET NARCISSE, de GLUCK ; un HYMNE A ORPHÉE de M. CUELAND ; une MARCHE, dans le genre de celle des DEUX AVARES, de Grétry, qui part du pianissimo pour arriver graduellement au fortissimo, et qui a été REDEMANDÉE etc., etc. Personne ne conteste à M. Emile Chevé le talent de se rendre maître de ses choristes, de les discipliner et d'obtenir une exécution ENTRAÎNANTE, ACCENTUÉE, quoique visant trop au pittoresque, c'est-à-dire, aux effets d'instrumentation. Sous ce rapport, et sauf cette petite réserve, il n'y a que des éloges à donner à l'habile professeur. »

J. D'ORTIGUE.

Nous sommes d'autant plus reconnaissants à M. d'Ortigue de ses bonnes paroles, qu'il est A PEU PRÈS LE SEUL des critiques qui ont rendu compte du concert de M. Vivier qui ait bien voulu constater notre présence à ce concert. — Grâces lui soient rendues en notre nom à tous.

Emile CHEVÉ.

Ecole Galin-Paris-Chevé

SÉANCE MENSUELLE DU 15 JUIN

A l'École-de-Médecine.

On lit dans LES MODES PARISIENNES ILLUSTRÉES, du 28 juin 1856 :

..... « Nous, qui n'avons pas de parti-pris,

'et qui ne faisons pas école, nous qui sommes éclectiques dans l'art, comme dans la littérature, nous osons très-bien, après avoir fait l'éloge du Conservatoire et des Italiens, proclamer notre sympathie profonde et notre admiration (1) sincère pour M. Chevé et pour les résultats qu'il obtient. Les faits parlent plus haut que les murmures de la routine ; ce qu'on voit touche d'avantage que les railleries de l'ignorance ou les négations de la mauvaise foi, et rien n'est plus concluant que de regarder déchiffrer, écrire et chanter des enfants de six à dix ans sans l'ombre d'une hésitation, et d'entendre des ouvriers qui n'ont souvent que quelques mois d'étude dire des duos avec esprit, des romances avec âme et des chœurs avec un merveilleux ensemble. D'ailleurs, à côté de la question plus haute de moralisation, et s'il est impossible de donner à ceux qui travaillent le luxe matériel qu'ils voient et qu'ils peuvent envier, il est juste, il est bon de ne pas leur refuser le luxe de l'art et de l'intelligence, de leur faire trouver doux le retour dans leur foyer, et, sans troubler les travaux qui apportent le pain à la famille, de les initier aux joies les meilleures des riches et des heureux de ce monde : ils peuvent, avec les musées, juger, connaître et comparer les maîtres de la peinture et de la statuaire, Michel Ange et Raphaël, Paul Véronèse et Léonard de Vinci ; grâce à M. Chevé, à son zèle intelligent, à sa persévérance courageuse, ils sauront ausssi comprendre les splendeurs de Mozart et de Gluck, de Meyerbeer et de Rossini.

» La séance du 15 juin à l'amphithéâtre de l'École-de-Médecine avait un intérêt de plus qu'à l'ordinaire ; à la bonne musique on a joint une bonne action ; on a fait une quête au profit des inondés. — M. Eugène Villemin avait composé sur les affreux désastres de la Loire et du Rhône des strophes pleines de sentiment, dont M. Elwart avait fait la musique. — Mme A. Chevé, dont la grâce touchante et le visage charmant disposent tant à la sympathie, les a dites avec sa voix pure et suave pleine d'émotions et de larmes. — Il semblait que l'ange de la charité se levât pour venir implorer les bons cœurs au nom des malheurs les plus sacrés. — Elle a chanté d'abord, puis elle a dit, puis elle a tremblé puis elle a pleuré, et des larmes roulaient sur tous les visages, et la pitié était au fond de tous les cœurs, et l'aumône tombait de toutes les bourses.

» Léopold Danjeau. »

L'ÉCRITURE MUSICALE JUGÉE PAR UN MUSICIEN.

On lit dans LE Journal des Employés, n° du samedi, 14 juin 1856 :

. . . .

.... « Qu'il nous soit permis, en terminant, de consacrer quelques lignes à un homme de talent et surtout à un homme de cœur (1) :

(1) En faisant reproduire dans le Journal de l'École tous les comptes-rendus des journaux sur les travaux accomplis par elle — tous ceux dont j'ai connaissance — je n'ai d'autre but que de prendre acte des jugements portés par la presse, de les enregistrer.

J'ai la confiance que les lecteurs de *la Réforme musicale* ne me feront pas l'injure de transformer en vanité puérile — et coupable dans ma position — ce qui est pour moi l'accomplissement d'un devoir. Ce n'est pas *parceque* ces articles contiennent des louanges *personnelles* et *individuelles* à mon adresse que je les fais reproduire, c'est *quoique*. — Je crois avoir assez prouvé que je fais peu de cas de ce qui ne touche que moi : et je n'ai jamais cherché à prendre à Galin, à Aimé Paris ou à madame Emile Chevé ce qui leur appartient ; ni à priver de leur part à *l'œuvre géné-*

M. Emile Chevé. Cet éminent professeur, voyant qu'ils n'obtiendrait rien à lutter contre la routine qui s'acharnait après lui, a ouvert, dans le grand amphithéâtre de l'École-de-Médecine, des cours gratuits, où il démontre la musique d'après sa méthode ; il fait voir TOUTES LES STUPIDITÉS DE CET AFFREUX GRIMOIRE QUE L'ON NOMME LA PORTÉE MUSICALE, GRIMOIRE QUE NOUS AVONS ÉTUDIÉ·DIX ANS, AVANT DE POUVOIR LE COMPRENDRE CONVENABLEMENT. NOUS AVONS ASSISTÉ pendant TROIS MOIS à un cours de musique en chiffres ; avouons-le franchement — c'était avec l'intention de railler ; Eh bien ! après avoir jugé impartialement, nous devons déclarer la méthode Galin-Paris-Chevé la plus simple, la plus claire et la meilleure que nous possédions. Les résultats obtenus en trois mois, sur des élèves la plupart étrangers à toutes notions de musique nous sont émerveillés ; nous conseillons donc aux employés musiciens d'assister au cours qne M. Chevé a ouvert mardi dernier, 11 juin, et nous sommes persuadés d'avance qu'ils seront de notre avis.

» Emile Lepeut. »

Nous l'avions bien deviné.

LE PLAGIAT-MERCADIER EST LA RÉVÉLATION D'UN COMPLOT DE LA ROUTINE AUX ABOIS.

En vain la commission de surveillance de l'enseignement du chant dans les écoles communales de la ville de Paris a signé des deux mains ce rapport du 9 août 1850, contre la méthode Galin-Paris-Chevé, rapport noblement déchiré, du reste, par le rapporteur lui-même, après que l'éditeur de la méthode Wilhem l'eut fait imprimer à deux cent mille exemplaires. Le Coup de grace a la routine musicale, imprimé par Emile Chevé, en janvier 1851, avait couvert de tant de ridicule et de confusion les signataires impénitents de cette œuvre d'inintelligence et de mauvaise foi, qu'il avait fallu faire de nécessité vertu, et se résigner, comme on dit, à faire la part du feu.

Mais l'incendie menaçait de ne pas s'éteindre. A la Halle-aux-Draps, le 24 novembre 1850, deux mois avant la publication du Coup de grace, et devant M. de Parieu, ministre de l'instruction publique, M. Perdonnet, vice-président de l'Association polytechnique constatait l'absence des élèves de M. Hubert, successeur de Wilhem, à la distribution des prix, et décernait une médaille à l'école Galin-Paris-Chevé, qui venait de chanter neuf morceaux d'ensemble, dont deux avaient été redemandés.

Depuis cette époque, les exhibitions des résultats de l'école Galin-Paris Chevé avaient été aussi fréquentes qu'étaient rares les RÉCITATIONS de l'Orphéon, qui ne sait pas et ne saura jamais lire par la méthode Wilhem.

Ensuite est venu, le 12 juin 1853, cette épreuve SANS PRÉCÉDENTS, le TRIPLE concours de LECTURE, d'ÉCRITURE et d'EXÉCUTION, à la salle Sainte-Cécile. Ni le Conservatoire de Paris, ni l'Orphéon, ni aucune société chorale française ou étrangère n'a répondu à un appel fait pendant six mois, au nom d'un jury composé de compositeurs dont le nom jouit d'une juste célébrité. Seule l'école Galin-Paris-Chevé, pros-

rale, tous ceux de nos élèves, ou des musiciens de l'ancienne école, qui se sont voués à la propagation des idées de Galin.

Pour l'apôtre, tout s'efface devant l'idée.

Emile CHEVÉ.

crite par la commission du chant, a osé aborder le programme du concours ; elle l'a fait si victorieusement qu'à l'UNANIMITÉ le jury, composé exclusivement de musiciens de l'ancienne école, a déclaré qu'elle avait réussi dans toutes les épreuves.

Deux autres années révolues ont multiplié les preuves de la puissance des doctrines nouvelles, dans les exécutions qui se sont multipliées à l'École-de-Médecine, dans les églises et dans les concerts.

La reine d'Angleterre fait une visite à l'Exposition des Beaux-Arts ; on veut, en son honneur, improviser une solennité chorale ; ce n'est ni le Conservatoire, ni l'Orphéon qui sont choisis. Sa Majesté britannique avait ses HEURES comptées, et il fallait des MOIS au Conservatoire et à l'Orphéon, pour apprendre un morceau. Trente-huit heures seulement avant la visite de la reine Victoria, au Palais des Beaux-Arts, l'école Galin-Paris Chevé reçoit de l'imprimeur les épreuves, encore humides et non corrigées, du long morceau qui doit être chanté le surlendemain à midi. Elle en rectifie les fautes, séance tenante ; elle en fait une première étude, et le lundi 20 août 1855, elle chante ce morceau, à six parties, devant la reine d'Angleterre et devant l'empereur des Français.

La position devenait inquiétante pour la routine. Il fallait, à tout prix, remplacer le malencontreux rapport de la commission du chant, en 1850, par quelque autre combinaison.

Un monsieur Mercadier avait exposé un joujou qui, d'après tout ce que j'en ai lu, dans les journaux de la routine, a beaucoup à faire pour fournir la moitié des gammes majeures et mineures que donnaient les cinquante-huit NOTES de ma FILIATION UNIVERSELLE, gravée à Caen, en 1846, par M. Boscain, au moyen d'un cercle mobile, dans les trous duquel se présentaient les éléments de chaque gamme (je viens d'en étendre l'application à CENT QUATRE-VINGT-NEUF GAMMES, fournies par les SOIXANTE-TROIS NOTES de mon OMNITONE). Au nombre des délégués se trouvait M. Fétis père, directeur du Conservatoire royal de Bruxelles. M. Fétis garde un douloureux souvenir de la lettre en 58 pages, grand in-octavo, large justification, 68 lignes par page, 78 lettres par ligne, que je lui ai adressée, en 1841, par les presses de l'imprimeur Weissenbruch. Sur cette plaie saignante encore, en 1844, j'ai appliqué, par l'intermédiaire de M. Stapleaux, imprimeur à Bruxelles, le liniment, peu propre à procurer un sommeil paisible à ce SAVANT PHILOSOPHE, de ma *Nécessité d'une réforme dans l'enseignement de la musique vocale*. Il n'est pas impossible que M. Fétis ait eu la connaissance d'un quatrain que j'ai eu la fantaisie de crayonner, en novembre 1844, sur un petit buste fait par Dantan, qui ornait la cheminée d'un cabinet directorial, en Belgique, et qu'il ait lu ces lignes écrites par Emile Chevé, dans sa vingt-unième lettre au journal la MUSIQUE, le 31 août 1849, et reproduites dans la ROUTINE ET LE BON SENS, page 133 : « Lecteur, relisez la préface de M.
» Fétis, où il annonce avec tant d'emphase ses
» idées philosophiques et ses méthodes analy-
» tique et synthétique ; relisez avec soin l'ex-
» posé misérable de son système plus misérable
» encore, où les lacunes le disputent aux
» sens, où les mots sont employés à contre-
» sens, où l'on rencontre enfin l'absence com-
» plète de toute idée philosophique, de toute
» analyse, de toute synthèse, de toute science
» véritable en un mot, où l'hérésie et la con-
» fusion sont données comme vérité et comme

» science, relisez enfin le paragraphe final de
» l'Harmonie de M. Fétis, dans lequel l'orgueil
» humain atteint les derniers termes du pos-
» sible. Faites cela, ami lecteur, faites-le froi-
» dement, avec attention, avec bon sens, avec
» RELIGION, et dites-moi si jamais homme a
» moins mérité le titre d'écrivain philosophe,
» et si l'on doit la moindre considération aux
» jugements sortis d'une tête pareille. »

Il est donc vraisemblable que M. Fétis, délégué à l'Exposition universelle, n'était pas
loin de ressembler à la vindicative Junon, par
ses dispositions contre d'autres Troyens qui ne
voulaient pas laisser leurs dieux à la merci
des Grecs, et qu'on pouvait dire de lui, y
compris le nom propre qui avait le malheur
de sonner désagréablement à son oreille :

Manet altâ mente repostum
Judicium Paridis spretœque injuria formœ.

M. Fétis, immédiatement APRÈS MON DÉPART
DE BELGIQUE, avait, sans beaucoup avancer les
affaires de la routine, fait mettre au concours
par l'Académie de Bruxelles, dont il est membre,
la question de l'examen des meilleurs signes
pour la notation de la musique, ce qui n'avait
pas empêché la méthode qu'il repousse de
produire vingt fois plus de lecteurs que les
systèmes qu'il déclare si bons, quoiqu'on en
tire si peu.

Donc M. Fétis se mit bien vite en rapport
avec M. Mercadier (c'est lui-même qui le dit,
dans une lettre publiée le 13 juillet 1856, par
le FIGARO).

Mais le JOUJOU ne suffisait pas; on pouvait
bien le faire MÉDAILLER comme un tournebroche
ou tout autre ustensile de cuisine. Il restait à
faire croire à la commission chargée de réor-
ganiser l'enseignement musical en France, qu'on
dehors de l'école réfractaire des continuateurs
de Galin, on pouvait trouver une exposition
scientifique des grands faits de la théorie musicale.

Par malheur, n'invente pas qui veut, tandis
que la sophistication des substances alimentaires est facilement praticable par ceux qui
n'ont pas plus de scrupule que de lumières.

M. Fétis, d'ailleurs, né belge, dans la terre
classique de la contrefaçon, et, depuis vingt-
deux ans, s'étant retrempé au contact du sol
natal, M. Fétis, en 1847, dans sa troisième
édition de *la musique à la portée de tout le monde*,
avait trop bien PROFITÉ (synonyme qui manque
chez Girard) d'un article de Ginguené, dans
l'Encyclopédie méthodique, tome 1ᵉʳ, page 244.
— Pancoucke, 1791, — pour être embarrassé
de montrer à M. Mercadier, suivant l'expression de Voltaire,

Comment on défaisait
Un livre entier, *comme on le refaisait.*

En suivant les conseils d'un tel guide, M.
Mercadier ne pouvait pas manquer de PROFITER.

Il l'a fait de manière à se concilier les suffrages de M. Adolphe Fétis, le fils du SAVANT
PHILOSOPHE, indépendamment de l'approbation
du comité des études du Conservatoire impérial
de musique. Je renvoie à un prochain numéro
le curieux extrait d'un article de l'ILLUSTRA-
TION du 5 de ce mois, et quelques mots sur
une page d'annonces du FIGARO du 13 juillet.

Aimé PARIS.

(La suite prochainement).

Un bon exemple à suivre.

L'écho de Lille a rapporté succinctement, dans
son avant-dernier n° la réponse que M. Aimé Paris à
dû faire à un article publié dans la *France musicale.*

Avec une réserve que nous approuvons, M. Aimable
Pesant, le rédacteur de l'*Écho de Lille*, s'est empressé
de déclarer qu'il mentionnait les faits sans vouloir *se
prononcer entre les deux argumentateurs. D'ailleurs
ajoute-t-il, nos lecteurs, nous l'espérons du moins,
seront à même d'asseoir un jugement à l'aide de la
comparaison entre les deux écoles, si M. Aimé Paris
nous fait l'honneur de nous visiter.*

Il serait à désirer que messieurs les journalistes ap-
portassent autant de circonspection que M. Aimable
Pesant, lorsqu'ils touchent de près ou de loin aux
questions spéciales que nous traitons, questions qui
le plus souvent, leur sont tout-à-fait étrangères.

Nous connaissions M. Aimable Pesant pour un
chroniqueur plein d'esprit et de bon goût ; nous
sommes heureux de le voir aujourd'hui donner l'exemple du bon sens à ceux qui s'en éloignent. Ils sont
nombreux en France, surtout parmi nos beaux
esprits.

Louis ROGER.

Lettres à un ami devenu riche.

Cher vieil ami de mon cœur,

Je ne sais qui m'a tué dans une feuille de choux
provinciale, et le lendemain enterré très-proprement
dans un journal de Paris avec tous les honneurs que
je ne mérite pas. Il ne manquait plus que les épau-
lettes d'or et la croix d'argent en sautoir sur mon
cercueil pour rendre la chose plus complète, — avec
une mousqueterie vive et animée pour rendre la
chose plus bruyante.

C'est peut-être très-flatteur de mourir ainsi, mais,
— sauf meilleur avis, — j'estime qu'il est plus agréable de ne pas mourir du tout ! Non pas que je veuille
dire par là qu'il ferait bon d'être immortel, — pas si
académicien ! non ! mais il me semble qu'il est parfaitement inutile de mourir ainsi d'avance, quand on
a encore besoin de quelques années, — une dixaine
au plus, — pour faire la petite et la grosse besogne
dont on s'est chargé en venant au monde.

Enfin l'annonce a été si bien faite, les détails donnés
sur ma personne ont été si précis, que force a bien
été aux excellents cœurs, frères du mien — que j'ai
de par la ville et de par la province, de croire à la
réalité de cette annonce qui sentait si violemment le
sapin. On m'a cru mort, bien mort, ou un peu plus
mort, — et on a paru si étonné de me voir vivant,
bien vivant, trop vivant, que, — pendant quelques
instants, — j'ai eu de sérieux pourparlers avec moi-
même pour savoir s'il n'était pas de mon devoir de
me rayer tout-à-fait de la liste des vivants, puisque
quelque main inconnue — la main du Destin, peut-
être ! — m'en avait déjà rayé à m itié, ou plutôt aux
trois-quarts ! Oui, j'ai songé à un moment à faire
d'un mensonge une réalité, d'une erreur une vérité !
Oui, sur mon honneur, j'y ai songé ! Ce rôle de revenant est trop difficile à jouer ! Les mieux intentionnés et les plus aimants ne vous pardonnent pas
les trances, les inquiétudes, — voire les angoisses —
que la nouvelle de votre mort leur a données ! Ils ont
fait une dépense copieuse de larmes sincères, de regrets sincères, d'éloges sincères, d'oraisons funèbres
sincères ! Tout cela parce qu'ils vous aimaient et
parce qu'ils n'avaient pas à vous aimer, — puisque
vous étiez mort ! Ils avaient donné d'un seul coup, —
ce jour-là, — toutes les sympathies qu'ils avaient mises
en réserve jusques-là à votre intention, et dont ils
comptaient ne vous donner que la menue monnaie !
Et vous n'êtes pas mort ! Et voilà qu'à tous ces braves
et honnêtes gens dont la vie était désormais arrangée
sans vous, vous revenez gai, souriant, affamé d'affection, en disant : «aimez-moi toujours, aimez-moi
» encore !....» Vous les étonnez d'abord, — vous les
scandalisez ensuite ! Ils doivent vous haïr à l'heure
qu'il est.

Et comme ils ont raison ! Là, — en bonne conscience, — comment voulez-vous qu'on vous traite
autrement ? On n'a pas l'habitude de pleurer deux fois,
de regretter deux fois, d'oraison-funèbrer deux fois
les vivants, — parce qu'on n'a pas, non plus, l'habitude de mourir deux fois. Il est de ces paroles qu'on
ne peut employer qu'une fois, — sous peine de les
profaner en les répétant.

Mais alors, — si on ne les répète pas, — je ne serai
pas regretté plaint et pleuré quand je mourrai pour
de bon ! Peut-être bien, mon pauvre fils ! Tant pis
pour toi ! Dans ces cas-là quand on a beaucoup d'esprit, on se fait pardonner cela à la longue, — très à
la longue ! Quand on n'a pas beaucoup d'esprit et
qu'on a beaucoup d'argent, on prend une chaise

de poste qui vous conduit à Marseille, puis à Marseille, un aviso à vapeur qui vous débarque dans une
ile de l'Océan indien, — où vous avez le droit de vous
faire regretter et pleurer, comme si vous mouriez pour
la première fois ! Quand on n'a ni beaucoup d'argent,
ni beaucoup d'esprit, ni suffisamment de philosophie,
il faut s'en aller de la vie, et plus vite que ça.

J'en suis là, cher vieil ami ! Pour de l'argent, tu
sais que je suis un peu comme Fourier, le grand réformateur Besançonnais. — j'attends tous les jours le
candidat porteur d'un million !

Pour de l'esprit.........

Pour de la philosophie, si j'en ai, je n'en ai guère !
Le maréchal d'Hocquincourt disait au père Canaye :
« J'ai aimé la guerre avant toute chose ; madame de
» Montbazon après la guerre, et, — tel que vous me
» voyez, — la philosophie après madame de Mont-
» bazon. » Pour moi, — qui ne suis point un vaillant
homme, — je te dirai seulement : « J'ai aimé la poésie
avant toute chose ; mademoiselle... Trois-Etoiles après
la poésie, et, tel que tu me vois, les fleurs et les oiseaux
après Mᵈᵉˡˡᵉ... Trois-Etoiles, — ce qui ne doit pas
désobliger trop cette dernière... Quand à la philosophie, j'ai grand peur de ne savoir jamais l'aimer !... »

Enfin ! je n'ai pas « déposé ma fourchette » —
comme le dit avec tant d'atticisme le journaliste Commerson. Je ne suis pas mort, — c'est convenu ! Je
vais m'atteler de nouveau à la rude besogne de la
vie. Je vais, — selon l'expression de Henri Heine, —
continuer mon métier ordinaire et rouler ma grande
pierre. Quand je l'aurai amenée jusqu'au milieu de
la montagne, elle dégringolera jusqu'en bas, et il
faudra m'occuper de la remonter, et ce roulement du
bas en haut et de haut en bas se répétera jusqu'à ce
que moi-même je finisse par rester sous la grande
pierre, et que maître sculpteur y grave en gros caractères : « Ici repose un homme in Dieu, etc... »

J'aurai cependant gagné quelque chose à cela, et ce
quelque chose m'est cher ; — j'y aurai gagné des
témoignages de sympathie vraie qui m'ont tout récon-
forté et comme rajeuni. A côté des soucis grotesques
que m'ont causés les visages bordés et cachetés de
noir comme des lettres de faire part, que j'ai rencontrés sur mon chemin pendant trois ou quatre jours,
— j'ai rencontré d'énergiques étreintes qui m'ont fait
réfléchir beaucoup...

Mais il est temps, — me semble-t-il, — de clore
ici cette beaucoup trop longue lettre. Les sujets les
plus intarissables sont ceux qui me disent rien... Si
je t'écris aujourd'hui, c'est que, — toi aussi, — tu
m'as cru mort, parce que je ne t'écrivais plus rien
touchant ce Paris d'où tu t'es volontairement exilé,

Eh ! que Diable veux-tu que je t'écrive qui t'intéresse, cher vieil ami ? De quoi veux-tu que je ta-
rabuste l'entendement pour te faire plaisir, — à toi
qui es aussi difficile à amuser que feu Louis XIV
de « nec » pluribus impar » mémoire ?...

Quand je t'aurai dit que le Paris riche est à la
campagne ou aux eaux ? — Que l'on démolit toujours
et partout dans cette vieille capitale qui met tous ses
habitants sur le macadam, sous prétexte de leur faire
des logis convenables ! — Que M. Ponsard est de plus
en plus de l'Académie française ! — Qu'on va élever
dans le quartier latin une colonne à la « nouvelle
» grande armée, » — pour parler comme le *Moniteur*
— Que les femmes continuent à porter des crinolines
extravagantes à en faire sourire la Guimard qui a du
en être la première inventrice, — à cause de sa mai-
greur plus extravagante encore que les crinolines, à
dire des dangeux esdélogues de ce temps-là !...
Quand je t'aurai dit enfin qu'il n'y a plus ni fraises
ni petits pois, mais qu'il y a beaucoup de melons et
que le peuple de Paris continue à être, — comme au
temps de Rabelais, — par nature, par bécarre, ou
par bémol, seras-tu bien avancé et bien content !...

Si ces choses-là t'intéressent, — elles ne m'intéressent guères. Je me suis enfoui dans une retraite
inaccessible, au fond d'un jardin, dans une maison
nette où grimpent joyeusement les pampres verts et
les chèvre-feuilles roses, entre mon chien et mes livres.
Aussi — plutôt que de te raconter ces nouvelles intéressantes que tu parais affamé bien fâcheusement
— j'aime mieux arroser mes laitues, comme feu
Dioclétien. — tuer des mouches et surtout des pu-
cerons, comme feu Domitien, nommer mon chien
consul comme feu Caligula son cheval, — et lui bar-
bouiller d'encre le museau comme feu Cromwell le
museau de ses conseillers intimes !...

J'aime mieux, — surtout, — le parler d'art et de
musique, de livres vieux et nouveaux, de tableaux
et de statuettes ; j'ai visité ces jours-ci quelques
ateliers et j'ai acheté quelques livres ; une moisson
de petits bonheurs que j'engrange à ton intention !

Or ça, — cher vieil ami de mon cœur, — courage !
Je vais allonger les bras pour saisir au passage

sa dernière mèche. — l'occasion beaucoup trop chauve... L'oiseau d'Élie, le prophète, est mort ! Il ne fait pas bon vivre en stylite, debout sur un pied comme un flamand rose ! « J'ai nécessité bien urgente de repaistre : dens agües, ventre vuide, gorge sèche, appétit strident, tout y est délibéré!... » Je suis eximé, — Il faut briber sous peine de mourir...

Adieu et à toi.

Alfred DELVAU.

On lit dans la GAZETTE MUSICALE, n° du 13 juillet 1856 :

« La fête de Charenton, célébrée en plusieurs journées, a commencé cette année par un concert donné au bénéfice des inondés, dimanche passé, 6 juillet, solennité musicale organisée avec une intelligence tout artistique par M. Duponchel, (non l'ex directeur de l'Opéra), M. Cottin, propriétaire à Charenton, et M. Meifred, joignant à sa qualité d'excellent professeur au Conservatoire celle d'homme d'esprit et de cœur, toujours prêt à s'associer à une bonne action. Le concert a commencé par deux chœurs : La CHASSE et les MINEURS, de MM. Thys et Allyre Bureau, chantés par deux cents chanteurs de l'école de M. Chevé, et dirigés par lui. L'APPEL AUX MOISSONNEURS, par Elwart, la RETRAITE, de M. L. de Rillé, et le COMTE ORY, ont été dit ensuite par cette société chorale avec justesse, ensemble et chaleur. Les organisateurs de cette fête musicale et philanthropique ont remis à M. Chevé et à ses élèves une médaille frappée en l'honneur de leur participation à cette bonne œuvre. Un autre corps musical, la société calco-philharmonique, s'y est associée aussi, et elle a fait entendre ses SOUVENIRS D'ESPAGNE, une CHASSE, et une charmante TARENTELLE, qui ont été fortement et justement applaudis.

Mme Alpaix et M. Kerjean (membres de la Société Galin-Paris-Chevé) ont chanté, l'un l'air de la MOETTE, et l'autre l'air : AH ! QUEL PLAISIR D'ÊTRE SOLDAT, de la Dame blanche, comme s'ils avaient un nom et une réputation à soutenir. — M. Triébert, premier hautboïste du Théâtre Italien, a joué un solo comme s'il voulait augmenter la sienne : aussi a-t-il recueilli d'unanimes suffrages, par la justesse, le style

et le charme du son, dans une fantaisie empruntée au BRASSEUR DE PRESTON, d'Adam.

Il est résulté de tout cela une recette de près de 900 fr., et de 178 fr., produit d'une quête faite entre la première et la deuxième partie du concert. H. BLANCHARD.

THÉATRES.

La Comtesse de Novailles. — Mademoiselle Judith Lion.

Dimanche, malgré les séductions d'un beau soleil qui nous garantissait fête au grand air, notre crédulité s'est laissé prendre encore aux mensonges de l'affiche, à l'attrait bien décevant, hélas! d'une première représentation d'un ouvrage inconnu.

Et quel ouvrage, bon Dieu! la COMTESSE DE NOVAILLES, gros drame indigeste, aux prétentions littéraires, tout bourrelé de crimes et de criminels, et dont l'intrigue semble nouée avec toutes les vieilles ficelles du rebut dramatique.

En vain avons-nous cherché, pendant ces cinq mortels actes, à nous apitoyer sur qui ou quoi que ce soit, nous n'avons pas trouvé un être intéressant, une situation émouvante. C'est jouer de malheur; ou plutôt c'est bien fait : pourquoi résister aux agaceries du beau temps ?

Les artistes n'ont rien à encourir de notre sévérité; ils ont fait de leur mieux. Ne pouvant changer la pièce, ils ont tâché de la rendre supportable. Faut-il mettre une adresse à cet éloge ? Assurément, à vous donc, Mme Edmond; à vous, Mlle Coblentz; à vous, M. Julien Mary.

La veine n'est pas heureuse. La veille ou l'avant-veille de cet insuccès, un vaudeville en trois actes, le BILLET DE FAVEUR, est tombé pour ne plus se relever, sous les sifflets de toute la salle.

N'ayant pu assister à cette représentation, nous ne savons si cette rigueur est bien justifiée, mais nous regrettons vivement, et pour

les artistes et pour l'administration, qu'on ait perdu tant de temps en études infructueuses, quand il est de si jolies choses à monter, et qui assureraient à chacun succès et plaisir.

Ne pourrait-on pas aussi utiliser un peu plus qu'on ne le fait le talent de certains artistes, dont le nom a quelque influence sur la recette, et qu'on laisse trop souvent dans l'inactivité.

On sait de qui nous voulons parler? Tous les habitués du théâtre ont nommé avant nous James, notre impayable comique, M. et Mme Edmond, si bien placés dans le drame, et Mme Anna T..., qu'on a le tort de laisser trop souvent au repos, pour les plaisirs du public.

Une artiste de mérite, Mlle Judith Lion, s'est fait entendre mardi à ce théâtre, sur l'harmonicorde, instrument nouveau qu'elle révèle avec l'autorité d'un grand talent.

Ça a été une charmante soirée pour tout le monde : et pour les auditeurs charmés, et pour l'artiste qui emporte un souvenir aussi gracieux de Rouen que celui qu'elle y laisse.

Alexandre OSMONT.

ERRATA.

Corrections à faire dans l'article de M. Emile Chevé (M. Mercadier, etc.), publié dimanche dernier.

Première page. — deuxième colonne. — Note. — 2e paragraphe. — 6e ligne. — Après ces mots : « Il y » a huit manières d'écrire un » ajoutez : huit manières d'écrire deux.

Deuxième page. — Première colonne. — 6e ligne d'en bas. — Au lieu de : « mineure, » lisez : majeure.

Troisième page. — Deuxième colonne. — 3e note.— après ces mots : « la quarte diminuée, » ajoutez : plus la *tierce diminuée* et son renversement la *quinte augmentée.*

Boîte aux Lettres.

Paris. — M. Boissière. — La composition est faite ; vous passerez dimanche.
Cognac. — M. Feuillet. — Nous avons écrit.
Le Midi artistique. — Vous aurez bientôt ce que vous paraissez désirer.

Darnétal. — Imp. et lith. de Fruchart

XIᵉ Année ; — 1ʳᵉ du nouveau titre. UN NUMÉRO : 20 CENT. Nᵒ 28. — Dimanche 3 Août 1856.

Musique, — Sciences, — Arts, — Littérature, — Théâtres.

LA RÉFORME MUSICALE

JOURNAL DES DOCTRINES DE L'ÉCOLE GALIN-PARIS-CHEVÉ.

ABONNEMENT A ROUEN : 10 FR.

ON S'ABONNE

A ROUEN, chez M. Louis Roger, rue Porte-aux-Rats, 2.
A PARIS, chez M. Emile Chevé rue des Marais-S.-G., 18.
A MARSEILLE, chez M. Aimé Paris rue Paradis, 77.

BUREAU A ROUEN, RUE PORTE-AUX-RATS, Nᵒ 2.

LOUIS ROGER, Directeur-Gérant.

ABONNEMENT DANS LES DÉP. : 12 FR,

ON S'ABONNE

A LYON, chez M. Perraud, rue du Griffon, 44.
AU HAVRE, chez M. Vasse, rue Molière, 46.
Les abonnements peuvent être payés en timbres-postes (Affranchir).

RENSEIGNEMENTS. — Cette feuille paraît, à ROUEN, tous les DIMANCHES. — Tout ce qui concerne l'administration du journal doit être adressé à Rouen, rue Porte-aux-Rats, 2. — Ce qui concerne la rédaction peut être indifféremment adressé à M. CHEVÉ, à M. Aimé PARIS, ou au Directeur-Gérant. — La critique demeure sous la responsabilité de celui qui la signe. — Il sera rendu compte des Ouvrages dont un exemplaire sera déposé au bureau du journal. Les lettres non affranchies seront refusées.

On peut se procurer des numéros de la *Réforme*, au Bureau du Journal ; — au dépôt du cours Boïeldieu, à Rouen, — et dans l'intérieur des Théâtres.

PROFIT ET GLOIRE.

Fais ce que dois, le bien adviendra.

Paris 23 juillet 1866.

Les lecteurs de LA Réforme musicale n'ont sans doute pas oublié la lettre de M. Deroy, sous-directeur de LA Parisienne, lettre qui a paru dans le nᵒ du 11 mai dernier, et dans laquelle il m'annonçait que toute leur société, bien qu'EN GRANDE PARTIE FORMÉE D'ÉLÈVES DE L'ANCIENNE ÉCOLE, ne lisait plus qu'en chiffres. Leur bon sens vient de recevoir sa récompense au concours de Blois, où ils viennent de remporter le 1ᵉ prix EN PREMIÈRE DIVISION, bien qu'ils eussent pour adversaires LES enfants de Lutèce, à qui nul ne refuse de très-bien chanter, et qui de longtemps étaient habitués à vaincre partout.

Qu'il me soit permis de rappeler ici quelques passage de la lettre de M. Deroy, datée du 28 avril dernier. Il me disait :

« .... Peu à peu les sociétaires de *la Parisienne*, sortis du cours de la rue Saint-Bernard (méthode Wilhem) se sont aperçus qu'*ils lisaient plus facilement le chiffre, qu'ils n'ont pas étudié, que la portée avec laquelle ils ont appris ce qu'ils savent en musique*. Il en est résulté que toute la société, aujourd'hui, lit en chiffres, et que tous les chœurs, *sans exception*, sont étudiés sur cette écriture.

» Il y a cependant, dans chaque partie, une *copie sur la portée* ; car la société ne veut pas repousser les sociétaires nouveaux qui se présentent ne connaissant que la notation usuelle ; mais *ils ne s'en servent jamais longtemps ; un mois suffit*, ordinairement, *pour qu'ils abandonnent leur copie spéciale et se rejettent sur le chiffre*.

» .... Mais il n'en reste pa moins ceci de constant, *que nous chantons sur le chiffre*, QUE NOUS PRÉFÉRONS A L'ÉCRITURE USUELLE, — ce qui ne nous a pas empêché, quoique nous soyons la plus jeune société chorale de Paris, de franchir successivement, et sans temps d'arrêt, tous les degrés qui nous séparaient de la division supérieure, première section, dans laquelle nous concourons cette année, avec les premières sociétés chorales de Paris.

» F. Deroy.
» Sous-directeur de *la Parisienne*.

Comme l'annonçait M. Deroy, LA Parisienne s'est présentée EN PREMIÈRE DIVISION au concours de Blois dimanche, 13 juillet, et le PREMIER PRIX lui a été décerné aux applaudissements de la foule. — Honneur à elle !

Sans aucun doute, l'ardeur de cette jeune société et l'intelligente activité de son habile directeur, M. Lelyon, sont pour beaucoup dans ce brillant succès ; mais il n'est pas déraisonnable de croire que le chiffre a droit de revendiquer sa part du triomphe. En effet, au lieu de perdre un temps énorme à ânoner péniblement les chœurs avant de les lire correctement ; au lieu de ne parvenir à cette lecture, qu'à force d'ennuis et de dégoûts, suite inévitable de faux pas et de chûtes sans nombre, et de n'avoir plus ni temps ni ardeur pour polir l'exécution ; les chanteurs arrivant de prime saut à lire leurs partition, ce qui n'est qu'un jeu, qu'un plaisir pour eux, possèdent en un instant et avec une correction parfaite leurs parties ; toute leur ardeur, tout le temps économisé par l'emploi d'une bonne écriture leur restent pour les appliquer à l'exécution finie ; et comme le dégoût et l'ennui ne s'en mêlent jamais, ILS TIRENT, DE LEUR TRAVAIL TOUT LE FRUIT QU'ILS EN PEUVENT TIRER. Voilà, qui me paraît clair comme le jour et voilà ce qui assure fatalement le triomphe de l'écriture en chiffre, malgré les efforts suprêmes de la routine aux abois.

Grâce encore à ces bons chiffres M. Gounod a eu à Blois une revanche éclatante de son échec du Cirque. Si je suis bien renseigné, un des morceaux qui ont valu le prix à LA Parisienne était de Gounod. L'exécution des CHIFFRIERS (quelques-uns nous nomment ainsi) a été tellement parfaite et ce morceau a eu un tel succès, que M. Gounod se serait levé de son siège de juge pour venir embrasser M. Lelyon. — Le directeur de l'Orphéon de Paris embrasser solennellement le directeur d'une société qui lit en chiffres !... Quel triomphe !... LE chiffre prenant la revanche de LA portée, en faveur du directeur de LA portée !... Quelle magnanimité !...

Mais, bon Dieu, si la comission du chant allait le savoir?... Taisons nous.

Emile CHEVÉ.

Paris, 23 juillet 1856.

Le manque de temps nous a empêché de rendre compte des trois derniers concerts auxquels la société chorale de l'école Galin-Paris-Chevé s'est fait entendre : le 1ᵉʳ a eu lieu le 25 juin, au profit des inondés ; le 2ᵉ à Charenton-le-Pont, le 6 juillet, encore au profit des inondés, et le 3ᵉ, dimanche dernier à l'École de Médecine. — Dans ces trois concerts, l'infatigable société a chanté 26 chœurs dont sept seulement ont été répétés : soit 19 morceaux différents.

A la séance du 15 juin madame Alpaix et M. Kerjean ont chanté chacun un solo, puis le duo de la Peur, de la Dame Blanche, de Boïeldieu. L'air de la Muette, chanté par madame Alpaix lui a fourni l'occasion de faire apprécier sa facile vocalisation. M. Kerjean, qui faisait son début, a une fort belle voix de ténor ; il a mis beaucoup de chaleur dans l'air de Boïeldieu : Ah quel plaisir d'être soldat. Il a dit la phrase « buvons a notre général » avec une voix chaude et émue qui lui a valu les bravos de l'auditoire. Le duo de la Peur, chanté par les deux solistes, a été bien goûté. Les applaudissements ont été chaleureux.

Mˡˡᵉ Allix et M. A Chevé ont exécuté, sur le piano et l'harmonium, un duo de M. Besozzi ; puis l'ouverture du Maître de chapelle, de Paër, dans laquelle Mˡˡᵉ Thomry a fait la troisième partie. Tout cela a été très-bien joué et très-apprécié des auditeurs.

Les expériences improvisées ont, comme toujours été enlevées à la baïonnette, et les chœurs chantés avec cette vigueur, cette carrure, qui caractérisent les exécutions de la société.

Au concert de Charenton la société calcophilharmonique a joué des morceaux de 1ʳᵉ difficulté avec un fini et une précision remarquables. M. Triébert a joué d'une façon admirable des motifs du brasseur de Preston d'Adam arrangés par lui pour haut-bois et piano. Madame Alpaix et M. Kerjean ont redit leurs deux morceaux, de l'École-de-Medecine, et les ont bien dit. La société a chanté comme de coutume et a reçu des autorités, par l'entremise de M. Duponchel, l'organisateur de la fête, une belle médaille en vermeil — portant, d'un côté les mots :

« *Fête des carrières.—Charenton,— le 6 juillet 1856.* » *Concert au profit des inondés.* »

et de l'autre :

« *Hommage de reconnaissance à la société de l'école* » *Galin-Paris-Chevé, pour son* » *généreux concours.* »

Enfin, la troisième séance a eu lieu dimanche dernier, à l'école de-Médecine.

Madame Alpaix a chanté l'air si difficile du serment. Cet air très-gai, criblé de vocalises, a été très-bien dit par madame Alpaix qui fait les roulades avec une grâce charmante. — Un nouveau débutant s'est produit : c'est M. Saint-Laurent, qui a chanté d'abord l'air du grand sénéchal, de Jean de Paris, avec une belle et large voix de basse, digne d'une de nos grandes scènes ; ce qu'elle a surtout de remarquable, c'est son extrême souplesse dans l'aigu. Dans l'air du sénéchal M. Saint-Laurent a donné des FA dièses aigus d'une pureté irréprochable. Elle a de plus une grande qualité c'est qu'elle est essentiellement gaie, chose bien rare maintenant ; puis il a chanté un air de soldat du

17ᵉ siècle très remarquable comme rhythme. — M. Saint-Laurent a été très bien accueilli : et c'était justice.

Mˡˡᵉˢ Allix, Thomry et M. A. Chevé ont joué avec beaucoup de verve et d'entrain la charmante ouverture de la FÊTE DU VILLAGE VOISIN, de Boïeldieu, et ont été chaudement applaudis.

Les enfants ont pris leur dictée d'un seul coup comme toujours et avec une aisance qui ferait croire à bien des gens qu'ils font la chose la plus facile du monde. — Le morceau A VUE, d'un rhythme précipité, a été enlevé au galop. — Les chœurs ont été bien reçus, particulièrement LES FRANCS ET LES DRUIDES de Rossini, dont la musique ferme et virile a vivement impressionné les auditeurs.

La société chante de nouveau aujourd'hui dimanche, 3 août, une messe solennelle pour la fête de Saint-Germain l'Auxerrois.

Émile CHEVÉ.

Nous l'avions bien deviné.

LE PLAGIAT-MERCADIER EST LA RÉVÉLATION D'UN COMPLOT DE LA ROUTINE AUX ABOIS·

(Suite. — Voir le numéro du 27 juillet.)

Voici l'extrait que j'ai promis à la fin de mon premier article :

« Certains novateurs voulaient moins de lignes dans
» la *portée* où se placent les notes ; d'autres en vou-
» laient davantage. Les plus hardis faisaient table
» rase. Aux signes de la notation, dont l'usage est
» universelle, les uns substituaient des chiffres ; les
» autres des lettres ; ceux-ci des signes de pure in-
» vention ; ceux-là des combinaisons éclectiques d'é-
» léments divers. Au fait il ne s'agissait que d'une
» réforme bien simple : brûler toute la musique qui
» existe, et renvoyer à l'école Rossini, Meyerbeer,
» Auber, Halévy, pour y apprendre la gamme.
» Il n'y avait à faire sur tout cela qu'une seule et
» légère observation, c'est que ces braves gens ne
» savent, ou ne savaient pas qu'ils retombaient dans
» les essais primitifs par lesquels on a passé dans le
» moyen âge, pour arriver, par des perfectionnements
» progressifs, au système complet et parfait de la no-
» tation actuelle de la musique ; c'est que leurs nou-
» veautés sont des vieilleries abandonnées ; c'est enfin,
» que les simplifications dont ils font grand bruit ne
» sont qu'un appauvrissement de l'art, car leurs sys-
» tèmes, s'ils étaient adoptés, rendraient impossible la
» notation d'une multitude de combinaisons compli-
» quées. Il est vrai qu'ils avouent naïvement que leur
» notation n'est pas applicable à la musique des instru-
» ments ; mais quoi? il y en aura donc deux ? Ce fait
» seul ne suffit-il pas pour faire apprécier la valeur
» de leurs systèmes ? »

On nous accuse volontiers de débuter, dans TOUTES les questions, par des paroles VIOLENTES, et l'on emploie encore, dans cette tactique d'une opposition très-peu loyale, une fausse synony- mie, à l'inverse de ce qui se pratique pour caractériser ceux qui nous dépouillent. Ceux- là ne DÉROBENT pas ; ils PROFITENT ; mais quand on parle de nos raisons, données avec calme, notre FERMETÉ devient de la VIOLENCE. Offrons une preuve de plus du soin que nous prenons TOUJOURS d'aborder nos adversaires de ma- nière à ne pas compromettre le fond par la forme.

J'adressai, le 7 juillet, la lettre suivante à M. Adolphe Fétis, que je croyais à Bruxelles :

« Monsieur,

» Sans évoquer ici aucun souvenir du passé, je viens vous demander la preuve d'une des assertions de votre article inséré dans le numéro du 5 juillet de *l'Illustration*, n° 697, page 15, à propos de la no- tation en chiffres, que vous me semblez ne pas con- naître parfaitement, puisque vous affirmez *qu'elle rend impossible la notation d'une foule de combinaisons compliquées* ; ce sont vos expressions textuelles.

» Veuillez m'adresser, le jour même où cette lettre arrivera à Bruxelles (selon toute probabilité, mercredi 9 juillet), ou le lendemain, des combinaisons *aussi compliquées et aussi nombreuses* que vous pourrez en créer ou en trouver dans une composition *quelconque*. Courrier pour courrier, je vous en transmettrai la *notation en chiffres*, et je vous prierai de m'adresser en échange, comme éléments d'un problème de nota- tion à résoudre, des quotités de durées que vous ra- mènerez à ce que la *Musique à la portée de tout le monde* appelle expression *normale*.

Vous comprendrez sans peine qu'avant d'accepter votre arrêt d'exclusion, il nous soit permis de nous défendre, et que, si votre silence se prolongeait au- delà de vingt-quatre heures, après que ma lettre sera arrivée à Bruxelles, j'aurais le droit de m'en préva- loir, pour prouver la valeur morale d'une condam- nation, que vous n'appuieriez pas sur les preuves d'une impuissance révélée par l'impossibilité de tra- duire aussi facilement en chiffres vos combinaisons *compliquées*, que tous les morceaux qui ont subi cette métamorphose, y compris une foule de fragments choisis parmi les plus difficiles de M. Meyerbeer.

» J'ai l'honneur d'être, avec une considération dis- tinguée, monsieur, votre très humble et très-obéis- sant serviteur.

» Aimé PARIS.

» 77, rue Paradis, à Marseille (Bouches-du-Rhône).
» Marseille, le 7 juillet 1856. »

Averti, par une lettre fort polie de M. Edouard Fétis, que son frère, M. Adolphe Fé- tis, habitait Paris, je fis remettre, par une voie certaine, le 15 juillet, à M. Adolphe Fétis, une copie de la lettre du 7 ; aucune réponse ne m'est parvenue.

Ne pas tenir compte d'une mise en demeure faite en termes convenables, c'est donner à celui qui demande des preuves, le droit de réclamer énergiquement contre le silence, pour qu'on ne présente pas son abstention comme l'aveu tacite de la justesse de l'accusation portée contre lui.

S'il m'avait envoyé ses problèmes, je les au- rais résolus ; rien n'était plus facile et plus ho- norable pour lui que de convenir loyalement qu'il s'était trompé, et que le fait donnait rai- son au chiffre, quant à la possibilité de tout traduire.

A ce peu de respect pour la droiture et la vérité, M. Adolphe Fétis ajoute un procédé qui touche de très-près à l'impertinence. Nous ne pouvons pas, nous ne devons pas le souf- frir.

Rappelons à M. Adolphe Fétis ce passage de la page 7 de ma LETTRE A M. FÉTIS, directeur du Conservatoire royal de Bruxelles (1841, Bruxelles, imprimerie de Weissenbruch) :

« Par un hasard assez singulier, le jour de l'ou- verture de mon cours de mnémotechnie, je reçus un billet sans signature, par lequel M. le rédacteur de *l'Indépendant* me priait de remettre au porteur, et, s'il était possible, deux cartes pour deux de ses colla- borateurs qui *désiraient*, ce sont les expressions du billet, *rendre compte de mes intéressantes séances.* Le soir même, ces cartes furent présentées, et j'appris seulement deux jours après, que les personnes qui les utilisaient étaient vos deux fils. Prévenu à temps, je compris qu'en faisant, dans le cours, la moindre allusion à mes démêlés avec vous, je paraîtrais in- viter vos fils à s'abstenir de suivre mes leçons ; je ne prononçai donc pas une parole qui eût trait, même indirectement, à la discussion que je me proposais d'ouvrir. » Aucun compte ne fut rendu par *l'Indépen- dant.*

M. Adolphe Fétis n'a pas manqué une séance de mes quinze leçons, et s'il n'y venait pas dans une autre intention que celle de s'instruire, il a pu se convaincre que ses condisciples ne trou- vaient pas exagérée la bienveillance avec la- quelle les journaux de Belgique parlaient des études SÉRIEUSES et VARIÉES qu'avaient exigées les applications nombreuses que j'ai fait de la mnémotechnie à tant de branches des connais- sances humaines.

Je croyais donc, en écrivant à M. Adolphe Fétis, le 7 juillet, puis le 13 (M. Emile Chevé a remis lui-même ma lettre chez M. Pleyel, à une personne qui lui a affirmé qu'elle ver- rait M. Adolphe Fétis DANS LA JOURNÉE, et qu'elle lui remettrait ma lettre), je croyais que plusieurs raisons me donnaient le droit de compter sur une réponse.

1° Par simple convenance, je n'ose dire par un sentiment de gratitude, l'auditeur assidu qui n'avait RIEN PAYÉ, pour assister à MON cours, *après avoir fait demander une admission gracieuse- ment accordée,* me semblait devoir cette preuve de savoir-vivre à son ancien professeur ; 2° Par un louable sentiment d'amour-propre, M. Adol- phe Fétis, s'il avait le bonheur de voir plus clair que moi dans les questions d'analyse et de choix des signes, devait s'empresser de fournir les ma- tériaux qui lui étaient demandés, pour asseoir sur une base plus large sa réputation de clair- voyance ; 3° En supposant que sous l'euphé- misme de ma lettre diplomatique, M. Adolphe Fétis crût découvrir le mot MENSONGE sous les six lettres du mot ERREUR, tout son sang de- vait bouillonner à l'idée qu'on pouvait lui dire en face qu'il altérait sciemment la vérité. Dans cette dernière hypothèse, il y a beaucoup de gens qui apporteraient eux-mêmes leur réponse.

Puisque M. Adolphe Fétis paraît croire qu'il suffit qu'il affirme pour que le public croie, il m'oblige à dire que je n'accepte pas l'autorité héréditaire des allégations sur parole. Les ha- sards des pérégrinations de mon apostolat m'ont mis en rapport avec trop de personnes instruites de détails significatifs pour que je puisse accepter des paroles d'honneur contes- tables, moi qui demanderais, pour soumettre ma raison, autre chose que le serment du fils d'Aristide ou de celui de Socrate.

Il y a quinze ans que j'ai imprimé ces mots, première de ma LETTRE A M. FÉTIS : « Vous
» êtes possesseur d'un bazar immense de bribes
» scientifiques et littéraires ; mais vous n'êtes
» pas un penseur. Vous émettez vos opinions
» avec une intrépidité qui ne recule devant au-
» cun paradoxe, mais vous n'avez ni la loyauté
» qui convient d'une erreur, ni le courage qui
» se dévoue sans arrière pensée au triomphe
» d'une opinion consciencieuse appuyée sur
» des faits positifs. »

Moins le BAZAR DE BRIBES, je n'ai rien écrit dans ces lignes à propos du père qui ne me semble parfaitement applicable au fils qui, en suivant des traditions compromettantes semble prendre à tâche de justifier ces vers d'Horace :

Ætas parentum pejor avis tulit
Nos nequiores, mox daturos
Progeniem vitiosiorem.

Aimé PARIS.

(La fin prochainement.)

La biographie de Gavarni, l'illustre dessinateur, vient de paraître chez M. Gustave Havard, éditeur des *Contemporains*. C'est le 62ᵐᵉ volume de la collec- tion. Jamais M. Eugène de Mirecourt n'a montré plus d'entrain et plus de verve. Cette notice est pétillante ; elle fourmille d'anecdotes délicieuses. L'appréciation des œuvres du maître est pleine de vérité, de tact et de justesse. On annonce comme devant paraître pro- chainement les biographies de Berlioz, de M. de Falloux, de Beauvallet de la Comédie-Française, de Gustave Planche et de Crémieux.

DÉCOUVERTE UTILE.

Je crois devoir prendre date, dans la Réforme musicale, pour la découverte d'un moyen très simple, mais d'une immense puissance, pour l'ÉTUDE DE L'INTONATION.

Ce moyen dont je fais journellement usage, depuis plusieurs années, étant connu maintenant d'un assez grand nombre de personnes, il est bon, il est juste, de ne pas permettre à ceux qui n'y ont aucun droit de s'en attribuer la découverte. Il est bon, il est juste aussi de mettre le comité des études du Conservatoire impérial de musique, en garde contre de nouvelles surprises.

Ce n'est pas seulement pour prendre date pour ma découverte que je la publie aujourd'hui ; c'est aussi, et bien plus encore, dans l'espoir d'être plus tôt utile aux personnes qui, désirant étudier la musique vocale, ne peuvent avoir recours à un professeur ; beaucoup sont dans ce cas, mais principalement les personnes qui habitent la campagne ou des villes privées de professeurs, et celles, en très-grand nombre, qui sont trop pauvres pour en payer un.

J'ajoute que la publication de mes nouveaux exercices d'intonation pouvant, par des circonstances indépendantes de ma volonté, être encore retardée, je crois remplir un devoir impérieux en publiant aujourd'hui les bases sur lesquelles ils sont sont fondés.

Nanine CHEVÉ (née PARIS).

Comment on peut, au moyen des sons UT, MI, *sol,*
mesurer les sons SI, RÉ, FA, LA.

Les sons { UT   MI   SOL   TONIQUE, MÉDIANTE et DOMINANTE, qui composent *l'accord parfait de tonique* du mode majeur sont, dans tous les sons de la gamme, ceux que la mémoire retient le plus facilement.

Nous mettons à profit la connaissances de ce fait pour faire apprendre plus vite tous les autres sons ; voici comment nous procédons pour atteindre ce but :

L'UT (la tonique) *nous sert*, d'une manière bien simple, *à mesurer le* SI *et le* RÉ : lorsque nous voulons chanter un SI ou un RÉ, nous les plaçons, par la pensée, *entre deux* UT, ainsi : 1 7 1 — 1 2 1

Le MI (la médiante) *nous sert*, de la même manière ; *à mesurer le* FA : lorsque nous voulons chanter un FA, nous le plaçons par la pensée, *entre deux* MI, ainsi : 3 4 3

Le SOL (la dominante) *nous sert*, toujours de même, *à mesurer le* LA : lorsque nous voulons chanter un LA, nous le plaçons, par la pensée, *entre deux* SOL, ainsi 5 6 5

Formule gnéérale pour mesurer les sons 7, 2, 4, 6.

1 7 1 — 1 2 1 — 3 4 3 — 5 6 5 — 1 7 1

Des NOMS DE PROPRIÉTÉ. *qu'on doit appliquer aux sons* 7, 2, 4, 6.

Puisqu'on sait maintenant, contre quel son l'on doit mesurer chacun des sons 7, 2, 4, 6, il est facile d'appliquer à chacun d'eux un nom qui indique sa VÉRITABLE PROPRIÉTÉ, SA TENDANCE, c'est-à-dire *contre lequel des trois sons tonique, médiante, dominante, on doit le mesurer.*

Il faut donc nommer

le SI, placé *au-dessous de la tonique* UT, *qui sert à le* mesurer, SOUS-TONIQUE ;
le RÉ, placé *au-dessus de la tonique* UT,   —   SUS-TONIQUE ;
le FA, placé *au-dessus de le* médiante MI,   —   SUS-MÉDIANTE ;
le LA, placé *au-dessus de la dominante* SOL, —   SUS-DOMINANTE.

Ces noms ont l'avantage d'indiquer contre quel son l'on doit mesurer chacun des sons qu'ils désignent.

Nous mesurons les sons 7 2 4 6 comme il convient de le faire ; car :

1° Le SI qui se trouve à intervalle de *seconde mineure* de l'UT, ne peut se mesurer que contre l'UT, et nous le mesurons ainsi : 1 7 1

2° Le RÉ se trouve à intervalle de *seconde majeure* de l'UT et du MI, qui, tous deux, appartiennent à l'accord 1 3 5 ; mais comme la fonction de tonique est plus importante que celle de médiante, c'est contre l'UT qu'il faut mesurer le RÉ, et nous le mesurons ainsi : 1 2 1

3° Le FA qui se trouve à intervalle de *seconde mineure* du MI, ne peut se mesurer que contre le MI, et nous le mesurons ainsi : 3 4 3

4° Le LA se trouve à intervalle de *seconde majeure* du SOL et du SI ; mais comme le SOL seul fait partie de l'accord 1 3 5, c'est contre le SOL qu'il faut mesurer, et nous le mesurons ainsi : 5 6 5

APERÇU *TRÈS-IMPORTANT*

Des immenses avantages que présente le moyen, si simple, employé par nous, pour mesurer les sons 7 2 4 6

Nous devons faire remarquer :

1° Que lorsqu'on fait usage du moyen si simple, indiqué par nous, pour mesurer tout son autre que UT, MI, SOL, contre l'un de ces derniers, on n'a plus à prendre par DEGRÉS DISJOINTS, que les sons UT, MI, SOL ; puisque *chacun des autres sons se prend toujours par* DEGRÉS CONJOINTS, contre un des sons UT, MI, SOL, dont ils sont, par notre manière d'agir, toujours entourés.

2° Que ce moyen a, de plus, l'immense avantage de conserver, au plus haut degré, chez la personne qui chante, le *sentiment de la tonalité sur l'*UT ; cela a lieu, par suite de l'obligation où l'on se trouve (pour mesurer les sons 7 2 4 6) de penser toujours aux sons de *l'accord parfait de la tonique* 1 3 5, dont la propriété est de donner au plus haut point possible, le sentiment de la tonalité sur l'UT.

L'opération qui consiste à penser toujours aux sons de l'accord parfait de tonique 1 3 5, pour chercher les autres sons, devient, par l'habitude, d'une facilité extrême, et l'on arrive, en très-peu de temps, à la faire instinctivement ; mais pour arriver là, *il est très-important, il est indispensable, de se rendre parfaitement maître de tous les exercices sur les sons* 1 3 5 ; on ne saurait donc répéter trop souvent ce genre d'exercices.

COMMENT ON MESURE LES SONS DANS LE MODE **MINEUR**.

Dans le mode mineur on se sert aussi des sons { LA   UT   MI   TONIQUE, MÉDIANTE et DOMINANTE, pour mesurer les sons de l'accord de septième de sous-tonique (5 7 2 4) ; mais on ne s'en sert pas tout-à-fait de la même manière que dans le mode majeur, ce qui produit une différence entre les noms de propriétés des notes dans les deux modes.

Le LA (la tonique) sert à mesurer le RÉ, ainsi : 6 5 6

L'UT (la médiante) sert à mesurer le SI et le RÉ, ainsi : 1 7 1 — 1 2 1

Le MI (la dominante) sert à mesurer le FA, ainsi : 3 4 3

FORMULES GÉNÉRALES DES DEUX MODES.

FORMULE GÉNÉRALE du *mode mineur* :

6 5 6 — 1 7 1 — 1 2 1 — 3 4 3

FORMULE GÉNÉRALE du *mode majeur* :

1 7 1 — 1 2 1 — 3 4 3 — 5 6 5

De la différence qui existe entre les noms de propriété des deux modes, et des causes de cette différence.

Dans le MODE MAJEUR, la TONIQUE sert à mesurer DEUX SONS ; la *médiante* et la dominante un seul son (vérifiez).

Dans le MODE MINEUR, la tonique et la dominante servent à mesurer un seul son ; la médiante deux sons (vérifiez).

Les noms de propriété du mode mineur doivent donc forcément différer, en partie, de ceux du mode majeur ; et effectivement nous avons,

Dans le mode majeur { une sous } tonique.   Dans le mode mineur { une sous-tonique. une sus   une sus-médiante.   une sous-dominante.   Vérifiez.   une sous } médiante. une sus } une sous-dominante. Vérifiez.

On peut remarquer que, à une seule exception près, les noms de propriété des sons de l'accord de septième de sous-tonique sont les mêmes dans les deux modes ; ils contiennent tous deux, une sous-tonique, une sous-médiante et une sus-dominante.

La seule exception porte sur la tierce de l'accord de septième de sous-tonique, qui dans le mode majeur est sus-tonique, et dans le mode mineur sous-médiante (vérifiez).

Nous mesurons les sons 5 7 2 4, du *mode majeur* de LA, comme il convient de le faire ; car :

1° Le RÉ, qui se trouve à intervalle de *seconde mineure* du LA, ne peut se mesurer que contre le LA, et nous le mesurons ainsi : 6 5 6

2° Le SI qui se trouve à intervalle de *seconde mineure* de l'UT, ne peut se mesurer que contre l'UT, et nous le mesurons ainsi : 1 7 1

3° Le RÉ, se trouve à intervalle de *seconde majeure* de l'UT et du MI ; le MI remplit dans l'accord 6 4 3 la fonction de *dominante* et l'ut la fonction de *médiante* ; il semblerait donc, au premier abord, qu'on doit dans le mode mineur mesurer le RÉ contre le MI, puisque la fonction du MI est plus importante que celle de l'UT ; c'est cependant le contraire qui a lieu ; voici pourquoi : Dans ce mode majeur le ré se mesure contre l'ut, ainsi : 1 2 1 ; or, quand on est déjà accoutumé à mesurer le RÉ contre l'UT, il est donc préférable de continuer à mesurer le RÉ contre l'UT puisque cette habitude est déjà prise ; nous le mesurons donc ainsi : 1 2 1 — cette manière de mesurer le RÉ a de plus l'avantage d'établir des relations plus étroites, entre le *mode mineur* de LA et son *majeur relatif* UT.

4° Le FA, qui se trouve à intervalle de *seconde mineure* du MI, ne peut se mesurer que contre le MI et nous mesurons ainsi : 3 4 3

Les avantages attachés à l'emploi du moyen indiqué par nous pour mesurer les sons de l'accord de septième de sous-tonique sont les mêmes pour le mode mineur que pour le mode majeur. Ces avantages sont comme on l'a déjà vu :

1° De n'avoir à prendre pour degrés disjoints, que les sons de l'accord parfait de tonique 6 | 3 ; les autres sons 5 7 2 4 étant toujours pris et quittés par degrés conjoints contre l'un des sons de l'accord 6 | 3, dont on doit toujours les entourer.

2° De conserver, au plus haut degré, le sentiment de la tonalité sur le LA ; par suite de l'obligation où l'on se trouve de penser toujours aux sons de l'accord parfait de tonique, 6 | 3, pour mesurer les sons 5 7 2 4

On voit qu'il est indispensable de se rendre parfaitement maître de tous les exercices sur les sons 6 | 3 ; on ne saurait donc les répéter trop souvent.

Nanine CHEVÉ née (PARIS.)

(La suite prochainement.)

LETTRES PARISIENNES.

La première condition pour charmer ses lecteurs, lorsque l'on prend la plume, c'est d'avoir du plaisir en écrivant. Il faut que ce que vous écrivez ressemble à un fruit mûr qui ne doit se produire sur la table qu'autant qu'il est arrivé à un état complet de maturité. Les maîtres du métier savent cela. Ainsi, Montesquieu avait bien soin de ne jamais se livrer au travail quand il éprouvait de la fatigue dans l'esprit. Que voit-on, au contraire, chez la plupart de nos auteurs? C'est tout simplement le besoin de composer des pages, qui arrivent tant bien que mal à la suite les unes des autres. Ce n'est pas l'auteur qui domine son sujet ; c'est le sujet qui domine l'homme, et encore n'est-il pas toujours assez vivement saisi pour nous entraîner avec lui. Je ne sais pas au juste dans quelle disposition d'esprit M. Ponsard a écrit sa BOURSE ; j'ignore si c'était un ouvrage qu'il s'était procuré à lui-même, par esprit de spéculation, ou si c'était une œuvre qui l'avait séduit par sa haute portée morale. Je veux croire que ses intentions étaient excellentes ; mais hélas ! combien elles sont loin d'être réalisées... Il y avait un pauvre fou que malheureusement j'ai connu. Il vous disait avec le plus beau sang-froid du monde : *Regardez bien ce gros arbre ; eh bien ! je vais passer au travers.* Il prenait alors un élan vigoureux, et vous croyiez qu'il allait se fracasser la cervelle ; pas du tout, aussitôt qu'il approchait de l'arbre, il ralentissait sa course et passait tout doucement de l'autre côté. Voilà M. Ponsard ! Le gros arbre, c'était le sujet de la BOURSE ; le poète s'est bien gardé d'aller se briser la tête contre ce gros chêne, il a très-simplement passé de l'autre côté : et comme les cinq actes sont écrits, je ne dirai pas remplis M. Ponsard, de la meilleure foi du monde, se figure avoir traité le grand sujet qu'il n'a pas même effleuré. C'était bien là le cas de dire :

Souvent trop d'abondance appauvrit la matière.

Il suffisait cependant d'ouvrir les yeux pour reconnaître à chaque pas des tableaux qui ne sont pas tracés à l'eau de rose comme ceux de M. Ponsard. Que vois-je, pour ainsi dire à côté de moi : c'est un concierge qui s'est vu à la veille de mourir de faim, et qui a dû son salut à une pauvre femme qui a daigné se souvenir de lui parce qu'elle l'avait aimé dans sa jeunesse. Ce concierge, je l'ai connu autrefois comme l'un des plus riches propriétaires de Paris. Je pourrais au besoin citer son nom qui ne ferait rien à l'affaire. Et cet autre tableau d'un beau-père qui reçoit la visite de son gendre, notaire considéré qui avait eu le malheur de jouer à la bourse. — Je viens vous demander immédiatement 80,000 fr.. ou je suis déshonoré. — Malheureux ! je suis déjà venu à votre aide, et je ne le puis plus maintenant. — Si vous me refusez, je vous brûle la cervelle, et je me tue après. — Le beau-père hésite, mais le gendre n'hésite pas ; il le fit comme il l'avait annoncé. On entend deux coups de feu, et la femme de ce malheureux, qui était arrivée sur ces entrefaites, devient folle en voyant le cadavre de son père et celui de son mari.

La BOURSE de M. Ponsard est bien faible après ces simples récits. Pour un pareil sujet,

ce n'était pas trop que du pinceau de Molière réuni à celui de Juvénal. Notre auteur, auquel on ne peut refuser sans injustice des qualités estimables, n'est ni Juvénal ni Molière. Il n'a été ni plaisant ni dramatique. Ce sont des vers souvent bien frappés et quelquefois poétiques, mais tout cela sans intérêt véritable. Ses personnages ont un tort très-grand, c'est de n'être pas pris dans la réalité. Il n'y a pas dans tout Paris un seul agent de change pareil au sien, et ce type prétendu manque absolument de vraisemblance. Vous avez voulu en faire un honnête homme qui se plaint de sa profession. Si cette profession ne lui paraît pas honorable, pourquoi la garde-t-il ? il lui est extrêmement facile de vendre sa charge et de se retirer des affaires. Il blâme les jeux de bourse, et il joue pour son ami. Tout ceci forme une véritable accumulation d'invraisemblances. Est ce Léon Desroches, pâle reproduction d'un type qui se trouve déjà dans l'HONNEUR ET L'ARGENT, je vous demande un peu qui pourrait s'y intéresser. Je ne sais si le talent du plus habile acteur pourrait parvenir à le faire admettre. La Ferrière, qui a créé ce rôle à l'Odéon, et que vous croyez pouvoir regretter, y a été des plus médiocres, à part la grande scène du 4e acte. C'est autant la faute de l'auteur que de La Ferrière. La Ferrière toujours jeune, malgré ses 56 ans, et dont le jeu chaleureux éblouit si bien le public sur tous ses défauts, La Ferrière est complètement abandonné par son génie. Malgré tout le talent que j'aime à lui reconnaître, il faut bien convenir qu'il ne sait pas dire les vers. L'alexandrin le gêne comme s'il était dans un habit trop étroit, et qu'on eût mis à ses pieds des semelles de plomb pour le faire danser. Tisserant, au contraire, dans le raisonneur de la pièce, dit le vers avec une simplicité magistrale qui révèle le grand artiste à chaque hémistiche.

Si l'agent de change n'est pas pris dans la nature, le domestique l'est encore beaucoup moins, s'il est possible. Vous voulez en vain m'éblouir par l'emploi de quelques termes techniques, comme « primes — report — fin » courant ; » les plus ignorants savent très-bien que ce sont les maîtres et non pas les valets qui font les opérations de bourse. Tous ceux qui jouent à ce jeu-là ont le désir très-naturel de voir leur situation exacte, et personne n'ignore que les agents de change sont les seuls à qui l'on puisse s'adresser pour ces sortes d'opérations. On ne s'explique donc pourquoi ces petites gens sont forcés d'employer l'intermédiaire d'un valet insolent, lorsque le maître serait toujours poli du moment où vous lui apporteriez de l'argent.

De tout ce qui précède et de ce qu'il serait facile d'ajouter, c'est que M. Ponsard n'a pas fait une véritable comédie ; il a fait des vers sur la bourse, il les a fait débiter par des hommes et des femmes habillés selon la mode du jour, mais ce portrait véritable des mœurs du temps, cette analyse du cœur qui vous saisit et dans laquelle vous reconnaissez vos voisins, c'est ce que M. Ponsard n'a pas même effleuré. Il nous a tout simplement donné le titre d'une pièce qui était à faire avant son œuvre, et qui reste encore à faire après.

En voilà trop sur M. Ponsard, qui, si j'en

crois ce qu'il a écrit dernièrement, trouve sa comédie un ouvrage médiocre. Il y a quelque courage à se rendre ainsi justice, si, toutefois, M. Ponsart est sincère. Cette opinion me prouve qu'il est de l'école du bon sens, et je me garderai bien de lui donner un démenti.

Il faut prendre bien garde lorsque l'on fait des vers, et je connais un estimable propriétaire que j'aime de tout mon cœur et qui a manqué d'être cruellement victime de son goût pour la versification.

Il assistait à la noce d'un de ses fermiers et il avait composé une épithalame pour la circonstance. C'était gracieux, spirituel et champêtre. Cela rappelait Delille et Fontenelle. Pas n'est besoin d'ajouter que l'épithalame eut un grand succès. Je suis fâché de ne me souvenir que de quelques vers qui suffiront cependant pour vous donner une idée de la manière de l'auteur :

Le bonheur frappe à votre ferme,
Donnez-lui l'hospitalité,
Et n'en voyez jamais le terme.

Cette personnification du bonheur qui vient frapper à la ferme et à qui l'on offre l'hospitalité séduisit tous les cœurs, et les fermiers, dans leur admiration, demandèrent à leur maître cette pièce de vers pour la faire encadrer, et ils le supplièrent d'y ajouter la date et sa signature. Après s'être fait *prier pendant* quelques instants, seulement pour la forme, l'auteur livra son œuvre et il y ajouta avec plaisir afin de lui donner plus de prix les deux formalités qui lui avaient été demandées.

Le lendemain l'auteur-propriétaire se trouvait dans la société de quelques amis qui le prièrent de réciter la pièce qu'il avait composé la veille. Aussitôt qu'il eut achevé :

— Malheureux ! Qu'avez-vous fait, s'écria tout-à-coup l'un de ses amis, avocat à la cour impériale, comment ! vous avez d'un seul trait de plume fait abandon à vos fermiers, d'une ferme de mille livres de rentes.

— Comment, comment, s'exclama l'auteur épouvanté.

— C'est clair comme le jour, répliqua l'avocat :

Le bonheur frappe à votre ferme,
Donnez-lui l'hospitalité,
Et n'envoyez jamais le terme !

Et vous avez daté et signé cela de votre main. Il faut avouer que voilà un autographe très précieux.... pour votre fermier, s'entend.

— Ah ! mon Dieu ! comment faire !

— Rassurez vous, mon cher ami, voici votre autographe qui m'a été remis ce matin par votre fermier. Je l'ai prié de me le prêter pour le faire encadrer. Je vous conseille de lui en faire un autre, de le faire magnifiquement encadrer ; vous pourrez y ajouter la date sans le moindre inconvénient ; mais comme nous sommes en Normandie, vous ferez bien, je crois, de ne pas y ajouter votre signature.

BOISSIÈRE:

Boîte aux Lettres.

Cognac.—M. Feuillet.—J'ai écrit à M. Paul Meurice, que cela regarde.
Bolbec.— H.— Merci beaucoup. Impossible.
Lyon.—M. Castellan.—Très-bien ; merci. A bientôt.

Darnétal. — Imp. de Fruchart.

XIᵉ Année ; — 1ʳᵉ du nouveau titre. **UN NUMÉRO : 20 CENT.** N° 29. — Dimanche 10 Août 1856.

Musique, — Sciences, — Arts, — Littérature, — Théâtres.

LA RÉFORME MUSICALE

ABONNEMENT A ROUEN : 10 FR.

ON S'ABONNE
A ROUEN, chez M. Louis Roger, rue Porte-aux-Rats, 2.
A PARIS, chez M. Émile Chevé rue des Marais-S-G., 18.
A MARSEILLE, chez M. Aimé Paris rue Paradis, 77.

JOURNAL DES DOCTRINES DE L'ÉCOLE GALIN-PARIS-CHEVÉ.

BUREAU A ROUEN, RUE PORTE-AUX-RATS, N° 2.

LOUIS ROGER, Directeur-Gérant.

ABONNEMENT DANS LES DÉP. : 12 FR.

ON S'ABONNE
A LYON, chez M. Perraud, rue du Griffon, 14.
AU HAVRE, chez M. Vasse, rue Molière, 16.
Les abonnements peuvent être payés en timbres-postes (Affranchir).

RENSEIGNEMENTS. — Cette feuille paraît, à ROUEN, tous les DIMANCHES. — Tout ce qui concerne l'administration du journal doit être adressé à Rouen, rue Porte-aux-Rats, 2. — Ce qui concerne la rédaction peut être indifféremment adressé à M. Chevé, à M. Aimé Paris, ou au Directeur-Gérant. — La critique demeure sous la responsabilité de celui qui la signe. — Il sera rendu compte des Ouvrages dont un exemplaire sera déposé au bureau du journal. Les lettres non affranchies seront refusées.

On peut se procurer des numéros de la *Réforme*, au Bureau du Journal ; — au dépôt du cours Boïeldieu, à Rouen, — et dans l'intérieur des Théâtres.

M. MERCADIER LE CONSERVATOIRE DE MUSIQUE

& LA MÉTHODE GALIN-PARIS-CHEVÉ.

(Suite. — Voir les numéros du 15 et du 29 juin, et du 20 juillet 1856.)

> Le bien d'autrui tu ne prendras
> Ni retiendras injustement.
> (Les Commandements de Dieu.)

> Ignorez-vous donc, monsieur, que l'on n'a pas le droit de trouver ce qui est imprimé dans le livre d'un autre ?
> (Un interlocuteur de M. Mercadier.)

J'arrive à la partie de mon travail où je vais prouver que les idées nouvelles approuvées par le Conservatoire dans le livre de M. Mercadier ne lui appartiennent en aucune façon. Sans recommencer le travail si complet de M. Aimé Paris, travail auquel M. Mercadier feint d'avoir répondu en disant cavalièrement : « Nous sommes tous plus ou moins des plagiaires. » ; sans reprendre, dis-je, cet énorme travail, il me suffira de mettre en regard quelques points culminants pris dans le livre de M. Mercadier et dans les nôtres, pour édifier complètement le lecteur sur la conduite de M. Mercadier et sur la valeur morale de la pièce émanée du comité des études du Conservatoire, qui d'ailleurs n'a pas compris qu'en adoptant la théorie des rapports, — base de notre école — il anéantissait celle du ton absolu — base de la sienne.

Passons donc en revue avec détails les questions relatives à *l'origine de la gamme, à la gamme modèle et à la formation des gammes;* je commence par l'origine de la gamme qui nous donne non pas LA, mais LES gammes modèles. J'ai développé cette idée en 1844, il y a douze ans, dans notre méthode élémentaire de musique vocale ; je l'ai reprise en 1849, et je l'ai traitée tout au long dans ma *huitième lettre*, insérée dans le journal *la Musique*, n° du 18 mars 1849. — Puis j'ai reproduit cette lettre dans *la Routine et le bon sens*, en 1852, livre dont j'ai répandu deux mille exemplaires dans Paris. — Enfin cette théorie est professée par moi et par tous mes élèves depuis 15 ans. Je transcris ici cette huitième lettre intégralement avec son épigraphe et son préambule telle qu'elle a paru en mars 1839, et je mets en regard le chapitre de M. Mercadier qui traite de la même question, tel que l'auteur l'a écrit. Le lecteur verra comment M. Mercadier — toujours selon *l'heureuse* expression du Conservatoire — a su profiter des travaux de ses devanciers; *tout en conservant la discrétion la plus absolue sur leurs noms.* — Citons les textes.

DE L'ORIGINE DE LA GAMME ET DE LA GAMME MODÈLE :

LETTRES SUR LA MUSIQUE,
Par Émile Chevé.

HUITIÈME LETTRE.

Paris, 8 mars 1849.

Cursum mutavit amnis, doctus iter melius.
Horace.

Voici notre profession de foi littéraire, imprimée en janvier 1846, en tête de notre *méthode élémentaire d'harmonie* ; nous croyons fermement aux trois principes suivants :

« 1° On n'a véritablement le droit de » publier un livre élémentaire, sur quel-» que science que ce soit, que si l'on a » quelque chose de nouveau et d'utile à » soumettre à ses lecteurs ; retourner » l'ouvrage d'un autre, pour y mettre son » nom, nous a toujours paru une chose » non seulement injuste envers celui » dont on travestit ainsi l'ouvrage, mais » déplorable pour l'enseignement, que » l'on encombre de milliers de volumes : » véritable labyrinthe où se perdent tant » de commençants et même de profes-» seurs.

» 2° On n'a véritablement le droit de » démolir ce qui existe que lorsque l'on » a *déjà* quelque chose de mieux à mettre » à la place. Si vous démolissez ma mai-» son, parce qu'elle est vieille et mal » distribuée, donnez-m'en d'abord une » autre pour me mettre à l'abri. Autre-» ment, j'aime encore mieux une mau-» vaise maison que rien. *Démolir quand* » *on n'a rien à édifier, démolir pour démolir* » *sera toujours l'acte d'un vandale.* On » ne doit donc battre en brèche ce qui » existe que quand on a mieux à mettre » à la place.

» 3° Enfin, on n'a le droit de proposer » une route nouvelle qu'en prouvant pé-» remptoirement que l'ancienne est mau-» vaise, et qu'on en a une bien meilleure » pour la remplacer. Sans cela, chacun » est en droit de vous dire : Pourquoi » changer ? Les déplacements sont tou-» jours dispendieux ; montrez-moi en » quoi je gagnerai au change, autrement » je ne vous écouterai pas. »

Ces principes, que nous émettions en 1846, nous les avons encore aujourd'hui, et nous les aurons toujours, parce qu'ils nous semblent juste, vrais, irréfutables. — Nous devions donc, pour avoir le droit de présenter une nouvelle route, démontrer les vices de l'ancienne, et le faire de manière à ne laisser aucun doute dans l'esprit du lecteur ; puis il fallait prouver la supériorité de la nouvelle route proposée. La première partie de notre travail, la démolition, est achevée (1) : venons à la deuxième, à l'édification. Et maintenant que nous avons prouvé la fausseté du ton absolu, qui est encore enseigné dans toutes nos écoles officielles, sans exception, établissons la vérité du système des rapports, du système si éloquemment défendu par J. J. Rousseau et par P. Galin, système qui sert de base à l'école Galin Paris-Chevé. Entrons donc en matière.

Qu'est-ce que la gamme ? D'où vient-elle ? pourquoi est-elle faite ainsi et non pas autrement ?

Une seule et même réponse va satisfaire à ces trois questions. Que le lecteur me prête un instant sa bienveillante attention.

Nous savons maintenant, à n'en plus douter, que la gamme est un air, toujours le même, composé de huit sons, dont le huitième semble être la répétition du

(1) Il est bien entendu que je n'ai encore attaqué que la base du système : le TON ABSOLU, la DIVERSITÉ DES GAMMES et le TEMPÉRAMENT. Nous avons encore à montrer les vices sans nombre du système des mesures, l'incohérence et le décousu des exercices, les monstruosités de l'écriture et l'ABSENCE COMPLÈTE DE THÉORIE EN HARMONIE. La tâche sera rude et longue ; mais ce n'est pas moi qui reculerai devant la mission sainte de rappeler l'homme au bon sens et à la vérité.

ESSAI D'INSTRUCTION MUSICALE
Par P.-L. Mercadier.

Chapitre XVI (de la page 57 à la page 68).

De la Gamme modèle.

« Le système par octave ayant prévalu, IL a servi de base à notre musique moderne. On va voir, comme nous l'avons dit, que cette gamme est imposée par l'ordre naturel des tons : La *science acoustique* a prouvé aussi que ce n'est pas le résultat d'une combinaison arbitraire de sons, mais celui d'un phénomène physique *que nous allons essayer de démontrer.*

» Il est en physique un principe qui admet qu'un *son n'est jamais entendu seul,* et qu'il est naturellement indispensablement accompagné d'autres sons, moins perceptibles, il est vrai, mais assez distincts cependant pour que l'oreille les apprécie, et puisse même mesurer l'intervalle qui les sépare du son principal.

» Ces sons s'appellent *harmoniques.*

» Le son principal, qui les engendre, prend le nom de *générateur.*

» Pour donner à *notre* démonstration toute la clarté désirable, nous entrerons ici dans quelques développements sur le classement des notes de la gamme qui nous occupe.

» Nous avons vu que le système par octave est né de l'introduction du *si* (1) et que dès lors la gamme fut composée ainsi :

» *ut ré mi fa sol la si ut.*

» Voici le nom que prit chacune des notes : (2)

La 1ʳᵉ	Tonique.
2ᵉ	Seconde.
3ᵉ	Tierce.
4ᵉ	Quarte.
5ᵉ	Quinte.
6ᵉ	Sixte.
7ᵉ	Septième.
8ᵉ	Octave (répétition de la tonique).

» Chacune de ces dénominations détermine, dans la gamme naturelle, *le nombre de positions diatoniques.*

» Si l'on veut compter les positions diatoniques de cette gamme, la tonique doit toujours être comprise dans ce nombre, dont elle est la première unité.

» Ainsi, la *seconde* a deux positions diatoniques, la *tierce* en a trois, et ainsi de suite, jusqu'à *l'octave.*

» Il faut donc bien se pénétrer *que,* quelle que soit la note qui sert de point de départ, cette note devient toujours la première unité du nombre à trouver. De telle sorte que si l'on veut avoir la *quarte,* à partir de la *seconde,* on reconnaîtra qu'il y a quatre positions diatoniques et que la *cinquième* note donnera la quatrième position diatonique. (3)

» Cette manière d'opérer doit être observée dans tous les cas.

» C'est ici l'occasion de rappeler ce que nous avons dit plus haut de la *gamme ou échelle diatonique,* et de faire remarquer que chacune des positions diatoniques occupe un degré de cette échelle ; en conséquence, un degré de

(1) Note d'Émile Chevé. — M. Mercadier dit avoir découvert l'origine de la gamme modèle (il aurait dû dire DES gammes modèles), et il professe naïvement que c'est l'introduction du *si* à la suite des autres monosyllabes qui a donné naissance au système par octave !... et ne voit pas que l'octave est l'intervalle pivotal de notre système, celui qui limite fatalement la gamme QUELLE QU'ELLE SOIT, puisqu'elle nous est donnée non seulement par les vibrations harmoniques, mais par la rencontre naturelle du larynx de l'homme et de celui de la femme, quand ils croient chanter à l'unisson. — Il est bien malheureux de laisser échapper de pareilles phrases. E. Ch.

(2) Note d'Émile Chevé. — Pourquoi, puisque ces notes marquent une SÉRIE ASCENDANTE, les écrire en SÉRIE DESCENDANTE ? est-ce, par hasard, pour être mieux compris des intelligences en germe ? E. Ch.

(3) Note d'Émile Chevé. — Que peut avoir à faire, dans l'origine de la gamme, ce gâchis sur la manière de trouver le nom d'un intervalle ? et cela chez un homme qui veut qu'on marche du connu à l'inconnu ? E. Ch.

EMILE CHEVÉ.

premier et que cet air peut être chanté à toute espèce de hauteur selon le diapason de la voix qui chante. Est-ce le hasard qui a présidé à la distribution des intervalles de cette gamme, ou bien ces intervalles sont-ils un fait mathématique, absolu, donné par la nature ? L'expérience suivante va mettre le lecteur à même de répondre lui-même à ces deux questions.

Si l'on fait vibrer une corde grave, une oreille délicate et suffisamment exercée perçoit plusieurs sons, et entre autres :

1° Le son primitif, appréciable à tous ;
2° L'octave de ce son primitif ;
3° La douzième, ou quinte redoublée ;
4° La dix-septième, ou tierce triplée, etc.

Ce fait qui se reproduit constamment et de la même manière, provient de ce que quand on fait vibrer une corde il s'établit plusieurs séries de vibrations : 1° la corde vibre d'abord dans son entier, ce qui produit le son le plus grave, le son appréciable à tous, le son nommé *générateur* ; puis il s'établit, dans certaines parties de la corde, des vibrations partielles, qui sont toujours dans un rapport constant avec les vibrations générales, et qui produisent ces sons plus aigus, ces sons *harmoniques* que les oreilles exercées perçoivent facilement. — Voilà un fait absolu ; cherchons quels rapport peuvent exister entre lui et notre gamme.

Le son générateur étant pris comme tonique des sons harmoniques, le deuxième son produit se trouve être l'octave de cette tonique ; le troisième en est la douzième ou l'octave de la dominante, et le quatrième la double octave de la médiante ou la dix-septième. — Evidemment, cette coïncidence constante, entre les rapports des sons harmoniques donnés par une corde en vibration et les quatre notes principales de notre gamme, n'est pas une question de hasard : nul être sensé ne peut l'admettre. — Nous avons copié l'air que nous a donné et que nous donne chaque jour, et partout, la nature dans les harmoniques produits par une corde en vibration : cela est certain.

Cependant, comment se fait-il que la vibration donnant la douzième et la dix-septième, notre gamme ait remplacé ces deux intervalles par la quinte et la tierce ? — Voici : lorsqu'une voix de femme et une voix d'homme croient chanter le même son, elles produisent vraiment deux sons distincts, formant précisément octave entre eux : la voix d'homme donne le son grave de l'octave et la voix de femme le son aigu. — Ce fait est constant ; il se reproduit toujours : et quand les deux voix chantent la gamme, elles produisent bien le même air, nul n'en doute ; *mais cet air est rendu par les deux voix à une octave de distance.* — Les sons de la gamme forment donc une série de huit échelons seulement, qui se répètent à partir du huitième, dans un ordre identiquement le même que celui qu'ils offraient à partir du premier, puisque la voix d'homme et la voix de femme, chantant la gamme ensemble, et croyant être à l'unisson, donnent tout naturellement ces deux séries, sans que l'oreille s'en aperçoive avant qu'on le lui ait fait remarquer. Quand deux voix semblables, deux voix d'hommes ou deux voix de femmes, veulent produire l'effet d'une voix d'homme et d'une voix de femme chantant ensemble, il faut donc que l'une de ces deux voix semblables prenne la tonique à l'octave de l'autre. — La gamme, prise à partir de la tonique aiguë, est donc identiquement la même que celle prise à partir de la tonique grave ; et, dans notre gamme, la répétition d'un son quelconque à l'octave re-

M. MERCADIER.

l'échelle ou une position diatonique sont deux choses parfaitement synonymes. La figure ci-dessous, complétera notre démonstration :

Échelle diatonique.

(Ici une petite échelle de huit barreaux, *équidistants*, numérotés de *bas en haut*, à *l'envers* de l'exemple précédent).

» Après avoir énuméré *les* huit premiers degrés de la gamme, si l'on continue la marche ascendante, la note qui vient après l'octave, n'est que la répétition de la *seconde* à l'aigu, et s'appelle *neuvième* ; la suivante, qui reproduit la *tierce*, s'appelle *dixième* et ainsi de suite jusqu'à la *dix-septième*. (4)

» Nous ne prolongerons pas cette énumération, parce qu'à la *dix-septième* nous sommes arrivés à l'intervalle le plus grand qui soit nécessaire à notre démonstration.

» Nous avons déjà dit qu'un son quelconque n'est jamais entendu seul, et qu'il est toujours accompagné de sons harmoniques, moins perceptibles que le son principal ou générateur.

» On pourra facilement se rendre compte de ce phénomène physique, à l'aide d'un instrument à corde. et plus facilement encore *avec* le piano en opérant de la manière suivante :

» 1° Frapper une touche grave, très-perceptible à l'oreille ; par exemple, la note *ut* de la seconde octave (nous prenons la note *ut* parce qu'elle est la première qui se présente dans l'hymne de Saint Jean-Baptiste, et que cette note est devenue et est restée la tonique de la gamme modèle.)

» 2° Placer et conserver le pied sur la pédale qui laisse toute liberté aux vibrations des cordes.

» 3° Appliquer l'oreille sur la caisse de l'instrument.

» Si cette opération est faite avec exactitude, on entendra parfaitement que, avec le générateur, il se produit une foule de sons harmoniques.

» Tous ces sons perdent de leur intensité en s'éloignant de ce générateur ; mais parmi eux, il en est trois qui dominent tous les autres, et que l'oreille perçoit plus distinctement. Les voici :

1° L'octave supérieure) du générateur
2° La deuxième) *ut*

Essayons de figurer, pour l'œil, l'accord de ces sons :

Générateur.	Octave.	Douzième.	Dix-septième
ut	ut	sol	mi

1 2 3 4 5 6 7 8 9 10 11 12 13 14 15 16 17

(1)

Nous avons reconnu déjà (— C'est-à-dire qu'il l'a dit, mais il ne l'a ni prouvé ni fait reconnaître. E. Ch.) que l'octave d'un son n'est autre que la répétition de ce son, soit au grave, soit à l'aigu ; si donc nous abandonnons le générateur pour ne conserver que l'octave, nous

(4) Note d'Emile Chevé. — Voici maintenant toujours pour le plus grand honneur de la logique, les noms des intervalles redoublés et de DEUX intervalles triplés. — Mais cela lui suffit ! E. Ch.

(1) Note d'Emile Chevé. — Toutes les démonstrations théoriques de mes cours se font à l'aide d'une grande quantité de figures qui frappent l'œil et facilitent considérablement l'intelligence des idées. Tous ceux qui ont suivi mes cours depuis 1836 savent que c'est là un des caractères de mon enseignement. Eh bien ! les trois figures que contient ce chapitre de M. Mercadier et les deux autres qui se rencontrent aux pages 85 et 111 de son livre, SONT PRISES CHEZ MOI. — Je dois dire, toutefois, que pour suivre la LOGIQUE DES FAITS, c'est-à-dire l'ordre ascensionnel des sons, JE DIRIGE TOUTES MES FIGURES DE BAS EN HAUT, tandis que M. Mercadier, lui, LES DIRIGE DE GAUCHE A DROITE, comme si les sons marchaient ainsi ! Dans quel but M. Mercadier fait-il ainsi ? est-ce pour mieux suivre la LOGIQUE DES FAITS ? Evidemment non. Ne serait-ce pas plutôt dans l'espoir de masquer aux esprits peu attentifs l'origine de ces figures ? — Toujours est-il que PAS UNE NE LUI APPARTIENT, et QUE JE LUI PORTE LE DÉFI LE PLUS FORMEL DE VENIR, DEVANT MES ÉLÈVES (et je parle d'élèves de 15 et 18 ans de date), donner comme siennes, ces figures QU'IL N'A IMPRIMÉ QU'À LA FIN DE L'ANNÉE DERNIÈRE !! E. Ch.

EMILE CHEVÉ.

produit, par rapport à la tonique aiguë de la gamme, l'effet que le son, remplacé par son octave, produisait lui-même avec la tonique grave. — Le fait une fois bien observé et bien constaté de cette propriété qu'a l'octave de ne pas changer le numéro d'ordre d'un son par rapport au son tonique, conduit tout naturellement à regarder comme un seul et même son (il faut comprendre dans la gamme) toutes les octaves quelconques d'un son donné.

Cela posé, une voix humaine ne parcourant librement qu'une dizaine ou une douzaine d'échelons consécutifs de notre gamme, superposée à elle-même, quand cette voix aura voulu rendre la douzième harmonique des cordes sonores, elle aura trouvé beaucoup plus facile de diminuer la douzième d'une octave de remplacer le son aigu de cette douzième par son octave grave, de manière à produire une quinte. Tout en trouvant les deux sons plus éloignés dans la douzième que dans la quinte, l'oreille sent cependant bien que, dans les deux cas, le son grave de l'intervalle joue le rôle de tonique, et que le son aigu joue le rôle de dominante. La quinte aura donc été conquise ainsi : elle provient de la douzième harmonique diminuée d'une octave. Quand la voix aura voulu chanter la dix-septième harmonique, elle se sera trouvée encore plus empêchée que pour la douzième ; elle n'aura pu la produire ; mais, tout naturellement, elle aura pris l'octave grave de la dix-septième, et elle aura ainsi fait entendre la dixième ; puis, cet intervalle étant encore fort grand et dépassant l'octave, la voix aura pris encore l'octave grave du son aigu de la dixième, et la tierce aura ainsi été conquise à son tour, comme l'avait été la quinte. Cette seule modification aura donc produit fort simplement l'accord parfait *ut-mi-sol-ut*. — Notre gamme a dû passer par ce degré embryonnaire avant d'arriver au point où elle est aujourd'hui.

— Cependant un *chercheur* aura pris, un jour, une seconde corde comme point de départ, et l'ayant mise à l'unisson de la dominante de la première corde, il aura reproduit une série toute pareille à celle qu'il avait, déjà, et composé, comme elle, d'une *tonique*, d'une *médiante* et d'une *dominante*.

— La dominante de la seconde corde étant à son tour prise pour accorder, à l'unisson, une troisième corde, celle-ci aura donné une troisième série, toujours pareille aux deux premières, et ayant aussi sa tonique, sa médiante et sa dominante. — Une fois sur cette route, et en continuant d'agir ainsi, on aura eu plusieurs séries identiques, offrant cela de particulier, que la dominante de la première servait de tonique à la seconde, que la dominante de la seconde servait de tonique à la troisième ; que la dominante de la troisième servait de point de départ à la quatrième, etc., et ainsi des autres, autant que notre oreille aura pu mesurer ces intervalles.

Le travail conduit à ce point. on se sera aperçu que les sons de certaines séries, remplacés par leurs octaves graves ou aiguës, tombaient entre deux sons d'une série supérieure ou d'une série inférieure ; et que, dès lors, l'intervalle de la tonique à la médiante, et celui de la médiante à la dominante, pouvaient être partagés en deux par ces sons intermédiaires, plus graves ou plus aigus. Ces *intervalles n'étaient donc pas les plus petits que pût mesurer notre oreille.* Eclaircissons ce que je viens de dire par un exemple, et commençons par prendre trois séries consécutives, dont les toniques soient à distance de quinte les unes des autres, ainsi que le montre la disposition suivante (pour rendre la chose plus

M. MERCADIER.

trouverons quel est le rapport de ces trois sons harmoniques entre eux :

Octave.	Quinte.	Dixième.
ut	sol	mi

1 2 3 4 5 6 7 8 9 10

» Par cette opération, l'octave du générateur étant prise ici pour tonique, le *sol* devient la quinte et le *mi* devient la dixième.

» On a donc ainsi un accord naturel qui satisfait complètement l'oreille.

» Mais si, procédant toujours du même principe, on veut avoir un accord plus compact, il suffit de porter le *sol* et le *mi* une octave au-dessous, ce qui donnera :

Tonique.	Tierce.	Quinte.
ut	mi	sol

1 2 3 4 5

» On obtient donc ainsi un accord composé de *tonique, tierce, quinte*. Comme on le voit, c'est la nature elle-même qui nous a donné cet accord, et c'est la réunion de ces sons, résultat du *phénomène que nous avons démontré*, que nous devons l'accord parfait.

» La tierce *mi* est à distance de deux tons de la tonique *ut*. La quinte *sol* est à distance de trois tons et un demi ton de cette même tonique ; elle s'appelle *quinte juste* ou *quinte parfaite*, également à cause de son origine.

» L'accord parfait s'appelle aussi accord parfait *majeur* par opposition à l'accord dont nous parlerons plus loin. — *majeur* veut dire plus grand ; *mineur* veut dire plus petit.

» Il résulte donc de tout ce qui vient d'être dit sur la théorie des sons harmoniques, que tout son produit un accord parfait majeur.

» Avant d'arriver à la conséquence que l'on doit tirer de ce principe et à ce que nous avons à dire sur l'origine de la gamme d'*ut*, indiquons d'abord la manière de placer les notes sur la portée avec la clé de sol. »

(Ici, la gamme 1 2 3 4 5 5 7 i, écrite en noires sur la clé de sol. Notez qu'il n'a encore trouvé que l'accord et qu'il n'en écrit pas moins, on ne sait à quel propos, la gamme entière. E. Ch.)

« Quand nous serons arrivés à l'origine des clés, nous ferons voir que cette position des notes sur la portée avec la clé de sol, n'est pas une combinaison arbitraire et qu'il en est de même pour les autres clés.

» Voici, également avec la clé de sol, l'accord parfait majeur trouvé sur la note *ut* :

(Ici — l'accord 135 sur la clé de sol.)

« Ecrites de la sorte, les notes sont entendues successivement et produisent un accord brisé ou *mélodique*.

» Il s'écrit aussi de cette manière : »
(Ici *ut-mi-sol*, écrit en accord sur la clé de sol.)

« Dans ce cas, l'accord s'appelle plaqué ou *harmonique*, parce que les notes sont entendues simultanément.

» Disons, en passant, que la note la plus grave d'un accord quelconque lui donne toujours son nom. Ainsi, l'accord fait sur *ut* est l'accord de tonique quand cette note est prise pour tonique. Celui qu'on fait sur *sol* s'appelle accord de quinte quand le *sol* est pris pour quinte d'*ut*.

» Revenant au principe que tout son produit son accord parfait majeur, il faut remarquer que dans l'accord

ut — mi — sol

la quinte *sol*, quoique pour l'œil plus éloignée de la tonique que la tierce *mi*, est cependant, par la relation des tons, plus rapprochée d'elle que cette dernière, parce que, ainsi qu'on l'a vu, dans l'accord harmonique ; *sol* est plus apparent, plus perceptible que *mi*, puisque nous avons trouvé *sol* à la douzième, tandis que *mi* ne se présente qu'à la dix-septième.

ÉMILE CHEVÉ.

claire, servons-nous des monosyllabes de la gamme) :

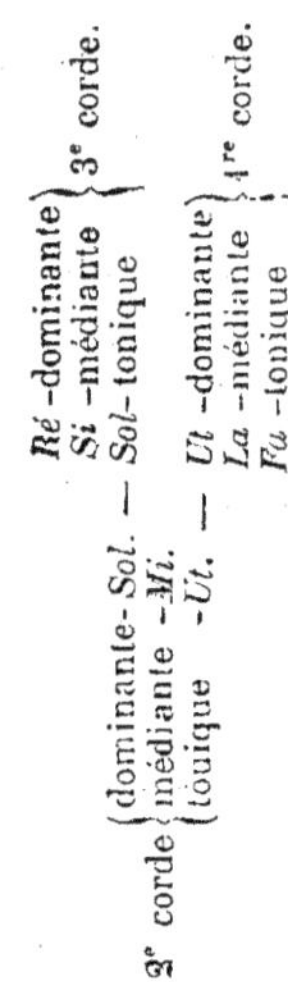

Reprenons ces trois séries en une seule colonne verticale, et faisons disparaître la répétition de l'ut et celle du sol, et nous aurons le résultat suivant, qui est précisément notre gamme harmonique actuelle, ayant la tierce pour élément, mais commençant par le fa (sous-dominante de notre système actuel), au lieu de commencer par l'ut.

$$
\begin{array}{l}
Ré. — \\
Si. — \;\}\;3^e\;corde. \\
—Sol.— \\
2^e\;corde\;\Big\{\;—Mi. \\
\phantom{2^e\;corde\;\Big\{}\;—Ut.— \\
La. — \;\}\;1^{re}\;corde. \\
Fa. —
\end{array}
$$

Arrivé à ce point, on n'eut plus qu'un pas à faire pour transformer la gamme harmonique en gamme mélodique (1), et arriver enfin à notre gamme actuelle : on s'aperçut, 1° que l'octave aiguë du fa tombait entre le mi et le sol, et coupait en deux l'intervalle mi-sol ; 2° que l'octave aiguë du la tombait entre le sol et le si, et coupait en deux l'intervalle sol-si ; 3° que l'octave grave du ré tombait entre l'ut et le mi ; 4° enfin, que l'octave aiguë de l'ut tombait entre le si et le ré. Dès lors, notre gamme se trouva constituée et on put chanter l'échelle suivante :

RÈ
ut. --- — Octave aiguë de l'ut.
SI.
la. — — Octave aiguë du la.
SOL.
fa. — — Octave aiguë du fa
MI.
Octave grave du ré. -ré.
UT.
LA.
FA.

On remarqua que les trois séries : fa, la, ut ; ut, mi, sol ; sol-si-ré, aussi condensées que possible par l'emploi des octaves, se trouvaient actuellement renfermées dans l'étendue d'une seule octave, ce qui permettait à une voix de chanter facilement ces trois séries ainsi ramassées sur elles-mêmes. — On dut nécessairement négliger tout ce qui dépassait cette octave, comme une répétition, comme un double emploi inutile ; c'est ainsi que le fa et le la graves et que le

(1) Chose remarquable ! la gamme harmonique est la seule donnée par la nature ;

M. MERCADIER.

»Supposons maintenant qu'après avoir fait l'accord ut-mi-sol, on fasse entendre immédiatement l'accord parfait majeur de la note qui suit, accord obtenu par la résonnance de la tierce mi : mi-sol dièse-si, alors on reconnaîtra que, sans être choquée, cependant, de cette succession, l'oreille n'est pas complètement satisfaite —(notez bien lecteur, l'oreille de l'intelligence en germe qui ne sait pas encore un mot de musique. E. Ch.), et qu'elle semble désirer une liaison entre ces deux accords (2). Mais si au lieu de la succession : ut-mi-sol, mi-sol dièse-si, on fait entendre : ut-mi-sol, sol-si-ré, c'est-à-dire, l'accord de la tonique et celui de la quinte, alors, au contraire, on obtient une suite d'accords tout-à-fait satisfaisante. (toujours pour l'intelligence en germe. E. Ch.)

» De cette résistance de l'oreille à entendre successivement les accords ut-mi-sol, mi-sol dièse-si, il résulte donc qu'il y a nécessité absolue de passer à ceux qu'elle permet immédiatement après, c'est-à-dire : ut-mi-sol, sol-si-ré. Voici ce dernier accord écrit sur la portée : (Ici 5 7 2 écrit en noires sur la clé de sol.)

» Ceci DÉMONTRÉ, on reconnaît aussitôt—(Qui ? on ? l'intelligence en germe, sans doute ? E. Ch.) que la même relation existe entre la tonique ut et sa quinte inférieure fa. Par cette raison, nous aurons donc l'accord parfait majeur : 4 6 1 (écrit sur la portée en clé de sol). Voici les trois accords sur la même portée : (ici l'exemple suivant, écrit en noires sur la clé de sol) :

4 6 1 — 1 3 5 — 5 7 2

» En classant les notes dans leur ordre diatonique, nous obtenons : ut-ré-mi-fa-sol-la-si-ut. (1)

» On voit que naturellement nous sommes arrivés à trouver la gamme diatonique. Si l'on observe la structure de cette gamme, on reconnaît (comment, s'il vous plaît ? E. Ch.) qu'elle se compose de cinq tons et deux demi-tons. Le premier demi-ton se présente entre la troisième et la quatrième note ; le second entre la septième et la huitième. Voici cette gamme sur la portée, avec la clé de sol : »

(Ici l'exemple 1 2 3 4 5 6 7 1 , sur la portée).

» Si nous cherchons maintenant à nous rendre compte du rang occupé dans la gamme par les trois notes génératrices fa-ut-sol — nous trouvons : la tonique ut, la quarte fa, la quinte sol ; nous voyons que fa, quinte inférieure d'ut, est portée au-dessus, et qu'alors elle devient la quarte supérieure d'ut.

On conclut de ce qui précède, que toute gamme majeure est le produit obligé des trois accords parfaits des notes tonique, quarte et quinte ; A moins que l'on ne préfère dire que toute gamme majeure est le produit des trois accords parfaits des notes tonique, quinte inférieure, quinte supérieure. (1)

Notre gamme existait probablement dans l'esprit de Gui d'Arezzo, car on la pressent dans son système — (je le crois

(2) Note de M. Mercadier. — La liaison des accords suivants fera pressentir les lois de l'harmonie : UT-MI-SOL, MI-LA-UT, MI-SOL DIÈSE-SI. L'intermédiaire entre les accords UT-MI-SOL et MI-SOL DIÈSE-SI, n'est autre que l'accord MI-LA-UT. — O bienheureuses intelligences en germe, combien vous devez bénir M. Mercadier de sa sollicitude pour vous et du soin qu'il met à ne vous présenter que des choses simples, claires, et intelligibles sans fatigues pour vos jeunes et tendres organisations !   E. Ch.

(1) Ici, à propos d'on ne sait quoi, une note de M. Mercadier sur le degré conjoint et sur le degré disjoint, — sur la seconde majeure et sur la seconde mineure,— toujours, sans doute, pour suivre la logique des faits !   E. Ch.

(1) Note d'Émile Chevé. — Et le Conservatoire, je le répète à dessein, en adoptant ces conclusions, qui sont vraies, MAIS QUI N'APPARTIENNENT EN AUCUNE FAÇON A M. MERCADIER, ne s'est pas aperçu qu'il condamne à tout jamais le ton absolu, base de sa théorie, pour adopter la théorie des rapports, qui est la nôtre.   E. Ch.

ÉMILE CHEVÉ.

ré aigu furent négligés pour être à tout jamais remplacés dans la gamme mélodique, les deux premiers par leurs octaves aiguës, et le dernier par son octave grave ; et c'est ainsi que notre gamme mélodique se trouva définivement formée de sept échelons superposés ut-ré-mi-fa sol-la-si, avec répétition de l'ut à l'aigu, pour clore la première série et servir de point de départ à la seconde, à celle donnée par la voix de femme qui croit chanter à l'unisson de la voix d'homme.

Ainsi donc, notre gamme n'est point l'œuvre du hasard ; elle n'est point le fruit de notre imagination, de notre caprice, comme bien des gens le croient ; cette gamme nous est donnée par la nature. — Un fait naturel, la vibration harmonique des cordes sonores, a fourni la gamme par tierces, la gamme harmonique ; et un second fait naturel, la différence du larynx de l'homme à celui de la femme, ayant conduit l'idée, à la possibilité de remplacer un son par son octave, pour permettre à une même voix de chanter facilement toute la série a conduit à la découverte de la gamme par seconde, de la gamme mélodique, de la gamme qui sert de base à tout notre système musical actuel. — Que celui qui a une meilleure explication à nous donner de l'origine de la gamme, la présente ; je serai le premier à le remercier.

Et, maintenant, que le lecteur réponde lui-même au trois questions qui commencent cette lettre :

1° Qu'est-ce que la gamme ? — La gamme est un air absolu ; série de huit échelons, à intervalles absolus les uns des autres ; série qui se répète à l'infini à partir du huitième échelon, du quinzième, du vingt-deuxième, etc.

2° D'où vient la gamme ? — La gamme nous a été donnée par les vibrations harmoniques fournies par trois cordes sonores, accordées à intervalles de quinte, avec remplacement des deux sons les plus graves, fa et la, par leurs octaves aiguës, et du son le plus aigu, ré, par son octave grave.

3° Pourquoi la gamme est elle faite ainsi, et non pas autrement ? — Parce qu'il ne dépendait pas de nous de faire que les sons harmoniques présentassent des rapports différents de ceux que leur a assignés la nature, et qu'il ne dépendait pas davantage de nous (fort heureusement pour la science et pour l'art) de faire que la voix de femme ne donnât pas l'octave aiguë de la voix d'homme.

J'ai dit. Voilà nos fondations établies ; bâtissons maintenant l'édifice.

Émile CHEVÉ.

M. MERCADIER.

bien ; elle y est tout entière. E. Ch). Privé alors du secours de LA science physique mais obéissant au sentiment musical dont il était animé, il avait placé instinctivement, dans son hexacorde, un demi ton du troisième au quatrième degré.

Ou la gamme QUE NOUS VENONS DE TROUVER à l'aide des accords harmoniques, présente cette particularité que le demi-ton arrive également entre la troisième et la quatrième note (il est à remarquer que l'oreille n'admet pas, sans être choquée, qu'on lui fasse entendre trois tons successifs comme fa sol la si.) Ce rapport, entre notre gamme et cet hexacorde est une des raisons qui, avec justice, ont fait considérer Gui d'Arezzo comme le père du système musical moderne. Depuis ce moment, la gamme physique ou harmonique ou gamme naturelle, que nous venons de décrire, a pris le nom de gamme modèle, c'est elle qui nous servira à former toutes les autres. »

J. P. MERCADIER.
Essai d'instruction musicale, de la page 57 à la page 98.

Et maintenant je somme, non-seulement M. Mercadier, mais MM. Auber, Halevy, Caraffa et tous les autres membres du comité des études du Conservatoire signataires du rapport, de vouloir bien signaler, dans le chapitre de M. Mercadier, celle ou celles des idées scientifiques qui ne se rencontrent pas dans ma huitième lettre, et qui lui appartiennent en propre suivant l'expression du rapport. Le lecteur comprend que si ces messieurs ne signalent rien, que ce, comme il le voit bien lui-même — il n'y a rien à signaler, si ce n'est pourtant le tohu-bohu, le gachis, qui se rencontrent dans cet article de M. Mercadier ou tout n'est que confusion et désordre, — Mais ce n'est pas encore le moment d'analyser le travail de M. Mercadier au point de vue de l'ordre qu'il a suivi et de la logique qu'il y a déployée. Chaque chose aura son tour à son temps. Ce que j'ai appris de certaines démarches de M. Mercadier à mon endroit m'impose le devoir (je ne dis pas me donne le droit) de le traiter avec toute justice ; ce qui veut dire en ce cas avec toute rigueur.

(La suite prochainement.)

Emile CHEVÉ.

THÉATRES.

M. Pradeau, le joyeux comique des Bouffes parisiens, est en représentation à Rouen depuis quelques jours.

Il y avait longtemps que la salle du Théâtre-Français ne retentissait plus des grelots de la folie. M. Pradeau est arrivé fort heureusement son répertoire abracadabrant pour restituer aux habitués de ce théâtre le rire étincelant dont ils étaient privés.

Les Deux Aveugles, Tromb-al-Cazar, Bruno le fileur, et quelques autres excentricités comiques ont valu à M. Pradeau des applaudissements mérités.

Alexandre OSMONT.

La deuxième édition du TRAITÉ D'HARMONIE, de Mme Emile Chevé, est en vente depuis quelques jours.

Un beau résultat, vraiment !!!!!

Le *Rouennais* du 23 septembre dernier, avant d'échanger son titre contre celui de *la Réforme musicale*, signalait l'incroyable distribution de trois premiers prix, institués pour des élèves, et néanmoins donnés par le Conservatoire de Marseille, à TROIS PROFESSEURS, inscrits comme tels sur l'annuaire de la localité, et parmi lesquels *deux professaient au Conservatoire même*, à des jours et à des heures donnés par une des pages de cet indicateur.

Un des trois joyaux de l'écrin microscopique de M. Auguste Morel, directeur du Conservatoire de Marseille, a été transporté à Paris, et, après une année d'un travail opiniâtre, joint aux neuf années que fait supposer son début comme soliste, à la distribution des prix de 1848, vient d'obtenir (si la *Gazette musicale* du 3 août ne nous à pas trompé)... Devinez quoi ?... UN PREMIER ACCESSIT ! à la distribution des prix du Conservatoire impérial de Paris.

Je tiens à constater le fait avant l'Hosannah que chantera, selon toute apparence, demain mercredi ou après-demain jeudi, le *Sémaphore*, dans un article qui, selon tout apparence, ne sera ni signé en toutes lettres, ni orné, de ces deux initiales G. B.

Mon camarade de collége Férey, aujourd'hui conseiller, à la cour impériale de Paris, comprendrait bien moins encore aujourd'hui qu'en 1817 qu'on m'eût laisser entrer dans la classe de rhétorique de M. Létendard et de M. Joseph Vistor Lecler, au collége royal de Charlemagne, à Paris, moi qui venais de terminer ma seconde au petit collége de la petite ville de Laon.

Le Conservatoire de Marseille a exécuté le chœur des Machabées, *chantons victoire*, à peu près aussi souvent que l'Orphéon de Paris a chanté la *Marche des deux avares*.

Le *Sémaphore* ne tardera pas, probablement, à varier ce thème dans la prose élégante de son feuilleton musical, égarée, aux nouvelles locales, sans la protection de cette formule omnibus : *pour toutes les nouvelles locales*, au-dessus de la signature d'un gérant qui peut-être ne sait pas plus ce que c'est qu'un dièse, étymologiquement parlant, que l'auteur lui même du feuilleton musical.

J'ai pris date. Il n'y a plus qu'à attendre.

Marseille, 5 août 1856.

Aimé PARIS.

Si nous en croyons les grands journaux de Rouen, le Théâtre-des-Arts subirait en ce moment une métamorphose complète. On cite, comme innovation, une quantité de siéges dans une partie du parterre. Ce serait une excellente chose pour les habitués qui n'aiment pas à rester de bout pendant cinq ou six heures. « Les bancs du parquet, ajoute notre notre bon ami » M. Antoine Malliot, sont diminués de nombre, ce » qui donnera plus d'aisance dans les places, et, de » plus, ils sont rembourrés à neuf. La majeure partie » du parterre sera assise, *progrès véritablement mora-* » *lisateur* que tous les gens de goût (et les goutteux !) » désiraient depuis longtemps ; enfin, des loges à salon » seront établies pour donner aux familles FORTU- » NÉES la possibilité d'être à l'aise et tout-à-fait chez » elles. »

Il est bien vrai que c'est un *progrès civilisateur* qu'un parterre assis ! Nous n'y avions pas pensé. M. Malliot ne sera pas étonné si l'on envoie au parterre force crétins qui n'ont pas encore profité de la diffusion des lumières.

Je crains seulement que les loges a salon ne voient beaucoup de *familles* FORTUNÉES rester à la porte. Il y a de par le temps qui court, et aussi de par l'Académie, un grand nombre de familles FORTUNÉES qui ne sont pas RICHES.

M. Malliot fera bien de demander au portier du *Nouvelliste* le mot de cette charade. S'il est allé aux petites écoles il le lui dira.

Louis ROGER.

ERRATA.

Voici quelques rectifications à faire dans l'article *Découverte utile*, publié dans notre dernier numéro :

Première colonne, ligne 27 ; au lieu de : *dans* tous les sons, lisez : *de* tous les sons.

Deuxième colonne, lignes 7 et 8 ; au lieu de *chacun des* autres sons *se prend*, lisez : *tous les* autres sons *se prennent* et se quittent.

Idem. ligne 54 ; au lieu de *sous-*médianto, lisez : *sus-*médiante.

Idem, ligne 56 ; au lieu de *majeur*, lisez : *mineur*.

Idem, ligne 66 ; au lieu de : dans *ce*, lisez : dans *le*.

Idem, ligne 67 ; après les mots : ou quand, ajoutez : on commence l'étude du mode mineur.

Idem, ligne 74 ; au lieu de : nous mesurons, lisez : nous *le* mesurons.

Idem, *idem*; au lieu de : 3 2 3, lisez : 3 4 3.

C'est par une erreur bien excusable dans un travail précipité que le nom de M. Emile Chevé s'est trouvé, dimanche dernier, au bas d'un article qui rend compte des travaux de la Société à l'Ecole-de-Médecine et à Charenton-le-Pont.

Boîte aux Lettres.

Aimé PARIS. — Vous venez beaucoup trop tard. Le mercredi matin est de rigueur, sauf les cas d'urgence.

Darnétal. — Imp. Fruchart.

XIᵉ Année ; — 1ʳᵉ du nouveau titre. **UN NUMÉRO : 20 CENT.** N° 30. — Dimanche 17 Août 1856.

Musique, — Sciences, — Arts, — Littérature, — Théâtres.

LA RÉFORME MUSICALE

ABONNEMENT A ROUEN : 10 FR.

ON S'ABONNE

A ROUEN, chez M. Louis Roger,
rue Porte-aux-Rats, 2.
A PARIS, chez M. Emile Chevé rue
des Marais-S-G., 48.
A MARSEILLE, chez M. Aimé Paris
rue Paradis, 77.

JOURNAL DES DOCTRINES DE L'ÉCOLE GALIN-PARIS-CHEVÉ.

BUREAU A ROUEN, RUE PORTE-AUX-RATS, N° 2.

LOUIS ROGER, Directeur-Gérant.

ABONNEMENT DANS LES DÉP. : 12 FR.

ON S'ABONNE

A LYON, chez M. Perraud, rue du
Griffon, 41.
AU HAVRE, chez M. Vasse,
rue Molière, 46.
Les abonnements peuvent être payés
en timbres-postes (Affranchir).

RENSEIGNEMENTS. — Cette feuille paraît, à ROUEN, tous les DIMANCHES. — Tout ce qui concerne l'administration du journal doit être adressé à Rouen, rue Porte-aux-Rats, 2. — Ce qui concerne la rédaction peut être indifféremment adressé à M. CHEVÉ, à M. Aimé PARIS, ou au Directeur-Gérant. — La critique demeure sous la responsabilité de celui qui la signe. — Il sera rendu compte des Ouvrages dont un exemplaire sera déposé au bureau du journal. Les lettres non affranchies seront refusées.

On peut se procurer des numéros de la *Réforme*, au Bureau du Journal ; — au dépôt du cours Boïeldieu, à Rouen. — et dans l'intérieur des Théâtres.

Nous l'avions bien deviné.

LE PLAGIAT-MERCADIER EST LA RÉVÉLATION D'UN COMPLOT DE LA ROUTINE AUX ABOIS·

(Suite. — Voir les numéros des 27 juillet et 3 août.)

M. Adolphe Fétis a-t-il pu s'imaginer que nous serions écrasés par le dédain avec lequel il nous jette, du haut de sa suffisance, puisée à l'école paternelle, cette qualification ironique de BRAVES GENS ? Nous la revendiquons au sérieux, car on est BRAVE, c'est-à dire HONNÊTE, quand, durant toute une existence de lutteur, discutée chaque jour, aucune accusation précise, aucune insinuation n'a interrompu la prescription trentenaire qui nous assure une réputation inattaquable de probité, de moralité et de dévouement aux intérêts de tous. On est BRAVE, c'est-à-dire COURAGEUX, quand on ne recule devant la preuve d'aucune de ses assertions, et quand on est toujours prêt à confesser une erreur parce qu'on ne se croit pas infaillible. Que M. Adolphe Fétis veuille bien nous dire dans quel sens nous pouvons l'appeler MON BRAVE HOMME ?

Et c'est sur un témoignage de cette valeur tout-à-fait négative que la génération actuelle, exploitée par l'inintelligence des incapables, et les générations à venir devraient repousser le chiffre qui remplace la PORTÉE aussi avantageusement qu'il a remplacé la lettre romaine. pour mettre la faculté de lire et de combiner A LA PORTÉE DE TOUT LE MONDE, beaucoup mieux que le pédant gourmé dont l'exemple est si déplorablement suivi n'y a mis la musique !

Politesse pour politesse ; M. Adolphe Fétis nous a dit en termes voilés que nous étions des imbéciles, disons-lui qu'IL ALTÈRE SCIEMMENT LA VÉRITÉ. Il lèvera le voile, s'il le veut ; En effet :

Nous avons passé plus de quatre ans en Belgique, et plus de la moitié de ce temps à Bruxelles. Maintes fois nous avons offert l'essai comparatif à M. Fétis père, qui n'a pu le laissez ignorer à son fils. LA LETTRE A M. FÉTIS (1841), LA NÉCESSITÉ D'UNE RÉFORME (1844) deux ouvrages publiés à Bruxelles, et dont les premiers exemplaires ont été adressés M. Fétis père, indépendamment d'une diffusion plus large, les exhibitions multipliées de nos résultats, les propositions d'essais comparatifs constamment refusées, tout exclut pour nous l'idée que M. Adolphe Fétis ait pu ignorer les raisons données et les faits produits.

M. Fétis père était membre du jury international de l'Exposition universelle. Il a vu nécessairement à travers les carreaux d'une vitrine qu'il n'a pas fait ouvrir, une page entière de la BÉNÉDICTION DES POIGNARDS. de Meyerbeer, dans les HUGUENOTS (page 713 de la grande partition), TRENTE-DEUX PARTIES SUPERPOSÉES ! traduites en chiffres, de deux manières mises en regard ; d'abord, TELLE QU'ELLE EST ÉCRITE POUR CHAQUE INSTRUMENT, puis, TELLE QUE l'oreille l'entend — car souvent la portée MENT comme beaucoup de ceux qui en proclament l'excellence. Le large frontispice de cette feuille portait en très-gros caractères :

*APPLICATION DU CHIFFRE A L'ÉCRITURE
DE LA PARTITION.*

Et, tout près de cette preuve écrasante de la netteté et de la souplesse de l'écriture chiffrée, M. Fétis père — un juge qui, à moins de forfaire ne pouvait pas refuser de juger — avait vu nécessairement, dans la même vitrine, sous cet intitulé égal, en grosseur, au précédent :

*APPLICATION DU CHIFFRE A L'ÉCRITURE
INSTRUMENTALE.*

Une autre feuille qui offrait, notée en CHIFFRES, de la musique pour VIOLON ou FLUTE, pour CORNET A PISTON en si bémol, pour CLARINETTE en LA, pour PISTON EN LA, pour ALTO, pour CONTREBASSE et pour TROMBONNE.

Et c'est après que ces spécimens sont restés exposés pendant des mois entiers, devant les millions de visiteurs de l exposition universelle, que M. Adolphe Fétis ose écrire, dans l'ILLUSTRATION QUE NOUS AVOUONS NAÏVEMENT QUE NOTRE ÉCRITURE N'EST PAS APPLICABLE AUX INSTRUMENTS !

Et M. Adolphe Fétis, ne répond rien, quand on lui demande de produire les prétendues impossibilités dont il parle !

Et le cinq juillet, trois mois après que la RÉFORME MUSICALE a revendiqué, au nom du producteur honnête et puissant par la pensée, la priorité pour le développement des magnifiques idées de Galin, M. Adolphe Fétis vient déclarer qu'il TROUVE le côté ORIGINAL de la méthode de M. Mercadier dans la partie qui concerne la CONSTITUTION DES TONS ET LA FORMATION DES GAMMES !

Ceci vient après la lettre de M. Fétis père, imprimée dans le FIGARO du 13 juillet, page 8, 3ᵉ colonne, où M. Fétis père dit à M. Mercadier : « je vous ai dit à Paris que je » considérais votre méthode comme très-bien » conçue pour faire disparaître de l'instruction » musicale les difficultés que rencontrent la » plupart des commençants dans la CONNAIS-» SANCE DES TONS ET DES SIGNES DE LA NOTATION » PAR LESQUELS ON LES DÉTERMINE. » Singulière distraction de M. Fétis père ! il passe, sans la faire ouvrir, devant la vitrine qui expose le livre original, qu'il a dû lire dans une des SEPT premières éditions qui en ont été faites, et il donne un certificat de propriétaire au flibustier qui a mis sa marque sur le bien d'autrui !

Cela est significatif. M. Mercadier a remué ciel et terre pour faire consacrer ce que le comité des études du Conservatoire impérial appelle ses PROFITS. Il a essayé de s'abriter derrière des noms connus, pour légitimer SES EMPRUNTS. Le FIGARO du 13 juillet publie onze lettres de félicitations adressées à M. Mercadier. La plus ancienne est du 7 octobre 1855 ; la plus récente porte la date du 22 janvier 1856. Elles sont toutes antérieures, la première de six mois, la dernière de deux mois et demi, à la revendication des titres de propriété, et, comme, à très peu d'exceptions près, les signatures de ces lettres, s'ils n'ont pas secoué tous les préjugés de l'ancienne école, sont des gens d'honneur, nous sommes certains que, s'ils avaient su que les simplifications qu'ils ont trouvées si remarquables étaient beaucoup plus complètement exposées depuis onze ans dans le livre de M. et de Mme Chevé, ils se seraient abstenus de donner des attestations qui prouvaient qu'ils n'étaient pas au courant des progrès de la science, et qui pouvaient, les vrais propriétaires réclamant leur bien, faire peser sur des signataires trop mal informés le soupçon d'une complicité dans un acte de spoliation scandaleuse.

Nous apprenons que M. Mercadier vient de publier sa seconde édition. Il arriverait à la vingtième que cela ne prouverait pas qu'il n'a pas reproduit sous son nom, avec des changements de rédaction qui n'empêchent pas de reconnaître le larcin, le travail d'autrui SEPT FOIS RÉIMPRIMÉ, QUATREVINGT DIX-HUIT FOIS EXPOSÉ DANS DES COURS FAITS A PARIS, OÙ DEMEURE LE PLAGIAIRE.

Nous ne tarderons pas à savoir combien des onze signataires déclarent que, si l'attestation qu'ils ont donnée, avant nos réclamations, était encore à donner aujourd'hui, ils écriraient à M. Mercadier ce qu'ils lui ont écrit, depuis le 7 octobre 1855 jusqu'au 22 janvier 1856.

Il est remarquable que, dans le FIGARO du 13 juillet dernier, ne figure aucune lettre signée de MM. Auber, Halévy et Carafa, tous les trois membres du comité des études, et signataires du rapport de la commission du chant du 9 août 1850. Un de leurs collègues

Ju comité des études du Conservatoire ait écrit la lettre datée du 9 décembre 1855. Il signe (ou bien le FIGARO qui reproduit le texte de quelqu'un le fait signer) INSPECTEUR DES ÉTUDES AU CONSERVATOIRE. Nous n'avons présente à l'esprit la date de la mort de Batton ; mais il nous semble qu'il n'est pas impossible qu'il vécût encore le 9 décembre 1855, ce qui rendrait assez bizarre ce titre pris par anticipation à la suite de la signature du successeur d'un homme vivant, et ce qui autoriserait à supposer qu'un reproducteur habitué à sauter par dessus les scrupules devant lesquels s'arrêteraient les natures droites et probes, aura, sans consulter celui dont il modifiait la signature, exploité la position ACTUELLE de M. l'inspecteur des études du Conservatoire.

Nous n'avons point à tracer leur ligne de conduite aux signataires des lettres publiés par le FIGARO du 13 juillet 1856 (à la vérité dans sa page payée, ce qui révèle tout au plus l'intervention du fermier des annonces) ; disons seulement que si nous avions eu le malheur de nous associer involontairement, par notre signature, à un acte que doivent réprouver tous les homme d'honneur, nous n'hésiterions pas une minute à protester contre l'erreur dont la mauvaise foi nous aurait rendus victimes.

Constatons, avant de terminer, que plusieurs des signataires trouvent ADMIRABLE, LE MOT EST ÉCRIT, ce que M. Mercadier a PRIS dans le livre de M. et de Mᵐᵉ Chevé.

Que diraient-ils donc, s'ils avaient lu le livre original ?

Ils finiront peut être par là. Il n'est jamais trop tard pour revenir au bien.

Aimé PARIS.

QUE VA DIRE L'ILLUSTRE, LE SAVANT, LE PROFOND, LE PHILOSOPHE, LE VÉRIDIQUE FÉTIS.

La REVUE ET GAZETTE MUSICALE du 29 décembre 1850, page 424, contenait la seconde des quatre lettres un peu compromettantes de M. Fétis à M. Halévy. Le critique SANS-PAREIL (ce mot n'a rien de désobligeant pour les autres), y formulait une théorie dont nul n'aura l'idée de lui contester la paternité.

Il destituait courageusement du droit d'exister le phénomène de la vibration. Tous les livres de physique (sauf les erreurs commises dans la détermination PRÉCISE des longueurs correspondant à la hauteur des degrés de l'échelle diatonique) constataient que CHAQUE *raccourcissement de la longueur d'une corde vibrante avait pour résultat la production d'un nombre différent de vibrations*, c'est-à-dire d'un son spécial ; que de plus, la DENSITÉ et la TENSION de la corde, combinées avec les longueurs décroissantes, fournissaient un notable supplément D'EFFETS SONORES.

M. Fétis, ne tenant aucun compte du bon Dieu qui a créé la faculté de vibrer pour la corde fabriquée avec le minerai qu'il a semé dans les filons métallifères, ou avec les intestins des animaux qu'il lui a plu de destiner au plaisir de nos oreilles quand l'industrie les aurait transformés en chanterelles, M. Fétis, qui a horreur de l'INFINI, quand l'INFINI n'est pas la bonne opinion qu'il a de son infaillibilité, a voulu déterminer les limites du domaine de la sonorité. Il s'est mis devant le clavier d'un piano, et il a fait ce lumineux raisonnement : Je vois là des groupes de sept touches blanches entre lesquelles se montrent en saillie cinq touches noires, accouplées tantôt deux à deux, tantôt trois à trois. Les facteurs n'ont pas pu encore s'entendre sur le nombre de ces groupes mi-partis, les uns recherchent au grave des effets de cloche enrouée qui se rapprochent de plus en plus de ceux de la ficelle mal tendue, et près desquels le bourdonnement de la MOUCHE A VIANDE serait une musique céleste ; les autres placent à l'extrémité de droites de petites cordes courtes et fines comme des aiguilles, qui, en vibrant, picotent l'oreille au point de rendre fous si ce n'est hydrophobe ceux qu'elles agacent pendant le quart d'une minute. Posons nous en modérateur suprême, et promulguons cette loi. Le clavier du piano à HUIT OCTAVES, dont chacune se partage DOUZE SONS, NI PLUS NI MOINS. Or, *huit fois douze font quatrevingt-seize*, comme l'ont démontré des mathématiciens qui n'auraient pas inventé l'arithmétique, si j'étais né avant eux. DONC il n'y a que quatrevingt-seize sons dans la musique et, pour le représenter CLAIREMENT, moi Fétis le CHIFFROPHOBE, vais les représenter PAR DES CHIFFRES et les numéroter :

SONS : 1, 2, 3, 4, 5, 6, 7, 8, 9, 10, 11, 12, 13, 14, 15, 16, 17, 18, 19, 20, 21, 22, 23, 24, 25, 26, et ainsi de suite jusqu'au son 96.

Voici qu'un impertinent, nommé Eugène Vignon, sans respect pour la GRANDE MURAILLE élevée autour de la Chine musicale par le mandarin FÉ-TIS (orthographe locale), fait imprimer chez Firmin Didot, avec un luxe qui doit ajouter à la réputation de ce célèbre typographe, deux immenses tableaux, remplis de ces chiffres comme savent en aligner les travailleurs consciencieux qui ne croient pas qu'une matière de science doive se contenter de la parole d'honneur, même d'un honnête homme (A FORTIORI de celle d'un homme qui ne se distingue point par des scrupules exagérés).

DANS UNE SEULE OCTAVE, M. Vignon trouve, l'octave comprise, CINQUANTE-NEUF SONS, c'est-à-dire QUARANTE SEPT de plus que M. Fétis, qui s'inspire, pour penser, du clavier du piano.

Ce n'est pas tout, appuyé sur des expériences faites à l'aide du sonomètre à huit cadres, construit par M. Limonaire, fabricant de pianos (médaille de première classe à l'Exposition universelle) — BONE DEUS ! un facteur de pianos qui joue ce mauvais tour à M. Fétis ! — M. Vignon établit la légitimité de ses calculs pour les cinquante-neuf sons, dont quarante sept sont autre chose que des sons pour M. Fétis, sur la quadruple concordance 1° de l'équation des sons identiques ; 2° des longueurs de cordes, 3° par les vibrations ; 4° par les poids, de sorte que pour la division d'une octave il donne DEUX CENT TRENTE-SIX PREUVES, là où M. Fétis ne donne que SON AFFIRMATION PURE ET SIMPLE à quiconque serait tenté de demander quel est dans la classification Fétis le rapport du son 11 (un nombre premier !) au son 12 au son 13 (un autre nombre premier !) et ainsi du reste.

Ah ! M. Eugène Vignon qu'avez-vous fait là ? huit octaves, selon vous, avec une même corde conservant sa tension et sa densité, fourniraient QUATRE CENT SOIXANTE SONS et l'infaillible Fétis, cramponné à son clavier n'en reconnaît que quatrevingt-seize.

En vérité, je vous plains de tout mon cœur en attendant que la REVUE ET GAZETTE MUSICALE vous administre les férules envoyées de Bruxelles par M. Fétis.

A moins que, comme le signataire de cet article qui est en même temps un remercîment, vous ne répétiez ces paroles écrites par Emile Chevé (LA ROUTINE ET LE BON SENS page 133) : « dites-moi si jamais homme a moins mérité le » nom d'écrivain philosophe, et si l'on doit » la moindre considération aux jugements » sortis d'une tête pareille. »

Une tête pareille ! Je donnerais beaucoup pour avoir trouvé ce mot là.

Aimé PARIS.

THÉATRE-FRANÇAIS.

Première représentation des Frères de la Côte.

Pour ne point trop ressentir le contre-coup des départs successifs de Mlle Luther, la gracieuse fée du théâtre, et de Pradeau, son joyeux enchanteur, l'administration s'est empressée de nous donner la primeur d'un grand drame qui fait courir en ce moment la foule au boulevard du Temple — s'il faut en croire les réclames — et dont le titre affriolant : les FRÈRES DE LA CÔTES semble promettre au public altéré de ces jours caniculaires la fraîcheur du rivage et les âcres parfums de l'océan.

Malheureusement, la brise qui souffle sur ces bords n'a pas cette vertu réfrigérante et le charme n'est que pour les yeux. — Mais c'est déjà quelque chose, après tout, à défaut de la réalité de trouver l'illusion.

Et, sous ce rapport, nous n'avons pas à nous plaindre. La mise en scène de cet ouvrage a été des plus soignées, les décors et les costumes sont frais et parfaitement appropriés au lieu de l'action.

On ne peut, en bonne conscience, demander mieux — à moins d'imiter cet enfant terrible qui voulait à toutes forces qu'on lui donnât la lune, et souhaiter un théâtre comme celui des anciens, dont la toile de fond était l'horizon, et l'unique décorateur, — un maître par exemple, — Dieu !

En dépit de cette antique simplicité, et avec les seules ressources de l'art, les FRÈRES DE LA CÔTE sont néanmoins un très-attrayant spectacle, surtout pour ceux qui regardent plus qu'ils n'écoutent ; car l'action est d'une lenteur mortelle, et l'intérêt languirait souvent, si quelque chose ne parlait aux yeux.

Nos artistes ont très-utilement prêté main-forte aux auteurs, et ont droit aux bravos de la presse comme à ceux du public qu'ils ont reçu comptant.

Nous devons citer en première ligne Mlle Anna T..., qui méritait et qui en a eu la meilleure part.

Mme Edmond, d'une vérité saisissante sous les traits de la pauvre folle.

M. Bazin, qui a su prendre avec ce tact qui est la raison d'être du talent, l'allure dégagée et le ton brusque du hardi boucanier.

M. Brelet, qui progresse, nous a révélé une qualité qu'il n'avait pas encore été à même de faire apprécier dans ces rôles de fat qu'il joue trop souvent, celle du sentiment, que nous préférons à toutes et que nous l'engageons fort à cultiver.

Enfin MM. Cudot, et Edmond dans des rôles sacrifiés, ont trouvé moyen de se mettre en évidence.

Comme le dit avec justesse le spirituel critique du JOURNAL DE ROUEN, avec quelques bonnes coupures habilement pratiqués dans le dialogue des derniers actes, ce drame ni plus mauvais ni meilleur que beaucoup d'autres, pourra fournir une honnête carrière.

Alexandre OSMONT.

DÉCOUVERTE UTILE.

(Suite.)

S'il est doux d'acquérir des lumières, il est bien plus doux de les répandre.

(Bernardin de Saint-Pierre. — *Etudes de la nature,* 4ᵉ édition, page 133.)

CONSEILS A SUIVRE TRÈS-RIGOUREUSEMENT,

POUR CEUX QUI VEULENT ÉTUDIER SEULS L'INTONATION.

Il est utile, après avoir donné le moyen de mesurer les sons de l'accord de *septième de sous-tonique,* dans les deux modes, de donner quelques conseils sur la manière d'étudier l'intonation en égnéral ; voici ceux qui me sont suggérés par mon expérience.

1° Il faut *détacher les sons,* afin d'avoir le temps de chercher chacun de ceux que l'on veut émettre ;

2° Il faut *n'émettre un son qu'avec conscience,* c'est-à-dire ne l'émettre qu'au moment où, après l'avoir cherché, on sent qu'on le dira juste.

3° Il faut *écouter individuellement tous les sons que l'on émet,* afin de s'assurer de la justesse de chacun d'eux ;

4° Il faut *supposer toujours qu'on n'a qu'un seul son à trouver,* afin de s'isoler de tous les autres, et de pouvoir concentrer toute son attention sur la recherche de ce son unique ;

5° Il faut *conserver* le plus possible *le sentiment de la tonalité* ; pour cela, il faut se rappeler toujours qu'il n'y a d'important en musique, pour l'étude de l'intonation.

que les sons { UT MI SOL mode majeur. } Tous les autres sons *tonique, médiante, dominante* { devant être appuyés sur { LA UT MI mode mineur. } l'un de ceux-là.

6° Il faut *éviter* comme la chose la plus nuisible, *de prendre l'intonation à l'aide d'un instrument ou d'une voix* quelconque autre que la sienne propre.

Toutefois, il est bien entendu que cette proscription ne s'étend pas aux airs types : 1 2 3 4 5 — 5 4 3 2 1 — 1̇ 7 6 5 — 5 6 7 1̇ que l'on doit au contraire apprendre par cœur, au moyen d'une voix étrangère ou d'un instrument, avant de commencer l'étude de la première série d'exercices.

COMMENT ON DOIT ÉTUDIER LES EXERCICES QUI CONTIENNENT DES PETITES NOTES.

Lorsqu'un exercice contient des petites notes, il doit être étudié, au moins, deux fois immédiatement de la manière suivante :

Il faut { la première fois, *chanter l'exercice tout entier, selon l'ordre des flèches,* avec *les grosses notes et les petites notes.* la deuxième fois, *chanter encore l'exercice tout entier, selon l'ordre des flèches* ; mais il faut, cette fois, chanter *les grosses notes* seulement, et, *supprimer les petites notes,* en ayant soin d'y penser autant que si on voulait les chanter aussi.

APPLICATION DU NOUVEAU MODE D'ENSEIGNEMENT AUX EXERCICES DE LA MÉTHODE.

Je joins aux conseils que je viens de donner, quelques exemples des nouveaux exercices dont j'ai parlé plus haut, afin que, en les comparant aux anciens, on puisse voir qu'il est on ne peut plus facile d'appliquer à ces derniers, les modifications par lesquelles les exercices nouveaux en diffèrent.

Ces modifications peuvent être appliquées aux anciens exercices, de deux manières : 1° par la pensée seulement ; 2° au moyen de chiffres très-petits, tracés avec un crayon très-noir, taillé très-fin.

(J'indique pour chacun des extraits, l'exercice de la méthode auquel il se rapporte.)

Iʳᵉ Série.

Extrait du groupe I (Méthode, première série, n° 4, page 37). Etude des notes 12345 — 54321.

N° 3.

```
12345  54321  | 12345  54321
12345  54321  | 12345  54321
12345  54321  | 12345  54321
12345  54321  | 12345  54321
12345  54321  | 12345  54321
```

N° 4.

```
54321  12345  | 54321  12345
54321  12345  | 54321  12345
54321  12345  | 54321  12345
54321  12345  | 54321  12345
54321  12345  | 54321  12345
```

Extrait du groupe II (Méthode, 1ʳᵉ série, n° 5, page 38). Etude des notes 135 — 531.

N° 3.

```
531  135  | 531  135
531  135  | 531  135
531  135  | 531  135
531  135  | 531  135
531  135  | 531  135
```

N° 4.

```
135  531  | 135  531
135  531  | 135  531
135  531  | 135  531
135  531  | 135  531
135  531  | 135  531
```

Extrait du groupe III (Méthode, 1ʳᵉ série, page 38). Exercice pour habituer à mesurer le FA contre le MI et le RÉ contre l'UT.

N° 1.

```
121  343  321  121  121  343  321  121
121  343  321  121  121  343  321  121
121  343  321  121  121  343  321  121
121  343  321  121  121  343  321  121
```

N° 2.

```
121  12345  54321  121  121  12345  54321  121
121  12345  54321  121  121  12345  54321  121
121  12345  54321  121  121  12345  54321  121
121  12345  54321  121  121  12345  54321  121
```

Extrait du groupe III (Méthode, 1ʳᵉ série, n° 8, page 39).

N° 5.

```
13531   | 12, 3  4 ,5 | 13  4, 5,,2, | 1 ,4, 5   3, 2, | 1 ,5, 4   3, 2, | 1
135 3   | 12, 3  5 34, | 13  4,,2,,5  | 1 ,4, 5,,2, 3  | 1 ,5, 4,,2, 3  | 1
135 ,1  | 12,,4 ,5 3  | 13  5, 4,,2, | 1 ,4  3, 2,,5  | 1 ,5  3, 2,,4, | 1
131 ,5  | 12,,4 3  5  | 13  5,,2,,4, | 1 ,4  3  5,,2, | 1 ,5  3  4,,2, | 1
1,531   | 12,,5 34 3  | 13,2,,4, 5   | 1 ,4,,2, 3  5 | 1 ,5,,2, 3  4,  | 1
1,535   | 12,,5 3  4, | 13,2,,5, 4,  | 1 ,4,,2,,5  3 | 1 ,5,,2,,4  3   | 1
1,5,13  | 12, 3  4 ,5 | 13  4, 5,,2, | 1 ,4, 5   3, 2, | 1 ,5, 4   3, 2, | 1
```

La suite prochainement.

Nanine CHEVÉ (née PARIS).

CHARGES ET QUATRAINS.

Un dessinateur dont le crayon aussi facile que spirituel saisit à ravir les physionomies et excelle à les caricaturiser, a été introduit récemment dans un des principaux cercles de Marseille. Il y a mis à la mode ses croquis désopilants, et c'est à qui obtiendra la faveur de de cette reproduction destinée à un franc succès d'hilarité.

C'était, l'autre jour, le tour de l'illustre directeur du Conservatoire de Marseille. La charge terminée, il s'agissait de l'orner d'un des quatrains qu'adaptent à chaque portrait quelques hommes d'esprit, réunis dans un cénacle dont les portes ne sont pas si bien fermées aux profanes qu'on n'entende quelque chose, en collant son oreille contre le trou de la serrure.

Un écouteur indiscret nous communique ce qu'il a pu saisir de la délibération sur ce grave sujet.

— Voyez, messieurs, il a l'air d'avoir une idée.

— C'est que le peintre n'a pas tenu à rester dans la vraisemblance.

— A quoi peut-il penser, en admettant qu'il pense ?

— A l'amende, X.... Tu viens de commettre un alexandrin. On ne fait ici que des vers de huit syllabes.

— Allez-vous me punir pour crier au miracle ?

— L'amende est doublée ; il y a récidive.

— Soit ! Je vais la payer en fournissant deux quatrains.

— C'est cela ; mais donne-nous l'explication préalable, pour qu'on puisse te comprendre.

— Grand merci du certificat. J'obéis. Vous avez pu voir, reproduites dans la RÉFORME MUSICALE du mois de juin (le 1ᵉʳ si je ne me trompe), les lignes dans lesquelles d'Ortigue montrait, aux lecteurs du JOURNAL DES DÉBATS, notre Orphée » si bien surveillé et gardé à vue, par ses » compatriotes qu'il ne peut que jeter un regard » furtif du côté du soleil levant, vers l'embar- » cadère de ce chemin de fer qui, en dix-huit » heures, le ramènerait à Paris. » Regardez, Messieurs, il pense à PARIS, sans doute.

— Lequel, s'il vous plaît ? il en connait deux et l'un ne doit pas lui faire nommer l'autre avec un plaisir toujours nouveau. Les TROIS pour cent (Bourse de PARIS....) — Sont retournés à PARIS, à défaut des dix-mille ; nous le savons, par le rapport de Jules Simon. Voyons les quatrains ?

— Premier enfantement ! écoutez :
Captif dans sa ville natale,
Qu'à Marseille il donne ses prix. (1)
Pour habiter la capitale,
Il lui faudrait *aimer Paris.*

— Pas mal, vraiment ! Et le second ?

— Voici :
D'Ortigue sagement conseille ;
Bien des fois le fait l'a prouvé ;
Ebauché, Morel fuit Marseille,
Paris doit le rendre achevé.

Ici les applaudissements éclatèrent avec tant de frénésie qu'il fut impossible à l'écouteur de rien distinguer, au milieu des bravos mille fois répétés. (2)

Aimé PARIS,

(1) Quatre vers ne suffisaient pas pour dire que ces prix étaient donnés à des *professeurs du Conservatoire de Marseille,* à défaut d'élèves dignes d'être couronnés.

(2) Notre respect pour la vérité historique et nos

Lettres à un ami devenu riche.

L'homme est une créature merveilleusement ondoyante, — comme dit le vieux P. Charron, ses impressions se modifient comme les lignes de son visage, elles changent avec les horizons, elles se renouvellent comme les saisons, mais il ne les retrouve pas toujours où il les a laissées, et il est très-étonné, à trente ans, de ne pas retrouver les joies et les bonheurs de son âge d'or, — un âge dont je voudrais bien avoir la monnaie, par parenthèse !

Ainsi, j'ai un jardin grand comme nature, tout parfumé, tout ensoleillé, où s'épanouissent des variétés assez nombreuses de fleurs, — des roses rouges et des roses blanches, des iris à rhizome et des azaléas, des pétunias et des calcéolaires — hybridation de calcéolaires vivaces par les annuelles, — un tas de fleurs sur un tas de gazon ! avec une tonnelle ombreuse autour de laquelle grimpent l'aristoloche et la vigne, une tonnelle ! Eh ! bien ! voilà que je me surprends à regretter le petit carré de terre, — grand comme cette feuille de papier à lettre, — où je plantais les haricots qu'on nous avait servis au réfectoire, à souper, pour les voir pousser de nouveau, (des haricots cuits !...) et les allumettes qui nous avaient servi à allumer nos cigares de tilleul, pour les voir reverdir un jour ou l'autre !.. Je voyais alors une forêt dans un brin d'herbe et j'en étais heureux comme un roi, — ce qui ferait supposer que les enfants ont les yeux grossissants du bœuf dont ils aiment du reste beaucoup la moëlle !...

Je ne sais pas si tu as conservé pour les grands jardins l'amour que tu avais au collège pour ton jardinet où il ne poussait que des cailloux. Si j'ai bonne mémoire, — des cailloux et des billes, des billes et des pièces de dix sous ! Oui, oui ! Tu thésaurisais déjà, cher vieil ami, tu enfouissais déjà, tu économisais ton argent de poche pour t'acheter un jour un château !.. Rappelle-toi ! Rappelle-toi ! Tu as aujourd'hui le château, à deux pas de Rouen, le long des rives verdoyantes de la seine, au milieu des plantureuses prairies normandes !...

Mon château à moi est situé dans l'Aragon ou dans la Castille, sur le bord du Guadalquivir ou du Mançanarès, — je ne sais où, — en Espagne ou en Portugal... C'est trop loin ! Et puis, il y a trop de révolutions par là !... Je me contente de ma chaumière, dans un faubourg de Paris, — un nid ou je me repose parce que j'ai une grande lassitude dans l'esprit et dans les membres, parce que je n'ai plus grand goût à avancer davantage dans la vie, — si tant est qu'on avance, qu'on fasse autre chose que piétiner pendant quarante ans à la même place ..

J'entends d'ici tes reproches. Il se peut que j'aie mal chaussé mes lunettes pour voir la vie et que, — de cette façon, — je l'aie mal vue. Mais involontairement il me revient sans cesse à l'esprit une légende mélancolique que j'ai cueillie je ne sais où. Nous ressemblons tous, — plus au moins, — à ce paysan qui avait marché sur une graminée enchantée qui égarait ceux qui l'avaient foulée et les empêchait de retrouver leur chemin. Ce brave homme de paysan ne faisait qu'aller et venir, tournant toujours dans le même cercle, si bien qu'il s'endormit fatigué, et qu'à son réveil il fut étonné de voir que ses souliers, — neufs au moment où il avait foulé cette herbe fantastique, étaient alors complètement usés !... J'ai marché sur cette graminée — qui est si enchantée d'égarer les voyageurs de la vie, comme s'il y avait de quoi ! — et mes bottes sont diablement usées, mon ami, elles ont plus d'hiatus que n'en ont les alexandrins classiques, — et ce n'est pas peu dire !...

Il serait sans doute parfaitement ridicule de faire ces aveux-là tout haut, et l'on ne prise guère les gens mélancoliques qui aiment si passionnément les rêveries et les fleurs.

Je n'aime pas que les fleurs, — puisque j'aime tout ce qui est beau, grand et bon ! Mais j'ai pour elles une prédilection que je ne sais pas dissimuler. Camoëns dit quelque part dans la Lusiade, qu'il existe aux bords du gange, vers sa source, une peuplade d'hommes qui ne se nourrit que du parfum des fleurs. Je suis peut-être originaire des bords du gange, — quoique j'aie du goût pour le roast-beef et la soupe au fromage.

Il m'est arrivé souvent d'envier le sort des plantes et il me semble que j'étais né pour la vie végétative. J'aurais voulu être la ravenelle jaune perchée sur la crête d'un vieux mur ; le lichen ou la mousse collée aux flancs d'un rocher, — le moindre épi, la plus petite tige, la plus humble fleur ! D'abord, toutes les plantes sont belles, toutes ! aucune n'est à l'aide, aucune ! Chacune a sa beauté propre, sa splendeur, son éclat ! Celle-ci plaît pour sa grâce, celle-là pour sa modestie, cette autre pour sa couleur, cette autre pour son parfum ! Aucune ne ressemble à l'autre. Chacune chante aux yeux et aux oreilles du passant — qui sait voir et entendre, — sa petite chanson d'amour ou de tristesse sur un air différent. On les cueille, c'est vrai. Mais c'est encor un bonheur. Les gens méchants et bêtes n'aiment pas les fleurs, ils ne les cueillent pas. Les fleurs se laissent donc volontiers cueillir par les autres. La violette va parfumer le sein d'une femme, le lis va orner les cheveux d'une vierge, les jacinthes vont égayer la chambre d'un poète, le myosotis va consoler ce cœur en deuil d'un absent ou d'une morte !.. Elles se fanent, c'est vrai encore ! Mais c'est le sort de tout ce qui a vécu, êtres ou choses, femmes ou fleurs.

Il faut bien se décider à mourir un jour ou l'autre, et mieux vaut, après tout, que ce soit aujourd'hui que demain, et, comme on dit plutôt plus tôt que plus tard... Les plus courtes existences sont les meilleures : Etre brin d'herbe pour boire « les pleurs de l'aurore ! » Etre arbre pour abriter sous mes ramures des nichées d'oiseaux chanteurs ? Naître au matin, au souffle tiède du printemps, et me faner le soir, à l'âpre bise de l'automne ! La belle vie ! Au moins je n'entendrais pas parler de M. Paul de Kock avec admiration ! Au moins je ne verrais pas ce qu'on voit, quand on est un voyageur humain ! J'ai été planté une fois dans ma vie, une seule ! j'avais pris du haschich et, me croyant changé en artichaut je m'arrachais mes pauvres feuilles une à une, je les trempais dans une rémoulade et je les mangeais ! Après avoir mangé toutes mes feuilles il me restait encore quelque chose à manger, — je l'aurais fait volontiers afin qu'il ne restât aucune trace de moi, — par malheur je n'avais pas pris une assez grande quantité de haschich. Je me réveillai juste au moment où j'allais me dévorer !...

Ma vigne amoureuse embrasse avec emportement mon vieux mur lézardé, — faute de mieux et de plus jeune. Elle a de la tendresse à dépenser, de la sève à prodiguer — elle donne tout cela au premier venu, — barbon à tête grise, jeune homme à tête blonde. Partout où elle peut s'accrocher avec ses vrilles folles, elle s'accroche ! Elle va, elle va, elle se hâte, comme si elle avait conscience de la rapidité des jours et de la fugacité du bonheur. Elle gêne même un peu ce pauvre vieux mur cacochyme, poussif, édenté, qui n'est pas plus habitué à ces étreintes passionnées que ne l'était le baron de Mingen à celles de la Torpille. Je crois qu'elle finira par l'étouffer, - sous prétexte de l'embrasser.

Tout pousse là-dedans avec la plus grande indépendance et la sauvagerie la plus échevelée, — les mauvaises herbes avec les bonnes, les plantes parasites avec les plantes utiles, les roses avec les ciguës, les papillons avec les limaces. J'ai surtout là — dans un coin humide du jardin, — une collection de champignons qui ferait le désespoir d'un jardinier. Ce serait dommage, vraiment, d'arracher ces intéressants cryptogames qui ouvrent leurs ombelles élégantes comme si elles avaient à préserver leur teint des ardeurs trop vives du soleil... Et, à ce propos, as-tu remarqué que plus les champignons sont éclatants de couleurs et de beautés, plus ils sont vénéneux ? C'est un peu comme les femmes, — plus elles sont jolies, plus elles sont vénéneuses... Une médaille d'or à qui trouvera le moyen de rendre tous les champignons et toutes les femmes comestibles !...

J'ai là aussi une ménagerie complète de coléoptères, de lépidoptères, d'hymenoptères, de guêpes, de scarabées, de fourmis et de limaçons, — sans compter les souris et les rats, les araignées et les salamandres. Je ne m'en scandalise pas, — au contraire ! Je n'aime pas les bêtes, — quand ce sont des hommes, mes frères supérieurs ; mais j'adore les bêtes, — quand ce sont des animaux, nos frères inférieurs, comme le dit Michelet. Je ne suis pas de ceux qui aiment les Chinois, pour se dispenser d'aimer leurs voisins. J'aime les Chinois, — quand ils sont à l'eau-de-vie ; mais j'aime aussi mes voisins, — quand ce sont des voisines !... Le premier jour de mon installation ici, j'ai vu se promener au soleil un hanneton retardataire, une canquoëlle, — comme nous disions quand nous n'étions encore que de petits polissons morveux, souvenons-nous-en, aujourd'hui que nous sommes, toi et moi, de grands messieurs bien mis et que nous avons des mouchoirs blancs !...

Un Hanneton ! Une canquoëlle ! Qui veut des canquoëlles ! Achetons des canquoëlles ! Nous les lâcherons dans la classe ! Nous en fourrerons dans les poches du maître d'études, dans son chapeau, dans sa perruque, dans sa tabatière, dans ses bas de soie noire, dans ses souliers à boucles de cuivre doré, partout !... Brou... ou... ou... ou... Fre.. fre.. fre !... Pchi... pchi... pchi... Silence, voilà le régent !

Oh ! des canquoëlles ! Les canquoëlles et mes douze ans, seigneur ! y a-t-il moyen, dites, Dieu le père ? Je vous donnerai de grand cœur les années que j'ai à vivre, si vous voulez me rendre les années que j'ai vécues déjà ! Cela vous va-t-il ! Cela m'irait joliment, allez ! Je ne suis pas amoureux du nouveau, moi ; j'aime remâcher l'ancien... Je préfère épeler de nouveau I. H. G. E E. D. C. B. A. que d'avoir à épeler le reste de l'alphabet. Après tout, ce sont toujours des lettres, et l'oméga n'a rien de plus intéressant que l'alpha.

Mais vois-donc la filiation des idées. Ce hanneton retardataire me rappelle les canquoëlles de mon enfance, — ces canquoëlles me rappellent le père Canquoëlle, le Peyrade du livre de Balzac m'amène tout naturellement à parler de l'édition a un franc que la librairie nouvelle vient de faire des œuvres du grand écrivain. Pour 1 franc le père Goriot, un chef-d'œuvre ! Pour 1 franc les Parents pauvres, un chef-d'œuvre ! Pour un franc la Maison Nucingen, Splendeurs et misères des Courtisanes, la dernière incarnation de Vautrin, des chefs-d'œuvre ! avant un an d'ici, grâce à cette édition à bon marché, dans un format élégant, portatif, commode, tout le monde lisant aura lu Balzac ! Tout le monde, cela veut dire une vingtaine de millions de lecteurs !

La littérature doit, du reste, des remerciements à la librairie nouvelle qui, la première est entrée dans cette voie où d'autres l'ont suivie. Il y a deux ans, on allait criant partout, en parodiant le mot de Bossuet à propos de Madame : « La librairie se meurt ! La librairie est morte !... » On se trompait, et les intelligents éditeurs de Balzac l'ont bien prouvé. C'est à eux que nous devons cette précieuse collection à 1 franc le volume qui va chaque jour s'enrichissant d'un nom nouveau et qui a aidé déjà si puissamment à la popularisation des œuvres de Lamartine, de George Sand, de Léon Gozlan, d'Alexandre Dumas, de Standhal, d'Alphonse Karr, d'Amédée Achard, de Jules Sandeau, de madame Emile de Girardin et de Beaucoup d'autres que j'oublie mais que les lecteurs n'oublient pas.

Adieu et à toi

Alfred DELVAU.

P. S. Un renseignement, s. v. p ! Es-tu sûr que le persil soit vraiment la ciguë des perroquets ? J'ai, dans ma maison, un socrate à plumes vertes à qui je voudrais bien la faire boire, parce qu'il aime trop le vin clairet. Le brigand ! Il se met, je crois, une pratique dans la gorge pour se faire une voix plus désagréable...

Réponds-moi à ce sujet.

---

scrupules à l'égard de tout ce qui se rattache à une sommité quelconque nous oblige de dire que, ce matin, un autre écouteur qui se prétend mieux informé que le premier nous donne, comme les seuls authentiques, les trois quatrains suivants :

1er

Son humeur ne se ressent guère
De la douceur de ses accords
Que n'a-t-il fait son casactère
Comme il fait tous ses quatuors !

2e

Malgré tout son talent, de sa ville natale
Il ne désertera jamais les murs chéris.
Pour habiter la capitale,
Il lui faudrait aimer Paris.

3e

Ce directeur, homme de goût,
Grâce à des mœurs froides, austères,
A su conserver avant tout
La vertu de ses pensionnaires

Le premier écouteur aurait-il voulu rire à nos dépens ? Nous serions tentés de le croire. L'exhibition de l'album du cercle de Marseille lèverait tous les doutes.

Marseille, 7 août 1856.

Aimé PARIS.

La deuxième édition du Traité d'Harmonie, de Mme Emile Chevé, est en vente depuis quelques jours.

Dorothal. — Imp. Frochart.

XIᵉ Année ; — 1ʳᵉ du nouveau titre.

UN NUMÉRO : 20 CENT.

Nº 31. — Dimanche 24 Août 1856.

Musique, — Sciences, — Arts, — Littérature, — Théâtres.

LA RÉFORME MUSICALE

JOURNAL DES DOCTRINES DE L'ÉCOLE GALIN-PARIS-CHEVÉ.

BUREAU A ROUEN, RUE PORTE-AUX-RATS, Nº 2.

LOUIS ROGER, Directeur-Gérant.

ABONNEMENT A ROUEN : 10 FR.

ON S'ABONNE

A ROUEN, chez M. Louis Roger, rue Porte-aux-Rats, 2.
A PARIS, chez M. Emile Chevé rue des Marais-S-G., 18.
A MARSEILLE, chez M. Aimé Paris rue Paradis, 77.

ABONNEMENT DANS LES DÉP. : 12 FR.

ON S'ABONNE

A LYON, chez M. Perraud, rue du Griffon, 14.
AU HAVRE, chez M. Vasse, rue Molière, 16.
Les abonnements peuvent être payés en timbres-postes (Affranchir).

RENSEIGNEMENTS. — Cette feuille paraît, à ROUEN, tous les DIMANCHES. — Tout ce qui concerne l'administration du journal doit être adressé à Rouen, rue Porte-aux-Rats, 2. — Ce qui concerne la rédaction peut être indifféremment adressé à M. CHEVÉ, à M. Aimé PARIS, ou au Directeur-Gérant. — La critique demeure sous la responsabilité de celui qui la signe. — Il sera rendu compte des Ouvrages dont un exemplaire sera déposé au bureau du journal. Les lettres non affranchies seront refusées.

On peut se procurer des numéros de la *Réforme*, au Bureau du Journal ; — au dépôt du cours Boïeldieu, à Rouen. — et dans l'intérieur des Théâtres.

M. MERCADIER LE CONSERVATOIRE DE MUSIQUE

& LA MÉTHODE GALIN-PARIS-CHEVÉ.

(5ᵐᵉ article. — Voir les numéros des 15 et 29 juin, 20 juillet et 10 août 1856.)

Paris, 11 août 1856.

Maintenant que le lecteur est édifié sur la manière dont M. Mercadier avait, *après nous*, donné, *comme de lui*, l'origine de la gamme modèle, arrivons à *la génération des tons*, désignée par lui sous le nom de *formation des gammes*. Prouvons qu'*ici encore son livre ne contient pas une seule idée scientifique qui n'ait été exposée par Galin et son école*. Je vais de nouveau mettre en regard un chapitre de notre méthode et le chapitre correspondant du livre de M. Mercadier. Cela est malheureusement bien indigeste et bien long ; mais cela est tout-à-fait indispensable pour arriver à la vérité, que tant de personnes paraissent vouloir cacher. Qu'un artiste, qui se croit lésé, accuse un industriel d'avoir copié une de ses œuvres, une statue par exemple, devra-t-il, pour prouver la fraude, se borner à montrer que l'on a copié les yeux, que l'on a imité la pose des doigts, etc. Non, car il serait fort difficile, peut-être même impossible, de constater ainsi le plagiat : La ressemblance exacte des détails peut être *altérée* par la *maladresse* du copiste, ou par le *dessein prémédité* de marquer la source où l'on a puisé, *en changeant exprès des détails secondaires*, etc., etc. Mais qu'au lieu de s'attacher aux détails, aux minuties, l'artiste mette en regard l'original et la copie dans leur ensemble, et à l'instant la fraude est reconnue si elle existe, le plagiat démasqué, et justice est faite du plagiaire. — Nous pensons donc qu'en mettant en regard deux chapitres traitant le même sujet, nous employons le seul moyen loyal et sûr d'éclairer complètement la religion de tous, et de mettre ainsi chacun à même d'apprécier à leur juste valeur :

1º L'acte du comité des études du Conservatoire :

2º Le droit de M. Mercadier à SA prétendue découverte ;

3º Notre réclamation.

Au point où M. Mercadier a porté ses prétentions, *au point où en sont arrivées ses démarches*, je ne puis plus rien négliger pour arriver à la découverte de la vérité devant le public et l'administration. Il y va de l'avenir *musical et moral* des générations présentes et futures que l'on compromet gravement, dans le seul but de donner à Pierre, que l'on aime sans doute, ce qui appartient a Paul que l'on n'aime pas. — Cela dit, mettons les textes en présence, après avoir rappelé ces quelques passages de l'avant-propos de M. Mercadier : « ... Sans présomp-
» tion, sans vanité nous offrons *le résultat de nos efforts* aux élèves et aux pro-
» fesseurs ». — .... « *Nous avons construit la gamme modèle*...... de cette gamme
» passons à la formation de toutes les autres ; *et nous croyons avoir éclairé d'un
» jour nouveau cette importante partie de l'art.* » ... « En résumé, *notre méthode...
» renferme la démonstration de certains principes* DONT L'ABSENCE DÉCON-
» CERTAIT LES ÉLÈVES ».

Citons maintenant ; le lecteur jugera :

MÉTHODE ÉLÉMENTAIRE
DE MUSIQUE VOCALE

PAR M. ET Mᵐᵉ EMILE CHEVÉ

2ᵐᵉ édition. — Paris. — Mars 1844.

CHAPITRE TROISIÈME. (page 213.)

De la Gamme diatonique majeure et de la génération des tons majeurs.

» On donne le nom de *gamme diatonique majeure* ou simplement gamme *majeure* à l'air type *ut, ré, mi, fa, sol, la, si, ut* qui a servi de base à tout notre système musical. Pour nous en faire une idée nette, écrivons-là en ligne verticale, *en employant un espace plus grand* pour les secondes majeures et *un espace moindre* pour les secondes mineures ;

$$1 \text{ ton} \quad 1 \text{ ton} \quad 1|2 \text{ ton} \quad 1 \text{ ton} \quad 1 \text{ ton} \quad 1 \text{ ton} \quad 1|2 \text{ ton}$$
$$ut \quad ré \quad mi \quad fa \quad sol \quad la \quad si \quad ut$$

» Chacune de ces parties forme un té-

ESSAI D'INSTRUCTION MUSICALE

A L'AIDE D'UN JEU D'ENFANT.

par P. L. MERCADIER.

Paris 1856. — Chapitre dix-septième. — Page 68

De la formation des Gammes.

« Il est facile de voir que la gamme modèle se compose de deux parties tout-à-fait semblables, comme rapport des tons avec les demi-tons. Reproduisons la gamme pour reconnaître l'exactitude de notre remarque :

$$1 \text{ ton} \quad 1 \text{ ton} \quad 1|2 \text{ ton} \quad 1 \text{ ton} \quad 1 \text{ ton} \quad 1 \text{ ton} \quad 1|2 \text{ ton}$$
$$ut \quad ré \quad mi \quad fa \quad sol \quad la \quad si \quad ut$$

» Chacune de ces parties forme un té-

EMILE CHEVÉ.

mais sans rien préjuger, d'ailleurs, comme je l'ai déjà dit, du rapport qui existe entre une seconde majeure et une seconde mineure.

Seconde majeure (1
7) Seconde mineure
Seconde majeure (6
Seconde majeure (5
Seconde majeure (4) Seconde mineure
3
Seconde majeure (2
Seconde majeure (1

» Cette échelle nous montre la disposition des secondes majeures et des secondes mineures dans la gamme. On voit que cet air commence par deux seconde majeures, *ut-ré* et *ré-mi*, auxquelles succède une seconde mineur *mi-fa* ; puis viennent les trois autres secondes majeures *fa sol*, *sol-la* et *la-si*, surmontées de la dernière seconde mineure *si-ut* (vérifiez).

» Une observation très-importante se présente ici : ces divers degrés de l'échelle n'indiquent point des sons déterminés, absolus, provenant d'un nombre de vibrations toujours le même : ils expriment simplement des *rapports*, des *intervalles* entre un premier *son*, pris *arbitrairement* à une hauteur quelconque, que l'on appelle *ut*, et d'autres sons désignés par les mots *ré, mi, fa, sol, la, si, ut*. Mais ces *rapports*, ces intervalles, *sont constants, invariables* ; c'est-à-dire que l'*ut* peut être pris à une hauteur quelconque, mais une fois l'*ut* déterminé, tous les autres sons se trouvent aussi déterminés d'une manière invariable, puisque le *ré* doit faire avec l'*ut* une seconde majeure, le *mi* une tierce majeure, le *fa* une quarte mineure, le *sol* une quinte majeure, le *la* une sixte majeure, le *si* une septième majeure et l'*ut*, aigu une octave. En un mot, fixez la hauteur de l'*ut*, tout le reste sera déterminé ; chaque note représentera un son en rapport fixe d'intervalle avec l'*ut*.

« Il résulte de là : 1º Que le son principal dans une gamme est le son attribué à l'*ut*, puisqu'il sert de point de départ, de mesure, à tous les autres ; 2º Que chacun des autres sons remplit dans la gamme une fonction spéciale, distincte, qui n'appartient qu'à lui ; ainsi le *ré seul* fait seconde majeure avec l'*ut* de départ, le *mi seul* fait tierce majeure, le *fa* quarte mineure, etc., et ainsi de chacun des autres.

» ...... D'après ce que je viens de dire, on voit que notre gamme est un air invariable, quant à la disposition des intervalles qui le constituent ; mais que la tonique peut représenter le premier son venu....

M. MERCADIER.

tracorde.

» Arrivés à la formation des gammes majeures nous rappellerons ici cette règle générale (1) que toutes ces gammes sont formées de cinq tons et de deux demi-tons ; que le premier demi-ton arrive invariablement après la tierce et le second de la septième à l'octave.

» Or, chaque note de la gamme modèle peut, a volonté, être prise comme *tonique* ou *première* d'une gamme, puisqu'un son quelconque peut produire, dans sa résonance sa tierce et sa quinte, c'est-à-dire son accord parfait, ou les éléments de la gamme.

» Ces principes admis, cherchons à établir une gamme majeure en prenant pour tonique la note que nous trouvons immédiatement après *ut*, c'est-à-dire *ré*, et figurons le résultat.

$$1 \text{ ton} \quad 1|2 \text{ ton} \quad 1 \text{ ton} \quad 1 \text{ ton} \quad 1 \text{ ton} \quad 1|2 \text{ ton} \quad 1 \text{ ton}$$
$$ré \quad mi \quad fa \quad sol \quad la \quad si \quad ut \quad ré$$

» On voit que cette gamme ne remplit pas les conditions exigées, puisque le premier demi-ton se présente de la seconde à la tierce, et le second de la sixte à la septième.

» Si nous prenons le *mi* pour tonique, nous serons arrêtés sur le champ, puisque le premier demi-ton se présente immédiatement après la tonique.

» En prenant *fa*, nous voyons le premier tétracorde sans demi-ton.

» Mais, arrivés au *sol*, la difficulté disparait en partie, et nous obtenons :

$$1 \text{ ton} \quad 1 \text{ ton} \quad 1|2 \text{ ton} \quad 1 \text{ ton} \quad 1 \text{ ton} \quad 1|2 \text{ ton} \quad 1 \text{ ton}$$
$$sol \quad la \quad si \quad ut \quad ré \quad mi \quad fa \quad sol$$

» On reconnaît ici que le premier tétracorde est régulier.

» Si nous continuons la recherche en prenant *la* ou *si* pour tonique, nous rencontrons avec ces notes le même empêchement qui s'est présenté avec *ré, mi, fa*.

» Toutes ces tentatives auraient pour résultat de ne produire que des gammes fausses (2)

» *De cette opération, il résulte donc que le sol est la seule note de la gamme modèle qui permette de commencer une autre gamme* (3)

» Mais le second tétracorde :

$$ré \quad mi \quad fa \quad sol$$

est irrégulier, puisque le demi-ton se trouve entre *mi* et *fa* au lieu d'être entre *fa* et *sol*.

(1) M. Mercadier prend un fait pour règle générale ; pour un analyste la chose est curieuse.

(2) Est-ce que par hasard la gamme de *sol* ne serait pas fausse, au même titre que les autres, avant le remplacement du fa ? Quelle singulière manière d'analyser !

(3) Et voilà la logique qui a séduit MM. Aube,, Halévy, etc. !

EMILE CHEVÉ.

» ...... Un problème important se présente ici ; le voici : une autre note que l'ut étant prise pour tonique (sur un instrument à sons fixes) construire, sur cette *nouvelle tonique* une gamme parfaitement semblable à la gamme modèle d'ut, c'est-à-dire, constituée comme elle par la succession de deux secondes majeures, une seconde mineure, trois secondes majeures et une seconde mineure.

» Reprenons l'échelle d'ut et remarquons d'abord que les deux *tétracordes* (tétracorde, quatre cordes, air de quatre notes par degrés conjoints). ut-ré-mi-fa et sol la si-ut sont parfaitement égaux, puisque chacun d'eux est formé de deux secondes majeures surmontées d'une seconde mineure (vérifiez). On peut donc écrire le tétracorde [4 1] inférieur à côté du supérieur et [3 7] réciproquement ; c'est-à-dire, é-crire, dans le premier cas, le *fa* à [2 6] côté le l'un aigu ; et dans le second, écrire le *sol* à côté de la [1 5] tonique grave, comme le montre [4 1] l'exemple ci-contre. Des deux côtés, [3 7] on a le même air.

» Prenons d'abord le cas dans lequel le tétracorde supérieur *sol-la-si-ut*, étant placé à côté de l'inférieur, la *dominante sol* se trouve prise [2 6] pour *tonique*, et achevons la gamme de [1 5] *sol en observant les distances convenues* pour les secondes majeures et pour les secondes mineures.

Le *sol* étant *tonique*, chacun des [4 5] autres sons de la gamme d'ut [7] peut-il remplir le nouveau rôle [4] que lui assigne sa place dans la [6 3] nouvelle gamme ? En d'autres termes, la distribution des se- [5 2] condes majeures et des secondes mineures est-elle la même dans [4 1] les deux gammes d'ut et de *sol* ? [3 7]

» Oui, jusqu'à la sous-sensible (vérifiez) ; non, de la sous-sensible [2 6] à la tonique aiguë, puisque d'un côté on a majeur et mineur, et de [1 5] l'autre mineur et majeur (vérifiez). Ces deux gammes, semblables partout ailleurs, diffèrent donc seulement par leurs sensibles. Remplaçons donc le *fa* par un son qui fasse seconde majeure [4 5] avec le *mi* et seconde mineure avec le *sol* et nos deux gamme seront 7-4 *fè* entièrement semblables (Voir le 3e exemple). [6 3]

» Ce son nouveau, plus aigu que le *fa* qu'il remplace et qui fait avec [5 2] le *sol* l'air que le *si* fait avec l'ut. a été nommé *fa* dièse. Le *fa* dièse [4 1] est donc la sensible du *sol* ; nous [3 7] l'appellerons *fè* et nous l'écrirons ainsi ⌘. Mettons-le maintenant à [2 6] la place du *fa*, dans la gamme [4 5] de *sol* et nous aurons nos deux échelles parfaitement égales (vérifiez)

» La gamme de *sol*, devenue maintenant l'égale de la gamme d'ut, reproduisant exactement le même air, a une quinte plus haut ou une quarte plus bas, va nous fournir, pour arriver à la gamme de *ré*, la base d'une nouvelle opération semblable à celle qui, de la gamme d'ut, nous a conduits à la gamme de *sol*.

» En effet, dans cette gamme de *sol*, l'égale de d'ut, le tétracorde supérieur, *ré-mi-fè-sol*, étant l'égal du tétracorde inférieur, *sol-la-si-ut*, peut être écrit à côté de lui, pour produire le même air, à une quinte plus haut. Le *ré*, dominante de la gamme de *sol*, devient alors tonique et sert de base à la nouvelle gamme *ré-mi-fè-sol-la-si-ut-ré*, dans [5 2] laquelle le *fè* remplit le rôle de médiante. Ici encore, comme [1] tout-à-l'heure, on voit que toutes [3 7] les notes, à partir du *ré*, *tonique*, correspondant exactement à tou- [2 6] tes leurs homologues de la gamme de *sol*, une seule exceptée, la nou- [1 5] velle sensible ut, qui est placée [7 4] plus bas que la sensible *fè* ; c'est-à-dire que la disposition des [6 3] secondes majeures et des secondes mineures est la même dans les [5 2]

M. MERCADIER.

» C'est cette irrégularité qu'il faut faire disparaître, et c'est ici que, pour la première fois, le dièse va venir à notre aide (4). Or, nous savons déjà que ce signe *a la propriété* de hausser la note d'un demi-ton :

» Servons-nous donc de cet utile auxiliaire AJOUTONS LE *au fa* (5) qui sera élevé ainsi d'un demi-ton et alors nous régularisons ce tétracorde

$$ré \quad mi \quad fa\text{ dièse }sol$$

qui, à son tour, régularisera aussi notre gamme de *sol*, laquelle deviendra conforme à la gamme modèle :

1 ton   1 ton   1/2 ton   1 ton   1 ton   1 ton   1/2 ton
$$sol \quad la \quad si \quad ut \quad ré \quad mi \quad fa\text{ dièse }sol$$

» Voici cette gamme écrite sur la portée : (ici un exemple sur la clé de sol, avec le dièse jeté comme accident en avant du *fa*).

» Si nous résumons les moyens employés pour trouver une gamme régulière après la gamme modèle, nous reconnaissons que nous avons tenté vainement de prendre pour tonique *ré, mi, fa, la, si* (6) ; l'impossibilité de nous servir de ces notes nous a DÉMONTRÉ que le *sol*, quinte supérieure de la tonique *ut*, est la seule note avec laquelle il soit possible de recommencer une gamme (7). C'est de cette nécessité absolue que nous voyons apparaître le premier dièse sur la note *fa*.

» Il est essentiel de faire remarquer que *tous* les *fa* qui se rencontre dans cette gamme de *sol*, quelle que soit l'octave à laquelle ils appartiennent devront être diésés (8) Mais pour éviter de répéter ce signe aussi fréquemment et pour simplifier l'écriture musicale, on a imaginé de le placer une fois pour toutes au commencement de la portée, et immédiatement après la clé, sur la ligne où se trouve la note diésée. Exemple :

(Ici la gamme de *sol* sur la clé de *sol* avec l'armure) ;

» Ainsi, quand on apercevra un dièse à la clé sur la ligne du *fa* on ne devra pas oublier (9) que ce dièse agit, nous le répétons, sur tous les *fa* qui se trouvent dans le morceau.

» Le dièse sur la ligne de *fa* indique donc qu'on est dans le ton de *sol*, ou en *sol*, ce qui veut dire que la musique a été composée dans cette tonalité, ou qu'elle a été écrite avec les notes de la gamme de *sol*.

» Tous les autres signes, de même que

---

(4) Quel renversement de toute logique ! Au lieu de faire sentir à l'intelligence en germe que, puisqu'il y a un échelon trop bas, il faut en prendre un plus haut, et qu'il faut un nom et un signe pour le remplaçant comme il y en avait pour le remplacé, ce que l'enfant comprend de suite ; M. Mercadier appelle à lui le signe (qui n'avait pas encore de raison d'être puisque l'idée n'existait pas) et en fait un instrument actif, une puissance modificatrice ! et il crie sus à la routine !

(5) Qu'il y a loin de ce monstrueux contre-sens à l'idée si simple et si claire de remplacer un son trop grave par un son plus aigu !

(6) Pour que ceci fut vrai il faudrait dire : si nous voulons n'avoir qu'un remplaçant et encore un remplaçant aigu. Tout cela est de la très mauvaise et partant très dangereuse logique à présenter aux intelligences en germe.

(7) Et c'est là ce que le Conservatoire appelle de la logique !

(8) Vous sentez donc que l'enfant n'a rien compris à votre démonstration, puisque vous croyez essentiel de lui apprendre que le remplacement a lieu à toutes les octaves ! Si l'enfant a compris, votre avis n'a pas de raison d'être ; s'il n'a pas compris votre démonstration est mauvaise. Choisissez !

(9) une écriture dont la *seule* prétention est de *parler aux yeux*, et qu'on ne peut plus lire si l'on oublie une *convention*.

EMILE CHEVÉ.

deux gammes de *sol* et de *ré* jusqu'aux sous-sensibles *mi* et *si* ; mais qu'à partir de ce point la *gamme de sol* finit par une seconde majeure et une mineure, tandis que *celle de ré* se termine par une mineure suivie d'une majeure. Pour rendre les deux gammes parfaitement égales, il faut donc encore ici renverser l'ordre des deux dernières secondes de la gamme de *ré*, ce que l'on fait en éliminant l'ut, et en chantant à sa place un son plus aigu que lui, qui fasse seconde majeure avec le *si* et seconde mineure avec le *ré*, [4 5 2] c'est-à-dire qui soit sensible du *ré*. [7 4 1] Ce son a reçu le nom d'*ut* dièse ; appelons-le *tè* et marquons le [6 3 7] ainsi ✝. [5 2 6]

» Nous voilà arrivés à produire une seconde fois l'air *ut-ré-mi-fa-* [4 1 5] *sol-la-si-ut* en prenant une autre [3 7 4] note que *ut* pour point de départ, pour tonique. Seulement, dans la [2 6 3] gamme de *sol* il ne nous avait fallu que le *fa* dièse, tandis que dans [4 5 2] celle de *ré* il nous à fallu de plus l'*ut* dièse. Mais, une fois ces changements effectués, les trois gammes d'*ut* — de *sol* et de *ré*, se sont trouvées parfaitement égales, puisque chacune d'elles contient le même nombre de secondes majeures et mineures, et que ces secondes y sont disposées de la même manière. La seule différence entre elles, c'est que les trois toniques sont prises à des hauteurs différentes du diapason.

» En continuant à agir de la même manière, nous verrions qu'en prenant pour tonique le *la*, dominante de la gamme de *ré*, toutes les notes de la gamme de *ré* conviendraient encore pour former la gamme de *la*, une seule exceptée, le *sol, sous-dominante du ton* de *ré* qui *devient sensible dans le ton de la* ; mais qui ne peut remplir ce rôle puisqu'il fait seconde majeure avec le *la* et que la sensible doit faire seconde mineure avec la tonique. On laisse donc encore le *sol* de côté pour le remplacer par un son plus aigu que lui, le *sol* dièse on le *jè* (⌘) qui a pour caractère de faire seconde mineure avec la tonique *la*, c'est-à-dire de produire avec cette tonique l'air *si-ut*.

» En poussant toujours ainsi l'opération, en écrivant le tétracorde supérieur de la nouvelle gamme à côté de l'inférieur ; c'est-à-dire en prenant pour tonique nouvelle l'ancienne dominante, on voit arriver un nouveau dièse à chaque nouvelle gamme, jusqu'à ce que toutes les notes de la gamme d'*ut* aient complètement disparu ; et, si alors on continue encore l'opération, on voit les dièses disparaître à leur tour pour être remplacés par des sons plus aigus, que l'on nomme *doubles-dièses* et que nous marquerons de

deux accents ⌘, *fa double dièse*, etc.

» Construisons maintenant, d'après ces données, le tableau général des gammes par dièse et doubles-dièses, gammes que l'on obtient en prenant toujours pour *tonique de la nouvelle gamme, la dominante de la gamme que l'on quitte*, et pour sensible le son nouveau, dièse ou double dièse, qui fait seconde mineure avec cette dominante devenue tonique.

» (Lisez le tableau suivant par colonnes verticales de bas en haut et en allant de gauche à droite ; c'est-à-dire, en lisant successivement les gammes d'*ut*, de *sol*, de *ré*, etc.

M. MERCADIER.

le dièse, peuvent se reporter aussi à la clé. Cette opération, qui consiste à grouper près de la clé les signes accidentels, s'appelle armer la clé. L'ensemble de tous ces signes s'appelle armure de la clé (10).

» On a du reconnaître que le premier tétracorde de la gamme de *sol* n'est autre que le 2e tétracorde de la gamme modèle, puisque celle-ci nous l'a fourni complet et régulier.

» C'est ici l'occasion d'établir comme règle générale que toute gamme majeure se compose toujours de deux tétracordes parfaitement semblables et que ces tétracordes sont invariablement séparés par l'intervalle d'un ton (11).

» L'expérience que nous venons de faire avec la gamme d'*ut* peut être reproduite avec celle du *sol*. Prenons donc le second tétracorde de cette gamme de *sol* pour former le premier de la gamme suivante, ou gamme de *ré*

$$ré \quad mi \quad fa\text{ dièse }sol$$

et complétons avec les quatre notes suivantes, de la série

$$la \quad si \quad ut \quad re$$

en plaçant, comme la première fois, le dièse entre la septième et l'octave ; alors nous voyons apparaître la gamme de *ré*, pourvue de deux dièses, un à chaque tétracorde

$$ré \quad mi \quad fa\text{ dièse }sol \quad la \quad si \quad ut\text{ dièse }ré$$

Cette gamme de *ré* se reconnaîtra donc par la présence de deux dièses à l'armure. Exemple :

(Ici la gamme de *ré* sur la clé de sol avec l'armure de *ré*).

» Pour trouver successivement les autres gamme il faut procéder comme nous venons de faire, c'est-à dire prendre toujours pour premier tétracorde le dernier de celle qui vient d'être établie. Ceci *nous prouve* que la formation des gammes de quinte en quinte (12) en montant est obligée, puisqu'il a été impossible d'arriver à cette formation par l'emploi de la *seconde de la tierce, de la quarte, de la sixte* et de la *septième* (13). La quinte seule restait donc ; et c'est là, il est superflu de le dire, ce qui explique pourquoi après la gamme d'*ut*, il ne peut se présenter d'autre gamme que celle de sol (14).

» Il résulte de ce fait que la quinte d'une gamme majeure devient forcément la tonique de la gamme qui la suit naturellement (15).

» Après la gamme de *ré* arrive la gamme de *la*, sa quinte supérieure ; et, si l'on continue de quinte en quinte en montant, on trouvera les gammes de *mi, si, fa* dièse, *ut* dièse.

» Voici ces gammes avec l'exemple de l'armure qui est propre à chacune d'elle :

» *Gamme de* la *avec trois dièses* :
(Ici une gamme de *la* avec son armure, clé de sol)

» *Gamme de mi avec quatre dièses* :
(Ici une gamme de *mi*, avec son armure. clé de sol.)

» *Gamme de si avec cinq dièses* :
(Ici une gamme de *si* avec son armure, clé de sol.)

» *Gamme de fa dièse avec six dièses* :
(Ici une gamme de *fa* dièse avec son armure, clé de sol.)

---

(10) Ordre philosophique d'idées, comme dirait M Fétis.

(11) Relisez la note *un* et le paragraphe qui l'a provoquée.

(12) Encore faudrait-il dire *majeure*.

(13) Et le comité accepte cela pour de la logique !

(14) Il est difficile de rendre plus absurde une chose claire.

(15) Dites donc une bonne fois : si l'on désire un dièse de plus ; car, autrement, tous vos semblants de raisonnements n'ont aucune raison d'être, n'aboutissent à rien, puisque l'on peut commencer une gamme par le son que l'on veut ; vous l'avez dit vous-même.

EMILE CHEVÉ.

» TABLEAU DE LA GÉNÉRATION DES GAMMES
PAR DIÈSES ET PAR DOUBLES-DIÈSES.

La sensible doit faire, avec la tonique SECONDE MINEURE.

1 5 2 6 3 7 4 5 — Anciennes sous-dominantes remplacées par des dièses qui forment les sensibles des nouvelles toniques.

7 4 5 2 6 3 7 4

6 3 7 4 5 2 6 3 [d]

5 2 6 3 7 4 5 2 — Ligne des dominantes.

4 1 5 2 6 3 7 4 — Ligne des sous-dominantes.

3 7 4 5 2 6 3 7

2 6 3 7 4 5 2 6

1 5 2 6 3 7 4 5 — Anciennes dominantes devenues toniques.

La sous-dominante fait avec la dominante, SECONDE MAJEURE.

» Ce tableau nous montre que :

» 1° Les dièses ont été introduits dans la gamme pour pouvoir reproduire constamment l'air *ut-ré-mi-fa-sol-la-si-ut*, tout en accordant successivement le rôle de tonique aux notes *sol, ré, la, mi, si, fè, tè, jè*, etc ; les dièses rendent donc toutes ces gammes égales, loin de les rendre dissemblables (vérifiez) ;

» 2° Si l'on prend la dominante pour tonique, la sous-dominante disparaît pour être remplacée par un son plus aigu appelé *dièse* et qui est la sensible de la nouvelle gamme (vérifiez) ;

» 3° Chaque dominante devenue tonique, faisant entrer un dièse nouveau, on voit arriver tous les dièses l'un après l'autre, en prenant les toniques de *dominante* en *dominante*, c'est-à-dire, de quinte majeure en quinte majeure en montant ; chaque gamme du tableau a donc un dièse de plus que celle qui est à sa gauche, et un de moins que celle qui est à sa droite (vérifiez) ;

» 4° On a le nom de toutes les gammes qui ont des dièses, en partant d'*ut* et en appelant les sons de quinte majeure en quinte majeure en montant ; exemple : *ut-sol*, quinte majeure ; *sol-ré*, quinte majeure ; *ré-la*, quinte majeure ; *la-mi*, quinte majeure ; etc ; c'est ainsi que l'on a pu dire que les toniques des gammes par dièses étaient *sol, ré, la, mi, si, fè, tè, jè*, etc. (vérifiez) ;

»5° Puisque les *sous-dominantes* deviennent toutes successivement *sensibles*, on a dit que les dièses frappaient successivement toutes les sous-dominantes, où qu'ils entraient dans les gammes de quinte majeure en quinte majeure en montant ; exemple : *fa, ut, sol, ré, la, mi, si* etc. (vérifiez) ;

» 6° A partir de la sixième tonique par dièses la tonique est elle-même un dièse (*fa dièse, ut dièse, sol dièse, ré dièse*, etc. (vérifiez) ; c'est qu'à partir de la cinquième gamme par dièse, la dominante est diésée, et que c'est cette dominante qui est prise pour tonique de la gamme suivante ;

» 7° A partir de la huitième gamme par dièses, aussitôt que le *sol* dièse est devenu tonique, la sous-dominante à éliminer se trouvant être un dièse (vérifiez) ; la nouvelle *sensible* qui vient remplacer cette sous-dominante, *déjà diésée*, a reçu le nom de *double-dièse* et a été marquée de deux accents au lieu d'un de la manière indiquée. D'après cela, qu'est-ce qu'un double-dièse ? C'est un son qui fait avec le dièse placé immédiatement au-dessus de lui l'air *si-ut* ; c'est la sensible au son diésé placé immédiatement au-dessus de lui ; le double-dièse a donc la même origine que le dièse : il transforme une sous-dominante en sensible.

» 8° Le tableau nous montre encore pourquoi la gamme de *sol* a *un* dièse et pourquoi elle n'en a qu'un ; pourquoi la

(16) L'enfant croit qu'il n'y a que sept échelons dans la gamme, et on lui parle, sans façon, de 8, 9, 10, 11, 12 remplaçants !

(17) « On ne s'attendait guère à voir le *chrome* en cette affaire. »

(18) Ce n'était pas la *trouver*, mais la *déduire* qu'il fallait.

(19) Quand on est ennemi de la routine et ami de la logique, on n'a pas le droit d'écrire que la gamme chromatique par dièse, nommée à tort gamme des douze demi-tons, contient les éléments *complets* de la composition. Ceci est de la routine et de la pire espèce, car elle fausse l'intelligence en germe à l'endroit des bases de notre musique. Cette tolérance fâcheuse est la contre-partie de la double-croche.

(20) Erreur grossière.

(21) Pathos, hors de propos.

M. MERCADIER.

» *Gamme de ut dièse avec sept dièses :*

(Ici une gamme d'*ut* dièse, avec son armures, clé de sol.)

» Si nous continuons la formation de ces gammes en montant, et en nous servant du double-dièse, nous trouverons à la clé :

8 dièses pour la gamme de *sol* dièse.
9 — *ré* dièse.
10 — *la* dièze.
11 — *mi* dièse.
12 — *si* dièse (16).

» Rappelons ici que la gamme diatonique est composée de cinq tons et de deux demi-tons. Ces cinq tons se divisent en dix demi-tons, qui, joints aux deux demi-tons diatoniques donnent douze sons chromatiques pour la gamme modèle. Or, ces douze sons ont servi chacun de tonique aux douze gammes que nous venons de former.

Et si l'on réunit, par degré d'acuité, ces demi-tons, en partant de la note *ut*, on obtient l'échelle suivante, qui n'est autre que la gamme chromatique (17).

(Ici la gamme chromatique par dièses écrite en *ut*, sur la clé de sol.)

» Maintenant que la gamme chromatique est trouvée (18), on peut dire que cette gamme en la descendant, en la montant, ou autrement ces douze sons, représentent les éléments complets de la composition musicale (19) ; de même que sept couleurs primitives forment la palette du peintre, ces tons sont la seule richesse la seule ressource du compositeur (20) c'est aux combinaisons variées à l'infini, de ces simples éléments, que nous devons les nombreux et admirables chefs-d'œuvre de la musique. L'art, créateur humain, imite quelquefois le créateur céleste ; il ne mesure pas la magnificence du résultat à la pauvreté des moyens et semble à son tour tirer l'univers du néant (21).

» Revenons *un moment* à la formation des gammes et insistons sur la naissance

EMILE CHEVÉ.

gamme de *ré* à *deux dièses*, et pourquoi elle n'en a que deux ; pourquoi la gamme de *la* à *trois dièses* et pourquoi elle n'en a que trois ; et ainsi de toutes les autres : c'est que chacune de ces gammes avait *un, deux, trois* sons, etc., placés plus bas que les sons correspondants de la gamme d'*ut* et qu'il a fallu les remplacer par les nouveaux sons appelés dièses qui ont pour but de rendre chaque nouvelle gamme semblable à la première, à la gamme d'*ut* ;

» 9° Chaque dièse étant une sensible, pour qu'il soit juste il faut qu'il fasse avec sa tonique l'air *si-ut* ; voilà un moyen immanquable de chanter juste tous les dièses ; C'est ici que la théorie a rendu un service immense à la pratique en donnant un moyen simple et parfaitement sur de chanter juste tous les dièses et les doubles-dièses ;

10° Chaque double-dièse étant une sensible, pour qu'il soit juste, il faut qu'il fasse, avec sa tonique (le dièse supérieur) l'air *si-ut* ; c'est un moyen certain de chanter juste tous les doubles-dièses ;

11° Enfin, chaque gamme ayant un nombre de dièses fixe, déterminé, on a pu dire que *telle tonique* amenait *tant de dièses* dans la gamme, ou que *tant de dièse* déterminaient *telle tonique*. Ainsi on a dit que . la gamme de

Sol a un dièse, 4
Ré a deux dièses, 41
La a trois dièses, 415
Mi a quatre dièses, 4152
Si a cinq dièses, 41526
Fa dièse a *six* dièses,
Ut dièse a *sept* dièses,

» On a dit encore que :

Un dièse donne pour tonique *sol* ;
Deux dièses — *ré* ;
Trois dièses — *la* ;
Quatre dièses — *mi* ;
Cinq dièses — *si* ;
Six dièses — *fè* ;
Sept dièses — *tè* ;

» Maintenant que nous avons opéré en plaçant toujours le tétracorde supérieur de la gamme à côté de l'inférieur, en prenant pour tonique la dominante, faisons l'opération inverse, plaçons, en partant encore de la gamme d'*ut*, le tétracorde inférieur à côté du supérieur, et prenons la tonique pour dominante ; cela fait, achevons, en descendant, la gamme commencée par en haut, et remarquons seulement que dans cette opération, la tonique *ut* devenant dominante, c'est la sous-dominante *fa* qui devient tonique à *l'aigu.* »

M. MERCADIER.

du premier dièse apparu forcément sur la note *fa*. Nous avons rencontré les toniques de quinte en quinte en montant, et les dièses, par conséquent, se sont produits aux même distances. On a donc obtenu la progression suivante :

fa ut sol ré la mi si

» C'est cette progression, obtenue d'une manière toute rationnelle, qu'il est important de ne pas perdre de vue ; c'est le résultat qu'il faut graver profondément dans son esprit, parce que c'est par lui qu'on reconnaîtra avec promptitude le ton indiqué à l'armure.

» Faisons une remarque essentielle : lorsqu'un dièse apparait c'est *invariablement* sur la septième note de la gamme que l'on forme avec ce dièse. Or, *d'après* ce que nous avons démontré, *il résulte* que la note qui vient immédiatement après ce dièse, est celle *qui donne le ton*. Ainsi, le *fa* dièse constitue le ton de *sol* ; *fa* dièse et *ut* dièse, donnent le ton de *ré* : *fa* dièse, *ut* dièse, *sol* dièse donnent le ton de *la*, et ainsi de suite.

» Quand il n'existe qu'un dièse, à l'armure on est certain que c'est toujours *fa*.

» Lorsqu'il y en a deux c'est *fa, ut*.

» Quand il y en a trois, c'est *fa, ut, sol*.

» Et ainsi de suite, jusqu'aux sept dièse de la gamme de *ut* dièse.

» Quand le second dièse *ut* apparait, il accompagne celui qui la précédé c'est-à-dire le *fa* ; quand le troisième se présente, il demeure avec les deux premiers ; il en est de même, pour tous ceux qui viennent ensuite. L'arrivée d'un nouveau dièse ne fait disparaître aucun de ceux qui l'ont précédé ; il vient toujours augmenter leur nombre.

» En formant les gammes avec le secours du dièse, nous nous sommes arrêtés à la gamme de *si* dièse, qui nous a présenté douze dièse à l'armure. Si l'on continuait la formation ascendante de ces gammes, on arriverait ainsi à un nombre considérable de dièses à la clé qui rendraient la lecture impossible.

» Pour simplifier l'écriture musicale, nous avons vu déjà les signes accidentels abandonner leur place sur la portée et venir se grouper près de la clé ; le même motif a fait limiter à sept dièses le nombre que l'armure doit recevoir. Voyons quel moyen a été employé pour remplacer les autres dièses (23) Après nous être occupés de *toutes* les gammes ascendantes, nous allons aborder les gammes descendantes.

(23) Il veut dire suppléer.

Après la génération des tons majeurs par *dièses*, vient, dans notre livre, comme dans celui de M. Mercadier, la génération des tons majeurs par *bémols*. Pour ne pas rendre mon travail démesurément long, je néglige, de part et d'autre, cette théorie des bémols qui, dans les deux livres, représente d'ailleurs très-exactement la contre-partie de la théorie des dièses. — J'en ai assez mis maintenant sous les yeux du lecteur pour qu'il puisse juger, en pleine connaissance de cause ; et pour qu'il me soit permis, de nouveau, de mettre le comité et M. Mercadier en demeure de spécifier d'une manière nette et précise l'*idée* ou les *idées scientifiques* qui, dans la génération des tons, ou des gammes, comme vous le dites, appartient ou appartiennent en propre à M. Mercadier. — Si ces messieurs ne répondent pas d'une manière péremptoire à cette mise en demeure, ou s'ils ne répondent pas du tout, ce qui est le plus probable, la conclusion sera simple et facile : c'est que les découvertes faussement attribuées par le comité des études du Conservatoire à M. Mercadier, ne lui appartiennent nullement, et qu'elles appartiennent au contraire à l'école de Galin ; c'est que les deux seules questions importantes signalées par le rapport, *L'origine de la gamme modèle* et la *Théorie des gammes*, questions auxquelles le comité donne une *approbation absolue*, étant une des bases de notre école, cette approbation authentique du Conservatoire est la consécration par lui de nos principes. Nul ne peut le nier, et c'est un fait à tout jamais acquis à notre cause. Il n'y a plus à y revenir. Et maintenant, pour ne pas abuser indéfiniment de la patience du lecteur, je saute à pieds joints par dessus une foule de choses *déjà* signalées par M. Paris comme appartenant à l'école, et dont M. Mercadier a profité tout doucement, dans nos livres ou dans nos cours, sans aucune indication d'origine, selon son habitude, même quand il s'est agi de néologismes compromettants, comme le TA A, de la langue des durées de M. Paris, et les expressions *gamme harmonique, accord harmonique*, et *accord mélodique*, larynx instrument *omnitone*, etc. Ainsi, je passe sous silence la mesure, le temps et ses divisions ; la variante du mode mineur et l'origine du mot ; les calculs sur les intervalles et leurs compléments ; la série des clés ; la question de préséance de la voix sur les instruments ; les remarques touchant les intervalles pairs et impairs sur la portée ; les deux voix limitant l'octave, etc., etc., etc. Sauf réclamation de M. Mercadier, je regarde la question de plagiat comme surabondamment prouvée, et je ne m'occuperai plus, à ce point de vue, que du *jeu des gammes*, pour que le public voie bien ce qui revient — ici encore — à M. Mercadier. Ce sera le sujet de mon prochain article. Puis j'arriverai à l'examen de ce qui, dans son livre, lui appartient en propre, et je terminerai ce *pénible travail* par l'examen de son incroyable réponse à MM. Paris et Chevé : ce sera ma péroraison.

(La suite prochainement.)

Emile CHEVÉ.

ÉCOLES COMUNALES DE ROUEN.

Distribution des Prix.

L'abondance des matières nous oblige bien souvent à renvoyer à un jour éloigné la constatation des faits qui nous intéressent le plus. C'est ainsi que nous avons attendu jusqu'à ce jour pour rendre compte de la distribution des prix aux enfants des écoles communales.

Cette intéressante cérémonie a eu lieu, comme de coutume, en présence des autorités et d'une affluence de monde des plus considérables. C'était le mercredi 13 de ce mois.

Nous parlerons seulement de ce qui entre dans la spécialité de notre journal.

On sait que depuis plusieurs années la musique est enseignée dans les écoles de la ville, par la méthode Galin-Paris-Chevé. Les fruits de la méthode nouvelle ont été ce qu'ils seront partout où l'on voudra dépenser un peu d'intelligence et de zèle : beaux et nombreux. B en que nous n'ayons pas été à même de vérifier le degré d'habileté que les élèves de nos écoles apportent à la lecture de la musique, il nous suffit d'apprendre que l'administration est satisfaite, enchantée même, des résultats de la méthode Galin-Paris-Chevé, pour que nous cnosidérions comme un fait à jamais accompli et très heureux pour tout le monde son introduction dans les écoles.

Plusieurs chœurs chantés par deux cents enfants, au moins, ont été écoutés avec un plaisir que personne ne cherchait à dissimuler, pas même quelques musiciens opiniâtres qui ne veulent pas encore convenir de l'excellence du chiffre.

VIVE L'EMPEREUR ! chant national à quatre voix de M. Gounod, était accompagné par la musique de la garde nationale. Ce chœur, complaisamment et habilement arrangé pour musique militaire par M. Lchlep aîné, a été admirablement enlevé, bien que les enfants n'aient répété qu'une seule fois avec l'orchestre, la veille de l'exécution.

Là encore, ainsi qu'aux Tuileries, personne ne s'est plaint que les enfants chantassent en UT tandis que les instruments tonnaient en si bémol. Bien au contraire. VIVE L'EMPEREUR à été bissé au grand contentement des auditeurs, heureux de voir tant de bonne harmonie entre le chiffre et la portée.

Le CHANT D'ALLÉGRESSE, qui n'est autre chose que le chœur des Chasseurs de Robin des bois, avec d'autres paroles pour la circonstance, a été exécuté avec un ensemble et une justesse irréprochables : La musique de la garde nationale qui jouait obligeamment la ritournelle presque obligée entre chaque couplet, n'a pas mis une seule fois les enfants en défaut pour la justesse. Ils commençaient dans le ton et finissaient de même, sans qu'il y eût à les reprendre d'un iota.

La TYROLIENNE à trois voix, au dire même des musiciens qui en ont fait compliment au professeur, a été parfaitement rendue et avec aplomb, malgré les nombreux changements de ton, ou mutations qui s'y trouvent.

Plusieurs autres morceaux qui devaient être chantés ont été supprimés, vu la longueur de la distribution.

Pendant la cérémonie, M. le maire a fait appeler le professeur, M. Paumier, pour le féliciter des progrès de l'enseignement musical et pour lui dire qu'il était très-content de ces petits chanteurs. M. Doucin, inspecteur de l'Académie, qui, différentes fois dans l'année, a assisté aux leçons de musique dans les classes, a témoigné au professeur toute sa satisfaction. Les autorités civiles et militaires ont applaudi du geste à l'expression des sentiments de M. le Maire, et ce n'est pas sans une certaine émotion que l'on a vu le colonel du 81ᵉ, le front tout bistré du soleil de Sébastopol, marquer lui aussi, son contentement. Peut-être savait il qu'il était en présence d'un jeune bataillon appelé à faire le siège de la routine musicale, non moins difficile à prendre qu'une place forte en Crimée.

Voici, pour terminer, les noms des lauréats de l'École supérieure.

Garçons. — 1ᵉʳ prix : Séguin, élève libre ;
   2ᵐᵉ — : Alfred Paumier — école Saint-Louis.

Filles. — 1ᵉʳ prix : Martin (Aglé) école Saint-Sever.
   2ᵐᵉ Duthuit. id.

Louis ROGER.

L'abondance des matières nous oblige à rejeter à la semaine prochaine le compte-rendu du concert du 15 août aux Tuileries, concert dans lequel la partie vocale a été exclusivement confiée à la société chorale de l'école Galin-Paris-Chevé.

M. Eugène de Mirecourt a consacré son dernier livre à la biographie de M. HECTOR BERLIOZ. On sera curieux de lires ces pages intéressantes où l'auteur des CONTEMPORAINS, tout en racontant la vie tourmentée du grand musicien, trouve mille occasions pour une de le venger des persécutions qu'il a essuyées dans sa carrière artistique.

Cette biographie arrive bien et coïncide merveilleusement avec le vote réparateur qui vient d'ouvrir les portes de l'Institut à M. Hector Berlioz. M. Eug. de Mirecourt nous promet la biographie d'Henri HEINE et celle de Mme Rosa BONHEUR.

Darnétal. — Imp. Fruchart.

XI' Année ; — 1" du nouveau titre.   UN NUMÉRO : 20 CENT.   N° 32. — Dimanche 31 Août 1856.

Musique, — Sciences, — Arts, — Littérature, — Théâtres.

LA RÉFORME MUSICALE

ABONNEMENT A ROUEN : 10 FR.

ON S'ABONNE

A ROUEN, chez M. Louis Roger,
rue Porte-aux-Rats, 2.
A PARIS, chez M. Émile Chevé rue
des Marais-S-G., 18.
A MARSEILLE, chez M. Aimé Paris
rue Paradis, 77.

JOURNAL DES DOCTRINES DE L'ÉCOLE GALIN-PARIS-CHEVÉ.

BUREAU A ROUEN, RUE PORTE-AUX-RATS, N° 2.

LOUIS ROGER, Directeur-Gérant.

ABONNEMENT DANS LES DÉP. : 12 FR,

ON S'ABONNE

A LYON, chez M. Perraud, rue du
Griffon, 11.
AU HAVRE, chez M. Vasse,
rue Molière, 16.
Les abonnements peuvent être payés
en timbres-postes (Affranchir).

RENSEIGNEMENTS. — Cette feuille paraît, à ROUEN, tous les DIMANCHES. — Tout ce qui concerne l'administration du journal doit être adressé à Rouen, rue Porte-aux-Rats, 2. — Ce qui concerne la rédaction peut être indifféremment adressé à M. CHEVÉ, à M. Aimé PARIS, ou au Directeur-Gérant. — La critique demeure sous la responsabilité de celui qui la signe. — Il sera rendu compte des Ouvrages dont un exemplaire sera déposé au bureau du journal. Les lettres non affranchies seront refusées.

On peut se procurer des numéros de la *Réforme*, au Bureau du Journal ; — au dépôt du cours Boïeldieu, à Rouen, — et dans l'intérieur des Théâtres.

Le Pouvoir fait appel à l'école Galin-Paris-Chevé.

Paris, 20 août 1856.

Le 24 juillet dernier, la lettre suivante m'a été remise par MM. Landelle et Agnelli :

» Paris, 22 juillet 1856.

« MINISTÈRE D'ÉTAT,
» BEAUX-ARTS.

» *A monsieur Émile Chevé, directeur de la société chorale de l'école Galin-Paris-Chevé :*

» Le programme du concert qui doit être exécuté, dans le jardin des Tuileries, le 15 août prochain. à l'occasion de la fête de S. M. l'Empereur, comprend une cantate de M. Salvator Agnelli, *pour laquelle le concours de vos élèves est nécessaire.*

» Je viens, en conséquence, vous prier de vouloir bien mettre ces derniers à la disposition des architectes organisateurs de la fête, MM. Lefuel et-Galand, ou de M. Landelle, leur représentant pour la partie musicale ; et je vous serai obligé de l'accueil favorable que vous voudrez bien faire à cette demande.

» Agréez, monsieur, l'assurance de ma considération distinguée.

» Le chef de la division des beaux-arts,
» MERCEY. »

M. Agnelli me remit en même temps sa partition, intitulée : APOTHÉOSE DE NAPOLÉON I", symphonie à trois orchestres militaires (parties différentes) avec chœurs. — Paroles et musique de M. Salvator Agnelli.

En sus des parties purement instrumentales, cette symphonie renferme cinq chœurs : 1° l'INVOCATION ; 2° LA MARCHE ; 3° L'ORAGE ; 4° LA PRIÈRE ; 5° Le final. Tous ces chœurs sont en LA BÉMOL, excepté la prière qui est en RÉ BÉMOL.

A cette époque, 24 juillet, QUATRE JOURS après notre dernière séance à l'École-de-Médecine notre société s'occupait de la MESSE qu'elle devait chanter — et QU'ELLE A CHANTÉE en effet — le dimanche 3 août à Saint-Germain l'Auxerrois. Ce n'était donc qu'à partir du 4 août que nous pouvions nous occuper sérieusement de la symphonie : cela ne nous a nullement effrayés ; et, le mercredi 13 août, la 1" et DERNIÈRE répétition générale — avec les trois orchestres militaires, avait lieu, aux flambeaux, à 9 heures du soir, dans la cour de l'Ecole-de-Médecine, au grand émoi de tous les habitants du quartier, qui ne s'attendaient pas à pareille fête, et qui, pendant deux heures, ont intercepté la circulation sur la place de l'Ecole-de-Médecine.

Le vendredi, 15 août, à 0 heures et demie, nous avons chanté la symphonie aux Tuileries. L'estrade, bâtie vers le milieu de l'allée du Méléagre, faisait face à l'allée des Feuillants et à la rue de Rivoli. — Trente ou quarante mille personnes étaient entassées autour de nous. Les fenêtres en face, étaient garnies de monde. Entre nous et la terrasse, sur un plancher peu élevé, étaient rangés les trois orchestre militaires, sous la direction de leurs chefs respectifs : MM. Mohr, Mimart de Bonnot. M. Mohr dirigeait. M. Landelle organisateur de la fête et M. Agnelli étaient au centre de l'orchestre. Le temps était magnifique.

Ce n'est pas à moi de rendre compte des impressions du public à l'audition de cette œuvre magistrale, Je puis dire seulement que trois morceaux ont été redits et qu'après l'exécution M. Landelle, M. Agnelli et M. Mohr m'ont adressé les paroles les plus flatteuses sur notre exécution.... « Cela ne pouvait être mieux » chanté » m'a dit, devant eux, M. Agnelli. — J'ajoute, moi que nous n'avons eu aucun accroc, quoique nous chantassions sur des CHIFFRES et qu'on nous accompagnât sur LA PORTÉE : c'est-à-dire, D'APRÈS L'ACCUSATION D'UNE FOULE DE GRANDS CRITIQUES : bien que nous chantassions en UT (selon eux) et qu'on nous accompagnât en LA BÉMOL. et eu RÉ BÉMOL !... Il est vrai que ni le public, ni l'auteur, ni même le chef d'orchestre n'ont paru s'apercevoir que notre TON n'était pas celui de l'orchestre... C'est qu'aussi, nous disions les paroles et que nous ne solfions pas ; de sorte que les critiques n'ont pu, cette fois, confondre la LANGUE D'UT avec le TON D'UT !... Et c'est cependant à de pareils arguments qu'en sont réduits la plupart de nos adversaires, qu'elle pitié !...

Et maintenant, qu'il me soit permis de faire ici quelques mots de revue rétrospective :

Quand il s'est agi, aux mois de juillet et d'août de l'année dernière, de chanter aux soirées du palais de l'Industrie, qui est on allé chercher ? — est-ce la société populaire du Conservatoire dirigée par M. Batiste ? — non ! est-ce l'Orphéon ? — non ; c'est nous ; nous seuls, qui avons chanté 5 fois, du 27 juillet au 24 août.

Quand il s'est agi de chanter à l'improviste à l'exposition des beaux-arts, devant l'Empereur et la Reine d'Angleterre, qui est-on allé chercher ? — Le Conservatoire ? — L'orphéon ? — Non ; c'est encore nous, qui n'avions que quelques heures pour apprendre un morceau fort long improvisé par M. Elwart.

Enfin, quand il s'est agi d'affronter en plein air trois orchestres militaires, pour chanter, à la fête du 15 août, cinq chœurs, chargés de bémols, est-ce le Conservatoire, est-ce l'Orphéon que l'on est allé chercher ?... Non, c'est toujours nous et nous seuls, que l'on est venu demander, en nous disant que notre concours était NÉCESSAIRE !

Que signifie donc, des lors, cet ostracisme QUAND MÊME dont nous frappe le Conservatoire et la commission du chant, alors que le pouvoir a recours à nous dans les circonstances les plus solennelles. Il y a là quelque chose qui blesse profondément la justice et le bon sens.

A quoi servent donc les écoles officielles si, quand le gouvernement en a besoin pour ses solennités, il est obligé d'y renoncer pour recourir à ceux qu'elles repoussent ? Qu'à produit le COURS POPULAIRE fondé au Conservatoire depuis sept ans et confié à M. Batiste ? Qu'a produit la méthode Wilhem depuis plus de trente ans qu'elle règne sans partage dans toutes les écoles de Paris. — Ah ! si nous avions les mêmes moyens d'action que vous, ce n'est pas par centaines, mais par millions, et encore plus, que nous vous fournirions des chanteurs !

Véritablement, cela doit donner à réfléchir à tous les hommes honorables que l'on a entraînés, sans qu'ils sachent pourquoi, dans une résistance aveugle, toute de parti-pris, et que les événement viennent, chaque jour, montrer plus injuste et plus inutile.

La vérité s'est fait jour, la lumière a lui, nul ne peut plus l'éteindre.

Émile CHEVÉ.

A Monsieur Louis Roger, directeur de la Réforme Musicale.

Quelle peut être la portée de la lettre adressée par le ministère d'Etat, à la société Galin-Paris-Chevé ?

La lettre qui vient d'être adressée par le ministère d'Etat (section des Beaux-Arts) à la société Galin-Paris-Cuevé, à l'occasion de la fête du 15 août, donne le droit de penser que l'on est édifié sur la valeur de la nouvelle méthode, et que la société qui a pour but de propager cette méthode inspire une certaine confiance.

A-t-on fait des propositions à d'autres sociétés, avant d'avoir eu recours à la musique en chiffres ?

Si oui, la musique ordinaire a avoué son impuissance, puisque l'on ne compte pas sur elle.

Si non, c'est que l'on sait à quoi s'en tenir sur ce qu'elle peut faire.

La dernière séance du Cirque a dû ouvrir

les yeux à ceux qui s'occupent de l'enseignement musical, et qui refusent de le réformer.

La méthode Galin-Paris Chevé, a fait ses preuves depuis des années.

Ce qui se passe aujourd'hui mérite bien de fixer l'attention.

Il existe à Paris une société chorale dont le but est la propagation d'une idée nouvelle. Cette société a toujours offert aux autres sociétés des concours, mais des concours sérieux et significatifs, bien différents de ceux qui ont lieu chaque année dans quelques départements. Elle a toujours été seule pour la lutte ; soit impuissance, soit dédain mal placé, aucun adversaire n'a relevé le gant qu'elle a jeté.

Dans la circonstance présente, elle n'a rien sollicité. On est venu à elle, et on lui a dit que son CONCOURS ÉTAIT NÉCESSAIRE.

Pourquoi les autres sociétés n'ont-elles pas été appelées à sa place ? Probablement parce qu'elles n'auraient pas eu le temps de lire, d'apprendre les morceaux à chanter.

M. Auber, le maître de chapelle de la cour, doit avoir une drôle de figure en ce moment. Il doit rougir ; car après avoir promis son appui à l'idée nouvelle, il lui a subitement tourné le dos et l'a toujours combattue depuis. Où sont ses orphéonistes, la société populaire du Conservatoire ?

Mais tout cela est peut être le moindre des soucis de M. Auber ; la popularisation de la musique ne l'empêche probablement pas de dormir.

Par suite de la position comme officielle que la société Galin-Paris Chevé va occuper le 15 août, la nouvelle méthode triomphe-t-elle ? Va-t-on la mettre en application par toute la France ?

Nous le pensons pas.

Et pourtant cela devrait être.

Une commission est chargée d'organiser l'enseignement du chant dans les écoles de France. Cette commission a pu apprécier déjà, dans des séances spéciales, la valeur de l'idée nouvelle. La circonstance présente devra peser dans la balance, puisque la société Galin-Paris-Chevé est la seule qui chantera à la fête du 15 août, et la seule assurément à qui l'on ait dit : VOTRE CONCOURS EST INDISPENSABLE.

Nous le répétons, notre conviction est que la lutte n'est pas finie.

Quoiqu'il en soit, on ne peut se dissimuler l'influence qui sera nécessairement produite sur l'opinion publique ; c'est beaucoup, car le jour où l'opinion publique sera généralement fixée, elle emportera tous les obstacles, en dépit de ceux qui veulent arrêter le progrès.

Ayons confiance dans l'avenir, secondons nos chefs et nous finirons par aborder.

Un des nombreux partisans de l'idée nouvelle,
A. N. DAVER.

Paris, le 10 août 1856.

LA MÉTHODE GALIN-PARIS-CHEVÉ
AU TEXAS

Encore une graine qui s'en va germer en pleine Amérique, et qui pourrait bien porter la contagion jusque chez les PEAUX-ROUGES et les CALPEURS du nouveau monde, comme elle a déjà pénétré chez les Nègres et chez les Chinois, grâce aux officiers de la marine. Cette fois, pourtant, ce n'est pas à la marine que revient l'honneur de l'initiation : c'est à la société chorale de l'école Galin-Paris-Chevé de Paris, qui se trouve faire de la propagande

au Texas par l'entremise d'un de ses membres fondateurs, Charles Capy. Ce brave jeune homme nous a quittés il y a environ dix-huit mois pour aller fonder la colonie de RÉUNION au Texas, en compagnie de beaucoup de gens dévoués comme lui.

Les premiers temps de leur arrivée ont été entièrement consacrés aux travaux d'urgence d'une première installation ; mais aussitôt que quelques instants de loisir ont été accordés à ces courageux pionniers, Capy en a profité pour organiser un cours de musique à ses camarades et venir ainsi porter au milieu d'eux un moyen puissant de distraction et de consolation, en face de leurs privations sans nombre et des ennuis, quelque fois si lourds, si énervant, de l'exil même volontaire !

Capy a commencé son cours au mois de septembre de l'année dernière et ne l'a pas interrompu depuis cette époque. Grâce à la merveilleuse écriture de Galin, et aux moyens simples et si puissants de la méthode, il a pu en un instant. — SANS ENNUI ET SANS DÉGOUT, (bien au contraire) conduire son enseignement assez loin pour qu'un intérêt véritable, un goût ardent, attachât les nouveaux adeptes a l'étude si douce, si consolatrice. — Bien plus, au milieu d'un dénument fort grand, manquant souvent des choses les plus nécessaires à la vie, en plein désert, ils ont trouvé le moyen, dans leurs courts instants de loisir, d'imprimer en chiffres des chœurs qu'ils ont lus et chantés avec un plaisir extrême. J'ai sous les yeux la prière de Zampa autographiée là bas, et les artistes de Paris ne renieraient pas ce travail fait par des hommes qui n'avaient même pas un foyer pour se chauffer, quand il glaçait à pierre fendre. Voilà les fruits que commence à porter partout l'école nouvelle ; voilà la récompense de ses longs, pénibles et dangereux travaux. Grâce à Dieu la lumière se fait, tant pis pour ceux qui en sont blessés : qu'ils fassent comme le hibou, qu'ils se retirent dans l'ombre.

Par la pensée, faites la contre épreuve de ce qu'a fait Capy au Texas ; mettez à sa place, au milieu de ces pays inhabités, un orphéoniste, avec la méthode Wilhem, et priez-le de monter, avec ses seules ressources personnelles, un cours de musique, qui intéresse assez les élèves pour les conserver et qui les instruise assez vite pour les conduire en peu de temps à la lecture facile de la musique. — Essayez cela, messieurs de la commission du chant, et vous serez bientôt édifiés sur la facilité et la sûreté de propagation de la méthode Wilhem !... Mais le parti-pris et la bienheureuse routine vous le défendent ; et comment lui désobéir.

Emile CHEVÉ.

Ce que c'est que
LE JOUJOU MERCADIER
Couronné à l'Exposition universelle.

Fidèle à mon habitude de ne parler que des choses que j'ai vues et étudiées autrement que sur le titre d'un livre et sur la table des matières, comme l'a fait beaucoup trop souvent le PHILOSOPHE Fétis, je n'ai pas dit un mot qui de près ou de loin, se rattachât à l'appareil que, M. Fétis loue sans réserve, dans sa lettre du 27 novembre 1855, reproduite à la page d'annonces du FIGARO du 13 juillet dernier.

Aujourd'hui que j'ai vu et étudié le JEU DES GAMMES de M. Mercadier, je ne suis plus retenu par les mêmes scrupules, et sans vouloir m'attribuer le mérite d'une prescience exceptionnelle, je peux dire que j'avais mesuré avec exactitude les limites étroites dans lesquelles s'est emprisonné l'auteur de cette pauvre invention, ADMIRÉE (le mot est écrit plus d'une fois) par plusieurs des signataires des lettres publiées à tant la ligne par le fermier des annonces du FIGARO.

Commençons par le tableau de l'ORIGINE DES CLÉS dont le disque fonctionne à gauche du joujou couronné.

En le faisant fonctionner, au moyen du bouton, on voit apparaître successivement sept clés avec l'indication des sept voix qu'elles indiquent, la limite grave et aigue de chacune de ces voix, des cinq lignes affectées à chaque clé et rapportées à l'échelle générale, limitée, de par M. Mercadier, à ONZE lignes, plus quelques notes précieusement jetées sur la portée de chaque voix, en nombre inégal ascendant pour les voix d'hommes, descendant pour les voix de femme (tantôt CINQ notes diatoniques, tantôt SIX, tantôt SEPT, tantôt HUIT), et les unes surmontées de leur nom écrit en toutes lettres, tandis que les autres ne sont pas désignées par un indice du même genre, comme on le voit ici :

Pour la voix de :	Le joujou offre la série diatonique de points noirs correspondant à :	et marque en toutes lettres les notes :
Basse :	fa, mi, ré, ut, si, la, sol,	fa, ré, si, sol.
Baryton :	fa, mi, ré, ut, si,	fa, mi, ré, ut, si.
Ténor grave :	ut, si, la, sol, fa, mi, ré,	ut, la, fa, ré.
Ténor léger :	ut, si, la, sol, fa,	ut, la, fa.
Contralto :	ut, ré, mi, fa, sol, la,	ut, mi, sol.
Mezzo soprano :	ut, ré, mi, fa, sol, la, si ut,	ut, mi, sol, ut.
Soprano :	ut, ré, mi, fa, sol, la, si, ut,	ut, mi, sol, ut.

C'est là tout. Ouvrez la page 275 de la MÉTHODE ÉLÉMENTAIRE de M. et Mme Chevé ; vous y trouvez, dans un tableau dont la hauteur est égale à l'espace occupé en regard, par les quatorze dernières lignes de la page 274. Ce petit tableau SYNOPTIQUE montre isolées ou réunies, toutes les données comprises dans le côté gauche du joujou, moins les irrégularités fantasques des séries diatoniques et des stigmates en toutes lettres ; PLUS les LIMITES DE LA VOIX DE CONTRE-HAUT DESSUS et sa clé spéciale celle de SOL SUR LA 1ʳᵉ LIGNE, dont M. Mercadier ne parait pas connaitre la place sans le classement INTÉGRAL des voix, caractérisées CHACUNE par une CLÉ CORRESPONDANT A SES LIMITES, puisqu'il appelle la clé de SOPRANO purement et simplement clé de SOL, sans y ajouter le numéro de la ligne du SOL, comme il le fait pour les six autres clés.

Il y avait là matière à quelques restrictions pour les ADMIRATEURS, surtout pour M. Fétis, qui devait dire à M. Mercadier : « En admettant sept clés sur votre disque, vous faites

» mon procès à moi, Fétis, qui, dans ma Mu-
» SIQUE A LA PORTÉE DE TOUT LE MONDE 2ᵉ édi-
» tion, page 17.—Paris, Paulin, 1836) n'ai
» montré que CINQ CLÉS pour SIX VOIX, et qui
» ai réuni au-dessus d'une même clé les deux
» indications SOPRANO et CONTRALTO Si vous avez
» voulu faire le tableau complet du système
» des voix et des clés. vous aviez nécessairement
» à utiliser le huitième compartiment de votre
» octogone, laissé par vous sans emploi, et à
» donner DOUZE LIGNES, au lieu de ONZE à
» la portée générale des voix humaines. »

Mais M. Fétis ne dit rien de tout cela, bien plus membre du jury, il COURONNE, et, rendu à son conservatoire de Bruxelles, il approuve de nouveau sans paraître savoir que le joujou n'est qu'une lanterne magique, mal conçue, dans laquelle son protégé fait passer, obscurcies et incomplètes, les données du tableau de la page 275 de M. et de Mme Chevé.

Passons au disque de la FORMATION DES GAMMES. Ici l'emprunt est tout aussi visible ; les lacunes sont aussi évidentes. Quatre cercles concentriques offrent, en partant de la circonférence : le 1ᵉʳ, seize tétracordes consécutifs, dont les points de départ sont échelonnés de quinte en quinte, depuis UT BÉMOL jusqu'à SOL DIÈSE ; le 2ᵉ, la liste successive des mineurs relatifs, depuis LA BÉMOL jusqu'à LA DIÈSE ; le 3ᵉ, sur la SEULE CLÉ de SOL A LA 2ᵉ LIGNE, l'armure des quinze tonalités majeures, depuis UT BÉMOL jusqu'à UT DIÈSE ; le 4ᵉ, une indication qui est un véritable pléonasme, puisqu'elle donne UNIQUEMENT le NOMBRE des accidents qu'ON VOIT ÉCRITS SUR LE TROISIÈME CERCLE.

Cela fait, en réalité, trois indications pour chacun des quinze seizièmes de révolution qu'on fait effectuer au disque — un des seize compartiments étant resté vide — pour les toniques et leur relatif mineur.

Reprenons les trois cercles, les seuls qui puissent avoir été remplis, par M. Mercadier, de données susceptibles de lui donner droit au titre d'inventeur.

1ᵉʳ cercle, SÉRIE DE TÉTRACORDES, POINTS DE DÉPART DE QUINTE EN QUINTE EN MONTANT. Il est facile, surtout à Rouen, où s'imprime la RéFORME MUSICALE, de trouver des exemplaires des EXERCICES AUTOGRAPHIÉS pour mon 2ᵉ cours de musique de Rouen (in-4°. Rouen, Perruche, 1836). Les tétracordes consécutifs y sont imprimés en colonnes. Mais M. Mercadier dirait peut-être qu'il n'a jamais été à Rouen, comme il dit qu'il n'a jamais mis le pied dans le cours gratuit de M. Emile Chevé. Prenons donc le livre imprimé à Paris, où M. Mercadier demeure, ce livre dont il déclare AVOIR LU AU MOINS LES PREMIÈRES PAGES. dans ce qu'il appelle sa réponse du 30 mai 1856 (voir la Réforme MUSICALE du 8 juin dernier). On y lit, page 216, ligne 30 : « Un problème important se
» présente ici ; le voici : Une autre note que
» l'UT étant prise pour tonique, construire sur
» cette NOUVELLE TONIQUE une gamme parfaite-
» ment semblable à la GAMME MODÈLE d'UT,
» c'est-à-dire constituée comme elle, par la suc-
» cession de deux secondes majeures, une se-
» conde mineure, trois secondes majeures et
» une seconde mineure.

» Reprenons l'échelle d'UT, et remarquons
» d'abord que les deux tétracordes (1) UT, RÉ,
» MI, FA, et SOL, LA, SI, UT, sont parfaitement
» égaux, puisque chacun d'eux est formé de deux

---

(1) Tétracorde, quatre cordes, quatre notes, air de quatre notes par degrés conjoints *(Note d'Emile Chevé, page 216.)*

» secondes majeures surmontées d'une seconde
» mineure. »

Et plus loin, page 217, ligne 36 : En effet,
» dans cette gamme de SOL, L'ÉGALE DE CELLE
» D'UT. le TÉTRACORDE SUPÉRIEUR RE,
» MI, FÉ, SOL, étant l'ÉGAL DU TÉTRACORDE
» INFÉRIEUR SOL, LA, SI, UT, PEUT ÊTRE
» ÉCRIT A COTÉ DE LUI, pour produire le
» même air à une quinte plus haut. »

Enfin, page 218, ligne 35 : En poussant
» toujours ainsi l'opération, en écrivant le TÉ-
» TRACORDE SUPÉRIEUR DE LA NOUVELLE GAMME
» A COTÉ DE L'INFÉRIEUR, c'est-à-dire EN
» PRENANT POUR TONIQUE NOUVELLE
» L'ANCIENNE DOMINANTE, on voit arriver
» un nouveau dièse à chaque nouvelle gamme,
» jusqu'à ce que toutes les notes de la gamme
» d'UT aient complètement disparu, et si on
» on continue encore l'opération, on voit
» les dièses disparaître, pour être remplacés
» par des sons plus aigus que l'on nomme doubles
» dièse.

» Construisons maintenant, d'après ces don-
» nées, le TABLEAU GÉNÉRAL des gammes
» par DIÈSES et par DOUBLES DIÈSES. »
Cette succession des tétracordes qui *prend constamment le tétracorde supérieur d'une gamme, pour en forme le tétracorde inférieur de la gamme de la dominante, prise comme nouvelle tonique,* serait la seule invention que le jury de l'Exposition universelle eût pu attribuer à M. Mercadier ; car les quinzes armure, depuis le ton d'UT BÉMOL jusqu'à celui d'UT DIÈSE sont, depuis des siècles, dans le domaine public. M. Fétis, en les reproduisant dans son MANUEL DES PRINCIPES DE MUSIQUE (Paris, SCHLESINGER, 1837 —Bruxelles WEISSBRUCH), n'a pas osé s'en attribuer la propriété. Il en est de même de la série des quinze toniques mineurs relatives des seules gammes majeures dont M. Mercadier à copié les armures dans tous les livres, et LES DEUX TÉTRACORDES CONSÉCUTIFS, DANS LES LIVRES DE NOTRE ÉCOLE,

La MÉTHODE ÉLÉMENTAIRE de M. et de Mᵐᵉ Chevé, page 219, déclare INFINIE la formation des gammes par quintes, en montant ou en descendant. Elle les formule, chacune avec ses huit échelons, jusqu'à la gamme de RÉ DIÈSE. — En tout DIX GAMMES, y compris celle d'UT ; puis, à la page 223, elle donne superposés les huit échelons des gammes par bémols. jusqu'à celle de FA BÉMOL inclusivement c'est-à-dire HUIT GAMMES qui jointes aux dix autres donnent un total de DIX-HUIT. Les TÉTRACORDES CONSÉCUTIFS, dont à PROFITÉ M. Mercadier, ne peuvent, dans un cercle divisée soixante-quatre parties, fournir que QUINZE GAMMES COMPLÈTES. Le joujou contient donc moins que le livre dont Mercadier a PROFITÉ ; le joujou a de plus le malheur de n'offrir que pour la clé de SOL, 2ᵉ ligne, des armures qu'en bonne logique réclament avec un droit égal chacune des six autres clés, imprimées sur le disque de gauche.

LA MÉTHODE ÉLÉMENTAIRE de M. et de Mme Chevé, était à l'Exposition universelle ; le jury dont M. Fétis était membre ne fait pas même ouvrir la vitrine qui renferme l'ouvrage , avec d'autres produits. et elle décerne une récompense à l'appareil incomplet d'un contrefacteur peu scrupuleux qui dénature, pour se l'approprier, l'œuvre des producteurs honnêtes.

Aucune puissance au monde ne m'empêchera de dire que cela est d'un mauvais exemple, que cela est fait pour exciter la fraude, par l'appât d'une prime scandaleuse, 'et pour décourager quand ils ne sont pas vigoureusement constitués, les hommes de bon vouloir et d'in-

---

telligence qui, rendant hommage au génie de leurs devanciers, laissent aux morts et aux vivants leur part entière de gloire, satisfaits, lorsqu'ils peuvent se dire qu'ils ont écarté une pierre du chemin et rendu à tous la route plus facile et plus sûre.

On peut consulter. depuis 1850, la collection du FRANC-JUGE, du ROUENNAIS et de la RÉFORME MUSICALE. Jamais je n'y ai fait connaître la liste de mes ouvrages, ni le détail des appareils, des procédés, ou des mécanismes que j'ai créés pour épargner du travail aux intelligences développées ou les larmes à l'enfance. Mais aujourd'hui, il faut établir mon droit et ma compétence, pour parler comme je viens de le faire d'un misérable jouet, coté modestement vingt-cinq francs, et qui donne beaucoup moins que le tableau que j'offrirai tout-à-l'heure, tableau que pourra étendre à l'infini quiconque connaîtra la série *fa ut sol ré la mi si*, prise de *fa* à *si* ou de *si* à *fa*, et conduite jusqu'aux dièses et aux bémols doubles, triples, quadruples, quintuples, etc.

En 1844 il parut à Bruxelles un ANNUAIRE DRAMATIQUE, publié par le libraire Lelon, avec la biographe de quelques contemporains. On me fit l'honneur de visiter et de cataloguer les appareils et les procédés qui remplissaient toute une chambre de l'appartement que j'occupais, Montagne de la cour. Voici ce catalogue, jusqu'à l'année 1843 seulement. Si M. Mercadier trouve que cela ne suffit pas, je formerai, comme supplément, l'état de ce que j'ai fait, dans les treize années écoulées depuis la publication de l'ANNUAIRE DRAMATIQUE.

1° Langue syllabique des durées, 1829. — 2° Chronomériste mobile, 1820. — 3° Formules musicales, 1829 et années suivantes. — 4° Echelle comparative des déplacements de tonalité, 1834. — 5° OEdipe musical, 1838. — 6° Omnium scala, 1838. — 7° Protée claviculaire, 1838. — 8° Multiplicateur rhythmique, 1838. — 9° Progression tonale, 1840. — 10° Isolateur des clés, 1840. — 11° Equateur des accords, 1841. — 12° Réducteur des mesures, 1841. — 13° Entrecroissement des tonalités, 1841. — 14° Filiation universelle, 1841. — 15° Pantographe musical, 1841. — 16° Révélateur tonal, 1841. — 17° Ubiquité tonique, 1841. — 18° Myriades rhythmiques, 1841. — 19° Canotier musical, 1843.

Il me serait permis, le joujou de M. Mercadier fût-il DE LUI, fût-il COMPLET, ce que doit être l'œuvre de tout esprit DROIT et INTELLIGENT, de ne pas m'extasier devant UNE SEULE conception, qui laisserait DIX-HUIT problèmes à résoudre, pour établir la parité purement numérique entre ses travaux et les miens.

Mais cet appareil coûteux et borné, qui ne dépasse pas, SUR SES DISQUES les simples dièses et les simples bémols (les doubles accidents n'étant que sur les BOULES DE LOTS et exigeant des opérations que peuvent faire peu d'intelligences en germe), ne contient pas même la totalité de ce que présente le tableau suivant, que grâce à la progression des quintes étendraient, indéfiniment des enfants de sept ans, dans les régions des accidents doubles, triples, etc. C'est une des innombrables applications de mon OEDIPE MUSICAL, produit à Bordeaux en 1838, dans une exposition, où il se trouvait, SEUL, représenter le contingent de la musique, tant à Lille, ECHO DU NORD 18 octobre 1840 ; MOULIN-A-VENT 25 octobre 1840 — qu'à Bruxelles, 22 avril 1841, dans le COURRIER BELGE que M. Fétis avait de fortes raisons pour lire exactement, depuis le 9 décembre 1840.

J'emploie les noms de notes en toutes lettres pour ne pas agacer les nerfs de ceux qui n'aiment pas le chiffre, parce qu'ils n'ont pas voulu le connaître, Lapons de notre âge, qui ne conçoivent pas qu'on puisse vivre dans l'Europe centrale, où on ne trouve ni de l'huile rance ni de la chair de veau marin. Ils voudront bien comprendre que D signifie DIÈSES, B, BÉMOL ; DD, DOUBLE DIÈSE et BB, double bémol.

Toniques majeures.	Toniques mineures relatives.			Accidents à la clé
RÉD	mid	fad	sold	Cinq dièses et deux doubles dièses à la clé.
SOLD	lad	sid	utd	Six dièses et un double dièse à la clé.
UTD	réd	mid	fad	Sept dièses à la clé.
FAD	sold	lad	si	Six dièses à la clé.
SI	utd	réd	mi	Cinq dièses à la clé.
MI	fad	sold	la	Quatre dièses à la clé.
LA	si	utd	ré	Trois dièses à la clé.
RÉ	mi	fad	sol	Deux dièses à la clé.
SOL	la	si	ut	Un dièse à la clé.
UT	ré	mi	fa	Aucun accident à la clé.
FA	sol	la	sib	Un bémol à la clé.
SIB	ut	ré	mib	Deux bémols à la clé.
MIB	fa	sol	lab	Trois bémols à la clé.
LAB	sib	ut	réb	Quatre bémols à la clé.
RÉB	mib	fa	solb	Cinq bémols à la clé.
SOLB	lab	sib	utb	Six bémols à la clé,
UTB	réb	mib	fab	Sept bémols à la clé.
FAB	solb	lab	sibb	Six bémols et un double bémol à la clé.
SIBB	utd	réb	mibb	Cinq bémols et 2 doubles bémols à la clé.
MIBB				

TÉTRACORDES.

Placement des accidents à la clé:

Série unique.

Bémols.		Dièses.
1er	si	7e
2e	mi	6e
3e	la	5e
4e	ré	4e
5e	sol	3e
6e	ut	2e
7e	fa	1

La même armure pour le *majeur* et son *relatif*, fourni par la deuxième note du tétra-corde supérieur.

A mon tour, comme Emile Chevé, je somme les juges de l'exposition universelle, le comité des études du Conservatoire impérial, et spécialement MM. Auber, Carafa et Halévy, signataires du rapport du 9 août 1850, qu'aurait dû rendre plus circonspects le COUP DE GRACE A LA ROUTINE MUSICALE, de montrer, dans le joujou célébré avec tant d'enthousiasme, par tant de voix connues et retentissantes, soit *tout ce qui est dans le tableau qui précède*, soit *quelque chose qui manque dans ce tableau*.

Tant qu'ils ne l'auront pas fait, nous conserverons le droit de dire qu'ils ont gravement compromis leur clairvoyance et la réputation de droiture à laquelle ils doivent tenir, en épuisant les formules de l'éloge, pour un outil incomplet, mal conçu, en arrière de vingt ans, relativement aux progrès de la science réelle, et qui, ne portant pas le nom des véritables vulgarisateurs de l'agencement des tétracordes consécutifs, est, par ce fait seul, une mauvaise action que la conscience publique ne saurait flétrir avec trop d'énergie.

Sans compter qu'ils avoueront, par leur silence, n'avoir pas compris que M. Mercadier, espaçant inégalement *après beaucoup d'autres*, les huit ronds de la GAMME MODÉLE, dont ils lui attribuent si libéralement l'invention, leur fait accepter avec une humilité plus que chrétienne, le soufflet donné par leur protégé à la portée, qui ne pourra jamais, quoiqu'ils en disent, faute de savoir assez bien réfléchir et comparer, *peindre à l'œil* des ÉCARTEMENTS INÉGAUX, au moyen de BARREAUX ÉQUIDISTANTS.

Faites des opéras, messieurs du comité des études ; plusieurs de vous s'en acquittent à merveille, enlevez les applaudissements de la foule, par les prodiges de votre exécution ; plusieurs d'entre vous manient admirablement leurs instruments ; mais, pour Dieu ne venez pas étourdiment imposer votre avis, dans des questions que vous n'avez pas eu le temps d'étudier, absorbés, comme vous l'étiez, par les combinaisons harmoniques ou par le travail du mécanisme.

Que diriez-vous de Bacon, de Locke et de Condillac, s'appuyant sur leur valeur incontestable comme penseurs, si ces hautes intelligences, qui ne sauraient point même *passer le pouce*, avaient la prétention d'intervenir dans une question de doigté ; bien plus de jouer concurremment avec vous un morceau, fût il écrit pour les commençants ?

Et ne vous y trompez pas, c'est à vous, messieurs que s'adressent nos articles sur les plagiats et les pitoyables imaginations de M. Mercadier. Nous avons de notre temps un emploi assez utile, nous savons assez bien mesurer les distances sur le terrain intellectuel pour ne point nous préoccuper outre mesure d'un acte qui ne représenterait guères pour nous que la perte d'un foulard ou d'une montre plus ou moins subitement transvasés de notre poche dans celle d'autrui. C'est la consécration donnée PAR VOS SIGNATURES, inconsidérées, j'aime à le croire, à un acte de piraterie qui a donné à cet affaire de graves proportions.

Nous pourrions nous résigner à reprendre sans éclat NOTRE foulard NOTRE montre, mais si les gendarmes prêtaient main forte à l'EMPRUNTEUR, nous croirions devoir élever la voix pour réclamer les droits de la propriété qui, variée quand à la forme des choses possédées, et une et indivisible, dans son principe, respectable avant tout.

Aimé PARIS.

On lisait dans le journal l'*Effronté*, numéro du 15 août :

« Nous assistions, le 20 juillet, à une séance musicale donnée par l'école de M. Chevé (Société Galin-Paris-Chevé) ; non seulement nous avons été très-satisfait du résultat de cette séance (et l'on nous sait difficile), non-seulement nous avons été étonné de la manière dont déchiffrent, en solfiant à première vue, les élèves de l'école Chevé, mais nous n'hésitons pas à déclarer hautement que cette méthode mérite de la part des musiciens, quels qu'ils soient, un examen sérieux et approfondi. Cette déclaration fera hausser les épaules aux défenseurs des vielles routines, mais nos lecteurs, nos amis, nos maîtres sympathiques (il y en a au Conservatoire, s'il vous plaît !) n'ignorent pas que nous avons été nourri dans le sérail de la méthode des signes, que nous en connaissons tous les détours..., hélas, trop nombreux, et qu'après tout, nos études nous donnent le droit d'approuver ce qui serait mieux. Or, à priori, la méthode Chevé nous paraît, quant à l'étude du chant populaire, supérieure à celle qui nous a bercé, et nous n'hésitons pas à aller grossir le nombre de ses partisans.

Puisque, grâce au ciel, on nous laisse çà et là noir-

cir du papier à notre guise, nous n'omettrons point de nous occuper de temps à autre d'une méthode que tant de gens repoussent, parce qu'ils ne la connaissent pas.

Théâtre-des-Arts.

TABLEAU DU PERSONNEL.

Directeur, M. J. JUCLIER.
Régisseur-général, chargé de parler au public, MM. Haquette.

Deuxième régisseur.	Prost
Secrétaire d'administration.	Daydé.
Inspecteur des théâtres.	Descambos.
Caissier des Théâtres.	A. Chapiseau.
Contrôleur.	Monneret.

Opéra.

Pr. ténor de grand-opéra.	Bovier-Lapierre.
Pr. ténor léger en tous genres.	Bouvard.
2e ténor léger et des premiers.	Quetteville.
Philippe, Moreau-Sainti, des 2e t.	Hyacinthe.
Baryton.	Lacroix.
Pr. basse en tous genres.	Bonnesseur.
Pr. basse d'opéra-comique, 2e de g.-o.	E. Neulat.
3e basse et des 2e	Leconte.
Ténor comique. trial.	Gourdon.
Ténor grime, Laruette,	Voizel.
Pr. forte chanteuse, Falcon, Stoltz.	Faure.
Pr. chanteuse légère (en représ.)	Lavoye.
Pr. dugazon, des jeunes chanteuses.	Quetteville.
Des Dugazon, jeunes chanteuses.	Chevalier.
Jeune mère Dugazon, des chanteuses.	Gourdon.
Mère Dugazon, pr. duègne.	Saint-Ange.

CHŒURS. — 18 hommes. 16 dames.
ORCHESTRE. — Pr. chef. M. Bernard.
2e chef. M. Voiron.
45 musiciens.

Ballet.

Maître de ballets.	Laurençon père.
Pr. danseur en tous genres.	Albert.
Pr. danseur demi-caractère.	Mamert.
Pr. danseur comique.	Laurençon fils.
Pr. danseuse en tous genres.	Baudouin.
Pr. danseuse demi-caractère.	Berthe.
2e et 3e danseuse.	Juliette.
2e et 3e danseuse.	Filhol.

Comédie, Drame, Vaudeville.

Pr. rôle en tous genres.	Butaut.
Jeune pr. rôle, fort jeune-premier.	Julien-Mary.
Pr. amoureux, jeune-premier.	Franck.
2e amoureux	Arthur.
3e amoureux.	Guérinot.
Père noble, financier, comique marqué.	Armand.
Père noble.	Cudot.
Financier, comique marqué, grimes,	Voizel.
Pr. comique.	Francis.
Des comiques, rôles de genre.	Berret.
Des comiques.	Gourdon.
Jeune comique.	Milet.
Pr. rôle en tous genres.	Mmes Haquette.
Jeune première, jeune pr. rôle.	Coblentz.
Jeune première, forte ingénuité.	Lafont.
Pr. ingénuité, des amoureuses.	Berthe.
Amoureuses.	Vallon.
Coquettes, seconds rôles.	Evrard.
Soubrettes, travestis, Déjazet.	Daubray.
Des 2e soubrettes.	Adèle.
Id. des amoureuses, rôles de genre.	Descambos.
Id. amoureuses.	Cerveau.
Pr. duègne, mère noble,	Saint-Ange.

ERRATA.

Quelques fautes se sont glissées dans l'avant-dernier article de M. Emile Chevé sur M. Mercadier.

1° Page 2. Première colonne de M. Mercadier, 13e alinéa, au lieu de 2e *deuxième*, lisez :
2° douzième
3° dix-septième

2° Page 3, première colonne de M. Mercadier, 7e alinéa, 7e ligne, après les mots « est portée » ajoutez : à l'octave.

Barôtal. — Imp. Fouchart.

XIᵉ Année ; — 1ʳᵉ du nouveau titre.   **UN NUMÉRO : 20 CENT.**   N° 33. — Dimanche 7 Septembre 1856.

Musique, — Sciences, — Arts, — Littérature, — Théâtres.

LA RÉFORME MUSICALE

ABONNEMENT A ROUEN : 10 FR.

ON S'ABONNE

A ROUEN, chez M. Louis Roger, rue Porte-aux-Rats. 2.
A PARIS, chez M. Émile Chevé rue des Marais-S-G.. 48.
A MARSEILLE, chez M. Aimé Paris rue Paradis, 77.

JOURNAL DES DOCTRINES DE L'ÉCOLE GALIN-PARIS-CHEVÉ.

BUREAU A ROUEN, RUE PORTE-AUX-RATS, N° 2.

LOUIS ROGER, Directeur-Gérant.

ABONNEMENT DANS LES DÉP. : 12 FR,

ON S'ABONNE

A LYON, chez M. Perraud, rue du Griffon, 11.
AU HAVRE, chez M. Vasse, rue Molière, 16.
Les abonnements peuvent être payés en timbres-postes (Affranchir).

RENSEIGNEMENTS. — Cette feuille paraît, à ROUEN, tous les DIMANCHES. — Tout ce qui concerne l'administration du journal doit être adressé à Rouen, rue Porte-aux-Rats, 2. — Ce qui concerne la rédaction peut être indifféremment adressé à M. CHEVÉ, à M. Aimé PARIS, ou au Directeur-Gérant. — La critique demeure sous la responsabilité de celui qui la signe. — Il sera rendu compte des Ouvrages dont un exemplaire sera déposé au bureau du journal. Les lettres non affranchies seront refusées.

On peut se procurer des numéros de la *Réforme*, au Bureau du Journal ; — au dépôt du cours Boïeldieu, à Rouen, — et dans l'intérieur des Théâtres.

M. MERCADIER LE CONSERVATOIRE DE MUSIQUE

& LA MÉTHODE GALIN-PARIS-CHEVÉ.

(6ᵐᵉ article. — Voir les numéros des 15 et 29 juin, 20 juillet, 10 et 24 août 1856.)

Paris, 28 août 1856.

Après avoir fait passer sous les yeux du lecteur ce qui, dans le livre de M. Mercadier, ne lui appartient pas, ce qui rentre dans les banalités des solféges et ce qui appartient à l'école nouvelle, à la théorie des rapports, il me reste à signaler ce qu'il y a d'original dans son livre, ce qui est bien son œuvre propre, et ce qui seul, dès lors, pourrait établir ses droits à la haute estime du comité des études du Conservatoire, si ce comité n'avait pris la peine d'indiquer lui-même ce qui l'avait surtout frappé dans le livre de M. Mercadier : la gamme, ses clés, etc.

Ici se présentent deux choses à examiner :

1° L'ordre même du travail de M. Mercadier, chose capitale dans un livre élémentaire destiné aux intelligences en germe, et qui permet d'apprécier avec exactitude la manière dont l'auteur lui-même comprend la science qu'il a la prétention d'exposer ;

2° Certains détails, certains faits plus ou moins secondaires, que l'on rencontre dans presque tous les chapitres, et qui montrent la logique de détail de l'auteur (pardon du mot) et qu'il est utile de signaler à l'attention du lecteur et même à celle du comité des études qui me paraît n'y avoir pas pris garde.

Commençons pas jeter un coup-d'œil sur le plan du livre de M. Mercadier qui, eu égard à son horreur de la routine et à son amour pour la logique des faits et la raison d'être des choses, a dû briser avec le pêle-mêle anarchique des solféges pour adopter un ordre régulier, logique, scientifique. C'est du moins ce que l'on est en droit d'attendre de son avant-propos.

Toutefois, pour mettre le lecteur à même d'apprécier à sa juste valeur le travail de M. Mercadier, rappelons en peu de mots en quoi consiste la musique comme science et comment doit en être faite l'exposition scientifique.

Tout ce qui a trait à la musique, envisagée au triple point de vue de la *science*, de *l'art* et de *l'enseignement* peut se résumer en trois mots :

Intonation : Tout ce qui regarde la production et l'agencement des sons ;

Mesure : Tout ce qui regarde la durée des sons ;

Expression : Tout ce qui a trait aux sentiments à exprimer. — (Cette troisième partie appartient à l'enseignement artistique ; les deux premières, seules, sont du ressort de l'enseignement élémentaire : lecture, écriture.) Reprenons ces trois mots, l'un après l'autre :

1° A L'INTONATION se rapportent :
- A. Les *modes*, airs typiques, bases de tout notre système musical.
- B. Les *tons*, points de départ des modes, sans influence sur les intervalles.
- C. Les *modulations*, changements de modes ou de ton, dues au courant d'un air.

2° A LA MESURE se rapportent :
- A. L'unité de durée-*temps*, avec ses divisions et subdivisions binaires et ternaires.
- B. La *mesure* due à un jalonnement binaire, ternaire ou quaternaire.
- C. Le *Rhythme*, les *cadences*, etc.

3° A L'EXPRESSION se rapportent (1) :
- A. Les *nuances*, etc., dues à l'action des puissances respiratoires.
- B. Les *tonalités*, les effets pathétiques, dues à l'action du larynx ;
- C. Les *émissions*, les *articulations*, etc, dues aux organes phoryngien, buccaux, etc.

La logique veut donc que l'on traite séparément et successivement ces trois questions pivotales L'enseignement élémentaire ne réclame que les deux premières. — Voilà pour la science.

L'idée musicale étant triple - *son—durée - expression.* l'alphabet musical sera triple aussi : *alphabet d'intonation — alphabet des durées — alphabet d'expression.* Voilà pour l'écriture.

Chaque alphabet devra trouver sa place APRÈS *l'idée qu'il exprime, et non pas avant,* comme le fait a lieu dans les livres de musique. L'étiquette n'a de raison d'être qu'après l'existence de la chose étiquetée.

Enfin, la logique et le bon sens (si, toutefois, logique et bon sens sont deux choses différentes) veulent que *l'on procède avec ordre, du connu à l'inconnu,* comme le proclame M. Mercadier lui-même, et que l'on ne décrive pas tout pêle-mêle : écriture, son, durées, nuances, etc.

Cela dit, voyons le livre de M. Mercadier, publié à la fin de 1856 et adopté au commencement de 1855 ; et mettons en regard la table de *la partie* théorique du nôtre publié en 1844 et repoussé depuis DOUZE ans par MM. Auber, Halévy, Carafa, etc. M. Mercadier ayant osé imprimer que nous avions éprouvé une défaite il est bon que le lecteur juge — une fois de plus — pièces en main. Il a déjà pu établir le parallèle entre nos articles et ceux de M. Mercadier sur la gamme et la génération des tons, aujourd'hui il va pouvoir comparer les plans généraux des deux livres. Donnons donc, à gauche, la table *du tiers de notre livre* à droite celle du *livre entier de M. Mercadier.* Il peut être curieux, pour le lecteur, de voir face à face le *vieux* réprouvé et le *jeune* élu : Il est bon aussi que les juges soient — à leur tour — jugés par le public.

(1) Galin, Aimé Paris, Mme Émile Chevé et moi ne nous sommes pas occupés de la question artistique, de l'*expression*. La partie de la classification qui se rapporte à ce mot *expression* est empruntée aux beaux travaux de M. F. Delsarte sur cette partie complémentaire de l'enseignement musical. C'est à ses leçons que j'ai puisé cette manière de classer les phénomènes d'expression, manière que j'adopte, parce que je la crois basée sur la vérité. — « Il faut rendre à César ce qui appartient à César. »

Récapitulons : d'abord en bloc, puis par sections.

1o L'intonation est traitée aux chapitres 2,3....... 13,14, 15, 16, 17,18, 19, 20, 21.. ... 24. Voilà la chose pivotale qui commence au chapitre 13, car les deux premiers ne signifient rien.

2o Les durées sont traitées avant l'intonation, aux chapitres 5. .. 7, 8, 9....12.

3o L'exécution est traitée aux chapitres 10 .. 12.... 26.

4° L'écriture, enfin, précède partout l'idée qu'elle est appelée à rendre, selon l'usage de la stupide routine du solfége, si exécrée de M. Mercadier, qui donne cependant pêle-mêle, et sans aucune spécification, tout ce qui a trait à l'intonation, aux durées, à l'expression, dans QUATORZE chapitres.— « Aimez-vous... le grimoire ? » il en a mis partout. » — Ces chapitres portent les numéros 4, 5, 6, 7.... 9, 10, 11, 12.... 14.... 16, 17, 18.... 20... 22... ouf !

Récapitulons maintenant par section : Intonation. Voici l'ordre choisi par M. Mercadier.

CHAPITRE 1er — Du son.
— 2e du demi-ton et du ton (avant la théorie des intervalles.— Affirmations sans preuves.)
— 13e— De la gamme (Historique — que, pour ma part, je déclare n'avoir pas tout compris ; sans doute parce que mon intelligence — qui n'est plus en germe — a perdu sa lucidité native).
— 14° — Du dièse, du bémol et du bécarre (Le dièse et le bémol avant la génération des tons, sans lesquels ils n'ont pas de raison d'être ! Le bécarre avant les modulations... bravo ! MM. Auber, Halévy et Carafa.... voilà donc la logique qu'il vous faut !...)
— 15e — Du comma. (avant la théorie des modes... De plus fort en plus fort !)
— 16e— De la gamme modèle (Il est temps, après tout le gachis qui précède !)
— 17e — De la formation des gammes (enfin !)
— 18e — De l'enharmonie (Un chapitre pour l'enharmonie et rien pour la chromatie !)
— 19e — De la tonalité (L'auteur la définit ainsi : « On entend par tonalité l'ef-
» fet d'un groupe ou assemblage de
» notes qui se reproduit sur l'échelle
» diatonique à des intervalles régu-
» liers ! » O bienheureuses intelligences en germes qui comprendrez cela ! O plus heureux Conservatoire, qui l'avez compris .. et approuvé !)
— 20e— Du mode majeur et du mode mineur (Après le comma, l'enharmonie, quel ordre !)
— 21e — Du renversement des intervalles (Les intervalles sont la base de l'édifice musical ; M. Mercadier les jette au dernier chapitre, et encore ne leur fait-il pas l'honneur de les nommer, ce sont les renversements qu'il met en titre ! ! Aussi le Conservatoire ébloui de ce trait de logique et de bon sens, l'a-t-il mis à l'ordre du jour dans son rapport... Boileau a raison :

« Le vrai peut, quelquefois, n'être pas vraisemblable. »

Là où M. Mercadier méritait une admonition sévère, le Conservatoire n'a trouvé que des louanges... Dieu soit loué.
— 24e — De la modulation (Voilà le seul chapitre à sa place ; non pas dans le livre, mais dans la série Encore aurait-il fallu dire des et non pas de la modulation, pour ne pas induire en erreur les intelligences en germe, et lui donner le numéro 23 et non pas 24).

M. MERCADIER.

Durées. Ici M. Mercadier traite successivement :

CHAPITRE 5.— Des silences ! (Honneur aux silences, ce sont eux qui passent les premiers !... (Je dis eux et non pas lui, car M. Mercadier admet plusieurs silences, confondant encore des signes mal combinés avec l'idée qu'ils doivent rendre. Et M. Mercadier écrit bravement qu'il a horreur de la routine... hélas !)
— 7e — De la phrase, de la mesure et du rhythme (La phrase, après le silence, et avant le son-jalon, etc.... Voilà qui est fait exprès pour les intelligences en germe et pour le comité des études du Conservatoire. Aussi approuve-t-il.)
— 8e — Du temps fort et du temps faible (chapitre entièrement inspiré de notre école).
— 9e — de la syncope et du contre-temps Définition et exécution prises chez nous).
— 12e — Du mouvement et des nuances (Durée et expression réunies).
Expression. — Quelques indications seulement, mais toujours sans aucun ordre :
CHAPITRE 10e — Sons liés, piqués, détachés.
— 12e — Des nuances (avec les mouvements).
— 26e — De l'exécution (Généralités insignifiantes).
Écriture. — Eparpillée dans quatorze chapitres avec tout le luxe d'absurdités et de contresens des solféges ; M. Mercadier n'y a trouvé qu'une chose à blâmer : l'expression de double-croche ! ! ! (2)

(2) Mais quant aux véritables monstruosités de l'écriture, M. Mercadier n'en dit pas un mot ; son horreur de la routine n'est pas allée jusque-là. — Ainsi, pas un mot de critique sur :
Le changement d'alphabet avec le changement de voix ou d'instrument ;
Le changement d'alphabet avec le changement d'octave ;
Les HUIT formes de l'unité de durée ;
Les moitiés servant à écrire les tiers ;
La noire pouvant être coupée en UNE MOITIÉ et UN TIERS ;
Les signes multiples du silence qui est une idée simple ;
Les signes multiples de la prolongation qui est une idée simple ;
La possibilité d'écrire la gamme enharmonique avec un seul barreau à la portée ;
La possibilité d'écrire la même fonction avec tous les signes de la gamme enharmonique ;
La confusion, le pêle-mêle de toutes les fonctions d'unités qui entrent dans la même mesure, etc., etc., etc.
Une écriture qui — pour tout résumer en un mot, — a HUIT CENT QUARANTE manières (en dehors des doubles dièses et des doubles bémols) d'écrire TONIQUE et DOMINANTE en DEUX TEMPS !....
Non ! de toutes ces ignominies scientifiques, première cause de l'ânerie universelle en musique, M. Mercadier ne dit pas un mot !... Toute sa verve de critique s'est épuisée sur le nom malencontreux, mais insignifiant pour la pratique, — de la malheureuse double-croche !... Aussi M. Mercadier vous dit-il, dans son AVANT-PROPOS, que c'est SANS PRÉSOMPTION et SANS VANITÉ qu'il offre, — aux élèves et aux professeurs, — LE RÉSULTAT de ses TRAVAUX !... Il a bien raison.

Et maintenant, je le demande à toute personne de bonne foi et de bon sens, la marche suivie par M. Mercadier dans la distribution de ses chapitres (je n'ai encore rien dit des détails) n'est-elle pas la négation de toute logique, de tout ordre, de toute science ? N'est-ce pas le tohu-bohu, le pêle-mêle que l'on rencontre dans tous ces types de routine que l'on nomme solféges, et qui vous jettent sans façon à la figure des demi-tons, des clés, des portées, des croches, de l'intonation, des durées, etc., comme si leur malheureuse science était à tout jamais vouée au Dieu des ténèbres, au chaos !... Et voilà cependant le travail que des hommes, d'ailleurs très-distingués à d'autres points de vue, ont pu louer et adopter avec enthousiasme... Est-ce chez eux le défaut d'intelligence de faits qui échappent à leurs préoccupations journalières, ou défaut d'attention ? Ne serait-ce pas plutôt, comme beaucoup de gens le pensent, un moyen (très-maladroit d'ailleurs, et de plus très-déloyal) de ralentir, de faire oublier les progrès effrayants de la méthode nouvelle, en feignant d'avoir découvert une merveille chez M. Mercadier, et en ayant l'air d'ignorer que tout ce que ce dernier possède de progrès nous appaptient ?... Je ne sais ; mais quoiqu'il en soit, ces messieurs ont commis là une action bien compromettante, et le moins qu'il puisse leur en arriver, c'est que les gens sensés ne prennent pas au sérieux de pareils jugements.

Arrivons maintenant au détail des chapitres, au menu fretin : la chose en vaut la peine. M. Aimé Paris ayant parlé du *jeu des gammes*, je n'ai pas à m'en occuper.

(La suite prochainement.)

Emile CHEVÉ.

ROUEN ET MARSEILLE

M. PAUMIER ET M. HILAIRE COLIN.

Voici un rapprochement curieux. Je sortais, hier, dimanche 24 août, le cœur rempli d'une profonde tristesse de la distribution des prix aux élèves ADULTES de l'école des Frères de la doctrine chrétienne, dans leur pensionnat du cours de Villiers, et, ce soir, 25 août, la RÉFORME MUSICALE du 24 m'apporte la compensation des amertumes dont m'avait largement abreuvé cette déplorable exhibition de l'incapacité professorale de M. Hilaire Colin.

Voyons ce qui s'est passé dans les deux villes.

A Rouen, M. Paumier, père de famille, pouvant se croire inquiété dans l'avenir des siens, attend le résultat de plusieurs concours qui, tous donnent raison à l'idée nouvelle.

En honnête homme, il suit assidûment, lui musicien éprouvé et instrumentiste distingué, LES QUATRE COURS que je fais gratuitement dans les écoles communales de Rouen, sur l'invitation de l'autorité municipale.

A Marseille, M. Hilaire Colin, qui n'a pas à se préoccuper d'assurer l'existence d'un seul de ses enfants, S'ACROCHE à moi, avant ma première séance d'exposition, et, dans les visites multipliées qu'il me fait, montre un tel désir de voir triompher la méthode qu'avec une crédulité dont je suis cruellement puni, escomptant ce que je croyais ses bonnes intentions, j'offre à monsieur de Chantérac, alors maire de Marseille, d'AIDER M. Hilaire Colin à organiser l'enseignement musical sur une base large et solide, dans les écoles communales de Marseille.

Je quitte Rouen, au mois d'octobre 1850. Je suis encore, en août 1856, à Marseille, où mes séances préparatoires ont été données en juillet 1853, il y a plus de trois ans.

L'édilité de Rouen n'adopte la méthode pour les écoles qu'à la suite de CINQ CONCOURS.

La délégation cantonale de Marseille, A L'ÉNANIMITÉ, SANS CONCOURS, après ma première séance d'exhibition, à la salle Boisselot, décrète l'emploi de ce nouveau mode d'instruction.

M. Le Bas, adjoint du maire de Rouen prend la peine de venir chez moi rue aux Ours, 74, à Rouen, et me demande : « A qui pouvons » nous confier l'enseignement musical dans » nos écoles ? » Je lui réponds : « A M. Pau» mier ; c'est un homme de talent et de cons» cience ; il connaît parfaitement nos moyens » d'exécution ; il est connu des instituteurs et » des élèves, ; le bien s'introduira sans se» cousse, dans vos établissements. »

M. Paumier a tenu toutes mes promesses. Je l'en remercie, pour les enfants qui lui doivent d'avoir appris sans verser une larme et sans perdre de temps.

A Marseille, où je demeure, moi chef d'école, moi qui ai dépensé trente ans à étudier et à perfectionner les moyens d'enseignement, moi qui ai proposé D'AIDER M. Colin (ce qui indiquait que M. Colin AVAIT BESOIN D'ÊTRE AIDÉ) on ne daigne ni m'adresser un remer-ciment, ni me faire connaître la décision prise pour la délégation cantonale.

On écrit à M. Hilaire Colin — sans lui demander s'il a vu autre chose que ce qu'il a pu voir, dans mes trois premières séances du cours d'enfants, les seules où il ait assisté, n'ayant même entendu que le tiers de chacune d'elles : — « L'adoption de la méthode Galin-Paris» Chevé a été prononcée, prenez les mesures » nécessaires pour l'introduire dans les écoles. »

La première des MESURES qu'avait à prendre M. Colin était de suivre un cours. M. Paumier, un bien autre musicien que lui et qui n'avait jamais ouvert ni fermé une maison de banque, avant d'enseigner la musique, avait suivi quatre cours. C'était un précédent, et je l'avais fait connaître à M. Colin, QUAND JE LUI FAISAIS L'HONNEUR DE LE RECEVOIR CHEZ MOI.

Mais la lettre de la mairie de Marseille arrivait à M. Colin le 16 mars 1854, et le soir même du 19 novembre 1853, à l'issue de la séance de clôture du premier cours, j'apprenais que M. Hilaire Colin avait dit à qui voulait l'entendre que LES ÉLÈVES QUE J'AVAIS PRODUITS AVAIENT ÉTÉ FORMÉS PAR LUI. Voici la vérité à cet égard.

J'avais demandé à M. de Chantérac vingt-quatre enfants des écoles communales, pour leur enseigner la musique, M. Colin avait désigné ces élèves. Je possède la lettre ÉCRITE DE SA MAIN, avec des annotations qui prouvent qu'il avait fort mal étudié les aptitudes de plusieurs d'entr'eux.

Je faisais subir chaque soir un examen individuel à chacun de ses élèves, et cet examen me donnait la conviction qu'en laissant de côté la question d'organisation, don de la munificence suprême, M. HILAIRE COLIN NE LEUR AVAIT RIEN APPRIS.

M. Hilaire Colin invité, par une lettre du 20 novembre 1853, à s'expliquer sur ces inqualifiables allégations, ne tint aucun compte des bruits fâcheux qui couraient sur son compte. Je ne le vis point, et ce fut seulement deux jours après que, dans une rencontre fortuite, il me prouva que Molière avait peint au naturel un de ses personnages.

D'autres faits que je suis prêt à produire (qui sait si ce ne sera pas dans quelque prétoire ?) m'ont amené à ne pas regarder comme un malheur le soin avec lequel M. Hilaire Colin évitait de continuer ses visites si fréquentes peu de jours auparavant.

J'avais prévu dès le premier jour, ce qui devait arriver, et les lettres que j'ai adressées à l'administration municipale sont là pour le prouver. J'en conserve le texte et les dates.

Ainsi, trois mois après la PRÉTENDUE introduction de la méthode dans les écoles, M. Hilaire Colin était arrivé à faire chanter, le 23 juin 1854, sur la place des Fainéants, le total imposant de CINQUANTE CINQ NOTES à l'unisson, trois notes de moins que n'en offre l'air PORTRAIT CHARMANT, sans un seul accident, ni dièse ni bémol.

Le choléra de 1854 avait supprimé les distributions des prix.

En 1855, les Frères de la doctrine chrétienne font, à deux jours de distance, leur distribution des prix.

La première fois, M. Honnorat, maire de Marseille, préside ; le livret annonce le maigre contingent de trois chœurs, dont l'un a été chanté plus d'une fois dans les distributions précédentes ;

La seconde fois, M. Boyer, adjoint, préside ; un autre livret annonce les mêmes chœurs. Ni devant M. Honnorat, ni devant M. Boyer, qui dans son discours, annonçait LES CHANTS D'ALLÉGRESSE, on n'a pas chanté une note. J'étais présent.

Seulement, deux jours après, M. Marius Roux adjoint, président, une trentaine d'enfants ont chanté, sans nuances et sans goût, les vingt-huit mesures, en six huit, le RETOUR DES PÊCHEURS de Lelyon, et estropié une triste composition de M. Colin lui même.

J'ai cru devoir, cette année faire l'économie du temps qu'exigeaient plusieurs distributions de prix, et sachant, par expérience, que les programmes de M. Colin, semblables à ceux de l'Orphéon, reproduisaient, le lendemain, ce qui avait été chanté la veille, je me suis borné à la solennité scolaire dont j'ai parlé en commençant.

Voici ce que j'ai vu et entendu : comme l'année dernière, M. Colin a produit ENVIRON TRENTE exécutants. Ils ne venaient pas la comme élèves des classes dont on récompensait le travail ; il s'agissait D'ADULTES à couronner ; les ENFANTS qu'amenait M. Colin étaient donc venus à titre de CHANTEURS, pour REHAUSSER l'éclat de cette fête de famille.

Reprenons notre parallèle.

A Rouen, ville de cent mille habitants, DEUX CENTS ENFANTS AU MOINS, sous la direction de M. Paumier QUI CONNAÎT ET QUI COMPREND LA MÉTHODE chantent, le 13 août 1856 PLUSIEURS morceaux chaleureusement applaudis.

A Marseille, où le dernier recensement donne DEUX CENT TRENTE MILLE HABITANTS, le 24 août, on offre aux Frères le ridicule effectif de TRENTE ENFANTS A PEU PRÈS, qui psalmodiant un chœur réchauffé de l'année dernière, de manière à faire douter que leur professeur sache ce que c'est que la NUANCE ou le SCANDÉ ; indépendamment de l'hésitation obligée des oiseaux serinés (on peut hardiment défier M. Colin de prouver que ces élèves savent LIRE) ils prosodient d'une façon déplorable ; de manière, par exemple, à faire demander par les mauvais plaisants qui m'entouraient, si le PÉROU avait une femme, lorsqu'ils ont dit, en faisant, sur la syllabe ou, une tenue malencontreuse :

Sur la mer ou — — — l'on se hasarde.

A Rouen monsieur le maire fait appeler M. Paumier pour le féliciter.

A Marseille, monsieur Boyer homme d'esprit et de goût avant d'être adjoint, s'abstient d'adresser à M. Hilaire Colin aucun compliment sur ce qu'il vient d'être forcé d'entendre.

Je me demandais, en sortant du pensionnat des Frères, dans quel but M. Hilaire Colin pouvait avoir eu la malheureuse idée de mettre des oreilles municipales à une si rude épreuve ;

Je ne pouvais pas me rendre compte de cette aberration d'un autre Empédocle que le désir de compléter ce qu'il avait fait faire, par un enfant sacrifié le 2 décembre dernier devant M. le Maire de Marseille lui-même, en faisant proposer une phrase sur le modèle de laquelle je n'ai composé cinquante dont monsieur COLIN NE LIRA PAS COURAMMENT UNE SEULE ; car il est maintenant certain que, dans le guet-à-pens du 2 décembre 1855, Pélissier n'était que l'instrument trop docile de M. Hilaire Colin.

Il aura voulu se faire adresser cette question par qui de droit :

Combien de qualités devra réunir celui qui sera mis à votre place, le jour où on voudra avoir un enseignement utile à tous, à la place d'un émargement profitable à vous seul ?

Aimé PARIS.

P.-S. — Mon article sur le joujou Mercadier ayant fait ajourner celui qui précède ces lignes, je peux ajouter, comme complément, ce que je viens de voir et d'entendre, il n'y a pas deux heures, à la distribution des prix aux élèves des trois écoles communales, que ne dirigent point les frères de la doctrine chrétienne.

Ces écoles ont fourni à M. Hilaire Colin, en tout et pour tout, environ QUARANTE exécutants qui (sauf une charmante voix de soliste, dont la création appartient au bon Dieu et qu'a très-mal utilisée M. Colin) ont récité, comme s'ils ne savaient pas qu'il y a des nuances, deux malheureux petits chœurs, contingent d'une année de seringage.

Si M. Hilaire Colin connaissait la puissance de l'instrument qu'il manie si maladroitement, c'est par centaines que ses chanteurs seraient comptés. Ils ne tiendraient point à la main — quelques-uns seulement, pour faire voir qu'ils lisent — cinq ou six copies SUR PAPIER RÉGLÉ, parcimonieusement distribuées par leur professeur, et soigneusement reprises par lui, après l'exécution. Chacun aurait sa partie en chiffres, ou même sa partition. Tous chanteraient, COMME LE FONT CEUX QUI SAVENT LIRE, sans que des attaques intempestives fissent douter de leur savoir réel, comme on l'a vu aujourd'hui.

J'observais attentivement la manifestation des impressions de l'auditoire, après les deux morceaux. Pas un seul applaudissement n'a rompu le silence glacial justifié par cette déplorable exhibition.

Si M. l'adjoint qui présidait et qui est chargé de l'instruction publique avait eu le temps de modifier le discours ÉCRIT qu'il a adressé aux élèves, je pense qu'il aurait retranché ces mots que j'ai sténographiés et dont je certifie la conformité complète :

« Cultivez la musique avec soin, jeunes élèves ; » elle adoucit les mœurs.............. » Cet enseignement, nous aimons à le reconnaître, est confié à un professeur dévoué et » intelligent. »

De jour où M. l'adjoint ouvrira une enquête, et où M. Hilaire Colin, obéissant à ses ordres, se trouvera, en même temps que moi, devant lui, je me charge de montrer que ce c'est que le dévouement et l'intelligence de M. Colin. Je suis certain que M. l'adjoint me remerciera de l'avoir détrompé.

Marseille, 1er septembre 1856.

Aimé PARIS.

THÉATRES DE ROUEN.

Réouverture.—Débuts dopéra.—Bouffé. — La revue. — Programme.

Les événements ont marché si vite depuis huit jours, qu'il faut, en vérité, que nous courrions pour les rattraper et vous tenir au courant des nouvelles les plus fraîches ; c'est ce que nous allons faire avec la vitesse de nos jambes de quinze ans, débarrassées pour ce jour de la moitié de leur fardeau.

Qu'on nous pardonne toutefois si, dans notre précipitation, nous oblions quelque chose ; il n'y aura vraiment pas notre faute.

VENDREDI. — Ouverture du grand théâtre. Chambrée magnifique. Les améliorations de la salle, les loges à salon, le parterre assis, le nouveau rideau, les peintures rafraîchies, sont d'un très-bon effet et l'on ne pouvait, en bonne conscience, demander mieux d'une administration, qui les a réalisées à ses frais. C'est le BARBIER DE SÉVILLE qui devait nous dédommager d'un sevrage mélodique de plusieurs mois, tous les auditeurs silencieux semblaient avides d'entendre cette belle et savante musique que ne leur chantait plus les souvenirs.

Nos nouveaux artistes lyriques, déjà connus du reste, ont justifié les présomptions flatteuses dont ils avaient été l'objet à leur insu.

Sans trop préjuger, on peut dire depuis cette première épreuve que la majorité de nos premiers sujets est reçue à l'avance. M. Lacroix, qui, lors de sa première apparition, nous avait été en quelque sorte enlevé par un engagement antérieur, au milieu de ses plus enthousiastes succès a retrouvé ici toutes les sympathies qu'il y avait laissées en germe, grandies et plus vivaces encore qu'au départ ; son entrée en scène a été le signal des bravos qui l'ont suivi jusqu'à la dernière scène de ce BARBIER, qu'il chante et joue en musicien habile et en bon comédien.

M. Bouvard, afin de prouver sans doute que, qui peut le plus peu le moins, en choisissant ALMAVIVA pour son premier début, a abordé le seul rôle de son emploi qui soit hérissé de vocalises inextricables. Il s'en est néanmois heureusement tiré. — Sa voix un peu sourde dans le médium est d'un timbre agréable dans les notes élevées et arrive facilement ; nous le croyons appelé à du succès dans le répertoire de Roger.

M. Bouvard a été reçu vendredi après HAYDÉE, qu'il a enlevé avec beaucoup de verve.

M. Bonnesseur est une excellente acquisition. Ce n'est peut être pas une basse PROFONDE comme disent les familiers, mais c'est un excellent chanteur qui fera toujours plaisir par sa belle voix et son excellente méthode. La distinction avec laquelle il a chanté don Bazile, et le cardinal de la JUIVE donne du reste la mesure de son talent, et il y a bonne mesure.

Mlle Lavoye, notre première chanteuse « en » représentation, » a renouvelé connaissance avec le public rouennais, qui a retrouvé en elle un de ses enfants gâtés qu'il veut choyer encore.

Elle a dit avec correction parfaite et un charme très-réel l'air du deuxième acte « LOI- » SEAU VOLAGE » et les variations de Ruoldi sur la Molinara, à la leçon de chant, qu'elle a vraiment perlées. Inutile d'ajouter que ces morceaux ont été couverts d'applaudissements, notre public est trop juste pour ne pas récompenser ce qui est bien.

Quelques rigides observateurs de nos droits ont murmuré contre ce nouveau mode d'engagement à la représentaton, qui serait un abus, s'il n'était en faveur de Mlle Lavoye. Cet incident n'a pas eu de suite, le talent de la cantatrice a bien vite fermé la bouche aux mécontents qui se sont surpris eux-mêmes en flagrant d'élit d'approbation.

— Lundi ont commencé les représentations de Bouffé. — Dire qu'il y avait foule encore, serait puéril, ce nom-là étant un talisman de succès et de recette.

Nous avons retrouvé l'éminent comédien, peut-être un peu vieilli — Qui ne vieillit pas ? — Mais toujours souple, toujours vrai, toujours entraînant, toujours lui en un mot dans L'ABBÉ GALANT, les VIEUX PÉCHÉS, PAUVRE JACQUES, où il nous a fait pleurer encore, nous que nous croyions trop vieux pour cela, et dans cet immortel GAMIN DE PARIS, où il est toujours inimitable.

Mmes Berthe, Coblentz et Bertaut, ainsi que MM. Armand, Bulet, et Cosson l'ont parfaitement secondé.

Ces fructueuses représentations alternant avec les débuts l'opéra, ne laissent plus à la foule le temps de se reposer, ni à la caisse celui de désemplir. — M. Juclier voudrait bien que cela durât toujours. — Il ne dépend peut-être que de lui.

La reprise de la JUIVE est encore un des grands événements artistiques de cette semaine féconde.

L'exécution de ce chef-d'œuvre d'Halévy a été satisfaisante : les chœurs ont bien marché ; l'orchestre, un peu bruyant peut-être, a joué avec ensemble, et les principaux artistes se sont tirés à leur honneur de cette lourde tâche.

M. Bovier-Lapierre, notre regretté ténor, a fait brillamment sa rentrée dans le rôle d'Eléazar, qui n'est, certes, pas un des moindres de l'emploi ; il s'en est acquitté en artiste supérieur qui ne marchande pas les difficultés et sait les vaincre. Sa réception n'était pas douteuse. Il est des nôtres, en dépit d'une légère opposition, peu motivée, il nous semble.

M. Bonnesseur, ainsi que nous l'avons dit, a été irréprochable. Pour lui aussi les débuts sont pure formalité.

Mme Faure, en proie à une grande émotion, n'était pas, nous le croyons, dans la plénitude de ces moyens. — Elle a pourtant par quelques éclairs laissé voir qu'il y a quelque chose en elle ; un peu plus de confiance, peut être, et la révélation sera complète, Courage donc.

Mme Gourdon a rempli le rôle de la princesse Eudoxie de manière à ne laisser supposer à personne que ce fût une complaisance.

Voilà, tant bien que mal, notre dette payée. Il nous reste bien encore à dire un mot de la pièce d'ouverture jouée jeudi au Théâtre-Français, sorte de programme ou de profession de foi de la nouvelle administration à son bienveillant appui, le public ; mais ce serait vraiment trop pour une fois, et d'ailleurs, nous sommes avec les auteurs gens de REVUE.

Alexandre OSMONT.

La deuxième édition du TRAITÉ D'HARMONIE de M. et Mme Émile CHEVÉ est en vente depuis quelques jours.

AVIS.

Nous prions les personnes qui n'ont pas encore payé leur abonnement à la *Réforme musicale* de bien vouloir le faire très-prochainement.

Darnétal. — Imp. Frushart.

XI° Année ; — 1° du nouveau titre.　　**UN NUMÉRO : 20 CENT.**　　N° 34 — Dimanche 14 Septembre 1856.

Musique, — Sciences, — Arts, — Littérature, — Théâtres.

LA RÉFORME MUSICALE

JOURNAL DES DOCTRINES DE L'ÉCOLE GALIN-PARIS-CHEVÉ.

ABONNEMENT A ROUEN : 10 FR.

ON S'ABONNE

A ROUEN, chez M. Louis Roger,
rue Porte-aux-Rats, 2.
A PARIS, chez M. Emile Chevé rue
des Marais-S.-G., 48.
A MARSEILLE, chez M. Aimé Paris
rue Paradis, 77.

BUREAU A ROUEN, RUE PORTE-AUX-RATS, N° 2.

LOUIS ROGER, Directeur-Gérant.

ABONNEMENT DANS LES DÉP. : 12 FR,

ON S'ABONNE

A LYON, chez M. Perraud, rue du
Griffon, 44.
AU HAVRE, chez M. Vasse,
rue Molière, 46.
*Les abonnements peuvent être payés
en timbres-postes (Affranchir).*

RENSEIGNEMENTS. — Cette feuille paraît, à ROUEN, tous les DIMANCHES. — Tout ce qui concerne l'administration du journal doit être adressé à Rouen, rue Porte-aux-Rats, 2. — Ce qui concerne la rédaction peut être indifféremment adressé à M. CHEVÉ, à M. Aimé PARIS, ou au Directeur-Gérant. — La critique demeure sous la responsabilité de celui qui la signe. — Il sera rendu compte des Ouvrages dont un exemplaire sera déposé au bureau du journal. Les lettres non affranchies seront refusées.

On peut se procurer des numéros de la *Réforme*, au Bureau du Journal ; — au dépôt du cours Boïeldieu, à Rouen, — et dans l'intérieur des Théâtres.

Encore un foyer qui s'allume.

Paris, 9 septembre 1856

Le mois dernier, je reçus la lettre suivante de M. Lagarrigue, directeur de l'un des plus importants externats du quartier du Marais :

« Monsieur Emile Chevé,

» Un jeune homme qui fut mon élève avant d'être le vôtre, M. Ducreux, a ouvert, il y a *deux mois* environ, dans mon établissement (6 et 8, rue Saint-Gervais), de 8 à 9 heures 1/2 du soir, un cours public et gratuit de chant d'après la méthode dont vous êtes l'ardent propagateur. Les résultats obtenus par les 25 jeunes enfants qui suivent ses leçons sont surprenants, pour quiconque ne connaît pas l'excellence des moyens employés..............

» LAGARRIGUE. »

Dimanche dernier, Mme Chevé et moi, nous nous sommes rendus chez M. Lagarrigue qui, bien qu'à la veille de sa distribution de prix, a bien voulu faire faire un exercice musical à notre intention spéciale. — Quelques invités se trouvaient également dans la cour, transformée en élégante salle pour la cérémonie du lendemain.

M. Ducreux, élève du cours qu'Aimé Paris fit à Paris en 1851, et, depuis cette époque, membre de notre société, nous attendait de pied ferme à la tête de son ardent petit bataillon, qui paraissait impatient de venir payer son premier tribut à l'idée de Galin, en témoignant publiquement des résultats produits sur eux-mêmes.

Voici le programme — étonnant après trois mois de cours — parcouru par ces enfants :
1° Hommage à Galin. — Paroles de M. Ducreux ;
2° Prière de Zampa — à trois parties ;
3 Le Champ du meunier — à 1, puis à 3 parties. — Calvès.
4° EXERCICES D'INTONATION — dans LES DEUX MODES ;
5° Le chant du soir — à deux parties ;
6° La Voisine, — canon à 3 voix ;
7° ÉCRITURE SOUS LA DICTÉE d'un air en deux temps, avec division binaire.
8° L'Exilé — à deux voix ;
9° La Voix du Printemps, — à 3 voix ;
10° LIRE A PREMIÈRE VUE, un air, que j'ai écrit moi-même au tableau, puis un autre air donné par M. Ducreux ;
11° Chœur — à trois voix.

Sauf ce dernier chœur, dont le milieu n'était pas suffisamment étudié, et le CANON n° 6, dans lequel il y a eu un accroc de mesure, tout le reste a été bien chanté. — Et, certes, en écoutant ces 25 enfants, chanter huit morceaux en paroles, morceaux appris sur les ÉCONOMIES de la leçon (puisque les trois mois qu'a duré le cours ont dû être surtout employés aux exercices d'intonation, de mesure et d'écriture), on a dû se demander dans le public comment ils avaient pu, en quelques instants, faire un travail pour lequel l'année entière ne suffit pas avec les autres méthodes. La réponse est facile : ces enfants lisent ; les autres récitent.

L'auditoire a témoigné par ses applaudissements répétés toute sa sympathie pour les zélés élèves et pour leur dévoué professeur. — Tous ont bien mérité les applaudissements qu'ils ont reçus. — Après la séance, tous ces pauvres enfants sont venus me prendre les mains avec une effusion vraiment touchante. Leurs yeux pétillaient de joie en regardant leur professeur, à qui ils semblaient dire : Merci, cher maître, de nous avoir découvert une mine de plaisir et de joie. — Ce fait de la joie, du bonheur, des élèves, et de leur affection vive pour leur professeur, est du reste général dans toute notre école : partout où la méthode est enseignée, ce n'est plus une classe avec un maître craint et des élèves mutins et paresseux ; c'est un lieu de plaisir, auquel se rendent avec bonheur des enfants pleins de joie et d'ardeur, et ne pensant qu'à satisfaire un ami qui, sous le nom de professeur, vient, avec bonheur aussi, les initier à des occupations éminemment attrayantes.

M. Lagarrigue, que je remercie de sa courageuse initiative, a déjà été frappé de ces résultats MORAUX, et ne manquera pas, en homme intelligent et consciencieux, d'en profiter : ce sera sa récompense.

Quant à M. Ducreux, son coup d'essai est magnifique : Quel malheur qu'il ne soit pas à la place de M. Hilaire Colin, à Marseille !

Emile CHEVÉ.

La Société Trotebas de Marseille et le concours de Fontainebleau.

La mairie de Marseille avait gracieusement accordé dix-huit cents francs à la société Trotebas, pour aller au concours de Fontainebleau. Mais cette société, si remarquable par les voix et le goût de ses membres, choisis tous dans d'excellentes conditions, a éprouvé quelques craintes sur l'exécution des promesses qui lui avaient été faites, et elle a renoncé à entrer dans la lice.

Nous ne pouvons que la féliciter d'avoir pris cette résolution, si le négociateur du voyage projeté se trouve être la même personne qu'un monsieur oublieux de ses promesses, dont nous avons parlé dans le FRANC-JUGE de Rouen, en septembre 1850, à propos des nombreuses déconvenues de beaucoup de sociétés chorales conviées au festival du parc d'Asnière. Après avoir promis pour compétiteurs les sociétés de premier ordre, il était de force à faire lutter la société Trotebas contre l'Orphéon de Montargis.

Aimé PARIS.

Conservatoire de Marseille,

Succursale du Conservatoire impérial de Paris.

Distribution des prix de 1856,

(Dimanche 7 septembre).

J'attendais avec une certaine impatience la distribution de 1856 pour savoir si cette fois, les prix devaient être données EXCLUSIVEMENT à des ÉLÈVES, ou bien si, comme l'année dernière, on couronnait A TITRE D'ÉLÈVES, TROIS PROFESSEURS, dont deux étaient portés sur l'INDICATEUR MARSEILLAIS de 1855, pages 206 (Mlle Péaumicon et M. Espinos, comme donnant leurs leçons au Conservatoire, l'une, les lundis, mercredis et vendredis, de 3 à 4 heures du soir, l'autre, les mardis, jeudis et samedis, de 11 heures à midi. Quant à Mlle Reille, la page 500 la mentionnait comme il suit : « PROFESSEUR DE PIANO, ÉLÈVE DU CONSER-» VATOIRE. »)

J'avais réclamé, au nom de la pudeur publique dans le ROUENNAIS du 23 septembre 1855, contre cette monstrueuse confusion de toutes les idées justes et des mots les mieux définis.

Le scandale de 1855 vient de se renouveler : c'est un défi qu'on me jette. Je l'accepte et si ce n'est pas le dernier, je suis prêt pour celui de 1857, si Dieu m'accorde douze mois d'existence.

Ici j'ai besoin de faire certifier, par M. Louis Roger, la complète exactitude des lignes suivantes que je copie sur le fac-simile d'un article dont il a le manuscrit, qui prendra bientôt peut-être un caractère d'actualité, et qui a dû céder le pas à d'autres, depuis que le Conservatoire impérial a adopté l'ouvrage de M. Mercadier, qui pourrait bien avoir dissimulé sur son titre le nom de quelque collaborateur.

Si la poste, pour la quatrième fois au moins n'a pas égaré mon manuscrit, dont je n'ai pas eu de nouvelles, M. Louis Roger doit avoir en réserve quatre pages commençant par ces mots : « EN MÊME TEMPS QUE NOUS PROCLAMONS » et finissant par ceux-ci : « QUI S'EN ÉTAIENT REN- » DUES CAPABLES. » Elles portent les n°s 113, 114, 115 et 116 dans le répertoire de fac-similés, où figurent, à des pages côtées par des chiffres plus élevés, d'autres textes reproduits en lettres moulées par la RÉFORME MUSI- CALE.

Ceci est présenté comme garantie d'authenticité.

À la page 2 de ce manuscrit, le second alinéa était conçu en ces termes :

« À sa dernière distribution des prix, 13 septembre 1855, j'ai vu distribuer trois prix à TROIS PROFESSEURS inscrits comme tels, sur l'INDICATEUR de M. Pierre Blanc. J'ai signalé dans le ROUENNAIS du 23 septembre, cette incroyable aberration de la routine aux abois.

» Vers le milieu du mois d'octobre, un tout jeune homme qu'm'avait recommandé, encore enfant, il y a trois ans, l'excellent Vidal, auteur de la LANGUE UNIVERSELLE, le jeune Pénavaire, vint me demander de lui laisser prendre lecture de l'article du ROUENNAIS du 13 septembre, qu'il traitait, à propos du second prix qu'il venait d'obtenir, avec une bienveillance qui continuait celle que je lui ai constamment témoignée pendant les fréquentes visites qu'il a faites chez moi et à ma salle de cours depuis plus de deux ans. Il m'apprit que M. Fille, nouveau secrétaire du Conservatoire, lui avait dit : *Je viens de vous faire porter sur la liste des professeurs du Conservatoire, pour la classe élémentaire de violon.* — Mon ami, lui dis-je, s'il en est ainsi, j'espère bien que vous ne ferez pas la faute de concourir pour un prix D'ÉLÈVE. Si vous commettiez cette indignité, vous mériteriez d'être traité d'autant plus sévèrement que vous auriez été averti par la lecture que vous venez de faire. »

Moins de six semaines après avoir reçu cet avis, qui n'était qu'un rappel à des sentiments de droiture et d'équité, le 2 décembre 1855, escorté d'un groupe nombreux d'élèves du Conservatoire et d'autres établissements, Pénavaire se présentait pour écrire, comme épreuve, un morceau que je n'ai point accepté, par ce motif qu'on savait que celui qui l'offrait avait été reçu chez moi. Sa place fut prise immédiatement par le jeune Pélissier, instrument trop docile de M. Hilaire Colin qui, chargé par la Ville d'enseigner la méthode Galin-Paris-Chevé, n'avait pas le courage de venir en personne, essayer de prouver que la délégation cantonale s'était trompée en acceptant, à l'unanimité, l'idée nouvelle qu'il voulait tuer.

Eh bien ! le Conservatoire de Marseille, persévérant dans le sans façon avec lequel il traite les idées les plus élémentaires du juste et de l'injuste, vient de décerner un premier prix D'ÉLÈVE à un de ses professeurs, M. Jean Pénavaire, inscrit comme il suit page 206 de l'INDICATEUR MARSEILLAIS, pour 1856 :

« *Classe élémentaire de violon.*
» *Professeur M. Pénavaire.*
» Mardi, jeudi et samedi, de 1 à 2 heures du soir. »

Quiconque a le cœur droit qualifiera sévèrement la conduite de ceux qui ont donné le premier prix et de celui qui n'a pas craint de venir le recevoir devant une assemblée où se trouvaient tant de personnes qui chaque jour,

(1) Nous n'avons pas reçu l'article dont M. Aimé Paris parle ici. — Louis Roger.

consultent l'INDICATEUR MARSEILLAIS.

Comment n'a-t-on pas vu que le prix décerné au PROFESSEUR Pénavaire équivalait à cet aveu fait, la tête basse et à deux genoux : « *Messieurs nous donnons le prix à un professeur,* » *parce que nous n'avons pas d'élèves dignes d'exécuter* » *devant vous ?* »

La question morale ainsi séparée de fait, disons que Pénavaire a joué son morceau de Viotti d'une façon très-brillante, et qu'il peut arriver loin, s'il sait comprendre qu'il a besoin de travailler beaucoup, pour se placer à côté des artistes qui occupent le premier rang.

La portion de la solennité musicale qui était remplie par des ÉLÈVES dont on ne pouvait pas contester la qualité ne m'a nullement semblé de nature à éloigner la sévère investigation que la pauvreté des résultats réels appelle sur l'établissement qui coûte si cher et qui rend si peu à la cité phocéenne.

Je n'ai nullement l'intention de blesser, par un dénigrement systématique, les lauréats de la distribution qui vient d'être faite, et dans laquelle on a plus qu'abusé des rappels, dont chacun des solistes, sans exception, a été l'objet. Une faveur qui s'accorde à tous n'est pas une faveur. Il est vrai qu'il y avait là tant de parents et d'amis qu'il était à peu près impossible qu'il en fût autrement. On passait à autrui la rhubarbe pour se faire passer le séné. Je reconnais, sans aucune difficulté, que Dieu a beaucoup plus fait que le Conservatoire pour M. Rabut, Mlle Métral, M. David, Mlle Robert et Mlle Bruno, les seuls solistes qu'il nous ait été donné d'entendre pour le chant ; qu'il y a là de l'étoffe pour former des chanteurs très-acceptables, quand on aura rectifié les habitudes de prononciation que leur ont données ou laissé prendre messieurs Bénédit et Roussel, beaucoup trop tolérants, à mon sens, sur la substitution de l'accent grave à l'accent aigu, comme de la première voyelle à celles que la grammaire place à sa suite. Alors on ne les entendra plus dire comprimÈ au lieu de comprimÉ, sA ranime, au lieu de sE ranime, disparAt au lieu de disparAIT etc., etc., etc.

Il n'y a pas à se glorifier d'avoir pu trouver, dans une ville de deux cent cinquante mille habitants un total de CINQ VOIX, pour les faire fonctionner convenablement chacune pendant quatre, six ou huit minutes, après les avoir serinées pendant dix mois de l'année scolaire. Ce résultat qui prouve seulement de la mémoire est produit dans une proportion beaucoup plus forte par les artistes lyriques de tous les théâtre,s aussi incapables en grande majorité que la presque totalité des élèves des conservatoires (tous ceux qui n'ont pas été créés pour DEVINER), de lire ce qu'ils chantent pourtant de manière à se faire applaudir.

Le Conservatoire de M. Auguste Morel — cette manière de parler me semble plus exacte que si je disais le Conservatoire de Marseille — fournirait au besoin la preuve de ce que j'avance. Les cinq solistes qu'il a produits suffisent pour l'exécution d'un ensemble à cinq voix. Je défie hardiment M. Auguste Morel de les soumettre à l'épreuve de lecture simultanée que voici :

« Sans s'élever audelà d'un degré de difficulté que présentent les chœurs suivants : *Chasseur diligent* (Robin des Bois) ; *De lauriers couvrons les chemins* (Vestale) ; *Dieu d'Israël* (Joseph), *Chantez, joyeux ménestrel* (Dame Blanche) ; *Que d'attraits ! que de majesté !* (Iphigénie en Aulide) ; *Les Dieux longtemps en courroux* (Iphigénie en Tauride) ; *Jamais dans ces beaux lieux* (Armide).

Qu'il accepte le défi, ou que les cinq solistes, réduits, si tous les cinq ne savent pas lire, à QUATRE, à TROIS, ou même à DEUX, acceptent,

pour l'honneur de l'école qui les a produits en public, le fait parlera haut et on saura bien vite à quoi s'en tenir.

Le contingent instrumental était plus que modeste. UN morceau de violon et UN morceau de piano. J'ai fait remarquer, dans mon mémoire adressé, il y a deux ans au conseil municipal de Marseille (page 8) qu'une classe de huit élèves, titulaires, maximum admis à Paris, où se donnent annuellement 120 leçons d'une heure, ne laisse chaque élève que QUINZE HEURES PAR AN devant le pupitre, sous les yeux du maître, et que si l'un d'eux acquiert un mécanisme conduit à un certain degré de perfection, c'est qu'il a beaucoup travaillé HORS DE L'ÉTABLISSEMENT OFFICIEL, soit seul, sous la direction d'un professeur (le plus souvent celui de l'école) dont les leçons privées sont bien rarement gratuites.

La partie chorale de l'exhibition de fin d'année, ne brillait pas par le nombre ni par la difficulté. Elle se bornait à deux chœurs de femmes, l'un du GIURAMENTO de Mercadante, l'autre du PLANTEUR de Monpou, un chœur final du 3e acte de la VESTALE de pontini, et un chœur de JAGUARITA d'Halévy. Ce dernier seul etait sans accompagnement.

Les jeunes garçons de la classe de M. Castellan n'ont chanté que dans l'ensemble de la VESTALE, sous la protection de l'orchestre quelque peu réduit du Grand-Théâtre. On les a peu distingués. Les demoiselles, dirigées par M. Martin, ont très-convenablement RÉCITÉ ce que neuf sur dix d'entre elles, pour le moins, sont hors d'état de solfier, ce qui provient non de la faute de M. Martin, excellent musicien et professeur très-zélé, mais de la mauvaise qualité des moyens qui, peut-être malgré lui, sont mis à sa disposition.

Quant au chœur de JAGUARITA, déjà étudié longtemps, en 1855, trop longtemps même, au dire de quelques habitants de la rue d'Aubagne, voisins du Conservatoire, et plus longtemps encore en 1856, ce bijou unique de l'écrin de la classe chorale de M. Castellan a été chanté si faux que le public a fait preuve d'une excessive indulgence en se bornant à ne pas lui accorder un seul de ses applaudissements qu'il avait si libéralement prodigués à tous les solistes, piano et violon compris. Et pourtant ces infortunés choristes sont bien organisés ; ils possèdent en outre de bonnes voix et ils suivent exactement les leçons dans lesquelles on les serine. Tout le mal vient de ce qu'ils ne savent pas lire une écriture détestable, à laquelle on s'entête à rester attelé, s'étonnant, après cela, que le char qu'on traîne ne puisse sortir de l'ornière où il est embourbé. Combien d'avertissements du même genre devra recevoir M. Auguste Morel, avant de comprendre cela !

Une surprise m'était réservée.

Dans le ROUENNAIS du 23 septembre 1855, en revendiquant, pour Mme Charles, l'honneur d'avoir conduit, proportion gardée, à partir du début Mlle Poumicon plus loin que ne l'a fait M. Péronnet qui a TROUVÉ cette élève déjà PRESQUE ARTISTE, je citais les dernières lignes de l'extrait suivant de mon mémoire au conseil municipal de Marseille, (page 8 — septembre 1854):

« S'il fait preuve (l'élève du Conservatoire) de » quelque talent, au bout de quelques années, c'est » qu'il comptera parmi ces natures exceptionnelles » si rares qui DEVINENT la musique, et qui arra- » chent a un travail OPINIATRE, ce que ne peut leur » donner un enseignement écourté ; *ou bien encore,* » *c'est que, formé par les soins d'un professeur par-*

» ticulier, dont le nom sera tenu soigneusement caché, » il se rendra complice à la fois d'une véritable spo- » liation et d'un acte d'ingratitude, en dérobant à » son maître réel l'honneur d'avoir produit une ca- » pacité dont un autre enseignement ne rougira pas » de se glorifier. »

Aujourd'hui, ce n'est pas au nom de Madame Charles que je réclame. C'est au nom de la méthode Galin-Paris Chevé, menacée de voir ses résultats les moins contestables servir à dissimuler l'impuissance de la routine peu scrupuleuse dans le choix des moyens de se perpétuer.

Dans le groupe des trente-six jeunes filles composant le personnel du Conservatoire, je reconnus la jeune Alice Aubert, inscrite au mois d'avril 1854, sous le n° 22, au cours spécial que j'ai fait afin de payer les diverses sommes auxquelles j'ai été condamné, pour avoir dit des choses que je n'avais pas le droit de dire, sans quoi on ne m'aurait pas condamné ; mais qu'on doit avoir reconnues vraies, puisque le jugement n'a point déclaré qu'elles fussent fausses, seule chose qui pût m'affliger

Depuis cette époque, Alice Aubert, sauf l'émigration de presque tout Marseille, à l'époque du choléra de 1854, et sauf quelques excursions dans sa famille qui habite le département des Basses-Alpes, a suivi mes cours, et elle a paru dans toutes mes séances, depuis celle du 24 octobre 1854, jusqu'à la dernière, 27 avril 1856, tantôt y déchiffrant des airs notés d'après l'écriture de Galin, tantôt, reproduisant, d'après la vocalisation d'un autre enfant, les notes d'un air modulé, tantôt, vocalisant elle-même pour demander a une autre de ses compagnes une opération du même genre, tantôt, faisant, à première vue, sa partie dans un duo avec un enfant, et, dès lors SEULE RESPONSABLE DE SA LECTURE, tantôt, déchiffrant sans préparation un air écrit dans un ton et sur une clé quelconque, notamment, le 27 avril dernier, un air des Philidor, converti par moi, à l'exemple des rébus de M. Meyerbeer, en une série d'hiéroglyphes où les doubles bémols étaient en immense majorité.

Je me suis demandé ce qu'Alice Aubert allait apprendre au Conservatoire ? A lire ? Elle n'y trouverait pas son égal pour la lecture INTÉGRALE, comprenant TOUTES LES CLÉS et TOUS LES TONS; à chanter? sa voix n'est point formée, et je ne suppose pas qu'en l'admettant dans la classe de chant, on veuille risquer de briser son organe dont, plus tard, on ne pourrait tirer aucun parti. L'égoïsme professoral la garantit, d'ailleurs, contre ce coupable contre-sens.

Je me demandais quel prix on allait lui décerner ; car il me semblait impossible qu'elle ne dépassât pas de beaucoup toutes ses concurrentes ?

Mon attente fut trompée, son nom ne fut pas proclamé une seule fois, même à côté de celui de Bonifay qu'avait pris l'auteur de la lettre adressée à M. Emile Chevé (voir la RÉFORME MUSICALE du 29 juin), lettre qui n'était qu'un tissu d'inventions odieuses que M. Auguste Morel n'a pas cru devoir démentir, quand j'ai fait un appel à sa loyauté.

Immédiatement après la distribution des prix, j'allai demander des explications dans une maison où j'étais certain de les obtenir, et j'appris que, bien qu'Alice, dès la cinquième leçon après son admission au Conservatoire, eût passé dans la division élémentaire qu'on appelle SUPÉRIEURE parce qu'il y en a deux autres au-dessous, et qu'elle fût entrée en SEPTIÈME, comme on dit au lycée, on ne commence à recevoir

des prix qu'après avoir franchi le seuil de la classe de solfège proprement dit, la SIXIÈME des conservatoires. Voilà, vraiment, du temps bien employé!

L'année prochaine, il se peut donc qu'on donne un prix à Alice Aubert, ÉLÈVE DE LA CLASSE DE M. TEL OU TEL.

Je proteste énergiquement contre le résultat de tout concours ultérieur de solfège qui donnerait à Alice Aubert un prix, dans un conservatoire quelconque, et surtout dans celui de Marseille.

M. Auguste Morel ne m'obligera pas, sans doute, à parler de certains détails d'intérieur, au sujet de notre jeune fugitive dont l'exemple ne me paraît pas devoir être suivi par beaucoup d'autres parmi ses condisciples.

Aimé PARIS.

INSTITUTION ÉVANGÉLIQUE

DIRIGÉE PAR MESDAMES FRÈREJEAN ET JULIE VELTEN.

(1, rue des Trois-Sabres, à Paris.)

Paris, 27 août 1856.

La fin de l'année scolaire nous ramène tout naturellement à entretenir les lecteurs de la RÉFORME MUSICALE de l'état de la méthode dans les diverses institutions où elle est enseignée franchement, au plein soleil, avec tous ses moyens d'action, au lieu d'être clandestinement et tronquée comme la chose a lieu dans un si grand nombre d'écoles, même officielles!

Hier donc, nous avions été conviés par mesdames Frèrejean et Velten à une séance d'exercices, donnée à notre intention spéciale, pour constater les résultats obtenus, pendant l'année qui vient de s'écouler, sous la conduite de mademoiselle Eudoxie Allix.

Trente-cinq jeunes personnes de 10 à 15 ans étaient réunie dans la classe ; la première chose qui m'a frappé, en entrant, c'est l'air de bonne humeur, de gaîté, de bonne santé, qui régnait sur tous ces frais visages, et qui témoigne assez de l'administration maternelle et surtout intelligente de mesdames Frèrejean et Velten, qui savent instruire les enfants qui leur sont confiées en les amusant et en les intéressant à leur travail : elles atteignent ce résultat en profitant avec prudence et fermeté des progrès qui ont reçu la consécration de l'expérience et du temps. — Combien de gens n'en savent pas faire autant !

Bien que, pour les études, les élèves soient partagées en deux divisions on les avait réunies en une seule pour les expériences ; mais, si on ne l'en avait prévenu, l'auditoire n'aurait pu s'en apercevoir, tant il y a eu d'ensemble dans les exercices !

La séance a été ouverte par un cantique à 2 voix, appris en quelques instants, en dehors de l'action du professeur, et qui a été conduit par l'élève qui l'avait fait apprendre à ses compagnes. Il a été fort bien exécuté. Puis Mlle Allix à repris sa baguette, et DURANT UNE HEURE ET DEMIE elle a fait parcourir à ses élèves l'énorme programme que voici :

1° EXERCICES D'INTONATION. — Pendant un QUART-D'HEURE ces enfants ont parcouru, au pas de course, LE MODE MAJEUR, le MODE MINEUR, les MODULATIONS AVEC OU SANS SOUDURES, de manière à prouver qu'elles possédant l'intonation d'une manière remarquable. Que de fois j'ai regretté, pendant cet exercice, que la

commission du chant s'obstine à ne pas constater de pareils résultats ;

2° A ces exercices a succédé un CHŒUR DE CORYSANDRE, de Berton, chœur difficile à maintenir dans le ton. — Ce chœur a été chanté avec des nuances bien senties ; et le diapason a constaté que les voix n'avaient point baissé. — Commencé en mi bémol il a fini dans le même ton.

3° LECTURE SUR TOUTES LES CLÉS et DANS TOUS LES TONS avec SOUDURES DANS LES MODULATIONS. Expérience que devraient venir voir ces hommes qui — soit ignorance de ce que nous faisons, soit mauvaise foi — soutiennent à tout venant que nos élèves ne connaissent pas la portée. — Qu'ils aillent à l'institution évangélique — puisqu'il ne veulent pas venir chez moi — ils seront réduits au silence.

4° EXERCICES DE MESURE SUR LA PORTÉE. Les enfants ont d'abord appliqué la langue des durées ; puis elles ont lu d'une façon très-ferme les exercices demandés. — Ici, comme pour tous les exercices de la séance, c'est moi qui ai choisi séance tenante les sujets d'expérience.

5° EXERCICES DE MESURE EN CHIFFRES. Après la portée, ceci n'était qu'un jeu pour les enfants ; aussi semblaient elles ne pas remarquer qu'elles lisaient en courant des casse-cou, qui arrêteraient les plus forts, si à l'écriture en chiffres on substituait celle des conservatoires.

6° CHŒURS A 3 VOIX — Victoire, d'Amand Chevé ; exécution pleine d'entrain et que n'auraient pas désavouée de vrais vainqueurs en uniforme.

7° J'ai donné le n° 222 de mon recueil ; c'est un air à 2 temps, division ternaire, qui a seize ACCIDENTS en seize mesures, la dictée a été prise et rechantée sans faute. A cette occasion je signale les devoirs de l'année, que j'ai examinés, et qui prouvent que l'écriture sur toutes les clés et dans tous les tons est une chose tout-à-fait familière aux élèves, ainsi que toutes les questions de théorie relatives aux modes, aux tons, aux modulations, aux changements d'armures, aux mesures, etc. Aux questions verbales que j'ai faites, toutes répondaient et plusieurs le faisaient avec une précision et une rapidité telles que, moi qui adressais les questions je n'eusse certainement pas pu répondre plus vite. Véritablement, en théorie, comme en pratique, ces élèves font grand honneur au zèle et à l'habileté de leur professeur, qui a su leur communiquer son enthousiasme.

8° Un chœur charmant de Sacchini ;

9° Un canon a 4 voix — écrit en LA bémol, sur la portée et choisi par moi — il a été très-bien lu à première vue et chanté ensuite en partie.

10° Lecture à première vue d'un duo difficile (en chiffres) les deux parties ensemble ; à la deuxième lecture on a renversé les parties — très-bien lu.

11° Enfin la séance s'est terminée par un joli chœur Allemand et par le CHEMIN DE FER de Rossini. Bien que ce morceau ait été chanté après une heure et demie d'exercices menés au galop, il a été dit avec un tel feu qu'on aurait pu croire que c'était le morceau d'ouverture.

En résumé, ces enfants sont en excellent chemin, et déjà très-avancées. Possédant bien la théorie et la pratique, elles peuvent seules, sans le secours de leur professeur, étudier leurs morceaux d'ensemble. Elles sont pleines d'enthousiasme pour la méthode qu'elles étudient avec amour. Identifiées avec leur professeur aimé, elles répondent par une attention soutenue et un zèle ardent à la conscience qu'elle apporte dans ses leçons. Aussi le résultat est-il vraiment superbe.

Madame Frörejean et mademoiselle Velten qui n'ont pas craint d'arborer franchement le drapeau du progrès, recueillent aujourd'hui le prix de leur bonne inspiration, et elles le méritent à tous égards. — La joie, le contentement, la bonne humeur règnent dans leur établissement et elles conviennent que la musique n'est pas tout à fait étrangère à ce précieux résultat. — Quant à moi j'en suis très-heureux.

Émile CHEVÉ.

Les almanachs de M. Auguste Morel, directeur du Conservatoire de Marseille, se trompent parfois.

En juillet 1853, M. Auguste Morel ignorant ou voulant paraître ignorer les faits accomplis et affichant la prétention de faire la part de l'avenir, me disait, dans son cabinet : « vous » ne ferez jamais des chanteurs capables de » chanter avec accompagnement d'orchestre. »

Il ignorait ou il feignait d'ignorer (je répète à dessein) qu'en 1836 mes élèves avaient chanté à Paris, avec accompagnement d'orchestre, à l'Hôtel-de-Ville dans la salle Saint-Jean, la cantate de M. Delaire, intitulée les Grecs ; que de plus, à Rouen, et toujours A GRAND ORCHESTRE, mes élèves avaient chanté une messe de Sigismond Neukomm. Sans parler des exécutions du même genre, qui ont eu lieu depuis, à GRAND ORCHESTRE, voici qu'aux Tuileries, et dans la rue de Rivoli trente mille personnes ont applaudi les cinq chœurs de la symphonie de M. Salvator Agnelli, chantés avec accompagnement, non pas d'UN SEUL, mais de TROIS ORCHESTRES militaires.

Cela se passait le 15 août dernier, et ce n'était que le 4, ONZE JOURS avant cette formidable exécution, que l'école Galin Paris-Chevé abordait une étude qui demanderait PLUSIEURS MOIS au Conservatoire de Marseille, M. Auguste Morel, en personne, dirigeât-il les études.

Aimé PARIS.

La méthode Galin-Paris-Chevé pourvoyant de lauréats la maîtrise de Marseille.

Un de mes élèves, le jeune Gouiran, qui à la clôture du cours qu'il a suivi, a déchiffré et vocalisé SEUL. devant quinze cents personnes au théâtre Chave, vient d'obtenir le premier prix à la maîtrise où j'ai grand peur qu'on

ne brise sa jolie voix en la tenant trop constamment dans les régions élevées.

Encore un argument contre cette objection des Malliot de tous les pays, qui prétendent que nos élèves devront recommencer l'étude de la musique, après avoir passé par nos mains. En voici un qui passe sur le corps à ses condisciples qui ont eu le bonheur négatif de commencer beaucoup plutôt que lui et de ne suivre que LA BONNE ROUTE, des ornières de laquelle ils ne sont pas sortis. Qui sait si, après la maîtrise, ne viendra pas le Conservatoire? Cela serait curieux ; mais cela ne m'étonnerait nullement.

Aimé PARIS.

CHRONIQUE THÉÂTRALE.

Adieux de Bouffé. — Reprise de Robert-le-Diable.

Bouffé nous a fait ses adieux dans l'ABBÉ GALANT et dans MICHEL PERRIN, l'une de ses plus remarquables créations. Il est impossible assurément de s'approcher plus de la vérité, et de prêter à la physionomie d'un brave curé de campagne plus de bonhomie et de naturel ; aussi quel succès ! — Deux rappels successifs et les bravos enthousiastes de toute la salle ont dit assez au grand artiste l'admiration qu'il a fait naître et le regret qu'il laisse après lui.

Mlle Berthe a joué avec beaucoup d'âme et de gentillesse le rôle du bon ange du vieux Michel. On voit que cette jeune artiste travaille et comprend sérieusement son art. — Le public saura lui en tenir compte.

M. Julien Mary a joué très-convenablement un rôle d'ouvrier qui sort de ses attributions, il nous semble.

M. Cosson, à qui nous reprochons un peu trop de volubilité dans le débit, a fait une bonne tête au secrétaire de la police.

Le personnage du ministre, de Fouché était représenté par M. Armand ; c'est dire qu'il l'était dignement. C'est une justice à rendre à notre excellent financier, il sait toujours être l'homme de son rôle

Les débuts de la comédie ont commencé dans GABRIELLE.

M. Butaut, qui avait déjà tenu sur notre scène et avec distiction l'emploi des jeunes premiers, a très-heureusement subi sa première épreuve dans celui des forts premiers rôles ; il a surtout bien rendu la scène de découragement où l'auteur lui prête de si nobles paroles.

L'accueil qui lui a été fait peut lui donner bon espoir.

Madame Hacquette a joué en femme du monde qui sent et dit bien le beau rôle de Gabrielle. Nous avons aussi un compliment

en retard à lui adresser pour le BOUGEOIR. Elle est surtout la femme de ces délicates causeries dont l'esprit fait tout le charme, et le proverbe est son élément.

Un nouveau venu, M. Francis, qui assume la lourde responsabilité de succéder à Romainville, s'est fait écouter assez favorablement dans cette pièce et dans le BONHOMME JADIS.

Pour nous, tout en lui accordant un VICE COMICA réel, nous le trouvons un peu commun pour le genre qu'il aborde : il faut qu'il apprenne.... ou que nous oubliions beaucoup.

ROBERT-LE-DIABLE, remonté avec un certain luxe de décors et de costumes, vient de réveiller nos plus lointains souvenirs mélodiques.

M. Bonnesseur, qui faisait son troisième début dans le personnage de Bertram, s'en est vaillamment tiré ; il a, du reste, chanté ce rôle magistral avec une correction qui est bien près de la perfection. Plusieurs salves d'applaudissement lui ont prouvé, dès le troisième acte, que sa cause était gagnée. Son nom a donc été acclamé sans opposition.

Mlle Lavoye s'est montrée cette fois encore ce qu'elle est et sera toujours : une chanteuse habile et correcte, qui respecte la note écrite et sait charmer son auditoire sans efforts et sans excentricités.

Elle a détaillé avec un goût exquis la cavatine du deuxième acte : « En vain j'espère » et le joli duo avec Robert, à qui revient la moitié de nos bravos. Elle a aussi brillamment enlevé la marche guerrière, qui reclame peut-être un peu plus de puissance.

Quant au quatrième acte, assurément on n'a pas besoin de demander « grâce » quand on chante comme cela.

M. Bovier-Lapierre — quoique visiblement souffrant — a triomphé des difficultés ardues de ce terrible rôle de Robert, écueil de tous les ténors.

Mieux en voix, il y aura du succès.

Mme Faure, qui, nous le croyons, n'a pu dominer une peur invincible, a jugé prudent de résilier son engagement. Elle a bien fait sans doute. Quoiqu'il en soit, nous gardons d'elle cette opinion, qu'elle est restée au dessous d'elle-même.

M. Bouvard, qui gagne dans la faveur du public, a recueilli de fréquentes marques d'approbation, notamment à la fin de sa ballade et au du duo troisième acte, qu'il a chantés de verve.

L'exécution a été généralement bonne.

Vienne donc le PROPHÈTE !

En attendant voici Ravel.

Alexandre OSMONT.

Darnétal. — Imp. de Fruchart.

XIᵉ Année ; — 1ʳᵉ du nouveau titre. **UN NUMÉRO : 20 CENT.** Nᵒ 35. — Dimanche 21 Septembre 1856.

Musique, — Sciences, — Arts, — Littérature, — Théâtres.

LA RÉFORME MUSICALE

ABONNEMENT A ROUEN : 10 FR.

ON S'ABONNE

A ROUEN, chez M. Louis Roger,
rue Porte-aux-Rats. 2.
A PARIS, chez M. Emile Chevé rue
des Marais-S.-G., 18.
A MARSEILLE, chez M. Aimé Paris
rue Paradis, 77.

JOURNAL DES DOCTRINES DE L'ÉCOLE GALIN-PARIS-CHEVÉ.

BUREAU A ROUEN, RUE PORTE-AUX-RATS, Nᵒ 2.

LOUIS ROGER, Directeur-Gérant.

ABONNEMENT DANS LES DÉP. : 12 FR,

ON S'ABONNE

A LYON, chez M. Perraud, rue du
Griffon, 41.
AU HAVRE, chez M. Vasse,
rue Molière, 16.
*Les abonnements peuvent être payés
en timbres-postes (Affranchir).*

RENSEIGNEMENTS. — Cette feuille paraît, à ROUEN, tous les DIMANCHES. — Tout ce qui concerne l'administration du journal doit être adressée à Rouen, rue Porte-aux-Rats, 2. — Ce qui concerne la rédaction peut être indifféremment adressée à M. CHEVÉ, à M. Aimé PARIS, ou au Directeur-Gérant. — La critique demeure sous la responsabilité de celui qui la signe. — Il sera rendu compte des Ouvrages dont un exemplaire sera déposé au bureau du journal. Les lettres non affranchies seront refusées.

On peut se procurer des numéros de la *Réforme*, au Bureau du Journal ; — au dépôt du cours Boïeldieu, à Rouen, — et dans l'intérieur des Théâtres.

M. MERCADIER LE CONSERVATOIRE

de musique

& LA MÉTHODE GALIN-PARIS-CHEVÉ.

(7ᵐᵉ article. — Voir les numéros des 15 et 29 juin, 20 juillet, 10 et 24 août et 7 septembre 1856).

Paris, 8 septembre 1856.

Après avoir donné la table des matières du livre de M. Mercadier, pour montrer l'ordre qui a présidé à la distribution générale de son travail d'exposition, arrivons *aux détails*, et passons rapidement en revue chacun de ses vingt-six chapitres ; peut-être expliquerons-nous par là l'enthousiasme tout particulier dont le comité des études du Conservatoire s'est tout-à-coup trouvé transporté pour ce bien heureux livre. Entrons en matière :

Chapitre 1ᵉʳ — C'est dans ce chapitre que M. Mercadier — avec approbation du comité des études du Conservatoire — apprend aux intelligences en germe que « la *mélodie vocale* prend le nom de » *chant* » et que « la mélodie instrumentale s'appelle symphonie. » — M. Mercadier, qui a émaillé son livre d'étymologies a oublié de donner celle-ci : *syn* avec, *phonè* voix, *ensemble* de voix ; traduction libre : *mélodie instrumentale.* — L'élève de M. Mercadier entendant parler de la symphonie pastorale, en conclut que Beethoven a sans doute fait *un air* de chalumeau pour *un berger* de son village.. et il conclut bien.

Chapitre 2ᵉ — C'est dans ce chapitre que se rencontre cette merveilleuse phrase déjà citée : « le mouvement ondulatoire de l'air....... détermine une *sensation, qui est la perception* du son. » Après la musique, la physiologie ! et quelle physiologie !...

Chapitre 3ᵉ — « Lorsque les intervalles deviennent » assez petits pour que l'oreille n'y supporte plus, » sans être blessée, l'introduction d'un nouveau » son, l'intervalle compris entre ces deux sons constitue ce qu'on appelle le *demi-ton* ; cet intervalle » est déterminé par un rapport, *non absolu*, mais » uniquement musical. Deux demi-tons successifs » forment un ton. » — D'où je conclus que l'oreille étant chargée d'apprécier — *arbitrairement, sans guide*, le demi-ton, le ton, et, partant, *tous les intervalles*, selon que cette oreille sera plus ou moins délicate, plus ou moins exercée, plus ou moins capricieuse, plus ou moins *longue* même, la mesure des intervalles variera d'une personne à l'autre, d'un moment à l'autre pour la même personne ; cette personne fût-elle M. Mercadier lui-même. Et l'homme qui ose donner cela pour une définition scientifique se proclame ami de la logique ! Et le comité des études du Conservatoire approuve ! — Ajoutez que M. Mercadier après tout le monde, fait dériver la gamme d'un fait mathématique, *absolu*, puis il débute en disant *que la seconde mineure*, l'un des deux intervalles élémentaires de la gamme, *n'est pas un fait absolu !* il n'a donc rien compris lui-même à son livre ?.. Ne serait-ce pas lui, par hasard, qui l'aurait écrit *tout entier* ? Cela expliquerait le défaut de concordance entre certains chapitres et surtout entre l'avant-propos et les chapitres ? Encore un peu de patience ; tout s'éclaircira.

Chapitre 4ᵉ — De *l'écriture musicale*, des *notes* et de *la durée des sons.*

Ici l'on trouve :

La portée. — Pour écrire quoi ? — Le *demi-ton* et le *ton* sans doute, car M. Mercadier n'a encore parlé que de cela ;

Les clés. — Pourquoi faire ? L'enfant ignore la diversité de diapason des voix et des instruments ; et ne l'ignorât-il pas qu'il ne pourrait d'ailleurs comprendre que l'alphabet doive changer avec le caractère grave ou aigu de la voix, *les signes ayant trait à l'idée à exprimer et nullement à la voix qui doit les lire.* — Il fallait ici châtier et châtier durement la *routine* au lieu de s'y soumettre à la façon de tous les solféges ; mais le moyen de se brouiller avec la routine officielle !

Les notes comme signes de durées, à des enfants qui n'ont aucune idée des durées ! —

Et tout cela est fait par un homme qui condamne la routine et n'aime que la logique des faits ; par un homme qui veut que l'on procède du connu à l'inconnu. Et cet homme se pose en *penseur* ! et M. Auber Halévy, Carafa, Fétis, l'acceptent pour tel !...

Chapitre 5ᵉ — M. Mercadier trouve d'abord qu'*il y a plusieurs espèces de silences.* — C'est-à-dire qu'à l'exemple des routines, qu'il a cependant vouées aux dieux infernaux, *il confond le signe avec l'idée* ; et comme on a imaginé sept mauvais signes pour exprimer *l'idée simple* du silence, il fait croire tout d'abord à l'intelligence en germe que *l'idée de silence* est une idée *multiple !*...

Il ne veut pas des expressions *demi-croches, quarts de croches* etc., et il accepte très-bien celles de *demi-soupir, quart de soupir*, etc., quelle logique !

Chapitre 6ᵉ — *On a dit* à l'enfant, *sans le lui prouver*, que le *demi-ton* était le plus petit intervalle que puisse supporter l'oreille. Il ne soit encore que cela — et on lui apprend ici que le *point* est un signe qui a pour effet d'ajouter à une note la moitié de sa valeur...

Chapitre 7ᵉ — De *la phrase*, de la *mesure* et du *rhythme.*

Ici encore, après l'écriture, l'idée quelle doit exprimer !... Voilà la logique qui a le bonheur de plaire au comité des études du Conservatoire ! — Et puis parler de *phrase musicale* à des intelligences en germe qui ont pour tout bagage scientifique *la* prétendue *définition du demi-ton !* Qui ne savent pas seulement — ce que c'est qu'une tierce, une quarte, etc

M. Mercadier croit qu'il n'y a point de cadence mélodique !

Page 28, à propos du triolet, il confond les deux mots *mesure* et *division du temps*, (unité de durée).

Il n'a rien compris aux mesures, pas plus que MM. Fétis, Panseron, Wilhem, etc., en voici la preuve : L'écriture usuelle ayant adopté huit formes pour écrire l'entier de durée, *ronde, blanche, noire, croche, ronde pointée, blanche pointée, noire pointée, croche pointée*, a 24 manières d'écrire les trois mesures, 2 temps, 3 temps et quatre temps, 8 pour chaque : ce qui donne le petit tableau suivant :

<table>
<tr><td rowspan="4">Douze
formes
binaires.</td><td>2 — 3 — 4
—————
1</td><td rowspan="4" style="width:1px;"></td><td rowspan="4">Douze
formes
ternaires.</td><td>6 — 9 — 12
—————
2</td></tr>
<tr><td>2 — 3 — 4
—————
2</td><td>6 — 9 — 12
—————
4</td></tr>
<tr><td>2 — 3 — 4
—————
4</td><td>6 — 9 — 12
—————
8</td></tr>
<tr><td>2 — 3 — 4
—————
8</td><td>6 — 9 — 12
—————
16</td></tr>
</table>

Voici, maintenant les formes adoptées par M. Mercadier :

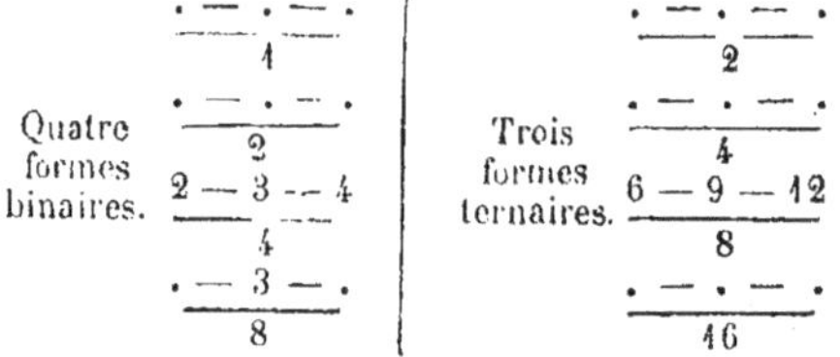

Sept formes, sur 24 ! — Pourquoi 7 plutôt que 6, plutôt 16 comme M. Fétis, que 13, comme M. Panseron, que 20 comme Wilhem ?... Pourquoi ces sept là de préférence aux autres !... Bah ! les logiciens comme ces messieurs ne descendent pas à de pareils détails : il prennent ce qui leur convient, ou ce que le hasard ou la routine leur met sous la main et les savants approuvent.

Chapitre 8ᵉ — Idées puisées chez nous ; mais exposées, comme tout le reste, *après les signes auxquelles elles ont donné naissance.* C'est toujours la même routine d'un bout du livre à l'autre !...

Chapitre 9ᵉ — de la *syncope* et du *contre-temps.*

C'est ici que pour faire sentir l'effet de la syncope, M. Mercadier à mis sans façon la main sur la langue des durées de M. Aimé Paris, qu'il expose de la façon suivante :

« Voici — dit-il page 33 — un *moyen simple* de » décomposer la syncope et à l'aide du quel on parviendra facilement à l'exécuter »

(L'exemple suivant est écrit sur la clé de sol à quatre temps).

| 1 1 1 1 | 1 1 . 1 | 1 1 . 1 | . 1 0 1 | 1 0 0 0 |
ta ta ta ta ta ta *a* ta ta ta *a* ta a ta ta ta

« En exécutant la mesure nᵒ 1, on dira *ta* à chaque » temps ; dans la mesure nᵒ 2 on supprimera le *ta* » du troisième temps pour ne prononcer que *a* ce » qui fera *ta... a* ; dans celle nᵒ 3 on réunira les » deux noires pour en faire une blanche en disant » *toujours ta... a...* etc. »

Et après cet audacieux plagiat, M. Mercadier est d'une discrétion telle qu'il se garde bien de nommer Aimé Paris. A quoi bon ? Il a PROFITÉ des travaux de ses devanciers et c'est là, sans doute une bonne action, puisque le Conservatoire l'en félicite officiellement et l'en récompense !... C'est incroyable.

C'est encore dans ce chapitre, page 24, que M. Mercadier fait *appuyer les temps forts* et les parties *fortes du temps* sur des *demi-soupirs*, et des *quarts de soupirs...* Des sons *qui s'appuient sur des silences !* Quelque chose *qui s'appuie sur le néant* !... O bien heureuses intelligences en germe de quelles choses merveilleuses vous prépare M. Mercadier !...

Chapitre 10ᵉ — De la *liaison* ou *coulé*, du *détaché* et du *piqué.*

Toujours le signe avant l'idée.

C'est dans ce chapitre que M. Mercadier parle de *signes conventionnels* dans l'écriture musicale. — Sans doute que M. Mercadier connait des écritures qui contiennent *des signes qui ne sont pas conventionnels...* il est plus heureux que moi !

Chapitre 11ᵉ — Des *abréviations* en général.

Ici, pêle-mêle : les croches, les bâtons de répétition, les blanches barrées, le renvoi, le point d'orgue, le trille, les petites notes ; plus « d'autres *ornements*

» que l'usage fera connaître. » Avale, pauvre intelligence en germe ; cela te conduira tout naturellement, et d'une manière logique, à l'étude des intervalles, des modes, etc., dont tu ignores jusqu'aux noms ! Il est vrai que l'on t'a *déjà* dit qu'il existait un demi-ton, et que deux demi-tons font un ton. — Ce qui du reste, est parfaitement faux, au dire de M. Mercadier lui-même.

CHAPITRE 12ᵉ — Ici, il confond nuance et mouvement et lance le pauvre élève, avec son *demi-ton* pour tout bagage, au beau milieu des largo, andante, etc... agitato, gustoso, etc., crescendo, morzando, etc... Voilà ce qui s'appelle procéder du connu à l'inconnu, et suivre la logique des faits !

C'est ici qu'il IMAGINA *l'octave !!!* L'octave, qui existe depuis qu'un larynx d'homme et un larynx de femme ont produit le premier son !... J'engage de toute ma force le lecteur qui pourra se procurer le livre de M. Mercadier à lire avec soin ce chapitre 3 — il en vaut la peine.

CHAPITRE 14ᵉ — du *dièse*, du *bémol* et du *bécarre*.

Ceci, comme de raison, arrive *avant* la génération des tons qui a donné naissance aux *remplaçants* si sottement baptisés des noms de dièses et de bémols.

C'est ici que l'on rencontre cette phrase : « il » existe des dièses des bémols et des bécarres cons- » titutifs, etc. » (page 53.) Et cela est écrit pour des intelligences en germe qui n'ont aucune idée du *ton*, de *mode*, de *modulation* ! — C'est encore ici qu'il apprend à l'élève que « au début d'un chant, » il n'y a pas de bécarres à la clés. » C'est aussi dans ce chapitre qu'il est question du DOUBLE BÉCARRE ! Ce chapitre vaut encore la peine d'être lu ; il est vraiment curieux.

CHAPITRE 15ᵉ — du *comma*.

L'histoire parfaitement fausse d'ailleurs, du comma, à des gens qui n'ont aucune idée de mode, de ton, d'intervalles ! C'est toujours la même routine ; pardon, la même logique.

CHAPITRE 16ᵉ — de *la gamme modèle*. — Enfin la voilà.

C'est dans ce chapitre, page 58, que M. Mercadier proclame, pour la deuxième fois, que le *système par octave*, est né de *l'introduction* du MOT *si* dans la série des monosyllabes *ut, ré, mi, fa, sol, la*, — De sorte que d'après M. Mercadier, avant l'adoption toute moderne du mot *si* le gosier de l'homme et *celui de la femme*, chantant simultanément le même air ne faisaient pas *entendre l'octave* !... Mais jamais personne n'a imprimé de pareilles choses !... Et cependant, le Conservatoire approuve !

En donnant, d'après nous, l'origine du mode majeur, il ne nomme aucun des six autres modes, nés en même temps que lui ; pas même le mode mineur !

Page 64, il donne les liaisons d'accords — à des intelligences en germe, qui n'ont pas encore entendu parler des intervalles ! et ces liaisons sont d'ailleurs mal présentées.

CHAPITRE 17ᵉ — De la *formation des gammes*.

Avant les intervalles !

Il n'est toujours question que du mode majeur.

Il limite la théorie générale à la pratique de l'instrument au lieu de faire remarquer que la théorie est infinie pour la voix, instrument parfait (page 77), il conduit la génération des tons jusqu'à *si dièse* (douze tons) et jusqu'à *ré double bémol* (douze tons) et il dit les *onze toniques* dièses, les *onze toniques* par bémols page 82. Avec le ton d'ut selon le vrai, il y en aurait *vingt-cinq* ; selon lui *vingt-trois* et il en admet *vingt-quatre* : puis *quinze* (plus tard il dira pourquoi (page 82) ; puis *douze*.

S'il adopte le système des douze demi-tons, comme le piano, il n'y a que douze tons possibles ; s'il adopte la gamme enharmonique le nombre en est infini. — Plus tard il dit qu'il n'y a que *douze tons*. — Que voulez-vous que fasse une pauvre intelligence en germe au milieu d'un pareil gachis ;

CHAPITRE 18ᵉ — de l'*enharmonie*.

Il a oublié de faire un titre pour la *chromatie* ; il n'a même pas encore parlé du mode mineur.

Voici sa définition, (page 84) : « *Enharmonie* veut » dire qui est dans la même harmonie, qui appar- » tient à la même harmonie. » — Ainsi, l'intelligence en germe, à qui l'on a dit que *harmonie* voulait dire *accord*, et qui voit présenter le *ré-bémol* et l'*ut dièses* comme étant les enharmoniques l'un de l'autre, c'est-à-dire *comme étant dans la même harmonie*, en conclut qu'il y a *accord* entre eux. — Entre *eux, qui sont les représentants de l'antagoniste absolu en musique* ! L'un tendant toujours vers le haut et l'autre vers le bas ! Ici M. Mercadier confond la *tolérance* imposée au pianiste par l'imperfection,

jusqu'ici radicale de son piano, avec la vérité mathématique qui proteste de toutes ses forces contre cette monstruosité. — Et M. Mercadier se déclare ennemi implacable de la routine !

Page 89, M. Mercadier confond *si* avec *si dièse* ; page 91, il confond *mi* avec *mi dièse*. Il y a récidive, ce n'est donc par une faute d'impression.

CHAPITRE 19ᵉ — *De la tonalité*. Voici sa définition : « On entend par tonalité l'effet d'un groupe ou » assemblage de notes qui se reproduit sur l'échelle » diatonique à des intervalles réguliers. » — Je n'ai pu encore me rendre un compte clair de cette définition ; les intelligences en germe seront sans doute plus heureuses que moi, comme l'ont déjà été messieurs du Conservatoire...

A propos de tonalité, il apprend à l'élève que la *seconde mineure* est plus dure, (en harmonie) que la seconde majeure, (page 93), puis, page 95, il lui apprend encore que le *sol* est commun aux deux accords 135 et 572. — Le lecteur inattentif pourrait prendre cela pour des *coq-à-l'âne* : mais il se trompe, tout cela rentre, avec un peu de bonne volonté, *dans la logique des faits*. Et la preuve, c'est que MM. Auber, Halévy, Carafa, etc., ont tout sanctionné, sans une seule restriction.

CHAPITRE 20ᵉ — Du *mode majeur* et du *mode mineur*.

Il proclame que le mode mineur est dû au hasard ; il n'a pas vu que l'origine d'un mode, donnait fatalement celle des six autres !.. Et puis — pour être logique — il dit — page 103 — *que la gamme mineure appartient à la gamme majeure*. — D'où je conclus que, si la gamme majeure est un fait mathématique, la gamme mineure qui en découle en est un aussi, même pour M. Mercadier : donc elle n'est pas due au hasard. — Dans ce chapitre, on trouve plusieurs drôleries — page 97 « si l'on *déplace* » on *change* » : page 100 : « Quand il *change* une » *note* dans le mode mineur, il reconnaît qu'il n'y a » qu'une note de changée ; » page 105 — un petit contre-sens à propos du relatif majeur et du relatif mineur ; etc.

CHAPITRE 21ᵉ — du *renversement* des intervalles.

Il est temps ; quand tout est fini ! Et pourquoi faire un article sur le *renversement* des intervalles, qu'on n'en fait pas un sur les *intervalle* eux-mêmes. — La logique demande impérieusement qu'*avant de me faire apppécier le renversement d'une chose on me la fasse connaître dans son état normal* ; autrement comment pourrais-je savoir qu'elle est renversée ? Et vous appelez cela procéder du connu à l'inconnu, — suivre la logique des faits !

Page 112 il confond *renversement* avec *redoublement* et le Conservatoire approuve !

Page 118, il apprend à l'intelligence en germe que la *quarte diminuée* SOL dièse, UT, 51 et l'octave *diminuée* FA aigu FA dièse grave 44, *ne se chantent* JAMAIS !

Page 191, on lit la phrase suivante : « de CE dé- » placement d'un demi-ton qui de l'intervalle direct » passe à l'intervalle renversé et réciproquement, il » EN résulte que, etc. »

Page 122 — il déplore les *anomalies* suivantes : la *quinte* augmentée est plus grande que la sixte diminuée ; la *sixte* augmentée est plus grande que la *septième* diminuée : — Il aurait pu ajouter : la *seconde* augmentée est plus grande non seulement que la *tierce* diminuée, mais même que la *tierce mineure* ; la *quarte* majeure est plus grande que la *quinte* mineure, etc. — Qu'est-ce qu'il y a donc d'anormale la dedans, s'il vous plait ! ce n'est pas là qu'il fallait frapper sur les *étrangetés*, les *contradictions* les *anomalies* de la langue musicale ; mais il fallait stigmatiser demi-ton *mineur* appliqué *au plus grand* et réciproquement ; *synonymes*, appliqué au dièse et au bémol qui tombe dans la même seconde majeure ; quarte, *superflue, augmentée, fausse*, donnée à la quarte majeure, etc., etc., etc.,

Il me resterait encore à passer en revue les cinq derniers chapitres — mais véritablement je suis tout-à-fait à bout de patience, et depuis longtemps il doit en être de même du lecteur. J'arrête donc là cette seconde partie de mon travail, pour arriver enfin à la 3ᵉ, à *la lettre* de M. Mercadier, à MM. Paris et Chevé, toutefois, en terminant cette partie de ma tâche, je dois prendre acte des faits suivants : j'ai partagé le livre de M. Mercadier en trois parties:

1° Banalités des solféges ;

2° Idées nouvelles appartenant à notre école ;

3° Travaux propres à M. Mercadier,

A — Dans l'énumération des banalités, M. Mercadier n'a pas relevé une seule erreur ;

B — A l'énumération des idées de notre école

données par M. Mercadier comme lui appartenant, M. Mercadier n'a pas répondu un mot — Au défi que je lui ai porté de signaler, dans ces idées une seule idée qui lui appartint, il a gardé le silence absolu ;

C — M. Mercadier n'a signalé aucune omission dans l'énumération *des choses* qui — dans son livre — lui appartiennent en propre, et l'œil le plus exercé, armé du microscope le plus puissant, ne pourrait dans *ces choses*, découvrir la plus petite idée scientifique.

Donc les conclusions suivantes sont irréfutables :

1° *Toutes les idées scientifiques* — étrangères, aux Conservatoires — renfermées dans le livre de M. Mercadier, appartiennent à l'école Galin-Paris-Chevé.

2° L'approbation du comité des études du Conservatoire portant surtout sur ces idées — le bénéfice du rapport approbateur du comité appartient de droit à l'école Galin-Paris-Chevé.

3° MM. Auber, Halévy et Carafa, en repoussant officiellement ces idées en 1850 - *après un mûr examen* — en les approuvant en 1856 *sous le nom d'un autre*, ont commis une action — non seulement *déloyale* et *très-compromettante* pour leur propre dignité — mais encore attentatoire à la propriété.

Émile CHEVÉ.

Ce qu'est devenu l'art dramatique

En province. (1)

Il y a longtemps qu'on nous promet une réorganisation des théâtres de la province. Bien que je ne désespère pas de la voir venir un de ces matins, au moment peut-être où l'on s'y attendra le moins, il m'est bien permis de croire et de dire que ceux qui comptent sur elle, pour une cause ou pour une autre, n'ont pas fini de mettre leur patience à l'épreuve. Elle viendra ; oui, je n'en doute pas ; mais affirmer qu'elle viendra bientôt, c'est prononcer un oracle qui n'est guère plus sûr que celui de Calchas.

Elle viendra cependant, cette réorganisation tant désirée, et c'est parce que j'y compte bien que je veux hâter sa venue en portant le marteau démolisseur sur cette laide et vieille chose qu'on ose encore appeler, par un excès d'ironie, *l'art dramatique en province.*

Contrairement à ce que font chaque jour mes honorables confrères de la presse littéraire, artistique et dramatique, je vais attaquer l'institution actuelle des théâtres de la province par son côté le moins respectable en apparence et le plus prosaïque en réalité. Je vais, toutes les preuves à la main, prouver que ce qu'on appelle un ART n'est même pas pour les comédiens qu'un vil métier. Si c'était un art, un art dans toute la dignité du mot, je me soucierais fort peu du plus ou du moins de profit qu'il pourrait en résulter pour les comédiens. Le véritable artiste vit bien ou mal à côté du millionnaire qui se gorge d'or, sans que personne ne songe à mettre dans une même balance la joie intellectuelle et pure du premier, et la satisfaction sensuelle de l'autre. Dieu merci, on respecte encore assez l'homme d'intelligence qui veut être artiste à tout prix, pour ne pas l'assimiler au banquier ignorant qui veut être banquier au péril de sa tête. L'artiste, c'est le rossignol qui veut être amour et musique. Cela le regarde. S'il fait fortune comme Voltaire ou comme Beaumarchais, tant mieux pour lui. Personne ne s'en plaindra. S'il meurt comme Hégésippe Moreau de misère et d'angoisse sur un lit d'hôpital, ou au bout d'une corde comme

(1) Nous cédons à la prière de beaucoup de personnes en reproduisant cette étude sur les théâtres, publiée à l'origine dans l'*Ere nouvelle artistique*, de Paris, et qui vient de faire son tour de France avec nombre de feuilles de la province.   L. R.

Gérard de Nerval, c'est navrant, sans doute, et cela vous fait prendre en haine l'humanité, mais en définitive, c'est la suprême logique de ce monde civilisé, dernière étape de l'espèce humaine avant d'arriver à la terre promise entrevue par Fourrier et rêvée par tous ces nobles penseurs dont le cœur saigne au milieu des injustices qui font que Turcaret prospère et s'enrichit, quand l'artiste au front étoilé meurt une corde au cou et le blasphème à la bouche.

Malgré cette iniquité, je veux voir cependant la main providentielle qui prépare et dispose les contrastes qui nous effrayent. Aux uns les jouissances matérielles qui sont le trait-d'union entre l'homme et la brute, aux autres les biens intellectuels, les arts et la poésie, qui sont le trait-d'union divin entre l'homme et Dieu.

Je reviens donc, et je dis : Si l'art dramatique est réellement un art, vive l'artiste comme il pourra. Sa part est assez belle, et si le pain qu'il mange est trop chèrement payé, c'est à nos économistes d'y mettre ordre. Cette question n'a rien à voir ici, et bien qu'extrêmement sympathique à mes idées, je l'abandonne à d'autres.

Mais je le répète encore, pour arriver à une conclusion désolante : *le théâtre n'est plus un art en province et n'est pas un métier !*

Ce n'est pas un art, parce que l'art est incompatible avec la laideur et la difformité ; parce que nos misérables scènes sont des tréteaux banals abandonnés à une exploitation souvent grossière et scandaleuse ; parce que les comédiens, sauf de rares exceptions, arrivent là sans études et sans avoir le feu sacré ; parce que j'ai vu à Rouen, il n'y a pas longtemps, un financier entre mille qui ne savait même pas ce Tartuffe de Molière que nous savons tous par cœur, nous qui ne sommes pas des comédiens ; parce que presque tous nos jeunes comédiens sont dans le même cas : bien montés en jactance, mais ignorants comme des épiciers ; parce que les directeurs sont des fermiers ignares, qui mettent l'art en jachères, pour exploiter je ne sais quel sol graveleux où ils ne trouvent guère plus la fortune que nos colons aveugles sur la terre lointaine de la jeune Amérique.

Non, je ne peux pas voir un art dans ce qui n'est qu'un vain simulacre. J'apprécie, j'estime, j'applaudis volontiers quelques vaillants artistes qui tiennent à porter haut et exempt de toute souillure le drapeau de la comédie française ; je rends justice à d'autres dont les efforts constants mériteraient plus de succès ; mais je persiste à dire que le théâtre, en province, considéré dans son ensemble et comparé a ce qu'il fut ou à ce qu'il devrait être, est aussi loin d'être un art que la distance est grande du beau idéal à la difformité absolue.

Ce n'est point un art et ce n'est point un métier.

Un métier fait vivre le plus souvent d'une façon honorable celui qui l'exerce ; l'art dramatique en est-il là, je vous le demande? A l'exception des premiers sujets qu'on paye d'autant mieux, la plupart du temps, qu'ils rapportent moins, je ne vois que des malheureux astreints à un travail de jour et de nuit qui passe de beaucoup les travaux forcés du bagne, et en échange duquel ils ne reçoivent pas le morceau de pain suffisant pour nourrir la famille. Je vois encore des traités déshonorants que cet homme, que vous appelez un artiste, est obligé de signer sous peine de mourir de faim, traités tels que plus d'un portefaix ne voudrait pas y mettre son nom.

J'ai sous les yeux l'un de ces traités où la misère et l'abjection des comédiens sont écrites en toutes lettres. Je vous en donnerai des échantillons dimanche prochain, en les faisant suivre des réflexions qu'ils nous ont inspirées.

Louis ROGER.

CHRONIQUE THÉÂTRALE.

Reprise d'opéras. — Représentations de Ravel.

La reprise du Caïd, le délicieux opéra-bouffe d'Ambroise Thomas, nous a valu le plaisir de voir sous un nouveau jour, et d'applaudir plus fort que jamais Mlle Lavoye, qui chante et joue ce rôle coquet de Virginie comme on prétend à tort que Mme Ugalde sait seule l'interpréter ; elle a fait vraiment des prodiges de vocalises et de hardiesse heureuse, et chacun de ses morceaux a été littéralement couvert d'applaudissements : cette musique vive et légère, convient admirablement à la nature de son talent, si souple et si gracieux, et c'est avec l'assurance du succès qu'elle aborde en riant, ce que nous nommons difficultés, et qu'elle appelle sans doute un jeu.

M. Bouvard, parfaitement à l'aise dans les allures de Biroteau, a rendu avec beaucoup de verve et d'entrain ce personnage excentrique ; il a fait ressortir avec tact ces légères teintes d'exagération dramatico-lyrique dont les auteurs, poète et musicien, ont avec intention coloré leur œuvre quelque peu critique, quoiqu'on en dise. Comme sa gracieuse partenaire, il a souvent recueilli des marques d'approbation.

M. Lacroix a fait merveille sous les traits du beau tambour-major ! Quelle aisance parfaite ! quelle belle voix ! quelle facilité ! comme le public se laisse gagner aisément par ses qualités en dehors ; cet artiste est heureusement doué, il n'a qu'à vouloir pour réussir, — et il le veut.

M. Gourdon — Ali-Bajou, a fait beaucoup rire : ce devait être sa seule ambition ; il a donc lieu d'être satisfait.

Le rôle de Fatma a été très-convenablement rempli par Mlle Gourdon, que nous avons eu occasion d'applaudir dans la Juive.

Le spectacle se terminait par le ballet de Figaro, lestement enlevé par MM. Laurençon, père et fils, et la brillante trilogie de nos sylphides, Mlles Beaudoin, Juliette et Bertho, rivalisant de grâce et de légèreté. Ce divertissement a été fort goûté ; cela se comprend de reste.

Dimanche, — la Dame blanche a fait une triste apparition devant notre public, habitué à lui voir meilleure figure ; à l'exception du rôle de Georges Brown fort bien rendu par M. Bouvard, tout le reste a été d'une faiblesse désespérante. Mlle Chevalier, la nouvelle Anna, ne nous semble pas à la hauteur de notre scène, si elle veut s'épargner des désagréments, elle fera bien, nous le croyons, de s'en tenir à cet essai malheureux, ou de lancer bien vite la réserve des qualités qu'elle s'est obstinée à tenir à l'écart.

Lundi. — Ravel a commencé ses drolatiques représentations par une nouveauté en trois actes, dont on a peut-être trop parlé pour ce qu'elle vaut ; Si jamais je te pince, tel est le titre explicite de cette égrillarde pochade, passablement invraisemblable, et qui a grand besoin de la verve de Ravel et de l'entrain de Mlle Aline Duval pour être tolérée au grand théâtre. Quoiqu'il en soit du mérite de la pièce, il y a des scènes fort amusantes, notamment celle des aveux, où le pauvre mari se trouve pris au piége, et dans laquelle Ravel est vraiment impayable, MM. Voizel et Lacombe font aussi leur partie dans cette charge comique à fond de train.

Dans l'Enseignement mutuel, même succès de fou rire pour les artistes parisiens.

Une excursion au Théâtre-Français nous a procuré le plaisir de revoir, dans Jean le Cocher, trois artistes que nous aimons et que nous nous plaignons de ne plus applaudir assez souvent, M. et Mme Edmond, toujours consciencieusement à leurs rôles, et James, notre excellent comique, qui laisse refroidir à tort cette franche et sonore gaîté qu'il savait si bien communiquer à toute la salle.

Vite à l'œuvre : quelques bonnes créations pour les mettre en relief.

Mercredi. — La Favorite qui servait de prétexte au début de M. Lacroix, reçu, par avance, a procuré à Mme Faure la satisfaction de se réhabiliter aux yeux d'un public qui s'était montré un peu trop sévère envers elle. — Dégagée de cette crainte, qui l'avait constamment dominée, sa voix a recouvré sa puissance et sa pureté d'intonation ; elle a détaillé avec un très-bon sentiment dramatique ce rôle de Léonor, qui a été pour la plupart des auditeurs, mais non pour nous qui l'avions pressentie, une sorte de révélation inattendue. — Très-chaleureusement applaudie après son grand air du troisième acte, peu s'en est fallu qu'elle ne fût rappelée après le remarquable duo du dénouement, qu'elle a brillamment enlevé avec M. Lapierre, qui a trouvé aussi de magnifiques élans.

Deux salves d'applaudissements ont prouvé, du reste, à cette dame, qu'on a su l'apprécier, malheureusement un peu tard.

M. Lapierre, a tenu avec assez de distinction, ce nous semble son difficile emploi pendant toute la saison dernière sur notre scène, pour qu'on soit édifié sur son mérite ; on aurait donc mauvaise grâce à lui tenir rigueur pour une indisposition passagère, quand il fait preuve d'autant de bonne volonté que de savoir — C'est ce qu'à du reste pensé la partie éclairée du public, en l'applaudissant comme il le méritait au quatrième acte.

On annonce l'engagement de Mme Laget-Planterre, pour l'emploi des fortes chanteuses, et celui de M. Laget pour celui des seconds ténors. Ce sont de bonnes acquisitions, nous le croyons ; les souvenirs laissés par Mme Planterre sont du reste très-rassurants.

Tant mieux donc. — Si ces artistes ne faillissent point à leur réputation, nous aurons une des troupes d'opéra les plus remarquables et les plus complètes.

Jeudi. — Ravel s'est montré de nouveau dans un Monsieur qui suit les femmes, pièce infiniment préférable à la nouveauté en question, et qu'il joue avec une vivacité d'allures, une originalité de manières, une aisance et un naturel qui n'appartiennent qu'à lui.

Cette création lui fait d'autant plus d'honneur qu'il ne suffit pas, pour y produire de l'effet d'y montrer une mine cocasse ou une toilette impossible, mais bien un véritable talent de comédien.

Dans Tambour battant, même verve étourdissante et même succès de bon aloi, courtoisie partagé avec Mme Duval et Coblentz, cet utiles auxiliaires.

Alexandre OSMONT.

ERRATUM.

Deux lignes passés dans notre dernier compte rendu nous ont fait commettre une erreur et et une quasi injustice, que nous nous empressons de réparer.

C'est à Mlle Coblentz que reviennent nos éloges pour le rôle de Gabrielle, et Mme Haquette, qui les mérite à d'autres titres, peut en garder bonne part.

M. Aimé Paris a donné cette semaine une séance publique à Marseille. Nous en rendrons compte dimanche prochain.

Odette,

Vos douces chansons, ô ma douce Odette,
Des passants, le soir, arrêtent les pas,
Craignez des méchants la langue indiscrète :
Quand vous les chantez, chantez-les tout bas.

Souvent, de la nuit troublant le silence,
Vous rêvez d'amour. Ne savez vous pas
Qu'après un aveu le regret commence :
Quand vous y rêvez, rêvez-y tout bas.

Parfois, au jardin, votre cœur soupire
Et vous vous cachez sous les frais lilas...:
On sait ce qu'un cœur de seize ans peut dire :
Quand vous soupirez, soupirez tout bas.

J'ai vu dans vos cils perler une larme,
Et vos jolis yeux semblaient dire : hélas !
De l'amour, enfin, vous sentez le charme :
Oh ! si vous m'aimez, dites-le tout bas.

Laissez, laissez moi sur vos lèvres roses
Cueillir un baiser qu'on ne verra pas ;
Lèvres de seize ans sont des fleurs écloses :
Laissez, laissez-moi le prendre tout bas.

L. R.

Juin 1856.

LA FOLLE DU LOGIS,
POÉSIES, CHANSONS & BALLADES,
Par BARILLOT (1).

Nous sommes dans un temps où il est aussi difficile de se faire un nom qu'une fortune. Le monde est plein de bruit et de mouvement. Un homme haut de cent coudées vient-il à passer, on le voit à peine. Un poète lance-t-il dans l'espace les notes sonores d'une lyre d'airain, on n'est pas sûr de l'avoir entendu. Nous ne sommes plus à ces jours de calme profond, où un quatrain occupait pendant toute une saison et la cour et la ville. Dans ce temps-là, on escaladait le Parnasse avec un bouquet à Chloé. On était reçu maître en poésie pour un vers bien tourné, pour une fadeur bien dite. Aujourd'hui, c'est un peu différent. Vous enfantez des volumes, vous jetez au vent des milliers de vers, pour arriver à être moins célèbre que tel marchand de pommade ou d'allumettes qui remplit les journaux de ses réclames démesurées.

Étonnez-vous maintenant si un poète comme Barillot n'est pas connu de tout le monde ; si ses poésies, ses chansons et ses ballades ne sont pas dans toutes les bouches ? Il a déjà un nom cependant. Ses œuvres sont appréciées dans les lettres. Mais il lui reste encore à conquérir la popularité, cette vieille folle qui donne la fortune aux plus indignes et qui fait attendre trop longtemps ceux qui ne la violentent pas à force d'impudence et d'audace.

Tous nos amis ont lu la Folle du logis ; tous sont d'accord sur le haut mérite du poète.

Barillot, comme Béranger, Proudhon, Pierre Leroux, Louis Veuillot et tant d'autres, est véritablement le fils de ses œuvres. Il a conservé dans son style ces allures franches, décidées, primesautières, un peu sauvages même, qui appartiennent au peuple, et qui, selon une expression de Charles Nodier, seront éternellement une source féconde où les écrivains iront retremper la langue. On ne trouve pas chez Barillot ces langueurs, ces défaillances de style qui distinguent les poètes médiocres, ces mièvreries, ces fadeurs que le mauvais goût confond avec la grâce. Son vers est au contraire frappé au coin de la belle école du dix-septième siècle. L'expression est originale et juste comme chez la Fontaine ; la phrase est abondante et relevée comme chez Bossuet. Barillot n'est cependant ni la Fontaine ni Bossuet, c'est un tribun. Il défend une foule de grandes choses avec l'énergie d'une muse qui accomplit une mission. Il remue des idées nouvelles avec une puissance qui frappe d'étonnement et de stupéfaction. Mais pour le voir dans tout l'éclat de son talent indompté, il ne faut pas lire seulement la Folle du logis, mais encore la Tribune des poètes, un recueil qui paraît de fois par mois, et qui obtient en ce momo une grande vogue. Là, vous le verrez armé du fouet de la satyre, flagellant le vice et le ridicule avec la grâce de l'Hercule antique et secouant de ses bras nerveux ce vieux monde égoïste menacé de tomber en putréfaction aux pieds du veau d'or, le seul dieu auquel il croie en réalité.

Nous ferons un seul reproche à M. Barillot, c'est de sacrifier parfois le bon goût au mot propre. Il y a, par-ci, par-là, dans ses œuvres, des expressions qui ne sont pas à leur place et qui font éprouver au lecteur un sentiment pénible. Nous sommes sûr que d'après les avis d'une sage critique ils auront disparu dans la prochaine édition.

Nous aurions voulu par quelque citations donner à nos lecteurs une idée du poète qui nous occupe, mais l'espace nous manque D'ailleurs, M. Barillot n'est pas de ces hommes qu'on se contente de connaître par les bribes d'un compte-rendu, c'est un poète éminent avec lequel on compte déjà, qui marche au premier rang dans la jeune littérature et qu'il faut lire et relire, pour peu qu'on aime les grandes idées rendues dans de très-beaux vers.

Louis ROGER.

L'auteur des *Contemporains* continue son œuvre avec une persévérance et une régularité dont on a eu jusqu'ici peu d'exemples. M. Eugène de Mirecourt tient à prouver que l'histoire vivante peut s'écrire. Il marche droit au but, sans s'inquiéter ni des menaces, ni des colères, ni des injustes récriminations de ses ennemis. On voit rarement un écrivain montrer plus de courage et plus de verve. Les biographies de Berlioz, de M. de Falloux et de Mme Clémence Robert ont paru dans le courant d'août et dans la première quinzaine de septembre. Celles de Cousin, de Gustave Planche, de Viennet, de Henri Heine et de Rosa, Bonheur sont sous presse.

A côté du succès des *Contemporains*, deux autres ouvrages de M. de Mirecourt obtiennent du public un accueil plein de faveur. Ce sont les *Confessions de Marion Delorme* et les *Mémoires de Ninon de Lenclos*, deux livres qui renferment sur le XVIIe siècle les études les plus sérieuses et les plus attachantes.

Boîte aux Lettres.

Paris. — M. Ducreux. — L'envoi est fait. 2 fr.
Cognac. — M. Feuillet. — M. Paul Meurice n'a pas encore répondu.

Daruétal. — Imp. de Fruchart.

(1) Un vol., en vente, à Rouen, chez M. E. Durand, libraire, rue Saint-Lô, 40, et chez tous les libraires de Paris et des départements. Prix : 1 fr. 50ᶜ

2ᵉ ANNÉE.

L'Ère Nouvelle Artistique,

PARAISSANT TOUS LES DIMANCHES.
Rédacteur en chef : **ÉDOUARD JALLOUX.**

Rédacteurs. — MM. Vaillant, E. Pierson, Jules-Maret Leriche, Antonio Watripon, P. Provini, Hyacinthe Dubacq, A. Rieulle.
Principaux collaborateurs. — MM. Emmanuel Gonzalès, Henri de Kock, Ch. Poncy, Balech de Lagarde, Louis Roger, Maurice Bouquet, Frédéric Degorge, Revillon, de Lys, Gaudon, Maige, Fernand Lagarrigue, Vital Waldack, J.-A. Cauvin, Bottet, Francis Faré, etc., etc.

Bureaux à Paris, rue Neuve-des-Petits-Champs, 50.

PRIX DE L'ABONNEMENT :

Pour Paris, un an : 20 fr.
six mois : 10 fr.

Pour les Départements, un an : 24 fr.
six mois : 12 fr.

L'Ère nouvelle artistique sera fidèle aux promesses de son titre : Moniteur de l'art nouveau, Arène ouverte à tous les talents, elle accueille les productions dues à la verve, à la fantaisie, aux dons de la nature et du génie, comme les productions sérieuses d'une pensée réfléchie, défiant ainsi ces hommes jaloux des renommées naissantes et indignes du nom d'artiste, lesquels croyant suffire au monde, s'efforcent de barrer la route à l'ardente génération qui les pousse.

Tous seront les bien venus, quels que soient leurs noms et leurs titres ; connus et dignes de leur renommée, ils féconderont son sillon de leur talent et de leur gloire ! Ignorés et nouveaux, ce sera pour l'Ère nouvelle artistique un véritable bonheur de leur ouvrir le champ immense et si fertile des beaux-arts, dans lequel pas un grain n'est jetté sans qu'il n'en surgisse bientôt un épi.

XI° Année ; — 1™ du nouveau titre.　　**UN NUMÉRO : 20 CENT.**　　N° 36. — Dimanche 28 Septembre 1856.

Musique, — Sciences, — Arts, — Littérature, — Théâtres.

LA RÉFORME MUSICALE

ABONNEMENT A ROUEN : 10 FR.

ON S'ABONNE

A ROUEN, chez M. Louis Roger,
rue Porte-aux-Rats, 2.
A PARIS, chez M. Emile Chevé rue
des Marais-S-G., 18.
A MARSEILLE, chez M. Aimé Paris
rue Paradis, 77.

JOURNAL DES DOCTRINES DE L'ÉCOLE GALIN-PARIS-CHEVÉ.

BUREAU A ROUEN, RUE PORTE-AUX-RATS, N° 2.

LOUIS ROGER, Directeur-Gérant.

ABONNEMENT DANS LES DÉP. : 12 FR,

ON S'ABONNE

A LYON, chez M. Perraud, rue du
Griffon, 11.
AU HAVRE, chez M. Vasse,
rue Molière, 16.
*Les abonnements peuvent être payés
en timbres-postes* (Affranchir).

RENSEIGNEMENTS. — Cette feuille paraît, à ROUEN, tous les DIMANCHES. — Tout ce qui concerne l'administration du journal doit être adressé à Rouen, rue Porte-aux-Rats, 2. — Ce qui concerne la rédaction peut être indifféremment adressé à M. CHEVÉ, à M. Aimé PARIS, ou au Directeur-Gérant. — La critique demeure sous la responsabilité de celui qui la signe. — Il sera rendu compte des Ouvrages dont un exemplaire sera déposé au bureau du journal. Les lettres non affranchies seront refusées.

On peut se procurer des numéros de la *Réforme*, au Bureau du Journal ; — au dépôt du cours Boïeldieu, à Rouen, — et dans l'intérieur des Théâtres.

M. MERCADIER LE CONSERVATOIRE DE MUSIQUE,
& LA MÉTHODE GALIN-PARIS-CHEVÉ.

(7me article. — Voir les numéros des 15 et 29 juin, 20 juillet, 10 et 24 août, 7 et 21 septembre 1856).

Examen de LA RÉPONSE de M. Mercadier.

Paris, 23 septembre 1855.

J'arrive enfin à la troisième et dernière partie de mon travail, qui en est la plus pénible. La manière audacieuse dont M. Mercadier s'efforce d'intervertir les rôles, et de remplacer des questions de science et de fait par des questions de personnes, rend la tâche plus délicate : c'est un malheur ; mais c'est lui qui a choisi le terrain, il faut l'y suivre, afin de montrer au public *toute la nullité* des moyens invoqués par M. Mercadier *pour sa défense*, et combien peu il a respecté ses trois divinités : *vérité, bon sens, et modération.*

En relisant avec attention la réponse de M. Mercadier, il y a trente assertions au moins qui demandent à être redressées ou réfutées. Cela est bien long ; mais je n'y puis rien : tout homme sensé comprend que l'on peut formuler une accusation ou lancer une insinuation en deux lignes : mais qu'il faut souvent deux pages ou beaucoup plus pour débrouiller le vrai du faux et mettre la vérité à nu. Ainsi, non seulement c'est M. Mercadier qui a choisi le terrain, mais c'est encore lui qui, par l'esprit et la forme de sa réponse, impose la longue durée de sa réplique. Cela dit, entrons en matière, et prenons les paragraphes de la réponse l'un après l'autre.

A nous deux, maintenant, M. Mercadier :

1° Votre lettre débute ainsi : « Réponse à MM. Aimé Paris et Emile Chevé, » AUTEURS de la méthode Galin-Paris-Chevé. »

Vous avez invoqué la vérité, monsieur ; plus qu'aucun autre vous êtes dès lors tenu de vous y soumettre ; or, voici la vérité écrite dans les livres de notre école que vous avez lus :

J. J. Rousseau a jeté les premiers germes de la théorie musicale que nous enseignons, et donné l'embryon de l'écriture *pour l'intonation* (à la fin du dernier siècle, plusieurs personnes ont reproduit quelques unes des idées de J. J. Rousseau ; M. *Mercadier père*, entre autre, dont vous ne parlez pas plus dans votre livre que vous ne parlez de tous les autres dont vous donnez les idées comme vôtres).

Pierre Galin, au commencement de ce siècle, a définitivement posé les bases de la science musicale — *intonation et durées* — ; il a rendu excellent l'emploi du chiffre, proposé par Rousseau pour l'intonation ; il a créé le *chronomériste* — écriture des durées — avec une telle pecfection qu'il est douteux que l'avenir puisse faire mieux.

M. Aimé Paris a créé une chose dont on n'avait même pas l'idée : *la langue des durées*, qui complète avec un rare bonheur le chronomériste de Galin. M. Paris a créé une foule d'instruments précieux pour la théorie et la pratique : *le chronomériste mobile*, qui bat toutes les divisions du temps ; *l'OEdipe musical*, qui débrouille en un instant les problèmes les plus compliqués d'intonation ; etc., etc, *il n'a du reste pris aucune espèce de brevet pour tout cela.* Il professe l'idée depuis 30 ans.

Madame Emile Chevé a créé tous les exercices pratiques d'intonation et de durée qui complètent la théorie de Galin (dont ils découlent). Elle a trouvé les nouvelles bases développées dans notre *traité d'harmonie*. Elle a créé la méthode instrumentale. Elle professe depuis 25 ans.

M. Emile Chevé, enfin, puisqu'il faut que je me nomme, a rédigé, *au point de vue de l'élève* ce que Galin avait rédigé pour les maîtres ; il a rédigé le traité *élémentaire d'harmonie*, il a composé 800 duos gradués pour exercice de lecture ; il a ajouté au travail de Galin l'origine de la gamme, la théorie complète des mesures sur la portée. Il professe l'idée de Galin depuis 16 ans et termine en ce moment son 99° cours à Paris. — Je passe sous silence les noms de MM. Aimé Lemoine, Edouard Jue, etc., qui n'ont rien ajouté à l'idée de Galin.

Dans quelle intention M. Mercadier nous présente-t-il donc, Aimé Paris et moi, comme *les seuls auteurs* de la méthode Galin-Paris-Chevé ? — Est-ce dans l'espoir de la voir tomber avec nous sous le coup de sa réponse ? Je ne sais ; mais il y a quelque chose là-dessous.

2° Vous dites, paragraphe premier : « Un de mes amis me communique à la » *fois* quatre numéros de votre journal, *la Réforme musicale*, dont l'existence » m'était complètement inconnue »

M. Aimé Paris ayant montré tout ce que cette assertion avait de *risqué*, je n'y reviens plus.

3° Vous dites, deuxième paragraphe : « L'apparition et le succès de mon » livre, à ce que je vois, vous ont mis fort en colère, et, comme tous les gens en » colère, vous manquez absolument de logique et de politesse. »

Et d'abord, ne confondez pas l'indignation avec la colère ; puisque vous êtes de sens-froid, vous devez être *logique et poli*. — Dites-moi : si qu'elqu'un mettait la main dans votre poche, pour y prendre votre bourse, cela vous rendrait-il très-joyeux ? Et si *des juges mal informés*, ou, par impossible, *mal intentionnés*, venaient déclarer publiquement qu'ayant PROFITÉ *de ce qu'ont produit ses devanciers*, l'homme à la main adroite a le droit d'en jouir librement — se voir approbation et félicitation des juges ? —Cela augmenterait-il votre joie ? — Répondez, monsieur... Le lecteur sait maintenant à quoi s'en tenir sur vos droits aux idées nouvelles contenues dans votre livre, sur l'acte du Conservatoire, et sur l'intérêt que vous avez à transformer notre juste indignation en colère brutale. — Quant à notre manque absolu de logique et de politesse, attendons la fin, pour qu'il juge encore entre nous à ce double point de vue.

4° Le paragraphe 3 commence ainsi : « Je vous dirai tout d'abord que mon » intention était moins de répondre à vos injures que de relever l'*inexactitude* » de vos accusations. »

Pour en revenir à ma supposition précédente, si — saisissant la main qui dévalise votre bourse, — vous disiez : « Monsieur, vous me dérobiez ma bourse ; » vous n'êtes point un galant homme ! » Et que le *saisi* vous répondît, en prenant sa grosse voix : « Monsieur, vous êtes en colère, vous manquez de logique » et de politesse : vous me dites des injures ! » Que répondriez-vous à votre interlocuteur, — dites — monsieur ; je serais bien aise d'avoir votre réponse sur cette simple supposition.

Quant aux inexactitudes que vous voulez relever, *vous n'en avez pas cité une seule sur les 105 accusations* portées contre vous par Aimé Paris ; et *vous n'avez pas répondu un mot à tout ce que je vous ai reproché depuis le 30 mai*, date de votre réponse, *jusqu'à ce jour 25 septembre*. Or, qui ne dit mot consent : *donc nos accusations sont vraies.*

5° Le paragraphe 3 continue ainsi : « Votre devise, dites-vous, est celle-ci : » *logique, courage, loyauté, dévouement* ; elle est bien ambitieuse. »

Chacun, monsieur, prend sa devise à sa taille ; mais la question n'est pas de savoir si notre devise est ambitieuse, mais bien de savoir si nous y avons manqué l'un ou l'autre. — Eh bien ! monsieur, prouvez qu'Aimé Paris et Emile Chevé, qui ont tous deux dépassé 50 ans, et qui ne les ont pas dépensés à dormir, ont un seul jour de leur vie manqué de *courage*, de *loyauté* ou de *dévouement* ! — Quant à la logique, c'est une question que le lecteur peut apprécier à chaque instant ; je n'en parle pas... Vous nous trouvez ambitieux, monsieur ! nous qui, jusqu'ici, nous étions cru les hommes les plus simples du monde... Mais puisqu'il paraît que nous sommes trompés, nous ne sommes pas gens à faire les choses à demi ; et, ambitieux pour ambitieux, nous voulons l'être tout-à-fait. Ainsi donc, à notre devise, déjà si lourde, dites-vous, nous ajoutons la vôtre : *vérité, modération, bon sens*. Le lecteur verra si nous faiblirons autant, *sous la charge complète*, qu'il vous a vu faiblir sous la charge partielle choisie par vous.

6° Toujours paragraphe trois, vous continuez : « *Vérité, modération*, et bon » sens sera la mienne (sa devise) ; elle est plus modeste et par cela même, *il sera* » *plus facile de ne pas m'en écarter.* »

Hélas ! monsieur, l'homme propose et Dieu dispose ! Quoique vous ayez eu la précaution de choisir la tâche la moins lourde, la plus facile, elle s'est encore trouvée bien au-dessus de vos forces. Le lecteur l'a déjà vu vingt fois dans le cours de cette discussion ; mais il est loin d'avoir tout vu à cet égard : qu'il veuille bien prendre note de vos trois mots, et les occasions ne vont pas lui manquer de constater combien peu vous avez *pu* ou *su* leur obéir. *Vérité, modération, bon sens.* Retenez bien cela, lecteur.

7° Paragraphe 4, vous dites : « Je n'ai pas l'honneur de vous connaître, mes- » sieurs, *pas plus l'un que l'autre* ; j'affirme que je ne vous ai jamais vus, que je » n'ai jamais assisté à une seule de vos séances, et la personne qui a prétendu le » contraire, s'est trompé : voilà tout. »

D'abord, ce n'est pas *une* mais bien *deux* personnes *très-graves*, qui m'ont dit tenir de M. *Mercadier lui-même* qu'il avait vu mes cours ; mais je passe condamnation : M. Mercadier donne sa parole ; je l'accepte. C'est aux personnes qui m'ont rapporté ce fait, à s'arranger avec M. Mercadier ; ce n'est plus mon affaire : c'est la leur.

Mais cela ne suffit pas pour justifier M. Mercadier dans le cas présent : quand on a la prétention de venir modifier l'état d'une science, en apportant des idées théoriques nouvelles qui doivent profondément modifier l'enseignement et la pratique, il peut être bien *de lire tous les bouquins écrits depuis le commencement du monde* sur cette science, comme M. Mercadier dit l'avoir fait ; mais il est bien aussi — je dirai même qu'il est de la dernière nécessité, (si l'on veut être dans le vrai dans la modération et surtout dans le bon sens, d'*étudier particulièrement les progrès modernes*, les progrès actuels, surtout quand ces progrès sont transformés *en faits accomplis*, qu'ils sont à notre porte, visibles tous les jours gratuitement, et qu'ils ne demandent que la peine d'être constatés. Voilà, monsieur, ce que le bon sens exige avec la dernière rigueur — sous peine de se faire dire, comme on vous l'a dit à vous-même, M. Mercadier, à propos de *vos prétendues* découvertes : « ignorez-vous donc, monsieur, que l'on n'a pas le droit d'inventer » ce qui est écrit dans le livre d'un autre ? » Que dirait M. Mercadier, ami du bon sens, d'un homme qui, voulant perfectionner les moyens de locomotion, s'en irait rechercher la forme du char d'Achille, ou de Scipion ; étudierait avec soin les charrettes de tous les pays et de tous les temps, sans oublier le haquet de Pas-car ; irait même jusqu'aux cabriolets et aux omnibus !! Puis, connaissant l'existence des chemins de fer, et n'ayant qu'un pas à faire *pour les voir fonctionner*, se garderait avec soin de les visiter, sous prétexte que ce sont des moyens *révolutionnaires*, qui nécessitent *un bouleversement complet des systèmes antérieurs*, — en un mot : parce qu'ils sont des impasses !... Je répète ma question : à l'aspect de cet homme, que dirait M. Mercadier ? — Il dirait : qu'*en ne venant pas constater l'état actuel des progrès réalisés*, et en se noyant *dans un tas de rapsodies anciennes* il a complètement manqué de *bon sens* et fait un travail absurde.

8° Je passe à dessein le paragraphe 5. Le paragraphe 6 commence ainsi : « Vous appelez mon petit livre *le plus audacieux de tous les plagiats* et *la plus » mauvaise de toutes les actions*. Mon Dieu, messieurs, *nous sommes tous plus » ou moins des plagiaires.* »

A la première accusation il n'y avait qu'une chose à faire — *mais il fallait la faire absolument* : prouver que votre livre n'était pas un plagiat, *en indiquant, une à une, les innovations qu'il contient et qui vous appartiennent.* — VOUS NE L'AVEZ PAS FAIT : c'est que l'accusation est vraie. — Le lecteur est d'ailleurs maintenant parfaitement édifié sur la question de plagiat ; sans lui rappeler toutes les accusations de M. Paris, dont vous n'avez pas nié une seule, qu'il se reporte seulement aux n°s du 10 et du 24 août ; et, dans le cas où la mémoire lui aurait fait défaut, il y trouvera tous les éléments d'un jugement sérieux et sans appel. — Quant à qualifier le plagiat en lui-même, c'est à chacun à le faire dans sa conscience : je doute qu'on en fasse jamais une action honorable.

Vous ajoutez, avec une bonhomie qui fait mal : « Mon Dieu, messieurs, nous » sommes tous plus ou moins des plagiaires ! »

Pardon, monsieur ; mais le badinage n'est pas de mise ici : on vous accuse d'un fait très-grave, défendez-vous, si vous le pouvez ; autrement, *votre silence est un aveu.* — Les idées sont une propriété tout aussi sacrées — (vous voudrez bien en convenir vous qui prenez un brevet pour un jeu d'enfant) — que celle d'un cheval, d'un outil, d'un bijou, d'un champ. Or, la loi — *à défaut de la probité* — ordonne le respect *absolu* de toute propriété ; elle ne fait point de distinction. — L'acte notarié, la possession de notoriété publique, le dépôt légal d'un livre etc., sont des titres de propriété également valables aux yeux de la loi. Eh bien ! avec votre maxime commode « nous sommes tous *plus ou moins* des plagiaires, » je défie le juge le plus perspicace de poser une limite vraie entre la probité la plus absolue et l'acte digne des galères... *Plus ou moins* — elle est si élastique cette admirable petite maxime... Avec elle un homme pris la main dans la poche de son voisin et traduit en police correctionnelle, répondrait tout tranquillement à un procureur impérial trop pressant : « Monsieur, nous sommes tous plus ou » moins.... ce que vous m'accusez d'être. » — Pensez-vous que l'on se contentât d'une pareille justification ? Non, monsieur, une pareille manière de se défendre d'un plagiat ne peut être acceptée par personne. Votre réponse est un bel et bon aveu que vous aviez espéré faire passer inaperçu à l'aide d'une plaisanterie fort déplacée dans une question aussi grave pour vous. Je suis forcé de vous rappeler ici ce que j'ai déjà répondu au rapport du Conservatoire, pages 6 et 7 de ce travail :

« Quand des idées scientifiques ont reçu la sanction du temps, quand elles ont » pris droit de domicile dans la science, quand elles sont, en un mot, *passées » à l'état de banalités*, nul doute qu'elles appartiennent à tout le monde et que » tout le monde en use et à le droit d'en user à sa fantaisie, sans que personne y » puisse trouver à redire, parce que des idées connues, et acceptées par tous, ne » peuvent plus être *trouvées, inventées*, par personne, cela est clair comme le » jour; un fou seul pourrait le contester.

» Mais quand des idées scientifiques sont encore à l'état *militant*, à l'état de » *lutte* et de *lutte opiniâtre et permanente* pour obtenir le droit de cité dans la » science, la consécration par les hommes spéciaux, par les écoles officielles, et » que leurs auteurs sont repoussés, persécutés sans relâche ; elles ne sont plus » du domaine public comme les premières, et nul n'a le droit d'y porter la main » pour se les approprier ; et tout homme juste, qui croit devoir les adopter pour » les propager, les développer, etc, *a pour premier devoir* — pour devoir d'hon- » neur — *d'en indiquer la source et les auteurs*. Ceci est de la probité, et de la » probité la plus vulgaire ; c'est encore clair comme le jour : un fou seul pourrait » le contester.

» Voilà la confusion évitée.

» Et maintenant; il résulte de là que, si chacun peu user à son gré des idées » qui sont du domaine public, *nul n'a le droit de prendre* — fût ce pour en PRO- » FITER — des idées repoussées par les écoles officielles et dont les défenseurs » succombent d'épuisement *après une lutte instante qui a duré vie d'homme et dure » encore, plus rude que jamais* !! Et chacun comprend aussi que les écoles offi- » cielles qui repoussent ostensiblement ces théories depuis 15 ans, quand elles » leur sont présentées sous le nom de leurs auteurs, ne peuvent, sans commettre » une *mauvaise action, et sans se compromettre au dernier point* accepter et pa- » troner ces idées quand elles leur arrivent sous le nom *d'un tiers qui en a pro-*

» fité tout doucement, en en taisant soigneusement l'origine compromettante. Le *bon* » *sens, la vérité, la justice, la morale*, TOUT proteste contre cet acte, qu'aucune » expression, quelque meilleuse qu'elle soit — même celle de *profiter* — ne sau- » rait soustraire à la flétrissure qu'il mérite. »

9° Vous dites encore « et S'IL Y A *dans mon ouvrage un élément nouveau*, » j'avoue humblement qu'il ressort de principes que ni vous ni moi n'avons in- » ventés, de principes vieux comme le monde. »

Vous avez pris la forme *dubitative* à propos de VOTRE *élément nouveau*, et le lecteur sait maintenant que vous avez bien fait. Je vous ai porté le défi de citer une idée scientifique qui vous appartienne dans votre livre. Vous n'avez pas répondu. Il était cependant bien facile d'écrire ces quelques mots : « Telle idée m'appar- » tient ; telle autre aussi ; telle autre encore etc. » Cela était plus facile à faire *et plus concluant* que votre réponse. — Citez donc, si vous l'osez ! Mais vous ne le ferez pas, parce qu'il n'y a véritablement à vous, dans votre livre, que *l'ordre*, c'est-à-dire le désordre que vous avez introduit dans l'enchaînement des chapitres, et les drôleries dont j'ai cité une partie à la suite de votre table. Quant à ce que vous dites des principes, c'est-à-dire des lois physiques, nous savons tout aussi bien que vous qu'elles sont éternelles et que notre mission sur cette terre est de *les découvrir*, non de *les créer* : un fou, seul, peut prétendre à *faire une loi à priori.*

10° Votre sixième paragraphe continue ainsi : « A — Je n'ai assurément rien » changé aux règles de la musique ; B — Je ne suis, sous ce rapport-là, ni un » novateur, ni un *révolutionnaire* ; C — J'ai voulu simplement rendre ces règles » d'une application facile, les expliquer à l'élève dans un langage aussi clair que » possible ; D — Les appuyer d'exemples capables de frapper en même temps » les yeux et l'intelligence ; E — En un mot, m'écarter de la routine ordinaire. »

Avec la meilleure volonté d'être bref, on ne peut trouver dans cette phrase moins de cinq assertions à réfuter ; reprenons ces cinq idées l'une après l'autre :

A. « Je n'ai assurément rien changé aux règles de la musique. » — Alors, mon- sieur, permettez-moi de vous le dire, vous n'avez pas compris l'importance de la théorie que vous avez osé donner comme fruit de vos méditations : de l'origine de la gamme, telle que vous l'avez prise chez vos *devanciers* et de la théorie des gammes (je conserve vos expressions) découle ce fait immense pour la pratique, ce fait qui met un abîme entre notre école et toutes les autres, — *l'identité du mode à tous les tons* ; et, partant, *l'obligation* — pour obéir à la vérité et au sens commun, de *solfier le même mode avec la même langue dans tous les tons*, comme nous le faisons, et non de changer la langue et l'écriture à chaque tonalité nou- velle comme le font toutes les écoles officielles, qui ont ainsi transformé la mu- sique en véritable tour de Babel. Ayant proclamé le principe, les conséquences sont fatales et vous avez eu le plus grand tort de ne pas les en déduire. — Bien plus, vous vous vantez de ne rien changer aux règles, aux conséquences, après avoir changé la base !... Et le Conservatoire a été aussi aveugle que vous ; puis- qu'il n'a pas vu qu'en adoptant la base nouvelle il condamnait la science sans retour ! Qu'elle légèreté pour des hommes graves !...

B. « Je ne suis, sous ce rapport-là, ni un novateur ni un *révolutionnaire*. » Sans doute, puisque vous paraissez ne pas avoir compris la portée de vos pré- misses ; puisse vous ignorez *l'essence* de l'instrument que vous présentez comme VÔTRE... Quant au mot *révolutionnaire*, que le mot *novateur* rendrait inutile, je me demande ce qu'il fait là, comme je me suis déjà demandé ce que les mots *révolution* et *démocratie* font dans une autre pièce, SIGNÉE DE VOUS, *mais non des- tinée à être vue de moi*, et dans laquelle *ils sont accolés à mon nom*. — Le diction- naire de Bescherelle ne donne au mot *révolutionnaire* qu'un sens politique. Et qu'est-ce que la politique a à faire ici, s'il vous plait? — Ceci passe la plaisanterie.

C. « J'ai voulu simplement rendre ces règles d'une application facile, les ex- » pliquer à l'élève dans un langage aussi clair que possible. »

Eh bien ! vous avez manqué votre but, puisque la chose la plus importante pour l'élève, l'unité de mode dans tous les tons, vous ne la lui avez pas signalée pour la pratique, et que vous le laissez dans le chaos, ni plus ni moins que le plus routinier des solféges. — Quant à la *clarté de vos explications*, le lecteur en a vu assez d'échantillons, pour qu'il soit en droit de se tenir en garde contre le brevet de lucidité que vous vous décernez.

D. « Les appuyer (les règles) d'exemples capables de frapper en même temps » les yeux et l'intelligence. »

La vérité voulait que vous prissiez la peine d'ajouter que les exemples qui, dans votre livre, frappent les yeux, *sont tous empruntés à notre école*. Le *bon sens* voulait aussi que vous ne vous exposassiez pas à de pareilles revendications que le lecteur sait être fondées.

E. « En un mot, m'écarter de la routine ordinaire. »

Comment donc, alors, en proclamant des principes nouveaux, avez-vous ce- pendant suivi la routine en aveugle?... Vous êtes plus coupable que les faiseurs de solféges, qui, n'ayant point de théorie qui les éclaire, sont bien obligés de *marcher à tâtons*, et d'accepter comme bons tous les vices de leur écriture, puis- qu'aucune lumière ne permet de les voir. Mais vous, monsieur, avec la théorie des gammes et de la mesure, vous n'avez pas leur excuse. Je vous le répète : vous êtes bien plus coupable qu'eux ! et quand on rapproche votre livre de votre avant-propos, c'est bien pis encore !

(La suite prochainement.)   Emile CHEVÉ.

Séance mensuelle de M. Chevé.

Dimanche. 21 septembre, M. Chevé donnait, dans l'amphithéâtre de l'Ecole de-Médecine, son seizième concert de cette année, et il montrait, pour la quatre-vingt-dix septième fois depuis six ans, au public étonné, la supériorité incon- testable de la méthode nouvelle. Bien que con- naissant parfaitement nous même la valeur de l'idée. et que dans notre enseignement nous en obtenions à Lyon des résultats très-satisfai- sants, ce que nous avons vu dimanche a dé- passé notre attente, et devrait suffire pour convaincre les plus incrédules, si, toutefois, ils voulaient se donner la peine de voir.

Dix morceaux d'ensemble ont été chantés par les élèves de M. Chevé, avec l'aplomb et la perfection qu'on leur connait depuis longtemps; entr'autres, un boléro, œuvre d'un élève, M. Périn, qui, ainsi que M. A. Chevé et plusieurs autres membres de la société, répondent victo- rieusement à cette objection, que la méthode n'est applicable qu'à la partie élémentaire de la musique. On a remarqué surtout deux mor- ceaux de longue haleine, CHOEUR DE BUVEURS ET PRIÈRE DU COMTE ORY, et CHOEUR D'INTRO- DUCTION DE L'ÉTOILE DU NORD, chantés non-seu- lement sans le secours d'un accompagnement instrumental, mais l'accompagnement lui-même étant vocalisé par les chanteurs. Je serais curieux d'entendre ceux qui disent que le chiffre n'est bon que pour chanter des pont-neuf, chanter eux-mêmes certains passages de Meyerbeer, et enlever avec le secours des bienheureuses CROCHES quelques modulations, comme cet auteur seul sait en faire.

Comme preuve plus directe du savoir musical de ses élèves, M. Chevé leur a donné à lire, à première vue, un chœur présentant d'assez grandes difficultés d'intonations, qu'ils ont parfaitement enlevées. Puis il a dicté deux airs. Le premier a été écrit après trois lectures par les adultes, et le second après une seule par les enfants. Cette expérience suffit à elle seule pour donner la plus haute idée d'une méthode qui permet à de jeunes enfants de faire ce que les plus habiles ne peuvent faire et ne feront jamais, tant qu'ils persisteront à se servir de leurs mauvais signes.

Adressons enfin quelques éloges bien mérités à ces jeunes artistes, la gloire de l'école, qui se donnent pour mission de prouver que la science n'est pas incompatible avec l'art. Mlles Allix et Thomry, et M. A. Chevé ont fait encore une fois preuve d'une grande habileté d'exécution. Mme A. Chevé nous a fait entendre une chanson bretonne d'une naïveté charmante, et un petit air ancien : JE VEUX GARDER MA LIBERTÉ, qu'elle a dit avec une facilité et une grâce qui ont enlevé l'auditoire.

La séance s'est terminée par la RETRAITE et la MARCHE HONGROISE. Alors le public n'eut plus assez de mains pour applaudir et encourager l'école nouvelle ; et M. Chevé dut recevoir des félicitations et des éloges d'autant plus flatteurs qu'ils lui vinrent de personnes haut placées dans le monde musical et conquises à l'idée par cette seule séance.

Puisse le noble dévouement des chefs de l'école être bientôt récompensé par le succès. En attendant, travaillons modestement chacun de notre côté ; suivons l'exemple de nos aînés, pour mériter notre part du triomphe qui ne peut tarder longtemps.

A. PERRAUD,
Directeur de l'école, à Lyon.

THÉÂTRES DE ROUEN.

Continuation des représentations de Ravel. — Reprise des Mousquetaires et des Huguenots.

Ravel continue à stéréotyper le rire sur nos lèvres. — Après les excentriques nouveautés dont nous avons parlé dans notre dernier numéro, il en est revenu à son ancien répertoire qui est encore le meilleur, et là son succès a été encore plus franc et plus complet s'il est possible.

Qui ne l'a pas vu dans l'ÉTOURNEAU, ne connaît que le côté superficiel de son talent : sa gaîté contagieuse et son irrésistible jeu de physionomie ; mais dans cette pièce presque sérieuse, c'est sous un tout autre jour qu'il se montre ; ce n'est plus de la spirituelle bêtise, du comique échevelé, c'est de la bonne et savante comédie.

Il est impossible, en le voyant si troublé, si haletant, si malheureux pendant ces trois actes d'angoisse à la recherche d'une lettre adressée par étourderie au mari jaloux de la femme qu'il aime, de ne pas le plaindre en dépit de la morale, et de ne pas partager quelque peu ses incessantes anxiétés.

C'est ce qu'a fait notre public, tout surpris d'une émotion à laquelle il était loin de s'attendre jusqu'au moment où, rassuré enfin sur le sort de son héros, il a pu reprendre haleine et traduire sa satisfaction en chaleureux bravos.

Le CAPORAL ET LA PAYSE est toujours une délicieuse bouffonnerie, surtout avec le naturel et l'entrain que savent y mettre Mlle Aline Duval et son impayable partenaire.

La RUE DE LA LUNE nous a fourni une nouvelle occasion d'applaudir le comique parisien et de constater la faiblesse de notre troupe de vaudeville. Si nous exceptons de cet ensemble malheureux Voizel, vraiment drôle dans son personnage de vieux séducteur ridicule, tout cela a été d'un mauvais à se faire siffler même dans un jour de bonne humeur. Que sera-ce donc quand la présence d'un artiste aimé ne sera plus là pour conjurer la bourrasque ?

Il serait temps, nous le croyons, de porter remède à cet état de choses, en formant, comme l'expriment tous les vœux, une troupe de comédie et de vaudeville spéciale pour notre grand théâtre.

Tout le monde y trouvera profit : l'administration en doublant à peu de frais l'attrait de ses spectacles ; les artistes en se trouvant placés suivant leurs mérites respectifs dans un cadre qui leur ira mieux, et le public en rencontrant, avec la variété, sur chaque scène un personnel qui réponde à ses justes exigences.

Dimanche. — La FAVORITE a marché avec beaucoup d'ensemble. M. Bovier-Lapierre, tout-à-fait en voix, y a obtenu un très-légitime succès, ainsi que Mme Faure, qui, de la façon qu'elle nous quitte, peut parfaitement nous dire : au revoir !

Nous ne pouvons offrir à MM. Lacroix et Bonnesseur qu'une seconde édition de nos éloges, le bien étant toujours le bien.

En parlant de Ravel, nous avons oublié de mentionner le succès de fou rire obtenu par lui dans ses scènes d'entr'acte. Rien n'est plus drôle que de le voir travesti en vendeur de journaux, se montrer aux premières, offrant sa marchandise, et débitant avec un imperturbable sérieux ses étourdissantes calembredaines. Rien que d'y penser on se tient encore les côtes.

Notre Dugazon, Mlle Dubarry, a fait avec assez de bonheur un premier début dans les MOUSQUETAIRES DE LA REINE. Sans avoir un organe bien sympathique, cette artiste chante agréablement, et possède une certaine entente de la scène. Elle s'est fait écouter avec faveur et a recueilli d'assez fréquents encouragements.

Quant à Mlle Lavoye, c'est toujours le même charme, le même fini, la même suavité, et nous ne savons plus en conscience quelle forme laudative prendre avec elle pour ne pas nous répéter ; ma foi, la plus simple de toutes, et qui se résume en un mot : — parfait !

M. Bouvard, ainsi que nous l'avions présumé, endosse avec bonheur les créations de Roger. Tout dernièrement, le rôle de Lorédan lui valait une admission honorable ; aujourd'hui celui d'Olivier d'Entragues lui assure de nouveaux titres à la bienveillance de ses auditeurs.

Bien posé à son entrée en scène par son premier air qu'il a enlevé avec un certain BRIO, il s'est maintenu pendant tout le cours de l'ouvrage à la hauteur de ce début, et a brillamment terminé par la grande scène et le dramatique duo avec ATHÉNAÏS, qui a entraîné toute la salle.

M. Bonnesseur, qui est l'objet d'une faveur aussi flatteuse que bien méritée, a justifié, cette fois encore, notre confiance en lui. C'est un des artistes les plus complets que nous ayons jamais possédés.

Il nous reste bien peu de place pour parler d'un fait doublement important, de la reprise des HUGUENOTS et du premier début de Mme Laget-Planterre. Nous serons donc bref, en dépit de l'entraînement du sujet.

La mise en scène d'un pareil ouvrage est toujours d'une grande difficulté ; et c'est beaucoup quand on s'en tire à peu près ; quelle que soit la richesse de l'ensemble, les détails laissent toujours quelque chose à désirer. C'est ce qui est arrivé cette fois encore.

Nos premiers sujets lyriques se sont tous remarquablement acquittés de leur formidable tâche ; mais quelques bouts de rôle confiés forcément à des choristes inexpérimentés, à côté de l'enthousiasme, ont souvent provoqué l'hilarité. — Certains exécutants de l'orchestre ont aussi quelques péchés d'intonation sur la conscience. Enfin, un début malencontreux dans le personnage de Saint-Bris a troublé quelque peu cette première représentation, qui, sans cela, eût été irréprochable.

Mme Laget-Planterre, déjà connue, du reste, a conquis tout de suite son droit de cité parmi nous. Pour aborder de prime abord le rôle de Valentine, il faut compter sur ses forces. La jolie débutante a su prouver à ses juges, devenus bientôt ses partisans, qu'elle n'en avait pas trop présumé. Le troisième et le quatrième acte lui ont valu une double ovation.

Mlle Lavoye, applaudie à son premier air, qu'elle a chanté comme un ange, applaudie après le joli duo avec Raoul, s'est retirée comme toujours avec les honneurs de la guerre.

Mme Dubarry est un fort gentil page, que la jolie cavatine : « Une dame noble et sage » a de suite mis bien en cour.

M. Bovier-Lapierre, complètement remis de son indisposition, a produit un grand effet dans le rôle éminemment dramatique de Raoul. — La romance du premier acte, le septuor du troisième, dans lequel il détache si bien cette belle phrase : « Et bonne épée et » bon courage ! » et le magnifique duo du quatrième avec Valentine, lui ont valu d'unanimes applaudissements.

Le rôle de Marcel est, avec celui de Bertram, un des plus beaux et des plus difficiles rôles de l'emploi de première basse. Écrit pour la voix formidable de Levasseur, il réclame des chanteurs qui l'abordent une ampleur et une gravité magistrales que bien peu peuvent lui donner. De plus, il faut un certain talent de comédien pour faire ressortir la bonté cachée sous cette écorce rude. M. Bonnesseur a prouvé qu'il a tout cela, et plus encore, peut-être. Son succès a été très grand et très-justement mérité.

M. Lacroix a fort joliment détaillé les quelques jolies phrases mélodiques et le récitatif qui composent malheureusement tout son rôle, au grand regret de ceux qui l'écoutent.

M. Bouvard s'est fait applaudir au fameux RATAPLAN.

Voilà, tant bien que mal, le résumé sommaire de cette première représentation, qui est digne, à tout prendre, de figurer avec honneur au bulletin dramatique de cette nouvelle campagne.

Alexandre OSMONT.

Ce qu'est devenu l'art dramatique

En province.

(Deuxième article.)

J'ai promis aux lecteurs l'exhibition curieuse de quelques clauses d'engagement qui doivent prouver suffisamment que les comédiens de la province sont un peu plus mal traités que les nègres de la Martinique.

Voici ce que je lis au début d'un imprimé sur papier rose que j'ai sous les yeux. Le papier rose est une ironie de plus que je tiens à faire entrer en compte.

« ENTRE LES SOUSSIGNÉS,

» M.***, directeur privilégié des théâtres de » la ville de.... d'une part ;

» Et M.***, d'autre part ;

» A été convenu et accepté ce qui suit :

» M. (ici le nom du nègre) s'engage à remplir, au gré de l'autorité, de l'administration » et du public, sur tous les théâtres administrés » par M.***, MÊME TEMPORAIREMENT, soit à..., » soit AILLEURS (AILLEURS est à peindre !) » l'emploi de..., et généralement tous les rôles » annexés et reconnus par l'usage appartenir » audit emploi, le tout en chef ou en partage, » à l'option de l'administration, et SANS QUE » LA DÉTERMINATION CI-DESSUS DUDIT EMPLOI, » PLUS SPÉCIALEMENT CONFIÉ A M.***, PUISSE, » EN AUCUN CAS, CRÉER UN DROIT EN SA FAVEUR » OU UN OBSTACLE A LA PLEINE EXÉCUTION DE » L'ARTICLE 3. »

Ce préambule est le plus joli PUFF qu'ait imaginé un directeur de province.

Voilà un comédien bel et bien engagé pour tenir tel emploi, mais on ajoute vite que c'est à condition que l'article 3 n'en souffrira pas. Voyons donc ce que dit ce trop fameux article 3.

« Art. 3. — Il (le nègre) s'oblige à jouer, » en outre, TOUS LES RÔLES que ses moyens et » son physique lui permettent de jouer dans » les opéras, opéras comiques, traductions, » comédies, tragédies, drames, mélodrames, » féeries, vaudevilles, ballets, pantomimes, » divertissements, bals, concerts et intermèdes ; » TOUS LES EMPLOIS, rôles ou SERVICES ; » chanter, parler, mimer ou figurer, et patiner, » abandonnant à la direction le droit de distribuer les pièces et ballets, tant anciens » que nouveaux, ainsi qu'elle le jugera convenable, SANS ÉGARD AUX EMPLOIS QUI TIENNENT LEURS NOMS DES ARTISTES DE LA CAPITALE. »

Il faut avouer que cet article trois est un modèle du genre. Je me demande ce que devient après lui l'article premier qui assigne un emploi spécial à l'artiste. Notez que, dans sa haute prévoyance, le directeur n'a rien oublié : Le nègre s'oblige à jouer TOUS LES EMPLOIS, TOUS LES RÔLES et DANS TOUTES LES PIÈCES. Il semble que le détail était inutile, et que dès lors que l'artiste s'oblige à jouer TOUT et DANS TOUT, il n'était pas nécessaire d'énumérer les pièces, ballets, bals, concerts, etc. Le directeur ajoute cependant que le nègre fera tous LES SERVICES ! Quels services, s'il vous plaît ? A moins que le directeur ne fasse ressemeler ses bottes et repasser ses vieux habits par ses pensionnaires, je ne vois pas trop ce qu'il peut leur demander de plus en dehors ne TOUS LES RÔLES, DANS TOUTES LES PIÈCES, ballets, pantomimes, opéras, comédies, etc.

Cet article 3 pouvait être rédigé plus laconiquement. Il n'y avait qu'à dire : LE COMÉDIEN S'ENGAGE A FAIRE TOUT CE QU'IL PLAIRA AU DIRECTEUR. N'est-ce pas là, en résumé, l'esprit de l'article ? Je vous défie d'y voir autre chose. Remarquez encore que, par un raffinement de cruauté digne d'un directeur qui sait vivre, les aménités que vous venez de lire sont imprimées sur papier rose. Cela me rappelle ces tyrans du bas empire qui dissimulaient les horreurs du poison en le présentant à la victime dans des coupes de vermeil. Il faut tenir compte à l'homme qui vous tue proprement.

Passons à l'article 5.

« Il se fournira généralement tous les cos» tumes et ACCESSOIRES DE VÊTEMENTS exigés » par les rôles qui lui seraient confiés, sauf » ceux réputés du magasin, desquels il devra » se contenter, tels que l'administration les » aura à sa disposition, EN QUELQUE ÉTAT ET » EN QUELQUE ÉTOFFE QU'ILS SOIENT. »

Sils sont en papier peint ou en gaze transparente, l'actrice aura sans doute le droit de mettre un caleçon dessous ?

« Quant aux dames des chœurs, elles sont tenues de se fournir généralement tous vêtements et accessoires de costumes nécessaires dans tous les ouvrages, l'administration ne fournissant aucun costume ni accessoire de QUELQUE NATURE QUE CE SOIT. »

Nous donnons cet article à méditer aux jeunes gens qui aurait envie de se faire choristes. Les appointements varient de quarante à soixante francs par mois ; c'est une position assurée : on est libre, quand on est malade ou vieux, d'entrer à l'hôpital ou de se passer une corde au cou.

On est libre encore, quand on est homme, de se faire voleur, et, quand on est femme, de se prostituer argent comptant, à condition pourtant qu'on n'aura pas d'enfant, car l'article 9 s'y oppose.

« Art. 7. — Toutes les fois que la mise en » scène d'un ouvrage nécessitera la présence de » l'artiste, BIEN QU'IL N'Y AIT PAS DE RÔLE, il » sera tenu d'y paraître et d'assister à toutes » les répétitions et représentations, POUR Y FI» GURER ET Y CHANTER, AU GRÉ DU DIRECTEUR. »

Cet article est le corollaire de l'article 3, où il est dit que l'artiste remplira TOUS LES EMPLOIS, RÔLES OU SERVICES. Le directeur exige que ses artistes soient, A SON GRÉ, des choristes, des figurants ou des comparses. C'est un moyen comme un autre de faire l'économie des quelques pièces de dix sous qu'on payerait à une douzaine de soldats. Voilà de l'économie bien entendue. Mais que devient dans cette bagarre la dignité des artistes ? que devient aussi l'article premier, qui spécifie l'emploi de l'artiste ? Nous attendons que le BON PLAISIR du directeur nous donne une réponse satisfaisante.

Art. 8. — L'artiste s'oblige à se conformer à tous les règlements adoptés, faits ou A FAIRE...

Encore le ridicule aux prises avec l'odieux. Est-il permis de s'engager à se conformer aux règlements A FAIRE ? Quels seront ces règlements et pourquoi ne peut-on les arrêter tout de suite ? Veut-on tendre un piège à l'artiste ? J'ai de fortes raisons pour le croire quand je lis l'article 10, dont chacun des paragraphes est une toile d'araignée où les plus adroits doivent se laisser prendre.

Art. 9. — « Si pour cause d'inconduite, ivresse, GROSSESSE, MALADIE GÊNANTE (il y a donc des maladies qui ne sont pas gênantes ?) l'artiste cherchait à porter tort à l'administration, le directeur a le droit d'annuler le présent engagement, sans qu'il ait besoin de mettre l'artiste (il appelle son nègre un artiste !) en demeure et de l'appeler en justice, et cela par la seule autorité du présent article. »

Il n'y a pas longtemps encore, on permettait aux femmes mariées les joies de la maternité sans que cela leur coûtât trop cher. Pendat leurs couches, leurs appointements leur étaient payés ; on faisait une exception pour les demoiselles dont la sagesse se trouvait en défaut. Celles-là étaient privées des bénéfices de l'engagement. Cette mesure avait un caractère de moralité sur lequel je n'ai pas besoin d'appuyer. Aujourd'hui, il en est autrement : les femmes, mariées ou non, doivent y regarder à deux fois avant de se donner des héritiers, puisqu'aux termes de l'article 9, qu'on vient de lire, et de l'article 15, qu'on lira bientôt, la maladie la plus légitime peut amener la résiliation de l'engagement.

Il me faut remettre à dimanche la continuation de ce travail. Beaucoup de révélations qui me restent à faire appelleront peut être la sollicitude de qui de droit sur ces pauvres théâtres de la province, qui se meurent dans des convulsions pareilles à celles du lion de la fable, dévoré par la vermine de la misère, de la vieillesse et de la décadence. J'espère aussi que mes paroles trouveront de l'écho dans toute la presse, dans la presse dramatique particulièrement, qui, par sa mission spéciale, doit protéger les arts et les artistes contre les traités draconiens qui marquent, sur l'échelle de la dégradation, le dernier échelon que pouvait atteindre l'art dramatique dans la province.

LOUIS ROGER.

(La suite à dimanche prochain.)

Le compte-rendu de la séance de clôture du huitième cours de M. Aimé Paris, à Marseille, étant trop long pour entrer dans ce numéro, paraîtra dimanche prochain.

Nous publierons également une réponse de M. Aimé Paris à un article de M. Minet, qui a paru dans la FRANCE MUSICALE.

Boîte aux Lettres.

M. Walter, à Marseille. — J'ai reçu. Merci.

La deuxième édition du TRAITÉ D'HARMONIE de M. et Mme Emile CHEVÉ est en vente depuis quelques jours.

Darnétal. Imprimerie de FRUCHART.

XI⁰ Année ; — 1ʳᵉ du nouveau titre. UN NUMÉRO : 20 CENT. N° 37. — Dimanche 5 Octobre 1856.

Musique, — Sciences, — Arts, — Littérature, — Théâtres.

LA RÉFORME MUSICALE

ABONNEMENT A ROUEN : 10 FR.

ON S'ABONNE

A ROUEN, chez M. Louis Roger,
rue Porte-aux-Rats, 2.
A PARIS, chez M. Emile Chevé rue
des Marais-S.-G., 18.
A MARSEILLE, chez M. Aimé Paris
rue Paradis, 77.

JOURNAL DES DOCTRINES DE L'ÉCOLE GALIN-PARIS-CHEVÉ.

BUREAU A ROUEN, RUE PORTE-AUX-RATS, N° 2.

LOUIS ROGER, Directeur-Gérant.

ABONNEMENT DANS LES DÉP. : 12 FR,

ON S'ABONNE

A LYON, chez M. Perraud, rue du
Griffon, 11.
AU HAVRE, chez M. Vasse,
rue Molière, 46.
Les abonnements peuvent être payés
en timbres-postes (Affranchir).

RENSEIGNEMENTS. — Cette feuille paraît, à ROUEN, tous les DIMANCHES. — Tout ce qui concerne l'administration du journal doit être adressé à Rouen, rue Porte-aux-Rats, 2. — Ce qui concerne la rédaction peut être indifféremment adressé à M. CHEVÉ, à M. Aimé PARIS, ou au Directeur-Gérant. — La critique demeure sous la responsabilité de celui qui la signe. — Il sera rendu compte des Ouvrages dont un exemplaire sera déposé au bureau du journal. Les lettres non affranchies seront refusées.

On peut se procurer des numéros de la *Réforme*, au Bureau du Journal ; — au dépôt du cours Boïeldieu, à Rouen, — et dans l'intérieur des Théâtres.

M. MERCADIER LE CONSERVATOIRE DE MUSIQUE,

& LA MÉTHODE GALIN-PARIS-CHEVÉ.

(IIIᵉ article. — Voir les numéros des 15 et 29 juin, 20 juillet, 10 et 24 août, 7, 21 et 28 septembre 1856).

11° Votre sixième paragraphe, qui renferme pour ainsi dire autant d'idées que de mots, se termine ainsi : « Il paraît que j'ai réussi ; je n'en veux pas d'autre preuve que l'approbation toute flatteuse du Conservatoire, c'est-à-dire, d'un comité formé de la réunion de nos sommités musicales, les nombreuses (1),

(1) Note de M. Mercadier : « Le comité des études du Conservatoire compte au nombre de ses membres MM. Auber, Halévy. Meyerbeer. Carafa, Ambroise Thomas, etc., etc. C'est en face de ces hommes qui font l'honneur et la gloire musicale du pays que MM. Paris et Chevé n'ont pu retenir l'injure sur leurs lèvres ; mais l'autorité de pareils noms est, par elle-même, au-dessus de toutes les attaques et plus particulièrement encore de celles qui émanent de la *Réforme musicale* (Mercadier).

« C'est en face de MM. Auber, Halévy, Meyerbeer, Carafa, Ambroise Thomas, » etc., etc., qui font l'honneur et la gloire musicale du pays, que nous n'avons pu » retenir nos injures » — dites-vous. — Et d'abord, monsieur, accuser des juges d'avoir mal jugé — et *le prouver d'une manière tellement irréfutable que pas un n'a répondu* — n'est pas les injurier. — Vous ne comprenez donc pas ce que vous lisez, monsieur ; ou peut-être ne voulez-vous pas comprendre ? Il y a quelque chose qui prime la gloire musicale d'un pays, monsieur, c'est la justice, cette émanation de Dieu, qu'il n'est donné à personne de violer impunément, pas même à MM. Auber, Halévy et Carafa. — Libre à vous de voir des injures dans les preuves écrasantes que nous avons apportées de l'iniquité des jugements de ces messieurs, qui n'en sont pas à leur coup d'essai contre nous, et qui n'ont jamais rien répondu — (et pour cause —) ni à la *Protestation*, ni au *Tournoi musical*, ni à la *Routine et le bon sens*, ni au *Coup de grâce*, ni à l'*Historique du concours*, ni la *Lettre à M. Adam*, etc. Cela dit, voyons un autre point.

Examinons un peu la compétence des juges derrière lesquels vous vous abritez, vous qui avez osé me reprocher de m'abriter derrière une enfant de 14 ans. Pour juger une chose avec conscience et vérité il faut connaître cette chose à fond. Eh bien ! monsieur, montrez-moi, si vous les connaissez, les *livres théoriques et pratiques*, écrits par ces messieurs, sur l'enseignement musical, et qui prouvent, non seulement qu'ils ont étudié sérieusement cette question, mais encore qu'ils l'ont comprise. Prouvez-nous que MM. Auber, Halévy, Carafa, etc., ont étudié la question de la filiation des idées, question qui domine les enseignements possibles, même celui de la musique ; autrement je ne suis pas obligé, ni le public non plus, d'avoir foi dans la faculté innée de ces messieurs pour juger des choses que rien ne prouve être de leur compétence, quelque singulier que cela puisse paraître.

... messieurs ont fait des opéras, ils en ont même fait de très-beaux : d'accord ; mais cela prouve-t-il qu'ils aient la profondeur de vue, le sens intellectuel qu'il faut pour juger une méthode d'enseignement qui — pour employer le langage de M. Fétis — doit être une œuvre d'*analyse* et de *synthèse*, où l'on rencontre un *ordre philosophique d'idées* ? Bacon, Descartes, Pascal, Locke, Condillac, Destutt, de Tracy, etc., ont fait de très-beaux ouvrages sur l'art de penser et d'écrire, cela prouve-t-il qu'ils fussent capables de juger un opéra. Quel rapport y a-t-il, je vous prie, entre le génie musical et le génie de l'enseignement. Vous voyez bien, monsieur, qu'on ne doit admettre comme juge compétent que celui qui a prouvé qu'il a la faculté du juge, rien ne nous oblige à reconnaître comme tels MM. Auber, Halévy, Carafa, etc., en dehors des questions artistiques, tant que ces messieurs n'auront point fait leurs preuves.

Mais les choses vont changer, et le public saura bientôt à quoi s'en tenir sur le degré d'estime qu'il doit accorder au jugement de ces messieurs dans les questions d'enseignement. — Il le saura du moins pour celui d'entr'eux qui passe pour le plus savant, pour M. Halévy. Voici le fait.

Depuis que j'ai prouvé la nullité de l'enseignement Wilhem dans les écoles de la ville, la commission du chant a chargé — m'a-t-on dit - M. Halévy de remanier la méthode Wilhem ou d'en faire une autre, je ne sais. — L'année dernière, vers le mois de juillet, quand la commission ministérielle devait faire choix d'une méthode pour tous les colléges de l'Empire, on pressait beaucoup les ouvriers qui travaillaient à la publication de cette méthode, lorsque la séance du 22 juillet, où la commission vint à l'Ecole-de-Médecine voir nos résultats pratiques, vint arrêter le travail de publication : du moins les deux choses ont coïncidé.

Si je suis encore bien informé, on presserait de nouveau la terminaison de la méthode de M. Halévy. Nous l'aurons donc sans tarder ; et, dans la position qu'ont

» adhésions d'artistes et de gens compétents, les progrès de mes élèves' et, par » dessus tout, votre grande colère. »

Lecteur, admirez avec quelle habileté sont construites ces phrases, dont chaque ligne a un sens spécial et demande *nécessairement* une réfutation spéciale ; moyen fort simple de rendre une réponse *sérieuse* assez longue pour qu'elle ait toutes les chances d'ennuyer le lecteur. Et pourtant, il faut bien répondre à tout, sous peine de laisser croire, monsieur, que vous avez raison.

Pour ce qui regarde l'approbation du Conservatoire, je renvoie le lecteur à la page 4, *examen du rapport du Conservatoire impérial de musique*. — Tous les membres du comité ont reçu ce travail, *que j'ai expédié moi-même, à chacun d'eux*. La chose était assez grave pour que l'on prît la peine d'y répondre ; Eh bien, pas un n'a pris la plume pour le faire, depuis le 15 juin, que ces messieurs ont commencé à recevoir ma réponse. — Qu'en conclure ? C'est que pas un n'avait un mot juste et raisonnable à répondre : Qui ne dit mot consent.

Quant aux artistes, non membres du comité, qui ont donné des adhésions flatteuses à M. Mercadier, j'attends, pour leur envoyer les livres de notre école, que le travail actuel soit terminé, pour le joindre à nos livres, et donner ainsi à ces messieurs le moyen de comparer le livre qu'ils ont loué avec celui qu'ils ne connaissent sans doute pas. Quand ils auront fait *sérieusement* cette comparaison, (et leur propre dignité, à défaut de tout autre motif, la leur impose) ce sera à eux de *maintenir* ou de *modifier* leur premier jugement. Ce ne sera plus mon affaire alors, se sera la leur, et celle de l'opinion publique, — de l'histoire — qui juge les juges, elle, sans s'inquiéter d'autre chose que de la justice et de la vérité.

« Les progrès de vos élèves ». — *Les progrès en quoi ?* — En théorie, évidemment, puisque votre livre ne contient que de la théorie et pas un seul exercice pratique d'intonation ou de durée. — Eh bien ! si vous avez des élèves et qu'ils soient forts en théorie, à qui le doivent-ils, si ce n'est aux auteurs qui ont écrit, avant vous les idées dont ils ont profité. — D'ailleurs, voulez-vous comparer vos élèves aux nôtres ? Combien en avez-vous ? J'accepte la combinaison depuis un jusqu'au nombre qu'il vous plaira de présenter. — Nous ferons la chose en plein soleil, devant tous ceux qui voudront venir, le *comité des études du Conservatoire* présidant.

« Et par dessus tout votre grande colère ! »

Encore une fois, pardon, monsieur ; ne faites pas *encore ici* une nouvelle confusion de mots : ne confondez pas, s'il vous plaît ; l'indignation la plus légitime de l'homme spolié, avec la colère impuissante d'énergumène frustré dans d'injustes prétentions. Cela n'est ni *la vérité*, ni le *bon sens*, ni la *modération*. — Mais je réserve la réponse à cette question pour la fin de mon travail ; c'est là que se trouve sa place.

12° Votre septième paragraphe dit : « Lorsque le Conservatoire eut examiné, » *avec une sérieuse attention* (c'est vous-même qui soulignez) le système de nota» tion que vous prétendez substituer à celui que la *tradition* a consacré, le système » lui parut entaché de toutes sortes d'inconvénients et il refusa de l'adopter. » — Une note de ce paragraphe est ainsi conçue : « MM. Paris et Chevé, depuis 1854, » accablent d'injures le Conservatoire *parce qu'il n'a pas adopté la théorie de M.* » *Chevé*. Mais ces messieurs oublient — AVEC UNE INTENTION FACILE A COMPRENDRE — » que la *sérieuse attention* du Conservatoire n'a jamais été appelée que *sur l'em* » *ploi du chiffre*, qu'il n'a pas eu à s'occuper d'autre chose et que *c'est le chiffre* » *que le Conservatoire à repoussé.* »

O pauvre *vérité* ! Que de soufflets en dix lignes. *Modération et bon sens*, voilez-vous la face ! Quelle est donc votre assurance, monsieur, de venir donner des détails aussi précis, des distinctions aussi bien établies, *sur un fait qui n'a pas existé* ! Vraiment cela confond.

Quoi, monsieur, on vous a dit que *j'avais soumis notre système de notation au jugement du Conservatoire* ? Où et quand, s'il vous plaît ? donnez la preuve de ce que vous affirmez si carrément, ou bien je dirai que vous avez voulu donner le change au public — *avec une intention facile à comprendre*. — Si le Conservatoire a *examiné avec une sérieuse attention* notre système de notation, et qu'il

prise ces messieurs, ceci est un grand événement. Le public pourra voir un livre élémentaire fait par l'un de ces messieurs, et juger ainsi un juge à son tour.

Quant à moi, je promets à M. Halévy de ne pas le faire languir : il s'est cru le droit de condamner mon livre en bloc et de rendre son jugement public dans une pièce officielle ; moi j'analyserai le sien en détail, c'est une revanche que j'ai à prendre, et je n'y manquerai pas : M. Halévy peut y compter. — Il est temps de remettre chacun à sa place et de tenir le Pouvoir et le public en garde contre certains jugements sans contrôle dont les conséquences sont souvent désastreuses pour tous, et quelquefois irréparables pour une ou plusieurs générations.

l'ait repoussé, il faut nécessairement : 1° Que je lui aie soumis notre système de notation à examiner ; 2° Qu'il y ait eu une délibération sur ma demande. — Eh bien ! Qu'il publie ces deux pièces, si elles existent ! — Mais il ne le fera pas ; parce que ces deux faits sont faux : je n'ai jamais demandé au Conservatoire qu'il jugeât notre écriture et il n'a pu, dès lors, délibérer sur ma demande. — Je n'ai demandé qu'une chose au Conservatoire : un *concours pratique* entre des élèves que j'aurais formés sous ses yeux, dans son établissement, et les siens propres.— M. Auber a refusé ce concours. — que signifie donc, M. Mercadier, cette assertion si détaillée et qui est tout entière en dehors de la vérité ? Ceci est un singulier moyen de prouver qu'on n'a pas copié les idées d'un autre ?

Vous ajoutez : « Ce système *lui parut* entaché de toutes sortes d'inconvénients » etc. »

« Lui *parut* ! » Qui vous l'a dit ? Est-ce vous qui avez imaginé cette belle histoire ; ou bien n'est-ce pas plutôt quelqu'un haut placé au Conservatoire qui vous aura fourni ces détails contraire à la vérité. — Dans la première hipothèse, si c'est vous qui, pour le besoin de votre défense, avez fabriqué ces assertions fausses, *vous avez manqué à la vérité* en affirmant ce qui n'est pas la vérité ; *vous avez manqué au bon sens* en fournissant à l'adversaire que vous voulez combattre une arme terrible dont le poid tout entier retombe sur vous ; enfin, *vous avez manqué à la modération* en lançant une accusation injuste.—Si au contraire, en écrivant le paragraphe en question, vous n'avez été que l'écho d'un des ennemis puissants que nous avons au Conservatoire, c'est sur lui que retombe toute la responsabilité de cette action peu honnête. Mais continuons :

Pour un instant, je suppose vrai le fait que vous affirmez : que signifierait, dans cette hypothèse, ces mots : « Ce système *lui* PARUT entaché de toutes sortes » d'inconvénients, etc. » *Lui parut* ! Et sur une simple apparence il repousse. Cela aurait-il été juste et raisonnable ? Son devoir n'eût-il pas été de faire venir M. Chevé pour qu'il expliquât ce que ces messieurs pouvaient ne pas avoir compris, malgré leur sérieuse attention.— Ou bien n'eût-il pas été encore beaucoup plus simple et plus sensé d'entrer dans une classe de M. Chevé, pour voir l'instrument en action et pour lui faire résoudre, séance tenante, tous les problèmes d'écriture musicale qu'on le croyait incapable de résoudre ? Pourquoi dans cette hypothèse, n'ont-ils pas fait cela, au lieu de repousser sur de simples apparences ? — *Il parut aussi* à beaucoup de savants que les idées de Fulton sur les bateaux à vapeurs *étaient entachées de toutes sortes d'inconvénients*, et Napoléon, qui crut devoir s'en rapporter à des hommes spéciaux — les repoussa, *malgré lui*, sur cette apparence. — Qui sait ce qui seraient résulté de l'adoption des idées de Fulton à ce moment ? — *Il parut* aussi à *un grand savant*, de l'institut ni plus ni moins que MM. Auber, Halévy Carafa, Ambroise Thomas, *que les locomotives tourneraient sur place* ; et cependant, sous respect pour l'opinion de ce grand savant, les locomotives entraînent des convois immenses ! Depuis 25 ans que nous étudions *théoriquement* et *pratiquement* le système qui a *paru* à ces messieurs plein d'inconvénients, nous n'y avons pas encore trouvé un défaut, et cinquante mille personnes qui l'on étudié en pratique n'en ont pas plus trouvé que nous.— Quelle créance mériterait donc ce prétendu jugement du Conservatoire si le fait en lui-même n'était une pure invention de vous ou de lui.

Mais ce n'est pas tout encore : Votre note dit : « Messieurs Paris et Chevé, de-» puis 1844, accablent d'injures le Conservatoire *parce qu'il n'a pas adopté la* » *théorie de M. Chevé.* Mais ces messieurs oublient toujours — *avec une intention* » *facile à comprendre* — que la sérieuse attention du Conservatoire *n'a jamais* » *été appelée que sur l'emploi du chiffre*, qu'il n'a pas eu à s'occuper d'autre chose » *et que c'est le chiffre seul que le Conservatoire a repoussé.* »

Avouez, lecteur, qu'il faut être doué d'un bien grand empire sur soi pour ne pas, selon l'expression de M. Mercadier, entrer dans *une grande colère* à la lecture de cette abominable note, dont chaque assertion est contraire à la vérité... M. Chevé n'a jamais demandé au Conservatoire *qu'un concours pratique* qu'on lui a refusé ; mais comme il importe de jeter du discrédit sur la parole de MM. Paris et Chevé, au lieu de prouver que l'on n'est point un plagiaire et que le Conservatoire n'a pas commis une mauvaise action, *les deux seules choses qui soient en cause* ; on présente MM. Paris et chevé comme deux perturbateurs en colère, qui injurient injustement le Conservatoire parce qu'il n'a pas accepté l'écriture que lui ont présentée ces messieurs — puis ces messieurs ne s'en tiennent pas là ; — *avec une intention facile à comprendre.* c'est-à-dire pour *tromper le public* ils feignent de croire que le Conservatoire a repoussé leur théorie, tandis qu'il n'a repoussé que le chiffre ; — et ils font cela, pour pouvoir accuser le Conservatoire d'avoir accepté chez M. Mercadier, ce qu'il a refusé chez M. Chevé. — Tandis que le Conservatoire n'ayant refusé que le chiffre, avait le droit d'accepter la théorie chez M. Mercadier puisqu'il ne l'avait pas refusée chez M. Chevé. Et toute cette rouerie de *haute école* repose sur des *faits absolument faux* — Véritablement, monsieur, si c'est vous qui avez écrit cela de vous même vous avez fait un écrit diabolique ; s'il vous a été inspiré, c'est donc pas méphistophélès, par le Diable en personne.

13° Votre paragraphe 7 continue ainsi : — « Longtemps avant vous, messieurs, » longtemps avant l'illustre fondateur de votre école, le système avait eu ses pré-» conisateurs, ses adeptes et ses opposants. »

Erreur grossière, monsieur ; *personne avant nous*, pas même J. J. Rousseau, n'a possédé ce qui constitue aujourd'hui *notre système*, comme vous l'appelez ; en voici la preuve :

Le chiffre, tel que l'employait J. J. Rousseau était d'une lecture très-difficile et rendait certaines analyses presqu'impossibles. La modification qu'y a apporté Galin, l'a rendu parfait à ces deux points de vue : lecture et analyse.

L'écriture des durées de J. J. Rousseau était encore plus défectueuse que son écriture de l'intonation. — Galin l'a remplacée par son chronomériste, qui est une écriture parfaite.

Ni J. J. Rousseau ni Galin n'avaient la langue de durées créée par Aimé Paris et qui est une des parties importantes *du système*.

J. J. Rousseau n'avait qu'une théorie *en germe*, comme dirait M. Mercadier, et ne possédait point les exercices pratiques d'intonation et de mesure créés par madame Émile Chevé, et qui rendent les élèves si sûrement et si promptement maîtres de l'intonation et de la mesure. — Il n'y a donc pas plus de rapport entre la méthode telle qu'elle est aujourd'hui et telle qu'elle était du temps de Rousseau, qu'il n'y a de rapport entre un chêne vigoureux et un gland. — Et affirmer comme vous le faites, que des choses créées dans ce siècle ont été préconisées et abandonnées dans l'autre est aussi juste et aussi vrai que de dire que l'art qui atteint son développement complet n'est pas un arbre, parce qu'autrefois, le gland qui l'a produit a été déclaré ne pas être un arbre !

14° Toujours paragraphe 7, on lit : « Vous ne devez donc pas trouver fort » étrange que le Conservatoire ait montré si peu d'empressement à laisser enseigner » à ses élèves une langue qui les mettrait dans l'impossibilité de comprendre » sans le secours d'une traduction, si ingénieuse qu'elle soit, les chefs-d'œuvre » de la musique ancienne et moderne. »

Pardon encore, Monsieur ; mais cette nouvelle assertion est une nouvelle erreur. Si elle est involontaire, pourquoi parlez-vous en maître d'une chose que vous ignorez ; si elle est volontaire, pourquoi affirmez-vous sciemment le contraire de la vérité ?

Entrez dans nos cours particuliers, monsieur, et vous verrez, de vos propres yeux, que nos élèves n'ont besoin d'aucune traduction quelconque pour lire la musique des grands maîtres, dans quelque ton qu'elle soit écrite et sur quelque clé que ce soit : nos élèves lisent la portée avec toutes les armures et sur toutes les clés. — Que signifie donc encore cette nouvelle assertion contraire à la vérité ?

15° Toujours paragraphe 7. « Vous dites que vous obtenez d'excellents ré-» sultats, *je veux le croire* ; (M. Mercadier *veut bien* croire à l'excellence de nos » résultats ! Il est bien bon. E. Ch.) Mais vous êtes des architectes qui voulez » trop démolir ; il y aurait bien des ruines autour de votre nouvel édifice. »

Erreur toujours. Ce n'est pas *démolir* qui fait des ruines *quand on rebâtit des palais solides à la place des masures* ; c'est au contraire *récrépir les masures* qui fait des ruines, — En doutez-vous ? Comparez les vieilles ruelles de Paris, dont on répare avec tant de sollicitude les maisons délabrées, à la rue de Rivoli et au nouveau louvre et vous verrez la justesse de votre opinion. — Décidément vous jouez de malheur. — Quant à la question d'affermir votre croyance *dans l'excellence de nos résultats*, prenez la peine de lire *l'historique du concours de 1853*, présidé par M. Réber, et vous verrez que devant un jury de 19 membres et devant 1500 personnes *187 de mes élèves ont prouvé* qu'ils savaient lire la musique d'ensemble à première vue, toutes les parties à la fois et *qu'ils savaient écrire sous la dictée, dans tous les tons et sur toutes les clés.* — Cela vous suffira-t-il ?

(La suite prochainement.)

Emile CHEVÉ.

SÉANCE DE CLOTURE
DU HUITIÈME COURS DE MUSIQUE VOCALE
DE M. AIMÉ PARIS.

Jeudi, 18 septembre, a eu lieu, dans la salle du théâtre Chave, à Marseille, la séance publique donnée par M. Aimé Paris, après son huitième cours de musique vocale.

Un auditoire nombreux était accouru à cette solennité, qui comptera parmi les plus beaux triomphes de la méthode Galin-Paris-Chevé.

Pendant près de quatre heures, quinze cents personnes captivées par l'attrait irrésistible de l'harmonie et des surprenants résultats obtenus, ont écouté avec un intérêt toujours croissant les démonstrations brillantes et décisives de l'éminent professeur. Une partie de la population de Marseille a été témoin une fois de plus des prodiges réalisés, après quelques mois de leçons, par tous les jeunes enfants du cours, âgés de 4 à 8 ans. Beaucoup d'entre eux ne connaissant pas encore la parole écrite, se sont montrés capables de rivaliser avec les plus habiles lecteurs dans l'art de déchiffrer l'écriture des sons ; aussi sont ils pour le maître ses élèves de prédilection, et les marques de l'admiration la plus vive ne leur ont-elles pas manqué. De tous les points de l'assemblée, à leur seule vue, les applaudissements ont éclaté, et l'on peut dire que dans cette soirée, où chaque épreuve a été concluante en faveur de la vérité nouvelle, la méthode Galin Paris-Chevé a reçu une véritable ovation de la part du public, qui ne s'est retiré qu'à minuit.

Le programme de la séance présentait une série d'exercices nouveaux, ne rappelant en rien ceux de la séance précédente. Pour donner encore à cette fête l'attrait d'une plus grande variété, mademoiselle Paris a bien voulu jouer, avec M. Alphonse Callamand, deux morceaux pour piano et violon, qui, à eux seuls, constituent une protestation énergique contre les détracteurs de la méthode qui cherchent à se justifier de leur respect humain, en disant qu'elle est inapplicable à la musique instrumentale.

La Fantaisie concertante par Bénédict, et de Bériot sur des motifs de Norma, a été, par ces deux élèves de M. Paris, exécutée de main de maître. Il est vrai de dire qu'il fallait le talent éprouvé d'un artiste comme M. Callamand, pour mériter la place d'honneur qu'on lui avait réservée à côté de la gracieuse fille du professeur, qui est aussi sa meilleure élève (1). Souhaitons que la musique chiffrée nous procure souvent l'occasion d'entendre les chefs-d'œuvres de l'art interprétés comme ils l'ont été par ces deux artistes, dans cette soirée.

Dans une courte allocution qu'il a adressée au public, M. Paris lui a appris, en citant l'opinion des partisans de la méthode usuelle, jusqu'à quel degré devait s'étendre sa vénération pour un mode d'écriture que n'avaient pu utiliser les *Garat*, les *Catellani*, les *Rubini*, les *Pasta*, etc. L'on sait que, parmi beaucoup d'autres, ces chanteurs célèbres à qui la nature avait prodigué les dons du génie musical, ne savaient pas lire la musique. *Ansani*, maître de Lablache, ne savait pas lire une seule note. En faut-il davantage pour condamner une écriture qui, semblable à celle des Chinois, exige la vie entière d'un homme pour être possédée; encore n'est-elle obtenue à cette condition, qu'au prix d'efforts incessants, et par quelques organisations privilégiées.

Enfin, critiquant sous un point de vue nouveau, le mécanisme de la portée, après avoir rappelé le langage de ses partisans, qui prétendent qu'elle *parle à l'œil*, M. Paris a dit :

La gradation du monocorde du grave à l'aigu, offrant des intersections visiblement *décroissantes*, la portée aux barreaux *équidistants* représente mal le phénomène d'acoustique ; de plus, il faudrait, pour parler moins *inexactement* à l'œil, insérer au moins cinq moyens proportionnels entre deux lignes consécutives, par exemple, entre les deux lignes inférieures, avec la clé de *fa* 4e ligne :

---

(1) Il est de toute justice d'attribuer à madame Gaibert, l'éminente pianiste, une bonne partie des succès de Mlle Jenny Paris. Depuis trois ans, Mlle Jenny Paris a profité des conseils de cet excellent professeur que l'auteur de cet article ne nomme pas, par un sentiment très-louable que tout le monde appréciera.

L. R.

la b, sol dièse, la bécarre, si b, et la dièse.

Clé de fa ————————

la b, sol dièse, la bécarre, si b, la dièse.

Qui croirait cependant que toute cette science prodiguée avec tant de supériorité et au prix de tant de généreux sacrifices, par les apôtres de l'école Galin-Paris-Chevé, soit entièrement perdue pour la majeure partie des hommes qu'on appelle les savants dans la matière, et que ces hommes qui sont en possession de la souveraineté dans cette sphère de l'esprit humain, s'obstinent à repousser avec dédain une innovation merveilleuse qu'ils ne veulent pas connaître, qui les envahit de toutes parts, et cela par crainte de transiger avec le flot qui monte toujours.

On dirait que c'est une loi, que le progrès, comme la flamme, jaillisse toujours de bas en haut !

Voltaire a écrit ces mots, qui, malheureusement, conserveront éternellement leur signification :

« Je remarque toujours, dit il, que l'esprit d'invention est de tous les temps ; les docteurs ont beau n'avoir pas le sens commun, il se trouve toujours des hommes obscurs et des artistes animés d'un sentiment supérieur qui inventent des choses admirables, sur lesquelles ensuite les savants raisonnent. »

Dans une de ses boutades, l'un des plus spirituels écrivains contemporains voulant caractériser cette résistance aveugle de la science officielle, disait : *Qu'est-ce qu'un savant ? C'est un homme qui nie tout !*

Eh bien ! soit, c'est par le bon sens populaire encore une fois que le progrès s'accomplira, progrès immense dans les perspectives de l'avenir. Guttemberg en inventant l'imprimerie a vulgarisé la parole ; Galin a rendu universelle la parole chantée !

Les morceaux qui ont été exécutés dans la séance de M. Paris, peuvent être rangés dans deux catégories : celle comprenant les morceaux mis préalablement à l'étude, — et celle comprenant les morceaux déchiffrés à première vue. On jugera de leur nombre et de leur importance par l'énumération que nous en faisons.

Les morceaux étudiés avant la séance sont :

Les Lauriers de Labat de Sérène, à trois voix *(notation usuelle)* ; *le Sommeil de l'Enfant, de Laurent* ; *les Tyroliens, d'Arnaud* ; *Invocation, de Delorme* ; *Pays natal, de Bodin* ; *le Départ du Régiment et la Sérénade, de Laurent de Rillé* ; *la Chasse aux grands, de Van den Heuvel* ; *une Valse, de Blum, et le final du premier acte de Mazaniello, de Carafa*, chanté en entier.

Tous ces morceaux d'ensemble ont été successivement chantés avec une précision et un fini qui ne laissaient rien à désirer. Nous devons cependant une mention spéciale pour le *Départ du régiment*, et le *final de Mazaniello*, qui ont été rendus admirablement et ont excité l'enthousiasme général.

Mais ce qui, aux yeux des hommes compétents, a une signification plus grande, c'est assurément la série des morceaux chantés à première vue. Parmi ces morceaux, le public a deux fois applaudi le chœur à quatre voix de *Jaguarita*, par *Halévy*. Le professeur s'était réservé de le faire chanter à première vue, par ses élèves, après les élèves du Conservatoire de Marseille, qui, à leur distribution des prix, l'ont chanté faux d'un bout à l'autre, après une préparation qui a désespéré les voisins de l'établissement durant 1855 et 1856. Les autres morceaux déchiffrés sont : *Diane et Endymion, de Piccini* ; *le chœur final d'Œdipe à Colonne de Sacchini*, à quatre voix ; *trois mélodies dont deux de Monpou, et un douze-huit de Plantade*. Ils étaient inconnus aux élèves qui les ont abordés résolument et les ont littéralement enlevés.

Enfin, le milieu de la séance (je voudrais pouvoir dire *le cœur*) a été employé aux épreuves spéciales auxquelles ont concouru les tout petits enfants, que M. Paris met toujours au premier rang, quand il s'agit de livrer bataille à la vieille routine.

Parmi les difficultés d'intonation résolues par eux, nous citerons les suivantes :

— Sur une clef déterminée, une seule note de l'accord étant indiquée avec la baguette, tous les enfants donnaient spontanément l'accord complet d'une manière aussi prompte que sûre.

— Une petite fille solfiant à livre ouvert la mélodie désignée par un membre de l'assistance, les autres enfants marquaient en même temps sur la portée (chacune sur une clef différente) la place des notes successivement exprimées.

— La jeune *Marie Courtès* vocalisant une mélodie prise au hasard, tous les autres enfants ont traduit mesure à mesure la mélodie, en donnant à chaque note son nom.

Il a été procédé ensuite aux expériences d'improvisation. Tous les enfants ont été, jusqu'aux plus petits, placés sur une même ligne en face du public, et chacun d'eux a dû, à son tour, chanter en improvisant une série de notes plus ou moins prolongées, en donnant à chaque note sa dénomination particulière. Cette épreuve a eu un succès complet, qui venait augmenter l'assurance imperturbable des jeunes compositeurs. C'est alors, pendant que les applaudissements unanimes de l'assemblée suivaient cet exercice, qu'à la place de ce *petit monde* qui s'est dispersé tout d'un coup comme une volée d'oiseaux, on a vu s'avancer gravement sur la scène un nouvel acteur microscopique. Cet acteur, qui avait oublié son bourrelet, après avoir attendu dans une attitude qui révélait la conscience de sa force, que le silence se fît autour de lui, a donné au public le spectacle incroyable d'un enfant de 39 mois, improvisant d'une voix forte et assurée une série indéfinie de notes dans toute l'étendue du registre de sa voix, en donnant à chacune, sans jamais se tromper, le nom spécial qui sert à la désigner. On se fait facilement une idée des bravos qui, de toutes parts, ont été décernés à cet intrépide bambin, qu'on appelle Louiset Ichgc, et qui s'était si à propos échappé des bras de sa bonne, pour concourir d'une manière aussi brillante à la solennité.

A côté des jeunes Frédéric Chavavel et Adèle Lautier, qui ont exécuté avec une charmante désinvolture sur le piano des morceaux qui auraient fait honneur à des artistes de quinze ans, nous avons regretté de ne pas voir apparaître l'adorable petite fille qui déjà avait ravi l'assemblée dans la précédente séance, Marie Rolland, ce petit ange ailé qui est le plus beau diamant de notre écrin, s'était endormie dans les bras de sa maman. Il a fallu respecter son sommeil.

Au surplus, dans la première partie de la séance, elle avait admirablement conduit la baguette, pour faire chanter sur un clavier muet, par tous ses condisciples, des mélodies qu'elle improvisait.

De pareils faits nous dispensent d'entrer dans aucune espèce de commentaire.

JULES GUIBERT.

Heureux abonnés de la Gazette du Midi !

Trop crédules souscripteurs qui donnez votre argent pour être exactement renseignés, voici comment on vous tient parole.

Dans son n° du 12 septembre, ce journal contient immédiatement au-dessus de la signature omnibus qui répond de toute la chronique locale, l'article suivant qu'il sera curieux de comparer avec mon compte-rendu qui a paru le surlendemain, 14 septembre, dans la *Réforme musicale*. Des notes nécessaires en signaleront les *complaisances* exagérées.

« Le concert annuel (1) donné par le Conservatoire de Marseille à l'occasion de la distribution des prix a été des plus brillants et a témoigné mieux que jamais de l'impulsion féconde donnée aux études musicales par les professeurs distingués qui secondent si bien l'habile directeur de l'école, M. Aug. Morel. (2)

» Compositeur, du petit nombre de ceux qui savent allier le charme à la science, M. Morel avait droit à ouvrir le concert par quelques unes de ses belles symphonies qui sont appréciées dans le monde musical. On a exécuté de lui une ouverture en *si bémol* d'une allure vive et brillante, style Auber. L'exécution n'a rien laissé à désirer. » (3)

(1) Le Conservatoire de Marseille a de fortes raisons pour se borner à un concert *unique*, chaque année.

(2) L'article sans signature, reproduit le 23 juin 1854, dans le *Courrier de Marseille*, d'après le manuscrit autographe de M. Gazeau, alors secrétaire du Conservatoire, contenait ces mots : « Les ressources » musicales que possède notre Conservatoire, depuis » qu'il est placé sous *la direction habile* de M. Auguste Morel. » L'article de la *Gazette du Midi* serait-il, par hasard un *communiqué* ?

(3) Pour être juste, (ou reconnaissant) il fallait dire que cet orchestre était, sans exception, sauf l'*habile directeur*, l'orchestre du Grand-Théâtre. Pas même un remerciement pour ceux qui rendent un service ! Cela ne s'explique guères que par le désir de laisser croire que le Conservatoire a formé son orchestre, lui qui n'a de classes ni pour la flûte, ni pour le cor, ni pour la clarinette, ni pour le hautbois, etc., etc., etc.

» Un élève de M. Bénédit, le jeune Rabut, (4) a chanté ensuite le grand air de *Dom Sébastien*. Ce jeune homme conduit déjà fort bien une bonne voix de baryton.

» Le premier morceau du 18e *concerto* de Viotti pour violon a été rendu d'une manière remarquable par M. Penavaire, élève de M. Millont. Ce débutant (5) peut, dès à présent, prendre rang parmi les artistes.

» L'air de *Charle VI* était confié à une élève de M. Roussel, Mlle Métral (6) dont l'organe est du plus beau timbre. Quant au chœur du *Giuramento*, morceau ravissant, il a été parfaitement rendu par les élèves de M. Castellan. (7) Les voix de jeunes filles surtout (8) ont fait le plus grand plaisir.

» La seconde partie du concert s'est ouverte par l'*andante* et *final* du 1er concerto de Mendelsohn pour piano. Mlle Degrange, élève de M. Péronnet a triomphé des difficultés de ce morceau avec beaucoup d'aplomb. Les connaisseurs ont pu apprécier tout ce que le jeu de la jeune virtuose avaient de net et d'agile. (9) On a vivement applaudi ensuite la chanson du Bengali avec chœurs de femmes du *Planteur*, chantée avec beaucoup de goût par Mlle Robert, (10) élève de M. Roussel, et par les élèves de la classe d'ensemble de M. Martin.

» Un autre grand succès a été celui de l'air de *Jérusalem*, interprété par l'élève David avec une voix de basse éclatante (11) et un sentiment parfait. (12) Le quatuor (13) de *Jaguarita* a laissé quelque chose à désirer (14) dès le début, mais les quatre voix (15)

(4) M. Rabut sait-il déchiffrer, ou bien le serine-t-on ?

(5) Ce *débutant* a déjà exécuté un morceau à la distribution des prix, il y a un an. Il est *professeur au Conservatoire de Marseille*, et le Conservatoire *où il professe* l'a couronné comme *élève* !

(6) Mlle Métral sait-elle déchiffrer, ou bien la serine-t-on ?

(7) Il faut rendre à M. Martin ce qui n'appartient pas à M. Castellan. Le chœur du *Giuramento* (n° 8 de l'œuvre *Era stella del mattin*) est un *chœur de femmes*, il est intitulé *coro di donne*, et M. Martin est *seul* titulaire de la classe de chant d'ensemble des demoiselles.

(8) *Surtout* est adorable. On a remarqué *surtout* les voix de jeunes filles, quand elles ne chantaient ni avec de vieilles filles, ni avec des garçons de tout âge.

(9) Que M. Péronnet ait huit élèves titulaires dans sa classe, où il donne par année environ 120 leçons de deux heures chacune ; cela fait un total de *trente heures pour chaque élève*. Combien faudrait-il de fois trente heures, c'est-à-dire combien d'années faudrait-il, pour acquérir la netteté et l'agilité remarquées chez Mlle Degrange, si, hors du Conservatoire, on ne travaillait pas énormément à la suite d'un large complément *(non gratuit)* de ces leçons d'un bon marché illusoire ?

(10) Mlle Robert sait-elle déchiffrer, ou bien la serine-t-on ?

(11) Rendons à Dieu ce qui est à Dieu. C'est lui, et non M. Bénédit qui crée les *basses éclatantes*, sans quoi M. Bénédit n'aurait pas manqué de se gratifier d'une basse éclatante, pour s'appliquer le proverbe *charité bien ordonnée commence par soi-même*.

(12) M. David sait-il déchiffrer, ou bien le serine-t-on ?

(13) Ne confondons point *quatuor* avec *chœur*. Qu'un *quatuor* soit manqué, on peut seulement dire voilà *quatre* personnes qui ne sont pas sûres d'elles ; un *chœur* est estropié ; on doit dire voilà *beaucoup* de chanteurs qui ne sont pas forts.

(14) Ici l'indulgence est élevée à la trentième puissance, n'en déplaise à la *Gazette du Midi*, le chœur de *Jaguarita*, mis à l'étude pour le concert annuel de 1855, abandonné, dans la crainte d'un échec probable, remis à l'étude, pour le concert annuel de 1856, a été chanté *faux, d'un bout à l'autre, pour les deux couplets*, de l'avis de tout le monde, sans quoi les parents et les amis, si nombreux dans la salle, lui auraient au moins accordé quelque claque de consolation, tandis qu'il faut dire comme M. Desmousseaux Givré : Rien ! rien ! rien ! Et ce chœur sans accompagnement (solfié *à première vue*, onze jours plus tard, dans la même salle, par l'école Galin-Paris-Chevé et, cette fois, chaudement applaudi) est tout ce qu'a pu offrir la classe chorale de M. Castellan !

(15) Il faudrait dire les quatre *parties*, même quand on serait dans le vrai, relativement à l'exécution. Ces mots : les *quatre VOIX* ramènent à l'esprit le souvenir de la réponse de ce ministre de Louis XV qui, recevant les excuses du parlement de Toulouse à propos de l'assassinat juridique de Jean Calas, à

qui l'exécutaient ont bien rendu le second couplet ; (16) pour ce qui est de l'air de *Lucie*, chanté par Mlle Robert, (17) il a mérité à la gracieuse cantatrice une seconde ovation. Il y a réellement un bel avenir dans cette voix de soprano franche et sympathique, dont les qualités essentielles sont mises en relief par un goût et un sentiment également remarquables.

» La séance s'est terminée par une des plus grandes pages de la musique moderne. Le final du 2ᵉ acte de de la *Vestale* a été chanté par Mlle Bruno, (18) élève de Mme Dérancourt, par M. David, élève de M. Bénédit, ainsi que par les élèves des classes d'ensemble et chorale de MM. Martin et Castellan. (19)

» L'ensemble et l'entrain de cette exécution ont enlevé les bravos de l'auditoire, et si l'on emportait quelque regret au sortir de cette séance pleine d'intérêt, c'était à coup-sûr celui de ne pas les voir se renouveler a des intervalles plus rapprochés. (20) »

Lisez, heureux abonnés de la *Gazette du Midi*, lisez les notes qui rectifient cet article, puis remerciez votre journal qui n'a que du l'encens pour une exhibition dans laquelle on a montré seulement quelques bonnes voix réduites à fonctionner automatiquement lorsqu'on en a posé d'autres a recevoir des sifflets qui ne pourraient s'adresser équitablement ces mots de l'orateur : « Monseigneur, il n'y a si bon » cheval qui ne bronche, » s'écria vivement : « Passe » pour un cheval mais toute une écurie ! »

(16) Le second couplet, je le répète a été chanté aussi faux que le premier, peut-être pour justifier ce vers d'Horace :

Primo ne medium, medio ne discrepet imum.

Ainsi traduit par Boileau :

Que le début, la fin répondent au milieu.

(17) Cette seconde exhibition autorise ma demande itérative, Mlle Robert sait-elle lire, ou bien la serine-t-on ?

(18) Mlle Bruno déchiffre-t-elle, ou bien la serine-t-on ? Ici, j'ai droit d'espérer une réponse de la part de quelqu'un qui est venu chez moi, le 3 avril 1854. L'empressement avec lequel j'ai mis à l'abri tout sous entendu fâcheux des éventualités dont la réalisation s'est fait attendre, et se complétera peut-être l'année prochaine, autorise l'expression de ce vœu. La déclaration que j'ai offerte et donnée sur le champ, commençait par ces mots : « *Je comprends le motif* » et se terminait par ceux-ci : « *Repratiquer impunément.* » Il y avait là de quoi déterminer M. Auguste Morel à éviter l'éclat d'une audience où je n'ai perdu que de l'argent, tandis que lui.......! Hélas !!!!

(19) Grâce à l'orchestre ! Moins heureux que l'auteur du compte-rendu (ou du *communiqué*), j'ai moins entendu les jeunes garçons de la classe de M. Castellan *quand ils devaient chanter*, que le narrateur véridique ne l'a fait, dans un chœur où il paraît avoir *moins distingué leur voix* que celle des jeunes filles, quand ils ne chantaient *pas du tout (Voyez la note 8)*.

(20) Imprudent ami ! Que vouliez-vous donc attendre d'un enseignement dont les élèves, après trois mois d'étude ont été mis à l'écart, lorsqu'il s'agissait, dans les *Amours du Diable*, de chanter un petit chœur de *huit mesures* A L'UNISSON (*Réforme musicale du 4 mai*), et qui, après une étude aussi longue qu'infructueuse en 1855, et des répétitions multipliées, en 1856, ont massacré un petit chœur de 46 mesures à deux temps, commençant et finissant par un *soupir*, ce qui faisait 90 *temps* à apprendre ; le second couplet étant de tout point semblable au premier, sans un seul changement de prosodie ? ET CE CHŒUR EST FACILE ! ! !

Puisse votre vœu être entendu, et toute l'édilité marseillaise assister aux concerts mensuels, trimestriels ou même semestriels de l'établissement confié à *l'habile direction* de M. Auguste Morel ! Je me trompe fort, ou la ville ferait, avant la fin de l'année, l'économie de l'argent que gaspille l'inintelligence de cette direction qui ne sait pas voir que la langue passe avant l'écriture, et que la langue et l'écriture sont détestables si l'on n'ont pas *un seul signe pour une même idée*, et si elles ont *plus d'un signe pour une même idée*. Quinze cent mille francs d'économie en un siècle! le capital à cinq pour cent, de soixante-quinze mille francs de rentes, sans les intérêts composés, c'est-à-dire soixante mille francs de recette annuelle en dehors du bénéfice des quinze mille francs qu'on gagnerait à ne pas engraisser des incapacités *professorales*, qui faussent les idées par l'emploi de signes absurdes, et qui montrent deux ou trois pâles échantillons de leur hygiène léthifère pour éloigner toute idée d'investigation de l'esprit de ceux qui pourraient vouloir pénétrer dans leur infirmerie pour récuser les rachitiques, ou dans leurs cimetières, pour compter les morts ! Cela vaut la peine qu'on y songe.

Aimé PARIS.

qu'à l'inintelligence des esprits étroits qui faussent les idées, et qui étouffent dans leur germe de précieuses facultés !

Est-ce donc là la mission de la presse ?

Eh quoi ? Le silence sur des résultats réels et sur des découvertes utiles à tous !

Et en même temps des dithyrambes en l'honneur d'oiseaux serinés qui ne demanderaient pas mieux que de faire preuve d'intelligence, s'ils étaient confiés à une direction qui comprît autre chose que les mesquineries d'un amour-propre fort mal justifié.

J'avais prédit, il y a quinze jours, que les journaux musicaux de Paris emboucheraient, en l'honneur du Conservatoire de Marseille, une trompette aussi sonore et non moins complaisante, pour ne pas dire plus, que la *Gazette du Midi*. Deux comptes-rendus ont paru, le 21 septembre, l'un dans la *Revue et Gazette Musicale*, l'autre dans la *France musicale*. Il ne serait pas impossible que, si on reproduit les *copies* livrées aux typographes de Marseille et à ceux de Paris, on trouvât quelque analogie dans le papier, la teinte de l'encre et même la forme des lettres manuscrites. Les trois articles parlent de l'*habile direction* ; ils spécifient, avec le même soin, le titre de chaque morceau et le nom des exécutants. On dirait qu'Ovide les a devinés, quand il a écrit, dans ses *Métamorphoses*.

Facies non omnibus una,
Nec diversa tamen, qualī̈ decet esse sororum.

Que De Saint-Ange aurait pu traduire ainsi :

Cette triple analyse, à son air de famille,
D'un même narrateur pourrait bien être fille.

Aimé PARIS.

Ce qu'est devenu l'art dramatique

En province.

(Troisième article.)

Avant d'entrer dans des considérations générales sur l'état des théâtres de la province, je vais continuer, pour l'édification du public et de l'autorité, d'extraire d'un ENGAGEMENT que j'ai sous les yeux, les clauses monstrueuses qu'on ose proposer à la signature des comédiens, et que ceux-ci sont assez faibles ou assez malheureux pour accepter.

Je tiens beaucoup à ce qu'on se rappelle que ces gentillesses DIRECTORIALES, ou plutôt DICTATORIALES, sont couchées sur papier rose.

Je cite textuellement :

Art. 10. — Le présent engagement pourra être également annulé ou résilié par le directeur SANS AUCUNE FORMALITÉ JUDICIAIRE (c'est révoltant !), mise en demeure, ni indemnité pour l'artiste dans les cas prévus par les neuf paragraphes suivants :

« 1° Si, par accident ou par une cause » quelconque la voix ou les moyens physiques » de l'artiste venaient à subir une altération » qui ne lui permettrait plus de tenir convenablement son emploi ;

» 2° Si l'artiste manquait notoirement de » mémoire ;

» 3° S'il n'avait pas la garde-robe nécessaire » pour son emploi ou pour les rôles qui lui » sont confiés ;

» 4° SI LES DETTES EXCÉDAIENT LE CINQUIÈME » DE SES APPOINTEMENTS ;

» 5° Si l'artiste venait à ne pas plaire au » public, ce DONT le DIRECTEUR EST LE PRIN-» CIPAL JUGE ;

» 6° Si le directeur venait à reconnaître que » l'artiste, à la répétition ou à la représenta-» tion, est incapable de remplir les rôles ou » emplois qui lui sont confiés ;

» 7° . . . .

« 8° Si l'artiste avait signé le présent en-» gagement sous un nom qui ne serait pas le » sien ,

« 9° . . . .

Dans les sept paragraphes qu'on vient de lire, il y a de quoi faire sept fois pendre un artiste, surtout quand on considère que le BON PLAISIR du directeur est le PRINCIPAL JUGE. La

résiliation d'un pareil traité ne tient en vérité qu'à un fil, et je plains le malheureux comédien qui compterait sur son engagement pour assurer à ses enfants du pain et du feu pendant l'hiver.

D'ailleurs pourquoi tous ces ambages, toutes ces ruses mesquines et toutes ces restrictions, lorsqu'il est évident que les directeur a eu en vue de rompre à son gré le présent engagement sans que l'artiste ait rien à objecter. En voulez-vous la preuve ? Le préambule va nous la fournir.

« L'artiste s'engage à remplir au gré de » l'autorité de l'ADMINISTRATION et du public, » etc., etc. »

N'est-il pas clair que l'artiste ne remplira que deux des trois conditions exigées pour son admission, s'il a le malheur de ne pas plaire à l'administration.

On n'objectera pas que cette clause n'est jamais prise aux sérieux. Deux procès récents ont suffisamment établi que le directeur peut, quand le caprice lui en prend, s'armer des termes de l'engagement pour expulser un artiste admis par le public. Il faut conclure de là que toutes les fois qu'il plaira à un directeur d'appliquer dane toute leur rigueur les clauses ridicules et scandaleuses d'un engagement, il le fera, au grand malheur de l'artiste, qui s'est lié les pieds et les poings en signant un traité pareil.

« Art. 11. — L'artiste s'engage à... » dans tous les théâtres de,... ou hors de..., » indistinctement, sur toute réquisition du » directeur ou régisseur, et même dans plu-» sieurs théâtres le même jour et dans la même » soirée, sans pouvoir, pour les théâtres hors » de.,.., exiger aucune idemnité que le transport » de sa personne et de ses effets de théâtre, » strictement nécessaires au service imposé. »

Le jour n'est pas loin où l'on exigera que l'artiste soit doué de l'ubiquité, pour qu'il puisse A LA FOIS chanter dans un théâtre et danser dans un autre.

Il faut être fou ou bien malheureux pour accepter des conditions qui ne laissent même pas à l'artiste le repos dominical dont jouissent les ouvriers et les chargeurs du port. Aussi, je vous le demande, faut-il s'étonner si l'art est sacrifié impitoyablement par des comédiens dont l'énergie et le goût sont épuisés par un travail de chaque jour qui ne leur laisse pas le temps de se recueillir et de mûrir un rôle.

« Art. 12. — L'artiste ne pourra exercer » ses talents, MÊME GRATUITEMENT, dans au-» cune soirée, concert payant ou de société, » à peine, pour chaque infraction, de la retenue » d'une quinzaine de jours d'appointements, » dont son compte sera débité ; s'il y avait » récidive, la retenue serait d'un mois entier, » et plus s'il y a lieu. »

Cet article va tout droit à l'adresse des chanteurs et des musiciens. Ne dirait-on pas que le directeur fait la fortune du musicien, pour l'empêcher d'aller gagner quelque sous dans les concerts. C'est à n'y pas croire. Il faut que le directeur ait perdu le sens commun pour exercer une autocratie aussi brutale sur de pauvres diables dont les appointements sont, en moyenne, de soixante à quatre-vingts francs par mois pendant huit mois de l'année.

Louis ROGER.

(La suite à dimanche prochain)

Darnétal. — Imp. de Fruchart.

XIᵉ Année ; — 1ʳᵉ du nouveau titre.   UN NUMÉRO : 20 CENT.   N° 38. — Dimanche 12 Octobre 1856.

Musique, — Sciences, — Arts, — Littérature, — Théâtres.

LA RÉFORME MUSICALE

JOURNAL DES DOCTRINES DE L'ÉCOLE GALIN-PARIS-CHEVÉ.

ABONNEMENT A ROUEN : 10 FR.

ON S'ABONNE

A ROUEN, chez M. Louis Roger, rue Porte-aux-Rats, 2.
A PARIS, chez M. Émile Chevé rue des Marais-S -G., 18.
A MARSEILLE, chez M. Aimé Paris rue Paradis, 77.

BUREAU A ROUEN, RUE PORTE-AUX-RATS, N° 2.

LOUIS ROGER, Directeur-Gérant.

ABONNEMENT DANS LES DÉP. : 12 FR,

ON S'ABONNE

A LYON, chez M. Perraud, rue du Griffon, 11.
AU HAVRE, chez M. Vasse, rue Molière, 16.
Les abonnements peuvent être payés en timbres-postes (Affranchir).

RENSEIGNEMENTS. — Cette feuille paraît, à ROUEN, tous les DIMANCHES. — Tout ce qui concerne l'administration du journal doit être adressé à Rouen, rue Porte-aux-Rats, 2. — Ce qui concerne la rédaction peut être indifféremment adressé à M. CHEVÉ, à M. Aimé PARIS, ou au Directeur-Gérant. — La critique demeure sous la responsabilité de celui qui la signe. — Il sera rendu compte des Ouvrages dont un exemplaire sera déposé au bureau du journal.
Les lettres non affranchies seront refusées.

On peut se procurer des numéros de la *Réforme*, au Bureau du Journal ; — au dépôt du cours Boïeldieu, à Rouen, — et dans l'intérieur des Théâtres.

M. MERCADIER LE CONSERVATOIRE DE MUSIQUE,

& LA MÉTHODE GALIN-PARIS-CHEVÉ.

(9ᵐᵉ article. — Voir les numéros des 15 et 29 juin, 20 juillet, 10 et 24 août, 7, 21 et 28 septembre, et 5 octobre 1856).

16° On lit, paragraphe 8 : « Dois-je vous rappeler, messieurs, que J. J. Rousseau après s'être fait l'apôtre de l'écriture en chiffres, mit plus tard à décrier ce système autant de chaleur qu'il en avait mis à le préconiser. »

Et d'abord J. J, Rousseau était très-positivement l'*inventeur* et non l'*apôtre* de l'écriture qu'il proposait.

En second lieu, il ne mit pas à décrier son écriture autant de chaleur, à beaucoup près, qu'il en avait mis à la préconiser : *un paragraphe* échappé de la mauvaise humeur *n'est pas un fait aussi considérable* que celui *d'un volume* écrit à froid. Chacun sait d'ailleurs que J. J. Rousseau a passé sa vie à faire et à dire des choses contradictoires. Toutefois, dans le cas présent, sa faute n'est pas d'avoir repoussé son écriture, car elle valait véritablement pas grand chose ; mais c'est de n'avoir pas montré à Rameau qu'il proclamait la plus grande sottise du monde, en disant à l'honneur de « l'écriture musicale quelle *se devine et ne se lit pas !* » — Du reste, monsieur, il faut être juste avant tout ; et sur ce terrain de l'écriture musicale, la partie n'est pas égale entre nous : vous parlez là de choses que vous avez à peine entrevues, que vous ne connaissez-même, peut-être, pas du tout, à des gens qui les étudient à fond depuis 25 ou 30 ans !

17° Encore paragraphe 8 : « En attendant que vous suiviez l'exemple de Rous- » seau, vous luttez avec une persistance, avec un courage dignes d'un meilleur » sort, je l'avoue. »

Soyez sans inquiétudes, monsieur ; nous ne ferons pas comme J. J. Rousseau. Vous savez maintenant que nous avons des raisons puissantes pour ne pas faire comme lui : nous possédons un instrument parfait dont il n'avait qu'une ébauche informe, et pour ainsi dire bonne à rien ; aussi ne l'abandonnerons-nous jamais !

Nous vous remercions, d'ailleurs, du témoignage que vous portez de notre persistance et de notre courage dignes d'un meilleur sort, dites-vous — En effet, monsieur, vous avez raison : le sort que nous font nos adversaires, *patents* et *surtout latents*, n'est pas toujours agréable ; mais en acceptant l'apostolat nous savions d'avance que tout n'est pas rose dans le métier.

18° Toujours paragraphe 8 « Les *nombreuses oppositions* que vous rencontrez, » auraient dû déjà assurer le succès de vos doctrines. »

Pardon toujours, monsieur ; mais je ne comprends pas que les *nombreuses oppositions* aient dû assurer déjà le succès. Sans doute que mon intelligence n'est plus en germe, car je ne comprends pas du tout.

19° Paragraphe 8. — « Restez donc sur la brèche aussi longtemps que vos » forces vous le permettront et soyez bien convaincus qu'*il n'appartient à au-* » *cune puissance humaine d'enchaîner des idées qui tendent au perfectionnement de* » *l'instruction des masses, et au progrès.*

Je ne vois pas bien le rapport qu'il y a entre ce paragraphe et votre défence ; mais cela ne m'empêchera pas de vous dire : bravo ! monsieur, voilà parler ! Seulement, je me demande comment la plume qui a écrit ces lignes peut avoir écrit tout ce qui les précède et tout ce qui les suit ? — Je vous dirai aussi, monsieur, que nous n'avons pas attendu votre conseil — « *soyez bien convaincus* » — pour avoir la conviction, *la foi* ; et c'est parce que nous l'avons, *la foi*, que nous sommes montés résolument sur la brèche ; que nous y sommes depuis tant d'années, et qu'aujourd'hui encore nous y restons plus fermes que jamais, malgré toutes les embuches dont on nous entoure, et les méchancetés dont on cherche à nous accabler. — Et c'est aussi parce que l'idée est impérissable que votre ami le Conservatoire n'a pu et ne pourra jamais la tuer, quoiqu'il fasse. Mais, pour Dieu, monsieur, puisque vous croyez devoir nous encourager à rester sur la brèche *tant que nos forces nous le permettront*, rappelez-vous qu'on est sur une brèche *pour combattre*, et veuillez prendre la peine de faire désormais une distinction radicale et juste entre deux choses qui n'ont rien de commun : n'affectez plus de confondre *la défense légitime des intérêts généraux* avec *l'attaque brutale dirigée par l'égoïsme individuel*, et n'essayez plus de faire passer *des raisons irréfutables*, écrites avec tout le calme de la réflexion, *pour des injures grossières*, inspirées par la colère aveugle. — Cela n'est ni juste, ni vrai, ni sensé, ni même modéré.

20° Le paragraphe 9 commence ainsi : « Je vous ai déjà dit, messieurs, que, » pour ce qui est des principes fondamentaux de la musique, je ne me posais ni » en novateur, ni en *perturbateur*. »

Merci du compliment, monsieur ; car, à qui peut se rapporter le mot de *per-* *turbateur*, s'il vous plaît, si ce n'est à nous ? — L'intention qui vous a fait accoler ces deux mots — *novateur* et *perturbateur* — n'échappera à aucun lecteur sérieux, soyez-en sûr !

Vous avez donné dans votre livre une théorie de *l'origine de la gamme* et de *la génération des tons* qui n'est pas celle des solféges ; vous avez donné, pour les durées, la théorie du *son-jalon* et de la loi de *division binaire et ternaire*, qui ne se rencontre pas dans les solféges. Ce sont là les deux points culminants de la théorie, selon nous ; si vous n'appelez pas cela les *principes fondamentaux de la musique*, seriez-vous assez bon pour me dire ce qui, selon vous, peut porter ce nom ? — Mais, cette fois, vous êtes trop modeste, monsieur, et ce sont bien des principes fondamentaux que vous avez posés. Il est vrai de dire que vous n'avez voulu, ou su, ou pu en tirer aucune conséquence d'application pratique, ce qui les a réduits, dans votre livre, à l'état de lettre morte, et a peut-être fait croire au Conservatoire qu'il pouvait les adopter sans danger ; mais ceci n'est pas la faute des principes — qui sont toujours des principes ; c'est la vôtre.

21° Le paragraphe continue ainsi : « Dans le cours de mon travail, j'ai com- » pulsé *à peu près toutes les méthodes antérieures*, celle de M. Chevé est peut-être » la seule que j'aie à peine parcourue. »

Singulier hasard ! la méthode de M. Chevé est peut-être la seule que vous ayez à peine parcourue ; et, par une fatalité malheureuse, tout ce qui est théorie proprement dite dans votre livre semble inspiré du livre de M. Chevé, qui est l'antipode de ceux que vous avez sérieusement étudiés et sans doute profondément médités, et auxquels vous n'avez emprunté pour ainsi dire que l'écriture, le vocabulaire et le désordre traditionnel — Vous qui parlez d'*anomalies*, faites donc comprendre celle-là aux *incrédules* qui ont l'habitude de remonter à la cause des choses, et qui n'ont qu'une foi médiocre dans ce dieu aveugle nommé hasard.

22° Même paragraphe : « Après en avoir lu les premières pages (du livre de » M. Chevé), je me suis aperçu, *heureusement pour moi*, que la notation en » chiffres m'engageait dans une impasse. »

C'est justement tout le contraire qui est arrivé à votre COLLABORATEUR, car vous aviez un collaborateur, monsieur, ce dont vous avez encore *oublié* de prévenir le public. — Voici les paroles du collaborateur de M. Mercadier : « Quand » on m'a apporté votre livre, » — *m'a-t-il dit devant témoin*, — « il a fait sur » moi — je dois vous l'avouer — une impression désagréable, très-désagréable » même. Cependant, il me fallait le lire pour continuer mon travail ; j'ai donc » lu ; mais arrivé à la démonstration de la seconde mineure, j'ai modifié mon » jugement, et j'ai compris qu'une ère nouvelle s'ouvrait pour l'enseignement » de la musique. » Mais revenons à M. Mercadier.

M. Mercadier insinue qu'il s'est arrêté aux premières pages du livre. — Eh bien ! j'ai la preuve écrite de la main de M. *Mercadier*, et *revêtue de sa signature*, qu'il a poussé sa lecture au moins jusqu'au mot rhythme de notre méthode. — Or, notre méthode a 342 pages, et le mot rhythme est traité à la page 268 ; encore 44 pages, et M. Mercadier allait jusqu'au bout. Mais non, « *après avoir par-* » *couru les premières pages*, M. Mercadier a vu qu'il s'engageait dans une im- » passe ! » ce qui ne l'a pourtant pas empêché de citer dans sa lettre ce qui est écrit à la page 268, à moins qu'il n'ait pris ce qu'il a dit à la page 308, où il est encore question du rhythme. — Lequel des deux, monsieur Mercadier ?

23° Ici nous arrivons à une série d'articles, plus graves encore, si la chose est possible, parce qu'ils sont tous entachés de mauvaise foi ; le mot est dur ; mais il n'y en a pas d'autre de possible : le lecteur va le voir.

M. Mercadier a répondu aux cinq premiers articles de M. Aimé Paris ; il a donc lu, et lu avec *une très-sérieuse attention*, tout ce que contenaient ces articles pour les réfuter. Or, dans cette réponse de M. Mercadier, on trouve les paragraphes suivants qui font attribuer par M. Paris l'invention de toutes les banalités de l'écriture et du vocabulaire musical à M. Chevé : Lisez bien, lecteur, les paragraphes suivants, pris dans la réponse de M. Mercadier :

Paragraphe 10. — « Vous me reprochez l'emploi des termes techniques de la » musique, et comme ces termes sont ceux dont vous vous servez aussi, et ceux » dont tout le monde s'est servi avant nous, il s'en suit qu'à vos yeux je suis le » plus audacieux des plagiaires. Auriez-vous aussi la prétention d'avoir inventé » les termes techniques ? »

Paragraphe 11. — « Les signes dont je me sers sont-ils aussi de votre inven- » tion ? «« On n'avait pas besoin — dites-vous — d'attendre que M. Mercadier »» (page 8) ait donné un exemple de la forme des trois clés ; elles figurent chez »» M. Chevé à la page 115. »» Chez M. Chevé et partout ailleurs aussi. »

Paragraphe 12. — « Vous ajoutez ensuite : « La définition du mot *note*, et »» l'exemple explicatif, étaient assez clairs à la page 113 de M. Chevé, pour que »» M. Mercadier (page 9) ne dût pas prétendre à une récompense nationale pour

»» avoir dit la même chose. » — « Assurément, messieurs, je n'ai jamais prétendu » à une récompense quelconque pour avoir consigné dans mon livre un fait aussi » élémentaire. Mais, d'après vous, M. Chevé serait-il *aussi* le premier qui ait » donné la définition du mot note? J'avoue combien mon ignorance est grande; » et de tous les mérites connus et inconnus de M. Chevé, je n'aurais jamais deviné » celui-là. "

Paragraphe 13. — «« M. Chevé a signalé (page 193) la distinction en deux »» catégories des sons graves et des sons aigus. »» — « J'en profite, dites-vous, » page 5. — Pourquoi donc M. Chevé n'a-t-il pas pris un brevet d'invention » pour une si belle découverte? »

Paragraphe 16. — « L'article 8 constate que «« M. Chevé, page 295, explique »» assez clairement la fonction du point de prolongation, pour qu'il n'y ait pas »» à s'extasier sur la lucidité avec laquelle M. Mercadier a dit la même chose, »» page 17. »» Croyez bien, messieurs, que personne n'a eu la faiblesse de s'ex- » tasier sur la lucidité de ce chapitre de MA MÉTHODE; le point de prolongation est » une invention dont nous ne devons, ni vous ni moi, revendiquer la paternité. »

Paragraphe 17. — «« L'énonciation relative aux silences pointés ne manque »» pas plus à la page 296 du livre Chevé, qu'à la page 18 de M. Mercadier. »» » Cela est très-vrai; je vous remercie d'indiquer qu'une pareille lacune n'existe » pas dans mon livre. Et ce long procès-verbal, signé par M. Aimé Paris, contient » cent cinq accusations de la valeur de celles-là. »

Paragraphe 18. — « La manière de battre la mesure, la division de chaque » mesure en temps forts et temps faibles, les exemples de contre-temps, de liai- » sons, de détaché, de piqué, les signes de durées usuelles » (je pense que M. Mer- » cadier a voulu dire: les *signes usuels de durée*) — « les trilles, les petites notes, » les accidents, dièses, bémols, bécarres, l'ORIGINE DE LA GAMME, la FORMA- » TION DES GAMMES, l'ORDRE DE GÉNÉRATION DES GAMMES, l'avant- » dernier bémol de l'armure caractérisant la langue, la définition des intervalles » et leurs renversements, l'invention du diapason, le tableau des gammes ma- » jeures par quintes ascendantes et descendantes, tout cela je l'ai pillé dans le » livre de M. Chevé, de M. Chevé qui, sans doute, l'a inventé! Dites cela bien » haut, messieurs; encore plus haut; je doute que vous trouviez beaucoup de » gens crédules et, vraiment c'est à se demander si vous parlez sérieusement, » ou si vous voulez rire. Que me reprochez-vous aussi de me servir des lettres » de l'alphabet, parce qu'elles se trouvent partout dans le livre de M. Chevé. »

A mon tour. — A la lecture de ces sept paragraphes si affirmatifs de M. Mer- cadier, assaisonnés de sarcasmes sanglants qui transforment M. Paris en imbé- cile et M. Chevé en idiot, que doit croire le lecteur?

C'est ce que nous verrons dimanche prochain.

(La suite prochainement.)

Emile CHEVÉ.

A MONSIEUR L. MINOT.

Voyant qu'il n'y pouvait atteindre,
Ils sont trop verts, dit-il.
(LA FONTAINE)

Monsieur,

J'emprunte à la *France Musicale* du 14 septembre, page 295, 2e colonne ce qui termine votre article, *la vérité sur la constitution de la gamme*, c'est-à-dire, les deux alinéas suivants et le paragraphe additionnel que je transcris:

« Le nouveau réformateur de la gamme admet un principe curieux et qu'il croit franchement adopté par les musiciens. Il se trompe de la façon la plus radicale. L'artiste considérerait les intervalles de seconde comme parfaitement égaux entre eux. La pratique, cette reine qui comble ses courtisans de faveurs, nous apprend à penser tout autrement. Ainsi, dans la gamme d'*ut* l'oreille avec un despotisme né de l'expérience, nous impose l'obligation de mettre entre le *fa* et le *sol*, le *la* et le *si* une distance sensiblement plus grande, qu'entre l'*ut* et le *ré*, le *ré* et le *mi*, le *sol* et le *la*.

» Autre chose, M. Vignon se montre obséquieux envers les professeurs de la méthode Paris-Galin-Chevé. (1) C'est tout naturel. La conformité des armes groupe les soldats. MM. Vignon et Chevé tirent tous deux le chiffre en guise d'épée. Mais si M. Vignon tient à recueillir des idées saines sur la musique, je l'engage fort à se défier des gens qui placent le bonheur de l'humanité dans l'adoption de leur système, et qui ne se croient puissants dans les choses que parce qu'ils ne sont pas nés pour les comprendre.

« L. Minot. »

« Notre intention est de défendre un peu l'acoustique contre le mépris de certains artistes. Nous sommes obligés, dans cette circonstance, de faire fondre quelques notes de musique. Nous renvoyons donc au numéro prochain la suite de nos considérations sur l'acoustique. »

« L. M. »

Je suis forcé de confesser mon ignorance et d'avouer que je ne sais pas sur quels travaux intellectuels, recommandés par le nombre et la qualité, se fonde le droit que vous vous arrogez de traiter d'une façon si leste des hommes qui n'ont jamais émis une opi- nion scientifique sans l'appuyer sur la preuve de dé- duction et sur le fait pratique, double satisfaction donné à l'intelligence qui, sans la réunion nécessaire de ces deux éléments de conviction, pourrait se défier d'une utopie que la pratique, condamnerait peut-être, ou de faits purs et simple dont aucune connexité apparente ne permettrait de former un système régulier et complet.

Quoiqu'il en soit, je prends tel qu'il est votre texte un peu talon rouge, et je vais essayer de vous faire voir que je suis, au moins, né pour comprendre les conséquences de l'échelonnement qu'il vous plaît d'attribuer aux degrés de la gamme, échelonnement que je serais bien tenté d'appeler le *Mode Minot*.

Il serait difficile de comparer quoique ce fût à l'aide de votre vague expression: *une distance sensiblement plus grande*, ce qui n'indique même pas si la différence est déterminée par la progression *arithmétique*, ou par la progression *géométrique*. Un penseur qui annonce l'intention de *défendre l'acoustique*, ne fut-ce qu'un

(1) M. Minot me permettra de rétablir l'ordre chronologique: Galin-Paris-Chevé.

peu, devrait ce me semble ne pas laisser ignorer si la *pratique*, cette *reine* qui l'a *comblé de ses faveurs* s'est humanisée, séduite par les charmes de la *différence* ou par les grâces du *quotient*. La chose valait la peine d'être dite, pour ceux qui ne sont pas *nés pour comprendre* l'indéterminé.

Je me trouve donc, au risque d'être classé, par votre pitié, parmi les *victimes de l'algèbre*, obligé de recourir à l'humble arithmétique, pour suivre dans ses conséquences le *mode*, ou, si vous l'aimez mieux la *gamme proportionnelle* dont vous avez oublié de présenter les différences.

Substituez, malgré votre horreur pour le chiffre, d'autres nombres à ceux que je vais employer, pour comparer les échelons de votre gamme, vous n'y gagnerez absolument rien. Les décimales fussent-elles conduites jusqu'au dixième rang, à droite de la vir- gule, il faudrait peut-être une demi-heure pour té- terminer la place précise de chaque point sur les deux échelles parallèles qui vont représenter vos *distances sensiblement plus grandes*; mais vous ne changeriez pas une seule des conclusions auxquelles l'échelonne- ment rendu *visible* conduit fercément.

Je prends comme expression arbitraire de la dis- tance d'*ut* à *ré* le nombre 18, puis, comme équivalent de votre *distance sensiblement plus grande*, le nombre 20, et enfin, comme expression de ce qu'on nomme le demi-ton mineur (comme s'il y avait, dans un tout partagé en deux MOITIÉS, une GROSSE *moitié* et une PETITE *moitié*!) le nombre 8, *moindre que la moitié* 18.

Je n'ai plus qu'à rapprocher ce qui arrive si, quit- tant le ton d'*ut*, ou module en *fa*, ou à la sous-do- minante. Jetez les yeux, je vous prie, sur la figure que voici:

Ton d'ut.	Ton de fa.
Sous dominante, FA 154.	154 FA, tonique.
Médiante, MI 146.	146 MI, sensible.
Sus-tonique. RÉ 128.	
	126 RÉ, sus-dominante.
Tonique, UT 110.	
	108 UT, dominante.
Sensible, SI 102.	
	88 SI BÉMOL, sous-d.
Sus-dominante, LA 82.	
	80 LA, médiante.
Dominante, SOL 64.	
	62 SOL, sus-tonique.
Sous-dominante, FA 44.	44 FA, tonique.
MI 36.	
RÉ 18.	
UT 0.	

Ne voyez vous pas, du premier coup d'œil que sous les noms de *sol*, de *la*, d'*ut* et de *ré*, vous devrez pro- duire quatre sons *sensiblement plus bas* dans le ton de *fa*, que ceux qu'appellent les mêmes mots, dans le ton d'*ut*? Ne voyez-vous pas que la tonique de dé- part. *ut*, le pivot de la tonalité initiale, à laquelle il faut revenir, après les modulations autorisées, est faussée par la substition de votre *sensiblement plus petite*? Qu'il en est de même de la tierce, *la*, de votre nouvelle tonique et que l'accord tonal, *fa*, *la*, *ut*, ne permettrait pas au *despotisme de l'oreille* de reconstituer aisément l'accord primitif *ut*, *mi*, *sol* dont les notes les plus importantes, l'*ut*, et le *sol*, auraient été *sensiblement altérées* par la modulation (pourtant *directe*) à la sous-dominante?

Que serait-ce, si, conduisant cet examen à ses autres conséquence légitimes, je vous montrais chaque degré de la gamme et chaque altération subissant des transformations du même genre?

Comment n'avez-vous pas vu, monsieur, que ces métamorphoses dont *l'oreille* ne pouvait ni *juger* le SYSTÈME ni *mesurer* les différences, rendaient plus nécessaire encore l'emploi d'un *type unique*, d'une LANGUE MODALE, *la même pour toutes les tonalités*, par le bénéfice de laquelle, un point de départ, (une tonique) étant donné, la succession des *mêmes mots* amenât forcément la succession des *mêmes rapports*.

Vous parlez des opinions des musiciens relative- ment à la distance des termes des diverses se- condes. Ignorez-vous, par hasard, qu'il y a entre eux des divergences à cet égard, et qu'il s'en faut de beaucoup que vous puissiez compter sur leur appro- bation? Parlons, pour un moment, leur jargon, qui substitue le mot *ton* au mot *seconde* (plus que *mi*, *fa*, que *si*, *ut*, que *fa*, *fa dièse*, ou que *sol*, *sol bémol*. Vous faites *mineurs* les deux TONS *ut*, *ré*, et *ré*, *mi*; selon vous *fa sol* et et *sol la* sont deux TONS *majeurs*.

M. Fétis dans son *manuel des principes de mu- sique* dit formellement que la distinction entre le *ton majeur* et le *ton mineur* est une ERREUR. Son oreille est-elle autrement faite que la vôtre?

D'autres regardent *ut-ré* comme un *ton majeur* et *ré-mi* comme un *ton mineur*.

D'autres, entre *sol* et *ut*, n'admettent qu'UN *ton mineur*, les uns *sol la*, les autres *la si*; vous en insérez DEUX.

Et chacun se fonde sur le témoignage de son oreille! Qui a raison, je vous prie?

Les possesseurs d'oreilles, toutes infaillibles, (notez- le bien) ont été longtemps divisés, à propos de la mesure exacte du *demi-ton*, comme ils l'appellent. Ils ne sont pas encore d'accord sur ce point. Voici les trois opinions:

1°	2°	3°
sol	sol	sol
1/2 ton majeur.	1/2 ton mineur.	1/2 ton juste.
fa dièse.	fa dièse.	fa dièse.
1/2 ton mineur.	1/2 ton majeur.	1/2 ton juste.
fa	fa	fa.

Souffrez donc, monsieur, qu'en présence de *trois opinions formulées sur un même fait* — les musiciens ont tous été d'accord sur les *effets sonores*; ils n'ont différé que sur l'expression de la *distance des termes du rapport* — je demande autre chose que *la parole d'honneur de votre oreille*. L'oreille de M. Vignon n'est pas peut-être complètement bouchée. Il a de plus appelé *l'œil* au secours de *l'oreille* en expérimentant sur le sonomètre à huit corde, construit par un habile facteur, et *l'intelligence* au secours de *l'œil* et de *l'oreille*. en demandant à la *science des nombres* l'expression CONCORDANTE des vérifications faites dans un ordre quintuple de recherches patientes. Vous, monsieur Minot vous vous contentez *d'affirmer*.

Je serais curieux de savoir comment votre aversion pour le chiffre pourra se dispenser de manier des *nombres*, pour *défendre un peu l'acoustique*. Les remplacerez-vous par les *notes* que vous faites fondre ? Cela sera curieux.

Je prends la liberté de vous signaler un erratum convenable, et pour empêcher des lecteurs de confondre, avec *l'obséquiosité* dégradante, l'expression des sympathies de M. Vignon, certes, n'achèterait pas à ce prix des places ou des pensions, si nous pouvions en donner. Vous ne devez pas ignorer que M. Vignon est si peu *obséquieux*. à l'égard des chefs de l'école nouvelle, qu'il a nettement donné les raisons qui le font penser autrement que Galin, sur ce point délicat.

Quant aux sacasmes que vous lancez avec une fatuité dédaigneuse aux *gens qui voient le bonheur de l'humanité dans l'adoption de leur système*, j'avoue en toute humilité que je ne suis *pas né pour comprendre* que *l'humanité* ait rien à gagner par suite des améliorations qui assurent à *tous* un meilleur emploi de leurs facultés en même temps que des résultats plus sûrs et plus prompts ; qui leur ouvrent une source intarissable de jouissances honnêtes, qui épargne le temps, et substitue, dans l'étude, le plaisir au dégoût ; qui développe la rectitude des idées, par l'emploi constant des mots propres, la justesse des définitions et l'ordre établi entre toutes les parties du système.

Direz-vous que cela ne donne ni du pain ni des vêtements à l'humanité ? Vous vous tromperiez, monsieur, en ce sens que, si les travailleurs de toutes les catégories, appliquaient, l'un à des défrichements, l'autre au tissage des étoffes, l'autre à la confection des habits etc., etc., etc. les heures nombreuses que gaspillent, au profit d'un serinage ridicule et ennuyeux, les enfants de toutes les écoles officielles et les membres des nombreuses sociétés chorales ; on récolterait plus de blé, on serait vêtu à meilleur marché.

Tout se tient, dans les vérités et dans les perfectionnements de toute espèce ; quiconque ne voit pas nettement cela et n'agit pas en conséquence doit avoir la tête vide ou le cœur sec, et si quelqu'un venait me dire qu'il cherche une satisfaction d'amour propre, dans le développement ingénieux de monstrueux paradoxes, j'avouerais, non seulement sans honte, mais avec orgueil que je me félicite de n'être *pas né pour comprendre* l'enivrement d'une pareille victoire, sans pour cela me *regarder comme moins puissant*, dans mon apostolat qui compte plus de trente années de sacrifices et de dévouement, et que comprennent des hommes qui ont à la fois de l'intelligence et du cœur.

Agréez, Monsieur, mes civilités,

Aimé PARIS.

Marseille, 20 septembre 1856.

P. S. Auriez-vous l'extrême bonté de dire, dans un prochain numéro de la *France musicale* qui a publié, quand elle s'appelait *la Musique*, tant de lettres remarquables d'Emile Chevé, ce que c'est que *les choses* et comment vous êtes arrivé à voir que les professeurs de la méthode Galin-Paris-Chevé *n'étaient pas nés pour les comprendre ?* Tout ne sera pas fait encore, et il restera à PROUVER autrement que par votre affirmation, ce que *vous comprenez* et *ce que nous ne comprenons pas*.

Aimé PARIS.

CORRESPONDANCE PARTICULIÈRE DE LA RÉFORME MUSICALE.

THÉATRE DE LYON.

M. le Directeur,

M. Jenneval et Mlle Clarisse Miroy font en ce moment les délices des Lyonnais. Nous n'exagérons pas en disant que, depuis longtemps, le drame n'avait excité de pareils transports dans notre ville. C'est chaque soir une affluence de monde et des manifestations à n'en plus finir. On joue pourtant une assez mauvaise pièce qui a pour nom MANDRIN. Mais M. Jenneval y fait valoir avec tant d'art les qualités que vous lui connaissez, et Mlle Clarisse Miroy y montre un talent si élevé, que la présence de ces deux artistes fait accepter les incongruités de plus d'une espèce dont ce drame est plein et provoque même, ce qui est un grand honneur en pareil cas, l'enthousiasme du public.

Vous aurez bientôt de plus amples détails sur nos théâtres.

Octave LEROY.

Grand-Théâtre de Marseille.

Les débuts sont à peu près terminés au Grand-Théâtre de Marseille, et la direction et le public ont lieu d'être satisfaits l'un de l'autre, sauf quelques disparates bien difficiles à éviter dans la composition d'une troupe aussi nombreuse que celle de notre théâtre.

Inutile de demander si ROBERT a ouvert la marche : c'est de règle. Ce n'est pas qu'on s'en plaigne au moins ! On l'a même joué deux fois de suite, M. Armandi ayant payé son tribut au mistral, et ne pouvant, dans l'état où se trouvait son larynx, risquer la périlleuse épreuve d'un premier début..... surtout à Marseille. Grâce au chemin de fer et à M. Mirapelli la représentation d'ouverture a pu n'être retardée que de deux jours.

Sous le costume de Bertram, M. Bouché a fait une bruyante rentrée, et son apparition a été saluée par d'unanimes bravos et par des couronnes bien méritées ; c'est sans doute pour remercier le public que notre excellente basse nous a donné une idée de la manière dont se tatouaient les sauvages américains, ses ex-spectateurs. Hâtons nous d'ajouter que dès la seconde représentation ce baroque badigeonnage a disparu du front de M. Bouché qui s'est montré aussi irréprochable pour ses costumes que pour son chant dans la FAVORITE et dans les HUGUENOTS. Nous regrettons vivement d'avoir vu que c'était POUR CETTE FOIS SEULEMENT que M. Bouché endossait l'uniforme de Max dans le CHALET : la façon magistrale dont il a chanté la large musique de ce chef-d'œuvre vivement fait désirer à tout le public de l'entendre encore dans ce rôle.

M. Armandi n'a eu qu'à chanter son premier morceau de ROBERT pour être admis par acclamation, et le reste de cet opéra, et plus tard, la FAVORITE et les HUGUENOTS n'ont été pour lui qu'une suite de triomphes. Une voix fraîche et sympathique, une grande intelligence des effets de scène, un physique et une tournure distingués font de notre premier ténor un des artistes les plus complets qu'ait possédé depuis longtemps le théâtre de Marseille. M. Armandi a joué la scène du collier de l'épée, dans la FAVORITE, de manière à faire un instant oublier le chanteur, pour ne plus voir que le tragédien. Si un reste de prononciation italienne choque quelquefois les oreilles de la partie française du public, c'est au moins une preuve que M. Armandi est un étranger de bon aloi et n'a pas sacrifié à la déplorable manie de terminer en **i** un nom dont la finale figure autrement sur les registres de l'état civil.

Mlle Paola, qui tient avec Mlle Sannier les premiers rôles de grand opéra, a subi avec succès ses trois épreuves dans ROBERT les HUGUENOTS et le PROPHÈTE (rôle de Berthe) ; elle aurait pu, du reste, se dispenser des deux derniers ; dès le premier jour son admission n'était pas douteuse. Quant à Mlle Sannier elle n'a eu qu'à se montrer pour recueillir de sincères et unanimes applaudissements, et si toutes ses représentations ressemblaient à sa rentrée, les fleuristes de Marseille ne tarderaient pas à être millionnaires. Nous avons eu la cruauté de nous joindre aux gens sans pitié qui ont redemandé le duo de la FAVORITE.

Remercions Mlle Almonti d'avoir échoué puisque son insuccès nous a procuré hier le plaisir d'entendre Mme Barbot dans les MOUSQUETAIRES. Une voix bien timbrée qu'elle sait rendre puissante, sans rien lui enlever de sa grâce ni de sa souplesse, une grande intelligence dramatique et une tenue irréprochable ont valu à cette excellente artiste, et à plusieurs reprises, de chaleureuses ovations qui laissent tout-à-fait inutiles les deux autres débuts que l'usage lui impose. Un parler un peu trop maniéré est le seul défaut, facile d'ailleurs à corriger, que nous ayons remarqué et entendu signaler autour de nous.

Si nous avons été heureux, comme tout le monde, de revoir M. Dufrêne, le charmant ténor léger que les rouennais ont pu apprécier avant nous, nous ne pouvons nous empêcher de regretter de devoir cette bonne fortune à l'échec de M. Bineau. Le public a été plus que sévère pour cet artiste qui a fait preuve de précieuses qualités et dont le plus grand défaut est peut-être de venir après M. Montaubry.

L'influence des souvenirs a été funeste aussi à M. C. Mathieu, second ténor léger : la finesse et l'élégance de jeu, l'exquise distinction de manières et l'habileté musicale auxquelles nous avait habitués M. Froment ont fait ressortir vigoureusement, chez M. Mathieu, des gestes outrés et d'autres défauts, sont une déplorable prononciation n'est pas le moindre.

Dans le MAÎTRE DE CHAPELLE, les HUGUENOTS et les MOUSQUETAIRES Mlle Villème, première dugazon, a confirmé la bonne opinion que les habitués du théâtre avaient pu prendre d'elle pendant le cours de l'année dernière.

Mlle Stéphanie, seconde dugazon, a été reçue sans contestation, grâce à des qualités réelles et surtout à la connaissance anticipée qu'elle avait faite avec le public marseillais, en jouant, au Gymnase, le VIOLONEUX et la NUIT BLANCHE, lors du passage de Darcier. La vivacité et la gentillesse avec lesquelles joue Mlle Stéphanie, quand elle ne chante pas, lui assureraient le succès, lors même qu'elle serait insuffisante comme chanteuse ; mais la manière dont elle a rempli, par suite d'une indisposition de Mlle Vilème, le rôle de Berthe des MOUSQUETAIRES, nous a prouvé que, même dans un rôle au-dessus de son emploi, elle n'a pas besoin de cette sauvegarde.

M. Merly jeune, n'ayant encore paru que dans le rôle de Raimbaud, il n'est pas possible d'établir un jugement sur son compte : disons toutefois que cette première épreuve fait bien augurer des deux autres.

M. Merly aîné, lui aussi n'a paru qu'une fois, dans les HUGUENOTS ; mais c'en était assez pour réveiller les sympathies qu'il s'est créées à Marseille pendant ses représentations de l'année dernière.

La présence de M. Merly est loin de faire pâlir l'étoile de notre excellent baryton M. Ismaël : les brillantes représentations du MAÎTRE DE CHAPELLE, de la FAVORITE, des HUGUENOTS et du BARBIER en sont la meilleure preuve.

Pour n'offusquer personne, en le mettant le dernier, nous gardons cette place pour M. Nief, non pas qu'il ne soit pas quelqu'un, mais comme c'est un de nos bons amis, il nous pardonnera de le reléguer à la fin, et nous ne craignons pas qu'on nous accuse de partialité dans les éloges que nous lui accordons : nous ne sommes que l'écho du public, et il y a longtemps que la bonne répution de M. Nief est faite à Marseille ; les couronnes qu'on lui a jetées, à sa rentrée, sont d'aussi bon aloi que la terminaison italienne du nom de M. Armandi.

Nous renvoyons forcément à un autre jour le compte-rendu des débuts du ballet, qui sont à refaire, M. Mathieu et Mme Théleur ayant complètement échoué. La place et le temps nous manquent pour dire ici à qu'elles qualités Mlles Marthe et Jaquetti, deux jolies danseuses, doivent, l'une son admission, l'autre les bravos qui ont salué sa rentrée.

J. Aimé PARIS (fils).

Marseille 28 septembre 1856.

CHRONIQUE THÉATRALE.

M. Laget, qui avait fait avec succès sa première apparition dans les MOUSQUETAIRES DE LA REINE, a su se maintenir depuis dans l'opinion du public à la hauteur où il s'est tout d'abord placé. M. Laget possède une de ces voix méridionales dont le timbre chaleureux et sympathique va droit au cœur ; de plus il chante avec infiniment de goût et parle comme tout le monde. — Ceci à l'adresse de la plupart des chanteurs, qui, à leur insu, sans doute, entraînés par la force de l'habitude, chantent même jusqu'au dialogue, et ne dépeignent les flammes auxquelles ils sont quotidiennement voués qu'en voix de FAUSSET, ce qui leur donne un air efféminé fort risible parfois.

Le rôle de Bénédict n'a pas été moins favorable à notre second ténor qui peut dès aujourd'hui se dire des nôtres.

Nous avons entendu LUCIE. Depuis bien longtemps cette sublime et touchante partiton n'avait été exécutée sur notre scène avec un ensemble aussi remarquable ; c'est que, depuis bien longtemps aussi, nous n'avions possédé une réunion d'artistes lyriques du mérite de nos premiers sujets. Mlle Lavoye, que nous voyions pour la première fois dans un rôle dramatique, nous a prouvé une fois encore que les vrais talents sont comme les vrais diamants : sous quelque jour qu'on les place, ils jettent des étincelles.

La scène de folie a été pour elle un véritable triomphe ; on ne peut unir à plus de pureté plus de hardiesse et de précision. — Il n'y a pas de sympathie qui tienne, tout le monde applaudit.

M. Lapierre a été très-dramatique à l'anathème ; sa belle voix puissante emplit bien la salle, et sa tenue digne et sévère ajoute à l'effet saisissant de cette situation. — Il a chanté avec beaucoup d'âme l'élégie finale qui est, avec la dernière pensée de Weber, la plus touchante inspiration mélodique que nous connaissions. — On a applaudi donc on a été ému.

M. Lacroix a parfaitement chanté le rôle d'Asthon, qui demande peut-être un peu plus de puissance ; mais il rachète cela par tant de goût qu'on ne peut lui en faire reproche.

La reprise de la CLOSERIE DES GENÊTS est une heureuse idée. Des milliers de drames qui ont passé depuis une quinzaine d'années, c'est peut-être le seul qui ait survécu à la vogue éphémère des premiers jours, parce qu'il est conçu sur une donnée morale et simple et qu'il se déroule sans efforts. Tout le monde sera donc désireux de le voir et de le revoir.

L'exécution, sans être ce quelle était à la création est néanmoins très-satisfaisante. — M. Butaut remplit avec beaucoup de distinction le rôle de Montéclain ; notre brave Cudot est resté ce qu'il était, un comédien consciencieux, père aimant mais rigide quand il y va de l'honneur de sa fille. — M. Armand a donné aussi la gravité qui convient au vieux breton. M. Millet est naturel sous les traits de Pornic. Mlle Tenesy a trouvé des larmes et de la douleur vraie pour dépeindre les angoisses de la pauvre fille coupable. Madame Edmond, qui remplaçait Mme Evrard, indisposée, a rendu ce service agréable à tout le monde. — En somme, ainsi remise à la scène, la CLOSERIE DES GENÊTS a encore plusieurs étés de la Saint-Martin à revivre.

Alexandre OSMONT.

Ce qu'est devenu l'art dramatique
En province.
(Quatrième article.)

« Art. 14. — Dans le cas d'une clôture de » spectacle ou de relâche, même d'un jour, » par suite ou par cause de quelque événement » majeur, interdiction, calamité public, épi- » démie, inondation, réparation, MÊME PEN- » DANT LA SEMAINE-SAINTE, ou par ordre de » l'autorité supérieure ou locale, OU POUR TOUT » AUTRE MOTIF, les appointements de l'artiste » cesseront de plein droit du jour de la clô- » ture ou de la fermeture, et ne reprendront » cours que du jour où les représentations » recommenceront ; NÉANMOINS, pendant cette » clôture ou fermeture, ET NONOBSTANT CETTE » SUSPENSION D'APPOINTEMENTS, l'ARTISTE NE » POURRA SE REFUSER D'ASSISTER AUX RÉPÉTI- » TIONS QUI SERONT INDIQUÉES. »

Ceci est le comble de l'audace ! Forcer des artistes qui ne sont pas payés à travailler quand même ! Quel nom donner à cela ! Connaissez-vous au monde un maître assez hardi pour imposer à ses ouvriers un travail qui ne leur sera pas payé.

Comment, monsieur le directeur, un artiste assistera aux répétitions pendant toute la semaine Sainte, et vous ne le payerez pas? Le malheureux choriste qui gagne trente, quarante et cinquante sous par jour ; le musicien, le comédien dont les appointements suffisent à peine pour vivre médiocrement ; tous ces pauvres gens-là seront frustrés du fruit de leur travail, au mépris du droit le plus légitime ! Après les quarante jours de Carême et les abstinences plus rigoureuses encore de la semaine Sainte, vous ne leur permettez pas de mettre la poule au pot le jour de Pâques !

Allons, allons, c'est là une immoralité qui crie justice, et il ne m'en fallait pas davantage pour prouver cette assertion, que l'art dramatique en province n'est même pas comparable au dernier des métiers.

Art. 15. — « Si l'artiste suspend ou interrompt son service pour quelque cause que ce soit, et NOTAMMENT POUR CAUSE DE MALADIE LÉGITIME ET DUMENT CONSTATÉE, le directeur aura le droit de retenir ses appointements pour tous les jours d'interruption, SANS PRÉJUDICE DES DOMMAGES ET INTÉRÊTS auxquels l'administration pourra avoir droit selon le cas..... Si cette suspension de service se prolongeait au-delà de vingt jours.... le directeur sera libre de résilier l'engagement de l'artiste. »

N'admirez-vous pas avec moi cet excellent directeur qui réclame des dommages-intérêts à l'artiste malade? Quelle sollicitude ! Quand j'aurai un domestique, je ne manquerai pas de me faire des rentes avec ses indispositions.

Et c'est dans une grande ville de France, aux portes mêmes de Paris, qu'on ose imposer de pareils traités ! C'était bien la peine, vraiment, de combattre, comme on le fait depuis un siècle, la traite des noirs, pour qu'en pleine civilisation, et au mépris de toutes les lois de l'humanité, on institue dans nos théâtres le plus avilissant des esclavages.

Art. 18. — « Il est convenu entre les parties que le directeur pourra annoncer une ou plusieurs représentations au bénéfice de l'artiste moyennant une prime payée à ce dernier, MAIS DONT L'IMPORTANCE SERA ENTIÈREMENT LAISSÉE AU BON PLAISIR DU DIRECTEUR. »

Ceci n'est pas inique, mais d'un ridicule fabuleux. Quelle sera cette prime ? Cinq francs peut-être. C'est peu pour compenser les désagréments de l'artiste qui, ayant les apparences d'un bénéficiaire, se verra harcelé, persécuté par ses créanciers, s'il en a. Ainsi le veut le BON PLAISIR du directeur. Nous n'aurions pas trouvé un mot plus heureux. Bien douce chose que le BON PLAISIR ! Toutes ces clauses d'amour sont un effet du BON PLAISIR. Pourquoi, alors, ne pas dire tout simplement que l'artiste est un nègre taillable et corvéable au BON PLAISIR du directeur? Ce serait plutôt fini et l'on épargnerait des frais d'impression assez considérables.

Arrêtons là cet inventaire.

J'ai bien assez remué ces engagements iniques dont chaque article soulève le cœur. Il me reste à poser des conclusions. C'est ce que je ferai dans un prochain article.

Louis ROGER.

LES CONCERTS AU PROFIT DES INONDÉS.

Il s'est enseveli sous les vagues marines,
Le noir fléau, laissant les cités en ruines,
Et l'homme et la nature en deuil !
Fils du déluge, agent infernal ou céleste,
Rentré dans l'Océan, qu'à jamais il y reste,
Balloté du gouffre à l'écueil !

Écoutez ! Par-dessus les voix qui le maudissent.
Quels sont ces doux accords ? Ils montent, ils gran-
[dissent!]
Qui donc ose égayer les airs ?
Quoi ! lorsque Tours gémit ; quoi ! lorsque Lyon
[pleure,]
Appelant la patrie à leur aide, est-ce une heure
Propice aux folâtres concerts !

Laissez-les s'exhaler, ces pures symphonies,
Agréables au ciel, par le malheur bénies,
Attendrissant bons et méchants.
— A leur modeste obole, aux soupirs de leurs âmes,
Ils ont encor voulu, ces hommes et ces femmes,
Joindre l'aumône de leurs chants,

Oh ! dans ce chœur de voix profond, plaintif et tendre,
L'âme rêveuse écoute, et croit parfois entendre
Là-bas les fleuves en courroux,
Mugir et se ruer sur l'humble toit qui tremble,
Et père, mère, aïeul, enfants crier ensemble :
« A nous, frères ! Seigneur, à nous ! »

Mais si l'orchestre éclate en joyeuse fanfare,
Le cœur bat le front luit, l'œil doucement s'effare,
Il nous semble soudain ouïr
Nos frères inondés, chantant leur délivrance,
Saluer du bonheur cette aube, l'espérance,
Toujours prompte à s'épanouir.

Allons ! quelle rayonne à leurs yeux cette année !
Artisan, sacrifie encore une journée ;
Riche, encore un peu de ton or ;
Puissants, faites des lois en faveur des victimes ;
Vous, sonores gosiers, artistes magnanimes,
Chantez et mendiez encor !

Un jour Dieu vous dira : « Puisque cette harmonie
» Que j'avais mise en vous, a, comme un bon génie,
» Charmé, servi l'humanité ;
» Loin qu'elle expire, allez l'unir aux chœurs des
[anges,]
» Et sur les livres d'or entonner mes louanges,
» O bardes de l'éternité ! »

Juillet 1856.   MARC-MARC.

XIᵉ Année ; — 1ʳᵉ du nouveau titre. UN NUMÉRO : 20 CENT. N° 39. — Dimanche 19 Octobre 1856.

Musique, — Sciences, — Arts, — Littérature, — Théâtres.

LA RÉFORME MUSICALE

JOURNAL DES DOCTRINES DE L'ÉCOLE GALIN-PARIS-CHEVÉ.

ABONNEMENT A ROUEN : 10 FR.

ON S'ABONNE

A ROUEN, chez M. Louis Roger, rue Porte-aux-Rats. 2.
A PARIS, chez M. Emile Chevé rue des Marais-S.-G., 18.
A MARSEILLE, chez M. Aimé Paris rue Paradis, 77.

BUREAU A ROUEN, RUE PORTE-AUX-RATS, N° 2.

LOUIS ROGER, Directeur-Gérant.

ABONNEMENT DANS LES DÉP. : 12 FR,

ON S'ABONNE

A LYON, chez M. Perraud, rue du Griffon, 11.
AU HAVRE, chez M. Vasse, rue Molière, 46.
Les abonnements peuvent être payés en timbres-postes (Affranchir).

RENSEIGNEMENTS. — Cette feuille paraît, à ROUEN, tous les DIMANCHES. — Tout ce qui concerne l'administration du journal doit être adressé à Rouen, rue Porte-aux-Rats, 2. — Ce qui concerne la rédaction peut être indifféremment adressé a M. CHEVÉ, à M. Aimé PARIS, ou au Directeur-Gérant. — La critique demeure sous la responsabilité de celui qui la signe. — Il sera rendu compte des Ouvrages dont un exemplaire sera déposé au bureau du journal.
Les lettres non affranchies seront refusées.

On peut se procurer des numéros de la *Réforme*, au Bureau du Journal ; — au dépôt du cours Boïeldieu, à Rouen, — et dans l'intérieur des Théâtres.

M. MERCADIER LE CONSERVATOIRE DE MUSIQUE,

& LA MÉTHODE GALIN-PARIS-CHEVÉ.

(10ᵉ article. — Voir les numéros des 15 et 29 juin, 20 juillet, 10 et 24 août, 7, 21 et 28 septembre, 5 et 12 octobre 1856).

Je disais donc :

A mon tour. — A la lecture de ces sept paragraphes si affirmatifs de M. Mercadier, assaisonnés de sarcasmes sanglants qui transforment M. Paris en imbécile et M. Chevé en idiot, que doit croire le lecteur ?

Que M. Paris est assez sot pour attribuer à M. Chevé — qui est assez imprudent pour l'accepter — l'invention de la musique tout entière : science, langue, écriture, jusque dans ses moindres détails.

Est-ce bien cela qu'affirme M. Mercadier, qui se sert ensuite de ses affirmations mensongères pour nous couvrir de ridicule, dans le but de nous faire perdre le caractère d'hommes sérieux ? Oui, sans doute, c'est la conséquence forcée de vos paroles, monsieur ; et, avec la meilleure volonté du monde, on n'en peut tirer d'autre : cela est parfaitement clair.

Eh bien ! lecteur, le croirez-vous ? *tout cela est faux !* et ce qu'il y a de plus fort, c'est que, cette fois, M. Mercadier ne peut nier que ce ne soit *sciemment* qu'il l'a faussé la vérité. Et il a dû le faire *avec une intention facile à comprendre*, car la pièce qui contient ce tissu de faussetés est distribuée de tous côtés par M. Mercadier (ou par d'autres qui sont sans doute intéressés aussi à la répandre,) et parviendra nécessairement dans une foule d'endroits où n'arrivera pas cette rectification : dès lors l'effet attendu de la pièce de M. Mercadier sera produit d'autant plus sûrement que nul ne pourra supposer l'excès d'audace auquel il a fallu arriver pour risquer cette pièce incroyable. — Prouvons maintenant la mauvaise foi de notre adversaire.

Les articles de M. Paris auxquels est adressée la réponse de M. Mercadier sont au nombre de cinq et ont paru dans la *Réforme musicale* aux époques suivantes : 6, 13, 20, 27 avril et 25 mai. — L'écrit de M. Mercadier relève un fait contenu dans ce dernier numéro et parle de quatre autres : *donc il a tout lu.* — Or, *le premier article* publié par Aimé Paris, dans le numéro du 6 avril, contient le paragraphe suivant, cité par M. Mercadier sous le numéro 7, et la note suivante — QUE M. MERCADIER A PASSÉE SOUS SILENCE, bien qu'elle eut 28 lignes, *qu'elle portât la signature en grosses capitales d'Aimé Paris*, et bien *qu'elle détruisit tout ce que M. Mercadier a mis ainsi sciemment à notre charge.* — Jugez lecteur.

Paragraphe tel qu'il est chez Aimé Paris :

« 2. M Chevé a signalé, page 193, la distinction en deux catégories des sons » graves et des sons aigus ; M. Mercadier en profite page 5. » (1)

Paragraphe tel qu'il est chez M. Mercadier :

« M Chevé signalé, (page 193) la distinction en deux catégories des sons graves » et des sons aigus J'en profite, dites-vous, page 5 — pourquoi donc M. Chevé n'a- » t il pas pris un brevet d'invention pour une si belle découverte ? »

Or, le paragraphe de M. Paris, et M. Mercadier a assaisonné d'un fort joli sacasme porte un renvoi (1) que M. Mercadier a OUBLIÉ d'indiquer à ses lecteurs ainsi que la note à laquelle il renvoie, et qui se trouve au bas de la colonne 1ʳᵉ, page 2ᵉ, au-dessous du paragraphe. Or, voilà la note que M. Mercadier n'a pas citée, dont il ne parle même pas et qui rend son acte de mauvaise foi évident pour le plus incrédule :

Note de M. Paris — que M. Mercadier n'a pas reproduite — *avec une intention facile à comprendre.*

(1) « Qu'on ne dise pas que j'attribue à M. Chevé le mérite d'avoir écrit le pre- » mier, qu'il y a des sons *graves* et des sons *aigus ;* que les intervalles de la » gamme diatonique *ne sont point tous égaux entreux ;* qu'on écrit la musique sur » des *portées,* qu'il y a des *rondes,* des *blanches* etc., etc. — En suivant page à » page le livre de M. Mercadier pour faire voir que TOUS les points qu'il » traite l'ont été par son *devancier* — (la lecture des deux livres mettra M. » Chevé bien au-dessus de son imitateur, dans l'estime de ceux qui savent penser) » — j'ai pour but *unique* de prouver que ceux qui ont adopté le nouveau livre et » repoussé celui de M. Chevé, ne peuvent pas se justifier en disant que M. *Chevé* » *avait laissé, dans son ouvrage, des lacunes que l'emprunteur est venu combler.* » Quand j'aurai établi ces deux vérités : 1° Que M Mercadier n'a rien dit comme » énonciation de signes, qui n'ait été dit par M. Chevé onze ans avant l'énonciation » de l'*Essai d'instruction musicale* ; 2° Que tout ce que le comité signale comme » *appartenant en propre à M. Mercadier,* en fait d'exposition de points de théorie, » APPARTIENT EN PROPRE A M. ET A Mᵐᵉ CHEVÉ, il restera évident pour » tous, qu'en adoptant le livre de M. Mercadier, c'est bien réellement celui de M. » et Mᵐᵉ Chevé qu'ont adopté les membres du comité des études du Conservatoire

» impérial, y compris les trois premiers signataires, qui ont condamné notre » théorie, le 9 août 1850. » AIMÉ PARIS. »

Eh bien ! lecteur, vous restez confondu ! On le serait à moins !

Qu'est-il possible, en effet, d'ajouter à la lecture de cette pièce foudroyante, *mise de cité par M. Mercadier ?*

« QU'ON NE DISE PAS QUE J'ATTRIBUE A M. CHEVÉ *le mérite d'avoir écrit* » *le premier qu'il y a des* SONS GRAVES *et des* SONS AIGUS.... » dit M. Paris dès la pre- mière ligne d'une note qui suit la *deuxième* de ses 105 citations, et qui spécifie de la manière la plus nette et la plus absolue le sens qu'attache M. Paris à ses paroles. (2) Et M. Mercadier, foulant aux pieds tout sentiment honnête *fait dire à M. Paris tout ce que M. Paris déclare ne pas dire !...* Puis, après avoir commis cet acte inqualifiable, il profite de sa mauvaise action pour nous transformer en deux imbéciles en colère dont les réclamations ridicules ne peuvent être prises au sérieux ; puis il lance cette pièce calomnieuse dans le monde entier. Et après cela, jouant au Pilate, il *s'en* lave les mains, et va invoquer la VÉRITÉ, la MODÉRATION et le BON SENS !... En vérité, c'est à n'y pas croire ! et cependant cela se passe dans un pays civilisé, à Paris ; en 1856.... Dieu, ayez pitié de nous !

24° Paragraphe 14 : « Article 3 de votre acte d'accusation, vous dites — « M. » » Chevé fait connaître, avec les réserves d'un esprit droit, ce qu'on appelle demi- » » ton (page 207) ; M. Mercadier, page 6, ne dit pas que ce mot est vieux et » » qu'une moitié seule a le droit d'être appelée demie. » En effet je ne dis pas que » cette dénomination de demi-ton est vicieuse ; mais je dis : — lorsque l'intervalle » entre deux sons devient assez petit pour que l'oreille n'y supporte plus, sans » être blessée, l'introduction d'un nouveau son, l'intervalle compris entre ces deux » sons constitue ce qu'on appelle le *demi-ton.* — Cet intervalle est déterminé par » un rapport non absolu, mais uniquement musical. J'avoue que je trouve ma » définition suffisamment claire ; mais si j'avais voulu me livrer à une dissertation » sur la musique des Grecs, des Arabes ou des Chinois, j'aurais pu en dire » davantage. »

J'ignore à quel propos et à l'adresse de qui arrivent ici les Grecs, les Arabes et les Chinois ; (drôle de chronologie, qui place les Arabes entre les Grecs et les Chinois !) Mais je crois que l'on chercherait longtemps avant de rencontrer un Grec, un Arabe ou même un Chinois qui voulût cette définition du demi-ton, dont M. Mercadier paraît si fier. — Quoiqu'il en soit, il ne nous l'a pas prise, celle-là ; elle est bien à lui.

25° Paragraphe 23 : On lit : « L'article 7 apprend au public que : « Le livre de » » M. Chevé (280 et 296) offre d'une manière beaucoup plus large et plus com- » » plète la signification relative des signes usuels de durée, que ne le fait M. Mer- » » cadier aux pages 9, 10, 11, 12, 13, 14, 15 et 16. »

« Mais ceci est l'avis personnel de M. Paris, et le public partage-t-il ce sentiment ? » Dieu me garde, en tous cas, de contester ce point de supériorité du livre de M. » Chevé sur le mien : je n'ai eu la prétention d'écrire ni un *chef-d'œuvre* ni *un gros* » *livre.* »

Selon votre habitude, monsieur, vous déplacez ici la question pour donner le change au public. La question n'est pas de savoir si mon livre est un chef-d'œuvre, s'il est plus gros ou *plus plat* que le vôtre ; mais de constater que *toutes les idées renfermées dans votre livre* ont été imprimées 11 ans plutôt dans le nôtre ; qu'en conséquence, en approuvant les idées qui sont chez vous, le Conservatoire a consacré celles qui sont chez nous. Voilà la question que vous avez toujours soin de ne pas voir, — *avec une intention facile à comprendre.*

26° Le paragraphe est ainsi conçu : « Vous voyez bien, messieurs, que tout cela » est puéril ; c'est *un jeu d'enfant,* une querelle d'allemand, une discussion *d'où la* » *bonne foi est absente.* Vous avez l'esprit troublé par *une défaite* dont vous essayez » de me rendre responsable. »

Vraiment, monsieur, vous avez un aplomb qui confond ! On porte contre vous une accusation des plus graves ; et au lieu de prouver purement et simplement que l'accusation est fausse, en indiquant *une à une* les idées qui vous appartiennent dans votre livre, vous venez supposer des accusations ridicules que vous savez n'a- voir jamais été portées contre vous ; vous les mélangez adroitement avec les deux ou trois choses vraies que l'on vous reproche, et vous vous écriez d'un ton demi- badin : *puéril, jeu d'enfant, querelle d'Allemand !* Mais vous supposez donc le public bien.... complaisant, pour croire qu'il prenne au sérieux une pareille défense ?

(2) Et que M. Mercadier ne vienne pas, pour s'excuser, dire :

1° Que la note était si petite qu'il ne l'a pas vue : *la note a vingt-huit lignes ;*

2° Qu'elle était perdue dans le cours de la discussion : *la note est dans le premier article,* au numéro 2 des *105* points signalés par M. Paris ;

3° Que ce paragraphe en note, quoique long, ne l'a point frappé : Par extraordinaire, ce paragraphe d'Aimé Paris est signé *Aimé Paris* en grosses capitales. Donc, point d'excuse possible.

Et puis, vous osez, après avoir commis l'acte de déloyauté que je viens de mettre sous les yeux du lecteur, vous écrier avec une sainte indignation : « *une discussion d'où la bonne foi est absente* » ! Hélas ! oui, vous avez raison, pour ce qui vous concerne, comme je viens de le prouver. A votre tour, monsieur, prouvez que nous avons manqué de bonne foi, autrement votre assertion n'est qu'une calomnie.

Vous ajoutez enfin : « Vous avez l'esprit troublé par *une défaite* dont vous essayez » de me rendre responsable. »

L'esprit troublé, non ; mais le cœur indigné.

« Par une défaite » — dites-vous ? Quelle défaite, s'il vous plaît, monsieur ? *Où, quand* et *devant qui* sommes-nous entrés en lice avec vous ou avec d'autres ? Sur quelle question avons-nous concouru ? Qu'est-ce encore, monsieur, que cette *nouvelle invention* — de votre part ; défaite qui ne peut être que le résultat d'une *lutte qui n'a jamais existé*. Ceci est le pendant du jugement *supposé* du Conservatoire sur nos chiffres, et de la suppression de la note de M. Paris. — Ceci passe véritablement toutes les bornes et il faut que vous soyez bien.... imprudent, pour avoir osé vous mettre sous la bannière de la vérité, du bon sens et de la modération, après avoir écrit tout ce que le lecteur vient de voir.

Depuis que je combats pour l'idée de Galin, je ne suis entré qu'une seule fois en lice, au concours du 12 juin 1853 ; et ce jour-là nous avons *combattu* et *vaincu un programme* qui avait fait reculer tous les autres concurrents : Conservatores, Orphéons, etc., bien que les 19 juges présents le jour du concours fussent tous pris dans le camp des Conservatores, ennemis naturels de notre école. — Ce même programme peut être repris, monsieur, et *puisque vous avez été assez osé pour parler d'une défaite* que vous (ou d'autres) nous auriez fait éprouver, venez avec vos élèves — puisque vous avez dit que votre méthode les avait conduits au but, nous vous présenterons un nombre de concurrents égal à celui que vous présenterez vous-même — depuis *un* jusqu'à.... au nombre que vous voudrez. — Faites-vous renforcer par le Conservatoire si vous voulez ; nous sommes prêts à faire face à tous. — Quand il y aura eu un combat, alors il y aura une défaite.

27° Le paragraphe 22 continue ainsi : « Vous remplissez les colonnes de votre » journal de vos clameurs impuissantes ; par moments, vous vous livrez à des con-» tradictions qui vous condamnent : ainsi (et c'est là plus qu'une contradiction c'est » une *supercherie*, dont personne ne sera dupe) le titre de votre article porte : *La* » *méthode Galin-Paris Chevé adoptée par le Conservatoire impérial de Paris sous* » *le nom de M. P. L. Mercadier*. Ce titre donne à penser que le Conservatoire a » adopté une excellente chose » —(Pardon, monsieur, le Conservatoire peut adopter de fort mauvaises choses. E. Ch.) — «Votre chose même, sous un autre nom » d'auteur. Mais alors, si vous êtes conséquent, pourquoi dites-vous, dans le cours » de votre polémique, que le *Conservatoire* n'a admis qu'une *mauvaise théorie*, » écrite par un esprit étroit, par un audacieux plagiaire ? »

Procédons par ordre : nous remplissons notre journal, non de clameurs impuissantes, mais de réclamations fondées, que nous sommes malheureusement condamnés à étayer de citations et de discussions fort longues, pour prouver que les torts sont de votre côté, et que le droit et la raison sont du nôtre.

Nous faisons, dites-vous — une *supercherie*, en voulant faire croire que le Conservatoire a adopté nos idées sous le nom d'un autre ?... Dieu merci, vous-même n'osez plus maintenant soutenir le contraire et revendiquer la paternité des choses adoptées par le Conservatoire, votre silence absolu après *tous* mes articles nous donne le droit de regarder ce fait comme définitivement acquis à notre cause.

Nous sommes, dites-vous encore, en contradiction avec nous-même, en disant que votre livre est bon, quand le Conservatoire l'adopte, et en disant qu'il est mauvais quand nous le critiquons. Eh bien ! ici encore vous êtes dans l'erreur ; je dis et je soutiens que les idées de gammes, de génération des tons, de division de l'unité de durée, adoptées par le Conservatoire dans votre livre (idées imprimées chez nous) sont bonnes et très-bonnes. Mais je dis aussi que votre livre est mauvais, parce qu'il est fait sans ordre, qu'il est plein de détails défectueux, et que vous acceptez, sans la plus petite critique, tout ce qui rend la musique inapprenable aux masses : clés, armures, unités multiples, alphabet changeant avec l'octave, etc. Où voyez-vous donc là de la contradiction : il n'y a que du vrai : et voilà tout !

28° Paragraphe 24 vous dites : « Quand à la différence d'étendue entre votre » ouvrage et le mien, vous ne devez pas ignorer que le développement d'une œuvre » ne donne pas toujours le développement du son mérite. »

Qu'est-ce donc encore que cette phrase *hors de propos* et dont le but est de déterminer l'attention du lecteur ? — Est-ce qu'il est question de comparer le *volume* ou le *mérite* des deux livres ? Mais vous savez bien que non, monsieur. — Il s'agit simplement de constater, *par des citations claires et précises*, si le livre publié en 1855, par M. Mercadier, avec la prétention de fournir des idées nouvelles, contient véritablement *une ou plusieurs idées théoriques* qui ne soient pas dans le livre de M. Chevé, imprimé en 1844. *Toute la question est là, et ne peut être que là*. — Dès lors tous les gens sensés vous diront : montrez ce que vous avez produit, qui ne soit pas dans les livres des autres : ou si vous ne le faites pas, le plagiat est avoué. — Ceci est sans réplique.

Quant à votre *jeu des gammes* — ni l'idée théorique qui en est la base, ni l'idée des cercles percés ne vous appartiennent. — Mais je reprendrai cette question, dans un autre travail, à propos de l'exposition universelle et de la position prise par M. Halévy à notre égard depuis longtemps. Ceci est encore une question fort grave, qui viendra bientôt.

29° Le paragraphe 26 dit : « Vous m'accusez d'avoir — A — placardé sur tous » les murs de Paris des affiches colossales ; mon éditeur est libre d'agir comme » bon lui semble pour donner *plus de publicité possible à ce qui*, pour lui, *est une* » *marchandise* ; — B — quant à moi, messieurs, je ne fais point de réclames, — C » — *je ne joue pas de la grosse caisse dans les amphithéâtres*, — D — je ne suis » ni orateur, ni apôtre, ni même écrivain, comme ma lettre vous le dira sans doute ; » — E — Je travaille sans être tourmenté de ce besoin immodéré d'occuper le » public de ma personne et de mes écrits ; — F — j'ai été assez heureux pour » apporter ma petite pierre à un édifice qui est loin d'être achevé ; (3) vous avez » voulu apporter la vôtre *aussi* : elle a été trouvée trop lourde, elle aurait tout » fait crouler et on la refusée. »

____

(3) Si M. Mercadier, au lieu de ne prêter son attention sérieuse qu'au passé — l'avait appliquée au présent, il aurait vu que l'achèvement de l'édifice n'est pas aussi éloigné qu'il le dit. — Il n'a regardé, dit-il, qu'en arrière ; comment saurait-il ce qui se trouve en avant ?

Voici encore un de vos paragraphes diaboliques, qui m'oblige absolument à faire *six* réfutations spéciales. — Résignons-nous donc, puisqu'il le faut ; et procédons par ordre, en rejetant, toutefois, le paragraphe C après les cinq autres.

A. — M. Mercadier dit : « Vous m'accusez d'avoir placardé sur tous les murs » de Paris des affiches colossales ; mon éditeur est libre d'agir comme bon lui » semble, pour donner *le plus de publicité possible à ce qui*, pour lui, *est une* marchandise. »

Je n'ai point *accusé*, parce qu'il n'y avait là lieu à aucune accusation, et que je ne suis pas de ceux qui accusent à faux ; comme vous le dites, chacun est libre de donner à *sa marchandise* le plus de publicité possible. — J'ai simplement constaté un fait, que vous avouez ; tout-à-l'heure il nous servira. — Mais, avant d'aller plus loin, je constate *deux autres faits*, relatifs à l'affiche — L'affiche placardée au mois de décembre dernier portait le prix de l'ouvrage à 25 fr. (vingt-cinq francs). Une bande blanche appliquée longtemps après réduit le prix de l'ouvrage à 6 f. 50 (six francs cinquante centimes). Tomber en six mois de 25 fr. à 6 fr. 50 ; c'est une terrible dégringolade.... et le plus singulier de la chose, c'est que l'ouvrage était coté 25 fr., *avant l'adoption du Conservatoire*, et qu'il ne se vend plus que 6 fr. 50, *depuis que le Conservatoire l'a approuvé*. En voyant ce résultat, si inattendu, je m'applaudis de nouveau d'avoir mis sur notre méthode, depuis 1850, le mot REPOUSSÉ par MM. Auber, Carafa, Halévy, etc., car je n'ai pas été obligé d'en réduire le prix de 75 pour cent, comme vous, et j'ai cependant, depuis, épuisé deux éditions de *ma marchandise*, bien qu'aucune affiche ou réclame de journaux n'ait essayé de donner le plus de publicité possible à notre livre. Il est vrai que nous n'avons pas d'éditeur pour abriter notre modestie compromise.

Le second fait à constater sur l'affiche, c'est qu'elle dit : « *Cet ouvrage a été* » *couronné à l'Exposition universelle.* »

Or, l'ouvrage de M. Mercadier n'a d'existence *réelle, légale*, que depuis le dépôt à la direction de la librairie, constaté par le numéro 6558 du *Journal de la Librairie*, du 20 octobre 1855. Il me paraît donc matériellement impossible qu'il ait été couronné à l'Exposition universelle, *où il n'a pas pu figurer*. Alors, que signifie cette annonce de l'affiche? Ce n'est pas à moi de l'expliquer ; c'est à M. Mercadier, qui n'a pas dû permettre qu'on annonçât sous son nom une chose fausse. — Qu'il prouve donc que son livre a été exposé, comme l'ont été tous les nôtres.

B. — Vous continuez ainsi : « Quant à moi, messieurs, je ne fais pas de ré-» clames. »

Charmant !... M. Mercadier ne fait pas de réclame — *lui* — pour son livre ; c'est vrai ; mais son éditeur — *qui a une marchandise à placer*, les fait — lui — les réclames, et il en fait tant qu'il peut, ce qui est exactement la même chose pour la publicité du livre et la vulgarisation du nom de M. Mercadier ; car le fait essentiel ici, c'est la publicité par affiches et la réclame des journaux ; peu importe que les frais soient soldés par l'éditeur ou par l'auteur. — J'ajoute d'ailleurs que — si c'est l'éditeur qui fait la publicité et qui la paie, ce n'est pas lui, sans doute, qui se fournit à lui-même le *procès-verbal du Conservatoire*, les *adhésions isolées des artistes* Il est raisonnable de croire que M. Mercadier l'aide un peu en ceci. — Mais à quoi bon toutes mes remarques indiscrètes !... vous ne faites pas de réclames, vous ! fi !... vous les laissez faire à votre éditeur, ce qui est bien différent... Et c'est vous, monsieur Mercadier, qui accusez Aimé Paris et moi de faire des réclames mais qui n'avons pas cette ressource commode d'un éditeur responsable, et qui n'avons jamais fait une affiche sur nos livres, ni payé une réclame pour la faire annoncer dans les journaux... Ah! monsieur, vous êtes... habile.

D. — Vous dites : « Je ne suis ni orateur, ni apôtre, ni même écrivain, comme ma lettre vous le dira sans doute : » mais alors quel diable vous pousse donc à faire un livre élémentaire ; à venir ainsi prendre les idées des autres et à les donner sous votre nom, avec une modestie qui fait peu d'honneur à votre *modération* ? Prouvez que votre livre a comblé une lacune dans l'enseignement — *une seule* — ou chacun vous dira : Qu'avions-nous besoin d'un livre superflu, d'un livre dont l'auteur déclare lui-même *qu'il n'est ni orateur, ni apôtre, ni même écrivain* ; et qui, dès lors, ne peut invoquer *pour sa justification* d'avoir pris les idées des autres, ni son éloquence, ni son dévouement, ni son style !... N'est-ce donc que pour *faire de la marchandise* à un éditeur ?... Triste justification !

E. — Vous dites encore : « Je travaille sans être tourmenté de ce besoin immo-» déré d'occuper le public de ma personne et de mes écrits. »

Ceci signifie en français : Moi, Mercadier, homme sérieux, je suis un travailleur modeste ; je sais attendre avec patience l'effet et le fruit de mon travail ; tandis que vous, Aimé Paris et Emile Chevé, vous n'êtes tourmentés que *de ce besoin immodéré d'occuper le public de vos personnes et de vos écrits*. — Voilà le véritable sens de vos paroles.

Voilà encore une phrase bien hardie, monsieur ! Que vous ayez pu espérer que le public en général n'aurait aucune connaissance des mille et une démarches personnelles et épistolaires que vous avez faites pour mettre votre livre, et, partout, votre personne en relief, c'est là une espérance bien précaire ; mais ces démarches, vous ne les ignorez pas, vous, monsieur, et je me demande comment le cri de votre propre conscience n'a pas arrêté votre plume. Un seul fait, entre cent, suffira pour édifier le lecteur à ce sujet, et lui montrer à qui, de vous ou de moi, il faut appliquer votre méchante insinuation. — Notre méthode publiée en 1844 (et même en 1840) épuise en ce moment le troisième tirage de la sixième édition, et cependant elle n'est annoncée dans aucun journal, ni placardée sur aucune muraille ; le livre de M. Mercadier, au contraire, publié le 20 octobre 1855, était placardé sur tous les murs de Paris, dès le mois de décembre suivant, *six semaines après son apparition*, et a déjà été annoncé dans plusieurs journaux, avec ou sans accompagnement de rapport du Conservatoire, de lettres d'artistes, de médailles de l'Exposition universelle, etc. — Lecteur, rapprochez ces deux faits si caractéristiques, et relisez l'insinuation de M. Mercadier, et concluez.

F. — Vous dites encore : « J'ai été assez heureux pour apporter MA petite pierre » à un édifice *qui est loin d'être achevé* ; vous *avez* voulu apporter la vôtre *aussi* ; » elle a été trouvée trop lourde ; elle aurait tout fait crouler, et on l'a refusée. »

Encore fallait-il dire : vous *aviez* aussi, et non vous *avez* aussi, pour ne pas laisser entendre que c'est nous qui sommes arrivés après vous ; mais passons.

Vous avez été assez heureux pour apporter VOTRE *petite pierre*, dites-vous ? Et d'abord, vous vous trompez : ce n'est pas VOTRE pierre que vous avez apportée ; C'EST CELLE D'UN AUTRE ; car ce n'est pas vous qui l'avez tirée de la carrière ; vous avez rencontré dans le champ d'un autre ma *grosse* pierre toute taillée. Cette pierre s'étant trouvée trop lourde pour vos forces, vous en avez, sans façon, cassé un morceau, que vous présentez comme fruit de votre travail dans les carrières ;

puis, vous dites avec un aplomb qui veut jouer la modestie : « J'ai apporté MA *pe-tite pierre* à l'édifice » — Cela est véritablement bien hardi, monsieur ! Evidem-ment, et sans vous arrêter à la moralité de l'acte, vous avez fait là plus de mal que de bien, en vous exposant à gâter une pierre utile, pour en casser un fragment inutile.

Et puis encore, monsieur, vous parlez d'édifice et d'édifice immense, puisqu'il est encore loin d'être achevé, malgré huit siècles de travail non interrompu ; c'est-à-dire que, dans votre pensée, il s'agit tout au moins d'une cathédrale de Cologne, d'un Colysée, d'une pyramide d'Egypte ou de tout autre monument gigantesque. Eh bien ! dans quel pays et dans quel temps avez-vous vu bâtir les cathédrales, les palais et tous les grands monuments autrement qu'avec de grosses pierres, je dirai même de très-grosses pierres. — Les petites pierres n'ont pas d'emploi dans les grands monuments. Tout au plus sont-elles bonnes à faire du macadam, pour jeter devant les palais ; mais quant à servir à leur édification : jamais !

Tout le monde sait cela. Voyez plutôt le Louvre, la Madeleine, l'Arc-de-Triomphe de l'Etoile, Notre-Dame, etc.. etc. Croyez-vous que les petites pierres aient beau-coup servi à leur édification ? — Et quant à vous, monsieur, si vos forces ne vont pas jusqu'à la *grosse pierre*, quelle rage vous pousse à écorner celle des plus for-que vous, pour venir ensuite apporter des cailloux inutiles — je le répète — de la matière à macadam, dont on n'a que faire dans un grand édifice. Pour ce qui nous regarde en particulier, soyez sans inquiétude, monsieur ; quand Aimé Paris, sa sœur et moi nous nous sommes mis à l'œuvre pour travailler à *l'édifice, nous avions mesuré nos forces, notre courage, et, je puis dire, notre abnégation*, et les *grosses pierres*, les seules qui conviennent dans un grand monument, ne nous ont point fait peur. Les faits accomplis sont là pour montrer si nous avions trop présumé de nous, et si nous pouvions prétendre à l'honneur de porter notre grosse pierre au travail commun. Ceci n'est point de la forfanterie, monsieur, c'est de l'histoire, c'est la réponse *obligée* à une insinuation fausse et perfide. — Restent ceux qui se croient le droit et le pouvoir de refuser nos grosses pierres, et d'accepter vos *cassures* Eh bien ! qu'ils y prennent garde ! car *le progrès* n'arrête pas, lui ; et s'ils persistent dans leur inintelligente immobilité, le moment n'est plus éloigné où ils se repenti-ront amèrement de s'être bouché les oreilles et d'avoir fermé les yeux à la lumière.

(La suite prochainement.)

Emile CHEVÉ.

POINT DE TE DEUM,

MESSIEURS DE LA ROUTINE !

DITES PLUTÔT VOTRE MEA CULPA !

La joie est m'assure-t-on, dans le camp des invalides de l'enseignement musical. IL VA PARTIR, IL PART, EST-IL PARTI ! Voilà le thème que varient les incapacités qui grugent le budget municipal de Marseille.

Voyons si ces messieurs ont, dans le présent, des raisons de se frotter les mains, pour peu qu'ils veuillent se souvenir du passé et in-terroger les perspectives de l'avenir.

Je suppose qu'ils savent au moins lire, et je suis certain qu'ils auront lu mon avant-dernière affiche, portant la date du 8 mai 1855. Le huitième alinéa était significatif ; le voici, avec les ITALIQUES dont j'avais précisé l'opportunité :

« Notre victoire est donc complète, et je peux dé-» clarer qu'à *l'avenir je n'accepterai de faire un cours* « *à Marseille que s'il est, dès le jour de l'ouverture,* » *en rapport avec ce que me donnent le droit d'attendre* » *tant de preuves de la toute puissance de nos moyens* » *d'exécution.* »

Je connais quelque peu le calendrier et les habitudes locales, et j'avais calculé que notre huitième séance de clôture devant se faire au milieu de septembre, je me trouverais ouvrir dans la saison la plus défavorable de l'année, les vacances, la chasse, la villégiature, les préoccupations de la Saint-Michel, époque des déménagements si nombreux à Marseillle, et je ne voulais pas laisser à la malveillance le plaisir d'interpréter dans le sens d'un échec, une retraite qui devait me placer sur un nou-veau terrain, bon, quant à la propagation de l'idée, en même temps que plus favorable pour mes intérêts privés que j'ai beaucoup trop né-gligés, pendant trente années d'une lutte dé-vouée, intérêts dont il est temps que je com-mence à m'occuper plus sérieusement que je ne l'ai fait jusqu'ici.

Ce qui a été pendant longtemps une né-cessité de l'apostolat a cessé de devoir occuper la première place dans les conditions de la lutte, et je n'ai qu'à profiter de l'expérience acquise pour m'affranchir des inconvénients dont j'ai eu si souvent à souffrir.

Mes déplacements multipliés et la durée de mon séjour, dans les villes où j'ai fait des cours consécutifs, m'ont prouvé que la population de chaque localité se divise comme il suit :

1° Les intelligences unies au cœur, qui com-prennent du premier coup la vérité d'une idée et la droiture de celui qui l'expose. Celles-là se hâtent de profiter de l'occasion qui leur offre à la fois un moyen sûr est un guide éprouvé.

Les esprits froids, qui se tiennent en garde contre les entraînements et qui attendent que les autres aient réussi pour suivre leur exemple, sans avoir rien à risquer. Ceux-là sont en moins grand nombre et beaucoup s'abstiennent,

parce que les jouissances intellectuelles passent pour eux après les affaires.

3° Les indécis, qui ne prennent un parti que quand il ne peuvent plus faire autrement, ceux-là ont une volonté tellement nulle qu'ils SE PROPOSENT toujours, sans jamais EFFECTUER, et quand, par hasard, on les pousse vers le bien, ils remplissent avec tant de nonchalance les conditions de pratique, qu'ils obtiennent beaucoup moins de résultats que les autres, et qu'on les produit avec moins d'avantages, dans les exhibitions chorales.

6° Les indifférents. Ceux-là, on ne compte pas sur eux.

5° Les encroûtés qui repoussent de parti-pris, sans vouloir connaître, et qu'on fait sage-ment de laissé stupides, à moins de vouloir perdre du temps et du savon à essayer de rendre blanches des têtes de nègres.

6° Les imbéciles qui vont demander au cou-cou s'il faut leur préférer les DILIGENCES, et aux diligences si on arrive plutôt avec une LOCOMOTIVE qu'avec les chevaux qui se relaient. Ceux-là demanderaient aux voleurs de grand chemin s'il serait bon de créer une gendarmerie.

On les laisse dans leur idiotisme incurable.

Ceci, bien compris, messieurs de l'opposi-tion musicale, à moins qu'on n'ait des raisons spéciales pour rester dans une ville, voici ce qu'ordonne le bon sens.

Ouvrir un premier cours, toujours composé d'auditeurs d'élites ;

Réunir, dans une période professorale, celles de ces natures d'élite qui n'ont pas pu suivre le premier cours par un empêchement quelconque, et les PRUDENTS qui attendaient un premier succès pour suivre un exemple ;

Puis, faire avec les natures flasques des cours qu'il sera judicieux d'arrêter, quand le nombre de points, on augmentera le nombre des adhérents diminuera dans une proportion déterminée.

Il y a tout à gagner, en procédant de la sorte.

Au lieu de s'épuiser à galvaniser des inerties morales, on agira utilement sur un plus grand nombre de ceux dont la parole a du poids parce qu'ils prouvent par le fait, en même temps qu'ils donnent de bonnes raisons.

De plus, en quittant Marseille, j'arrive ail-leurs avec deux éléments bien plus nombreux, pour former les convictions. Je m'appuierai :

Sur le concours du 12 juin 1853, à la salle Sainte-Cécile, à Paris, où l'école Galin-Paris-Chevé, SEULE a osé, devant un jury entièrement formé de sommités musicales, aborder et vaincre l'effrayant programme, avec une sûreté qui lui a fait décerner à l'unani-mité la grande médaille d'or ;

Sur les exhibitions multipliées de nos chœurs, aux soirées du Palais de l'industrie, lors de l'exposition universelle ;

Sur les messes nombreuses exécutées par nos chanteurs ;

Sur l'exécution, devant l'Empereur des Fran-çais et la Reine d'Angleterre, d'un long mor-ceau de M. Elwart, mis à l'étude seulement l'avant-veille ;

Sur l'exécution de la grande symphonie chorale de M. Salvator Agnelli, accompagnée par trois orchestres militaires, devant trente mille personnes, le 15 août 1856, dans le jardin des Tuileries.

Sur la comparaison des résultats de mes huit séances de clôture avec le misérable con-tingent d'exécutions vocales du Conservatoire de Marseille, et les déconvenues des chœurs des AMOURS DU DIABLE et de JAGUARITA.

Il me devient possible aussi de fermer deux des plaies de l'apostolat, les tentatives auprès des administrations pour faire introduire la méthode dans les écoles communales, et les négociations pour amener les musiciens à examiner sérieusement les idées nouvelles. Il y avait là deux absorbants ruineux, qui ne dévoreront plus rien.

Je ne dis pas qu'il soit impossible de ren-contrer des administrations sincèrement animés de l'amour du bien public et comprenant que, quand on a charge d'âmes, on doit être prêt à accueillir tout ce qui peut être utile à tous. Je dis seulement que les essais que j'ai faits, sur bien des points, m'ont prouvé que je n'a-vais pas la main heureuse, dans une semblable recherche ; d'ailleurs, il est si rare de trouver des gens qui fassent le bien, POUR LE SEUL PLAISIR DE LE FAIRE, qu'une offre complètement désintéressée excite la défiance de quiconque est habitué à tirer parti de ses capitaux ou de son intelligence. On veut absolument qu'il y ait un sous-entendu égoïste dans la demande de celui qui est prêt à se sacrifier, pour être utile à un plus grand nombre.

Je suis arrivé à cette conviction qu'en mul-tipliant les preuves de la puissance de la mé-thode, si un heureux hasard me conduit dans une localité où les tuteurs de la commune voudront RÉELLEMENT le bien, on viendra à moi, pour utiliser en faveur des enfants des écoles, mon habitude d'enseigner et ma longue expé-rience. Mais alors je ferai mes conditions, et je rendrai impossible un contre-sens pareil à celui qui a confié à M. Hilaire Colin le soin d'appliquer une méthode qu'il ne connaissait pas et que son incapacité aurait tuée dans l'opinion si je n'avais montré, par les résultats produits constamment pendant deux ans, que l'insuccès dans les écoles est dû à la conser-vation d'un homme qu'on ne saurait trop se hâter de renvoyer, pour beaucoup de raisons qu'on finira peut-être par comprendre.

Donc, en ne m'engageant dans aucune négociation avec aucune édilité je ne courrai plus le risque de prolonger, AVEC PERTE, mon séjour dans une ville où tout ce qui était sus-ceptible d'être amené à la vérité serait venu à moi, et où je ne trouverais plus que le CAPUT

MORTUUM de la population ; ce résidu qu'un chimiste intelligent s'empresse de jeter hors de son creuset. En ce qui touche les musiciens, en général, assez de preuves m'ont été données de l'impossibilité de faire comprendre à la plupart d'entre eux que l'homme qui enseigne a des devoirs à remplir parmi lesquels le plus impérieux est d'étudier les routes qui peuvent conduire plus promptement et plus sûrement au but ceux qui se confient à des consciences qu'ils ne croient ni sourdes ni muettes.

A Dieu ne plaise que je dise qu'il n'y a point, parmi les musiciens, des hommes de cœur et d'intelligence ! Peut être sont-ils plus nombreux ailleurs que dans les villes que j'ai visitées ! Je le désire, et je serai toujours prêt à initier ces honorables exceptions à la connaissance de nos procédés. PAX IN TERRA HOMINIBUS BONÆ VOLUNTATIS !

Mais les autres, ceux qui étirent l'enseignement comme ceux qui le faussent, sciemment, ou par suite d'une incapacité radicale, je ne perdrai plus de temps à leur adresse, pour des conférences OU ILS NE VIENNENT PAS, pour des épreuves comparatives QU'ILS N'ACCEPTERONT JAMAIS, des invitations dont l'impression et le port grèvent mon budget sans aucune utilité.

J'userai, vis-à-vis de cette tourbe ignorante et rapace, du dédain qu'elle a affiché jusqu'à présent pour des idées qu'elle s'obstine à ne pas vouloir connaître. Seulement, comme elle pourrait se méprendre sur les motifs de mon abstention, il reste bien entendu que quiconque aura fait un acte OUVERT ou CACHÉ d'agression dont j'aurai acquis la preuve sera rappelé à l'ordre, sous son nom écrit en toutes lettres, et avec une vigueur qui servira d'exemple et qui me dispensera de donner, de nouveau dans la même localité, des étrivières que personne ne sera plus tenté de recevoir.

Ceci s'applique également à ceux qui croiraient qu'après mon départ d'une ville, ils pourraient impunément faire ou dire ce dont ils se seraient abstenus, moi présent.

Pendant plus de trois ans, les musiciens de Marseille auront eu l'occasion d'accepter la lutte en plein soleil. Ils seront l'objet d'une attention toute spéciale.

En résumé :

Mon départ de Marseille signalera le commencement d'une phase nouvelle de ma prédication.

Plus ferme que jamais sur la brèche, je m'y maintiendrai d'autant mieux que je devrai à ma nouvelle ligne de conduite :

Une indépendance complète ;

Des moyens d'action plus énergiques ;

Une notable économie dans les frais de la guerre ;

Une position plus considérée ;

L'avantage de pouvoir faire rire à mon aise aux dépens des nullités gourmées ;

La faculté d'appliquer à des travaux utiles le temps que je n'aurai plus à dépenser en visites à des fonctionnaires dont je ferais très-facilement le métier, sans en être plus fier pour cela, et parmi lesquels beaucoup se trouveraient passablement embarrassés s'ils devaient me remplacer dans une seule de mes spécialités, A LEUR CHOIX.

Ainsi, messieurs de la routine, vous qui obscurcissez la raison de deux cent cinquante mille habitants de Marseille, qui devraient voir plus clair que partout ailleurs, sous leur ciel sans nuages, vous êtes avertis, le reste ne me regarde plus. Agissez, j'agirai ; vous savez si je suis homme de parole.

Aimé PARIS.

THÉATRES DE ROUEN.

Deux vaudevilles nouveaux et un grand drame en vogue ont défrayé, cette semaine, la curiosité des habitués du Théâtre-Français. Les vaudevilles — dont un très-drôle — sont : TROIS BOURGEOIS DE COMPIÈGNE, et UNE CROIX A LA CHEMINÉE — ce n'est pas celui-ci, — et le drame — un succès ! LES PAUVRES DE PARIS.

Pour procéder par ordre, nous devons parler d'abord de la croustilleuse pochade des TROIS BOURGEOIS, qui a mis en joyeuse humeur un public bien disposé et peu rigide sur le choix des mots ; disons aussi que cette bouffonnerie a été très-rondement enlevée par la verve incandescente de Cosson, et servait de cadre à la bonhomie de Voizel et à la drôlatique bêtise de Milet, ce qui ne lui a pas nui, loin de là.

Quant à l'autre pièce, UNE CROIX A LA CHEMINÉE, qui, sans intrigue et sans grande dépense d'esprit, affecte des prétentions au genre élevé de la comédie, elle a été écoutée très-froidement. Ce n'est pourtant pas la faute de MM. Armand et Franck, qui ont fait de leur mieux, ni de celle de Mmes Haquette et Berthe, l'une aussi bien en femme comme il faut que l'autre en espiègle jeune fille ; mais quel que soit le talent des artistes, ils ne peuvent donner à une pièce ce qui lui manque.

M. Julien Mary est étourdissant de verve et de gaieté, dans la MAITRESSE DU MARI, et Mlle Marchal le seconde à merveille.

La Foi, L'ESPÉRANCE ET LA CHARITÉ, qui composait avec MADAME LABRAISE un véritable spectacle de dimanche, ont été l'occasion d'un succès pour M. Franck, qui a su parfaitement faire valoir un excellent rôle, et pour MM. Edmond et Cudot, qui sont toujours bien dans tout. Mlle Tanésy ne savait pas assez son rôle. — Quant à M. Petit, quoiqu'il fasse, nous ne pourrons nous habituer à sa parole emphatique ; nous aimons mieux garder le silence à son égard que de nous exposer à être injuste. On n'est pas plus comique que Lacombe et Voizel dans Mme LABRAISE ; toujours même fou rire :

Arrivons à la grande nouveauté de la semaine, LES PAUVRES DE PARIS, qui ont trouvé de grandes sympathies à Rouen.

Ce drame qui est une peinture assombrie, mais fidèle au fond, de la misère en habit noir, intéresse et émeut comme toute douleur réelle, comme tout malheur immérité.

Il y a aussi par-ci par-là quelques scènes gaies habilement ménagées, qui font une heureuse diversion aux larmes et satisfont tous les goûts. Cela explique suffisamment la raison de cet accueil spontané et vraiment unanime, qui est plus rare qu'on ne pense.

Les artistes sont bien aussi pour quelque chose, pour beaucoup même dans cette réussite. M. Butaut a rempli avec une simplicité digne et touchante le rôle d'André. M. Berret a parfaitement saisi le type de l'honnête vaurien qui fait le mal par occasion, et le bien par reconnaissance. M. Edmond s'est sauvé d'un mauvais rôle en comédien habile, habitué, du reste, à triompher des répulsions de son emploi.

Mlle Fleury, malgré son intelligence, a faussé les intentions de l'auteur. D'une petite fille ambitieuse et volontaire, mais honnête cependant, elle a fait une sorte de Lorette émancipée qui n'est pas du tout à sa place dans la maison du banquier. Elle fera bien de modifier un peu ses allures.

Mme Edmond, la mère d'André, a peint la douleur avec une vérité profonde, sans cris, sans emportement, mais avec des larmes dans les yeux et une expression de physionomie des plus éloquentes.

Mlle Marchal est une artiste sérieuse, on voit ; dans cette pièce comme dans la CLÔSER, elle a donné bonne opinion d'elle.

M. Brelet a montré qu'il a du sentiment car il nous a vraiment attendri dans une petite scène d'amour, qui, moins bien rendue, eût passé inaperçue.

James n'avait qu'un tout petit bout de rôle ; il en a fait quelque chose.

C'est donc un succès, et un succès qui sera productif, nous le croyons.

L'opéra n'ayant rien donné de nouveau cette semaine, nous n'en dirons qu'un mot, pour féliciter Mlle Lavoye, sur le rôle d'Anna, que nous lui entendions chanter pour la première fois, et dont elle s'est acquittée en cantatrice habile.

ROBERT, joué mercredi, a bien été. MM. Lapierre, Bonnesseur, ainsi que Mmes Laget et Lavoye, y ont fait leur récolte accoutumée de bravos.

» J'allais oublier un ballet nouveau : LES FEUX-FOLLETS, qui est très-richement monté, et qui sert de cadre aux gracieux talents de Mmes Baudouin, Juliette et Bertho, et aux fantaisies chorégraphiques de M. Laurençon fils. — Cela mérite d'être vu.

Alexandre OSMONT.

SALLE SAINTE-CÉCILE.

CONCERT DE M. VASSE.

Nous lisons dans les COURRIER DU HAVRE du 8 octobre 1856 :

La séance de fin de cours donné hier à la salle Sainte-Cécile, par M. Vasse et ses élèves, avait attiré une foule nombreuse qui a été littéralement émerveillée des résultats prodigieux obtenus par l'habile professeur. Nous avons déjà rendu compte en détail de la séance donnée à la fin de ses premières leçons par M. Vasse dont les efforts viennent encore une fois d'être récompensés par les succès de ses élèves plus nombreux à chaque nouveau cours.

Hier, deux jeunes filles, deux enfants plutôt, Mlles A... et H..., ont chanté d'une si ravissante façon des COMPLIMENTS DE NORMANDIE, de Loïsa Puget, que le public ne se laissait pas d'applaudir les deux chanteuses microscopiques dont le triomphe a été des plus complets.

Tous les autres morceaux, au nombre de quinze, depuis les chœurs jusqu'aux soli, ont été exécutés avec une admirable précision et on a beaucoup applaudi Mlle L..., qui a chanté sur un air nouveau composé par une élève du cours, la jolie romance le CIEL DE LA PATRIE. Le plus grand mérite de cette composition nouvelle, c'est qu'il y a trois mois, l'auteur ne connaissait pas une note de musique, mais il eût été préférable de choisir une romance moins répandue et dont la mélodie primitive est trop remarquable pour être remplacée par une musique d'essai.

Doublement encouragé par les bravos du public et des parents de ses nombreux élèves, M. Vasse ouvre un nouveau cours de soixante leçons et comme l'infatigable professeur se fixe définitivement dans notre ville, d'ici à quelques années, la musique vocale sera connue par toute la jeunesse, du Hàvre, à laqu'elle M. Vasse, en agissant ainsi, aura rendu un très-grand service.

F.-A Gandon.

Darnétal. — Imp. de Fruchart.

XI° Année ; — 1re du nouveau titre. **UN NUMÉRO : 20 CENT.** N° 40. — Dimanche 26 Octobre 1856.

Musique, — Sciences, — Arts, — Littérature, — Théâtres.

LA RÉFORME MUSICALE

JOURNAL DES DOCTRINES DE L'ÉCOLE GALIN-PARIS-CHEVÉ.

ABONNEMENT A ROUEN : 10 FR.

ON S'ABONNE

A ROUEN, chez M. Louis Roger,
rue Porte-aux-Rats, 2.
A PARIS, chez M. Emile Chevé rue
des Marais-S.-G., 48.
A MARSEILLE, chez M. Aimé Paris
rue Paradis, 77.

BUREAU A ROUEN, RUE PORTE-AUX-RATS, N° 2.

LOUIS ROGER, Directeur-Gérant.

ABONNEMENT DANS LES DÉP. : 12 FR.

ON S'ABONNE

A LYON, chez M. Perraud, rue du
Griffon, 11.
AU HAVRE, chez M. Vasse,
rue Molière, 16.
*Les abonnements peuvent être payés
en timbres-postes (Affranchir).*

RENSEIGNEMENTS. — Cette feuille paraît à ROUEN, tous les DIMANCHES. — Tout ce qui concerne l'administration du journal doit être adressé à Rouen, rue Porte-aux-Rats, 2. — Ce qui concerne la rédaction peut être indifféremment adressé à M. CHEVÉ, à M. Aimé PARIS, ou au

Directeur-Gérant. — La critique demeure sous la responsabilité de celui qui la signe. — Il sera rendu compte des Ouvrages dont un exemplaire sera déposé au bureau du journal.
Les lettres non affranchies seront refusées.

On peut se procurer des numéros de la *Réforme*, au Bureau du Journal ; — au dépôt du cours Boïeldieu, à Rouen, — et dans l'intérieur des Théâtres.

M. MERCADIER LE CONSERVATOIRE DE MUSIQUE,
& LA MÉTHODE GALIN-PARIS-CHEVÉ.

(11° article. — Voir les numéros des 15 et 29 juin, 20 juillet, 10 et 24 août, 7, 21 et 28 septembre, 5, 12 et 19 octobre 1856).

30° Le paragraphe 26 et dernier est ainsi conçu : « Ne vous en prenez donc » qu'à vous même de votre insuccès, et s'il vous plaît de continuer une *attaque* » que vos lecteurs doivent déjà trouver bien diffuse et bien longue, ne comptez » pas sur moi pour vous donner la *réplique*. Qui n'entend qu'une cloche n'entend » qu'un son ; et si j'ai répondu au son un peu aigre de votre cloche, *ce n'est ni* » *pour me justifier* ni pour exécuter ma partie à l'unisson dans *votre carillon de* » *sottises* ; mais uniquement par égard pour un vieux dicton populaire. »

Finis coronat opus ! Toujours le même ! Nous réclamons à M. Mercadier ce qu'il nous a pris et que des juges — tout au moins ignorants sur la question — déclarent lui appartenir ; — « Vous êtes des agresseurs » — nous répond-il fièrement — « et ne comptez pas sur moi pour donner la *réplique* à des criards » qui font entendre le son aigre de leur cloche dans un *carillon de sottises !* »

La vérité le bon sens et surtout la modération vous étouffent, monsieur ! Mais écoutez :

D'abord, ce n'est pas *la réplique* que l'on vous demande, c'est *la restitution* de ce que vous avez pris sans en avoir le droit. — Voilà tout.

Si la réclamation que l'on vous adresse n'est pas fondée, prouvez-le *tout simplement* en indiquant les idées qui vous appartiennent en propre dans votre livre ; je vous le répète : deux lignes suffisaient pour cela ; et vous auriez obéi à votre triple devise : *vérité, modération, bon sens*, qui ne peut guère s'accommoder de : « *Attaques* de criards qui font entendre *un carillon de sottises !...* » Vous n'êtes point en colère cependant, vous, monsieur ; que signifie donc ce nouveau manque de logique et de politesse ?

« *Qui n'entend qu'une cloche n'entend qu'un son,* » dites-vous ensuite ; et vous ajoutez que *vous voulez avoir égard à ce dicton populaire*. — Décidément *vouloir* et *pouvoir* sont deux : vous nous en donnez encore ici une nouvelle preuve.

Quand nous avons réclamé les idées de notre école prises par M. Mercadier et déclarées *siennes* par le comité des études du Conservatoire, notre réclamation n'a paru que dans le journal de notre école *la Réforme musicale*. M. Mercadier a envoyé — *par huissier* à la *Réforme musicale*, ce qu'il a nommé : *Réponse à MM.* Aimé Paris et Emile Chevé. Sa lettre a été insérée immédiatement, non pas parce que l'huissier l'avait commandé ; mais parce que la loyauté le voulait ainsi. Nous avons donc, *nous*, obéi au dicton populaire, en faisant entendre la 2me cloche, à tous ceux qui avaient entendu la première. Mais qu'a fait M. Mercadier, lui ? — Non content d'avoir fait entendre sa cloche à tous ceux qui avaient entendu la nôtre — *ce qui était la justice* — il a fait entendre la sienne à des milliers de personnes, dispersées on ne sait où, en faisant distribuer sa réponse — *sa cloche seule* — de tous côtés, de sorte que nous ne savons où lui répondre. Comment alors faire entendre la seconde cloche à ceux qui ont entendu la première, comme le veut M. Mercadier ? Vraiment, monsieur, écrire les mots : *vérité, modération, bon sens, qu'il n'entend qu'une cloche n'entend qu'un son*, etc., et faire ce que vous faites, c'est ne pas montrer grand souci de mettre ses actions en harmonie avec ses paroles.

Mais il y a quelque chose de pis encore pour *la cloche* de M. Mercadier. Non content d'avoir répandu sa lettre de tous côtés, M. Mercadier l'a fait paraître à la suite d'une longue réclame dans un recueil périodique. M. Aimé Paris, usant du droit que lui donne la loi, a fait à cette lettre une réponse courte et polie qu'il m'a chargé de faire insérer comme rectification, *comme seconde cloche*, dans le recueil qui avait fait entendre *la première*. — Convaincu que le ministère d'un huissier était chose inutile avec un homme déclarant si carrément qu'il faut faire entendre la deuxième cloche à tous ceux qui ont entendu la première, je me présentai moi-même au bureau du journal pour demander l'insertion de la réponse de M. Aimé Paris. — La personne qui me reçut me dit qu'elle ne pouvait me donner de réponse positive ; que ce n'était point elle qui avait qualité pour accorder ou pour refuser l'insertion demandée ; mais que je voulusse bien lui laisser la lettre d'Aimé Paris et que le lendemain *elle m'informerait par écrit* de la réponse positive ou négative à ma demande de rectification

Après deux jours, n'ayant reçu aucune réponse, je retournai ; on me pria d'attendre encore : la personne était absente, elle était à la chasse, etc. — J'at-

tendis encore. Je vins une *troisième fois*, une *quatrième fois* ; puis enfin *une cinquième fois !* Même réponse ! Cette fois, j'emportai la réponse de M. Aimé Paris, me réservant de la faire remettre par qui de droit, au moment opportun, et admirant de plus en plus la *conscience scrupuleuse* avec laquelle M. Mercadier suit les maximes qu'il déclare être siennes et qu'il étale si douceureusement aux yeux de ses lecteurs. — Il y a là un singulier cumul.

M. Mercadier termine sa lettre en disant « *qu'il ne se justifie pas !* » Je le crois bien ; autant valait dire qu'*il ne veut pas attrapper la lune avec les dents !*

Sous le coup d'une accusation aussi grave, son devoir était cependant de se justifier... s'il l'avait pu. Chacun le comprend ; mais cette chose était impossible, — le lecteur le sait bien. De là le *faux fuyant* dédaigneux *d'une fierté qui ne descend pas à une justification !...* Malheureusement cette fierté hors de propos, n'est pas de mise ici, monsieur ; et vous devez savoir qu'il y a telles accusations devant lesquelles un homme soigneux *de sa véritable fierté* ne peut et ne doit rester impassible... tant pis pour vous.

Quant au *post-scriptum* de M. Mercadier sur sa croix d'honneur, je n'ai pas à m'en occuper. Toutefois, je ne puis m'empêcher de mettre sous les yeux du lecteur le *si gracieux* passage suivant écrit par un homme qui accuse ceux qu'il dépouille *de manquer de logique et de politesse* : « Si, comme l'a dit une de nos » illustrations parlementaires, le poids des *injures* est en raison directe de la » hauteur d'où elles tombent ; les vôtres ne sauraient me blesser, *ni même m'at-* » *teindre*, et JE LES MÉPRISE !... »

Bravo ! nous accusons — *preuves en mains* — M. Mercadier de plagiat : « *Injures !* » — nous répond-il, hardiment, — et « injures qui tombent de *trop bas* » *pour m'atteindre*, pour arriver jusqu'à moi !... » M. Mercadier est donc bien grand, ou nous sommes donc bien petits, Aimé Paris et moi ?

Nous prouvons — *toujours pièces en mains* — que M. Mercadier a *faussé sciemment* les citations d'Aimé Paris, *pour transformer des réclamations justes et fondées*, en criailleries impertinentes et en injures grossières envers des hommes plus ou moins illustres — « Injures ! injures !! » — s'écrie-t-il toujours — « et qui » tombent de si bas que je les méprise !... » Après tous ces méfaits, M. Mercadier jetant son mépris à Aimé Paris et à Emile Chevé !... Lui... à nous... C'est par trop fort !...

Mais, pour le lecteur, comme pour nous, il est temps enfin d'arriver au dernier des arguments si extraordinaires invoqués par M. Mercadier pour prouver qu'il n'est pas un plagiaire. — Ce dernier argument se trouve dans le paragraphe 25 ; il est ainsi formulé : « *Quant à moi, messieurs, je ne fais pas de réclames ;* » *JE NE JOUE PAS DE LA GROSSE CAISSE DANS LES AMPHITHÉATRES !* »

De toutes les insinuations calomnieuses suggérées par une conscience embarrassée et lancées par vous à notre adresse, celle-ci est la plus audacieusement méchante, monsieur ; et c'est pour cela que je l'ai gardée pour clore mon travail. — Il y a trop longtemps que ces hommes qui trouvent plus facile, et plus utile pour eux, d'injurier les novateurs que de leur répondre, et de condamner leurs travaux que de les examiner ; il y a trop longtemps, dis-je, qu'ils nous jettent à la tête les épithètes dégradantes de *charlatans*, de *joueurs de grosse caisse*, de *bilboquets*, etc., etc. ; il est temps, enfin, de répondre à ces honnêtes Baziles ; et, puisque vous avez été assez méchant, dans la position que votre plagiat vous faisait vis-à-vis de nous, et assez maladroit pour venir aussi invoquer *la grosse caisse*, je vais traiter une bonne fois cette question, afin d'éclairer le public et l'administration, et de montrer à tous les gens *honnêtes* et *sensés* de quel côté ils doivent tourner leur estime et de quel autre côté ils doivent jeter leur mépris, mot que M. Mercadier n'a pas craint d'écrire à notre adresse !

Théodore Agrippa d'Aubigné, général et ami d'Henri IV, et grand-père de madame de Maintenon, répondait aux critiques qui lui reprochaient de parler trop de lui-même dans ses mémoires : « *Faire de grandes choses, c'est acquérir le* » *droit de le dire*. »

Si, d'après M. d'Aubigné, qui était un homme d'un grand sens, d'une grande droiture et d'un grand dévouement, on a le droit de parler de ce que l'on peut avoir fait d'utile — et cela dans le seul but d'en instruire les autres ; à plus forte raison a-t-on ce droit quand quelqu'un met sans façon la main sur vos travaux pour se les approprier ; et que, non content de cette méchante et malhonnête action, il cherche encore, par des insinuations calomnieuses, par des suppressions adroites de textes, etc., etc., à faire passer pour charlatans, pour *joueurs de grosse caisse,* ceux qu'il a dépouillés injustement. Et cela, dans le but exclusivement égoïste de *profiler* du fruit de leurs travaux, *avec approbation d'un corps constitué ...*

Que le lecteur veuille donc bien me permettre d'user du droit de parler de nous, pour faire l'exposition sommaire de *nos travaux, de nos sacrifices* de tous genres, et des *résultats* qui en ont été le fruit. — Du moment que l'on attaque *nos actes et notre honorabilité,* il faut bien défendre les premiers et mettre la seconde au grand jour. — Comme je l'ai déjà dit, dans notre position de chefs d'école, c'est pour M. Paris et pour moi plus qu'un droit : c'est un devoir, et un devoir impérieux ! Avant tout, et à tout prix, il nous faut conserver l'estime de notre école, en prouvant que nous l'avons toujours méritée et que nous la méritons encore ! *Notre drapeau est sans tache,* et *ne saurait être porté souillé d'un joueur de grosse caisse.* Remplissons donc encore ce devoir que nous imposent vos calomnies.

Cela fait, et pour éclairer complètement la religion du lecteur sur *nos services respectifs,* — à vous et à nous — j'indiquerai tout ce qui est parvenu à ma connaissance, de vos travaux, monsieur ! Cela mettra dans tout son jour l'odieux de vos attaques et la partialité inouïe du Conservatoire.

(La suite prochainement.)

Emile CHEVÉ.

RAPPROCHEMENTS,

A PROPOS DE DEUX MESSES CHANTÉES A MARSEILLE.

Le 14 juin 1854, dans l'église de Saint-Joseph, après quatre mois d'études, suivies d'un résultat négatif qui l'avait forcé d'implorer le concours de la société Trotebas, dont les souvenirs conservaient les harmonies de la MESSE DE REQUIEM de Mozart, chantée par elle avec un grand succès, M. Auguste Morel, abrité derrière ces auxiliaires indispensables paraissait faire chanter par ses oiseaux serinés ce qui sortait seulement des gosiers Trotebas. Avec une intrépidité d'amour-propre qui accuse autant de suffisance que d'insuffisance, il étalait à la porte du temple où le génie de Mozart faisait monter jusqu'au Très-Haut des accents faits pour les élus du paradis, cette friperie musicale taillée dans je ne sais combien de romances, de vaudevilles et de polkas, qu'il avait jetée, comme un tapis bariolé et grotesquement formé de pièces multicolores, sur les dalles du portail. Là chacun devait essuyer ses pieds, avant de pénétrer dans le sanctuaire. J'ai réclamé, au nom de la pudeur artistique, contre cette accolade monstrueuse qui soudait le néant à l'immensité, comme s'il fallait le prélude d'un disgracieux accordéon aux suavités de jeu céleste, ou aux grondements majestueux de l'orgue colossale, et qui dans les comptes-rendus par le SÉMAPHORE et la GAZETTE DU MIDI, devaient se formuler, comme on le voit ici, pour peindre exactement à l'œil cet accouplement hybride :

MO{REL}**ZART**

La résolution que j'ai prise de renoncer à ouvrir à Marseille ma neuvième série de cours —On a pu, dans le dernier numéro de la RÉFORME en apprécier les raisons, qu'il m'importait d'énumérer — avait dispersé nos élèves de tout âge, lorsque M. Crudère eut l'idée de faire chanter, par l'école Galin-Paris-Chevé, une messe solennelle, dans l'église des Prêcheurs. On fit venir de Paris les exemplaires de la partition chiffrée de M. F. Viret, on convoque, pour le lundi 29 septembre, à neuf heures du soir les personnes dont on peut se procurer les adresses (voix d'hommes seulement). Le nombre des exécutants qui se présentent est de trente-six à quarante. Douze répétitions d'une heure seulement sont accordées à l'école, on étudie toutes les parties A LA FOIS, sans le secours d'aucun instrument serineur, et le dimanche 12 octobre, les chanteurs de l'école nouvelle, que nous ne désobligerons pas en disant que Dieu ne leur a pas donné à tous des organes vocaux de premier choix, au nombre de trente-deux, parmi lesquels plusieurs, eu égard à des occupations forcées, n'ont pu suivre qu'une partie des répétitions, ont chanté la messe de M. Viret, pour le moins aussi bien quant à l'ensemble, que l'a fait pour le REQUIEM la société Trotebas, couvrant de la valeur incontestable la nullité du Conservatoire, et infiniment mieux que ne fera le Conservatoire quand il n'aura personne pour chanter à sa place.

Les fidèles n'ont pu entendre que la messe chantée EN PAROLES. Ils auraient été bien plus complètement édifiés musicalement parlant, s'ils avaient pu assister à la première répétition. Lundi 29 septembre, on distribuait aux exécutants les partitions récemment arrivées à Marseille : chacun coupait les feuilles de l'exemplaire intact qui lui était remis, puis les quatre groupes abordaient et enlevaient résolument les cinq premiers morceaux de la messe.

Voilà ce qu'on ne fera jamais dans le Conservatoire de Marseille, OU ON NE SAIT PAS LIRE, ET OU ON NE SAURA JAMAIS LIRE, tant que la Ville ne signifiera pas à M. Auguste Morel qu'elle veut en avoir pour les quinze mille francs qu'elle dépense chaque année, et qu'ELLE LUI ORDONNE D'EMPLOYER LES MOYENS QUI CONDUISENT AU BUT.

Le passage à bouche fermée du GLORIA, qui précède le LAUDAMUS TE, a produit un très-bon effet. C'est la seule chose que je veuille constater, relativement à l'exécution. Je laisse à à la presse marseillaise le soin DE NE POINT PARLER de la messe chantée par l'école Galin-Paris-Chevé. Elle se dédommagera, à la première mystification préparée par le Conservatoire pour les oreilles pieuses, rassemblées dans une église quelconque. En juin 1854, à Saint-Joseph, c'était MOREL ET MOZART ; en juin 1856, aux Grandes Maries, c'était MOREL ET HAYDN ; en juin 1857 ce sera peut-être MOREL ET HANDEL, en 1858 MOREL ET BEETHOVEN, où cela s'arrêtera-t-il ?

La messe chantée aux Prêcheurs, par l'école Galin-Paris-Chevé, n'a pas fait sortir un centime d'une caisse quelconque, pour l'exécution, si ce n'est de la bourse des chanteurs. On sait, au comptoir de la maison Bonnefoy ce qu'il faut prélever sur le rendement d'une CULTE, pour organiser une pieuse manifestation, avec le concours d'une volière officielle.

M. Crudère pourrait bien avoir eu l'intention de faire une réponse spirituellement malicieuse à M. Auguste Morel, qui m'a dit, en 1853, QUE NOS ÉLÈVES NE CHANTERAINT JAMAIS AVEC ACCOMPAGNEMENT. Si M. Morel avait pu entendre l'accompagnement habilement joué sur l'orgue du chœur, par M. Crudère, qui en est l'auteur, il aurait peut-être regretté d'avoir prophétisé avec tant d'aplomb et si peu de justesse.

M. Eugène Walter, qui a dirigé toutes les études de la messe aussi bien que l'exécution a prouvé qu'entre ses mains les idées de Galin ne seront pas compromises comme elles l'ont été par l'incapacité de l'homme qui rend nul l'enseignement musical des écoles communales de Marseille. Je laisserai ici la méthode en bonnes mains.

Par une coïncidence bizarre, le grand orgue, alternant avec les chants, était tenu par M. Hilaire Colin, qui improvise peut-être mieux les autres dimanches qu'il ne l'a fait ce jour là. Etait-il troublé par les émotions très-convenables que lui avait causées la nécessité d'aller, dans le cœur, s'entendre avec M. Crudère sur les endroits où chaque orgue devait se faire entendre ? Il y avait de quoi être inquiet, lorsqu'on pouvait se dire : « Je vais me trouver » aux milieu de trente hommes d'intelligence »[et de cœur que j'ai essayé de faire tomber, devant » M. le maire de Marseille, dans le piège » tendu par un malheureux enfant que je » sacrifiais, pour ne pas me compromettre. Qui » sait si on ne me demandera pas compte de » cette mauvaise action ? »

La sainteté du lieu à sauvegardé M. Hilaire Colin. Pas un mot n'a été murmuré à son oreille. Seulement s'il sait lire dans les yeux, et si, par exception, il a regardé les gens en face, il aura pu lire dans plus d'un regard autre chose que de l'estime et de l'admiration.

Rarò antecedentem scelestum
Deseruit pede pœna claudo.

Aimé PARIS.

CORRESPONDANCE.

Autun, 5 octobre 1856.

Monsieur Chevé,

Je ne puis résister plus longtemps au désir de vous faire connaître les résultats merveilleux de l'application de votre méthode dans notre établissement.

Il y a deux ans à peu près qu'ayant assisté à une séance musicale, donnée dans notre ville par M. Perraud, le zélé propagateur de la méthode, à Lyon, j'eus la pensée et formai presqu'aussitôt le dessein d'enseigner cette méthode dans le cours de musique vocale dont j'étais chargé, et j'en donnai presqu'aussitôt connaissance aux élèves, qui n'avaient suivi jusqu'alors que l'ancienne méthode.

La curiosité d'abord fut piquée, chez les enfants, par cette chose nouvelle pour eux ; mais la lumière se fit bientôt dans leur jeune intelligence, et le plus vif intérêt succéda bien vite à ce premier mouvement ! Les principes que l'ancienne méthode n'avait pu leur jeter que confus dans l'esprit leur parurent alors d'une rare évidence, et tout l'enchaînement si logique de votre système ne fut pas long à se graver dans leur mémoire : en sorte qu'après quelques semaines, les plus anciens comme les nouveaux renièrent impitoyablement la vieille notation pour la nouvelle, qui leur était déjà familière.

Dans la première leçon que je fis aux nouveaux venus, la masse connut à ne plus s'y méprendre, les différentes notes de la gamme, et les chanta imperturbablement par intervalle, de secondes consécutives ; en moins de six semaines, au moyen de la série si ingénieuse des exercices d'intonation de Mme Chevé, je fis chanter des intervalles de douzièmes à ces mêmes élèves qui ne se rendaient pas compte, pas plus que moi, des difficultés du chemin.

Je fis presqu'aussitôt chanter quelques phrases musicales, simples, il est vrai, mais à deux ou trois parties, ce qui ne manqua pas d'intéresser vivement nos jeunes virtuoses, et leur inspira un certain goût pour la musique, qui n'avait été pour eux, jusque-là, qu'un véritable cauchemar.

Cette année-là même, une petite musique militaire fut établie à la maîtrise, pour récréer un peu ses élèves et y rattacher ceux qui devaient nous quitter bientôt. Je n'eus que la peine de leur indiquer l'application du chiffre à cette musique instrumentale. Aussitôt le chiffre fut sur tous les pupitres, et la consommation des morceaux devint si prodigieuse, qu'un abonnement à un journal de musique militaire ne put bientôt suffire.

Enfin, monsieur, nous avons adopté, depuis deux ans, d'une manière définitive et à notre plus entière satisfaction, cette méthode en chiffres, qui a produit et produit encore tous les jours de si prompts et de si heureux résultats.

Je suis, monsieur, avec la plus haute considération, votre serviteur très-humble.

E. PILLOT,
Directeur de la maîtrise d'Autun.

Voici dans quels termes le JOURNAL DU HAVRE a rendu compte de la séance de fin de cours donnée par M. Vasse :

SALLE SAINTE-CECILE.

La séance publique donnée hier au soir par M. Vasse, pour constater les résultats obtenus par la méthode musicale de Galin-Paris-Chevé, pendant un second cours de 60 leçons, avait attiré une société nombreuse dans l'enceinte de la salle Sainte-Cécile, et pendant près de quatre heures, les élèves ont soutenu de leurs jeunes talents le poids d'un programme très-varié, et d'exercices d'un intérêt aussi vif que sérieux au point de vue de l'art musical.

Cette fois encore, des centaines de personnes ont pu se convaincre DE VISU que les élèves, bien dirigés, pouvaient, après trois mois de leçons, déchiffrer l'écriture harmonique la plus compliquée avec une facilité et une sûreté à désespérer les plus habiles lecteurs de la méthode routinière. De plus, la méthode s'applique aux instruments à sons fixes, comme le piano, et les exercices de lecture à première vue et de transposition instantanée sur le clavier, dont on a été témoin hier, ne peuvent laisser subsister aucun doute sur ce point.

Comme preuve de la facilité avec laquelle les élèves de M. Vasse savent écrire toutes les idées musicales, soit qu'elles viennent de leur propre inspiration, soit qu'on les leur dicte, on a chanté plusieurs mélodies composées par ces musiciens improvisés, sans le secours d'aucun instrument.

La première partie de la séance, spécialement consacrée à la théorie, avait un attrait à peu près exclusif pour les personnes déjà versées dans l'art de la musique. Mais ces démonstrations, quelquefois arides, ont cédé la place, dans la seconde partie du programme, à un autre ordre d'exercices plus gracieux.

Des petites artistes de quatre à sept ans en ont fait les frais en grande partie. Nous citerons Mlle A... qui, d'une petite voix argentine et douce comme un son de harpe éolienne, a chanté la romance de Clapisson : A QUEL AGE EST ON GRANDE? Elle a bien des années à attendre avant de le savoir par expérience. Mlle H... a chanté l'OREILLER D'UNE PETITE FILLE avec une grâce enfantine qui lui a valu une double salve d'applaudissements. Le duo des COMPLIMENTS DE NORMANDIE, de Loïsa Puget, a eu pour interprètes Mlles An... et H..., toutes deux pleines d'espièglerie, et se renvoyant les compliments aigre-doux de la romance d'un ton de mutinerie des plus réjouissants. M. D..., petit blondin à la voix franche et assurée, a dit la chansonnette de l'ENFANT GUERRIER, dont la musique pleine de couleur est composée par M. Vasse, professeur du cours, et chacun des couplets a été salué d'énergiques bravos.

Mlle L..., qui a dit deux romances, le CIEL DE LA PATRIE et la PETITE GLANEUSE, a une fort belle voix, bien timbrée, parfaitement juste, étendue, et paraissant pencher du côté du contralto. Dans quelques années d'ici, Mlle L..., si elle cultive ses moyens naturels, aura un talent remarquable. Le CIEL DE LA PATRIE est une composition très-fraîche dans sa simplicité mélodique, écrite d'inspiration par Mlle Ha..., qui ne connaissait pas, il y a trois mois, ce que c'est que le rhythme et la mesure. Le professeur n'a rien voulu changer à cette mélodie, pour lui conserver tout son caractère d'originalité. Son grand mérite est d'être parfaitement écrite pour la voix. En général, ceux qui s'essaient dans la composition musicale ont toujours un penchant à exagérer les intervalles, à sauter par-dessus les notes, et à se développer dans un champ de sonorité qui exige pour l'interprète une voix très-étendue. M. Vasse, pour combattre cette tendance, a fait voir à ses élèves le morceau de Jean-Jacques Rousseau, composé avec trois notes UT, RÉ, MI, celui de Boïeldieu, qui ne comprend que quatre notes, UT, RÉ, MI, FA, et dont la mélodie est néanmoins ravissante ; puis il leur a donné des cadres de composition à remplir avec un nombre limité de sons. On voit quel est le résultat de cet intelligent système d'études, si attrayant d'ailleurs pour les élèves.

Le piano, dans ce concert d'enfants, était tenu par Mlle Hauville, jeune fille qui se destine à la carrière artistique, et devant qui s'ouvre un brillant avenir. Elle est une des plus fortes théoriciennes du cours de M. Vasse. En accompagnant, elle sait soutenir la voix sans la dominer et ramener adroitement dans le ton et dans la mesure les écarts des chanteurs lilliputiens qu'elle avait à guider.

Les chœurs ont fait preuve d'un ensemble des plus satisfaisants : l'HYMNE A GALIN, de VIALON ; le chœur de la FLUTE ENCHANTÉE, de Mozart ; le RETOUR DE FRANCE d'Azioli ; IPHIGÉNIE EN AULIDE, de Gluck ; les chœurs de ROBIN DES BOIS, de la NORMA, etc., ont marché avec toute la précision désirable.

Dès demain M. Vasse ouvrira son troisième cours, qui s'ouvre sous les plus heureux auspices. La plus grande partie des élèves anciens suivront cette troisième série, tellement la méthode Galin-Paris-Chevé a le privilège de passionner ceux qui la suivent, en développant leurs facultés musicales. — F. Santallier.

Cours de M. Vasse.

Nous avons déjà rendu compte de la dernière séance de fin de cours donnée à la salle Salle Sainte-Cécile par M. Vasse, professeur de musique vocale, d'après la méthode Galin-Paris-Chevé. Un grand nombre de personnes n'ayant pu assister à cette soirée, à cause de l'exiguité de la salle, M. Vasse a eu la bonne idée de donner une nouvelle séance, et tous ses élèves se sont prêtés avec le plus gracieux empressement au désir de l'aimable professeur.

Hier soir, à huit heures, la jolie salle Ste-Cécile était remplie d'un public d'élite convoqué par lettres particulières, et, parmi les spectateurs, nous avons remarqué MM. Demonts, sous-préfet, et Larue, maire, accompagnés de leur famille. Le programme était le même qu'à la séance précédente, et le succès n'a pas été moindre pour les jeunes élèves qui ont été chaleureusement applaudis pendant toute la soirée.

M. Vasse a été particulièrement félicité par nos premiers magistrats, et nous ne serions pas étonné si la méthode Galin-Paris-Chevé allait prochainement recevoir, dans notre ville, la consécration que lui a donnée le conseil municipal de Rouen, le 20 novembre 1849. Par une décision, en date ce jour, la méthode Galin-Paris-Chevé a été adoptée, à l'exception de tout autre mode d'enseignement, pour toutes les écoles communales du chef-lieu de notre département. — F.-A. Gaudon.

(Courrier du Havre, 18 octobre)

Grand-Théâtre de Marseille.

L'événement musical de cette semaine a été la réapparition de Mme Charton-Demeur, dans le TROUVÈRE, ou plutôt IL TROVATORE, car on avait eu la malencontreuse idée de substituer l'italien au français. Nous sommes convaincu qu'à la Scala ou à San-Carlo les grandes œuvres des maëstri gagnent d'être entendues en italien, mais des chanteurs français, embarrassés par les difficultés d'un langage qu'ils comprennent peu et prononcent fort mal, produiront toujours un très-mince effet : le mieux est l'ennemi du bien, et nous préférons de beaucoup les représentations françaises du TROUVÈRE qu'on nous a données l'année dernière, à l'exécution du TROVATORE qu'on vient d'essayer. Ce n'est pas que nos excellents artistes soient restés inférieurs à eux-mêmes. Mme Charton est toujours le rossignol aux cadences perlées qui se joue des difficultés : la cavatine de Leonora a suscité un formidable TUTTI de bravos. Mlle Saunier a rendu avec une grande puissance de voix et de jeu le rôle si dramatique d'Azucena et a partagé les ovations de Mme Charton. M. Ismaël a chanté le quatrième acte d'une manière remarquable, et nul n'aurait été bien venu à réclamer contre la couronne qu'a reçue M. Bouché après son morceau du premier acte. Et pourtant nous sommes sûr que, sans la difficulté ajoutée par l'emploi d'une langue étrangère, tous ces artistes auraient produit beaucoup plus d'effet.

Les chœurs n'ont pas eu le courage de porter la charge jusqu'au bout (ne pas prendre le mot charge dans son sens caricatural) et Azucena, après avoir été Zigarella (c'est ainsi que nous avons entendu prononcer) aux deux premiers actes, est redevenue BOHÉMIENNE aux deux dermiers, ce qui n'a pas peu contribué à égayer le sombre et funèbre opéra de Verdi : rien de plus grotesque que la mélodie chantée en italien et soutenue par les paroles françaises du chœur.

Ce qui était un obstacle pour tous les autres a été un avantage pour M. Armandi, et le rôle de Meurico lui a fourni l'occasion de faire briller dans tout leur éclat les qualités qui lui ont concilié la faveur du public marseillais : pas un effet tragique n'a été perdu, et nous avons pu croire que nous comprenions l'italien, en lisant le sens des paroles sur l'intelligente physionomie de M. Armandi, qui sait, avec une merveilleuse souplesse mimer tous les sentiments exprimés par ce qu'il chante Après le Miserere la salle s'est divisée en deux camps : ceux qui criaient bis et ceux qui criaient assez, par pure humanité, car tous désiraient entendre vibrer encore les notes données à pleine voix par M. Armandi : le meilleur juge entre le parti des égoïstes et les autres était le chanteur lui-même, et il a courageusement et victorieusement répété la strophe dont la note finale s'est éteinte au milieu d'un tonnerre d'applaudissements.

Quoique nous bornions notre compte-rendu à la représentation du Trouvère, nous ne pouvons terminer sans dire quel triomphe a valu, l'autre jour, à M. Armandi l'anathème de Lucie : un frisson électrique a parcouru la salle et galvanisé jusqu'aux natures les plus apathiques et les plus déshéritées ; nous avons vu applaudir jusqu'aux gens blasés qui ne viennent au théâtre que pour causer et poser. C'est un beau succès pour M. Armandi qui, nous l'espérons, renouvellera encore un pareil miracle.

Marseille, 18 octobre 1856.

Jules-Aimé Paris fils.

THÉATRE DE ROUEN.

Première représentation de l'Étoile du Nord.

Tant de directions mortes en bas âge, nous avaient promis l'Etoile du Nord et le Prophète, ces deux colosses de l'art musical enfantés par le génie puissant de Meyerbeer, et tant de fois cette promesse illusoire nous avait menti, que nous avions fini par considérer ces ouvrages comme des fictions irréalisables, comme des leurres impossibles, invoqués uniquement pour tromper notre attente, et ne briller qu'en tête des prospectus menteurs ; — mais, cette fois c'est pour de bon, nous avons vu briller au feu de la rampe cette fameuse étoile, si longtemps invisible. Grâces en soient donc rendues à M. Juclier, qui, non seulement a tenu sa parole, mais a été au-delà de ce qu'on était en droit de lui demander.

Jamais ouvrage n'avait été monté avec plus de soin et de richesse : jamais mise en scène n'avait été plus digne de l'importance de notre théâtre. C'est ainsi qu'on réveille le goût des arts, que l'indifférence ou l'incurie endort par fois, mais n'éteint pas chez nous.

Nous n'avons pas à nous appesantir sur le mérite reconnu, mais en certains points discutable, de cette œuvre importante du grand maëstro, toute la presse parisienne et nos grands journaux, assez prolixes en pareille occasion, se sont suffisamment acquittés de ce soin. — Cependant, pour résumer en peu de mots notre opinion personnelle, nous dirons que nous sommes sorti de cette première audition avec un violent mal de tête, causé par l'abus des cuivres, et que, tout en reconnaissant les beautés de premier ordre de cette savante musique, nous aimerions mieux, pour notre part, un peu moins de science, un peu moins de bruit surtout, et plus de mélodie. — Cette hérésie musicale fera sans doute sourire de pitié les grands maîtres de la critique ; mais peu nous importe : nous n'avons pas la prétention d'être aussi bons juges qu'eux en semblable matière, et c'est tout simplement une première impression que nous constatons, nous réservant de la modifier par la suite, s'il y a lieu, ainsi qu'on nous l'affirme.

Nous n'avons donc sérieusement à nous occuper que de l'interprétation ; c'est ce que nous allons faire le plus complètement possible et avec l'impartialité non seulement intentionnelle, mais bien positive d'un juge qui ne connaît aucun de ses justiciables.

M. Bonneseur, que chacun apprécie comme un artiste de haute valeur, heureux de rencontrer un rôle à sa taille, y a déployé toutes les ressources de son intelligence et de son vrai talent. Non seulement on applaudit sa belle voix, mais la science qui l'a faite ce qu'elle est, mais le goût qui la dirige et l'empêche de jamais s'égarer dans des effets douteux ; en un mot, à cela près d'un léger vice de prononciation, c'est un chanteur complet, remarquable, et que nous ne saurions trop disputer à la capitale, qui, tôt ou tard, nous l'enlèvera.

Mlle Lavoye — encore une riche organisation — à été la reine de cette mémorable soirée. — Elle a chanté avec une exquise perfection le joli rôle de Catherine, qui réclame aussi impérieusement l'étoffe d'un souple et brillant talent. La ronde des Bohémiens, qu'elle dit vraiment de façon à captiver des barbares ; le joli final du premier acte, qu'elle termine par un trille à perte d'haleine ; le grand air du troisième avec accompagnement de flûte, qu'elle dit à ravir ; tous ces morceaux et ceux que j'oublie lui ont valu des bravos sans fin comme mes éloges, et qui se répèteront comme eux autant de fois qu'elle voudra.

M. Lacroix a été très-amusant dans le rôle de Gritzenko, qui sort de son emploi et qu'il a joué en comique de profession. De plus, il a parfaitement dit la chanson de l'infanterie, qui lui a valu des bravos.

M. Bouvard, en dépit d'un reste d'enrouement qui le gênait un peu, a joué et chanté avec goût le rôle de Danilovitz, notamment son premier air et le joli duo d'Urine, sous la tente, terminés aussi au bruit des applaudissements.

Mlle Dubarry, qui a de l'intelligence et de réelles qualités, fera bien de se défier des adulations et de chercher à corriger quelques légers défauts que nous lui signalons dans son intérêt. — Ses intonations sont parfois douteuses ; sa voix dure et d'un timbre métallique dans les notes élevées, est parfois d'une sonorité désagréable à l'oreille. Avec un peu de travail et de soin, elle peut facilement en avoir raison ; qu'elle le veuille donc, et nous aussi nous n'aurons plus à lui adresser que des compliments sans restriction.

M. Laget a fort bien enlevé les couplets de la cavalerie, qui sont à peu près tout son rôle. Mais s'il ne suffit plus d'un mot pour faire pendre un homme, c'est encore assez d'une scène bien dite pour faire applaudir un artiste de talent.

Comme nous l'avons dit en commençant, la mise en scène de cet ouvrage est vraiment remarquable : de jolis décors, surtout celui du second acte — un camp russe — d'un très-bel effet ; des costumes frais et de circonstance ; un personnel nombreux, bien groupé, bien conduit, telles sont les notables améliorations que nous avons à constater, et pour lesquelles nous devons bien aussi quelques éloges à M. Gobert, notre habile régisseur, en ce qui le concerne.

Est-il besoin d'ajouter qu'il y avait foule à chacune des deux représentations données cette semaine, et que l'Etoile du Nord semble appelée à un long et productif succès ?...

Les débuts de la comédie ont continué cette semaine, et la plupart ont été heureux — MM. Armand et Cudot ont fait, l'un son troisième début, l'autre sa rentrée, sans la moindre opposition, c'était chose due.

Malgré notre désir nous n'avons pu voir L'Habit ne fait pas le moine. Il paraît que M. Franck et Mlle Marchal, qui subissaient leurs premières épreuves, ont été bien accueillis.

Alexandre OSMONT.

M. Eugène de Mirecourt vient de publier la notice consacrée au philosophe Cousin. Les collections de la curieuse galerie contemporaine s'enlèvent de plus en plus chaque jour chez l'éditeur. Deux millions de ces petits volumes sont disséminés aujourd'hui tant en France qu'à l'étranger. Toutes les bibliothèques veulent posséder cette œuvre écrite avec tant de conscience et tant de verve. M. Eugène de Mirecourt annonce les biographies de Rosa Bonheur, de Viennet, do Henri Heine et de Gustave Planche.

La biiographie de Mlle ROSA BONHEUR est en vente depuis quelques jours. L'imagination des lecteurs aimera à parcourir ce livre où M. Eugène de Mirecourt a répandu les anecdotes les plus attrayantes et l'éloge du meilleur aloi. On sera curieux d'apprendre la vie artistique et privée d'une femme qui, par ses pinceaux et par son caractère, a conquis la faveur générale et l'estime de tous ceux qui la connaissent. Il serait à désirer pour la morale et pour l'art que le biographe n'eût jamais d'autres portraits à tracer. Tout le monde y gagnerait, et lui aussi.

Darnétal. Imp. de Fruchart.

XIᵉ Année ; — 1ʳᵉ du nouveau titre.   **UN NUMÉRO : 20 CENT.**   N° 41.—Dimanche 2 Novembre 1856.

Musique, — Sciences, — Arts, — Littérature, — Théâtres.

LA RÉFORME MUSICALE

ABONNEMENT A ROUEN : 10 FR.

ON S'ABONNE

A ROUEN, chez M. Louis Roger, rue Porte-aux-Rats, 2.
A PARIS, chez M. Émile Chevé rue des Marais-S-G., 18.
A MARSEILLE, chez M. Aimé Paris rue Paradis, 77.

JOURNAL DES DOCTRINES DE L'ÉCOLE GALIN-PARIS-CHEVÉ.

BUREAU A ROUEN, RUE PORTE-AUX-RATS, N° 2.

LOUIS ROGER, Directeur-Gérant.

ABONNEMENT DANS LES DÉP. : 12 FR,

ON S'ABONNE

A LYON, chez M. Perraud, rue du Griffon, 11.
AU HAVRE, chez M. Vasse, rue Molière, 16.
Les abonnements peuvent être payés en timbres-postes (Affranchir).

RENSEIGNEMENTS. — Cette feuille paraît, à ROUEN, tous les DIMANCHES. — Tout ce qui concerne l'administration du journal doit être adressé à Rouen, rue Porte-aux-Rats, 2. — Ce qui concerne la rédaction peut être indifféremment adressé à M. CHEVÉ, à M. Aimé PARIS, ou au Directeur-Gérant. — La critique demeure sous la responsabilité de celui qui la signe. — Il sera rendu compte des Ouvrages dont un exemplaire sera déposé au bureau du journal. Les lettres non affranchies seront refusées.

On peut se procurer des numéros de la *Réforme*, au Bureau du Journal ; — au dépôt du cours Boïeldieu, à Rouen, — et dans l'intérieur des Théâtres.

M. MERCADIER LE CONSERVATOIRE DE MUSIQUE,

& LA MÉTHODE GALIN-PARIS-CHEVÉ.

(12ᵉ article. — Voir les numéros des 15 et 29 juin, 20 juillet, 10 et 24 août, 7, 21 et 28 septembre, 5, 12, 19 et 26 octobre 1856).

Depuis que j'ai tout-à-fait sacrifié ma carrière médicale à la propagation des idées de Galin, au grand chagrin de toute ma famille; et depuis 1823, pour M. Aimé Paris, qui avait commencé 17 ans avant moi, voici ce que nous avons fait pour l'idée. M. Aimé Paris, Mme Emile Chevé et moi au triple point de vue des *livres d'étude*, de *la polémique* et des *cours*. — Après la lecture de ce simple exposé—*auquel nous obligent des insinuations méchantes* — M. Mercadier se félicitera de plus en plus, je n'en doute pas, de ne s'être fait ni novateur ni apôtre.

Commençons par les travaux d'Aimé Paris, mon maître. (1)

A. Publications. — Ouvrages d'étude, d'Aimé Paris.

1° Exercices pratiques. — 1ᵉʳ Cours ; — 2ᵐᵉ Cours.		Lyon, 1834 et 1835.
2° Exercices. 1ᵉʳ Cours ; — 2ᵐᵉ Cours.		Rouen, 1835.
3° Mémorandum du cours		Bordeaux, 1837.
4° Notes. — 1ᵉʳ Cours ; — 2ᵐᵉ Cours.		Lille, 1839 et 1840.
5° Guide pratique pour le cours d'enfants.		Bruxelles, 1842.
6° Exercices gradués.		id. 1844.
7° Nouvelles formules rhythmiques.		Metz 1843.
8° Manuel musical, 2437 airs gradués. — Grand in 8° de 798 pages.		Caen, 1847 1848.

9° Plus un grand nombre de procédés, appareils ou mécanismes, dont voici un aperçu :

1° Langue syllabique des durées, 1829. — 2° Chronométriste mobile, 1829. — 3° Formules musicales, 1829 et années suivantes. — 4° Echelle comparative des déplacements de tonalité, 1834. — 5° Œdipe musical, 1838 — 6° Omnium scala, 1838. — 7° Protée claviculaire, 1838. — 8° Multiplicateur rhythmique, 1838. — 9° Progression tonale, 1840. — 10° Isolateur des clés, 1840. — 11° Equateur des acccords, 1841. — 12° Réducteur des mesures, 1841. — 13° Entrecroisement des tonalités, 1841. — 14° Filiation universelle, 1841. — 15° Pantographe musical, 1841. — 16° Révélateur tonal, 1841. — 17° Ubiquité tonique, 1841. — 18° Myriades rhythmiques, 1841. — 19° Canotier musical, 1843. — 20° Triangle proportionnel, 1844. — 21° Intégrant, 1851. — 22° Papier-Œdipe, Caen, 1846, et Paris, 1851 — 23° Monocorde transformateur, 1852. — 24° Monocorde géant, 1853. — etc., etc., etc.

Aucun des livres de M. Aimé Paris n'a été annoncé ; *aucun* brevet d'invention n'a été pris pour *aucun* de ses procédés. — Aussi M. Mercadier trouve-t-il Aimé Paris dévoré du besoin d'occuper le public de lui et de ses écrits, et l'appelle-t-il faiseur de réclames et *joueur de grosse caisse dans les amphithéâtres !* — Passons à la question de polémique.

B. — Polémique, *Propagation écrite* d'Aimé Paris.

1° Lettre à M. Vialon.		Lyon, 1839.
2° Lettre à M. Fétis.		Bruxelles, 1841.
3° A MM. les membres du Sénat et de la Chambre des Représentants de Belgique.	id.	id.
4° De la nécessité d'une réforme dans l'enseignement de la musique vocale.	id.	1844.
5° A M. Desvignes, directeur de l'école de musique de Metz	Metz, 1845.	
6° Avant-goût des sévérités de l'avenir.	Paris, 1846.	
7° Lettres à M. Danjou.	id.	id.
8° La Langue musicale de M. Sudre ; une Correction, etc.		1847.
9° Appel au Conseil municipal de Rouen.	Rouen,	id.
10° Polémique Malliot.	id.	id.
11° Humble *Meâ culpâ.*	id.	1848.
12° Aux Pères de famille.	id.	id.
13° Affaire Paris et Méreaux.	id.	id.

(1) De tous les travaux accomplis par M. Aimé Paris, l'homme le plus laborieux que j'aie jamais rencontré, je ne parle ici que de ceux qui ont trait à la vulgarisation des idées de Galin. Je passe donc sous silence tout ce qu'il a fait pour la mnémotechnie qu'il a transformée en une véritable science, appelée à rendre un jour d'immenses services à l'instruction publique, quand les personnes que cela regarde auront bien voulu prendre la peine d'étudier cette importante question avec toute l'attention qu'elle mérite. — En attendant, les pillards ne se font pas faute de puiser à pleines mains dans les livres de M. Aimé Paris et de présenter hardiment le résultat de leurs rapines comme fruits de leurs méditations. — « *Sic » vos, non vobis* — a dit le poëte : il avait bien raison !

14° Intrigues déjouées.	id.	1849.
15° La question musicale élevée à la hauteur des sommités compétentes.	id.	id.
16° Propositions adressées à M. Juénin.	Lyon, 1852.	
17° Le professorat musical se décidera-t-il enfin à savoir enseigner véritablement la musique ?	id.	id.
18° Science et conscience, à M. Auguste Morel.	Marseille, 1854.	
19° Mémoire à MM. les membres du conseil municipal de Marseille.	id.	id.
20° Des causes de la stérilité de l'enseignement musical.	id.	1855.

21° Plus : *Une année* de rédaction au *Franc-Juge* ;
     Trois années de rédaction au *Rouennais* ;
     Neuf mois de rédaction à la *Réforme musicale* ; etc., etc.

C. — Cours. — Propagation orale d'Aimé Paris.

Avant de faire des cours réguliers de musique, M. Aimé Paris a fait pendant dix ans, dans chacune des villes où il a fait des cours de mnémotechnie — *et à titre d'essai — cinq leçons publiques et gratuites* d'exposition des idées de Galin. Voici à quelles époques et dans quelles villes :

1823. — Lyon. — Rouen. — Nantes.
1824. — Bruxellles. — Gand. — Anvers. — Louvain.
1826. — Bruxelles. — La Haye. — Amsterdam.
1827. — Lauzanne. — Genève. — Bordeaux.
1828. — Lille. — Douai.
1829. — Orléans. — Amiens. — Le Havre. — Caen. — Strasbourg. — Nancy. — Besançon.
1830. — Grenoble. — Marseille. — Aix. — Montpellier. — Toulouse. — Limoges. — Clermont-Ferrant. — Saint-Etienne.
1831. — Lyon. — Dijon. — Troyes. — Reims. — Rennes. — Lorient. — Nantes. — Angers. — Poitiers. — Tours.
1832. — Rouen. — Boulogne-sur-Mer. — Dunkerque. — Saint-Quentin. — Laon. — Nîmes.
1832. — Avignon. — Toulon. — Marseille. — Lyon. — Grenoble.
1834. — Besançon.

En tout, *cinquante-quatre* expositions de cinq leçons chacune donnant un total de 270 leçons, faites de 1823 à 1834, dans 46 villes différentes, en France, en Belgique, en Hollande et en Suisse.—Ceci n'était que le préambule ; voici maintenant les cours complets :

De 1828 à 1856, dans une période de 28 ans, M. Aimé Paris a fait cent treize cours de musique de 80 leçons chaque. Ces cours ont été faits dans les villes que je viens de signaler, et dans celles de Paris, Malines, Liége et Metz. De ces 113 cours, 17 ont été gratuits, et ont été faits aux époques et dans les localités suivantes :

1828. — Paris. — Première application complète de la méthode.
1837 et 1838. — Bordeaux. — *Trois* cours : 1° Un aux enfants des écoles des Frères ; 2° Un second à l'Ecole normale ; 3° Le troisième aux ouvriers.
1840. — Lyon. — Un cours aux enfants des écoles chrétiennes.
1842. — Gand. — Un cours aux enfants des écoles communales, dont les 9/10 ne comprenaient pas un mot de français, et ne parlaient que le flamand, que M. Paris ne connaît pas.
1844. — Liége. — Expérience sur les enfants des écoles.
De 1847 à 1850. — Rouen. — *Huit* cours gratuits : 1° Chez les Frères des écoles chrétiennes ; 2° Au pensionnat de Mlle Barq ; 3° Aux ouvriers ; 4° Aux militaires ; 5° A l'école Saint-François (garçons) ; 6° A l'école Saint-François (filles) ; 7° A l'école Saint-André (garçons) ; 8° A l'école Saint-André (filles). — C'est à la suite de tous ces cours, et d'un cours comparatif avec ceux de l'ancienne méthode, que le couseil municipal de Rouen a adopté la méthode Galin-Paris-Chevé pour toutes les écoles communales, où elle est enseignée seule, depuis cette époque, sous l'habile direction de M. Paumier, professeur de l'ancienne école, converti à la nouvelle.
1851. — Paris. — *Deux* cours. Le premier à l'Ecole-de-Médecine (il alternait avec le mien) ; l'autre à Batignolles-Monceaux, sur la demande de l'autorité municipale.

Ces dix-sept cours gratuits, à 80 leçons chacun, donnent 1360 leçons qui, ajoutées aux 270 leçons des 54 expositions partielles, portent à 1630 le nombre des leçons gratuites faites de 1823 à 1851 — dans cinquante villes différentes, et dans le seul but de répandre les idées de Galin, que M. Mercadier dit avoir découvertes en 1855 !...

A ce travail énorme de M. Aimé Paris, ajoutez la création d'un immense matériel de cours, imprimé par lui seul sur toile et sur grand papier, et qu'un homme habile, travaillant d'arrache-pied huit heures par jour, ne ferait pas en dix ans !

Ajoutez à cela des sommes fabuleuses dépensées depuis 33 ans dans la lutte, par cet athlète infatigable, et que lui-même ne saurait plus indiquer aujourd'hui ; — ajoutez-y un travail incessant de jour et de nuit, qui éloigne toute possibilité de consacrer quelques instants, je ne dirai pas au plaisir, à la distraction, à la fréquentation des salons ou des antichambres ; mais au simple repos !... M. Aimé Paris n'en prend jamais ! Tout le monde sait cela. Et voilà — à ma connaissance — 33 ans que dure ce travail surhumain, exclusivement consacré à l'accomplissement d'une œuvre d'utilité générale. Et dans cette lutte incroyable, à laquelle il a tout sacrifié : temps, repos, fortune, M. Aimé Paris n'a pour soutien que sa foi inébranlable, son amour du bien, et les chaleureuses sympathies de ses élèves... Jamais il n'a reçu aucun encouragement quelconque d'aucune administration... bien au contraire.

Et voilà l'homme auquel M. Mercadier — dont le seul titre est d'avoir copié les idées des autres — a osé jeter l'épithète ignoble de *joueur de grosse caisse dans les amphithéâtres !...*

Lecteur, descendez au fond de votre conscience, et jugez entre ces deux hommes ...'

Donnons maintenant les travaux de M et de Mme Emile Chevé :

A. — Publications. — *Ouvrages d'étude* de M. et Mme Emile Chevé.

1° *Traité élémentaire de musique vocale*, par madame Emile Chevé. Paris, 1838.

2° *Nouvelle Théorie des accords*, par madame Emile Chevé. Lyon, 1842.

3° *Méthode élémentaire de musique vocale*, par M. et Mme Emile Chevé. Paris, 1844.

(C'est cet ouvrage qui a été repoussé en 1850 par la commission du chant, dont MM. Auber, Halévy et Carafa faisaient partie. — Publié depuis 12 ans, cet ouvrage *n'a pas encore été annoncé*, — Sauf, je crois, dans la *Démocratie pacifique*, à son apparition. — Et, bien que depuis 1850 il porte sur son titre le mot *repoussé*, il n'en épuise pas moins, en ce moment, son huitième tirage à 1000 exemplaires. — Le neuvième tirage aura lieu dans quelques jours)

4° *Méthode élémentaire d'harmonie*, 2ᵉ vol., par M. et Mme Emile Chevé. Paris, 1846.

(La première édition n'a point été annoncée dans les journaux ; la deuxième l'a été dernièrement dans la *Réforme musicale*, parce que M. Vasse, qui fait en ce moment au cours au Havre, m'avait prié de la faire annoncer, pour que ses anciens élèves de Cognac et d'Angoulême en fussent prévenus.)

5° *800 Duos gradués*, grand in-8° de 400 pages, par M. Emile Chevé. Paris, 1849.

(Ouvrage non encore annoncé, et dont les livraisons épuisent la 3ᵉ édition)

6° *Méthode élémentaire de piano*, grand in-4° de 800 pages, par madame Emile Chevé. Paris, 1851.

(Le cinquième seulement de l'ouvrage complet est imprimé. — Les frais de guerre, qui nous écrasent, et le préjudice immense que nous causent mes cours publics, nous ont contraints de suspendre la publication de cet ouvrage, dont le fragment imprimé s'écoule très-bien.)

7° *Recueil de chants, chœurs, messes, etc.*, en chiffres.

Notre société chorale publie un recueil mensuel, grand in-8°, et qui a déjà 880 pages.

— Je dois ajouter, à propos des publications, que, pour rendre les ouvrages moins chers en employant la typographie ordinaire, j'ai créé, en 1844, un système de typographie musicale qui a complètement résolu le problème de la musique à bon marché. — Tous les frais de poinçons, gravures, etc., ont, comme toujours, été à ma charge. — Ce système, qui fonctionne depuis douze ans, sans interruption, a figuré à l'exposition universelle ; mais les juges ne sont pas venus le voir.

L'ensemble de nos livres d'étude, tous grand in-8° ou in-4°, s'élève à 2900 pages.

B. — Polémique. — *Propagation écrite*, d'Emile Chevé :

Cette tâche a peut-être été, pour nous, la plus rude, bien qu'elle ne soit pas tout-à-fait aussi permanente que celle des *cours*, de *la propagation orale*. Je commence par déclarer que notre polémique *a toujours été défensive, jamais agressive*. Quoiqu'on en ait dit, mes brochures sont là pour le prouver. Je dirai même que ce travail de polémique m'est tout-à-fait antipathique ; je ne le fais qu'à mon corps défendant, parce qu'il m'impressionne toujours profondément, et qu'il m'a souvent rendu malade. — Ceci sera facilement compris du lecteur, quand il voudra réfléchir à ce que nous faisons depuis si longtemps, et à la manière dont on agit envers nous et dont on accueille nos travaux.

Avant de rappeler notre polémique, qu'il me soit permis de citer ici un passage d'une lettre que j'écrivais le *16 octobre 1849*, à M. Hubert, *alors directeur de l'Orphéon*. Cette lettre, demeurée sans réponse, parut dans la *France musicale* et dans *la Routine et le bon sens* ; elle a déjà sept ans de date, et les choses ne se sont pas améliorées pour nous dans les régions officielles : bien au contraire. — Voici ce passage, tout palpitant encore d'actualité, et que l'on croirait écrit d'hier:

« Paris, 16 octobre 1849.

» *A M. Joseph Hubert, Directeur de l'Orphéon.*

....

» Et maintenant, un mot, s'il vous plaît, M. Hubert, sur la leçon de bienveil-
» lance que vous osez bien me donner !... En vérité, c'est à n'y pas croire ! Depuis

» dix ans, Mme Chevé et moi, (2) nous avons épuisé tous les moyens imagi-
» nables, mais *avouables*, de doter notre pays d'une magnifique découverte, et
» nous y avons usé nos deux santés. Nous avons prié, supplié tous les ministres
» de l'instruction publique (le dernier excepté) et toutes les commissions du
» chant (la dernière comprise) *de nous permettre de faire gratuitement la preuve*
» *authentique de tout ce que nous annoncions* ; — nous avons offert, après expé-
» riences comparatives probantes, d'initier, *toujours gratuitement*, tous les pro-
» fesseurs officiels de la ville, à la connaissance de nos moyens d'enseignement ;
» — *nous nous sommes engagés, par écrit, à ne demander et à n'accepter la place*
» *de qui que ce soit* ; — nous avons répété partout les expériences pratiques et
» gratuites, et nous avons mis entre les mains de l'administration les certificats
» *authentiques, véridiques*, de ces expériences ; *vos propres professeurs, vos propres*
» *lieutenants*, poussés par la voix publique et cédant au cri de leurs conscience,
» sont venus, comme simples particuliers, suivre mes cours, et nous avons mis
» entre vos mains, *les attestations signées par eux au risque de leur destitution* ;
» en un mot — tout ce que le dévouement à une grande idée, tout ce que la
» raison et tout ce que des cœurs droits et courageux peuvent faire, nous l'avons
» fait depuis dix ans : nul ne peut le nier... *Et depuis dix ans, tous nos efforts*
» *ont été absolument impuissants à obtenir une simple vérification de nos tra-*
» *vaux !...* on nous a toujours repoussés comme des charlatans éhontés, comme
» des gens avides, ne vivant que de diatribes ! — On nous a abreuvés, et l'on
» nous abreuve encore plus que jamais EN CE MOMENT de ces mille vexations
» que les corps constitués peuvent toujours faire subir aux novateurs qui ne
» veulent ni ramper ni acheter des juges !... Calomnies, espionages, dénoncia-
» tions politiques : rien ne nous a été épargné ! — On a poussé le cynisme jus-
» qu'à dire que l'on savait que j'étais atteint d'une maladie du cœur (maladie
» produite et entretenue par la lutte que nous soutenons depuis si longtemps) et
» *que l'on serait débarrassé de moi avant la fin de l'année courante !* — tout cela
» est vrai, très-vrai.

» Eh bien ! c'est après cette longue série d'iniquités et de lâchetés que l'on ose
» faire appel à ma bienveillance ! — Ah ! vous êtes bien tous les mêmes : or-
» gueilleux et inaccessibles à toute raison quand vous vous croyez forts, et prêts
» à implorer merci quand vous êtes à terre. — Tant que j'ai prié et supplié vous
» ne m'avez répondu que par des insultes ; vous m'avez ainsi vous-mêmes, *et bien*
» *malgré moi*, forcé à la guerre : sachez donc aujourd'hui la soutenir avec cou-
» rage et dignité, et subissez les conséquences de votre conduite inqualifiable. Je
» vous avais prévenus que si vous me forciez à tirer l'épée, j'en jetterais le four-
» reau au vent, afin de démasquer sans pitié tous ceux qui auraient contribué à
» tromper le pouvoir pour le lancer dans des voies désastreuses !... Est-ce ma
» faute à moi, si l'heure de la justice a sonné !

....

Emile CHEVÉ.

Revenons à ma polémique. — Sans compter les articles de journaux, voici ce que j'ai écrit de polémique :

1° *Pourquoi la musique est si peu répandue en France.*   Paris, mars 1844.
2° *Appel au bon sens.*   Paris, janvier 1846.
3° *Protestation au comité central.*   Paris, octobre 1847.
4° *Appel à la conscience.*   Paris, mars 1848.
5° *Le Tournoi musical.*   Paris, décembre 1849.
6° *La Routine et le bon sens.*   Paris, février 1850.
7° *Coup de grâce à la routine musicale.*   Paris, janvier 1851.
8° *Historique du concours de Paris, du 12 juin 1853.*   Paris, juillet 1853.
9° *L'Orphéon de 1854.*   Paris, juin 1854.
10° *Lettre à M. Adam*, membre de l'Institut.   Paris, mars 1855.
11° *L'écrit actuel*, qui n'a pas été le moins pénible à écrire. Paris, novemb. 1856.

Toute cette polémique défensive représente pour nous une somme d'environ *douze mille francs*, somme qu'il nous a fallu sacrifier, *pour nous défendre*, comme nous le faisons aujourd'hui, et qui aurait été bien autrement fructueuse pour l'idée, si nous l'avions pu employer à édifier ; mais les hommes de *parti-pris*, et ceux qui font comme vous, monsieur, rendent ces travaux de polémique *des travaux de première nécessité* ; ils sont pour une école *une question de vie ou de mort*. Voyez ce qui serait arrivé si nous avions laissé le Conservatoire vous gratifier de vos travaux. et que je n'eusse pas répondu à vos quatre pages de réponse ! La responsabilité de toutes ces polémiques devrait donc, en bonne justice, retomber sur ceux qui les provoquent ! Malheureusement, c'est le contraire qui arrive... Le lecteur vient de le voir par votre propre exemple : un plagiat, des insinuations perfides renfermées en quelques lignes, des suppressions adroites de textes, etc., ont amené de ma part *un volume de réponses et de rectifications*. Et qui paie tout cela ?... le malheureux apôtre que l'on dépouille et que l'on calomnie ensuite, en cherchant à transformer la défense légitime de l'honnête homme en attaque brutale d'un joueur de grosse caisse !

(La suite prochainement.)   **Emile CHEVÉ.**

____

(2) Le lecteur sait maintenant que M. Aimé Paris avait commencé, lui, depuis 1823, sans être plus heureux que nous dans ses rencontres.

L'écriture usuelle de la musique
TUÉE PAR LES AVEUX DE SES PAR-
TISANS.

De curieuses révélations se rencontrent dans les livres de M. Fétis, et dans l'ouvrage dont M. Scudo vient de publier la troisième édition (CRITIQUE ET LITTÉRATURE MUSICALES). Je dirai plus loin les conséquences qu'on ne me semblent point avoir songé à tirer, des faits qu'ils rapportent, les deux écrivains dont je viens de parler. Je commence par les citations.

M. Scudo dit, page 147 :

« Madame Catalani était une assez faible musicienne. Son éducation avait été si négligée qu'il lui était impossible de lire à première vue la plus simple cantilène. Elle ne jouait d'aucun instrument ; il lui fallait toujours un accompagnateur à ses ordres, qui fût habitué à suivre les caprices de sa fantaisie. Elle était ce que les italiens appellent une admirable *orecchiante.* »

M. Scudo dit encore, page 289 :

« On rapporte que la reine Marie-Antoinette demanda un jour à Sacchini si Garat, le fameux chanteur, était bon musicien. — Non, répondit l'illustre Maëstro, il n'est pas musicien, *mais c'est la musique même.* On aurait pu appliquer à Rubini cette heureuse saillie de l'auteur d'*Œdipe à Colone.* Son instinct était si parfait et si sûr, son oreille si prompte et si délicate à saisir au passage les nuances les plus fugitives, qu'il aurait fallu vivre dans sa plus grande intimité pour apercevoir ce que son éducation musicale lais-

sait à désirer. Jamais, devant le public et dans les morceaux d'ensemble les plus compliqués, tels que le sextuor de *Don Juan* Rubini ne trahissait la moindre hésitation. Il était même d'une docilité d'enfant à suivre les mouvements qu'on voulait lui indiquer, et il disait souvent à ses camarades et au chef d'orchestres qui semblaient le consulter sur la convenance et la propriété d'un rhythme : — *Ne vous occupez pas de moi ; allez je vous suivrai.* Cet exemple d'un virtuose admirable qui sait à peine déchiffrer quelques notes de musique, et qui devine par l'instinct les plus savantes combinaisons du génie est un phénomène qui s'est produit souvent en Italie. Ansani, qui a été le maître de M. Lablache au Conservatoire de Naples, ne savait littéralement pas une note de musique. Ses élèves étaient obligés de lui chanter et de lui apprendre par cœur le morceau sur lequel ils voulaient avoir ses conseils. Davide fils, madame Pasta et beaucoup d'autres chanteurs célèbres étaient presque dans le même cas »

M. Fétis paraît moins bien informé que M. Scudo, en ce qui concerne madame Catalani, Rubini, Davide fils et Ansani. Voici ce qu'il dit qu'il dit de Garat (BIOGRAPHIE UNIVERSELLE DES MUSICIENS, tome IV page 260) :

« On a dit souvent qu'il n'était pas musicien. Il est vrai qu'il ne lisait pas avec facilité à première vue. Il avait besoin de déchiffrer seul et lentement à son piano, ou d'entendre une fois le morceau dont il voulait prendre une idée ; mais telle était sa facilité qu'il en saisissait à l'instant le caractère et les proportions, et qu'il le chantait avec un fini qu'on n'aurait cru ne pouvoir être le résultat que de longues études. D'ailleurs, les qualités principales du musicien, la justesse d'oreille et le sentiment de la mesure étaient chez lui dans une proportion que tenait du prodige. »

A propos de Mme Pasta (tome VII de la BIOGRAPHIE UNIVERSELLE, page 170), M. Fétis écrit :

« Quoiqu'elle fût médiocre musicienne, son instinct lui avait fait comprendre que les ornements du chant ne pouvaient avoir le caractère de la nouveauté, dans le style mis en vogue par Rossini que par la forme harmonique. »

A l'égard de Jean Jacques Rousseau, dans le même volume, page 493, on lit :

« N'ayant point eu d'éducation musicale, proprement dite, n'ayant même jamais appris régulièrement la musique, il fut toujours mauvais lecteur et médiocre harmoniste, bien qu'il eût à un éminent degré l'instinct et l'amour de l'art » M. Fétis ajoute, page 496, en parlant du *Devin du Village* : « Un heureux instinct se manifesta dans les chants naïfs, élégants de tout l'ouvrage. »

S'agit-il de Choron ? Le tome III de la BIOGRAPHIE UNIVERSELLE, page 130, n'est pas moins explicite :

« Quant aux exercices relatifs à la pratique de l'art, il n'en put faire, n'ayant pas de maîtres. Peut-être ne lui eussent ils été que d'une médiocre secours, il touchait à sa vingtième année, et l'on sait que les études de musique commencées à cet âge ne conduisent guères à l'habileté dans la lecture ni dans l'exécution : ce n'est que par de longs exercices, commencés dès l'enfance qu'on parvient à vaincre les difficultés multipliées de ces parties de l'art. Choron se ressentit toujours de l'insuffisance de sa première éducation musicale, et, bien que la nature l'eût doué d'un sentiment exquis des beautés de la musique, et qu'il fût devenu par la suite un savant musicien, il ne put jamais saisir du premier coup-d'œil le caractère d'un morceau de musique. Il lui fallait du temps et de la réflexion ; mais après le premier moment, il entrait presque toujours dans l'esprit d'une composition avec plus de profondeur que n'aurait pu le faire un musicien plus exercé. »

Citons encore ce que dit M. Scudo, de la reine Hortense :

« Au milieu des splendeurs de l'empire, au milieu de ce bruit d'armes et de conquêtes, on vit une femme charmante, une reine comme il y en eut quelquefois sous les Valois, qui joignait au prestige de la grandeur les grâces de la personne et le goût des talents aimables... Lorsqu'un sentiment doux et pénible, une espérance ou un regret traversait le cœur de la reine, elle se mettait à son piano, et cherchait à exprimer, dans une mélodie simple et naïve les soucis dont son âme était pénétrée. Le chant une fois trouvé, on le communiquait à Carbonnel ou à Plantade pour qu'ils fissent un accompagnement. Les choses se passaient chez la reine Hortense absolument comme aux douzième et treizième siècles, alors qu'une noble châtelaine allait chez un *harmoniseur*, ou musicien de profession, faire *noter* la romance que l'amour lui avait inspirée. On pense bien que celles de la reine Hortense étaient recherchées des amateurs. On les chantait dans tous les salons, et les orgues de Barbarie les faisaient retentir dans tous les carrefours de l'Europe. Celles qui ont eu le plus de vogue sont les suivantes : *Vous me quittez pour aller à la gloire !* *Colin se plaint de ma rigueur* (1), *Partant pour la*

(1) Ce titre de la reine Hortense pourrait me fournir l'épigraphe d'un article justificatif de ma *rigueur* envers M. Hilaire Colin qui *change l'or pur en un plomb vil* ; je pourrais ajouter le second vers de la romance :
« *Suis-je donc trop sévère ?* » et même :
« *Est-ce ma faute à moi,*
» *S'il ne veut pas m'entendre ?* »

Syrie, et surtout *Reposez-vous bon chevalier*, mélodie simple et touchante. »

J'ai vainement compulsé les volumes de la BIOGRAPHIE UNIVERSELLE, de M. Fétis, pour y trouver des documents sur la reine Hortense. Dans l'impossibilité de croire à l'omission d'une telle notabilité MUSICALE, j'ai supposé un classement anormal, et n'ayant pas trouvé le mot BEAUHARNAIS, j'ai cherché, sans être plus heureux : REINE, HORTENSE, HOLLANDE, NAPOLÉON ; seulement au mot BONAPARTE (LOUIS), COMTE DE SAINT-LEU, j'ai rencontré les lignes suivantes, tome II, page 263 (ce volume a été imprimé en 1837) : « Il fut fait roi malgré lui, » et marié contre son gré à la fille de l'impé- » ratrice Joséphine, Hortense Beauharnais. Il » saisit la première occasion d'abdiquer le » faible pouvoir qu'on lui avait donné, et se » sépara de la femme qu'on lui avait imposée. »

La reine Hortense reste donc bien et dûment exilée du Panthéon dont M. Fétis s'est institué le concierge, ou du moins elle n'y figure que sous un jour défavorable, comme une FEMME IMPOSÉE, dont s'est débarrassé au plus vite un roi démissionnaire, dont les titres pour prendre place parmi les MUSICIENS sont, en tout et pour tout, la traduction en français de l'ouvrage de l'abbé Baini, SAGGIO SOPRA L'IDENTITIA DE' RITMI MUSICALE E POETICO.

Ce n'est pas la seule fois que, le producteur étant éliminé, M. Fétis a ouvert à deux battants la porte du temple au traducteur. Son tome IV, page 115, contient l'article suivant :

« FÉTIS (Mme ADÉLAÏDE LOUISE CATHERINE), femme du précédent, est née à Paris le 23 septembre 17[..]2. Son père inspecteur-général des eaux et forêts, des départements des Ardennes et des Forêts, avait été précédemment membre des assemblées législatives, sa mère, connue sous le nom de *Mlle de Kéralio*, come auteur de *l'histoire d'Elisabeth, reine d'Angleterre* (Paris, 1785, 5 vol. in-8°), de divers ouvrages et de plusieurs romans était fille du chevalier de Kéralio, membre de beaucoup d'académies, et sous-gouverneur de l'école militaire de Paris. Mariée lorsqu'elle eut à peine atteint l'âge de quinze ans, Mme Fétis s'est livré à l'étude des arts sous la direction de son mari. On lui doit une tradiction française du livre de M. Wilhem C. Stafford, intitulés *A history of music*, publié sans le titre de *Histoire de la musique*, traduite de l'Anglais avec des notes, des commentaires et des additions (Paris Paulin, 1832 un vol. in-12). C'est après cette traduction qu'a été faite la version allemande publiée à Weimar, en 1835 »

Je cataloguerai peut-être ailleurs les incroyables omissions de la BIOGRAPHIE UNIVERSELLE DES MUSICIENS. Il me suffit de signaler ici une lacune que, selon toute apparence, M. Fétis aurait comblée avec empressement, si l'avènement du fils de la reine Hortense au trône impérial remontait à 1837, époque de la publication du second volume de la BIOGRAPHIE. Mais Louis-Philippe régnait alors, et les majestés déchues ont rarement des courtisans.

Quoiqu'il en soit, voici un supplément aux faits révélés par M. Scudo, et dont plusieurs sont confirmés par M. Fétis.

La reine Hortense trouvait avec une merveilleuse facilité ses inspirations mélodiques. Elle écrivait le 10 juillet 1822 à M. Carbonnel : « J'étais en verve, et j'en ai écrit trente- » six de suite. » Ici, au lieu d'ÉCRIT, il faut lire COMPOSÉ, PRODUIT, ENFANTÉ, tout ce qu'on voudra, hors le mot ÉCRIT ; car elle adressait sa lettre à son ancien professeur, parce qu'elle était, en 1822, dans le même embarras que trois ans auparavant, ne trouvant à Augsbourg PERSONNE QUI PUT ÉCRIRE SES ROMANCES COMME ELLE LES CHANTAIT (lettre du 6 mai 1819).

Elle se bornait à envoyer à M. Carbonnel quelques notes plus ou moins exactement mesurées, dans lesquelles M. Carbonnel — procé-

dant comme Cuvier, qui reconstituait un squelette entier d'après quelques os seulement, — donnait une forme musicale aux croquis hiéroglyphiques de son auguste élève. Aussi avec quelle effusion la reine Hortense ne le remercie-t-elle pas dans sa lettre du 6 mai 1819 ! « J'ai reçu avec plaisir, monsieur Carbonnel, » les romances que vous m'avez RENVOYÉES. » Elles sont écrites JUSTE COMME JE LES CHAN- » TAIS, et vous me les avez ARRANGÉES à mer- » veille » ..... « Je ne trouve ici PERSONNE EN » ÉTAT D'ÉCRIRE MES ROMANCES ; mais vous les » DEVINEZ si bien, que cela m'encourage à vous » en donner d'autres. »

Les faits sont ils assez nombreux et assez éclatants ? Je vous le demande, messieurs les apologistes de l'écriture usuelle de la musique vocale ? Voilà des organisations d'élite qui ont l'instinct musical, la voix, le goût, le génie mélodique, et qui au bout d'une longue carrière artistique, glorieusement remplie, n'ont pas pu arriver à découvrir sous les signes écrits les faits purs et simples d'intonation qu'ils modifient dans leur prodigieuse exécution, en y ajoutant une foule de nuances et de délicatesses dont aucun assemblage de caractères ne donnerait pas plus l'idée, qu'un supplément aux lettres de notre alphabet ne pourrait perpétuer le souvenir des INTENTIONS d'un grand comédien. Aux dons naturels dont ils étaient si largement pourvus par la munificence suprême, Ansani, Rubini, Davide, Mme Catalani, Mme Pasta, la reine Hortense, J. J. Rousseau, Choron, Garat, joignaient l'excitation que donne le besoin de savoir, et les uns ne sont arrivés qu'à ÉPELER ; le plus grand nombre à ne pas savoir lire du tout.

Vous rencontrez tous les jours, dans les amphithéâtres, dans les salons, dans les sociétés chorales, la triste preuve de l'extrême rareté des lecteurs, et vous ne savez pas voir que cet affligeant résultat de votre mauvaise écriture la condamne sans retour ! Ne seriez-vous pas les premiers à demander une *réforme de l'alphabet*, s'il était conçu de telle sorte que Talma, Le Kain, Mlle Mars, Mlle Rachel, etc., ne pussent apprendre leurs rôles que sous la dictée d'un répétiteur, ou sous celle de quelque automate parlant, construit par un autre Vaucanson ?

En êtes-vous à ce point d'ignorance idéologique, que vous ne sachiez pas que la PAROLE, signe DIRECT de l'idée, précède l'ÉCRITURE, TRADUCTION D'UNE TRADUCTION, et que tant que la langue PARLÉE ne sera pas suffisamment connue, la langue ÉCRITE, FUT-ELLE BIEN FAITE (et la vôtre est mauvaise au premier chef, pour l'intonation et pour la durée), deviendra démesurément difficile, quand elle ne constituera pas une impossibilité absolue, pour les dix neuf vingtièmes de ceux qu'on attachera pendant trois ans à ce rocher de Sisyphe.

Quelles sont vos raisons? Vous n'en donnez pas une seule? Quels sont vos résultats GÉNÉRALISÉS? Vous ne produisez que quelques exceptions qui atteignent le but MALGRÉ VOUS et NON PAR VOUS.

Toute route au bout de laquelle arrivent au plus trois pour cent de ceux qui la parcourent péniblement est une route à changer.

Vous aurez beau afficher un dédain superbe pour la science réelle et la logique du bon sens, il arrivera un jour, et peut-être n'est-il pas loin, où la lumière s'étant faite, on ne vous admettra (ceux d'entre-vous qui ont du talent) qu'à jouer, dans les salons et dans les concerts ; des instruments que vous aurez appris à bien manier, mais où on dira à ceux d'entre vous qui ne brillent que par l'organisation et le mécanisme, que leur place est ailleurs que dans la chaire professorale, parce que, SI L'INSTINCT SUFFIT POUR SE CONDUIRE, C'EST AVEC DE L'INTELLIGENCE SEULEMENT QU'ON PEUT CONDUIRE SÛREMENT LES AUTRES.

Pensez-y, messieurs; c'est le conseil d'un sage ennemi.

Aimé PARIS.

Ce qu'est devenu l'art dramatique
En province.
Cinquième article.

Rien n'atteste mieux la décadence des théâtres de la province que le texte même des engagements qu'on fait signer aux artistes. Quand l'art tombe, la spéculation s'en empare : c'est le chef-d'œuvre en ruines dont les lambeaux à l'encan s'en vont aux mains des Juifs. Le théâtre en est là. En lisant les traités existants entre les directeurs et les comédiens, on est pris d'un chagrin amer et d'un dégoût insurmontable : on croit voir les débris d'un monument auguste en proie à l'avidité des marchands de bric-à-brac.

Ce serait un beau thème à déclamations que celui de cette chute de l'art dramatique en plein dix neuvième siècle. La satire n'eût jamais un champ plus vaste, l'indignation d'une plume artiste n'eut jamais à s'exercer sur un sujet plus complaisant. Rien ne manquerait au tableau du poète : ni l'art mesquinement mutilé, ni les comédiens aux abois donnant à la société, qui les prend en pitié, le spectacle d'une misère que la plupart ne veulent même plus dissimuler.

A l'exception, je l'ai dit, de quelques chanteurs privilégiés qui touchent des appointements respectables, des milliers de musiciens, de choristes et de comédiens, en sont réduits à supprimer dans leur intérieur les choses les plus indispensables à la vie. Ceux qui sont honnêtes vivent mal et font des dettes ; ceux qui sont moins scrupuleux vivent un peu mieux et font des dupes. J'en connais d'autres qui, renonçant courageusement à une profession sans profit et sans gloire, demandent au travail de leurs mains ou de leur intelligence le bien-être honorable que le théâtre leur refuse. Un artiste, un véritable artiste celui-là, donne à Rouen en ce moment un magnifique exemple de dignité personnelle. Après une carrière commencée au Gymnase et continuée au premier rang dans les grandes villes de la province, il a énergiquement rompu avec le théâtre tel que l'ont fait des exploiteurs inintelligents et mercantiles. Ne voulant pas signer ces clauses compromettantes que nos lecteurs connaissent, il s'est rappelé le laborieux Franklin, et dans la force de l'âge et du talent, prenant à deux mains son courage et sa vieille probité, il a dit adieu, lui le dernier de la race des valets de Molière et de Regnard, il a dit adieu à son art favori, à ses maîtres bien-aimés, pour aller gagner sa vie dans un modeste emploi de teneur de livres.

Combien d'autres ont fait ou feront comme lui ? Avant peu, j'en suis sûr, tous les hommes qui se respectent auront déserté les théâtres : choristes, musiciens, comédiens et employés, iront demander à une profession extra-artistique un salaire que le théâtre ne peut plus leur donner, et cette considération que les directeurs s'efforcent de détruire dans leurs traités iniques.

Qu'arrive-t-il déjà ? C'est que la vocation ne pousse plus personne au théâtre. Quelques jeunes gens enthousiastes qui voudraient se livrer à l'étude en sont empêchés par leurs amis ou par leurs familles, qui ne veulent pas qu'un homme intelligent et considéré aille grossir les rangs de cette grande et misérable armée qu'on subventionne chaque année sans qu'elle en soit plus riche. Personne ne veut se faire choriste ou musicien ; les vieux meurent dans les orchestres, et leurs places restent vides ou sont remplies par des ménétriers. On verra bientôt les directeurs de province disputer un trombonne édenté aux baladins de la foire. Les bons choristes sont introuvables. Ceux qui ont un répertoire sont ÉREINTÉS par la fatigue des répétitions ; ceux qui sont frais et jeunes ne savent rien et se sont mis au théâtre par paresse ou par désœuvrement. La paresse, le désœuvrement et la débauche, ne sont-ce pas là les trois recruteurs de nos scènes de province ? Quelques artistes ont pu se faire artistes par vocation, mais le plus grand nombre ont obéi à un entraînement moins honorable. Peut-il en être autrement quand on connaît les tribulations de toutes sortes qui menacent l'artiste, et les conditions exorbitantes que les directeurs imposent à leurs administrés.

Dès-lors que le théâtre n'offre plus aux comédiens une carrière acceptable, une position qu'un homme de labeur, d'intelligence et de probité puisse embrasser sans répugnance, il faut, je le dis, être poussé par la fainéantise et par la débauche, il faut aimer la vie dissipée de la bohème et compter pour beaucoup, si l'on est femme, le piédestal tout fait qu'on trouve devant la rampe, pour livrer sa jeunesse, ses espérances, sa force virile et sa dignité à un directeur qui vous fait signer un chiffon de papier, en vertu duquel on ne s'appartient plus, en vertu duquel on n'est même pas assuré de toucher au bout du mois l'argent qu'on a dix fois gagné.

Il importe donc, en attendant qu'une réforme radicale jette à bas toutes ces directions pourries qui chancellent sur leurs jambes, il importe qu'on mette un frein à la cupidité des brocanteurs qui malmènent les artistes et tuent l'art du même coup. Les tribunaux nous donnent une force de plus en déchirant des engagements odieux et en ne voulant pas reconnaître des clauses potestatives frappées d'avance de nullité; il faut en profiter. C'est aux municipalités auxquelles nous nous adressons, de tracer aux directeurs, dans le cahier des charges, la ligne qu'ils auront à suivre.

Il ne faut pas :

1° Qu'on impose à l'artiste l'obligation de TOUT FAIRE en dehors de ses attributions qui doivent être limitées ;

2° Qu'un directeur ait le droit de chasser un artiste accepté par le public, avant l'intervention des tribunaux qui apprécieront les motifs ;

3° Que le directeur ait la faculté de suspendre les appointements de sa troupe, hors le cas fort rare de fermeture par force majeure ;

4° Que le directeur se refuse à payer l'artiste pendant une fermeture lorsque celui-ci aura prêté ses talents pour des répétitions, ce qui constitue un travail réel méritant salaire ;

5° Que le directeur soit dégagé envers l'artiste dans le cas de transmission ou de restitution du privilège, attendu que le directeur de théâtre, comme tout débiteur, doit rester responsable des dettes qu'il a contractées ;

6° Que le comédien soit engagé envers le directeur SANS RÉCIPROCITÉ ;

7° Que les clauses d'un engagement ne dépendent, dans leur exécution, que de la SEULE VOLONTÉ du directeur, ce qui constitue une nullité prévue par la législation.

Je dirai plus.

Il ne faut pas qu'un directeur ait la faculté de mettre à la porte un pensionnaire d'un mérite reconnu, qui aura pendant plusieurs années rempli avec zèle, avec conscience, avec talent un emploi, si modeste qu'il soit.

Le théâtre n'est pas une entreprise particulière, puisqu'on le subventionne et que les directeurs sont nommés par le ministre, sur la présentation des municipalités. Le directeur doit donc à la société qui le paie, à l'administration qui lui confie le privilège, au gouvernement qui sanctionne sa nomination, un compte sévère de sa gestion et de l'emploi des deniers publics. Conséquemment, il faudrait imposer au directeur un programme duquel il ne pût pas s'écarter sans forfaiture. Et dans ce programme devrait entrer le chiffre des appointements des chœurs et de chacun des pupitres de l'orchestre. J'irai plus loin. Je voudrais que l'orchestre, les chœurs et les employés fussent soustraits à l'autocratie du directeur, et que la ville, comme cela se pratique dans plusieurs centres de l'Allemagne, couvrit de sa protection ces humbles serviteurs du théâtre qui sont établis, portés au rôle des contributions et dont l'existence dépend, dans l'état actuel des choses, des caprices ou de la mauvaise humeur d'un directeur.

Ceci est d'une injustice criante. Un directeur arrive, expulse un artiste, un choriste, un musicien, l'expulse sans motifs et le remplace, cause la ruine d'une famille et s'esquive sans payer au bout d'un mois ou deux d'exploitation, laissant derrière lui des maux irréparables.

N'est-ce pas là l'histoire de toutes les directions?

Il est temps que cela finisse.

Si l'on veut la prospérité des théâtres, il faut assurer aux artistes, quoiqu'ils soient, musiciens ou choristes, comédiens ou chanteurs, une vie tranquille et honorable. Il faut même, car le théâtre a aussi ses invalides, que pour prix de vingt ou trente années de services un choriste, un musicien, un employé ne soit pas honteusement expulsé et réduit à la mendicité par un directeur qui ne fera que paraître et disparaître comme cela leur arrive le plus souvent.

Guerre aussi à ses intrigues de boudoir qui substituent à la justice la fantaisie ou la passion d'une favorite haineuse. Un directeur se perd et perd les autres avec lui lorsqu'il admet dans son conseil la voix vindicative ou jalouse d'une souveraine au petit pied, qui se croit d'autant plus permis qu'elle se sent plus aimée.

C'est en passant par ces premières réformes qu'on arrivera à l'inauguration d'une ère nouvelle pour les théâtres.

A moins qu'on ne proclame un jour l'abolition des priviléges, ce serait peut-être le plus court et le mieux.

Louis ROGER.

ERRATUM.

Page 2 ; article Mercadier ; colonne 2 ; deuxième ligne; lisez : Notre drapeau est sans tache et ne saurait être porté par la MAIN SOUILLÉE d'un joueur de grosse caisse.

Darnétal. Imprimerie de FRUCHART.

XI° Année ; — 1″ du nouveau titre. **UN NUMÉRO : 20 CENT.** N° 42.—Dimanche 9 Novembre 1856.

Musique, — Sciences, — Arts, — Littérature, — Théâtres.

LA RÉFORME MUSICALE

JOURNAL DES DOCTRINES DE L'ÉCOLE GALIN-PARIS-CHEVÉ.

ABONNEMENT A ROUEN : 10 FR.

ON S'ABONNE

A ROUEN, chez M. Louis Roger, rue Porte-aux-Rats. 2.
A PARIS, chez M. Emile Chevé rue des Marais-S.-G.. 48.
A MARSEILLE, chez M. Aimé Paris rue Paradis, 77.

BUREAU A ROUEN, RUE PORTE-AUX-RATS, N° 2.

LOUIS ROGER, Directeur-Gérant.

ABONNEMENT DANS LES DÉP. : 12 FR,

ON S'ABONNE

A LYON, chez M. Perraud, rue du Griffon, 11.
AU HAVRE, chez M. Vasse, rue Molière, 16.
Les abonnements peuvent être payés en timbres-postes (Affranchir).

RENSEIGNEMENTS. — Cette feuille paraît, à ROUEN, tous les DIMANCHES. — Tout ce qui concerne l'administration du journal doit être adressé à Rouen, rue Porte-aux-Rats, 2. — Ce qui concerne la rédaction peut être indifféremment adressé à M. CHEVÉ, à M. Aimé PARIS, ou au Directeur-Gérant. — La critique demeure sous la responsabilité de celui qui la signe. — Il sera rendu compte des Ouvrages dont un exemplaire sera déposé au bureau du journal. Les lettres non affranchies seront refusées.

On peut se procurer des numéros de la *Réforme*, au Bureau du Journal ; — au dépôt du cours Boïeldieu, à Rouen, — et dans l'intérieur des Théâtres.

M. MERCADIER LE CONSERVATOIRE DE MUSIQUE,
& LA MÉTHODE GALIN-PARIS-CHEVÉ.

(13° article. — Voir les numéros des 15 et 29 juin, 20 juillet, 10 et 24 août, 7, 21 et 28 septembre, 5, 12, 19, 26 octobre et 2 novembre 1856).

C. — Cours. — *Propagation orale* d'Emile Chevé.

1° Les exercices de madame Chevé, indispensables pour les cours (la méthode n'était point encore imprimée) ont été imprimés par moi sur toile. Voici ce que ce travail m'a coûté de temps, pris sur mes nuits, mes occupations absorbant toutes mes journées : J'ai commencé cette impression à la fin d'octobre 1840 et ne l'ai terminée qu'à la fin de mai 1841. Je commençais chaque soir ce travail à 9 heures et ne le quittais qu'à 3 heures du matin. Cela a duré sept mois : c'est mon noviciat dans l'apostolat.

2° A Lyon, en 1842 et 1843, j'ai fait deux expériences gratuites : La première sur des canonniers du 12° régiment d'artillerie, commandé par le colonel Gélibert (batterie du capitaine Gauthier) ; la deuxième, à la caserne des Collinottes, sur les soldats du gymnase, dirigés par le capitaine d'Argy, soldats qui appartenaient au 12° léger, au 16° et au 29° de ligne. Cette seconde expérience, ordonnée par le général de Lascours, commandant la division, a duré un an, à cinq leçons d'une heure et demie par semaine. Les deux expériences réunies me coûtèrent 2,200 fr., dépensés en impressions, *expressément destinées à ces militaires et que je leur donnai*. — Les deux cours réunis reçurent environ 300 leçons.

3° Du 8 janvier 1844 au 20 octobre 1856, dans une période non interrompue de près de 13 ans, j'ai ouvert à Paris *101 cours*, dont *22 publics et gratuits*. Ces derniers portent sur mes livres d'inscription les numéros 1, 13, 15, 33, 35, 40, 46, 47, 50, 60, 63, 71, 72, 75, 76, 80, 84, 87, 90, 94, 98, 100. Dans ces 101 cours, ne sont pas compris *quatre cours gratuits de 2° degré*, qui n'ont pas été annoncés, et 6 années de société chorale à 2 leçons par semaine ; ce qui, bien compté donne 111 cours, dont 32 publics et gratuits.

Ces *trente-deux* cours gratuits ont été faits aux endroits suivants :

Un cours dans les salons de la *Démocratie pacifique*, de janvier à juillet 1844.

Un cours, qui a duré deux ans, chez *les frères* du demi-pensionnat, 10, rue des Francs-Bourgeois au Marais — (frère Baudime, directeur) — 1846, 1847, 1848.

Un cours à la maison de patronage des jeunes repenties de la rue de Vaugirard ; œuvre présidée par madame de Lamartine, 1846.

Douze cours dans l'école communale de la rue du Renard Saint-Méry. Le premier de ces cours fut ouvert avec 300 élèves, le 22 janvier 1849, *sur la demande de l'association polytechnique*, dont j'ai fait partie depuis ce jour jusqu'au 28 février 1855, jour où la salle me fut enlevée par ordre de M. le Préfet de la Seine, qui me fut signifié le 27 au soir, 24 heures avant notre expulsion. — C'est Saint-Méry qui a été le berceau de notre école à Paris ; c'est là qu'a été formée la société chorale ; c'est là qu'elle s'est réunie pendant quatre ans : du 1er janvier 1851 au 28 février 1855. Nous ne l'oublierons pas !

Quinze cours à l'École-de-Médecine. Le 1er a été ouvert le 13 mars 1849, *sur la demande expresse de M. Magin-Marrens, maire-adjoint du onzième arrondissement*. Les quatorze autres ont été ouverts par ma propre initiative et sous ma seule responsabilité. Aujourd'hui, qu'on nous a retiré la salle de Saint-Méry, notre société se réunit à l'École-de-Médecine deux fois par semaine. Les cinq autres jours ont lieu les cours publics. — Je fais à l'École-de-Médecine *14 heures de cours par semaine*.

Deux cours d'expérimentation sur les militaires de l'école normale de gymnastique de la Faisanderie, dirigée par le commandant d'Argy. Ces expériences, ordonnées par le maréchal Saint-Arnaud, ministre de la guerre, ont été faites de septembre 1853 à juillet 1854 (3), et sont continuées depuis par M. de Féraudy qui en a déjà fait 4 avec plein succès.

---

(3) La redoute de la Faisanderie est située au-delà du bois de Vincennes, près Joinville-le-Pont, en face de la marine. Au mois de septembre 1853, 3 mois après le concours de Paris, je m'adressai à M. le maréchal de Saint-Arnaud, ministre de la guerre. Je le priai de m'accorder l'autorisation d'essayer la méthode sur les 120 sous-officiers et caporaux qui forment le personnel élève du gymnase normal. *Huit jours après*, ma demande m'était accordée ; et je commençai immédiatement

Ces *vingt-six* cours gratuits - je ne parle pas des six années de la société chorale — ont réuni plus de *douze mille cinq cents* (12500) inscriptions, hommes, femmes ou enfants ; car souvent la famille tout entière, depuis la petite fille jusqu'au grand père, suit mes leçons ; et j'avoue que c'est là surtout le but que je désire atteindre. Le meilleur moyen de faire entrer la paix dans le foyer domestique, *c'est de donner à la famille tout entière un ou plusieurs sujets de travail, de conversation, de plaisir* EN COMMUN ; ce moyen d'union et d'harmonie a une puissance dont on ne se préoccupe pas assez.

Le nombre total des leçons, cours et sociétés réunis, s'élève, sans compter les 300 de Lyon, à 2800, ce qui donne une moyenne de 88 leçons par chacun des 32 cours. — La durée de chaque leçon est de deux heures pleines, et ces deux heures sont absolument remplies par le travail : on ne se repose jamais. Chaque cours représente donc 176 heures de travail sérieux.

Depuis le 22 janvier 1849, jusqu'à ce jour, 20 octobre 1856 (sauf trois mois passés à Brest pour y organiser les cours), les leçons publiques ont eu lieu *tous* les jours, sans aucune exception, de 9 heures à 11 heures du soir, les jours ouvrables, de 9 heures à 11 heures du matin, les dimanches et fêtes. Avant que l'on m'eût retiré la salle Saint-Méry, les leçons du dimanche s'y faisaient de 2 à 4 heures de l'après-midi, été comme hiver. — C'est moi qui fais toutes les leçons, et je n'y manque jamais ! Quand 9 heures sonnent, je suis à mon tableau, qu'il fasse froid ou chaud, sec ou mouillé ; que je sois fatigué ou dispos, bien portant ou malade. Je suis toujours le premier à mon poste, et je ne le quitte que le dernier. Trouvez quelqu'un qui affirme le contraire, et qui vous dise m'avoir rencontré dans les salons, dans les *antichambres*, dans les bals, aux spectacles, etc. Je ne puis aller nulle part. — Aussi, malgré tous mes travaux, tous nos sacrifices et tous les résultats produits, ne jouissons-nous pas encore *du même bonheur* que M. Mercadier, d'être adoptés par le Conservatoire et par la maison impériale de Saint-Denis, d'être médaillés de l'exposition, etc. De quelle *maladresse native* ne faut-il pas que nous soyons *affligés*, Aimé Paris et moi, pour avoir si peu gagné dans l'esprit des Conservatoires, avec des moyens si puissants, mis en œuvre pendant si longtemps !... et de quelle habileté merveilleuse, au contraire, doit être doué M. Mercadier, pour avoir si *vite* et si *complètement* gagné l'esprit de ces messieurs, avec son fétu d'emprunt !...

4° Dans mon premier cours public ouvert à Saint-Méry, sur 800 ouvriers inscrits, il s'en trouvait 450 sans ouvrage (nous étions au commencement de 1849). Je leur donnai 450 méthodes que j'avais payées comptant (les novateurs, en général, n'ont pas de crédit), et qui représentaient pour nous une valeur de 1,800 fr.

5° La salle Saint-Méry ne me coûtait rien ; je n'y dépensais que *mon temps, ma santé et mes livres* ; mais tous les frais d'éclairage, de service, etc., frais très-lourds pour la bourse d'un apôtre, sont entièrement à ma charge à l'Ecole-de-

mon expérience sur les élèves du gymnase qui reçurent trois leçons de deux heures par semaine. — *Quatre mois* après, l'expérience était terminée avec plein succès. Mais la guerre s'allumait, et le ministère ne pouvait s'occuper d'un pareil détail. — Le général Repont, inspecteur de l'école, m'engagea à faire une deuxième expérience sur le personnel nouveau qui venait remplacer l'ancien. C'était dur ; mais je commençai, faisant toujours mes trois leçons de deux heures par semaine ; et cette fois, après six mois de cours, une seconde expérience parfaitement concluante était terminée. Mais la guerre était déclarée. Je reçus du ministère une lettre qui constatait le succès complet des deux expériences, mais qui remettait *après la guerre* à donner suite à mes expériences. Mais en attendant, on rendit le cours de musique obligatoire au gymnase, et la direction en fut confiée à M. le lieutenant de Féraudy. — M. de Féraudy a déjà fait 4 cours, sur 4 personnels différents, et 4 fois encore le succès a été complet. Il fait en ce moment son cinquième cours.

Voici du reste ce que me prenaient les cours de la Faisanderie. Du mois de septembre 1853 au mois de juillet 1854 je suis allé à la Faisanderie trois fois par semaine. Je partais à 8 heures 1/2 de Paris, et ne rentrais chez moi qu'à 2 heures 1/2. L'hiver fut fort rude cette année-là et plusieurs fois la neige et la glace interrompirent le service des voitures. Je faisais alors les deux routes à pied, arrivant à la Faisanderie trempé de sueur et de neige et faisant immédiatement une leçon de 2 heures, de bout, immobile, dans une caserne sans feu ; puis ma leçon achevée, je m'en revenais au pas de course, bien portant ou malade toujours, pour reprendre mes cours de trois heures de l'après-midi à 11 heures du soir ; — pendant 10 mois qu'ont duré les deux expériences, je n'ai pas une seule fois manqué l'heure pour la leçon de la Faisanderie. — Voilà trois ans de cela et *ma grosse caisse avait*, jusqu'ici, oublié d'en *parler*.

Médecine, que je dois à la bienveillance éclairée de M. Bérard, ancien doyen, et de M. Paul Dubois, doyen actuel. Tous deux ont compris l'importance de notre œuvre de moralisation et de concorde, et le bien immense qui en résulte, non seulement pour la classe ouvrière qui en profite directement, mais encore pour beaucoup d'autres qui ne s'en doutent pas. Malgré toutes les manœuvres employées pour nous faire expulser de l'École-de-Médecine, comme on nous a fait expulser de Saint-Méry, M. Paul Dubois nous y a maintenus. Aussi son nom est béni dans notre école et dans tous les ateliers dont tous les ouvriers viennent chaque soir profiter de sa bienveillance et intelligente hospitalité. Grâces lui soient rendues, ainsi qu'à M. Bérard, au nom de tous ceux qu'ils ont sauvés de la débauche et du cabaret !... et le nombre en est grand... Ah ! si tous ceux qui ont provoqué et qui entretiennent contre nous une guerre plus *inintelligente encore* qu'*injuste*, avaient fait comme ces deux hautes intelligences, que de mal ils auraient évité ; que de bien ils auraient fait ! !... Mais ces messieurs ont repoussé sans voir, et rien au monde ne saurait les ramener à une rétractation juste. Que faire ?

6° Avant l'ouverture de mes cours publics, c'est-à-dire pendant 5 ans, *et alors que la méthode était fort peu connue*, mes cours particuliers du soir étaient florissants et nous permettaient d'éditer nos ouvrages au fur et à mesure de leur création. Mais aussitôt l'ouverture de mes cours publics à Saint-Méry et à l'École-de-Médecine, mes cours particuliers du soir, ceux qui étaient le plus suivis, sont tombés à plat, tout le personnel habituel de ces cours s'étant rejeté sur mes cours gratuits, auxquels j'admets tout le monde indistinctement (1). Dès lors, je me vis dans l'obligation d'opter entre mes cours publics et mes cours particuliers du soir. C'est-à-dire qu'il fallait *sacrifier les cours publics qui faisaient triompher l'idée*, mais *qui me ruinaient* ; ou *sacrifier mes cours particuliers qui m'enrichissaient*, mais *qui n'étaient pas d'aucune utilité pour la diffusion de l'idée*. Dans cette cruelle alternative, qu'aurait fait M. Mercadier ?... Quant à moi je n'ai pas balancé ; et, contre l'avis de tous ceux qui me veulent du bien, j'ai sacrifié mes cours particuliers du soir pour continuer les cours publics et faire arriver plus sûrement et plus vite l'idée utile à tous, *moi et les miens exceptés*. -- Je me trompe : j'ai sacrifié ma fortune pour pouvoir *continuer à jouer de la grosse caisse dans les amphithéâtres* !... Venez donc, monsieur, si vous l'osez, répéter ces odieuses paroles dans l'amphithéâtre, devant mes élèves, anciens ou nouveaux !... mais vous ne viendrez pas plus soutenir vos paroles devant eux que vous n'êtes venu soutenir votre livre, en prouvant que les idées qu'il renferme sont bien à vous ; rien n'était cependant plus facile à faire si la chose eut été vraie.

Mes cours publics ont donné naissance, et fournissent des recrues à notre société chorale, la plus nombreuse de France (elle compte aujourd'hui 340 membres) et la seule qui lise à première vue et écrive sous la dictée, dans tous les tons et sur toutes les clés, comme l'a prouvé le concours de 1853. Cette société, *fruit de mon travail personnel*, s'est déjà fait entendre *quatrevingt-dix-sept* fois en public, depuis 6 ans, et a chanté 166 chœurs différents, ce qui donne une moyenne de 28 chœurs nouveaux par an, et prouve un travail sérieux. -- Cette société publie un répertoire considérable dont le soin retombe surtout sur mon fils et sur moi, etc. Tout cela est encore pour nous un surcroît considérable de travail qu'il nous faut ajouter à notre tâche déjà si lourde.

Il faut ajouter encore, au compte de Madame Chevé, un grand nombre d'expériences gratuites dont voici les trois principales :

1° De juillet à septembre 1840, expérience faite par ordre de M. Cousin, ministre de l'instruction publique. Cette expérience, confiée aux soins de M. Orfila et de M. Henry, alors professeur au Conservatoire, fut faite sur un sujet fourni par ces messieurs, et réussit complètement. -- Voilà 16 ans qu'elle a eu lieu ; nous en attendons encore le rapport (Voir ma *protestation au comité central*, page 34 et suivantes).

2° De décembre 1843 à mai 1844, expérience *quintuple* faite parallèlement sur cinq personnes isolément. Cette expérience était demandée par la *Démocratie Pacifique*, qui expérimentait, en même temps, *l'enseignement collectif* fait par madame Chevé. M. Allyre Bureau a rendu compte de ces deux expériences dans la *Démocratie Pacifique* du 2 septembre 1844 (voir ma *protestation au comité central*, page 43 et suivantes).

3° De novembre 1855 à mars 1856, expérience faite pour M. le président de la commission nommée par M. le Ministre de l'instruction publique pour organiser l'enseignement de la musique dans les écoles de France. L'expérience a été faite sur M. le Président lui-même. -- Nous en attendons les suites.

Enfin, dans nos *états de services*, que les paroles de M. Mercadier nous obligent à mettre sous les yeux du lecteur, je ne dois pas omettre le concours de Paris, du 12 juin 1853, le *premier* et le *seul jusqu'ici* où l'on ait vu le concours porter, non-seulement sur l'*exécution*, mais encore sur la *lecture à première vue* et l'*écriture sous la dictée*. -- Le jury du concours, composé de MM. Hector Berlioz et Henry Réber (présidents) ; Tajan-Rogé et Allyre Bureau (secrétaires) ; J. Armingaud, L. Besozzi, Henri Blanchard, Félicien David, F. Delsarte, A. Elwart, Léon Kreutzer, Louis Lacombe, Lefébure-Wély, Aimé Maillart, Meifred, Edmond Membrée, Jacques Offenbach. F. Séghers, Th. Schlœsser, A. Thys. L. Massart, G. Héquet, Rosenhain, *tous membres de l'école ancienne*, déclara A L'UNANIMITÉ

<hr>

(1) Cette influence, désastreuse pour nos intérêts, ne s'est pas arrêtée à mes cours du soir ; en voici une preuve toute récente :

Le 7 octobre dernier, j'ai ouvert, à l'École-de-Médecine, un cours public et gratuit -- c'est mon *centième* cours. -- Les inscriptions ont atteint le chiffre de 451 (quatre cent cinquante-et-une).

Le 20 octobre, treize jours après, j'ai ouvert chez moi, à une heure et demie, -- un cours particulier -- mon *cent unième* cours. -- Il compte UNE inscription.

Voilà ce qu'il en coûte, Monsieur, pour accomplir l'œuvre d'utilité générale à laquelle nous avons voué notre vie. Mais ce n'est pas une raison pour que ceux qui nous dépouillent, *dans le seul but de* PROFITER *de nos travaux*, viennent, pour cacher leur mauvaise action, nous jeter à la figure l'ignoble expression de *joueurs de grosse caisse*.

que l'école nouvelle avait pleinement satisfait à toutes les exigences du programme ; et la médaille de 500 fr. donnée par moi, fut décernée à notre société. -- Les journaux de l'époque ont rendu compte de ce concours, dont *l'initiative et l'organisation m'appartiennent exclusivement*, et qui m'a coûté 2,500 fr. -- Depuis 3 ans 1/2 que j'en ai payé tous les frais, c'est la première fois que *ma grosse caisse* s'annonce au public, et c'est vous qui m'y forcez.

Tel est l'exposé simple et vrai des travaux et des sacrifices accomplis, à l'aide de *nos seules ressources*, par M. Aimé Paris, Mme Émile Chevé et moi, dans notre œuvre d'apostolat, qui dure depuis 33 ans pour M. Aimé Paris, depuis 20 ans pour madame Émile Chevé et depuis 15 ans pour moi. Sans compter J. J. Rousseau et Galin, cela donne déjà la somme de *soixante huit ans* dépensés dans la lutte !... Sans être taxé d'exagération, je crois pouvoir dire que tout cela se résume pour nous de la manière suivante :

Depuis que nous avons commencé notre apostolat *nous avons appliqué*

Toutes nos ressources ;

Toutes nos facultés ;

Tout notre temps,

A la vulgarisation d'une idée utile à tous, soit directement soit indirectement ; en même temps que nous lui avons fait le sacrifice absolu :

De nos carrières et de nos intérêts privés ;

De nos santés ;

De notre part légitime des jouissances auxquelles chacun à le droit d'aspirer (2).

Et c'est à des vies de travail, de probité et d'abnégation comme les nôtres, consacrées depuis si longtemps, au vu et au su de tous, à une œuvre d'utilité générale, que cet homme, compilateur d'hier, vient à la face du monde, jeter les épithètes dégradantes de *faiseurs de réclames* et de *joueurs de grosse caisse dans les amphithéâtres* !

Mais qu'à-t-il donc fait, lui, pour oser nous traiter ainsi, après nous avoir dépouillés ? -- Ce qu'il a fait ? Je vais vous le dire :

1° N'ayant point d'idées à lui, il a pris celles des autres pour faire son livre ; et encore ne l'a-t-il pas fait, puisqu'il avait un collaborateur, ce qu'il a oublié de dire au public ;

2° Pris en flagrant délit de plagiat, il feint ne pas descendre à une justification impossible et fait contre nous, *les dépouillés*, un *factum* qu'il lance partout ;

3° Il fait appel à la justice et refuse l'insertion de notre réponse dans le journal qui a reçu son attaque ;

4° Ne pouvant trouver une seule raison pour prouver qu'il n'est pas un plagiaire, il invoque hardiment la *vérité*, *le bon sens*, la *modération*, *la justice* ; puis, ces précautions prises, et tranchant de l'homme outragé, il imprime :

Que nous sommes en colère ;

Que nous manquons de logique et de politesse ;

Que nous injurions des hommes illustres ;

Que nous faisons des carillons de sottises ;

Que la bonne foi est bannie de nos réclamations ;

Que nous usons de supercherie ;

<hr>

(2) Un rapprochement curieux, et tout d'à-propos, se présente encore ici, entre la conduite de M. Mercadier et la nôtre :

Ce travail acharné de toutes les minutes, qui dure pour nous depuis si longtemps ; ces sacrifices de toute nature que nous avons faits et que nous faisons chaque jour à une idée d'utilité générale ; les services que nous avons rendus en offrant depuis tant d'années un refuge à tant d'ouvriers contre l'oisiveté et les mauvais entraînements : tout cela nous donnait-il *le droit commun*, le droit qu'a l'éditeur de M. Mercadier de faire -- *dans l'intérêt de sa marchandise* -- le plus de publicité possible ? Certainement, nous avions et nous avons toujours ce droit de faire -- dans l'intérêt de notre idée -- ce que l'éditeur de M. Mercadier fait dans son intérêt privé. -- Eh bien ! non-seulement je n'ai pas, comme l'éditeur de M. Mercadier, fait le plus de publicité possible : *ce qui était mon droit* ; mais je refuse même celle qui s'offre à moi par la force des choses, et que bien des gens, qui sont loin d'être des *joueurs de grosse caisse*, me blâment amèrement de refuser.

1° D'abord, aucune affiche n'a jamais annoncé nos nombreux ouvrages, qui datent de 12 ans ;

2° Les journaux ne les annoncent jamais ;

3° *Mes cours gratuits sont annoncés* par journaux et par affiches ; *mes cours particuliers ne le sont pas* ;

4° Mes cours gratuits ayant tué mes cours particuliers du soir, j'avais le droit de faire distribuer mes prospectus particuliers, soit dans mes cours publics, soit dans les séances d'exposition que j'ai données à l'École-de-Médecine, et dont l'effet est si écrasant. Tout le monde m'en a donné le conseil ; bien plus, m'a reproché, comme une sotte pruderie, de ne pas le faire. Eh bien ! 97 fois j'ai conduit des chœurs en public, et pas une seule fois je n'ai souffert que l'on distribuât un seul prospectus de mes cours particuliers, alors que j'ouvrais souvent ces cours avec un ou deux élèves nouveaux, quelquefois même avec zéro. -- Voilà ce que M. Mercadier, qui fait donner à sa compilation toute la publicité possible, appelle *jouer de la grosse caisse dans les amphithéâtres* !

5° Chaque année nous donnons, à l'École-de-Médecine, 6 ou 8 concerts gratuits, où nous montrons des résultats vraiment incroyables pour ceux qui ne les ont pas vus et qui ne peuvent concevoir de tels moyens d'enseignement. Eh bien ! depuis 7 ans que cela dure, et, *malgré mon désir insatiable de publicité*, je n'y ai jamais invité les écrivains de la presse périodique, quoique je *fasse* moi-même, de ma main, environ *huit mille invitations par an* ! -- C'est une sottise, j'en conviens ; mais c'est un fait, et un fait qui rend l'accusation de *joueur de grosse caisse*, lancée par M. Mercadier, aussi ridicule qu'elle est odieuse.

Que nos injures partent de trop bas pour l'atteindre ;

Qu'il méprise nos injures ;

Que nous sommes dévorés du besoin d'occuper le public de nous et de nos écrits;

Que nous sommes des faiseurs de réclames ;

Que nous jouons de la grosse caisse dans les amphithéâtres, etc ;

5° Dans des pièces, *dont il a cru que je devais toujours ignorer l'existence*, il accole à mon nom des insinuations politiques ;

6° Dans les textes qu'il cite, il fait des suppressions adroites, leur fait dire hardiment ce que l'auteur déclare positivement ne pas dire ; puis, il profite de cet acte de déloyauté pour transformer Aimé Paris et Emile Chevé en deux imbéciles impertinents que l'on ne saurait prendre au sérieux, etc., etc.

Voilà ce qu'il a fait !....

Voici maintenant ce qu'il n'a pas fait :

1° Il n'a pas apporté une seule idée scientifique *à lui* dans l'enseignement musical, qu'il prétend cependant, avoir éclairé d'un jour nouveau ;

2° Il n'a pas écrit une seule ligne de polémique pour aider à détruire les erreurs sans nombre qui encombrent l'enseignement musical et le rendent à peu près inutile pour l'immense majorité de la population ;

3° Il n'a pas fait un seul cours (à ma connaissance du moins) pour vulgariser les idées vraies et fécondes qu'il a prises dans notre école et pour démontrer, chemin faisant, la fausseté de celles qui forment la base de l'enseignement officiel ;

4° Il n'a fait aucun sacrifice pour l'avancement de la science, puisqu'il n'est même pas l'éditeur de son livre ; etc., etc.

Et maintenant, est-il possible de comprendre qu'avec :

Nos 15 années de lutte non interrompue :

Nos 3,600 pages d'impression, la polémique non comprise ;

Nos 54 expositions publiques, dans 46 villes différentes ;

Nos 230 cours de 80 leçons chacun ;

Nos 97 séances publiques à Paris seulement ;

Nos demandes réitérées de concours, tous les frais à notre charge ;

Nos concours de Rouen, 1849, et de Paris, 1853 ;

Nos expériences sans nombre, répétées chaque jour, de tous côtés et avec plein succès ;

Nos sacrifices de toute nature ; etc., etc,

Est-il possible, dis-je, de comprendre que nous n'ayons jamais pu obtenir, ni de la commission du chant, ni du Conservatoire, *la simple faveur d'une constatation officielle de nos travaux et de nos résultats ?...*

Et comprend-on davantage, après cela, que M. Mercadier, dont le nom n'est connu dans l'enseignement musical,

Ni par ses cours ;

Ni par sa polémique;

Ni par aucun concours ;

Ni par aucun travail de plume ;

Ni par quoique ce soit,

N'ait eu qu'à se présenter au Conservatoire, avec sa brochure, remplie des idées que l'on repousse chez nous, pour voir son travail de compilation adopté immédiatement — et à l'unanimité — par les onze membres du comité des études, dont trois ont déclaré, par écrit, avoir lu notre livre avec une sérieuse attention !—

Et le comité des études du Conservatoire se croit à l'abri de tout reproche en déclarant, de l'air le plus paterne du monde, que M. Mercadier a *profité* des travaux de ses devanciers, comme si chacun avait le droit de profiter de la *propriété* d'autrui...

Et quand nous venons réclamer contre le plagiat de M. Mercadier, et contre l'acte inouï du Conservatoire, M. Mercadier se garde bien de prouver qu'il ne nous a pas dépouillés, et que le Conservatoire n'a pas attribué à Pierre ce qui est à Paul et n'a pas accepté du premier ce qu'il a condamné chez le second ; mais, en revanche, il lance contre nous un écrit abominable, qu'il répand de tous côtés .....

Lecteur !

Vous le voyez : c'est sous la pression de la nécessité la plus impérieuse que j'ai fait cet écrit : Il y allait de notre réputation ; il y allait de l'existence de l'école que nous avons fondée par tant de sacrifices et de travaux.

Nous ne pouvions nous laisser dépouiller et voir le Conservatoire sanctionner la spoliation, sans réclamer... — Nous avons réclamé.

Nous ne pouvions nous laisser flageller, nous laisser couvrir de honte et de ridicule, par celui qui nous avait si cavalièrement dépouillés, sans démasquer le plagiaire et sans punir l'agresseur. — Nous avons fait l'un et l'autre.

Si nous n'avions pas réclamé, on aurait dit : La preuve sans réplique que les idées émises par M. Mercadier sont bien à lui, *c'est que le Conservatoire l'a positivement déclaré dans une pièce officielle, rendue publique* ; et que ni M. Aimé Paris, ni Mme Chevé, ni M. Emile Chevé n'ont réclamé. — Ils n'avaient donc rien à réclamer....

La preuve aussi que toutes les accusations si graves portées par M. Mercadier contre MM. Aimé Paris et Emile Chevé sont vraies, c'est que ces Messieurs, qui n'ont jamais laissée impunie une agression sérieuse, n'ont rien répondu, cette fois, à la pièce insultante qu'on les a contraints d'insérer dans leur propre journal, et qu'ils ont courbé le front sous la verge sanglante de M. Mercadier ! . Ils n'avaient donc rien à répondre.—

Il a donc fallu répondre, et répondre de manière à ne laisser, dans l'esprit du lecteur, aucun doute, ni sur notre droit de propriété, ni sur l'honorabilité de nos personnes. — C'est ce que nous croyons avoir fait.

S'il y avait eu dans la législation un recours contre l'acte du Conservatoire, qui s'est cru le droit monstrueux de refuser une invention de Paul, pour en attribuer ensuite *le mérite* et *la propriété* à Pierre, qui n'y a d'autre titre que celui de l'avoir prise à son *devancier, pour en profiter*, nous aurions porté notre plainte devant les tribunaux. Mais la loi n'a pas, je crois, prévu ce cas extraordinaire.

C'est pourquoi j'ai intitulé cet écrit : APPEL AU POUVOIR.

Le Pouvoir, seul, a le droit de combler les lacunes qui existent dans la loi; seul, il peut redresser de pareils actes d'iniquité.

J'en appelle à sa justice !...

Paris, vendredi 31 octobre 1856.

Emile CHEVÉ.

A QUELLE PUISSANCE NE PEUT PAS S'ÉLEVER LA BÊTISE HUMAINE ?

Tirons d'abord d'inquiétude les nombreux chefs-lieux de préfecture et d'arrondissement qui pourraient se croire désignés comme ayant ou comptant parmi leurs habitants le premier grand prix de stupidité dont j'ai à entretenir mes amis de la Réforme musicale.

Une méchante réputation a été faite aux habitants de Beaune et de Carpentras, par Piron et par les journaux charivariques. J'aime à croire qu'elle n'est pas méritée, toutefois elle existe pour beaucoup de gens, et il ne faut pas aggraver, par un sous entendu fâcheux , ce qui pourrait bien n'être qu'un préjugé.

C'est à Marseille, la seconde ville de France par la population, à Marseille, la plus proche voisine du soleil, parmi ses sœurs de l'Empire, à Marseille, où un quatrième port demande à recevoir le trop plein des navires qui ne trouveront point de place dans le troisième, encore en projet ; à Marseille, qui a des imprimeries, vrais miracles, après la lenteur des anciens copistes, à Marseille où viennent coucher, grâce à la vapeur et aux chemins de fer, les voyageurs qui, dix-huit heures auparavant, foulaient le pavé de Paris, à Marseille où, à peine écrites, arrivent par le fil électrique les dépêches de Londres, en moins de temps qu'il n'en faut pour monter quatre étages, à Marseille où l'heure identique est instantanément transmise à tous, par cet incompréhensible régulateur; c'est à Marseille qu'il se trouve des crétins assez dépourvus de sens moral et de la somme d'intelligence départie à des oiseaux de bassecour, pour oser sérieusement et sans craindre de provoquer un formidable éclat de rire ce que je vais répéter dans les termes mêmes qui m'ont été rapportés.

« J'avais l'intention de suivre le cours d'Ai-
» mé Paris ; mais son affiche m'en a détourné.»

Cette énormité se disait entre le 8 et le 14 mai dernier.

Que contenait donc cette affiche si compromettante ? Le voici :

« Depuis trois ans, à elle seule, la méthode Galin-Paris-Chevé a fait, ici, DIX FOIS PLUS DE LECTEURS que n'en a produit en vingt ans l'enseignement ordinaire, soit officiel, soit privé.

» Trois fois l'ancienne méthode a refusé les expériences comparatives qui lui étaient offertes par la nouvelle école.

» Nous donnons nos raisons, nous montrons nos faits, la routine ne nous oppose ni faits ni raisons.

» Il lui faudrait PLUS DE DIX ANS pour FAIRE RÉCITER les QUATRE-VINGT MORCEAUX D'ENSEMBLE que nos LECTEURS ont chantés publiquement, au prix d'un travail de QUELQUES HEURES SEULEMENT.

« Nous avons déchiffré, A PREMIÈRE VUE, et toutes les parties à la fois, le 27 avril dernier, devant quinze cents personnes, un chœur de l'opéra de Grisar, les AMOURS DU DIABLE, qu'on a été obligé de supprimer au Grand-Théâtre, parce que les enfants du Conservatoire de Marseille ne le savaient pas suffisamment, APRÈS TROIS MOIS D'ÉTUDE.

» Notre victoire est donc complète. »

Ainsi, voilà un Béotien qui vient dire avec l'aplomb de l'idiotisme le mieux conditionné quelque chose de semblable à ceci :

« Je veux redresser la déviation de ma taille,
» et je ne me demanderais pas mieux que de me
» confier à cet orthopédiste, connu par le nombre
» et la rapidité des cures qui ont rendu droits
» des rachitiques qu'on croyait à jamais tortus et rabougris. Mais ce docteur, à la
» science infaillible et aux procédés qui rendent

» la souffrance inconnue à ceux qu'il traite,
» a commis la faute grave de parler peu ré-
» vérentieusement d'un de ses confrères, qui
» n'est qu'un âne bâté, dont les malades, entrés
» chez lui à l'état de simple courbure, en
» sortent taillés en festons disgracieux. Son
» affiche énumère les guérisons qu'il a faites,
» et présente en regard la silhouette sinueuse
» des victimes de l'âne bâté; je n'en veux pas
» davantage pour ne pas me mettre entre ses
» mains, et je garde la difformité dont il me
» délivrerait si vite et si sûrement. »

Et cet homme-là ne mange pas de foin! Et il ne marche pas à quatre pattes! Je parie que s'il lit ceci, il se mettra bêtement à rire.

Aimé PARIS.

BEAUCOUP DE MILLIONS A TROUVER DANS UNE CAISSE MUNICIPALE, LE PREMIER JANVIER 1957.

Je ne veux traiter ici aucune question économique, relative à l'emploi des grosses sommes dont il va être parlé.

Ce sera à la sagesse des édiles de l'avenir à régler cet emploi ; je ne veux que remplir leur coffre fort, et semer pour qu'ils recueillent.

Une opération de simple arithmétique très-facile, mais assez lente, quand la période à calculer s'allonge, permet de savoir combien, dans un temps donné, produira l'accumulation des annuités portant des intérêts qui, à leur tour, deviendront des capitaux, grossis par de nouveaux intérêts.

L'algèbre et les logarithmes donnent ces résultats beaucoup plus vite à ceux qui savent manier l'X.

Le problème, résolu des deux manières, a donné le même résultat.

Qu'une somme de QUINZE MILLE FRANCS soit placée, le 1" janvier 1857, à un intérêt annuel de cinq pour cent, on aura droit, le 1" janvier 1858, à 750 francs d'intérêt qui, joints aux quinze mille francs placés, formeront un total de 15,750 fr.

Que le même jour, 1" janvier 1858, on joigne à ces 15,750 francs une autre annuité de QUINZE MILLE FRANCS ce sera 30,750 francs, qui produiront, pour le 1" janvier 1859, une somme de 1,537 fr. 50 c. qui, réunie aux 30,750 francs, formera 32,287 fr. 50 c., auxquels, pour l'échéance du 1" janvier 1860 se joindra une troisième annuité de QUINZE MILLE FRANCS, et ainsi de suite, jusqu'au 1" janvier 1956, époque où une dernière annuité de QUINZE MILLE FRANCS comptera ce dont on sera possesseur le 1" janvier 1957.

Or, le double calcul dont j'ai parlé donne pour résultat un peu plus que TRENTE NEUF MILLIONS, beaucoup de gens, même se trouveraient riches avec ce dont la fraction que je néglige excède CENT MILLE FRANCS. Mais ne comptons que les millions, sans appoint.

Où prendra-t-on les annuités de quinze mille francs?

Rien de plus simple.

Qu'on ferme le Conservatoire de Marseille, qui ne produit rien, et qu'on fasse que chaque année les quinze mille francs qu'il coûte produisent quelque chose.

Il y aura là de quoi creuser le huitième port que le nombre des navires exigera dans cent ans à Marseille qui en aura bientôt trois, sans compter les intelligences qui gagneront à cela de n'être pas abruties?

Mais l'appoint des trente-neuf millions qu'en fera-t-on?

Eh bon Dieu! leur emploi est indiqué tout naturellement.

On construira un phare. Ce sera faire servir le Conservatoire, pour la première fois, au progrès des lumières.

Et comment appellera-t-on le huitième port?

Son nom est recommandé par le sentiment le plus vulgaire de la reconnaissance.

On le nommera, en mémoire de celui qui aura fourni la première annuité, le port-Morel, et ce sera justice.

Aimé PARIS.

Lettres à un ami devenu riche.

Tu as des façons de te rappeler à mon souvenir et de me rappeler au tien qui sont charmantes. Tu m'envoies un chapelet de perdreaux — qui pourraient bien être des perdrix si l'on en croit le vieux dicton campagnard :

A la Saint-Remi
Perdreaux sont Perdrix.

Très-bien ! Mais que diable veux-tu que j'en fasse de tes perdreaux-perdrix? Et de ton lièvre? Et du reste? Ça ne se mange pas, ces choses-là ; ça ne peut servir que d'illustration à un carnier de chasseur ; cela prouve qu'on a un permis de chasse et un port d'armes qui prouvent, à leur tour, qu'on a les moyens de les avoir....

Je te savais riche ; tu n'avais pas besoin de me le répéter. Ah! tu chasses, banquier ! ah ! tu t'amuses à tuer des lapins, des lièvres et des perdrix, Nemrod normand, chaussé de cuir et coiffé de loutre ! Grand bien te fasse ! Pendant que tu chasses, moi je rêve, — chacun son plaisir. Mais une autre fois, quand tu voudras m'être agréable, tu m'enverras un autre gibier, ou tu ne m'enverras rien du tout : un mouton ou un petit bœuf, par exemple, car je n'aime, — à te parler net — que les roasbeefs et les cotelettes. Quant au lièvre, ou seulement au lapin, il me fait des reproches dans l'estomac, quand j'essaie d'en manger.

Tu ne me dis rien des bois de Saint-Gratien et de la côte Sainte-Catherine, qui m'intéressent cependant bien plus que tes tueries de bêtes à plumes et à poils. Est ce encore vert? Est-ce toujours beau? J'en doute, si j'en juge par les arbres du Luxembourg, et ceux de mon jardin, qui sont tous atteints, à cette heure, d'une calvitie fâcheuse qui me mélancolise un peu.

Adieu l'été! Voici l'automne, c'est-à-dire l'hiver. Car l'almanach liégeois a beau nous dire que cette dernière saison ne commence que le 21 décembre, tout le monde porte déjà des paletots et des cache-nez. L'automne n'est que le prête-nom de l'hiver. L'automne règne, mais c'est l'hiver qui gouverne, — roi féroce, tyran armé de glaçons, de neige et de verglas ! Oh ! l'hiver, l'hiver, l'hiver, — rien que d'écrire ce mot là, j'en ai l'onglée !... Et comme il sent le nord, j'ai envie de l'injurier en langue du nord... Bettler ! Verzagt !... Straffenrauber !...

Ne t'étonne pas de cette sortie ! Il pleut depuis un mois à Paris, (1) — comme au temps de Noé — et j'en ai la cervelle toute traversée. Je ne me savais pas la boîte osseuse si perméable à la pluie ! Enfin !...

(1) Cette causerie était écrite le 1er octobre.

« L'on ne connaît plus les saisons,
Car elles sont en désordre ;
Le printemps n'a que des frissons
Et l'été n'est plus dans l'ordre.
L'on voit gâter tous les fruits,
Avant de les recueillir... »

Ainsi que le chante une complainte AD MAJOREM DEI GLORIAM, — mais non, en tout cas, à la plus gloire de la littérature, — laquelle complainte, imprimée à Besançon et ailleurs a été faite à propos de l'apparition de la T. S. Vierge à deux petits bergers, — mâle et femelle, — sur la montagne de la Salette, canton de Corps, diocèse de Grenoble, Isère, France, Europe, Univers !... C'est déjà vieux comme tout, cette complainte ; en outre, ce n'est pas bien drôle, — et je ne sais pas pourquoi cela me vient au bout de la plume... parbleu ! Comme les engelures au bout des doigts !...

N'en parlons plus ! n'en parlons plus ! Et puisque tu m'as envoyé des perdreaux-perdrix que je ne te demandais pas, je vais, à mon tour, t'envoyer les nouvelles les plus nouvelles que tu me demandes. Cela ne sera pas long : Je n'ai rien à te mander, — absolument rien, — ce qui s'appelle « rien, » — ce qu'un enfant de la Blonde Albion appelerait « any thing, » — un enfant de la non moins blonde Germanie « nichts, » et un enfant de la de plus en plus blonde Italie « niente. »

Paris est encore le vaste désert que tu sais. Ses privilégiés de toute sorte, — millionnaires, artistes, pédicures, demoiselles de marbre, de pierre, de plâtre, de carton et de coton, chevaliers du lansquenet, hauts barons du passe-dix, princes de l'écarté, — tout cela est à la campagne, à la chasse, aux eaux, partout, excepté à Paris ! Il ne reste plus ici que ce qui ne peut jamais s'en aller ailleurs, — les maisons, les employés, les créanciers, les orgues de barbarie et la pluie... Quant à moi, tu sais que je ne suis à ranger dans aucune de ces catégories ; je reste à Paris, parce que je suis né à Paris et que je tiens à y mourir. Si j'allais à Rome, à Florence, à Bade, à Genève, à Romorantin ou à Carantan, je serais capable d'y vivre toujours, — ce qui deviendrait très-gênant et très-monotone, à la longue. Car je ne suis pas du tout de l'avis de cet homme heureux qui s'écriait :

« S'il était un pays où l'on vécût toujours,
J'irais bien volontiers y terminer mes jours !... »

Bien obligé ! Ce qui console de vivre, c'est que l'on doit mourir ! Autrement, si l'on ne mourait jamais, ce serait à s'en brûler la cervelle de désespoir !...

Je te demande bien pardon, mon ami, de ces champignons vénéneux qui poussent sous chacun des pas que fait ma plume. C'est la faute de la pluie !...

C'est un peu de ta faute aussi ! Pourquoi m'envoies-tu des perdreaux-perdrix que je n'aime pas à recevoir, me demande-tu des nouvelles nouvelles que je n'aime pas à envoyer ?... Si tu as ta carnassière pleine, j'ai la cervelle vide. Et ce n'est pas ton gibier qui me l'emplira, au contraire !

Mais, après tout, une politesse en vaut une autre. Je te dois une cinquantaine de lignes je vais te les payer en menue monnaie.

S'il est une existence à la fois belle et sombre
A raconter le soir, quand, autour du foyer
Les grands parents groupés font la bouillote et l'hombre,
Quand les petits enfants dorment sur l'oreiller
Et qu'à la rêverie est ouverte votre âme,
— N'est-ce pas l'existence étrange de la femme ?

Eh ! bien, si cette existence t'intéresse, achète l'Histoire de ma Vie, que vient de mettre en vente la laborieuse librairie de Michel Levy frères, — les éditeurs de cette collection à 1 franc où brillent les noms de Théophile Gautier, Lamartine, Gérard de Nerval, Léon Gozlan, de Standhal, Alphonse Karr, Henry Murger, A. Vacquerie et de beaucoup d'autres.

Ce « Mein Leben » de George Sand est écrit avec cette pureté de style, dans cette forme magistrale que tu connais, toi tu as lu et relu avec moi dans notre mansarde de la rue de Vaugirard, Mauprat, Valentine, Geneviève, Mont-Révêche, la Petite Fadette, et surtout, surtout ! ce merveilleux chef-d'œuvre de poésie rustique, — la Mare au Diable, — cette simple histoire qui a des parfums de foin coupé énivrants et doux.. Quels tableaux, quelles scènes, quels horizons ! C'est tranquille, c'est mystérieux, c'est grandiose ! Une toile d'Hobbéma ! Un tableau de Troyon ou de Jules Dupré ! Une eau-forte de Daubigny ou de Jacques ! Une mine de plomb de Newton Fielding ! Il y a de tout cela et de bien autres choses dans la Mare au Diable, le chef-d'œuvre des chefs-d'œuvres. Si l'on pouvait vendre sa vie comme on vend son paletot, il y a long-temps que je n'existerais plus, car j'aurais de grand cœur donné trente années de ma vie pour avoir écrit ce livre immortel....

Après l'Histoire de ma Vie de George Sand, laisse-moi te recommander la lecture des Filles de Feu, mélancolique et remarpoète qui s'appellait Gérard de Nerval et qui s'est délivré pour l'autre monde, il y a bientôt deux ans, le passeport irrégulier de Werther... Et, avec les Filles du Feu, la Bohême galante, — deux œuvres impérissables, quoi qu'en disent messieurs les classiques et leur docte cabale.

Je ne te parle ici que pour mémoire des confidences de M. de Lamartine qui continue dans le Siècle son cours familier de littérature. Tu as lu ce beau livre, écrit avec une plume d'or, et je sais que tu viens de le relire.

Et Léon Gozlan ? Connais-tu ses Chateaux de France, son Notaire de Chantilly, sa Folle du Logis, son Aristide de Froissard?... Nous avions bien des empoignades à ce sujet, t'en souviens-tu ? Tu avais dans l'esprit un faible pour le style de M. Scribe, — qui a quelquefois du bon, j'en conviens, mais qui ne vaut et ne vaudra jamais le style milionnaire de Léon Gozlan. Tu aimais mieux alors les bouchons de carafe que les diamants de Golconde ou de Visapour. Tu préférais alors la piquette et le vin de Campêche au Clos-Vougeot et au Chambertin... Misérable ! Misérable ! D'autant plus misérable que tu les lis en cachette, ces chefs-d'œuvre de notre littérature contemporaine, — comme s'il était honteux de lire Théophile Gautier, Léon Gozlan, Auguste Vacquerie et Méry !... Mais il faut bien avoir quelque chose à reprocher à ses amis, afin d'avoir occasion de leur pardonner. Je te pardonne tu me pardonnes, nous nous pardonnons ! Embrassons-nous, Folleville !...

Parmi tous ces livres publiés par la librairie de Michel Levy frères, il y en a encore quelques uns que je prendrai la permission de te recommander, comme les Chroniques de la Mer et les Scènes de la Vie intime d'Emile Souvestre, les Scène de la Vie flamande d'Henry Conscience, le Bonheur impossible, par Mme Caroline Berton, née Samson, (fable attachante, style correct, esprit fin), les Histoires émouvantes de Ch. Barbara, les Scènes du Foyer de Paul Mevrice et surtout les Histoire extraordinaires d'Edgar Poë, le romancier américain si fidèlement traduit par Carolus Baudelaire. Et, ma foi ! Si, après avoir lu « le double assassinat de la rue Morgue, » la « révélation magnifique, » les « Souvenirs de M. Auguste Bedloë, » et « la vérité sur le cas de M. Valdemar, » tu n'es pas rassasié d'horreurs, comme Macbeth, c'est que tu as la cervelle en fer battu on en bois d'érable...

Qu'as-tu fait des eaux-fortes de Léopold Flameng que je t'ai envoyées il y a quinze jours? Les as-tu montrées aux amateurs de ton endroit ? Tu n'es pas assez maudit du ciel et des hommes pour avoir permis à la femme d'en faire des papillottes ou à ton petit d'en faire des cocottes ! Tu as dû les placer dans ta collection de gravures anciennes et modernes, qu'elles ne dépareront certes pas, — parmi les Bauduins, les Boylus, les Moyreau, les Paul Pontius, les Callot, les Rembrandt, les Norblin, les Jacques et les Meryon... Tu as bien fait, et je t'en remercie. Aussi pour mieux encore te prouver quel cas je fais de toi, je t'envoie sous bande, affranchi, un livre très intéressant et très-bien écrit qui a pour titre : « Biographie et Catalogue de l'œuvre du » graveur-Miger... » Pour auteur, M. Emile Bellier de la Chaviguerie, et pour éditeur J. B. Dumoulin, l'éditeur de tous les raretés littéraires de France et de Navarre. Je regrette beaucoup de n'avoir pas ici la place nécessaire pour t'en parler comme je voudrais le faire et je remets ce plaisir-là à une autre lettre.

Adieu.

Alfred DELVAU.

THÉATRE-DES-ARTS.

Ainsi que l'a dit un de nos critiques en belle humeur, l'Etoile du Nord est décidément la bonne etoile de notre théâtre. Quatre représentations successives, à un jour d'intervalle seulement, n'ont point diminué l'empressement du public ; au contraire, le succès va comme la foule en augmentant.

Comme il arrive toujours pour les nouveautés lyriques, plusieurs auditions ont permis d'apprécier des beautés qui avaient échappé d'abord, et le public plus satisfait s'est aussi montré plus démonstratif. Nous ne saurions trop répéter les éloges que nous avons décernés à nos artistes pour cette création. Mlle Lavoye y fait merveille ; chaque soir ce sont de nouveaux bravos et d'enthousiastes rappels, auxquels sont associés, comme ils le méritent, MM. Bonnesseur, Lacroix et Bouvard.

Pendant que le grand théâtre fait fructifier ce succès, notre modeste Palais-Royal s'évertue à nous donner des nouveautés, et moissonne dans le champ de la gaudriole. Hier c'étaient Trois Bourgeois de Compiègne, Une Femme qui mord, L'Homme a la tuile, et autres fariboles de même genre, sauvées par la verve de Lacombe, Voisel et Cosson, qui ont plus fait pour elles que les auteurs euxmèmes ; aujourd'hui, c'est le Camp des révoltés, fantaisie, — puisque fantaisie il y a, — des plus risquées, qui avait grand besoin d'un bataillon de jolies filles pour désarmer dame critique, que certains mots ont aussi révoltée, — Mais comment se fâcher avec de tels intermédiaires ?... Le public s'est montré accommodant ; il a ri en se voilant la face : c'est tont ce que demandaient Mmes Fleury, Marchal et Lacombe, que nous rangeons décidément parmi nos jeunes premières.

L'Habit ne fait pas le moine, est un de ces gais vaudevilles sans incongruités, comme on n'en fait plus guère, et nous l'avons revu avec d'autant plus de plaisir qu'il a été rendu avec Julien Mary, assez drôle, quoique chargeant un peu trop ; Armand, plein de naturel et de bonhomie, sous les traits du brave père Bodeau, et Franck, parfaitement à sa place sous les traits de l'amoureux.

Cette vieillerie est encore la meilleure de nos nouveautés.

On nous promet pour bientôt Jérusalem. C'est ce qui s'appelle aller vite en besogne. — Bravo !

Les lignes qui précèdent n'ayant pu paraître dans notre dernier numéro, leur retard nous oblige à passer rapidement sur les incidents, du reste peu nombreux, de cette semaine.

Dimanche. — Première représentation-reprise de la Bergère des Alpes, remontée avec un certain soin : Des éloges à Mmes Haquette et Berthe, qui ont joué avec beaucoup d'âme les rôles des deux jeunes filles ; à M. Cudot, très-bien sous l'habit du vieux soldat ; à M. Brelet, toujours convenable. — Mme Delille s'efforce à devenir comme il faut, nous lui tenons compte de l'intention ; quant à Mme Descambos, elle a fait rire avec ses pas-t-à-qués ; mais elle a trop l'air de savoir qu'elle dit quelque chose de drôle.

A quoi bon souligner ainsi ses effets ? Le public a bien assez d'intelligence pour les comprendre, surtout quand ils sont aussi clairs.

M. Neulat qui, sans avoir l'agrément du public, continuait à tenir l'emploi des secondes basses, a soulevé, bien involontairement, sans doute, à la cinquième représentation de l'Étoile, une véritable tempête dont il a été victime. Un mouvement de mauvaise humeur mal compris de la part de l'artiste a suffi pour déchaîner une légion de sifflets, qui n'attendaient, du reste, qu'une occasion pour se prononcer. — Il y a dans ceci un enseignement pour les artistes et pour la direction, dont ils sauront profiter.

Jeudi. — Reprise de la Perruche, petit opéra en un acte, de Clapisson. — Poème ennuyeux, jolie musique, — pour les troisièmes débuts de M. Laget et de Mlle Gourdon. Ces deux artistes ont été bien accueillis. — La réception de M. Laget est une heureuse chose ; elle nous donne un chanteur de talent et un comédien fort habile. Nous y applaudissons.

Alexandre OSMONT.

Erratum. — Malgré la singulière interprétation de notre prote, on aura compris, sans doute, que nos dernières félicitations s'adressaient à M. Bouvard, pour le joli duo d'ivresse du second acte de l'*Etoile du Nord*.

La société musicale que dirige M. Thieulan répète en ce moment la messe du Sacre, de Chérubini, qui sera chantée le 22 de ce mois, jour de Sainte-Cécile, en l'Eglise Saint-Godard. La partie chorale est confiée à des chanteurs dont le plus grand nombre, si nous sommes bien informé, sont élèves de l'école Galin-Paris-Chevé.

Encore la camaraderie marseillaise.

Le Sémaphore de Marseille et la Gazette du Midi reproduisent aux nouvelles locales, le texte de l'affiche qui annonce la réouverture de l'école communale de musique. On ne dit pas de la Succursale du Conservatoire impérial. Est-ce M. Auguste Morel qui n'ose avouer le comité des études du Conservatoire, depuis l'adoption du plagiat Mercadier ? Est ce le comité des études où figurent les membres influents de la direction, qui défend à M. Auguste Morel de prendre son titre de succursaliste ? M. Hilaire Colin dirige aussi les écoles communales de Marseille pour la musique. Glorieuse assimilation pour M. Auguste Morel !

Le jeune Pénavaire professeur au Conservatoire de Marseille, depuis novembre 1855, et qui, en septembre 1856, a reçu un premier prix d'élève, va partir pour Paris, afin de se perfectionner (il paraît qu'on ne se perfectionne pas à Marseille). Il doit donner, samedi, 8 novembre, un concert dont le produit est destiné à faire les frais de son voyage. Le Sémaphore, dans un article qui n'est pas signé Bénédit, annonce pompeusement ce concert. Qui sait si, grâce à la camaraderie, le jeune auxiliaire de Pélissier, le fondé de pouvoir de M. Hilaire Colin, dans le guet-apens du 9 décembre 1856, ne comptera pas plus d'auditeurs que Madame Persiani et sa troupe d'élite, qui ne sont point parvenus, tant les feuilletons-Bénédit ont développé, à Marseille, le goût du beau, à remplir, a moitié, cet étroit corridor qui prend le nom de salle Roubaud ?

On dit que la musique moralise les masses.

Ne sait-on pas bien prononcer à Marseille, et ne distingue-t-on point entre moralisé et Morélisé ?

Quand on songe à ce qui s'est vu et à ce qui se voit, le doute est permis.

Aimé PARIS.

HISTOIRE DU RÈGNE DE LOUIS-PHILIPPE Ier

Par M. F. Rittiez. (1)

Après avoir écrit un précis en deux volumes de l'Histoire de la Restauration, M. F. Rittiez, encouragé par ses amis, a entrepris l'histoire du règne de Louis-Philippe 1er.

Le premier volume de cet important ouvrage a paru il y a quelques mois. Le deuxième vient d'être mis en vente.

Il ne nous est pas permis aujourd'huis plus qu'à l'apparition du livre, d'en apprécier le mérite au point de vue de la politique contemporaine. D'ailleurs, le Siècle, qui s'est longuement étendu sur le sujet, en a dit assez pour que le public soit renseigné sur la valeur de l'historien. Ce que nous devons indiquer en toute liberté, c'est l'admirable clarté qui règne dans l'exposition des faits, l'ordre, la précision, la simplicité calme, et surtout l'impartialité rare qui n'abandonnent pas l'écrivain un seul instant pendant le cours de

(1) En vente chez M. Eugène Durand, libraire, rue St-Lô, 40, à Rouen, et chez tous les libraires.

son récit ; tout ceci est du domaine littéraire, et nous pouvons nous en emparer sans encourir la repression.

M. F. Rittiez a été à même plus que personne de voir de près les hommes et les choses de cette époque. Longtemps rédacteur en chef du Censeur de Lyon, et avocat dans plusieurs procès politiques ; lié avec les personnages les plus importants ; en relation chaque jour avec les principaux organes de la presse politique ; porté aussi par ses goûts à l'étude de l'économie sociale, M. Rittiez a pu juger les événements de ces vingt dernières années sans s'attirer le reproche de ces voyageurs outrecuidants qui rendent compte des pays qu'ils n'ont pas visités. M. Rittiez a parcouru le pays dont il parle. Aussi avons-nous du plaisir à entendre ce savant et honnête conteur décrire dans un style grave et empreint de loyauté, ce qu'il sait, ce qu'il a vu, ce qui a fait battre ardemment toutes les artères d'un grand peuple, ce qui a été l'espérance des uns et la terreur des autres, ce qui, en un mot, constitue l'Histoire du règne de Louis-Philippe 1er, l'histoire de France pendant cette période, l'histoire de notre patrie à nous autres, jeunes gens, qui sommes venus trop tard pour être les témoins de cette époque de luttes et de débats solennels,

M. Rittiez paraît s'être attaché à initier le lecteur aux travaux intérieurs de la presse et des sociétés politiques qui ont joué un si grand rôle sous le dernier règne ; il a aussi fait une large part aux diverses menées des partisdans les cabinets et ailleurs. Il vous introduit pour ainsi dire dans l'intimité des cercles où s'agitaient bien souvent des problèmes qui devaient se résoudre dans le sang du peuple. Les causes des différentes insurrections, qui ont ensanglanté Paris et Lyon nous paraissent exposées avec beaucoup de lucidité et de bonne foi. La fortune si diverse des cabinets ministériels est sainement appréciée. Les affaires de Fieschi, d'Alibaud, de tous les régicides ; l'arrestation de la duchesse de Berry ; la vie et la mort de notre compatriote Armand Carrel ; les duels politiques ; la polémique quotidienne des journaux, grands et petits : tout cela est raconté avec mesure, avec dignité, sans parti-pris, pour tout dire, avec le calme d'une conscience honnête qui voit les choses comme elles sont, qui apprécie les hommes ce qu'ils valent, et qui ne transige pas, quoiqu'il en coûte, avec le sentiment impérieux du devoir.

Il nous reste à féliciter M. Rittiez d'avoir eu non seulement le courage d'entreprendre cette histoire, mais encore la patience de la condenser en trois volumes dont le dernier est sous presse. C'est peu de faire des recherches et de prendre des notes : le plus difficile est de les résumer en quelques pages. Nos écrivains ont le malheur de n'être pas ménagers du temps de leurs lecteurs. Ils écrivent de longs ouvrages, qu'ils n'ont pas le loisir sans doute, comme disait Pascal, de faire plus courts. M. Rittiez s'est gardé de tomber dans ce travers. En disant beaucoup de choses en peu de lignes, en consacrant trois volumes seulement à une histoire qui aurait acquis des développements fabuleux sous la plume des faiseurs à la mode, il a rendu un immense service aux hommes studieux, qui exigent avant tout la brièveté dans les récits, l'ordre dans la concision, et l'impartialité dans les jugements. A ce triple point de vue, l'historien du règne de Louis-Philippe 1er a parfaitement rempli le but. Nous regrettons de ne pouvoir lui rendre hommage

sur un autre point, le plus essentiel, peut-être, et précisément le seul qui soit interdit à la presse littéraire ou artistique.

Louis ROGER.

On a représenté, jeudi soir, à l'Odéon, un drame en vers de notre compatriote M. Louis Bouilhet. Il est intitulé Mme de Montarsy. Si nous en croyons une correspondance particulière, la pièce de M. Louis Bouilhet aurait eu un plein succès. Ceux qui ont lu Moelenis, poème antique du même auteur, n'en seront pas étonnés. Nous donnerons bientôt de plus amples détails.

On vient de mettre en vente chez les libraires de Paris et des départements un volume de notre collaborateur et ami, M. Eugène Villemin. Sous ce titre : Gymnase des salons, ce volume contient une quantité de petites pièces de théâtre, destinées à être jouées dans les salons ou en famille. Cette heureuse idée de l'auteur a été couronnée du meilleur succès. Un grand nombre de salons de Paris se sont emparés de ce recueil, et cet hiver, à n'en pas douter, il occupera les soirées de beaucoup de familles qui ne vont pas au théâtre pour des raisons que la morale a souvent le droit d'approuver. Nous donnerons bientôt un article spécial au Gymnase des salons.

M. Eugène de Mirecourt vient de publier le 66me volume de sa galerie biographie. Ce volume est consacré à M. Viennet, l'auteur de Clovis et d'Arbogaste. On y retrouve la verve intarissable et piquante qui jusqu'ici n'a pas un seul instant abandonné l'auteur dans cette longue série contemporaine, dont chaque notice continue à paraître avec la plus merveilleuse régularité. L'histoire de Rosa Bonheur, la célèbre artiste, à précédé celle de M. Viennet. On annonce comme devant paraître successivement Gustave Planche, Henri Heine, Mélingue et Lola Montès.

AVIS.

Nous prions les personnes qui n'ont pas encore payé leur abonnement à la *Réforme musicale* de bien vouloir le faire très-prochainement.

OUVRAGE COURONNÉ par la Société Impériale & Centrale d'Horticulture de la Seine-Inférieure, dans sa Séance publique du 5 octobre 1856.

CONSEILS A EMMA

sur la

CULTURE DES FLEURS

Ouvrage très utile aux dames, ainsi qu'à toutes les personnes qui s'occupent d'horticulture,

PAR UN VIEIL AMATEUR.

Un fort volume in-12, de près de 600 pages, imprimé sur beau papier.

Prix : 3 fr. 50 cent.

EN VENTE :

A ROUEN et dans les départements, chez tous les Libraires,
A PARIS, chez MARTINON, libraire, rue de Grenelle-Saint-Honoré.

Darnétal. Imp. de Fruchart.

XIe Année ; — 1re du nouveau titre.　　**UN NUMÉRO : 20 CENT.**　　N° 43. — Dimanche 16 Novembre 1856.

Musique, — Sciences, — Arts, — Littérature, — Théâtres.

LA RÉFORME MUSICALE

ABONNEMENT A ROUEN : 10 FR.

ON S'ABONNE

A ROUEN, chez M. Louis Roger,
rue Porte-aux-Rats, 2.
A PARIS, chez M. Émile Chevé rue
des Marais-S-G., 18.
A MONTPELLIER, chez M Aimé
PARIS, rue des Casernes, 3.

JOURNAL DES DOCTRINES DE L'ÉCOLE GALIN-PARIS-CHEVÉ.

BUREAU A ROUEN, RUE PORTE-AUX-RATS, N° 2.

LOUIS ROGER, Directeur-Gérant.

ABONNEMENT DANS LES DÉP. : 12 FR.

ON S'ABONNE

A LYON, chez M. Penraud, rue du
Griffon, 11.
AU HAVRE, chez M. Vasse,
rue Molière, 16.
*Les abonnements peuvent être payés
en timbres-postes (Affranchir).*

RENSEIGNEMENTS. — Cette feuille paraît, à ROUEN, tous les DIMANCHES. — Tout ce qui concerne l'administration du journal doit être adressé à Rouen, rue Porte-aux-Rats, 2. — Ce qui concerne la rédaction peut être indifféremment adressé à M. CHEVÉ, à M. Aimé PARIS, ou au Directeur-Gérant. — La critique demeure sous la responsabilité de celui qui la signe. — Il sera rendu compte des Ouvrages dont un exemplaire sera déposé au bureau du journal. Les lettres non affranchies seront refusées.

On peut se procurer des numéros de la *Réforme*, au Bureau du Journal ; — au dépôt du cours Boïeldieu, à Rouen, — et dans l'intérieur des Théâtres.

M. Daniel ayant renvoyé à M. Aimé Paris la lettre suivante, M. Mercadier a été prévenu qu'il pourrait la faire prendre, contre un reçu signé de lui, chez M. Émile Chevé.

A MONSIEUR DANIEL,

ÉDITEUR DE GRAVURES RELIGIEUSES, 61, RUE DE VAUGIRARD, A PARIS.

Monsieur.

Dans la *Réforme musicale* du 13 juillet dernier, vous avez avoué que, *pour servir la cause de M. Mercadier*, vous aviez demandé *des numéros supplémentaires* de ce journal.

A moins que vous n'ayez déserté complètement cette cause si gravement compromise, ce que m'apprendront deux lignes de votre main, accompagnant le renvoi *non affranchi* de la lettre que j'ai l'honneur de vous adresser, il me semble impossible que vous n'insistiez pas auprès de M. Mercadier, pour lui faire comprendre qu'il risque de s'exposer à de très sévères appréciations, de la part du public, et même de ceux qui l'ont couvert de leur indulgence. s'il ne détruit pas victorieusement, preuves en main, et pièces justificatives produites, sans altérations et sans omissions calculées, là totalité des arguments opposés par Emile Chevé à la réponse signifiée par huissier à la *Réforme musicale*, et insérée dans le n° du 8 juin 1856.

S'il se décide à prendre ce parti, le meilleur, même quand il ne serait pas heureux dans sa défense, je le saurai nécessairement, par la publication, dans la *Réforme musicale*, du commencement de la réfutation, d'ici au 16 novembre prochain ; s'il n'a pas eu égard aux conseils que, sans doute, il recevra de vous, la mise en demeure m'autorisera à faire ce qu'exigeront les circonstances. *Ceci n'est point une menace* ; c'est une précaution.

Les répliques d'Emile Chevé, dont j'accepte pleinement la solidarité, révoquent nettement en doute la véracité de M. Mercadier, à l'égard des faits matériels, et sur d'autres qui se lient aux droits des producteurs intellectuels.

En outre, plusieurs détails donnés par Emile Chevé, si leur inexactitude n'est pas démontrée avec évidence sont de nature à faire naître et à accréditer des doutes que M. Mercadier doit tenir à dissiper, dans l'intérêt de sa réputation.

Pour mieux faire mesurer, par M. Mercadier, l'urgence d'explications satisfaisantes, et le danger de se retrancher derrière un dédain qui personne n'acceptera comme une raison concluante, surtout ceux qui savent combien peu réussit devant les tribunaux, le mutisme obstiné de certains accusés ; puis :

Pour rendre sa réplique plus facile, quand à la recherche et à la nature des points à traiter, je réunirai, sous un même numérotage, tout ce qui appelle une explication. La question sera en même temps, mieux posée.

A. — **Faits matériels argués D'INEXACTITUDE commise EN CONNAISSANCE DE CAUSE (pour employer un langage modéré).**

1° Par qui ont été remis, A LA FOIS, quatre numéros de la *Réforme musicale*, APRÈS LE 20 MAI, à M. Mercadier qui demeure dans la même maison que M. Daniel, *abonné*, DEPUIS LE 4 MAI, et qui déclare (R., (1) 9 juillet) *servir la cause de M. Mercadier* ? (R., 9 juil., 28 sept.)

2° Quelle preuve donne M. Mercadier qu'*avant le 20 mai*, il ignorait COMPLÈTEMENT l'existence de la *Réforme musicale*, reçue, *depuis le 4 mai*, par M. Daniel qui demeure *dans la même maison* que M. Mercadier, dont *il sert la cause* ? (R., 9 juil., 28 sept.)

3° Comment M. Mercacier prouve-t-il qu'*il n'a jamais vu M. Chevé*, qui a fait tant de cours gratuits, devant plus de dix mille auditeurs. et qui a dirigé tant d'exécutions chorales, jusqu'en 1849, à la salle Sainte-Cécile. à la salle Barthélemy. dans les églises, au Jardin d'Hiver, à l'Exposition de l'industrie, etc. ? (R., 9 juil., 28 sept.)

4° Comment M. Mercadier convaincra-t-il d'imposture LES *personnes très-graves* qui affirment *tenir de M. Mercadier lui-même qu'il a vu les cours de M. Chevé* ? (R., 28 sept)

5° Comment M. Mercadier prouve-t il qu'*il n'a lu que les premières pages du livre de M. Chevé*, lorsqu'on a *la preuve écrite de la main de M. Mercadier*, et revêtue de sa signature, qu'il a lu l'article *rhythme*, placé à la page 368 de cet ouvrage ? (R., 12 oct.)

6° Comment M. Mercadier prouve-t-il que *nous avons éprouvé une défaite*, nous qui n'avons pas même trouvé de concurrents, *dans la seule lice où nous tous soyons présentés*, et où *nous avons vaincu*, avec une telle supériorité, le programme qui avait fait reculer tous les Conservatoires et tous les orphéons, que la médaille d'or nous a été décernée par les sommités de l'ancienne école, dont elle porte les noms. ? (R., 19 oct.)

7° Comment M. Mercadier prouve-t-il que le Conservatoire a été saisi de la question relative à *l'examen de la notation chiffrée*, *à la demande de M. Chevé* QUI N'A JAMAIS DEMANDÉ QU'UN CONCOURS COMPARATIF ? (R., 5 oct.)

8° Comment M. Mercadier a-t-il pu dire que *j'attribue à M. Chevé la distinction, en deux catégories, des sons graves et des sons aigus*, etc., etc., lorsque le passage qu'il copie, dans la *Réforme musicale* du 6 avril, renvoie à une note de VINGT-HUIT LIGNES, *signée de moi* EN GROSSES CAPITALES, qui commence par ces mots : « *Qu'on ne dise pas que j'attribue à M. Chevé le mérite d'avoir écrit LE PREMIER qu'il y a des sons graves et des sons aigus.* » (R., 19 oct)

9° Comment M. Mercadier a-t-il pu laisser imprimer que SON LIVRE avait été *couronné à l'Exposition universelle*, lorsque la publication de cet ouvrage ne remonte qu'au 14 octobre 1855, au plutôt, d'après le n° 6558 du *Journal de la Librairie*, du 20 octobre 1855, plusieurs mois après l'exposition, et un mois seulement avant la distribution des récompenses ? (R., 19 oct.)

10° Comment M. Mercadier peut-il prouver que nos élèves sont *obligés de traduire*, quand *il sait*, par les cours qu'*il a vus*. que nos élèves lisent la notation usuelle, et quand le procès-verbal des expériences du concours du 15 juin 1853 constate que plus de *cent quatrevingt concurrents de notre école* ont ÉCRIT, *dans TOUS LES TONS et sur TOUTES LES CLÉS, sur la PORTÉE*, une dictée vocalisée ? (Procès-verbal, page 33 ; R., 5 oct.)

11° Comment M. Mercadier prouve-t-il que nous accablons le Conservatoire d'*injures*, lorsqu'il ne cite pas *une seule* expression *injurieuse*, et qu'il ne démontre pas l'inexactitude d'un seule de nos arguments contre les actes INJUSTES du Conservatoire. qualifiés dans un langage où la *fermeté* n'exclut jamais le *savoir vivre* ? (R , 5 oct.)

12° Comment M. Mercadier prouve-t-il que nous l'avons *accusé inexactement*, lorsqu'il n'oppose à nos accusations *aucun fait précisé* qui mette à couvert sa véracité ? (R., 28 sept.)

13° Comment M. Mercadier prouve-t-il, en dehors de son affirmation qui est loin de suffire, que *nous avons manqué de bonne foi*, dans une discussion où nous ne marchons qu'appuyés sur des textes précis, qui, presque tous, sont puisés dans son livre, sans qu'il conteste l'exactitude d'une seule de nos citations ? (R., 19 oct.)

14° Comment M. Mercadier prouve-t-il que le titre de mes articles, titre tronqué par lui, est une *supercherie*, quand *il ne conteste aucun des plagiats qui lui sont imputés*, quand *il ne prouve son droit d'inventeur sur RIEN DE CE QUI EST REVENDIQUÉ par ceux qui réclament contre la spoliation* ; quand (est-ce pour faire croire que je dis que le Conservatoire a *adopté* LE CHIFFRE et non la partie théorique), il réduit ce titre à ces mots : « *La méthode Galin-Paris-Chevé* » *adoptée par le Conservatoire impérial de Paris, sous le nom de M. P. L. Mercadier*, tandis que j'ai SPÉCIFIÉ comme il suit, en tête des CINQ ARTICLES auxquels il n'a opposé ni un fait ni une raison acceptable : « *La méthode Galin-Paris-Chevé* » (PARTIE THÉORIQUE. — CENT VINGT-QUATRE PAGES COMPACTES » GRAND-INOCTAVO) *adoptée par le Conservatoire impérial de Paris, sous le* » *nom de M. P. L. Mercadier* (CENT CINQUANTE-HUIT PAGES TRÈS-PEU » REMPLIES, PETIT IN-OCTAVO.) » ? Comment M. Mercadier qui MUTILE un texte CINQ FOIS REPRODUIT, prouve-t-il que CELUI QUI SPÉCIFIE qu'il s'agit SEULEMENT DE LA THÉORIE *a moins de bonne foi que celui qui ALTÈRE un texte*, pour se donner l'apparence de la loyauté ? (R., 19 oct.)

B. — **Faits relatifs aux plagiats imputés à M. Mercadier, par ceux qui ont imprimé, IL Y A DOUZE ANS, ce qu'il donne comme de lui en 1855.**

15° En quoi diffère la *construction historique et physique* de la *gamme modèle*, par M. Mercadier, de la *constitution* de la *gamme modèle* par Emile Chevé ? (R., 20 juin.)

16° En quoi *l'explication de la théorie des gammes* par M. Mercadier diffère-t-elle de *l'explication de la théorie des gammes*, par Emile Chevé ? (R., 20 juil. 17 août.)

17° En quoi *l'exposition de la formation des gammes*, par M. Mercadier, diffère-t-elle de *l'exposition de la formation des gammes*, par Emile Chevé ? (R., 24 août.)

18° En quoi les *figures* EMPRUNTÉES *à Emile Chevé*, et RETOURNÉES par M. Mercadier, diffèrent-elles, *sauf la direction à rebours*, des figures *imaginées par Emile Chevé* ? (R., 17 août.)

19° En quoi *les deux seules syllabes* EMPRUNTÉS *à la langue des durées d'Aimé Paris*, par M. Mercadier, différent-elle DES DEUX SYLLABES SEMBLABLES, *complétées par d'autres, dans la langue des durées d'Aimé Paris* ? (R., 24 août.)

(1) R. Signifie *Réforme musicale*.

20° En quoi la *logique des faits* de M. Mercadier, pour ce qui n'est pas les *banalités* des solféges, diffère-t-elle de la *logique des faits suivie par Emile Chevé*, dans ses travaux *originaux* ? (R., 20 juil.)

21° En quoi le *résultat des efforts* de M. Mercadier, au point de vue des *idées-mères*, de leur *enchaînement*, etc., a-t-il ajouté une *idée-mère*, un *enchaînement* à ce qu'a vulgarisé le *résultat des efforts* d'Emile Chevé? (R., 20 juil.)

22° Quelle *raison d'être des choses*, donnée par M. Mercadier, remplace une *raison d'être des choses*, omise ou mal donnée par Emile Chevé?

23° En quoi un seul des rayons du *jour nouveau* dont M. Mercadier a éclairé la théorie, diffère-t-il d'un seul des rayons du *jour nouveau* dont Emile Chevé, onze ans avant M. Mercadier, a éclairé la théorie? (R., 20 juil.)

24° En quoi la *petite pierre* apportée, par M. Mercadier, est-elle autre chose qu'un fragment insuffisant et mal taillé de *la grosse pierre apportée par Emile Chevé au même édifice*? (R., 19 oct.)

C. — Explications à donner par M. Mercadier, pour mettre à l'abri du soupçon la droiture de ses intentions et la délicatesse de ses sentiments.

25° Dans quel but, sachant que Rousseau et Galin sont nos devanciers, avoués par nous, Galin surtout, le premier nom du faisceau honnête et dévoué inscrit sur le drapeau de notre école, nous appelle-t-il, *Chevé et moi* (SEULEMENT) les AUTEURS de la méthode? (R., 28 sept.)

26° De qui, *si M. Mercadier ne fait pas de réclames*, le *Figaro*, la *Revue des Deux-Mondes*, etc., tiennent-ils les *nombreuses* adhésions *isolément* ADRESSÉES A M. MERCADIER par des personnes dont aucune, depuis six mois qu'on discute les titres d'*inventeur* de M. Mercadier, n'a déclaré qu'elle le regardait comme *le propriétaire des idées revendiquées par un autre*? (R., 19 oct.)

27° Dans quel but, au milieu d'une discussion de propriété et de doctrine, où il suffisait du mot novateur (pris dans un sens défavorable par les stationnaires et les rétrogrades) M. Mercadier introduit-il les mots *perturbateur* et *révolutionnaire*? (R., 28 sept., 12 oct.)

28° Par quel scrupule M. Mercadier n'a-t-il pas dit un mot, dans sa préface, ni dans son livre, de son COLLABORATEUR qui a parlé, devant témoin, à Emile Chevé? (R., 12 oct.)

29° Comment, *sans manquer de bonne foi*, M. Mercadier, qui est plein d'*égards* pour le *vieux dicton populaire : Qui n'entend qu'une cloche n'entend qu'un son*, a-t-il fait répandre sa réponse à profusion, en *altérant* ESSENTIELLEMENT deux des citations fort rares auxquelles, même, il n'oppose que des plaisanteries hors de place, quand il s'agit d'accusations qui touchent aux intérêts moraux les plus respectables? (R., 19 oct.)

30° M. Mercadier autorise-t-il toute personne qui a en main la pièce où il accole le mot *révolutionnaire* au nom de M. Chevé, à nous laisser prendre copie des dix lignes qui précèdent et qui suivent cette assimilation, ainsi que de la pièce, écrite, assure-t-on, *postérieurement à la publication de nos premiers articles*? Bien mieux, M. Mercadier, qui a dû garder une copie de cette lettre, veut-il la publier *intégralement*, pour prouver qu'elle n'a rien de commun avec un acte de DÉLATION *extra-scientifique*? (R., 28 sept.)

J'ignore, Monsieur, si la *Réforme musicale* ajoutera quelques unités à cette liste, dont le développement rendrait peu concluant le silence que garderait M. Mercadier. Mais, abonné du journal ouvert SANS LIMITES à la justification de M. Mercadier et aux répliques respectives, votre sagacité démêlera facilement, dans la suite des articles de M. Chevé, à partir du 26 octobre, ce qui rendrait plus inconcevable l'abstention de M. Mercadier, dont j'aurai le droit de penser que vous *servez la cause*, tant que vous n'aurez pas décliné toute responsabilité avec lui.

J'ai trop bonne opinion de votre bon sens et de votre honnêteté pour penser que vous ne vous empresserez pas d'inviter M. Mercadier à détruire toutes ces accusations, si la chose est possible, et si elle ne l'est pas, à racheter sa faute TRÈS-GRAVE par la manifestation *non équivoque* d'un repentir qui, bien que tardif et forcé, ne nous trouvera pas impitoyables.

Veuillez excuser mon écriture, rendue plus illisible encore par la précipitation à laquelle me condamnent des travaux nombreux. N'expliquez pas, non plus, par un autre motif que le désir de faire parvenir *certainement* cette lettre à sa destination, l'emploi du *timbre* d'une de mes bonnes relations. De deux choses l'une, ou bien, grâce à cette empreinte, si ma lettre *affranchie* est refusée, eu égard à sa provenance administrativement indiquée, elle sera renvoyée à son expéditeur *apparent*, qui me la remettra; ou bien j'acquerrais la certitude que, plus heureusement que pour ma correspondance du 5 juin dernier (Voyez la *Réforme* du 15 juin) tous les étages de la maison qui porte le numéro 61, rue de Vaugirard, ne sont pas fermés aux lettres timbrées de Marseille.

Agréez, Monsieur, l'expression de la considération distinguée avec laquelle j'ai l'honneur d'être votre très-humble et très-obéissant serviteur.

Aimé PARIS,
77, rue Paradis.

Marseille, 25 octobre 1856.

Personne ne s'est présenté, au nom de M. Mercadier, pour retirer cette lettre, dont on lui offrait loyalement la communication.

La voilà publiée; que M. Mercadier réponde, s'il le peut, ou qu'il subisse les conséquences de son inconcevable plagiat.

Aimé PARIS.

NOUVELLES RÉPONSES
A UN VIEIL ARGUMENT.

Paris, 12 novembre 1856.

Les amis du STATU QUO, décidés à nier les faits au lieu de les constater, et à bouts d'arguments contre l'envahissement toujours croissant de ces faits, se rejettent, en désespoir de cause, sur cette mauvaise raison, cent fois combattue et cent fois reproduite, que « les » résultats obtenus dans nos cours sont dus, » non à la méthode, qui ne vaut rien, mais » aux deux professeurs, qui ont le talent de » passionner les élèves pour l'étude, et de leur » faire, ainsi, obtenir de meilleurs résultats » que les autres. »

Pour les personnes qui prennent la peine de réfléchir, j'ai déjà répondu, dans mes LETTRES SUR LA MUSIQUE, à cette objection spécieuse; cette réponse, la voici :

« Le résultat de tout enseignement quel-» conque, en musique comme en toute autre » chose, est le produit de trois forces repré-» sentées :

» 1° Par la capacité de l'élève : APTITUDE, » VOLONTÉ ;

» 2° Par la valeur professorale du maître : » CONSCIENCE, INTELLIGENCE, SCIENCE ;

» 3° Par la valeur intrinsèque de la méthode » employée.

» Or, quelles que soient l'aptitude de l'élève » et la science du maître, chacun conviendra » avec nous que, toutes choses égales d'ailleurs, » si la méthode est rebutante, mal coordonnée, » l'élève est forcé de surmonter des difficultés » sans nombre, qui lui causent souvent un » ennui insurmontable; bientôt la volonté lui » manque, et, avec elle, l'attention s'en va ; » le dégoût survient alors, et adieu l'étude ! » Le professeur, lui aussi, rebuté par des in-» succès continuels et par le mauvais vouloir » de l'élève, professe sans ardeur, sans goût : » IL EXERCE UN MÉTIER POUR VIVRE. Alors tout » va de mal en pis, et le résultat est nul, PAR » LA FAUTE DE LA MÉTHODE, dont la stérilité » a tout gâté.

» Si vous supposez, au contraire, une route » facile, dégagée de toute entrave, laissant » voir, chaque jour, à l'élève, ses progrès in-» cessants, il prend foi en son intelligence, et » vous le voyez alors apporter à l'étude toute » l'attention dont il est capable ; vous le voyez » prendre goût au travail et décupler ainsi les » résultats de l'étude ; et cela, d'autant plus » sûrement que le professeur, à son tour, » n'ayant aucune peine à conduire son disci-» ciple, dont le bon vouloir augmente chaque » jour les progrès, apporte à sa tâche tout le » zèle, toute la conscience d'un véritable apôtre. » Ainsi donc, dans les deux cas, la méthode, » LE TROISIÈME ÉLÉMENT DU PRODUIT, RÉAGIT » d'une manière puissante SUR LES DEUX PRE-» MIERS, le professeur et l'élève, et augmente » d'une manière considérable le mal ou le bien » que va produire le système mis en usage. »

Voilà ce que savent tous ceux qui remontent de l'effet à la cause, ou qui descendent de la cause à l'effet. — Quant aux personnes qui préfèrent les faits, je vais les satisfaire : il me suffira pour cela de continuer à citer les progrès de l'école dans tous les endroits où elle est hors de notre influence directe et même indirecte, c'est-à-dire de mettre sous les yeux du lecteur les résultats obtenus dans les cours professés par nos élèves et par des personnes qui ne sont même pas nos élèves, qui ne nous ont jamais vu professer.

— Ces lignes auraient dû être écrites après les distributions de prix ; mais la réponse à M. Mercadier avait absorbé le peu de temps que je puis consacrer au journal et la place même qu'il fallait pour ces comptes-rendus. — Je commence par celui de Sedan.

M. Rondonneau, qui, depuis huit ans, professe la méthode à Sedan et à Charleville, ayant été contraint de suspendre ses cours pour raison de santé, remit la direction du cours de l'école communale à M. Bourry, instituteur. Avant d'avoir vu M. Rondonneau professer, M. Bourry avait étudié la musique par la méthode Wilhem jusqu'au tableau 7. — C'est-à-dire que son éducation musicale était nulle. — Voici ce que m'écrit M. Rondonneau à son sujet :

« Sedan, 4 novembre 1856.

« Mon cher Monsieur Chevé,

» A la demande que je lui ai faite, s'il était » musicien avant d'être instituteur communal » à Sedan, M. Bourry m'a répondu qu'il avait » étudié la méthode Wilhem jusqu'au tableau » 7. Vous voyez donc que je ne m'étais pas » trop avancé en vous disant qu'à cette époque » il ne savait rien en musique.

» Je n'ai jamais donné de leçons particulières » à M. Bourry ; il a vu, il a entendu, il a pro-» fessé. »

» J'ai quitté Sedan cette année, au 1er mars; » on peut donc dire avec vérité que le cours » a été fait par lui seul cette année. C'est » bien à lui seul que revient le mérite du suc-» cès de ses élèves à la distribution des prix.

» Sans doute M. Bourry est un professeur » intelligent ; mais qu'eût-il fait avec son in-» telligence sans le moyen rapide et clair dont » il pouvait disposer.

» Je crois, mon cher Monsieur, que, comme » exemple nouveau de la facilité d'application » de la méthode, la chose est bonne à citer.

» RONDONNEAU. »

M. Rondonneau a raison, l'exemple est bon à citer ; citons donc les résultats obtenus par M. Bourry. Voici ce que nous écrit un témoin oculaire :

« Tous les morceaux chantés par les enfants
» de M. Bourry ont été enlevés avec cet en-
» train, cette précision, cette justesse qui ca-
» ractérisent la nouvelle école. Aussi, des bra-
» vos chaleureux et redoublés n'ont cessé
» d'encourager ces chers enfants qui, eux aussi,
» étaient fiers et semblaient dire aux auditeurs :
» — Voilà ce que l'on obtient avec le chiffre !
» Au sortir de la séance, M. le maire, MM.
» les adjoints, M. le curé, MM. les conseillers,
» etc., ont successivement félicité M. Bourry
» des résultats qu'il avait obtenus dans son
» coup d'essai. — Ce qui a frappé le plus l'au-
» ditoire, c'est l'expression, l'entrain, la pré-
» cision et cette sûreté d'intonation qui permet
» à des enfants de 7 à 13 ans de chanter juste
» et sans accompagnement.

» Le lendemain de la séance, à la suite de
» la distribution des Frères, un instrumentiste
» distingué, qui venait d'accompagner les élèves
» des Frères, a dit en public, à M. Bourry :
» — Monsieur, vos enfants ont chanté comme
» jamais n'ont pu le faire et ne le feront ceux
» que nous instruisons. Il y a chez eux senti-
» ment, intelligence, sûreté d'intonation, me-
» sure ; en un mot, ce qui constitue le véritable
» musicien. Je vous le répète, nous n'arri-
» verons jamais à un pareil résultat.

» C'est qu'en effet, les enfants se sont sur-
» passés ; jamais ils n'ont réussi si complète-
» ment. »

Dans une lettre que M. Bourry écrit à M.
Rondonneau, se trouvent les lignes suivantes :

« Jamais le cours n'a été plus AMUSANT que cette
» année ; l'étude des morceaux s'est faite sans
» peine. Cela tient, comme je vous l'ai dit
» l'an dernier — et je crois être dans le vrai
» — à ce que les plus jeunes enfants, dès leur
» entrée en classe, entendent chanter quoti-
» diennement des intervalles, qu'ils répètent
» tout en jouant — machinalement, je l'avoue ;
» — mais vienne le moment de l'étude, et
» et ces mêmes enfants feront en peu de
» temps des progrès rapides, parce qu'alors
» cette étude ne sera que le classement des
» intervalles qu'ils auront murmurés dans leurs
» jeux. Répondons donc hardiment à ceux qui
» disent que le français ne NAIT pas musicien :
» employez une méthode à la portée de toutes
» les intelligences et avant 30 ans le nombre
» des musiciens aura centuplé, que dis-je, tout
» le monde sera musicien. »

Tels sont les résultats obtenus par une personne intelligente et de bon vouloir, qui pro-
fessait la méthode pour la première fois, qui
n'a jamais vu ni madame Chevé, ni M. Paris
ni moi, et qui avait seulement assisté, comme
surveillant, aux leçons faites par M. Rondonneau aux enfants de son école.

Ce qui rend encore plus remarquable les
succès obtenus par M. Bourry, c'est que l'é-
cole des sœurs et celle des frères, qui ne compte
pas moins de 450 élèves n'ont montré le lendemain 29 août, que des résultats à peu près
négatifs, au point de vue de l'enseignement
musical.

Dira-t-on encore que c'est l'ascendant que
nous prenons sur nos élèves, M. Paris et moi,
qui a produit les beaux résultats obtenus par
M. Bourry ? Pourquoi pas ; on dit tant de choses
plutôt que de venir avec bon sens et avec bonne
foi constater des faits renouvelés chaque jour
et partout !

Courage ! M. Bourry ; laissez dire les oiseaux de nuit, et répandez la lumière autour

de vous. Vous serez heureux du bien que vous
aurez fait.

Emile CHEVÉ.

CHRONIQUE THÉATRALE.

Sonnez, clairons ! battez, tambours ! la semaine est aux fanfares ! Drame militaire, cantate héroïque, ballet d'à propos, rien n'a manqué à notre humeur belligérante. La présence
du maréchal Pélissier dans nos murs explique
cette recrudescence de patriotisme théâtral ;
car notre directeur sait habilement tirer parti
des circonstances, et il n'aurait eu garde de
laisser échapper celle-là. — Il a eu grand raison, il faut en convenir, car les deux représentations données en l'honneur du héros de
la Crimée, quoique dénuées d'intérêt artistique,
— nous en demandons pardon à l'auteur de
la cantate, — ont produit un magnifique ré-
sultat-sterling ; c'est une façon fort agréable
de fêter les gens, et chacun, en vérité, voudrait
pouvoir faire ainsi les honneurs de sa maison.

Pour le public, du reste, l'attrait n'était
point le spectacle, mais la vue de l'illustration
qui honore notre pays, et tous les regards,
tous les bravos ont été pour elle. — Ces démonstrations enthousiastes ont dû toucher bien
vivement l'âme de notre célèbre compatriote,
car elles avaient ce caractère de spontanéité et
d'effusion qui leur donnent un double prix.

La première de ces deux soirées se composait du PIANO DE BERTHE, si coquettement
rendu par Mlle Coblentz et Julien Mary, de
la DAME BLANCHE, avec Mlle Lavoye, Bouvard
et Bonnesseur — une trinité de talents — la
fameuse cantate, que nous aurions bien voulu
entendre, mais qui, malheureusement, a été
chantée à une heure indue, et le ballet final avec
décor nouveau représentant la maison où est
né le maréchal Pélissier — ballet et décor que
nous avons perdus aussi.

— La seconde, de l'éternelle FAVORITE, quelque peu rajeunie pourtant par la belle voix et
la science musicale de Lapierre, notre excellent
ténor, et de Mme Laget-Planterre, sa digne
émule. — Puis encore de la cantate précitée,
et du divertissement que je souhaite plus divertissant que beaucoup d'autres.

A ce propos, une objection ? — Nous ne con-
testons nullement le talent de la famille Laurençon ; mais le génie inventif de notre unique
pourvoyeur de ballets nous semble quelque peu
épuisé. Ne pourrait-on pas d'aventure chercher
ailleurs quelques idées un peu plus neuves, un
peu moins rebattues ? C'est toujours la même
rengaine : un père ganache donnant sa fille
à quelque Jocrisse déhanché, qui se trouve
joué sous jambe par un Amadis en maillot de
soie, lequel exprime sa flamme en jetés-battus
et triomphe finalement par une pirouette victorieuse. Est ce donc là le dernier mot de l'art
chorégraphique ?

Nous avons fait dimanche dernier une excursion outre Seine, pour voir les ZOUAVES, ou
la PRISE DE SÉBASTOPOL. Contre notre attente,
ce drame a tenu plus qu'il ne semblait nous
promettre. — D'ordinaire, ces sortes de pièces
n'ont qu'un attrait de curiosité, de mise en
scène, de décors, mais celle-ci joint à ce mérite celui d'une action assez intéressante, et des
détails fort amusants. On l'écoute donc avec
plaisir.

M. Armand a l'âme d'un père et la rudesse
d'un soldat.

M. Julien Mary est très-divertissant dans
le flegmatique personnage de l'Anglais ; Mme
Tanésy a eu de bons moments ; mais pourquoi
paraître toujours suffoquée ? L'émotion la plus
vraie ne procède pas ainsi par soubresauts.
Nous regrettons de ne pas avoir retenu le nom
d'un comique qui ne manque pas d'un certain
naturel, et qui lutte avec assez de bonheur
contre un malheureux organe voilé au possible.

L'effet du dernier tableau est bien rendu ;
la mise en scène presque soignée. — C'est chose
nouvelle à ce théâtre ; — si cela pouvait
devenir habitude, — quel progrès !

Le spectacle commençait par UNE CROIX A
LA CHEMINÉE, pauvre pièce, nous l'avons dit,
heureusement sauvée par le ton exquis de Mme
Hacquette et la verve communicative de MM.
Franck et Armand. Mlle Berthe pourrait tirer
meilleur parti, ce nous semble, de son joli
rôle d'espiègle. Ses enfantillages sont forcés, et
puis elle sautille trop. Si elle a vu Mlle Luther
dans LA JOIE DE LA MAISON, nous l'engageons
à s'en souvenir : — Voilà de l'espièglerie naturelle, de la gaité vraie.

Ce soir samedi, première représentation
de JÉRUSALEM... Fête au Théâtre des Arts.

Alexandre OSMONT.

CECI ET CELA.

CAUSERIES THÉATRALES.

Impressions d'outre-rampe.

Nous recevons d'un correspondant inconnu.
— un artiste sifflé sans doute, — les lignes
suivantes qui sont un véritable plaidoyer en
faveur de la gente dramatique. Nous les in-
sérons volontiers ; que la colère du public leur
soit légère :

Acteurs et journalistes ont beaucoup abusé
DE L'ÉMOTION INSÉPARABLE D'UN PREMIER DÉBUT,
mais pour être un prétexte derrière lequel se
cache la médiocrité des uns ou l'impuissance
des autres, cette phrase stéréotypée n'en demeure pas moins une vérité sérieuse et trop
souvent justifiée.

Quel que soit le talent du comédien, quel
que soit l'expérience du chanteur, ce n'est
jamais sans une émotion profonde que l'artiste
se présente pour la première fois devant ce
juge changeant, capricieux, fantasque, quelquefois cruel qu'on nomme le public. — Je
parle de l'être collectif, bien entendu. — Que
mon seigneur et maître me pardonne, je suis
son serviteur et non son courtisan.

Après quatre mois d'une absorbante inaction, l'artiste a perdu cette assurance accoutumée qui est quelquefois la moitié de son
talent. — La voix du chanteur s'est alourdie,
semblable à l'épée inoffensive qui dort en paix
dans son fourreau, elle s'est rouillée et ne
veut plus dégaîner. — Arrivé en scène, l'acteur sent instinctivement qu'il n'a plus le
pied marin pour se maintenir sur ce flottant
esquif, qu'on nomme : LES PLANCHES. — Sa
mémoire rebelle fait l'école buissonnière et
court les grand chemins de la fantaisie. —
Il se sent malhabile. — Une faute au théâtre
en entraîne infailliblement une autre. — L'insuccès démoralise. — La peur d'avoir peur le
galope : il a peur !

L'artiste rentrant retrouvera-t-il ses succès
d'autrefois ? — Sera-t-il à la hauteur des

bons souvenirs qu'il a laissés ? — Peut-il compter sur les mêmes sympathies, sur la même indulgence ? Triomphera-t-il de la satiété ou des coteries malignes et cancanières, qu'un séjour prolongé en province entraîne avec lui ?

Points d'intérogations redoutables !…

Le débutant, lui, est appelé à combattre un ennemi mille fois plus dangereux encore : l'inconnu.

Arrivé quelques jours à peine avant de subir sa première épreuve, — la plus décisive à notre avis, car on efface toujours lentement une fâcheuse impression, — l'artiste ignore les goûts changeants, les préférences inexpliquées du public, les habitudes de l'orchestre, la sonorité, et l'accoustique de la salle, les êtres et la mise-en-scène du théâtre, le jeu de ses camarades. Il se meut dans un monde nouveau où tout est péril, surprise, danger. Placé sans guide au milieu de ce carrefour où aboutissent plusieurs chemins, quelle voie lui faut-il prendre pour arriver au succès ?

Le débutant condamné par une absurde tradition, à paraître dans un ouvrage du répertoire, se sait obligé de lutter avec les souvenirs de son prédécesseur, dont il lui faudra non-seulement avoir les qualités, mais encore les défauts, car mons public ne permet guère qu'on le dérange de ses chères habitudes, l'imprévu le trouble, la nouveauté le dépiste, les tentatives l'irritent ; pour lui les créateurs et les devanciers ont toujours raison, quand même, et les derniers arrivés ont toujours le tort d'être… les derniers venus. A défaut souvent d'autre sentiment critique, il juge par voie de comparaison, la plus fausse et la plus injuste façon de formuler un jugement. Ne voyons-nous pas chaque jour deux artistes à talent égal interpréter un rôle, créer un type, habiller un personnage d'une manière dissemblable et pourtant avec un égal succès ? Au théâtre comme dans le monde, les gens de mérite ne réussissent-ils pas par des moyens contraires ayant des qualités particulières, et en raison même des défauts de leurs qualités ?

A côté de ces périls permanents, de ces préventions chroniques, se trouvent les incidents imprévus, et ils sont nombreux. — Exemple : — Prenons un chanteur. — L'artiste qui n'a pas toujours le choix de sa pièce de début, compte pour assurer sa réussite, sur le charme d'une phrase musicale, sur les vocalises brillantes d'un point d'orgue. Il a cent fois répété avec ardeur, avec amour ce passage charmant sur lequel repose tout son espoir. — C'est à cette note, à ce trille, à cette gamme qu'il devra tout son succès. — Le moment solennel arrive, il est arrivé… Mais ô fragilité des fioritures humaines, la casquette voyoucratique d'un dilettante du paradis tombe lourdement au milieu des fraîches et élégantes toilettes des premières galeries, le parterre se lève, s'agite, s'égaudit, de l'aventure, et pendant tout ce temps, note et trille, gamme et point d'orgue passent inaperçus, — autant en emporte l'orchestre, — mais le malheureux chanteur vaincu, découragé, jette son bonnet par dessus la rampe et se dispose A FAIRE SES MALLES, selon l'expression consacrée derrière le rideau. Obéré par quatre mois de morte-saison, retrouvera-t-il alors un nouvel engagement ? — THAT IS THE QUESTION ! — Si le public qui vient tranquillement, joyeusement, digérer au théâtre un excellent dîner, connaissait vraiment le revers de cette médaille artistique, — monaco doré au procédé Ruolz, — il apporterait parfois moins de promptitude, de passion et d'entraînement dans ses arrêts. — J'ai dit.

Galathée

DISSÉQUÉE PAR UN MÉDECIN DE LETTRES.

Privé de ténor nous avons eu, il y a quelques jours une représentation de cette ravissante et très-artistique partition. — Mlle Henriette Chevalier s'y est montrée comme toujours, chanteuse habile comédienne de talent.

Certes à ce dernier point de vue la tâche n'est pas facile. L'actrice doit se trouver mal à l'aise dans ce personnage écouté qui renferme tout un monde de pensées à peine entrevues. Le rôle se devine, se pressent, s'accuse mais ne se développe pas. La faute en est au sujet qui est à coup-sûr impropre au libretto d'un opéra comique. A défaut des détails, des caractères et des enchaînements qui constituent la comédie et la tragédie, il eût été préférable de supprimer un dialogue insuffisant, pour le remplacer par des récits, en donnant à cet ouvrage les proportions d'un grand opéra. Ce genre se contente des situations indiquées sans en réclamer d'avantage.

Galathée affiche vainement des prétentions à être une étude antique. Il ne saurait suffire pour cela de vêtir ses personnages de la toge ou du peplum, de leur mettre des cothurnes, pour les faire se démener au milieu de ces froides colonnades qui encadrent traditionnellement tous les sujets classiques.

Si la tentative est louable, le but n'a pas été atteint, littérairement du moins. Nous ne faisons point la guerre, nous très-humble, aux auteurs qui sont gens d'esprit et d'expérience, sans contredit, mais nous désirons constater seulement les difficultés que la pièce présente à l'artiste qui cherche à donner à ce rôle la physionomie qui lui est propre. Le personnage de Galathée, tel qu'il a été pensé, et non tel qu'il existe, vaudrait à lui seul les plus complètes créations, s'il était mieux réussi. Il exige tout d'abord, des qualités physiques complètement spéciales, les lignes sculpturales d'un marbre taillé par le ciseau d'un grand artiste. — Cette statue qui s'émeut sous le souffle de la vie, qui palpite sous le sang qui l'envahit est le prétexte d'une mimique sans doute fort belle, mais certainement très-difficile, il faut bien l'avouer. — Or, on peut être charmante sans ressembler à un des embellissements du parc Saint-Germain.

Galathée, c'est la fille de vingt ans avec toutes les beautés qu'un sculpteur amoureux peut rêver pour cet idéal que crée son génie et son amour. Elle s'éveille, elle respire, elle regarde, elle entend des voix inconnues qui chantent dans son cœur, qu'elle sent battre pour la première fois, de douces chansons qu'elle ne comprend pas encore, mais dont elle possède déjà tous les instincts. — La femme se révèle à elle-même. — La nature en lui apparaissant lui découvrant ses sublimités. — Elle marche incertaine, au milieu des splendides surprises de la création, des merveilles de la vie, non, comme l'enfant qui s'habitue doucement sans comprendre, mais soudainement, avec toutes les passions, tous les caprices, toutes les révoltes de la femme et de la créature. — C'est là tout un beau poème, — Cette initiation rapide devait amener des situations pleines d'imprévu, de fraîcheur, de naïveté et d'amour.

Loin de là, les exigences d'un scénario sans haleine, le cadre étroit de deux actes ont, réduit cette étude, vue par le petit bout de la lorgnette à des proportions raccourcies et vulgaires : Galathée aime et parle comme un caméla du panier à quinze sous ; — elle trompe Midas, ce boursier mythologique, comme une fille de plâtre de dixième année ; —elle se donne au valet de Ganymède en femme de chambre ; — elle boit le vin de Chypre comme du petit bleu d'Argenteuil. — Ce n'est pas une nymphe amoureuse de chastes voluptés ; ce n'est pas une bacchante échevelée noyant sa raison dans sa coupe ; — c'est tout bonnement une fille d'Eve s'égaudissant gaillardement; trompant l'amant sincère qui l'aime, le VIEUX qui la paie au profit d'un esclave paresseux et gourmand qui s'en amuse.

Une pareille fantaisie est lourde à porter. Les auteurs l'on si bien compris, que la création en fut confiée à Mme Ugalde, cette ravissante fauvette dont le talent charmant s'accommode bien mieux du bonnet fripon de Mademoiselle Virginie du CAÏD, que des draperies classiques. Ils ont demandé le succès au côté comique, et le succès porté par un joyeux éclat de rire leur a répondu. — Le public qui s'amuse n'a pas le temps de penser aux procédés et aux ficelles scéniques, il rit, il est désarmé ; ce qui ne l'empêche pas pourtant de s'en aller après les enlevants couplets de la Coupe, sans attendre un dénouement nécessaire, indispensable mais sans intérêt et dont il se soucie fort peu.

Mlle Chevalier toujours intelligente, a su fondre dans des demi-teintes les tons criards du rôle, elle a su en adoucir les inégalités et faire disparaître les transitions excentriques qu'il contient en leur ôtant leur vulgarité.

A. LEMIRE.

XIᵉ Année ; — 1ʳᵉ du nouveau titre. **UN NUMÉRO : 20 CENT.** N° 44. — Dimanche 23 Novembre 1856.

Musique, — Sciences, — Arts, — Littérature, — Théâtres.

LA RÉFORME MUSICALE

ABONNEMENT A ROUEN : 10 FR.

ON S'ABONNE

A ROUEN, chez M. Louis Roger,
rue Porte-aux-Rats, 2.
A PARIS, chez M. Émile Chevé rue
des Marais-S.-G., 18.
A MONTPELLIER, chez M. Aimé
PARIS, rue des Casernes, 3.

JOURNAL DES DOCTRINES DE L'ÉCOLE GALIN-PARIS-CHEVÉ.

BUREAU A ROUEN, RUE PORTE-AUX-RATS, N° 2.

LOUIS ROGER, Directeur-Gérant.

ABONNEMENT DANS LES DÉP. : 12 FR.

ON S'ABONNE

A LYON, chez M. Perraud, rue du
Griffon, 11.
AU HAVRE, chez M. Vasse,
rue Molière, 16.
*Les abonnements peuvent être payés
en timbres-postes (Affranchir).*

RENSEIGNEMENTS. — Cette feuille paraît, à ROUEN, tous les DIMANCHES. — Tout ce qui concerne l'administration du journal doit être adressé à Rouen, rue Porte-aux-Rats, 2. — Ce qui concerne la rédaction peut être indifféremment adressé à M. CHEVÉ, à M. Aimé PARIS, ou au Directeur-Gérant. — La critique demeure sous la responsabilité de celui qui la signe. — Il sera rendu compte des Ouvrages dont un exemplaire sera déposé au bureau du journal. Les lettres non affranchies seront refusées.

On peut se procurer des numéros de la *Réforme*, au Bureau du Journal ; — au dépôt du cours Boïeldieu, à Rouen, — et dans l'intérieur des Théâtres.

A Monsieur le Directeur-Gérant

DE LA RÉFORME MUSICALE.

Mon cher Monsieur Roger,

Nos amis de la RÉFORME MUSICALE, c'est-à-dire tous les adeptes de la nouvelle école, savent qu'habituellement je parle la bouche tout-à-fait ouverte, et que m'a pensée n'a pas même l'idée de recourir à la feuille providentielle dont nos premiers parents ne soupçonnaient pas l'utilité, avant d'avoir péché. Peut-être (ce dubitatif est de trop) aurais-je continué de suivre cette ligne de conduite, si les hommes ressemblaient aux montagnes qui ne se rencontrent pas. Mais voici que, par suite de l'inintelligence de quelques milliers de Marseillais qui se font appeler des PÈRES DE FAMILLE, bien qu'ils ne prennent que peu de souci de la direction INTELLECTUELLE de leurs enfants ni de leur bourse, à eux, trafiquants et spéculateurs, qui pourtant savent ce que vaut une pièce de cinq francs, sans quoi ils ne mettraient ni leur caisse ni leur progéniture à la merci des amphions de haut et de bas étage qui les tondent de près et se moquent d'eux, voici dis-je — pardon pour cette parenthèse indispensable — que je me trouve transplanté sur un terrain où je ne peux escompter l'avenir.

Dois-je me flatter qu'un nouveau Saint-Paul, illuminé soudainement sur un autre chemin de Damas, embrassera, jusqu'au martyre inclusivement, les doctrines dont il a été l'ardent persécuteur ? Faudra-t-il reprendre une vieille querelle dont l'origine est si ancienne que depuis les hostilités commencées, PAR UN AUTRE QUE MOI, — qui n'attaque jamais et qui me défends toujours — les Grecs ressuscités auraient le temps de venir à bout d'une nouvelle Troie ? Je ne sais ; mais je veux pas qu'on puisse me reprocher d'avoir créé des complications, en spécifiant des faits ou des noms propres.

Qu'on me permette donc de parler aujourd'hui par énigmes, pour ne rien compromettre, sauf à dédommager largement nos amis et moi, si, au lieu d'une conversion, je trouve une récidive. Vous êtes au courant de tout et vous direz, au besoin, que j'ai raison de faire un acte conservatoire, ce dernier mot est un adjectif. Depuis l'adoption du plagiat Mercadier, on y regarde à deux fois pour éviter d'écrire un acte DE CONSERVATOIRE.

A propos de ce nom de Mercadier, il n'est pas inutile de vous dire que ce monsieur, qui PROFITE des idées des autres comme mon premier client de 1820 a PROFITÉ d'un vieux chapeau qu'il a trouvé probablement fait pour sa tête, continue à répandre libéralement la rosée de ses prospectus sur les départements. Il m'en est tombé un entre les mains, à Marseille. Cela n'a pas moins de huit pages in-8°. On y lit, SANS AUTRE SIGNATURE QUE CELLE DE M. CLAYE IMPRIMEUR : « L'ouvrage que NOUS » annoncions pour la première fois, il y a » moins d'une année » etc., puis des lettres que n'ont encore atténuées ni désavouées, MM. Louis LACOMBE, Ch. GOUNOD, REBER, MICHEL, Fétis, Ambroise THOMAS, MOHR, MEIFRED, FORESTIER frères, Ernest ROGER, THIBAULT, Le COUPPEY, CAVELLO, GARROUTTE, RIGAULT DE ROCHEFORT, BAZIN, MARMONTEL et LEVOL (suit naturellement le rapport du comité des études du Conservatoire impérial, avec ses douze signatures).

Je ne sais quel esprit, bien ou mal fait, (cela dépend des goûts) a eu l'idée de crayonner les quatre petits vers suivants, au bas de la septième :

Quand Paris et Chevé contestent tes vertus,
    Moi, j'en ai la mesure vraie ;
Tu me fais, dans ton prospectus,
Lire ici : *Levol*, et là : *Claye*.

Je ne peux que signer, comme messieurs Delord, Frémy et Caraguel, du CHARIVARI :
    Pour copie conforme
            Aimé PARIS.
Montpellier, 17 novembre 1856.

Lettres à un ami devenu riche.

Le foyer du théâtre de l'Odéon était en fête l'autre soir. Toute la littérature contemporaine s'y était donné rendez-vous, et l'on ne pouvait faire un pas sans courir le risque d'écraser un grand homme. Il y avait là le ban et l'arrière-ban du journalisme parisien, la petite et la grande presse, les feuilletonnistes et les vaudevillistes, les fantaisistes et les réalistes, les poètes et les faiseurs, — tout ce qui a un nom, bon ou mauvais, dans cette grande cité de l'intelligence et de l'art qui s'engoue si facilement des médiocrités et qui marchande si longtemps son admiration aux gens de génie inédits.

C'était une foule superbe, comme on n'a pas souvent l'occasion d'en coudoyer et je comprends que tu regrettes de n'avoir pas été là. Toi qui autrefois faisais de longues stations sur les boulevards pour voir passer un nez illustre, un paletot célèbre, une canne de génie, tu en aurais eu là de toutes les couleurs, et de toutes les grandeurs. Jules Janin représentait les DÉBATS. Edmond About le FIGARO. Louis Ulbach la REVUE DE PARIS, Edmond Texier le SIÈCLE, Paul de Saint-Victor la PRESSE, Théophile Gautier le MONITEUR. Théodore Pelloquet la GAZETTE DE PARIS, Charles Bataille le DIOGÈNE ; Léon Gozlan s'y représentait lui même ; M. Philoxème Boyer et M. Champfleury aussi ; je crois avoir aperçu Victor Séjour, l'auteur du FILS DE LA NUIT et Henri Murger, l'auteur de la VIE DE BOHÈME... J'en oublie, comme bien tu penses, Barillot, Antonio Watripon, E. Carjat, entr'autres. Ma lettre n'y suffirait pas, rien qu'à les nommer tous. Le foyer était plein à n'y pas pouvoir se baisser pour ramasser une épingle en diamant comme celle que M. R. portait à sa cravate... Prends un catalogue de libraire et tu auras une feuille d'illustrations plus complète, un total de célébrités plus satisfaisant que ne l'est mon énumération. Jean-Paul prétend qu'il suffit d'avoir dans sa chambre une faible lumière pour se préserver de l'éblouissement causé par les éclairs qui embrasent tout l'horizon. J'avais heureusement à mon bras un jeune littérateur très-inconnu mais très-spirituel qui m'a préservé de l'éblouissement causé par les éclairs qui se dégageaient de toutes ces intelligences entassées-là.

De quoi s'agissait-il donc ? Pourquoi ce soir-là, à l'Odéon, — vaste solitude d'ordinaire, — cette foule d'élite et ce peuple d'homme illustres?

Tu l'as deviné, n'est-ce pas ? Il s'agissait d'une œuvre littéraire, le début dramatique d'un poète de talent ; on allait jouer la MADAME DE MONTARCY, de M. Louis Bouilhet, l'auteur de MOELENIS.

Un drame en vers, en cinq actes ! Il y a là, en effet, de quoi émotionner fortement tout le Paris artistique et littéraire. De pareils évènements n'arrivent pas tous les jours, et quand ils arrivent, ils sont les bienvenus, surtout quand ils sont ce qu'est l'œuvre de M. Bouilhet.

Je t'écris familièrement, — partant sincèrement. Je ne te parlerai donc pas du poète, que je n'ai pas l'honneur de connaître, mais de son drame que j'ai eu la joie de voir ce soir-là, à l'Odéon. Je ne te donnerai pas mon opinion comme bonne, mais comme mienne ; voilà tout, et c'est bien assez. La sincérité est une précieuse chose, à mon sens, et elle peut, parfois, tenir lieu de talent. Je serai sincère, je te le promets :

D'abord, tiens tu bien à ce que je te raconte la fable qui a servi de prétexte aux beaux vers de M. Louis Bouilhet ? Je n'y tiens pas trop, pour ma part, pour les raisons que voici.

Il y aura toujours du danger à toucher aux grandes figures historiques qu'estompe la brume du passé et qui, au point où nous sommes, atteignent dans leur éloignement des proportions surhumaines dans lesquelles il faut les laisser. George Sand, — un écrivain de génie, cependant, — a échoué comme le premier dramaturge venu, le jour où elle a pris une de ces grandes figures pour la faire vivre, palpiter et marcher sur les planches d'un théâtre : son MOLIÈRE a été une chute. Tu verras qu'elle ne recommencera pas.

M. Louis Bouilhet a donc eu, — en premier lieu, — le tort grave de déterrer Louis XIV, Mme de Maintenon et la duchesse de Bourgogne, pour les habiller à sa guise et les faire parler à sa fantaisie sur la scène de l'Odéon. Je n'aime certes pas beaucoup Louis XIV ; j'ai trop lu pour cela les Mémoires de Saint-Simon. Mais je m'étais fait, comme tout le monde, un Louis XIV de fantaisie qui marchait tout botté et tout éperonné dans ma cervelle, et qui ne ressemblait pas plus au Louis XIV de l'histoire qu'à celui de Boileau, de Racine ou de M. Louis Bouilhet. Il en est ainsi, je le répète, de tous les personnages historiques, héros ou gredins, conquérants ou poètes, — toutes les figures hors ligne que nous n'avons pu contempler vivantes, sont et doivent rester à l'état de légendes. Il y a imprudence et témérité folle à les ramener pour quelques heures aux proportions ordinaires et mesquines de la vie bourgeoise. C'est à peine si cette exhumation est permise à l'historien ; et cependant le livre n'a pas les périls du théâtre !

Ensuite, en supposant que ces exhibitions fussent permises, il ne faut pas, en tout cas, mentir aux traditions qui concernent ces figures historiques et dans lesquelles elles sont, pour ainsi dire, embaumées. Que diriez-vous si, sous le prétexte que j'ai ouvert le cercueil de Charles Ier, je vous montrais le cadavre de Cromwel ! Vous avez le droit de faire une statue de marbre, mais vous n'avez pas le droit de faire une machine en cire pour le cabinet de Curtius... Malebranche ne faisait pas plus de cas de l'histoire que des nouvelles de son quartier. Cela se comprend ; ce bonhomme était mathématicien ! Et, cependant je me demande quelquefois avec quoi il a écrit son fameux livre : RECHERCHE DE LA VÉRITÉ, s'il avait réellement ce mépris de vérité historique. Il est bon d'être cartésien, mais pas tant que cela.

La plupart des dramaturges modernes sont un peu Malebranche de ce côté-là, et, à voir leurs œuvres historiques, on serait tenté de croire qu'ils font très-peu de cas de l'histoire, ou que, lorsqu'ils la consultent, leur imagination leur sert de secrétaire.

Je ne dis pas cela précisément pour M. Louis Bouilhet, qui a de la conscience littéraire et qui, d'ailleurs, a sauvé les invraisemblances et les inexactitudes de ses portraits par une merveilleuse couleur et une merveilleuse poésie. Si j'osais, je dirais qu'il a fait, pour les personnages historiques de son drame, ce que Paul Véronèse a fait pour les personnages également historiques de sa Cène et de ses Noces de Cana. C'est une très-belle toile assu-

rément, que celle des Noces de Cana, mais ce n'est pas un tableau historique, et jamais les grands seigneurs vénitiens et les belles courtisanes vénitiennes qui font semblant de manger, — dans ce tableau, — n'ont assisté aux Noces de Cana qui forment un des épisodes de la vie de Jésus-Christ...

Certes, mon intention n'est pas de chercher des cheveux à la tête de M. Louis Bouilhet, mais je ne puis m'empêcher de dire que son Louis XIV n'est pas ressemblant, que sa madame de Maintenon est invraisemblable, et que son D'aubigné n'a jamais existé. Le premier est un Louis XIV de carton-pierre ; ce n'est pas le Louis XIV de bronze que nous connaissons. La seconde est une Maintenon de fantaisie, de triste fantaisie même, car jamais la veuve du cul-de-jatte Scarron, devenue la femme de Louis XIV n'a eu les jalousies mièvres et les enfantillages déplacés que le drame nouveau lui prête, — avec usure. Le toisième n'est pas assez le petit fils du grand Théodore Agrippa, et il est trop le cousin germain du Don César de Bazan de Victor Hugo.

Quant à l'anecdote historique sur laquelle le drame roule, en bonne partie, je ne me la rappelais pas beaucoup, et je ne trouve pas, en tout cas, que M. Louis Bouilhet l'ait fidèlement employée. Il s'agit, comme tu sais, des amours de la jeune et charmante duchesse de Bourgogne, femme du petit-fils de Louis XIV, de l'héritier présomptif de la couronne, avec un certain Mauleuvrier, neveu de Colbert, à ce qu'il paraît, et qui, — l'ambitieux ! — aspire à devenir trop proche parent du grand roi... Ce dernier, dans le drame de M. Bouilhet, au lieu de supprimer brutalement le coupable Mauleuvrier, — comme il n'eût pas manqué de le faire, quand il vivait, — se contente de donner un chaperon à l'imprudente duchesse de Bourgogne. Ce chaperon, c'est l'honnête et douce Madame de Montarcy, femme d'un brave officier qui l'aime follement et qu'elle aime de même. Ce rôle ne lui va pas beaucoup, et il la compromet d'autant. Ce qui fait que M. de Montarcy devient jaloux du roi, prend sa femme en haine, veut la tuer et, finalement, s'empoisonne — comme Ruy Blas...

Combien je préfère, à ces amours adultères de la duchesse de Bourgogne et de Mauleuvrier, les chastes amours de Louise de Bourbon de Condé, fille de Charlotte de Rohan-Soubise, avec le marquis de la Gervaisais, jeune officier des carabiniers de Monsieur, nature austère, religieuse et tendre, breton comme La Mennais et, comme lui, parlant volontiers la langue des prophètes... Une correspondance pleine d'onction, d'amour naïf et de pureté, — et qui, par parenthèse, contraste étrangement avec les productions érotiques de leurs contemporains, — une correspondance s'établit entre la princesse et le gentilhomme pendant les années 1786 et 1787... Mais on ne badine pas avec l'amour ! Un beau jour, dans ce même palais de Versailles tout plein des immondices de Louis XV, l'âme de Sainte-Thérèse tout entière s'empara de la fille des Condé, et la voilà, exhalant de son cœur royal des cris d'amour capables de purifier le Parc-aux-Cerfs... Hélas ! princesse ! l'idéal n'est pas au ciel. Pour l'atteindre il n'est pas besoin de s'élever sur le disque immaculé de Marie ! Il est là, l'Idéal ; il est là, jeune et beau, discret et tendre ; son cœur bat, que le vôtre batte donc à l'unisson du sien... L'amour est un duo charmant, princesse ! . Mais le devoir l'emporte, — ou plutôt le suicide de l'âme s'accomplit... Louise de Condé rompt brusquement la correspondance...

Quelle dernière lettre ! quel déchirement ! quelles larmes ! Les perles que Cléopâtre a bues ne valaient certes pas ces larmes-là !... Éperdue, effarée, Louise de Condé se précipite dans un couvent d'où elle ne sortira plus que morte, le 10 mars 1824. Quant au marquis de Gervaisais, agrandi par cet amour, il se réfugie, pour se consoler, dans la sainte thébaïde des lettres...

Mais ces mélancoliques et chastes amours m'ont entraîné bien loin. L'heure s'avance, ma lettre s'emplit, et je ne t'ai pas dit tout ce que je voulais te dire.

Cela n'en vaut que mieux, à bien prendre. Je n'ai pas besoin de tant de place pour dire ce qui a été dit longuement par les grands journaux de Paris, à savoir : que, malgré ses imperfections comme charpente, comme mise en scène, — le nouveau drame de l'Odéon est un beau drame, très-émouvant, surtout au cinquième acte, et que M. Louis Bouilhet est un poète d'un grand talent et d'un grand avenir.

J'ai eu l'air de critiquer ; ce n'est pas dans mes habitudes, et d'ailleurs je n'en ai pas le droit. Mais au fond, je t'assure que je pense un bien infini de cette œuvre, et que je voudrais être convié à en applaudir de semblables tous les jours.

Seulement, et pour dernière réserve, je pense que MADAME DE MONTARCY gagnera à être lue, et la preuve, c'est que toi, qui la liras bientôt, tu ne comprendras pas un mot des reproches que je viens de lui faire...

Alfred DELVAU.

MENUS PROPOS.

On lisait ce qui suit dans l'un des derniers numéros du DIOGÈNE :

« Grâce au ciel, cette pauvre école du bon » sens traîne l'aile et tire le pied. La tragédie, » — cette forme iroquoise de l'art, — dont » certains bonshommes à idées indues avaient » constitué M. Ponsard le grand Lama, n'aura » bientôt plus d'autres bourses que M. Pagès » (du Taru), et quelques écrivains de Norem- » berg. LUCRÈCE aura bientôt rejoint ARBO- » GASTE, et les alexandrins de la BOURSE, ainsi » que les tirades niaises de GABRIELLE, servi- » ront de pensums aux apprentis Campistron. » Cette réaction prévue sera d'autant plus ter- » rible qu'elle aura été longtemps à se pro- » duire. »

Si cette étrange sortie contre M. Ponsard et l'ECOLE DU BON SENS était l'expression des idées d'un seul homme, nous en ferions bon marché et nous ne prendrions pas la peine de la ramasser. Mais cette boutade du DIOGÈNE exprime nettement l'opinion commune au plus grand nombre des écrivains d'un certain ordre, et il importe par conséquent de les saisir au passage et de leur infliger, au nom de la droiture et du bon sens, le châtiment qu'elles méritent. C'est ce qu'a fait déjà M. Alcan-Levy, dans l'ECHO DE LILLE, et ce que feront tous ceux qui n'ont pas perdu dans la dépravation générale des esprits le sentiment du juste et du goût.

Un mot d'ordre est donné. Il est convenu que la jeune école littéraire traînera dans les égoûts toutes les gloires consacrées par les acclamations publiques et par l'admiration des siècles. La préface de Mlle DE MAUPIN a coiffé d'une perruque les écrivains en masse du règne de Louis XIV. M. Victor Hugo s'est montré plus qu'irrévérend envers celui qui eut l'impudence d'écrire ATHALIE sans consulter la poétique des BURGRAVES. M. Vaquerie, dans un style particulier à l'auteur de TRAGALDABAS, a donné la férule à ce POLISSON de Racine. Casimir Delavigne, arraché de son cercueil, a vu fouler aux pieds sa muse honnête et pure. M. M. Ponsard, qui a eu le malheur de marcher sur les traces de ces illustres réprouvés, ne pouvait pas échapper aux invectives de la nouvelle école. Il a été fustigé durement et sans relâche. Je crois même, à en juger par le style épileptique du DIOGÈNE, qu'il n'est pas au bout de ses peines et qu'on le malmènera d'une toute autre façon, quand l'Académie l'aura prié de s'asseoir sur le fauteuil où Corneille lui-même, au dire des romantiques, ne serait pas à sa place.

Il est permis sans doute d'émettre, en termes polis, des opinions diverses sur le talent des artistes et des hommes de lettres, à quelque école qu'ils appartiennent. Qu'on mette Victor Hugo sur la même ligne qu'Homère, et qu'on préfère l'auteur des GROTESQUES à l'auteur de POLYEUCTE, il n'y a rien là qui puisse indigner Homère ou Corneille. On peut aussi, sans manquer aux convenances, attribuer plus de mérite à M. Ingres qu'à M. Horace Vernet, et priser MEYERBEER beaucoup plus que Rossini. Tout au plus s'exposera-t-on à prouver son mauvais goût, ce qui n'est pas un grand malheur, mais dans cette lutte d'opinions la dignité de personne n'aura été compromise.

Il y a loin de cette discussion honnête et pacifique aux violences de la jeune école. Pareille à ces forcenés qui voulaient jeter à bas dans un jour de réaction furieuse le héros de la place Vendôme, elle n'a d'autre ressource pour cacher son humiliation que de jeter l'insulte et la boue au bronze inébranlable. Il y a pourtant un moyen bien simple indiqué par Voltaire, pour détrôner un écrivain : c'est de faire mieux que lui. L'école romantique qui n'aura jamais raison d'être agressive et violente, aura du moins le droit de lever la tête, lorsqu'elle fera complètement oublier les maîtres qu'elle injurie. Personne, au dix-septième siècle, n'a su faire une pièce de théâtre, dites-vous ? Racine est un INOQUOIS qui écrivait des tragédies pour les bélîtres de son temps ? Nous voulons bien vous l'accorder, mais à la condition que vous nous montrerez quelque chose qui vaille mieux que BRITANNICUS et PHÈDRE.

Nous vous accorderons encore que la LUCRÈCE de M. Ponsard, que tout le théâtre de Casimir Delavigne est digne des petites écoles, si vous forcez notre admiration à se porter ailleurs. Jusque-là nous gardons notre encens pour des dieux bien connus, ne voulant pas nous exposer à balancer l'encensoir devant des idoles de contrebande.

Mais en supposant même, ce qui n'est pas prouvé, que M. Ponsard soit un méchant écrivain, et M. Horace Vernet un PEINTURLURE, comme l'appelle le DIOGÈNE ; en admettant encore que deux ou trois générations se soient trompées, et que le DIOGÈNE, sa lanterne à la main, soit venu à temps pour éclairer les hommes et les désabuser sur le mérite des écrivains du grand siècle, en admettant tout cela et plus encore, aurons-nous le droit d'invectiver grossièrement toutes ces têtes couronnées, dont la seule faute est d'avoir entrepris un métier auquel le DIOGÈNE s'entend sans doute bien mieux qu'eux? Je ne crois pas qu'on soit le dernier des hommes pour avoir fait le CID ou MÉROPE. J'ai de la peine à croire que Casimir Delavigne ait gagné sa place au bagne pour avoir écrit les ENFANTS D'ÉDOUARD ; et l'on ne me persuadera jamais que M. Horace Vernet ait mérité la prose du DIOGÈNE, pour avoir exposé le dernier de ses tableaux.

Disons, pour terminer ce chapitre sur lequel nous reviendrons, qu'il y a beaucoup trop d'orgueil et de présomption dans la jeune école littéraire, et que c'est un malheur que des talents recommandables dans les lettres soient les premiers à donner l'exemple de l'invective envers des hommes qui n'ont pas eu d'autres torts que celui d'enfanter des chefs-d'œuvres, qui feront le désespoir des incapacités de toutes les écoles.

Louis ROGER.

Paul Delaroche.

Nous lisons dans le MESSAGER DES THÉATRES ET DES ARTS les lignes nécrologiques qui suivent :

« Un peintre d'un grand talent, M. Paul » Delaroche, dont la santé était depuis long- » temps affaiblie, a succombé mardi, non pas au » mal dont il souffrait, mais à la rupture d'un » vaisseau, survenue au moment où il venait » de s'asseoir ; on a vu sa tête se pencher, on » s'est approché ; il avait cessé de vivre. Son » beau père, M. Horace Vernet, était présent, » ainsi que M. Goupil, marchand d'estampes.

» La mort de M. Paul Delaroche fait un » nouveau vide dans les rangs de l'Institut, » si cruellement frappé dans ces derniers temps.

» Les obsèques de M. Paul Delaroche ont » eu lieu jeudi à l'église de la Trinité.

» Les cordons du poêle étaient tenus par » MM. Ingres, Robert Fleury, Halévy, de » Niewerkerke et Vinit.

» Le deuil était conduit par les deux fils de » Paul Delaroche et M. Horace Vernet.

» On remarquait parmi les assistants beau- » coup de notabilités littéraires et politiques.

» L'enterrement a eu lieu au cimetière de » Montmartre où plusieurs discours ont été » prononcés. »

M. Paul Delaroche était né en 1797. — Il était officier de la Légion d'honneur.

L'œuvre de ce grand artiste se compose notamment de :

Joas dérobé du milieu des morts par Josabeth et une descente de croix exposés en 1822 ; Jeanne d'Arc interrogé dans sa prison par le cardinal Wincester et Philippe Lipps exposé en 1824 ; — la Prise de Trocadéro, (1827) ; La mort d'Augustin Carrache, — une Scène de la Saint-Barthélemy, — la Mort d'Élisabeth ; — la Mort du président Duranti. — Jane Grey, Richelieu et Cinq Mars, — le cardinal Mazarin, — les enfants d'Edouard, — Cromwel devant le cercueil entr'ouvert de Charles Ier, — l'Assassinat du duc de Guise, — lord Strafford se rendant à l'échafaud, — Charles Ier insulté par les soldats de Cromwel.

On cite parmi ces œuvres non exposées :
Marie Antoinette devant le tribunal révolutionnaire, — une Descente de croix, — le Dernier banquet des Girondins.

L'HÉMICICLE du palais des Beaux-Arts est dû à son pinceau magistral. L'incendie de l'an dernier l'a gravement atteint.

Par une coïncidence bizarre, le jour des obsèques de M. Paul Delaroche, le théâtre de l'Ambigu-Comique donnait la représentation d'un grand drame en cinq actes intitulé : JANE GRAY.

Les auteurs, au cinquième acte, ont reproduit la mise-en-scène vivante de ce tableau si populaire du grand maître,

La direction avait en outre placé au fronton du théâtre un transparent représentant une copie de cette belle œuvre.

A. LEMIRE.

Féerie.

Tu viendras avec moi, ce soir,
Dans le lointain pays des songes.
Aussi bien, il n'est que mensonges,
Sous le ciel menaçant et noir.

Sur l'aile blanche des poètes,
Le cœur chantant et l'âme en feu,
Nous irons aux cités en fêtes
Qu'entourent des flots d'éther bleu.

Là, cherchant la rive embaumée
Où revit la tendre Sion,
Je chanterai ma bien-aimée
Sur la lyre de Salomon.

Nous gravirons d'un pied agile
Les hauteurs du mont vénéré,
Où Tibulle, Horace et Virgile
Soupirent un trio sacré.

Avec la plume étincelante
D'où l'Énéide prit l'essor,
Je tracerai pour mon amante
Un beau sonnet aux rimes d'or.

Nous irons de par tous les mondes
Où le soleil conduit son char,
Balancés sur les vertes ondes
Dans un large et blond nénuphar.

Puis, quand l'heure où le jour se voile
Allumera les feux du ciel,
Je mettrai la plus belle étoile
A ton front doux comme le miel.

S'il est quelque part dans l'espace,
Loin, au-delà des horizons,
Un Eden où la rose enlace
L'œillet dans toutes les saisons ;

Nous irons goûter ces merveilles,
Nous irons, hardis voyageurs,
Et je remplirai cent corbeilles
Pour toi. — Cent corbeilles de fleurs !!

L'ÉCOLE ALLEMANDE AU XIXᵉ SIÈCLE.

François Schubert.

FRANÇOIS SCHUBERT, fils d'un maître d'école du faubourg, naquit à Vienne le 31 janvier 1797. Dès l'âge de sept ans, un maître obscur, Michel Holzer, lui donna les premières leçons de musique. La beauté de sa voix et son intelligence musicale le firent admettre, à onze ans, dans la chapelle impériale comme enfant de chœur ; ce fut alors qu'il se livra à l'étude du piano. Il cultiva aussi les instruments à cordes avec succès, puisqu'avant l'âge de quinze ans il pouvait tenir l'emploi de premier violon dans les répétitions d'orchestre. Rucziezka, organiste de la cour, lui enseigna l'harmonie, et Saliera fut son maître pour le chant et la haute composition. — Sorti de la chapelle impériale après la mue de sa voix, il se livra seul à l'étude des œuvres de Haydn, Mozart et Beethoven. Ce fut la partie la plus forte de son instruction musicale, car les maîtres de l'école de Vienne manquent généralement de doctrine. Malheureusement, il dut chercher fort jeune des ressources pour son existence ; des leçons mal payées lui laissaient peu de temps pour ses propres études, et cependant les dégoûts de l'enseignement élémentaire ne faisaient qu'accroître sa passion pour la musique. Les membres de sa famille se réunissaient souvent pour exécuter des quatuors ; lui-même tenait l'alto et le père se chargeait les du violoncelle. Ces exercices de famille durent produire un excellent résultat sur le sentiment harmonique du jeune François. — Une mélancolie habituelle était le trait dominant de son caractère ; aussi la tristesse a-t-elle souvent empreint ses œuvres, et surtout ses MÉLODIES vocales, genre dans lequel il eut beaucoup d'imitateurs, mais point de rivaux. Créateur de ce petit drame intime où le chant et l'accompagnement s'unissent pour former un ensemble souvent parfait, il y a attaché son nom de manière à le rendre impérissable. Tant que le sentiment du beau dans l'art sera cultivé, les ASTRES l'ADIEU. l'AVE MARIA, la SÉRÉNADE le ROI DES AULNES, la JEUNE RELIGIEUSE, et une foule d'autres chefs-d'œuvre, feront battre les cœurs par le charme irrésistible de leur poétique inspiration. — Au théâtre, Schubert n'a pas produit de vives sensations ; l'instinct de la scène semble avoir manqué à ses compositions dramatiques.

L'existence de cet artiste distingué fut obscure et retirée. Il vécut presque toujours à Vienne et ne quitta cette ville que pour faire de petits voyages en Hongrie, dans la Styrie et dans la Haute-Autriche. Peu favorisé de la fortune, il s'accommodait de sa médiocrité, parce que le but de sa vie était la culture de l'art. — Une maladie de langueur le conduisit au tombeau le 19 novembre 1832, avant d'avoir atteint sa trente-sixième année.—Méconnu pendant sa vie, il a eu d'ardents admirateurs après sa mort ; ses ballades ont été redites avec avec enthousiasme dans toute l'Europe, et ce succès est une justice pour des œuvres qui resteront toujours comme des modèles achevés en ce genre. — Schubert a beaucoup produit ; ainsi que tous les artistes doués de l'originalité des idées, et qui souvent meurent jeunes. — Dans toutes ses œuvres on trouve le cachet d'un talent réel et sérieux. Parmi ses compositions, publiées avant ou après sa mort, on remarque :

1° Premiers quatuors pour deux violons, alto et basse, op. 29, en LA MINEUR ;

2° Deux quatuors, op. 125 (Vienne. Trentsensky ;

3° Grand quatuor posthume, en FA ;

4° Grand quintette pour piano, violon alto, violoncelle et contre-basse op. 114 ;

5° Grand trio pour piano, violon et violoncelle, op. 98 (Vienn, Diabelli) ;

6° Rondo brillant pour piano et violon, op. 70 (Vienne, Artaria) ;

7° Trois sonatines pour piano et violon, op. 187 (Vienne, Diabelli) ;

8° Plusieurs sonates et pièces diverses à quatre mains.

9° Grandes sonates, piano seul, op. 42 et 53 (Vienne Artaria) ;

10° Trois grandes sonates posthumes (Vienne, Diabelli) ;

11° Un grand nombre de rondos, fantaisies, etc., pour piano seul ;

12° Une messe à quatre voix et orchestre, op. 48 (Wien, Diabelli) ;

13° Une messe à quatre voix et orchestre, op. 141 (Wien, Hasslinger) ;

14° TANTUM ERGO, à quatre voix et orchestre, op. 45 (Wien, Hasslinger) ;

15° Deux offertoires pour soprano ou ténor, orchestre et orgue (Wien Hasslinger) ;

16° Antienne pour le dimanche des Rameaux, op. 113.

17° Le vingt-troisième Psaume, pour deux sopranos et deux contraltos, op. 132 ;

18 Environ deux cents ballades et chansons avec accompagnement de piano ;

18° Chants pour trois ou quatre voix d'hommes, op. 11, 16, 17, 28, 61, 74.

Schubert a laissé en manuscrit : six messes, douze symphonies et douze opéras, dont les deux derniers ne sont point terminés. — Selon le docte M. Fétis. la musique de Schubert laisse à désirer sous le rapport de la correction. Assurément ce génie romantique est moins classique que Haydn ou Mozart ; cependant nous avouons que son style original nous a paru renfermer de grandes beautés, au point de vue harmonique. L'individualité commande la hardiesse, et sans être excentrique ou baroque, il ne faut toutefois copier personne. Nous recommandons parmi les ouvrages de Schubert, pour piano, les trois marches à quatre mains, op. 27 ; elles sont distinguées et d'une harmonie neuve et piquante. Les deux grandes sonates en LA MINEUR et UT MAJEUR sont fort belles. — Nous indiquerons aussi les quatre IMPROMPTUS, op. 142, espèces d'improvisations d'un goût parfait et d'une élégance remarquables. — Les INSPIRATIONS MUSICALES, op. 94 sont moins développées que les impromptus ; on y trouve toutefois cette poésie mélancolique qui pourrait faire surnommer l'auteur le Byron de la musique.

CHARLES POISOT.

THÉATRES DE ROUEN.

La direction n'a pas été heureuse avec ses deux dernières nouveautés : JÉRUSALEM, l'opéra de Verdi, sur lequel elle était en droit de fonder quelques espérances, a été écouté très froidement, en dépit des efforts des artistes, qui ont fait tout ce qui est en leur pouvoir pour rompre la glace et qui n'y ont réussi qu'imparfaitement.

Cet ouvrage a vraiment du malheur sur notre scène. Donné pour la première fois, il y a quatre ou cinq ans, sous la direction Duprez, il a été arrêté à la troisième représentation par la fermeture anticipée du théâtre. Aujourd'hui, il se trouve en quelque sorte écrasé par l'éclatante réussite de l'ÉTOILE DU NORD, pour laquelle on n'a rien épargné, et qui, jouée de deux en deux jours, lui enlève une partie de ses auditeurs, car en province, la recette du jour fait tort à celle du lendemain, et deux succès ont grand peine à marcher de front.

Quoiqu'il en soit de cette mauvaise chance, qui tient bien plus à l'inopportunité du moment qu'à la faiblesse de l'œuvre en elle-même, — nous ne parlons pas du libretto, qui est aussi ennuyeux que possible, comme toute traduction, du reste, mais de la partition, qui renferme de fort jolies choses, notamment de beaux chœurs, un air de basse entraînant, un riche final, au premier acte ; un morceau plein de hardiesse et d'originalité, dans le goût du boléro des VÊPRES SICILIENNES, celui que chante si brillamment Mme Laget, au second acte, une scène très-dramatique... et bien d'autres passages saillants que nous oublions sans doute, et qui ont implanté d'une façon viable le génie de Verdi sur la scène française.

Nous pensons donc que cet opéra peut très-dignement tenir sa place au répertoire, et varier d'une façon agréable la monotonie traditionnelle des trois ou quatre chefs-d'œuvre lyriques qui reviennent incessamment comme les saisons ou le fameux serpent de mer des grands journaux.

Alexandre OSMONT.

BULLETIN.

— On annonce que Thalberg se trouve en ce moment à Philadelphie pour monter son opéra de CHRISTINE DE SUÈDE, dont Mme d'Angri doit jouer le principal rôle.

— On compte actuellement à Vienne 110 fabricants de pianos, qui fournissent 2,000 pianos par an. Il en sort 200 à queues des seuls ateliers de M. Bosendorf, le premier facteur de l'empire autrichien.

— Au dire du THEATER-JOURNAL de Munich, l'empereur Néron fut le premier à faire usage de la lorgnette de spectacle. Il avait l'habitude de regarder les acteurs à travers une grosse éméraude montée en or.

— Verdi compose, dit-on, un opéra pour le théâtre de la FENICE, à Venise. Cet opéra, dont les paroles sont de Piave, et imitées d'un drame espagnol, a pour titre SIMONNE BOCCANEGRA.

— La fille cadette de Meyerbeer est fiancée à un lieutenant du régiment des dragons de la garde, le baron de Korff.

— On assure que la femme divorcée d'Omer-Pacha, Zvleïde-Harum-Effendi, Hongroise de naissance, se trouvant dans un état voisin de la gène, se propose de voyager en Europe, et de tirer parti de son remarquable talent sur le piano.

— M. Henri Blume, le plus célèbre interprète de DON JUAN, en Allemagne, qui s'est retiré du théâtre en 1835, est mort à l'âge de soixante-sept ans.

— Le célèbre guitariste J.-H. Mertz est mort le 14 octobre à Vienne, dans sa quarante-neuvième année. Ses compositions pour cet instrument jouissent encore aujourd'hui d'une certaine réputation ; il en laisse un grand nombre en manuscrit.

— Ferdinand Kessler, pianiste et compositeur des plus distingués, est mort à Francfort-sur-Mein, le 22 octobre dernier.

Il vient de paraître, dans le dernier numéro de la REVUE FRANÇAISE, sous ce titre : MOZART A PARIS EN 1778, un très-intéressant travail dans lequel se trouvent racontées toutes les vicissitudes du sublime compositeur à la recherche d'un poëme d'opéra. Il ne trouva que d'horribles ennuis, renaissant les uns des autres. Pour comble de malheur, sa mère, qui l'avait accompagné et qui logeait avec lui à l'auberge des QUATRE FILS AYMON, rue du Gros-Chenet en face la rue du Croissant, tomba malade et mourut le 3 juillet. M. Édouard Fournier a pu, à force de recherches, découvrir sur le registre de la paroisse Saint-Eustache cet extrait de mort, et il l'a publié. Nous donnons ici, d'après lui, ce curieux renseignement, sur lequel aucun biographe du grand musicien, ni le russe Oulibitchef, ni l'allemand Nyssen, n'avaient pu mettre la main :

« Samedi, 4 juillet 1778.

» Ledit jour Anne-Marie Pertl, âgée de 57 ans, femme de Léopold Mozart maître de chapelle de Salzbourg en Bavière, décédée d'hier. rue du Gros-Chenet, a été inhumée au cimetière en présence de Woffgand Amadi Mozart, son fils, et de François Heina, trompette de chevau-légers de la garde du roi.

» Signé : MOZART, HEINA, TRISSON. »

Darnétal. Imprimerie de FRUCHART.

XI⁰ Année ; — 1ʳᵉ du nouveau titre.   **UN NUMÉRO : 20 CENT.**   N° 45.— Dimanche 30 Novembre 1856.

Musique, — Sciences, — Arts, — Littérature, — Théâtres.

LA RÉFORME MUSICALE

JOURNAL DES DOCTRINES DE L'ÉCOLE GALIN-PARIS-CHEVÉ.

ABONNEMENT A ROUEN : 10 FR.

ON S'ABONNE

A ROUEN, chez M. Louis Roger,
rue Porte-aux-Rats, 2.
A PARIS, chez M. Emile Chevé rue
des Marais-S.-G., 18.
A MONTPELLIER, chez M. Aimé
PARIS, rue des Casernes, 3.

BUREAU A ROUEN, RUE PORTE-AUX-RATS, N° 2.

LOUIS ROGER, Directeur-Gérant.

ABONNEMENT DANS LES DÉP. : 12 FR,

ON S'ABONNE

A LYON, chez M. Perraud, rue du
Griffon, 11.
AU HAVRE, chez M. Vasse,
rue Molière, 16.
*Les abonnements peuvent être payés
en timbres-postes (Affranchir).*

RENSEIGNEMENTS. — Cette feuille paraît, à ROUEN, tous les DIMANCHES. — Tout ce qui concerne l'administration du journal doit être adressé à Rouen, rue Porte-aux-Rats, 2. — Ce qui concerne la rédaction peut être indifféremment adressé à M. CHEVÉ, à M. Aimé PARIS, ou au Directeur-Gérant. — La critique demeure sous la responsabilité de celui qui la signe. — Il sera rendu compte des Ouvrages dont un exemplaire sera déposé au bureau du journal. Les lettres non affranchies seront refusées.

On peut se procurer des numéros de la *Réforme*, au Bureau du Journal ; — au dépôt du cours Boïeldieu, à Rouen, — et dans l'intérieur des Théâtres.

NOUVELLES RÉPONSES
A UN VIEIL ARGUMENT.

Paris, 25 novembre 1856.

Sous ce titre, que je conserve à dessein, je continuerai à rendre compte des progrès de l'école, effectués en dehors de notre influence à M. Aimé Paris, à madame Emile Chevé et à moi. — Le lecteur se convaincra de plus en plus qu'un moyen qui réussit entre les mains de tout le monde est évidemment un bon moyen. Voici l'extrait d'une lettre que m'écrit monsieur Bonnain, directeur de l'école communale de Bercy. Ici, la méthode a été appliquée dans une école qui avait vainement essayé la méthode Wilhem, et c'est le même professeur, M. Collet, qui a appliqué les deux méthodes et la choses s'est faite sous la surveillance du même directeur, M. Bonnain. — J'ajoute que, dans tous les concours auxquels se présentent les enfants de Bercy ils sont abandonnés à leurs seules force, la baguette étant tenue pas un d'entre eux, le jeune Benoit, âgé de 13 ans — je laisse parler M. Bonnain.

« Bercy, 17 novembre 1856.

» Monsieur Chevé,

» J'ai reçu votre lettre du 9 courant...............

».... Vous avez raison, Monsieur, quand vous dites que je suis dévoué à votre œuvre. Et comment ne le serais-je pas, quant, *après plusieurs années d'essais*, dans ma classe, *avec les deux systèmes, le vôtre seul a donné des résultats ?* et ces résultats ont été tels, que l'administration municipale n'a pas hésité à prescrire, dans les écoles de Bercy, *l'abandon de la méthode Wilhem*, et *l'adoption du chiffre* avec lequel mes élèves sont sortis victorieux de tous les concours auxquels ils se sont présentés.
» Ceci m'amène à vous parler (bien tardivement il est vrai) de celui de Fontainebleau qui a été, sans contredit, sous tous les rapports, le plus magnifique de tous les concours.
» J'y ai conduit *trente-sept* enfants (37) et toujours sous la direction de leur condisciple Benoit, il n'ont pas craint d'exécuter *Madrid* de Gevaert, double chœur à 8 parties, et le *chœur des Gardes-Chasses* d'Ambroise Thomas.
» Vous devez juger, monsieur, de l'impression qu'a dû éprouver l'auteur de Madrid, l'un des membres du Jury, en apprenant que ce magnifique chœur, qui n'avait encore été abordé que par les grandes sociétés, allait être exécuté par quelques enfants, conduits par un enfant. Il faut croire, cependant, que ses oreilles n'ont pas eu trop à souffrir, car le journal *l'Orphéon*, organe du Jury, s'est exprimé ainsi, à notre sujet :
« *L'école de Bercy*, qui entend très-bien la manière
» *de se grouper, a chanté* Madrid *d'une façon tout-à-*
» *fait remarquable.* »

» Aussi, après la séance, une médaille de vermeille, grand module — prix unique — est venue récompenser mes enfants de leurs efforts. — Il est vrai de dire qu'à notre grand regret, nous avons vaincu sans adversaires, car nos concurrent (la pension Fleury de Lagny, jusques-là toujours victorieuse) ont refusé le combat, après nous avoir entendu, prétendant qu'ils n'étaient pas en nombre.
Là se sont bornés nos exploits de l'année 1856 ; Fontainebleau ayant été le seul concours, où nos faibles resssurces nous aient permis de nous présenter.
» Agréez, mon cher Monsieur Chevé, l'assurance de mon inaltérable dévouement.

» J. Bonnain. »

Le fait est-il assez clair ?
Après expérimentation longtemps continuée de la méthode Wilhem et de la méthode Galin-Paris-Chevé, en dehors de mon influence, la méthode Wilhem est répudiée et la méthode Galin-Paris-Chevé est adoptée et professée par un des professeurs de la méthode Wilhem, qui a pris la peine d'étudier notre méthode. — Les enfants, devenus lecteurs, se forment en société chorale sous la direction de l'un d'entre eux, qui n'a reçu d'autre éducation musicale que celle qu'ils ont tous reçu à l'école communale.
Ces enfants, guidés et soutenus par l'homme de cœur et de sens qui dirige l'école communale, se présentent à quatre concours : Vauves, Bercy, Saint-Germain et Fontainebleau, et quatre fois, ils remportent le 1ᵉʳ prix.
Que voulez-vous de plus ? direz vous encore que c'est l'entrain communiqué à leurs élèves par M. Aimé Paris et M. Emile Chevé, qui, seul détermine le succès ? Autant vaudrait dire que c'est l'entrain communiqué par le chauffeur à la locomotive qui seul produit le résultat, et que le système n'y est pour rien.
Il faut véritablement être abandonné de tout bon sens et de toute loyauté pour oser parler ainsi.
Quoiqu'il en soit, honneur aux enfants de Bercy, honneur à leur jeune chef Benoit, honneur à leur bon professeur qui leur sert de père dans toutes leurs pérégrinations.
Il y a 7 ou 8 ans, madame Adèle Guyonnin, institutrice à Thiers, vint suivre mon cours. Elle se hâta, à son retour dans l'institution qu'elle dirige, d'y introduire la méthode, qu'elle professe depuis cette époque. — Depuis longtemps je n'avais reçu de nouvelles de son cours. — Je reçois d'elle une lettre datée du 17 novembre, comme celle de M. Bonnain ; et dans cette lettre se trouve la phrase suivante : « J'ai toujours continué mon cours,

dont les résultats me font plaisir. » J'ajoute que, quand Mme Guyonnin est venue suivre mon cours, elle étudiait la méthode Wilhem pour passer ses examens à la Sorbonne.

Emile CHEVÉ·

MÉTHODE GALIN-PARIS-CHEVÉ.

SÉANCE MENSUELLE
Donnée par M. Emile CHEVÉ,
Dans l'Amphithéâtre de l'École-de-Médecine, à Paris,

Le dimanche, 23 novembre 1856.

Que de fois, pendant que j'assistais à Marseille, aux cours de M. Aimé Paris, et aux brillantes séances publiques qui les terminaient, n'ai-je pas regretté de ne pas connaître encore M. Emile Chevé, cet autre chef de la nouvelle doctrine musicale, professeur aussi habile, lutteur aussi infatigable, caractère aussi dévoué, aussi sublime, que ce frère que j'étais alors assez heureux pour voir à l'œuvre, et qui voulait bien me donner chaque jour une cordiale poignée de main ! que de fois n'ai-je pas regretté de ne pas avoir encore entendu la société chorale qu'il dirige à Paris, et dont la Réforme musicale nous raconte si souvent les nombreux et admirables succès ! Ces regrets, je ne peux plus les avoir. Si des circonstances particulières, en m'éloignant de Marseille, m'ont empêché de me joindre à mes condisciples dans la séance de clôture du 18 septembre dernier, et d'en rendre compte, comme je l'avais fait plusieurs fois pour des séances précédentes, du moins m'ont-elles amené à Paris, où j'ai reçu le plus bienveillant accueil de M. Chevé, de M. Chevé qui lui aussi, comme M. Aimé Paris, peut dire, avec une noble fierté, ces mots aussi honorables pour *lui* que pour *celui* à qui il les adresse :

« Je te serre la main, moi ; c'est bien quelque chose ! » (1)

et où, de plus, il m'a été donné de suivre les expériences, et d'entendre les exécutions vocales instrumentales de cette société qui fait la gloire de l'École Galin-Paris-Chevé.

Ce n'était plus, comme à Marseille, une

(1) Ponsard, *l'Honneur et l'Argent*, Acte IV, scène VI.

dernière leçon donnée en public à des élèves, nouveaux pour la plupart, et auxquels on ne peut en conséquence demander que de la sûreté, de l'exactitude dans le rhythme et de la justesse dans les intonations ; c'était un véritable concert, dans lequel toutes les nuances, toutes les délicatesses de sentiment étaient parfaitement rendues, où l'entrain, l'énergie, la grâce, l'esprit se succédaient suivant le caractère différent des morceaux, et tantôt animait l'auditoire des plus généreuses inspirations, tantôt faisait vibrer dans son cœur ému les fibres les plus sensibles, tantôt amenait sur ses lèvres et faisait pétiller dans ses yeux un sourire intelligent et malin, tantôt l'atterrait de surprise par la promptitude, la précision, la facilité, avec lesquelles étaient produits, grâce aux procédés nouveaux, des résultats que l'enseignement ancien ne cherche même pas à atteindre, qu'il déclare impossibles, et qui le sont en effet pour lui ! Ce n'était plus, hélas ! cet auditoire de quinze cents personnes, comme à la Salle Chave : l'exiguïté relative de cet amphithéâtre, si vaste pourtant, s'y opposait : aussi comme les billets étaient rares et recherchés ! comme les moindres recoins et les couloirs étaient remplis ! à peine huit ou neuf cents personnes, outre les exécutants, avaient-elles pu trouver place. Mais, à Paris, comme à Marseille, c'était la même joie à la fois expansive et contenue, la même convenance, la même dignité chez les élèves, depuis la petite fille de cinq ans jusqu'à l'aïeul dont la tête est blanche par le travail et les années ; c'était la même intelligence, la même conviction, la même habileté, le même dévouement chez le maître ; c'était la même affection qui rayonnait du professeur aux disciples, qui reliait les disciples entr'eux et qui retournait centuplée des disciples au professeur !

La MARCHE HONGROISE de M. CHELARD et l'APPEL AUX MOISSONNEURS de M. ELWART ont ouvert la Séance

Puis, des exercices d'intonation ont été improvisés à la baguette sur un tableau couvert de chiffres, et exécutés rapidement et sans hésitation dans cinq tons majeurs différents (ut, — sol, ré, — fa, si bémol), et avec la langue propre à chacune de ces tonalités, d'abord par toute la société à l'unisson, ensuite à deux baguettes, la masse chorale se divisant pour chanter des accords qui se succédaient sans confusion et d'une manière toujours agréable pour l'oreille ; et enfin les exercices qui avaient été faits jusque-là dans le mode majeur ont été continués dans le mode mineur.

Mme Alpaix est venue chanter seule une charmante mélodie d'HÉROLD, JOURS DE MON ENFANCE, a laissé échapper de son gosier de fauvette des roulades pleines de grâce et de facilité, et des notes perlées qui ne perdaient jamais rien de leur pureté, même quand elles s'élevaient dans les plus hautes régions de cette voix si étendue.

Un grand chœur de M. AMAND CHEVÉ, plein de majesté, de douleur et de poésie, LA CAPTIVITÉ DE BABYLONE, et dont la musique inspirée rappelle un peu la facture de Félicien David, a vivement impressionné l'auditoire ; on en a surtout remarqué le solo et les passages qui étaient accompagnés à bouche fermée.

Sans doute les exercices d'intonation sont surprenants ; mais voici qui est tellement extraordinaire que même les personnes les plus impartiales, les mieux intentionnées, se demandent s'il n'y a pas là quelque malentendu

et si ce qu'on leur annonce est bien vrai : une toile est enlevée, qui cachait un quatuor écrit d'avance et apparaissant pour la première fois aux yeux des chanteurs, et ce quatuor est solfié, sans faute, sans hésitation, avec verve, avec énergie, dans un mouvement rapide. Où donc a-t-on jamais fait cela ? On demande de toutes parts l'auteur. C'est encore M, AMAND CHEVÉ.

M. Kerjean chante avec goût deux solos d'un caractère bien différent, l'un calme, l'autre plaisant, un air de JÉRUSALEM de VERDI et un air d'AZÉNIA de DALAYRAC.

Mme Amand Chevé s'est fait entendre d'une manière fort distinguée, avec MM. A. Chevé et Guillaume, dans le TRIO DES SONGES, de l'opéra de DARDANUS par RAMEAU.

La société tout entière a exécuté avec son talent habituel un CHŒUR DE GUERRIERS tiré d'un opéra inédit de SPONTINI, ALCIDOR, et dont Mme Spontini a fait hommage à la société Galin-Paris-Chevé.

Ici se place encore une expérience, qui démontre combien les élèves de l'école nouvelle sont bons lecteurs sur l'écriture ancienne, quoiqu'ils la déclarent mauvaise et qu'ils lui préfèrent de beaucoup le chiffre de Jean Jacques et de Galin. Sur le méloplaste de Galin, c'est-à-dire sur une grande portée vide. M. Chevé promène sa baguette et tout le chœur chante les notes qui sont ainsi indiquées. Huit fois de suite, M. Chevé change la place de la tonique, de manière à faire lire successivement sur les huit clés ; il fait faire des modulations par toutes les fonctions de la gamme ; et ce ne sont pas seulement des intonations justes, ce sont encore des nuances, des CRESCENDO et des DECRESCENDO qui sont exécutés sur l'indication donnée par un mouvement particulier de la baguette, enfin on chante ainsi, sur le méloplaste, à deux baguettes, de manière à improviser un duo ; et tout cela se fait sans secousse, sans interruption, sans préoccupation d'aucune sorte. Où donc a-t-on jamais fait cela ?

M. Amand Chevé s'est placé ensuite devant son harmonium et en a tiré de ces sons ravissants qui émeuvent jusqu'au fond de l'âme. Dans ses regards, dans tout son être se lisait l'inspiration artistique qui le pénètre et qu'il communique si bien aux autres. Il a exécuté d'abord avec le concours de Mlle Allix qui jouait la partie de piano, un concerto de RÉBER, puis avec le concours de Mlles Allix et Castellan, une MONTAGNARDE dont il est l'auteur, morceau fort original, plein de sentiment et dans lequel on croit entendre, à s'y méprendre, le cor de chasse, la cornemuse, et les autres instruments en usage chez les populations des montagnes.

On a entendu de nouveau Mme Alpaix et M. Kerjean, dans le DUO DE LA PEUR, tiré de la DAME BLANCHE (BOÏELDIEU), qu'ils ont chanté avec beaucoup d'esprit ; et on ne pouvait se lasser d'admirer surtout la voix pure, légère et coquette de Mme Alpaix.

Le CHŒUR DES CHASSEURS de WEBER, si connue et qu'on entend cependant toujours avec tant de plaisir ; le chœur d'introduction de l'ÉTOILE DU NORD de MEYERBEER, étrange il est vrai mais fort joli, ont été admirablement rendus par l'ensemble de la société.

L'exercice intéressant de l'écriture sous la dictée, le plus étonnant sans contredit, a eu lieu : trois courtes opérations pour les grandes personnes, une seule pour les enfants, leur permettent d'écrire, avec tous ses signes d'in-

tonation et de rhythme, un air vocalisé, et de le chanter immédiatement sur leurs feuilles Où donc encore une fois a-t-on jamais fait cela ?

Des enfants de sept ans, de cinq ans ont chanté sur le tableau. D'autres ont écrit, séance tenante, sur la portée, dans des tons différents et avec des clés différentes, l'air qui venait de leur être dicté. Cela tient du prodige.

Enfin, cette charmante après-midi s'est terminée par deux chœurs qui ont été chantés avec une rare perfection et qui ont produit le plus grand effet ; ce sont la RETRAITE de LAURENT DE RILLÉ et la MARCHE DE SÉMIRAMIS, de ROSSINI.

Inutile de dire que tous ces morceaux et ces exercices ont été applaudis, et que les applaudissements qui avaient accueilli M. Chevé à son arrivée, l'ont vivement remercié aussi lorsqu'il a quitté son pupitre.

Et maintenant qu'il me soit permis d'adresser à M. Chevé, de ma part et de la part des personnes éclairées qui m'entouraient, l'expression particulière de nos sentiments d'admiration et de gratitude ! qu'il me soit permis aussi d'envoyer de loin à M. Aimé Pazis, avant de quitter la plume, un souvenir reconnaissant de son disciple et de son ami !

Alphonse RAVEL.

Paris, 25 novembre 1856.

Causes probables de l'intervention d'un professeur du Conservatoire de Marseille (succursale du Conservatoire impérial), dans le guet-apens du 9 décembre 1855, organisé par M. Hilaire Colin. (1)

En même temps que nous proclamons la puissance des idées qui doivent contribuer si efficacement à l'amélioration des masses, en leur ouvrant une source inépuisable de jouissances

---

(1) La *Réforme musicale*, dans son numéro 33, du 14 septembre 1856, contenait la note suivante : « Nous n'avons pas reçu l'article dont M. Aimé » Paris parle ici. — Louis Roger. »
Je conçois que la poste, parmi les millions de lettres qu'elle expédie, dans des directions diverses, commette quelques erreurs ; seulement, en comparant le nombre de mes articles *égarés* à celui des articles *envoyés*, il m'est permis de regretter que la proportion me soit si défavorable. Ce ne sont pas ces centimes (20, 40 ou 80, selon le poids) que je regrette ; mais deux, quatre, huit ou douze pages à recopier sont une lourde besogne, et je me réjouirais de voir MM. les employés des postes — départ ou arrivée — vérifier aussi exactement les adresses de mes envois que je le fais moi-même.
Les lecteurs de la *Réforme musicale*, tous gens de cœur et d'intelligence, comprendront que nous imprimons, ici, *les actes des apôtres* d'une idée immense dans ses résultats moralisateurs, et que nous ne pouvons pas laisser déchirer, quand nous pouvons faire autrement, une page de ce martyrologe par la distraction ou l'incurie d'un commis.
L'acte d'un professeur du Conservatoire de Marseille, le 9 décembre 1855, préparait-il celui du Conservatoire impérial du 12 mars 1856 (voir la *Réforme musicale*, n° du 6 avril et suivants) ? Le Conservatoire impérial est-il venu en aide à la plus chétive de ses succursales, celle de Marseille ? Je l'ignore, et ne sais même pas si les deux suppositions ne sont point admissibles. Quoiqu'il en soit, je reproduis pour l'histoire de la science, les pages 113, 114, 115 et 116 du recueil qui reçoit le *fac simile* de mes envois à la *Réforme musicale*.
Montpellier, 24 novembre 1856.
Aimé PARIS.

honnêtes, et en développant l'intelligence de tous, nous écrivons les annales dans lesquelles l'histoire de la science trouvera les éléments de la glorification des hommes de bon vouloir et de dévouement, en même temps que la justification de ses sévérités envers tous ceux qui, ayant charge d'âmes, auront manqué à leurs plus saints devoirs, en faisant passer avant l'intérêt général l'esprit de favoritisme et les inspirations de leur cupidité, de leur paresse ou de leur amour-propre.

Aussi, ne faut-il pas que les lecteurs de la Réforme musicale apprécient, au point de vue de l'antagonisme local, la révélation des perfidies, souvent même des lâchetés contre lesquelles les apôtres de l'idée nouvelle auront eu à se mettre en garde. Chacune de ces révélations prouve, une fois de plus, que les partisans du statu quo ruineux et stérile reconnaissent l'impossibilité de défendre leur cause, au grand jour et avec des armes loyales.

Les nouveaux abonnés de la Réforme musicale ont besoin d'être instruits rapidement de ce qu'a constaté le Rouennais, qu'elle remplace depuis le 27 janvier 1856.

Le 16 mars 1854, il y a plus de deux ans, M. Hilaire Colin recevait de la mairie de Marseille l'ordre de prendre les mesures nécessaires pour l'introduction immédiate de la méthode Galin-Paris-Chevé dans les écoles.

M. Hilaire Colin avait vu seulement LE TIERS de CHACUNE des trois premières leçons du COURS D'ENFANTS, ouvert par moi le 26 juillet 1853. Dès le 19 novembre suivant, j'avais reçu des preuves graves de manœuvres déloyales, pratiquées par M. Colin, pendant ma première séance de clôture. Le lendemain, mon vertueux et regrettable ami Tousard d'Olbec, m'en apporta, de son côté, la confirmation. Trois jours après, dans les écoles, M. Colin, QUI NE CONNAISSAIT (ET QUI NE CONNAIT PAS ENCORE) ni nos PROCÉDÉS ni notre LANGAGE, soit pour la solmisation des ACCIDENTS, soit pour l'expression des DURÉES, organisait, en présence d'un membre très-honorable de la délégation cantonale qu'il avait réussi à abuser complètement (M. le docteur Alfred Goy), je ne sais quel examen de mauvaise foi, dans lequel, MOI ABSENT, il interrogeait MES élèves en DES TERMES QU'ILS NE POUVAIENT PAS COMPRENDRE, et lui qui, le samedi 19 novembre, parcourait la salle Boisselot, en disant à qui voulait l'entendre que C'ÉTAIENT EXCLUSIVEMENT LES RÉSULTATS DE SON ENSEIGNEMENT QUE JE PRODUISAIS EN PUBLIC ; QU'IL M'AVAIT LIVRÉ CES ÉLÈVES DÉJA LECTEURS SOLIDES, le mercredi suivant, il essayait de prouver à M. le docteur Goy, en embrouillant les questions, que ces élèves que, quatre jours auparavant, il disait AVOIR RENDUS SI FORTS, NE SAVAIENT ABSOLUMENT RIEN !!!!!

J'ai eu l'avantage de dissiper, à cet égard, les doutes de l'homme d'intelligence et de probité qui avait été trompé par M. Colin.

Du mois de novembre 1853 au mois de mars 1854, j'avais eu la preuve que M. Colin, dans ses rapports avec UNE AUTRE PERSONNE (celle-ci pleine de loyauté), avait mis MOINS QUE DE L'EMPRESSEMENT à repousser des vérifications qui devaient, si elles étaient concluantes, mettre hors de doute la DROITURE DE M. Colin.

Voici bien autre chose. Trois mois après la PRÉTENDUE introduction, dans les écoles, d'une méthode DONT IL NE CONNAISSAIT PAS LES PROCÉDÉS, et DONT IL EST INCAPABLE DE COMPRENDRE L'ESPRIT, SANS QUOI IL AURAIT PRODUIT A MARSEILLE CE QU'ONT PRO-

DUIT AILLEURS DES PROFESSEURS INTELLIGENTS, M. Hilaire Colin n'était arrivé qu'à FAIRE chanter, le 23 juin 1854, CINQUANTE CINQ NOTES A L'UNISSON, devant un reposoir, par une multitude de ces enfants qu'il prétendait avoir instruits, AVANT MON ARRIVÉE A MARSEILLE, puis, PENDANT MON PREMIER COURS ET DEPUIS, en dehors des vingt enfants qui (je l'affirme), NE LUI DEVAIENT RIEN de ce qui leur a valu tant d'applaudissements à ma première séance de clôture,

J'ai le droit d'affirmer qu'ils ne savaient RIEN, en sortant des mains de M. Hilaire Colin, et que C'EST MOI QUI LEUR AI TOUT ENSEIGNÉ, parce que nos interrogatoires quotidiens et individuels, pendant toute la durée du cours, m'avaient prouvé LE BESOIN QU'ILS AVAIENT DE SAVOIR QUELQUE CHOSE.

DIX-HUIT MOIS après l'introduction de ce que M. Hilaire Colin appelle LA MÉTHODE, dans les écoles qu'il dirige. le 21 août 1855, DEVANT M. HONNORAT, MAIRE, DE MARSEILLE, puis le lendemain 22, DEVANT M. ROMULUS BOYER, L'UN DES ADJOINTS, M. Hilaire Colin, à la distribution des prix aux écoles des Frères, OU IL PROFESSE, n'osait pas faire chanter trois chœurs courts et faciles, PROMIS PAR LES LIVRETS IMPRIMÉS QUE TENAIENT A LA MAIN M. HONNORAT ET M. ROMULUS BOYER, les deux principaux membres de l'édilité Marseillaise.

C'était pourtant le cas de répondre, en produisant des faits, à l'acte signifié par huissier à M. le maire de Marseille, le 17 novembre 1754, au nom des chefs de l'école Galin Paris-Chevé, pour répudier, comme TOUT AU MOINS INCAPABLE, le professeur qui compromettait l'intelligence et faisait perdre le temps d'un si grand nombre d'enfants, lorsque la ville le payait pour faire précisément tout le contraire.

Chaque fois qu'une manœuvre déloyale ou une preuve d'incapacité l'a exigé, le Rouennais a protesté ; j'ai pris date et réclamé dans l'intérêt de tous.

Passons au Conservatoire de Marseille.

Aimé PARIS.

La suite prochainement.)

L'ÉCOLE ALLEMANDE AU XIXᵉ SIÈCLE.

Félix Mendelsohn Bartholdy.

De même que Schubert, FÉLIX MENDELSOHN BARTHOLDY mourut jeune ; mais il était né dans une classe plus élevée. Il ne connut donc point les difficultés de l'existence matérielle, qui souvent excitent, mais quelquefois brisent le génie. — Petit-fils du célèbre phylosophe israélite Moses Mendelsohn et fils d'un riche négociant. Félix Mendelsohn, naquit à Hambourg le 3 février 1809. — Sa mère, frappée de ses rares et précoces dispositions pour la musique, lui enseigna les premiers éléments de l'art et lui commença l'étude du piano. Confié plus tard aux soins de Burger pour cet instrument, et de Zelter pour l'harmonie et le contrepoint, il fit des progrès si rapides, que dès l'âge de huit ans, il était en état de lire à première vue tout espèce de musique et d'écrire plusieurs parties correctes sur une basse donnée. Devenu l'élève de prédilection de Zelter (voir les lettres de celui-ci à Goëthe), il resta trop longtemps peut-être dans cette école, car l'esprit roide et scholas-

tique du maître put empêcher la jeune imagination de l'élève de se développer avec toute la liberté désirable. En 1821, Zelter emmena Mendelsohn à Weimar et le présenta à Goëthe, qui l'écouta avec plaisir. Déjà le jeune virtuose jouait en maître les fugues de Bach ainsi que les sonates de Beethoven. Quoiqu'il n'eût pas encore atteint sa treizième année, il improvisait sur un thème donné d'une manière étonnante, et il était doué d'une mémoire musicale extraordinaire. A quatorze ans, Mendelsohn vint à Paris avec sa sœur aînée, et y fut introduit dans la maison de madame Bigot, pianiste d'un rare talent pour l'exécution de la musique classique. Il reçut quelques conseils de cette dame pour son exécution et quelques leçons de Chérubini pour le contrepoint. De retour à Berlin, Mendelsohn suivit les cours de l'Université et passa les examens d'usages. Il lisait dans leur langue originale les œuvres des grands écrivains de l'antiquité grecque et romaine, et fit même imprimer sous ses initiales une bonne traduction de la FILLE D'ANDROS, de Térence. — Outre sa langue maternelle, il parlait fort bien le français, l'italien, l'anglais, et lisait facilement Cervantes en espagnol. En 1824, Mendelsohn publia ses premières compositions musicales ; elles consistaient en deux quatuors pour piano, violon, alto et violoncelle. Sans contenir beaucoup d'idées nouvelles, ces œuvres se faisaient remarquer par une facture élégante, du goût et de la sagesse dans le développement des morceaux. Après ces premiers essais, il fit paraître une grande sonate pour piano et violon, et un troisième quatuor où déjà l'on apercevait plus de hardiesse. En 1827, le jeune compositeur fit représenter à Berlin un opéra en deux actes, LES NOCES DE GAMACHE ; le succès n'ayant pas répondu à ses espérances, il retira son ouvrage de la scène, mais laissa graver la partition réduite au piano. — En 1829, Mendelsohn se rendit à Londres ; il y fit exécuter au Concert philharmonique sa symphonie en UT mineur. L'hiver suivant, il vint à Paris, exécuta au Conservatoire un concerto de Beethoven et y fit entendre son ouverture du SONGE D'UNE NUIT D'ÉTÉ.. — Après avoir passé quelques mois à Rome, il revint en Allemagne en 1831, et y déploya une activité prodigieuse. Il avait accepté pour deux ans la place de directeur de musique à Dusseldorf ; il fit preuve dans ces fonctions de toutes les qualités qui constituent un excellent chef d'orchestre.

A la fin de son engagement à Dusseldorf, il se rendit à Francfort et s'y maria. Il se fixa peu à près à Liepsik qu'il ne quitta guère jusqu'à sa mort. L'Angleterre fut aussi pour lui une seconde patrie ; il y dirigea en 1832 son ouverture de la GROTTE DE FINGAL, et y exécuta son concerto de piano en SOL mineur. L'année suivante, il fit entendre à Londres la symphonie en LA majeur, puis après divers voyages, son oratorio d'ÉLIE fut exécuté sous sa direction en 1846 dans la grande fête musicale de Birmingham. — Le succès qu'il obtint à Berlin ne furent point assez complets pour le satisfaire. Cependant, le roi l'y avait appelé en 1840 et désirait l'y fixer. D'abord attaché à sa chapelle particulière, il fut nommé deux ans après inspecteur général de la musique religieuse en Prusse. — A la demande du roi, l'artiste écrivit en 1841 pour le théâtre de Postdam, la musique d'une traduction littérale de l'ANTIGONE de Sophocle. Cet ouvrage attira la foule à l'Odéon de Paris. Après

ŒDIPE et ATHALIE, Mendelsohn écrivit les psaumes 42°, 95° et 114°, puis les oratorios de Saint-Paul et d'Élie, ouvrages de grande dimension, où l'esprit de Stoelzel, de Télémann, et surtout de J.-S. Bach semble revivre, moins l'originalité, sous des formes rajeunies. Le talent brille dans ces productions, mais l'ensemble est froid et manque de vie. En 1842, Mendelsohn perdit sa mère à Berlin, et en 1845 il revint à Leipsik au milieu de ses amis. Mais bientôt la mort d'une sœur tendrement aimée vint ébranler vivement sa santé déjà altérée. Il alla se reposer en Suisse, dans les environs l'Interlaken, et là il écrivit un dernier quatuor qui paraît supérieur aux autres. Revenu à Leipsik aux approches de l'hiver, sa santé parut d'abord s'améliorer ; mais le 27 octobre 1847, après avoir fait une promenade avec sa femme, il fut frappé d'une attaque d'apoplexie qui le conduisit au tombeau le 4 novembre à neuf heures et quelques minutes du soir. Ainsi finit prématurément cet artiste de grand talent, dont la carrière aurait pu être encore longtemps glorieuse. Pianiste très-habile, compositeur d'un grand mérite, Mendelsohn fut encore un organiste de premier ordre et un chef d'orchestre excellent.

— Outre ses trois symphonies à orchestre, sa symphonie-cantate, sa NUIT DE SAINTE-WALPURGE (poëme de Goëte), ses ouvertures de MÉLUSINE et de RUY-BLAS, ses QUATRE AGES DU MONDE, etc. Mendelsohn a écrit pour le piano, entre autres choses :

1° Deux concertos avec orchestre, op. 25 et 40 ;

2° Une sérénade pour piano et orchestre en si mineur ;

3° Deux rondos brillants pour piano et orchestre ;

4° Trois quatuors pour piano, violon, alto et basse, op. 1, 2, 3 ;

5° Deux grands trios pour piano, violon et basse ;

6° Une sonate en FA mineur pour piano et violon ;

7° Deux grandes sonates pour piano et violoncelle ;

8° Une ouverture caractéristique en UT majeur à quatre mains ;

9° Un caprise en FA dièze mineur ;

10° Une fantaisie dédiée à Moschelès ;

11° Six préludes et fugues, op. 35 ;

12° Une prélude et une fugue en MI mineur ;

13° Deux esquisses en SI bemol et SOL mineur :

14° Sept morceaux caractéristiques, op. 7 ;

15° Des variations sur PRÉCIOSA. — Trois rondinos ;

16° Enfin six recueils de ROMANCES SANS PAROLES, forme qui lui appartient en propre, genre qu'il a créé et qui, plus d'une fois sans doute, a charmé sa mélancolique solitude.

CHARLES POISOT.

THÉATRES DE ROUEN.

Le compte-rendu des théâtres sur lequel nous comptions nous manque aujourd'hui. Tout ce que nous pouvons faire en résumant les travaux de la semaine, c'est de promettre à nos lecteurs d'obvier désormais à cette lacune.

Le troisième début de Mme Laget-Planterre s'est effectué dans la NORMA. Sa réception n'était pas douteuse après le beau talent qu'elle a développé dans cette œuvre magistrale, Mlle Lavoye, dans le rôle d'Adalgise, et M. Bovier-Lapierre, dans celui de Pollion, ont conquis tous les suffrages.

La reprise du MAÇON a été un succès pour M. Laget, pour M. Prudhomme, débutant, pour Mlle Chevalier, et pour Mme Saint-Ange, qui a tenu son rôle d'une façon digne d'éloges.

Mais ceci n'est qu'un court bulletin, qui n'a même pas le mérite de constater tous les faits. Nous reviendrons dimanche, dans un compte-rendu détaillé, sur ce qui s'est passé dans nos théâtres pendant la quinzaine.

L. R.

BULLETIN.

— La biographie de M. Gustave Planche, par Eugène de Mirecourt, venait de paraître, lorsqu'un commissaire s'est présenté chez l'éditeur, où tous les exemplaires ont été saisis.

C'est un procès curieux qui s'engage.

— M. Aimé Paris a donné, à Montpellier, une séance de mnémotechnie. Il a répondu à un programme de questions capable d'effrayer une encyclopédie,

— On joue tous les soirs, à l'Odéon, le drame de M. Louis Bouilhet, notre compatriote. MME DE MONTARCY aura donc autant de succès au théâtre qu'à la lecture. La pièce est en vente. Les exemplaires s'enlèvent, et tout le monde applaudit les beaux vers du jeune poète.

— M. Nicosia, violoniste, va donner un second concert à Rouen.

— Les sœurs Ferni voyagent toujours dans le midi, où leur archer divin fait merveille.

— Le baron Steuben, le célèbre peintre d'histoire, vient de mourir à Paris. Son tableau de la RÉVOLTE DE STRÉLITZ avait fait époque dans sa carrière artistique.

— M. Ligier, le tragédien d'élite, est en représentation à Toulouse.

— On a joué à la Porte-Saint-Martin le nouveau drame de MM. Alexandre Dumas et Xavier de Montépin. Il est intitulé : LA TOUR SAINT-JACQUES. Le public, mal disposé, a fait un mauvais accueil à l'œuvre du romancier célèbre. Après avoir placé M. Dumas presqu'aussi haut que Corneille, vous verrez la réaction le mettre au-dessous de Campistron. La foule moutonnière n'est jamais injuste à demi. Disons, sur la foi de la critique parisienne, qu'il y a de très-belles choses dans la TOUR SAINT-JACQUES, et que le public n'a pas voulu les entendre.

— L'Académie française, depuis sa fondation par le cardinal Richelieu, en 1634, a eu jusqu'ici 406 membres ; c'est environ 10 en moyenne par fauteuil. Le plus maltraité par la mort a été le 17° occupé par M. Mérimée ; il a déjà eu 14 titulaires. Le plus favorisé a été le 35°, appartenant aujourd'hui à M. Patin, qui n'a eu que 7 titulaires.

Enfin, depuis Conrard, en 1634, jusques et y compris M. Villemain, l'Académie a eu 15 secrétaires perpétuels : Mèzeray, en 1675 ; Regnier-Desmarais, 1683 ; André Dacier, en 1713 ; Hauteville, en 1742 ; J.-B. Mirabeau, en la même année ; Duclos, en 1755 ; Dalembert, en 1772 ; Marmontel, en 1784 ; Suard, en 1803 ; Raynouard, en 1817 ; Auger, en 1826, Andrieux, en 1829 ; Arnault, en 1833 ; et Villemain, en 1834.

Le 70° volume de la galerie de M. Eugène de Mirecourt contient l'histoire de M. Henri Heine, ce poète si plein d'originalité, dont la France et l'Allemagne couronnent aujourd'hui la tombe. La dernière notice, consacrée à Gustave Planche, a été saisie sur la demande du célèbre critique de la REVUE DES DEUX-MONDES, et conséquemment ne pourra être lue plus tard que si le tribunal le permet. M. Eugène de Mirecourt publiera dans le mois de décembre les biographies de l'acteur Mélingue et de Paul Delaroche, le grand artiste que nous avons tout récemment perdu.

XIᵉ Année ; — 1ʳᵉ du nouveau titre.   UN NUMÉRO : 20 CENT.   N° 46. — Dimanche 7 Décembre 1856.

Musique, — Sciences, — Arts, — Littérature, — Théâtres.

LA RÉFORME MUSICALE

JOURNAL DES DOCTRINES DE L'ÉCOLE GALIN-PARIS-CHEVÉ.

ABONNEMENT A ROUEN : 10 FR.

ON S'ABONNE

A ROUEN, chez M. Louis Roger,
rue Porte-aux-Rats, 2.
A PARIS, chez M. Emile Chevé rue
des Marais-S.-G., 48.
A MONTPELLIER, chez M. Aimé
PARIS, rue des Casernes, 3.

BUREAU A ROUEN, RUE PORTE-AUX-RATS, N° 2.

LOUIS ROGER, Directeur-Gérant.

ABONNEMENT DANS LES DÉP. : 12 FR.

ON S'ABONNE

A LYON, chez M. Perraud, rue du
Griffon, 44.
AU HAVRE, chez M. Vasse,
rue Molière, 46.
*Les abonnements peuvent être payés
en timbres-postes (Affranchir).*

RENSEIGNEMENTS. — Cette feuille paraît, à ROUEN, tous les DIMANCHES. — Tout ce qui concerne l'administration du journal doit être adressé à Rouen, rue Porte-aux-Rats, 2. — Ce qui concerne la rédaction peut être indifféremment adressé à M. CHEVÉ, à M. Aimé PARIS, ou au Directeur-Gérant. — La critique demeure sous la responsabilité de celui qui la signe. — Il sera rendu compte des Ouvrages dont un exemplaire sera déposé au bureau du journal. Les lettres non affranchies seront refusées.

On peut se procurer des numéros de la *Réforme*, au Bureau du Journal ; — au dépôt du cours Boïeldieu, à Rouen, — et dans l'intérieur des Théâtres.

NOUVELLES RÉPONSES
A UN VIEIL ARGUMENT.

Paris, 2 décembre 1856.

Les lecteurs de la RÉFORME MUSICALE n'ont sans doute pas oublié les succès obtenus au commencement de cette année à Cherbourg par M. Gouzien. — Quelques mois ont suffi au jeune professeur pour y implanter la méthode et pour montrer, en séance publique, des résultats qui lui ont valu les approbations les plus honorables.

Rappelé à Brest par son service, et contraint d'abandonner l'œuvre qu'il avait si bien commencée à Cherbourg, il en confia la continuation à M. Buffet, chef de musique de l'infanterie de marine, qui a dignement continué le travail de M. Gouzien, comme le lecteur le verra bientôt.

De retour à Brest, M. Gouzien a de nouveau consacré les quelques loisirs que lui laissent des travaux très-sérieux à la vulgarisation de l'idée de Galin ; et, à Brest, comme à Cherbourg, il a su communiquer aux autres l'enthousiasme dont il est embrasé. — A son appel, les jeunes gens sont venus s'initier aux idées de la nouvelle école, et les autorités ont voulu lui prêter leur concours, en mettant à sa disposition non seulement la salle de l'école communale, mais encore un grand nombre d'élèves fréquentant ces écoles. — Je laisse M. Gouzien nous raconter lui même ses nouveaux efforts et les résultats qui en sont déjà le fruit.

« Brest, 17 novembre 1856.

» Mon cher M. Chevé,

» Comme je vous l'ai déjà annoncé il y a un mois, j'ai ouvert à Brest deux cours gratuits d'après la méthode, un de jeunes gens et l'autre aux enfants de l'école communale. J'ai ouvert simultanément ces deux cours, au commencement d'octobre, avec l'approbation et même je puis le dire, avec l'appui des autorités civiles de Brest. Voici comment les choses se sont passées : à peine m'avait on témoigné le désir d'apprendre la méthode, que j'allais trouver M. le maire et lui manifestais la DÉMANGEAISON dont j'étais tourmenté d'ouvrir un cours suivant la méthode Galin-Paris-Chevé. Il m'approuva et désigna, comme lieu de réunion, la salle Montlouet, salle où est l'école communale. M. Anner, adjoint, qui était présent, ajouta toutefois que, puisque l'on me donnait le local de l'école, il serait

bon de demander à M. Caroff, le directeur, s'il lui serait agréable d'adjoindre à mes jeunes gens quelques-uns de ses élèves dans mon cours du soir. Ce qui fut dit fut fait ; et M. Caroff loin de se plaindre de mettre sa salle à ma disposition le fit avec une grâce charmante.

» La salle obtenue, il fallait les élèves, et il ne fut pas difficile de les avoir. J'en parlai à un camarade, qui en avertit un autre, et la nouvelle allant ainsi de bouche en bouche, je pus ouvrir mon cours le premier samedi d'octobre avec une quarantaine d'élèves. — L'exactitude y est admirable : il arrive qu'étant de service je ne puis arriver quelquefois que quelques minutes après 7 heures ; je trouve tous les élèves à leur poste. Plusieurs même d'entreux étant abonnés au théâtre, le quittent à l'heure du cours et n'y retournent que quand la leçon est COMPLÈTEMENT terminée ; ce qui me prouve au moins qu'ils ne s'ennuient pas trop au cours. Mes leçons ont lieu le lundi, le mercredi et le samedi de chaque semaine, de 7 à 8 heures du soir, sans aucune interruption.

» Cependant, l'accident qui m'est arrivé (1) m'a forcé à suspendre mes leçons pendant quelques jours, ce qui fait que nous n'en sommes encore qu'à notre QUATORZIÈME leçon, c'est-à-dire que nous avons 14 heures de travail. Dans ce court espace de temps nous avons vu — ET APPRIS ; — (Car ne passe jamais à un exercice nouveau avant que l'on sache imperturbablement tout ce qui précède) : nous avons presque fini le mode majeur ; le mode mineur est en train ; et, pour la mesure, nous en sommes aux coupes à un trait, avec ou sans silences : grâce à la LANGUE DES DURÉES de M. Aimé Paris, tout cela marche parfaitement. Mais aussi, je ne fais chanter les notes en mesure que quand on a d'abord dit tout l'exercice avec la langue des durées sans broncher. De sorte que maintenant ils déchiffrent à première vue les airs écrits dans le mode majeur, sans modulations, et offrant les

coupes qu'ils ont étudiées. Vous voyez que ce cours marche bien.

» Je passe à mon deuxième cours qui ne le cède en rien au premier et qui selon moi, a une plus haute portée. — Je veux parler du cours que je fais à quatre-vingt-dix enfants, choisis dans l'école communale et que je fais dans la classe même sous les yeux du directeur M. Perron, qui, ayant eu par moi et par mon père des données sur la méthode a désiré qu'on l'enseignât dans sa classe, à ses propres élèves, voyant là des ressources et un moyen d'obtenir des résultats,

» Il alla trouver M. le maire et lui fit part de son projet qui fut, encore cette fois, complètement approuvé. Il vint m'en faire part, et j'entrai immédiatement en fonction.

» A ce cours, comme à l'autre, j'éprouve un plaisir indécible en voyant les progrès que font ces 90 enfants qui, je vous l'assure, y vont bon jeu bon argent. Il y en a même qui y mettent tant de feu qu'ils en deviennent tout rouges. Sauf quelques uns un peu distraits, mais n'apprenant pas moins vite pour cela, tous prêtent une attention soutenue pendant leur DEMI HEURE de leçon. Ils sont à peu près au même point que les hommes, pour l'intonation ; et, dans ce qu'ils savent, ils vont même plus résolument, bien qu'ils aient leurs leçons moitié plus courtes que celles des adultes.

» En résumé, je n'ai qu'à me féliciter, et la méthode est en bon chemin à Brest. Aussi, au mois de février, je demanderai à M. le maire l'autorisation de nous former en société chorale, dont les deux premiers cours nous prépareront les éléments, puis j'ouvrirai de nouveaux cours pour alimenter la société. Je pense que, par ce moyen, j'implanterai la méthode dans ce petit centre de 40 à 50 mille âmes. — Il faut que Brest imite Cherbourg.

» Quant à cette dernière ville la méthode y est continuée avec plein succès par l'habile M. Buffet, à qui j'écris pour qu'il nous donne des détails sur ses travaux depuis mon départ.

» Au revoir mon cher M. Chevé ; j'espère que vous serez content de votre élève tout dévoué.

» GOUZIEN. »

Certainement je suis content et très-content, et qui ne le serait ? En voyant un jeune homme de 23 ans, occupé d'études très-sérieuses nécessitées par des concours fort difficiles, consacrer tous ses instants de loisir, — et cela TOUS LES SOIRS, — à répandre une idée si féconde en résultats utiles, dans le seul but de faire une chose avantageuse aux autres, car pour lui, il n'en tire d'autre bénéfice que ce

(1) M. Gouzien a failli être victime d'un accident grave en faisant son service de pharmacien de la marine. — Voici comme il raconte la chose : « J'é-
» tais dans la pièce où est la machine à eau de seltz,
» quand le tube conducteur au gaz se boucha. Le gaz
» fut refoulé jusque dans la bouteille contenant
» l'acide sulfurique qui fut projeté au dehors et
» et m'atteignit en pleine figure ; notez qu'il était
» presque bouillant. Véritablement je crus que j'étais
» aveugle ; mais je ne perdis pas la tête et je me
» jetai dans une baille à incendie rempli d'eau.
» J'en ai été quitte pour de fortes brûlures et ma vue
» est aujourd'hui hors de danger. »

contentement intérieur qui accompagne toujours l'accomplissement d'un devoir — je me trompe — d'une bonne action volontaire.

Les autorités de Brest et les professeurs qui ont montré tant d'empressement à seconder les bonnes intentions de M. Gouzien, ne tarderont pas à recevoir la récompense de leur conduite, en voyant réalisées toutes les promesses de M. Gouzien.

Ah ! si les autorités de Paris, chacune dans les limites qui lui appartiennent, avaient fait comme l'édilité Brestoise, quelles merveilles nous aurions aujourd'hui dans Paris !... Mais, hélas ! il nous aura fallu tout créer , non seulement sans appui, mais contre la volonté de tout ce qui à part à l'enseignement officiel de la musique. — N'importe ! nous arriverons tout de même ! cela aura été bien plus long et surtout bien plus rude ; mais le bien n'en sera pas moins fait, et l'avenir nous en remerciera un peu plus !

Émile CHEVÉ·

LA MÉTHODE GALIN-PARIS-CHEVÉ
A l'institution Saint-Louis.

M. Rivage, directeur de l'institution Saint-Louis, rue Saint-Maur, à Rouen, se proposait il y a longtemps d'introduire la méthode dans son établissement. Élève lui-même de mes cours publics, il avait pu apprécier la supériorité de nos moyens, comme la promptitude et la sûreté de nos résultats. Des circonstances diverses ayant empêché M. Rivage de mettre son projet à exécution, ce n'est que cette semaine qu'il a pu m'inviter à commencer les leçons dans sa classe.

Le noyau d'élèves qu'il a formé pour le cours de musique n'est pas gros, sans doute ; mais il y a tout lieu de croire que les premiers inscrits donneront l'exemple à d'autres La rapidité des progrès, l'attrait des leçons, la solidité des notions acquises, c'en est assez peut-être pour déterminer les parents à confier leurs enfants à un enseignement qui, sans les détourner de leurs autres études, les met en possession d'un art qui demandait autrefois un travail de plusieurs années.

M. Rivage, qui prend souci des moyens les plus prompts et les plus sûrs de faire arriver ses élèves, a compris les services que la méthode Galin-Paris-Chevé pouvait rendre dans son établissement. Il verra bientôt, pour peu que les enfants y mettent de bonne volonté, qu'il n'a pas eu tort de compter sur nous.

Louis ROGER.

Causes probables de l'intervention d'un professeur du Conservatoire de Marseille (succursale du Conservatoire impérial), dans le guet-apens du 9 décembre 1855, organisé par M. Hilaire Colin.

(Suite.)

A la distribution des prix, le 13 septembre 1855, j'ai vu décerner TROIS PREMIERS PRIX A TROIS PROFESSEURS, inscrits comme tels sur l'INDICATEUR de M. Pierre Blanc. J'ai signalé, dans le ROUENNAIS du 23 septembre 1855, cette incroyable aberration de la routine aux abois. (1)

____

(1) Ceci était écrit au mois de mai dernier. Je m'é-

Vers le milieu du mois d'octobre 1855, un tout jeune homme que m'avait recommandé, encore enfant, il y a trois ans, l'excellent Vidal, auteur de la LANGUE UNIVERSELLE, il se nomme Pénavaire, vint me demander de lui laisser prendre lecture du ROUENNAIS du 23 septembre, qui le traitait, à propos du second prix de violon qu'il venait d'obtenir, avec une bienveillance qui continuait celle que je lui ai constamment témoignée, pendant les fréquentes visites qu'il a faites chez moi et à ma salle de cours, depuis plus de deux ans. Il m'apprit que M. Fille, nouveau secrétaire du Conservatoire, lui avait dit : JE VIENS DE VOUS FAIRE PORTER SUR LA LISTE DES PROFESSEURS DU CONSERVATOIRE, POUR LA CLASSE ÉLÉMENTAIRE DE VIOLON. « Mon ami, lui dis-je, s'il en est ainsi, j'espère bien que vous ne ferez pas la » faute de concourir pour un prix d'élève. Si » vous commettiez cette indignité vous mériteriez d'être traité d'autant plus sévèrement » que vous auriez été averti, par la lecture » que vous venez de faire. »

Le SÉMAPHORE de Marseille, qui a pour rédacteur de la partie musicale un des professeurs du Conservatoire, et qui est constamment resté muet, à l'égard de nos résultats SINCÈRES, fit, à propos de la distribution des prix, un article si contraire à l'exactitude des faits, et si propre à égarer l'opinion de l'administration municipale, qu'il me parut indispensable d'éclairer l'autorité sur ce qu'il y avait de réel dans les résultats du Conservatoire, en fait de lecture de la musique vocale.

J'adressai donc la lettre suivante à monsieur le maire.

« *A Monsieur le Maire de la Ville de Marseille.*

» Demande d'une expérience
» de lecture chorale, à pre-
» mière vue, pour déterminer le
» degré de force des élèves du
» Conservatoire. »

» MONSIEUR LE MAIRE.

» Les faits ont justifié mes prévisions relativement à l'impossibilité de rendre GÉNÉRALE ET CERTAINE, par les moyens usuels, la faculté de lire la musique, sans le secours d'un instrument.

» La transaction intelligente faite, par le professeur des écoles communales, entre un système radicalement vicieux et le peu qu'il avait vu dans le tiers de mes trois premières leçons, a produit ce triste résultat que, ni devant vous, monsieur le maire, à la distribution des prix ni le lendemain, devant M. l'adjoint chargé des Beaux-Arts, il n'a pas osé faire chanter les chœurs, si faciles et si peu nombreux, que promettait le programme imprimé.

tais flatté que le *Rouennais* du 23 septembre 1855, envoyé par mes soins à des membres influents de l'édilité Marseillaise, suffirait pour prévenir le retour d'un pareille scandale. Il paraît qu'on n'a pas lu la feuille véridique, sans quoi, bien certainement on aurait défendu à M. Auguste Morel de proclamer comme lauréat, en 1856, M. Jean Pénavaire, inscrit depuis dix mois comme *professeur au Conservatoire de Marseille*, page 206 de l'*Indicateur* pour 1856. Mais M. le secrétaire du Conservatoire au moins, a lu le *Rouennais*, il lui serait impossible de le nier ; car il a témoigné sa surprise de ne pas avoir relever par moi le *lapsus linguæ* qui lui avait fait dire, en 1855 : *Succursale du Conservatoire* ROYAL *de Paris*. Il a nécessairement parlé à son directeur de l'appréciation TRÈS SÉVÈRE dont les prix décernés à des professeurs avaient été la cause. Malgré cet avertissement, M. Auguste Morel a récidivé. Il a donc une confiance bien robuste dans son inamovibilité ! C'est le cas, où jamais, de varier une exclamation bien connue, et de s'écrier: *Ah ! si M. le maire le savait !*

» Jeudi, 13 de ce mois, le Conservatoire de Marseille, après de longues répétitions, et un renvoi significatif de son exhibition, d'abord annoncée pour le 6 septembre, a exécuté le final du FREYSCHUTZ, de manière à prouver que ses élèves, en immense majorité, ne savent pas lire l'écriture qu'il s'obstine à conserver, au détriment de ceux qui, la route étant changée, arriveraient au but en si grand nombre, et avec si peu de peine.

» Le SÉMAPHORE du 15 septembre dernier, par la complète inexactitude de son compte-rendu, m'a imposé le devoir de rectifier les faits, dans le JOURNAL qui sert d'organe à nos doctrines.

» Ni dans l'article que j'ai écrit à ce sujet, ni dans ceux qui ont trait aux découvenues de l'enseignement de la musique dans les écoles primaires, je n'ai pas employé un seul mot qui pût, par l'interprétation la plus subtile, faire rejaillir sur l'autorité la moindre partie du blâme mérité par ceux qui justifient si mal sa confiance. Loin de là, j'ai toujours dit, parce que telle est ma conviction, que, dans l'impossibilité où ils sont de tout voir par eux-mêmes, les magistrats doivent nécessairement être trompés souvent, par les rapports que leur font des personnes intéressées à empêcher la lumière de pénétrer dans les conseils de l'administration.

» Je viens, monsieur le maire, vous offrir le moyen de vous convaincre, en quelques minutes, ainsi que le conseil municipal, de l'incapacité, COMME LECTEURS, des neuf dixièmes, pour le moins, des élèves des classes de solfége, d'ensemble et de chant, au Conservatoire de Marseille.

» Le jour que vous voudrez bien m'assigner, et dans le local ou vous aurez fait choix, en votre présence et devant toute l'édilité marseillaise, je fournirai au Conservatoire, invoqué par vous, par cette épreuve décisive, la partition d'un chœur à quatre parties, imprimé avec autant de netteté que le spécimen joint à cette proposition.

» Les noms de tous les élèves qui ont pris part aux exécutions chorales du 13 septembre seront inscrits sur bulletins.

» On tirera de l'urne, pour chacune des quatre voix, SOPRANO, CONTRALTO (enfants), TÉNOR, et BASSE, les noms de six élèves. A la suite du tirage, les vingt-quatre élèves désignés par le sort devront, un de leurs professeurs battant la mesure, et sans se préoccuper des nuances ou des délicatesses de l'exécution, solfier à la fois les quatre parties, dont je déroulerai les accolades consécutives avec une précision qui n'a jamais mis mes élèves en défaut.

» Si le Conservatoire ne déchiffre pas ce morceau, CLAIR, COURT ET FACILE, la ville avisera, dans sa sagesse.

» Quelles que soient les éventualités, je renouvelle l'engagement que j'ai pris de n'accepter aucun emploi salarié dans le Conservatoire qu'on pourrait vouloir régénérer. Je ne demande la place de personne, et je refuserais, sous quelque nom qu'elle fût déguisée, toute indemnité, pour avoir prêté mon concours, que je crois indispensable, si on veut éviter des tâtonnements et des erreurs en mettant à profit ma longue expérience. ·

» J'ai l'honneur d'être, avec un profond respect, monsieur le maire, votre très-humble et très-obéissant serviteur.

» Aimé PARIS.

» Marseille, 24 septembre 1855. »

A cette lettre était joint un tableau présen-

tant une surface de un mètre trente cinq centimètres de large, sur un mètre vingt centimètres de haut, où la partie du soprano
était écrite sur la clé de sol 2ᵉ ligne, la partie
des enfants sur la clé d'ut 1ʳᵉ ligne ; le ténor,
sur la clé d'ut 4ᵐᵉ ligne, et la basse, sur la
clé de fa 4ᵐᵉ ligne. Chaque clé était armée
des deux bémols du ton de si bémol, après
lesquels venait le C qui indique la mesure à
quatre temps binaires.

Avec ces indications, il sera facile aux lecteurs de la Réforme musicale de rétablir, en
notation usuelle, dont les caractères manquent
à l'imprimerie, ce que j'ai déposé, moi-même,
à la mairie de Marseille.

« Spécimen des caractères de notation usuelle, em-
» ployés pour le chœur à quatre parties, proposé,
» comme épreuve de lecture, au Conservatoire de
» Marseille, le 24 septembre 1855. »

Voici la traduction en chiffres de ce spécimen :

Soprano.	0 0 0	i.2	3 3.3 3.4 2.3	i . 5 i.i
Enfants.	0 0 0	3.4	5 5.5 5 7.7	i 5 3 5.5
Ténor.	0 0 0	i.i	i 5.5 5 4.5	3 . i 3.3
Basse.	0 0 0	i.i	i i.i i 5.5	i . i i.i

Certes, cela n'était pas difficile, et la perspective d'aborder un morceau de cette force ne
devrait faire reculer aucun conservatoire où
on saurait lire RÉELLEMENT

Ma lettre est restée sans réponse ; mais cela
ne prouve nullement que l'existence n'en ait
pas été connue au Conservatoire, et que ce soit
de leur propre mouvement que les élèves de
cet établissement, où le sens moral paraît se
développer dans les mêmes proportions que
la faculté de DÉCHIFFRER SANS INSTRUMENT,
aient organisé la conspiration du 2 décembre
1855, à laquelle j'arrive, pour terminer le récit de cet épisode de la guerre sans courage et
sans dignité que la routine fait aux idées vraies.

Aimé PARIS.

La fin prochainement.)

Si M. Malliot n'avait pas écrit son triste rapport
de 1847, il est probable que les lecteurs de la *Réforme
musicale* n'auraient jamais entendu parler de lui.
Mais cet acte agressif, suivi de beaucoup d'autres,
nous a fait un devoir de montrer au public le peu de
valeur des opinions d'un homme qui occupe comme
écrivain, comme penseur et comme compositeur, un
rang qui n'a pas de nom sur l'échelle des incapacités.
Du jour où il a été bien convenu que le rapporteur
de 1847 ne savait rien de ce qu'il faut savoir pour
juger une doctrine, notre cause a été gagnée. Nous
avions dit tout d'abord : Tant vaut le rapport, tant
vaut le rapporteur. Le public intelligent retournant
l'aphorisme, a dit depuis : Tant vaut le rapporteur,
tant vaut le rapport.
Aujourd'hui, enfin, on commence à contester à M.
Malliot ce qu'il appelle *sa prépondérance*. On approche
la lanterne pour le mieux voir, et le prestige s'en va
peu à peu. C'était, il n'y a pas longtemps, notre ami
F*** qui le malmenait à plusieurs reprises, dans la
Gazette des Théâtres ; hier, la *Chronique de Rouen*
châtiait ses prétentions outrecuidantes dans un article
que nous allons reproduire.
Il faut qu'on comprenne bien la nécessité qui nous
est faite de démonétiser les opinions de M. Malliot. Il
y aurait imprudence à leur laisser une libre carrière,
lorsqu'on sait qu'en province les bavardages et les
sottises d'un seul homme peuvent paralyser une
grande idée.

Louis ROGER.

Simple observation en forme de critique.

Messieurs nos confrères du grand format

professent un majestueux dédain pour ce qu'ils
appellent la *petite presse* ; nous avons nous-
même entendu l'un deux dire un jour qu'il
ne voulait pas s'occuper d'une question locale
parce quelle était traitée par un rédacteur de
la Chronique de Rouen, comme si la grandeur
du format était la mesure à laquelle on reconnaît le degré de bon sens et d'intelligence
des rédacteurs qui déploient leur érudition
dans de longues colonnes.

Nous acceptons aujourd'hui cette dénomination, puisqu'il reste prouvé que la petite
presse parle sur certaines questions plus haut
et plus juste que la grande presse, et qu'elle
sait parfois frapper au défaut de la cuirasse
certains amours propres surannés.

Donc, nous avons excité une petite colère
qui s'est traduite d'une façon originale, mais
d'un goût au moins douteux.

La critique, selon nous, doit être indépendante des personnes, et si nous blâmons souvent, parce que nous trouvons souvent à
blâmer, nous évitons au moins de blesser
l'homme dans l'artiste ou l'écrivain. Tel n'est
pas l'avis de M. Maillot. Jusqu'à ce jour M.
Maillot s'était montré assez bénin dans ses
critiques ; il avait toujours évité d'attaquer
personne. Peut-être à cette douceur y avait-il
une raison ? M. Maillot est compositeur ; il a
produit, voire même édité des romances d'un
mérite que nous serions assez embarassé de
qualifier. Il a composé à l'occasion de la paix
une cantate célèbre, destinée sans doute à toute
sorte de solennité, puisqu'elle accompagnait
les stances dédiées au maréchal Pélissier. Le
vainqueur de Sébastopol pouvait cependant
inspirer quelque composition qui brillât du
moins par la nouveauté : Alors M. Malliot
n'eût pas prié la Chronique de Rouen de ne
pas signaler ce double emploi. Nous concevons qu'avec un bagage musical de cette importance, le compositeur rouennais soit en
droit d'accuser son prochain de ne rien produire. Nous laisserons à sa perspicacité la solution de ce problème : lequel vaut mieux ne
rien produire ou produire des œuvres d'un
mérite que nous ne qualifions pas ?

Mais il faut bien dans ce bas monde changer
un peu de manière de voir ; M. Malliot prend
aujourd'hui en main la plume sévère du critique, et dit : Ah ! vous nous reprochez de
n'être pas assez sévère, eh bien ! vous allez
voir. Et M. Maillot de dresser procès-verbal
contre Mlle Lavoye qui n'a pas, selon lui,
chanté assez longtemps au concert de M.
Nicosia.

« De ce qui précède, nous soussigné, dres-
sons procès-verbal, et, par le présent article,
rédigé aussi bien que possible en manière de
jugement, nous déclarons infliger un blâme
très sévère à Mlle Lavoye, en admettant, toutefois, comme circonstances atténuantes, les
applaudissements qu'elle a obtenus malgré le
morceau.

» Et qui est-ce va être bien attrapé ? Est-ce
Mlle Lavoye ? Non pas ; mais les graves juges
ci-dessus désignés qui croyant nous prendre
en flagrant délit de louanges, vont trouver
que notre plume a été cette fois trempée dans

l'absinthe, et non dans l'eau bénite.

» Néanmoins, ne nous leurrons pas trop ;
ces juges si éclairés, si fins et si sévères, qui
ne trouvent jamais rien que les fioritures d'un
goût douteux, nous taxeront peut-être encore
d'être trop indulgent, car, avec eux, la critique doit toujours, quand elle est mécontente,
le dire en termes dédaigneux ou durs. S'il en
est ainsi, nous les laisserons gronder à leur
aise et nous invoquerons pour absoudre la sagesse des proverbes.

» *Fais ce que dois, advienne que pourra.* »

Nous ne savions pas que le critique dût jamais usurper le style d'un clerc d'huissier ;
si c'est là une innovation, ce dont nous doutons, nous rappelant avoir vu quelque part
pareille incartade littéraire, nous n'en félicitons
pas son auteur. C'est plustôt quelque pecca-
dille de l'imagination, cette folle du logis,
qui ne saurait se livrer à ses ébats dans les
limites de la raison.

Il y aurait bien à propos des paroles de
M. Malliot une autre question à traiter, ce
serait de savoir si pour juger des ouvrages
d'art ou de littérature, il faut avoir produit
soi-même ; dans ce cas, pour juger une œuvre
musicale, il faudrait au moins avoir commis
quelque petite cantate, fût-ce même dans le
goût de celle du compositeur rouennais. Nous
laisserons cette question pour aujourd'hui,
quitte à la reprendre plus tard, si l'occasion
s'en présente.

Le Nouvelliste, d'après cette nouvelle
théorie, va sans doute écrire au célèbre danseur Gambetti, pour le charger des comptes-
rendus de l'opéra.

Vaudevillistes, dramaturges, compositeurs,
danseurs, etc., viendront en foule faire du
Nouvelliste une mosaïque d'articles d'arts,
dont, jusqu'alors, il n'a guère été prodigue,
et il ménage à ses abonnés, pour le premier
janvier, une agréable surprise en agrandissant
encore son format.

C. CAHOT.

THÉATRES DE ROUEN.

Nous avons dit notre sentiment sur Jérusalem ; il nous reste à parler, — un peu tardivement, il est vrai, — de l'exécution. Mais ce
n'est pas notre faute, cette appréciation a été
faite et transmise en temps, et nous ne savons
quel obstacle imprévu l'a empêché de paraître
plutôt.

Voici ce que nous en disions, du reste, dans
l'Indépendance dramatique :

« M. Lapierre s'est parfaitement posé dans
cette création ; il pourrait être un peu plus
entraînant s'il se défiait moins de sa voix souvent un peu rétive ; mais il est impossible
d'être plus consciencieux et plus correct.

» Mme Laget, qui devait faire son troisième
début dans cet ouvrage, et qui a cru devoir le
retarder, a prouvé qu'elle s'en serait tiré à son
honneur, car malgré la réserve à l'ordre du
jour, elle a souvent fait violence aux bravos »
(depuis, sa brillante réception dans Norma
nous a donné pleinement raison).

» MM. Bonnesseur et Lacroix ont bien mérité du public. »

Dans ce même article égaré, nous parlions
aussi du succès de fou-rire de la Queue de la
Poêle, alors une nouveauté, et nous félicitions
James, l'adorable Bec-de-miel, de cette heureuse création ; Lacombe, son fidèle écuyer Tutu
si drôle et si divertissant, et Cosson, l'im-

payable, le fameux roi KAPERDULABOULA XIV, de l'excellente physionomie qu'ils ont su donner à ce trio grotesque ; il n'est pas jusqu'à Mme Delille, que nous flattons peu d'ordinaire, parce qu'elle ne nous flatte guère non plus avec ses excentricités, à qui nous n'ayons accordé quelques bravos pour cette charge.

Huit jours de recettes consécutives ont donné un démenti à ceux qui, comme nous, préjugeant sur la première impression, ont cru que cette farce ne réussirait pas ici.

Tant mieux pour les artistes et pour la direction.

Le désir exprimé par Mme Laget, de faire son troisième début dans NORMA, nous a valu le bonheur d'entendre, après une longue privation, le chef d'œuvre de Bellini, si riche de mélodies, si frais encore d'inspiration, et celui non moins vif de le voir bien rendu.

Mme Laget s'est vraiment surpassée dans le rôle de Norma ; elle a joué et chanté en artiste supérieure qui est sûre d'elle et du succès. Aussi ne lui a-t-il pas fait défaut. Le grand air du premier acte, qu'elle a nuancé avec infiniment de goût, et le magnifique duo de e ma. rivales, dans lequel elle a déployé tou ressources d'une riche et prodigue organi.. ont enlevé les bravos de toute la salle, et tra... formé l'épreuve en ovation.

Mlle Lavoye semble avoir agrandi les proportions un peu mesquines du rôle d'Adalgyse, en l'étoffant de toute l'ampleur de son beau talent, le joli duo avec Pollion, et la grande scène, dont nous avons parlé, ont été pour elle aussi et par elle un véritable triomphe.

Le rôle de Pollion est un des plus ingrats de l'emploi. M. Lapierre, en y recueillant des bravos, a fait preuve de beaucoup d'habileté.

M. Bonnesseur, qui a peu de chose dans cet opéra, a trouvé moyen de s'y faire applaudir ; il a dit d'une façon vraiment entraînante l'adagio du premier acte.

La reprise du MAÇON est une excellente idée, si nous en jugeons à l'empressement du public à venir l'entendre. Bouvard est charmant dans ce rôle ; il le joue avec une verve, un entrain des plus communicatifs. Le refrain si populaire :

» Du courage
» A l'ouvrage, »

et le grand morceau du troisième acte :

« Dieu de bonté, Dieu tutélaire, »

qu'il a parfaitement chantés, lui ont valu de très-sympathiques bravos.

M. Prudhomme, le nouveau laruette, qui a du bon, a fait beaucoup rire dans le rôle d'un serrurier ; nous l'engageons cependant à charger un peu moins.

M. Laget a recueilli deux salves d'applaudissements à son unique romance :

« Elle va venir. »

qu'il a, du reste, on ne peut mieux fait valoir.

Mmes Saint-Ange et Dubarry sont amusantes en commères.

En somme, cet ouvrage plaît, et il sera revu souvent avec plaisir.

Le drame ne se repose pas plus que l'opéra.

Nous avons eu la semaine dernière deux premières représentations ; l'une au Cirque, du MARIN DE LA GARDE, pièce quelque peu militaire en une infinité de tableaux ;

L'autre au THÉATRE-FRANÇAIS du MÉDECIN DE L'AME, qui ne vaut pas son frère aîné le MÉDECIN DES ENFANTS La première de ces nouveautés a franchement réussi. — C'est bien le genre, du reste, qui convient à ce théâtre De l'action, du but, du patriotisme une intrigue claire, et quelques scènes attachantes ; c'est

plus qu'il n'en faut pour assurer un succès — si l'on ajoute à cela un certain mérite d'exécution.

M. Franck, quoique jeune, est un esprit sérieux, un artiste travailleur ; on peut suivre en lui la marche du progrès. Dans le personnage de Maurice il nous a plu infiniment ; distinction, naturel, nobles élans, sentiments généreux, il a tout ce qu'il faut, tout ce qu'on aime à rencontrer sous l'habit du soldat.

M. Petit a rempli avec assez de rondeur le rôle de Marcel. Ah ! s'il voulait crier un peu moins, comme nous nous réconcilierions vite.

Mme Tanesy ne rend pas mal l'anéantissement de l'âme par la douleur, et ses angoisses maternelles lorsqu'elle se réveille aux premières lueurs de l'espérance. — Mais encore même reproche — le mal est contagieux.

Voizel est naturel dans le rôle de vieux sergent. — C'est un mérite que nous lui reconnaissons : il est toujours l'homme de son personnage.

Mlle Coblentz, qui n'a que faire au milieu de cette littérature à coups de fusil, avait l'air d'une âme en peine. Il lui faut un champ plus vaste, une région plus élevée pour donner essor à son talent.

Mme Saint-Ange, quoique souffrante a rempli avec beaucoup de naturel le rôle de l'excellente vivandière.

Un comique que nous avons déjà remarqué dans la PRISE DE SÉBASTOPOL. a, cette fois encore, provoqué notre sérieuse attention. — Ce jeune homme a de l'avenir. Grand a été notre étonnement d'apprendre que c'est M. Goujon, le décorateur du théâtre, a qui nous devons de fort jolies choses. Nous aimons qu'on cumule ainsi.

Le MÉDECIN DE L'AME, ne renferme vraiment qu'un joli rôle, celui de médecin, créé à Paris par Mélingue. Butaut s'en est habilement emparé. — Il y dans t oute sa personne une force de volonté, un ascendant qui impose, et, sous cette rudesse apparente, il laisse jaillir quand il le faut la bonté refoulée dans son cœur Dans ces deux expressions tout opposées il a produit un égal effet. — C'est une jolie création.

M. Edmond a été très-pathétique dans les scènes sentimentales de son rôle. On voit qu'il sent ce qu'il dit, — chose moins commune qu'on ne croit, au théâtre.

Le rôle de la femme coupable, malgré son repentir, est difficile à rendre ; Mme Haquette s'en est fort bien acquitté.

Mlle Marchal, quoique jeune, n'a pas l'air assez enfantin, pour l'emploi des toutes jeunes filles ; Mlle Berthe eût été mieux placée, ce nous semble, dans cette pièce. Cela dit sans rien retirer des qualités de Mlle Marchal, que nous nous sommes souvent plu à reconnaître, et qui ont été appréciées hier encore dans BRUTUS, LACHE CÉSAR, où elle a fait, ainsi que M. Frank, un heureux début.

A propos de début, M Gourdon a terminé les siens dans le NOUVEAU SEIGNEUR DE VILLAGE, et, en dépit d'une très-vive opposition, a été déclaré reçu.

L'œuvre de notre illustre compatriote n'a pas été parfaitement rendue. Les artistes ne paraissaient pas sûrs d'eux-mêmes, et le public qui, malheureusement comptait sur ses souvenirs, ne s'y retrouvant pas, a payé de froideur. C'est une revanche à prendre.

Alexandre OSMONT.

LA CHRONIQUE DE ROUEN, venant d'apprendre par l'organe de M. Malliot que l'on ne peut être critique sans avoir produit, désire trouver un poète pour rendre compte des comédies en vers (elle s'adressera à M. Bouilhet), un danseur pour rendre compte du ballet, un auteur dramatique pour le drame (elle va écrire à Alexandre Dumas) ; quand à la musique elle y renonce. Où trouverait-elle quelqu'un qui AIT ASSEZ PRODUIT pour juger les œuvres du critique du NOUVELLISTE.

— M. Léon Laya vient de faire jouer à la Comédie-Française une comédie qui a fait scandale dans le monde littéraire. Les PAUVRES D'ESPRIT, tel est le titre de cette pièce, véritable diatribe contre les hommes de lettres. Si M. Laya refuse aux écrivains, aux poètes, les vertus de la famille, il béatifie en revanche les notaires et les boutiquiers. Le public a fait justice du paradoxe de l'auteur, et il reste bien convenu qu'on peut être un grand poète et un excellent mari.

LA REVUE DE PARIS contenait ces jours derniers un long article d'éreintement à l'encontre de M. Louis Veuillot, rédacteur en chef de l'UNIVERS. Sous le prétexte de parler d'un volume de MÉLANGES que vient de publier le journaliste religieux, M. Louis Ulbach, auteur de l'article en question, a disséqué avec rage le livre déjà vieux des LIBRES PENSEURS, et a deversé sur M. Veuillot un torrent d'épithètes mal sonnantes. Il l'a injurié durant une dizaine de pages, tout en lui reprochant d'injurier ses adversaires. Selon la REVUE DE PARIS, M. Veuillot n'est qu'un « agitateur CYNIQUE qui fait alterner l'INJURE avec l'EMPHASE, et qui ne cesse d'être INCONVENANT que pour être ENNUYEUX» C'est un journaliste FRAPPÉ D'IMPUISSANCE et D'ÉPUISEMENT à la suite de ses excès ; un COMMUNISTE DE SACRISTIE qui fait péniblement de la PROSE PÉNIBLE, etc.... nous ne citons que quelques mots pris au courant de la lecture.

Le principal défaut, selon nous, du réquisitoire de M. Ulbach, est de trop laisser percer la haine et la rancune. Les mêmes accusations exprimées sans passion et sans colère auraient pu amoindrir, dans l'opinion publique, la considération de M. Veuillot ; tandis que, telle qu'elle est, la diatribe de la REVUE DE PARIS ne peut lui faire aucun tort. Elle a dépassé le but qu'elle voulait atteindre. Dire que M. Veuillot est un journaliste ENNUYEUX, FRAPPÉ D'ÉPUISEMENT, ne prouve absolument rien ; car tout le monde sait le contraire ; de pareilles exagérations ne sont nuisibles qu'à celui qui les imprime, et M. Louis Ulbach, en disant à M. Louis Veuillot : « vous êtes IMPUISSANT, » ne lui a pas porté plus de préjudice que M. Veuillot lui-même n'en porta à M. Méry, le jour où il lui dit, à propos de la JUIVE AU VATICAN, « comme poète, vous ne comptez pas, et comme prosateur, vous êtes au-dessous d'Élie Berthet.»

Pour l'honneur des lettres et la dignité de la littérature, les écrivains sérieux ne devraient jamais avoir recours à ces iniquités de la polémique. La REVUE DE PARIS, quoiqu'elle dise, n'empêchera pas M. Veuillot d'être un des journalistes les plus vigoureux de notre époque. Au surplus, la critique ne frappe que les esprits fortement trempés, comme la foudre ne tombe que sur les grands arbres. Les publicistes les plus attaqués de l'époque sont : MM. Proudhon, de Girardin et Veuillot. La conséquence est facile à déduire. — Balech de Lagarde.

Darnétal. — Imp. de Fruchart.

XI° Année ; — 1re du nouveau titre.   UN NUMÉRO : 20 CENT.   N° 47. — Dimanche 14 Décembre 1856.

Musique, — Sciences, — Arts, — Littérature, — Théâtres.

LA RÉFORME MUSICALE

JOURNAL DES DOCTRINES DE L'ÉCOLE GALIN-PARIS-CHEVÉ.

ABONNEMENT A ROUEN : 10 FR.

ON S'ABONNE

A ROUEN, chez M. Louis Roger,
  rue Porte-aux-Rats, 2.
A PARIS, chez M. Emile Chevé rue
  des Marais-S-G., 18.
A MONTPELLIER, chez M. Aimé
PARIS, rue des Casernes, 3.

BUREAU A ROUEN, RUE PORTE-AUX-RATS, N° 2.

LOUIS ROGER, Directeur-Gérant.

ABONNEMENT DANS LES DÉP. : 12 FR.

ON S'ABONNE

A LYON, chez M. Bernard, rue du
  Griffon, 44.
AU HAVRE, chez M. Vasse,
  rue Molière, 46.
Les abonnements peuvent être payés
en timbres-postes (Affranchir).

RENSEIGNEMENTS. — Cette feuille paraît, à ROUEN, tous les DIMANCHES. — Tout ce qui concerne l'administration du journal doit être adressé à Rouen, rue Porte-aux-Rats, 2. — Ce qui concerne la rédaction peut être indifféremment adressé à M. CHEVÉ, à M. Aimé PARIS, ou au Directeur-Gérant. — La critique demeure sous la responsabilité de celui qui la signe. — Il sera rendu compte des Ouvrages dont un exemplaire sera déposé au bureau du journal. Les lettres non affranchies seront refusées.

On peut se procurer des numéros de la Réforme, au Bureau du Journal ; — au dépôt du cours Boïeldieu, à Rouen, — et dans l'intérieur des Théâtres.

ENCORE LA RÉPONSE
AU VIEL ARGUMENT.

Paris, 8 décembre 1856.

Voici de nouveaux faits qui viennent témoigner de la puissance de la méthode appliquée en dehors de l'action des chefs de l'école. Mademoiselle C. Pierret, qui dirige un grand externat rue du faubourg Saint-Martin, 87, a suivi mes cours il y a environ huit ans. Depuis cette époque elle a introduit la méthode dans sa pension et l'y a enseignée d'une manière continue.

Monsieur Decressain, instituteur communal à Juvigny a connu la méthode par un de mes élèves, monsieur Charles Sauvestre, et cela lui a suffi pour l'appliquer avec fruit sur les enfants qui lui sont confiés.

Voici les lettres que m'ont écrites Mlle C. Pierret, M. Decressain et M. Charles Sauvestre.

« Paris, 2 décembre 1856.

» Monsieur Chevé,

» Je suis heureuse de voir votre idée marcher en dépit du mauvais vouloir et des obstacles qu'elle rencontre à chaque pas. Depuis que je me sers de votre méthode, j'obtiens d'excellents résultats sur des enfants qui ne s'occupent de musique que trois heures par semaine et n'étudient jamais dans l'intervalle des leçons qui, pour elles, sont une véritable récréation. Les ntelligences les plus antimusicales savent la musique. Elles ne le doivent évidemment qu'aux moyens employés.

» Avant de me servir de la méthode, j'avais fait enseigner chez moi le solfège de Rodolphe, puis la méthode Wilhem ; mais je n'ai recueilli que le découragement et l'ignorance : mes élèves les mieux organisées savaient à peine lire ces quelques exercices qui semblent préparés pour ménager l'amour-propre du lecteur ; et qu'on leur faisait répéter sans cesse ; mais elles ne sortaient pas de là ; à présent il n'en est plus ainsi.

» Si tous les professeurs de musique essayaient de votre méthode, ils ne voudraient plus en employer d'autre ; ils auraient moins de fatigue et leurs élèves moins d'ennui.

» Quant à moi, je suis avec persévérance la route que vous m'avez tracée, regrettant bien de ne pouvoir consacrer plus de temps à l'enseignement d'une science que les travaux des chefs de l'école ont rendue si facile.

» Votre toute dévouée élève.

» C. Pierret. »

Voici, maintenant, la lettre de M. Decressain et celle de M. Charles Sauvestre.

« Juvigny (Seine-et-Oise) ce 28 novembre 1856.

» Monsieur Chevé,

» En ma qualité d'instituteur primaire communal, permettez-moi de vous offrir mes félicitations au sujet de votre méthode de musique vocale en chiffres : grâce à elle, monsieur, il est aussi facile d'apprendre la musique aux enfants de nos écoles que de leur apprendre l'A-B-C.

» Ma classe compte ordinairement de 20 à 25 élèves de 7 à 12 ans ; sur ce nombre 8 à 10 s'occupent de musique, et le temps de mes leçons est de TROIS-QUARTS D'HEURE au plus par semaine. Malgré ces minces ressources et la connaissance approfondie que j'ai de votre méthode qui m'a été communiquée par quelqu'un ayant suivi une année vos cours, je suis parvenu à faire exécuter DEPUIS DEUX ANS, une foule de morceaux d'ensemble à l'église ; quelquefois à l'aide de deux ou trois jeunes gens, qu'il suffisait de quelques mois pour former ; le plus souvent avec l'orgue et mes seuls enfants.

» De plus, comme votre ancien élève a retenu quelques-unes de vos leçons d'harmonie, il nous a été facile d'accompagner toute sorte de morceaux, de les modifier même suivant l'exigence des voix que nous possédions ; et, enfin, de composer différentes choses qui ont été exécutées, soit à l'église, soit à nos distributions de prix. — Je n'ai rien à dire du GOUT avec lequel tout cela a été fait ; mais les musiciens qui, l'été surtout, habitent notre pays, ne nous ont adressé aucun reproche pour la question scientifique.

» Comme rien de semblable ne se produit dans les environs, j'en conclus que la méthode Galin-Paris-Chevé est loin d'être suffisamment répandue, et que ses succès ont encore besoin d'être signalés ; c'est pourquoi je me permets de porter les miens, si petits qu'ils soient, à votre connaissance.

» Veuillez agréez, monsieur, l'assurance de mes sentiments les plus respectueux et les plus dévouées.

» Decressain.
» Instituteur communal à Juvigny
» (Seine et-Oise.) »

« Juvigny, 29 novembre 1856.

» Monsieur Chevé,

» J'ai suivi, pendant une année, le cours de chant que vous faites le soir, trois fois par semaine ; et ce peu de temps m'a suffi pour emporter avec moi quelques connaissances musicales qui, bien qu'inférieures à celles que vous exigez pour être admis dans votre société chorale, ont cependant produit ici les résultats que notre instituteur vient de vous signaler. Ces résultats sont minces, assurément ; mais leur petite proportion, même ne sert-elle pas à démontrer que partout où votre méthode pourra pénétrer elle développera, où plutôt SEMBLERA CRÉER la musique, dont les éléments ne manquent nulle part. Il n'y a pas de si petit village, où l'on ne puisse, le goût de la musique une fois développé, se réunir au nombre de douze personnes et former un chœur très-satisfaisant. Partout on rencontre quelques voix capables de chanter les solos ; et peut-être aussi existe-t-il partout des IDÉES MUSICALES qu'il s'agit de faire éclore. Mais tout cela est si profondément enfoui dans la mine la plus dure et la plus profonde que votre méthode seule peut l'en faire sortir. — Je doute que les chercheurs d'or de la Californie puissent jamais rendre à l'humanité un service aussi réel que celui qu'est appelée à lui rendre la méthode que vous propagez.

» Veuillez agréez, monsieur, l'assurance de mes sentiments les plus respectueux et les plus dévoués.

» Charles Sauvestre. »

Que vont répondre LA ROUTINE et son bon ami le PARTI-PRIS, à ces faits sans réplique, qui se reproduisent tous les jours et partout ? — Hélas ! ils feront ce qu'ils ont toujours fait : ils fermeront les yeux et se boucheront les oreilles ; puis ils continueront a traîner dans les ornières sans issues les quelques malheureux enfants qui leur sont confiés, s'efforceront de plus en plus d'arrêter le travail qui ouvre à TOUS la voie LARGE et SURE, qui permet à chacun d'arriver au but en PEU DE TEMPS, à PEU DE FRAIS, et D'UNE MANIÈRE CERTAINE.

Eh bien, je le répète pour la dixième fois, la routine et le parti-pris seront battus : la vérité passera quand même.

Emile CHEVÉ.

Causes probables de l'intervention d'un professeur du Conservatoire de Marseille (succursale du Conservatoire impérial), dans le guet-apens du 9 décembre 1855, organisé par M. Hilaire Colin.

(Fin.)

Avant l'ouverture de ma séance du 9 décembre 1855, nul ne pouvait savoir que je demandais une mélodie écrite RAISONNABLEMENT, et pourtant, à peine cette demande fut-elle formulée, qu'on vit arriver sur la scène : 1° Pénavaire professeur au Conservatoire ; 2° Pélissier, le jeune factotum de M. Hilaire Colin, et mon élève GRATUIT, pour le premier cours d'enfants, de juillet à novembre 1853 ; 3° Un groupe d'élèves du Conservatoire. LES morceaux d'épreuve ÉTAIENT PRÉPARÉS ; ils étaient dans les conditions les plus déloyales. Pénavaire m'a avoué, trois jours après, devant un témoin respectable, que ce qu'il avait préparé était encore plus difficile que le problème copié par Pélissier, d'après le manuscrit de M. Hilaire Colin.

Je refusai l'intervention de Pénavaire non point parce qu'il était professeur au Conservatoire, je ne fis point connaître sa qualité au public ; mais en déclarant que ses fréquentes visites chez moi pourraient laisser des doutes sur la sincérité de l'épreuve. Je ne soupçonnais pas une déloyauté. Aussitôt, la place fut prise par Pélissier, que je ne reconnus pas d'abord : il avait grandi, changé de costume, et il s'effaçait de son mieux.

Je n'ai point à revenir sur la nature du fragment embrouillé par M. Hilaire Colin, à l'aide d'enharmoniques, et par une supercherie d'armure, au début. Justice a été faite de ce piège, qui serait ridicule s'il n'était odieux. M. Hilaire Colin, sachant que son nom était dans toutes les bouches, a accepté sans réclamation les qualifications énergiques d'Émile Chevé (ROUENNAIS, du 23 décembre 1855).

Cela s'est passé devant M. le maire de Marseille, qui a quitté la séance, après cette épreuve, et lorsque je venais d'annoncer que nous allions chanter le GLORIA de la messe à la Palestrina de M. Agnelli, messe que M. Auguste Morel, invité, par une lettre de la mairie, à faire chanter avec nous et les autres sociétés chorales, AU PROFIT DES BLESSÉS DE L'ARMÉE D'ORIENT (1) a pu refuser de mettre à l'étude, grâce à un contre ordre qu'il a obtenu sur le champ, ce dont il était si sûr qu'il a dit à M. Agnelli, qui s'appuyait sur la lettre de M. le maire : « EH BIEN ! VOUS EN RECEVREZ BIENTÔT UNE AUTRE. »

Comment ne pas rattacher le guet-apens du 9 décembre à la connaissance obtenue, par une voie quelconque, de l'envoi du spécimen qu'on a vu dans le numéro précédent ?

Je me trouve heureusement placé pour détruire les suppositions sans fondement réel, que n'ont pas craint de faire quelques personnes, par suite de la présence de M. le maire de Marseille, au moment de la tentative déloyale et maladroite, concertée entre un professeur du Conservatoire et le représentant bien connu de M. Hilaire Colin, qui se laisse payer par la ville, pour ne RIEN enseigner dans les écoles communales.

C'est SUR MON INVITATION, ET PAR UNE BIENVEILLANTE CONDESCENDANCE, que M. le maire de Marseille est venu à ma séance du 9 décembre. En voici la preuve, dans la lettre que je lui ai adressée, quatre jours auparavant :

« Monsieur le Maire,

» Dans la lettre que vous avez bien voulu m'écrire, » pour me dire que je devais dorénavant adresser à » la préfecture mes demandes d'autorisation, vous » m'avez laissé espérer que, si vos occupations vous » le permettaient, vous nous feriez l'honneur d'assister à notre séance de clôture.

» Je m'empresse de mettre à votre disposition les » billets sur le vu desquels les préposés au contrôle » vous feront conduire à la loge qui vous est réservée.

» Veuillez agréer l'hommage du profond respect » avec lequel j'ai l'honneur d'être, monsieur le maire, » votre très-humble et très-obéissant serviteur,

» Aimé PARIS.

» Marseille, 5 décembre 1855.

Que serait-il arrivé si, profitant de la présence de M. le maire, et, sortant de la réserve que je me suis imposée, j'avais abordé la discussion des faits, aussitôt après la transcription du guet-apens, pour faire connaître la proposition de l'envoi du spécimen du 24 septembre, et si j'avais ajouté ce qui suit :

« Messieurs, lors même que je refuserais » de faire aborder, par mes élèves, un morceau » COPIÉ par un enfant qui, apparemment, » n'a rien à refuser à M. Hilaire Colin, » morceau que ne déchiffrerait pas, à » première vue, M. Hilaire Colin, lui-même, » cela ne prouverait pas que les élèves du » Conservatoire sont en état de déchiffrer le » morceau COURT, CLAIR ET FACILE que j'ai » ICI à leur disposition, et dont j'ai envoyé le » spécimen de l'administration, il y a deux » mois et demi, le 24 septembre. En outre, » n'est-il pas bizarre de retrouver ici M. » Hilaire Colin, dans la personne de son représentant ? M. Hilaire Colin, a été chargé, » par la lettre de M. le maire de Marseille, en » date du 16 mars 1854, d'introduire, dans » les écoles communales la méthode Galin-» Paris-Chevé qu'il ne connaissait que pour » avoir assisté au tiers de chacune des trois » premières leçons d'un de mes cours d'enfants ; c'est dire qu'il ne la connaissait pas » du tout. Depuis près de deux ans, IL N'A RIEN » SU EN TIRER, tandis que nous avons fait, » depuis cette époque, QUATRE EXHIBITIONS » PUBLIQUES, sans compter celle-ci. Et M. » Colin sans avoir même le courage de faire » ouvertement une mauvaise action, se cache » derrière un malheureux enfant, pour essayer de prouver que nos élèves ne savent » rien, lorsqu'ils ont déjà chanté, AUJOUR-» D'HUI, DEUX MORCEAUX, et qu'ils vont en » chanter DIX AUTRES, dont UN A PREMIÈRE » VUE, devant M. le maire de Marseille, qui » n'a pas entendu chanter, le 21 août dernier, par les élèves de M. Hilaire Colin, un » seul des trois maigres chœurs annoncés par » le livret de la distribution des prix. N'y-a-» t-il pas une imprudence impardonnable à » choisir, pour mettre à exécution le plan » d'une perfidie contestée de longue date, la » seule séance qui ait été honorée de la présence du premier magistrat de la ville, au » risque de révolter les sentiments de droiture, » de ce haut fonctionnaire et de s'exposer aux » conséquences d'une enquête sévère, pour » laquelle M. Colin sait que je peux produire tant de témoins honorables et fournir » tant de preuves foudroyantes ? »

Comment ne pas faire entrer en ligne de compte, dans ces rapprochements, les inquiétudes données PAR D'AUTRES QUE MOI, à la préfecture, l'aveu de Verdenil, l'un des petits conjurés des écoles communales, en présence du sous-directeur, l'absence de dénégation de M. le secrétaire du Conservatoire, lors de l'entrevue fortuite que j'ai eue avec lui, le 23 avril 1856, dans la rue de la Darce (voir la RÉFORME MUSICALE du 4 mai 1856, et une foule d'autres indices que je supprime, pour abréger, et que, le cas échéant, je saurai mettre en relief ?

Le Conservatoire de Marseille a eu, depuis ma cinquième séance de clôture, deux occasions de prouver que ses élèves savent lire : d'abord, le chœur dont le spécimen a été envoyé à la mairie, le 24 septembre, puis sa coopération a l'exécution du petit chœur des AMOURS DU DIABLE. Il n'aurait pas prouvé beaucoup en résolvant des problèmes si faciles ; mais au moins cela valait mieux que ne point empêcher UN DE SES PROFESSEURS et plusieurs de ses enfants perdus de venir s'associer, le 9 décembre, à un guet-apens. Si cette mauvaise action avait été commise à son insu, ou sans son consentement, le Conservatoire devait désavouer hautement, s'il ne les punissait pas avec sévérité, ceux qui s'en étaient rendus coupables.

Depuis que cet article a été écrit, M. Auguste Morel a eu, de son côté, l'occasion de montrer qu'il tient a écarter toute idée de tolérance de sa part pour ce qui n'est ni avouable ni loyal. Une lettre SIGNÉE D'UN FAUX NOM, chargeait plusieurs des élèves qu'il dirige de la responsabilité d'un mensonge, à propos de faits absolument faux qu'on affirmait s'être passés dans son Conservatoire. Malgré l'invitation qui lui a été faite, moi présent, de déclarer que JE N'AVAIS NI IMPOSÉ NI SUBI AUCUN EXAMEN DANS SON ÉTABLISSEMENT (voir la RÉFORME MUSICALE du 29 juin 1856), M. Auguste Morel n'a pas trouvé dans la délicatesse de ses instincts de droiture assez de courage pour faire une chose que tout autre aurait trouvée juste et honorable, en même temps qu'avantageuse, n'eût-ce été que pour prouver que si ses élèves ne pouvaient pas attendre de lui de bonnes leçons, il savait au moins leur donner de bons exemples.

En rapprochant de ce qui s'est fait à Marseille ce qui a été fait dernièrement à Paris à propos du plagiat Mercadier, il y a de quoi excuser ceux qui n'auraient pas une entière confiance dans la loyauté de ceux qui combattent sous la bannière de la routine. Pour ma part, il me reste des doutes.

Aimé PARIS.

(1) Comme il faut être juste, quand même, je me hâte de reconnaître que M. Auguste Morel, à son point de vue, pouvait se croire quitte envers les soldats français ; un jour qu'en très bonne compagnie, il se rendait, de la rue Vacon, au boulevard Dugommier, deux pauvres soldats qui paraissaient avoir été rudement éprouvés par la campagne après laquelle ils revenaient en France, traversaient, en même temps que lui, le marché. De braves poissonnières eurent l'idée d'organiser une petite quête, en faveur des deux soldats qui ne demandaient rien. M. Auguste Morel déclare à son compagnon qu'il était honteux de voir *mendier* des soldats français ; son interlocuteur lui fit observer qu'il y avait une énorme différence entre *mendier* et accepter l'offre spontanée destinée à procurer quelques grammes de tabac à de pauvres diables qui ne peuvent pas toujours en acheter sur leur prêt si modique. Pendant ce temps, les quêteuses s'adressaient à M. Auguste Morel, qui s'exécuta de très-bonne grâce et grossit de *quatre sous* l'offrande qui fut remise aux deux soldats. N'y a-t-il pas là de quoi justifier son refus de faire chanter la messe par les élèves de son Conservatoire ?

L'ÉCOLE ALLEMANDE AU XIXᵉ SIÈCLE.

Camille Stamaty et son école.

Parmi les disciples de Kalkbrenner, celui qui continue et développe aujourd'hui avec le plus de soin et de persévérance les traditions de ce maître, c'est sans contredit l'homme que nous venons de nommer en tête de ce chapitre, M. Stamaty, l'habile pianiste-compositeur. — Madame Pleyel a sans doute une exécution des plus brillantes, l'Irlandais Osborne, maintenant fixé à Londres, a écrit avec de Bériot une suite de duos de piano et violon justement estimés ; mais comme professeur, comme école, Stamaty a le pas sur ses illustres rivaux. — Né à Rome le 23 mars 1811, fils d'un consul de Civita Vecchia, Stamy, venu en France dès 1819, fit ses études classiques d'abord pendant cinq ans à Dijon, puis à Paris. — Son éducation d'OREILLE avait commencé à Rome, chez sa mère, excellente musicienne et chanteuse amateur tout à fait remarquable. C'est dans le salon de cette femme distinguée que l'enfant suça dès ses tendres années le lait de la musique avec les ouvrages de Mozart, Marcello, Paësiello, Cimarosa et Rossini, maîtres dont on faisait sa nourriture habituelle dans cette maison vraiment musicale. M. Benoist, alors pensionnaire de France à Rome, venait souvent jouer du piano chez la mère de Stamaty, et l'intelligent enfant, qui aimait la musique avec passion, restait souvent des heures entières à l'entendre et à l'admirer. — C'est M. Benoist qui, plus tard, à Paris, initia le jeune homme aux secrets de l'harmonie et du contrepoint. Ses fonctions à l'Opéra ne lui permettant pas de suivre régulièrement les progrès de son élève, celui-ci termina ses études de composition sous MM. Fétis, Reicha, Leborne et Mendelshon à Leipzig.

Comme tous les artistes qui ont reçu de la nature d'heureuses facultés, Stamaty avait donc une vocation bien déterminée pour la musique ; mais sa famille, comme il arrive souvent, s'opposa à ce goût inné et le fit entrer dans les bureaux de la préfecture de la Seine, où il resta environ trois années. — On croira sans peine que les détails arides de l'administration s'accordaient mal avec les tendances artistiques du jeune homme. Une heureuse circonstance vint changer sa destinée ; le célèbre pianiste Kalkbrenner ayant eu occasion de l'entendre reconnut en lui les germes d'un véritable talent, et ses encouragements le déterminèrent à se vouer exclusivement au culte de l'art musical. — Ce fut à la fin de 1830 que Stamaty prit cette résolution, et depuis lors il a conquis une position éminente parmi les meilleurs professeurs de piano. — Après avoir reçu lui-même des leçons de mademoiselle Labourey, à Dijon, et de MM. Monfort, Fessy et Kalkbrenner, à Paris, il a formé et forme tous les jours une foule d'excellents élèves, parmi lesquels on peut citer les fils de MM. Fétis, Reicha, Lemoine, Mozin ; madame Gounod, Laurent Batta, maintenant professeur à Nancy ; Gottschalk, Saint-Saëns Zompi, Laffite ; mesdemoiselles Picard, Vautier, etc. ; mesdames Masini, Henry, Aumont, Fibich, et une foule de professeurs distingués, au milieu desquels l'obscur auteur de cette notice se hasarde à se glisser. — En 1835, Stamaty donna son premier concert au profit des pauvres du second arrondissement ; il y fit entendre avec succès un concerto de sa composition et un duo de pianos avec Kalkbrenner. — Depuis lors, il donne presque chaque année un ou deux concerts dans lequel on peut admirer l'élégance et le charme de son exécution, comme aussi l'expression éminemment distinguée de son sentiment musical. — Pour le TRILLE, il n'a pas de rivaux, et quoique profondément versé dans toutes les combinaisons du mécanisme, il ne tombe jamais dans ces folles excentricités qu'on peut reprocher à tant de virtuoses contemporains.

Par la haute portée de son enseignement, Stamaty exerce une haute influence sur l'école moderne du piano; il continue et développe celle de Kalkbrenner. Classique par le fond, il n'est point hostile aux tendances sérieusement progressives de notre époque. Admirateur passionné du génie des grands maîtres, Stamaty s'efforce de populariser leurs chefs-d'œuvre avec un infatigable dévouement. — Des vrais connaisseurs n'oublieront pas trois séances pour piano et orchestre dans lesquelles l'habile professeur a fait comparer au public les concertos les plus importants de Mozart et de Beethoven. Comme directeur de l'exécution, Stamaty a fait preuve dans ses séances d'une entente et d'une supériorité de vues qui suffiraient pour lui assurer une place des plus distinguées parmi les artistes contemporains, — Comme compositeur, la tendance réelle de sa musique est définitivement LA MÉLODIE SCÉNIQUE AU PIANO, l'idée toujours musicale, mais en même temps animée, appropriée à des situations, à des sentiments. — Son but est l'EXPRESSION POÉTIQUE, bien que reposant évidemment sur une base très-classique.

— Voici la liste des ouvrages pour le piano composés et publiés par Camille Stamaty.

OEuvre 2. Concerto en *la* mineur avec orchestre;
— 3. Variations sur un thème original (Prilipp) ;
— 4. Trois nocturnes *(idem)* ;
— 5. Trois mélodies intimes *(id.)* ;
— 13. Grande fantaisie sur la *Somnambule (id.)* ;
— 14. Rondo-Caprice *(id)* ;
— 15. Romance dramatique *(id.)* ;
— 16. Duo sur *Norma*, avec Franchomme, piano et violoncelle ;
— 20. Grande sonate en *ut* mineur ;
— 6. Souvenirs de *Richard* (Brandus) ;
— 7. — de la *Reine de Chypre (id.)* ;
— 8. Sonate en *fa* mineur *(id.)* ;
— 9. Fantaisie sur la *Juive (id.)* ;
— 10. Souvenirs de *Charles VI (id)* ;
— 11. Vingt-cinq études adoptées par le Conservatoire (Meissonnier) ;
— 12 Grand trio pour piano, violon et violoncelle *(id.)* ;
— 18. Boléro de concert (chez Meissonnier);
— 19. Douze airs variés : *Autrefois ; Aujourd'hui (id.)* ;
— 17. Douze esquisses (chez Escudier);
— 21. Douze études pittoresques *(id)* ;
— 22. Promenade sur l'eau, barcarolle *(id.)* ;
— 23. Tarentelle, dédiée à Gottschalk *(id.)* ;
— 24. *Plaisir d'Amour*, de Martini, transcrit *(id.)* ;
— 25. Chœur de Rameau *(Méditation)* ;
— 26. 18ᵉ Psaume de Marcello ;
— 27. Caprice dramatique sur *Egmont* ;
— 28. Sicilienne dans le genre ancien ;
— 29. Gigue écossaise (Heugel).

En outre de ces diverses publications, Stamaty a déjà joué les morceaux suivants, encore inédits :

1º Chasse au cerf ;
2º Sérénade espagnole ;
3º Polonaise caractéristique ;
4º Savoyarde ;
5º Marche hongroise ;
6º Styrienne ;
7º Saltarelle ;
8º Grand caprice symphonique.

Toutes ces œuvres sont écrites avec soin et conscience ; elles sont en général d'une difficulté abordable, toujours classiques et cependant ne rejetant aucune des bonnes tendances modernes. — Nous les recommandons à nos lecteurs, persuadés qu'au milieu de l'immense quantité de mauvaise musique qu'on publie tous les jours, ils nous sauront gré de leur indiquer des morceaux brillants et pas trop difficiles. Interprétés par l'auteur dans ses concerts et dans son enseignement, on peut juger réellement de leur valeur intrinsèque, et on est convaincu qu'ils peuvent se placer à la suite des œuvres estimées de Frédéric Kalkbrenner.

Charles POISOT.

THÉATRE-DES-ARTS.

On vient enfin de nous donner une véritable comédie, une œuvre sérieuse et digne de notre première scène : LA CALOMNIE, de Scribe.

Cette pièce, qui est une étude vraie de nos mœurs et de notre société, est marquée au coin de l'esprit et du bon sens ; les caractères sont pris sur nature ; le sujet intéresse, et l'action en découle tout simplement. Elle ne pouvait donc manquer de réussir, et elle a réussi, en effet, au-delà de toute présomption. Il faut dire aussi qu'elle a été remarquablement rendue. M. Butaut, qui remplit le rôle principal, celui du ministre, s'en acquitte on ne peut mieux. — Distinction de manières, émotion bien sentie, accent convaincu : il a tout ce qu'il faut pour faire aimer son personnage. — Une pareille création lui assurait une honorable admission, quand bien on aurait perdu le souvenir des précédentes. — Quelques esprits chagrins reprochent à notre premier rôle de manquer un peu d'entraînement ; ils appellent froideur ce qui n'est que sage réserve. — C'est au contraire ce que nous apprécions en lui ; nous n'aimons ni les grands airs, ni les grands bras. On peut très-bien produire une impression profonde avec peu de mots et peu de bruit, l'inflexion de la voix, l'expression de la physionomie : voilà les grands secrets de l'art. — M. Butaut les possède.

Mlle Marchal et M. Brelet, qui faisaient aussi leur troisième début, ont été reçus sans opposition, — c'est justice : Mlle Marchal est une artiste méritante, qui étudie consciencieusement ses rôles, et dont l'intelligence seconde bien la bonne volonté. Elle est très-belle d'indignation et de douleur dans la scène dramatique des éclaircissements, quand elle apprend que c'est elle que la calomnie a choisie pour victime, et quand elle s'en relève avec toute la force d'une âme honnête. — C'est bien là la noble rébellion d'une conscience vraie.

M. Brelet a dit avec beaucoup de convenance les passages embarrassants de son rôle d'homme à bonnes fortunes sans le vouloir.

M. Francis a du bon, nous nous plaisons à le reconnaître. — Il est très-amusant dans le personnage de Coquelet, le propagateur de faux bruits.

Mme Haquette prête à la sœur du ministre

un charmant visage et une adorable coquetterie.

Ainsi montée, LA CALOMNIE donne et donnera longtemps encore, nous l'espérons. un démenti formel à ceux qui prétendaient, à tort, qu'à Rouen l'on n'aimait plus la comédie. Ce qu'on n'aime pas, c'est la médiocrité.

LA PERRUCHE, ce charmant petit opéra de Clapisson, est en faveur. Laget y est d'une verve étourdissante ; il est impossible d'être à la fois meilleur comique et plus gracieux chanteur ; le duo avec M. Gourdon, et les couplets du porteur d'eau, qu'il termine par un son filé à perte d'haleine, provoquent chaque soir force bravos et force rires.

Mlle Chevalier est une délicieuse camériste, qui joue gentiment, et qui chanterait de même, si elle osait.

M. Prudhomme fera bien de repasser son rôle. — Nous n'avons plus reconnu en lui l'amusant compère du MAÇON.

Mme Laget a récolté de nouveaux bravos dans NORMA, en compagnie de ses dignes partenaires, Mlle Lavoye et MM. Bonnesseur et Lapierre.

La seconde représentation de LUCIE a été pour Mlle Lavoye l'occasion d'une très-gracieuse surprise — A son entrée en scène deux bouquets, embellis des bravos de tout une salle, sont tombés à ses pieds.

Une pareille démonstration, si rare ici, en dit plus que tout éloge.

M. Lapierre a fort bien chanté le rôle d'Edgard, qu'il poétise encore s'il est possible.

M. Lacroix est un brillant Asthon : belle voix et belle prestance.

Quand nous aurons avec eux une bonne seconde basse, ce sera un ensemble précieux.

M. Gourdon, qui avait été reçu avec opposition, vient de résilier ; nous croyons qu'il a bien fait, car il peut gagner ailleurs des sympathies qui lui auraient fait longtemps encore défaut à Rouen.

Alexandre OSMONT.

Actualités littéraires.

On vient de monter à l'Opéra-Comique *Maître Patelin.* Cet ouvrage a été arrangé d'après la pièce originale, *la Farce de maître|Pierre Pathelin,* un des chefs d'œuvre du théâtre français au moyen-âge. C'est d'après une version de Pierre Gringoire que l'abbé Brueis fit en 1700 sa comédie en 3 actes, avec des intermèdes en vers et des entrées de ballet, pour être jouée devant le roi dans l'appartement de Mme de Maintenon. Ce n'est qu'en 1706 qu'elle fut jouée au Théâtre-Français, où elle fut outrageusement sifflée et n'eut qu'une représentation. Il y a eu plus de cinquante éditions de *Pathelin.* La première est de 1490, Paris, petit in-4°, caractères gothiques et figures en bois, imprimé par Germain Bineaut. — *Maître Pathelin* vient d'être arrangé en opéra comique par MM. de Leuven et F. Langlé. La musique est de M. F. Basin. Elle est jouée par MM. Coudere, Berthelier, Prilleux, Lemaire, Mlles Revilly, et Talmon.

— Le succès des *Dragons de Villars* continue à l'Opéra-Comique. Mlle *Juliette Borghèse,* qui a laissé à Rouen tant de bons souvenirs, s'y fait applaudir chaque soir.

— Béranger, l'immortel chansonnier, est indisposé depuis quelque temps. Des éditeurs lui ont offert des sommes folles en échange de ses mémoires, mais le grand poète est décidé à ne les livrer qu'à sa mort.

— La réception de M. Ponsard a eu lieu le 4 décembre à l'Académie française. Son discours, remarquable sous plus d'un rapport, contenait l'éloge de Baour Lormian et des considérations sur la tragédie.

— Le *Siècle,* pour avoir émis le vœu dans son feuilleton dramatique qu'un théâtre historique résumant l'esprit de chaque siècle fut créé par un dramaturge habile a mis en colère le chroniqueur des théâtres du journal l'*Univers.* S'il est vrai que le théâtre est une institution condamnable, on s'explique difficilement le compte-rendu hebdomadaire de la feuille ultra-catholique. L'exemple valant mieux que le précepte M. Veuillot devrait interdire à ses collaborateurs l'entrée des spectacles. Autrement, on a le droit de présumer que l'écrivain religieux qui fulmine contre le théâtre dans son feuilleton n'y prend pas moins de plaisir qu'un autre quand il est commodément assis dans sa loge.

— On va reprendre à l'Odéon la *Lucrèce* de M. Ponsard.

— On a commencé mercredi dernier la vente des tableaux et statues en marbre et en bronze, statuettes, bas-reliefs, etc., de M. Antoine Etex.
Parmi les tableaux, l'*Euridice,* qui a figuré à l'Exposition universelle de 1855, n'a pas été adjugé à moins de 1,120 francs. Un dessin de Bazin, d'après cette toile, a atteint le prix de 255 francs.
Un tableau de Chevalet, *Joseph expliquant ses songes à ses frères,* exposé au salon de 1844, a été vendu 910 francs. Citons encore un *Bonaparte au mont Saint-Bernard,* de Charlet, 455 fr. ; la petite, *gitana* et la *Petite Glaneuse,* ensemble 40 fr. ; l'*Europe* l'*Asie,* l'*Afrique* et l'*Amérique,* panneaux décoratifs destinés à orner [une salle de bain 235 fr. ; *une femme de la campagne de Rome,* 205 fr. ; un *paysage,* par Corot, 285 fr., etc.
Hyacinthe mourant, bronze de 1 mètre de hauteur, premier grand prix de l'Institut en 1829, a trouvé acquéreur à 300 fr. Un autre bronze, de grandeur naturelle, *la jeune Héro,* s'est vendu 2,000 fr. ; le groupe de *Héro et Léandre,* en bronze, 555 fr. ; *la petite Glaneuse* et *la petite Gitana,* en plâtre, ensemble

485 fr. ; le *groupe de Cain,* copie réduite, 740. ; *Rossini,* copie de la statue qui est placée dans le vestibule de l'opéra, 320 fr. ; le *monument de Mgr Affre,* archevêque de Paris, modèle en bronze, 40 fr. ; le *Tombeau de Géricault,* 320 fr., etc.

— M. de Lamartine est atteint de rhumatismes articulaires qui le retiennent à son château de Saint-Point.

— M. Alfred de Musset le plus jeune des académiciens est dangereusement malade.

— M. De Salvandy, malgré les soins les plus actifs est menacé de perdre la vue.

— Un feuilleton du grand format, qui parait avoir quelques prétentions à la littérature, contenait ces jours derniers les phrases suivantes :
« Un pareil empressement *puisse-t-il être* de longue durée. »
« Personne ne s'étonnera, sans doute, en apprenant *qu'une seule voix ne s'est pas élevée contre.* »
« Nous avons déjà parlé dernièrement... »
Faut-il attribuer ces obscurités de style aux négligences des correcteurs ou aux distractions de l'écrivain ? Question !

— M. Millaud, l'ancien fondateur de l'*Audience* (seul *journal judiciaire paraissant le* LUNDI), vient d'acheter au prix de *neuf cent mille francs* les quarante actions de la *Presse* qui appartenaient à M. Emile de Girardin. A ce compte, la propriété entière de la *Presse* atteindra une somme assez élevée ; mais nous ne pensons pas qu'elle arrive à *dix-neuf cent mille francs,* prix du *Constitutionnel* acheté par M. Mirès, un autre journaliste devenu millionnaire.

BALECH DE LAGARDE.

La *Chronique de Rouen* continue d'étriller le critique musical du *Nouvelliste de Rouen.*
Cicéron demande jusques à quand M. Rivoire permettra que le solécisme et le barbarisme prennent leurs aises dans le *Nouvelliste,* sous le patronage de M. Malliot.

Aujourd'hui, à une heure, dans le salon de M. Petit, rue Saint-Patrice, MM. Maurin, Orlowsky et Engelmann frères, donneront une première séance de musique de chambre. On exécutera un *quatuor* de Haydn (Op. 83) ; un *quatuor* de Beethowen (Op. 3), et un quintette de Mozart.

Louis ROGER.

L'éditeur Gustave Havard annonce le 71me volume de la galerie contemporaine de M. Eugène de Mirecourt. Ce volume contient l'histoire de Mélingue, l'un de nos plus célèbres acteurs de drame. M. Eugène de Mirecourt donnera successivement les biographies de Paul Delaroche, le grand peintre d'histoire ; de Lola Montès, de Crémieux, d'Auber, de Lachambeaudie, le fabuliste ; de Beauvallet, de la Comédie-Française, et de Granier de Cassagnac.

XIᵉ Année ; — 1ᵉʳ du nouveau titre.   UN NUMERO : 20 CENT.   N° 48. — Dimanche 21 Décembre 1856.

Musique, — Sciences, — Arts, — Littérature, — Théâtres.

LA RÉFORME MUSICALE

ABONNEMENT A ROUEN : 10 FR.

ON S'ABONNE

A ROUEN, chez M. Louis Roger,
  rue Porte-aux-Rats, 2.
A PARIS, chez M. Émile Chevé rue
  des Marais-S-G., 48.
A MONTPELLIER, chez M. Aimé
PARIS, rue des Casernes, 3.

JOURNAL DES DOCTRINES DE L'ÉCOLE GALIN-PARIS-CHEVÉ.

BUREAU A ROUEN, RUE PORTE-AUX-RATS, N° 2.

LOUIS ROGER, Directeur-Gérant.

ABONNEMENT DANS LES DÉP. : 12 FR,

ON S'ABONNE

A LYON, chez M. Perraud, rue du
  Griffon, ...
AU HAVRE, chez M. Vasse,
  rue Molière, 16.
*Les abonnements peuvent être payés
en timbres-postes (Affranchir).*

RENSEIGNEMENTS. — Cette feuille paraît, à ROUEN, tous les DIMANCHES. — Tout ce qui concerne l'administration du journal doit être adressé à Rouen, rue Porte-aux-Rats, 2. — Ce qui concerne la rédaction peut être indifféremment adressé à M. CHEVÉ, à M. Aimé PARIS, ou au Directeur-Gérant. — La critique demeure sous la responsabilité de celui qui la signe. — Il sera rendu compte des Ouvrages dont un exemplaire sera déposé au bureau du journal. Les lettres non affranchies seront refusées.

On peut se procurer des numéros de la *Réforme*, au Bureau du journal ; — au dépôt du cours Boïeldieu, à Rouen, — et dans l'intérieur des Théâtres.

ENCORE UN CENTRE QUI PREND FEU.

« Paris, 16 décembre 1856.

La France possède cinq ports de guerre : Cherbourg, Brest, Lorient, Rochefort et Toulon.

C'est de ces cinq ports que partent tous nos bâtiments de guerre pour se répandre sur tous les points du globe accessibles à la grande navigation.

L'implantation de la méthode dans chacun de ces cinq centres est donc une chose d'une haute importance pour sa diffusion dans le monde entier par les officiers de la marine, qui s'y mettent de tout' cœur.

Eh bien ! le seul des cinq ports qui n'eût pas encore de cours régulier, ne va plus avoir rien à envier aux quatre autres, grâce encore au dévouement d'un chirurgien de la marine : M. Mongrand.

M. Mongrand n'a pas vu mes cours ; mais il a vu à Brest, après mon départ, les résultats que j'avais produits en 3 mois. Musicien de l'ancienne école, il ne dédaigna pas, après le départ de M. Gestin, qui m'avait remplacé, de prendre la direction de la société chorale jusqu'au jour ou le service l'appela sur un autre point. — Devenu chirurgien-major du régiment d'infanterie de marine de Rochefort, M. Mongrand eut l'idée de faire un cours de musique à ceux des soldats de son régiment qui en auraient le désir. Il communiqua son projet aux chefs, qui l'accueillirent avec empressement, voyant là, non seulement le moyen de se procurer un CHŒUR agréable pour le régiment ; mais encore une ressource pour utiliser les moments de loisir du soldat, et une sauvegarde contre des habitudes malheureusement trop générales, du cabaret.

M. Mongrand vient de donner suite à son projet et voici en quels termes il m'annonce ses premiers travaux qui ne peuvent manquer de porter fruit. Je laisse parler M. Mongrand.

« Rochefort, 26 novembre 1856.

» Monsieur Chevé,

» Je vous ai écrit, il y a environ un mois, que j'avais l'intention d'ouvrir, au régiment, un cours de musique vocale d'après la méthode à la propagation de laquelle vous vous êtes dévoué. — Je vous écris aujourd'hui pour vous dire ce que j'ai fait et ce que je compte faire.

» Mon appel a été entendu : 195 (cent quatre-vingt-quinze) soldats se sont fait inscrire, plus 30 (trente) enfants de troupe et 12 (douze) officiers. Les quatre premières leçons ont été consacrées à un travail préparatoire que j'ai fait faire aux élèves pour leur apprendre à suivre les sons de la gamme. Tout a bien marché ; je n'ai exclu PERSONNE. Seulement, une dizaine de soldats se sont fait rayer. — J'ai fait ensuite deux leçons générales et les élèves on fait convenablement les deux premières séries d'exercices.

» Quoique les commencements soient assez arides, personne ne m'a abandonné et j'ai lieu d'espérer que tous continueront de suivre le cours. Ils me paraissent prendre goût à l'enseignement et j'espère que nous allons marcher rapidement.

» Je ne me propose, en ce moment, que l'enseignement du chiffre ; plus tard, peut-être. ferais je la portée. Je suis à la lettre la méthode ; je suis toute les indications ; je fais tous les exercices sur le tableau et à la baguette : j'irai ainsi de la première à la dernière page sans rien modifier. Pour les exercices d'intonation c'est simple ; mais pour ceux de mesure j'ai entrepris un travail plus dur : je transporte, sur grand papier, de 1ᵐ 40 de large, les exercices de mesure......

» Dès que les élèves auront dix leçons, je me propose de leur apprendre méthodiquement quelques chœurs simples, en noires et en blanches, afin de leur donner un peu de stimulant et de les engager à persévérer.

» Je donne trois leçons d'une heure et demie par semaine. Je vais donner une leçon supplémentaire à une dizaine de chanteurs ayant de belles voix, et pourvus de méthodes (1) afin de leur montrer la manière d'étudier seuls en dehors des leçons. Ils se formeront vite, et deviendront des moniteurs qui, eux-mêmes, répèteront les leçons que 30 hommes environ manquent chaque soir par suite des gardes. Une fois cela organisé, nous marcherons encore plus rapidement. J'espère que dans 4 ou 5 mois le cours sera terminé et les élèves formés, et que nous pourrons donner

---

(1) Non seulement la méthode se trouve à chaque instant enseignée par des personnes qui n'ont pas vu de cours ; mais, ce qui est encore plus grave, le professeur manque presque toujours du matériel nécessaire pour marcher convenablement. Eh bien ! l'on arrive quand même.　　　　E. Ch.

des concerts au profit des pauvres, etc., etc.

» E. Mongrand, D. M. P. »

La méthode est enseignée à LORIENT depuis 1851.

Je l'ai fait connaître à BREST en 1850 ; depuis, elle y a été enseignée par M. Gestin, chirurgien de la marine et elle l'est en ce moment par M. Gouzien, pharmacien de la marine.

A CHERBOURG elle a été implantée par M. Gouzien et elle est continuée actuellement par M. Buffet, chef de musique de l'INFANTERIE DE MARINE, à laquelle il fait un cours.

A TOULON, elle a été portée par une foule d'officiers de marine ; M. Birlin, chef de musique de L'INFANTERIE DE MARINE fait un cours à ses musiciens.

Il ne manquait plus que ROCHEFORT, et voilà M. Mongrand qui vient combler cette lacune, en faisant un cours à l'INFANTERIE DE MARINE. Aujourd'hui le réseau est donc complet, et gare la propagande à l'étranger !

M. Mongrand n'annonce encore qu'un début d'entreprise ; mais, nous qui connaissons la puissance irrésistible de la méthode quand elle est appliquée avec intelligence et bonne foi, nous regardons le succès comme obtenu, et nous attendons avec pleine confiance les lettres de M. Mongrand, certains d'avance que chacune annoncera un progrès sérieux. — Ce sera la récompense de M. Mongrand pour sa bonne action et pour les sacrifices de toutes nature qu'elle lui impose.

Emile CHEVÉ.

LES CONVICTIONS MUSICALES

DE M. F. DANJOU.

Il y a un peu plus de dix ans révolus, au mois de mai 1846, sans aucune provocation de ma part, M. F. Danjou fit paraître dans sa REVUE DE LA MUSIQUE RELIGIEUSE, POPULAIRE ET CLASSIQUE, un article sur une des premières séances du cours que je venais d'ouvrir à Caen. Il disait beaucoup de choses contraires à la vérité ; en même temps qu'il n'épargnait l'insulte ni au professeur ni à ses disciples qu'il qualifiait de BADAUDS.

• Les trois journaux de la localité, le JOURNAL DE CAEN, le HARO et le PILOTE DU CALVADOS, relevèrent si énergiquement les grossièretés adressés par M. Danjou à l'élite de la société de Caen, que l'écrivain qui faisait en ce temps-là un peu de brocantage sur les orgues d'église, ne parut pas, dans la ville qui a vu naître Malherbe, à l'époque fixée par lui pour des réparations urgentes au mécanisme de l'orgue d'une des principales églises.

On me laissa le soin de traiter la question de didactique. J'invitai M. Danjou qui était alors à Lille — on peut le savoir à Montpellier, où son itinéraire a été, dit-on, curieusement interrogé, — à venir conquérir, pour plusieurs expériences concluantes, de rhythme, d'analyse, et de la théorie, avec ceux qu'il appelait si agréablement des blandices.

Pour écarter les fins de non recevoir, je lui offrais de consigner, immédiatement après son acceptation, chez le principal banquier de Caen, une somme suffisante pour payer, AU TAUX LE PLUS ÉLEVÉ, ses frais de voyage, aller et retour, ses frais de séjour pendant 72 heures dans le meilleur hôtel de la ville, et une indemnité de CINQ CENTS FRANCS, à laquelle, vainqueur ou vaincu, il aurait droit, pour la perte d'une semaine de son temps qui se trouvait ainsi tarifé à raison de 24,000 fr. par an. Il fit une réponse qui ne répondait à rien ; mais il n'eut garde d'accepter.

J'ignorais, alors, que M. Danjou eut manqué (en même temps qu'aux convenances et au respect dû à la vérité) aux devoirs qui lui étaient imposés par sa qualité de membre d'une commission chargée par M. de Salvandy de rechercher les moyens d'assurer les progrès de l'enseignement musical. Le juge ne s'était point laissé arrêter par un scrupule ; il s'était fait insulter. J'ai protesté depuis, auprès du ministre.

Le 6 septembre suivant, débarquant à peine à l'hôtel de Provence, à Lyon il recevait ma visite, la première sans contredit de celle qui lui aient été faites. Il ne répondit que par des divagations embarrassées au renouvellement de mes propositions formelles d'essais comparatifs.

Deux mois après, dans la 10e livraison de sa Revue, il ne reprenait l'offensive, en termes aussi agressifs que dans la livraison de mai. Il fulminait son excommunication contre UNE ÉCRITURE DONT L'ADOPTION DEVAIT ENTRAÎNER LA PERTE DE TOUS LES PRODUITS DE L'ART etc., etc.

Il fallut recourir à un huissier, pour faire insérer ma réponse dans la REVUE DE MUSIQUE RELIGIEUSE.

J'avais perdu de vue M. Danjou, depuis cette époque, et, le trouvant à Montpellier, rédacteur omnipotent du MESSAGER DU MIDI, je compris que l'opposition se ferait, de mon silence, une arme contre moi, si je ne saisissais pas l'occasion qui m'était offerte de trancher la question par la preuve de fait.

Le 7 de ce mois lui laissant la liberté d'élargir autant qu'il le voudrait, un début accepté sans réserve, je l'ai invité à me présenter, devant un jury compétent, dont chacun de nous nommerait les membres par portions égales, des morceaux choisis dans TOUTE LA MUSIQUE VOCALE, IMPRIMÉE DEPUIS GUI D'AREZZO, JUSQU'EN NOVEMBRE 1856, m'engageant à les faire lire son CHIFFRES par un de mes élèves, sans que le jury, tenant la partition originale, pût signaler la moindre omission dans la reproduction des effets de rhythme ou de mélodie.

M. Danjou avait huit jours pour se décider.

Il les a laissé écouler. Je m'y attendais ; mais il faut que je le constate.

Fera-t-il valoir ce singulier argument qu'il a complètement changé de carrière ?

Cela ne saurait le dispenser de prouver qu'il n'a pas dit une chose fausse, que son titre de juge rend plus compromettante pour lui.

Je ne donne point ici LE TEXTE de ce que j'ai écrit à M. Danjou. Plus tard, s'il le faut, viendront les pièces justificatives que je tiens en réserve.

C'est assez, pour aujourd'hui, d'avoir montré la valeur de ces belles protestations, en faveur de l'amour de l'art et de ces lamentations sur les dangers que peut faire courir, à l'objet d'un culte hypocrite, l'emploi des moyens propres à appeler tous les hommes au partage des jouissances artistiques, à leur perfectionnement moral et au développement de la rectitude de leurs idées.

Pharisiens de la double croche, encore une preuve de votre impuissance et d'autre chose encore !

Il ne manquerait plus, pour compléter cette comédie de l'exploitation déguisée sous de vertueux dehors, que de voir M. Danjou, parodiant M. Mercadier, dire que je suis placé trop au-dessous de lui pour qu'il s'émeuve de ce que je pourrai dire.

A bon entendeur demi-mot.

Aimé PARIS.

Ils sont vraiment incorrigibles.

Ceci se passait à Montpellier, après ma quatrième séance d'exposition des doctrines de Galin. La maladie d'un des sujets de la troupe (les nègres blancs des directeurs de province n'ont pas le droit d'avoir des caprices) ayant obligé le théâtre à fermer ses portes, me procura deux auditeurs que je n'attendais pas, dans cette ville : M. Ménécier fils et de M. Aubert, violoncelliste, l'un et l'autre attachés à l'orchestre de Montpellier.

Il m'arriva de dire que les joueurs d'instruments à archet, pour faire l'UT DIÈSE, SERRAIENT plus la corde que pour faire le RÉ BÉMOL.

« Je n'ai jamais remarqué cela, dit une » voix dont l'expression ne révélait pas, tant » s'en faut, une sympathie qu'il fût possible de » sous entendre. »

Heureusement pour moi, un homme de cœur et d'intelligence, du reste excellent musicien et qui tient avec distinction, tous les mercredis, le premier violon dans les soirées de quatuors de M. Martins, directeur du jardin des plantes, fit comprendre à M. Aubert qui, apparemment, FAIT LES CHOSES SANS LES REMARQUER, que le mot SERRER signifiait RACCOURIR la corde, en rapprochant plus le doigt du chevalet pour l'UT DIÈSE que pour le RÉ BÉMOL. Cette rectification détermina M. Aubert à garder le silence, jusqu'au moment où la séance fut levée.

Je ne sais comment il se fit qu'il se retrouva mêlé à un groupe de personnes qui causaient pendant quelques moments avec moi, lorsque la salle était presque complètement évacuée. Toujours est-il qu'il affirma carrément qu'on savait déchiffrer sans instrument, 1° au Conservatoire impérial ; 2° à l'Orphéon de Paris ; 3° dans le cours d'après la méthode Wilhem, et 4° au Gymnase militaire. J'opposai à son allégation une dénégation polie, mais péremptoire, en lui offrant la communication des documents qui établissaient l'ignorance à peu près générale des LECTEURS des établissements dont il venait de parler, et j'insistai pour que, lui quatrième, il montât chez moi vérifier les faits.

La PROTESTATION de M. Emile Chevé, son APPEL A LA CONSCIENCE PUBLIQUE, les révélations d'un orphéoniste (M. Vaïsse) relativement aux prétendues lectures de la halle aux draps devant M. Fétis, le FRANC-JUGE du 29 septembre 1850. etc., ne laissèrent aucun doute sur l'opinion qu'on devait avoir de la capacité RÉELLE, ou plutôt NON RÉELLE, des adeptes de l'ancienne méthode.

Le nom de M. Aubert, échappé à une des deux personnes présentes, avait rappelé à mon souvenir celui de deux frères, musiciens de l'orchestre de Marseille, que j'avais envain invités comme leurs collègues, à nos conférences de 1853 et à toutes les épreuves que depuis, j'avais offert de faire subir à mes disciples. Je m'assurai de l'identité, par une simple question qui me parût plaire médiocrement à mon interlocuteur, obligé d'avouer que j'avais deviné juste.

Le lendemain, je profitai du hasard qui me fit rencontrer M. Ménécier, pour faire connaître à ce dernier le désir que j'avais de voir M. Aubert accepter, à Montpellier, des controverses ou des expérimentations qui indépendemment du jour qu'elles répandraient sur les questions ou sur les faits en litige, ne permettraient pas de supposer que j'eusse voulu éluder, en 1856, les solutions audevant desquelles je courais, en 1853.

Vingt-quatre heures après, je recevais, par un intermédiaire, le message verbal de M. Ménécier fils, qui m'apprenait que M. Aubert refusait, PARCEQU'IL ÉTAIT INSTRUMENTISTE ET NON PROFESSEUR DE CHANT. M. Aubert savait cela l'avant-veille. Il savait même autre chose que cela.

Était-il bien difficile à M. Aubert de s'abstenir, lorsqu'il connoissait les résultats produits à Marseille, dans huit séances de clôture, et les raisons qu'avaient les dissidents de ne pas se féliciter de l'opposition inintelligente et déloyale qu'ils avaient faite à des idées vraies, auxquelles le professorat musical peut devoir de faire cesser le discrédit dont la très-grande majorité de ses membres est frappée, sans qu'on ait le droit de crier à l'injustice ?

Je crois que mon avis serait partagé par le frère d'un de mes bons amis de Marseille, si je m'en rapporte à ce qu'à la suite de la perte de certain pari, à l'époque du dernier carnaval, M. Marius White, disait un soir, à Marseille, dans le café des Mille-Colonnes, assez haut pour que j'aie pu l'entendre d'un peu loin.

Henri IV avait-t-il raison ? Retrouve-t-on toujours LE VIEUX LEVAIN DE LA LIGUE ?

Aimé PARIS.

LES INVENTEURS.

Fourier a dit quelque part que la France est l'enfer des savants et des inventeurs.

Sans prétendre que les hommes vaillent mieux au-delà de nos frontières, on peut affirmer que nulle part les idées nouvelles ne rencontrent autant de résistance que chez nous. Il faut croire que cela tient à l'esprit français, éminent railleur et léger. Dès qu'une idée surgit, fùt-elle imposante comme la découverte de la vapeur appliquée à la locomotion, on l'accable de jeux de mots, d'épigrammes mordantes, de sarcasmes amers et de moqueries sans fin. Le malheureux inventeur ne sait plus où donner de la tête. Il voit son idée en butte au ridicule, sa personne, même, exposée à l'insulte : découragé, le cœur gros de dégoût, de colère et de larmes il va porter chez l'étranger ses ses dernières espérances et naturaliser sur la terre d'exil une découverte qui eût fait la gloire et la prospérité de sa patrie.

Quelquefois aussi, l'inventeur succombe à la peine et meurt sans avoir vu le triomphe de son idée. C'est l'histoire de Galin. Cet homme de génie auquel toutes les nations devront un jour leur instruction musicale, est mort dans la fleur de l'âge, brisé par le travail et les veilles. C'est chose cruelle et douloureuse à dire, mais il est probable que cette grande intelligence serait demeurée parmi nous si l'impitoyable aveuglement des hommes ne l'avait pas condamnée aux travaux forcés de la science. Galin était pauvre ; il avait sa vieille mère à nourrir. Le buste osseux que le plâtre a dérobé à la mort et que le ciseau du statuaire a ranimé d'après les souvenirs de M. Aimé Paris, nous dit assez que sa constitution délicate exigeait des soins assidus. On les lui refusa. Au lieu du contentement intérieur qui eût renouvelé ses forces et rasséréné son âme si si son livre avait été compris, il éprouva le chagrin de voir son œuvre méconnue, et sa vie, qu'un subside national pouvait protéger contre les menaces d'une santé débile, sa vie se consuma entre un désenchantement mortel et un labeur meurtrier.

Il en est d'autres qui vont tout droit au suicide : Nicolas Leblanc fut de ceux-là. Voici ce que je lis dans L'AMI DES SCIENCES, à propos de cet homme utile à qui nous devons la soude artificielle :

« En apprenant à l'Europe le secret de l'ex» traction de la soude à l'aide du sel marin,
» Leblanc préparait cet essor immense que pri» rent depuis toutes les industries qui tiennent
» aux arts chimiques par quelque point : M.
» Dumas a dit de cette découverte que si la
» soude factice n'avait pas été inventée, les
» jouissances que se procurent aujourd'hui les
» consommateurs avec son aide, leur coûte» raient annuellement 1 milliard : on se de» mande alors ce que la Société a payé à l'in» venteur qui l'a affranchie d'un tel décime,
» et l'on apprend qu'en 1806, Leblanc, réduit
» à la plus affreuse misère, las de démarches
» toujours infructueuses et ne possédant plus
» les forces de la jeunesse pour lutter plus
» longtemps, mit fin par le poignard à une
» vie qui lui était désormais à charge. »

Il est vrai que l'Académie des sciences a déclaré dans sa séance du 31 mars dernier « qu'un hommage était dû à la mémoire de Nicolas » Leblanc inventeur de la soude factice ; » Mais cette réparation posthume ne montre-t-elle pas une fois de plus le danger des jugements précipités à l'endroit des contemporains, et ne dit-elle pas assez ce qu'il y a d'iniquité sauvage à garder pour les morts la justice qu'on doit aux vivants ?

Il est temps, cependant, que nous profitions des leçons de l'expérience. L'humanité se fait vieille. Un peu de raison ne lui siérait pas mal.

C'est bien l'avis de toutes les âmes élevées. Par malheur il y a beaucoup trop d'égoïsme dans le corps social. Et puis disons-le, la presse, « puisqu'il faut l'appeler par son nom » n'a pas du tout le sentiment de ses devoirs ! Comme l'a si bien fait remarquer notre ami, M. Rittiez, dans son HISTOIRE DU RÈGNE DE LOUIS-PHILIPPE Ier, la presse est devenue une immense boutique de réclames et d'annonces où les vertus civiques ne sont guères taxées plus haut qu'à la Bourse. Elle ne gouverne plus l'opinion, elle se laisse gouverner par elle ; et sauf quelques honorables exceptions qui marchent en avant un flambeau à la main elle présente plus que jamais l'aspect hideux qui faisait dire à Balzac ! « C'est une grande prostituée que la lumière effraie. »

Louis ROGER.

Lettres à un ami devenu riche.

Quelle mélancolique saison que l'hiver ! Les arbres que vous avez vus si chevelus et si exubérants, et qui ont prêté leur ombre à vos amours et à vos rêveries, se sont exfoliés peu à peu, sans presque en avoir l'air, et un beau matin, — comme hier, par exemple, — vous vous êtes aperçu, en ouvrant votre fenêtre, que vous aviez un jardin peuplé de manches à balais couverts de givre et pleurant toutes les larmes de leurs pauvres têtes dépouillées !... Ils vivaient si gaiement, cet été ! ils secouaient si joyeusement leurs vertes ramures aux caresses matinales de la brise ! Les oiseaux du bon Dieu avaient l'air si contents d'y pépier et d'y gazouiller pendant des journées entières !... Les feuilles sont tombées, les oiseaux sont partis, et, avec les feuilles et les oiseaux s'en sont allés les parfums et les chansons !...

Tout cela reviendra, je le sais bien ; à Pâques, — ou à la Trinité ! Tout cela reviendra plus vert, plus ombreux, plus parfumé, plus réjouissant pour l'œil et l'esprit ! Sans doute ; mais en attendant, cela est parti, et c'est bien dur à passer trois longs mois d'hiver avec du vent, de la pluie, de la glace et de la neige !

Je ne hais pas la glace, certes ; elle fait très-bien dans certains paysages de l'école flamande. Je ne hais pas non plus la neige, ces fils de la vierge des matinées d'hiver. Seulement j'aimerais assez qu'elle tombât l'été ; cela serait tout aussi gai et un peu moins froid.

Quant au vent, j'ai quelque affection pour lui. J'éprouve comme une volupté âcre à l'entendre siffler à travers les squelettes des arbres du bois de Meudon, pendant que, tête nue, l'œil nageant dans le vague, je marche tout éveillé dans un rêve sans fin, le rêve du souvenir. J'ai eu, moi aussi, — pardon du rapprochement ! — « Ma grande et légère duchesse de Châtillon, et, dans ces espaces déserts, elle s'est jadis appuyée sur mon bras. Aujourd'hui je ne donne plus le bras qu'au temps : il est bien lourd !.... »

C'est à Châteaubriand que j'emprunte ces paroles mouillées de tristesse. Je me les rappelle souvent. Il m'en rappelle d'autres aussi, non moins mouillées de larmes, et que je veux te rappeler, à toi qui oublies si vite, — empoigné par la MALESUADA FAMES, — les chimères splendides de ta vingtième année :

« La jeunesse est une chose charmante ; elle part, au commencement de la vie, couronnée de fleurs, comme la flotte athénienne pour aller conquérir la Sicile et les délicieuses campagnes d'Enna. La prière est dite à haute voix par le prêtre de Neptune ; les libations sont faites avec des coupes d'or ; la foule, bordant la mer, unit ses invocations à celle du pilote ; le « pœan » est chanté tandis que la voile se déploie aux rayons et au souffle de l'aurore. Alcibiade, vêtu de pourpre et beau comme l'amour, se fait remarquer sur les trirèmes, fier des sept chars qu'il a lancés dans la carrière d'Olymphie. Mais, à peine l'île d'Alcinoüs est-elle passée, l'illusion s'évanouit : Alcibiade banni va vieillir loin de sa patrie et mourir percé de flèches sur le sein de Timandra. Les compagnons de ses premières espérances, esclaves à Syracuse, n'ont pour alléger le poids de leurs chaînes, que quelques vers d'Euripide.... »

Chacun de nous porte ses chaînes. Mais tous n'ont pas, pour s'en dissimuler la fatigue, la précieuse ressource, la ressource bénie, qu'avaient les compagnons d'Alcibiade ! Un certain nombre seulement, les privilégiés, les humbles et les doux, les rêveurs, et les mélancoliques comme moi, se plongent, tête et cœur baissés, dans cet océan de merveilleuse poésie qui s'appelle Victor Hugo. C'est notre Euripide, notre Eschyle, notre Sophocle et notre Homère, à nous autres enfants perdus de la Restauration ou fruits tardifs de l'automne impériale !....

Nous le relisons, si tu ne le lis plus, pauvre cher ami d'autrefois ! Nous le relisons chaque soir, réunis, à quatre ou cinq dont tu sais les noms, auprès du feu, autour d'une grande table où sont les livres aimés et les choses préférées. L'un de nous lit à voix haute ces belles pages, les dernières fleurs écloses de ce puissant cerveau et de ce vaillant cœur : les CONTEMPLATIONS dont la librairie Blanchard vient de publier une nouvelle édition illustrée de dessins de Beaucé. Pendant que ces beaux vers résonnent dans le silence avec cette musique merveilleuse que tu connais, nous fumons lentement, et lentement aussi, quelques uns d'entre nous, — les éclopés de la grande bataille de la vie, remuent les cendres de leurs cœurs. Moi, bercé par ces harmonies diverses, je contemple les évolutions capricieuses de la flamme de notre foyer moins ardent encore que nos souvenirs.

Après les CONTEMPLATIONS de Victor Hugo viennent d'autres lectures, moins attrayantes mais intéressantes cependant à d'autres titres. L'HISTOIRE DES PEINTRES VIVANTS, par Sylvestre ; la GAZETTE DE CHAMPFLEURY, par... Champfleury, deux publications de la même librairie Blanchard, dont la dernière fait scandale dans le monde littéraire. Puis, LES PETITS BONHEURS, par Jules Janin, un livre charmant illustré par Gavarni, que vient de mettre en vente la librairie Morizot. Cela m'a raccommodé avec l'auteur de la RELIGIEUSE DE TOULOUSE. Les PETITS BONHEURS ont des pages adorables décrites avec cette fougue de style et cette grâce d'expression qui m'ont rappelé celles des GAÎTÉS CHAMPÊTRES.

Puisque je viens d'écrire le nom de Gavarni laisse-moi t'annoncer un livre de cet artiste original qui a si bien compris la femme moderne, la parisienne, fleur de serre-chaude, inconnue aux civilisations d'hier et que ne comprendront guère les civilisations de demain. Ce livre de Gavarni, texte et illustration, intitulé TABLEAU PARLANT, paraîtra dans quelques jours. Il aura la vogue des précédentes œuvres

de ses innombrables créations un si puissant cachet d'originalité. Les privilégiés qui ont eu la primeur de ce livre si impatiemment attendu, en parlent avec un enthousiasme que je suis bien certain de partager. Il sera fait dans ce qu'on appelle « la seconde manière » de Gavarni, celle dans laquelle est conçue et exécutée la série des PROPOS DE THOMAS VIRELOQUE : mise en vente par la LIBRAIRIE NOUVELLE. Cette dernière œuvre, — qui se ressent du séjour de l'artiste à Londres, — est une œuvre étrange qui vous remue et vous attriste. Le crayon y est toujours jeune, comme dans les autres créations du maître ; mais on devine que le cœur a vieilli, c'est-à-dire qu'il a cruellement expérimenté la vie. Son Thomas Vireloqué est sinistre comme la réalité. Il est amer et profond comme Vautrin, et son sarcasme, — lancé comme le fameux « jet de salive » du terrible héros de Balzac, — son sarcasme vous siffle aux oreilles comme une balle de plomb et vous fusille les dernières illusions qui vous restent encore dans l'esprit. Il m'attire et il me repousse. Je ne l'aime pas et je le regarde toujours. « L'homme est le chef d'œuvre de la création, » lui dit un interlocuteur quelconque. « Qui a dit ça?... l'homme! » répondit ironiquement Thomas Vireloqué. Puis, dans ses pérégrinations à travers les rues de Paris, il rencontre des collégiens en promenade. Ils s'approchent de lui avec curiosité, attiré, par ses haillons et son air cynique. Ils osent lui parler ; il daigne alors leur répondre. Il se fait leur professeur d'histoire et en même temps de morale : « L'histoire ancienne, mes agneaux, c'est mangeux et mangés ; blagueux et blagués, c'est la nouvelle!... » Puis encore il rencontre dans la campagne, au coin d'un vieux mur, des enfants qui viennent de prendre un rat et qui se disposent à le tuer : « Misère-etcorde ! » — s'écrie-t il de son air railleur et impitoyable, — « Misère-et-corde ! faut pas chagriner ces petits mondes-là, des animaux comme nous autres ! Ça se dévore entre soi !... »

Triste ! Triste ! Triste !.. n'est-ce pas ?

Pour te rasséréner un peu l'esprit je vais te transcrire ici le prologue en vers d'un petit livre en prose qui paraîtra un jour ou l'autre et dont je dois communication à l'obligeance du traducteur, Je veux parler du BOUQUET DE CONTES DE GUSTAV ZUPITLIVZ, un petit livre très-populaire de l'autre côté du Rhin où il a déjà eu une vingtaine d'éditions.

Le monde lutte et se remue,
Partout la bataille et le bruit !
La terre inquiète, émue,
Tressaille et tremble dans sa nuit !
Et la poésie elle-même
Revêt l'armure du combat ;
On l'accepte ainsi, car on l'aime,
C'est pour elle que le cœur bat.

Mais il est d'autres poésies !
Il est aussi d'autres chansons,
Car il est des âmes choisies
Qui se plaisent aux chastes sons.
Les plus sanglantes épopées,
Pour ces âmes ne valent pas,
— Malgré l'éclat de leurs épées, —
Les tendres murmures d'en bas !

Loin de ces fanfares de guerre
Je me suis enfui tristement,
Les luttes ne conviennent guère
A celui qui vit humblement.

J'ai fui vers les forêts prochaines
Et je suis entré dans les bois,
Attiré par l'odeur des chênes
Et par d'irrésistibles voix.

Là, sur les herbes embaumées,
A l'ombre des grands arbres verts,
J'ai vu défiler les armées,
Silencieuses de mes vers !
Les gais bataillons de mes rêves
Allaient, papillons voyageurs,
Parmi les parfums et les sèves
Sortis des arbres et des fleurs !

J'ai noté toutes les paroles,
Tous les accents, toutes les voix,
Bruits austères, musiques folles,
Chants des forêts, clameurs des bois !
Car tout parle à qui sait entendre,
A qui sait lire, à qui sait voir ;
Pour toute âme rêveuse et tendre
La poésie est un devoir.

De ces rêves et de ces plantes
Eclos à l'ombre des forêts,
J'ai fait des gerbes odorantes
Et j'ai composé des bouquets.
Ils sont à vous sœurs de mon âme,
A vous, poétiques esprits,
Cœurs amoureux, cœurs pleins de flamme,
Que les chagrins n'ont pas aigris !..

Vous les repousserez peut-être !
Peut-être ne voudrez-vous point
Les respirer et les connaître,
Et les jetterez-vous au loin.
Qu'importe ! Les bois en ont d'autres
Plus odorants et plus touffus ;
Mes amours ne sont pas les vôtres,
Voilà tout ! Je n'en parle plus !...

Je retourne sans amertume
Vers la verdoyante forêt,
Vers les bois qu'estompe la brume
Et que j'ai quittés a regret.
Là perdu dans mes rêveries,
Bien seul avec mon propre cœur,
Je suivrai les routes fleuries
Qui ramènent vers le bonheur !...

Alfred DELVAU.

THÉATRE.

Rien de nouveau n'a surgi cette semaine ; L'ÉTOILE DU NORD, dont le succès semble inépuisable, la pétillante partition du MAÇON. qu'on ne se lasse pas d'entendre, et la jolie comédie de Scribe dont nous avons fait l'éloge, ont défrayé amplement le répertoire ; nous n'avons donc que fort peu de chose à dire.

Il se prépare un véritable évènement artistique : la prochaine apparition du PROPHÈTE, l'ouvrage impossible, l'opéra-mythe dont on nous leurre depuis si longtemps. — Il appartenait à la direction Juclier, qui nous a donné L'ÉTOILE, de nous faire connaître aussi le PROPHÈTE, son digne pendant, et de tenir ainsi toutes les promesses en souffrance du passé. — Un de nos amis qui a assisté aux dernières répétitions nous a dit grand bien de la mise en scène et de l'exécution. — Nous verrons bien.

Alexandre OSMONT.

Actualités littéraires.

Le *Journal de Rouen*, en rendant compte du concert de Sotteville, ne tarit pas d'éloges à l'endroit des organisateurs qui, selon lui, ont fait preuve d'autant de goût que de courtoisie bien entendue, en s'empressant de procurer à chacun plaisir et bien-être. C'est justement par là, selon nous, qu'un à péché.

Il se peut que, pour MM. les critiques influents, pour les personnages notables ont ait eu des égards et des places réservées ; mais pour les autres, pour les simples mortels comme nous qui avaient payé leurs billets, on s'est fort peu préoccupé qu'ils fussent commodément ou non.

Plus de cinquante personne, au nombre desquelles se trouvaient pas mal de dames en toilettes, ont dû rester debout, toute la soirée, dans le corridor et dans la salle, au milieu d'une véritable cohue, pendant qu'à l'autre extrémité MM. les commissaires se croisaient tranquillement les bras, — oubliant les charges de leur emploi, pour n'en prendre que les bénéfices.

Il nous est donc permis. à nous pénitents involontaires de cette soirée. tout en rendant justice au zèle louable qu'on a mis a placer les billets, de déplorer qu'on n'en ait pas déployé autant à l'égard des personnes.

— A l'église des Erères Mineurs, à Vienne. a été exécutée, ls 15 novembre, une messe composée par l'enfant de chœur Joseph Sucher, âgé de onze ans.

— On vient de reprendre, à la Comédie-Française, *Zaïre*, tragédie de Voltaire.

On joue aux Italiens la *Traviata*, *opéra seria* en trois actes, du maëstro Verdi. Le sujet de cette pièce est imité de la *Dame aux Camélias*.

— Mlle Déjazet donne des représentations à Besançon.

— Mme Stolz a chanté avec un grand succès sa pièce de prédilection, la *Favorite*, au Théâtre-Royal de La Haye.

— Une réunion bien intéressante avait lieu hier soir, dans les salons de M. Lepec.
Trente convives tous amis des arts et des lettres offraient un banquet à M. Louis Bouilhet, notre compatriote. Différents toasts chaleureux ont été portés au dessert. et des vers récités à la louange de l'auteur de *Madame de Montarcy*

Alexandre OSMONT.

Nécrologie.

M. Fessy, compositeur de talent et chef d'orchestre du théâtre impérial du Cirque, vient de mourir à la suite d'une maladie de quelques jours.

— J Schlesinger, membre de la chapelle de la cour, de l'orchestre de l'Opéra Impérial et professeur à la Société philharmonique, est mort à Vienne, le 13 novembre, à l'âge de trente-neuf ans.

On annonce, de Nuremberg, la mort de G. Weickert, écrivain populaire, qui vient de s'éteindre à l'âge de 72 ans, et malheureusement dans une situation des plus précaires.

— M. de Salvandy, ancien ministre sous Louis-Philippe, est décédé cette semaine.

Darnétal. — Imp. de Fruchart.

XIe Année ; — 1re du nouveau titre.   UN NUMÉRO : 20 CENT.   N° 49.— Dimanche 28 Décembre 1856.

Musique, — Sciences, — Arts, — Littérature, — Théâtres.

LA RÉFORME MUSICALE

JOURNAL DES DOCTRINES DE L'ÉCOLE GALIN-PARIS-CHEVÉ.

ABONNEMENT A ROUEN : 10 FR.

ON S'ABONNE

A ROUEN, chez M. Louis Roger,
   rue Porte-aux-Rats, 2.
A PARIS, chez M. Émile Chevé rue
   des Marais-S-G., 18.
A NIMES, chez M. Aimé PARIS,
   rue de la Maison-Carrée, 14.

BUREAU A ROUEN, RUE PORTE-AUX-RATS, N° 2.

LOUIS ROGER, Directeur-Gérant.

ABONNEMENT DANS LES DÉP. : 12 FR.

ON S'ABONNE

A LYON, chez M. Perraud, rue du
   Griffon, 11.
AU HAVRE, chez M. Vasse,
   rue Molière, 16.
*Les abonnements peuvent être payés
en timbres-postes (Affranchir).*

RENSEIGNEMENTS. — Cette feuille paraît, à ROUEN, tous les DIMANCHES. — Tout ce qui concerne l'administration du journal doit être adressé à Rouen, rue Porte-aux-Rats, 2. — Ce qui concerne la rédaction peut être indifféremment adressé à M. CHEVÉ, à M. Aimé PARIS, ou au Directeur-Gérant. — La critique demeure sous la responsabilité de celui qui la signe. — Il sera rendu compte des Ouvrages dont un exemplaire sera déposé au bureau du journal. Les lettres non affranchies seront refusées.

On peut se procurer des numéros de la *Réforme*, au Bureau du Journal ; — au dépôt du cours Boïeldieu, à Rouen, — et dans l'intérieur des Théâtres.

Comment l'écriture usuelle agit-elle sur la pensée de la très-grande majorité des instrumentistes ?

> « Vous êtes vous rendu jamais un compte un peu précis de ce que vous faites, de ce que vous éprouvez quand vous pensez n'importe à quoi ? Je suis bien tenté de croire que non. Essayons de faire ensemble cet examen que je vous soupçonne de n'avoir jamais fait. »
>
> (Destutt-de-Tracy.
> Idéologie Ch. I.)

Je crois fermement que si la question que je formule avait été examinée avec soin par les instrumentistes, il n'y aurait pas un seul d'entre eux, pourvu qu'il fût doué de quelque bon sens et de quelque bonne foi qui ne s'empressât de reconnaître et de proclamer la différence radicale qui existe entre les conditions dans lesquelles se trouvent placés ceux qui doivent interpréter la musique à l'aide de la voix, INSTRUMENT-TYPE et ceux qui doivent reproduire une mélodie, en recourant à des appareils qui n'ont pu imiter qu'imparfaitement la perfection désespérante de L'AGENT-MODÈLE, ce qui n'a rien d'étonnant, l'œuvre du créateur devant nécessairement l'emporter sur l'œuvre de la créature.

L'illustre penseur à qui j'emprunte mon épigraphe a dit que, SANS UNE LANGUE, L'HOMME NE PENSERAIT PAS, OU DU MOINS NE PENSERAIT PRESQUE PAS.

Il a donné la première place à la langue PARLÉE, le MOT, ou le SIGNE ORAL étant ce qui réveille immédiatement L'IDÉE.

L'ÉCRITURE, ou le SIGNE VISIBLE, est la traduction conventionnelle d'une première convention.

La langue PARLÉE fût-elle parfaite, la langue ÉCRITE en fût-elle la représentation irréprochable, celle-ci viendrait toujours au second rang, puisqu'elle ne fonctionnerait qu'à titre de SIGNE DE SIGNE.

Hâtons nous de reconnaître une précieuse propriété qui la relève de cet état d'infériorité relative.

Elle rend PERMANENTE, pour UN NOMBRE ILLIMITÉ, l'expression des idées que la parole ne peut transmettre que d'une manière FUGITIVE, à UN AUDITOIRE RESTREINT.

Le moyen d'obtenir complètement le résultat de l'avantage des deux systèmes de signes, la

TRANSMISSION DIRECTE et, si on peut parler ainsi, le STÉRÉOTIPAGE de l'idée, serait le choix de deux bons systèmes de signes, susceptibles de se lier l'un à l'autre.

Les travaux de Galin et ceux de ses continuateurs ont montré de combien il s'en faut que la langue ORALE de la musique, et la langue ÉCRITE remplissent une seule de ces deux conditions fondamentales : 1° AVOIR UN SIGNE (oral ou écrit) POUR CHAQUE IDÉE ; 2° N'AVOIR, POUR UNE MÊME IDÉE, qu'un SEUL SIGNE (oral ou écrit). Je n'ai point à revenir ici sur ces questions, dont la solution, donnée par les chefs de l'école GALIN-PARIS-CHEVÉ, avec tant de preuve à l'appui, si elle était contestable, aurait été contestée par des adversaires qui auraient saisi avec empressement l'occasion d'avoir RAISONNABLEMENT RAISON de nous, au lieu d'essayer de sauvegarder leur amour-propre par tant de moyens peu avouables, y compris la prime d'encouragement donnée, par le comité des études du Conservatoire impérial, à M. Mercadier.

Si tant de personnes — quatre-vingt-quinze sur cent, pour le moins — bien que douées d'une voix juste et d'une bonne organisation, bien qu'ayant beaucoup de goût, ne parviennent pas, après trois longues années d'études et d'ennuis, à savoir :

1° PARLER la musique, c'est-à-dire appliquer à chacune de leurs intonations la syllabe qui lui correspond dans la hiérarchie sonore, à quelque point de vue qui leur convienne de se placer, le RAPPORT à un RÉGULATEUR-TYPE, nommé TONIQUE, ou le SON ABSOLU, base de l'enseignement usuel ;

2° LIRE la musique écrite, c'est-à-dire exprimer, AVEC LA VOIX, sans le secours d'un instrument, la succession des INTONATIONS, ou INTERVALLES, dont l'écriture offre la représentation ;

Il faut, de toute nécessité, l'élève réunissant les conditions qui doivent répondre du succès :

Ou que la langue soit mal faite, ainsi que l'alphabet écrit ;

Ou que le professeur soit radicalement incapable, puisqu'il ne sait tirer aucun parti d'une langue parlée et d'une langue écrite déclarées bonnes, l'une et l'autre.

Il y a encore une hypothèse ; c'est que la langue, l'écriture et le professeur soient ensemble de si mauvaise qualité que les chances d'insuccès atteignent le maximum le plus redoutable des probabilités fâcheuses.

Une seule manière existerait de prouver que l'enseignement ordinaire de la musique vocale donne plus de lecteurs que les CINQ

POUR CENT, à l'égard desquels une vérification scrupuleuse prouverait que je suis encore trop large, en accordant l'existence de cet humiliante quotité.

Ce serait de faire LIRE par les élèves, sous la garantie des précautions contre la fraude, non point des casse-cous sophistiqués, au milieu desquels beaucoup de capacités très-réelles seraient exposées à trébucher plusieurs fois ; mais de la musique LOYALEMENT prise dans le répertoire de CE QUI A ÉTÉ IMPRIMÉ POUR ÊTRE CHANTÉ ; en un mot de prendre l'équivalent de l'une quelconque des quinze premières pages d'un n° de l'ILLUSTRATION, en réservant, pour les OEdipes qui ont du temps à perdre, le rébus hebdomadaire qui termine la seizième page.

Or, c'est ce que ne fait pas l'enseignement usuel ; c'est ce qu'il ne peut pas faire, sans quoi il se serait hâté de se présenter au concours de la salle Sainte-Cécile, à Paris, le 12 juin 1853, lui qui, huit jours après, envoyait RÉCITER à Fontainebleau, ses oiseaux serinés, qu'il n'avait pas osé produire dans le concours où il s'agissait, à la fois de BIEN CHANTER, de BIEN LIRE et de BIEN ÉCRIRE. Nous y étions.

S'abstenir, c'était confesser son impuissance. On nous a vus à l'œuvre.

Il y a donc aveu de la part de l'enseignement ordinaire. Ses élèves, dans une proportion effrayante, ne savent ni PARLER ni LIRE, ni ÉCRIRE la musique.

Il n'en est pas tout-à-fait de même des élèves qui étudient les instruments, du moins pour la lecture PAR LES DOIGTS ; car ils sont, A PEU PRÈS TOUS, aussi incapables que les élèves de musique vocale, de PARLER ET D'ÉCRIRE une mélodie.

A quoi tient cette différence ? Je vais le dire.

Elle tient uniquement, à ce que LES COMBINAISONS DE DOIGTS remplissent, dans l'esprit de l'instrumentiste, une fonction analogue à celle des MOTS de la langue syllabique, dans l'esprit de celui qui veut faire comprendre sa pensée par autrui.

C'est sans avoir eu entre les mains un livre ou un alphabet, que les enfants de tous les pays arrivent à savoir parler. Ils n'ont eu besoin que D'ENTENDRE, D'OBSERVER, et de tâcher D'IMITER l'emploi fait d'un MÊME MOT pour exprimer une même idée. Ce n'est ni dans les conservatoires ni chez les professeurs que nous irons en chercher la preuve. Nous y trouverions constamment le livre ouvert sur le pupitre, devant l'élève, et on ne manquerait pas de nous dire que, puisqu'on a fait commencer l'élève par regarder sur le livre, avant de placer telle doigt sur tel corde, telle touche ou telle trou, C'EST LE SIGNE ÉCRIT QUI RÈGLE L'ACTE MÉCANIQUE. Aux yeux des observateurs prévenus ou superficiels, nous serions condamnés dès l'abord.

Regardons ailleurs, et la question va changer de face.

Il n'est personne qui n'ait eu l'occasion d'entendre sur les boulevards, sur les places publiques, dans les cafés, dans les promenades, etc., à Paris et partout, des musiciens ambulants jouant seuls ou par groupes, et souvent avec un goût, une justesse et une précision capables de faire envie à plus d'un virtuose de salon, et même à plus d'un professeur. Je parle très-sérieusement.

Eh bien ! un très-grand nombre de ces orphées nomades, n'a jamais pris une seule leçon de musique et ne distinguerait pas, sur la portée, un UÉ d'un SOL, et pourtant ils reproduisent de longs morceaux, avec une fidélité surprenante ; ils TRANSPOSENT D'INSTINCT, comme s'ils avaient fait une longue étude de la composition des gammes.

Pour ne citer qu'un exemple du même genre, que j'ai pu observer curieusement et à loisir, je nommerai Eugène Mondehair, que sa mère, sœur de la mienne, avait envoyé passer quelque temps à Paris, dans notre famille, en 1817.

Il jouait de la flûte, SANS PRINCIPES, comme disent si souvent ceux qui en donnent de si mauvais, et, à force de tâtonnements, il avait acquis une telle habitude de manier son instrument, modestement réduit à sa clé unique et à ses six trous, qu'il reproduisait à volonté, dans toutes les tonalités, accessibles à la flûte, un air quelconque, resté dans ses souvenirs, ou chanté devant lui. Mais il n'aurait pas fallu placer sous ses yeux le moindre Pont-Neuf, écrit dans le ton le plus facile, sur la clé de SOL, à la deuxième ligne ; il n'aurait pas pu même en nommer les notes, sans chanter.

Donc, pour l'instrument, la relation DIRECTE est DU DOIGT A L'APPAREIL SONORE ; et c'est de ce fait dont tant d'instrumentistes n'ont pas su se rendre, compte que dérive, pour les orchestres la faculté de transposer, selon le besoin du moment, un air que le chanteur trouve au dessus ou au-dessous de ses moyens vocaux. Le SOUVENIR et l'INSTINCT MUSICAL jouent un grand rôle dans cette opération et si on veut se convaincre qu'il en est ainsi, il n'y a qu'à prier la plupart de ceux qui la pratiquent facilement de procéder de la même manière sur une partie principale ou d'accompagnement, d'un morceau QU'ILS N'AURONT JAMAIS JOUÉ. Beaucoup déclineront l'honneur de résoudre ce problème compromettant, et pour peu que ceux qui l'auront tenté avec succès veuillent y réfléchir, ils verront qu'ils ne se seront pas demandé QUELLE NOTE DEVAIT EN REMPLACER UNE AUTRE, mais QUEL DOIGTER DEVAIT ÊTRE SUBSTITUÉ A CELUI QUE LEUR COMMANDAIENT LES SIGNES ÉCRITS.

Aimé PARIS.

(La suite prochainement.)

ENCORE BERCY.

Paris, 23 décembre 1856.

Les lecteurs de la RÉFORME MUSICALE connaissent déjà les succès obtenus dans l'école communale de Bercy dirigée par M. Bonnain depuis qu'il y a remplacé la méthode Wilhem par la méthode Galin-Paris-Chevé. — J'avais oublié de dire que la méthode est également enseignée par M. Collet dans l'école des filles ; et, si je suis bien informé, elle l'est aussi dans l'école des frères et dans celle des sœurs : c'est-à-dire, DANS TOUTES LES ÉCOLES QUI DÉPENDENT DE LA MUNICIPALITÉ.

Avant les écoles publiques, les écoles privées avaient donné l'exemple.

M. Guillot a fondé à Bercy, depuis 10 ans, un pensionnat et externat qui a pris aujourd'hui un développement considérable. — M. Guillot a été longtemps membre de l'Orphéon de Paris, il est élève de la méthode Wilhem, qu'il a enseignée dans son pensionnat pendant plusieurs années avec un INSUCCÈS tel qu'il est venu voir, chez nous, s'il n'y aurait pas moyen d'obtenir des résultats qui fussent en rapport avec le temps et le travail dépensés. — Après avoir vu, et étudié consciencieusement, M. Guillot a acquis la conviction que la route nouvelle était préférable à celle qu'il parcourait si péniblement depuis si longtemps. — Responsable envers les parents nombreux qui lui confient leurs enfants, il n'a pas balancé à quitter ses anciens principes pour enseigner à ses élèves ceux que l'expérience lui démontraient être meilleurs. — Voilà 8 ans que M. Guillot a opéré ce changement dans ses classes ; c'est donc avec l'autorité d'une longue expérience éclairée encore par la comparaison, qu'il formule aujourd'hui son jugement sur les deux systèmes. Voici la lettre que j'ai reçue de lui la semaine dernière. C'est la première fois que je parle de l'expérience de M. Guillot, quoiqu'elle dure depuis huit ans.

« Bercy, 15 décembre 1856.

» Mon cher M. Chevé,

» Lorsqu'en 1848 je suivis vos cours, il y avait déjà deux ans que j'enseignais dans ma classe la musique vocale par la méthode de Wilhem que j'avais apprise à la halle aux draps et perfectionnée à l'Orphéon.

» Je dois vous avouer que malgré tout le bien que l'on disait à cette époque de votre méthode et de vos procédés d'enseignement, mon respect pour la mémoire de Wilhem me rendait injuste, et je doutais qu'un autre eût pu faire mieux. Mais après quelques leçons prises chez vous, après avoir vu les résultats surprenants que vous obteniez et surtout la facilité avec laqu'elle votre méthode pouvait être enseignée à un grand nombre d'enfants, tout en leur rendant l'étude attrayante et facile ; je ne pouvais plus hésiter et je commençai à enseigner la musique au moyen du chiffre seulement.

» J'eus bientôt lieu de m'en féliciter ; car, à la première distribution de prix qui suivit, mes élèves exécutèrent, à la satisfaction gé-aérale, six morceaux assez difficiles et appris en très-peu de temps.

» Tous les ans, depuis cette époque, je commence mon cours au mois d'octobre, époque de la rentrée. Je remplace, par de nouveaux élèves ceux qui ont quitté la classe ; et, en donnant trois leçons par semaine, j'obtiens, au bout de quelques mois seulement, pour la lecture et l'intonation, des résultats tellement satisfaisants, qu'ils me permettent de faire chanter des chœurs à tous les élèves réunis.

» Chacune de mes leçons est terminée par l'étude d'un morceau tiré du recueil de votre société, et chanté par les élèves les plus avancés.

» J'emploie les leçons des SIX DERNIÈRES SEMAINES de l'année scholaire, à faire copier les chœurs pour la distribution des prix et à les faire apprendre. Avant l'adoption du chiffre, il me fallait SIX MOIS pour faire étudier les cinq ou six morceaux destinés à être chantés dans cette solennité ; et, SUR CENT élèves, j'en avais au plus UNE VINGTAINE qui comprenaient et suivaient ce qu'ils chantaient : les autres répétaient tant bien que mal avec leurs camarades.

» Il ne pouvait en être autrement, car les élèves n'avaient pour suivre que quelques copies que les plus avancés avaient faites, avec une grande perte de temps, et qui servaient à tous. Aujourd'hui, grâce au chiffre, chacun a son cahier de musique, et je ne crains pas d'être contredit en affirmant que SUR CENT il en a QUATRE VINGTS qui suivent parfaitement leurs morceaux et comprennent ce qu'ils chantent.

» Voilà, monsieur, la marche que je suis pour l'enseignement du chant dans ma classe et les résultats que j'obtiens. DEPUIS HUIT ANS j'ai toujours fait de même, et j'ai eu, à la fin de chaque année, la satisfaction de savoir que les élèves qui quittaient la classe contribueraient, pour leur part, à faire connaître la méthode que vous enseignez et à la propagation de laquelle vous consacrez si généreusement votre existence.

» Veuillez agréer, cher M. Chevé, l'amitié de votre ancien élève.

» GUILLOT.
» Instituteur libre à Bercy. »

Le fait est-il assez clair ! — Un élève pur-sang de la méthode Wilhem, membre de l'Orphéon, enseigne chez lui, depuis 2 ans, la méthode qu'il vient de puiser à sa source le plus pure : à la Halle-aux-Draps. — Il assiste à quelques-unes de mes leçons et sa vieille foi s'écroule en un instant pour faire place à la foi nouvelle. Il étudie sérieusement la méthode nouvelle et l'applique sur les enfants de son pensionnat, et voilà que tout d'un coup LE CINQUIÈME de résultats et remplacé par les QUATRE CINQUIÈMES et que SIX MOIS de travail SONT REMPLACÉS par SIX SEMAINES Il y a donc un résultat QUADRUPLE en QUATRE FOIS MOINS DE TEMPS, ce qui, si je n'ai pas oublié l'arithmétique, donne au compte de la méthode nouvelle un résultat SEIZE FOIS plus considérable que celui qui appartient à la méthode Wilhem. — Si cela ne suffit pas à la commission du chant de la ville de Paris, pour motiver à ses yeux un changement de route, je ne sais ce qu'il lui faut et je renonce à la convaincre.

Quant à M. Guillot, qui était plein d'admiration pour la méthode Wilhem, quand il ne connaissait qu'elle, il a fait comme toutes les personnes de bonne foi, et de bon sens qui sont venues chez nous : il a étudié les deux routes, il les a comparées et il a abandonné l'ancienne pour suivre la nouvelle avec enthousiasme, parce qu'il l'a trouvée bien supérieure, non seulement au point de vue de LA THÉORIE, des EXERCICES, de L'ÉCRITURE, des RÉSULTATS produits, du PLAISIR EXTRÊME qu'elle procure aux élèves pendant les heures d'étude ; mais encore au point de vue de l'extrême facilité dans l'application en grand. — Aussi M. Guillot est-il aujourd'hui un des plus fervents apôtres de l'idée de Galin ; et, ce qui m'est personnellement agréable, il est devenu mon ami, et moi je suis le sien.

Emile CHEVÉ.

M. Stahl, instituteur à STOLBERG, près AIX-LA-CHAPELLE, où il enseigne la méthode, m'envoie le petit travail suivant, qui fera, je n'en doute pas, grand plaisir aux lecteurs de la RÉFORME MUSICALE, en donnant à chacun le moyen de construire un métronome de Galin en rapport avec celui de Maëlzel. — Nous rendrons compte sans tarder des succès de M. Stahl en Allemagne ; en attendant je le remercie au nom de l'école de son utile envoi.

Emile CHEVÉ.

Stolberg, 9 décembre 1856.

Le Chronomètre de Galin mis en rapport avec le Métronome de Maelzel.

Page 254 de la méthode de musique vocale, par M. et Mme Chevé, l'on parle du chronomètre de Galin, qui consiste en un fil-à-plomb, formant pendule, devant une échelle graduée. J'ignore si les chiffres de ce chronomètre sont mis en rapport avec les chiffres du métronome de Maelzel. Cela n'est pas nécessaire, mais ce serait très-utile.

Voici un petit tableau dans lequel le compositeur Gottfried Weber indique la longueur qu'il faut donner à un fil-à-plomb pour qu'il exprime les mêmes rapports de vitesse et de lenteur que le métronome de Maelzel.

Les oscillations du métronome de Maelzel égalent les oscillations d'un fil-à-plomb d'une longueur de :		
Chiffres du métronome.	Pouces rhénans.[1]	Centimètres.
50	55	143
52	50	132
54	47	122
56	44	114
58	41	106
60	38	100
63	34	90
66	31	82
69	29	75
72	26	70
76	24	62
80	21	56
84	19	50
88	18	46
92	16	42
96	15	38
100	14	35
104	13	33
108	12	30
112	11	28
116	10	26
120	9	25
126	8	22
132	7 1/2	20
138	7	18
144	6 1/2	17
152	6	15
160	5	14

Donc, quand on trouve, par exemple, en tête d'un morceau, l'indication : M. M. 60°, on prendra un fil-à-plomb de 100 centimètres ou de 38 pouces rhénans de longueur, dont les oscillations donnent le mouvement que le compositeur a voulu indiquer par M. M. 60. On a omis les fractions, parce que les fractions de centimètres et même quelques centimètres de plus ou de moins ne produisent pas une différence assez grande pour être pris en considération dans la pratique.

Fr. STAHL.

[1] J'ai ajouté la longueur du fil-à-plomb en pouces rhénans, pour ceux des lecteurs de la *Réforme* qui ne connaissent pas la mesure française.

A UN MYTHE.

De la brûlante Athènes
A la froide de Moscou
Jamais plus sombre ébène
N'embrassa plus blanc cou.

Pâles de jalousie,
Sous l'azur de leurs cieux,
Naple et l'Andalousie
Cherchent d'aussi grands yeux.

Sur tes lèvres de rose
Au reflet velouté
Le papillon se pose
D'ivresse transporté !

De l'un à l'autre pôle,
Quand le regard humain
Vit-il si ronde épaule
Et si divine main ?

Ce beau sein qu'emprisonne
Un chatoyant velours,....
La moire qui frissonne
Le convoite, à son tour ;

Et ton mignon corsage,...
N'aurait-il pas encor
Fait se tordre de rage
La guêpe aux anneaux d'or ?

Il n'est pas fille d'Ève,
Dans le monde connu,
Qui de dépit ne crève
En lorgnant ton bras nu.

L'herbe verte, noyée
Par les pleurs du matin,
Rirait d'être ployée
Sous ton pied de satin ;

Enfin.... l'hermine blanche
Que tu fis épouser
Aux plis noirs de ta hanche,...
On la voudrait baiser !!...

PRÉAMBAUD.

Grand-Théâtre de Marseille.

Madame Barbot.

Il y a dans nos théâtres lyriques trois sortes de public : les gens qui viennent au théâtre par genre, parce qu'il est de bon ton d'y avoir sa loge ou sa stalle : cette race là ne compte pas et devrait être consignée à la porte de tout édifice destiné aux manifestations de l'art ; viennent ensuite les purs dilettants, pour qui un opéra se borne à une partition : pour eux le libretto n'est qu'un infime détail : ils écouteraient, avec le même plaisir, une musique vocalisée ou chantée sur des paroles chinoises ; qu'une prima dona, peu soucieuse de la couleur locale, leur exhibe Sémiramis en crinoline, pas un de leurs cheveux, s'ils en ont, ne se dressera sur leur tête, et, pourvu que le gosier fasse se succéder, avec la rigoureuse périodicité d'un métronome et une justesse irréprochable, les notes grifonnées au manuscrit du maëstro, ils n'auront pas assez des deux mains pour applaudir. Mais ils ne constituent, dans la salle, qu'une très-faible minorité : pour arriver à une pareille délicatesse dans l'appréciation des effets musicaux il faut une organisation exceptionnelle et une étude spéciale et approfondie du répertoire. Reste le vrai public, celui qui cherche, dans un opéra, la musique appliquée à une idée à un sentiment : pour celui-là les qualités musicales ne suffisent pas, il faut que l'artiste y joigne un véritable talent de musique et de diction. Et pourtant tous les efforts de nos cantatrices les plus aimées semblent ne tendre qu'à un seul but : conquérir les suffrages de la partie purement musicienne du public. Le pli est pris, et si bien que ceux-là même qui se plaignent de l'insuffisance des moyens dramatiques d'une artiste, ne manquent jamais d'ajouter : « Mais elle chante si bien qu'on n'a » pas le courage de lui demander autre chose. » Il faudrait l'avoir ce courage, et dans l'intérêt de l'art, et dans l'intérêt des artistes. Nous ne demandons pas qu'on soit injuste envers une bonne cantatrice ; mais au moins n'applaudissez qu'à moitié ceux qui ne remplissent que la moitié de la tâche, et gardez les ovations et l'engouement pour les artistes complets.

Habitué à voir se succéder sur un théâtre aussi important que celui de Marseille des cantatrices d'un incontestable mérite au point de vue musical, mais fort médiocres, pour ne pas dire plus, comme action et comme débit, nous en avions pris notre parti et, persuadé qu'une chanteuse, bonne comédienne était une rareté introuvable, nous ne cherchions au théâtre que des gosiers bien organisés. Aussi, en voyant, il y a quelques mois, une jolie et gracieuse débutante se présenter dans les MOUSQUETAIRES, avons-nous applaudi de grand cœur et avec tout le public avant la fin du premier morceau dont l'exécution décelait une musicienne habile et une organisation d'élite : nous sommes sorti du théâtre, satisfait et, par habitude, n'attendant rien de plus. La suite est venue nous prouver que nous nous étions trop pressé de désespérer.

Les MOUSQUETAIRES, LUCIE, ROBERT, les HUGUENOTS, le SONGE, le DOMINO NOIR, le BARBIER, SI J'ÉTAIS ROI ! la FILLE DU RÉGIMENT, GIRALDA, le DIEU ET LA BAYADÈRE, GALATHÉE, constituent un répertoire assez varié et assez chargé de difficultés pour effrayer tout artiste consciencieux qui voudrait jouer également bien toutes ces œuvres, donner à chacune le genre d'interprétation qui lui convient. Donizetti, Meyerbeer, Rossini, Auber, Halévy, Adam, Ambroise Thomas, Victor Massé : autant de talents différents qui imposent au chanteur une véritable tâche de portée, tandis que la diversité des actions, des intrigues et des caractères exige que le jeu du comédien s'assouplisse à exprimer toutes les passions, tous les sentiments. Si nous disons que madame Barbot est sortie à son honneur d'une pareille épreuve, nul ne s'étonnera des applaudissements de plus en plus enthousiastes qui accueillent maintenant son entrée en scène.

Touchante dans LUCIE, coquette dans les HUGUENOTS, vive et rusée dans ROSINE, grande dame ou paysanne naïve dans le DOMINO, pleine de verve et d'entrain dans GALATHÉE, sans dépasser la limite d'un bon goût, et jolie femme partout, Madame Barbot a fait preuve dans ces divers rôles, d'une étude minutieuse et d'une connaissance approfondie de son art, au point de vue musical comme au point de vue dramatique. Qu'on la suive en ayant sous les yeux le texte du poète ou celui du musicien, on trouve tout consciencieusement rendu : pas une des intentions des auteurs n'est omise ou dépassée. Un geste abondant, gracieux et toujours approprié accompagne un parler aux inflexions harmonieuses, souples et toujours justes : un regard magnifique qui peut aussi bien lancer l'éclair de la colère que s'abaisser, chargé de langueur et d'amour, s'unit à un sourire charmant, plein de douceur ou de malice, suivant que l'exige la circonstance, mais qui ne se produit jamais hors de propos, retenue bien méritoire quand on peut, comme notre gracieuse cantatrice faire resplendir un écrin de jolies dents. Les moindres détails, les accessoires les plus minimes sont étudiés avec le même soin que le reste : Madame Barbot ne néglige rien pour être irréprochable, et ce n'est que bien rarement qu'on a pu reprendre, dans ses costumes, un anachronisme ou une faute contre le bon goût.

Avec de pareilles qualités, Madame Barbot ne peut manquer de parvenir au rang élevé qu'elle mérite de tenir parmi les beaux talents de notre scène française : nous sommes heureux de pouvoir lui prédire, dès aujourd'hui, les succès que l'avenir lui réserve et nous regrettons vivement que l'obscurité de notre nom, dans la presse dramatique, donne si peu de prix à des éloges sincères et dictés par la vive impression produite sur nous par un talent qui rivalise avec ce que nos souvenirs des théâtres lyriques de Paris nous offrent de plus remarquable.

Avis à l'intelligente direction de l'opéra comique.

Jules Aimé PARIS fils.

Marseille, décembre 1856.

THÉÂTRE.

Première représentation du Prophète.

Nous avons eu cette semaine une véritable solennité artistique, la première représentation du PROPHÈTE; de ce PROPHÈTE tant de fois promis, tant de fois ajourné, et que notre impatience n'aura plus besoin désormais d'aller trouver à l'Opéra.

Disons bien vite que cet ouvrage, qui présentait de grandes difficultés de mise en scène et d'exécution, a été très-dignement rendu. L'administration a fait preuve en cette circonstance d'une aptitude rare et d'une sorte de prodigalité bien entendue. C'est en montant les ouvrages des grands maîtres avec de pareils soins, en ne lésinant pas sur certaines avances, en forçant chacun à se prêter à l'intérêt commun, qu'on escompte des succès en relevant le théâtre qu'on dirige. M. Juclier l'a compris, et cela lui fait honneur. — Nous lui passons même à ce prix certaines exigences que nous avions d'abord blâmées, et qui étaient peut-être en quelques points utile à la formation d'un bon ensemble. On comprendra que nous voulons parler des petits bouts de rôles imposés à des artistes d'une certaine valeur, ce dont ils peuvent bien s'en plaindre, eux, mais dont le public en définitive n'a qu'à se louer. Comme toute œuvre de cette importance, comme tout opéra de Meyerbeer, LE PROPHÈTE a besoin d'être entendu plusieurs fois pour être bien compris, bien apprécié, sainement admiré. — Il faut que l'oreille ait le temps de s'habituer à l'étrangeté de ces rhythmes bizarres, à l'imprévu de ces modulations hardies, il faut en quelque sorte que la mélodie parée comme une coquette de mille ornements ait le temps de vous apparaître dans sa véritable beauté, sa fraîcheur et sa simplicité natives.

Et puis, il y a une foule de petits détails, de phrases charmantes, détachées, çà et là, d'effets d'orchestre, d'ensemble, qui vous échappent d'abord et vous captivent après.

Il y a bien aussi certaine excentricités auxquelles on aura toujours peine à s'habituer, telles que celle-ci par exemple, qu'il faut scander ainsi.

Tu ne-e me-e co-o-nnais-ais pas ?

qui paralyse l'effet dramatique de la situation, et nous semble un véritable contre-sens au point de vue du goût et de la prosodie. Mais qu'est-ce que cela dans cinq actes surchargés de musique et riches jusqu'à la prodigalité de science et d'inspiration ? — Une légère tache qui doit passer inaperçue, et que nous ne signalons que pour prouver l'attention scrupuleuse avec laquelle nous avons écouté, et pour donner plus de poids à notre admiration.

Du reste, comme le mérite de ce nouveau chef-d'œuvre digne d'être placé à côté de ROBERT et des HUGUENOTS, n'est plus à mettre en question, nous n'avons qu'à constater le plus ou moins d'effet qu'il a produit sur notre scène. Et nous sommes heureux, cette fois, de crier victoire avec tous nos confrères.

On a beaucoup applaudi au premier acte le chant religieux des Anabaptistes, qui se termine en masses chorales imposantes, et qui revient plusieurs fois avec bonheur dans le cours de l'ouvrage.

Le joli duo des deux femmes, lors de la demande au seigneur Oberthal, qui est plein d'originalité.

Et le brillant final, parfaitement enlevé, du reste.

Au second acte. — La vision de Jean, qui est un morceau très-dramatique; la jolie romance

« Pour Bertha mon cœur soupire. »

que Lapierre a dit avec un charme inexprimable, et le quatuor remarquable qui termine si bien cet acte, et dans lequel sa belle voix a produit le plus grand effet.

N'oublions pas non plus la touchante invocation de Fidès :

O mon fils soit béni !

dans laquelle Mme Laget a mis toute son âme. Les airs de danse sont adorables ; nous les connaissions déjà au piano, mais ils sont encore plus suaves et plus entraînants à l'orchestre, et c'est avec un indicible plaisir que nous les avons entendus de nouveau.

L'air de basse : « Aussi nombreux que les » étoiles, » est une heureuse inspiration, Bonnesseur l'a fait habilement ressortir.

Le joli trio, sous la tente du prophète, entre les anabaptistes et le traître Oberthal, est écrit de verve et a été chanté de même ; il ne pouvait manquer d'être apprécié. Dans le tableau suivant, M. Lapierre a communiqué à toute la salle l'enthousiasme qui semble l'inspirer quand il s'écrie :

Roi du ciel et des anges,
Je chanterai tes louanges,
Comme David, ton serviteur !...

C'est d'une couleur et d'une exaltation toute chevaleresque.

Au quatrième, nous avons admiré la marche du sacre, qui est à elle seule un chef-d'œuvre, comme beauté mélodique, et comme richesse d'orchestration.

Et la scène éminemment dramatique de la reconnaissance entre le Prophète et sa mère, qui est d'un effet saisissant, et dans laquelle Mme Laget et M. Lapierre se sont montrés aussi bons comédiens qu'ils sont habiles chanteurs.

Le dernier acte renferme encore de fort jolies choses, notamment la romance de Fidès, « mon » pauvre enfant, » qui est pleine d'onction et de douceur, et la brillante cabalette suivante :

Comme un éclair précipité,

que Mme Laget chante avec énergie et puissance

Puis enfin les derniers couplets du festin, qui sont une sorte de défi à la mort, et d'un heureux contraste au milieu de cette péripétie émouvante qui tient le spectateur en haleine, jusqu'au moment où l'incendie qui dénoue ce drame lyrique éclate avec toute l'intensité et toute l'illusion d'une effrayante réalité.

Tout cela est fort beau et a produit, nous ne saurions trop le répéter, une profonde impression.

La mise en scène est remarquable et fait le plus grand honneur à M. Gaubert, le régisseur-général qui a réglé tout cela avec autant de soin que d'intelligence, c'est à lui que nous devons le bon effet qu'a produit la scène des patineurs, car il a présidé à chacune des répétitions et dirigé toutes ces charmantes évolutions, qui sont d'un séduisant prestige.

La danse a fait aussi merveille, et nous lui devons aussi nos bravos : à vous donc, mesdames Beaudouin, Bertho et Juliette ; à vous donc, messieurs Mamert et Laurecçon.

Les décors sont fort jolis et ont aussi coopéré au succès.

Quant à l'exécution, elle a été généralement bonne, surtout à la seconde représentation. M. Lapierre, tout-à-fait en voix, s'est vraiment surpassé, notamment au second acte qu'il a chanté en artiste de premier ordre, bien secondé par ses moyens.

Là, de même qu'au troisième acte, les bravos de toute la salle ont retenti bien longtemps après sa sortie de scène et semblaient provoquer un rappel mérité. Il a été aussi très-beau dans la remarquable scène du quatrième acte, dont nous avons déjà parlé, — et très-justement applaudi. Cette création laissera de durables souvenirs et lui assure désormais toutes les sympathies.

Mme Laget a partagé avec lui les honneurs de cette belle soirée. Elle a joué le beau rôle de Fidès en véritable tragédienne lyrique, et en cantatrice habile. Chacun des morceaux de son rôle que nous avons signalés l'ont été aussi par l'approbation chaleureuse de son meilleur juge, le public tout entier.

Lacroix a bien joué et bien chanté le rôle d'Oberthal.

Les trois anabaptistes ont été très-convenablement représentés par MM. Bouvard, Bonnesseur, ces deux compagnons de succès, et M. Gayrou, un nouveau venu.

Mlle Gourdon-Berthe possède une belle voix dont elle devrait s'appliquer à faire ressortir plus les qualités et moins les défauts. Nous ne pouvons nous habituer à ce grasseyement et à cette vibration continuelle de la note ; — elle devrait bien faire comme nous.

Il n'y a pas eu de lacunes : tous les petits rôles ont été convenablement tenus ; — c'est un progrès.

Voilà donc un grand, un beau, un durable succès, qui nous assure, avec l'ETOILE DU NORD. de douces jouissances artistiques pour cet hiver.

On a donné cette semaine, au Théâtre-Français, plusieurs vaudevilles nouveaux, dont nous parlerons une prochaine fois. — C'est assez pour aujourd'hui, si ce n'est trop.

Alexandre OSMONT.